KB139517

미국교사연맹 160만 회원의 교직 이수를 위한 교과서

창의력 교육 어떻게 할 것인가?

일 러 두 기

이 책의 제5 개정판은 교사들로 하여금 그들이 날마다 교실에서 실천하는 것에 창의성 관련 최신 연구 결과를 적용하도록 돕는다. 각 장에서는 창의성 이론과 재능 계발을 탐험하고, 후반부의 장들에서는 실습에 초점을 두고 서 창의적 사고를 가르치도록 고안된 전략부터, 학생들의 창의성을 키우도록 돕는 방식으로 핵심 내용을 가르치기 위한 가이드라인에 이르기까지—다양한 실제 세계에서의 적용 방식을 제공한다. 교실의 조직, 동기 부여 그리고 평가에 대해서도 주목하고 있다. 이 판본에 새로이 첨가된 것은,

- (미국) 공통 학습 기준—'교육적 표준의 문화'에서 창의성을 키우는 교육을 하기 위한 가이드라인을 비롯한 최신 적용 범위
- 기술—각 장은 창의성을 보조하는 방식으로, 기술과 더불어 교육을 위한 팁을 포함하고 있다.
- 평가—새롭고 완전한 하나의 장을 평가에 할애하여, 창의성을 돕는 교실을 평가하기 위한 아이디어와 창의성 평가 전략을 제공한다.
- 교실에서의 창의성 모델—새로운 그래픽을 통해 창의성, 이해를 위한 학습 그리고 동기 부여 사이의 관계를 강조하고 있다.

그동안 많은 사랑을 받아온 이 책의 제5 개정판은 그 이전 판본들의 전통을 따라가면서, 앞으로 다가올 시간을 위해 교사들에게 유용할 이론적 · 실천적 재료를 제공하고 있다.

이 책의 저자인 앨런 조던 스타코Alane Jordan Starko는 미국 동부 미시간 대학교의 교육심리학과 교수이다. 그 밖의 정보는 그녀의 블로그(creativiteach.me)를 참고하기 바란다.

창의력 교육 어떻게 할 것인가?

앨런 조던 스타코 지음 / 이남진 옮김

한ㄹ

모든 고양잇과 동물들의 피리 부는 사나이인 내 남편 밥 스타코에게

나에게 영감과 놀라움을 선사했던 그의 창의성과 함께한 40년을 위해,
앞으로의 40년도 행복하리라 다시 약속한다.

나에게 그 안에 기쁨이 들어 있는 그림 한 장, 어쩌면 그것은 그림이 아닐 것이다…. 주제가 흉측할지도 모르고, 무섭고 괴로울지도 모르는… 본질. 그러나 그 모든 것이, 어떤 기묘한 방식으로 그림의 기쁨 속에서 쓸려 나간다. 어떤 화가도, 심지어 가장 우울한 사람조차도 이미지를 만들어내는 호기심 넘치는 기쁨 없이 그림을 그린 적은 없다.

- D. H. 로렌스(1930)

서문
교실에서는 왜 창의성이 필요한가?

이 책을 쓰는 동안 나는 스스로에게 여러 차례 물었다.

'왜 이 일을 할까?' '나는 왜 이 책을 쓰지?'

나의 대답은 이렇다. 우리가 사는 세계를 끊임없이 재건설하는 과정에서 창의성은 매우 중요하다는 믿음, 특히 교육 현장(학교, 가정, 학원 등 모든 교육 공간)에서 창의성은 아주 중요한 가치를 갖는다는 믿음을 갖고 있다. 인간의 조건에서 창의성의 필수적인 역할은 삶의 기쁨과 의미를 가져다준다는 것이다. 창의성이 없이는 예술도, 문학도, 과학도, 혁신도, 문제 해결도, 심지어 진보도 없다.

학교에서도 이와 마찬가지로 창의성이 필수적인 역할을 하는 것은 사실 그리 분명해 보이지 않는다. 창의성이 생겨나는 것은 학습과 동기 부여 과정과 밀접하게 연관되어 있다. 21세기의 학생들에게 필요한 스킬은, 더 깊이 공부하도록 하고 문제를 해결하고 의문을 제기하며, 지금은 우리가 상상만 할 수 있는 아이디어 속으로 모험을 떠나는 데 필요한 것이다. 이러한 과정이 학생들을 그곳으로 데려갈 것이다. 창의성을 계발할 수 있도록 만들어진 교실은 학습과 놀라움의 장소, '호기심과 기쁨이 넘치는' 장소가 될 것이다.

왜 이 책이 필요한가?

이 책은 특히 교사들을 위해 집필한 창의성에 대한 책이다. 이 책은 대학원 과정에서, 교사들이 교실에서 매일 겪는 활동 가운데 창의성의 중요한 측면을 받아들이는 데 도움이 되도록 구성했다. 창의성의 과정을 잘 이해하는 교사들은 콘텐츠를 개발하고,

학습 계획안을 짜고, 자료를 준비하면서, 심지어 창의성을 기르는 데 필수적인 기술과 태도를 계발하는 데 도움이 되는 평가 방식을 선택한다. 이와 같은 일을 효과적으로 해내기 위해서 교사는 단단한 기초를 바탕으로 창의성에 관한 이론을 공부하고, 자신의 연구를 실천과 결합시키는 교육과 더불어 학생 관리에 대한 다양한 전략을 마련할 필요가 있다. 이 두 가지 측면을 위해서 이 책을 썼다.

물론 이론과 연구가 이 책의 중요한 요소이기는 하지만, 그래도 이 책은 창의성에 관한 또 하나의 연구서는 아니다. 이 책은 교육과 교실에 대입할 수 있는 수많은 사례와 전략을 포함하고 있지만, 창의적인 활동이나 '이번 월요일에 진행할' 수업에 대한 책은 아니다. 이 책은 성찰하는 교사에게 오늘을 위한 전략들을 제공함으로써, 내일을 위해 효과적인 전략을 개발할 수 있는 기초를 준비시키고, 연구와 실천 사이에 다리를 하나 놓는다.

이 책에는 어떤 내용이 들어 있을까?

이 책은 두 부분으로 나뉘어 있다. 첫 번째 파트인 '창의적 인물과 창의적 과정의 이해'는 이 책 전체의 이론적인 틀을 제시한다. Part I은 5개의 장으로 이루어져 있다. 제1장은 창의성의 본성과 학생이 가진 창의성을 어떻게 알아보는가에 대한 내용이다. 제2장은 문화와 창의성이 어떻게 상호 작용하는지 살펴보고, 창의적인 과정의 실례를 들어준다. 제3장과 제4장은 창의성의 이론과 실례를 살펴보는데 제3장은 개개인에 중점을 둔 이론을, 제4장은 주어진 환경에서 개인을 포함한 시스템에 관한 이론을 개괄했다. 이 책의 전반부에서 이야기하고자 하는 목적은 연구와 이론에 대한 이해를 쌓는 것이다. 특히 교사와 학교의 관점에서 이 이론들이 어떻게 어린 학생들에게 적용될 수 있을지 검토하며 실제적인 활동과의 연관성을 연구했다.

두 번째 파트인 '창의성과 교실 생활'은 수업과 학습을 위한 전략을 직접적으로 다루고 있다. 제6장은 창의적인 사고를 키우기 위해 특별히 개발된 테크닉과, 이것을 어떻게 교실에서 적용할 것인지 설명한다. 제7장과 제8장은 콘텐츠의 주요 분야에서 창의성을 고무하고 보조하는 교수법의 접근 방식을 설명했다. 제7장에서는 예술·언어·사회학, 제8장에서는 수학과 과학을 다루었다. 이 부분들에서는 창의성을 수업 내용의 보조재로서 접근하기보다 교과 과정의 중심을 이루는 구성 요소로 보고 이에 집중했다.

6~8장에는 함께 작업할 수 있는 영광을 누린 교사들이 직접 개발한 수업 아이디어들이 포함되어 있다. 그들이 기여한 덕분에 수많은 작업이 향상되었다. 제9장은 교실 관리와 조직에 대해 다루고 있는데, 이것이 어떻게 내재된 창의성에 동기 부여를 하거나 방해하는지 잘 보여준다. 제10장은 창의성 자체에 대한 평가와 창의성에 도움이 되는 수업 내용에 대한 평가라는 두 종류의 평가에 대해 논의한다.

각 장마다 '교실에 대해 생각하기'라는 과제가 포함되어 있어 독자들이 특정한 교육 상황과 소재를 연관지어 볼 수 있도록 돕는다. 또한 각 장의 마지막에는 'What's next?'라는 과제를 주어 개인이나 수업 시간에 도움이 될 만한 내용을 제안했다. 'What's next?'의 과제에서는 독자가 창의적인 활동에 참여하도록 용기를 주고, 창의적인 과정과 창의성을 높이는 정신적 습관과 기술을 계발하는 실험들에 대해 곰곰이 생각하게 한다. 이를 통해 독자들이 그들의 교실에서 창의성을 계발하고 학생들을 위해 창의적인 기회를 주도록 계획할 뿐만 아니라, 자신의 삶 속에서도 창의적인 무언가를 발견하기를 기원한다. 아마도 독자들은 호기심 넘치는 기쁨의 원천을 발견해질 것이다. 각 장은 'Tech Tips'로 끝나는데, 여기에서는 다양한 미디어를 통해 콘텐츠를 공급할 수 있는 방법을 제공한다.

이번 개정판의 새로운 점은 무엇일까?

이번 개정판에서는 일반적인 업데이트 외에도 커다란 변화를 두 가지 주었다.

첫 번째로, 위에서 언급한 대로 각 장의 맨 끝에는 창의성에 도움이 되는 테크놀로지를 사용할 수 있도록 기술적인 팁을 달았다. 이런 특별한 시도는 늘 위험이 따르기 마련인데, 여기 있는 모든 제안이 이미 인터넷에 올라와 있기 때문이다. 여러분이 책을 읽을 때쯤이면 내가 제안한 인터넷 링크들이 이미 사라졌을 거란 사실을 나는 잘 알고 있다. 그렇다고 아무런 특별한 제안도 하지 않는 것이 대안이 될 수 없으며, 그만한 위험은 감수하는 편이 낫다고 믿는다. 만약 특정 링크가 사라졌다면, 비슷한 것을 검색하면 된다. 여러분은 그럴 만한 능력이 충분할 거라고 확신한다.

두 번째로 큰 변화는 평가를 위한 장(제10장)을 만들기 위해 마지막 두 장을 재구성한 것이다. 이 장은 창의성을 평가하기 위한 전략과, 창의성에 도움이 되는 교실을 평가하기 위한 아이디어를 주는 내용을 포함하고 있다. 이 장은 '창의성의 평가'라는 개념(창의성이라기보다는)으로 새로운 재료를 포함하고 있는데, 이 부분은 모든 수준의 교실에서 실습을 할 때 매우 중요하다.

조금 눈에 덜 띄는 덧붙임도 있다. 나는 이 책을 교실에서의 새로운 창의성 모델에서 시작하는데, 이것은 창의성의 관계, 이해를 돕기 위한 학습, 동기 부여에 중점을 두고 있다. 여러분은 이 책의 다른 부분에서 다시 등장할 이 모델의 여러 부분을 보게 될 것이다. 나는 창의성에 대한 사고와 전국 공통적인 학습 기준에 따른 가이드라인을 제시해왔고, 특별한 요구사항을 가진 학생들을 돕기 위한 방법을 숙고해왔다.

내가 제안한 방법과 교안 모음은 재능 수많은 제자들의 손에 의해 계속 추가되었으며, 그 덕분에 나는 우리 직업의 미래에 대해 확신을 가질 수 있었다.

마지막으로, 나는 이번 개정판을 내면서 드디어 블로그의 세계에 입문할 수 있었다. 내 블로그, Creativiteach(http://creativiteach.me)는 창의성과 교수법의 상호 작용에 중점을 두고 만들어졌다. 이곳에서는 이슈를 제기하고 새로운 방법들을 소개하며, 가장 최신의 근거에 바탕을 둔 새로운 사고를 서로 나눈다. 블로그 덕분에 나는 여러분과 대화할 수 있는 기회를 갖게 되었다. 부디 내 블로그를 방문하여 새로운 만남을 가질 수 있길 희망한다. 아이디어를 공유하는 것이야말로 집단적인 창의성을 형성하기 위한 좋은 연습 과정이며, 혼자만 떠드는 것은 사실 별 재미가 없다.

감사를 전하며

꿈이 현실이 되도록 이 책의 출판을 가능하게 만들어준 모든 사람의 기여, 비판, 도움 그리고 우정에 충분할 만큼 감사를 표한다는 것은 늘 그렇지만 불가능하다. 이번 작업에는 더욱 그런 것 같다. 그럼에도 불구하고 나는 특별히 중요한 도움을 준 몇몇 사람들에게 이 자리에서 감사를 표하려 한다.

나의 창의성과 평가 코스에 참여한 학생들에게 감사를 전하고 싶다. 그들은 내 아이디어를 발전시키는 데 도움을 주었고, 실용적인 통찰력과 더불어 상상력을 발휘했다. 물론 이 모든 것에 가장 우선하기는 복잡한 이 주제를 이해하느라 함께 분투하는 동안 그들이 보여준 인내심이다. 수전 라이트에게도 감사를 전해야 한다. 그녀는 새로운 형태의 창의성이 내 손이 미치지 못하는 곳에 있는 것이 아니라는 확신을 주었다. 나는 인생의 지금 이 시점에서 처음으로 시각예술 속으로 뛰어들어 모험을 하면서, 아주 새로운 방식을 사용하면서 위험을 감수하는 것에 대한 도움을 받았으며, 그 과정은 아주 즐거웠다.

이 책의 다섯 번째 증보판이 등장하게 된 과정에서 루트리지 출판사의 교수들에게 큰 빚을 졌다. 특히 작업의 초창기부터 나와 함께했던 레인 애커스에게 감사를 전한다. 또한 무대 뒤에서 일해준 모든 사람의 노력이 집필 과정에서 경험할 수밖에 없는 고통을 덜어주었다.

글을 쓰는 내내 키보드 앞에서 동반자 역할했던, 검은 고양이들에게도 감사와 함께 약간의 경고를 보낸다. 이상한 단어의 조합이 원고 속에서 눈에 띈다면 그것은 집 안을 이리저리 밟고 돌아다닌 고양이 앞발이 원인이기 때문이다. 물론 고양이의 가르릉 소리 덕분에 모든 게 잘되어 간다는 걸 나는 알 수 있었다.

마지막으로, 내 남편 밥의 변함없는 사랑과 도움, 신뢰가 없었다면 내 인생이 지금보다 덜 즐거웠을 것이고, 이 작업은 불가능했을 것이다. 창의성에 대한 적절한 예를 나는 멀리서 찾을 필요가 없었다. 지난 40년 이상 그의 창의성은 내게 경이로움 그 자체였으며, 바라보는 즐거움이자 공유할 수 있는 특권이었다. 이보다 더 좋을 수 있을까?

contents

서문   교실에서는 왜 창의성이 필요한가?   5

Part I **창의적 인물과 창의적 과정의 이해**
Understanding Creative People and Process

1. 창의성이란 무엇인가?
   What Is Creativity?   16

   정말, 왜 괴로운 걸까?   19

   시작하기: 창의성의 정의   32

   왜 창작을 할까?   41

   창의력 향상 교육 VS 창의적 교육   45

   진정한 문제 그리고 과정   47

   기준이 되는 시대의 창의력 향상 교육   49

   이 책의 구조   54

2. 창의적 과정의 모델
   Models of Creative Process   59

   창의적 과정   61

   문제의 발견   70

   문화를 가로지르는 창의성   84

3. 창의성 이론-개인
Theories of Creativity-The Individual   101

초기의 관점   103

정신분석 이론   105

행동주의 이론   110

인본주의 이론   113

창의성 개발과 사회적 상호 작용   116

창의성, 지능, 인지   119

4. 창의성 이론-문맥 속의 체계
Theories of Creativity-Systems in context   136

체계적인 접근법   137

사이먼턴과 진화 모델   150

아마빌레, 동기 부여와 창의성 모델   151

창의성, 협력, 조직   158

5. 창의적인 사람들
Creative People   169

창의성과 연관된 특징   172

일대기적 특징: 인생 이야기로부터 배우기   210

창의성과 재능 계발: 교사는 무엇을 하는가?   216

과목, 성, 문화의 차이   221

어린 시절 그들은 어땠을까?   226

Part II 창의성과 교실 생활
Creativity and Classroom Life

6. 창의적 사고 기술과 습관, 교육
Teaching Creative Thinking Skills and Habits   237

교실에서의 창의성에 대한 세 가지 핵심   239

창의적 사고를 위한 도구   241

문제의 발견   245

확산적 사고 전략   253

은유와 유추의 사용   295

시각화와 창의적인 연출법   313

상업적이고 경쟁적인 프로그램   322

7. 콘텐츠 영역에서의 창의성-언어, 사회 그리고 예술
Creativity in the Content Areas-Language Arts, Social Studies, and the Arts   337

창의성과 공통 교과목   341

창의력을 향상시키는 교육: 모델   348

언어 과목에서의 문제 발견과 해결   365

사회 과목에서의 문제 발견과 해결   380

8. 콘텐츠 영역에서의 창의성-과학, 수학 그리고 일반적인 교육 전략
Creativity in the Content Areas-Science, Math, and General Teaching Strategies   400

과학 과목에서의 문제 발견과 해결   401

수학 과목에서의 문제 발견과 해결   416

내용 교육을 위한 추가 전략   432

9. 동기 부여, 창의성 그리고 교실 조직
Motivation, Creativity, and Classroom Organization   457

심리적 안전, 내적 동기 부여 그리고 흐름   461

교실 조직, 동기 부여 그리고 자발성: 독립성을 위한 교육   489

10. 평가와 창의성
Assessment and Creativity

    522

창의성과 학습 평가   523

창의성 평가   544

눈먼 남자, 코끼리 그리고 안녕   588

문제-발견 수업
Problem-Finding Lessons

Lesson 1: 사람들은 문제가 필요하다   593

Lesson 2: 문제를 찾는 발명가들   596

Lesson 3: 저자들은 문제를 찾는다   598

Lesson 4: 흥미로운 물건 찾기   601

Lesson 5: 흥미로운 캐릭터 찾기   604

Lesson 6: 문제를 찾는 과학자들   607

Lesson 7: 비교하기   610

Lesson 8: 무슨 일이 일어날지 추측하기   613

Lesson 9: 당신의 아이디어에 덫 놓기   617

Lesson 10: 궁금증과 경탄   619

참고문헌   621

저자명 색인   656

주제별 색인   664

Part I

창의적 인물과 창의적 과정의 이해
Understanding Creative People and Process

· · ·

이 책은 두 부분으로 이루어져 있다. 첫 부분은 이 책의 이론적 구조가 되었다. 기본적인 질문으로 당신의 사고를 돕기 위한 것이다. 창의성이란 무엇일까? 그것은 어떻게 생겼을까? 나는 창의성을 어떻게 알아볼 수 있나? 창의성은 어디에서 오는가? 당신은 이제부터 연구자들, 이론가들과 함께 직면한 논쟁과 미스터리의 세계로 안내받게 될 것이다. 이러한 이론적 배경들 덕분에 교실에서 하는 실습을 올바르게 바라볼 수 있을 것이며, 당신에게 가장 와 닿는 아이디어를 기본으로 전문적인 결정을 내릴 수 있을 것이다. 이러한 과정과 더불어 우리는 다른 중요한 질문들도 생각해볼 것이다. 이것이 청년들에게는 어떻게 작용할까? 다른 문화, 다른 주제일 경우는 어떻게 달라질 것인가? 내가 책임지고 있는 학생들에게는 어떤 의미로 받아들여질 것인가? 필수적인 내용을 가르치는 과정에서 창의성에 대해서도 가르칠 수 있을까? 이 마지막 질문에 대해서는 이렇게 답할 수 있다고 확신한다. "물론이다. 그들은 전보다 더 많이 배울 수 있다." 그러니, 이제 시작해보자!

1. 창의성이란 무엇인가?
What Is Creativity?

1905년, 스위스 특허국의 한 서기가 '절대시간'이라는 개념을 폐기할 것을 주장하는 논문을 발표했다. 과학의 법칙이 담긴 그 가설은 '속도와 관계없이 모든 관찰자에게 같다'는 것을 주장한 상대성 이론이었다. 바로 그 서기가 알베르트 아인슈타인이었다.

빈센트 반 고흐는 1880년에 그림을 그리기 시작했다. 인상주의를 적용한 그의 그림 스타일은 당시에 이상하고 별나다고 여겨졌으며, 화가의 개인사는 질병과 가난으로 뒤얽혀 있었다. 그는 1890년에 죽기 전까지 단 한 점의 그림만을 팔았을 뿐이다.

2003년, 마크 주커버그는 하버드 대학교의 웹사이트를 해킹하여 학생증 사진을 다운받아 '멋진 또는 구린'으로 비교하려고 만든 웹사이트에 옮겼다. 이 웹사이트는 겨우 며칠 동안 존재할 수 있었다. 넉 달 후 그는 '페이스북'이라는 소셜 네트워크 웹사이트를 론칭했고, 그 순간 이미 역사가 되었다.

어느 조용한 장소, 고대의 정원 나무 아래에서 스토리텔러가 귀에 익은 이야기를 들려주고 있다. 청중들은 그의 말 한 마디 한 마디가 주는 뉘앙스에 귀 기울였다. 이미 잘 알고 있는 이야기의 흐름, 새롭게 등장하는 언어나 캐릭터에 생명을 불어넣는 정교한 묘사를 모두들 좋아했다.

시에라리온 출신 하버드 대학생이던 데이비드 셍게는 2012년 런던올림픽의 조명에 생물학을 응용하려고 도전하는 그룹의 일원이었다. 이 팀에 속한 아프리카 출신 대학생 3명은 이렇게 생각했다. '전력 계통망에서 수억 킬로미터 떨어진 아프리카에서 우리가 불을 밝힐 수 있을 때, 왜 런던에서는 불이 켜질까?' 물과 흙을 섞어 LED 전구에 불을 밝히려는 그 프로젝트는 결과적으로 월드 뱅크가 주최한 〈아프리카 밝히기〉 공모전에서 20만 달러의 상금을 받았다(Wagner, 2012).

초등학교 1학년 학생인 미셸은 커다란 상어의 입 모양이 그려진 종이와 함께 "우리의 바다 친구가 다음에 먹을 것은 무엇일까요?"라는 질문을 받았다. 미셸은 물고기 몇 마리를 여러 색깔로 칠했고, 보트들도 그리고 난 후 다음과 같은 설명을 곁들였다. "옛날에 '페피'라는 이름을 가진 상어가 살았다. 어느 날 페피는 세 마리의 물고기와 해파리 한 마리 그리고 보트 2개를 먹었다. 페피는 해파리를 먹기 전에 땅콩버터와 젤리피시(해파리) 샌드위치를 만들었다."

열아홉 살인 후안은 집이 없는 고등학교 상급생이었다. 그는 어느 추운 저녁, 따뜻한 학교 안보다 더 좋은 잠자리는 찾을 수 없을 거라고 생각했다. 건물 안으로 들어가는 데에는 별 문제가 없었지만, 일단 안으로 들어가면 동작 탐지기가 그를 탐지하여 1층에 있는 경비원에게 알릴 것이다. 후안은 창고로 들어가 옆에 쌓여 있던 야구 배트 더미를 허물어뜨렸다. 소란이 일어나는 동안 후안은 안락한 잠자리를 찾아냈다. 경비원은 동작 탐지기가 야구 배트가 쓰러진 것 때문에 작동했다고 생각했고, 후안은 아침까지 편안히 푹 잘 수 있었다.

위의 예에서 과연 누가 창의적인가? 창의성은 어떤 때 보이는가? 창의성은 어디에서 오는 것인가? 교실에서 우리가 하는 일 가운데 어떤 역할이 창의성을 발전시키고, 어떤 것이 제한하는가?

'창의성'이라는 단어는 강력한 연상을 다양하게 불러일으킨다. 어떤 맥락에서는 평범한 인간의 범위를 넘어서는 것처럼 보인다. 우리 중에 누가 아인슈타인이나 퀴리 부인, 피카소 또는 조지아 오키프[1], 모차르트나 찰리 파커[2]의 발자취를 따를 거라고 예상하기는 쉽지 않다. 그들의 업적은 '독창성'과 '파워'라는 면에서 눈부신 것이며, 단지 각자의 분야에서 발전에 기여한 정도가 아니라, 아예 그 분야 자체를 바꾸어버렸다.

그러나 우리 중 대부분은 냉장고 안의 재료를 가지고 찜 요리를 만들거나, 다음번

---

1) Georgia O'Keeffe, 1887~1986, 미국의 서양화가. 자연을 확대한 작품을 주로 그렸다. 추상환상주의 이미지를 개발하여 20세기 미국 미술계에서 독보적 위치를 차지한 여성 화가다.-옮긴이 주
2) Charlie Parker, 1920~1955, 미국의 재즈 알토 색소폰 연주자로, 디지 길레스피와 함께 비밥을 창시했다.-옮긴이 주

주유소가 나타날 때까지 견딜 수 있도록 자동차 머플러에 임시 조치를 하고, 사랑하는 사람을 기쁘게 하는데 시를 짓거나 노래를 만들 뿐이다. 위의 예에 등장한 미셸의 땅콩버터와 해파리 샌드위치 그리고 야구 배트를 미끼로 사용한 후안은 어떠한가? 그들은 과연 창의적인가? 익숙한 이야기를 되풀이하여 들려주는 것도 창의적인 일이 될 수 있을까? 그렇다면 우리는 모두 창의적인가? 이 가운데 어떤 측면을 교육과 관련지을 수 있을까?

'창의적'이라는 단어는 학교에서 매우 자주 쓰인다. 사실 우리 모두는 학생 또는 교사로서 창의적인 글쓰기를 경험해왔다. 교사들은 '창의적인 활동' 모음이나 다양한 주제에 대한 '창의적 교수법'에 대한 책을 엄청나게 많이 모아두고 있다. 이러한 자료들 덕분에 '창의성이란 무엇인가?' 또는 '창의성의 본질은 무엇인가?' '각자를 더욱 창의적이게 만드는 활동이나 환경은 무엇일까?'라는 근본적인 질문에 방해받지 않고도 흥미로운 교실을 만들 수 있다.

물론 이런 활동 자료들이 쓸모 있더라도, 보다 근본적인 쟁점에 대한 정보 없이는 교사가 학생들의 창의성을 고취하는 활동을 결정하기 어렵다. 언어학의 교과 과정을 위해 자기 이론을 계획했다는 이론가나, 동기 부여와 창의성에 대한 연구가 점수를 매기고 평가하고 상을 주는 일에 어떤 영향을 미치는지 연구한 이론가는 거의 없다. 게다가 학령기의 학생들에게 미치는 영향력을 연구한 경우는 더더욱 드물다.

이 책은 두 가지 관점을 동시에 갖고 있는데, '교실 안 활동'이라는 관점에서 기본적인 질문과 이론, 조사를 진행한다. 창의성, 학습, 동기 부여라는 기본 원칙을 함께 묶어 교사가 이 세 가지에 도움이 되는 교실을 만들고, '교실에서의 창의성'이라는 모델을 창조할 수 있게 돕는다. 비록 창의성이란 것이 필연적으로 그렇듯 현상에 대해 조사하는 과정이 무척 복잡하고 규정하기 어려울지라도, 또한 대답보다는 문제를 더 많이 제기할지라도 최소한 '시작할 지점'은 알려준다. 사려 깊은 교사라면 이 책에서 제시된 전략을 넘어 더 멀리까지 실험을 진행하고 새로운 아이디어를 시도하여 어떤 일이 생겨나는지 관찰하기를 희망할 것이다. 이러한 노력을 통해서만 '창의성의 계발'이라는 지식 영역과 그것이 교실에서 끼치는 영향, 젊은이들에게서 창의성이 나타나는 징후 등을 더욱 넓혀갈 수 있을 것이다.

정말, 왜 괴로운 걸까?

내가 이 책의 초판을 쓰기 시작했던 20년 전에는 젊은이들의 창의성을 계발하는 것이 왜 '굿 아이디어'인지 설명할 필요가 없었다는 사실을 생각해보면, 한편 흥미롭기도 하고 또 한편으로는 슬프다. 교사들은 아마도 국가의 교육 기준에 대해 생각할 때 교과 과정으로부터 벗어나 시간을 보내는 일이나 창의성의 역할에 대해서 의문이 들지도 모르지만(이 두 가지에 대해서는 나중에 논의할 예정이다), 창의성의 가치에 대해 의문을 가지는 사람은 드물었다. 하지만 오늘날, 나는 때때로 의문을 가지는 교사들을 만난다. 그들은 자기들이 '책임을 맡고' 있지 않은 무언가를 왜 해야 하는지 궁금해한다. 만약 그것이 중요하지 않다면 무엇이 중요할까? 이것은 마치 배가 어디로 가는지는 상관하지 않고 감독관의 노 젓기 카운트에만 신경 쓰는 노예들의 행위와 같다.

나는 학교의 책임 평가의 경향이 채찍을 휘두르는 무정한 감독관과 맞먹는 것이라고 생각하지는 않는다.—적어도 우리 시대에는 그렇지 않았다. 나는 수업을 하고 평가했으며, 그것은 중요한 일이라고 믿는다. 그러나 시험만이 가장 큰 관심사라는 식으로 과도하게 강조하다 보면 교사들의 시야는 좁아져 노 젓기만을 보게 만든다. 이것은 학생이나 우리의 세계 전체를 건강하지 못하게 만드는 방식이다. 맞는 답에 표시를 하는 것보다 더 중요한 테스트 방법이 있다. 그중 하나가 우리가 살고 있는 곳과 우리가 돌보는 젊은이들을 올바르게 관리하는 것이다.

경제를 위해서도 창의성이 필요하며, 그 이상을 위해서도 필요하다. 과거에 나는 중국의 학교를 방문하여 교육자들에게 강연할 기회가 있었다. 내가 가는 곳마다 교사와 공무원들은 같은 질문했다. "어떻게 학생들이 보다 더 유연하게 생각하도록 도울 수 있을까요?" "어떻게 학생들이 더 창의적이고 상상력 넘치는 생각을 하도록 도울 수 있을까요?" 그때 나는 중국에서 그들과 했던 논의와 미국의 학교에서 종종 해온 대화 사이의 극명한 차이를 보고 충격을 받았다. 최근 (논리적인 이유 때문에) 미국 학교에서의 논의는 주로 평균 점수를 어떻게 향상시킬 것인가에 초점이 맞춰져 있다. 중국에서는 시험 성적이 (적어도 내가 방문한 학교의 경우에는) 이미 충분히 높았으며, 성적만을 목표로 하는 것은 불충분하다는 것을 깨닫고 있었다. 그들은 '혁신'과 '창의성'이라는 미국의 전통적인 강세 영역에 연료를 공급하는 역할을 하는 교육을 배우는 데 더 관심을 보였다.

　물론 창의성의 필요에 관한 논의가 중국에서만 독특한 현상은 아니다. 김경희 박사의 연구는 〈뉴스위크〉를 통해 널리 알려진 주제로, '창의성의 위기'가 특징이다 (Bronson & Merryman). 이는 미국 전역에서 삼삼오오 창의성에 대한 논의를 촉발했다. C. 셔키(2010)는 기술과 유대감의 결합이야말로 우리에게 '인지잉여'를 제공하여 역사상 다른 시대에는 불가능했던 혁신을 위한 기회를 준다고 지적했다. 그러나 여전히 미국 교육에서는 비판적 사고와 창의적인 사고의 역할에 관해 어느 정도의 반대 감정이 공존하고 있다. '창의성의 위기'에 대한 논의는 그것이 시험 성적을 저해하지 않는 한 학생들의 경험 속에 창의적인 사고를 더 많이 불어넣는 것을 옹호하고 있다.

　시험 성적을 우선시하기는 특히 현재와 같은 경우, 근시안적인 목표일 뿐이다. Y. 자오(2012)가 힘주어 지적했듯이 시간은 한정된 자원이다. 시간과 에너지의 할당량이라는 면에서 우리가 하는 모든 선택은 다른 선택을 제한한다. 수세기 동안 중국 사회에서 발전으로 가는 길은 다양한 테스트의 성적을 통해서였다. 그 결과 그들은 자오의 표현대로 성적을 매길 수 있는 종류의 활동에만 '초집중'해왔다.

　놀랄 것도 없이 그들의 시험 성적은 아주 우수하다. 그러나 이런 식으로 시험에만 집중하여 얻은 성적은 학생들의 문제 제기 능력, 문제 해결 능력 그리고 혁신을 희생한 대가로 얻은 것이다. 중국 사람들은 이것이 심각한 문제라는 것을 깨달았고, '혁신'이라는 분야에서 미국의 전통적인 강세를 지원하는 교육을 배우려고 부지런히 노력하고 있다. 반면에 미국은 법에 규정된 교육 과정이 아니면 내던져버리고, 위험할 정도로 빠르게 성적 중심이라는 절벽을 향해 달려가고 있다. 이것은 퇴보를 향한 위대한 첫걸음이다.

　자오의 지적 가운데 가장 주목할 만한 것은 PISA[3]와 매년 치러지는 GEM[4]의 수학 성적 사이의 관계를 살펴본 연구로부터 나왔다. GEM은 50개국에 걸쳐 기업가 정신의 다양한 측면을 추적했다. 그는 이 둘 사이의 부정적인 연관성을 찾아냈다. 즉 높은 PISA 점수를 가진 나라들은 평범한 점수를 가진 나라들보다 기업가 정신의 측정에서

---

3) Program for International Student Assessment, 학업성취도 국제비교연구. 각국의 교육 정책 수립의 기초자료를 제공하는 데 만 15세 학생을 대상으로 읽기(글 이해력), 수학, 과학 능력을 평가하는 프로그램. 평가는 보통 3년마다 진행된다.-옮긴이 주
4) 국제 기업가 정신 연구Global Entrepreneurship Survey의 약자-옮긴이 주

낮은 점수를 받았다. 물론 고득점이 덜 혁신적인 경제의 원인이라는 뜻은 아니지만, 특별히 뛰어난 높은 점수가 혁신적인 사고를 돕는 것은 아니라는 것을 보여준다. 미국의 '창의성 위기'는 교육이 점점 더 성적 중심으로 변해간 바로 그 지점에서 나타났다는 것을 생각해보면 이는 충격적이다.

반면에, 혁신과 기업가 정신이 미국이 글로벌 경제 속에서 경쟁력 있게 남는 데 꼭 필요하다는 것은 비즈니스 세계에 대해 숙고하는 작가들에게는 명백한 사실이다. 서점에는 '창의적인 혁신가' 같은 부류의 제목을 가진 책으로 가득 차 있다. 즉 〈젊은이들이 세계를 바꿀 수 있게 하라〉(Wagner, 2012), 〈첫째가 상상력〉(Liu & Noppe-Brandon, 2009), 〈좋은 아이디어는 어디에서 오는가〉(Johnson, 2010), 그리고 자오의 〈세계 수준으로 배워라: 창의적이고 기업가 정신으로 무장한 학생 교육법〉(2012) 같은 책들 말이다. 이러한 주제에 대한 글쓰기는 늘 있어왔다. 즉 ① 미국(또는 어떤 선진국)이 국제 경제 체제에서 성공적으로 존재하려면, 기업가 정신이 투철하고 유연하며 상상력이 넘치는 사고가 점점 더 필요할 것이다. ② 이러한 영역에서의 성공은 우리 교육 체계가 기업가 정신이 투철하고, 유연하며 상상력이 넘치는 사고를 뒷받침할 수 있을 때만 가능할 것이다. 경제가 요구하는 바와 미국의 학교에 의해 만들어진 필요성 사이의 극명한 대조는 매우 극적이다.

유튜브에서 센세이션을 일으킨 게티 파운데이션의 수석 고문인 켄 로빈슨 경(2001, 2005)은 기후에 관한 두 가지 커다란 위기에 대해 말하고 있다. 첫 번째 위기는 지구 온난화가 우리의 환경 자원을 위협하고 있는 것이다. 그가 말한 두 번째 위기는 우리의 인적 자원에 영향을 끼치는 문화적 위기다. 단일 기준 아래 놓인 평가 방식을 과도하게 강조하는 바람에, 우리의 교육 체계에는 공포 분위기와 위험에 대한 반감이 범람하게 되었다.

로빈슨 경은 "지금 정말로 필요한 교육 개혁은 20년, 30년, 40년 전에 수많은 교육 정책가가 학교에 다닐 때 받은 교육에 대한 태도 때문에 방해받고 있다. 수많은 사람이 미래로 가는 길은 단지 자신들이 과거에 했던 것을 더 잘하기만 하면 된다고 믿는 것 같다. 하지만 오늘날의 학생들을 위해서는 완전히 다른 무언가가 필요하다는 데 진실이 있다"(2005, p2)고 말한다. 그는 학생들이 만나게 될 변화무쌍한 세계를 제대로 준비하기 위한 유일한 방법은 창의적인 경험뿐이라고 믿는다.

물론 모든 시험이 나쁘다는 것이 아니며, 학생들은 자신이 가치 있는 것을 배우고 있다고 확신하길 원하지만, 그러나! 만약 학교가 학생들이 시험 준비를 하는 데에만 모든 노력을 쏟는다면 그들이 자신의 삶을 준비하도록 하는 데는 실패할 것이다. 21세기의 변화 속도와 국제 경제가 젊은이들에게 요구하기는 그들 스스로 배우고, 문제를 해결하며, 상황에 대처하라는 것이다. 그런데 이것은 그들의 교사나 부모들이 꿈에도 상상하지 못했던 것이다. 그러니 우리가 이들을 어떻게 준비시킬 수 있을까? 우린 단지 학생들이 독립적으로 배우고 창의적으로 생각하도록 돕는 것말고는 다른 할 일이 없다.

흥미롭게도 D. 앰브로스와 R. J. 스턴버그(2012)는 창의성의 필요성을 국내 경제를 넘어서 국제적인 이슈로 묶었다. 분야를 달리하는 여러 작가가 일련의 에세이를 통해, 증가한 상황이나 정보와 상관없이, 미리 정해진 믿음에 완전히 고착한 독단주의는 창의적이고 비판적 사고와 조화를 이룰 수 없다고 주장했다. 21세기 미국의 대부분의 정책이 가진 특징으로 보이는 편파적인 정체 현상을 숙고해볼 때, 좀 더 창의적인 사고라는 측면은 타당한 것 같다.

학습을 위해 창의성이 필요하다

학교는 무엇보다 학생들이 배우는 장소가 되어야 하기 때문에, 학교에서의 창의성을 한층 더 독려하고 싶다. 학교는 학생들이 비판적으로 생각하고 더 깊게 이해하도록 가르쳐야 한다는 생각을 반박할 비평가는 거의 없을 것이다. 창의성에 도움이 되는 각종 전략들, 즉 문제를 해결하고, 다양한 경우의 수를 탐험해보고, 조사 방법을 배우는 것이 깊은 이해에 도움이 된다는 증거는 너무도 많다.

슬프게도 우리 모두는 학교에서 이해하지도 못한 채 뭔가를 '배운' 경험을 가지고 있다. 설명하지도 못하는 사실들을 암기해서 치른 시험들, 무슨 뜻인지, 왜 그것들이 중요한지도 모른 채 교과서의 한 단락을 인용하여 채운 숙제들에 대해 생각해보자. H. 가드너(1993)가 말했듯이, 당신만 그런 게 아니다.

지난 20~30년간 인지 연구에서 진정 설득력 있는 발견은, 기본적인 의미에서 학생들이 이해하지 못한다는 것이다. 즉, 그들에게는 어떤 상황에서 배운 지식을 적절하

*게 다른 상황에 적용할 능력이 결여되어 있다. 연구를 거듭하여 발견한 사실에 비
취보면 가장 좋은 학교의 가장 우수한 학생들조차도 그렇다는 것이다.(p4)*

가드너는 하버드 대학교의 연구팀인 '프로젝트 제로'의 일원으로서, 학생들이 이해
력을 쌓도록 하는 교과 과정과 활동의 형태를 결정하는 것이 목표였다. 우리는 이 연
구의 결과를 앞으로 제7장에서 살펴볼 것이지만, 지금 중요한 핵심은 이것이다.

학생들은 다양한 방법과 여러 가지 상황에서 내용을 적용하고, 그들이 아는 것을 가
지고 유연하게 행동하면서 이해력을 발전시킨다. 우리는 학생들에게 다양한 방식으로
학습 내용을 사용해보라고 하면서, 아는 것을 토대로 생각하고 창조하도록 요구한다.
이때 우리는 학생들의 이해 수준을 슬쩍 들여다보는 것은 물론 그들의 이해력을 발전
시키게 된다. 중요한 내용을 창의적으로 적용하는 것은, 학생이 이해력을 쌓도록 만드
는 교사의 가장 강력한 도구다. 기본적인 학습 이론을 떠올려본다면 이 점을 이해할
수 있을 것이다.

초기의 학습 이론은 종종 행동주의적 관점에 기반을 두고 있었다. 이러한 전통 속
에서 연구자들은 주의 깊게 통제된 상황하에서 어떤 자극에 반응하는 다양한 학습자
의 행동을 관찰했다. 학습자는 외부의 힘이 이끄는 대로 자극을 수동적으로 받아들이
는 것으로 파악되었고, 그렇게 학습자는 배운다는 것이다. 기본적인 학습 과정은 어떤
종이든 똑같다. "우리가 연구한 종이 무엇이든 차이는 크지 않았다…. 학습의 법칙은
쥐든 개든, 심지어 비둘기나 원숭이, 인간일지라도 모두 같다."(Hill, 1977, p9)

학습자를 자극을 수동적으로 흡수하는 존재로 보는 이런 관점은 창의성의 목적이
나 창의적 과정과는 조금도 공통점이 없다. 그러나 최근의 학습 이론에 따르면 인간
의 학습 과정은 이전에 생각했던 것보다는 더 복잡하고 건설적인 과정이다. 연구자들
사이에 합의가 모아지면서 학습은 목표지향적인 과정이라는 것이 알려졌다(예를 들면
Brandford, Brown, Cocking, Donovan & Pellegrino, 2000 참조). 의미 있는 목표를 추구
하기 위해서 하는 행동은 명백한 이유 없이 진행된 행동보다 학습에 더 비옥한 바탕을
제공한다.

건설적인 과정으로서 학습이란 스펀지가 물을 빨아들이거나 당구공이 당구대를 튀
기는 것과 달리, 기술자가 새로운 기종의 컴퓨터를 조립하듯 학습자는 자신의 지식을

쌓아간다는 뜻이다. 이러한 관점에서 볼 때 학습과 관련된 과정이란 정보를 조직하고, 새로운 정보를 이전의 지식과 결합시키며, 목표를 성취하는데 초인지 전략(사고에 관한 사고)을 사용한다. 심도 있는 이해를 쌓기 위해 필요한 집중력을 유지하려면 학생들은 그들이 재미있고 관련이 있다고 여기는 활동을 해야 한다(Brandford, Sherwood, Vye & Rieser, 1986; Bransford et al, 2000).

인지 구조를 쌓는 과정은 모든 학습의 바탕이다. 어떤 분야에서 전문 지식을 발달시킨다는 것은 새로운 정보가 꼭 들어맞는 인지 구조와 결합하거나 공간을 계발하는 것으로 볼 수 있다. 한 전문가의 체계는 그의 주제와 평행하며, 마치 컴퓨터의 칩을 이미 준비된 홈에 쉽게 끼울 수 있는 것처럼, 전문가가 새로운 지식을 적절한 장소에 쉽게 집어넣을 수 있게 한다. 학생들을 도우려면 그들이 체계를 준비하고 홈을 미리 만들어 놓도록 도와서 전문가가 되게 해야 한다.

다양한 경로를 거쳐 아주 유사한 권고에 이르는 듯 보이는 것은 아주 흥미롭다. 우리의 뇌과학에 대한 이해는 유아기 수준이지만, 학습 이론에서 얻어진 것과 비슷한 결론으로 이끈다. 이 분야의 연구는 뇌와 뇌의 발달로부터 시작된다. 수많은 신경계의 연결 통로가 이미 태어날 때부터 형성되어 있지만(예를 들어, 이것을 통해 호흡과 심장박동이 제어된다), 더 많은 부분은 환경과의 상호 작용으로 만들어진다. 각각의 상호 작용을 통해 신경계의 결합이 강화되는 것이다. 우리가 특정한 연결을 많이 사용할수록 그것들은 더 강해진다. 우리가 새로운 연결 방식을 더 많이 만들어낼 때, 한층 더 유연한 사고를 위해 용량을 더 키울 수 있게 된다. 정신과 의사인 존 레이티(2001)는 이렇게 말했다.

우리는 언제나 우리의 뇌를 리모델링할 수 있는 능력을 가지고 있다. 배선 장치를 바꾸려면, 낯설고 신기하지만 그 기술과 관련된 어떤 행동을 해야만 한다. 왜냐하면 같은 행동의 반복은 이미 만들어진 연결 상태를 유지할 뿐이기 때문이다. 자신의 창의적인 회로망을 북돋기 위해서 알베르트 아인슈타인은 바이올린을 연주했고, 윈스턴 처칠은 풍경화를 그렸다.(p36)

창의적으로 문제를 해결하는 방법을 택할 때마다, 또는 새로운 방식으로 뭔가를 생각할 때마다 우리는 뇌의 물질적인 연결을 재구성할 수 있다. 마치 근육과 심장 그

리고 폐가 더 탄력 있으려면 운동을 해야 하는 것과 마찬가지로, 뇌가 적절한 상태
를 유지하기 위해서는 도전을 받아야 한다.(p364)

이러한 신축성 있는 패턴은 우리가 창의성을 강화하는 방식으로 가르칠 때 성취되길 희망할 수 있다. 학생은 다양한 방식으로 내용을 생각해보고, 그것을 새로운 방식으로 사용하거나 새롭고 비범한 아이디어와 결합시킨다. 이러한 '연관 맺기'는 학습 내용과의 연관을 강화할 뿐 아니라, 보다 더 유연한 사고에 관한 정신적 습관, 그리고 그 결과로 얻어지는 '이해 쌓기'를 강화한다. 연구자들은 이제 막 뇌의 활발한 활동 영역과 창의적 사고방식을 동일시하기 시작했다(Haier & Jung, 2008). 우리는 이 점에 대해서 제3장에서 살펴보기로 하겠다.

학생들의 학습을 돕기 위해 좀 더 효과적으로 가르치는 전략에 대해 상세히 설명하려고 연구자들이 노력할 때, 그 목록에는 보통 문제를 발견하고 해결하는 데 필요한 활동이 포함되어 있다. 예를 들어, R. 마자노(2003)는 효과적인 지도 전략에 대한 여러 가지 메타 분석을 종합하여 효과적인 실습방법을 9개의 카테고리로 나누려고 시도했다. 카테고리 중 하나는 '가설을 만들고 테스트하는 것'(p83)이다. 이에 덧붙여, 그가 나눈 카테고리 중 몇 개에는 이 책에서 추천하고 있는 전략을 반영한 활동도 포함되어 있다.

예를 들어, 그의 '비언어적 표현' 카테고리(p82)에는 시각 이미지와 역할놀이가 포함되어 있고, '유사성과 차별성의 동일시' 카테고리(p82)는 은유와 유추를 포함하고 있다. 2008년, V. B. 맨실라와 H. 가드너가 학과에 대한 이해력을 계발하기 위한 최적의 전략을 논의할 때, 창의적인 노력의 뿌리인 질문에 대한 전략도 포함되어 있었다.

2005년, G. 위긴스와 J. 맥타이는 심도 깊은 이해력을 계발하기 위한 전략을 논의하면서 이렇게 말했다. "만약 우리가 학생들에게 진짜 문제를 풀고, 학습을 의미 있게 만들며, 배운 내용을 다양한 맥락에 적용시킬 수 있는 기회를 충분히 진행하도록 제공하지 못한다면, 오래 지속되는 기억이나 충분한 성취를 이룰 가망이 없다."(p37~38) 이러한 모든 전략에 대해서는 제7장과 제8장에서 논의하겠다.

이러한 제안들은 창의성과 어떻게 연관되어 있는가? 간단히 말하면, 만약 우리가 학생들이 이해력을 쌓을 수 있도록 돕기를 원한다면, 창의성에 도움이 되는 전략을 가지면 된다. 학생들에게 창의적이 될 기회를 주려면, 그들이 문제를 발견하고 풀고 아이디어를 교환할 수 있는 유연한 방식으로 배운 내용을 적용하도록 하면 된다. 학습이 가장 잘 이루어지는 것은 학습자가 목표를 설정하고, 그것을 이루는 데 관여하며, 정보를 독창적으로 경험 속에서 사용할 때이다.

창의성은 제쳐두더라도 문제를 제기하고 푸는 것, 개인적이고 독창적인 아이디어에 여러 정보를 적용해보는 것, 그리고 결과를 공유하는 이 모든 과정이 학생들의 이해에 도움이 된다는 것을 우리는 안다. 그렇다면 독창적인 아이디어를 촉진하고 새로운 사고를 공유할 수 있도록 학생들에게 도구를 제공하면서 문제를 발견하고 해결하게 하기는 얼마나 더 좋은 것일까? 창의성이라는 목표를 둘러싼 교육 체계를 세우는 것은 '1+1 세일'같이 멋진 일이다. 학습을 위한 가격만 치르고 창의성을 덤으로 얻는 셈이기 때문이다. 하지만 거기서 멈춰서는 안 된다.

동기 부여를 위해서도 창의성이 필요하다

'교실에서의 창의성'이라는 삼각형 속에 하나 더 중요한 요소가 있다. 학창시절 동안, 교사가 아래와 같이 당신에게 '동기 부여'를 하려고 노력한 적이 있었는가?

"이건 시험에 나올 거니까 꼭 공부하는 게 좋겠다."

"이 과목을 잘하지 않으면 좋은 대학에 못 갈 거야."

"이 성적은 평생 지워지지 않는 기록으로 남을 거야."

당신에 대해 잘 모르지만 나라면 이런 말을 들었을 때, 시험 성적이 내 미래에 어떤 위협이 될지도 모른다는 생각은 들었을 것이다. 하지만 이런 협박은(이것이 결정적이다!) 결코 내가 실제로, 그 내용을 이해하도록 돕지는 못할 것이다. 만약 그 당시 내가 시험을 잘 볼 수 있었다면, 핵심적인 아이디어를 이해하는 장기 기억보다는 특정 사실에 대한 단기 기억을 높이는 학습 방법으로 배웠기 때문이었다.

이런 경험으로 볼 때 학생들이(또는 그 밖에 다른 사람들이) 자기 스스로를 위해서 세우는 두 가지 중점 목표, 즉 성과 목표와 숙달 목표 사이에는 차이가 있다. 성과 목표는 다른 사람들의 인정을 얻기 위해 수행하는 것이고, 시험 성적이나 구기 종목에서의 점수처럼 외적인 성공의 지표를 얻기 위한 것이다. 이런 목표를 가지고 각 개인은 이떤 의미에서는 다른 사람들을 위한 '공연'을 하고 박수갈채를 기다린다. 사실 학창 시절 시험 성적과 관련하여 가장 나쁜 기억은 좋은 시험 성적이라는 성과 목표를 설정했을 때 일어난 일이다.

그와 반대로, 숙달 목표는 각자가 뭔가를 숙달하기를 원해서 자기 시간에 최선을 다하고, 복잡한 생각들을 이해하려고 노력하며, 스스로의 해석과 직관을 가지고 악보를 연주하는 등의 과정에서 수행된다. 어떤 목표가 이해를 위한 학습으로 우리를 이끌 것처럼 보이는가?(Ames, 1992; Ames & Archer, 1988; Elliott & Dweck, 1988; Grant & Dweck, 2003; Wolters, 2004)

성과 목표와 숙달 목표라는 개념은 외부로부터의 동기 부여와 내적 동기 부여에 직접 연관되어 있다. 숙달 목표는 내적 동기 부여와 연관되어 있고(과제로부터 생겨나 과제에 집중하는), 보상에 초점을 맞추는 외적 동기 부여와는 정반대이다. 내적 동기 부여는 창의성과 강력한 연관이 있다.

T. M. 아마빌레(1989)는 내적 동기 부여가 창의적 과정의 기초라는 사실을 알아냈다. 그녀는 이것을 미로 속에 있는 쥐의 심정과 비교했다. 만약 쥐가 외부적인 보상(예를 들어, 치즈 같은)에 의해 동기 부여가 되었다면, 보상을 향해 가장 빠른 길을 택하여 가능한 한 재빨리 미로를 빠져나온다. 그런데 만약 쥐가 내적 동기 부여를 얻었다면 미로에 있는 것 자체를 즐긴다. 쥐는 미로를 탐험하고 싶어 시간을 두고 머물며, 그 안에 있는 후미진 곳과 흥미로운 틈새를 찾아낸다. 그러므로 당연히 내적으로 동기 부여를 가진 쥐가 미로를 통과하는 데 한층 창의적인 방식을 찾아내기가 쉽다. 이 점에 대해서는 제4장에서 더 자세히 다루겠다. 내적 동기 부여가 학습과 강력한 연관성을 가진다는 사실은 그리 놀라운 일도 아니다.

학교에서는 대체로 내적 동기 부여에 대해 학습에서 즐거움을 찾는 쪽으로 생각하려는 경향이 있지만, 그렇게 단순한 문제는 아니다. 만약 우리가 내적 동기 부여를 단지 과제나 학교생활의 매 순간을 즐기는 것이라고 정의한다면, 이것은 비현실적인 생각이다. 교실에서의 창의성을 장려하기 위해서는 내적 동기 부여를 이보다 더 복잡한 방식으로 생각할 필요가 있다.

스스로 원했기 때문에 무언가 배웠던 시간을 떠올려보자. 운전이나 다른 언어, 악기를 배웠던 경험 같은 것 말이다. 목표를 향해서 가기 위한 모든 과정—클러치를 넣는 방법, 떠듬떠듬 회화를 배운다거나, 도레미파솔 음계를 하나하나 연습하는 과정이 즐겁기만 하진 않았을 것이다. 하지만 우리가 얻으려는 지식과 기술이 소중하다고 믿기 때문에 이런 일들을 계속해나가도록 스스로 동기 부여했을 것이다.

이것을 J. 브로피(2010)는 '학습의 동기 부여'라고 불렀다. 이는 교실에서의 창의성 모델 가운데 내적 동기 부여와 연관이 있다. 교실에서의 동기 부여라고 해서 학생들이 반드시 '이것 참 재미있군'이라고 느낀다는 뜻이 아니라, '나는 뭔가를 배우고 있어' 또는 '내가 점점 나아지고 있구나'라고 느낄 수도 있다(여기에서 숙달 목표가 떠오르지 않는가?). 이러한 동기 부여 덕분에 학생들은 현재의 활동이 자기가 좋아하는 것이 아닐 때에도 단지 배움의 가치를 알기에 앞으로 나아갈 수 있다. 내적 동기 부여의 양 측면인 애착(정말 재미있어서 더 하고 싶다!)과 인식(내가 얼마나 나아졌는지 봐!)은 창의성과 학습을 위해 중요하다.

그래서 우리는 학습을 위한 내적 동기 부여가 필요하다. 특히 창의성을 위해서는 더욱 내적 동기 부여가 중요하다. 우리는 학습을 위해 창의성을 필요로 하고, 동시에 창의성을 위해서 학습이 필요하다. 우리가 이 두 가지를 모두 해낼 때, 교실에서의 창의성 모델이 만들어진다. 이것은 '교실에서의 학습 모델', 또는 '교실에서의 내적 동기 부여 모델'이라고 부를 수 있다. 이 책 전체로 이 모델의 다양한 측면을 세세히 살펴볼 예정이지만, 〈표 1.1〉은 전체적인 관계를 보여준다. 창의성 그리고 창의성과 관련된 유연한 사고는 마냥 '빈둥거리는' 것이 아니다. 그것은 동기 부여와 심화 학습으로 이끄는 과정의 기초가 된다. 이는 경제의 진보를 위해서도 필수적이다. 물론 이것이 전부는 아니다.

창의성은 기쁨을 위해 필요하다

우리에게 기쁨은 매우 중요한 감성이다. 좋은 교사라면 학습 내용을 전달하는 책임에 스스로 제한을 둘 거라고 믿지 않는다. 나는 우리 학생들이 자기 삶에 열정을 가지기를, 그리고 그만한 능력을 갖추기를 바라며, 이것을 학교에서 배웠으면 한다. 스티븐 월커(2008)가 논문의 제목을 '학교에서의 기쁨'이라고 정한 것은 전혀 우연의 일치가 아니다. 그는 즐거운 학교생활의 핵심 요소로 "학생들이 창의적인 일을 하게 하라"와

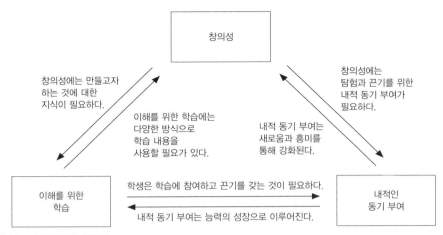

표 1.1 교실에서의 창의성

"생각할 시간을 갖자"를 들었다. 학교에서 우리가 하기는 작은 장치에 구멍을 뚫는 일이 아니라 젊은이들을 양육하는 것이다. 내 관점으로 학생들이 인생을 위해 해야 하는 준비의 본질인, 인생은 흥미로운 것이며 즐거운 가능성들로 가득 차 있다는 것을 발견할 수 있도록 돕는 것이다. 그들을 위해 우리가 할 수 있는 단 한 가지 일은 창의성을 경험하게 하는 것이다.

교실에 대해 생각하기

만약 당신이 어린 학생들을 가르치고 있다면, 운동장에서 노는 것을 관찰해보라. 놀이를 하는데 신선하고 독창적인 아이디어를 사용하는 행동을 살펴보라. 좀 더 높은 연령의 나이 든 학생들을 가르치고 있다면, 과외 수업이나 다른 사회적인 활동을 하는 동안 그들 서로에게 하는 상호 작용을 관찰하라. 그리고 독창성의 증거를 찾아라. 학습의 증거가 보이는가?

하나의 의심이 생길 경우: 창의성은 모두를 위해 필요하다

이러한 결론에 이르기까지, 부끄럽게도 나는 학생들의 특별한 창의성과 요구를 보면서 세 번 '아하!' 하는 순간이 필요했음을 고백해야겠다. 몇 년 전 석사 과정의 학생들이 듣는 기초 연구 수업을 진행했었다. 학생들 중 몇이 내가 이 책을 썼다는 것을 알고, 학기 말쯤에는 학교에서의 창의성에 대해 논의할 시간을 가질 것인지 물었다. 물론 두 번 질문할 필요가 없었다!

그 시간이 오자, '교실에서의 창의성을 위한 세 가지 비결'(제6장 참조)을 소개하면서 교실에 함께 있던 특수교육 교사들에게 양해를 구하면서, 별 생각 없이 이런 주제는 그 학생들에게는 적절하지 않을 것 같다고 말했다.

그런데 웬걸, 그 교사들은 내가 틀렸다는 것을 확실히 깨닫게 해주었다. 뿐만 아니라 장애를 가진 학생에게 적합한 창의성을 계발하기는 다른 어떤 이들의 경우보다 더 중요하다고 그들은 주장했다. 그 후 내가 이 점에 대해 생각해보았을 때, 당연히 특수 교사들이 옳았다는 것을 깨달았다. 우리는 유연하게 사고할 필요가 있다. 특히 학교에서 어려움을 겪고 있는 학생들일수록, 다른 누구보다도 그들 자신의 아이디어를 만들어내고 추구하는 짜릿함을 느낄 기회가 더 필요한 것이다. 제대로 훈계를 받은 나는 다음에 이 책의 개정판을 낼 때는 장애를 가진 학생들에게 적합한 예시를 꼭 포함시키겠다고 약속했다.

개정판을 집필하기 시작할 때가 되자, 나는 한 특수학교 교사에게 뇌물로 타이 음식을 제공하고 장애 학생들을 위한 창의성에 대해 흥미진진한 대화를 나누었다. 이것이 두 번째 "아하!"를 외친 순간이었다. 그녀가 더 많이 설명할수록, 그녀가 나누어주고 있는 모든 생각이 보편적인 디자인 원리의 하나로서 우리가 기초 교과 과정에서 가르쳤던 것들임을 깨달았다. 예를 들어, 학생들은 다양한 방식으로 학습 내용을 배울 필요가 있다, 학생들은 여러 가지 방식을 통해 자기 자신을 표현하고 학습 내용을 발표해야 한다, 학생들은 그들의 삶과 관련 있는 학습 내용을 찾아야 한다 같은 것 말이다.

이 말에서 핵심은 장애가 있는 학생들은 이 모든 것을 적절한 도움을 받아 실현해야 한다는 것이다. 그들은 같은 방식으로 창의적인 사고를 배울 필요가 있다. 나는 지금 독자들이 이렇게 말하는 게 들리는 것 같다. "어머, 그걸 여태 몰랐어요?" 어쩌면 이미 알았을지도 모르지만, 그날처럼 강하게 깨닫진 못했다.

사실, 내가 아는 몇몇 뛰어난 사람들은 장애를 가지고 있다. 나에게는 재능이 뛰어난 시각 장애인 삼촌이 있다. 또, 뛰어난 지능을 가진 다양한 나이 대의 친구들이 있는데, 그들은 주의력 결핍 장애를 가지고 있다. 교수인 한 친구는 자기 분야에서 국내 최고의 리더지만 문장을 빨리 읽지 못한다. 그 밖에도 얼마든지 더 많은 예를 들 수 있다.

특수교육 종사자들로부터 흔히 들을 수 있는 가장 슬픈 이야기는 학생들이 아무리

많은 재능을 보이더라도, 사람들의 관심은 오직 그들의 장애에만 초점이 맞춰진다는 것이다. 한 친구의 아들은 심각한 인지 결손을 가진 학생들을 위한 클래스에 속해 있었다. 그는 날마다 많은 시간을 기본적인 기술을 습득하기를 반복하면서 보냈다. 1년 후 내가 그 아이를 다시 만났을 때(다행히 그 지역에서 이사를 한 뒤였다) 나는 말문이 막혔다.

교사는 말할 것도 없이 그 누구든 그 젊은이와 단 5분이라도 대화를 나누어보았다면 그의 밝고 창의적인 정신을 알아챘을 것이다. 허나 아무도 그러지 못했다는 것을 나는 믿을 수 없었다. 물론, 그 아이는 집중력에 문제가 있었다. 읽기에 어려움을 겪는 것도 분명한 사실이었다. 하지만 그는 왕성한 호기심과 더불어 수많은 아이디어를 가지고 있었다. 훗날 그는 끈기 있는 부모와 몇몇 훌륭한 교육자들 덕분에 자신의 적성을 찾아내어 영화계에서 좋은 직업을 찾을 수 있었다. 하지만 만약 그 젊은이가 유연한 사고를 지닌 학교 고유의 프로그램 속에서 더 많은 기회를 가졌더라면, 그의 길이 더 순탄했을 것은 틀림없다.

만약 우리가 창의적이고 유연한 사고에 도움이 되는 요소를 교실에 도입하고 싶다면, 필수적으로 다음의 질문을 고려해야 한다. "모든 학생에게 쓸모 있는 창의적 사고를 위한 기회를 우리는 어떻게 교실에 구조적으로 적용할 수 있을까?"

우리 주변에는 창의적인 사고 활동을 포함하여 추상적인 사고를 하는 데 어려움을 겪는 심각한 인지 장애를 가진 학생들이 있다. 그러나 장애를 가지고 있는 학생들 중 대부분은 적절한 도움이 있기만 하면 유연하고 독창적인 사고를 할 능력이 있다. 우리는 단지 어떤 도움이 필요한지 생각하기만 하면 된다.

일반 교육에 종사하는 우리는 가끔 특수교사에게는 마술 같은 그 무엇, 즉 특별 교육이 필요한 학생들을 돕는 비결이 있다고 여긴다. 만약 우리가 자신에게 '그런 비법'이 없다고 여긴다면, 그래서 특별 교육이 필요한 학생들에 대한 책임을 덜 심각하게 받아들인다면 이건 끔찍한 실수가 될 것이다. 나는 특별 교육이 필요한 학생들을 위해 새로운 전략이 필요하지는 않으며, 우리가 이미 가지고 있는 전략을 가지고 이 학생들을 도울 방법을 좀 더 신중하게 생각하기만 하면 된다고 믿는다. 그건 여러분도 마찬가지다. 시작할 지점을 알려면 이 장의 끝에 있는 Tech Tips에 나열되어 있는 CAST 웹사이트를 참조하라.

신기하게도, 우리가 대화를 하는 동안 내 친구는 그녀 자신이 '아하!' 하는 순간에 이르렀다. 그녀가 말하길, "특수교육을 하면서 우리는 종종 학생들에게 실용적인 내용에 대해 유연하게 생각하도록 가르쳐요. 예를 들어, 인지 장애가 있는 학생에게 기다리는 버스가 오지 않을 때 이를 해결하는 여러 가지 방법을 생각하도록 가르친다거나 하는 거죠. 그러나 우리는 학문적인 내용에 대해서 유연하게 생각하는 다양한 경우의 수를 생각해보지는 않았던 것 같아요. 그런 면에 대해서는 기계적으로 학습하며 암기하려는 경향이 있었어요. 그건 결코 최선의 학습 방법이 아니에요. 창의적으로 생각하는 방법을 배우기에도 좋은 방법이 아니고요."

이 말을 한 내 친구는 현명한 사람이다. 그리고 우리 모두는 이러한 작업의 일부를 담당한다.

시작하기: 창의성의 정의

'창의성'의 정의

창의성에 대해서는 수많은 정의가 있다(예를 들어, Kaufman & Sternberg, 2006; Runco, 2007; Sternberg, 1999). 어떤 정의에 따르면, 업적이 창의적이라고 여겨지는 사람들의 특징에 집중하고(창의적인 사람은 어떠한가?), 반면에 업적 그 자체를 중요하게 보는 정의도 있다(무엇이 창의적이게 하는가?). 20세기 중반 이후로 대부분의 정의에 따르면 창의성을 판단하기 위한 두 가지 중요한 기준, 즉 참신함과 적합성을 들고 있다(Barron, 1955; Runco & Jaeger, 2012; Stein, 1953). 가장 기본적으로는 창의성이란 전후 사정상 적합한 신형의 생산물(아이디어, 미술품, 발명품 등)과 관련이 있다. 물론 이렇게 간단히 정의하는 것에는 의문스러운 면이 있다.

참신함과 독창성은 창의성과 가장 직접적으로 연관된 특징일지도 모른다. 그 이전의 작품들을 흉내낸 문학이나 이전 세대의 업적을 다시 써먹은 과학의 발견은 별로 창의적이라고 생각되지 않는다. 창의적이기 위해서는 아이디어나 생산품이 새로운 것이어야만 한다.

핵심 딜레마는 누구에게 새로운가 하는 것이다. 미시간 대학교의 한 연구자가 특정 질병을 치료하기 위한 유전자 도입을 조작하려고 노력했다면, 그런데 스탠퍼드 대학교의 다른 연구자가 불과 2주 전에 같은 기술을 공표했다는 것을 알게 되었다면, 미시간 대학교 연구자의 작업은 창의적이지 않은 것일까? 그들의 노력이 창의적인 것으로 간주되려면, 초등학생들은 이 세상에서 가장 독창적인 아이디어를 짜내야 하는가? 이런 질문은 결국 의미상, 또는 가치에 관한 이슈이다.

현재 가장 활동적인 사람들이 포함되어 있는—이 중 몇몇 연구자들은 극적인 방법으로 우리 세계의 어떤 면을 변화시킨 창의성, 즉 높은 수준의 창의성에 집중한다. 그들에게 창의적이라는 의미는 특정 지식 분야나 문화에서 새로운 아이디어만을 말할 뿐이다. 그런데 이 책의 목표는 교실에서의 창의성 계발을 설명하기 위한 것이다. 그러므로 다음과 같은 정의가 우리의 목표에는 더 합리적이다. 창의적이라고 간주되려면 생산품이나 아이디어가 개별 창작자에게 독창적이고 참신한 것이어야 한다. 이런 기준에 따른다면 미셸의 땅콩버터나 해파리 샌드위치는 독창적이라고 할 수 있다. 불운한 미시간 대학교 연구자의 발견과 마찬가지로 두 가지 노력 모두 전 세계를 상대로는 아니더라도, 창작자에게는 새로운 것이기 때문이다.

> **교실에 대해 생각하기**
> 동료와 함께 학생들의 작문과 공작품을 살펴보자. 어느 것이 가장 독창성 있는지에 대해 2명의 의견이 일치하는가? 같다면 이유는 무엇이고, 다른 이유는 무엇인가?

창의성의 두 번째 측면은 적합성이다. 만약 내가 시간에 대한 질문을 받고, 이렇게 대답했다고 하자. "젖소가 어제 컴퓨터를 뛰어넘었다." 내 대답은 확실히 참신하지만—이것이 창의적이라고 여겨질까, 아니면 단순히 어울리지 않는 대답으로 생각될까? 정의는 다시 불분명해진다. 후안이 밤에 몰래 학교로 침투한 방법은 적합한 것인가? 반 고흐의 작품들이 그 시대의 대중들에게 받아들여지지 않았다는 이유로 그의 작품들은 적합성이 없다고 여겨도 되는가? 만약 그의 작품들이 전혀 받아들여지지 않았더라도, 그 작품들은 창의적이었다고 말할 수 있을까?

적합성을 결정하는 중요한 요소는 창의성이 기반하고 있는 문화적 맥락이다. 지성이 다양한 문화에서 다르게 보이듯이(Sternberg, 2000b, 2004) 창의성의 운반 수단이나 초점은 문화와 문화 사이에서, 또한 시대에 따라 다르다. 19세기의 관객들이 외면했던 반 고흐나 마네의 작품들은 지금은 걸작으로 여겨진다. 젊은 아프리카계 미국인의 개성 표현은 창의적인 선 자세, 걸음걸이 그리고 그들 문화권 밖의 사람들에겐 알수 없거나 오해의 소지가 있는 제스처로 이루어져 있다. 현대 미술가들은 일반 대중이 대체로 기피하는 그래피티graffiti에서 힘과 아름다움을 본다.

사실 창의성의 본질에 대한 이해는 문화에 따라 달라진다(Kaufman & Sternberg, 2006; Liep, 2001; Lubart, 1999, 2010; Weiner, 2000). 이 책에서 강조하는 결과지향적이고 독창성에 기반을 둔 현상은 사실 서구의 것이다. 반면에, 동양이나 전통적인 문화권에서는 창의성을 개인의 성장 과정이나 정신적인 여정, 또는 문화를 공유하는 공동체 속에서의 진화(혁명이 아닌)의 개념으로 본다.

우리 문화의 어떤 영역이 문화의 가치와 가장 많이 연관되어 있으며, 어떻게 창의성에 대한 우리의 개방성에 영향을 주는지 생각해보는 것은 무척 흥미롭다. 미국과 같은 다문화 국가에서는 표현 방식이나 문제의 유형이 다양한 것처럼 보인다. 확실히 애팔래치아의 덜시머[5] 음악은 뉴올리언스의 재즈와는 다르다. 주제의 표현과 표현 방식뿐만 아니라 예술과 언어의 스타일, 비슷한 패션 속에서도 엄청난 다양성이 보인다. 학교에서 창의성을 촉진하기 위해, 교사는 학생들의 생활문화 전후 사정을 고려하는 것이 중요하다. 학생들의 다양한 능력과 학습 습관만이 아니라, 그들의 다양한 사회 · 문화적 가치에 호소하기 위해서는 여러 가지 전략과 전달 수단을 준비해야 한다. 이처럼 다양한 적합성의 의미는 창의성의 정의를 더욱 복잡하게 만들지 모르지만, 다양한 방식의 창의적인 노력과 시도를 분별할 수 있게 한다.

'적합성'의 정의는 용어 자체만큼이나 넓다. 어떤 아이디어나 생산품이 적합하다는 것은 그것이 어떤 목표나 기준에 도달했기 때문이다. 창의성은 분명한 목적을 가진 것이며, 무언가를 기능하도록 만들거나 더 좋고, 더 의미 있고, 더 아름답게 만들려는 노력을 수반한다. 어른들의 창의성의 경우에는 문화와 학문 분야에 따라서 평가 기준이 세워진다. 예를 들어, 대부분의 회화에는 구도와 균형감이 있어야 한다. 그 기준이 분야에 따라 변하기 때문에 이 질문은 점점 더 까다로워진다. 비록 회화의 스타일이 다

---

5) dulcimer, 공명 상자에 금속선이 연결된 현악기로 조그마한 망치로 쳐서 연주하며, 중세의 종교화에서 많이 볼 수 있다. 오늘날 미국, 유럽 등지에서 민속 악기로 쓰인다.-옮긴이 주

양하고 진화하더라도 관객의 사랑을 받지 못한다면, 그 예술을 창의적이라고 생각하기는 어렵다. 반 고흐는 원래 기능 장애가 있는 사람으로 여겨졌다. 시간이 흘러 우리의 뒤바뀐 기준은 그를 창의적이라고 생각한다.

특히 각각의 문화와 분야에 따라 창조 활동의 기준이 세워진다. 수많은 서구 문화권에서 문학에 대해 말할 때, 이야기란 시작과 중간, 끝이 있을 뿐만 아니라 분명한 갈등과 클라이맥스를 갖고 있다. 하지만 정교한 구술 문화의 전통이 있는 다른 문화권에서는 이야기의 형태가 아주 다르고, 여러 개의 샛길과 순환 구조를 받아들인다. 아프리카에서 행해지는 의식에 등장하는 가면과 이탈리아의 콤메디아 델라르테[6]에서 가면을 판단하는 기준은 전혀 다르다. 그럼에도 불구하고 각각에 기울인 창의적인 노력은 일정한 기준에 부합하며, 그로 인해 관객들의 호응을 받는 것이라고 생각한다.

그러나 어른들을 위한 적합성의 기준은 일반적으로 어린이들에게 적절하지 않다. 초등학생의 그림이나 글이 메리 카샛[7]이나 스콧 피츠제럴드의 것과 맞먹을 걸로 기대하는 사람은 없다. 우리는 어린이들의 작품이 의미 있고 의도가 분명하며 어떤 식으로든 의사소통이 된다면, 그들의 노력이 적합한 것이라고 인정한다. 만약 그들이 어떤 면에서 독창적이라면, 적어도 그들 자신의 수준에서 그렇다면, 우리는 그 노력이 창의적이라고 생각한다.

심지어 그렇게 넓은 한도조차도 현실화하기는 어렵다. 다음의 예를 살펴보자. 어떤 행동에 대해 당신은 창의적 또는 비창의적이라고 판단할까?

1. 식물에 대해서 토론하고 있을 때, 여섯 살이던 도시오가 손을 들었다. "물을 주는 대신에 우유를 준다면 이 식물들이 더 크고 튼튼하게 자랄까요, 선생님?"
2. 제인은 8학년 첫 등교일에 긴 내복바지와 보라색 새틴 블라우스를 입고 귀걸이로 포도를 달았다.
3. 마리아는 그녀의 선생님이 지금까지 본 적이 없는 연방제에 대한 최고의 에세이

---

6) commedia dell'arte, 가면희극(假面喜劇)의 하나로서 주로 전형적인 등장인물이 나오는 이탈리아 전통극이다. 극본이 없으며, 간단한 줄거리를 가지고 즉흥적으로 상연된다.-옮긴이 주
7) Mary Cassatt, 1844~1926, 미국의 여류 화가이자 판화 제작자로, 파리의 인상파 운동에 직접 참가한 유일한 미국인 여성이다. 주로 프랑스에서 활동하면서 에드거르 드가와 만나 인상파 화가들과 전시회를 갖고 이를 미국에 소개했다. 어머니와 아이를 주제로 한 작품이 많다.-옮긴이 주

를 썼다. 고등학생으로서 생각하기 어려운 수준의 이 에세이에는 연방제의 함축적인 의미가 분명하게 아주 잘 서술되었으며 빈틈이 없었다.

4. 에두아르도는 1학년 수업 시간에 정해진 수를 없애는 뺄셈을 배웠다. 학생들이 쓸 수 있는 여러 방법이 있었는데, 에두아르도는 그런 방법을 쓰는 걸 거부했다. 그 대신 손가락을 사용하여 작은 수에서 큰 수까지 모두 세었다.

5. 샘은 해트 데이[8]에 야구모자를 쓰고 왔다. 교사는 몰랐지만 그는 챙 아래에 거울을 설치했다. 모자를 적당한 각도로 젖히자 그는 옆 책상을 볼 수 있었다. 이것은 6교시의 쪽지 시험을 치르는 내내 아주 쓸모가 있었다.

6. 카린은 요즘 예전에 유행한 TV 시리즈 〈비버는 해결사〉[9]에 푹 빠져 있다. 드라마 속 세 주인공 월리, 에디 그리고 비버가 등장하는 새로운 모험을 종종 자신이 직접 지어내어 일기장에 쓰곤 했다.

7. 수전은 2학년 담임선생님에게 자신이 읽고 있는 프레드릭 더글러스[10]의 자서전 중 한 장면을 삽화로 그려보라는 부탁을 받았다. 더글러스가 영국과 웨일스를 여행한 적이 있다는 이야기를 들은 수전은, 그가 줄지어 서서 미소 짓고 있는 고래(웨일)들과 함께 걷고 있는 그림을 그렸다.

8. 맥스가 음악 수업 시간에 받은 과제는 지금까지 배운 고전음악의 작곡가 중 하나의 스타일에 따라 짧은 곡을 작곡하는 것이었다. 맥스는 베토벤의 5번 교향곡의 리듬을 사용하여 베토벤의 헤어스타일(스타일이 좀 부족한)에 대한 랩을 만들었다.

9. 치나는 캐리커처를 잘 그리는 것으로 유명하다. 영어 수업 시간 동안 그녀는 가끔 타조의 몸에 교사의 얼굴을 붙인 스케치를 학급에 돌리곤 한다.

위에서 열거한 사람 중에 누구의 행동이 창의적이라고 생각되는가? 도시오가 물 대신 우유로 식물을 키울 수 있을까 궁금해했을 때, 그것은 확실히 독창적인 아이디어다. 누군가가 식물에 우유를 주는 것을 보거나 들었을 것 같지 않기 때문이다. 우유를 주면 식물이 더 튼튼하게 자랄 것이라는 생각은 아이들이 튼튼하게 자라기 위해서는 우

---

8) Hat Day, 모자를 꾸며서 쓰고 학교에 오는 날-옮긴이 주
9) Leave It To Beaver, 1957~1963년에 인기를 끌었던 미국 드라마-옮긴이 주
10) Frederick Douglass, 1817~1895, 미국의 노예 제도 폐지를 주장한 연설로 유명한 연설가, 작가. 흑인 노예로 태어나 1877년 컬럼비아 특별구의 경찰서장이 되었는데, 이는 흑인 최초의 고위직 임명이었다.-옮긴이 주

유가 필요하다고 도시오가 배운 점과 일치하기 때문에, 적합한 대답이며 또한 창의적인 대답이라고 여겨질 수 있다.

제인의 경우는 좀 더 까다롭다. 복장이 단지 평범에서 벗어난다고 해서 꼭 참신한 것은 아니다. 제인이 포도 귀걸이를 창안했던 것일까? 그녀가 중학생 패션으로 긴 내복을 입은 최초의 인물일까? 만약 그렇다면(그리고 그것이 부모가 권하는 패션에서 벗어나고 싶다는 사춘기의 평가 기준에 부합하기 때문이라면), 그녀의 복장은 창의적이라고 여길 수 있다. 하지만 많은 경우, 외부인들에게 혁신적으로 보이는 복장은 어떤 그룹 내에서는 최신의 유행을 일으키는 중일지도 모른다. 따라서 제인의 복장은 전혀 창의적인 것이 아니라 불문율에 완벽히 따르고 있는 건지도 모른다.

마리아가 쓴 연방제에 대한 리포트는 비록 적합하기는 하나, 창의적이지는 않을 것이다. 그 리포트는 흠잡을 곳 없이 잘 써졌고, 그녀의 학년을 고려하면 이례적인 것이다. 하지만 그 주제에 대해 그녀가 어떤 새로운 아이디어를 발전시켰다는 명백한 지표가 없다. 연방제의 의미에 대한 평가에서 아주 주의 깊은 분석, 논리적인 확장이 보인다면 그녀는 노력에 대해 칭찬 받아야만 한다. 하지만 그렇다고 그녀의 작업이 독창적인 것은 아니다. 그러나 새로운 방식으로 그와 같은 아이디어에 접근할 수 있었다면(아마도 학교 안에서의 각 교실과 연방제의 유사성 같은 것을 사용하여), 또는 그녀가 읽은 자료들로부터 새롭고 흔치 않은 의미를 이끌어낼 수 있었다면, 그 노력은 창의적이라고 생각할 수 있다. 하지만 아주 잘 서술된 분석이나 요약문이 다른 누군가의 아이디어를 보여주는 것일 경우, 창의적이라고 볼 수는 없다는 사실은 기억해둘 필요가 있다.

에두아르도의 뺄셈 방식은 그가 스스로 고안했기 때문에 창의적이다. 그것은 확실히 적합하기도 한데, 그 방법을 사용하여 맞는 답을 이끌어낼 수 있었기 때문이다. 하지만 에두아르도가 그 방법을 다른 어딘가에서 배웠다면(예를 들어, 집이나 스쿨 버스에서), 그건 창의적인 것이라 할 수 없다.

샘의 경우는 어떠한가? 거울 붙인 모자가 독창적인 것이라면, 우리는 아마도(마지못해) 그것이 창의적이라고 인정해야 할 것이다. 샘의 6교시 담당 교사의 입장에서는 그것이 적합하다고 할 수 없겠지만, 적어도 고안자에게는 목표에 적합했다. 같은 기준이 후안에게도 적용될 수 있을 텐데, 우리가 이 장 맨 앞에서 소개했던 그 소년은 배트 더미를 쓰러트려 주의집중을 방해하는 방법으로 방과 후 학교에 들어갈 수 있었다. 비록 법의 기준으로는 침입이 적절한 것은 아니지만, 그 전략은 목표에 부합했다. 후안은 그의 창의적인 행동 덕분에 밤새 따뜻하게 지낼 수 있었다. 비록 창안자에게 적합성에 대한 주된 판단을 하도록 허락한다면 몇 가지 어려움이 제기될지도 모르지만(예를 들어, 정신 질환이 있는 사람이 그들의 대답이 적합한지 아닌지를 결정해야 하는가?), 어린이들의 아이디어가 목적을 가진 행동이고 자기 자신에게 의미가 있다면, 어른에게는 아니더라도 어린이에게는 적합성에 대한 가장 합리적인 기준처럼 보인다.

카린이 〈비버는 해결사〉에 대해 쓴 이야기는 만약 그것이 그녀가 고른 캐릭터와 관련 있는 독창적인 것이라면 창의적이라고 할 수 있다. 하지만 그것이 TV 속 에피소드의 반복에 불과하다면 독창적일 수가 없다. 〈배트맨〉이나 〈해리 포터〉에 나오는 주인공들을 그리느라 많은 시간을 보내는 학생에 대해서도 같은 기준을 적용할 수 있다. 만약 그림의 내용이 독창적이지 않다면, 잘 알려진 주인공에 대해 공들여 그린 그림이 기술면에서 인상적일지는 몰라도 창의적이지는 않다. 익숙한 주인공의 규격화된 자세는 아무리 잘 그렸다고 해도 창의적일 수는 없다. 그러나 그 그림 속에서 주인공들이 새롭고 뜻밖의 배경에서 하나의 이야기를 들려주거나, 독창적인 메시지를 나타내고 있다면 창의적이라고 할 수 있다.

프레드릭 더글러스가 고래와 함께 걸어가는 수전이 그린 삽화는 참신하다. 그녀가 예전에 비슷한 그림을 봤을 리가 없다! 그러나 그 독창성이 오해로부터 비롯되었거나, 웨일스 지방과 고래(발음이 같은)의 차이를 모르는 지식의 부족 때문이라면, 그 그림은 영리한 시각적 농담이 아니라 실수이다. 비록 실수 덕분에 창의적인 노력에 자극과 영감이 주어진다고 해도, 그것이 언제나 창의적이라고 생각되지는 않는다. 창의적인 노력 속에는 독창성이라는 목표 의식이 있어야 한다. 아주 어린 아이들에게는 독창성과 미성숙으로 인한 오해가 혼동될 가능성이 있다. 만약 걸음마를 배우는 아이가 더 높이 점프하고 싶어서 새 점퍼를 사달라고 조른다면, 만약 아이가 점퍼의 쓸모를 그렇게 생각했다면, 목적에 맞지는 않지만 참신한 사고이다. 그 아이가 창의적인 것은 아니지만, 어른들이 흔히 새로운 어휘를 잘못 사용하는 것처럼 익숙한 단어인 '점프'를 논리적으로 연관지었기 때문이다.

맥스가 작곡 숙제에 대응한 방식은 독창적이다. 그러나 그것이 적합한가? 만약 우리가 적합성을 과제의 기준에 부응하느냐로 측정한다면, 아마도 적합하지 않다. 맥스는 결국 베토벤의 작곡 스타일에 대해서가 아니라, 그의 외모에 대한 곡을 만들었다. 하지만 맥스의 관점(이 숙제를 하는데 내가 소중하게 생각하는 음악을 어떻게 사용할 것인가)에서 적합성을 판단한다면, 그의 노력은 거의 정확했다. 아마도 우리는 맥스의 작업이 상당히 창의적인 사고를 보여줌에도 불구하고 숙제의 기준에는 미치지 못하는 것으로 볼 수도 있다. 또한 그것이 훌륭한 랩이었는지 여부와도 관련이 있을 것이다. 즉 그 자체의 범위 안에서는 기준에 부합하는가?

치나의 캐리커처는 비록 상냥한 방법은 아니더라도 창의적인 것으로 여겨진다. 타조 몸의 교사라는 아이디어는 독창적이며, 그 그림은 확실히 의미 있는 메시지를 표현하고 있다. 맥스의 음악처럼 창의성을 반드시 학교에 적합한 행동으로 국한할 필요는 없다는 점을 기억해야 한다. 비록 우리가 학생들의 창의성 수단을 바꾸려고 노력할지라도, 창의성에는 다양한 형태가 있다는 것을 깨닫는 것은 중요하다.

교실에 대해 생각하기

창의성이 늘 학교에 적합한 방식으로 나타나는 것은 아니다. 일주일 동안, 당신의 학급에서 말썽을 일으키는 학생을 아주 주의 깊게 살펴보자. 그들의 행동 속에서 혹시 창의성의 근거를 볼 수 있는가? 어쩌면 독창성을 다른 방식으로 풀고 있는지도 모른다.

창의성의 수준과 영역

더 멀리 진도를 나가기 전에, '창의성'이라는 용어가 몇 가지 다른 수준의 행동을 설명하는데 사용될 수 있다는 점을 아는 것이 중요하다. 앞에서 묘사한 일상의 창의성은 다빈치나 아인슈타인이 세계를 변화시킨 노력과 비교할 때 과정상 꼭 그렇지는 않지만 확실히 범위에서는 다르다. 저자들은 가끔 원리 자체를 바꾼 창의성은 알파벳 대문자(Creativity)로, 일상생활에서 흔히 볼 수 있는 혁신에서의 창의성은 소문자(creativity)로 구별하여 쓰기도 한다.

네카는 창의성을 유려한, 결정체인, 성숙한 그리고 탁월한 것으로 구분한다(Necka, Grohman & Slabosz, 2006). '유려한 창의성'이란 모든 사람에게 일반적인 것으로, 독창적인 문장을 만드는 것과 같은 기본적인 행동을 말하는 것이 특징이다. 이것은 아주 짧은 시간 동안 지속된다. 이 모델에서 '결정체인 창의성'은 문제 해결과 동의어로서, 문제 해결의 복잡성에 따라 아주 다양하다. '성숙한 창의성'은 독창성을 가지고 복잡한 문제를 다루는 것으로, 보통 문제가 발생한 분야에 대한 깊은 전문 지식을 필요로 한다. '탁월한 창의성'은 원리에 변화를 가져올 만큼 상당히 중요한 문제를 다룬다는 점에서 '성숙한 창의성'과는 다르다. 이것 역시 해당 영역 안에서 수락과 인정을 요구한다. R. J. 스턴버그(2003)는 원칙에 끼치는 영향력에 따라 다양한 여덟 가지 창의적인 기여에 대해 제안했다. 그 범위는 어떤 현상을 바라보는 형식적으로, 다른 두 가지 방식의 복제에서 통합까지 포함한다.

이 책은 일상생활의 창의성에서부터 한 세대에 단 한 번뿐인 창의성에 이르기까지 모든 종류의 다양한 창의성에 대한 논의를 포함하고 있다. 어떤 이론가들은 주로 전자에 대해서, 다른 이론가들은 후자에 대해서 다루게 될 것이다. 학생들이 마주치게 될 창의성은 당장은 '소문자 창의성(creativity)'이기 쉽다. 하지만 더 큰 그림과 목표에 대해 이해하게 되면, 우리 사이에 숨어 있을지 모르는 재능 있는 학생들을 위해 선한 청지기 역할을 하게 될 것이다.

창의성에 대해 대답하기 어려운 의문들에 대해서 생각할 때, 가장 자주 언급되는 것은 창의성이 일반적인 현상인가, 아니면 특정한 규율이 있는 현상인가이다. 수많은 연구 결과에 따르면, 적어도 창의성은 일정 부분 분야에 따른 특수성을 갖는다(Baer, 2010 참조). 실제 세계에서의 창의성은 특정 분야에서 일어난다—창의적인 과학자, 창의적인 예술가, 창의적인 작가를 우리는 바로 알아본다.

비록 어떤 사람은 분야를 넘나드는 창의성을 입증하기도 하지만, 특정한 종류의 창의성에 대한 척도를 제외하고 우리가 영역이 불분명한 창의성을 알아볼 방법은 없다. 그러나 비록 창의성의 척도가 영역의 차이를 알아볼 수 있을지라도, 언어학에서의 창의성과 과학 분야의 창의성의 겹치는 부분에 대해서는, 보편적인 창의적 과정이 있다는 사실을 제시하는 것으로 충분하다.(Kaufman, Cole & Baer, 2009; Lubart & Guignard, 2004; Plucker, 1998)

그 다음 질문은 '모든 경우에 같을까?' 하는 것이다. 창의적인 물리학자가 사용하는 과정과 창의적인 예술가의 과정이 같을까? 창의적인 기업가에 관한 특징이 창의적인 수학자의 특징과 비슷할까, 아니면 다를까? 개개인의 능력은 특정 영역에 한한 것이기 때문에 특별한 분야에서 더욱 생산적일까, 아니면 단지 시간과 에너지에 대한 인간의 한계 때문인 것일까? 여러분이 창의적인 사람들이 이루어낸 과정을 접한다면, 영역을 넘나드는 공통점과 차이점이 등장하는 지점에 정신을 집중해보라. 차이점은 아마도 각 분야가 지닌 기능이거나, 특정한 분야에서 창의적인 기여를 하는데 필요한 훈련 방식에 따른 기능일 것이다. 비록 아직 연구가 필요한 부분이 많이 남아 있지만, 두 입장 모두가 사실이라는 증거가 있다―창의성의 한 측면(예를 들어, 사고의 유연성이나 지속성)은 영역을 넘어서 중요한 것이고, 반면에 창의적인 물리학자와 창의적인 록 음악가 사이의 구조적인 특징에 차이가 있다는 것은 당연하다.

왜 창작을 할까?

에밀리 디킨슨[11]은 왜 글을 썼을까? 무엇이 스콧 조플린[12]으로 하여금 작곡하게 했으며, 토머스 에디슨이 발명하게 만들고, 남태평양 섬의 사람들이 춤추며 이야기를 만들게 한 힘은 무엇인가? 인간의 창의성에 동기를 부여한 힘에 대한 연구는 창의적인 행동을 격려하는데 아주 중요하다. 창의적인 몇몇 사람들의 설명을 보자.

> 나는 사람들에게 의미를 찾는 방법을 가르친다고 생각한다. 나는 혼란스럽고 비극적이며 다루기 힘든 사건들에 대해서 쓰는데, 가끔은 이 사건들이 너무 폭력적이고 끔찍해서 형태의 한계나 예상을 부수고 나간다. 독자들이 이러한 사건들의 의미를 깨닫기를 바란다. 피투성이의 끔찍한 과거를 가지고 있다면 어떻게 아름다움과 질서를 찾을 수 있을까?(*Maxine Hong Kingstone[13] in Moyers, 1990, p11*)

> 우리는 일상생활에서 환상을 꿈꾸기 쉽다. 충분한 보상을 받기 때문이다. 하지만 작

---

11) Emily Elizabeth Dickinson, 1830~1886, 미국 시인. 자연과 사랑 외에도 청교도주의를 배경으로 한 죽음과 영원 등의 주제를 많이 다루었다. 운율에서나 문법에서나 파격적인 데가 있어 19세기에서는 인정받지 못했으나, 20세기에 들어와 이미지즘이나 형이상학적인 시의 유행과 더불어 높이 평가받았다.-옮긴이 주
12) Scott Joplin, 1868~1917, 미국의 피아니스트이자 작곡가. 영화 〈스팅(The Sting)〉에 사용된 음악 '엔터테이너'로 아카데미상을 수상했다. 전설적인 피아노 연주자로 불린다.-옮긴이 주
13) 중국계 작가. 〈우먼 워리어〉와 〈차이나맨〉 등을 썼다.-옮긴이 주

가의 환상은 다른 누군가에게 전달되었을 때까지는 완성된 것이 아니다. 환상이 흘러가는 곳, 그곳에서 당신은 더 나아갈 길을 찾고, 글쓰기는 다음 글쓰기로 이어지고, 거기에 당신의 책이 있다.(E. L. Doctorow,[14] in Ruas, 1984, p203)

나는 그것들을 몇 번이고 다시 그렸지만 아무런 느낌도 가질 수 없었다. 그리고 나중에, 너무도 뻣뻣하기만 한 것들을 그린 후에야 다른 것이 나타났다. *내가 무언가 표현할 수 있다면 그것은 어떻게 가능할까?* 시작하기도 전에 이미 내 마음속에 형태를 갖춘 그것이 들어 있기 때문이다. 첫 번째 시도는 완전히 못 봐줄 지경이었다. 이 말을 하는 이유는 내가 그린 그림에서 당신이 뭔가 가치 있는 것을 본다면, 그것은 우연히 일어난 일이 아니라 진정한 의도와 목적 때문이라는 것을 알아주길 바라기 때문이다.(Vincent van Gogh, in Ghiselin, 1985, p47)

위에 보듯 미술이나 문학 작품을 창조하는 사람들은 그들이 소통하고 싶은 뭔가를 가지고 있다. 메시지를 표현하기는 늘 쉽지 않다. 아이디어가 어려울 때도 있고, 형태를 다루기 힘든 경우도 있다. 어려움에도 불구하고 창작자들은 집요하게 계속한다. 그들은 관객들이 새로운 방식으로 의미를 이해하게 되길 바라고, 세상과 비전을 공유하길 원한다. 의미를 찾고 비전을 공유하는 과정은 비주얼 아티스트, 스토리텔러, 음악가, 댄서, 신화 작가, 희곡 작가 그리고 역사상 다른 수많은 창조자의 노력에서 볼 수 있다.

이러한 관찰 결과는 너무도 분명해서 무의미할 지경이다. 물론 작가와 예술가 들은 소통하는데 분투한다. 그러나 이러한 가장 기초적인 창조 과정, 소통하려는 노력이 수많은 소위 창의적 학교 활동에서는 오히려 사라지고 있다. 단지 부과된 과제라서가 아니라, 자신이 뭔가를 말하고 싶기 때문에, 학생들이 학교에서 글을 쓰고 그림을 그리거나 아니면 다른 형태의 표현을 하는 일이 얼마나 자주 있는가? 또 다른 사람들은 조금 다른 방식으로 창의적인 과정을 사용한다. 이러한 창작자들에게 동기를 부여하는 힘이

---

14) 1931~, 미국 작가, 뉴욕 대학교 교수. 1975년 출간한 〈래그타임〉이 첫 해 양장본으로만 20만 부 이상 판매되었으며, 영화와 뮤지컬로 만들어졌다. 이 책은 실존인물을 허구적 인물과 사건에 엮어 20세기 초, 미국 사회의 전 분야에서 이루어진 변혁의 순간을 조명한 작품이다.-옮긴이 주

무엇인지 살펴보자.

1873년 체스터 그린우드[15]는 그의 15세 생일에 스케이트를 선물 받았다. 하지만 그는 스케이팅을 한 번도 제대로 즐길 수가 없었다. 그가 얼음판 위에서 모험을 즐기려고 나가려고만 하면, 메인 주 파밍턴의 차가운 공기에 귀가 꽁꽁 얼어 이내 집으로 돌아와야 했기 때문이다. 이 문제를 해결하는데 그가 고안해낸 귀마개는 체스터가 19세 되던 해에는 뉴잉글랜드 전역으로 팔려나갔다.(Caney, 1985)

미국 매사추세츠 주의 남부 도시인 치커피에서는 중학생들이 현재 시가 당면한 쓰레기 처리 문제에 대해 공부하고 있었다. 주 정부가 대기의 질에 관련된 규정을 침해한다는 이유로 치커피 시에 쓰레기 소각을 중단하라고 명령했기 때문이다. 겨울철에는 쓰레기가 매립지로 운송되기도 전에 얼어버렸다(이것이 뉴잉글랜드 지방의 또 다른 어려움이었다!). 당국은 쓰레기가 어는 것을 방지하는데 주위에 벽돌 건물을 세우라고 제안했다. 하지만 치커피 시는 여기에 필요한 12만 달러의 예산이 없었다. 벨아미 중학생들은 머리를 맞대고 여러 가지 해결책을 연구하여 그 결과물을 당국의 쓰레기 관련 책임자에게 보냈다. 이 중학생들이 제안한, 쓰레기를 따뜻하게 보관할 수 있는 태양열 온실은 성공적이었고, 시 당국은 단돈 500달러로 시설을 지을 수 있었다.(Lewis, 1998)

1924년 킴벌리-클라크 사는 화장을 지우기 위해 쓰는 천 대용으로 일회용 셀루코튼Cellucotton을 시장에 내놓았다. 1929년 그들은 셀루코튼이 톡 튀어나오는 박스를 특허출원하고 제품의 이름을 '클리넥스'로 바꾸었다. 당시의 판매 성과는 그저 그런 정도였다. 그런데 마케팅 조사 결과 제품을 구입한 사람들 중 반 이상이 클리넥스를 화장을 지우기 위해서가 아니라 휴대용 손수건으로 사용하고 있다는 사실이 드러났다. "호주머니 속에 감기를 넣고 다니지 마세요"라는 새로운 슬로건과 함께 마케팅 전략이 다시 세워졌고, 그 결과 2년 만에 400% 매출 신장이 이루어졌

---

15) Chester Greenwood, 1858~1937, 미국 메인 주 파밍턴 출신의 발명가이자 사업가. 메인 주는 12월 첫째 토요일을 '체스터 그린우드데이'로 정해 기념하고 있다.-옮긴이 주

다.(Caney, 1985)

이 경우에서 개인들은 소통을 위해서가 아니라 문제를 해결하려고 창의적인 사고를 경험했다. 현대적인 조명, 난방과 냉방 기기를 발명한 사람들은 자기 집의 문제를 고심하다가 창의적인 사고를 하게 되었다. 우편 주문용 카탈로그는 훨씬 덜 심각한 문제를 다루도록 고안된 기기들로 가득 차 있다. 마스킹 테이프[16]의 끝을 찾는 기구라든가, 블라인드 청소용구, 가속 페달을 밟을 때 구두 뒤꿈치가 까지는 것을 보호하는 제품 등은 일상적인 골칫거리에 대해 누군가가 창의적 사고를 한 데 따른 결과물이다. 또한 '어떻게 하면 화성에 대해 더 많이 알 수 있을까?'와 같은 문제를 해결하는데 노력한 결과, 미 항공우주국NASA은 화성 탐사 로봇 큐리어시티Curiosity를 만들었다.

대부분의 경우, 이런 과정에서 중요한 부분은 문제가 있다는 사실을 인식하는 것이다. 마케팅 조사가 이루어지기 전까지 킴벌리-클라크의 영업담당 직원들은 일회용 손수건이 필요하다는 것을 전혀 몰랐다. 불과 몇 년 전까지만 해도 아무도 사무실에서 포스트잇의 필요성을 몰랐다는 건 지금으로서는 믿기 어렵다.

하지만 비슷한 예로, 이들 발명품이 존재하기 전에 누군가는 향미가 첨가된 생수, 태블릿 컴퓨터, 온라인 소셜 네트워크에 대한 요구(시장)가 있다는 것을 깨달은 것이다. 특히 과학 분야의 연구에서는 문제를 해결할 수 있는 가능성이 있는 연구 과제를 선택하는 것이 중요하다. '유전자 구조를 바꾸는 것이 과연 가능할까'를 처음 고민했던 연구자는 의학 연구와 치료의 신세계를 활짝 열었다. 또한 인간의 언어를 녹음할 수 없는 것이 매우 큰 문제라는 것을 깨달은 최초의 사람이 받았을 충격을 상상해보라. 현존하는 문제를 해결하는 것보다 풀어야 할 문제를 발견하는 것이 바로 핵심이다.

문제의 발견은 넓은 의미로 보면, 모든 종류의 창의성에 바탕이 된다. 이에 대한 기초적인 연구들은 비주얼 아티스트들과 함께 진행되었다.(Getzels & Csikszentmihayi, 1976) 이 연구에서 보면, 비주얼 아티스트들은 그들의 회화를 위한 아이디어를 찾기 위해 소재를 조작하면서 문제를 발견한 것으로 여겨진다. 사회적 문제와 요구를 찾아낼 뿐 아니라, 소통하기 위한 주제나 아이디어를 발견하는데 문제를 발견할 필요가 있

---

16) masking tape, 페인트칠이 번지지 않게 보호하는 테이프-옮긴이 주

다. 나는 이 두 가지 주제 모두가 서양 문화에서 창의성의 근원적인(그리고 중첩하는) 목표라고 생각한다. 내가 일하고 가르치는 주류 문화 안에서 개인들은 아이디어를 교환하고, 문제를 찾고 해결하기 위한 노력을 하면서 종종 매우 창의적이다. 이런 과정을 교실이라는 상황으로 확장하면, 창의적인 활동이 그곳에서 자연스럽게 일어나도록 할 수 있다. 이런 절차를 도입하면 창의성의 목표가 학습 이론의 중심된 속성과 수많은 공통점이 있기 때문에, 교실에서 이루어지는 학습에도 영향을 끼칠 것이다.

교실에 대해 생각하기

동일한 일반적인 주제에 대해 정확성이 필요한 것과 독창성이 필요한 것 등 두 가지 과제를 내보자. 예를 들어, 학급에서 남북 전쟁을 공부하고 있다면 하나의 과제는 학생들에게 중심 사건에 대한 연대표와 전쟁의 원인을 설명하도록 하고, 다른 하나는 만약 남부군이 전쟁에서 이겼다면 우리의 삶은 어떻게 변했을 것인지 설명하도록 할 수 있다. 이때 같은 학생이 가장 정확하면서도 가장 독창적인 대답을 할 수 있을까? 독창적인 대답이 동시에 적합할 수 있는가?

창의력 향상 교육 VS 창의적 교육

창의성을 목표로 하는 교수 방법을 구조화한다는 것은 매우 미끈거리는(다루기 힘든) 목표다. 나는 예전에 창의적인 사고를 향상시키려고 고안된 수업 방식을 대학원 학생들이 실례를 들어 보여주는 수업에 참가한 적이 있다. 한 가지 실습이 특히 내 기억 속에 뚜렷하게 남아 있다. 교사는 수업 시간에 참가자들을 바깥으로 데리고 나갔는데, 참가자들은 답답한 대학 강의실에서 벗어나는 것 때문만으로도 이를 고마운 휴식으로 여겼다. 교사는 낙하산을 가지고 와서 그것이 얼마나 다양한 형태를 만들어내는지(꽃, 대양의 파도, 그 밖의 다른 형태 등)를 계속해서 보여주었다. 우리는 이야기 라인 속에서 하나의 형태가 그 다음 형태로 연결되는 일련의 잘 짜인 움직임을 연출하는 방법을 배울 수 있었다. 교사가 이야기를 할 때, 우리는 낙하산이 이야기에 맞게 다양한 형태로 변할 수 있도록 줄을 서서 행진하고, 고개를 숙이고 팔을 벌렸다. 캠퍼스를 지나가던 사람들이 구경하면서, 우리가 만들어낸 놀라운 비주얼 효과에 가슴 따뜻한 박수갈채를 보내주었다. 당시에 우리는 그 활동을 매우 즐겼고, 특히 판에 박힌 일상에서 벗어날 수 있다는 것과 관객의 열광적인 반응을 즐겼다.

그러나 수업이 끝났을 때, 질문 하나에 부딪쳤다. 그 시간에 과연 누가 창의적이었을까? 낙하산을 가지고 만든 움직이는 조각상은 확실히 독창적이었고, 신선하고 효과적인 방식으로 의사전달을 한 건 분명했다. 그러나 참여자로서 내 사고는 의사소통이나 독창성에 닿아 있는 것이 아니라, 창의적 사고의 요소가 결코 아닌, 발걸음의 수를 세고 언제 고개를 숙여야 할지를 정확히 맞추는 데 쏠려 있었다. 그러므로 재미있고 심지어 창의적인 결과를 낳는 교수법일지라도, 학생들이 창의적으로 사고할 기회를 주지 못한다면 반드시 창의성을 높일 수 있는 것은 아니다. 낙하산을 이용한 그 활동은 교사가 그것을 개발하고 보여주는 데 큰 창의성을 발휘했기 때문에 창의적인 교수법이라고 생각될지도 모르겠다. 그러나 창의적인 교육(교사가 창의적인 경우)이 언제나 창의성을 계발하는 교육과 같은 것은 아니다.

이러한 차이는 소위 창의적 활동에 대한 책들을 조사하다 보면 더욱 명백해진다. 어떤 경우에, 삽화가 아주 훌륭하고 그 안에 담긴 활동도 특이하지만, 학생들이 채워 넣어야 할 부분은 정말로 지루하다. 예를 들어, 흔한 숫자에 따라 색깔 채우기로 그리는 용 그림에 다른 과제를 덧붙여 넣을 때, 삽화가에게는 독창적인 창작물이겠지만, 과제를 완성하고 지시에 따라 색깔을 칠하는 것으로는 학생들에게 독창적인 기회를 제공하는 게 아니다. 나선형의 낱말 맞추기(크로스워드 퍼즐) 역시 이것을 만드는 사람에게는 독창적인 아이디어가 필요하지만, 학생은 그저 단서에 따라 정확한 답을 적으며 공간을 채우기만 하면 된다. 이러한 경우, 그 자료를 만든 사람들은 창의적인 기회를 갖지만, 학생들은 아니다. 이와 마찬가지로 여러 경우에, 학급 교사들은 학생들을 전혀 독창적으로 만들 수 없는 활동을 개발하면서, 스스로는 창의성을 발휘하고 있는지도 모른다.

창의성을 높이는 교수방법이란 이와 다른 데 초점이 있다. 창의성의 본질이 학생의 편에 있어야 하는 것이다. 만약 위에서 예로 든 낙하산 연출이나 새로운 형태의 낱말 맞추기를 학생들이 개발했다면, 그들은 창의적인 사고를 연습할 기회를 가진 것이다. 창의성은 학생들이 자신의 과학 실험을 고안할 때는 개발될 수 있다. 또한, 엘리자베스 시대에 영국 법정에 선 여성이나 현재 농부인 여성의 관점에서 토론한다거나, 계모의 관점에서 〈백설공주〉를 다시 쓰면서 개발된다. 창의성을 높이는 교육을 할 때 우리는 교사로서 당연히 창의적이어야 하지만, 학생들의 창의성이 나타나는 데 필요한 배경과 지식 그리고 기술을 제공해야 한다. 그 결과 낙하산 이야기와 같이 화려하진 않더라도, 학생들에 의한 진정한 문제 발견과 해결 그리고 의사소통을 경험할 수 있다.

교실에 대해 생각하기

창의적인 활동 또는 창의적인 교수법에 대한 책을 찾아 검토해보자. 또한 여러 활동에서 독창적이거나 혁신적인 사고를 할 기회를 가진 사람에 대해 알아보자. 그것이 주로 저자인가, 아니면 교사인가, 학생인가?

진정한 문제 그리고 과정

창의성을 목표로 하는 교육을 구조화하려면 교사와 학습자에 대한 우리의 관점을 바꿔야 한다. 창의성을 촉진할 목적으로 디자인된 학습 활동은 학생들에게 수동적인 정보 획득자가 아닌 문제 해결자 그리고 소통자의 역할을 제시한다. 이때 교사는 지혜의 원천이 아니라 문제를 발견하고 제시하는 사람, 코치, 관객 그리고 때때로 광고업자로 변신한다. 학생들이 진짜 문제를 풀 수 있으려면, 교사는 학생들에게 필요한 지식이나 기술을 가르칠 뿐 아니라, 교사조차 답을 모르는 문제를 제시하고, 학생들이 해법을 찾도록 함께 노력할 책임이 있다. 만약 학생들이 제대로 소통할 수 있으려면, 교사는 학생들이 공유할 가치가 있는 아이디어를 찾고, 이것을 함께 나눌 관객까지 찾게끔 도와야 한다. 이것은 우리 중 대부분이 학생 시절에 경험했던 것과는 근본적으로 다른 과정이다. 이러한 재구성은 다루고자 하는 교과 과정의 내용에서 중요한 의미를 가진다.

교과 과정을 재구성한다는 것이 교과 과정을 없앤다는 뜻이 아니라는 것은 분명하다. 학생들은 창의적 사고를 증진시키면서 필수적으로 학습 내용을 공부해야 하는데, 이 두 가지 과정은 불가피하게 얽혀 있다. 식물학에 대한 지식 없이 식물과 관련된 문제를 풀 수는 없으므로, 교사는 학생들이 그와 같은 지식을 얻도록 도울 책임이 있다. 일반적인 믿음과는 반대로 서사시는 무대에 올려져야 한다.

사실상 문제를 인식하고 해결하는 과정 때문에, 내용에 관한 지식을 습득하는 데 효과적인 맥락이 만들어지는 것이다. 하지만 학생들이 문제를 발견하고 해결하는 전략, 그리고 정보에 대해 의사소통을 하는 전략을 배우려면, 교과 과정 속의 내용은 물론 방법 역시 중요하다. 예를 들어, 역사에 관한 문제를 풀려는 학생이라면 역사에 관한 팩트, 개념 그리고 개괄에 대해 배워야 하는 것은 물론, 역사가 어떻게 작동하고 역사가가 하는 일이 무엇인지도 배워야 한다. 역사가들은 자신의 연구 분야를 어떻게 결정하는가? 그들은 어떤 문제를 선택하고 해결하는가? 어떻게 정보를 모으는가? 이와 같은 역사에 대한 실제적 방법론을 가능한 한 많이 학습한다면 학생들은 좀 더 복잡한 방식으로 역사적 내용을 배우는 동시에, 근거를 토대로 실제 문제를 찾고 해결할 수 있는 능력을 갖게 된다.

20세기 내내 존 듀이[17](1938)와 조지프 렌줄리[18](1977, 2012) 같은 교육자들은 실제적인 문제에 대한 조사를 옹호해왔다. 참된 학습에 대한 문헌(Brandt, 1993), 상황에 대한 학습(Brown, Collins & Duguid, 1989), 천문학적인 데이터를 모을 수 있는 기회(Bollman, Rodgers & Mauller, 2001)에서부터 실제적인 비즈니스의 딜레마를 푸는 것(Holt & Willard-Holt, 2000)으로까지 범위를 넓힌 문제 해결을 강조했다.

문제 유형과 참된 학습의 본성에 대한 더욱 자세한 토론은 이후 제7장과 제8장에 포함되어 있으므로 여기에서는 간단한 정의를 살펴보겠다. 실제적인 문제란 ⓐ 미리 정해진 대답을 가지고 있지 않으며, ⓑ 연구자 개인에 따라 상대적이고, ⓒ 하나 또는 그 이상의 학습 분야 방법론로 탐구할 수 있다. 실제적인 문제를 제기하려는 학생들은 문제 풀이를 성공시킬 지식과 도구의 뒷받침을 받아야 한다. 이와 유사한 방식으로 효과적인 의사소통을 하려는 학생이라면, 소통할 만한 가치가 있는 아이디어가 있어야 하는 것은 물론, 다양한 형식의 소통 기술을 배워야 한다.

여러분이 아는 바대로, 이 책의 관점에서 보면 창의력 향상 교육은 금요일 오후 2시 수업 시간에 이끌어낼 수 있는 것, 또는 잠깐의 실내 휴식 이후에 학생들이 쉬지 않고 공

---

17) John Dewey, 1859~1952, 미국의 철학자이자 교육학자. 미네소타·미시간·시카고·컬럼비아 대학교에서 교수를 역임했고, 전국교육협회 명예회장을 지냈다. 서민의 경험을 프래그머티즘에 의해 소화하여 보편적 교육학설을 만들어 세계 사상계에 기여했다. 대표 저서로 〈논리학-탐구의 이론〉과 〈경험으로서의 예술〉 등이 있다.-옮긴이 주
18) Joseph Renzulli, 1986~, 미국 교육학자. 코네티컷 대학교 석좌교수이자 미 국립영재연구소장으로, "사회에 가치 있는 기여를 한 사람들이 갖는 결정적인 세 가지 특징은 높은 창의성, 높은 과제 집착력(동기), 평균 이상의 지적 능력"이라는 삼원 모델(Three-Ring model)을 주장했다.-옮긴이 주

부할 때 나오는 것이라고 보지 않는다. 창의성을 위한 교수법은 교실 안에서 탐구를 위한 공동체를 만들게끔 하는데, 그 공동체 안에서는 최소한의 답변을 하는 것만큼이나 좋은 질문을 하는 것이 매우 중요하다. 이런 분위기를 만들려면, 창의적 과정을 둘러싼 교과 과정을 구성하고, 학생들이 학습 분야 안에서 탐구하고 소통할 수 있는 내용과 과정을 제공해야 한다. 즉 여러 학습 분야를 넘나드는 창의적 사고를 쉽게 만드는 일반적인 기법을 가르쳐야 하며, 창의성에 도움이 되는 학급 분위기를 만드는 것 등이 여기에 포함된다.

기준이 되는 시대의 창의력 향상 교육

21세기 초의 교육 경향의 가장 중요한 점은 특정한 주 단위, 또는 국가 기준에 맞는 교육을 강조하는 것이다(Hollingsworth & Gallego, 2007; National Governors Association Center for Best Practices, Council of Chief State School Officers, 2010). 이것은 학생들에게 큰 부담을 주는 시험이 증가해온 것과 관련이 있다. 내가 교사들과 만나 창의력 교육의 장애물에 대해 논의할 때, 가장 공통적인 대답은 "창의적 사고에 대한 기준이 없다" 또는 "시험에 안 나온다"와 같은 반응들이다. 커다란 논란을 불러온 글, 〈의도적인 창의성 말살Creaticide by Design〉에서 D. 버라이너(2012)는 우리의 협소한 교과 과정을 부담이 큰 평가라는 틀로 설명하고 있다. 여기에서는 Creaticide(창의성 말살)에 대해 "미국의 학령 인구, 특히 빈곤한 젊은이들의 문학, 과학 그리고 수학적 창의성을 말살하려는 국가적인 의도"라고 정의하고 있다.(p79)

책임감 있는 교사라면 수많은 것이 눈앞에 걸려 있는 시험, 훨씬 복잡한 인생을 위한 도전이나 지적 능력의 끊임없는 성장을 위한 성공 기회를 높이는 학생들의 활동 외의 것에 의미 있는 시간을 쏟을 수 없는 것이 사실이다. 만약, 창의력 향상 교육이 단지 멋진 활동 몇 가지를 덧붙이는 것이라면, 교사는 그 가치에 의문을 가져야 한다. 창의력 향상 교육은 결코 부가 교과 과정이 아니다. 이것은 내용 학습과 창의적 사고 둘 다를 향상시키려고 교과 과정을 짜는 전략이다. 주의 깊게 줄 세워진 교과 과정과 함께 쓰인다면 창의성을 높이는 교육은 학생들이 문제를 인식하고 푸는 데 도움이 되며, 다양한 관점에서 보고, 데이터를 분석하고 여러 방식으로 자신을 표현하는 데 도움이 된다. 이것은 바로 학생들의 학습 능력을 높이는 활동이며(합리적으로 고안된 평가라면), 학생들의 시험 성적을 높이는 활동이 되기도 한다.

현재의 교육 분위기 속에서 이 점은 그다지 자주 거론되지는 않는다. 학생들의 문제 풀이, 의미 있는 소통과 질문 그리고 독창적인 아이디어의 표현을 고무하는 활동들은 학습과 동기 부여도 향상시킨다. 이러한 활동들이 중점 교과 과정의 목표를 중심으로 설계된다면, 효과적으로 나열하여 구성될 것이다. 훌륭한 교육은 지루하거나 암기 위주거나 끊임없는 반복이 아니다. 좋은 교육은 학생들이 중요한 내용에 대해 여러 가지 방식으로 생각하도록 돕는 것이다. 만약 우리가 학습 기준을 더 현명하게 사용한다면, 교육에서 일어날 가장 큰 변화는 학생들이 생각하길 원하는 학습 내용에 대해 우리가 더 분명하게 기술할 것이라는 점이다. 제7장에서 이 기준에 대해 더 자세히 다루겠다.

창의성은 정말로 우리에게 좋은 걸까?

내가 창의성의 발달에 대한 책을 쓰면서 시간과 에너지를 투자했다는 사실로 볼 때, 만약 누군가가 창의성이 좋은 생각이냐고 묻는다면 내 대답은 "그렇다"일 걸로 추측하기는 매우 합리적이다. 그리고 이미 설명한 이유 때문에 나는 그렇게 믿는다. 그러나 신중히 생각하면, 내 대답은 "경우에 따라서"일 수도 있다. 그것은 창의성을 어떻게 정의하는가와 창의성의 힘을 어떻게 사용하는가에 달려 있다.

D. 애리얼리(2012)에 따르면 창의적인 사람들은 더 기술적으로 거짓말을 한다. 역사가 우리에게 가르쳐준 바에 따르면, 창의성은 작든 크든 간에, 선을 위해서도 악을 위해서도 사용될 수 있다. 우리를 더 건강하고 생산적으로 살 수 있게 한 발견이나 아름다운 예술을 우리는 찬양한다. 그러나 끔찍한 일을 새롭고 독창적인 방식을 고안해내는 데에도 창의적 사고가 사용될 수도 있다. 모든 교육이 그러하듯이 창의력 향상 교육도 인류의 가치를 공유하는 배경이 필요하다. 창의성에 관하여, 그리고 창의력 향상 교육은 그와 더불어 새로운 아이디어가 어떻게 우리의 공동체 구성원들에게 기쁨과 이익을 가져다줄 수 있는지 논의해야 하는 책임을 동반한다.

C. 보워스(1995)는 창의성에 대해, "교사의 어휘 가운데 가장 남용되고 있는 것 중

하나"라고 말했다. 그는 창의성에 대해 근대 의식의 위험한 측면과 핵심을 함께 가져오는 지표가 되는 은유라고 설명했다. 보워스의 목표는 생태학적으로 일관성 있는 문화를 위한 교육이다. 특히 다른 사람들에게 끼칠 영향력에 대한 고려 없이 각 개인의 필요와 가치에 바탕을 둔 창의성이라는 생각은 그의 관점에서 볼 때 문제가 있는 것이다. 그는 이렇게 말한다.

> 창의성은 다른 모든 문화적 가능성과 마찬가지로, 그것이 사용될 때는 환경을 무시하거나 손상시키는 오만의 형태로 이어진다. … 창의성은 기술의 영역에서, 심지어 시각 예술에서조차 관객에게 기여하고, 환경과 다양한 관계를 갖는 눈에 보이는 역사이다.(p50)

그는 창의성에 대한 관점의 중심을 개인에게 두는 것이 아니라, 개인과 공동체 사이의 부분-전체의 관계로 볼 것을 요구한다. 창의성은 개인의 자기표현이나 성취가 아니라 사회와 환경의 복지를 목표로 한다.

J. S. 렌줄리(2002)는 창의성을 포함한 영재성의 정의를 설명하면서 이렇게 묻는다.

> 어떤 사람들로 하여금 그들의 지적, 동기 부여되는, 그리고 창의적 자산을 사용하여 두드러지는 창의적 생산성을 이끌어내게 하는 무언가가 있는 반면, 또 다른 사람들은 비슷한 자산을 가지고도 높은 수준의 성취를 이루는 데 실패한다. 무엇 때문에 어떤 사람들은 물질주의나 자아 발전, 방종보다 인간에 대한 관심과 공공의 선을 우선하는 방식으로 그들의 인간관계와 정치적, 도덕적, 윤리적 삶을 형성했을까?(p36)

이것과 대응하는 질문이 있다. 우리는 어떻게 하면 그들이 사는 세상과 동시대를 사는 사람들을 지지하고 돕는 방식으로 학생들이 창의성을 계발하도록 도울 수 있을까? 어떻게 우리는 '배려하는 창조자'를 키워낼 것인가? 창의성을 공동체를 유지하고 새롭게 만드는 도구로 본다면, 교사들에게 새로운 차원의 책임감을 부여할 수밖에 없으며, 특히 새천년에 들어선 초기인 현재에 적합해 보인다.

창의적 협동에 대한 V. 존스타이너(2000)의 책 서문에서 데이비드 펠드먼은 20세기를 "개인의 세기"라고 불렀다.(p ix) 20세기 내내 장 피아제의 발달이론으로부터, 심리학자들은 개인을 세계와 상호 작용하는 자주적인 존재라 봤으며, 그들 자신의 인식을 만드는 데 초점을 두었다. 레프 비고츠키[19]의 재등장과 함께(제4장 참조) 우리는 학습과 창의성이 공동체 안에서 일어나는 것을 이해하게 되었다.

펠드먼은 21세기를 "공동체의 시대"라고 명명했는데,(p xiii) 여기서의 중요한 도전은 개인과 사회적 결합 관계 사이의 눈에 띄는 균형이다. 이 균형은 보워스가 추구하던 부분-전체의 관계와 비슷한 울림을 갖는다. 만약 우리가 세상에 대해, 특히 문화적 풍부함과 자연의 균형에 대해 계속 추구한다면, 새로운 종류의 창의적 사고를 할 수 있을 것이다. 존스타이너(2000)는 아래와 같이 책의 앞머리를 시작하고 있다.

> 우리는 정신적 삶에 대해 새로운 이해를 갖게 되었다. '독립적인 사색가'라는 개념은 개인주의에 대한 서구의 믿음으로 만들어진 것으로 여전히 매력적이다. 그러나 어떻게 지식이 구조화되고 예술의 형태가 이루어지는지 조심스럽게 조사해보면, 또 다른 진실이 드러난다. 아이디어의 발생은 집단적 사고와 중요한 대화, 사고의 파트너들과 함께 새로운 통찰력을 얻으려는 노력을 나누고 지탱하면서 나온다.(p3)

학생들이 자신과 타인, 또는 개인과 집단 사이의 균형을 갖춘 창의성으로 향하는 길을 찾도록 도우려면 새롭고 익숙한 경험 두 가지가 모두 필요하다.

그리고 우리 모두는 진정으로 그것을 원할까?

1995년 E. L. 웨스트비와 V. L. 도슨이 쓴 글은, 교사는 창의적인 학생을 '좋아하지 않는다'는 증거로 블로그들에서 널리 인용되어왔다. 그러한 주장은 13개 초등학교의 교사들로부터 모은 데이터를 기반으로 하여, 광범위하게 과장된 것처럼 보인다. 창의

---

19) Lev Semenovich Vygotsky, 1896~1934, 구소련의 교육심리학자. '심리학계의 모차르트'라고 불린다. 어린이의 교육에는 학습 효과가 증대될 수 있는 환경을 갖추는 것이 중요하며, 어린이는 교사의 지도에 따라 능동적으로 교육에 참여한다고 역설했다. 인간은 사회적, 역사적 경험을 축적하기 때문에 능동적 학습으로 지적 발달을 이룰 수 있다고 봤다.-옮긴이 주

적인 학생들을 '덜 전형적'으로 보는 의견을 피력한 데 비해, 이 글에서는 특히 창의적 학생에 대한 설명이 더 부정적인 톤이기 때문이다.

　연구에 결함이 있음에도, 우리가 교실을 창의적인 대응을 향해 개방한다는 것은 예측하기 어렵고, 계획할 수 없는 교실 상황에 대한 개방을 의미하는 것임은 인정해야 한다. 이는 토론의 방향이 어디로 흐를지, 해결책이 나올지 그렇지 못할지를 우리가 알 수 없다는 뜻이다. 정답을 미리 알고 있는 편안한 위치에서 떠나야만 한다는 뜻이기도 하다. 늘 쉽기만 한 것은 아니다. 그리고 창의적인 학생들의 행동이 교실 생활에서 늘 반가운 것만도 아님은 분명한 사실이다(Aljughaiman & Mowrer-Reynolds, 2005). 자신이 원한다고 생각한 것들은 때때로 우리의 희망보다 훨씬 도달하기 어렵다.

　이것은 J. S. 뮬러, S. 멜와니 그리고 J. A. 곤칼로(2012)가 발견한 현상으로 더 복잡해졌는데, 그들은 사람들이 불확정성에 직면했을 때 창의성에 대해 부정적으로 행동한다는 것을 알아냈다. 또한 불확정성에 직면한 사람들은 문제에 대한 창의적인 해결책을 찾거나 받아들이려는 경향이 적었다. 이와 같은 발견이 지적하는 바는 아주 역설적이다. 즉, 우리가 불확실한 상태에 있고, 창의적인 해결 방법이 필요할 때 오히려 그 방법을 덜 인정하는 경향이 있다는 것이다. 나는 이런 현상이 교실에서도 역시 작용하는지 의심스럽다. 창의성을 돕는 바로 그 조건이 불확정성으로 이끌고, 불확정성 때문에 우리는 창의적인 길을 덜 선택하려고 하거나, 우리 앞에 있는 창의성을 보지 않으려 할지 모른다. 만약 우리에게 필요한 교실을 만들려고 한다면, 그리고 학생들이 누릴 만한 교실이라면 이러한 위험을 인식하고 반대해야 한다. 창의성을 돕는 교실은 유연함과 함께 투지가 필요하고, 모호함에 직면했을 때 끈질김이 요구된다.

　T. 와그너(2012)는 아래와 같이 도발적인 질문을 던졌다.

　　과거 우리나라에서 성장한 혁신가들은 의도에 의해서라기보다는 주로 우연의 산물이었다. 모험적인 사업가나 혁신가들은 자신들의 재능을 계발하고 영감에 용기를 불어넣어준 것으로서 자신이 받은 교육이나 일했던 장소, 심지어 부모님조차 거의 언급하지 않는다. 지난 반세기 동안 가장 혁신적이었던 사업가 세 사람은… 그들의 아이디어를 쫓기 위해 하버드를 중퇴했다. … 그러니 끈기, 공감 능력 그리고 강력한 도덕적 기초 같은 본질적으로 질 높은 인격과 함께 학생들의 분석 능력은 물론 진취성, 호기심, 상상력, 창의성 그리고 협동 기술을 길러주기 위해, 우리가 청소년들의 혁신적이고 사업가적인 재능을 계발시키려면 도대체 어찌해야 한단 말인가?(p22~23)

나는 이 책이 와그너가 자기 도전에 대한 답을 찾기 시작하는 곳이 되기를 희망한다.

이 책의 구조

이 책은 창의력 교육의 여러 측면을 다루고 있다. 텍스트는 두 부분으로 나뉘어 있다. Part I 은 '창의적 인물과 창의적 과정의 이해, Part II 는 '창의성과 교실 생활'이다. Part I 에서는 연구를 교실 활동과 연관지으려는 노력으로 창의성에 대한 이론과 연구에 집중하고 있다. Part II 는 직접적인 교실 활동, 조직, 실습에 대해 다루고 있다. 앞에서 이미 읽은 바대로 제시한 아이디어를 탐구하는 데 쓸 수 있는 두 종류의 활동이 포함되어 있다. 이 책 전체에 실은 '교실에 대해 생각하기'에 제시한 활동들은 특정한 교육 상황에 주어진 재료를 적용할 수 있도록 도울 것이다.

각 장의 끝부분에는 학습의 확장을 도울 수 있는 두 종류의 특별 부문을 두었다. 각 장의 끝에 있는 'What's Next?'에는 창의적 과정의 여러 측면에 대한 독자들의 심도 깊은 사고를 도울 만한 활동과 질문을 제시했다. 독자가 읽은 것에 대해 일기를 적어두거나 자신의 생각, 의문, 아이디어 등을 기록하는 일은 도움이 된다. 각 장의 끝에 있는 제안에만 국한할 필요는 없다. 일기를 활용하여 창의성에 대한 경험, 어리둥절하게 만드는 아이디어, 교실 관찰의 결과, 딜레마, 해결책 등을 스스로 탐구할 수 있다.

두 번째로 각 장의 끝에 붙어 있는 특별 부문은 'Tech Tips'다. 현대 사회는 테크놀로지로 가득 차 있다. 나 역시 새로운 테크놀로지를 교육에 포함시키려고 여러 방식으로 시대와 발맞추려 노력하고 있다. 창의성과 교육에 대한 블로그를 시작했는데(http://creativiteach.me), 이는 과학적 진보의 결과인 대화에 참여하려는 노력의 일환이다. 매번은 아니지만 대부분의 장 끝에 내용과 연관된 기술적인 팁의 목록을 덧붙였다.

이 일을 하면서 약간 망설였는데, 내가 책을 쓰는 동안 훌륭한 기능했던 몇몇 링크가 여러분이 이 책을 읽을 때에는 이미 구닥다리가 되었을 수 있기 때문이다. 그리고 책이 출간되자마자 가장 새로운 최근 정보는 목록을 이미 지나쳤을 것이다. 대안은 교육이라는 맥락상 중요하기 때문에 이런 부분은 무시한 채 최선을 다하는 것이다. 그리고 새롭게 선택 가능한 것을 알게 되면, 당연히 계속해서 creativiteach.me 블로그를 업데이트할 것이다. 나는 진심으로 여러분이 내 블로그에 방문하길 희망한다. 블로그를 운영하면서 대화만큼 재미있는 것은 없다는 걸 알았다.

마지막으로, 이 책은 두 가지 목표를 갖고 있다. 첫째, 나는 여러분이 이 책을 모두 읽었을 때 창의성 관련 이론, 창의적 개인의 특징, 동시대의 연구 상황 등을 반영하는 창의적 과정의 여러 측면을 잘 이해하고 있길 바란다. 두 번째 목표(오만하다는 것은 인정하고)는 이러한 아이디어를 교육에 대한 행동이나 사고방식을 바꾸는 데 사용할 수 있다는 것이다. 창의성을 계발하기 위한 교육은 바로 교육 과정의 심장부를 건드리는 것이며, 교사로서 학생과 상호 작용하는 방식에 관한 것이다. 나는 여러분이 여기에서 강력한 힘을 부여하는 상호 작용 방식과 학생들이 호기심 어린 기쁨을 알게 되도록 돕는 아이디어를 찾게 되길 바란다. 학생들 스스로 문제를 만들고 공유하고 푸는 방식을 배우도록 돕느라 사용하는 시간보다 더 가치 있는 투자는 상상할 수 없다.

W h a t ' s   N e x t ?

1. 창의성을 탐구하는 가장 흥미롭고 효과적인 방식 가운데 하나는 여러분이 자신만의 창의적 프로젝트를 진행하는 것이다. '교실에서의 창의성 계발'이라는 내 수업 시간 동안, 대학원 학생들은 문제를 인식하고 그것을 다룰 뭔가를 만들어내야 한다. 그들의 발명품은 아주 폭이 넓어서 사다리에 기어 올라가지 않고도 빌딩 배수관 안의 나뭇잎을 살필 수 있게 만든 거대 버전의 치과용 거울에서, 건망증이 심한 십대들에게 세탁물을 찾아올 때를 알리는 사인을 보내는 기기에까지 이른다.

주위를 둘러보면서 해결해야 하는 일상생활의 딜레마나 귀찮은 일을 찾아보자. 주위에 개선하고, 단순화하고, 더 정교하게 만들어야 할 무엇이 있는가? 그렇지 않으면 당신은 창의적인 글쓰기 프로젝트나 예술적인 노력, 또는 다른 창의적 과제를 수행할 수도 있다. 어떤 것을 선택하든 당신의 생각, 느낌 그리고 활동을 일기에 적어라. 자신의 경험과 연구, 이론, 테크닉을 비교하라. 그런 프로젝트에 대해 고려할 때 당신의 느낌은 어떠한가?

2. 오늘 신문이나 웹사이트를 조사하라. 이야기나 광고 속에서 당신은 창의적 사고의 어떤 증거를 볼 수 있나? 상황에 적합한 독창적인 아이디어를 찾아보자. 모든 창의적인 아이디어들이 사회적으로 적합한가? 어떤 하루에 대해 창의성의 증거를 모아 차트를 만들고, 적합하고 윤리적이라고 생각하는 것의 비율이 어느 정도인지 살펴보라. 뉴스에 등장하는 윤리적 창의성 VS 비윤리적 창의성의 빈도를 논의하기는 아주 흥미로울 것이다.

3. 여러분이 갖고 있는 창의성의 개념에 대한 문화의 영향에 대해 생각해보자. 어떤 형태의 표현이나 활동이 다른 것에 비해 더 창의적이라고 생각하는가? 그들이 창의적이라고 생각하는 것에 대해 다른 사람과 대화를 나눠보자. 동료, 이웃 그리고 학생들에게 질문했을 때, 답변이 어떻게 다른지 생각해보라. 어쩌면 소규모 연구 과제를 수행해야 할지도 모른다.

Tech Tips

테크놀로지의 세계는 경이로운 창의성의 결과다. 매일 새로운 웹사이트, 새로운 앱, 신형 기기 덕분에 우리는 교육 방식을 혁신할 가능성을 얻는다. 적어도 나에게는 가능성의 세계를 통해 선별하는 것이 너무나 벅찬 과제여서 시작하기 어려워 보인다는 것이 문제다.

온라인 교육과 블로깅의 세계로 들어가는 것은 머리부터 싸움 속으로 뛰어드는 것이라고 생각하기 때문에 내가 배운 것을 여러분과 나누고 싶다. 각 장의 말미에 있는 'Tech Tips'에서는 여러분과 학생들 모두를 위해 창의성에 도움을 줄 기술 자원을 제시한다. 대부분의 경우 장의 내용과 팁은 서로 연관되어 있겠지만, 가끔은 생략하기 아까운 무작위 팁들도 있다. 대부분의 팁들은 최대한 가능성을 탐색하도록 인터넷에서 무료로 찾아볼 수 있다.

이 장에서는 어떤 전문가에게든 도움이 될 수 있는 '기술의 기초'에 집중할 것이다.

1. 만약 당신이 활동하고 있는 창의성의 예를 찾아보고 싶다면 테드(TED)를 방문할 필요가 있다. 테드(http://www.TED.com)는 다양한 분야에 걸친 개인의 뛰어난 강연을 모아놓고 있다. 테드는 '세계에 퍼트릴 만한 아이디어'를 위해 비영리적으로 헌신한다. 테드는 출발할 당시(1984) 테크놀로지, 엔터테인먼트 그리고 디자인의 세 분야로부터 사람들을 모은 학회 형태였다. 그 후 영역은 점점 넓어져 이제 두 번의 연례 학회와 수상에 빛나는 '테드 톡스(TED TALKS)' 동영상 사이트와 그 외에 다양한 프로그램들로 이루어져 있다. 경고: 테드는 페이스북이나 트위터 또는 최신 기술로 무장한 록스타처럼 중독될 수 있다. 일단 테드의 강연을 탐험하기 시작하면, 멈추지 못할지도 모른다!

   테드의 흥미로운 분과인 '테드-에드(TED-Ed)'는 '공유할 가치가 있는 학습'이라는 부제가 달려 있다. 테드-에드는 동영상으로 녹화된 강의와 애니메이션을 덧붙여 효과가 더해진 놀라운 강의에 교사들이 접속할 수 있도록 돕는다. 그리고 이 모든 것은 학교의 스케줄에 적절하게 들어맞도록 10분 간격으로 디자인되어 있다. 테드-에드는 강의를 만드는 데 도움이 될 흥미로운 애니메이터은 물론 뛰어난 교사(어쩌면 당신?)를 발굴하길 원한다. 여기에 흥미로운 동영상을 사용한 수업을 시작할 기회, 또는 처음부터 프로젝트를 만드는 데 참여할 수 있는 기회가 있다(http://ed.ted.com).

2. 현재 창의성과 관련된 문헌에서 제기되고 있는 가장 흥미로운 질문 중 하나는 창의성이 개인적인 것인가 아니면 협력에서 오는 것인가(또는 둘 다)이다. 만약 당신이 협력에 의한 창의성에 관여하고 싶다면 동료와 함께 작업하고 정보를 공유하는 방법이 필요할 것이다. 두 가지 기본적인 방식은 구글 닥스(Google Docs/Drive, http://docs.google.com)와 드롭박스(Dropbox)이다. 구글 닥스는 실시간으로 협력에 의한 글쓰기를 가능하게 하는 무료 편집 툴이다. 당신은 친구와 공유하는 문서에서 작업할 수 있고, 그들은 편집 상황을 즉시 알 수 있으며 방문할 때마다 볼 수 있다. 구글 닥스의 문서는 (그 밖에 무엇이라도) 구글 드라이브를 통해 '클라우드'로 저장할 수 있다. 이는 마치 당신이 어떤 기기를 가지고 있든 간에 접속할 수 있는 투명한 여분의 드라이브를 가진 것과 같다. 만약 이것을 친구와 공유하고자 한다면, 친구 역시 이곳에 접속하기만 하면 된다. 여러분의 교과 과정 커뮤니티에 첨부 파일 보내는 것을 잊어도 상관없다.

3. 파일을 인터넷에서 공유할 수 있는 또 다른 선택방법은 '드롭박스'(http://www.dropbox.com)이다. 드롭박스에서는 다양한 그룹과 정보를 공유할 수 있는 폴더들을 만들 수 있다. 뭔가를 바꾸고 싶을 때마다 즉시 변경이 가능하다. 지금까지 동료나 친구에게 얼마나 자주 보낸 것을 다시 부탁하거나 업데이트해야 했는지 생각해보라. 창의성을 서로 나누는 것은 클라우드가 출현한 이래 훨씬 쉬워졌다.

4. 마지막 기본적인 웹사이트는 'CAST'(http://www.cast.org)이다. 우리가 장애를 가진 학생을 포함하여 모든 학생의 창의성 향상을 돕고 싶다면 도움이 필요하다. 원래 'Center for Applied Special Technology'라고 알려져 있던 CAST는 모든 사람을 위한 교육 기회를 확대하기 위한 비영리 조직인데, 특히 장애인을 위해 일하고 있다. 그들은 보편적 학습 설계(Universal Design for Learning, UDL)의 원칙과 기술을 창의적으로 사용하여 이 일을 한다. 여기에 몇 가지 실례가 있는데, 사이트를 방문하여 더 많은 예를 찾아보기 바란다.

- UDL을 탐험하다 보면 '학습 도구'에서 몇 가지 고전적인 판본이 발견된다. 〈야성의 부름(Call of the Wild)〉[20]이나 〈고자질하는 심장(The Tell-Tale Heart)〉[21]의 쌍방향 판본은 텍스트를 이해하는 것을 힘들어하는 학생들에게 온라인의 도움을 제공하여 돕는다. 이런 도움을 받아 이야기를 완전히 익힌 학생들은 독서의 어려움 때문에 방해받는 일 없이 텍스트 분석에 참여할 수 있고, 토론을 창의적으로 진행할 수 있다.

---

20) 잭 런던이 1903년에 발표한 소설로, 초판 1만 부가 나왔을 때 하루 만에 매진되는 엄청난 인기를 누렸다. 황량한 알래스카의 대자연 앞에서 생존을 위한 투쟁만이 생명을 가진 존재의 가장 근본적인 본능이라고 역설했다.-옮긴이 주
21) 에드거 앨런 포가 1843년 쓴 단편 소설-옮긴이 주

- UDL의 책들이 얼마나 흥미로운지 알게 되면 UDL의 Book Builder를 이용하여 자신의 주문 제작 서가를 만들 수 있다. 3세 이상의 학생들은 도움이 되는 텍스트를 준비하는데 단계마다 안내를 받을 수 있다.
- 탐색을 통해 여러 가지 기술 자원에 관한 링크를 찾을 수 있다. 예를 들어, Exploratree thinking은 모든 학생의 창의적이고 비판적 사고를 돕는다. 예를 들어, 질문, 다양한 관점, 심지어 속독(SCAMPER)에 초점을 맞춘 안내도 있다는 데 주의하라. 이런 지원으로 집중력 장애를 가진 학생들이 아이디어의 여러 측면에 대해 더 잘 조사할 수 있다.
- Interactives를 이용하여 3D 물체를 인터넷에서 조작할 수 있다.
- 과학 리포트를 쓰는 중고등학생들을 CAST Science Writer가 도울 수 있다.

이것들은 CAST 웹사이트와 보편적 학습 설계의 국가 기관이 링크된 몇 가지 도움이 되는 사례에 불과하다. 더 많은 무료 링크가 온라인 공간에 있다. 시간을 가지고 탐색하여 학생들에게 가장 적합한 것은 무엇인지 알아보라. 내 경우에는 UDL의 가이드라인에 있는 체크 목록으로 시작하여, 그 외의 선택 가능한 자원들을 탐색하여 여러 가지 체크 포인트를 클릭하는 것이 도움이 되었다.

2. 창의적 과정의 모델
Models of Creative Process

말하자면 내가 완벽하게 나 자신일 때, 온전히 혼자이고, 생기 있을 때—즉 마차를 타고 여행을 하거나, 멋진 식사 후 산책을 하거나, 잠이 들지 않는 밤 내내… 내 아이디어가 가장 잘 샘솟고 풍부한 때는 바로 그때이다. 그러므로 그것들이 어떻게 오는지 나는 모른다. 또한 강제할 수도 없다. 상상 속에서 부분조차도 잘 들리지 않다가, 말하자면 돌연 나는 그것들을 들을 수 있다. 얼마나 큰 기쁨인지 말로 설명할 수 없다. 창의적이고 생산적인 이 모든 것이 깨어 있는 꿈속에서 즐겁게 일어난다. … 이것이 아마도 신이 만든 가장 훌륭한 재능을 내가 받았으니 감사한 일이다.(Wolfgang Amadeus Mozart, in Ghiseline, 1985, p34~35)

일반적으로 말해서 미래의 작곡의 싹은 갑자기 그리고 예기치 않게 찾아온다. 만약 토양이 준비되었으면, 다시 말해서 작업을 할 상태가 되면, 그것은 엄청난 힘과 속도로 뿌리 내린다. … 마술과도 같은 이 과정 중간에 외부로부터의 방해가 나를 몽유병과 같은 상태에서 깨운다. 벨이 울리거나, 하인이 들어오거나, 벽시계가 울리거나… 실로 그런 방해는 끔찍하다. 때때로 이런 방해 때문에 영감의 실이 한동안 끊어진다. … 그럴 때는 냉정한 지적 노동과 기술에 대한 지식이 내게 도움이 된다. 심지어 가장 위대한 대가의 작품에서조차 그런 순간을 볼 수 있는데, 그때는 유기적인 시퀀스는 실패하고 기술적인 결합이 그것을 대신한다. … 그러나 이것은 피할 수 없다. 우리가 '영감'이라고 부르는 정신과 영혼의 상태가 휴식 없이 오랫동안 지속된다면 어떤 예술가도 살아남기 어려울 것이다.(Peter Ilich Tchaikovsky, in Vernon, 1975, p57~58)

몰리는 얼마 후에 할 교회 뮤지컬을 위해서 노래를 작곡하려고 했다. 그녀는 아직 작곡을 해본 적이 없지만 악기를 몇 종류 연주할 수 있고, 그 과제를 해낼 수만 있다면 뮤지컬은 훨씬 나아지리라 확신했다. 며칠 동안 몰리는 노력했다. 하지만 좌절뿐이었다. 아이디어는 뻣뻣하고 너무 기계적이거나 그녀가 좋아하는 팝송과 비슷했다. 어느 날 저녁, 샤워를 하던 도중에 자신이 노래에 붙여 새롭고 흥미로운 후렴을 흥얼거리는 것을 발견했다. 머리에서는 물이 뚝뚝 떨어지고 있었지만 몰리는 달려나와 종이에 적기 시작했다. 이것이 시작되자마자 노래의 나머지 부분은 쉽사리 줄줄 따라나왔다.

음악을 창작하고, 이야기를 지어내고, 문제를 풀고, 꿈을 꾸어왔던 사람들은 옛날부터 호기심과 놀라움의 대상이었을 것이다. 역사를 기록하기 시작한 그 시대 이래로 학자들은 창의성의 근원에 대해, 창의성이 어떻게 작동하는지, 창의적이라고 여겨지는 사람은 다른 사람과 어떻게 구별되는지 추측해왔다. 창의성에 대한 연구, 이론 그리고 모델은 전통적으로 P로 시작하는 4개의 영역에 집중하고 있다. 일부는 창의적인 사람person의 특징을 연구했다.

그들은 개인의 특징과 가족 역동성, 또는 창의적이라고 여겨지는 개인의 근본적인 능력에 대해 조사했다. 또 다른 이론과 모델은 창의적 과정process을 둘러싸고 조직된다. 그들은 각 개인이 창의적 아이디어를 만들어내는 과정을 연구한다. 또 다른 연구와 이론들은 창의적 생산물product 자체에 관한 것이다. 창의적으로 만드는 것은 무엇이며, 창의적 아이디어는 다른 아이디어와 어떻게 다른가와 같은 질문에 답한다. 창의성의 연구에서 맥락상의 역할이 더 중요해지면서 연구는 네 번째 P, 즉 언론press 또는 환경에 주목한다.(Rhodes 1961) 창의성에 관한 수많은 이론, 특히 동시대의 이론들은 이 네 가지 영역 모두를 연구한다.

이론가들이 창의성의 다른 측면을 강조하고자 하는 것과 같이, 그들은 또한 다른 렌즈로 창의성을 조사하려고 한다(예를 들면, Sternberg, 1988a, 1999). 이들은 특정한 문화의 시점에서 창의적 과정을 본다. 인간의 학습과 발달이론을 옹호하는 심리학자들은 창의성을 그 테두리 안에서 봐왔다. 다음 세 장에서는 몇 가지 관점에서 창의성 모델과 이론을 살펴볼 것이다. 이 장에서 나는 창의적 과정의 모델에 대해 논의하고, 문제의 발견에 관한 연구를 검토하며, 창의성의 개념에 대한 문화적 관점을 조사할 것이다.

3장과 제4장에서는 창의성의 근원, 본성 그리고 시스템에 대한 이론에 중점을 둘 것인데, 제3장에서는 개인에 초점을 둔 이론을, 제4장에서는 시스템에 관한 이론을 다룰 것이다. 이미 여러분이 읽은 것처럼 각각의 이론이 비슷한 지향점을 가진 다른 이론과 어떻게 일치하며, 그것이 어떤 측면(4p-사람, 과정, 생산물, 언론)을 강조하고 있는지, 그리고 그 이론이 당신의 경험과 어떻게 맞아떨어지는지 생각해본다면 도움이 될 것이다. 마지막으로, 각 이론이 교실 실습에 어떻게 영향을 줄지 생각하는 것도 도움이 될 것이다. 스스로에게 물어라. '이 이론이 타당하다면 내가 가르치는 방식, 또는 내가 살아가는 방식에 어떤 영향을 미칠 것인가?'

창의적 과정

창의적 과정의 모델을 찾기 위한 가장 보편적인 자원은 창의적인 아이디어를 발전시키고, 창의적인 생산물을 만들어낸 개인의 경험일 것이다. 창의성이 일반적으로 받아들여진 사람들의 저술이나 인터뷰에서 이와 같은 경험에 대한 정보를 얻을 수 있다. 예를 들면 이 장의 서두에서 인용한 모차르트나 차이콥스키의 편지와 같은 것들이다. 또한 대부분의 학자들은 참신하고도 적합한 아이디어를 만들어낸 그들 자신의 경험에서 영향을 받는 것 같다. 만약 샤워하는 동안 작곡했다고 소개한 몰리가 창의적 과정에 대해 설명한다고 하자. 그녀는 분명 다른 곳에서 찾은 근거가 아니라 자신의 경험을 가지고 사실감 있는 창의성 모델을 개발하려고 할 것이다. 즉 전통적으로 창의성의 모델은 창조자의 렌즈로 본 것 같은 경험을 설명하는 데 근거를 두는 경향이 있다.

특별한 의미가 있었던 순간들, 즉 새로운 아이디어를 떠올렸거나, 문제를 풀고, 미술이나 문학 작품을 창조했던 순간에 대해 생각해보자. 그것은 아마도 당신이 새로운 학제 간의 단위를 계획하고 있던 시간, 클립으로 가전제품을 고정하거나, 아이들이 학교로 가져온 그림, 예를 들어, 고통 때문에 좌절한 자신을 표현한 그림을 완성한 순간일지도 모른다. 어떻게 그 아이디어가 나왔는가? 모차르트가 자신의 영감에 대해 설명한 것처럼 갑자기 나타났는가, 아니면 차이콥스키의 '냉정한 정신노동'이 필요했는가? 여러분이 읽은 창의적 과정에 대한 설명에 따라, 자신이 경험한 창의성과 그것이 일치하는지 생각해보자.

듀이와 왈래스: 알을 품을 것인가, 말 것인가

창의성에 관한 현대의 초기 모델 가운데 하나는 듀이가 발견한 문제 해결 모델이다 (1920). 듀이는 5개의 논리적 단계로 문제 해결 과정을 설명했다. ⓐ 어려움을 느낀다. ⓑ 어려움의 정확한 위치를 찾고 뜻을 정의한다. ⓒ 가능한 해결책들을 생각한다. ⓓ 이 해결책들의 결과를 측정한다. ⓔ 해결책 중 하나를 받아들인다.

듀이와 동시대인이었던 G. 왈래스(1926)는 창의적인 사람들의 글쓰기를 연구하여, 지금은 그 과정에 대한 고전적인 설명이 된 4단계를 만들어냈다. 왈래스는 4단계에서 듀이의 논리적인 구분법을 넘어서 무의식적인 과정과 수많은 창작자가 설명하는 '아 하!'의 경험을 포함시켰다.

첫 번째 단계는 '준비preparation'이다. 이 단계에서 창작자는 정보를 모으고, 문제에 대해 생각하고, 가능한 가장 좋은 아이디어를 찾아낸다. 앞에서 설명한 몰리의 경우에도 준비의 일부로서, 아이디어를 모으고 멜로디와 노랫말로 실험했을 것이 분명하다.

두 번째 단계는 왈래스 모델의 핵심인 '알 품기incubation'이다. 알 품기 기간 동안 개인은 의식적으로 문제에 대해서 생각하지 않는다. 그들은 그동안 다른 활동들 때문에 바쁘지만 정신은 어느 층위에서 계속 그 문제나 질문을 숙고한다. 몰리는 샤워를 하는 동안 알 품기를 하고 있었을지도 모른다. 어떻게 알 품기가 이루어지는지 (또는 그런 과정이 존재하는지)는 창의성 이론가들 사이에서 중심 논제 중 하나다. 왈래스 모델의 세 번째 단계는 그 뜻이 무엇이든 간에, '아하!'의 경험, 즉 깨달음이다. 이는 아이디어들이 갑자기 서로 맞아 들어가고 해결책이 명백해지는 순간이다. 몰리의 경우에는 피날레를 위한 멜로디가 그녀의 마음속에 퍼져나갔다.

그 다음에는 '확증의 단계verification'가 따르는데, 해결책이 실용성, 효율성 그리고 적합성이 있는지 확인한다. 이 단계를 거치는 동안, 해결책은 필요에 따라 정교하게 다듬어지고 미세하게 조정된다. 몰리는 노래가 완성되기 전에 노랫말을 다시 쓰고, 어떤 구절의 멜로디는 다시 작곡해야 했을지도 모른다. 만약 해결책이 만족스럽지 않으면 이 순환 고리는 처음부터 다시 시작된다.

왈래스의 모델을 설명하는데 가장 자주 사용되는 예는 벤젠 분자의 고리 모양을 발견하여 유기화학의 기본 구조를 알아낸 프리드리히 케쿨레[1]의 경우이다. 케쿨레는 자주 인용되는 바로 그 경험했을 때, 탄소 원자가 어떻게 서로 결합하는지에 대해 연구하고 있었다.

> 나는 의자를 벽난로 쪽으로 돌리고 깜빡 졸았다. 다시 원자들이 내 눈앞에서 뛰어다니고 있었다. 이번에는 보다 더 작은 그룹이 얌전하게 배경으로 물러나 있었다. 내 정신적인 눈은 반복되는 이런 환상으로 더 예리해졌고, 더 큰 구조와 긴 열로, 때로는 서로 더 가까이 결합하고, 뱀의 움직임처럼 구부리고 꼬는 수많은 구조물을 구별할 수 있었다. 그런데 어, 저게 뭐지? 뱀들 중 하나는 자기 꼬리를 잡았고 내 눈앞에서 조롱하듯이 빙그르르 돌았다. 마치 번개에 맞은 듯, 나는 깨어났다.(Weisberg, 1986, p32)

케쿨레의 이전 작업은 일종의 준비였던 셈이다. 그의 알 품기는 깜빡 조는 동안 일어났고('몽상'이라고 할 수도 있다), 깨달음과 함께 몽상에서 깨어났다. 계속해서 숙고하고 실험을 거듭하여 입증 단계를 거쳤다. 흥미롭게도 조지 카헤테[2]가 토착민 사회에서 의식에 사용하는 예술 작품을 만들 때 '전형적'이라고 설명한 몇 단계는 왈래스의 단계와 일치한다(2000).

그 과정은 개인적인 준비 단계(정화)와 재료에 대한 집중, 적절한 시간과 장소 등으로 시작한다. 이 단계는 또한 자기를 내세우지 않는 '놓아주고 이루는'(p50) 것이 포함되어 있는데, 이는 예술가 자신과 그 예술가가 만들어내는 것이 하나가 되는 데 반드시 필요하다. 적합한 의지를 찾고 창조 작업을 위한 의도와 필요한 계획, 각성 그리고 헌신을 통합하는 것이 수반되어야 한다. 물질적, 정신적 준비가 완성되었을 때에만 비로소 작업이 물리적으로 성립될 수 있다.

물론 카헤테가 의식용 예술 작품을 만드는 과정을 설명할 때, 왈래스의 단계보다는 훨씬 복잡하고 통합적인 것이다. 준비라는 개념인 '놓아주기'와, 비록 형태는 다르지

---

1) Friedrich August Kekulé von Stradonitz, 1829~1896, 독일의 유기화학자. 화학 구조에 관한 학설인 탄소 원자의 연쇄설(1858)과 벤젠의 고리구조론(1865)으로 유명하다.-옮긴이 주
2) Georgy A. Cajete, 뉴멕시코 산타클라라 푸에블로 출신의 테와 족 인디언 저술가이다. 토착민의 관점을 과학에 도입한 선구자로 불린다.-옮긴이 주

만 최종적인 창조물이 존재한다는 것은 주목할 만하다. 비슷한 예로 인도의 수학 천재 스리니바사 라마누잔[3]은 연구를 수없이 거듭했지만 결과가 실패로 돌아갔을 때, 자는 동안 나마기리 여신[4]이 대답을 알려주었다고 말했다. 그의 연구, 휴식 그리고 깨달음의 과정은 왈래스 모델의 경로를 따르고 있다.(Rao, 2005) 흥미롭게도, 수면에 대한 현대 의학의 연구 결과에 따르면, 수면이 추리적 판단을 증진시킨다는 사실이 드러난다. 수면은 수학 문제의 신선한 해답(Stickgold & Walker, 2004)이나 초기 학습과는 관련이 없는 아이디어를 종합한다고 한다.(Ellenbogen, Hu, Payne, Titone & Walker, 2007)

작업에서 일정한 기간 동안 떨어져 있는 것이 창의적 생산을 증진시킨다는 생각 때문에 구글이나 시스코 시스템, Proctor & Gamble[5]과 같은 회사들은 에너지 포즈Energy Pods(낮잠 둥지), 즉 소음과 빛을 차단하는데 달걀형 후드가 달린 가죽 안락의자를 설치하여 낮잠을 잘 수 있는 조건을 만들었다.(Berlin, 2008) 나는 이런 유행이 더 높은 교육을 위해서 빠르게 도입되길 바란다.

왈래스 모델의 4단계를 이해하면, 특히 알 품기와 깨달음의 단계를 이해하면 창의성에 관한 수많은 이론의 차이점을 알기 위한 핵심을 알 수 있다. 물론 왈래스의 단계를 시작하기 전에 우리 개인은 각자 창의적인 임무를 선택해야 한다.

E. P. 토랜스(1988)는 창의적인 문제의 '감지'를 포함하여 창의적 과정의 모델을 만들고 정의했다. 듀이의 모델과 마찬가지로 그것도 논리적 단계로 구성되어 있다. ⓐ 문제 또는 어려움을 감지한다. ⓑ 문제에 대한 추측이나 가설을 세운다. ⓒ 가설을 평가하고 가능하면 교정한다. ⓓ 결과에 대해 소통한다. 아이디어를 가지고 뭔가를 실제로 한다는 뜻을 지닌 마지막 단계는 듀이나 왈래스의 모델에는 없는 것이다. 이것은 흥미로운 질문을 제기한다. 만약 사용되거나 공유되지 않는다면, 그 아이디어는 덜 창의적일까? 만약 에밀리 디킨슨의 시가 발견되지 않았거나 가치를 평가받지 못했다면, 그 사실이 창의성에 영향을 줄까? 창의성에 대한 이론 중 어느 부분에는 이런 우려가 담겨 있다.

---

3) Srinivasa Ramanujan, 1887~1920, 인도의 수학자. 마드라스 우체국에 근무하며 독학으로 수학을 공부하여 소립자 물리학, 컴퓨터 과학, 우주과학에 사용되는 '라마누잔'의 정리를 남겼다. 분배함수의 성질에 관한 연구를 포함해 정수학에 크게 이바지했으며, 독자적인 방법에 의한 깊은 성찰과 직관, 귀납으로 수많은 결과들을 도출해냈다.-옮긴이 주
4) Namagiri, 힌두교 신화의 여신. 비슈누의 아바타인 나라시마의 아내이며, 크샤트리아 계급의 수호신이다.-옮긴이 주
5) P&G, 1837년 설립된 미국 회사. 오하이오 주 신시내티에 본사를 두고 있으며, 세계 140국에서 300여 종의 제품(세제인 타이드와 아이보리 비누 등)을 파는 다국적 기업이다.-옮긴이 주

좀 더 최근에 아서 크로플리와 데이비드 크로플리(2012)는 비즈니스 모델의 혁신적인 과정과 맞물리는 더 확장된 형태로 왈래스의 단계를 나눌 것을 제안했다. 이 버전에서 왈래스의 준비 단계는 준비(해당 분야를 익힘), 활성화(현재의 상황에 대한 불만족과 문제 발견), 발상(아이디어)으로 나뉜다. 크로플리의 모델은 알 품기, 깨달음, 입증의 단계를 잇고 있지만, 거기에 소통(미래의 사용자와), 비준(사용자로부터의 수용 또는 거절)을 덧붙이고 있다. 크로플리의 모델에서 가장 흥미로운 점은 창의성의 역설을 다루도록 되어 있는 것이다. 창의적인 사람들은 유연하지만 논리적일 필요가 있고, 끈기 있으면서도 투지가 넘쳐야 한다는 등이다.(제5장 참조) 서로 다른 특징이 창조 과정의 상태에 따라 필요하다면, 역설은 큰 그림의 필요한 부분이다.

R. K. 소여(2012)는 여러 개의 창조 과정 모델을 합성하려는 야심찬 시도했고, 8단계를 제시했다. 그 모델은 지식과 알 품기의 역할이 명백한 창의적 문제 해결(아래 참조)과 약간 비슷하다. 그 8단계는 다음과 같다. 문제 발견, 지식 획득, 관련 정보 수집, 알 품기, 아이디어 발상, 아이디어 취합, 최선의 아이디어 선택, 선택된 아이디어의 표면화이다. 이 모델에서는 창의성이 완성되기 위해서는 새로운 아이디어의 발생, 아이디어의 평가 그리고 아이디어 공유가 필요하다는 점을 명백히 하고 있다.

교실에 대해 생각하기

알 품기가 여러분의 교실에서 어떻게 작동할 수 있을지(또는 작동 불가능한지) 생각해보자. 먼저 2개의 과제를 제시하자. 하나는 즉각 완성할 수 있는 것이어야 하고, 다른 하나는 과제와 행동 사이에 알 품기 시간을 둔다. 당신은 둘의 차이를 발견할 수 있는가? 알 품기 시간의 길이가 각기 다른 실험을 시도해볼 수도 있다.

오스본-파네스 모델

오스본-파네스Osborn-Parnes의 창의적 문제 해결Creative Problem Solving(CPS) 모델은 몇몇 이론가들에 의해 거의 50년에 걸쳐 발전되어왔다. 이는 앞에서 창의성에 대해 설명한 모델과는 달리, 그 과정을 설명한다기보다 개인이 그것을 더 효과적으로 사용할 수 있도록 허용하고 있다. CPS는 실제 행동을 위해 고안된 것이지만, 동시에 우리에게 통찰력도 가져다준다.

CPS 모델은 원래 A. F. 오스본(1963)이 개발한 것이다. 그는 브레인스토밍을 고안했으며, 광고계에서 아주 성공한 사람이었다. 그는 단지 창의성에 대해 이론화하는 것은 물론 이것을 잘 사용할 수 있는 방법을 찾는 데 흥미를 가지고 있었다. 오스본의 과정은 S. J. 파네스(1981)에 의해 개발되고 다듬어졌으며, S. G. 아이삭센과 D. J. 트레핑거가 그 뒤를 따랐다. 각 버전 속에는 여러 단계가 있는데, 확산적이고(많은 아이디어를 찾기 위해) 융합하는(결론을 이끌어내고 분야를 좁히는) 단계가 포함되어 있다.

초기의 버전에서는 확산적이고 융합하는 사고가 번갈아 등장하는 기간이 일직선 형태를 띠고 있었다. 이 과정은 각 단계마다 필요한 아이디어를 찾도록 고안되었다. ⓐ관심 영역 발견, ⓑ데이터 발견, ⓒ문제 발견, ⓓ아이디어 발견, ⓔ해결책 발견, ⓕ수용의 발견이 그것이다. 1990년대 초, 각 단계를 세 가지 일반적인 구성 요소에 따라 나누는 좀 더 유동적인 모델이 제시되었다. 즉 문제의 이해, 아이디어 발상, 실행을 위한 계획이다.(Treffinger & Isaksen, 1992; Treffinger, Isaksen & Dorval, 1994) 이 관점은 미리 정해진 연속성으로서가 아니라 어떤 문제에 필요한 정도와 순서에 따라 사용할 수 있는 일련의 도구로서 각 상태를 나타내고 있다.

CPS의 가장 최근 버전은 이러한 평가를 잇고 있다.(Isaksen, Dorval & Treffinger, 2000; Treffinger, Isaksen & Dorval, 2000; Treffinger & Isaksen & Dorval, 2003; Treffinger & Isaksen, 2005) 이것은 구성 요소를 재구성했고,(4개 명시) 기능을 분명하게 하는데 단계와 구성 요소에 이름을 다시 붙였다.(표 2.1) 게다가 최신 모델은 CPS 자체가 모델 속에서 사용되어야 하는 방식을 결정하여 포함시켜 과정의 유동성이 더욱 분명해졌다.

설명을 위해서 대학 캠퍼스에 오가는 사람들에게 매우 심각한 상황, 즉 주차 공간의 부족에 대해 걱정하고 있다고 가정해보겠다. 주어진 상황은 복잡하고, 즉각적인 해결책을 생각하기는 능력 밖이어서 나는 각 단계를 숙고해보기로 한다. 실제로는 내가 필요한 구성 요소만 골라서 사용하겠지만, 가능한 한 각 단계를 설명할 기회를 갖기 위해 여기서는 모든 단계가 필요한 척해보겠다.

내가 설명하는 첫 번째 요소인 도전 이해하기Understanding the Challenge는 목표와 기회, 또는 도전을 광범위하게 조사하고, 작업의 주된 방향을 설정하는데 사고를 명확하

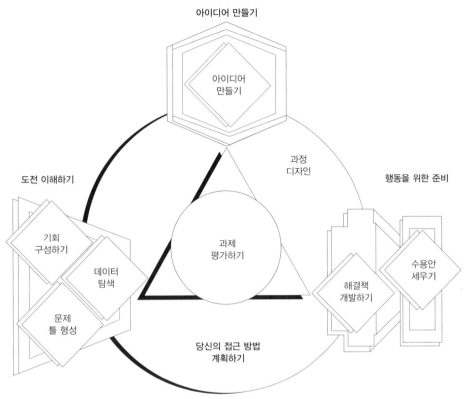

표 2.1 창의적 문제 해결
CPS Framework, Version 6.1 © 2003 Center for Creative Learning, Inc. and Creative Problem Solving Group, Inc.
Reproduced by permission of the authors.

게 하는 것을 포함한다. 보다 포괄적인 언어 사용이 어떻게 초점 문제를 이해하는 전통적인 관점으로부터 옮겨가는지에 주의하라. 그 요소 안에서 나는 기회 구성하기 단계를 시작할 것 같다. 그 단계에서 나는 넓고, 간결하며 유익한 목표를 설정한다. 이 경우, '캠퍼스 안의 주차 여건 개선을 원한다'와 같은 목표로 시작할 수 있다.

도전 이해하기의 두 번째 단계인 데이터 탐험은 다양한 관점으로부터 수많은 정보 자원을 조사하고, 가장 중요한 요소에 대한 집중을 수반한다. 나는 여유 있는 공간에 대한 데이터, 하루의 다양한 시간대에 시작하는 수업의 숫자 등 데이터를 모을 것이다. 나는 또한 학생이나 교직원들을 인터뷰할 텐데, 주차 문제가 다양한 그룹, 다른 시간대, 다른 상황에 따라 어떻게 달라지는지 알기 위해서이다. 가장 중요한 데이터들은 이 요소의 세 번째 단계인 문제 틀 형성Framing Problem에서 쓰인다. 이 단계에서 문제 설정의 대안이 생겨나고, 대체로 '어떻게 우리는…(In what way might we…, IWWMW)'로 시작한다. 목표는 창의적 아이디어를 향해 문을 활짝 열어줄 문제 설정의 방식을 찾는 것이다. 만약 도전하고 있는 것이 캠퍼스의 주차 공간 부족 문제라면, 문제의 설정은 다음과 같을 것이다.

> 어떻게 우리는 더 많은 주차 공간을 지을까?
> 어떻게 우리는 캠퍼스 위에 더 많은 주차 공간을 만들어낼 것인가?
> 어떻게 우리는 캠퍼스 내의 학생 주차 공간을 제한할까?
> 어떻게 우리는 캠퍼스 내의 차량의 수를 제한할까?
> 어떻게 우리는 차량의 숫자와 가능한 주차 공간을 일치시킬 것인가?
> 어떻게 우리는 걸어서 학교에 올 만한 거리가 아닌 곳에 사는 학생들이 쉽게 캠퍼
>   스에 접근하도록 할까?

분명히 문제 설정의 선택은 고려하고 있는 해결책에 영향을 끼친다. 문제 설정이 넓으면 넓을수록, 가능한 해결책의 범위도 넓어진다. 전통적인 주차 공간을 만들어내는 데 제한을 두는 첫 번째 문제 설정은 선택의 여지도 제한한다. 두 번째는 우리가 엘리베이터를 이용하여 지하나 빌딩 옥상의 주차 공간을 생각해보도록 이끌 수 있다. 마지막 문제 설정은 전통적인 주차 공간에서 버스 노선, 온라인 강좌 또는 헬리콥터 착륙장(!)에 이르기까지 다양한 가능성으로 우리를 이끌 수 있다.

CPS의 두 번째 일반적인 요소인 아이디어 발상은 한 가지 단계뿐이다. 이 단계에서 다양한 도구를 이용하여 선택된 문제 설정을 위한 아이디어를 만들어낸다. 브레인스토밍이 포함될 수도 있고, 제6장에서 설명하고 있는 확산적 사고를 위한 여러 가지 도구도 포함되어 있다.

세 번째 요소는 실행을 위해 준비하기이다. 이 단계에서는 유망한 옵션을 찾기 위한 탐색을 통해서—아이디어를 행동으로 옮기는—작업 가능한 해결책을 만들어내는 것이 포함된다. 여기에는 2단계가 있다. 첫 번째는 해결책 개발하기로, 의도적인 전략과 도구를 적용하여 아이디어를 분석하고 개선하고 선택한다. 아이디어 개발하기에서는 종종 제안된 아이디어를 제도적으로 평가하기 위한 기준을 사용하기도 한다. 주차 딜레마의 경우, 평가 기준으로 다음의 것들이 포함될 수 있다.

비용이 얼마나 들 것인가?

합법적인가?

기술적으로 가능한가?

학생들의 편의를 위한 것인가?

교직원의 편의를 위한 것인가?

대학 당국이 받아들일 만한 것인가?

각각의 아이디어를 여러 기준으로 평가하는 것을 나타내기 위한 표(표 2.2)가 종종 사용된다.

이 구성 요소의 마지막 단계는 '수용안 세우기'이다. 이 단계에서는 선택된 해결책을 실행하기 위한 계획을 세운다. 있을 수 있는 어려움을 예상하고 자원을 확인한다. 이 단계의 결과로 단계, 자원, 개인의 책임에 대한 윤곽을 잡은 실행 계획이 나온다.

CPS의 6.1버전의 네 번째 요소는 '접근 방법 계획하기'이다. 이 구성 요소는 당신이 계획된 방향대로 움직이고 있으며, CPS의 적합한 단계를 선택하여 사용하고 있는지 확신하는데 문제 해결 과정을 통해 당신의 사고를 주시할 필요가 반영되어 있다. 이 구성 요소 중 한 측면인 '과제 평가하기'는 CPS가 이 상황에 대해 유망한 선택인지 아닌지에 대한 결정을 수반한다. 만약 어떤 상황이 제약에 대해 열려 있으며, 다양한 가능성이 있는 선택으로부터 이익을 얻을 수 있다면, CPS는 적합한 방법론이다. 그러나 당면한 문제가 단 하나뿐인 정답만을 가지고 있고, 과제가 그 대답을 찾는 것이라면 CPS는 최선의 선택이 아니다. 두 번째 측면, '과정 고안하기'에서는 CPS의 옵션 가운데 도움이 될 것 같은 단계와 구성 요소를 선택한다. '접근 방법 계획하기'는 CPS의 전 과

비용이 얼마나 드는가?	합법적인가?	기술적으로 가능한가?	학생들에게 편리한가?	교직원에게 편리한가?	당국의 허가가 가능한가?
새로운 주차 구조물 건설					
셔틀버스 도입과 캠퍼스 내 여분의 땅에 공간 건설					
근처 고속도로에서 주차장까지 셔틀버스 운영					
3명 또는 그 이상을 위한 카풀 만들기					

표 2.2 해결책 발견을 위한 표

정을 통해 작동하는 초인지적 양상이라고 생각된다.

다른 모델들이 창의성을 '자연히 발생하는 것'으로 설명하는 반면에, CPS 모델은 사용하도록 고안된 것이고, 프로그램과 CPS 모델을 가지고 교육가능한 것들이 제6장에 나와 있다. 하지만 이 시점에서 우리는 다른 과정 모델들이 창의성의 다양한 이론들과 얼마나 잘 맞는지 고려해야 한다. CPS 모델에서 묘사되는 가장 중요한 원칙은 복잡한 창의적인 문제 해결을 위한 사고에서―확산적이고 융합하는 것, 유연하고 비판적 것 두 가지 모두가 중요하다는 것이다.

문제의 발견

특정한 모델 안에 공식적인 부분으로 들어 있든 아니든, 문제의 발견 또는 문제 찾기와 문제를 구조화하기는 창의적 과정의 기초이다. 제1장에서 나는 각 개인이 창의적 활동을 하는 아이디어를 소통하거나 문제를 풀기 위한 것이라고 썼다. 문제의 발견 과정에서 각 개인은 문제나 아이디어를 선택한다. 이 기본적인 창의적 과정이 모든 다른 것의 밑바탕에 있기 때문에, 우리는 이것을 자세하게 연구할 것이다. 문제의 발견에 관한 문헌 중 가장 많이 인용되는 구절은 아인슈타인과 레오폴트 인펠트[6]에 대한 것이다.

문제를 공식화하는 것이 해결보다 더 중요한 경우가 종종 있다. 이는 단지 수학적 문제나 실험의 기술 같은 경우이다. 낡은 문제를 새로운 각도에서 보고, 새로운 질문과 새로운 가능성을 제기하는 상상력이 필요한 일이다. 아울러 과학에서의 진정한 진보로서 자취를 남긴다.(Dillon, 1982, p82)

비슷한 맥락에서 N. H. 맥워스(1965)는 이렇게 말했다.

---

6) Leopold Infeld, 1898~1968, 폴란드의 물리학자. 비선형 전자기역학을 다룬 보른-인펠트 이론이 있으며, 그밖에 일반 상대성 이론에 관하여 연구했다.-옮긴이 주

대부분의 사람들이 주로 문제를 해결하는 과학자와 주로 문제를 제기하는 과학자 사이에 진정한 차이가 있다는 것을 명백히 안다. … 문제의 발견이 문제 해결보다 더 중요하다. 실제로 현대에 이루어진 가장 큰 기여는 새롭고 확인할 수 있는 아이디어를 공식화한 것이다. 추측하지 못하는 과학자는 결코 과학자가 아니다.(p51~52)

다른 분야에서도 비슷한 논쟁을 가상으로 해볼 수 있다. 다른 사람의 창작물을 모사하는 화가나 다른 사람의 글을 복제하는 작가에 대해 생각해보자. 그런 사람들을 창의적이라고 하거나 자기 분야에서 중요한 기여했다고 말할 수는 없다.

그릴 만한 가치가 있는 것 또는 이야기할 만한 가치가 있는 것을 찾는 것이 창의적 과정에서 가장 중요한 부분이며, 그 분야의 발전을 위한 핵심이다. 학생들이 창의적이 되도록 격려하려면, 우리는 그들이 문제를 발견하도록 돕는 방법을 배워야 한다.

어떤 이론가들은 기초 연구를 통해 문제 발견의 성격을 조사하고, 그것을 문제 해결과 비교했다. 맥워스(1965)는 기초 연구를 통해 문제 발견의 성격에 대해 논의했다. 그는 기초 연구자들이 '단지 과녁을 맞히기 위해서가 아니라, 문제를 찾기 위해 지식의 뿌리 근처를 파헤치는 모습'을 마음속에 그렸다.(p54) 그는 과학에서의 문제 발견을 특징짓는 어려운 역설을 지적했다. 성공적인 과학자는 지식이 많아야 한다. 과학의 과정은 빈번하게 지식의 뼈대와 실험 데이터 사이의 비교를 포함한다. 그러나 중요한 발견이란 믿음직한 뼈대를 폐기해야 할 때를 알고, 찾아낸 새로운 뼈대도 알아보는 것이다. 그런 경우, 단지 해결책이 아니라 문제의 본질 그 자체가 변한다.

이런 도전은 창의적 과정에서 지식이 하는 중심 역할을 지적한다. 창조자는 자기 영역의 가장자리까지 자신을 데려갈 수 있는 충분한 지식을 가지고 있어야 하며, 그 경계를 넘어갈 만큼 충분히 유연해야 한다!

문제의 본질

학생들이 문제 발견자로서 성공하도록 도우려면, 문제를 이해해야 한다. 문제는 모양, 크기, 형태가 다양하며, 어떤 것들은 다른 것보다 더 많은 가능성을 가지고 있다. '문제'라고 해서 반드시 어려울 필요는 없다. 그것은 아마도 관점의 이동, 또는 감지한 기회의 이동일 것이다. 블루스 음악가 몰리는 이렇게 말했다.

> 나는 창의성이 수많은 문제를 일으킨다고 생각한다. 창의성은 수많은 문제를 해결
> 할 수 있다고 생각한다. … 나는 이 세계를 풀어야 할 문제로 가득 찬 난장판이라고
> 생각하지 않는다. 나는 이 세계를 흥미로운 일들이 진행되고 있는, 흥미롭지만 독이
> 있는 공기라고 생각한다. 지금 우리에게 문제처럼 보이는 것도 미래의 관점에서는
> 결국 멋진 것으로 보일지도 모른다.(Vaske, 2002, p122)

문제는 몇 가지 방식으로 분류할 수 있다. J. W. 게젤스(1964)는 제시되는 문제와 발견하는 문제의 상황을 구별했다. 이 둘은 문제의 정도와 방법, 이미 알려져 있는 해결책의 정도에 따라 다르다. 후에 게젤스(1987)는 세 가지 문제 유형을 찾았다. 첫 번째 유형의 문제에는 알려진 공식과 해결 방법, 문제를 발견한 사람은 모르지만 다른 사람들은 아는 해결 방법이 있다. 사각형 영역을 컴퓨팅하는 공식을 배운 학생들은 이 공식을 사용하여 다른 특별한 사각 영역도 계산할 수 있다. 대부분의 교실에서의 문제는 이런 종류이다. 교사는 학생들에게 문제를 제시하고, 학생들이 특정한 수단로 특별한 대답에 도달하기를 기대한다.

두 번째 유형의 문제 역시 제시된 문제의 형태를 띠고 있지만, 해결 방법이 문제 해결자에게 알려져 있지 않다. 이 경우, 학생들은 이에 맞는 특정 공식을 배우기 전에 직사각형을 계산하는 문제를 받는다. 그들은 문제를 풀기 전에 만족스러운 방법을 찾아내야만 한다.

세 번째 유형의 문제에는 제시된 문제가 없다. 문제 자체를 찾아내야 하며, 문제도 해결책도 결코 알려져 있지 않다. 게젤스가 든 실례 가운데 세 번째 유형의 문제는 판 위에 직사각형을 그리고 묻는 것이다. "이 직사각형에 대해 얼마나 많은 문제를 제기할 수 있을까?" 또는 "이 직사각형에 대해 중요한 문제를 제기하고 풀어보자." 첫 번째 유형의 문제는 주로 기억과 검색의 과정이다. 두 번째 유형의 문제는 분석과 추리를 요구한다. 세 번째 유형의 문제만이 문제 자체가 목표이고, 문제 발견을 필요하게 만든다.

미하이 칙센트미하이[7]와 K. 소여(1993)는 제시된 문제와 발견한 문제에 따라 창의적 과정이 다르다고 주장했다. 다양한 분야에서 동시대의 저명한 창조자들과 기본적인 인터뷰를 진행하면서, 창의적인 통찰력을 설명하는 데 공통된 구조가 있다는 것을 눈치챈 것이다. 4단계로 되어 있는 그들의 주제는 왈래스의 것과 거의 일치하는 것처럼 설명되어 있다. ⓐ 통찰력의 순간보다 선행하는 고된 작업과 연구, ⓑ 혼자 빈둥거리는 시간, ⓒ 통찰력의 순간, ⓓ 아이디어가 결실을 맺기까지 필요한 다듬기 작업을 말한다.

이 단계들은 상대적으로 끊임없이 이어지는 것 같지만, 몇 시간에서 몇 년에 걸친 시간의 틀 안에서 진행된다고 설명한다. 칙센트마하이와 소여는, 이처럼 시간의 틀이 광범위하게 다른 것은 단기에 제시된 문제에서 장기에 걸쳐 발견한 문제에 이르는 창의적 통찰력의 연속체가 지닌 양극단을 보여주고 있다고 주장했다. 제시된 문제는 특정 영역에서의 평범한 작업의 일부분이라고 생각할 수 있다. 또한, 발견된 문제는 창조자가 보통의 영역을 벗어나 생각하고 존재하는 패러다임에 의문을 가지며, 다른 사람이 묻지 않은 질문을 던질 필요가 있다.

문제를 분류하는 또 다른 모델은 J. T. 딜런(1982)에게서 찾을 수 있다. 딜런은 문제의 수준을 존재하는, 드러나는, 또는 가능성 있는 것으로 구별했다. 존재하는 문제는 분명하다. 문제적 상황이 존재하고, 적절한 행동이 그것을 인식하고 해결한다. 이것은 보통 수학 문제에서 언급되는 종류의 상황이다. 문제가 있고 수수께끼를 던지는데, 해답이 필요하다. 학교에서 주는 문제는 거의 존재하는 문제다. 교사가 가지고 있는 문제를 학생들에게 풀도록 제시하기 때문이다. 드러나는 문제는 명백하기보다는 암시적이다. 풀기 전에 먼저 발견되어야 한다. 이 경우, 적절한 행동은 불명확하고, 숨겨져 있거

---

7) Mihaly Csikszentmihalyi, 1934~, 미국의 심리학자. '긍정심리학' 분야의 대표적인 연구자로서, 창의성과 관련된 그의 '몰입(flow)' 개념은 수많은 분야에서 인용되고 있다. 40년 동안 시카고 대학교 심리학·교육학 교수로 재직했으며, 현재 클레어몬트 대학교 피터 드러커 경영대학원 심리학 교수이자 삶의 질 연구소 소장이다.-옮긴이 주

나 또는 막 시작되고 있는 문제를 위한 데이터와 가능한 해결책의 요소를 조사하는 것
이다. 드러나는 문제는 복잡한 상황이나 데이터 세트[8]를 다루는 관리 면에서 사람들에
게 중요하다. 훌륭한 관리자는 그것을 해결하려고 나서기 전에 문제가 무엇인지 발견
할 능력을 갖고 있다.

학생들 역시 학교의 수업 내용 중에 드러나는 문제를 발견할 기회를 가질 수 있다.
이는 아마 수학에서 가장 흔한 일로, 문제와 풀이 안에서 오류를 찾도록 수학 과목에서
가장 많이 요구받기 때문이다. 이러한 발견은 다른 과목에도 적합할 수 있다. 예를 들
어, 역사적 유물이라고 주장하는 물건에 대해(PBS의 〈앤티크 로드쇼〉[9]에서 볼 수 있듯이)
학생들은 자기 물건의 적절한 특성에 대한 지식을 단서로 삼아 문제를 찾아낼 수도 있
고, 자신이 속한 공동체 안에서 시 행정상의 문제를 다룰 수 있다.

가능성만 있는 문제는 아직 문제로서 존재하지 않는다. 하나의 요소가 존재하거나,
아직 형태를 갖추지 않은 문제, 흥미로운 상황, 또는 다듬을 가치가 있는 아이디어로서
어느 날 갑자기 발견될 수 있다. 관찰자가 요소들을 일정한 방식으로 결합하여 이전에
존재한 적 없던 지점에서 문제를 창조하거나 발명한다. 가능성 있는 문제는 발명 과정
에서 가장 잘 찾아볼 수 있다. 아무도 포스트잇을 발명하라는 책임을 맡은 적은 없다.
그러나 한 영민한 관찰자가 접착제의 일시적인 요소와 사무실 물류를 결합하여 그전
까지 아무도 깨닫지 못했던 문제점을 찾아냈다. 이와 유사한 방식으로 작가는 이전에
는 존재하지 않았지만 꼭 써내야만 하는 이야기를 발견한다. 만약 학생들이 독창적인
이야기를 고안해내거나, 흥미 있는 상황을 실험하는데 과학 연구를 할 계획을 세운다
면 그들은 자신의 문제를 찾아내는 것이다.

학생들의 창의성을 높이기 위해 교사가 사용할 수단을 검토할 때, 우리가 반드시 다
루어야 하는 이슈 중 하나는 학교에서 학생들이 푸는 문제를 어떻게 다양하게 만드느
냐이다. 확실히, 학생들에게 부과되는 대다수의 문제는 게젤스가 '첫 번째 유형의 문
제'라고 분류한 것들이다. 문제는 교사 또는 교과서에 명백하게 규정되어 있으며, 학생
들이 옳은 방법을 사용하여 정답을 도출할 것으로 기대한다. 그러므로 아주 드문 경우
에만 학생들에게 드러나는 문제를 다루거나, 문제를 다양한 방식으로 풀 필요가 생긴

---

8) Data Sets, 컴퓨터 데이터 처리에서 1개의 단위로 취급하는 데이터의 집합-옮긴이 주
9) Antiques Roadshow, 우리나라 KBS TV의 〈진품명품〉과 비슷한 프로그램-옮긴이 주

다. 학생들이 풀어야 할 문제를 스스로 만들도록 요구받는 경우는 더욱 드물다. 그런데 우리가 실제 생활에서 해결해야 할 문제에 필요한 과정을 떠올려본다면, 도전 과제는 해답의 열쇠가 그 안에 들어 있는 깔끔한 패키지 형태로 도착하지 않는다. 중요한 문제들은 대개 풀기 전에 먼저 발견하고 집중해야 한다. 비록 청소년의 문제 발견에 대한 연구가 거의 없을지라도, 논리적으로 문제 발견 과정을 실습해보는 것은 우리의 창의성 탐구 작업 가운데 아주 중요한 요소이다.

목격자의 이야기

문제 발견의 과정을 조사하는 데 가장 효과적인 방법은 하나 이상의 문제를 성공적으로 발견한 누군가와 토론하는 것이다. 예술가, 작가, 과학자 등은 그들의 방법에 대해 편지, 에세이, 인터뷰에서 말해왔다. 어떤 보도에 따르면 창의적인 사람은 아이디어가 거의 형성될 때까지도 문제를 인식하지 못했던 마법과도 같은 순간이 있다고 한다. 이에 대해 가장 논란이 많은 것은 앞에서 인용한 모차르트의 편지이다. 좀 더 최근의 예로는 에드워드 올비[10]가 희곡을 쓰는 과정에 대해 설명한 것이다.

> 나는 임신에 비유하고 싶다. … 나는 때때로 내가 희곡과 '함께' 있는 것을 발견한다. 그러다 어느새 나도 모르게 창의적으로 '임신'하게 되어, 내 머릿속 자궁에서 희곡이 자라난다. … 내가 희곡의 존재를 알게 될 때쯤에는 인물과 상황이 형성되어 내 의식적인 정신으로 몰려들기 때문에, 한동안 그것에 대해 생각해야 한다는 것은 너무도 당연하다.(Queijo, 1987, p28)

또 다른 사람들은 그들의 아이디어에 방아쇠를 당긴 특별한 순간에 대해 설명하기도 한다. 〈주인 없는 소나타와 다른 이야기들Unoccupied Sonata and Other Stories〉의 후기에서 오슨 스콧 카드[11](1981)는 단편집에 수록된 각 단편의 기원들에 대해 설명했다. 하

---

10) Edward Franklin Albee, 1928~, 미국의 극작가. 대표작으로 중년 대학교수 부부의 을씨년스러운 다툼을 그린 최초의 단막극 〈누가 버지니아 울프를 두려워하랴〉 등이 있다.-옮긴이 주
11) Orson Scott Card, 1951~, 미국의 SF 작가 겸 평론가. 영화로 제작된 〈엔더스 게임〉이 대표작이다.-옮긴이 주

나의 이야기는 어린 시절에 가졌던 의문에서 생겨났다. '군인들이 우주에서 3D 전쟁을 한다는 전쟁 게임을 만들 수 있을까?' 하는 것이었다(p269). 또 다른 이야기는 친구의 꿈에서 소재를 발견했으며, 편집자의 도전적인 말에 뿌리를 두고 있는 단편도 있다.

"(한 편집자가) SF 작가들이 재조합된 DNA 연구를 하듯 새로운 것은 전혀 건드리지 않고 늘 똑같은 식의 옛날 것들만 쓰고 있다고 월간지에서 불평했다. 나는 그것을 나 개인에 대한 도전으로 받아들였다."(p270) 또 다른 이야기는 수많은 부모들에게 자주 일어나는 통찰력의 순간에서 가져왔다. "나는 아들을 재우려고 안고 서성이다가 문득 내 어깨에서 느껴지는 아기의 숨결이 다른 방에서 자고 있는 아내의 숨소리와 리듬이 정확하게 일치한다는 것을 깨달았다."(p270) 이러한 그의 설명들이 가장 놀라운 점은 작가가 유별난 경험을 한 것이 아니라, 단지 남들은 건드리지 않고 내버려두는 상황에서 새 아이디어를 찾아낼 수 있었다는 것이다.

토니 모리슨[12]은 아이디어의 원천과 그것이 그녀가 글을 쓰는 데 얼마나 큰 힘이 되는지에 대해 설명한 바 있다. "내가 쓸 수 있기 때문에 쓰는 것이 아니라, 쓰지 않으면 안 되겠다고 느끼게 되는, 나를 압도하는 아이디어가 있을 때에야 비로소 쓸 수 있다." 그녀는 자신의 대표작 〈빌러브드〉의 탄생 근원에 대해 이렇게 설명하고 있다.

> 1855년 신문에서, 아이들을 데리고 노예제로부터 도망친 한 여인이 그 아이들이 주인의 손으로 다시 보내지는 것을 막기 위해 죽이려 했다는 기사를 읽고, 나는 그 이야기에 사로잡히고 말았다. … 그래서 나는 이 같은 종류의 사랑과 자기 파괴, 이해하기 힘든 자기 살해와 이어지는 사건들에 관심을 갖게 되었다.(Queijo, 1987, p28~29)

앞에서 말한 카드의 설명과 마찬가지로, 이 설명은 대답해야 할 더 중요한 질문을 남기고 있다. 어떻게 모리슨은 기사 속에서 그런 이야기의 단초를 찾을 수 있었나? 분명 자극은 받았을 수 있지만, 그 과정은 아주 불분명하다. 수많은 다른 사람도 그 신문 기사를 읽었을 것이다. 노예의 비극적인 이야기에 가슴 아팠던 사람들도 많았겠지만,

---

12) Toni Morrison, 1931~, 1993년 노벨상을 수상한 미국의 소설가 겸 편집자. 〈빌러브드〉으로 퓰리처상을 수상했다. 베스트셀러 작품인 〈재즈〉와 〈솔로몬의 노래〉 등이 있으며, 현재 미국 프린스턴 대학교 교수이다.-옮긴이 주

그중 단 한 사람만이 그 속에서 〈빌러브드〉을 찾아냈다.

어떤 창의적인 사람들은 그들의 작품에 방아쇠를 당겨준 사건을 정확히 집어낼 수 있었을 뿐 아니라, 의식적으로 아이디어나 문제를 찾아내는 그들의 전략에 대해 설명할 수 있었다. 반 고흐는 친구인 안톤 반 라파르트에게 보낸 편지에서 그가 목적한 결과를 얻을 때까지 하나의 모델을 반복해서 그린다고 기술하고 있다. "첫 번째 시도는 도저히 참을 수 없는 지경이다. 이 이야기를 하는 이유는 내가 한 작업 가운데, 가치 있는 뭔가를 볼 수 있다면, 그것은 우연히 일어난 일이 아니라 진정한 목적과 의도 때문이라는 것을 당신이 알아주길 바라기 때문이다."(Ghiselin, 1985, p47)

초현실주의 화가 막스 에른스트[13](1948)는 신비하고 설명할 수 없는 영감과 의식적 추구 사이의 길을 걷고 있다. 그가 말하길, "작업 없이 이루어지고 불려온 이래로… 초현실주의자들은 정신에 의해 의식적으로 이끌려온 것 같다. … 지금까지 초현실주의자들에게 돌아간 행동의 몫은 단지 작품의 탄생을 지켜본 관객으로서 작업의 '저자'로 드러나는 것이다."(p20)

그러나 '단지 관객'이라는 말이 과정의 어떤 것을 설명할 수 있다. 예를 들어, 에른스트는 자기 마음의 성급함을 강화하려는 노력을 하다가, 마룻바닥의 균열을 비비는 동안 문제를 발견할 수 있었다고 설명했다. 반복해서 비비는 동안 그는 바닥의 성질과는 별 관계가 없이, 정신의 무의식적인 힘이 훨씬 더 밀접한 관계가 있다고 믿었다. 반 고흐와 마찬가지로 그는 가치 있는 이미지를 순간적으로 찾아낸 것이 아니라, 수많은 이미지를 만들어낸 후에야 찾을 수 있었다. 사실, 에른스트(1948)는 이렇게 말했다. "초현실주의 그림은 진정한 폭로에 마음이 끌리는 사람, 그래서 찾아온 영감에 도움이 될 준비가 되어 있거나, 질서를 부여해 그것이 작동하도록 할 수 있는 사람이라면 누구에게나 손에 잡힐 만한 것이다."(p25) 비록 그가 초현실주의 예술을 창작하는 것이 무의식적인 과정과 영감에 달려 있다고 믿었을지라도, 그의 관점에서 예술가가 뮤즈의 변덕에만 의지하고 있는 것은 아니다. 재료를 의식적으로 솜씨 좋게 처리한다거나 하는 행동 덕분에 그는 최소한 독창적인 아이디어의 탄생을 목격할 수 있는 것이다. 문제를 만들어내고, 문제에 집중하면서 향상시키는 데 사용된 의식적인 전략의 아이디어가 문

---

13) Max Ernst, 1891~1976, 독일의 초현실주의 화가. 나무와 돌의 표면에 종이를 대고 연필로 비비는 프로타주 기법을 사용했다.-옮긴이 주

제 발견의 핵심이다.

칙센트미하이(1996)는 저명한 창작자들을 인터뷰한 후에 문제가 발생하는 전형적인 세 가지 주요 원천에 대해 설명했다. 개인적 경험, 각 영역에서 생겨난 필요, 사회적 압박 등에 대해 말이다. 여기에서 인용한 창작자들의 경우, 그들이 문제를 발견할 수 있었던 것은 자신의 삶에서 일어난 사건들 덕분이다. 그러나 수많은 유명한 창작자는 각 영역에 대한 지식의 영향을 인정한다. 특정한 영역 안에서 수수께끼 같은 상황을 인식하기 위해서는 충분한 지식이 필요할 뿐 아니라, 둘러싼 환경의 압박과 그 영역의 방향이 결합하여 특정한 문제의 발견을 꽤 수월하게 만드는 것이다. 특정한 스타일의 그림이 인기를 얻게 된다는 것은 화가에게는 도전이다. 즉 인기 있는 스타일 안에서 새로운 길을 찾거나, 아니면 또 하나의 새로운 스타일을 발견해야 한다. 전쟁 중에 과학자들은 종종 강력한 방식으로 문제를 형성하는 환경에서 산다. 제4장에서 설명하고 있는 창의성 이론의 시스템과 마찬가지로 문제의 발견에 대한 이러한 관점은 인간, (학문의) 영역 그리고 환경 사이의 복잡한 상호 작용으로서 창의적 노력이 다루는 주제들을 본다.

문제의 발견에 대한 연구

창작자들이 문제를 만들어내고 발견하는데 사용하는 과정은 다양한 영역에서 연구되어왔다. 문제의 발견에 대한 연구는 딜런(1982)이 고안해낸 범주를 사용하여 2개의 일반적인 그룹으로 나눌 수 있다. 새로운 문제의 창작을 다루는 것과, 드러나는 문제를 발견하는 데 관련된 것이 그것이다.

게젤스와 칙센트미하이(1976)의 예술에서 드러난 문제 발견에 대한 연구가 이 연구의 주체가 발전하는 핵심이다. 미술대학 학생들에게 2개의 테이블, 화판, 종이 그리고 다양한 드라이 미디어 브러시[14]가 제공되었다. 한 테이블에 정물화의 문제를 찾아내도록 27개의 물체를 올려두었다. 학생들에게 빈 테이블에 있는 하나 이상의 물체를 이용하여 정물화를 만들고, 그것을 바탕으로 그림을 그리도록 했다.

---

14) dry media brush는 컴퓨터의 페인터6 버전에서 사용하던 툴(tool)이다.-옮긴이 주

연구자들은 문제를 만들어내는 데 사용한 전략에 대해 관찰했다. 즉 물체의 수, 각 물체에 대한 탐구 그리고 물체를 사용한 독창성에 대해 조사했다. 문제 발견의 독창성, 깊이, 넓이에 따라 학생들의 등급을 나누는 데 사용된 것은 이런 변화 가능성이다. 제작된 그림은 예술 비평가들이 그래픽 스킬이나 솜씨, 독창성 그리고 전반적인 미학적 가치에 의해 평가했다. 점수는 문제 발견의 등급과 관계가 있다.

솜씨와 문제 발견 사이에 상호연관성이 있다는 것은 긍정적이지만, 통계상으로 중요하지는 않다. 그러나 문제의 발견과 독창성, 전반적인 미학적 가치 사이의 상호연관성은 통계적으로 아주 중요하다. 특히, 독창성의 경우 훨씬 더 중요하다. 7년 후, 본래의 문제 발견 등급을 예술가가 된 과거 학생들의 성공과 비교했다. 그 연관관계가 아주 강한 것은 아니었지만, 통계적으로 의미가 있었다. 맨 처음 연구를 한 지 20년이 지난 후 이루어진 후속 평가에서 예술학교에서의 문제 발견과 중년에 이른 예술가의 성공 사이의 상호연관성은 여전히 긍정적이고 중요했다.(Getzels, 1982) 문제의 발견은 이후 창의적인 성취를 이룰 것이라는 중요한 예측변수로서가 아니라, 수십 년에 걸친 노력을 가능하게 하는 요소의 하나로 인지되어 기타 다양한 연구를 위한 기초가 되었다.

창의적 글쓰기에 대한 2개의 연구는 예술대학 학생들에 대한 조사와 비슷하다. A. J. 스타코(1989)는 네 그룹을 대상으로 문제 발견 전략을 조사했다. 전문 작가, 창의적 글쓰기에 특별한 흥미와 능력을 갖고 있는 고등학생, 언어학 과목에서 평균 이상의 능력을 가진 고등학생, 언어학 과목에서 평균 정도 능력을 가진 고등학생 그룹이다. 문제 발견에 관한 과제는 18개의 물체와 함께 주제가 제시되었는데, 하나 이상의 물체에 관한 글쓰기 아이디어를 내야 했다. 이러한 경험을 한 후, 그들이 아이디어를 만들어낸 과정과 그중 최고의 아이디어를 고른 과정에 대한 질문표를 완성한다. 이 설명에 더하여 고심하여 만든 주제에 대한 인터뷰도 했다.

좀 더 능력 있는 작가(전문 작가와 창의적 글쓰기에 특별한 재능이 있는 것으로 알려진 학생)는 다른 그룹보다 글쓰기를 위한 주제를 만들어내기 위해 신중하게 아이디어를 다루었고, 여러 종류의 아이디어를 만들어내는 데 한층 능숙했다. 덜 능력 있는 작가들은 가능성을 높이기 위한 전략 없이 아이디어가 '튀어나오길' 기다리는 경향이 있었다. 그들은 문제 발견 전략을 사용하지 못했을 뿐 아니라, 전략이 가능하다는 생각마저 하지 못하는 것 같았다. 그들에게 있어 아이디어를 얻는 것은 수동적인 활동이었다.

M. 무어(1985)는 게젤스 및 칙센트미하이(1976)와 비슷한 순서를 그들보다 더 근접하게 따라갔다. 무어는 중학생들에게 한 테이블에 모아둔 물체들을 제시하고, 두 번째 테이블에 이 물체들 중 몇 개를 조합한 후, 이에 대한 글쓰기를 하게 했다. 문제 발견의 점수는 학생들이 다룬 물체의 숫자, 선택한 물체의 독창성, 작가들이 보여주는 탐구적인 태도, 글쓰기를 준비하는 시간, 활동 전체에 걸린 총시간 등으로 매겨진다. 글쓰기 프로젝트는 다양한 창의성 측정 방법을 통해 평가된다. 문제 발견 전략과 해결 방법의 독창성 사이의 관계는 긍정적이면서 중요하다.

문제의 발견 또는 문제 만들기에 대한 또 다른 연구는 문제점 발견Problem discovery에 대한 연구로서 더 정확하게 설명될 수 있다. 이 경우, 독창적인 예술 작업이나 글쓰기처럼 문제는 새롭지 않지만, 적어도 부분적으로는 주제에 의해 발견된 데이터 세트 속에 묻혀 있다. 어떤 경우, 데이터 세트는 연구자에 의해 만들어졌고, 다른 경우 주제에 속한 자연스런 환경의 일부였다. 문제 영역은 교사의 교육에서 미로, 인간 사이에 존재하는 문제, 경영, 과학 연구 그리고 물체의 모음에까지 이른다.

문제의 발견에 대한 연구 리뷰 중 하나(Starko, 1999)는 교육과 연관될 수 있는 몇 가지 가설을 제시한다. 그 과정에 대한 목격자의 이야기는 신비한 것에서 방법론적인 것까지 다양하다. 하지만 최소한 몇몇 창작자들은 그러한 과정들의 기초가 되는 아이디어를 의식적으로 솜씨 있게 다룬 것을 설명할 수 있다. 이런 행동을 조사한 연구에서는 실험적인 행동과 성공적인 문제 발견 그리고 다양한 영역에서의 해결책 사이에 시험적인 연관성이 존재한다. 문제 발견자들은 문제를 배당받지도, 푸른 하늘에서 아이디어가 불쑥 나타나길 기다리지도 않았다. 그들은 해결할 만한 가치 있는 문제를 발견할 때까지 탐구했고, 아이디어를 솜씨 있게 다루고 결합했다.

다양한 몇 가지 연구에서 핵심은 시간이었다. 문제의 발견에 좀 더 성공적이었던 주체는 그렇지 않은 사람들보다 신중한 탐구에 더 많은 시간을 보냈다. 어떤 경우, 그들은 더 자극적인 뭔가, 또는 더 독창적이고 자극적인 것을 탐구했다. 문제를 발견하고 해결하려고 시도하기 전, 학생들이 탐구 활동 중에 시간을 보내는 연습을 하는 데 도움이 되는 경험을 제공하는 것도 좋다. 이것은 학생들의 문제 발견 능력을 향상시킬 수도 있다. 우리는 또한 과정이 진행되기 전에 학생들이 독창적이고 다양한 아이디어를 많이 조사하기를 원할 만한 상황을 발견하도록 도울 수 있다. 또한 몇 개의 핵심 아이디어에 집중하는 것이 중요하다는 점을 알도록 할 수 있다.

문제 발견에 관해서는 수많은 부분이 여전히 밝혀지지 않은 채 남아 있다. 물론 몇 몇 연구자들(Porath & Arlin, 1992; Rostan, 1992)은 문제의 발견이 가진 다양한 영역에서 상관관계를 발견다. 하지만 현재 문제의 발견을 가리키는 수많은 과제나 과정 속의 관계는 알려지지 않았다. 다양한 조사를 위해 흥미 있는 가능성에는 문제의 유형과 각 분야의 내용에 관한 지식의 역할이 포함되어 있다.

J. 리와 Y. 초(2007)는 문제의 발견과 연관된 변수가 문제의 유형과 다르다는 것을 발견했다. 5학년 학생들에게 아주 현실적이고 제한이 없는 상황이 주어졌을 때, 더 광범한 과학 지식을 가진 학생들이 문제를 더 잘 발견할 수 있었다. 수많은 다양한 아이디어를 따라잡는 능력—확산적 사고는 그런 상황에서는 문제의 발견에 관해 실제로 부정적이었다. 문제가 좀 더 구조적일 경우, 더 많은 과학적인 정보를 제공하면, 확산적 사고는 문제의 발견과 긍정적인 연관을 맺었다. 이는 창의성에서 내용과 관련된 지식의 역할이 중요해 보이는 수많은 영역 가운데 단지 하나일 뿐이다.

만약 내가 소아암에 관한 연구의 질문지를 만든다면 아주 형편없을 것이다. 나는 그 주제에 합당한 일을 할 만큼 잘 알지 못한다. 마찬가지로 실제로 소아암 연구자인 내 친구에게 교육 연구에 대한 질문지를 만들라고 한다면 그 또한 어려워할 것이다. 젊은 이들이 좋은 질문을 하게끔 가르치고 싶다면, 그들이 그러한 일을 하는 데 충분한 배경 지식을 갖도록 도와야 하기는 당연하다. 무턱대고 '유연한' 아이디어가 전문성에 바탕을 둔 아이디어보다 더 흥미로운 조사 결과를 만들어내기는 어렵다.

또한 어린이와 어른의 경우, 문제 발견의 과정이 어떻게 다른지는 불명확하다. 그러한 연구에서 주로 하는 핵심 질문이 문제 해결과 인지 과정의 발달 사이의 관계임은 분명하다. P. K. 에일린(1975, 1990)은 문제의 발견은 개인에게 형식적 추리 조작이 가능한 이후에나 계발될 수 있다고 주장했다. 이는 전형적으로 소년 전기early adolescence에 나타난다. 만약 문제의 발견이 그 이전이 아니라 조작기 이후에 나타난다면, 어린아이에게서 다양한 형태를 찾아보려는 노력은 헛되었다. 그러나 우리는 여전히 문제 발견이 단일 변수적인지, 아니면 다차원적인지, 또는 영역 특수적인지 모른다. 문제 발견의 다양한 유형이 타임라인에 따라 다르게 개발될 가능성도 있고, 가드니(1983)의 다중지능 이론처럼 개인별 문제의 발견에 대해서도 분석가능할지 모른다. 실제로 중학교나 고등학생들에게서 문제 발견 행동이 발견되었다는 연구도 여럿 있다.(Hoover, 1994, Lee & Cho, 2007; Londner, 1991, Moore, 1985, 1992)

또 다른 연구(Starko, 1993)는 초등학생들이 게젤스와 칙센트미하이(1976)의 적용 과제 안에서 보여준 문제 발견 행동을 조사했다. 유치원, 초등학교 2학년과 4학년 학생들에게 물건 꾸러미를 주고 뭔가 만들게 시켰다. 이 학생들은 다른 연구에서 발견된 일종의 탐구 행동을 한다는 표면상의 증거를 거의 보여주지 않았다. 대부분의 학생들은 즉시 과제로 뛰어들었다(때로는 연구자가 과제 설명을 마치기도 전에). 그러나 과제 후에 진행된 토론에서는 드러나는 문제 발견 과정의 단서가 보였다.

어떤 어린이들은 과제의 시작과 창작이 진행되는 중간 단계에서의 발견에 대해 설명했다("물건을 서로 붙이기 시작했는데, 강아지처럼 보여서 강아지를 만들었어요"). 다른 경우에 학생들은 문제를 발견했지만(왜냐하면 그들은 과제를 성공적으로 끝마쳤다), 어떻게 그렇게 할 수 있었는지는 분명하게 표현하지 못했다. 이런 결과는 초등학생들의 메타 인식(사고 과정 자체에 대해 고찰하는 능력)에 대해 논의할 때 일관되게 나타난다. 많은 경우, 어린아이들은 어떻게 과제를 할 수 있었는지 설명하지 못하면서도 복잡한 과제 수행에 성공하는 것 같다.

연관 연구(Starko, 1995)에서 2학년, 4학년, 6학년 학생들에게 비슷한 과제를 주고, 무엇을 만들지 아이디어가 떠올랐을 때, 만드는 것에 대한 생각이 바뀌었을 때, 끝마쳤을 때, 각각 연구 대상에게 말하도록 시켰다. 이러한 노력은 물체를 다루는 동안 학생들이 심도 깊게 생각하는 문제를 발견하는지 그렇지 않은지 알아내려는 것이다. 결과는 결론을 내릴 수 없다는 것이었다. 그들이 만든 물건이 아주 창의적이라는 판단을 들은 어떤 학생들은 과제를 결정하기 전에 탐구에 상당한 시간을 썼지만, 다른 학생들은 그렇지 않았다. 탐구 시간의 차이에는 아마도 문제 발견 전략의 차이가 반영되었을 수도 있고, 학생들의 생산물이 아주 창의적이라고 평가하기 어렵다는 사실이 반영되었을 수도 있다. 예를 들어, 한 어린이가 아주 독창적이고 뛰어나다는 평가를 받은 작품을 만들었지만, 그것은 형이 만든 것을 모방했다고 고백했다. 그 아이는 아이디어를 빌려왔기 때문에 탐구에 많은 시간을 보낼 필요가 없었다. 하지만 이 점이 아이들이 독창적인 아이디어를 찾느라 보내는 탐구 시간을 제대로 반영한 것은 아니다.

어린이들이 최선의 아이디어를 선택하는 데 겪는 어려움을 보여주는 다른 연구는 게젤스와 칙센트미하이(1976)의 원 연구와 외관상 모순적으로 보인다. 어떤 아이들은 몇 개의 아이디어를 탐험했지만 가장 독창적이라고 생각하는 것을 선택하지 못했다. 이러한 선택은 문제 발견에서 '평가적인 사고evaluating thinking'의 중요성을 반영한다. 창의적인 문제 발견자가 되려면 가능성 있는 문제를 만들어낼 뿐만 아니라 효과적이고 독창적인 해결에 도움이 되는 문제를 선택할 수 있어야만 한다(Runco & Chand, 1994).

어린아이들의 문제 발견 능력을 계발하는 것과 관련된 흥미 있는 질문 중 하나는 개입의 영향을 받느냐 하는 것이다. M. A. B. 델코트(1993)는 사춘기의 문제 발견 활동은 중고등학교 때 창의적인 생산자로서 활동하는가에 따라 확인할 수 있다고 했다. 이런 학생들은 "다른 사람과 정보를 공유하고 독서를 포함한 다양한 기술로 프로젝트 아이디어를 활동적으로 찾아다니고, 학교 안팎에서 도움이 되는 수업을 들으며, 많은 관심사를 계속 탐구하는"(p28) 것으로 묘사되고 있다. 이 연구에서 보면, 문제를 발견하고 추구하는 학생들을 위한 기회와 격려는 재능 있는 학생들을 위해 특별히 마련된 서비스 안에서 이루어진다. 학생들의 문제 발견 과정에 대한 정보는 그런 서비스가 불가능한 경우에는 참여하지 않았다.

비교 그룹 없이 델코트가 말한 학생들의 문제 발견 과정이 개별적인 연구를 촉진하는데 고안된 프로그램에 참여했다는 사실에 영향을 받았는지 말하기는 불가능하다. D. E. 번스(1990)는 초등학생을 위해 비슷한 프로그램을 연구했다. 비록 문제 발견에 대해 특별히 쓰고 있지는 않지만, 학생들이 창의적인 연구를 시작할 때 훈련 활동이 끼치는 영향을 연구했다. 흥미를 찾고 문제에 집중하는 훈련을 받은 학생들은 그런 훈련을 받지 않은 학생보다 연구를 한층 의미 있게 시작했다. 그녀의 결과에 뒤를 이은 것은 S. 케이(1994)로, 초등학생들이 독창적인 조사를 할 수 있게 돕는 발견 단위를 사용하는 것에 대해 서술했다.

본질적으로 문제의 발견이 성인의 창의성에서 중요한 요소임은 분명하다. 우리는 그것을 더욱 효과적으로 만드는 몇 가지 변수를 더 찾아볼 수 있지만, 아직도 배워야 할 것이 많다. 어린이의 문제 발견에 대해서는 더더욱 알려진 것이 없다. 중급 이상의 경우에는 어른과 비슷한 과정을 보이는 증거가 있다. 어린아이들에 대해서는 확신할 수 없다. 흥미로운 문제를 찾아내는 전략을 학생들에게 가르치기 위해 만들어진 활동이, 학생들이 연구할 뭔가를 선택할 가능성을 높일지도 모른다. 그러나 증거가 명백하지는 않다.

그러나 그러는 동안에도 어린이들은 학교에 가고, 완고하게 구조화되어 있는 문제들에 직면하게 된다. 연구의 기초가 더 단단해질 때까지 평소대로 일을 진행하거나, 아니면 현재의 교육적인 노력 속에 문제의 발견을 포함시키려고 시도하거나 하는 선택이 우리에게 달려 있다. 나는 후자를 선택한다. 수동적인 수용자의 창의성과 사고와 학습을 향상시키려고 하기보다는, 아이들을 탐구자이자 질문자로 만드는 활동을 격려하는 것이 논리적인 것 같다.

지금 시작하는 당신을 돕기 위해, 제7장과 제8장에서 문제-발견 전략과 주요 과목 교과 과정 안에 문제의 발견을 포함시키는 교육 방법의 예를 들겠다. 다양한 과목들에서 이런 원칙들이 교실 활동을 하는 가운데 어떻게 변화하는지 관찰하고, 실험하고, 혁신하기는 당신 몫이다. 이런 혁신 덕분에 우리는 창의성과 학습을 고취시킬 수 있을 뿐 아니라, 청소년들의 문제 발견에 대한 우리의 지식을 쌓을 수 있을 것이다. 나는 여러분이 기울인 노력의 결과에 대해 듣게 되길 진심으로 기대한다!

교실에 대해 생각하기

문제 발견에 대한 미니 연구 프로젝트를 시도해보자. 물체를 모아서 학생들이 그림이나 글쓰기를 위한 영감을 불러일으키도록 사용해보자. 프로젝트를 시작하기 전에 물체를 연구하는 데 평균보다 더 많은 시간을 사용하는 학생들을 관찰해보자. 그들의 생산물에서 뭔가 차이가 보이는가?

문화를 가로지르는 창의성

창의성을 정의하는 핵심 가운데 하나로 타당성이 포함되어 있다. 창의적 반응은 그것이 나타나는 맥락에 적합한 것으로 나타난다. 현재 전 세계에 퍼져 있는 각 문화에 따라 가치를 인정받는 창의성의 종류와 창의성을 나타내는 데 사용하는 수단은 다양하다. 어떤 문화권에서는 기록의 형태로 바꾸기 어려운 강력한 구전문화의 전통을 가지고 있다. 예를 들어, 아프리카의 수많은 시는 단지 노래로 불리거나 암송된다. 그 리듬은 음악이나 춤과 비슷하고, 어떤 뜻을 표현하는데 단어은 물론 톤과 음높이를 종종 사용한다.(Hughes, 1968) 그런 예술을 영어로 된 시처럼 장단격으로 평가하거나 서구식의 이미지로 판단할 수는 없다.

　문화는 저마다 가지고 있는 시각 예술의 재료와 스타일에 따라 다양하게 표현된다. 중국식 종이 오리기 공예나 서예, 나바호족의 샌드 페인팅, 아샨티[15]의 나무 조각 같은 것은, 인상파 회화를 위해 사용된 것과 달리, 그들에게 적합한 수단을 이용하여 시각 예술의 창의성을 표현하고 있다. 그러나 문화에 따라 적합성에 대한 기준이 각기 다를 뿐 아니라, 창의성의 과정 그 자체와 새로움을 개념화하는 방식에도 차이가 있다. '창의성'이라는 개념이 가지는 독창적인 공헌은 서구의 개인주의 전통에 깊게 뿌리박혀 있다. 르네상스 시대 이래로 자연을 그대로 모사하거나 이미지를 향상시키는 양쪽 모두의 화가나 작가, 발명가 개인의 능력이 서구의 사상 속에서 옹호 받아왔다.

　19세기 말 이전까지 '창의성'이라는 단어는 주로 미술이나 시를 언급하는데 사용되었다. 기술 시대의 여명기에 접어들면서 놀라운 발명품에 대해서도 사용되기 시작했다. 창의성이라는 단어 역시 이 시기에 영어에 나타나기 시작했다. 하지만 20세기에 완전히 들어설 때까지는 보편적으로 사용되지 않았다(Weiner, 2000). 특히 미국에서 창의적인 개인이 새로운 발명품으로 국가의 얼굴을 바꾸어놓는다는 이미지는 끝없는 확장과 변화를 추구하면서, 개인의 기업을 중시하는 국가 문화의 한 부분이 되었다. 다른 언어들은 이러한 개념의 발전에서 차이를 보여준다. 프랑스어에서 créativité라는 단어는 제2차 세계대전 이후에 비로소 등장했다. 그전에 일반적으로 사용되던 용어는 발명, 발견 그리고 상상력이라고 번역할 수 있는 것들이었다.(Mouchiroud & Lubart, 2006)

　E. 음포푸, K. 미얌보, A. A. 모가지, T. 마세고 그리고 O. H. 칼리파(2006)는 아프리카 대륙 언어 중 28개를 조사했다. 그 결과 단 하나의 아랍어만이 창의성과 직접적으로 일치하는 단어를 가지고 있다는 것을 발견했다. 다른 언어의 경우, 창의성으로 번역할 수 있는 단어를 가지고 있기는 하다. 하지만 이 단어는 자원이 풍부한, 지적인, 현

---

15) Ashanti, 서아프리카 황금 해안의 왕국 및 부족 명칭. 아샨티 왕국은 1695년경 오세이 투투(Osei Tutu, 재위 1697~1731)가 삼림 지방의 부족을 통합하여 세운 왕국이다. 1901년 영국이 멸망시킬 때까지 이어졌다. 금속제 장식미술이 발달하여 황금가면(마스크)이나 금의 무게를 달기 위한 다양한 분동조각을 남겼다. -옮긴이 주

명한, 재능 있는 또는 예술적인 같은 다른 수많은 설명어로도 번역될 수 있다. 음포푸와 그 외의 사람들은 현재의 창의성 연구에서 사용하는 서구화된 개념 때문에, 아프리카에서 창의성의 토착 개념에 대한 이해를 제한할지도 모른다고 우려한다. 이러한 이슈는 세계 다른 곳에서도 문제가 되고 있다.

미국에서 진보를 위해 필요하고 이익이 되는 것으로, 독창성과 발명이라는 개념은 문화에 깊이 뿌리내리고 있다. 당연한 유산의 일부로 인권을 바라보는 우리 역사는, 진보를 일으키기 위해 문화 규범에 대항하는 인간의 고된 싸움이라는 이미지를 유지하고 있다. J. 라이프(2001)는 창의성에 대한 관심의 증가와, 근대성과 연관된 과정 사이의 관계에 대해 이렇게 쓰고 있다. "신이 창조한 원래의 세계를 통해 발생한 영원한 질서 속에 자리 잡는 대신, 휴머니티는 창조가 현대로 옮겨온 조건에서 자기 자신을 발견한다. 각 개인의 삶의 궤도와 사회의 모습과 방향은 의식적으로 인간의 프로젝트가 되었다."(p3) 이 생각을 따라가면 창의성에 대한 함축적인 정의에 이르게 된다. 즉, 창의성이란 뭔가 새롭고 독창적인 것으로 사회를 변화시키고 앞으로 나아가게 하려는 의도를 가지고 있으며, 이미 지나간 것들과는 완전히 다른 것이다. 이것이 바로 '본질적인' 뜻이 아닐까?

반대로, 수많은 비서구 사회와 구전문화권에서는 사회 안에서 개인의 역할은 물론 창의성의 본질과 목적에 대해 기본적으로 아주 다른 가설을 가지고 있다. 서구의 관점에서 '근대 사회'는 역동적이고 진보하는 것인 반면, '전통' 문화는 정적인 것으로 봤다. 사실, '창의적'이라는 말과 '전통적'이라는 것은 반대의 개념으로 사용되었다. 전통은 어쨌든 변하지 않으며, 창의성은 본래 새로운 것이다.

물론 현실은 그렇게 간단치가 않다. 각 사회는 창의성이 제한될 만한 영역과 더 많은 유연함이 허용되는 범위를 결정한다. 이것이 사회를 위한 적합성의 한정된 요소를 구성한다. 이 한정된 요소의 대부분이 종교에 의해 만들어진다. 예를 들어, 정통 유대교의 종교적 전통은 시각 예술 속의 창의성을 제한하는 반면, 종교적인 텍스트의 창의적이고 사려 깊은 해석을 장려한다. 물론 유대교 사회는 글쓰기, 비즈니스 그리고 다른 영역에서 창의성을 발휘할 수많은 기회를 제공한다. 종교는 또한 전 지구에 걸쳐 전통 사회 안의 창의성의 모양을 정한다. 즉, 외부인들의 눈에 예술품이라고 생각되는 수많은 작품이 불변의 형태를 가진 신성한 대상이다. 그것들의 미확인 제작자들은 예술을 넘어선 숭배를 추구하면서 아름다움을 만들어낸다. 그들이 창의적이라고 생각되는가?

많은 힌두교 문화 영역과 불교 문화 영역에서 세상에 대해 새로운 뭔가를 창작하려고 노력하는 개인이라는 개념은 '억압된 자아'라는 중심 목표를 거스르는 것이다. T. I. 루바트(1999)는 힌두교 안에서의 창의성은 혁신이라기보다 정신적인 표현이라고 기술했다. 그는 시간과 역사는 순환하는 것으로 본다. 전통을 버리려고 하기보다 새로운 해석의 발견을 통해 전통적인 진실을 흥미롭게 만들기 위해서는 그러한 창의적 활동에 집중해야 한다. 그런 관점에서 창의성에 대한 동서양의 개념 차이가 시각적으로 보이는 것은 창조 이야기들 속에서 사용된 은유를 통해서다. 루바트(1999)는 이렇게 말했다. "만약 동양의 창조(그리고 인간의 창의성)가 최초의 전체를 성공적으로 재구성한다는 의미에서 순환 운동으로 특징지어질 수 있다면, 창조와 인간의 창의성에 대한 서구의 관점은 어떤 새로운 지점을 향한 일직선 운동인 것 같다."(p341) 반면에 C. R. O. 라오(2005)는 루바트의 결론이 아시아의 창의성과 신화에 관해 지나치게 제한된 관점을 근거로 하고 있다고 봤다. 라오는 표현이 다를지라도 창의적 과정은 문화를 넘나드는 것이라고 믿는다.

창의성에 대한 동서양의 개념을 일반화하는 것이 가능한가 하는 질문은 현재 진행 중에 있는 연구 과제다. W. 니우와 R. J. 스턴버그(2002)는 동서양 문화에서 창의성에 대한 암묵적 이론들을 요약했다. 즉, 연구자가 아니라 일반인이 일상에서 사용하는 것들을 정리한 것이다. 그들은 비록 동서양 양쪽에서 암묵적 이론이 비슷할지라도, 동양 사람들은 서양 사람들보다 새것과 낡은 것 사이의 관계에 더 가치를 부여하고 창의성을 사회적·도덕적 가치가 포함된 것으로 보려는 경향이 있다는 것을 발견했다. 반대로 서양 사람들은 특정한 개인의 특징에 더 많이 집중하는 경향이 있다.

이는 X. 유에와 E. 러도위츠(2002)가 진행한 조사와 일치한다. 그들은 베이징, 광저우, 홍콩 그리고 타이페이에서 489명의 대학생을 대상으로, 역사상 그리고 현대에서 가장 창의적인 중국인이 누구라고 생각하는지 물었다. 그러자 90% 이상이 '정치가'라고 대답했다. 사회적 영향력의 기준을 개인의 생각이 '얼마나 독창적인가'보다 '얼마나 더 무게가 나가는가'라고 생각하는 듯했다.

K. H. 김(2005, 2007)은 창의성에 관하여 동서양의 교육 시스템을 비교했다. 그녀는 수많은 아시아 사회를 뒷받침하는 유교의 원칙들 때문에 기계적 학습, 위계적 관계 그

리고 적합성이 강조되면서 창의성의 계발이 더 어려워진다는 것을 발견했다. 개인의 차이는 집단의 요구에 포함된다. "학생들은 남들과 다르게 보이는 것을 피하려는 경향이 있으며, 개인은 조화로운 집단을 위해 자신을 억제하는 것을 배우고, 실수에 대한 두려움이나 창피함 때문에 수많은 학생이 침묵한다."(p341) 그녀는 또한 유교주의에 기반을 둔 성 역할 때문에 여성들이 창의성에 대해 독립적인 요구를 하기가 더 어렵다고 주장했다. 또한 H. 서, E. A. 리 그리고 K. H. 김(2005)이 한국 과학 교사들의 창의성에 대한 이해에 대해 조사한 뒤, 교사들은 독창성의 개념을 창의성과 강하게 관련지어 생각한다는 것을 발견했다. 니우와 J. C. 카우프만(2005)은 사회적 영향력이 큰 프로젝트를 중국 참가자들이 가장 가치 있게 생각한다는 것을 발견했다. 이런 결과는 개인보다 더 커다란 사회의 진보를 추구하는, 강력한 집단적 가치를 가진 문화에서는 놀랄 일도 아니다.

창의성과 집단적 가치의 교차를 이해하려면 집단적 문화에서 창의성을 발전시키는 이러한 작업이 필수적이다. 창의성에 대한 개념이나 창의성에 대한 연구 중 대부분이 서구에서는 개인주의적 개념 중심이기 때문에, 다른 가치를 가진 문화에서 창의성을 깨닫고 계발하려면 생각의 이동이 필요하다. 일반적으로 집단주의 문화 환경, 위계 구조 그리고 불명확함을 참지 못하는 문화는 혁신의 수준이 좀 더 낮게 여겨진다.(Hofstede, 2001) 이것은 Y. 자오(2012)의 분석에 따라, 학교 시험에 강한 집중을 하는 국가에서 기업가 정신의 측정에는 덜 성공적이라는 사실과 일치한다.

그렇다고 "개인주의적 문화가 더 창의적"이라고 단순하게 대답할 수는 없다. 중국의 역사적 발명품이나 이집트의 예술을 잠깐만 들여다보더라도 이들 문화가 풍부한 창의적 역사를 가지고 있다는 것은 명백하다. S. B. 팔레츠와 K. 펭(2008)은 중국 학생들이 미국이나 일본의 학생들보다 새로움(적합성보다 크게)에 더 영향을 받는다는 사실을 발견했다. 문화에 관계없이 창의성의 계발을 도우려는 우리들에게 이러한 도전은 흥미로우면서도 한편 당황스럽다. 비즈니스 세계에서 연구자들은 다른 조직 풍토 또는 리더십 스타일 중 무엇이, 다른 문화권 속에서 창의적인 결과를 낳는 데 더욱 효과적인지 연구하고 있다.(Cabra, Talbot & Joniak, 2005; Mostafa & El-Masry, 2008) 창의성을 계발하기 위한 최적의 교실 풍토와 활동은 문화의 보편성이라는 측면은 물론 어떤 공통점을 갖는 것 같다.(Cheng, 2010a, 2010b; Ng, 2004)

만약 우리가 창의성이라고 생각하는 것의 문화적 차이를 이해하기 시작했다면, 우리는 '동양'과 '서양'의 관점이라는 단순한 사고를 넘어서야만 한다. 이러한 차이를 들여다보는 또 다른 렌즈는 상대적으로 전통적인 문화 대 상대적으로 근대화된 문화이다. 수많은 전통 사회의 기본 목표 중 하나는 핵심적인 문화 전통을 지키는 것이다. 그러나 이러한 목표가 문화에서 창의성을 기르기 위한 기회를 제거하는 것은 아니다. 전통 사회에 대한 좀 더 정확한 설명을 살펴보자.

> 세대에서 세대로 물려지는 매우 한정적인 구조에 의해 창의성의 영역과 방식이 경계지어져 왔다. 전통은 미래의 작업을 위한 모델로 여겨져 중요하게 숭배되어왔기 때문에 일부분에서 진행되었다. 전통은 또한 모든 종류의 새로운 발전을 이해하고 통합하는 데 결정적인 구조를 제공한다. 그러므로 물려받은 관습의 반복과 재해석이 성공적인 전통 문화의 품질을 보증한다. 연속성과 문화적인 정체성은 나란히 간다.(Weiner, 2000, p148)

R. P. 와이너는 미술, 음악 그리고 춤의 풍부한 전통을 가지고 있는 현대 발리의 문화를 예로 들었다. 외부인들은 이런 창의적인 노력에 모든 인구가 관련되어 있다는 그 넓은 범위 때문에 놀란다. 그러나 모든 예술적인 활동이 새로운 구조를 만들기보다는 전통적인 방식을 따르는 데 헌신한다.

문화적인 가치에 따라 누구의 창의적 노력이 수용되는지, 창의성이 격려를 받거나 거부되는 영역이 무엇인지에 영향을 받는다. A. M. 루드비히(1992)는 문화의 패턴에 깊은 영향을 주는 영역 안의 창의성은 그다지 장려되지 않는다고 주장하며, 발리의 창의성을 설명했다. "신의 형상이나 종교 의식에 사용되는 춤같이 중요한 형식의 예술일수록 허용되는 변화의 범위가 적고, 부엌 신을 형상화한 나무 조각품이나 어릿광대 극, 악기의 연주, 바구니 짜기 같은 덜 엄숙한 예술 형태의 경우에는 독창성이 더 많이 허용된다."(p456)

그러나 이것이 독창성을 정의하는 기본 개념이 문화에 따라 다양하다는 것을 보여주는 유일한 예는 아니다. 새로움과 참신함에 대한 개념, 특히 이전의 아이디어나 관습으로부터의 극적인 변화가 전통 문화에 위배될 때, 지배적인 사회적 요구는 변하는 것이 아니라 유지될 뿐이다. 조심하지 않으면 서구화의 물결이 몇 세대에 걸친 전통을 삼켜버릴 것이다. 이런 상황에서 창의성은 다른 형태를 띠게 된다.

많은 전통 문화의 형식은 신성한 종교적 상징으로 사용된다. 이러한 이미지는 창작자의 창의성을 나타내고 있을 뿐 아니라, 이것을 보는 사람 쪽에서 다양한 해석과 통찰력을 위한 자극제를 제공한다. 풍부한 구전 문화의 전통을 가지고 있는 경우, 익숙한 이야기를 다시 반복하면서 더욱 확장시키고 정교하게 다듬을 수 있도록 계속해서 변화하는 기회를 준다. 비록 그 이야기 자체가 새롭거나 독창적일 수는 없지만, 매번 새로운 해석이 덧붙여질 때마다 전통 문화는 훨씬 풍부해진다.

물론 반복 속의 창의성이 전통 문화 속에 한정된 것은 아니다. 서양의 공연 예술, 같은 대본에 대한 반복적인 재해석, 음악의 악보 또는 안무는 오픈-클래식 형태 속에서 새로운 창의성의 기회를 제공한다. 어떤 사회든 그 사회가 알아본 창의성은 사회의 규칙, 패턴, 또는 정의에 포함된다. 그렇지 않으면 발견되지 않았을 것이다. 그러나 창의성에 대해 정의할 때 단지 이것이 작동하는 사회 변화에만 초점을 맞춘다면, 사회제도가 존재하도록 하고 더 풍부하게 만드는 창의성을 우리가 선호할 수 있는 능력을 제한해질 것이다.

문화의 이행 자체가 창의성을 위해 풍부한 장소를 제공한다. 음포푸(2006) 등은 전통주의자, 문화이행주의자 그리고 아프리카의 현대문화에서 창의적 표현의 모델을 제공하고 있다. 전통 사회는 공동체가 존재하게 하는 가치 안에서 창의성의 가치를 평가한다. 과도기적 문화는 전통적인 관습과 현대의 경제 사이에 존재하는 공간에 대해 협상하면서 상당한 혁신을 요구한다. 이런 상황에서 창의성은 공예품이나 공연 예술의 변화은 물론 개인과 문화의 가능성을 고려할 때 더 유연하게 판단하는 것으로도 나타난다. P. 그린필드, A. 메이너드 그리고 C. 차일스(2003)는 시나칸탄 마야[16] 사람들의 창의적 활동이 그들의 주 수입원이 농사에서 상업으로 바뀌면서 어떻게 변화되었는지 설명한다. 변화는 아주 구체적인 모습으로, 천을 짜는 방식에서 일어났다. 엄마들이 장사에 더 많은 시간을 빼앗기게 되면서 어린 소녀들은 이전보다 더욱 독립적으로 천 짜는 방식을 배운 것이다. 이는 부분적으로 진화한 것이다. 문화의 한 측면이 이동하면서 창의성을 위한 새로운 기회가 생겨나는 것이다.

우리 모두에게는 문화적 규범 밖에 있는 창의성을 알아보고 즐길 수 있는 능력이 제한되어 있다. 어떤 경우, 중요한 문화적 이동을 나타내는 혁신을 알아보는 데 실패한다. 또 다른 경우, 맥락상 아주 흔한 무언가를 익숙하지 않은 형태의 독창성이라고 생각할지도 모른다. 빈곤한 사람들이 필요 때문에 서양 관광객을 위해 공예품을 만들 때, 특히 이것을 알아채기 어렵다. 예를 들어, L. 노타지(2005)는 우간다 아이들이 '생계형 무대'에 오르는 것에 대해 이렇게 설명했다. "이것은 토착문화에서 순수함과 진정성을 찾고 싶어하는 관객을 위해 디자인된 종교적 의식이다. … 이런 상황의 뒤에 숨겨진 진실은 토착문화의 의식에서 원래의 독창적인 의미를 빼버리고 소비자를 위해 이국적으로 만들어진 패키지다. … 생계형 무대는 제3세계 전체에 걸쳐 가장 빠르게 성장하고 널리 유행하고 있는 토착 연극인 것이다."(p66~67)

노타지의 논문에서 설명하고 있는 아이들이 창의성을 보여주고는 있지만, 아마도 관객들이 알아챌 수 있는 방식의 것이 아니었을 것이다. 그 무대의 이벤트 자체는 그들 공동체에서 익숙한 것, 심지어 구식이 된 노래와 춤으로 구성되어 있다. 그러나 외부인들이 이국적이라고 생각하는 것이 무엇인지 깨달았기 때문에, 관객들을 그 먼 곳까지 오도록 유도하는 방법을 찾았고, 그들의 전통사회가 독창적이고 창의적인 문제를 해결할 수 있는 새로운 수입원을 낳는 혁신적인 전략을 사용하는 것이다.

비록 우리의 학교 학생들 중 대부분이 우간다의 숲속처럼 멀고 낯선 지역에서 온 것은 아니지만, 우리가 학생들이 창의적 가능성을 계발하게끔 도우려 한다면, 학생들이 표현하는 다양한 전통의 혼합을 고려해야 한다. 미국 같은 다문화 사회에서 개인주의적 문화 속에 자리 잡고 있는 창의성은 외부에서 얻어진 요소와 특정한 전통을 고수하

---

16) Zinacantec Maya, 멕시코 산크리스토발 부근에 있는 마야인의 후손들이 사는 독립성이 강한 지역-옮긴이 주

는 요소의 결합으로 표현된다.

예를 들어, 아프리카계 미국 문화에 뿌리를 두고 있는 현대의 춤, '스테핑 댄스'의 전통은 아프리카 춤의 형태, 노예의 춤, 모타운[17] 그리고 현대의 음악과 댄스 형태에서 얻어진 것이다. 스테핑 댄스는 아프리카계 미국 문화를 보존하면서 활기를 불어넣고 있다. 만약 그것이 그 뿌리로부터 너무 멀리 뻗어 와 옆길로 샜다면, 그 힘을 잃어버렸을 것이다.(Fine, 2003)

문화는 그 가치를 표현하는데 창의성을 사용한다. 예를 들어, 미국 원주민인 인디언의 문화는 인간과 자연 사이의 상호관계를 강화하는데 이미지를 사용한다.(Caduto & Bruchac, 1988) 전통적인 중국 회화는 단순함, 즉흥성 그리고 자연스런 형식을 강조한다. 이러한 이미지들은 인생의 철학에 대해 시각적인 표현을 창조하는 데 사용된다. 자연의 빛과 형상을 추출하여 끊임없이 더욱더 단순하고 영원한 것으로 바꾸려는 노력은 자연법칙의 지속적인 힘을 강조하려는 것이다.(Wang, 1990) 양쪽 문화 모두가 자연에서 의미를 찾지만 형식과 메시지에는 문화적 특징이 뚜렷하다. 각 창작자들은 그들이 개발하려는 문화의 복잡한 방식 속에 묶여 있다. 중국의 예술가 쉬빙[18](2001)은 자신이 속한 문화와 자신의 예술 그리고 자기 자신 사이의 복잡한 관계에 대해서 이렇게 설명했다.

예술이 가치 있는 것은 가짜가 아니라 진짜이기 때문이다. 만약 당신이 예술을 창조한다면, 그 재료인 '당신'은 스스로의 모든 복잡성, 즉 당신의 모든 것을 무자비하게 드러낼 것이다. 아마도 인생에서는 숨을 수도 있겠지만, 예술에서는 불가능하다. 당신에게 속해 있는 것은 당신의 것이다. 어쩌면 그것을 없애고 싶겠지만 불가능하다. 그런데 노력에도 불구하고 당신에게 속해 있지 않은 것들, 결코 당신에게 속할 수 없는 것들이 있다. 이 모든 것은 운명적으로 결정되었다. 마치 숙명론자의 말처럼 들리겠지만, 이것은 내가 경험한 것이다. 실제로 이 '운명'을 당신은 경험하게 된다. 그것은 당신의 문화적 배경과 당신의 인생이다. 이것이 당신의 예술 스타일과

17) Motown, 1960~1970년대에 디트로이트 시에 근거를 둔 흑인 음반 회사의 이름. 디트로이트 시의 별칭이 모타운인 것에서 비롯되었다.-옮긴이 주
18) 徐冰, 1955~, 중국 출신의 설치미술가이자 서예가-옮긴이 주

경향성을 결정한다. 당신이 속한 배경을 스스로 선택한 것은 아니지만 그렇다. 특히
이 점은 중국 본토 출신의 예술가들에겐 '참'이다. 내 생각에는 예술가의 스타일과
취향은 인간이 만들어내는 것이 아니라 하늘에서 보낸 것이다.(p19)

문화적 적합성은 정치에 의해 강요될 수도 있다. 1980년대에는 소비에트 스타일의
예술 지도 방침이 중국에 수입되었다. 그래서 모든 학생은 정확히 같은 방식으로 같은
물건이나 장면을 만들어내야 했다.(Xu Bing, 2001) 이런 상황하에서 예술적 창의성이
기능한지, 아니면 더 유연한 기회가 나타날 때까지 일시 정지 상태에 있는지 생각해보
는 것은 매우 흥미롭다.

교실에 대해 생각하기

학생들에게 영향을 끼치는 문화가 표현되는 장소나 행사를 방문해보자. 지역의 문화센터나 페
스티벌, 공연 또는 박물관 같은 곳이다. 이 과정에서 창의성이 표현되고 가치를 대변하는 다양
한 방식을 관찰해보자. 또한 이것을 교과 과정 안에 어떻게 통합시킬 수 있는지 생각해보자.

문화에 따라 창의성의 본성에 대한 이해가 다르다는 사실은(Kaufman & Sternberg,
2006; Lubart, 1990, 1999) 이에 대한 연구를 흥미로우면서도 도전적인 과제로 만든다.
이 책에서 설명하는 대부분의 과정과 이론들은 독창성과 문제 해결을 강조하는 서구
중심주의에 초점을 맞춘 개인주의에 기초를 두고 있다. 그 과정과 이론 들이 창의성을
개념화하고 경험하고 표현할 수 있는 무수한 방식을 아우르고 있는지 생각해보는 것
은 중요하다.

만약 창의성의 개념이 다르다면 창의적 과정은 어떠한가? 과정도 마찬가지인가? J.
캠프벨(1996)은 개인의 독창적인 창의성이라는 개념은 수많은 아시아 지역, 특히 전통
인도 예술에서 보면 예술적이고 정신적인 목표와 상반되는 개념이라고 말했다. 인도
의 예술가들은 개인의 자기표현을 추구하면 안 된다. 그러한 것은 개인의 에고ego를 해
방하여 정신적인 진전이라는 목표에 다가가려는 문화에서는 상상할 수도 없는 것이다.
그러나 이런 문화는 수없이 수많은 예술 작품을 만들어냈다.

인도의 전통적인 예술가들은 자신의 목표를 추구하는 대신, 명상과 공부를 통해 자

신의 마음을 열기를 원한다. 즉, 그들이 묘사하는 신이 자신을 환영 속에서 드러내기를 희망한다. 이것은 문제의 발견이라는 개념과 아주 다르다. 캠프벨은 인도의 수많은 위대한 예술 작품이 문자 그대로 '환영의 송환'이라고 설명하고 있다. 예술가는 이미지를 자신 개인의 아이디어가 아니라 아주 고마운 신의 선물이라고 생각한다.

창의성을 말 그대로 '신의 발현'이라고 이해하기는 동양이나 고대인에게 한정된 것이 아니다. 노르발 모리소[19](1997)는 캐나다 원주민 출신의 가장 유명한 현대 예술가이자 무당이다. 그는 자신의 창의성이 자기의 정신에서 오는 것이 아니라 '발명의 집'에서 나타난다고 묘사했다.

> 지금 우리가 이야기하려는 것은 내가 창의성을 어디에서 언제 얻었느냐에 관한 것이다. 25년 전쯤 (꿈에) 여러 번 내가 영적 세계astral plane를 방문했을 때, 한번은 내게 말을 거는 한 무리의 존재를 만났다. … 정신적인 조력자 중 하나로서 '내면의 스승 Inner Master'이라고 불리는 그가 말하길, "이 위에 있는 것이 곧 저 아래에 있는 것이다. 그러니 당신이 여기에 있는 동안, 우리 '발명의 집'에 들어가서 사람들과 사회를 위한 예술 형식을 가져갈 수 있도록 그림과 예술에 관한 기록들을 살펴보기 바란다. 당신들 무당은 호수 주위 동굴의 벽에 상형문자를 기록하면서 비슷한 일을 해왔다. 그러니 이제부터 비슷한 일을 할 것이다. 이것으로 당신을 따르는 사람들은 아이디어를 얻을 것이고, 당신이 어디에서 그림이나 이미지를 얻었는지, 당신이 만드는 이미지의 경로가 어디로 갈지를 알려줄 것이다.(p17)

모리소는 발명의 집에서 경험한 색깔과 그림을 계속 묘사했고, 그것들을 어떻게 지구로 가져왔는지 설명했다. 그가 말하길, "내가 그림을 그릴 때, 단지 나 자신이 쓰이도록 놓아둘 뿐이다. 나는 캔버스 앞에서 연필을 집어 든다. 그리고 정신에서 영혼을 반영하여 상호 작용이 일어나도록 그대로 둔다."(p19)

현대의 미국 원주민 문화는 개인주의보다는 공동 사회의 예술과 과학 속에서 창의

---

19) Norval Morrisseau, 원주민 출신 캐나다 화가. '국민작가'라는 칭호를 받고 있으며, 캐나다 원주민의 원시 주술 신앙과 기독교 문화가 중첩된 신앙심이 내재한 원주민들의 삶을 주로 표현했다. 삶의 가치와 생명의 중요성을 함축한 작품으로 평가받는다. -옮긴이 주

성에 대한 이해를 반영할 수 있다. G. 카헤테(2000)는 원주민 과학의 핵심을 "탁월한 자연세계와의 창의적이고 생명력 있는 관계"(p20)라고 묘사했다.

> 대부분의 토착민 언어 속에는 교육, 과학 또는 예술 같은 단어가 없다. 그러나 '알게 되다' '이해하게 되다' 같은 단어가 은유적으로 지식과 이해에 대한 여행, 과정, 질문을 수반한다. 조화, 동정심, 사냥, 농사, 기술, 영혼, 노래, 춤, 색깔, 숫자, 원형, 균형, 죽음 그리고 부활을 포함하여 이해하는 시각적 전통이 있다.(p80)

카헤테는 창의성이 우주의 순서화 원리, 그리고 과정이라는 이해에 뿌리를 두고 있는 원주민의 과학에 대해 설명했다. 인간의 창의성은, 그것이 과학에 관한 것이든 예술에 관한 것이든, '자연 속의 창의성'이라는 거대한 흐름의 일부이다. 그는 창의성에 대한 세 가지 기본 개념을 설명했다. 첫째, 혼돈과 창의성은 끊임없이 생겨나는 새로운 패턴과 진실을 담은 우주의 생성력이다. 우주 안의 모든 것은 서로 연관되어 있다. 둘째, 우리는 세계를 경험하고 세계에 의해 경험을 얻는다. 고조된 인식을 가지고 세계에 참여함으로써, 지식이라는 선물을 받는다. 셋째, 이성적인 정신보다는 은유적인 정신이 창의적 과정의 조력자이다. 이런 사고는 지식을 문자 그대로 여행하거나, 또는 영계와 교류를 구하는 의식[20]으로 볼 때 특히 필수적이다.

외부인에게 은유적인 여행이나 수련으로 하나됨을 추구한다는 생각은 이상하고 별스럽게 보일지도 모른다. 그러나 노벨상 수상자인 바버러 맥클린톡[21]은 옥수수의 관점으로부터 중심 과정을 이해하고 연구하여 성공할 수 있었다고 믿었다. 양자역학의 기본적인 미스터리는 현실에 영향을 끼치는 원자보다 더 작은 수준의 측정에서 볼 때 명백한 사실이다. 객관적 실체는 사라지는 것처럼 보이고, 관찰자는 결과의 결정에 도움을 준다. "관찰자는 불가피하게 참여자로 나아간다. 이것이 참여적 우주participatory universe이다."(Wheeler, 1982, p18) 그것은 아마도 다음 단계 물리학의 창의적 발견, 즉 자연세계에 대한 감지할 수 없는 우리의 연관을 이해하는 데 핵심이 될 것이다.

---

20) 북미 인디언 부족에서 행해진 남자의 의례를 말한다.-옮긴이 주
21) Barbara McClintock, 1902~1992, 미국의 유전학자. 옥수수 연구를 통해 새로운 유전자를 발견했다. 1983년 노벨생리의학상을 수상했다.-옮긴이 주

창의성에 대한 전통적인 또는 비서구적인 이해에서 가장 중요한 문제 중 하나는 단지 설명하거나 과정 자체가 다른가에 대한 것이다. 카헤테가 말한 원주민 과학의 요소가 다른 모델 속 창의적 과정의 단계와 연관이 있는지 생각해보자. 만약 누군가가 해석적 연구 전략을 사용하여 과학 원칙을 조사하는 데 착수한다면, 그들은 비슷한 지식 배경을 가진 사람들처럼 새로운 아이디어를 발생시키는 정신적 과정을 사용한다. 하지만 창의성에 대한 개념이 그들을 이끌어 자연세계로부터 재능을 부여받고 심화된 인식을 추구하게 하는 것일까? 그들의 아이디어가 신으로부터 왔다고 주장하는 사람들은 그 아이디어가 자기 자신의 것이라고 믿는 사람들과 같은 현상을 경험하는 것일까? 아직까지 우리는 이런 질문에 대해 명확한 답변을 가지고 있지 못하다.

특정 문화에 한정된 창의성의 개념이 어느 정도까지 지속되는지 생각해보는 것은 흥미롭다. 맥도널드의 경우처럼 전 지구적 소통이 이루어지는 까닭에 창의성의 개념이 지나치게 서구화되어 현재와 같이 비슷한 의미를 가지게 되었는지, 아니면 전 세계적으로 아주 다양하다는 것을 공감할지는 매우 흥미로우며 숙고가 필요한 지점이다. 예를 들어, E. 러도위츠와 X. 유에(2000)는 4개의 다른 중국의 인구 집단을 대상으로 대학생들에게 창의적인 사람과 관련된 특징과 중국인에게 중요한 특징에 관해 질문을 던졌다. 그들은 샘플 집단 사이에서 차이점을 발견했다. 하지만 창의적 개인과 관련된 대부분의 특징은 서구의 생각과 비슷했다.

흥미롭게도 중국 학생들에게 일관되게 낮게 나타난 두 가지 특징은 유머 감각과 심미적 감상 감각이었다. 그러나 이번 연구에서 가장 놀라운 것은 창의적인 사람과 관련된 대부분의 특징이 중국 사람을 위한 특징에서는 상대적으로 낮은 가치를 가진 것으로 여겨진다는 점이다. 전통을 따른다거나 체면을 생각하는 것 같은 중국인 '특유의 성격적 특징'(p187)은 창의성과는 거리가 먼 것으로 생각된다. 이러한 결과가 보여주는 것이 이들에게는 창의성이 가치가 없다거나, 서구적 개념의 창의성과 연관된 특징이 중요하지 않다는 뜻일까? 만약 같은 학생들에게 중국의 위대한 작가나 예술가의 특징에 대해 물었다면, 그들은 뭐라고 대답했을까? 더 진전된 연구만이 대답할 수 있을 것이다.

그러나 문화에 따른 창의성의 차이를 이해하면 학생들의 학습에 도움이 된다는 증거가 있다. A. W. 보이킨(1994)은 아프리카계 미국 아이들의 학습 선호에서 나타난 아홉 가지 문화 스타일을 발견했다. 영적인 요소, 조화, 움직임, 시, 구전 전통, 표정의 풍부함, 개인주의, 혼합된 감정, 공동체 의식 그리고 사회적인 시간 조망이 그것이다. 학교에서의 활동이 이런 강점을 기반으로 하고 있다면 학생들은 훨씬 더 성공적일 수 있다.(Boykin & Bailey, 2000; Boykin & Cunningham, 2001) 또한, D. 하먼(2002)은 선호도에 따른 창의적 강점에 대해 분석했다. 예를 들어, 표현하는 개인주의는 개인의 스타일, 독립성, 위험 부담 또는 '쿨 포즈'[22]에서 드러난다. 이것은 신체운동 지능의 증거와 유연성과 독창성을 위한 기회를 제공한다. 구전 전통은 은유적 언어에 힘을 더하고, 프레이징에 꾸밈을 주고, 언어 코드의 교환을 손쉽게 한다. 이는 스토리텔링이나 다즌스[23], 스냅스snaps, 카핑capping이라고 불리는 리드미컬한 창의적 모욕 속에서도 드러난다. 이런 문화적 강점을 기반으로 한 수업에서 학생들은 더욱 창의적이 될 기회를 가지게 될 은 물론 학문적으로도 더 성공적일 수 있을 것이다.

문화를 넘나드는 창의성을 연구하다 보면 수많은 도전에 부딪친다. 창의성을 기르기 위한 현재의 방법은 현대 서구인들을 위해, 그들에 의해 발전해왔다. 이러한 평가 기준이 서구와 비서구, 또는 현대적인 표본과 전통적인 표본 간의 창의성을 비교하는 데 사용된다면, 이 차이점이 창의적 사고에 대한 실제적 차이, 즉 그러한 도구에 대한 문화적 반응의 차이를 반영하는 것인지 아니면 다른 창의적 형태를 측정할 기회를 잃어버린 것인지 판단하기 어렵다.

예를 들어, O. H. 칼리파, G. 에도스 그리고 I. H. 아시리아(1997)는 전통 학교에서 교육받은 수단 학생과 현대식 학교의 학생들 간의 세 종류의 창의성 측정의 차이를 발견했다. 현대 교육이 선호하는 확산적 사고를 측정하기 위한 2개의 테스트를 하면서, 반대로 전통 교육이 선호하는 학생들의 창의적 활동 목록도 측정했다. 후자의 측정 방법은 이집트에서 개발된 것이고, 말로 나타낸 창의성을 강조했다. 그래서 그 차이가 진짜 다양한 창의성의 실행을 반영하는 것인지, 그 도구가 개발된 문화에 대한 친밀함이 더 크다는 것을 반영하는 것인지, 아니면 둘 다인지를 알아내는 것이 불가능했다.

---

22) cool pose, 1980년대 아프리카계 미국인 사이에서 유행했던 포즈. 자존심, 힘, 긴트롤을 바탕으로 한 남성의 태도로서, 스스로를 강하고 자랑스러운 사람이라고 여기는 것이 특징이다.-옮긴이 주
23) dozens, 상대방의 가족이나 어머니에게 상스런 농담을 하는 게임-옮긴이 주

창의성의 모형을 만들려고 노력하면서 비록 도전이 있긴 하지만 인류가 창의성을 경험하고 개념화해온 방식의 차이를 조사하고 깨닫는 것은 중요하다. '논리적으로' 보이거나 현대적인 방식만이 우리가 이해해야만 하는 유일한 관점이라고 추측하기는 위험하다. 그런 단선적인 길이 우리에게 필요한 유일한 것은 아닐 것이다. 다양한 관점을 이해하는 것만이 우리가 학생들의 삶과 사고에 대해 통찰하게 하고, 창의성 그 자체의 본질도 통찰할 수 있게 만들 것이다.

What's Next?

1. 창의적인 과정을 걷고 있다고 생각하는 사람을 인터뷰해보자. 그들은 어떤 모델과 가장 닮았는가? 당신이 발견한 것을 학급 친구들과 공유해보자.

2. 다른 문화를 경험할 수 있는 짧은 여행을 해보자. 집 근처에 당신과는 다른 문화를 대표하는 지역을 떠올려보자. 예를 들어, 디트로이트 근처에는 손쉽게 닿을 수 있는 라틴, 그리스, 아랍, 폴란드 그리고 다른 수많은 문화를 대표하는 지역이 있다. 여러분은 또한 'Tech Tips'에 있는 웹사이트를 통해 가상의 창의성을 살펴볼 수도 있고, 제7장의 끝에 제시한 박물관들을 이용할 수도 있다(그러나 나는 당신 가족들에게 이 숙제를 위해서 외출을 하는 것이 필요하고, 더 재미도 있을 거라고 말하고 싶다).
여러분이 선택한 탐험이 어떤 것이든 창의성이 표현된 방식을 생각해보자. 이때 아래의 질문을 참고하라.
   • 어떤 영역(학과)에서 창의성이 표현되는가?
   • 어떻게 창의적인 것임을 알아볼 수 있었는가? 여러분의 문화가 당신의 해석에 어떤 영향을 끼쳤는가?
   • 문화의 특징은 창의성 안에서 어떤 방식으로 표현되었는가? 당신의 고유한 문화와는 어떻게 달랐는가?
   • 문화에 따른 창의성의 차이와 유사성에 대해 여러분은 어떤 증거를 발견했는가?

3. 문제의 발견이 자신의 인생에서 어떻게 기능하는지 생각해보자. 일상생활에서 여러분은 어떤 문제 때문에 고심하는가? 여러분의 문제가 드러나 있는가? 긴급한 것인가? 본질적인 문제를 찾고 조사할 기회가 인생 속에 주어져 있는가? 이번 주 동안, 일상 속에서 문제를 발견해질 기회가 있는지 적어보자. 작가, 발명가, 화가의 눈을 통해 하루를 경험하고자 시도해보고, 거기에서 무엇을 발견할 수 있었는지 알아보자.

4. 학급에서 집단적으로 문제의 발견을 시도할 수도 있다. 우선, 발견하고자 하는 창의적 문제를 나타내는 집단으로 학급을 나누어라. 그런 다음 학급의 환경에 대해 30분 동안 탐험하고, 이때 발견한 것을 돌아왔을 때 보고하라. 아래에 가능한 집단의 예를 들었다.

- 발명가: 새로운 발명으로 문제나 불편함을 해결할 수 있는 상황을 찾아라.
- 비주얼 아티스트: 새로운 예술 작업을 위한 영감을 찾아라.
- 음악가: 새로운 곡을 창작하거나 영감을 주기 위해 결합할 수 있는 사운드를 찾아라(새로운 사운드를 찾기 위해 어떤 물체 등을 두드려보아도 된다).
- 극작가: 새로운 희곡에 영감을 줄 수 있는 상황이나 등장인물을 찾아라.
- 동식물 연구가: 자연으로 나갈 수 있는 조건이라면 가까운 곳으로 이동해 식물이나 동물을 탐구한다. 이때 그들에 대해서 물어볼 수 있는 질문 내용을 생각해보자.

Tech Tips

1. 우리는 지금 전 세계에 걸친 창의성에 대해 이야기하고 있다. 그래서 첫 번째 'Tech Tip'은 당신이 약간의 방랑을 떠나도록 돕고 싶다. 당신은 스톤헨지의 돌무더기 사이를 걸어 다닌다거나, 폼페이의 폐허를 거닐거나, 고대 교토의 사당을 방문하고, 옐로스톤 국립공원에 가보고 싶었던 적이 있는가? 구글의 World Wonders Project(http://www.google.com/cultureinstitute/worldwonders/)를 통해 지금 당장에라도 가볼 수 있다.

정말 놀라운 구글 사람들이 유네스코(UNESCO)나 세계유적재단(World Monuments fund) 같은 수많은 파트너와 함께 협력하여 사진, 동영상, 쌍방향의 3D 모델을 통해 세계문화유산의 온라인화 작업을 실시해왔다. 여러분은 단지 컴퓨터 앞에 앉아 실제 생활에서는 결코 가능하지 않았던 방식으로 스톤헨지를 '걸어 다닐' 수 있다. 또한 이 놀라운 장소를 주제별, 또는 대륙별로 검색할 수 있다. 만약 여러분의 학급이 루이 16세를 공부하고 있다면, 베르사유 궁전을 가상 여행하는 것보다 더 즐거운 방법이 있을까? 또, 만약 독립기념관으로 가족 여행을 가려고 계획하고 있다면, 곧바로 가상 연습을 해볼 수 있다.

World Wonders 웹사이트는 아이디어와 자료가 풍부한 교육 관련 링크를 가지고 있다. 가능한 활동에 대한 제안을 담고 있는 개관 가이드는 초등학교와 중학교를 위해 쓸 만하다. 여기에는 특별 활동도 포함되어 있다. 나는 특히 폼페이 웹사이트에서 제안하고 있는 활동을 좋아한다. 그들은 학생들에게 고고학의 조사 방법을 가르칠 수 있는 실례를 제공하고 있다. 학생들은 유명한 고고학 사이트를 방문하여 그곳에 제시된 유물을 근거로 당시 사람들의 생활방식에 대해 추정해볼 수 있다. 여기에는 화산 분출의 목격담에 관한 링크도 포함되어 있다. 그래서 학생들이 다양한 출처로부터 정보를 종합할 수 있다. 훌륭한 교과 과정을 넘어서 정말 환상적이다!

2. 더 많은 탐색을 위해 국제 어린이 디지털 도서관(International Children's Digital Library, http://en.childrenslibrary.org)을 방문해보자. 미취학 어린이부터 사춘기 초기의 학생까지를 위한 무료 온라인 도서관이지만, 나도 하루 종일 수시로 드나든다. 이것이 어린이들을 위해 훌륭하다는 것은 분명하지만 더 나이 든 학생을 위한 가치도 평가절하해서는 안 된다.

이 도서관은 국제적이어서, 여러 나라에서 온 책들이 10여 개의 언어로 들어 있다. 도서관의 장서는 언어별, 나이별, 영역별, 또는 캐릭터의 종류, 장르, 주제, 길이, 심지어 표지 색깔별로도 검색이 가능하다! 이 놀라운 자료로부터 이익을 최대한 얻으려면 약간의 탐색이 필요하지만, 충분히 그만 한 가치가 있다. 시작하는 당신을 위한 몇 가지 아이디어를 주겠다.

- 전 세계의 멋지고 다양한 민담이나 동화를 탐색해보자. 학생들이 비교하고 대조해보도록 유도하고, 학생들 자신만의 시공간에 맞는 이야기를 쓰도록 해보자.
- 주어진 주제에 대해 국제 어린이 도서가 다양한 수준의 자료를 제공할 수 있게 사용하고, 좀 더 나이 든 학생들은 그 토론에 대해 새롭고 독창적인 아이디어를 제공할 수 있는 독서를 하도록 유도해보자. 그러나 텍스트는 미리 검토할 필요가 있다. 어떤 어린이 책에는 복잡한 언어가 포함된 경우도 있기 때문이다.
- 여러분이나 학생들이 사용하지 못하는 언어의 책을 골라보자. 그런 다음 그림을 가지고 새로운 이야기를 창작해보자. 예를 들어, 아랍어로 쓰인 〈Dima〉에는 하늘을 모험하는 어린 소년에 대한 환상적인 일러스트가 들어 있다.
- 다른 나라 말을 공부하는 학생들에게 그 나라 말로 되어 있는 어린이 책을 읽게 해보자. 언어 공부를 떠난 지 아주 오래 지나서 나는 프랑스에 갈 기회가 있었다. 그때 무뎌진 프랑스어를 다시 벼리기 위한 가장 좋은 언어 연습법은 어린이를 위한 TV 프로그램이라는 것을 발견했다. 어린이 책은 이것과 마찬가지로 훌륭한 학습 기회를 제공할 것이다. 이 웹사이트의 수많은 책이 다양한 언어로 제공되고 있어 흥미로운 비교와 연구가 가능하다.

3. 마지막으로 Kerpoof를 찾아보자. Kerpoof(http://www.kerpoof.com)는 디즈니가 만든 사이트로, 다양한 창의적 활동을 선택할 수 있다. 청소년들이 삽화를 만들고, 애니메이션 영화를 창작하고, 그림이 들어간 이야기책을 만들도록 고안되었다. 생산된 결과물은 친구들은 물론, 더 일반적인 사람들과도 공유할 수 있다.

당연히 Kerpoof는 교사를 위한 특별 사이트인 Kerpoof Scholastics(http://www.kerpoof.com/teach)를 가지고 있다. 여기에는 교육 계획안, 소식지, 심지어 여러 가지 기준에 따라 Kerpoof를 교육에 사용하기 위한 정보 등이 포함되어 있다. 이 사이트의 큰 장점 중 하나는 교사 계정이 무료여서 이것을 사용한다면 학생들이 Kerpoof를 이용하기 위한 이메일 주소를 만들 필요가 없다는 점이다. 교사 계정은 또한 공유를 위한 그룹 갤러리은 물론 buddy drawing[24] 같은 다른 그림 프로그램에도 연결되어 있다. 이 사이트의 그래픽이나 도구들은 초등학생과 중학생에게 가장 인기 있을 듯하다.

---

24) 애플의 그리기 앱-옮긴이 주

3. 창의성 이론-개인
Theories of Creativity-The Individual

인도의 한 지방에서, 10학년 학생인 레미아 조세는 집안일을 해야 하는 책임과 고등학교 교육을 계속 받고 싶은 욕구 사이에서 균형을 잡으려고 노력했다. 그녀는 시간과 에너지, 물을 절약할 수 있는 페달 동력 방식 세탁기를 개발했다.

그 조각가는 가공되지 않은 상아를 가볍게 손에 들고 그것을 이리저리 돌리면서 속삭였다. "거기 뭐야? 누가 숨어 있는 거지?" 그러고 나서는 "아, 바다표범이구나."(Carpenter, Varley & Flaherty[1], 1968, n.p.)

나는 즉각적으로 알 수 있는 것들이 있다. 나는 그것이 어떻게 시작되고 어떻게 끝날지 알며, 누가 엘파바[2]가 될지, 비록 그것이 〈오즈〉에 나오는 초록 피부 소녀에 대한 것이지만, 기이하지만 어느 정도는 자전적이기도 한 이유를 안다.(Stephen Schwartz, 〈위키드〉의 작곡가, de Giere, 2008, p273)

최근 휴가철에 나온 어떤 광고 카탈로그의 문구이다. "누구나 화가가 될 수 있다. 당신의 배경이 어떠하든, 쉽게 따라 할 수 있는 지도 방식을 따르면 그림 그리기는 기쁨이 될 것이다. 단순히 숫자에 따라 색을 배합하면 되고, 고급 색의 배합을 위해서는…."

    이번 장에서 우리는 개인(창의적인 사람)에 초점을 맞춘 창의성 이론을 검토할 것이다. 창의적인 사람들이 하는 일은 무엇이며, 어떻게 그렇게 할 수 있을까? 다음 두 장

---

1) 로버트 조지프 플라어티, 1884~1951, 미국의 다큐멘터리 제작자 겸 탐험가. 에스키모 인의 삶을 다룬 〈북극의 나누크〉를 제작한 것으로 유명하다.-옮긴이 주
2) Elphaba, 〈오즈의 마법사〉를 비틀어 만든 유명 뮤지컬 〈위키드〉의 여주인공. 초록 피부 때문에 따돌림을 당한다.-옮긴이 주

에서 등장하는 이론과 관련하여 여러분은 그들이 숙고하는 창의성의 종류와 그들이 설명하는 범위가 다르다는 것을 기억해두어야만 한다. 어떤 연구자들과 이론은 '대문자 C(Creativity)'를 목표로 하고, 다른 사람들은 더 폭넓은 관점을 가지고 있다. 어떤 이론들은 창의성에 영향을 주는 모든 핵심 가치를 포함하려 하고, 다른 이론들은 한 가지 차원을 깊숙이 들여다보려고 한다. 여러분은 책을 읽는 동안 이 차이에 대해 주의를 기울여야만 한다. 어떤 경우 이론 간의 차이가 관점이 다른 진짜 차이지만, 또 어떤 경우에는 단지 이론가들이 다른 질문을 다루고 있다.

또한 시기에 따라 강조점이 달라지기도 한다. 초기 이론, 즉 1950년대와 1960년대 근대의 연구에서는 '창의적인 사람'을 강조했다. 그들의 목적은 창의적인 사람들이 다른 사람들과 어떻게 다른지 알아내는 것으로, 종종 인성과 정서적인 변화에 집중했다. 우리는 제5장에서 그들 작업의 일부에 대해 논의할 것이다. 그 다음에는 인지에 좀 더 초점을 둔 이론이 나왔는데, 어떤 개인이 창의적인 행동에 몰두할 때 작동하기 시작하는 내적인 과정에 대해 연구했다. 가장 최근에는 창의성을 보다 더 폭넓게, 사회적·문화적 맥락에서 연구하는 이론가와 연구자들이 등장했다.

초기의 이론가들이 어떤 사람을 창의적이라고, 또는 그리 창의적이지 않다고 판단했다면, 사회적·문화적 관점에서는 어떤 맥락에서 판단하는지에 따라 하나의 행동에 대해 창의적이라고 말할 수 있다. 이 이론은 제4장에서 등장한다. 이 이론들이 어떻게 서로 상호 작용하는지, 또는 적어도 어떻게 상호 작용해야 하는지 살펴보자.

물론 창의성이 작동하는 인지 과정이나 문화가 창의성에 영향을 주는 방식을 고려하거나, 창의적인 과제를 수행하는 사람들의 인성이 지닌 일반적인 특징을 이해할 필요는 없다. 하지만 이 모든 것을 생각하고, 그들이 상호 작용하는 방식에 대해 생각해볼 필요는 있다. 만약 우리가 한 가지 측면만을 본다면 창의성을 연구할 때 종종 발생하는 장님과 코끼리의 딜레마에 빠질 수 있다. 우리가 단지 한쪽 다리만을 연구하고 있다는 것을 알고 있는 한, 그리고 코끼리의 나머지 부분을 앞으로 연구해야 한다는 것을 아는 한, 각 부분을 연구하고 이론화하기는 매우 중요하다!

이제 창의적 과정의 신비함에 대한 초기 연구부터 시작하고자 한다. 그들이 외친 메아리는 오늘날의 창의성 연구에서도 계속 울려 퍼지고 있기 때문이다.

초기의 관점

플라톤과 아리스토텔레스 역시 창의적 과정을 묘사했는데, 이는 아주 다른 방식이었다. 〈이온*The Ion*〉에서 플라톤은 시에서 나타난 창의적 과정에 관한 질문에 소크라테스가 어떻게 대답했는지 쓰고 있다. 그는 시를 자신의 감각 너머로 데려가는 신의 광기의 영향 아래에 있는 것으로 묘사한다.

> 서정시인이 이 아름다운 서정시를 지어낼 때 이것은 그들의 감각 안에 있는 것이 아니다. 그들이 하모니와 리듬 속에서 시작할 때, 그들은 바커스 신의 도취에 사로잡혀서 중독된다. …시는 가볍고 날개가 달려 있으며, 신성하고 그가 영감을 받을 때까지는 결코 지어낼 수 없으며, 자신을 벗어나면서 그 안에는 더 이상 이성은 존재하지 않는다…. 그들의 정신이 그들과 함께 있지 않는 동안 이 소중한 계시를 전하기는 그들이 아니라 신 자신으로, 시인들을 통해 우리에게 표현된다.(Rothenberg & Hauseman, 1976, p32)

플라톤이 강조한 신비롭고 바깥에 원천을 둔 영감은 모차르트의 경우를 생각해보면 진심으로 들린다. 이 두 사람은 모두 창의적 활동을 위한 영감이 외부에서 오는 것이며, 창의적 개인이 제어할 수 없는 것이라고 생각했다. 이는 그의 아이디어가 발명의 집The House of Invention에서 얻어진다고 생각한 N. 모리소(1997)와 같은 방식이다. 창의성은 설명할 수 없는 것이고, 평범한 인간의 능력 밖의 것이다. 사실 우리 중 대부분이 모차르트의 음악을 들을 때면, 그와 같은 아름다움이 오류에 빠지기 쉽고 자만심 강하며, 어쩌면 우둔할지도 모르는 인간의 힘이라기보다는 신의 개입 덕분이라고 생각하는 것이 더 쉽게 이해된다.

그와는 반대로 아리스토텔레스는 창의적 과정이 이해 가능한 자연법칙을 따라야만 한다고 주장했다.

> 모든 만들기는 기술, 재능 또는 사상에서 기인한다. 그들 중 몇은 자연에서의 생산물이 그러하듯이 우연히 또는 행운 덕분에 생기기도 한다. 만들어지는 것은 어느

것이든 뭔가에 의해서… 그리고 뭔가로부터 생산된다. … 예술가나 아버지가 '이것'

으로부터 '그런 것'을 만들거나 낳는다. 그리고 그것이 생겨났을 때, '그런 이것'이

된다.(Rothenberg & Hauseman, 1976, p35~36)

아리스토텔레스는 창의적 생산품이 신비한 개입이나 독창적인 창의적 과정에서 온 것이라고 믿지 않았다. 그는 식물이나 동물이 합리적이고 예측가능한 방식으로 새끼를 낳듯이 예술, 아이디어 그리고 인간의 생산품 역시 자연법칙의 논리적인 단계로부터 도출된다고 믿었다. 그의 접근 방식에 대해 차이콥스키는 깊이 감복했을지 모른다. 차이콥스키는 대부분의 창작 과정이 '냉정한 정신노동과 기술적 지식'의 결과라고 생각했다.(Vernon, 1975, p58)

비록 그들의 논쟁이 복잡하더라도, 플라톤과 아리스토텔레스가 가진 입장의 기본적인 차이는 현대 심리학에까지 이어진다. 어떤 이론가들은 영감, 통찰력 또는 현재의 의식이 인식할 수 없는 방식으로 일어나는 창의성의 독창적인 과정을 강조한다. 또 다른 사람들은 창의성과 그 밖의 인지 과정 사이의 유사성을 강조하며, 아리스토텔레스가 그러했듯이 창의적 과정 속에 독창적인 어떤 것도 없다고 가정한다. 이런 관점에서 볼 때, 충분히 이해하기만 하면 우리는 창의성을 해부할 수 있고, 그것이 작동하는 방식도 이해할 수 있다.

19세기 초부터 심리학자들은 창의성을 설명하는 다양한 이론을 발표했다. 여러 저자는 과제에 특별한 이론적 관점을 부여하여 하나의 렌즈를 통해 다양한 범위의 인간 행동을 본다. 인간의 행동이 주로 잠재의식이 가진 힘의 결과라고 믿는 이론가들은, 창의성에 대해 인간의 행동이 경험을 통한 의식적인 학습으로 더 잘 설명될 수 있다고 믿는 사람들과는 다른 견해를 갖는다. 이 장에서 등장하는 한 무리의 이론가들에 대해, 창의성에 대한 각각의 이론이 인간의 사고와 행동에 대해 생각하는 더 넓은 관점에 적합한지 생각해보자.

정신분석 이론

정신분석 이론은 인간의 행동, 발달 그리고 인성의 특징이 강력한 무의식적 과정으로 만들어진 것이라고 설명한다. 이런 이론에서는 종종 어른의 행동을 이해하는데 어린 시절의 사건을 들여다보고, 인간의 행동에 동기를 부여하는, 보이지 않는 욕구를 드러내려고 시도한다.

프로이트의 접근 방법

정신분석 이론의 대가는 당연히 지그문트 프로이트이다. 프로이트는 인간의 행동이 무의식적인 욕망과 받아들여질 만한 외적인 행동 사이의 갈등을 연구하는 것으로 설명될 수 있다고 믿었다. 그는 인간이 지닌 성격의 세 가지 측면에 대해 주장했다. 즉 에고ego(논리적이고 의식적인 정신), 이드id(원초적이고 무의식적인 정신) 그리고 슈퍼에고superego(둘 사이의 중재자로 작용하는 양심 같은 힘)가 그것이다.

프로이트는 창의성과 그 밖의 수많은 행동을 이드에서 비롯된 욕망의 승화와 결합시켰다. 만약 어떤 개인이 자신의 욕망을 자유롭게 표현할 수 없다면, 그 욕망은 다른 방식으로 분출구를 찾거나 승화된다. 프로이트는 어린 시절에 사람들은 관습적인 사회에 자신을 맞추기 위해 자신의 성적 욕망을 억제해야만 했다고 믿었다. 그래서 그는 이러한 성적 충동을 초자연적인 방어에 대항해야 하는 특별히 강력한 힘으로 봤다. 이런 방어기재의 대부분은 그 결과로 건강하지 못한 행동과 다양한 노이로제를 가져온다고 주장했다. 그러나 창의성은 채워지지 못한 무의식의 욕망을 생산적 목표를 위해서 사용하는 건강한 형태의 승화로 나타난다. 창의적인 작가에 대해 토론하면서 그는 이렇게 말했다.

> 아마도 행복한 사람은 결코 환상을 갖지 않으며, 단지 불만족스러운 사람만이 그것을 가진다고 단정지을지도 모른다. 환상의 동기가 되는 힘은 불만족스러운 희망이고, 각각의 모든 환상은 소망을 채우는 것이며, 불만족스러운 현실을 바로잡는 것이다. 이렇게 자극을 주는 소망은 환상을 가진 사람의 성, 성격 그리고 환경에 따라

다양하지만 2개의 커다란 그룹으로 나눌 수 있다. 즉 소망 주체의 인성을 높이고자 하는 야망에 찬 소망, 또는 에로틱한 것이 있다. 젊은 여성에게 에로틱한 소망은 거의 독점적일 정도로 유력하다. 왜냐하면 그들의 야망은 보통 에로틱한 경향에 흡수되기 때문이다. 젊은 남자에게는 이기적이고 야망에 찬 소망이 에로틱한 것과 나란히 있다는 것이 명백하다.(Rothenberg & Hausman, 1976, p50)

우리는 성에 따라 욕구가 다르다는 프로이트의 평가에 빅토리아 사회가 영향을 끼쳤다는 점을 깊이 생각해봐야 한다. 하지만 프로이트가 판타지나 창의적인 글쓰기를 채워지지 못한 소망의 결과, 즉 어린 시절 놀이의 연속으로 보고 있다는 것만은 분명하다. 작가의 공상을 묘사할 때, 영웅적인 인물은 정복욕을 표현하고, 로맨틱한 여주인공은 사랑의 욕망을 표현한다. 섹스나 권력에 대한 개인적 욕망은 이야기에 감춰지고, 작가나 독자는 용납할 수 없는 죄의식 없이 즐거움을 경험하도록 허용 받는다.

크리스와 쿠비

이후의 정신분석학자들은 프로이트의 이론을 다양하게 발전시켰다. E. 크리스(1952/1976)는 창의성의 기본 과정은 '퇴화'라고 역설했다. 즉, 창의적인 개인은 무의식적인 아이디어가 의식적인 정신에 더 접근하기 쉽도록 어린아이 같은 정신 상태를 재창조할 수 있다고 말했다. 크리스는 자유롭게 돌아다니는 환상은 이드가 무의식적인 욕망을 풀어주도록 돕지만, 프로이트와는 달리 에고가 가진 임무의 퇴화를 강조했다. 즉 반성하는 사고, 문제 해결 그리고 창의성에 관한 어린아이 같은 상태는 창작자의 감독 아래에서 목적의식적으로 진행된다는 것이다. 그는 창의적 과정에는 두 가지 현상이 있다고 주장했다. 통제되지 않은 무의식적인 과정에서 도출된 영감을 주는 현상과 의식적인 에고에 의해 지배되는 정교한 현상이다.

L. S. 쿠비(1958)는 프로이트와 두 가지 중요한 지점에서 단절하면서 정신분석 이론을 확장했다. 첫째, 쿠비는 창의성은 무의식 속이 아니라 의식과 무의식 사이에서 흘러나오는 전의식preconscious 시스템에 뿌리를 가지고 있다고 주장했다. 그의 관점으로는 의식과 무의식이 둘 다 창의성을 왜곡하거나 붕괴시키는 완고한 기능이다. 쿠비에 따

르면 더 커다란 유연성이 의식의 주변에 있는 전의식의 상태에서 발견된다. 이것은 우리가 수면과 깨어 있음 사이에서, 또는 백일몽 동안 경험하는 상태이다. 그는 창의성을 고무하려면 우리가 전의식 과정을 강화해야만 한다고 믿었다.

쿠비는 또한 창의성에 대한 노이로제의 역할에 대해서도 프로이트와 단절했다. 프로이트가 강력한 무의식적 욕망과 노이로제가 창의적 활동로 표현될 수 있다고 믿었던 반면, 쿠비는 노이로제는 창의성을 왜곡한다고 믿었다. 창의적 과정에 정신 질환이 끼치는 영향에 대한 논의는 지금도 연구가 지속되고 있다.(제5장 참조)

융의 이론

프로이트의 동료 중 한 사람인 카를 융(1972)은 창의적 생산품을 구성하는 데 있어 무의식적인 정신과 개인적 경험의 중요성을 믿었다. 그러나 그는 중요한 창의적 아이디어는 한 개인의 정신에서가 아니라 더 큰 영향력으로부터 온다고 믿었다. 융은 시대와 문화를 초월하는 인간의 행동, 이야기 그리고 신화의 양식을 조사했다. 그는 인간의 집단 무의식, 즉 "인류의 공통 유산인… 무의식적인 신화의 영역"(p80)을 주장함으로써 그와 같은 양식에 대해 설명할 수 있다고 생각했다. 집단 무의식은 인간의 역사로 물려받은 일련의 양식과 특정한 형식으로 생각하도록 되어 있는 각 개인의 경향성 속에서 볼 수 있다.

> 타고난 아이디어란 없지만, 가장 대담한 환상을 제한하고 우리의 환상 행동을 어떤 영역 안에 가두는 아이디어의 타고난 가능성은 있다. 말하자면, 선험적인 아이디어는 그 영향력을 제외하면 존재를 확인할 수 없다. 그 아이디어들은 형태를 만드는 질서정연한 원칙으로서 모양이 갖춰진 예술 재료 속에서만 나타난다. 즉 완성된 작품으로부터 얻어진 간섭에 의해서만, 우리는 예로부터 물려받은 독창적인 또는 원시적인 이미지를 재구성할 수 있다.(Jung, 1972, p81)

집단 무의식의 이미지, 형상 그리고 캐릭터는 우리 조상들의 경험에서 나온 자취에서 찾아볼 수 있다. 융에 따르면 널리 퍼져 있는 문화에서 공통적으로 발견되는 풍요의 여신, 창조 신화 그리고 부활과 홍수 이야기의 유사성으로 이를 설명할 수 있다. 융은 가장 위대한 창의성은 원형적인 이미지 또는 문화에 퍼져 있는 믿음의 기초를 제공하는 이미지를 이용하는 것이라고 생각했다.

> 원형의 충격. … 우리 자신의 것보다 더 강한 목소리를 불러일으키기 때문에 우리를 휘저어놓는다. 태고의 이미지로 이야기하는 사람은 누구든 천 가지 목소리로 말한다. 그는 매혹적이고 힘이 넘치며, 동시에 표현하는데 찾아낸 아이디어를 우발적이고 덧없는 곳으로부터 꺼내 영원히 지속되는 왕국으로 옮긴다.(Jung, 1972, p82)

융은 집단 무의식을 이용하는 데 가장 숙달된 사람이야말로 가장 고품질의 창의적 행동을 할 수 있다고 믿었다.

현대의 정신분석학자들

창의성을 완전히 무의식적이거나 전의식의 과정으로 보는 관점은 비록 오늘날 널리 수용되고 있지 않다. 하지만 정신분석학자들은 이 주제를 계속 연구하고 있다. 예를 들어, A. 로덴버그(1990)와 A. 밀러(1990)는 특히 트라우마와 노이로제 그리고 창의성 사이의 관계에 대해 관심을 가졌다. 밀러는 창의적인 사람의 어린 시절을 연구하여 그들의 창의성의 발전에 단서가 될 만한 억압된 트라우마의 정보를 찾았다. 예를 들어, 그녀는 피카소의 그림 〈게르니카〉는 말라가에서의 지진으로 무너지던 도시를 가족과 함께 빠져나오며 겁에 질렸던 세 살짜리 피카소의 경험과 동일시된 이미지라고 믿었다. 그녀는 코미디언 버스터 키턴[3]이 가진 창의성의 뿌리는 어린 시절의 학대를 벗어나고자 한 노력의 결과이며, 창의성의 수많은 부분이 무의식적인 어린 시절의 고통을 처리하려는 개인적 노력의 산물이라고 생각했다. 밀러의 저술은 어린이 학대의 중지를 요청하고자 한 것이었다. 하지만 초기의 트라우마와 학대를 제거하는 것이 창의적 노

---

3) Joseph Frank Keaton, 1895~1966, '버스터 키턴(Buster Keaton)'이라는 이름으로 더욱 유명한 미국의 영화배우, 감독, 각본가. '위대한 무표정'이라는 별명으로도 유명하다. 1999년 미국 영화 연구소가 선정한 위대한 배우 중에서 남자 배우 중 21번째로 선정되었다. 오슨 웰스는 그의 대표작인 〈제너럴〉을 가장 뛰어난 영화라고 평했다.-옮긴이 주

력을 없애는지, 아니면 단지 초점을 변화시키는지는 명백하지 않다.

로덴버그(1990)는 정신의학과 관련된 광범위한 인터뷰와 실험을 통해 창의적 과정을 연구했다. 그 연구의 대상자에는 노벨상과 퓰리처상 수상자들, 미국의 계관시인 그리고 다른 수많은 영예의 수혜자가 포함되었다. 수많은 정신분석학 연구자의 피실험자들과는 달리 그의 실험 대상자들은 치료 중의 환자가 아니라, 연구에 기꺼이 참여한 사람들이라는 점을 강조했다.

로덴버그(1990)는 분야에 관계없이 창의적인 사람들이 사용한 것으로 보이는 특별한 사고 과정을 찾아냈다. 그는 "이 과정 때문에 창의적인 사람들이 나머지인 우리들과 구별된다"(p11)고 말했다. 그중 첫 번째를 그는 '야누스의 과정'이라고 불렀다. 이것은 반대 방향을 보고 있는 2개의 얼굴을 가졌다는 뜻으로, 시작의 문을 지키는 로마의 신 야누스에서 따왔다. 수많은 정신분석학자의 생각과는 반대로, 그는 야누스의 과정을 의식적이고 이성적인 진행으로 봤다. 야누스의 과정에서는 정반대의 것이 동시에 표현되는데, 이는 평범한 논리를 초월하는 도약이다. 최종 생산물에 꼭 나타날 필요는 없지만, 똑같이 진실한 정반대의 아이디어 역시 창의적 과정의 중요한 단계다. 예를 들어, 희곡 작가 아서 밀러는 독일을 여행하던 중 자신의 희곡 〈비시에서 생긴 일Incident at Vichy〉[4]을 위한 아이디어를 찾아낸 과정을 묘사했다. 그는 아우토반autobahn(고속도로)을 달리고 있던 어느 날, 독일이 얼마나 아름다운지, 그리고 그 아름다움과 히틀러의 살상 사이의 극적인 대조 때문에 충격을 받았다.

로덴버그는 아름다움과 공포를 동시에 개념화하는 밀러의 능력이 글쓰기의 핵심이라고 믿었다. 노벨상 수상자인 에드윈 맥밀란은 가속입자가 동시에 너무 많은 에너지와 너무 적은 에너지를 갖는다는 것을 알게 되었다. 그 결과 '위상안정도'라는 아이디어에 이르렀으며, 고에너지 입자 가속기인 싱크로트론을 개발했다. 이들 같은 경우 정반대의 것이 혁신의 열쇠였다.

로덴버그가 말한 창조 과정의 두 번째는 '단일공간적 과정'으로 2개 이상의 실재가 동시에 같은 공간을 점유하고 있다는 착상이다. 이것은 은유의 개발로 이끌어지는 과정이라고 그는 생각했다. 어떤 시인이 'handle(손잡이)'과 'branch(가지)'의 비슷한 소

---

4) 1964년 미국의 링컨 센터에서 공연했으며, 제2차 세계대전 중 나치의 잔혹상을 묘사한 작품이다.–옮긴이 주

리에 관심을 가져 정신의 이미지 속에서 이 2개의 아이디어를 합쳐, '가지들은 별들의 손잡이다the branches were handles of stars'라는 구절을 만들어낼 수도 있다.

흥미로운 일련의 실험 가운데에서 로덴버그는 피실험자가 이미지를 나란히 두거나 포개놓은(단일공간적 과정을 나타내는 포개진 그림들) 슬라이드 세트를 만들었다. 어떤 작가와 화가들에게는 군인의 그림 옆에 침대를 나란히 놓은 그림을 보게 했다. 다른 사람들에게는 2개의 그림을 겹쳐 마치 이중 인화된 사진처럼 보이게 했다. 세 번째 그룹에는 한 그림을 위에 올려 다른 그림의 일부를 가렸다. 그는 이 모든 그룹 가운데 더 의미 있고 창의적인 결과물은, 부분적으로는 단일공간적 과정이 학습되었음을 암시하는 포개진 그림을 본 실험 참가자들로부터 나왔다고 했다.

교실에 대해 생각하기

디지털 사진을 갖고 놀기 좋아한다면 로덴버그의 단일공간적 과정에 대한 실험을 원할지도 모른다. 한 가지 실험에서 2개의 사진을 나란히 두고 그것들을 이용하여 글쓰기 또는 예술 활동을 하도록 자극해보자. 그런 다음, 수업에서 2개의 사진을 이용하여 하나의 이미지로 합쳐보자. 이에 대한 반응이 독창성 면에서 어떤 차이가 있는지 살펴보자.

마지막으로, 로덴버그는 정신 질환과 창의성의 바탕으로 생각되는 과정 사이의 관계를 조사했다. 비록 창의적 과정이, 정신 질환이 그렇듯 논리적인 일상의 사고와는 다르지만, 이 둘 사이에는 큰 차이가 있다고 결론지었다. 창의적 과정에 있는 사람들은 그들의 사고를 촉진하는데 논리 밖에 있는 아이디어를 사용한다. 하지만 정신병에 시달리는 사람들은 모순되거나 비논리적인 아이디어를 믿기 좋아하며, 그것들에 대한 통제력이 없고 창의적 목적을 위해 사용할 수도 없다.

행동주의 이론

정신분석학자들은 인간의 행동이 의식적 무의식적 욕구의 상호 작용을 통해 주로 결정된다고 생각한다. 행동주의 심리학자들은 반대로 인간의 활동을 일련의 자극과 반응의 결과로 본다. 이러한 입장에 대한 가장 유명한 옹호자는 B. F. 스키너이다. '행동주의의 아버지'인 스키너는 개인의 행동이 오로지 강화의 역사에 의해 결정된다고 믿었다. 어떤 행동에 즐거운 결과가 따른다면 그들은 반복하고 싶어할 것이다. 그런데 만약 결과가 불쾌한 것이었다면 비슷한 행동을 다시 시도하려는 사람은 거의 없다. 이런 관점을 가진 이론가들은 내적인 충동이나 욕망보다 관찰할 수 있는 행동에 초점을 둔다.

스키너와 닭

〈시를 '품는' 것에 대한 강연〉(1972)이라고 이름 붙여진 이 유명한 논문에서 스키너는 시인이 시의 내용과 구조에 대해 가지는 책임감은, 닭이 알을 품고 있을 때 가지는 책임감 이상은 아니라고 말했다. 각각의 행동은 창작자가 지닌 역사의 결과로, 창작자들이 경험한 자극에 대한 반응으로 볼 수 있다. 이런 관점에서 보면, 그것이 불가피하게 개인의 독창적인 경험의 산물인 경우를 제외하고, 원래 독창적인 행동이나 아이디어는 있을 수 없다. 예컨대, 셰익스피어 인생의 각 단면을 똑같이 경험한 어떤 사람이 있다면, 그와 같은 희곡을 쓰는 것 외에 다른 선택은 없다. 이 이론에 따르면 창의성에 영향을 주고자 하는 사람은 강화로 그렇게 할 수 있다. 창의성에 접근하고자 하는 창의성과 활동들이 강화되면 될수록, 더 많은 것이 생겨날 것이다.

행동주의 관점에서 연구를 진행한 다른 사람들은 참신한 행동에 대한 보상의 영향력을 조사했다. J. 글로버와 A. L. 개리(1976)는 4학년과 5학년 학생들에게 다양한 강화, 실습, 방향을 제시하고 한 가지 물건을 사용할 수 있는 모든 가능성을 목록으로 만들었다. 학생들이 보상을 받았을 때, 특정한 종류의 창의적 사고(거침없음, 유연함, 독창성 그리고 정교함)가 증가했다. J. 홀먼, E. M. 괴츠 그리고 D. M. 배어(1977)는 어린이들의 그림과 블록 쌓기의 다양성이 보상로 증가한다는 것을 발견했다. 이런 관점에서 보면, 학생들이 더 정교하고 독창적인 아이디어를 만들어내기를 바라는 교사라면 그들의 행동에 보상을 해야만 한다. R. 아이젠버거와 J. 캐머런(1996), 아이젠버거와 L. 로더스(2001) 그리고 아이젠버거, K. S. 아멜리, J. 프레츠(1998)는 행동주의자들의 관점을 사용하여, 적어도 확산적 사고가 필요한 과제에는 보상이 창의성에 긍정적인 영향을 끼친다며 찬성하는 입장을 밝혔다. 이것은 고유한 동기 부여와 창의성에 대한 보상

이 부정적 영향을 끼친다는 현재의 관점과 반대된다.(제9장 참조)

메드닉의 연상이론

연관된 이론으로서, S. A. 메드닉(1962) 역시 아이디어의 생산을 자극과 반응의 결과로 봤다. 하지만 창의적 아이디어는 특별한 종류의 반응, 즉 동떨어지고 관계없는 아이디어를 취합한 결과라고 보고 이것을 이론화했다. 이 과정은 몇 가지 요소에 의해 영향을 받는다. 첫째, 개인은 그들의 목록에 필요한 요소를 가지고 있어야만 한다. 빈백 체어[5]를 발명한 사람은 콩 주머니나 그 비슷한 물건에 대한 경험을 가지고 있었음에 틀림없다. 이것은 특히 중요한데, 메드닉은 창의성의 기초가 되는 지식의 중요성에 대해 이론화한 최초의 현대 이론가 중 한 사람이기 때문이다. 둘째, 개인은 자극과 관계된 복잡한 네크워크를 갖고 있어야만 한다. 주어진 아이디어와 다양한 관계를 맺을 수 있는 사람은, 전형적인 몇 가지 반응만을 줄 수 있는 사람보다 비범한 관계를 맺기 쉽다. 이 가설은 메드닉이 사용한 창의성에 대한 언어 연상 검사와 덜 창의적인 연구를 하는 과학자들에 대한 연구가 뒷받침하고 있다.

메드닉에 따르면, 익숙한 환경에서 주어진 자극에 대해 수많은 경험을 가진 사람은 그 자극과 동떨어진 관계를 맺는 것을 좋아하지 않는다. 그들의 반응 양식은 잘 정의될 수 있다. 주어진 자극에 대해 맺는 다양한 관계의 수가 클수록 동떨어진 아이디어가 연관될 가능성도 커진다. 뜨거운 공기에 의해 뜨는 풍선을 헤어드라이어로 부풀리고, 병을 데우고, 셔츠를 말리고, 풍선 잡기 놀이를 하는 데 사용한 사람은, 그것을 단지 머리 말리는 데에만 사용한 사람보다 드라이어의 사용과 개선에 관해 더 많은 아이디어를 낼 수 있을 것이다. 메드닉은 개인이 특정한 자극과 맺은 관계의 수를 측정하는데 고안된 테스트를 개발하여 창의성을 평가하는 데 사용했다.

5) beanbag chair. 콩 주머니 모양의 푹신한 의자-옮긴이 주

인본주의 이론

적어도 부분적으로는 행동주의에 대한 반작용으로 개발된 인본주의 이론은 인간의 심리학에서 우세한 힘으로 강화와 노이로제를 강조하지 않는다. 그 대신 그들은 정상적인 성장과 정신 건강의 발달에 초점을 두고 있다. 인본주의 이론가들은 정신적으로 안정된 발달의 정점으로 창의성을 본다.

매슬로의 이론

A. H. 매슬로(1954)는 인본주의 심리학 운동의 창시자인데, 인간 욕구에는 단계가 있다고 주장했다. 일반적으로는 아래에서 위로 오르는 순서를 따르며, 육체적인 욕구에서 시작하여 안전에 대한 욕구, 애정과 소속감, 자아 존중과 자아 만족으로 진행된다. 단계의 맨 꼭대기에서는 인간으로서 완전히 기능하는데 자아실현의 기회를 가진다. 이러한 발달과 창의성 사이의 관계를 조사하던 매슬로는, 자신의 가설을 다시 조사했다. 그리하여 정신적 건강, 재능 그리고 창의적 생산성이 나란히 간다는 것을 알았다. 그는 창의성과 건강한 정신의 발달에 대한 아이디어에서 바그너나 반 고흐 같은 위대한 창조자의 건강하지 못한 행동에 어울리는 것을 찾지 못했다.

이러한 모순을 해결하는데 매슬로(1968)는 창의성에는 두 종류가 있다고 주장했다. 첫 번째는 특별한 재능이 있는 창의성으로, "인물의 선함이나 건강함으로부터 독립되어 있는"(p35) 것으로서 창의적인 천재들의 기능이다. 우리가 그것을 가끔 알아보는 것을 제외하고는 이런 능력에 대해서 우리는 거의 아는 게 없다고 그는 결론지었다. 제1장에서 설명한 것처럼 이것이 대문자 'C'의 창의성이다.

창의성의 두 번째 종류는 자아실현의 창의성으로, 이 주제에 대한 매슬로의 모든 저술의 기초를 이룬다. 그는 이런 창의성은 자아실현을 향한 운동과 정신적 건강의 표시라고 믿었다. 이것은 전통적인 창의적 예술은 물론 인간 행동의 어떤 측면에도 적용될 수 있다. 아마도 이 주제에 관한 그의 가장 유명한 말은 이것일 것이다. "1등급의 수프는 2등급의 그림보다 더 창의적이다. … 시는 창의적일 필요가 없을지라도 요리나 부모 노릇 또는 가정을 이루는 것은 창의적이어야만 한다. 시는 비창의적일 수도 있다."

(Maslow, 1968, p136) 비록 그것이 부엌 세계를 바꾸지는 않을지라도, 1등급의 수프는 소문자 'c'를 가진 창의성의 산물이라고 봤다.

매슬로에 따르면, 높은 수준의 자아실현에 대한 창의성을 가진 사람은 모든 것을 창의적으로 하는 경향이 있다. 그들의 특징은 보통 사람보다 더 자발적이고 표현이 풍부하며, 더 자연스럽고, 덜 통제되거나 덜 소비되는 것이다. 그는 자기검열 없이 아이디어를 자유롭게 표현하는 능력은 이런 창의성에 필수적이며, 이런 능력은 안전한 어린이들의 순수하고 행복한 창의성과 유사한 능력이라고 믿었다. 창의성은 "인간의 본성으로 타고난 기본적인 특징이며, 모든 또는 대부분의 사람들에게 태어날 때부터 부여된 가능성이다. 이는 문화에 적응되면서 종종 잃거나 묻히거나 소비된다."(Maslow, 1968, p143)

매슬로는 자아실현의 창의성을 보여준다고 생각한 피실험자의 인성이 지닌 특징에 대해 이렇게 설명했다. 그들은 모르는 것에 대해 상대적으로 겁이 없고, 더 자아수용적이며, 다른 사람의 의견에 대해 덜 걱정한다. 이러한 인성의 특징이 자아실현(SA)의 창의성의 핵심을 이룬다.

> *SA의 창의성은 성취보다는 인성에 먼저 강조점을 둔다. 성취는 인성에 의해 만들어진 부수 현상으로 보기 때문에 두 번째이다. 배짱, 용기, 자유, 자발성, 명료함, 통합, 자아수용과 같은 기질적인 특징을 강조하고, 이 모든 것이 일반화된 SA의 창의성을 가능하게 만든다. 그리고 이것은 스스로 창조를 해나가는 생활, 창의적인 태도, 또는 창의적인 사람 속에서 나타난다.(Maslow, 1968, p145)*

초기 인본주의자들의 접근 방식에 의해 영향을 받은 현대의 가장 중요한 심리학자 중 하나는 미하이 칙센트미하이다. 그의 '몰입' 개념은 정점의 경험에 대해 연구한다. 그는 '긍정심리학'이라는 최근의 심리학 분파의 일원인데, 여기에서는 긍정적인 인생의 경험을 연구하고 돕는 것을 강조한다. 칙센트미하이의 몰입에 대한 연구는 제9장에서 다룰 것이다. 그의 창의성에 대한 이론은 다음 장에서 체계 이론과 함께 논의할 것이다.

로저스의 접근법

또 다른 인본주의 심리학자인 C. 로저스(1961) 역시 창의성을 건강한 인간의 성장에 따른 산물로 봤다. 로저스는 창의성을 개인과 환경의 상호 작용을 통해 나타난 참신한 생산품으로 봤다. 창의성과 연관된 특징들 때문에 이러한 상호 작용이 일어날 수 있다.

로저스가 발견한 첫 번째 특징은 경험에 대한 개방성이다. 그는 창의적인 개인은 외부 환경을 경험하지 못하게 막는 심리적 방어 기능이 없다고 믿는다(이것이 창의성은 심리적 방어라는 프로이트의 생각과 어떻게 반대되는지 주의해서 살펴보자). '경험에 대한 개방성'이란 한 개인이 전통적인 카테고리 밖의 경험을 보려고 하는 것으로, 새로운 아이디어를 생각했을 때 만약 애매함이 존재한다면 그것마저 견디려 한다는 것을 암시한다.

두 번째 특징은 평가에 대해 내적 중심이 있다는 것으로서, 특히 창의적 생산물을 측정할 때 자기 자신의 판단에 의지한다. 배우인 내 남편은 자신의 연기에 대한 태도에서 이런 특징을 보여준다. 공연이 끝난 후, 그는 박수의 정도나 기립박수, 또는 관객들의 열광적인 비평으로 자신의 성공을 판단하지 않는다. 스스로 연기가 만족스러웠다고 판단할 때만 그는 행복하다. 그가 즐거워한 공연이라면 호의적이지 않은 비평은 거의 영향을 끼치지 않는다. 몇몇 충분한 지식을 가진 친구들을 제외하면 다른 사람들의 의견은 그의 성취를 평가하는 데 거의 관계가 없다. 그 자신의 (인정하건대 비판적) 판단이 그가 신경 쓰는 유일한 것이다.

로저스의 세 번째 특징은 요소와 개념을 가지고 노는 능력이다. 그는 창의적인 사람이라면 아이디어를 가지고 놀고, 불가능한 조합을 상상할 수 있으며, 길들여지지 않은 가설을 만들어낼 능력을 가져야 한다고 믿었다. 이러한 특징은 첫 번째 특징에서 발견되는 경직되지 않는 개방성과 연관되어 있는 것으로, 문제의 발견에서 기초가 되는 것처럼 보인다.(제7장 참조) 로저스에 따르면 이 세 가지 특징이 존재할 때, 자연스러운 인간의 창의성이라는 특성이 개발될 수 있다.

창의성 개발과 사회적 상호 작용

놀랍게도 시간을 가로지르는 창의성의 종적인 발전에 대해 연구한 이론가는 거의 없다. 이 분야의 가장 흥미로운 저자 중 하나는 레프 비고츠키[6]이다. 몇 년 동안 비고츠키의 저서는 서구의 독자들이 이용할 수 없었다. 1992년 F. 스몰루차가 비고츠키의 창의성 이론을 3개의 번역 논문을 활용해 재조합했다. 1930년대에 쓴 그 논문들은 인간 사고에 대한 비고츠키의 사회적·문화적 분석의 일부로, 인간의 사고와 이해를 바탕으로 한 사회적·문화적 상호 작용을 강조하고 있다. 그들은 다음 장에서 논의할 창의성에 대한 체계 이론을 특징짓는 개인과 사회 사이의 복잡한 상호 작용을 예시한다. 그러나 비고츠키는 창의적 사고와 행동을 3개의 주요 단계로 특징지었고, 나는 그의 작업을 우선 계발적 접근론으로 생각해보려 한다.

비고츠키는 창의적 상상이 어린이의 놀이에서 비롯되었다고 믿었다. 특히 그는 연상놀이에서 물건의 사용을 상상력 개발의 핵심으로 봤다. 자주 인용되는 예로 어린이가 막대기를 말처럼 가지고 노는 행동에 대한 것이 있다. 그 놀이를 하는 아이는 말을 상상할 수 있어서 실제로 그곳에 존재하지 않는 동물을 창조해낸다.

비고츠키는 개인이 기억으로부터 물건을 상상하는 '재생적 상상'과, 창의성의 특징인 이전의 경험에서 온 요소를 새로운 상황이나 행동에 결합시키는 '결합적 상상'으로 구별했다. 막대기에 올라탄 그 꼬마는 그가 말에 대해 이미 이해하고 있던 경험 가운데 많은 부분을 재생했다. 하지만 새로운 방식으로 각 부분을 결합하여 사용한다. 연상놀이의 경험은 어른이 막대기를 말이라고 제안하는 것 같은 사회적 상호 작용의 영향(지도일 수도 있는)을 받는다(이후 제5장에서 연상놀이에 대한 현대적 연구를 더 자세히 다루겠다).

유년기의 경험이 중요함에도 불구하고, 비고츠키는 이를 창의성의 첨탑이 아니라 시작의 단계로만 봤다. 왜냐하면 아이들은 어른에 비해 다양하지 않은 생각과 덜 복잡한 이해력 그리고 흥미 분야가 적기 때문에 창의성에 대한 능력이 덜 성숙되어 있다. "어린이의 상상은 어른의 상상보다 더 풍부한 것이 아니라 더 서투르다. 발달 과정

6) Lev Semenovich Vygotsky, 1896~1934, 구소련의 벨라루스 출신 교육심리학자. 임상 실험을 통해 어린이를 대상으로 한 교육심리학 연구에 집중했으며, '생물학적 반응(또는 조건반사)'이라는 개념을 심리학에 도입했다.-옮긴이 주

에서 어린이의 상상력도 개발되며, 어른에게만 가능한 성숙의 단계에 도달하게 된다." (Vygotsky, 1930/1967, Smolucha 인용, 1992, p54) 비고츠키는 어른의 창의성을 예술 작품, 혁신 또는 과학적 결론을 만들어내기 위해 특별한 사회적 조건에서 개인이 아이 디어를 변화시키고 결합시키는 사고 과정으로 의식적으로 유도되는 것으로 봤다.

비고츠키에 따르면 어린이의 상상에서 어른의 성숙한 상상으로 가는 과도기인 중간 단계, 즉 사춘기에 사려 깊은 창의성이 발생한다. 사춘기 이전에는 상상과 사고는 발달 의 동떨어진 가닥으로 묘사되는데, 사춘기 동안 가닥들이 합쳐진다. 청소년은 추상적 인 개념을 다룰 수 있는 능력을 개발하기 때문에, 어린 시절보다 더 활동적이고 의지 에 의해 창의성을 계발하기 시작한다. 연상놀이를 하는 어린이의 행동이 흉내를 내거 나 다른 사람의 제안에 따른 것인 반면에, 성숙한 창의성은 목적의식적으로 사용되고 제어된다. 비고츠키는 이런 창의성 발달이 내적 언어, 공적인 학교 교육, 개념에 대한 사고에 영향을 받는다고 믿었다. 언어 덕분에 존재하지 않는 것에 대해 생각하고 나타 내고 의사소통을 할 수 있다.

학교에서는 즉각적인 환경에 있으므로 그곳에 없는 물건이나 아이디어에 대한 사고 가 상당히 필요하다. 개념에 대한 사고 덕분에 개인은 경험을 새롭고 더 복잡한 방식 으로 처리하고 결합시킬 수 있다. 유사한 방식으로 상상은 "실제적인 사고의 없어서는 안 될, 필요한 특징"이라고 여겨진다.(Smolucha, 1992, p65) 우리가 상상할 수만 있다 면 존재하지 않는 물건이나 아직 이루어지지 않은 아이디어를 생각해볼 수 있다. 이런 생각은 일부 교사를 주저하게 만들지도 모른다. 만약 학생들이 그것들을 상상하는 능 력을 가지고 있지 않다면, 어떻게 우리는 고대 로마, 마이너스 숫자, 또는 원자론에 대 해 가르칠 수 있을까? 학교에서 창의성의 중요성은 재인식되어야만 한다!

그래서 비고츠키는 어린 시절의 연상놀이에서 시작된 창의적 상상이 내적 언어와 개념의 발달에 영향을 받고 영향을 주면서 의식적으로 조정되는 정신 기능으로 발전 한다는 발달이론을 주장했다. 이 이론에 따르면 상상과 사고의 결합은 사춘기에 시작 되지만, 어른이 될 때까지는 성숙에 이르지 못한다.

비고츠키는 또한 창의성을 특별한 시간과 장소에 놓음으로써 현대에 나타난 체계 이론의 선조를 보여주었다. "어떤 발명가는, 심지어 천재일지라도 특정한 시간과 장 소 속에서 자라는 식물이다. 그의 창의성은 그에게 주어진 필요에서 나온 결과다. 그는 그의 주위에 존재하는 가능성 위에서 작용한다."(Vygotsky, 1930/1967, Smolucha 인용, 1992, p54) 비고츠키는 계속해서 자원의 유용성이 특권 계급 안에서 혁신가나 예술가의 불균형한 분배를 설명한다고 말한다. 그런 사람들은 문제나 훈련 과정에 훨씬 더 많이 접근할 수 있다.

비고츠키는 창의성이 다른 학습과 마찬가지로 다른 사람과의 상호 작용을 통해 나타난다고 강조했다. 이것은 어른이 어린아이와 연상놀이를 하며 상호 작용을 할 때와 같이 미시적 차원에서도 일어나고, 수많은 개인의 집단적인 노력을 통해 사회가 성장하는 것같이 거시적 차원에서도 일어난다. 그는 전기의 유추법을 사용하여 천재들에게서 쉽게 알아볼 수 있는 창의성과 무명의 시민들에 의한 중요한 창의적 기여 사이의 관계를 설명했다.

> 전기는 거대한 천둥 번개나 눈부신 빛 속에 있을 은 물론 램프 안에도 있듯이, 창의성도 역사적 위대한 업적이 있는 곳은 물론 인간의 상상이 결합하고 변화하고 새로운 것을 만들어내는 어떤 곳에나 그렇게 존재한다. 대수롭지 않은 조각들을 결합시키는 집단적 창의성으로 우리의 주의를 돌리면, 얼마나 커다란 부분이 알려지지 않은 발명가들의 집단적인 노력에 속해 있는지를 깨닫게 된다.(Vygotsky, 1930/1967, Smolucha 인용, 1992, p54)

창의성을 개인의 발달과 동시에 문화적 발달로 보는 견해는 창의적 과정이 내적 · 외적 방식으로 사용되는 변증법적 모델을 제공한다. 개인은 도달하는 사회적 · 문화적 메시지를 정신과 인성 속에서 변화시키면서 창의적 과정을 내적으로 사용한다. 그들은 또한 주위의 문화를 건설하고 변화시키면서 새로운 아이디어와 상징을 소통하는데 창의적 과정을 외적으로 사용한다.

비고츠키에 의해 영향을 받은 현대의 이론가로는 베라 존스타이너가 있다. 그녀(2000)의 집단적인 협동 연구에서는 창의적인 과정이나 아이디어가 개인 안에서 계발되는 것이 아니라, 사회적 · 문화적 맥락에서, 즉 개인 간의 상호 작용 속에서 계발된다는 생각이 등장한다. 존스타이너의 책 서문에서 페델만은 집단적인 행동으로서의 창의성 개념을 지적했다. "인간 발달의 중심 성분"(p xi)으로서 비고츠키가 말한 관계에 대한 헌신은 장 피아제가 설명하는 인지 발달과 행동을 위한 개인의 책임에 초점을 두는 것과는 크게 다르다고 한 것이다. 페넬만은 "개인주의의 시대"로부터 "공동체의 시대"(p xiii)로의 사회 변화를 대표하는 것으로 사고의 변화를 봤다. 협력에 대한 더 많은 정보는 제4장에서 다룰 예정이다.

교실에 대해 생각하기

비고츠키는 창의적 상상의 발달에서 연상놀이는 결정적이라고 주장했다. 연상놀이는 사회적인 간섭의 영향을 받을 수 있다. 예를 들면 어린이 상자를 보트로 사용할 수 있다고 조언하는 것이다. 어린아이와 함께 있는 부모나 교사를 관찰해보자. 그리고 어떤 조언이 연상놀이를 격려하는지 살펴보자.

창의성, 지능, 인지

창의성과 지능 사이의 관계는 아마도 '경우에 따라'라는 말로 가장 잘 묘사할 수 있을 듯하다. 그것은 창의성과 지능을 평가하는 데 사용되는 측정 방법과 정의에 달려 있다. 가장 공통적인 관계라고 가정할 수 있는 것은 '문지방 이론'이다. 이 이론에 따르면 특정한 문턱(대략 IQ120) 아래에서는 창의성과 지능 사이에 강력하고 긍정적인 관계가 있다. 지능이 높은 사람일수록 더 창의적이다. 그러나 그 문턱을 넘어서면 그 관계가 약해지는 것으로 보인다. 높은 지능을 가진 사람은 창의성이 높을 수도, 단지 보통일 수도 있다. 이 경우, 지능은 더 이상 창의성을 예견하지 못한다. 문지방 이론은 제5장에서 더 논의할 것이다. 이 부분에서 우리는 창의성을 지능의 한 부분으로 다루는 이론 또는 지능과 같은 수많은 다른 요소를 포함하는 것으로 다루는 이론들에 대해 연구할 것이다.

길포드의 지능구조

J. P. 길포드(1959, 1986, 1988)의 지능 구조 모델(Structure of Intellect Model, SOI)

은 지능에 대한 복잡한 모델로, 후기 모형에는 180가지 요소가 포함되었다. 구성 요소는 내용, 조작 그리고 생산물의 유형에 따른 결합의 결과로 이루어졌다(표 3.1). 각 종류의 내용은 특별한 지적 능력에 관한 독립된 정육면체 칸을 만들기 위해 조작하거나 생산물과 짝을 이룬다. 예를 들어, 지적 능력은 의미적 결합관계에 대한 인지 능력과 도형 단위의 변환을 포함하고 있다.

이전의 지능 모델과는 달리 지능의 기본 과정으로서 SOI 모델은 확산적 사고를 포함하거나 주어진 질문에 가능한 한 많은 대답을 생각하게 한다. 길포드는 수많은 연구와 창의적 평가의 근간을 이루어온 확산적 생산물의 요소에 대해 확인했다. 여기에는 유창성(많은 아이디어를 쏟아내는 것), 유연성(다른 아이디어나 다른 관점에서 온 아이디어를 만들어내는 것), 독창성(보기 드문 아이디어를 만들어내는 것) 그리고 정교함(어떤 것을 개선하기 위한 아이디어를 덧붙이는 것)이 포함된다. 길포드는 창의성과 연관이 있는 두 가지 영역의 능력을 확인했다. 첫 번째는 확산적 사고를 하는 '조작'이다. 당신은 확산

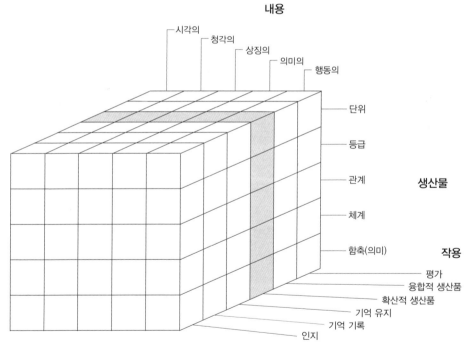

표 3.1 교정된 지능 모델의 구조

출처: '지능 모델 구조의 약간의 변화'로부터. J.P. Guilford, 1988. 〈교육적 그리고 심리학적 평가〉, 48, p3
copyright © 1988 by Educational and Psychological Measurement. Reprinted with permission.

적인 생산물이 포함되어 있는 모든 세포를 모은 정육면체가 잘려 나온 모습을 상상할 수 있을 것이다. 두 번째는 변형과 관련된 것으로, 새로운 형태를 만들기 위해 알고 있는 것 또는 경험한 것을 개조할 수 있는 능력이다. 변형은 SOI 모델에서 생산물 축에 속하는 한 부분이다. 길포드는 또한 문제에 대한 감각의 중요성과 창의적인 아이디어를 평가하고 만들어내는 평가 기준의 중요성을 깨달았다.

어떤 세포는 비판할 여지가 있다고 보일지라도, 창의성에 대한 이 관점의 핵심은 그것이 지능의 기능이라는 것이다. 길포드는 창의성을 갈등이나 어린 시절의 트라우마에 뿌리를 둔 것이라든지, 아니면 정신적 건강의 지표로 보지 않았다. 지능의 다른 측면과 마찬가지로, 창의성은 여러 가지 과제에 대해 다양한 대답을 할 수 있는 능력이지만 단지 그것에만 한정되지는 않는, 인지적인 힘의 유형으로 그는 봤다. 이와 비슷하게 몇몇 현대 심리학자들도 창의성의 바탕에 있는 인지적 과정을 알아내려고 시도했다. 그들은 창의성과 관련된 동기 부여의 특징과 인성의 특징을 확인했다. 하지만 그것을 다른 사람의 경험과 다른 어떤 신비한 힘으로 본 것이 아니라 다른 사고에서도 발견되는 같은 종류의 과정을 나타내는 것으로 봤다.

퍼킨스, 와이즈버그, 신화의 파괴

많은 현대의 연구자가 창의성을 정상적인 인지 과정의 결과로 보는 대신, 특별한 정신의 작용으로 보는 개념에 의문을 가졌다. D. N. 퍼킨스(1981, 1988b, 1994)는 정상적인 인지 과정과 가끔 창의성이라고 주장되는 특별한 과정 사이의 연관성을 조사했다. 그는 창의성에 대한 수많은 이론과 아이디어가 제2장의 서두에 나왔던 모차르트나 차이콥스키의 진술과 같은 창의적 개인의 자기보고에 근거를 두고 있다는 점에 주목했다. 그러한 보고는 믿을 수 없는 것처럼 보였다.

범죄학자들은 어떤 사건에 대한 목격담은 모순적이고 불완전하며 부정확하다고 증언한다. 만약 창의적 개인의 자기보고를 믿을 수 있으려면, 각 개인이 그 보고가 이루어진 시간에 대해 충분한 디테일을 가지고 그 경험을 기억해야 한다. 아울러 경험 자체를 이해하고, 경험한 것에 대해 정직하다는 확신이 필요하다. 어떤 개인이 그들의 명성을 높이거나 신비감을 더하기 위한 방식으로 자신들의 창의적 노력을 보고하려는 유혹을 받을 수도 있다고 생각하기는 전혀 불합리한 것이 아니다. 예를 들어, 퍼킨스는 (1981) 콜리지[7]가 아편을 피우는 꿈을 꾸는 동안 대표작 〈쿠빌라이 칸〉이 그에게로 왔으며, 몇 작품의 초고를 썼다고 보고한 것에 주목했다. 비록 어떤 고의적인 와전은 일어나지 않았을지라도(콜리지가 자신의 작품에 대해 보고할 때 부정확했던 몇 번의 예가 있었기 때문에 가능성이 있음은 고려되어야 한다), 아편 꿈에 대한 진술은 시를 쓴 지 16년 후의 일이어서 기억이 불완전했거나 선택적인 기억했을 만한 여지가 충분하다.

퍼킨스(1981, 1994)는 창의적인 과정을 이해하는 데 도움이 되도록 창의적 노력의 역사(초안이나 교정본 같은)를 기록한 물리적 증거가 효용성이 있는지 조사했다. 그런 기록으로부터 배울 수 있을지도 모르지만, 그런 데에는 수많은 것이 감춰져 있다. 피카소의 〈게르니카〉에 이르는 초기의 습작들을 연구하면, 화가가 다양한 이미지를 가지고 실험했고, 점차 진화하여 그림을 완성시킨 것을 볼 수 있다. 그러나 이것이 왜 피카소가 어떤 이미지는 유지하고 어떤 것은 바꾸었으며, 대안으로 고려는 했지만 기록되지 않은 것이 무엇인지는 말해주지 않는다.

그의 연구를 기초로 하여, 퍼킨스(1981, 1988b, 1994)는 전통적인 인큐베이션의 관점(무의식적인 활동이 연장된 후 일어나는 창의적인 도약), 또는 독창적인 창의적 사고 과정을 지지할 만한 증거를 찾지는 못했다. 오히려 그는 창의적 과정을 비범한 방식으로 사용된 정상적인 정신의 과정에서 이루어진 것으로 봤다. 퍼킨스에 따르면 창의성의 열쇠는 과정이 아니라 목적이다. 창의적인 활동에 종사하는 사람들은 창의적이 되려고 노력한다. 그들은 흔한 해결책이 아니라 독창적인(아마도 품위 있는) 것을 찾는다. 창의성은 특별한 사고 과정이라기보다는 능력, 스타일, 가치, 신념 그리고 전술로 만들어진 특징이라고 그는 주장했다.

창의성에 필수적인 능력이 무엇인지는 아직 확정되지 않았다. 비록 퍼킨스가 특별한 능력을 옹호할 만한 충분한 연구의 근거를 발견하지는 못했다. 하지만 그는 이미 확인할 수 있었던 몇 가지 가능성을 열어두었다. 인지 스타일은 어떤 사람이 문제에 접근하고 정보를 처리하는 방식과 관련이 있다. 그런 방식 중 몇 가지(예를 들어, 문제를 발견하거나 판단을 교정하는 등)는 창의성을 촉진한다. 신념이나 가치의 영향력은 확

7) Samuel Taylor Coleridge, 1772~1834, 낭만주의, 초현실주의를 대표하는 영국의 천재적인 시인이자 평론가-옮긴이 주

실히 직접적이다. 창의적 해결 방식이 가능하다고 믿는 사람들과 마찬가지로, 창의성의 가치를 믿는 사람은 더 창의적인 경향이 있다.

마지막으로, 창의성을 높일 수 있는 전술이 있다. 이것은 아마도 특정 과목이나 '잠시 일을 치워두는' 것 같은 일반적인 발견법heuristics과 연관되어 있을 것이다. 이러한 능력, 스타일, 가치, 신념 그리고 전술 덕분에 수많은 가능성 있는 아이디어와 해결책 중에서 독창적인 것을 선택하도록 그들 정신의 평범한 재능(주목, 기억 그리고 깨달음)을 사용할 수 있다. 비록 퍼킨스의 관점이 감정 요소와 인지 요소 모두를 포함하고 있지만, 이것은 필연적으로 창의성에 대한 인지적 과정과 그밖의 정신 활동에 관련된 과정을 동일시하고 있다.

R. W. 와이즈버그(1986, 1988, 1993, 1999, 2006, 2010)는 창의적 천재에 관한 익숙한 신화를 폭로하고, 익숙한 인지적 과정과 창의성의 관계를 조사함으로써 창의적 과정의 신화적 요소를 없애려는 시도했다. 퍼킨스가 했듯이, 그는 창의성에 관한 자기보고의 타당함에 의문을 가졌고, 몇 가지 고전적인 예를 들었다. 그럼으로써 그들이 오류를 범하기 쉽다는 것을 묘사했다. 제2장의 서두에서 인용된 창의적 과정에 관한 모차르트의 편지는 가장 널리 창의적이라고 알려진 개인의 보고로 늘 인용되는 것이다. 와이즈버그는 음악학 연구자 가운데 그 편지를 과연 모차르트가 썼는지 의심이 간다는 데에 주목했다. 그것은 위조된 것일 수도 있다. 만약 그것이 진품이라면, 그것이(의도적이든 의도적이지 않든) 정확한지에 대한 의문이 남아 있다. 모차르트의 노트에는 미완성의 곡과 작곡을 시작한 뒤 고친 흔적이 남아 있어서, 완전히 형태가 갖춰진 채로 음악이 나타난다는 그의 보고는 기껏해야 가끔씩만 진실이라는 것을 나타내고 있다.

케쿨레가 꾼 벤젠의 고리 모양을 한 뱀의 꿈 또한 정밀 조사가 필요한 주제다. '졸다'라는 단어는 '몽상'으로도 변역될 수 있어서, 와이즈버그(1986)는 케쿨레가 꿈을 꾼 것이 아니라 생각에 빠져 있었다고 주장했다. 케쿨레가 생각했다는 이미지는 '뱀'이 아니라 '뱀 같은' 것으로 묘사되어 있다. 그래서 와이즈버그는 무의식적인 유추 덕분에 케쿨레의 발견이 이루어졌다는 생각을 거부했다. 오히려 그는 케쿨레가 그 문제에 대해서 생각했고, 시각적인 상상 속에서 이미지를 떠올렸으며, 이미지를 분명히 하는데 뱀의 묘사를 사용했다고 믿었다.

창의적 생산물을 완성시키는 자원으로서 무의식을 거부한 것에 덧붙여, 와이즈버그

(1986, 2006, 2010)는 창의성에 대한 다른 유명한 이론들을 검토했다. 문제에 대한 해결책이 갑작스런 방향 전환에 의해서가 아니라, 실험에 기반한 지속적인 증강에 의해서 온다는 것을 보여주는 연구를 인용하면서 그는 창의적 도약이나 통찰력의 번득임에 의문을 제기했다. 예를 들면, 촛불 문제에서 어떤 사람에게 양초와 성냥 한 갑, 못 한 상자를 주고 양초를 벽에 붙일 것을 요구했다(여러분은 아마도 잠시 멈추고 어떻게 이 문제에 접근할 것인지 생각해보길 원할지도 모른다). 대부분의 피실험자들은 양초를 벽에 대고 못을 박으려 하거나, 녹은 밀납을 이용해 붙이려고 했다. 가장 손쉬운 방법은 상자에 양초를 담고, 그 상자를 벽에 박는 것이다. 이 방법은 상자를 참신한 방식으로 사용했기 때문에, 가끔은 창의적 통찰력이 필요한 것으로 보이기도 한다.

와이즈버그는 언어적 프로토콜(피실험자들이 실험을 하는 동안 생각한 과정을 상세하게 묘사하는 것)을 조사했고, 모든 피실험자는 평범한 방법들을 시도한 끝에 박스라는 해결책에 이르렀다는 점에 주목했다. 다른 선택을 하여 실험에 실패했을 때에만 각자는 그 전의 아이디어를 기반으로 한다. 한 피실험자는 양초를 통과하도록 못을 박으려고 하다가 박스를 이용하는데 양초 옆에 못을 박는 것으로 옮겨 왔다. 와이즈버그는 이러한 진행 과정이 보여주는 것이, 해결책은 창의적 도약에서 오는 것이 아니라 과거에 했던 경험의 확장에서 오는 것이라고 믿었다.

와이즈버그(1986, 1993, 2006, 2010)는 〈게르니카〉에서 베토벤의 9번 교향곡 그리고 DNA의 발견에 이르는 예술적·과학적 노력의 기록을 조사했다. 각각의 경우, 점진적인 단계(준비 단계의 그림들, 실험 주제, 성공적이지 못했던 모델)가 하나의 아이디어(또는 주제, 이미지)로부터 그 뒤를 잇는 아이디어로 이끈다는 것이 알려졌다. 새롭고 독창적인 것처럼 보이는 아이디어는 천재적인 깊이에서 완전한 형태로 등장하는 것이 아니라, 길고 지속적인 노력을 기울인 부분으로서 조각조각 나타난다.

어떤 의미에서 와이즈버그의 창의성에 대한 관점을 보면, 창의성이란 적어도 독창적인 과정으로서는 존재하지 않는다. 그러나 창의성이 독창적 과정이 아니라는 믿음이 진정으로 창의적인 생산물과 통찰력이 존재하지 않는다는 뜻은 아니다. 사실, 창의성은 낙타의 등을 부러뜨린 밀짚에 대한 속담[8]과 비교될 수 있다. 한 묶음의 밀짚 그 자

---

8) 짐을 등에 잔뜩 싣고 버티던 낙타가 마지막 밀짚 한 묶음에 쓰러졌다는 속담-옮긴이 주

체는 별로 대단한 게 아니다. 대단한 결과는 밀짚이 낙타의 등에 올려졌을 때의 효과이다. 마찬가지로 창의성이 비록 아주 평범한 과정들로 구성될지라도 대단한 효과를 분명 가지고 있다. 창의적 통찰력을 더 많이, 또는 더 적게 가진 사람 의 차이는 고심하는 문제의 종류, 문제에 쏟아붓는 전문 지식과 경험 그리고 독창적인 해결책을 찾으려는 동기 부여 덕분일지도 모른다(와이즈버그, 1993, 2006).

와이즈버그(2010)는 자신의 관점을 요약하는 두문자어 'CHOICES'에 대해 썼다. 첫 번째 'C'는 당연히 창의성이다. 창의적 사고에 대한 나머지는 다음과 같이 설명하고 있다.

Habitual(습관의): 창의적인 사색가는 전문 지식의 '박스 안에서' 일한다. 다른 사람들에게 특별해 보이는 것은 대부분의 사람들에게 가능한 것 이상의 연관을 갖도록 하는 깊은 지식을 가지고 있기 때문이다.

Ordinary(평범한): 창의적 사고는 다른 활동과 마찬가지로 평범한 인지 과정을 통해 나타난다.

Incremental(증가하는): 창의적인 돌파는 거대한 '아하!'의 순간이 아니라 수많은 작은 점진적인 발걸음로 이루어진다.

Conscious(의식적인): 창의성은 신비로운 무의식의 과정이 아니라 의식적인 노력에 기반하고 있다.

Evolutionary(진화하는): 모든 진보는 이미 사라진 어떤 것에 근거한다. 심지어 특별한 돌파구처럼 보이더라도 이전의 지식과 경험 위에 서 있다.

Sensitive(민감한): 이 경우 '민감한'은 개인적 성격이 아니라 창의적 과정이 외부 역사와 사건의 영향을 받는다는 사실을 말한다.

여러 가지 의미에서 와이즈버그의 관점은 낙관적이며, 창의성이 자기들의 능력 밖이라고 생각하는 사람들에게 용기를 준다. 이것은 우리 모두가 창의적 능력을 가지고 있다는 걸 암시한다. 우리는 단지 깊은 지식과 수많은 발걸음, 우회를 통한 꾸준함, 그리고 새로운 방식을 찾아내려는 결심이 필요할 뿐이다. 이것은 또한 인지에 기반을 둔 현대의 창의성 이론의 일반적인 범주로서 좋은 예다.

창의적 인지

　다른 인지심리학자들은 어떻게 기본적인 인지 구조와 과정이 창의적 사고를 낳는지 연구했다. 이런 관점에서 창의성은 언어의 사용, 개념의 발달 같은 아주 평범한 과정으로 시작하여 다양한 영역에서 기본적 이동을 나타내는 아이디어에 이르기까지 확대되는 광범한 영역에서 생겨난다. 비록 우리 중에 지진과 같은 창의성을 보일 수 있는 사람은 거의 없지만, 우리가 새로운 문장 속에서 우리 자신을 표현할 때마다, 우리의 언어 체계 안에서 새로운 예를 만들어낸다. 우리가 또 다른 아이디어를 이해해질 때마다 우리는 새로운 인지 구조를 만든 것이다. 이런 관점에서 매일의 사고 속에서 새로운 아이디어를 만들어내는 능력은, 창의적이라고 인정되는 사고 속에서 사용되는 것과 비슷한 인지 과정을 사용한다.(Ward, Smith & Finke, 1999)

　T. B. 워드(2001)는 이렇게 말했다. "창의적인 인지의 접근은 창의적 아이디어를 만들어내는 인지 과정과 개념 구조에 주로 집중한다."(p350) 이러한 접근의 중요한 특징은 글로벌 사고 전략보다는 기본적인 개념론의 과정에 집중한다는 것이다. 예를 들어, 확산적 사고나 은유의 사용(창의적 사고의 가장 널리 인용되는 두 가지 예)을 숙고하는 대신, 창의적 인지 접근은 이런 질문을 할 것이다. '어떻게 확산적 사고가 작용할까? 복구, 결합, 도표화 같은 기본적인 요소의 과정 중 무엇이 확산적 사고에 사용되는가?' 이것은 현미경-아래의-창의적-과정이라는 관점이다. 일반적으로 이런 과정은 창의성의 수준과 유형을 넘어서 다른 인지 과정에서 사용되는 것과 비슷해 보인다. 워드와 Y. 콜로미츠(2010)는 이렇게 설명하고 있다. "창의적 인지는 비범한 형태의 창의성이 규범에 따른 인지와 근본적으로 다른 원칙에 따라 작동하는 정신의 산물이라는 개념을 노골적으로 거부한다."(p96~97)

　창의적 인지를 설명하는 일반적인 체계는 산출-탐색 모델Geneplore model이다(Finke, Ward & Smith, 1992). 이 모델은 참신한 아이디어를 생산하는 과정을 '후보자 아이디어'를 생산하는 생성 과정과 후보자에게 확장된 탐구 과정 사이의 상호 작용으로 설명한다. 이러한 체계 속에서 수많은 특별한 과정을 전형적인 실험실을 배경으로 연구한다. 이런 연구는 실험실에서 자극받을 수 있는 인지 과정이 실제 생활의 맥락에서도 창의성을 반영하는지, 아닌지 결정하려는 시도다. 예를 들어, 우리가 새로운 아이디어를 개발할 때, 사람은 전형적으로 이것을 인지 구조 안에 이미 자리 잡고 있는 기본적인 개념 위에 세운다.

만약 우리가 다른 행성의 외계 생명체에 대해서 상상하도록 요청받는다면, 아마도 두 다리와 대칭적인 해부학 구조를 가지고 있는 뭔가를 만들어내기 쉽다. 이것이 과제에 적합해서가 아니라, 이러한 특징이 우리에게 친밀하고 경험과 인지에 잘 들어맞기 때문이다. 창의적 인지를 조사하는 연구자들은 이렇게 익숙한 패러다임 밖에서 아이디어가 만들어질 것 같은 환경을 탐구한다(예를 들어, 참가자들에게 영양의 필요성 같은 추상적인 특징에 대해 생각하도록 요청하는 등/ Ward, Patterson & Sifonis, 2004).

추상의 수준을 높이면 더 많은 사람이 익숙한 인지적 경로를 벗어나는 데 도움이 된다는 사실을 이해하면, 왜 어떤 창의적 사고의 전략(예를 들어, 은유, 무작위 투입[9]) 등이 도움이 되는지 이해할 수 있다. 다른 연구에서는 개념 결합의 과정(어떤 아이디어의 결합이 더 독창적인 결과를 산출하는가)을 탐구하고, 문화와 경험이 어떻게 우리의 정보 처리 방식을 변화시키는지에 대한 연구를 포함하고 있다. 좀 더 상세한 검토를 하려면 T. B. 워드, M. J. 패터슨, C. 시포니스(2004)를 참조하라.

이 관점은 인지만이 창의적 생산성을 설명할 수 있다고 주장하지는 않는다. 여러 요소 가운데 동기 부여, 문화, 시기 선택의 요소로 왜 어떤 개인이 우리를 둘러싼 세계를 위한 창의적 기여를 할 수 있었는지 설명할 수 있다. 그러나 창의적 인지이론에서는 만약 내적 동기 부여를 가진 사람이 새롭고 흥미로운 아이디어를 찾기 위해 충분히 길게 지속하는 경향이 있다면, 그는 흔한 아이디어를 만들어내는 데 사용하는 것과 같은 인지 과정을 여전히 사용하는 것이라고 주장한다. 이 가설은 특히 현대 연구의 두 흐름에서 중요하다. 창의성과 신경생물학, 그리고 창의성과 컴퓨터이다.

창의성과 신경과학

창의성과 인지 사이의 관계에 대한 가장 최근의 매혹적인 연구가 창의성과 생물학 간의 교차점에서 발생했다. 창의성과 뇌의 기능을 연결하려는 초기의 시도는 뇌 손상을 입은 개인의 보고에 의지해야만 했고, 창의적 기능에서 대뇌 전두엽의 중요성을 강

---

9) 상황과 관련 없는 단어들을 묶어 생각해보는 것으로, 창의성 기법 중 가장 간단한 것이다. 신제품 개발팀, 광고부, 극작가들이 주로 사용한다. -옮긴이 주

조했다(예를 들면 J. C. 멜, S. M. 하워드와 A. 밀러, 2003). 점차 연구는 뇌의 여러 영역에 걸친 활동으로 넘어갔다(예를 들면 L. R. 반데르베르트, P. H. 심프와 H. 리우, 2007). 이제 가동 중인 뇌를 스캔할 수 있는 기술로 무장한 뇌과학자들은, 다양한 창의적 활동을 하는 동안 뇌의 활동을 조사한다. 그에 적합한 과제를 만들어내는 것은 어렵다.

어떤 연구자들은 직접적인 문제를 푸는 사람과 명백하지 않은 아이디어들을 끌어 모으는 것으로 정의되는 '통찰력'이 필요한 사람들 의 차이를 연구했다(M. 융-비먼 등, 2004). 예를 들어, "마사와 마조리는 같은 날, 같은 달, 같은 해에 같은 부모에게서 태어났지만 쌍둥이가 아니다. 이것이 어떻게 가능할까?"(당신은 답을 알았는가? 그들은 세 쌍둥이다.) 그러나 이런 문제는 비록 직접적인 것은 아니지만 새로운 아이디어를 낳는 것이 아니라 덜 명백한 문제를 푸는 것이다. 통찰 문제를 푸는 동안 활동의 증가를 보여준 뇌의 부분이, 다른 광범위한 인지 과제를 하는 동안에도 활동적이라는 것은 놀라울 것도 없다. 게다가 융-비먼 등은 통찰적인 문제(비통찰적인 문제에 대한 반대로서)를 푸는 동안 뇌의 오른쪽 반구가 더 활동적이라는 것과 더욱 흥미로울 수 있는, 통찰 문제를 풀기 전 0.3초 동안 갑자기 뇌의 활동이 분출한다는 것을 발견했다. 이는 분석적인 문제를 풀 때 뇌의 활동과는 다른 것이다.

P. A. 하워드-존스, E. A. 새뮤얼, I. R. 서머스 그리고 G. 클랙스턴(2005)은 다양한 환경이 주어진 참가자들에게 MRI 스캐너 속에서 22초 동안 이야기를 지어내는 훨씬 창의적인 과제를 탐구했다(상상이 되는가?). 다시 말해, 비록 창의적이 되도록 지시를 받은 사람들이 그런 이야기를 듣지 못한 사람들과는 다른 영역에서 활동이 증가하는 모습을 보였다고 해도, 관련 영역이 창의적인 과제에만 유일한 것은 아니다. EEG(뇌전도)의 다른 패턴은 확산적이거나 통섭적인(수렴적인) 과제를 하는 사람들에게서도 만들어진다(예를 들어, Fink & Neubauer, 2006).

오랜 기간의 연구 결과 뇌의 오른쪽 부분이 보다 더 전체적인 기능에 관여하고, 왼쪽 부분은 일직선의 기능을 한다고 나타났기 때문에, 어떤 사람들은 창의성이 뇌의 오른쪽 부분에 존재하는 게 틀림없다고 추정했다. 그러나 최근의 연구는 이런 생각을 지지하지 않는다. 창의적 과제가 주어지면, 개인은 그 과정 동안 뇌의 양쪽을 다 사용한다.(Aghababyan, Grigoryan, Stepanyan, Arutyunyan & Stepanyan, 2007; Bechtereva 등, 2004) 이는 별로 놀라울 것도 없다. 실제로 존재하는 어떤 창의적 인지 과제라도 새로운 영역으로 확산되기 전에 보다 더 직선적인 형태로 조작되어 있는 지식 베이스를 활용하는 것이 분명하기 때문이다. 이런 관점에서 보면, 뇌의 양 반구의 활성화된 부분과 이것들을 합친 것이 창의적인 신경계 진행의 납득할 만한 가설인 것으로 보인다.

I. 칼슨, P. E. 벤트 그리고 J. 리스버그(2000)와 R. A. 차베즈-이클(2007)은 다른 접근 방법을 택했지만 비슷한 결론에 도달했다. 그들은 이미 높은 창조력과 낮은 창조력을 가지고 있는 것이 알려진 사람들에게 확산적 사고가 필요한 과제를 주었다. 다시 한 번, 확산적 사고가 필요한 과제는 단지 오른쪽 뇌에만 위치하지 않았다. 비록 창의성이 높은 피실험자들이 창의성이 낮은 피실험자들보다 더 많이 우뇌 전면부의 활동을 보여주었지만, 창의성이 높은 사람들은 뇌의 양 반구 모두에서 활성화를 보였다. 확실히 창의성이 '우뇌' 활동은 아니지만, 과제에 대해 창의적으로 고심하는 사람들은 덜 창의적인 방식으로 과제를 추구하는 사람들보다 우뇌를 더 많이 사용하는 것 같다. 아마도 이것은 창의적 사고를 위해 필수적이라고 주장되어온 신경계의 복잡성 및 상호 연계성과 관계가 있을 것이다.(Andreasen, 2005)

창의성과 관련된 신경학 연구의 또 다른 분야는 A. B. 카우프만, S. A. 코닐로프, A. S. 브리스턴, M. 탄 그리고 E. L. 그리고렌코(2010)가 '탈억제 가설'이라고 부른 것이다. 그들은 대뇌피질의 활동 수준을 조사하여 연구를 진행했다. 대뇌피질의 자극은 수면에서 정신이 번쩍 깨어 있는 것, 방심하지 않는 상태에서 결국은 정서적인 긴장과 연관된 연속체이다. 대뇌피질의 활성화는 일반적으로 뇌의 다른 체계를 억제하는 것으로 여겨진다. 이 영역의 연구 덕분에 대뇌피질의 활성화가 낮은 수준이면, 개인은 더 유연하게 사고할 수 있다는 가설이 가능하다. C. 마틴데일(1999)은 높은 수준의 창의성은 더 낮은 수준의 대뇌피질 자극과 연관되어 있지만, 이것은 창의적 과제의 시작 단계에만 그렇다는 것을 연구를 통해 설명했다. 높은 창의성을 가진 사람들은 다른 일을 하는 동안, 또는 창의적 과제의 후반인 정교화 단계에서는 대뇌피질의 자극 수준이 꼭 달라야 할 필요가 있는 것은 아니다. 탈억제 연구는 창의적인 과제와 연관된 위험 부담의 종류와 관련이 있을지도 모른다. 만약 활성화의 수준이 너무 높고 우리의 뇌가 위기에 대비하고 있다면, 새롭고 흥미로운 아이디어에 대해서 유연하게 생각하려고 하지 않는 경향이 있다. 이 연구에 대한 응답으로 J. S. 뮬러, S. 멜와니 그리고 J. A. 곤칼로(2012)는 작은 양의 분노일지라도 문제 해결을 덜 효율적으로 만든다는 것을 발견했다.

나에게 가장 매혹적인 연구는 (그리고 상상만 해도 놀라운) 음악가들에게 스캐너 안에 있는 동안이다. 그럼으로써 암기하고 있는 곡 또는 즉흥곡을 연주하도록 요구하는 것이다. 그럼으로써 즉흥곡이 연주되는 동안 그 음악가의 뇌의 영역이 달라지는 것을 연구할 수 있다. 아직 이해해야 할 것이 많이 남아 있지만, 더 많은 창의적인 활동이 일상생활의 과정 동안에도 사용되는 뇌의 여러 영역과 관련되어 있다.(Berkowitz & Ansari, 2008; Limb & Braun, 2008) 이러한 연구는 창의적 사고에 사용되는 인지 과정이 유일하지 않으며, 또한 뇌의 특별한 영역을 대표하지도 않는다는 개념을 지지한다. 그 대신 평범한 인지 과정을 결합하여 특별한 일에 사용하는 것처럼 보인다.

창의성에 대한 뇌과학은 아직 유아 단계여서 배워야 할 것이 많다. 아직 해답을 얻지 못한 기초 질문 중 하나는 연구되고 있는 뇌 활성화의 변화가 원인인가, 결과인가 하는 것이다. 각각의 개인은 더 창의적이 되는 데 뇌의 그 부분(또는 그 일부)을 사용하는 것일까, 아니면 그 부분(또는 일부)이 새로운 창의적 아이디어가 등장한 결과로 활성화되는 것일까? 우리는 아직 모른다. 이제까지는 그 증거가 창의적 인지이론과 일치하는 것 같다. 창의적인 사고는 다른 것들을 위해서도 사용되는 뇌의 수많은 영역에서 나타나는 것 같다. 아직까지는 뇌의 한 분야, 또는 한 종류의 두뇌 활동이 창의성만을 위해서 사용된다는 증거는 없다. 이는 창의성을 위해 필요한 '하드웨어'를 우리 모두가 이용할 수 있다는 뜻같이 보인다. 그것은 창의성이라는 현상의 단지 한 부분을 설명할 수 있을 뿐이면서도 중요한 것 중 하나다. 좀 더 완전한 검토를 위해서는 R. K. 소여 (2012)를 참고하라.

궁극의 기계학: 창의성과 컴퓨터

우리 대부분에게 창의적인 컴퓨터라는 아이디어는 잘해봐야 불합리하거나 나빠봐야 무서운 것이다. 그것은 전자 시의 네 번째 이미지를 암송하거나, SF에 등장하는 자기 지능을 새롭고 위험한 방식으로 사용하여 길을 잘못 든 기계다. 창의성을 독특한 인간 인성의 특징이나 대부분의 인지이론가들이 주장하는 인지 스타일과 분리하기는 어렵다. 그러나 인공지능의 연구자들은 창의적 인지 접근 방식을 넘어서 다음 단계로 나아가, 최소한 창의성을 기계적으로 자극하는 알고리즘을 찾고 있다. 만약 그런 모델이 발견된다면, 인간 창의성의 미세 과정에 대한 통찰력을 제공해질 것이다.

M. A. 보덴(1991, 1992, 1994, 1999, 2004)은 예를 들어, 연결망과 인공지능의 시스템으로 인간 사고의 가능성 있는 모델을 나타내도록 하는 컴퓨터를 사용한 심리학 모델을 설명했다. 인지심리학자들은 의미망이 인간의 뇌 속에 존재하는 연관성과 나란히 있는 일종의 컴퓨터 시스템이라는 가설을 세웠다. 망 속의 연관성을 가지고 A. 사이먼의 연산망(제4장 참조)에서 나타나는 우연한 변경과 아주 비슷하게 창의적 사고에서 보이는 뚜렷한 도약을 설명할 수 있다.

보덴(2004)은 인공지능을 통해 모형을 만들 수 있는 창의적 사고의 세 종류에 대해 설명했다. 조합적인 창의성은 네트워크상에 이미 존재했던 아이디어를 새롭게 조합한다. 탐구의 창의성은 영역 안에서 탐험하고 실험하여 창의성을 변경하는데, 이는 그 학문 분야의 '규칙'을 바꾼다. 그녀는 컴퓨터를 사용하여 농담을 만들어내고, 시를 쓰고, 그림을 그리고, 수학적 규칙을 발견하는 비슷한 과정을 설명했다. 비록 그중 어느 것도 랭스턴 휴즈[10]나 조지아 오키프, 에이다 러브레이스[11] 같은 수준으로 작동하지는 못하지만, "이것 때문에 중심 논점을 파괴하지는 않는다. 시적 (그리고 다른) 상상력은 풍부하고 다양한 정신 과정에 필요한데… 컴퓨터 용어로… 알기 쉽다."(Boden, 2004, p146) 보덴은 컴퓨터가 인간 사고의 과정을 반드시 복제한다고 주장하지는 않았지만, 만약 인공지능이 인간의 창의성과 닮은 결과를 도출해낸다면, 인간의 인지 구조 내에서 어떻게 창의성이 작동하는가에 대한 단서를 제공할 것이라고 생각했다.

컴퓨터 모델은 문제 공간을 통해 연구자를 안내하는데 발견적, 또는 특별한 처리 과정을 사용하여 과학적 창의성을 자극한다. 문제 공간은 특별한 이슈, 주제, 또는 아이디어에 관해 사용할 수 있는 조합이며, 정보의 네트워크로 상상할 수 있다. 발견법은 중요한 결합이나 통찰력을 찾는 문제 공간을 통해 연구를 이끄는 데 쓸 수 있다. 예를 들어, '베이컨BACON'이라는 컴퓨터 모델은 각 행성의 태양으로부터의 거리와 공전 주기 같은 행성 정보를 제공받았다. 여기에는 세 가지 발견법이 사용되었다.

---

10) Langstone Hughes, 1902~1967, 미국의 아프리카계 시인. 1920년대 흑인들의 문학운동인 할렘 르네상스 시기에 활동한 시인 중 한 사람이다. 블루스, 흑인 영가, 구어체적 연설, 흑인 풍속 등을 시에 결합시켰다.-옮긴이 주
11) Ada Lovelace, 1815~1852, 영국 시인 바이런의 딸로, 역사상 최초의 컴퓨터 프로그래머로 알려져 있다.-옮긴이 주

1. 조건의 가치가 불변한다면, 그 조건은 늘 그 가치를 가진다고 추론한다.
2. 두 수의 조건의 가치가 함께 증가한다면, 그 비율을 고려하라.
3. 하나의 조건의 가치가 증가하고 다른 것이 감소할 때, 그 산출물을 고려하라.

가이드라인에 따르면 컴퓨터가 사용 가능한 데이터를 '탐험하여' 요하네스 케플러의 행성 운동의 제3 법칙을 '발견'했다. 더 정교한 프로그램이라면 다양한 영역에서 과학 법칙을 도출해낼 수 있다. 존슨-레어드(1988)는 재즈의 원칙에 바탕을 둔 기초 코드와 무작위 선택로 다양한 변화를 만들어내는 재즈 즉흥 연주 프로그램을 발전시켰다. 드로잉/페인팅 프로그램인 아론AARON은 전 세계의 갤러리에서 사용되고 있다. 다른 프로그램들은 건축 설계, 데생, 그림, 이야기, 시 등을 만들어내고 있다.(Boden, 1999, 2004)

창의적 협동 과정을 통해, 몇 가지 흥미로운 창의성에 대한 모델의 모의실험했다. 2003년, 파리에 있는 소니 컴퓨터 과학 랩에서 각각 하나의 간단한 시퀀스만 만들어내도록 프로그래밍된 10개의 컴퓨터 연주자들로 조직된 가상 오케스트라가 만들어졌다. 더 중요한 것은 그 '연주자들'이 서로의 연주를 '듣고' 다음 시퀀스에서 그에 따른 변주를 즉흥으로 연주하도록 프로그래밍되어 있었다는 점이다. 며칠 간의 '리허설' 후, 그 오케스트라는 새롭고 독창적인 음악을 만들어냈다.(Sawyer, 2012) 이 모델은 즉흥 연주와 무대에서 집단으로 일하는 창의적 노력을 상기시키지만, 또한 과학자의 팀에도 해당된다. 협동하는 창의성에 대해서는 제4장에서 더 자세히 다룰 예정이다.

비록 어떤 작가도 아직까지는 컴퓨터가 인간과 같은 정도로, 같은 과정로 창의적이라고 주장하지 않는다. 하지만 컴퓨터 모델을 사용하여 보통의 인지 과정 기능으로서 창의성을 나타내는 이론을 논리적으로 확장할 수 있다. 물론 그런 모델 제작에는 한계가 있다. 컴퓨터는 창의성의 정서적이고 동기 부여적인 요소를 모델로 만들 수 없다. 컴퓨터는 또한 문제를 풀 수는 있지만 발견할 수는 없다. 가상 오케스트라는 수많은 곡을 만들어낼 수 있지만, 어느 것이 아름답고 어느 것이 썩 좋지 않은지 판단할 능력은 없다.

그러나 인공지능이 인간 사고의 여러 면에 자극을 줄 수 있는 것처럼 아마 언젠가는 인공적인 창의성이 인간의 창의력을 자극해질 것이다. 동시에 컴퓨터는 복잡한 창의적 과정에 대해 배울 수 있는 또 다른 방법을 제공한다. 보덴(1999)은 이렇게 말했다. "심리학자들의 주요 질문은 '이 컴퓨터 모델이 정말로 창의적인가? 하는 것이 아니라, 인간의 창의성에 대해 그들이 어떤 빛을 비추는 것이 가능할까?'이다."(p353) 이러한 컴퓨터의 어떤 과정이 인간의 정신과 실제로 같은 방식으로 기능하는지가 지금부터 씨름해야 할 인간 지능과 창의성을 위한 문제다!

What's Next?

1. 창의적인 사람들이 창의적인 활동에 대해 설명한 것을 보거나 읽어보자. 시작할 수 있는 고전적인 지점은 The Creative Process(Ghiselin, 1985)이다. 당신은 또한 TED.com의 창의적인 사람들에 대한 계정, 또는 창의적인 과학자나 작가들의 블로그를 탐험할 수 있다. 아니면 창의적인 사람들을 강연에 초청할 수도 있다. 나는 가끔 내 수업을 위한 패널 토론에 참여하도록, 다른 분야의 아주 창의적인 교수들을 초대하곤 한다. 이것은 환상적이다! 어떤 창작자가 여러분의 것과 비슷한 과정에 대해 설명하는가?

2. 스키너가 했던 것처럼 생각하려고 노력하라. 일련의 이벤트와 강화를 구조화하여 셰익스피어가 햄릿을, 또는 어느 유명 작가가 다른 작업을 하도록 유도하도록 하라.

3. 창의성을 강화할 목적으로 매슬로나 로저스가 교실 분위기를 위해 추천했던 것을 고려해보자. 우리는 이 문제를 제9장에서 더 다룰 것이지만 지금은 당신 교실의 분위기를 날짜별로 관찰해보자. 학생들이 표현하는 사고의 유연성에서 어떤 차이가 발견되는가?

4. 창의성 사냥을 나가서 무엇을 찾았는지 살펴보자. 이렇게 할 수 있는 하나의 방식은 개방형 활동에 종사하고 있는 사람들 집단이 있는 곳으로 가는 것이다. 이것은 운동장의 아이들, 쇼핑몰의 십대들, 파티에 모인 어른들일 수도 있고, 심지어 기획회의일 수도 있다. 당신이 관찰한 창의적 사고의 예를 적어보라. 그리고 창의적 사고가 생겨나는 상황과 아이디어가 등장하는 방식에 대해 생각해보라. 당신은 당신의 기록을 저장하거나 우리가 교재에서 조사한 다양성을 생각하는데 다른 사냥을 떠날 수도 있다.

Tech Tips

이번 장의 팁은 흥미로운 압박을 동반하여 창의성을 표현하는 잡다한 방식에 대한 것이다(제6장 참조).

1. 이 모든 것은 슈퍼 볼 광고와 함께 시작되었는데, 구글은 이야기를 전하는 일련의 조사를 여기에서 사용했다. 그 광고는 크게 히트했고, 수많은 패러디를 낳았다. 구글은 누구라도 구글서치(Google Searches, http://searchstories-intl.appspot.com/en-us/creator/)를 사용하여 이야기를 전할 수 있는 간단한 동영상 생성기를 설치했다.

   예를 들어, 잭과 질이 일련의 조사를 가지고 들려주는 이야기를 상상해볼 수 있다. 처음에 들통을, 그 다음에 테리언 맵(지형 맵)을 찾고, 등산 장비를 찾다가 긴급 치료센터를 찾는다.

2. 어니스트 헤밍웨이는 어느 날, 단 6개의 낱말로 짧은 이야기를 썼다.

   "팝니다: 아기 신발, 신은 적 없음(For Sale: baby Shoes, never worn)."

   이것은 친구와 내기를 한 결과, 만들어진 이야기라고 전해진다. 물론 친구가 돈을 냈다. 헤밍웨이는 이것이 자기의 대표작 가운데 하나라고 생각했다. 이 여섯 낱말로 된 이야기는 독창적이고 강력한 예술 형식이다. 〈위어드(Wired)〉라는 잡지는 유명 작가들이 쓴 여섯 단어 이야기들을 출판했는데, 아주 심오한 것에서부터 시시한 이야기까지 있었다(http://www.wired.com/wired/archive/14.11/sixwords.html). 이 여섯 단어 이야기 웹사이트(http://www.sixwordstories.net/#sidebar)는 유명작가들과 웹 독자들로부터 이야기를 모으니, 당신의 것도 내볼 수 있다.

   여섯 단어 이야기의 강력한 힘은 작가들이 신중하게 선택하고 가장 중심이 되는 이야기에 집중하도록 만든다. 다른 교과 과정 영역에서 여섯 단어 도전을 만들어내는 데 같은 과정을 사용할 수 있다. 역사적 사건이나 과학/수학 원리에 대해 여섯 단어 요약을 시도해보면 어떨까?

3. Flickr Five Frames(http://www.flickr.com/groups/visualstory)는 단지 5개의 이미지만을 이용하여 시각적인 스토리텔링을 하기 위한 전략이다. 이것은 수많은 이야기의 숨겨진 구조를 학생들이 파악하도록 돕는 좋은 방법이다. 최고의 다섯 프레임은 비슷한 시퀀스를 따른다. ① 캐릭터 소개 ② 문제 상황 소개 ③ 캐릭터를 문제와 연관시키기 ④ 문제 해결 ⑤ 의외의 사건이 포함된 결말 등이다. 나는 '험프티 덤프티'[12] 시퀀스를 좋아한다. 이것은 찾아볼 가치가 있다!

4. 수많은 학생이 스스로 이야기 만화를 만들어내고 싶어한다. 돈을 들이지 않고 하는 두 가지 방법은 Make Beliefs Comix와 ToonDoo이다. Make Beliefs Comix(http://www.makebeliefscomix.com)를 사용하면 유저는 캐릭터, 물건 그리고 이야기 또는 생각풍선(생각 말 칸)을 드래그해서 간단한 카툰 안에 떨어뜨릴 수 있다. 여기에는 주문에 따라 만드는 것이 많이 허용되어 있지 않은 반면에, 수많은 이

---

12) Humpty-Dumpty, 동요에 등장하는 달걀같이 생긴 뚱뚱한 사람. 쓰러지면 일어서지 못한다. 루이스 캐럴의 동화 〈거울 속의 엘리스〉에서는 교만한 어른을 빗댄 존재로 등장하기도 한다.-옮긴이 주

야기를 사용하기 쉽고, 선택의 여지도 많다.

ToonDoo(http://www.toondoo.com)는 더 유연하여 독창적인 캐릭터가 허용되고, 이미지를 업로드하거나 다른 카툰 만화나 책도 허용된다. 이 두 사이트를 살펴보고 여러분의 카툰을 위해 어느 것이 더 적당한지 알아보자.

4. 창의성 이론-문맥 속의 체계
Theories of Creativity-Systems in context

파블로 피카소는 20세기의 가장 유명한 화가 중 하나다. 입체파 운동의 공동 창시자로 알려져 있으며, 여러 가지 스타일로 작업했다. 1890년대에 아카데믹 리얼리즘으로 출발한 그림 스타일은 이후 여러 차례 바뀌었고, 그의 인생이 끝나는 날까지 끊임없이 변화 속에 남아 있었다. 후기 작품 중 대다수가 죽을 때까지 진가를 인정받지 못했다.

[토머스] 에디슨은 사실 일종의 집합명사로, 수많은 사람의 작업을 의미한다.(Francis Jehl, 에디슨의 가장 오랜 조수, T. Kelley, 2001, p70에서 인용)

〈키 큰 말Tall Horse〉은 남아프리카공화국의 핸드 스프링 인형극 회사Handspring Puppet Company와 말리의 소골론 인형극단Sogolon Puppet Troupe이 협력하여 만든 작품으로, 1827년에 마르세유에서 파리까지 걸어간 기린의 이야기를 재구성한 것이다. 이것은 여러 가지 언어와 스타일 그리고 안무, 전통 인형극 등이 섞인 작품이었다.

나는 아들을 돕기 위해서 이것들을 만들었다. 내 아들이 행복할 때 나는 행복하다. 그래서 나는 계속 깎았다. 나는 이것을 평범한 작업이라고 생각한다. 만약 내가 청소를 한다면, 좋은 일이다. 만약 조각을 한다면, 그것도 좋다. 내가 좋아하기는 무엇이든 할 것이다. … 나는 내 일을 직업으로 생각하고 있으며, 나는 가족을 도울 수 있는 무언가를 해야만 한다.(Eva Aliktiluk, 이누이트족, 조각가)

체계적인 접근법

모든 창의성은 특별한 시간과 장소에서 생겨난다. 제3장에서 우리는 창의성의 내적 과정과 외적 과정 사이의 변증법적 관계를 주장한 L. S. 비고츠키의 이론에 대해 논의 했다. 창의성은 자신을 둘러싼 문화에 관한 각각의 통찰력과 이해를 쌓는 일이 필요하며, 동시에 창의성은 문화 자체의 변화와 혁신을 가능하게 한다. 단지 개인의 인지적 · 정서적 과정에서만이 아니라, 문화에 깊이 뿌리박은 창의성은 체계의 기초이고 합일이며, 오늘날 연구되고 있는 것 중 가장 영향력 있는 이론이다.

체계 이론은 개인과 외부 세계 사이의 상호 작용으로서 창의성에 접근한다. 이 이론에 따르면 정신의 메커니즘은 창의적 과정이나, 어떤 것이 창의적인가에 대한 결정을 설명하는 데 충분치 않다. 각각은 외부 환경과의 맥락에서 자리매김해야 한다. D. K. 시먼턴(1988)은 이렇게 말했다. "창의성은 사회적 맥락과 동떨어지면 적절히 이해될 수 없다. 왜냐하면 특별한 형태의 개인적 영향력이기 때문이다. 영향력 있는 창작자는 인류의 사고 습관을 심오하게 변화시킨다."(p421) 물론 창의적 개인이 그들을 둘러싸고 있는 사람들에게 영향을 끼치는 것과 똑같이, 체계 이론에서 창의성은 자신이 생겨나는 환경에 영향을 받는다고 주장한다.

예를 들어, 위에서 인용한(Auger, 2005) 이누이트족 조각가 에바 알리크틸룩은 어떠한가? 북부 캐나다에서 주로 만들어지는, 눈부시게 아름다운 이누이트 조각은 창의성이라는 맥락의 영향력에 대해 곤혹스러운 사례 연구를 제기한다. 1940년대까지 캐나다 이누이트족은 캐나다 남부와는 최소한의 접촉만 하면서 북극 지방에 작은 가족 단위로 흩어져 살았다. 20세기 중반이 되면서 그들의 유목민 생활상은 다양한 압력을 받으면서 더 위험해졌고, 수많은 사람이 공동체를 형성하고서 이주했다. 이 공동체들 안에서 과거 유목민 사냥꾼으로 살아남는 데 필수적이었던 기술 중 대부분에는 '새로운 사회'에서 쓸모 있는 물질적 가치가 거의 없었다. 그러나 숙련된 조각가들은 곧 '남쪽'에서 그들의 조각을 위한 시장을 찾아냈다. 이누이트 예술은 캐나다 갤러리들의 중심이 되었다. 조각을 하고 그림을 그리는 능력은 자급자족과 한계 생존의 차이를 만들었다.

자신들의 예술에 대한 질문을 받을 때 이누이트 조각가들은 다양한 관점을 표현한다. 누군가의 이해를 받으려 애쓰는 굶주린 서구 예술가들의 이미지와는 반대로, 에바는 집 안을 청소하는 것과 조각을 동등한 생활수단으로 생각한다. 이누이트 조각가들은 팔릴 만한 물건을 만들어야만 한다. 만약 남부 사람들이 바다표범 조각을 사기를 원한다면, 그것을 만들어야 한다. 수많은 이누이트 예술가에게 작품을 만드는 이유는 재정적 필요 때문이다. 토착 미술과 공예품을 다른 지역에 공급하는데 만드는 곳이라면 어디든 상황은 비슷하다. 그러나 여전히 선택의 여지는 있다. 조각가는 때때로 바다표범으로 보이는 것들을 조각할 수도 있다. 이 경우 그들은 바다표범을 조각할 테지만 이전의 것들과는 다르다. 호랑이나 소, 또는 추상적인 형태를 조각할지도 모른다. 그것이 가족을 부양하기 위한 것은 아닐 것이다. 창의성이 들어맞는 지점이 어디이며, 어떻게 창의성이 가능한가? 체계 이론은 이러한 질문에 대해서 탐구한다.

대부분의 경우 체계 이론에 대한 연구자들의 저술은 대문자 'C'의 창의성을 다루거나, 대개 학문 영역이나 문화에 영향을 끼치는 창의성에 대해 다룬다. 우리에게는 체계의 모델 안에서 작동하는 힘이 별로 많지 않은 부분의 창의성에 영향을 끼치는 방식에 대해 생각해야 하는 과제가 남아 있다.

창의성, 문화 그리고 칙센트미하이

아마도 가장 영향력 있는 시스템 모델은 미하이 칙센트미하이가 주장한 것이라고 생각된다(1988, 1990b, 1996, 1999). 칙센트미하이는 사람Person, 영역domain, 활동 분야field의 측면을 포함한 세 갈래의 창의성에 대한 체계 모델을 제안했다(표 4.1). 이 모델은 다른 저명한 이론가들에 의해 받아들여졌다(Feldman, Csikszentmihalyi & Gardner, 1994). 이 모델로 인해 창의성에 관한 기본 질문이 '창의성은 무엇인가?'에서 '창의성은 어디에 있는가?'로 바뀌었다. 이 모델은 창의성을 '문화적 시스템의 변형(예를 들어, 화학, 의학, 시)'—참신함을 문화 속에 결합시키는—으로 설명할 수 있을 만큼 심오한 연구했다.(Nakamura & Csikszentmihalyi, 2001, p337)

칙센트미하이는 창의성을 특별한 사람이나 생산품의 특징으로서가 아니라 사람, 생산품 그리고 환경 사이의 상호 작용으로 본다. 사람은 자기가 살고 있는 문화로부터 얻은 정보 안에서 다양성을 만들어낸다. 이러한 다양성은 인지의 유연성, 동기 부여, 또는

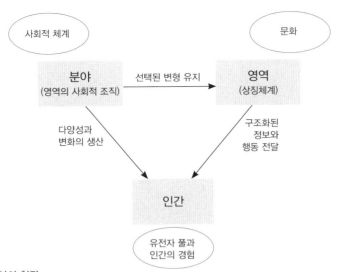

표 4.1 창의성의 현장
출처: The Nature of Creativity로부터. p329, by R.J. Sternberg(Ed), 1988, New York: Cambridge University Press. Copyright © 1988 by Cambridge University Press. Reprinted with permission.

특별하고 영감을 불러오는 인생 경험으로부터 나온다. 그러나 칙센트미하이에 따르면 개인이 가지고 있는 참신함의 메커니즘을 연구하기는 단지 그림의 일부일 뿐이다.

개인은 진공 상태에서는 창의적이지 않다(아마도 창의성 테스트를 제외하고는). 그들은 어떤 영역 안에서 창조를 한다. 희곡 작가는 문화의 전통과 상징체계 안에서 창작한다. 무대와 대본 창작의 관습에 관한 지식 없이 성공적으로 창의적인 극작을 하기는 불가능하다. 창의성은 영역—특수 지식의 기반을 요구한다. 창의적인 수학자는 수학에 대해서 알아야만 한다. 생물학자는 생물학에 대해 알아야 한다. 조각가는 잘 깎을 줄 알아야 한다.

그러나 영역만이 창의적 생산의 실재는 아니다. 다양성은 또한 영역의 사회적 구조 또는 활동 분야와의 맥락에서 나타난다. 활동 분야는 영역의 구조에 영향을 끼칠 수 있는 사람들을 포함한다. 무대라는 활동 분야를 예로 든다면 무대 선생, 드라마 비평가, 관객(특히 시즌 티켓 보유자), 프로듀서, 배우, 연출자 그리고 특정한 사회의 특정한 시대에 좋은 무대를 만들도록 돕는 사람들로 구성된다. 창의적인 것으로 이해되는 데 희곡은 활동 분야의 규칙과 균형을 유지해야 한다. 만약 극이 과거의 기준과 너무 비슷하다면, 그것은 평범한 것으로 생각될 것이다. 또, 너무나 다르면, 그것은 예술로 생각되지 않을 것이다. 만약 이러한 변화가 받아들여진다면, 활동 분야는 그 영역의 일부를 초보자에게 건네어 자신의 일부로 만든다.

어떤 영역, 특히 예술의 경우, 어떤 개인의 창작품은 그가 창작했던 시대 동안 하나의 활동 영역으로 인정받지 못할 수도 있다. 이러한 거부는 창작자에게 가난을 의미하지만, 때가 되면 (아마도 그의 사후에) 인정받는 날이 온다. 이누이트 조각가의 경우, 수많은 활동 분야가 그들의 창의적 노력에 영향을 끼쳤다. 첫째는 조각가들 공동체의 기준이다. 일단 예술이 공동체를 벗어나면, 성공은 대체로 그 활동 분야를 뚫고 나아가는 성공작에 의해 영향을 받는다. 기념품을 찾는 사람들을 상대하는 가게 주인은 일정한 종류의 영향력을 행사하며, 저명한 갤러리 소유자도 그러한 영향력을 가지고 있다.

심지어 과학같이 외관상 객관적인 영역에서도 높은 수준의 창의적 성취의 가능성에 영향을 주는 활동 분야라는 구조가 있다. 그에 걸맞은 잡지나 저널에 출판할 능력이나, 적절한 조직에 인정받지 않고는 영향력을 갖기 어렵다. 창의적인 개인의 작업은 만약 전문가의 발언 기회가 주어진다면 현재 활동 분야의 일정 부분에 의해 가치를 평가받아야 한다. 멘델의 유전학에 관한 작업처럼 어떤 경우에는 창의적 아이디어의 중요성이 활동 분야와 영역이 바뀐 이후에야 발견되기도 한다. 만약 아인슈타인이 활동 분야가 완전히 달랐던 100년 전에 태어났더라면 그가 (혹은 그의 이론은) 과연 천재로 보였을까, 아니면 미친 사람 취급을 당했을까 추측해보는 것도 흥미롭다.

개인은 활동 분야에 의해 판단될 뿐 아니라, 활동 분야에 의해 만들어지기도 한다. 준비 과정 중에, 그리고 실습 환경에서 개인은 그들을 둘러싼 실습자들, 특히 조언자 관계에 있는 사람들에 의해 형성된다. 이누이트족 조각가 공동체는 북쪽으로 그림 여행을 떠났던 화가인 제임스 휴스턴의 영향을 받았다. 그는 이누이트 조각품에서 큰 감동을 느꼈고, 그가 가져간 '기념품'이 캐나다 수공예품 길드에 준 인상 덕에 그것을 기점으로 조각가들은 상업적인 생존 능력을 갖게 되었다.(Auger, 2005) 개인과 영역 그리고 활동 분야 간의 잠재적인 상호 작용은 복잡하며 다른 시대, 다른 환경 그리고 다른 영역과 활동 분야에 따라 상당히 변화될 것이다. 예를 들어, 21세기 미국에서 높은 창의성을 지닌 물리학자로 이끄는 개인의 특징은 19세기 파리의 화가가 되는 데 필요한 것과는 아주 다를 것이다. 왜냐하면 자신이 속한 영역과 활동 분야에서 인정받기 위해 필요한 성질은 아주 다르기 때문이다.

칙센트미하이가 설명한 개인, 영역, 활동 분야의 결합이 문화적 시스템의 변형보다 더 작은 규모의 창의성에 적절한지 생각해보는 것은 흥미롭다. 비록 개인이 어떤 활동 분야나 영역에 의미심장하고 (적어도 다양한 정의에 따라) 영향을 주지 못하는 방식으로 창의적이더라도, 모든 창의성은 맥락 안에 존재하는 영역에서 나타난다.

예를 들어, 제1장의 도입부에서 인용한 익명의 스토리텔러를 생각해보자. 좋은 스토리텔러는 수많은 개인적 특징과 과정의 노력을 이끌 것이다. 그들은 스토리텔링의 영역 안에서 형식의 도구와 관습을 이용하여 작업한다. 스토리텔러는 또한 맥락 안에서 작업한다. 사회는 스토리텔러가 예술을 발전시키고 연습할 수 있는 문화적 맥락을 제공한다. 거기에는 스토리텔러가 그 안에서 작업해야 하는 관습도 포함되어 있다. 다양성이 용납되는 전통적인 이야기와 골격, 이야기를 전하는데 배워야 할 구조, 멘토와의 관계, 심지어 어떤 상황 아래에서 누가 어떤 얘기를 하느냐에 관한 정치적인 것까지도 가능하다.

비록 그것들이 서양의 과학이나 연극에 혁신적 영향을 주는 요소들과는 어느 정도 다르게 보일지라도 개인, 내용의 분야(영역) 그리고 맥락(활동 분야, 둘러싼 문화)의 상호 작용은 다양한 창의성에서 중요해 보인다.

교실에 대해 생각하기

창의적 노력은 그것이 시작된 시대의 활동 분야에서 언제나 인정받는 것은 아니다. '위대한 실패'라는 게시판을 만들어, 새로운 아이디어가 늘 즉시 호평받는 것은 아니라는 것을 이해할 수 있도록 돕자.

칙센트미하이의 가설 위에서 가드너(1993a, 1993b)는 개인, 영역, 활동 분야 사이의 상호 작용이 갖는 중요성을 인정하는, 창의성에 대한 관점을 설명했다. 자기 자신의 다중지능 이론에 의지하여, 가드너(1983)는 개인은 특히, 영역-특정 방식으로 창의적이라고 믿게 되었다. 비록 어떤 개인이 하나의 영역 이상에서 확실히 창의적일 수 있지만(윌리엄 블레이크의 시와 예술 작품을 생각해보라), 가드너의 창의성에 대한 정의는 창의성이 일반적인 성격 특징('그는 창의적인 사람이다')이 아니라 어떤 특정 분야에서 기능하는 것이다. 그는 이렇게 말했다. "창의적인 개인은 보통 문제를 풀고, 생산품을 만들어내거나, 처음에는 새롭게 생각되지만 결국 특정한 문화적 배경에서 받아들여질 방

식으로 어떤 **영역**에서 새로운 질문의 정의를 내린다."(Gardner, 1993a, p35, 고딕체 부분은 첨가) 어떤 사람이 창의적이 되는 영역(들)은 개인 지능의 종류, 인성, 사회적 지원 그리고 영역과 활동 분야의 기회에 영향을 받는다.

가드너는 고도로 창의적인 사람들에 대한 심도 있는 연구를 그의 이론 기반으로 삼았다. 저명한 창작자들에 대한 연구에서 가드너는 다른 영역에서 창작자들에 의해 표현된 지적인 힘의 종류가 폭넓게 다양하다는 것을 발견했다. 게다가 숙달된 상징체계와 개인이 관여해야만 하는 활동이 학문 영역을 넘어 아주 다양하다는 것을 발견했다. 그는 창의적 개인이 연관될 수 있는 다섯 가지 활동에 대해 설명했다.

1. **특정한 문제를 해결한다.** 이것은 주로 과학과 수학의 연구 과제를 포함하지만, 음악의 편곡 같은 아주 꽉 짜인 예술적인 과제도 다룬다.
2. **전체적인 개념체계를 주장한다.** 이는 예술 또는 과학 이론의 발전을 포함한다.—예를 들어, 상대성 이론이나 입체파의 특징 등을 말이다.
3. **생산품을 만들어낸다.** 시각 예술, 문학, 또는 무용술을 포함하는 생산품을 창작한다.
4. **정형화된 공연을 한다.** 정형화된 공연은 일반적으로 대본이나 악보에 의해 규정되지만 해석, 즉흥 연주, 또는 혁신의 기회를 포함한다. 예를 들어, 춤, 드라마, 뮤지컬 공연 등이 포함된다.
5. **위험 부담이 높은 공연을 한다.** 가드너는 이것을 1명의 말이나 행동이 창의성의 내용이 되는 종류의 창의적 노력이라고 말하며, 개인은 이러한 미션을 수행하는 동안 안전, 건강 또는 생명의 위협을 느낄 수도 있다. 이런 창의성은 간디 같은 공적 인물의 경우에서 볼 수 있다.

창의성을 위해 필요한 지능, 성격의 특징 그리고 인지 과정은 어떤 창의적 생산품을 원하고, 필요로 하는지에 따라 다를 것이다. 추가 요소를 생각해본다면—그 영역에 관한 언어, 특정 시간대의 활동 분야의 특징, 또는 기여하는데 필요한 생산품의 종류—체계를 정의하고 창의성을 통제하기 위한 잠재적인 요소들은 점점 복잡하게 늘어날 것이다. 이러한 아이디어에 대한 환상적인 잠재적 비결이 로버트와 미셸 그리고 루트-번스타인(2004)으로부터 나왔다. 그들은 연구에서 다수의 아주 창의적인 과학자들은 예술 영역에 부업을 가지고 있었고, 반면에 창의적인 예술가들은 종종 과학을 탐험하는 도락을 가지고 있기도 했다고 주장했다. 아마도 하나 이상의 영역에서 높은 창의적 기여를 하는 사람이 거의 없다는 사실은, 학문의 기반이 되는 훈련 시간 할당의 문제로 보인다.

교실에 대해 생각하기

창의성 이론에 대한 핵심 질문 중 하나는 학문 영역 간에 다리를 놓는 일반적인 창의적 과정이 있는가, 아니면 창의성이 특정 영역에 한정된 것인가이다. J. 배어(1993)는 2, 4, 5, 8학년 학생들과 대학생에게서 특정 영역에 한정된 힘의 증거를 찾았다. 여러분의 학생들에게 몇 가지 학문 영역에 대한 창의적 과제를 주어보라. 같은 학생이 모든 주제에 대해서 놀라운 창의성을 보여주는가? 여러분이 발견한 사실의 신뢰도를 높이기 위해 동료에게 창작물 평가를 위한 도움을 청할 수도 있다.

펠트먼: 통찰력의 옹호자

D. 펠트먼(1994, 1999, 2003)은 발달론의 관점을 가진 체계 이론가로 잘 알려져 있다. 체계 이론가로서 그는 높은 수준의 창의성이 기능하도록 만들려면 복잡한 상호 작용이 작동한다는 것을 깨달았다. 그래서 창의적 과정에 영향을 주는 일곱 가지 범위를 나열했다. ⓐ 인지 과정 ⓑ 사회적 · 정서적 과정 ⓒ 가족의 측면—성장과 현재의 과정 ⓓ 교육과 준비—공식적 · 비공식적 ⓔ 영역과 활동 분야의 특징 ⓕ 사회 문화의 문맥상 측면 ⓖ 역사적 세력, 사건 그리고 경향 등을 말이다.(Feldman, 1999, p171~172) 그는 창의성이란 특정 영역 안에서 발생하며, 창의성의 일반적인 특징은 없다고 믿었다.

발달론자로서 펠트먼(1994)은 창의성이 다양한 범위에 따라 발달한다고 믿었다. 창의성을 모든 인간의 자연스러운 발달 과정의 일부라고 믿었던 M. H. 로저스와 반대로, 펠트먼은 특별한 창의성에 초점을 둔 채 특별하고 보편적이지 않은 발달에 집중했다. 비보편적 발달은 높은 창의성을 가진 개인에게 독특하게 일어나는 발달의 변화를 포함한다. 발달이론에 따르면, 모든 인류는 그들의 인지체계가 세계와의 상호 작용에 대응하면서 내적인 변형을 경험한다. 펠트먼(1994)은 이렇게 말했다. "창의성은 특별히 강하고 힘찬 발전의 순간이다. 이때 개인적·내적 재편성이 이루어지며, 이것이 특정 영역의 외적 형태에 중대한 변화를 이끌어낸다."(p87)

이것은 아마도 펠트먼의 아이디어와 피아제 이론의 관계를 연구하면 가장 쉽게 이해될 수 있을 것이다. 피아제는 사고 구조의 모든 변화를 설명할 수 있는 두 과정을 주장했다. 동화는 정보를 과거의 경험에 맞추려는 경향으로, 지속적인 현실성을 고려한다. 조절은 사람의 현실성에 대한 지각을 새로운 정보에 맞추도록 조정하는 과정이다.(Boden, 1980) 그러나 이 두 가지 모두 참신함, 진정으로 새로운 경험의 재구성을 감당하지는 못한다. 펠트먼은 세 번째 과정인 변형에 대해 주장했다. 변형의 과정 속에서 정신은 경험에 기초하지 않은 아이디어와 이미지를 만든다. 변형은 인지적 재구성을 이끄는데, 이는 아주 심오하여 각 개인이 세계를 새롭고 독특한 방식으로 볼 수 있게 만든다.

펠트먼은 창의성이 비범하고 눈에 띄는 과정보다는 독특한 방식으로 평범한 인지 과정을 사용하여 나타난다고 주장하는 몇몇 현대 이론가들의 전제를 어느 정도 부정한다. 그는 창의적 과정에서 무의식과 통찰력의 중요성을 옹호한다. 펠트먼(2003)은 창의성이 우리가 인지 구조를 재구성할 때마다—모든 발전적 변화와 관련되어 있고, 피아제의 발달 단계에서처럼 이것은 창의성을 필요로 한다고 말한다. 그는 인간 발달의 전형적인 단계인—보편적인 것에서 어떤 학문 영역의 사고 변화를 자극하는 영역에 기반한 변화에 이르기까지 연속체로서의 변화를 제시했다. 이런 모든 변화는 특정 영역 안에서 그리고 창의적 변화가 인식되고 받아들여지는 정도에 영향을 끼치는 맥락에서 일어난다.

D. H. 퍼킨스(1981)가 그랬던 것처럼, 펠트먼은 창의성이 창의적 변화를 향한 욕망에 뿌리박고 있다고 믿었다. 펠트먼의 세 번째 측면은 몇몇 다른 이론가들에게 사실처럼 들렸을 것이다. 그는 새로운 창의적 노력은 그 이전에 한 창의적 노력의 결과에 따라 영감을 얻는다고 믿었다. 물론 퍼킨스나 R. W. 와이즈버그는 이런 효과를 지식의 영향력 덕분으로 돌렸다. 그러나 펠트먼이 강조한 것은 다른 사람들의 창의성의 결과를 보는 것만으로도 차이를 만드는 것이 가능하다는 점을 설명한다. 그는 창의적 노력과 다른 사람의 생산물 사이의 상호 작용 덕분에 누군가의 의식 속으로 들어갈 수 있는 무의식의 변형이 가능하다고 믿었다. 기능의 세계와 필수적인 상호 작용을 강조한

점이 펠트먼으로 하여금 체계 이론가들 사이에 있게 한 핵심적인 기여 중 하나다.

투자 모델과 지혜에 대한 사고

R. J. 스턴버그와 T. I. 루바트(1991, 1993) 그리고 스턴버그와 L. A. 오하라(1999)는 창의성에 대한 투자이론을 주장했다. 창의성을 얻기 위해 각 개인은 싸게 사서 비싸게 팔아야 한다. 주식이나 다이아몬드에 투자하는 대신, 이 사람들은 아이디어에 투자한다. 창의적인 개인들은 참신하거나 눈밖에 난 아이디어를 추적하여(싸게 사기), 그 아이디어가 가치를 가질 분야를 설득한다. 일단 그 아이디어가 환심을 사면, 다른 사람들이 그 아이디어를 쫓도록 두고(비싸게 팔기), 그들은 다른 시도로 넘어간다. 이미 인기 있는 트렌드나 해결책을 쫓는 사람들은 가치 있고 독창적인 결과물을 성취하기 쉽지 않다. 투자이론은 창의적인 성취에 기여하는 여섯 종류의 지적인 자산을 제안하고 있다. 지능적 과정, 지식, 지능의 스타일, 인성, 동기 부여 그리고 환경적 맥락이 그것이다.(Zhang & Sternberg, 2011)

퍼킨스와 와이즈버그가 했듯이, 스턴버그와 루바트(1991, 1993)는 그들이 다른 지적 활동을 이해하는 데 사용했던 같은 모델을 가지고 창의성의 지적인 과정을 설명했다. 그러나 다른 두 이론가와는 다르게, 스턴버그(1985b)는 창의적 통찰력과 특별히 관련이 있는 요소를 포함한 3개로 나뉜 지적 모델을 고안했다. 예를 들어, 비록 선택적 부호화(관련 없는 정보로부터 관련 있는 것으로 이동)가 어떤 종류든 정보 입력을 이해하는 데 중요할지라도, 그것은 특히 창의적 통찰력에서 중요하다.

스턴버그는 알렉산더 플레밍 경이 페니실린을 발견한 것을 예로 들었다. 플레밍은 박테리아 배양 실험 결과물이 곰팡이로 못쓰게 되었을 때, 성공하지 못한 실험에 대해 절망하는 대신 자기 손가락 끝에서 중요한 정보를 인식할 수 있었고, 그로부터 중요한 발견했다. 창의성에 대해 중요해 보이는 지능의 다른 요소는 문제 정의, 확산적 사고의 전략적 사용, 선택적 결합과 정보의 선택에 대한 비교이다. 스턴버그(1988b)의 창의성 이론은 이러한 지능 모델을 낳았다.

투자이론은 또한 그것이 뒤집혀 있는 U자라고 가정하고, 창의적 성취에서 지식의 역할을 연구했다. 적은 양의 지식은 제한된 창의성과 관련이 있다. 극단적으로 수많은 양의 지식도 창의성을 제한하기는 마찬가지다. 이는 현재의 예술 상태에 너무나 빠져든 개인이 진정으로 새로운 관점을 발견할 수 없기 때문이다. 적당한 양의 지식이 창의성에 가장 도움이 된다고 할 수 있다. 적당한 양의 지식을 구성하는 것이 정확히 어느 정도이며, 나이와 학문 영역에 따라 어떻게 다른지는 앞으로의 연구를 위해 남겨진 과제다.

창의성을 지식 그리고 특정한 지능의 측면과 연결짓는 것에 더하여, 스턴버그와 루바트(1991, 1993)는 창의성이 정신의 스타일에 따라 특징지어진다고 믿었다. 즉 스스로의 규칙을 만든다든지, 체계가 없는(고정되었거나 이미 만들어진 것보다) 문제를 공격하기 좋아하고 글쓰기, 프로젝트 디자인, 비즈니스나 교육 시스템의 창출 같은 "규칙을 제정하는" 성격의 임무를 선호하는 것을 가리킨다. 그들은 또한 모호함에 대한 인내력, 내재하는 동기 부여, 그리고 적절한 위험 감수 같은 특정한 성격적 특징과 연관이 있다는 것도 주목했다. 결국 다른 몇몇 이론가들처럼 스턴버그와 루바트(1991, 1993)는 임무 집중적인 동기 부여와 창의적 활동을 지원하는 다양한 환경의 중요성에 주목했다. 이런 관점에서 높은 수준의 창의성을 위해 필요한 여섯 가지 자원 가운데에서 일어나는 복잡한 상호 작용은, 그러한 성취가 상대적으로 진귀하다는 것을 보여주는 이유가 된다.

스턴버그(2000b)는 단지 그가 지능은 발달한다고 믿기 때문에 창의성도 특별한 선택(예를 들면, 문제를 재정의하는 선택 또는 현명한 위험 감수의 선택)을 통해 증가한다고 믿는다는 점을 명백히 해왔다. 그는 또한 창의성과 지능 그리고 지혜 사이의 관계에 대해서도 연구해왔다.(Sternberg, 2001) 그는 지적인 사람들을 "현존하는 환경에 그들이 적응하도록 이끄는 기술을 그럭저럭 획득한" 사람들로 묘사했다.(p360) 비록 어떤 장소에서 지적인 행동이라고 생각되는 것과 다른 장소에서 지적으로 여겨지는 행동이 다를 수 있지만, 일반적으로 지적인 행동은 사회의 호의라는 보상을 얻는다. 그 보상은 환경에 적응한 결과 또는 환경을 조정한 결과로 얻어진 것이다.

반대로, 창의성에 대한 대부분의 정의는 특별한 환경에서 참신한 아이디어에 초점을 맞추고 있다. 지능이 개인으로 하여금 문화의 규범에 적응하고 그 안에서 성공하도록 만든다면, 창의성은 그러한 규범을 거부하게 하는 원인이 된다. 작업이 참신하면 참신할수록, 개인은 현존하는 패러다임, 기준 그리고 관습에 대해 의문을 가질 것이고―개인과 직업의 위험 수준은 높아질 것이다. 스턴버그(2001)는 지혜를 변화를 위한 요구와 인간사의 지속성과 안정성에 대한 요구 사이의 균형을 이루는, 지능과 창의성의 종합으로 설명하고 있다. 이 이론에 따르면 현명한 개인은 안정성과 진보 둘 다를 추구하는 능력 때문에 지도자로서 추앙받을 것이다.

계속성과 변화 사이의 균형을 이루는 지혜의 역할은 다른 맥락에서는 다르게 나타날 것이다. 이것은 각 문화에서 적당하다고 생각되는 창의성의 종류가 다르다는 점을 적어도 부분적으로는 설명할 수 있을 것이다. 문화적 전통의 단절 때문에 위협받고 있는 사회에서라면, 지혜는 이런 전통들 안에서 창의성을 강조하는 쪽으로 이끈다. 주류의 문화에서 실행될 때, 문화적 패러다임에 대한 거부는 대체로 사회에 대해 덜 위협적이다.

마지막으로, 제1장에서 언급한 것처럼, 스턴버그(2003)는 창의적 기여의 추진 모델의 종류를 제안했다. 활동의 종류에 따라 달라졌던 가드너의 창의적 생산물의 종류와는 반대로, 스턴버그의 구분은 현존하는 아이디어를 앞으로 나아가게 추진하는 방식에 따라 창의적 활동을 분류한다. 그것은 활동 분야 안에서 움직이는 방향과 현존하는 패러다임을 받아들이는 데 기여하는 정도에 따라 달라진다. 그는 어린아이조차도 사고 안에서 사소한 복제부터 중요한 방향 전환의 범위에 이르기까지 다양한 방식으로 창의적일 수 있다고 주장한다. 스턴버그가 주장한 유형은 다음과 같다.

1. **복제**　활동 분야가 적절한 위치에 있다는 증거가 된다.
2. **재정의**　활동 분야의 현재 위치로 돌아가지만 새로운 방식으로 본다.
3. **전진 증강**　현재의 방향에서 활동 분야를 앞으로 가게 한다.
4. **선전진 증강**　다른 사람들이 가려고 하는 곳보다 더 멀리 가속도를 내어 활동 분야를 앞으로 움직인다.
5. **방향 수정**　활동 분야를 새로운 방향으로 가게 한다.

6. **재구성/방향 수정** 활동 분야를 초기 상태로 되돌려놓고 새로운 방향으로 움직인다.

7. **재개시** 활동 분야를 다른 시작점으로 되돌려 새로운 방향으로 움직인다.

8. **통합** 2개의 공식적으로 다른 사고를 통합한다.

다른 사람들은 다른 창의적 활동을 선호하고, 다른 창의적 활동은 다른 맥락에서 필요하다(수용된다). 내가 이 글을 쓰고 있는 동안에도, 세계 여러 곳의 경제가 분투 중에 있다. 예를 들어, 에너지 생산을 위한 새로운 전략적 혁신은 모든 것이 경제적으로 안정되어 있을 때보다 지금은 수용되기 훨씬 더 쉬울 것이라고 추측된다. 우리가 올바른 위치에 있다고 믿을 때, 우리를 새로운 방향으로 보낼 혁신에 대한 참을성이나 동기 부여는 더 작을 것이다.

그루버의 진화 시스템

그루버와 그의 동료들은(Gruber & Davis, 1988; Gruber & Wallace, 1999, 2001; Wallace & Gruber, 1989) 높은 창의성을 가진 각 개인의 독창성에 대한 기본 가설로 시작했다. 창의적인 사람들은 기이한 길을 따라 발전하기 때문에 일반화는 아주 조금밖에 쓸모가 없다고 믿는다. 그래서 고도의 창의성을 가진 사람들이 구별되는 과정에 대한 심도 있는 연구를 위해 사례 연구를 사용했다. 그루버(1981)의 가장 유명한 연구는 〈인류에 대한 다윈의 생각(Darwin on Man)〉이다. 이것은 과학적 창의성에 대한 심리학적 연구로, 그의 노트와 그 밖의 저술에 대한 고생스러운 분석을 통해 다윈 진화론의 아이디어를 연구했다.

진화 시스템에 대한 접근은 일련의 복잡한 태도를 수반하며, 창의적인 사람들의 노력을 연구하기 위한 것이다. 첫째, 그 접근 방식은 발전적이고 조직적이다. 그는 창의성은 시간이 걸려서 발전하는 것이며 목적, 놀이, 기회에 의해 영향을 받는다고 본다. 둘째, 그것은 복잡하여 창의적인 개인의 작업 속에서 다양한 통찰력, 프로젝트, 은유 등을 알아보려고 시도한다. 진화 시스템의 접근은 창의적 개인의 작업 속에서 하나의 '아하!'를 찾으려는 것이 아니라 긴 시간에 걸쳐 일어나는 수많은 통찰력을 쫓으려 한다. '기획의 연결망'(Gruber & Wallace, 2001)이라는 말은 연구되고 있는 창의적 노력이 가지를 뻗는 성질과 복잡함을 강조하는데 사용되었다. 셋째, 창의적 활동을 역사적 맥락과 사람 사이의 관계, 그리고 직업적인 협력에 의해 영향을 받는 상호 작용으로 인식한다.

진화 시스템의 접근 방식은 창의적 개인을 감정과 미의식 그리고 요구를 가지고 세계와 서로 영향을 끼치는 인간으로, 그리고 또한 과제의 지휘자로 인식한다. 개인에 대한 사례 연구에서 어느 정도의 세부 사항을 밝힐 수 있는가에 따라 연구자들은 시간을 들여 상호 작용하는 다양하고 복잡한 요소를 숙고할 수 있으며, 창의적 작업의 본체에 영향을 끼칠 수도 있다.

그루버와 데이비스(1988)는 사례 연구를 통해 관찰해온 진화 시스템의 중요한 측면에 주목했다. 첫 번째로 그리고 가장 명백한 것은, 창의적 활동은 시간이 오래 걸린다는 것이다. 와이즈버그(1993)가 주목한 것처럼, 주요한 창의적 통찰력은 난데없이 나타나는 것이 아니라, 몇 년에 걸친 학습, 사고, 준비의 결과다. 이 과정이 무척 길고 좌절 가능성이 있기 때문에 창의적인 개인은 반드시 부차적인 목표를 만들고 추구할 필요가 있다. 초기의 스케치와 은유는 시간이 걸리는 노력을 지속하고 형상화하는 데 도움이 되는 것처럼 보인다. 다윈(1859)의 분기나무 이미지는 〈종의 기원〉에서 사용되기 전에도 그의 저술의 한 부분이었다.

주목해야 할 두 번째 측면은 "지식, 목적, 영향 그리고 주위 환경과의 느슨한 연계"(Gruber & Davis, 1988, p266)이다. 창의적 아이디어의 진화는 개인의 전문성, 동기 부여, 감정과 환경의 영향을 받는다. '느슨한 연계'는 서로에 대한 제한적인 영향을 나타낸다. 실례로, 비록 의기소침한 낙심이 개인의 사고 과정에 영향을 줄지는 몰라도, 그 사람의 지식이나 전문성을 없애버리는 것은 아니다.

진화 시스템 이론에서 관찰된 세 번째 측면은 비항상성의 과정, 또는 종결을 쫓는 것이 아니라 성취와 도전을 덧붙이도록 디자인된 과정이라는 것이다. 창의적인 개인은 단지 해답을 찾는 것이 아니라 덧붙이는 질문을 찾는다.

이런 패턴에도 불구하고 그루버의 초점은 창의적 과정의 기이한 성질에 남아 있다. "모든 창의적인 개인은 자신의 창의적 성취에 걸맞은 방식으로 독창적이다."(Gruber & Wallace, 2001, p348) 그루버는 개인에 대한 심화 연구를 통해서만 중요한 창의적 기여에 들어 있는 다양한 복잡성을 이해할 수 있다고 믿었다.

사이먼턴과 진화 모델

사이먼턴(1999, 2004)은 핵심이 '적자생존'이라는 창의적인 아이디어라서 진화론적이라고 불린 창의성의 모델을 제안했다. 사이먼턴은 창의적 아이디어가 정신 요소의 무작위 결합을 통해 만들어진다고 주장했다. 개인에 따라 그들의 무의식 속에서 나타나는 정신 요소의 숫자나 생산되는 연결망의 조합이 다르다. 조합되는 숫자가 다양하고 크면 클수록, 창의적 아이디어의 가능성도 커진다. 최상의 아이디어는 더 충분한 숙고를 위해 의식의 표면에 떠오르고, 그 결과 '살아남는다'고 그는 주장했다. 사이먼턴은 수많은 탁월한 창작자가 중요한 창의적 성공 사이의 기간을 늘려왔다는 사실에 주목했다. 그는 이것이 무작위 조합의 기초를 형성하는 경험과 아이디어의 데이터베이스를 쌓을 필요가 있기 때문이라고 생각했다. 게다가 우연한 만남, 경험 그리고 기억이 덧붙여지면 창의적 조합이 등장하는 데 필요한 재료가 제공되는 셈이다.

사이먼턴의 모델은 시스템 모델로 생각할 수 있다. 왜냐하면 정신적인 진화 과정에 덧붙여 사회적·문화적 '시대정신' 또는 맥락 역시 참작하기 때문이다. 사이먼턴의 가장 흥미로운 작업은 개인과 학문 분야 전체의 높고 낮은 생산성 패턴을 연구함으로써 역사적 시간대를 가로지르는 창의적 성취를 추적해왔다는 것이다. 예술(적어도 특정 종류의 예술)은 부유한 후원자가 많을 때 융성한다. 전쟁 중에는 가급적 과학적 진보를 강요하게 되는데, 이는 사실상 모든 노력이 국가의 생존에 필요한 분야에 집중되기 때문이다.

마지막으로, 사이먼턴은 창의적 개인의 특징을 창의성 모델의 필수 요소로 생각했다. 이 점이 그를 논리, 기회, 천재성 그리고 시대정신의 합류를 바탕으로 하는 과학적 창의성 모델로 이끌었다.

아마빌레, 동기 부여와 창의성 모델

T. M. 아마빌레(1989, 1996, 2001)의 창의성에 대한 구성 요소 모델은 광의의 시스템 모델 속에서 개인의 비인지적 특징을 포함시키는 데 영향을 끼쳐왔다. 아마빌레는 창의적 개인의 특징만이 아니라 '창의적 상황'(Amabile, 1996, p5), 즉 '무엇이 창의성에 이바지하는 상황인가?'에 관심이 있었다. 그녀는 주로 동기 부여의 메커니즘로 사회적 환경은 창의성에 큰 영향을 준다는 것을 발견했다. 이러한 통찰력 덕분에 그녀는 창의성의 구성 요소 모델을 발전시킬 수 있었다. 이 모델은 수많은 창의성 모델에서 발견된 주요한 구성 요소들을 묶어냈다. 여기에는 세 가지 구성 요소가 있다. 영역에 알맞은 기술, 창의성 연관 과정 그리고 과제 동기 부여이다(표 4.2). 영역에 알맞은 기술이란 개인이 창의적일 수 있는 영역을 한정한다. 그 영역에 대한 실제적인 지식, 전문 기술, 또는 특정 영역과 관련된 재능 등을 말한다. 만약 어떤 사람이 음악 분야에서 창의적이려면 그에 대한 지식이 있어야만 하며, 아마도 악기를 연주하거나 대부분의 경우에 음표를 읽을 줄 알 것이다. 음악에 대한 특별한 재능은 그 영역에 알맞은 기술을 토대로 생각할 수 있다. 천문학이나 해양학에서 창의적인 기여를 한 과학자는 그가 독창적인 작업을 하려고 준비하기 이전에 해당 분야에 관하여 상당한 교육이 필요하다. 창의적인 기여는 진공 상태에서 튀어나오는 것이 아니다. 그것은 이전에 이미 진행된 노력과 지식 위에 세워진다.

아이들이 창의적인 퍼즐, 활동, 게임을 하면서 노는 것으로는 충분치 않다. 그들은 그들이 변화시키고 정교하게 다듬고 함축된 의미를 이끌어내려는 것, 또는 새로운 방식으로 사용하려는 것에 대해 충분히 알고 있어야 한다. 만약 우리가 창의적인 사고를 촉진하려 한다면 창의적인 아이디어를 허용하는 정신적 습관과 태도를 위협하는 대신 돕는 방식으로 학습 내용을 가르쳐야 한다. 만약 우리가 학생들에게 정보, 기술, 전략 등을 학습할 기회를 제공하고, 그것을 새로운 방식으로 사용하도록 격려한다면, 우리

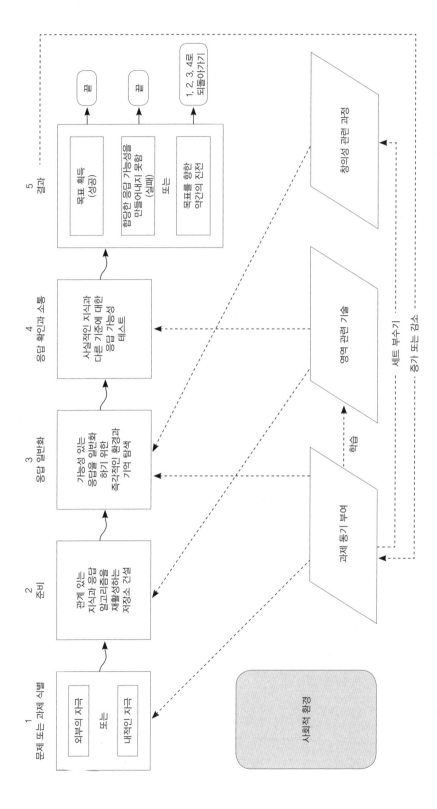

표 4.2 창의성의 구성 요소 모델의 수정

점선은 다른 것들에 대한 특정 요소의 영향력을 가리킨다. 구부러진 선은 과정 속의 단계를 가리킨다(시퀀스 안에서 커다란 변화가 가능한 지점). 직접적이고 중요한 영향만이 묘사되어 있다.

출처 T. M. Amabile, Creativity in Context. Boulder, Co: Westview Press. Copyright © 1996 by Westview Press.

가 가르치는 내용이 무엇이든 창의적 활동의 기초를 형성할 수 있다. 제7장과 제8장에서는 창의적 활동과 일치하는 방식으로 영역에 대한 기술을 가르치는 데 집중한다.

이 모델의 두 번째 구성 요소는 창의적 사고와 작업 기술이라고 불리는 창의성의 연관 과정이다. 그것은 인지 스타일, 참신한 아이디어를 낳는 수단에 관1명시적—묵시적 지식 그리고 일반적으로 고된 작업에 대한 적응을 포함하는(Amabile, 1996, 2001)—도움이 되는 작업 스타일을 포함한다. 이 영역에서 창의적 사고라고 전통적으로 생각되는 능력과 특정 전략은 물론 정신적 습관을 발견할 수 있다. 여기에는 은유를 사용하고, 문제의 탐험과 발견을 통해 수많은 관점에서 상황을 바라보는 것도 포함되어 있다.

학생들에게 브레인스토밍이나 창의적 극놀이를 사용하고, 이야기에서 아이디어를 발전시키는 기술을 가르칠 때, 우리는 창의적 사고 기술, 과제에 접근하는 발견 학습법을 개발한다. 이 과정에서 우리는 판단을 유보하거나 참신한 반응을 찾는 것처럼 창의적 사고에 도움이 되는 정신적 습관을 돕는다. 이러한 구성 요소에는 개인에게 시간이 걸리는 과제를 견디도록 만드는 창의적 작업 기술이 포함되어 있다. 즉 집중, 초점, 조직 그리고 모호함에 대한 인내심이다.

시간이 걸리는 과제에 대해 집중력을 유지하는 능력은 창의성의 여러 측면 중에서 매우 중요한 것으로 인식되어왔다. 문제를 인식하는 탐구에는 시간이 걸린다. 가드너(1993), 그루버와 데이비스(1988) 그리고 와이즈버그(1999) 등은 높은 수준의 창의적 활동에는 오랜 세월에 걸친 과제에 대한 헌신이 요구된다는 점에 주목했다. 창의적 사고와 작업 기술에 대해서는 제6장과 제9장에서 집중할 것이다.

아마빌레(1989, 1996, 2001)의 모델 가운데 마지막 구성 요소는 창의성에 관한 저술 가운데 그녀가 가장 중요하게 기여한 부분이다. 즉 과제의 동기 부여는 외부의 자원으로부터가 아니라 사람 안에서 오는 동기 부여, 특히 내재된 동기 부여를 말한다. 연주의 즐거움 때문에 피아노를 치는 아이는 내재적으로 동기 부여가 되어 있다. 반면, TV 시청의 특권을 얻기 위해서나 야단맞지 않기 위해서 치는 아이는 그렇지 않다. 그들이 그것을 하길 원하지 않는다면, 이 세상의 어떤 기술, 습관 그리고 능력도 개인이 그 과제를 성취하는데 계속 노력하도록 보장할 수 없다. 1989년에 아마빌레는 이렇게 말했다. "사람들은 흥미, 즐거움, 도전 그리고 작업 자체의 만족 때문에 동기 부여가 될 때, 가장 창의적인 것 같다. … 외적인 압박에 의해서가 아니라…"(p54) 물론 그녀의 후기 작업에서는 비록 내재적인 동기 부여가 중요하지만, 동기 부여와 창의성의 상호 작용은 복잡하다는 것을 나타내고 있다.

어떤 활동도 그 자체만으로는 내재적으로 동기 부여가 되지 않는다. 그것은 특별한 시기의 특별한 사람에게만 가능한 일이다. 아마빌레(1989)는 '내재적 동기 부여'라고 품질보증을 할 수 있는 세 가지 특징을 파악했다. 첫 번째, 품질보증은 누구든 지루하거나 가치를 알 수 없는 어떤 것보다는 관심을 사로잡는 것에 동기 부여가 되는 경향이 있다. 내재적 동기 부여의 두 번째 품질보증은 '능숙함'이다. 개인은 그들이 어떤 것에 대해 스스로 숙달하고 싶다고 느낀다면 그 활동을 찾아내어 오랫동안 지속할 것이다.

나는 예전에 마운틴 덜시머를 연주하는 지역사회의 교육 강좌를 들은 적이 있다. 그것은 흥미롭고 높은 동기 부여가 느껴지는 경험이었다. 그 악기는 복잡하지 않아서 그것을 집어 들자마자 간단한 멜로디를 연주할 수 있었다. 이런 초기 성공의 경험과 적성에 맞는다는 느낌이 들자 연습을 즐기게 되었고, 더 배우고 싶어졌다. 후에 복잡한 기술을 연마하느라 고생하면서도 나는 여전히 높아지는 성취감을 즐길 수 있었다. 그런 경험을 한 뒤에 민속 하프를 배우기로 결심했다. 이때 나는 연주할 때의 동기 부여가 비슷한 과정을 따른다는 것을 발견했다. 내 노력으로 악기 소리가 점점 '음악'과 비슷해져가자 점점 더 흥미로워졌다. 비록 전문가 등급의 음악가가 될 가능성은 적지만, 점점 손에 익으면서 얻는 만족감 때문에 자유 시간이 거의 없는 스케줄 중에도 연습을 계속할 수 있었다. 이에 대해 나는 스스로 하고 싶은 내재적 동기 부여를 갖고 있었다. 계속 향상되면서 새로운 아이디어와 기술을 탐구할 수 있고, 내 노력 속에서 더욱 창의적일 수 있기를 희망하는 것이다.

이 아이디어는 A. 밴두라(1977)의 자기효능감이 가진 구성 개념과 아주 비슷하다. 자기효능감은 특별한 과제를 수행할 수 있는 자신의 능력에 대한 확신을 스스로 평가하는 것이다. 사람들이 더 많은 확신(효능)을 가질수록, 그들은 더 많은 과제를 시작하고 장애물에 직면해서도 더 많은 끈기를 발휘한다. 한 예로, 나는 빵을 만드는 능력에 대한 확신을 가지고 있다. 과거에 빵 만드는 일을 성공해본 적이 있어서 새로운 기술, 성분, 레시피를 가지고 실험해보고 싶다. 아마도 언젠가 내 실험의 결과, 멋지고 새로운 레시피가 나오거나 제빵의 혁신이 일어날 수도 있다.

하지만 기계 관련 능력에 대해서는 확신이 훨씬 적다. 그러므로 기계에 관한 프로젝트는 기꺼이 맡고 싶은 생각이 들지 않는다. 만약 내가 고장난 화장실이나 삐거덕거리는 자동차 와이퍼, 그 밖의 사소한 곤란함을 처리해야 하는 상황에 놓인다면 어떻게든 가장 빠르고 효과적인 방식으로 처리하려 할 것이다. 돌이켜보면 나에게는 탐험이나 실험을 한다거나, 훌륭한 솜씨를 보이고 싶은 욕망이 전혀 없다. 그저 빨리 끝내고 싶을 뿐이었다.

아마빌레(1989)는 미로 속에 있는 쥐로 이러한 감정을 연구했다. 만약 쥐가 외적인 보상(치즈 또는 제대로 움직이는 자동차 와이퍼) 때문에 동기 부여가 되었다면, 쥐는 보상을 향해 가장 똑바른 길을 택해 가능한 한 빨리 미로를 빠져나간다. 그러나 쥐가 내재적인 동기 부여를 가지고 있다면, 미로 속에 있는 것을 즐길 것이다. 쥐는 탐험하기를 원할 것이고, 미로 안에서 시간을 가지고 머물며 무엇을 발견할 수 있는지 찾아볼 것이다. 당연히 내재적인 동기가 부여된 쥐는 미로에서 더 흥미롭고 창의적인 방법을 찾으려 할 것이다. 마찬가지로 기계에 관한 프로젝트를 다루는 데 유능해질 때까지 나는 미로에서 시간을 보내고 싶지 않으며, 그렇기에 그 영역에서 어떤 창의적인 행동을 하지 않는다.

교실에 대해 생각하기

일주일을 기간으로 잡고, 학생들에게 동기 부여를 하는데 여러분이 하는 행동이나 말을 추적해 보라. 그리고 어떤 동기 부여를 장려하는지 생각해보라. 여러분이 제9장을 읽을 때 고려할 목록을 정리하여 저장해두어라.

아마빌레(1989)의 내재적 동기 부여의 세 번째는 품질보증의 '자기결정'이다. 다른 사람의 것이 아니라 우리 자신이 가진 이유 때문에 뭔가를 한다는 의미이다. 동기 부

여가 내재적이려면, 성공적이라고 느낄 필요가 있을 뿐 아니라, 내가 그렇게 하기로 선택했기 때문에 그 행동을 추구한다고 느낄 필요가 있다. 아마빌레는 3차원 나무 블록 퍼즐을 풀어야 하는 과제를 수행한 학생들에 대한 연구 결과를 설명했다. 학생들은 모두 개별적으로 작업했다. 학생들 중 절반은 세 종류 가운데 어떤 퍼즐을 선택할지, 할당된 30분 동안 사용법을 익히도록 허용받았다. 나머지 절반은 어떤 퍼즐을 선택해야 하고 시간은 얼마나 할당해야 하는지에 대한 설명을 들었다. 첫 번째 그룹이 분명히 훨씬 더 자기결정적이었다.

30분 뒤 피실험자들은 실험실에 개별적으로 남아 자신들이 무엇을 원했는지 말하게 되었다. 자기결정적인 그룹의 학생들은 다른 그룹보다 이 시간 동안 퍼즐을 더 가지고 놀면서 충분히 시간을 보냈다. 그들에게 퍼즐을 더 풀기 위해 실험실로 돌아갈 의사가 있는지 묻자 꽤 많은 사람이 "그렇다"라고 대답하는 경향을 보였다. 특정한 선택지가 주어진 그룹보다 자신들이 추구하려는 행동을 선택할 기회를 가진 그룹이 그것을 더 오래 지속하고자 하는 내적 동기 부여를 가진 것이 증명되었다.

내재적 동기 부여의 영역에서 2명의 또 다른 중요한 연구자들(Ryan & Deci, 2000)이 내재적인 동기 부여와 자기결정에 대해서 말했다. 그리고 제1장에서 설명했던 "학습을 위한 동기 부여"를 떠올리게 하는, 외부의 지도에 따른 목표지향형에 대해서도 말했다. 때때로 학습자들은 당장의 과제(예를 들어, 언어 서술 실습에 참여한다거나)에서 흥미나 즐거움을 느끼는 것에 의해서만이 아니라, 자신이 가치 있다고 믿는 목표(정말로 무서운 할로윈 이야기를 창작하는 등)를 향해 한 걸음 더 나아간다고 믿을 때도 동기 부여를 받는다. '목표에 도달하는데 참고 견디는' 식의 동기 부여와 '내재적 동기 부여에 의한 즐거움' 모두가 학교에서의 창의성의 핵심이다. 그리고 어느 곳에서든 마찬가지일 거라고 주장하고 싶다. 창의적인 목표를 향해 나아가는 데 어려운 시간을 견딜 필요가 없는 과제는 거의 없다. R. M. 라이언과 E. L. 데시는 내재적 동기 부여를 자율과 적성은 물론 관련성—존중받는 공동체의 부분이라는 의미에서—과도 연관지었다.

이것은 교사에게는 도전적인 과제다. 학생들이 교실 활동에 흥미를 갖도록 도와라. 그들이 독립적으로 목표를 설정하도록 지원하라. 그들이 앞으로 전진하고 과제를 하는 동안 명확하게 의사소통하도록 도와라. 그 과정 내내 그들이 보살핌을 받고 인정받는다고 느끼게 하라. 약간은 감당하기 어렵다고 느낄 수도 있다.

전통적인 교실에서 학생들은 그들이 흥미를 느낄 수도 느끼지 못할 수도 있는 자료를 할당받고, 그들이 성공할 수도 못할 수도 있는 과제를 받으며(또는 도전적일 수도 있고 전혀 도전적이지 않을 수도 있는), 진행방법에 대한 특별한 지도도 받는다. 내재적 동기 부여에 별로 도움이 안 되는 상황은 상상할 수 없다! 제9장에서는 학생들의 내재적 동기 부여의 가능성을 극대화하기 위한 전략의 개요와 교실에서의 동기 부여에 초점을 맞출 것이다.

교실에 대해 생각하기

자기결정에 대한 소규모 연구 과제를 진행해보자. 당신의 학생들에게 흥미가 있을 것이 분명한 두 가지 활동(만약 초등학교에서 가르치고 있다면 두 가지 미술 활동)을 찾아보자. 한 주 동안은 최대한 통제하고 지도하면서 활동을 한다. 그런 후 추가 재료를 주고 얼마나 많은 학생이 그것을 사용하기로 선택하는지 기록해보자. 그 다음 주에 두 번째 활동을 한다. 이번에는 학생들에게 과제 수행의 방법에 대해 더 많은 선택권을 부여한다(무엇을 먼저 할지, 어떤 재료를 사용할지 등). 다시 추가 재료를 주고 누가 그것을 사용하는지 기록해보자. 어떤 차이를 발견할 수 있었는지 관찰해본다.

아마빌레 모델의 세 가지 구성 요소는 이미 토론한 몇 가지 창의적 모델과 유사하다. 아마빌레가 영역에 알맞은 기술을 강조할 때, 스턴버그는 개인이 정보를 얻고 그것을 참신한 방식으로 사용할 수 있게 만드는 지능의 측면에 대해 집중했다. 그리고 그루버와 외이즈버그는 내용 영역에 대한 전문성을 논의했다. 아마빌레는 창의성과 연관된 과정의 윤곽을 그렸다. 수많은 이론가들이 창의성을 돕는 중요한 전략으로 종합, 은유, 확산적 사고 그리고 문제의 발견에 대해 논의하고 있다. 아마빌레는 시간을 가로지르는 끈기와 연관된 과제의 동기 부여에 초점을 두고 있다. 이는 그루버, 와이즈버그, 칙센트미하이와 그 밖의 학자들 역시 주목한 것이다.

여기에서 여러분은 의심할 여지 없이 다른 모델과의 유사성을 발견할 것이다. 재능 있는 학생들의 교육에 관한 문헌에서도 익숙한 점이 있는데, 이는 J. S. 렌줄리(1978)의 영재성에 관한 3개의 고리 개념과 강한 유사성을 보인다. 심지어는 B. 블룸(1985)의 재능 계발 측면과도 연관성을 찾아볼 수 있다. 개인은 학문 분야에 대한 애정, 그 분야의 기술 그리고 그것을 예술적으로 사용하는 능력을 계발해야만 한다.

그리고 물론 창의성에 대한 이론은 계속 진화하는 중이다. 예를 들어, J. 배어와 J. C. 카우프만(2005)은 놀이공원 이론(APT)이라는 모델을 제안했다. 이것은 창의성이 일반적인 것인가, 아니면 특정 영역에 한정적인가 하는 딜레마를 다루려는 시도에서 나왔다. APT 모델은 창의성이 지능이나 동기 부여(놀이공원의 공통된 입장 티켓)처럼 모든 창의성에 공통되는 초기의 필요조건을 가진다고 개념화했다. 그리고 나서 점차 특별한 일반 주제 분야, 영역 그리고 극소 범위로 진행하는데, 여기에서는 창의성을 위한 특징과 필요조건이 놀이공원의 놀이기구처럼 다양할 것이다.

어떤 이론, 어떤 개요를 우리가 선택하든 창의성의 계발에 관해 다루어야만 하는 최소한 세 가지 측면이 있다. 우리는 창의적인 사람이 어떤 영역에 대한 지식과 전문성을 얻을 필요가 있다는 점을 반드시 다루어야 한다. 내용을 처리하고 문제를 발견하고 콘텐츠를 새로운 방식으로 보는 전략에 우리가 익숙해져야 한다는 것은 중요하다. 마지막으로, 개인이 탐험하고 문제를 발견하고 창의적 사고가 일어나도록 과제에 충분히 오랫동안 전념하게 하는 동기 부여와 긍정적인 태도를 키우는 것이 필수적이다. 이것이 이 책의 나머지 부분에서 도전할 내용이다.

창의성, 협력, 조직

창의적 협력

체계 이론은 늘 인간의 상호 작용을 수반한다. 창의적 개인은 다른 사람들에 의해 이루어진 문화와 활동 분야 속에서 존재한다. 비고츠키(1960)는 창의적 사고의 본질을 사회적 상호 작용 속에서 발생하는 것으로 봤다. 이와 같은 이론가들에 의해 제기된 흥미로운 문제 중 하나는 창의성이 개인적 과정인가? 또는 개인적 과정일 필요가 있는가에 대한 것이다. V. 존-스타이너(2000)는 창의적인 협력에 대해 연구한 후 이렇게 썼다.

> 협력에 대한 연구는 다음과 같은 주장을 뒷받침한다. 생산적 상호 의존은 생존 기간 내내 자아의 확장을 위한 주요 자원이다. 이는 단계의 진행과 생물학적으로 이

미 프로그래밍된 능력의 발전에 제한이 있다는 이론을 다시 고려할 것을 요구한다. 협력의 노력에 대한 연구는 사회자원의 개발을 강조하는 문화-역사 이론가와 페미니스트 이론가에게 기여했다.(p191)

존-스타이너는 창의적 과정의 발달과 기능은 협력하는 사고—사고 공동체—를 통해 개인이었을 때보다 더 강력하게 강화된다고 주장했다. 그녀는 수학자인 필 데이비드가 "마치 내가 2개의 두뇌를 가진 것 같다"(p190)라고 협력에 대해 묘사한 것을 인용하고 있다. 극작가 토니 쿠시너(1997)는 이렇게 말했다.

예술적인 노동은 고립 속에서 생겨나고, 예술적 성취는 오로지 개인의 재능에서 나온다는 픽션은 정치적으로 논쟁의 여지가 있다. 내 경우에는 적어도 팩트를 가지고 이를 부인할 수 있다. 프리드리히 앵겔스의 〈미국에서in America〉의 주된 노동은 내 것이었지만 1타(다스, 1타는 12명) 이상의 사람들이 단어, 아이디어 그리고 연극의 구조에 기여했다. … 동료들의 도움 없이 이 희곡을 내가 썼더라면 그것은 완전히 다른 것이 되었을 것이며, 사실은 존재할 수 없었을지도 모른다.(p145~146)

창의성의 개념을 개인적이기보다 협력의 과정으로 보면, 이는 다락방이나 실험실에 있는 고독한 창작자의 전형적인 이미지에 위배된다. 그러나 역사는 창의적 협력자들로 가득 차 있고, 21세기의 실험실은 연구팀이 점령하고 있다.

R. K. 소여(2006)는 그룹 연주, 특히 즉흥 연주를 "창의적 과정의 시각화"(p225)라고 설명했다. 창의성의 다른 다양한 부류는 눈에 보이는 생산물—즉 과학 논문, 노래, 한 폭의 그림—을 낳는다. 하지만 이는 닫혀 있는 방문 뒤에서 진행된 과정의 결과다. 배우(또는 재즈 음악가)에게는 그 문이 열려 있다. 창의적인 무대를 만들어내기 위해 많은 준비가 필요한 반면, 그 과정의 결정적인 부분은 관객 앞에서 일어난다. 소여는 즉흥 무대나 음악에서 기능하는 협력의 창의성을 연구하면, 과학 연구팀의 협력이나 사업에서의 협력관계에도 통찰력을 얻을 수 있다고 주장한다. 사실 소여(2007)는 "협력이 혁신적 창의성의 비밀"이며 "외로운 천재는 신화일 뿐이다. 그 대신 진정한 혁신을 낳는 것은 그룹의 천재성이다"(p ix, p7)라고 말했다.

배우이자 감독인 사람과의 오랜 결혼 생활 후에 나는 소여가 설명한 현상에 대해 깊은 인식에 도달하게 되었다. 대본을 읽는 작업에서조차 배우나 감독은 작가에 의해 창조된 대사를 단순히 암송하는 것이 아니다. 좋은 무대가 만들어지는 것은 감독, 디자이너, 의상 담당자의 재능은 말할 필요도 없다. 하지만 수많은 배우들, 갑작스러운 새로운 순간, 우연한 제스처 그리고 예상치 못하게 일어난 상호 작용의 결과로 얻어진 창의적 통찰력의 결과라는 사실도 잊지 말아야 한다. 그중 어떠한 것도 한 개인한테서 일어난 것이 아니라, 프로덕션을 이루는 창의적 공간을 공유하면서 일어난다. 나는 어떤 전문가들의 모임에서 비슷한 창의적 에너지를 경험한 적이 있었다. 그때 아이디어들이 테이블 위를 날아다녔고, 그룹은 새롭고 창의적인 방향으로 나아갈 수 있었다. 이런 곳의 창의성은 한 개인에게 가능한 창의성과는 다르다.

소여(2007)는 비즈니스 세계의 압박이 심한 문제 해결 상황에서 즉흥 연극의 자유분방한 문제 해결에 이르기까지 다양한 형상으로 존재하는 협력을 묘사했다. 심지어 창작과 같이 독립적으로 보이는 창의적 노력에서조차 협력이 아주 중요한 요소처럼 보인다.

소여는 C. S. 루이스와 J. R .R. 톨킨 사이의 비판을 주고받던 우정에 대해서 설명했다. 이 두 사람은 영국 옥스퍼드 대학교에서 만났다. 둘은 대부분의 다른 동료들에게 비밀로 유지한 취미를 가지고 있었다. 신화 이야기와 시를 쓰는 것이었다. 그들은 다른 지역 학자들과 함께 그룹을 결성했다. 그 인클링스Inklings는 매주 만나서 북유럽 신화에 대해 토론하고, 진행 중에 있는 그들의 작품을 낭독했다. 인클링스 결성 이전에 루이스는 몇 편의 시를 썼고, 톨킨은 상상력이 풍부한 이야기를 쓰는 것을 개인적인 취미로 삼았다. 인클링스는 그들의 이후 작업에 등장해지는 핵심 테마의 피난처이자 공명판(아이디어 테스트의 대상이 되는)이 되었다. 그곳에서 진행된 작업의 결과 톨킨의 〈반지의 제왕〉과 루이스의 〈나니아 연대기〉가 나왔다. 인클링스의 정보 입력, 비평 그리고 격려 없이 이들 작품이 창작될 수 있었을 거라고 상상하기는 어렵다. 다른 협력은 다른 구조를 필요로 한다. 하지만 창의성이 나타나려면 모두에 계획, 구조, 즉흥성의 균형이 필요하다.

존-스타이너(2000)는 창의적인 동반자라는 특징을 가지고 있는 협력 패턴의 네 가지 다른 종류에 대해서 설명했다. '분배의 협력Distributive Collaboration'에서는 관계가 광범하고 상대적으로 비공식적이다. 개인은 창의적 노력을 증진시키려고 다양한 관계에 의존한다. 가끔 파트너십이 그 결과로 생겨난다. 마리와 피에르 퀴리와 같은 '상보성 협력Complementarity Collaboration'은 서로 보완적인 전문 분야에 기반한 노동의 분배를 수반한다. 이러한 관계는 "상호 전용을 수반하는데… 그들의 노력을 지탱하는 협력 파트너의 경험을 공유함으로써 인간의 가능성을 넓힌다."(p199) '가족 협력Family Collaboration'에서 창의적 협력 속의 관계는 전문 분야의 영역을 가로질러 통합적이고 시간대를 가로질러 중대한 변화를 일으키기도 한다. 그것은 문학 가문의 협력이나 밀접한 관계 속에서 함께 일하는 개인 집단을 포함한다. 협력의 마지막 종류는 '통합의 협력Integrative Collaboration'으로, 오랜 세월 동안 활동의 공유가 필요하다. 존-스타이너는 어떤 학문 분야의 변형에서 어려움은 새로운 종류의 사고나 예술 형태가 협력의 결과였을 때, 더 성공적인 경향이 있다는 것을 의미한다는 가설을 세웠다. 할렘 르네상스[1]처럼 예술과 과학의 발달이 특히 풍부하게 꽃핀 특징이 있는 널리 퍼진 창의적 관계에 대해 어떤 요소가 기여했을까를 생각해보는 것은 매우 흥미롭다. 이와 비슷하게 우리는 교사로서 교실에서 협력적이지만, 속임수를 쓰지 않는 방식으로 창의성의 공유를 발달시킬 방법을 생각해내야만 하는 도전을 앞두고 있다.

　이런 책을 쓰는 기쁨 가운데 하나는 가끔 이 책을 읽은 사람들로부터 이야기를 듣는 것이다. 가장 흥미로운 서신 교환은 웨일스의 스토리텔러인 마이클 하비와 주고받은 것이었다. 마이클은 내게 초등학교 어린이들이 지은 놀라운 시들을 보내주었다(제7장 참조). 내가 그에게 아이들이 그렇게 아름다운 창작을 할 수 있도록 도운 전략이 무엇이냐고 물었을 때, 그는 더 나이 든 아이들은 개인적인 반응을 보인 데 반해, 7세에서 10세 사이의 아이들에게 그룹 창작의 협력 과정을 부추겼다고 설명했다. 초등학생들이 보여준 협력의 창의성이 높은 창의성을 가진 어른들의 사용법과 비슷하며, 이것은 특히 비즈니스 세계에서 점차 더 강조되고 있다는 점에 대해 생각해보는 것은 흥미롭다. 우리가 창의성을 돕기 위해 학교에서의 경험을 구조화하는 방법을 고려할 때, 그 접근 방식이 개인의 반응에만 언제나 목표를 둘 필요는 없다는 것을 기억해야만 한다. 그룹 활동을 촉진하기는 문화 규범이 경쟁적이기보다는 협력적인 사람들을 위해서

---

1) Harlem Renaissance, 1920년대 뉴욕 시의 할렘에서 꽃핀 흑인 문학, 음악의 부흥기-옮긴이 주

뿐 아니라, 좀 더 어린 학생들에게 특히 적절하다.

기술의 접근이 어떻게 창의적 협력의 기회를 변화시키고, 창의성의 발달에 어떤 의미가 있는지 심사숙고하기는 흥미롭다. 과학자들이 세계의 다른 지역에서 온 데이터를 공유하고, 단일한 데이터 소스만으로는 불가능했을 통찰력에 이르는 것을 상상하기는 쉽다. 그러나 심지어 예술에서조차 원거리 협력은 진화하고 있다. 리버스 쿼모는 기이하면서도 환상적인 노력을 했다. 그것은 유튜브에서의 "Let's Write a Sawng" 시퀀스였다. 쿼모는 올터너티브 록 그룹인 위저Weezer의 멤버로 일련의 동영상을 포스팅한 후, 처음에는 노래 제목을 제안해달라고 요청했다. 그 다음에는 멜로디와 하모니 등을 요청했다. 그 결과 전 세계에서 녹음된 트랙이 포함된 15단계의 협력이 이루어졌다. 그리고 만약 당신이 아직 에릭 휘태커의 가상 코러스를 경험해보지 못했다면, 당장 ericwhitacre.com/the-virtual-choir를 방문해서 결코 만난 적이 없는 멤버들의 코러스를 들어보라. 당신은 어쩌면 어떤 새로운 협력이 유튜브에서 이루어지고 있는지 알고 싶어질 것이다.

물론 그러한 기회 덕분에 지역에서는 물론 세계적인 규모로도 학생들의 창의성을 풍부하게 만들 수 있는 선택의 폭이 넓어진다. 구글 닥스Google Docs 같은 협력적 글쓰기를 위한 옵션이나 전자 게시판, 마인드 맵mind map 만들기나 프로젝트 공유를 위한 온라인 옵션은 나날이 진화하고 있다. 여러분 교실의 학생들도 서로 간에, 또는 도시 안에서, 나아가 세계 도처의 학생들과 협력할 수 있다. J. 린제이와 V. A. 데이비스의 책 〈돋보이는 교실Flattering Classroom〉, 〈매력적인 마음Engaging Minds〉 또는 21세기 학교의 글로벌 협력 프로젝트(http://www.21stcenturyschool.com/global_collaborative_projects.htm) 같은 웹사이트가 시작하는 당신을 도울 것이다.

조직 창의성

'협력의 창의성'이라는 개념을 정교하게 만든 흥미로운 예가 조직 창의성(Puccio & Cabra, 2010)이다. 조직의 혁신이나 그것을 촉진하는 기관의 과정을 근거로, 어떤 조직 전체를 창의적이라거나 덜 창의적이라고 특징짓는 것은 오늘날에는 드문 일이 아니다. 구글, 아마존, 애플 같은 회사는 그들의 생산품만이 아니라 독창적인 조직 문화로 잘 알려져 있다. 우리 세계와 기술에서 변화가 아주 빠르게 일어나기 때문에 유연하고 혁신적인 회사들은 엄청난 이점이 있다. 따라서 창의적인 조직의 특성에 대한 연구 단체가 늘어나는 것도 놀라운 것만은 아니다.

예를 들어 G. J. 푸치오, M. C. 머독 그리고 M. 맨스(2007)는 창의적 변화 모델을 발표했다. 즉, 혁신은 사람들 사이의 상호 작용, 그들이 참여하고 있는 과정, 일하는 환경의 결과로 일어난다고 주장했다. 개인의 창의성이 조직 창의성의 중심이라는 것은 놀라운 것이 아니다. 아마빌레(1988)는 이렇게 말했다. "조직의 혁신에 재료를 공급하기는 개인의 창의성이다. 그러므로 개인의 창의성이 조직 모델의 중심이어야만 한다." (p150) 그러나 일반적인 창의성 모델과는 달리 조직 창의성은 특히 효율적인—또는 심지어 변형의—리더십에 의지한다. 조직 내에서 리더의 행동과 정책은 번성하고 다이내믹한 비즈니스와 정체된 것 의 차이를 만든다. 교실에서 이와 대등한 것을 생각해 본다면 흥미로울 것이다.

일터에서 창의적 사고를 촉진하는데 사용되는 과정은 제6장에서 나타나는 것과 아주 비슷하다. 이는 창의적 문제 해결, 창조 공학, 유추 등을 포함하고 있다. 창의적 작업 환경의 특징은 조직의 공간과 문화 그리고 그들이 작업하는 국가/지역의 환경을 포함하고 있다. 개인이 창의적으로 생각하려면 유연해야 하고 새로운 아이디어에 대해 열려 있어야 하듯이, 조직 역시 그러한 풍토와 문화를 가져야만 한다. 창의적 개인이 위험을 감수할 용의가 있어야 하는 것처럼 창의적 조직 역시 그렇다. G. 에크발과 L. 라이해머(1999)는 창의적 조직 문화에 관한 열 가지 중요성을 찾아냈다.

1. **도전**　어떻게 직원들이 일에 도전하고 헌신하게 만들 것인가?
2. **자유**　직원들이 자기 일을 어떻게 할지 결정하는 데 얼마나 많은 유연성을 가지고 있는가?
3. **아이디어 타임**　행동을 시작하기 전에 직원들은 그것에 대해 충분히 생각할 시간을 가질 수 있는가?
4. **역동성**　앞으로 나아가고 있다는 느낌이 있는가?
5. **아이디어 지지**　새로운 아이디어를 지지할 수 있는 자원이 있는가?

6. **신뢰와 개방성** 로저스[2]가 이곳을 심리학적으로 안전하다고 볼 것인가?

7. **명랑함과 유머** 놀이를 위한 공간이 있는가?

8. **갈등** 작업장이 갈등으로 가득 차 있는가? 어떻게 갈등을 관리하는가?

9. **토론** 일에 대해 활발한 토론이 진행되는가?

10. **위험 감수** 위험과 실패를 혁신의 일부로 예상하고 있는가?

비즈니스의 성공적인 혁신과 연관되어 있는 이러한 특징들이 교실에서도 보이는지 생각해보자. 당신의 교실에서 갈등이 학생들의 창의적 선택의 자유에 어떻게 영향을 끼치는가? 놀이를 위한 시간이 있는가? 위험 부담에 대해서는? R. H. 김과 M. F. 헐 (2012)은 골치 아픈 결과를 가져오는 창의성에 반하는 환경의 영향에 대해 조사했다. 글로벌 조직의 지도자가 안고 있는 흥미로운 딜레마 중 하나는, 창의적인 조직 환경에 도움이 되는 상황이 세계의 한 곳에서 다른 곳으로 옮겨질 수 있을 것인지 결정하는 것이다. 매우 개인적인 문화를 가지고 있는 근로자들은, 좀 더 집단적인 사회와 비교하면 다른 리더십이 필요할 것이다(예를 들어, Hon & Leung, 2011; Mostafa & EL-Masry, 2008). 물론 우리도 지구 전체의 학생들의 창의성을 계발해주기 위해 일하기 때문에 비슷한 문제에 맞닥뜨리게 된다.

패턴, 질문, 논점

복잡하고 모순된 여러 이론을 연구하면서 우리에게 더 고려하도록 남겨진 것은 이것이다. 여기에 어떤 패턴이 존재하는가? 창의성에 관한 이론들은 그것에 기반하여 교실 활동을 할 수 있는 단단한 근거를 주는가, 아니면 그저 현실과 동떨어진 상아탑의 사색에 불과한가? 〈표 4.3〉은 적용 가능한 심리학 이론에 대한 개관을 제공하고 있다. 즉, 창의성의 메커니즘과 기원에 관한 한정적인 대답은 현재에 단순하게 적용될 수 없다는 것을 명백하게 보여준다. 대부분의 활동 분야에서와 마찬가지로 우리가 창의성에 대해 이해할수록, 우리가 가지고 있는 대답보다 더 많은 질문이 생길 거라고 생각한다.

---

2) C. R. Rogers, 1902~1987, 미국의 임상심리학자. '인간 중심의 상담'이라는 분야를 확립했다. 모든 인간은 기본적으로 선하며, 자기실현의 경향성이 있다고 봤다. 그 밖에 집단 체험의 자기 혁신 같은 분야를 개척했다.-옮긴이 주

	이론가	설명
개인에 초점을 둔 이론들		
정신분석 이론	프로이트 쿠비&크리스 융 로덴버그 밀러	창의성은 무의식 또는 전의식 과정으로 대체로 설명할 수 있다.
인본주의 이론	매슬로 로저스	창의성은 건강한 발달의 자연적인 과정이며 (또는) 예상가능한 단계로 발달한다.
행동주의 이론	스키너 메드닉	창의성은 특정한 자극에 대한 반응의 결과다.
인지 과정으로서의 창의성	길포드 퍼킨스, 와이즈버그 워드와 동료들 인공지능 연구자들 신경생물학 연구자들	창의성은 인지의 다른 측면으로, 같은 과정을 사용하여 설명할 수 있다. 이 과정은 컴퓨터에 의해 모델로 만들 수 있다.(보든)
단일한 개인을 넘어선 이론		
사회적 · 문화적 이론	비고츠키 존-스타이너, 카우프만 창의적 협력 연구자들	창의성은 개인 간의 상호 작용으로 개발된다.
시스템 이론	칙센트미하이, 펠트먼 스턴버그, 루바트, 그루버, 사이먼턴, 가드너, 아마빌레	창의성은 인지 과정, 개인의 특징, 환경, 영역, 활동 분야와의 상호 작용을 포함한 요소의 복잡한 상호 작용을 수반한다.

표 4.3   창의성에 관한 이론들-약간의 가능 집단

만약 더 이상 아무것도 없다면, 이 장의 리뷰는 창의성 이론을 가지고 있다고 주장하는 사람, 또는 4개의 쉬운 단계로 창의성에 대해서 여러분이 알고 싶은 모든 것을 가르칠 수 있다고 자랑하는 사람은 누구건 간에 에누리해서 들어야 한다. 그러나 연구와 활동 모두에 기초를 제공하는 이론 중에서 공통점을 발견하기는 쉽다.

　몇몇 이론들은 창의성이 시간, 끈기 그리고 동기 부여를 요구한다는 점에 주목한다. 교실에서의 활동은 대개 15분 안에 끝나기 때문에 과제에 대한 헌신성을 개발하는데 노력할 수 있는 기회가 거의 없다. 창의성은 또한 지식 기반이 필요하다. 대부분의 이론가들은 어떤 영역에서 창의적인 개인은 지식 기반과 성공의 기술이 필요하다는 것에 동의한다. 확실히 창의적인 물리학자가 되고 싶은 학생이라면 물리학에 대한 견고한 배경이 필요할 것이다. 그러나 우리가 단지 교실에서의 주제에 관한 사실만을 가르친다면 우리는 그림의 반만을 보여주는 것이다.

　학생들은 질문을 제기하는 기술과 연구, 다양한 분야의 창의성을 배울 필요가 있다.

우리의 싹트는 물리학자는 질문의 틀을 잡는 방법, 연구를 계획하는 방법, 다양한 방식으로 아이디어를 발표하는 방법을 배워야 한다. 창작반의 학생은 이야기의 아이디어를 만들어내고, 은유를 사용하며, 대사를 쓰는 방법을 배워야 한다. 창의성의 과정과 특징이 주제에 한정적인지, 아니면 학문 영역을 가로지르는 것인지는 연구 과제로 남아 있다. 어느 쪽이든 특별한 영역에 대한 지식 기반은 그 영역에 관한 고도의 창의성이 필요하다.

어떤 이론가들은 통찰력을 창의적 과정의 핵심 요소라고 주장한다. 어떤 사람들(스턴버그 같은)에게는 통찰력은 훈련을 통해 증진될 수 있는 인지 과정의 특별한 클러스터(연속 발생, 집단)를 나타낸다. 다른 이론가들은 통찰력의 어떤 역할도 부정한다. 그러나 대부분의 이론가들은 창의적인 아이디어를 더욱 가능하게 만드는 전략, 과정, 정신적 습관을 주장한다. 여기에는 아마도 유추를 낳고, 문제의 범위를 밝히거나 또는 다양한 해결책을 찾는 것이 포함될 것이다. 그러한 전략은 교육될 수도, 향상될 수도 있다. 몇몇 이론가들은 외부 환경의 영향은 물론 창의적이고자 하는 열망, 목적, 태도의 중요성을 강조한다.

물론 여전히 남는 질문은 어떤 단일 이론이나 창의성에 대한 개념이 여러 문화를 가로질러 사람들의 다양한 창의적 활동을 포괄할 수 있느냐 하는 것이다.

이어지는 장에서는 교실 환경에서 창의성에 도움이 되는 지식 기반, 동기 부여, 태도 그리고 전략을 제공하도록 고안된 기술과 교실 아이디어를 생각해보겠다. 아직 보편적으로 동의된 이론이 도출되지는 않았지만, 현대의 이론 중 대다수에는 충분한 공통점이 있어서 시작할 만한 적당한 지점을 제공한다.

What's Next?

1. 창의성에 대한 어떤 이론(들)이 여러분의 창의적 경험과 가장 일치하는가? 창의적인 프로젝트를 계속할 때, 어떤 아이디어가 사실처럼 들리는가? 어떤 것이 여러분의 경험으로부터 멀리 떨어져 있는 것처럼 보이는가? 자신의 경험을 동료와 나누고 비교해보자.

2. 가끔은 다양한 창의성 관련 이론을 착실하게 공부해나가는 것이 어려울 수도 있다. 그림을 만들거나

그래픽 오거나이저(도식 조직자)의 도움을 받아라. 당신은 각 세트의 이론에 대해 한 장씩 그림을 만들거나(정신분석 이론 한 장, 인간주의 한 장 등), 모든 것을 하나의 복잡한 그래픽 안으로 통합시켜보자. 각 범주 안에 이론가들의 이름들만 나열하지 말고 기억하는 데 도움이 되도록 이미지와 모양을 사용하라.

3. 이론가들 사이의 토론에 대해 상상하여 써보거나 실제로 적용해보자. 어떤 지점에 대해 그들이 논쟁하고 어떤 것에 동의할지 떠올려보자. 토론에 점수를 매긴다면 누가 이겼는가?

4. 창의적인 과정-문제 풀기. 연주 또는 재즈에서 요리에 이르기까지 어떤 장소에서였든, 그것이 즉흥적이었든 당신이 그룹에서 성공적으로 협력했던 때를 생각해보자. 무엇이 그룹을 '움직이게' 했는가? 그 역동성이 교실로 옮겨질 수 있는지 생각해보자. 아마도 재즈 연주나 연극 리허설을 보기 위해 '현장 학습'을 택할 수 있다. 혁신의 순간에 귀를 기울여 들어보자.

5. 애크발과 라이해머의 창의적 조직 풍토를 위한 중요 측면을 주의 깊게 고려하라. 이것을 기초로 하여 교실 실습을 위한 추천 목록을 만들어보자. 그리고 여러분이 제9장을 읽게 되면 목록을 이것과 비교해보라. 내가 고치거나 덧붙여야 할 것이 있으면, creativiteach.me를 통해 내게 메일을 쓸 수도 있다.

Tech Tips

1. Historypin(http://www.historypin.com)은 시스템에 관한 장을 위해 좋은 Tech Tip 같다. 왜냐하면 우리를 둘러싼 역사에서 복잡한 시스템을 들여다볼 수 있게 해주기 때문이다. 히이야기핀은 유저가 만드는 역사적 사진이나 개인의 기억에 대한 온라인 아카이브다. 유저들은 어떤 이미지의 장소나 날짜를 사용하는데 구글 맵에 '핀으로 고정'해둘 수 있고, 역사적 사진을 붙여서 현재의 장소와 비교할 수 있다. 그 사이트는 특정한 주제에 대한 자료를 모아둘 은 물론 이야기를 들려주는 콘텐츠를 통해 유저가 '여행'하도록 하는 특징이 있다. 그러나 더 좋은 것은 여러분(또는 여러분의 학생)이 자신의 장소에 관한 내용을 덧붙임으로써 히이야기핀의 일부가 되는 것이다.

2. 창의성에 중점을 두는 어떤 Tech Tip 모음도 그림(드로잉)에 대한 논의 없이 완성되지 못한다. 선택의 여지는 늘 변한다. 여러분이 가장 좋아하는 검색 엔진로 '무료 드로잉 프로그램' 또는 '무료 페인트 프로그램'을 탐색해보고 무엇을 발견했는지 보자. 예를 들어, Odosketch(http://sketch.odopod.com)는 부드러운 수채화 같은 팔레트를 가지고 있는 온라인 스케치 프로그램이다. Oneline

Sketchpad(http://www.onlinesketchpad.com)는 더 넓은 범위의 색깔을 제공한다. 당신은 당신의 그림을 스크린샷(screenshot)으로 캡처할 수 있다. 물론 아이팟, 아이패드, 스마트폰을 위한 수많은 드로잉 앱이 있다. 브러시 앱은 심지어 〈뉴요커(The New Yorker)〉지의 표지를 만드는 데 쓰이기까지 했다! 나는 덜 비싼 ArtStudio를 사용하길 즐기는데, 이것은 내 아마추어적인 노력을 훨씬 인상적으로 보이게 만들 수 있다.

3. 만약 여러분이 3D로 물체를 만들고 싶다면 구글 스케치업(http://www.sketchup.com)을 시도해보자. 3D로 가상의 모델을 만들 수 있고, 심지어 그것을 구글 어스Google Earth에 추가할 수도 있다. 구글 스케치업은 3D로 만드는 빌딩이나 이런저런 물체를 렌더링하는 도구다. 구글은 그것을 만들어진 이미지를 구글 어스에 업로드하기 위한 도구로 제시했다. 하지만 그것은 하나의 기능일 뿐이다. 여러분은 구글 스케치업을 판타지 빌딩을 만드는 데 쓸 수도 있으며, 3차원으로 생각하는 기술을 개발할 수도 있다.

   시도할 준비가 되었다면, 다양한 온라인 동영상 개인 지도와 글로 쓴 재료 중에서 고를 수 있다. 구글 어스의 한 부분을 만들고 싶다면, 스케치업은 현존하는 빌딩의 이미지를 만들고 업로드하는 도구의 사용법을 자세한 설명과 함께 가르쳐준다. 여러분이 직접 갤러리로 가서 K-12 교육 링크를 클릭하면, K-12 학생들이 만든 빌딩의 이미지도 볼 수 있다. 이것은 창의적인 표현을 위한, 아직 사용하지 않은 가능성을 수없이 많이 가지고 있는 멋진 도구다. 이것으로 무엇을 할 수 있을지 생각해보자.

4. 학교를 위해 국제적인 협력을 지원하는 웹사이트 몇 개를 탐험해보자. 시작하기 좋은 장소로는 21세기 학교의 글로벌 협력 프로젝트(http://www.21stcenturyschool.com/global_collaborative_projects.htm), Global School Net(http://www.globalschoolnet.org/index.cfm) 또는 Flat Classroom Project(http://www.flatclassroomproject.org)가 있다.

5. 창의적인 사람들
Creative People

안젤리카는 어린아이였을 때, 재봉틀을 사고 싶어서 진흙으로 만든 이쑤시개 통과 뜨개질로 만든 유리컵 커버를 파는 비즈니스를 시작했다. "나는 훌륭한 사람이 되고 싶었어요, 패션 디자이너 말이지요. … 어린아이였을 때부터 평생 동안 쭉 생각해온 것은 약간의 흥미와 담력만 있다면 앞으로 나아갈 수 있다는 거예요."(Wasserspring, 2000, p67) 그러나 불행하게도 담력은 멕시코의 아트좀파Atzompa족 여성이 가치를 인정받을 수 있는 특성은 아니었다.

엘리야 매코이는 캐나다로 도망친 노예의 아들로, 스코틀랜드에서 기계공학을 공부했다. 남북 전쟁 후 그는 미국에 돌아와 미시간 중앙철도에서 일했다. 그 철도 회사에서는 아프리카계 미국인이 기술자일 거라고 상상도 하지 못했고, 그는 보일러와 기차가 움직이는 부분에 기름칠을 하도록 고용되었다. 1872년 엘리야는 자동 조절 윤활 장치로 첫 번째 특허를 출원했다. 그의 발명품은 너무도 성공적이어서 증기 엔진 구매 담당자들은 그 윤활 시스템이 '리얼 매코이Real McCoy'냐고 물을 정도였다.

"나는 학교가 싫었다. 열두 살, 열세 살부터 나는 영화감독이 되고 싶었다. 그래서 과학, 수학, 외국어가 숙제하는 시간을 피하려고 만들던 8밀리 모험담에 도움이 될 거라는 생각은 하지도 않았다. 수업 중에는 역사책이나 문학책의 여백에 작은 이미지들을 그려 넣어 페이지를 펄럭이면 움직이는 애니메이션도 만들었다. 해마다 친구들과 함께 진급하기에 충분할 정도로만, 그리고 학과 성적에 신경을 쓰는 아버지의 분노를 맞닥뜨리지 않을 정도로만 숙제했다. 나는 아버지에게 남의 도움 없이 수학 등급을 높게 유지하겠다고 약속했기 때문에 물러설 수가 없었다. 또 다른 취약 과목은 체육이었다. 나는 고등학생이던 3년 내내 체육에서 낙제했다. 따라서 나는 고개를 들 수도, 분수를 계산할 수도 없었다. 지금은 고개를 들

고 다닐 수 있지만 여전히 분수 계산은 못한다." (Steven Spielberg, 1985)

작곡가인 스테판 슈왈츠는 이렇게 말했다. "만약 누군가가 당신에게 그 노래가 별로라고 한다면, 당신은 아마 그들이 옳을지도 모른다고 의심할 수도 있다. 그렇다면 언제 당신은 똑바로 서서 자신을 믿을까? 언제 당신은 이렇게 말할 수 있을까? '나는 당신이 무슨 말을 하든 상관 안 한다. 이것이 옳다는 것을 알고 있으니까.'—완고하고 거만한 것은 언제이고, 타당한 설득력이 있는 때는 또 언제일까? 이것은 정말 까다롭다."(de Giere, 2008, p311)

사라의 엄마는 그녀가 항상 즐기는 연극적 표현력을 강조하는데 아이를 '사라 베르나르'[1]라고 불렀다. 사라는 단지 행복하기만 한 적이 없었다. 열정이 넘쳤으며 이 구석에서 저 구석까지 가구들을 뛰어넘으며 노래 부르고 춤추었다. 사라는 결코 지치지 않았다. 그녀는 순간적으로 좌절해 온 기운이 다 빠져 숨을 헐떡이며 위기에 빠진 듯 보이기도 했다. 그녀가 화났을 때는 가족들이 한 발 뒤로 물러섰다. 사라를 담당했던 교사는 그녀에게서 끊임없는 도전정신을 발견했다. 사라가 지루해할 때면(그런 일은 자주 있었는데) 주변에 있던 모두가 그 사실을 알아차렸다. 그러나 여전히 교실에서 벌어진 토론에서 새로운 해석이 필요하거나, 비 오는 날 특별한 오락거리를 찾아내야 할 때면 그녀에게 의지해야 했다. 사라가 교실에 있으면 모든 게 흥미로워졌다.

호세는 교사가 다루기 쉬운 아이였다. 선생님은 언제나 호세가 어디 있을지 알았다. 늘 도서관이나 과학실에서 책 더미 속에 파묻혀 있었기 때문이다. 그는 언제나 최근에 일어난 발견에 관심이 많아, 몇 종류의 과학 잡지를 표지부터 마지막 장까지 샅샅이 읽었다. 그는 교실에서 말이 많은 편이 아니었다. 사실 그는 어디서건 말이 없었다. 나머지 학생들은 그를 좀 기이하다고 생각했지만 너그럽게 받아들였다. 그들은 농담 삼아 호세를 '미친 과학자'라고 불렀고, 지하실에서 호세가 만들고 있는 것이 무엇인지 추측해보기도 했다. 가끔은 교사들도 그것을 궁금해했다.

---

1) Sara Bernhardt, 1844~1923, 프랑스 여배우. 여러 민간 극장을 돌아다니다 극단을 조직했고, 테아트르 드 나시옹(현 사라베르나르 극장)을 본거지로 활약했다. 빅토르 위고의 〈루이 브라스〉, J. B. 라신의 〈페드르〉 등으로 호평받았고, 19세기를 대표하는 연극배우로 불린다.-옮긴이 주

'예술가' '혁신가' 그리고 '음악가' 같은 단어는 실제보다 더 큰 이미지를 떠올리게 한다. 우리는 굶주린 화가가 추운 겨울 다락방에서 누더기를 걸친 채 떨고 있는 모습, 이글이글 타는 눈매의 지킬 박사가 비커를 흔드는 모습, 혹은 팬들의 비명 소리에 둘러싸인 록 스타나 거리 모퉁이에서 동전을 얻으려고 바이올린을 연주하는 음악가의 모습을 그려볼 수 있다. 이러한 이미지 중 어떤 것이 실제에 기반을 둔 것인지, 아니면 단지 할리우드의 산물인지, 또 학생들의 창의적 가능성을 알아보고 키우는 데 도움이 될지 구별하기는 어렵다.

창의성이 높은 사람들은 모두 비슷할까? 확실히 엘리야 매코이, 안젤리카 바스케즈, 스테판 슈왈츠는 아주 다른 삶을 살았다. 스티븐 스필버그나 사라 그리고 호세같이 다양한 학생들 때문에 '창의적인 학생을 무엇으로 알아볼 수 있을까'라는 의문도 품게 된다. 이번 장에서는 높은 창의성을 가진 사람들과 연관된 특징을 연구하고, 그것이 어린 시절에 어떻게 나타날 것인지 상상해보겠다. 더불어 교실에서 어떻게 이들을 도울 수 있는지 토론할 예정이다.

여러 종류의 개인적 특성은 창의적 가능성을 발전시키는 데 중요하다. 이것은 3개의 일반적인 범주로 나눌 수 있다. 인지적 특성, 개인적 특징 그리고 인생의 사건(일대기)이 그것이다. 창의적인 개인은 그들이 생각하는 방식을 보고 구별할 수 있다. 그들이 가치 있게 생각하는 것과 기질, 동기 부여로도 구별된다. 또한 그들의 삶에서 일어나는 사건에 따라 구별된다. 하지만 이 세 가지 사이의 관계와 패턴은 아주 복잡하다는 데 주목하는 것은 중요하다. 단순한 창의성 이론이 없듯이, 창의성을 지닌 사람 중에 일반적인 경우도 없다. 창의적 개인의 특징은 사람마다 다르고, 학문 분야에서도 다르다. 창의적인 작곡가는 창의적인 물리학자와는 다른 힘, 요구 그리고 가치를 가지고 있다. 기실 어떤 2명의 창의적인 물리학자도 완전히 똑같을 수는 없다. 이러한 다양성에도 불구하고, 탐험할 만한 가치가 있는 어떤 공통점을 암시하는 충분한 패턴은 나타난다.

이러한 공통점을 연구하는 동안, 또 하나 적절한 경고를 해야만 한다. 높은 창의성을 가진 어른의 특징을 확인하는 것이, 창의적인 어린이나 창의적인 어른으로 자랄 수도 있는 어린이에게서 비슷한 특징이 나타난다는 것을 보증하는 것은 아니다. 이번 장의 끝에서 창의적이었던 것으로 알려진 젊은 사람들에 대한 연구를 살펴보고, 어떻게 그것이 창의적 어른에 대한 연구와 꼭 들어맞는지 보여줄 것이다. 그것은 가능성이 있는 시작점을 나타낸다. 그러나 우리는 어린이들에게 나타나는 창의성에 대한 지식이 한정되어 있음을 인정해야 한다. 그렇게 하면서 연구들을 우리가 사용할 수 있는 한 가장 잘 활용할 수 있다. 우리에게 명확한 대답이 부족하기 때문에, 가장 실용적인 행동 방침은 우리가 그것을 발견하는 곳이 어디든 창의성에 관련된 긍정적인 특징을 알아보고 도와야 한다는 것이다. 이에 대해 알아보는 것이 이 장에서 우리의 목표다.

창의성과 연관된 특징

창의성과 지능

나는 앞의 제3장에서 창의성과 지능의 관계에 대해 가장 정확한 설명은 '경우에 따라'라고 명시했다. J. P. 길포드(1986)처럼 당신이 창의성을 지능의 일부라고 정의한다면 그 관계는 아주 단순하다. 창의성은 지능이며, 적어도 그 일부이다. 그러나 대부분의 이론가들은 비록 어느 정도는 선명하지 않더라도 이 두 가지를 구별한다. 대부분의 경우, 창의성을 다른 사고와 마찬가지로 기본적인 인지 과정의 산물이라고 가정하는 사람은, 참신하고 적절한 아이디어의 생산이 정확하고 분석적이지만 독창적이지 않은 아이디어의 생산과 구별된다는 것을 깨달았다. 그러나 경험과 상식은 이 둘 사이에 관계가 있다는 것을 나타낸다.

여러분은 아마도 놀랍도록 창의적인 기여가 심각하게 제한된 지능을 가진 사람들로부터 왔다는 것을 안다면 놀랄 것이다. 서번트 신드롬을 가진 몇몇 사람들의 놀라운 성취에도 불구하고, 광범위한 대다수의 발명, 과학적 약진, 문학의 걸작 그리고 예술적인 혁신은 지적인 사람들에 의해서 이루어져왔다. 어떻게 지능이 창의성을 촉진하느냐는 무수한 토론의 주제이며, 지금도 진행 중인 연구 과제다.(Kim, Cramond & VanTassel-Baska, 2010)

1950년대에 D.W. 매키넌(1978)은 창의적인 건축가, 작가 그리고 과학자들에게서 창의성과 지능 사이에는 최소한의 관계만이 있다는 것을 확인했다. 그는 수학자들에게서 지능과 창의성 사이의 낮지만 긍정적인 관계를 발견했다. 이러한 발견이 건축가나 작가가 지적이지 않았다는 뜻이 아니라(그들은 지적이었다), 가장 지적인 주체들이 반드시 가장 창의적일 수는 없다는 뜻이다. IQ의 수치를 가지고 창의성을 예측하기는 어렵거나 아예 불가능했다.

F. 배런(1969)은 다양한 학문 영역에서 창의성과 지능의 관계를 연구했다. 그는 IQ 점수의 전체 범위에 걸쳐서 약간의 관계를 확인했다. 하지만 120보다 높은 경우에는 그 관계가 작았다. 그는 무엇보다도 문지방 효과threshold effect, 즉 중요한 창의적 기여를 하려면 최소한의 IQ가 필요하다고 주장했다. 그 수준이 넘어가면(아마도 IQ120) 창의성을 예측하는 데 다른 요소들이 지능보다 더 중요한 것처럼 보인다. 매키넌의 건축가들 중 대다수가 문지방 수준 또는 그 이상의 IQ를 가졌다면, 관계는 거의 기대하기 어려웠다. 물론 매키넌과 배런이 성공한 전문가들과 작업했기 때문에, 그들의 전체 풀pool 안의 IQ의 범위는 제한적이었다.

A. 로에(1952)는 창의적인 과학자들을 연구하여 비슷한 결과를 얻었다. 그녀는 비록 창의적인 과학자들이 일반적으로 IQ가 높고, 지능의 패턴(언어 또는 양적인)도 과학 영역에 따라 다양하다고 했다. 그러나 피실험자들의 창의성과 지능 사이의 관계는 그다지 강하지 않다는 것을 발견했다. 그녀는 최소한 수준의 지능이 발명을 하거나 과학에서 정교화하는 데 기여하고자 하는 사람에게 필요하지만, 지능이 일정한 수준 이상이면 다른 요소들이 작동하기 시작한다고 주장했다.

창의성과 지능 사이의 관계에 대한 문지방의 아이디어는 여전히 현재의 문헌 속에서 흔히 보인다. R. J. 스턴버그와 L. A. 오하라(1999)는 IQ로 측정되는 지능과 창의성의 전형적인 개념에 관한 발견 세 가지를 정리했다. ⓐ 창의적인 사람들은 평균 이상의 IQ를 보이는 경향이 있다. ⓑ IQ가 120 이상일 경우, IQ가 120보다 낮을 때 창의성에 관계가 있는 것만큼 관계가 있어 보이지는 않는다. ⓒ IQ에 대한 창의성의 상호관계는 약한 것에서부터 적당한 것에 이르기까지 다양하다. 그러나 다양한 이론 속에서 분명한 것은, 특별한 학문 분야에서 창의적인 개인의 능력에 영향을 끼치는 것은 다른 성격, 인지적·환경적 다양성이다. 이러한 다양성에 대해 이 장 후반에서 검토할 예정이다.

과거에 아주 지능이 높은 사람들로부터 높은 창의성을 식별하려는 노력이 있어왔다. 이러한 노력의 가장 잘 알려진 사례는 게젤스와 잭슨(1962)의 연구로, 〈창의성과 지능Creativity and Intelligence〉에서 설명하고 있다. 이 연구에서 연구자들은 고등학생들의 지능과 창의성을 IQ 테스트와 확산적 사고 테스트를 통해 평가했다. 게젤스와 잭슨은 집중 연구를 위해 두 그룹을 식별했다. 높은 IQ 점수(상위 20%)를 가지고 있지만 낮은 창의성 지수(하위 20%)를 가지고 있는 학생들과, 창의성은 높지만 지능이 낮은 학생들이다. 두 측정 모두에서 상위 20% 안에 드는 학생들은 분석 대상에서 제외했다. 비록 성격적인 특징은 다양했지만(높은 IQ그룹은 확실히 전형적인 학교 모델에 더 잘 들어맞았다), 두 그룹은 성취도 면에서 동등하게 잘했다. 더불어 지능 없는 창의성을 학교에서 성공적으로 이끌 수 있으며, 높은 수준의 창의성과 지능은 어느 정도 서로 용납하지 않는다는 결론으로 이끌었다.

이것은 과도한 단순화이다. 확실히 높은 창의성과 높은 지능을 둘 다 가진 학생들도 있다. 그들은 단지 연구된 그룹의 일부가 아니었을 뿐이다. 이 연구는 상위 중산계급 학교에서 실시되었고, 점수의 범위가 제한되어 있었다. 식별된 그룹의 IQ 점수는 어느 것도 실제로 낮지 않았다(창의성이 높고 낮은 지능을 가진 그룹의 IQ가 127이었다!). 오히려 이런 제한점 때문에 전체 피실험자의 풀Pool을 고려한다면 창의성과 지능 사이의 긍정적 상호연관성이 발견된다.

이 연구는 IQ 테스트의 높은 점수가 창의성 테스트의 높은 점수를 얻는 데 반드시 필요한 것은 아니며, 두 그룹 모두 높은 학업 성취의 가능성을 가지고 있다는 증거를 제공한다. 이 연구에서 발견된 흥미로운 점 하나는 교사들이 평균 IQ의 학생보다 IQ가 높은 학생을 선호한다는 사실이다. 성취도가 비슷했음에도 불구하고, 교사들은 높은 창의성을 가진(확산적인) 학생들을 똑같이 선호하지 않았다. 만약 창의성이 높은 학생을 구별하는 특징 때문에 교사들이 그들을 덜 선호하거나 또는 싫어한다면, 그들은 높은 학업 성취 가능성에도 불구하고 교육의 불이익을 당할 위험에 처한다.

좀 더 최근의 연구로 자주 인용되는 것은 이러한 이슈에 대해 계속 말하고 있다.(Westby & Dawson, 1995) 이러한 연구의 결론에 대해서는 주의 깊게 해석해야 한다. E. L. 웨스트비와 V. L. 도슨의 연구에서 교사들은 실제로 창의적인 학생들에게가 아니라 견본prototype의 설명에 대응했다. 창의적인 학생들은 '충동적이고' '감정적이며' '운에 맡긴다'는 설명이 주어졌고, 덜 창의적인 아이들은 '의존적이고' '감사할 줄 알며' '성격이 온화하다'고 설명했다. 나는 덜 창의적인 아이들에 대한 설명이 더 호의적인 것에 대해 그다지 놀라지도 않았다.

그럼에도 불구하고 문지방 이론의 타당성은 계속 연구되고 있다. 비록 현재 다수의 이론가들이 지능을 높은 수준의 창의성과 연관짓고 있지만, 지능의 문지방이 필요하거나 일관된 것인지는 분명하지 않다. 연구 결과가 다르게 보인다면 정의를 점검하는 것이 중요하다. 게젤스와 잭슨은 확산적 사고의 테스트와 IQ의 관계를 조사했다. 이것이 매키넌(1978), 배런(1969) 그리고 로에(1952)의 연구와 다르다는 것이 중요하다. 이들은 창의성을 어른의 창의적 성취로 평가했다. 창의성에 관한 연구를 읽을 때, 창의성이 어떻게 정의되고 측정되는지 질문하기는 중요하다. 가끔은 연구에서 모순으로 보이는 것이 사과와 오렌지를 비교하거나 어쩌면 사과꽃과 익은 과일을 비교할 때 발생한다.

M. A. 룬코(1991)는 문지방 이론을 경험적으로 조사한 연구자는 거의 없으며, 그렇게 한 사람들은 혼합된 결과를 낳았다고 지적했다. 연구를 진행할 때 쓰이는 측정 방법과 인구의 다양성 때문에 이러한 발견은 훨씬 복잡하다. 창의성과 지능을 조사할 취지로 진행되는 연구에서 결론을 도출하기는 어렵지만, 그러기 위해 완전히 다른 방식을 사용한다. 우리는 수많은 테스트로 측정된 지능과 확산적 사고 테스트, 동떨어진 언어 연상의 수 또는 기록된 특허의 수에 따라 측정된 창의성 사이의 관계가 다른 것처럼 보인다는 것을 알고 있다.

M. 베이티와 A. 펀햄(2006)은 창의성과 지능의 관계가 모두, 종이와 연필로 시험을 봤을 때는 실제 세계의 성취를 가지고 창의성을 가늠했을 때보다 더 강하게 나타나는 것 같다고 주장했다. 확산적 사고 테스트에는 인지의 속도, 기억의 회복 등을 위한 신경계의 효율성이 필요한데, 이 모든 것은 지능과 연관되어 있다. 진정한 창의적 성취를 위한 기술과 태도는 훨씬 더 복잡하다. 게다가 문지방 넘어, 또는 그 아래 수준에서 창의성과 지능의 관계를 비교하려는 어떤 연구의 시도도 범위에 제한이 있다는 문제에 직면하게 된다. IQ120 이상의 범위는 그 이하보다 훨씬 작기 때문에, 비록 하나는 존재할지라도 거기에서 관계를 찾는다는 것은 통계학적으로 훨씬 어렵다.

많은 연구자가 문지방 효과의 증거 없이 창의성과 지능 사이의 전체적인 관계를 발견했다.(Cho, Nijenhuis, van Vianen, Kim & Lee, 2010; Preckel, Holling & Wiese, 2006; Sligh, Conners & Roskos-Ewoldsen, 2005) 룬코(1991)는 중학생들의 IQ 테스트 점수, 캘리포니아의 성취도 테스트achievement test의 종합 점수 그리고 확산적 사고 테스트를

비교했다. 그는 문지방 이론에 도움이 될 만한 것을 찾지 못했고, 창의성과 IQ 지수 사이의 관계에서도 증거를 발견하지 못했다. 그는 성취도 테스트 종합 점수와 창의성 사이의 중요한 상호관계를 발견했다. 하지만 문지방의 증거는 아니었다. 그러나 R. E. 정 등(2009)은 인지 능력, 창의적 과제와 연관된 뇌의 화학작용을 조사하는데 자기공명 분광법을 사용했다. 그들은 참가자들의 높고-낮은 언어 능력의 다른 패턴을 발견했는데, 이는 문지방 효과를 시사하는 것이다.

2005년 H. B. 김은 이 문제를 명쾌하게 하는데 메타 분석을 사용했다. 메타 분석은 연구자가 특별한 질문에 대한 수많은 연구 지료를 모아, 모든 데이터를 통계적으로 하나의 요약된 결론으로 통합하는 것을 허용하는 테크닉이다. 김은 창의성과 지능의 관계를 다룬 21개의 연구를 찾아냈고, 총 샘플 인원은 4만 5,880명이었다. 그녀의 분석에서 창의성 시험 지수와 IQ 지수 사이에는 관계가 거의 없었으며, 문지방 이론에 대한 어떤 옹호도 찾지 못했다. 물론 김이 분석에서 설명한 모든 관계는 배런이나 로에가 연구한 것과 같은 진짜 세계 속의 창의성을 측정한 것이 아니라, 당연히 창의성 테스트에 기반을 둔 것이었다. 만약 메타 분석의 수학이 다른 측정에도 허용된다면 다른 결과가 나올 가능성도 있다.

G. 박, D. 루빈스키, C. P. 벤보(2007)는 25년간 높은 가능성을 가진 젊은이들을 추적했다. 비록 전체 샘플이 상위 1% 능력 수준에 속한다지만, 그들이 12세 때 치른 SAT 테스트에 기초하여, 실제 생활의 성취도를 예측할 수 있었다. 이들의 성취 중 일부(책을 쓴다거나)는 중요한 창의성을 수반하는 것으로 보이지만, 다른 것(박사 학위나 법학 박사 자격을 취득)은 그렇지 않았다. 이어서 비록 이러한 테스트가 성취를 예견하기는 했지만, 창의성을 예견한 것은 아닐 수도 있다. 또 다른 메타 분석에서 김(2008)은 지능과 확산적 사고 지수와 창의적 성취 사이의 관계를 연구했다. 그럼으로써 확산적 사고, 특히 창의적 사고에 대한 토렌스 테스트(Torrance Test of Creative Thinking, TTCT)가 IQ보다는 창의적 성취를 더 잘 예측한다는 것을 발견했다.

창의성과 지능 두 가지 모두 보편적으로 합의된 측정 방법이 없기 때문에, 이 두 구성 개념 사이의 관계는 적어도 현재까지는 깔끔하게 정의할 수 없다. 그러나 적어도 성인 수준의 창의성에는 관계가 있는 것 같다. 높은 수준의 성인이 이룬 창의적 성취에는 최소한 평균보다 높은 수준의 지능이 동반되는 것처럼 보인다. 지능에서는 적어도 문지방이 이런 수준의 창의성을 가능하게 한다고는 말할 수 있겠다. 현대 사회에서 대부분의 창의성에는 학습과 공적인 교육이 필요한데, IQ의 식별할 수 있는 문지방은 창의성 자체보다는 교육이 필요하다는 점과 관계가 있다고 말할 수 있다. IQ와 창의성 사이의 관계는 아이들의 경우 덜 명백하며,(Kim, 2005 참조) 낮은 IQ를 가진 어린이의 창의적 잠재성을 과소평가하지 않는 것이 중요하다. 대부분의 IQ 테스트에 의해 측정되는 것 이외의 요소들(예를 들어, 확산적 사고와 동기 부여)이 학교에서의 성취와 창의성 모두에 영향을 끼치는 것 같다. 전통적인 IQ 테스트로 완전히 평가되지 않는 능력을 가진 아이들을 알아보고 양육하는 데 이러한 요소가 도움이 되도록 주의를 기울여야 한다.

IPAR 연구: 인간의 효율성 연구에서

창의적 개인의 특징에 대한 가장 밀도 있는 연구가 1950~1970년대에 캘리포니아의 버클리 대학교에서 진행되었다. 개인 평가 및 연구 기관(Institute of Personality Assessment and Research, IPAR)에서 심리학자인 도널드 매키넌의 지도 아래 건축, 창의적인 글쓰기, 수학, 산업 연구, 물리 관련 과학, 공학을 포함한 다양한 분야에서 효과적인 기능을 연구했다. 비록 매키넌의 연구 중 창의적인 건축에 대한 것이 가장 잘 알려져 있지만, 다른 연구도 비슷한 패턴을 따르고 있다.

연구는 각 분야의 전문가에게 질문을 던지는 것으로 시작하는데, 건축의 경우 미국에서 가장 창의적인 건축가로 순위가 매겨진 이들이 포함되었다. 전문가 그룹에는 건축과 교수, 건축 저널의 편집자 그리고 건축가가 포함되었다. 편집자의 순위는 건축가 자체의 순위와 높은 상호연관성이 있었고, 당시 그 분야의 가장 창의적인 건축가에 대한 실제적인 동의를 제공했다. 이들은 그다지 창의적이라고 알려져 있지 않은 다른 두 견본 건축가들과 함께 버클리 대학교에 초대되어 3일간의 밀도 있는 평가를 받았다. 이 평가에는 지적 테스트, 성격 테스트와 자체 평가, 다양한 상황에서의 관찰이 포함되어 있었다. 이 연구와 함께 평행한 다른 분야의 연구들도 이미 인용한 것처럼 창의성과 지능 사이의 상관관계가 낮다는 결과를 제공했다.

IPAR의 전체 연구 결과는 이러한 토론에서 적당하게 요약하기에 너무 복잡하다. 그러나 이와 같은 연구는 창의적인 사람들의 특성에 대한 글을 쓸 때 수많은 근거를 제공하고 있다. 비록 그룹이 활동 분야에 따라 다르더라도(예를 들어, 건축가는 작가나 수학자와는 다르다), 그들 사이에는 공통점이 있었다. 매키넌(1978)은 "우리가 연구한 모든 창의적인 그룹의 가장 두드러진 특징"(p123)이라는 7개의 목록을 만들었다.

매키넌에 따르면 창의적인 사람들은 지적이다. 비록 관찰에 의해 판단된 창의성과 그 피실험자들의 지능 사이의 관계는 제로였지만, 피실험자들은 확실히 지적이었다. 물론 연구에 관한 모든 개인이 직업적인 경력을 위해 필요한 교육을 그럭저럭 해냈다는 사실은 연구한 지능의 범위가 불가피하게 제한적이었다는 것을 뜻한다. 그는 몇몇 피실험자들이 만약 그들이 추측 때문에 벌을 받아야 한다면, 지능 테스트에서 더 낮은 점수를 받았을 것이라는 사실에 주목했다. 심지어 시험을 치르는 상황에서도 그들은 위험을 감수하고 어떻게 되는지 보려는 의도를 나타냈다.

매키넌은 또한 창의적인 사람들이 독창적이라는 것을 발견했다. 그의 연구에서 독창성은 거침없는 사고와 항상은 아니지만 자주 연관되어 있었다. 즉 독창적인 아이디어를 찾아내는 사람들은 종종 다양한 아이디어를 생산해낸다. 그러나 어떤 사람들은 그다지 좋지 않은 수많은 아이디어를 가지는 경향이 있고, 반면에 다른 사람들은 몇 개의 아주 질이 높은 아이디어를 가지고 있었다. 이 개념은 제6장에서 창의적 사고를 촉진하는 기술에 대해 생각해볼 때 중요할 것이다.

매키넌(1978)의 창의적인 피실험자들은 독립적이었다. 그들은 독립성이 허용되거나 필요한 상황에서 성취를 위한 높은 동기 부여를 가졌고, 규칙에 따라야 하는 상황에서는 훨씬 덜했다. 그들은 반드시 다재다능할 필요는 없으며, 그룹의 상황에 부드럽게 적응하지도 않았다. 그들은 또한 외부 세계에 대한 것이든 자기 내면의 것이든 경험에 대해 개방적이었다. 피실험자들은 호기심이 많았고 수용적이며 배우려는 의지가 있었다. 그들은 자신들의 성격이 지닌 다양한 측면을 받아들였고, 만약 그들이 남자라면 전형적인 여성의 특징을 나타내는 경향이 있었다. 물론 그들이 여자였다면 전형적인 남성의 특징을 나타내곤 했다. 그들은 경험의 개방성에 동반하는, 당장 이해되지 않는 혼란이나 불안을 견딜 수 있었다.

창의적인 개인은 직관적이라는 사실도 발견되었다. 이것은 감각의 직접적인 지각(때때로 자극에 민감하다거나 대상에 얽매인 것으로 알려진)과 연관된 것이 아니라, "아직

실현되지 않은 것에 대한 경계"(MacKinnon, 1978, p130)에 관한 것이었다. 그들은 종종 보고 듣고 배운 것에 숨겨진 의미, 잠재성, 은유, 함축 또는 대안적인 사용법을 찾는다. 그들은 또한 이론에 대해 그리고 미적인 것에 대해 강력한 흥미를 가지고 있다. 이론적인, 경제적인, 미학적인, 사회적인, 정치적인 그리고 종교적인 가치를 상대적인 힘과 비교하는 가치 테스트에서, 모든 그룹의 창의적 피실험자들은 이론적인 것과 미적인 것에 가장 높은 가치를 부여했다.

마지막으로, 매키넌은 창의적 피실험자들은 운명에 대해 강한 의식을 가지고 있다는 것을 발견했다. 어려움과 좌절의 시기가 있었음에도 불구하고, 성공적인 창의적 개인은 그들이 기울이는 창의적인 노력의 가치와 타당성에 대해 지속적인 믿음을 가지고 있었다. 경험에 대한 개방성과 이러한 확신이 매키넌이 필수적이라고 묘사한 것과 같은 용기를 허락했을 것이다. 그는 이렇게 설명하고 있다.

> 일반적으로 받아들여지는 것에 대해 질문하는 용기. 더 나은 것을 건설하는데 파괴할 수 있는 용기. 다른 사람들과 다르게 생각할 수 있는 용기. 안으로부터 그리고 밖으로부터 둘 다의 경험에 대해 열려 있는 용기. 논리보다는 직관을 따르는 용기. 불가능한 것을 상상하고 성취하려고 노력하는 용기. 집단으로부터 떨어져 서 있고 필요하면 집단과 갈등할 수 있는 용기. 자기 자신이 되고 자기 자신으로 있을 수 있는 용기.(MacKinnon, 1978, p135)

교사로서 우리가 자신과 학생들에게서 이런 용기를 계발하는데 직면하는 도전은 정말이지 어마어마한 것이다.

교실에 대해 생각하기

긍정적인 방식으로 창의성과 관련된 특징을 보이는 개인에 대한 이야기와 책을 모으는 것에서 시작해보자. 그리고 이것을 학생들과 공유하자. 문학, 과학의 교과 과정에서 나타났던 모델의 종류를 생각해보자. 학생들은 이것들로부터 여러분이 가치 있다고 여기는 유연성, 독창성, 끈기를 알아낼 수 있을까? 그들은 또한 개인은 물론 협력의 창의성의 예를 찾아볼 수 있을까?

IPAR의 연구가 진행된 이래로 창의적 개인과 연관된 특징은 극적인 변화를 겪지는 않았다. 하지만 이러한 특징이 어떻게 기능하는지에 대한 우리의 관점은 더 복잡해졌다. 연구자들은 창의적 개인과 관련된 다양한 특징의 목록을 편집했는데, 각각 미세하게 달랐다.(Barron, 1969; Dacey, 1989; Isaksen, 1987; MacKinnon, 1978; Runco, 2010b; Torrance, 1962) 그러나 시스템 모델에서 개인의 특징은 창의적 활동을 설명하기에 충분치 않다고 지적한다. 헌데 개인의 성격적 특징과 경험이 창의성에 도움이 되지만, 그들은 여전히 특정 시간, 특정 장소에서 주어진 영역 안에서 기능해야 한다. 창의성이 일반적인가, 아니면 영역에 특수한 것인가에 대해 우리가 혼란스럽다면, 창의적인 극작가의 특성이 창의적인 물리학자에게서 알아볼 수 있는 것과 비슷한지 생각해봐야 한다. S. 아부함데와 M. 칙센트미하이(2004)는 그 다음의 논리적 단계를 밟아, 창의성에 필요한 개인의 특성은 어쩌면 학문 영역 또는 시대를 가로질러 다를지도 모른다고 지적했다. 예술가의 성격적 특성에 대해 그들은 이렇게 말했다.

> [우]리는 "예술가의 성격"이라는 개념이 사실이라기보다는 신화에 가깝다고 주장한다. 비록 그것이 어떤 조건 아래 어느 시대에 열망을 품은 예술가를 구별하는 특징 몇 가지를 설명한다고 해도, 이러한 특징이 모든 시대, 모든 장소에서 가치 있는 예술을 창조하는데 요구되는 것은 결코 아니다. … 왜냐하면 시대와 장소에 따라 예술적인 과정에 가해지는 사회적·문화적 압박이 아주 다르기 때문에, 예술가 성격의 본질도 그에 따라 달라질 것이다.(p32)

예를 들어, 실제적이고 정밀한 스타일이 지배적인 시대에 작업하는 화가는 성공을 위해 추상적인 즉흥화, 즉 날것의 정서가 필요한 시대의 화가와는 다른 특징이 필요할지도 모른다. 이것은 다른 학문 분야에도 마찬가지다. 전통적으로 창의성과 연관된 특별한 성격은 다른 영역에서는 물론 다른 시대에 더 크거나 작은 정도로 발견될지 모른다. 그러나 여전히 다양한 상황에서 창의적 개인과 관련된 특징을 공부하면, 젊은이들의 창의적 행동을 식별하고 도우려는 노력을 시작할 만한 장소를 찾을 수 있을 것이다.

여기서 설명하고 있는 특징은 연구를 종합하여 몇 개의 목록을 줄인 것이다.(Feist,

2010; Runco, 2010b; Russ & Fiorelli, 2010; Tardif & Sternberg, 1988) 각 목록은 약간씩 다른 특징을 체계화하고 다른 관계를 부각시킨다. 예를 들어, 창의적인 인성을 조사할 때, G. J. 파이스트는 유전적 차이에서 시작하여 뇌의 특징의 차이로 나아간다. 일단 생물학적 영향력이 해명되면, 그는 창의적 행동을 매개하는 인지적, 사회적, 동기 부여/정서적 그리고 임상적 특징을 주장한다.

나는 견본에 대해 방침을 정하고, 목록을 인지적 특징과 정서적 특징으로 나누었다. 하지만 이 두 가지 사이의 구별이 늘 엄격한 것은 아니다. 예를 들어, 새로운 것을 다루는 능력은 인지와 정서적 측면 둘 다를 가지는 가장 좋은 예다. 개인은 새로운 아이디어와 상황을 다룰 수 있는 지적 능력은 물론 정서적으로도 그렇게 할 수 있어야 한다. 목록에 있는 특징들은 거의 언제나 창의적인 어른에 대한 연구를 통해 결정되었다는 데 주목해야 한다. 이러한 특징이 아이들에게는 어떻게 나타나는지를 명시하지 않았다면, 그것은 연구를 기초로 한 것이 아니라 내 경험과 직관 그리고 논리적인 결과로 나온 것이다.

인지적 특징

아래 첫 부문에서 나는 창의적인 개인에게서 식별할 수 있는 인지 능력을 숙고하려 한다. 여러분은 이것을 사람들이 상상력을 사용하거나 독창적인 아이디어를 만들어낼 수 있게 하는 정신적 메커니즘이라고 생각할 것이다.

결합관계와 은유적 사고 창의적인 사람들은 서로 다른 아이디어 사이에서 결합관계와 유사점을 찾아낼 수 있다. 그들은 하나의 문맥에서 아이디어를 채택하여 새로운 종합, 변형 또는 시각을 만들어내기 위해 그것을 다른 문맥에서 사용한다. 은유적 사고는 하나의 아이디어로 다른 뜻을 나타내는 데 사용할 수 있다. 카를 샌드버그가 자신의 유명한 시에서 다가오는 안개의 고요한 회색빛을 '조그만 고양이 다리의 움직임'과 비교한다거나 전쟁, 고통 또는 깨진 사랑을 전달하는데 조각가들이 돌의 파편을 사용하는 것 등이 그것이다.

은유적으로 생각하는 능력은 개인이 새로운 아이디어를 만들어내고 문제를 풀기 위해 유사한 것을 사용할 수 있게 한다. 나는 벨크로[2]의 발명가가 우엉 밭을 지나 걸어 갈 때 처음 그것을 생각해냈다고 들었다. 은유적 사고 덕분에 드메스트럴[3]은 그 순간의 성가심을 넘어서서 밤송이가 그렇게 하듯이 어떻게 합성 물질을 끈기 있게 고착시킬 수 있을지 상상할 수 있었다.

창의성에 대한 몇몇 이론들은 은유적 사고나 관계를 내재적·명시적으로 나타내고 있다. S. A. 메드닉(1962)의 동떨어진 결합은 동떨어진 아이디어의 새로운 통합을 나타내고, A. 로덴버그(1990)의 단일공간적 과정은 같은 물리적·심리적 공간 안에서 아이디어를 모은다. 통합의 전략(제6장 참조)은 은유의 힘에 기초한 창의성 이론에 기반하고 있다.

H. 가드너와 E. 위너(1982)는 어린아이들의 은유적 사고의 발달에 관해 조사하여 미취학에 아이들의 은유적 사고와 언어가 시작된다는 것을 발견했다. 아이들은 놀이에서 물건을 새로운 용도에 적용하는데(예를 들면, 연필이 옥수수대인 양 말한다거나), 실제 물건과 상상 속의 물건의 유사성을 근거로 그렇게 한다. 취학 전의 학생부터 성인 학생에 이르기까지 물건의 속성에 기초하여 공상의 이름을 만들어낼 수 있다. 흥미로운 발견 중 하나는 연구의 피실험자들 가운데 초등학생 시절에는 자연스러운 은유의 사용이 줄어들지만, 지시를 받는 상황에서는 은유를 만들어내는 능력이 감소하지 않았다는 것이다.

어린아이들이 만들어내고 이해하는 은유의 종류가 발달 과정에 따라 달라진다는 것은 놀랍지 않다. 어린아이들은 물리적 성질 또는 기능에 기초하여 은유를 효과적으로 사용할 수 있다. 그들은 호스를 뱀으로, 때때로 데이지꽃을 요정의 우산이라고 설명한다. 아이들이 추상적이거나 심리적인 비교를 통해 은유를 이해하고 사용하는 경우는 드물다. 가드너와 위너(1982)는 유대인들이 유월절 예식에서, 유대인들이 이집트를 탈출할 때 퍼진 전염병에 대한 이야기 중에 파라오의 심장이 돌로 변한 이야기를 들은 한 그룹의 아이들과 대화를 나누었다. 그중 가장 어린 다섯 살짜리 아이는 신이 문자 그대로 파라오의 심장을 돌로 변하게 만들었다고 이해했다. 2명의 약간 더 큰 아이들(6세,

---

2) velcro, 천 같은 것을 한쪽은 꺼끌꺼끌하게 만들고 다른 한쪽은 부드럽게 만들어 이 두 부분을 딱 붙여 떨어지지 않게 하는 옷 등의 여밈 장치-옮긴이 주
3) George DeMestral, 벨크로, 즉 접착용 찍찍이의 발명가-옮긴이 주

8세)은 심장이 정말로 돌로 변한 것은 아니라는 것은 이해했다. 그러나 물리적 비교에 대한 설명을 근거로, 한 아이는 파라오가 돌로 된 집에서 살았다고 주장했고, 다른 아이는 파라오의 근육이 돌처럼 딴딴했던 것이 틀림없다고 주장했다. 어른들의 설명을 들은 후에야, 가장 나이 많은 아이가 "변한 것은 파라오의 진짜 심장이 아니라 그의 감정이었다"는 것을 이해했다.

이러한 발달 단계에 따른 변화를 이해한다면 교사들은 학생들이 은유적 사고를 이해하고 사용하는 데 효과적인 도움을 줄 수 있을 것이다. 은유적 사고는 관계를 맺는 데서 시작한다. 어린아이들은 물건을 사용하여 대안적인 놀이를 발견하도록 격려를 받으면서 이 과정을 시작한다(비고츠키를 기억하는가?). 아이들은 정교한 플라스틱 집이나 탈것을 받았을 때보다 냉장고 박스를 받아서 집, 로켓 또는 트럭으로 사용할 수 있다면, 더 넓은 범위에서 창의적 사고를 할 수 있다. 교사는 모델을 가지고 이 과정에 참여할 수 있다. 예를 들면, 강을 만들기 위해 블록으로 만든 다리 아래에 파란색 천 조각으로 물결을 만들 수 있다. "이것으로 또 무엇을 할 수 있지?" 또는 "우산 대신 사용할 수 있는 것은 무엇일까?"나 "뱀처럼 보이는 것은 또 뭘까?" 같은 놀이를 만들기는 아주 쉽다.

아이들이 학교를 통해 앞으로 나가는 동안, 교사들은 그들이 매일 학생에게 하는 말로 은유적 사고의 예를 보여줄 수 있다. "저 나무는 하늘을 가리키는 화살처럼 보이는구나" 또는 "너의 스웨터는 어린 병아리처럼 부드럽구나" 같은 언급은 학생들이 물리적인 연관성을 만드는 데 용기와 도움을 줄 것이다. 초등학교 고학년에서는 이러한 언급에 좀 더 추상적인 개념을 포함할 수 있다. 예를 들어, "식민주의자들의 심장은 불로 가득 차 있었다" 또는 "나는 오늘 풍선처럼 가벼운 기분이다" 등 말이다. 때때로 이것은 토론의 기초(풍선은 어떤 느낌일까?)나 과제의 기초(오늘 기분은 어떠한가?)가 되기도 한다. 중학교나 고등학교에서 추상적인 은유가 증가하고, 내용에 대한 은유를 포함하여 학습자로부터 거리는 멀어진다. "이아고는 뱀 같은 사람이었다" 또는 "침식은 도둑과 같다" 등이다. 은유에 중점을 둔 수업을 진행하는 데 도움이 되는 좀 더 구체적인 제안은 제6장에서 소개하겠다.

은유적 사고의 발달은 나이은 물론 성별에도 영향을 받는다. V. D. 루처(1991)는 5~6세의 아이들이 3~4세의 아이들보다 평범한 은유를 해석하는 데 더 성공적이었으며, 소년들이 소녀들보다 더 성공적이었다고 봤다. 루처의 이 결과는 소년들이 위험을 감수하려는 경향이 더 크다는 사실로 설명 가능하다는 가설을 세웠다. 만약 이것이 사실이라면 소년이든 소녀든 소심한 학생들이 더 많이 참여하도록 격려함으로써, 은유적 사고를 하거나 다른 형태의 창의적 표현을 교실에서 안전하게 하도록 만드는 데 교사의 역할이 중요하다는 점을 강조하는 것이다.

교사는 학생들이 은유적 사고나 평범하지 않은 연관짓기를 사용하는 증거가 있는지 늘 지켜봐야 한다. J. 피르토(2004)는 은유의 사용이 젊고 재능 있는 작가들의 특징이라는 것을 발견했다. 6세짜리 아이가 창문을 타고 내려오는 빗줄기를 "물기 많은 애벌레의 잔물결"(p229)이라고 묘사한다면, 그 아이는 일반적인 1학년 학생보다 더 세련된 언어에 노출될 준비가 되었다. 화학을 퍼즐 맞추기처럼 생각하는 학생이나 당신이 팔레스타인판 로미오와 이스라엘판 줄리엣에 대해서 글을 쓴다면 창의성을 바탕에 둔 사고를 드러내는 것이다. 교사로서 당신은 이러한 연관짓기에 귀를 기울이는 것이 중요하다. 달 여행을 여름 캠프 가는 것에 비교한 학생은 경솔한 말을 내뱉은 것이 아니라, 모르는 장소로 떠나는 모험에 뒤따르기 마련인 외로움과 두려움을 표현하고 있는지도 모른다. 자기가 키우는 화분에 간식 시간에 먹는 우유를 쏟아부은 학생은 칼슘 섭취를 일부러 피한 것이 아니라, 우유가 자신에게은 물론 식물에게도 필요하다는 사실을 비유하고 있는 건지도 모른다.

결정을 내릴 때의 유연함과 기술 사고의 유연성은 일반적으로 하나의 상황을 다양한 관점에서 보거나 다양한 범주의 반응을 만들어내는 능력을 제공한다. 유연한 사고가 언제나 학교에서 장점으로 이해되는 것은 아니다. 그것은 평균적인 테스트 문제에 대해 학생들을 지나치게 분석적으로 이끌 수도 있다("자, 이것은 이런 뜻이다. 그러나 저것을 뜻할 수도 있지. 그리고 만약 네가 이런 식으로 본다면, 어떤 대답이든 참일 수가 있어…"). 이런 태도는 교사들이 주의 깊게 세운 계획에서 예견하지 않은 방향으로 학급 토론을 몰고 갈 수 있다.

유연한 사고를 하는 아이들은 이런 질문을 할 수도 있다. "왜 곰 세 마리는 골디락스[4]

---

4) Goldilocks, 곰 세 마리가 사는 집에 가서 가장 좋은 음식을 먹고 가장 좋은 침대에서 잠든 전래동화의 주인공 소녀-옮긴이 주

를 잡지 않았을까?" 또는 "찬장 속의 인디언[5]에 대해 쓰는 것은 인종차별이 아닐까?" 토론에 적절하지 않은 언급("그래서 어젯밤 [보스턴] 셀틱스의 경기는 어땠니?")과 다양한 초점을 나타내는 것 의 차이를 구별하기는 아주 중요하다.

결정을 내릴 때 유연하려면, 하나를 고르기 전에 다양한 선택의 여지와 관점을 고려할 필요가 있다. 당신이 학생들에게 의사결정을 가르치기 위해서 사용할 수 있는 전략은 다양하다. 의사결정은 무한한 재능 모델Talent Unlimited Model(Schlichter, Palmer & Palmer, 1993)의 없어서는 안 될 부분으로, 학생들은 여기에서 몇 가지 단계를 배운다. ⓐ 자신이 할 수 있는 다양한 일에 대해 생각하기 ⓑ 각각의 대안에 대해 주의 깊게 생각하기 ⓒ 최선이라고 생각한 하나의 대안을 선택하기 ⓓ 자신의 선택에 대해 다양한 근거를 부여하기.

무한한 재능으로 학생들은 수많은 대안에 대해 고려하고 선택 가능한 것들을 평가하는 특별한 기준을 사용하는 법을 배운다. 더 나이 든 학생들은 평가 기준에 우선순위를 매기고, 대안이 제한되어 있거나 제한적으로 보이는 상황을 다루는 법을 배운다. 이런 의사결정은 창의적 문제 해결에서 없어서는 안 될 부분으로, 제6장에서 자세히 설명할 것이다.

의사결정은 다양한 내용 영역에서 판단을 할 때 사용될 수 있다. 유치원 학생들은 학급 친구에 대해 언제 고자질을 하는 것이 적절한지, 학급 파티에 어떤 의상을 입고 나갈지에 대해 의사결정을 하는 연습을 할 수 있다. 중학생들은 학교의 재활용 프로그램에서 어떤 포맷이 최선인지 결정할 수 있다. 다시 말해, 고등학생들은 어떤 대체 에너지가 가장 유망한지 결정할 수 있다. 이 각각의 경우에 해결해야 하는 딜레마는 '열린 결말'이라는 것이다. 단 하나의 맞는 답이란 없기 때문에 다양한 가능성과 평가 기준을 고려하면 더 나은 결정을 이끌어낼 수 있다. 비록 학교에서는 답이 나와 있는 문제에 대해 의사결정을 연습할 기회가 많지만, 그것이 창의성에서 중요한 유연한 의사결정을 촉진할 가능성은 적다.

판단, 평가의 독립성 판단의 독립성을 드러내는 개인은 상황이나 생산품에 대해 그

---

5) 형에게서 선물로 받은 찬장 안에 인디언 인형을 넣어두었더니 인형이 살아났다는 소설 속 이야기–옮긴이 주

들 자신의 기준으로 평가할 수 있다. 그들은 다른 사람의 인정을 받는 것에 강박을 느끼거나 최신 트렌드를 쫓지 않는다. 이 장의 도입부에서 인용했던 작곡가인 스테판 슈왈츠는, 독립성과 오만함 사이의 교묘한 균형에 대해 특별히 언급했다. 이 경우에는 뮤지컬 〈위키드〉에 '인기 있는' 곡을 포함시키는 것을 옹호했다. 역시 장의 도입부에 등장했던 극적인 성격을 가진 학생인 사라는, 비슷한 독립성을 드러내고 있다. 그녀의 극적인 반응은 다른 사람의 판단으로부터 영향을 받지 않은 것처럼 보인다.

판단의 독립성을 시각화하는 가장 쉬운 방법은 아마도 정반대의 것을 생각하는 것이다. 독립성이 결여되어 있는 학생은 보통 교사로부터 끊임없이 인정받으려고 애쓴다. 그들은 교사가 그들의 작품을 칭찬하고, 새 옷을 알아봐주고, 맞는 대답을 할 때마다 인정해주기를 원한다. 의존적인 학생들은 몹시 굶주려 있기 때문에 이런 행동을 무의식적으로 격려하기는 쉽다. 그들은 교사로 하여금 중요하고 사랑받으며 어쩌면 없어서는 안 될 존재처럼 느끼게 한다. 그러나 불행하게도 다른 사람의 인정에 의존하면 정서적으로 건강하지 못할 뿐 아니라, 창의적 사고도 하기 힘들어진다. 새로운 아이디어가 즉시 받아들여지는 경우는 드물고, 현재 존재하는 기준으로 판단할 수 없는 경우도 빈번하다. 만약 판단에 대해 자기 자신의 기준을 세우고 있지 않다면, 독립적인 사고의 진전은 거의 없을 것이다.

더 나이 든 학생들도 어린 학생들만큼이나 의존적일 수 있지만, 그들은 어른에 의한 기준이 아니라 동료들에 의해 세워진 기준에 빈번히 의지한다. 중간 학년부터 판단의 독립성이 결여되어 있는 학생들은 동료들이 인정하는 옷을 입어야만 하고, 제대로 된 속어를 표현하고, 어떤 의미로든 동료들의 것과 비교하여 두드러지지 않는 학교 과제를 하려고 한다. 동료와 다르다는 것은 사회적 재난으로 여겨진다.

나이를 불문하고 독립적인 학생들을 가르치는 것은 쉽지 않다. 그들은 완고하고, 따지기 좋아하며, 권위에 저항한다. 사라가 화가 나 있거나 좌절했을 때 교실에 함께 있는 것은 결코 유쾌하지 않았다. 독립적인 판단력을 가지고 있는 학생들은 교사의 정정에 저항할 수도 있고, 교사가 그들의 창의적 작업을 평가할 능력이 있는지를 의심한다. 우리의 도전은 학생들이 학교에서 그들의 창의성을 뒷받침하는 방식으로 자신들의 독립성을 계발하도록 돕는 것이다. 판단에서 이런 독립성을 계발하는데 모든 연령의 학생들은 그들의 아이디어, 글쓰기 그리고 그 밖의 프로젝트들을 평가하도록 격려받아야 한다.

자기평가에 대한 세부 사항은 제9장에서 토론할 것이다. 지금 주목해야 할 중요한 점은 판단의 독립성을 위해서 판단의 근거가 되는 몇 가지 기준이 필요하다는 점이다. 그러한 판단 기준은 오만함이 아니라 식견 있는 평가를 의미한다. 학생들은 다양한 작업을 평가하는 데 사용할 수 있는 기준에 대해 배워야 한다. 유치원 미술반 학생들은 확실히 종이 전체를 사용했는지에 대해 배워야 한다. 고등학교 미술반 학생들은 빛과 그림자를 어떻게 사용했는지 검토해야 한다. 창의적인 글쓰기에서 초등학생들은 이야기의 시작, 중간, 끝을 찾아야만 하고, 반면에 더 나이 든 학생들은 대사의 현실성을 체크해야 한다. 변덕스런 기분이 아니라 평가 기준을 근거로 판단해야 한다는 것을 이해하면, 학생들이 "하지만 네가 보기에 좋아?"에서부터 스스로의 판단으로 옮겨가도록 도움을 줄 수 있다. H. 가드너(1982)가 세운 가설에서처럼, 어린 시절에 자신의 작업을 평가하는 훈련을 한 아이들은 십대 시절에 그들의 창의성을 짓누르는 사춘기의 가혹한 자기평가의 희생물이 될 가능성이 적다.

룬코(1992, 1993; Runco, Johnson & Gaynor, 1999)는 판단의 독립성은 물론 훌륭한 판단 또는 창의성을 평가하는 기술의 중요성을 지적했다. 그는 창의적 과정은 문제나 과제를 인식하는 데서 시작하여 다양한 아이디어를 산출할 필요가 있다고 말했다. 그러나 수많은 아이디어를 내는 것만으로는 충분치 않다. 창의적 개인은 생산된 수많은 아이디어 중 어느 것이 좋은지 판단해야만 한다. 룬코는 초등학생들의 독창적인 아이디어를 식별하는 능력에 주목했다. 그리하여 창의적인 아이디어를 평가하는 능력은 그것을 만들어내는 능력만큼이나 필수적이라고 주장했다. 이 이론 덕분에 아이들이 그들 자신의 작품을 평가하고, 특히 그들의 아이디어 중 더욱 독창적인 것을 평가하는 데 도움이 되는 활동을 지지하게 되었다.

마지막으로, 판단의 독립성은 창의적 개인의 판단이 자기중심적이라거나 결과에 대한 고려가 없다는 뜻이 아니다. 학생들이 독립적인 판단을 할 수 있도록 도우려면 자기 자신, 공동체 그리고 환경에 대한 잠재적 영향력을 포함하여 다양한 측면에 대해 평가하는 방식을 개발하도록 도와야 한다.

새로움에 잘 대처하기 새로움에 잘 대처하는 학생들은 새로운 아이디어를 가지고 작업하는 것에 능숙하며, 그것을 즐기기까지 한다. 그들은 '…라면 어떻게 될까?' 같은 질문을 즐긴다. 이런 학생들은 "하지만 물속에서는 숨을 쉴 수가 없잖아요"라며 논쟁하는 것이 아니라 물고기가 된 삶을 즐겁게 상상할 것이다. 더 나이 든 학생들은 지구 온난화의 결과로 생긴 변화에 대해 곰곰이 생각하거나, 소설 〈호밀밭의 파수꾼〉의 주인공 홀든 콜필드에게 무슨 일이 생길까를 생각하는 도전을 통해 격려를 받는다. 사라가 학급의 토론 시간에 독창적인 기여를 하거나 비 오는 날 할 수 있는 게임을 발명하기는 새로운 아이디어를 다루는 그녀의 능력을 보여준다.

학생들이 새로운 것을 잘 다루도록 도와주는 사고를 하도록 격려하려면 그들을 새로운 상황에 노출시킬 필요가 있다. 이것의 범위는 상상에서 현실까지 포함된다. 교사는 이렇게 공표할 수 있다. "앞으로 30분 동안, 너희들과 친구들이 생물체가 지배하는 먼 행성에서 지금 막 여기에 도착했다고 가정해보자. 그리고 내게 민주주의란 어떤 뜻이며, 왜 지구인은 민주주의를 좋은 이상이라고 생각하는지 설명해보자. 너희가 성공하기 위해서는 지배 계급과 피지배 계급 모두에게 너의 아이디어를 실험하도록 설득해야만 한다." 또는 학생들이 진짜 새로운 경험을 해보는 도전을 할 수도 있다. 예를 들어, 중국 오페라의 발췌본을 본다거나, 동떨어진 마을을 방문한다거나, 아프리카 영가나 인도의 시타르 뮤직을 듣는다거나 하는 것이다. 학생들의 편안한 준거 틀을 깨도록 만드는 이런 경험은 새로운 상황을 다루는 데 도움을 줄 것이다.

또 다른 전략으로는 맞고 틀린 답이 없는 문제나 과제를 만들어내는 것이다. 내 경험에서 볼 때 새로운 아이디어를 잘 다루지 못하는 학생들은 맞는 답에 대해 과도하게 걱정한다. 어떤 학생들에게는 이 과제에서 틀린 답은 없다는 것을 설명하는 것만으로도 충분하다. 다른 학생들에게는 그 과제를 평가해질 기준을 이해하게 도울 필요가 있다. 창의적인 노력이 그러하듯이 비록 맞고 틀린 답이 없는 과제일지라도, 품질에 대한 기준은 있는 것이다. 예를 들어, 매사추세츠 주의 학생들에게 만약 메사추세츠 주가 속해 있는 뉴잉글랜드 지역에 스페인 사람들이 정착했다면 그들의 인생은 어떻게 달라졌을지 묻는다고 해보자. 그러면 스페인 모험가들의 특징에 기반한 대답("우리는 스페인어로 말하고 있을 것이며, 더 많은 가톨릭 성당이 있을 것이다" 같은)이 무작위의 추측("풋볼 팀이 더 많을 것이다" 같은)보다는 더 적절할 것이다. 만약 학생들에게 새로운 상황의 맥락을 다루는 단서가 주어진다면 그들은 덜 겁먹을 것이다.

논리적인 사고 기술 얼핏 보기에 창의적인 특징으로서 논리적 사고 기술은 역설을 나타내는 것처럼 보인다. 우리는 때때로 창의성을 논리의 반대편에 있는 것처럼 생각하거나 창의성의 장벽처럼 생각한다. 그러나 사실 아주 창의적인 사람들은 뛰어난 논리적 사고 기술을 가지고 있다. 만약 학생들이 어떤 상황에 대한 정보를 모으고, 중요한 이슈에 집중하거나 잠재적인 아이디어를 평가하는 데 효과적이고 싶다면, 논리적 사고는 필수불가결하다. 논리적 사고를 드러내는 학생은 결론을 이끌어내기 위해 증거를 사용할 줄 알고, 그들의 대답에 대한 근거를 제시하며 만약에-그렇다면if-then이나 원인-결과cause-effect 같은 논리적 시퀀스를 사용할 줄 안다.

논리적 사고는 게다가 새로움을 다루는 도구가 될 수도 있다. 새롭거나 다른 상황일지라도 알려진 것, 익숙한 것으로 시작하기는 효과적인 전략이다. 예를 들어, 한 학생이 금성에 살 것 같은 동물과 그 동물이 살 집을 만들라는 과제에 도전해야 한다면, 그것은 아마도 새로운 과제일 것이다. 이것을 시작하는 데 가장 강력한 방법 중 하나는 그가 현재 금성에 대해서 알고 있는 정보로 시작하는 것이다. 기온은 어떠한가? 공기는? 지형은? 그러한 상황이라면 어떻게 적응하는 것이 가장 효율적일까? 그 이유는? 건축에 사용할 수 있는 자원은 무엇일까? 이러한 질문으로 진정 창의적인 답변을 이끌어낼 수도 있다. 이것은 눈이 4개 달린 초록 괴물을 상상력 넘치게 그려내는 것보다 더 새롭고 적절한 대답일 것이다. 또한 이런 과제를 하면서 학생들은 태양계와 동물의 생활에 대한 정보를 종합하여 두 과학 분야를 통합하고 강화할 기회를 갖게 된다. 논리가 독창성에 도움이 되도록 사용하는 이와 같은 과제를 연습하도록 돕는다면, 학생들은 창의적 사고와 내용 학습 둘 다에 영향을 받게 된다.

시각화 창의적 개인은 그들이 보지 못한 것을 시각화할 수 있다. 케쿨레(그가 정말 잠들었던 것인지와 상관없이)는 뱀처럼 생긴 벤젠 고리를 시각화했다.(Weisberg, 1986) 어떤 사람들은 아인슈타인이 움직이는 기차 안의 운동을 시각화함으로써 그의 이론의 일부를 도출해냈다고 말한다. 문화를 가로질러 수많은 예술가가 캔버스, 돌, 종이 또는 모래로 옮기려고 시도했던 이미지를 시각화해왔다. 시각화를 잘하는 아이들은 그들이 보지 못한 것을 상상할 수 있고, 정신적인 이미지를 가지고 놀기를 좋아한다. 그들은 루이스의 나니아 왕국 또는 바빌론의 공중정원[6]을 그려보기를 좋아하며, '만약에 …라면 어떨까?'라는 게임을 시각화하여 즐긴다. 이런 학생들은 서로 작게 속삭일지도 모른다. "모든 선생님이 학교에 잠옷을 입고 온다면 어떻게 될까?" 그러고는 속수무책으로 낄낄거리는 상태에 빠져든다. 더 나이 든 학생들은 세밀한 것들에 대해 상상하면서 얼굴이 빨개져 어쩔 줄 몰라 할 것이다.

학생들의 시각화 훈련을 돕는 것은 흥미롭고, 가끔은 정치적으로 도전적인 일이다. 어떤 지역에서는 학생들의 상상을 촉진하는 노력이 정치적 부작용이 예견되는 마인드 컨트롤의 노력으로 해석되어왔다. 여러분은 자신이 선택한 활동을 스스로 속한 공동체의 유연성이나 풍토와 조화시킬 필요가 있다. 시각적 이미지를 격려하는데 특별히 고안된 활동은 제6장에 포함되어 있다.

여러분은 또한 시각적 이미지를 위해 보다 더 전통적인 자원을 생각해볼 수도 있다. 예를 들면, 미취학 아동부터 고등학생에 이르기까지 학생들에게 책을 큰 소리로 읽어준다거나, 옛날 라디오 드라마를 듣게 한다거나, 요즘의 팟캐스트 같은 것을 들려주는 것이다. 시각적 이미지를 촉진하는데 학생들에게 이미지를 계획하거나 창조하도록 할 수 있다. 동영상 제작 과정을 공부하는 학생들은 다양한 카메라 앵글의 효과, 쇼트의 길이 그리고 카메라와 피사체의 움직임을 시각화하는 것을 배운다. 동영상-카메라 폰은 그런 모험을 위해 필요한 장비를 훨씬 수월하게 만들었다. 비슷하게, 그래픽을 계획하고 만들려는 학생들은 원하는 효과를 시각화한 후 그것을 성취하기 위한 전략을 생각해낸다.

참호 구축에서 벗어나기　참호로 둘러싸인 사고를 피할 수 있는 사람은 일상생활 아이디어의 상투성에서 벗어날 수 있고, 사물을 새로운 방식으로 생각할 수도 있다. 이런

---

6) BC 500년 신바빌로니아의 네부카드네자르 2세가 왕비 아미티스를 위해 건설한 정원-옮긴이 주

사고는 새로움에 잘 대처하고 유연한 사고를 조합한 것으로 보인다. 만약 창의적인 개인 스스로가 예측가능한 사고 패턴을 반복하고 있는 것을 발견한다면, 그들은 새로운 앵글이나 새로운 관점을 찾거나 그 패턴을 깨뜨린다.

이런 사고를 잘하는 아이들은 이미 설명한 수많은 특징을 드러낼 것이다. 그들은 판에 박힌 활동이나 과제의 반복 또는 연습 활동을 지루해하거나 못 참는다. 안전하고 효과적인 교실에서의 일상적인 활동과, 창의적인 개인이 갖는 새로움에 대한 선호 사이에서 균형을 찾기는 어려울 수도 있다. 비록 가끔은 강화의 필요성이 중요하지만, 교사로서 우리는 다른 어떤 것을 생각해낼 수 없기 때문에 과제가 반복적인 것은 아닌지에 주의해야 한다. 매일 일기 쓰기나 주간 숙어 정의하기에서 변화를 주면 지루함을 피할 수 있을 뿐 아니라, 학생들에게 패턴이 깨질 수도 있다는 사실을 이해시킬 수 있다. 또한 학생들이 참호 구축의 틀을 부수도록 도울 수 있다. 만약 학생들이 "프랑스어 숙어를 연습하는 새로운 방법은 뭘까? 아이오와 주에 대한 정보를 나누고, 점심시간에 줄을 서는 새로운 방법이 있을까?"라는 질문을 받는다면, 그들은 뭔가를 찾아야만 한다!

혼돈 속에서 질서 찾기　창의적 개인과 연관된 가장 흥미로운 특징 가운데 하나는 버클리 대학교에서 진행되었던 IPAR 프로젝트의 일부인 F. 배런의 연구에 뿌리를 두고 있다. 그 프로젝트에 대한 초기 연구에서 배런(1968, 1969)은 대칭 VS 비대칭 그리고 복잡성 VS 단순성에 집중하여 피실험자들의 시각적 전시의 선호도를 조사했다. 좀 더 창의적인 개인은 단순한 것보다는 더 복잡한 시각적 이미지를, 대칭적인 것보다는 비대칭을 선호했다. 이러한 선호도 패턴은 배런-웰시 형상 선호 테스트(Barron-Welsh Figural Preference Test, Barron & Welsh, 1952)의 기초를 이루었다.

배런에 따르면 이러한 선호도 속에 숨겨진 다양성은 무질서이다. 그는 창의적인 사람들은 무질서를 좋아하는데, 그 이유는 무질서가 그들 자신만의 방식으로 혼돈 속에 질서를 부여할 기회를 주기 때문이라고 믿었다. 매키넌(1978)은 모든 창의적 그룹의 연구에서 복잡성에 대한 비슷한 선호도를 발견했다. 그는 이렇게 주장했다.

창의적인 사람들이 혼돈의 결과인 불안함 없이 복잡성과, 심지어 무질서까지도 그
들의 지각 속으로 받아들이는 특별한 기질을 가지고 있는 것은 분명하다. 무질서를

그 자체로 좋아하는 것까지는 아니지만, 단순함의 휑한 빈약함보다는 무질서의 풍부함을 좋아한다. 그들은 자신에게 특별한 욕구, 즉 그들이 경험하고 싶은, 가장 어렵고 지대한 영향을 가져올 풍부함의 질서를 성취하고 싶은 강한 욕구를 불러일으키는 무질서의 다양성에 도전의식을 느끼는 것 같다.(p62)

그렇다면 나는 창의적인 내 남편이 가장 좋아하는 의자 주변에 끊임없이 널려 있는 쓰레기 더미를 포기해야만 하는 걸까? 우리는 창의적인 학생들 곁의 소용돌이치는 먼지 구름이 그들의 책상에 대한 혼돈을 공격하는 찰스 슐츠의 캐릭터인 피그펜[7]처럼 보이기를 기대해야 할까? 어쩌면 그럴지도…. 어쩌면 더 나은 조짐은 글로 쓴 그들의 과제나 예술 프로젝트의 복잡성에서 보일 것이다. 정교하고 얽힌 플롯 또는 기대하지 않았던 결말이 포함된 글쓰기가 단서를 제공할지도 모른다. 비대칭적이고 여러 색깔과 복잡한 디자인을 사용한 미술 작품은 비록 산란하게 보이더라도 주의 깊게 색깔을 선택한 집, 나무, 미소 짓는 태양보다는 더 나은 창의성의 지표다.

혼돈 속에서 질서를 발견하기 좋아하는 학생들은 혼돈에서 시작해야만 한다. 물론 우리가 교실을 계속해서 혼란 속에 둘 수는 없지만, 그 프로젝트가 며칠에 걸쳐 진행되더라도 프로젝트가 진행되는 동안 미술 작업을 하는 책상의 상태에 대해서는 입을 다물고 있을 만한 가치가 있다. 이러한 힘을 가진 학생들은 교사가 그린 모델을 흉내 내는 대칭적인 타일 모자이크나 윤곽선을 따라 말끔하게 칠면조를 그리라고 시킨다면 화를 낼 것이라는 점도 인식하는 게 중요하다. 질서를 발견하는 즐거움은 외부로부터 부과된 것이 아닌, 자기 스스로의 질서를 발견하는 것이다.

정서적 특징

정서적 특징은 사고와 행동을 형성하는 정서적 패턴과 개인의 가치를 반영한다. 이러한 특징은 어떻게 사람들이 생각할 수 있는가가 아니라 그들이 무슨 목적을 위해, 어떤 방식으로 그들의 사고를 사용하는 방식을 선택하느냐를 결정한다. 선택할 수 있

---

7) Pigpen, 만화 〈스누피〉에 나오는 자존심이 강하고 먼지투성이인 남자아이. 더러운 것을 빨아들이는 이상한 힘을 가지고 있다.-옮긴이 주

는 수많은 특징의 목록이 있다. 다음 논의에서는 특징 집단을 아홉 가지로 종합했다.

기꺼이 위험 감수하기　창의성과 관련된 가장 흔한 정서적 특징 가운데 하나는 위험 부담을 기꺼이 감수하는 것이다. 이것은 번지점프를 하는 사람이나 산에 오르는 사람에게 박차를 가하는 그런 종류의 위험 감수일 필요는 없다. 오히려 지적인 위험을 기꺼이 받아들이는 것이다. 이것은 매키넌(1978)이 설명한 것처럼 다른 사람들이 꺼리는 사상을 생각하고 정상 궤도에서 벗어난 아이디어를 표현하는데 필요한 용기다. 창의적인 위험 감수를 하는 개인은 비판, 조롱 그리고 바보 같다는 생각에 노출된다. 어느 날 밤, 즉흥 연주를 하는데 무대에 선 재즈 음악가은 형편없는 연주를 할 수도 있다.

배우인 더스틴 호프먼은 〈투나잇 쇼〉(Leno, 1990)에 나와서 1988년 올림픽에 출전했던 다이빙 선수 그레그 루가니스[8]와 자신의 느낌을 비교했다. 루가니스는 세계 최고의 다이빙 선수였지만 딱 한 번 다이빙 보드에 머리를 부딪혔다. 호프먼은 다이빙 선수의 목표는 가능한 한 보드에 가까이 가는 것이고, 10점짜리 다이빙과 보드에 머리를 부딪치는 수치스러움 사이에는 겨우 1인치의 차이가 있을 뿐이라고 주장했다. "나는 그것을 봤고," 호프먼은 말했다. "그렇구나-생각했다." 비록 모든 창의적인 노력 속에서 호프먼의 배우로서의 능력을 알아볼 수 있을지라도 실패의 위험은 언제나 있으며, 가끔은 겨우 1인치 차이가 그것을 결정한다. 창의적으로 계속 노력한다는 것은 그 위험성을 받아들인다는 뜻이다. 2012년 자신의 책 〈인지니어스*inGenius*〉에서 티나 실링은 장 제목을 '빠르게 움직여서 부셔라Move Fast, Break Things'라고 붙였다.

창의적 위험성을 감수하려는 학생들이 그렇다고 늘 정글짐의 맨 꼭대기나 풋볼 선수들 더미의 밑바닥에 깔려 있는 것은 아니다. 그들은 교사와 다른 의견을 표현하길 좋아하는 학생이거나, 클래식 음악을 좋아하거나, 과제에 대해 새로운 마감일을 주장하거나, 카페테리아의 음식이나 정치적 이슈에 대항하는 학교 전체에 걸친 항의를 조직할지도 모른다. 그들은 과학에서, 예술에서, 또는 끊어진 자동차 벨트를 고치면서 어떻게 되는지 보고 경험하려는 학생들이다.

---

8) Gregory "Greg" Efthimios Louganis, 1960~, 1980년대를 풍미한 다이빙 스타로, 1984년과 1988년 올림픽 플랫폼 다이빙에서 금메달을 땄다. 특히 1988년에는 보드에 머리를 부딪치는 사고를 당했으나 응급 처치 후 다시 도전해 핏빛 금메달을 획득했다.-옮긴이 주

위험을 감수하는 학생들을 도우려면 균형 잡힌 행동이 필요하다. 왜냐하면 우리는 그들이 지적인 위험 감수를 하도록 도울 뿐 아니라, 어떤 위험이 감수할 가치가 있는지 판단하고, 위험 감수에는 결과에 대한 책임이 따른다는 것을 이해하도록 도와야 하기 때문이다. 학생들이 다른 의견을 발표하는 것이 안전하다고 느끼는 교실 풍토를 만드는 것은 이런 도움을 위해서 필수적인 요소이며, 빈정거림에 대해서는 단호히 대처하고 진압해야 한다. 비록 학생들의 독창적인 노력이 받아들일 만하지 않더라도(예를 들어, 과제를 위해 그들이 고안해낸 새로운 포맷이 과제의 비판적 요소를 생략했다거나), 무엇이 문제를 야기했는지 학생들이 이해하도록 돕는 것이 중요하다. 만약 학생의 과제가 설득력 있는 연설을 하는 것이었다면, 그런데 그 대신 교장의 아침 조회를 흉내 냈다면 그는 과제를 완수한 것이 아니다. 여기에서 당신은 그 학생이 새로운 캐릭터를 택한 것은 문제가 아니지만, 그 연설을 흥미롭게 만들 만한 독창적인 요소를 덧붙였어야 한다고 그 학생을 이해시킬 필요가 있다. 성공적이기 위해서 그 학생은 과제가 요구한 것처럼 설득력 있는 어조로 교장을 묘사할 필요가 있었다(수없이 반복된 다른 학생에 대한 조롱이나 불친절함이 학급의 규칙에 어긋난다는 점은 어른에 대해서도 마찬가지다. 젊은이들이 가끔은 유머와 잔인함 사이의 경계선을 발견하도록 도와줄 필요가 있다).

과제에 대한 끈기, 추진력, 헌신 물론 그저 위험을 감수하는 것만으로는 충분하지 않다. 수많은 위험성 중에는 반만 완성된 성공이나 실패가 포함된다. 이 결과를 위해서 끈기 있는 노력이 계속 필요하다. 장애물 앞에서도 기꺼이 계속하고, 즉각적인 보상이 없더라도 동기 부여를 유지하고, 오랜 기간 동안 과제에 기꺼이 집중하려는 마음이 성공적인 창의적 노력에 필수적이다. 이 장의 도입부에서 소개했던 호세는 과학에 대한 흥미를 엄청난 추진력과 헌신 속에서 보여주었다. 수많은 창의성에 대한 이론은 핵심 요소로서 시간에 대해 이야기한다. 높은 수준의 창의성이 태어나기 위해서 각자는 창의적 아이디어를 계발하기에 충분히 긴 시간 동안 과제에 붙어 있어야 한다. 만약 우리 학생들이 창의적인 측면에서 성공적이려면, 그들은 그것이 일어날 때까지 충분히 오랫동안 동기 부여와 집중력을 유지할 수 있어야 한다. 이것은 아마도 자기효능감, 창의적인 뭔가를 성취할 수 있는 자기 능력에 대한 확신과 관련되어 있을지도 모른다(제9장 참조). 자기효능감은 과제를 기꺼이 수행하고, 일이 매끄럽지 않을 때 끈기에 영향

을 끼친다.(Bandura, 1977)

Lesson 5.1 완벽함은 완벽하지 않다

건강한 수준으로 위험을 감수하는 데 장애가 되는 것 중 하나는 완벽주의, 즉 실수하면 안 되고 어딘가 불충분할지 모른다는 학생들의 생각이다. 학생들이 높은 기준의 완벽주의로부터 벗어나도록 도울 수 있는 방법은 많다. 물론 그중 하나는 창의적인 사람들의 일생을 공부하고, 그들이 성공에 이르기까지 돌아가는 길을 얼마나 걸었는지 유념하는 것이다. 또 다른 방법은 도움이 되는 이야기를 통해서이다. 내가 가장 좋아하는 공포를 이기는 창의성에 대한 이야기는 레이놀즈에게서 온 것인데, 그의 〈느끼는 대로Ish〉(Raynolds, 2004)와 〈점The Dot〉(Raynolds, 2003)은 미취학 아이부터 대학원생에게까지 기쁨을 주며 도움도 된다. 〈느끼는 대로〉는 그림 그리기를 좋아했지만 형의 핀잔으로 노력하는 기쁨을 빼앗긴 레이먼이라는 소년에 대한 이야기다. 어린 여동생 마리솔은 그의 그림이 정확히 꽃병은 아닌 것 같지만 꽃병같이vaseish 보이고 감탄할 만하다고 현명하게 지적했다. 레이놀즈의 책은 가능한 한 완벽한 것이 중요한 때는 언제이고, '처럼'이 괜찮은 건 언제인지에 대한 불꽃 튀는 토론에 사용될 수 있다. 피터 레이놀즈의 블로그에 대한 정보는 제7장에서 볼 수 있다. 비슷하지만 더 추상적인 토론을 위해 적당한 이야기는 〈정사각형 Perfect Square〉(Hall, 2011)인데, 여러 방식으로 변하는 네모가 모험과 아름다움을 찾는 이야기다.

우리는 정말로 창의적이거나 똑똑한 사람은 열심히 일할 필요가 없으며, 만약 당신이 충분히 훌륭하면 아이디어가 재빨리 손쉽게 나올 거라는 통속적인 관념을 쫓아버려야 할 특별한 책임이 있다. 창의적인 글쓰기에서 문제의 발견에 대한 내 연구를 진행하면서,(Starko, 1989) 나는 심지어 고등학생 중에서도 가장 능력 있는 작가들은 작문 프로젝트를 만들어내기 위해 아이디어와 경험을 의식적으로 교묘하게 다룬다는 것을 발견했다. 덜 능력 있는 작가들은 만약 자신들이 기다리기만 한다면, 아이디어가 솟아오를 것이라고 믿는다. 당연히 아무것도 솟아오르지 않으면 어쩔 줄 몰라했다. 그들은 자신의 노력을 통해 아이디어를 개선해나가야 한다는 것을 이해하지 못했다.

위험 감수, 실패 그리고 지속적인 노력의 모델을 제공하기는 중요하다. 만약 학생들이 하나의 실패와 총체적인 실패를 같다고 생각한다면, 그들은 창의적이든 다른 어떤 노력이든 지속하려고 들지 않을 것이다. 창의적인 사람들의 이야기가 도움이 되는 모델일 수는 있다. 만약 학생들이 전구의 불을 밝히는 성공적인 재료를 찾기 전에 에디슨이 필라멘트를 만드는 데 써본 재료의 수를 배운다면, 또는 갈라진 스커트나 '블루머'를 입은 아멜리아 블루머[9]에게 쏟아진 경멸을 안다면, 학생들은 그들 자신의 싸움을 계속할 용기를 찾을 것이다(사실, 당신은 아마도 미스 블루머를 그녀의 수치스러운 치마바지와 연관하여 익숙하게 떠올릴지도 모른다. 그녀는 저널리스트였고, 그녀가 만든 잡지 〈릴리The Lily〉는 최초의 여성 소유 회사로서 온전히 여성에 의해 운영되었다.(Hanaford, 1882)).

어린아이들에게 전기를 소개할 때는 이러한 필요에 주의해야 한다. 때때로 어린이를 위해 쓰인 전기는 진실을 그리기보다 좋은 행동의 모델이 되는 것에 더 관심을 갖는다. 그들은 현실의 분투를 생략하고 밝고 착한 아이가 자라서 성공적인 어른이 된다는 단순한 이야기로 대체한다. 그러한 이야기는 상투적일 은 물론 해로울 수도 있다. 만약 어린아이들이 성취가 쉽게 오게 되어 있는 것이라고 믿는다면, 실제 생활의 난기류는 반갑지 않은 것이자 크나큰 놀라움이 될 것이다.

당신 자신의 노력, 분투 그리고 성공에 대해 이야기하는 것 역시 강력한 모델로 예상해볼 수 있다. 내 동료 중 하나는 자신의 석사 논문의 초고들을 모두 학교로 가져와서, 그녀의 학생들은 논문이 완성되기 전에 얼마나 여러 번 쓰고 고쳐야 히는지를 눈으로 볼 수 있었다. 나는 때때로 젊은이들과 함께 새로운 악기를 배우기 위한 시작 단계의 노력을 공유한다. 나는 이러한 분투와 어설픈 연주가 비록 음악가로서 훌륭한 모델은 제공하지 못하더라도, 기꺼이 위험을 감수하고 완전하지 못하지만 성공으로 가는 길에 필요한 수없이 수많은 노력을 보여줄 거라고 믿는다.

마지막으로, 창의적인 개인은 다른 사람에 의해 부과된 것이 아닌, 스스로 선택한 과제에 대해 끝까지 고집하고 분투한다는 것을 깨닫는 것이 중요하다. 우리가 학생들의 지속성과 열망의 증거를 언제나 우리가 고른 분야에서 발견하는 것은 아니다. 어떤 학생이 항상 수학 과제를 완성하지 못하고 중국어 문법을 이해하느라 씨름한다고 해서, 그것이 반드시 잠재적인 창의성의 실패한 지표가 되는 것은 아니다. 우리가 학생들이 덜 좋아하는 과제일지라도 완성하도록 자기 규율을 발전시키길 바라는 것은 확실하지만, 학생들은 끈기의 증거를 그 밖에 다른 곳에서 찾을지도 모른다. 유치원에서 단지 쉬는 시간이 끝났다고 상상의 마을을 짓는 것을 그만두고 싶어하지 않는 아이나,

---

9) Amelia Bloomer, 1818~1894, 여권운동을 벌인 미국의 개혁 운동가. 그녀가 입었던 치마바지는 그녀의 이름을 따서 '블루머'라고 불린다.-옮긴이 주

가끔 역사 수업은 빼먹지만 시간이 날 때마다 기술 실험실에서 시간을 보내려고 하는 고등학생에게서 이것을 찾을 수 있다. 그런 행동이 학교에 적절하지 않고 불편하다는 것을 인정하지만, 그것을 긍정적이고 과제 집중적인 동기 부여로 인정하지 못하게 해서는 안 된다.

교실에 대해 생각하기

학생들에게 창의성과 관련된 특징을 가르쳐라. 뉴스나 이야기 또는 만화에서 그런 특징의 예를 모을 수 있는 게시판을 만들어보자.

호기심 창의적인 사람들은 호기심이 많다. 그들은 사물이 어떻게 작동하는지, 사람들은 어떻게 생각하는지, 저 바깥에는 뭐가 있는지, 어떻게 거기에 도달했는지에 대해 알고 싶어한다. 그들은 어린아이 같은 끈기를 가지고 어디에서나 "왜?"라고 묻고, 그들을 둘러싼 세계를 이해하는데 끊임없이 분투한다. 어느 여름날, 음악가인 한 친구가 우리를 방문해서 그늘진 뒷마당에 앉아 있던 때를 나는 생생하게 기억한다. 그는 갑자기 커다란 단풍나무 중 하나에서 뭔가 이상한 것을 눈치 챈 것 같았다. 그는 번개처럼 재빠르게 나무로 기어 올라가서[나는 아직도 그게 어떻게 된 일인지 모르겠다. 10피트(약 3미터)보다 낮은 나무줄기는 하나도 없었기 때문이다], 우리를 내려다보고 싱긋 웃으며 나뭇가지를 조사했다. 그 사건은 그의 삶에 대한 접근 방식을 상징적으로 보여준 일이었다. 창의적인 사람에게 모든 새로운 장면과 소리들은 조사하고 싶은 문제를 던져준다. 미묘한 차이를 가진 모든 새로운 아이디어는 탐색해보아야 한다.

호기심 없이는 문제의 발견도 있을 수 없다. 수상 경력이 있는 한 수학자는 이렇게 말했다.

당신은 알고 싶은 문제를 가지고 있어야만 한다. 당신은 그것을 가지고 있어야만 한다. 단지 그것을 아는 데에서 기쁨을 느껴야만 한다. 당신은 왜 그것이 작동하는지 알고 싶어한다. 때때로 당신은 인정받고 싶기 때문에 그것을 한다. … 그것도 이유 중 하나다. … 그러나 왜 그것이 작동하는지 진짜 알고 싶지 않다면, 자신이 정

말 어려운 문제를 해결할 만큼 충분히 열심히 일하게 만들 수 없다. 당신은 오로지

그것에 매료되어야만 한다. 당신은 그저 알고 싶을 뿐이다.(Gustin, 1985, p321)

보통 어린아이들에게서 호기심을 발견하기는 쉽다. 미취학 또는 유치원 아이들을 가르치는 교사는 끊임없는 질문 공세를 받고, 지나치게 열정적이고 탐험심 많은 아이들이 스스로를 위험에 빠뜨리지 않도록 주의해야 한다. 그러나 몇 년만 더 지나면 이 아이들이 그런 행동을 하는 경우는 정말 드물어진다. 나는 수많은 초등학생과 중학생을 인터뷰했다. 그들은 자신들에게 선택권이 있다면 무엇을 배우고 싶으냐는 질문에 대해 어떤 흥미도, 질문도, 관심 있는 문제도 제시하지 못했다.

나는 이와 같은 흥미의 결여가 어느 정도는 학교 경험의 결과가 아닌가 의심한다. 어린 시절의 초기에 가진 탐색과 질문은 어린이들이 세계에 대해서 배우는 주된 도구다. 학교에서 그들은 교사가 선택한 것을, 교사가 선택한 방식으로, 교사가 선택한 시간에 배우도록 교육받는다. 너무나 많은 경우, 유일한 목표는 시험을 통과하는 것이다. 이윽고 자신이 배울 것을 선택하고 흥미 있기 때문에 질문한다는 생각은 학생들의 일상 경험에서 멀리 떨어지게 된다. 가끔 내가 학생들에게 배우고 싶은 것이 무엇인지 물으면, 그들은 내가 마치 외국어라도 하는 것처럼 쳐다본다.

가끔은 배우고 싶은 것을 학생들이 선택한다면, 창의성의 바탕인 호기심을 유지하는 데 도움이 될 것이다. 학생들이 흥미를 찾는 것을 배우고 문제에 대한 답은 물론 질문까지도 하게 돕는 방법은 제8장에서 논의할 것이다. 지금은 하나의 예로 충분하다고 믿는다. 나는 예전에 교사 하나를 만났다. 그는 '위대한 질문'이라는 제목을 단 상설 게시판을 교실에 마련해두고 있었다. 만약 어떤 학생이 질문했는데 즉시 대답할 수 없거나, 학과에서 너무 멀리 벗어나는 논제라거나, 흥미롭게 보인다면 그것을 기록하여 게시판에 붙인다. 그런 다음 학급(또는 개별 학생들)에서 약간의 시간이 날 때, 그것을 탐구하는데 질문지를 게시판에서 떼어낸다. 이러한 전략은 흥미로운 질문에 대한 공개 토론의 기회를 제공할 뿐 아니라, 가치 있는 것은 답변은 물론 질문 자체라는 메시지를 아주 잘 전달한다.

경험에 대한 개방성 호기심을 가지게 하기 위해서는 호기심을 가지게 할 만한 뭔가가 있어야 한다. 창의적인 개인은 그들 자신에게 경험에 대한 풍부한 수용성을 통해 질문, 아이디어, 문제의 끊임없는 자원을 제공한다. 경험에 대한 개방성의 한 측면은 모든 감각을 통해 입력된 복잡한 것들에 대한 풍부한 수용성이다. 나는 메인 주의 어떤 섬에 있는 아름답고 격식을 차린 정원을 방문한 일이 있었다. 여러 색깔의 꽃들 사이를 걷고 있을 때, 정원 끝에서 그림을 그리는 여성을 발견했다. 방해하고 싶지 않아서 그녀가 휴식 시간을 가질 때까지 그 주변에 다가가지 않았다. 내가 그쪽으로 걸어 갔을 때, 그녀는 감탄하며 외쳤다. "모든 초록이 여기에 다 있다는 것이 믿어지세요?" 나는 그녀의 캔버스를 봤고, 그녀가 정원을 그리고 있었던 것이 아니라, 아주 세밀하게 다른 다양한 초록 그림자를 드리운 정원의 나무들을 그리고 있었다는 것을 깨달았다. 그 순간까지 나는 전혀 초록색은 알아채지도 못하고 있었다. 그녀의 관점로 그것을 봤을 때, 나는 숨이 막힐 지경이었다. 그때까지 내게 벗어나 있던 톤과 색조의 미묘한 차이가 그녀의 창의적 작업을 위한 영감이었던 것이다. 그 후로 나는 늘 그녀에게 감사하고 있다. 이제 초록은 내게 결코 같은 색이 아니다. 다양성에 대한 그녀의 관찰이 없었다면, 나를 포함해 그녀의 그림을 보게 된 그 누구도 그와 같은 경험을 하지 못했을 것이다.

경험에 대한 개방성은 뭔가 새롭고 다른 것을 기꺼이 시도해보려는 특징을 가진다. 이탈리안 레스토랑의 문어, 일본의 종이접기 전시, 엘리자베스 1세 여왕 시절(또는 현대)의 영국 음악 콘서트, 탭 댄스 수업 같은 것처럼 말이다. 도로변의 바위를 바라보는 데 넋을 잃은 아이들, 마음과 귀를 열고 오페라를 들으려고 하는 중학생들, 내 친구 하나가 그랬듯이 데이트 상대를 이색적인 수술을 보여주는 의대 영화제에 데리고 간 고 등학생…. 이들 모두가 그들을 둘러싸고 있는 경험에 대해 기꺼이 개방적이라는 사실을 보여준다.

어른들은 젊은이들이 이러한 능력을 계발하도록 도와야 한다. 피아니스트인 재닛 하이엔은 세상을 경험하는 것에 대한 자신의 개방성과 기대에, 아버지가 끼친 영향을 이렇게 설명했다.

나의 첫 번째 기억 중 하나는 아빠가 "보거라" 하고 말하며 흥분한 채 나를 부른 것
이다. 나는 무엇을 봐야 하는지 알 수가 없었다. 그러자 아빠가 말했다. "듣거라."

그리고 나는 아주 멀리서 들리는 이상한 소리를 알아챘다. 아빠는 계속해서 "더 높이 보거라, 더 높이"라고 말했고, 나는 그렇게 했다. 그때 나는 최초로 거위 떼를 봤고, 그들이 서로 부르는 소리를 들었다. 아빠는 내 손을 잡고 말했다. "쟤들이 하늘의 고래들이란다."[은유적 언어에 주의할 것!] 나는 결코 그것을 잊은 적이 없다. 그 후로 나는 고개를 들어 하늘을 볼 때마다 뭔가 특별한 것—비행기나 밤의 올빼미 같은 것을 기대한다. 나는 훌륭한 '하늘 보는 사람'이다. (Moyers, 1990, p53)

나는 우리가 이것을 젊은이들과 공유하기 전에 우선 자신들의 경험에서 개방성을 계발해야 한다고 믿는다. 우리가 경이로움을 경험할 수 없다면 그것을 전달할 수도 없다. 나는 우리를 둘러싸고 있는 사물에 대해 더 깊이 듣고, 더 가까이 보도록 우리 자신을 내맡기지 않고는 결코 이렇게 할 수 없다는 것을 안다. 내가 새들의 노랫소리를 구별하는 법을 배웠을 때, 앞마당에 가득한 그 떠들썩함은 흥미로운 소음에서 일련의 대화로 변했다. 내가 극장 조명을 더 자세히 관찰했을 때, 전에는 무시했던 미묘한 변화를 알아채고 그것을 좋아하게 되었다. 만약 당신이 학생들에게 뱀 등에 있는 놀라운 무늬에 대해 지적할 수 있고, 작가들 사이의 설명적인 언어의 미묘한 차이, 수정crystal이 지닌 환상적인 패턴을 가르쳐줄 수 있다면, 이러한 경험은 학생들의 눈을 뜨게 만들 것이다. 우리 스스로 자신이 가르치는 것들의 아름다움을 보지 못한다면 어떻게 학생들이 그것을 보겠는가?

경험에 대한 개방성은 또한 내적 · 정서적 경험에 대한 개방성을 의미한다. 〈샬롯의 거미줄〉에서 거미인 샬롯의 죽음을 보고 눈물 흘리거나 노숙자에 대한 처우에 분노하는 아이들은, 비록 자신들이 어려울 때일지라도 정서적 경험을 기꺼이 하려고 한다. 앞에서 설명한 드라마틱한 사라는 넓은 범위의 정서를 경험하고 표현했다. 이런 개방성은 고도로 창의적인 개인의 특징으로, K. 다브로스키가 묘사한 정서적 과잉 흥분과 연결하는 것도 가능하다.(Piechowski & Cunningham, 1985) 경험에 대한 개방성은 때때로 고통스럽고 혼란도 준다. 시를 쓰는 과정에 대해 설명하면서 스테판 스펜더는 이렇게 말했다.

시는 끔찍한 여정이고, 이미지에 집중하는 고통스런 노력이다. 말은 사용하기가 극

단적으로 어려운 매개물이다. … 무엇보다도 시를 쓴다는 것은 자기 자신의 인성을 익숙하고 서투른 한계와 직면하여 접촉하게 만드는 것이다. 존재의 모든 다른 양상 속에서 사람은 전형적인 일상의 전통적인 관행을 실행할 수 있다. 사람은 자기 친구를 배려한다, 사람은 사무실에서 하루를 보낼 수도 있다, 사람은 휴식을 취할 수도 있고, 사회에서 자신의 위치에 주의를 끌 수도 있다. 그는 한마디로 말하자면 인간을 다루고 있다. 시에서 그는 신과 씨름을 하고 있다.(Ghiselin, 1985, p125)

그러나 신과의 씨름 없이, 자기 자신만을 가지고는 스펜더가 시인이 될 수 없었을 것이다. 경험에 대해 자신의 마음을 열 때 젊은이들은 불안을 일으키는 혼란과, 무질서에 마음을 여는 자세를 필요로 한다. 특히 사춘기에 창의적인 개인은 인생의 목표나 목적, 종교적 믿음에 대한 사소한 지장, 개인적 또는 사회적 역할에 대한 갈등과 같은 불확실성에 괴롭힘을 당한다. 비록 모든 젊은이가 어느 정도는 그러한 어려움을 경험하더라도, 그것을 무시하거나 사라져버리기를 기다리는 사람들보다는 그것을 알고 연구하는 사람들의 분투가 특히 고통스럽다. 창의적인 사춘기 젊은이들은 그것이 가진 효과의 밀도와 원인의 실제를 과소평가하지 않고, 불안을 극복하기 위한 자신의 능력에 확신을 주는 감정 이입과 더불어 넓은 이해가 필요하다.

물론 이러한 조언과 이해가 사춘기 젊은이들에게만 한정되어 필요한 것은 아니다. 어린아이들 역시 경험에 대한 평범하지 않은 개방성을 보여줄 수 있다. 1학년생이 주로 가는 농장 견학에서 돌아온 친구의 딸은 채식주의자가 되기로 결심했다. 다른 아이들이 동물을 구경하고 먹이 주는 것을 즐긴 반면, 그 아이는 왜 동물이 사육되어야 하는가 골똘히 생각했다. 부모는 아이의 가치 판단을 존중했다. 그래서 딸의 식사 계획을 도움으로써(단백질을 충분히 섭취하는 한 고기는 먹지 않아도 된다고 했다), 경험을 긍정적인 방식으로 다룰 수 있도록 한 것이다. 그 어린이가 한 패스트푸드 회사를 상대로 어린이 메뉴에는 왜 채식주의자용이 없는지 항의하는 쪽지를 보냈다는 사실도 주목해야만 한다. 그녀는 매장에서 샐러드만 주문할 수는 있었지만, 장난감은 얻을 수가 없었기 때문이다!

모호함에 대한 참을성 스턴버그(1988b)는 모호함에 대한 참을성을 "창의적 성취의 거의 필수조건"이라고 불렀다(p143). 분명히 모호함에 대한 참을성 없이는 경험에 대해 개방적일 수 없다. 왜냐하면 특히 인생은 언제나 혼돈스럽고 모순적이며 모호하기 때문이다. 만약 어떤 사람이 느슨한 결말이나 해답이 없는 질문, 또는 흑과 백 사이의 회색 영역을 참을 수 없다면, 그 사람은 고정된 판단과 날마다 TV 시트콤이나 보는 삶에 남겨질 것이다.

창의적인 과정 그 자체면서 모호함에 대한 참을성을 요구한다. 모차르트의 주장에도 불구하고(제2장 참조), 창의적인 해결책은 결코 활짝 핀 상태로 솟아나지 않는다. 그보다 더 자주 통찰력의 순간과 분투하는 시간들, 인내와 혼란의 시기를 넘어서 등장한다, 이러한 과정에서 살아남기 위해 창의적인 개인은 형태를 반만 갖춘 아이디어, 가능성 있는 해결책, 좋지만 더 좋아질 수 있는 이미지들과 함께 살 수 있어야만 한다.

모호함을 참을 수 있는 아이들은 자신의 판단에 대해 독립성을 가지고 있으며, 새로운 것을 잘 다룰 수 있는 사람들과 수많은 공통점을 가지고 있다. 그들은 비록 옳다는 확신이 없을지라도 계속 시도하고 기꺼이 실험한다. 학교에서의 내 경험에 따르면 우리는 모호함에 대해 거의 참지 못하고, 격려하는 경우도 거의 없다는 것이다. 일반적으로 학교에서 내주는 과제에는 옳은 답과 틀린 답이 있으며, 그 사이에는 아무것도 없다. 불행히도 학교는 대답이 그렇게 명백한 지구 상의 유일한 장소일 것이다. 나는 내 인생의 다른 어떤 측면에서도 분명한 해답의 열쇠를 가진 경험을 떠올릴 수 없다.

우리가 학생들이 모호함에 대해 참을성을 갖도록 도우려면, 유일한, 최고의 대답이 없는 질문, 과제, 문제가 학교에도 있어야만 한다. 진정한 의견의 차이를 위한 여지가 있는 토론이 있어야만 한다. J. T. 딜런(1988)이 말하기를 최고의 토론 문제는 교사가 답을 정말로 모르기 때문에 토론하고 싶어하는 것이라고 말했다. 비록 가끔은 그런 토론이 의견일치를 이끌어낼지도 모르지만, 진짜 대답은 '우리는 모른다'라는 것임을 이해하는 것이 중요하다. 오늘 우리가 가지고 있는 최고의 아이디어는 다음 주에는 그저 훌륭한 것이거나 더 이상 최고의 아이디어가 아닐지도 모른다. 교사라면 모든 것을 깔끔한 꾸러미 안에 묶어두고 싶은 충동을 가져서는 안 된다. 깔끔한 꾸러미는 운반하기 쉽지만, 그 내용에 대해 생각하게 만들지는 않는다.

모호함에 대한 참을성은 토론, 프로젝트 또는 문제가 시간을 넘겨가면서 진행될 때 격려받을 수 있다. 물론 그 적절한 기간은 발달 과정에 따라 다양하다. 유치원 학생에게 몇 주에 걸쳐서 생각하고 진행하는 프로젝트는 영원히 지속되는 것처럼 느껴질 것이다. 고등학생들은 한 학기 또는 1년에 걸친 프로젝트도 발전시킬 수 있다. 어떤 학급의 경우, 한 학년에 걸쳐 어떤 토론이나 핵심 프로젝트를 반복해보는 것도 흥미로울 것이다.

5학년 학생은 한 학년에 걸쳐서 두세 번 '무엇으로 영웅을 설정하는가'에 대한 생각을 토론하고 기록할 수도 있다. 그들의 아이디어가 해당 학년 내내 그들이 배운 문학과 역사 과목에서 영향을 받는지, 만약 그렇다면 어떻게 받는지 살펴보는 것은 재미있는 일이다. 과학 수업에서는 도전을 반복해볼 수 있는데(10파운드 분량의 밀가루 백을 천장에 들어 올린다든가, 쥐덫을 설치한다거나, 달걀을 포장하는 등), 몇 단원을 공부한 후 첨가된 지식으로 해결책이 어떻게 변했는지 볼 수 있다. 내용을 가르치는 데 덧붙여 이러한 장기 활동은, 좋은 아이디어란 단지 아이디어만이 아니라 자라나고 변화하는 의견이라는 개념을 강화한다.

광범하거나 집중된 흥미 많은 창의적인 사람이 폭넓은 흥미를 가지고 있다. 특히 창의적인 노력에 대해 그러하다. 이 특징은 경험에 대한 개방성과 강하게 연관되어 있다. 만약 당신이 수많은 경험에 열려 있다면 다양한 일이 흥미로울 것이다. 학생에게 폭넓은 흥미는 수많은 흥미로운 노력을 가져오거나, 또는 지나치게 수많은 스케줄과 탈진으로 이끌 수도 있다. 학생들의 창의적인 흥미를 돕고 격려하는 것이 중요하지만, 때로는 학생들에게 모든 흥미를 동시에 쫓을 필요가 없다는 것을 조언하는 것도 중요하다.

몇몇 창의적 개인들은 폭넓다기보다는 집중적인 흥미를 추구한다는 것 역시 주목해야 한다. 어린 과학자인 호세는 그런 경우의 하나다. 고도로 기술이 뛰어난 음악가가 되는 사람은 아주 어린 시절부터 매일 여러 시간을 그들의 예술을 위해 사용한다. 바이올리니스트인 미도리는 6세 때 첫 번째 연주회를 가졌다. 역시 바이올리니스트인 엄마가 그녀의 성취를 위해 긴 시간 연습을 시켰냐는 질문을 받았을 때, 미도리는 대답했다. "엄마는 내게 바이올린 연습을 강요하지 않았어요. 엄마는 내가 배우기를 원했기 때문에 가르쳤을 뿐이에요."('미도리와의 인터뷰' 1992, p5)

수상 경력이 있는 연구 수학자는 성인인 자신이 흥미로워하는 것들의 범위가 협소하다는 사실을 이렇게 설명했다. "나는 아주아주 여러 해 동안 (수학 말고는) 다른 건 아무것도 할 수 없었다. 그건 불가능했다. 하루 종일 일하지 않는 일급 수학자를 나는 알지 못한다. 당신의 세계는 아주 좁다."(Gustine, 1985, p321)

젊은이들은 수학 문제를 풀면서 모든 시간을 보낼 수는 없지만, 뛰어난 연구자가 될―호세 같은―아이들은 책을 읽거나, 실험을 하고, 모형을 만드는 데 나날을 바친다. 비록 우리가 언제나 교실에서 음악 영재나 노벨상 수상자를 만나지는 못하지만, 만약 학생들이 창의적인 추구를 행복하게 하고 있다면, 그들의 흥미가 폭넓지 못하거나 그들의 삶이 다재다능하지 않다고 지나치게 걱정할 필요는 없다. 모든 창의적인 개인은 독창적이고, 그들 모두를 한 사이즈의 모델에 꿰어 맞추려는 것은 승산이 없어 보이는 제안임이 분명하다.

독창성을 가치 있게 여기기 창의적인 사람들은 창의적이길 원한다. 그들은 독창적인 아이디어를 가치 있게 생각하고, 낡은 것을 반복하기보다는 새롭고 더 나은 아이디어를 만들어내려 한다. 만약 그들이 가치 있다고 믿지 않는다면, 창의적 과정의 엄격함을 기꺼이 견딜 수 있는 사람을 상상하기는 어렵다. 반 고흐는 "원래의 연구와 같지 않은, 나머지와 다른" 그림 하나가 나올 때까지 같은 주제를 반복하여 그리는 것에 대해 설명했다.(Ghiseline, 1985, p46)

독창성을 가치 있게 생각하는 아이들은 학교에서 다른 시간을 가질 수 있다. 나는 어떤 초등학교에서 '미술' 수업을 참관했었다. 학생들은 크리스마스 때 쓸 화환을 만들기 위해 패턴을 사용해서 푸른 도넛 모양, 붉은 가지, 3개의 붉은 딸기들을 오려내야 했다. 감히 규정된 것보다 더 많은 딸기를 붙인 학생들은 지시를 따르지 않았기 때문에 혼이 났다. 정상을 벗어난 더 이상의 탈선에 대해서 어떤 일이 생길지 나는 상상만 할 수 있을 뿐이었다.

특히, 저학년에서 지시에 따르는 훈련이 중요하다는 건 확실하다. 어린아이들에게 근육을 잘 제어하는 연습을 시키려고 선을 따라 자르는 연습을 시키는 것은 심지어 가치 있는 일이기도 하다. 그러나 만약 학교에서 경험하는, 손을 움직이는 모든 프로젝트들이—광고 포스터나 진흙 호건[10], 이집트 마을의 모형을 만드는 것은—학생들이 특정한 모형을 다시 만들도록 고안되어 있다면, 독창성을 위한 여지는 거의 없다. 만약 이러한 활동을 매년 거듭한다면, 학생들은 독창성을 실습하지 못할 뿐 아니라, 우리가 그것을 가치 있게 여긴다고 생각할 이유도 없을 것이다. 만약 그 미술 교사가 이유가 무엇이든 화환을 만드는 것이 중요하다고 느꼈다면, 지도 방식은 학생들에게 스스로 계획하여 화환을 장식하게끔 허용하도록 주의를 기울였어야 했다. 학생들에게 "겨울 내내 문에 걸어둘 화환을 너희 가족들이 좋아할 만하게 만들도록" 했다면, 다양한 독창적 선택을 해볼 여지가 있었을 것이다. 물론 종교적·문화적 차이도 존중할 수 있었을 것이다. "다른 사람과는 다른 너의 프로젝트를 만들도록 해봐라. 다른 사람은 생각할 수 없는 아이디어를 네가 생각해낼 수 있는지 보자"와 같은 지도는 어떤 수업의 프로젝트에도 사용할 수 있다.

우리는 스스로 그것을 가치 있게 여김으로써 학생들이 독창성을 가치 있게 여기도록 도울 수 있다. 우리는 학생들에게 우리가 매일 보는 것에서 그리고 그들 자신의 작업 속에서 독창성을 지적할 수 있다. 우리는 집에서 또는 학교에서 우리 자신의 독창적인 해결책을 공유할 수 있다. 독창적인 문제 해결에 대한 신문의 설명이나 카탈로그에서 우리가 보는 특이한 아이템조차도 새롭고 특이한 아이디어의 중요성에 대한 짧은 토론에 불꽃을 일으킬 수 있다.

내적으로 분주하거나 내면에 틀어박히기 어떤 창의적인 아이들이 활동적인 사회생활을 하고 있을지라도, 또 다른 아이들은 조용하고 고독한 성격인지도 모른다. 호세가 그 패턴에 들어맞을지도 모르겠다. 창의적인 활동을 추구하려는 수많은 사람에게는 혼자만의 시간이 필요하다. 불행하고 거부당해서 혼자인 학생과 자신의 선택에 의해 혼자 있는 학생을 구별하기는 중요하다고 생각한다. 물론 우리는 모든 학생이 서로 잘 소

---

10) Hogan, 나바호 인디언의 집–옮긴이 주

통하고 사회적으로 잘 어울리기를 원한다. 하지만 모든 아이 또는 어른이 사회성 좋은 나비(멋쟁이)가 될 필요가 없다는 것은 사실이다.

단지 1~2명의 친구와 사귀면서 그림붓(또는 첼로나 컴퓨터)과 함께 시간을 보내는 조용한 학생이야말로 완벽하게 행복할 뿐만 아니라 잘 적응하고 있는지도 모른다. 그들이 즐기지 않는 활동에 참여하도록 강요하여 그룹의 일원이 되게 하는 것은 좋은 뜻이 담겼을지라도 역효과를 낳을 수 있다. 가끔은 학생들이 그들의 열정을 나눌 수 있는 다른 화가(또는 음악가, 웹 디자이너)를 발견하도록 돕는 것이 더 적절할 수도 있다. 또 어떤 경우에는 가장 좋은 행동이라는 것이 그 학생이 계속 그림을 그리도록 놔두는 것이기도 하다.

교실에 대해 생각하기

커다란 종이를 네모 칸으로 나누고, 각 네모마다 창의성과 관련된 특징 하나를 목록으로 만든다. 그 종이를 여러분의 책상 위에 2주 동안 그냥 두어라. 학생이 어떤 특징에 관한 뭔가를 할 때마다 네모 안에 이름을 적어 넣어라(첫 번째 이후에는 톨리 마크*를 사용한다). 그런 특징이 부정적인 방식으로 표현되었더라도 표시하는 것을 잊지 마라. 2주가 지났을 때, 어떤 학생들이 가장 자주 목록에 올랐는지 살펴보자. 그들이 당신이 처음에 기대했던 학생들인가?

* tally marks, 우리나라에서 셈을 간편하게 하는데 사용하는 표 자 표시 같은 것—옮긴이 주

창의성과 복잡성

여러분은 아마도 창의적인 사람의 특징이 잠재적으로는 모순되어 보인다는 것을 눈치챘을지도 모른다. 유연하지만 논리적이고, 위험을 감수하지만 과제에 헌신적이며, 참호 구축을 피해야 하지만 혼돈 속에서 질서를 찾아야 한다는 점 때문에 말이다. 칙센트미하이(1996)는 이러한 이분법에 의해 예시되는 복잡한 인성이 창의성을 증거한다고 믿었다. 거의 100명의 탁월한 창작자를 인터뷰한 후에 그는 연속체의 양 측면을 동시에 개발한 것으로 보이는 창의적인 사람들이 가진 복잡성의 열 가지 측면을 목록으로 만들었다.

1. 창의적인 사람은 많은 에너지를 가지고 있지만, 종종 아주 조용히 쉰다. 그들은 대단한 집중력을 가지고 오랜 시간 일하지만, 휴식과 숙고, 원기 회복을 위한 시간을 가치 있게 여긴다.

2. 창의적인 사람은 영리한 것처럼 보이지만 순진하다. 그들을 둘러싼 세계를 새로운 눈으로 볼 수 있다.

3. 창의적인 사람은 놀기 좋아하지만, 잘 훈련되어 있다.

4. 창의적인 사람은 상상력과 환상 그리고 현실에 뿌리내린 감각 사이를 오락가락한다. 이러한 균형 덕분에 그들의 반응은 독창적이면서도 적절할 수 있다.

5. 창의적인 사람들은 필요에 따라 내향성과 외향성 둘 다를 표현할 수 있다.

6. 고도로 창의적인 사람들은 그들의 성취에 대해 자부심을 느끼면서 겸손할 수 있다.

7. 창의적인 사람은 성적 고정관념의 영향을 최소한만 받는 것처럼 보이며, 그들의 인성이 지닌 남성성과 여성성 측면을 둘 다 표현할 수 있다.

8. 창의적인 사람은 전형적으로 반항심 있고 독립적으로 보이지만, 현존하는 영역을 내면화하지 않고 탁월한 창작자가 되는 것은 불가능하다. 그러므로 창의적인 사람들은 전통적이면서 반항적이다.

9. 창의적인 사람은 판단을 할 때 객관성을 유지하면서 작업에 대해 열정적일 수 있다.

10. 창의적인 사람은 개방적이기 때문에 자신들의 창의적인 활동과 연관하여 즐거움과 고통 둘 다를 경험한다.

이 목록이 명백하게 보여주는 것은 창의적인 사람에 대한 피상적이고 단순하며 판에 박힌 성격화는 문제가 따른다는 것이다. 즉 자신들의 창의성이 매일같이 우리에게 영향을 끼치는 고도의 창의성을 가진 사람들과 연관된 복잡성에 해를 끼친다는 점이다. 이러한 복잡성은 창의적인 사람에게 있다고 생각된다. 하지만 가끔은 상충되는 특징과 경험의 목록에 대해 설명 하나를 제공할 수 있다. 특히 연구자가 연구하고 있는 사람의 모든 측면에 대해 알 수 없을 때 그렇다.

창의적인 사람의 특징이 언제나 긍정적이지는 않다는 것을 인식하기는 매우 중요하다. 칙센트미하이(1994)에 따르면, 성공적인 예술가와 예술 경력을 포기한 사람들을 가장 일관되게 구분짓는 특징은 차갑고 냉담한 성질이다. 유연한 사고는 상상력이 풍부한 이야기를 만들거나 정교한 거짓말(흥미로운 가설을 위해서는 D. 애리얼리(2012) 참조)을 고안해내는 데 사용될 수 있다. 물론 우리가 학생들에게 냉담함, 거만함 또는 적개심을 격려하고 싶어하지는 않는다. 하지만 개인을 창의적으로—독립적이고 용기 있고, 끈기 있게—만드는 특징이 교실에서의 생활에 맞는 방식으로 늘 표현되는 것은 아니라는 사실을 인정하기는 중요하다.

학생들이 충동을 자신들과 공동체 모두에 긍정적인 방식으로 돌리도록 돕는 것은 어른이자 멘토로서 우리가 가진 책임 가운데 하나다. 아마도 우리는 오만하지 않으면서 확신 있고, 자기중심적이지 않으면서 자신감 있는 창의성의 촉진자가 될 수 있을 것이다. 사실, R. I. 데이미언과 R. W. 로빈스(2012)는 (성취에서의) 진정한 자부심(특별한 인류로서 자신에 대해 가지는 자부심)과 오만한 자부심을 구별했다. 진정한 자부심이 창의성과 내재적 동기 부여에도 밀접하게 연관되어 있다는 것을 발견했다.

창의성과 정신 질환

'미친 천재'라는 이미지는 수천 년은 아닐지라도, 수백 년 동안 서구 문화의 한 부분을 점했다. 그러나 건강한 정신 발달은 몇몇 창의성 모델의 핵심이며, 어떤 연구는 창의적 활동을 증대되는 정신건강과 연관지었다.(Lepore & Smyth, 2002; Pennebaker, 1995; Richards, 2007) 중요한 창의적 성취를 이루기 위해 필요한 지속적인 노력이 정신 질환 앞에서 가능할 것 같지는 않다. R. K. 소여(2012)는 창의성과 정신 질환의 관계에 대한 수많은 연구에서 지대한 영향을 가져올 정신 질환에 대한 정의, 잠재적인 선입견 그리고 종종 고인이 된 피실험자 등을 포함하는 방법론적 어려움이 따른다고 지적했다. 하지만 의문은 계속되고 있다.

정신 질환에도 불구하고 창의적 성공의 가능성은 분야에 따라 상당히 다양하다. A. M. 루드비히의 전기에 대한 분석(1995)에 따르면, 우울증은 작가(특히 시인)나 작곡가들에게는 흔하지만, 다른 분야에서는 훨씬 덜 흔했다. 비슷한 예로, 조현병(정신분열증) 같은 정신이상은 연극, 건축 그리고 시 같은 분야의 개인에게 두드러졌다. 하지만 모든 창의적 탐험가나 스포츠 스타에게는 그렇지 않았다. 닭이 먼저냐, 달걀이 먼저냐 하는 딜레마와 이미지 방출의 역할과의 차이를 숙고해보는 것은 흥미롭다.

우울증과 싸우는 사람은 슬프고 고독한 시인이라는 문화적인 고정관념 때문에 물리학보다는 창의적인 글쓰기를 하는 경향이 있는 것일까? 우울증에 빠진 장군은 어떤 희생을 치르더라도 사실을 감춰둘 수 있을까? 어떤 분야에서 창의적인 기여를 하는데 필요한 교육적 요구사항은 질병이 집중력을 만들어내는 사람들을 위한 분투의 울타리를 만드는 것 같다. 물론 정신 질환을 가진 사람이 어떤 분야에서 창의적으로 성공적이었다고 해서, 정신 질환을 가진 사람 중 대부분이 창의적이라거나, 창의적인 사람들 중 대부분이 정신병을 가지고 있다는 뜻은 아니다. 어느 것도 사실이 아니다.(Silvia & Kaufman, 2010)

흥미로운 질문 중 하나는 정신 질환에 대한 유전적 경향(질병 자체에 대한 반대로서)과 창의성 사이의 관계다. D. 키니 등(2000~2001)은 분열병형(정신분열의 위험이 있는) 입양아들을 조사하여, 그들이 대조군보다 직업이나 취미에서 더 큰 창의적 성취를 이루었다는 것을 발견했다. 중요한 심리적 질환은 그것이 인구 안에 지속적으로 존재하는 이유를 설명하는 긍정적인 요소를 가지고 있을지도 모르는데, 이 경우 병의 위험이 촉진된 창의성을 동반하고 있는지 모른다고 연구자들은 추론했다.

A. 에이브러햄과 S. 윈드만(2008)은 분열병형과 문제 해결 사이의 관계를 조사했다. 그들은 독창적인 대답을 만들어내려고 노력할 때, 분열병형이 있는 사람이 예시의 영향력을 더 잘 극복한다는 것을 발견했다. 즉 그들은 참호 구축을 피하기가 더 쉬웠다. 그러나 그 이후의 연구는 분열병형이 있는 사람은 어떤 장점도 없으며—확산적 사고, 창의적 인지 그리고 창의적 문제 해결 과제에서 오히려 불이익을 받고 있다는 사실을 발견했다.(Armstrong, 2012; Rodrigue & Perkins, 2012)

연구는 계속되고 있다. 현 시점에서 가장 사리에 맞는 결론은 ① '미친 창의적 천재'라는 개념은 현실보다는 오히려 낭만주의적 신화에 기초하고 있으며 ② 정신 질환이 있는 사람이 창의적인 경우, 정신 질환과 창의성 사이의 관계는 복잡하며, 장애의 정도와 영역에 따라 다양하다는 것이다. 이것이 우리 학생들에게 어떤 영향을 끼칠 것인지 고려할 때, 아마 우리는 가장 창의적인 사람들 중 대부분이 정신 질환이 없었다는 사실을 기억하는 것에서 가장 큰 도움을 받을 것이다. 학생들의 정서적·심리적 웰빙을 촉진하려는 모든 노력이 그들의 창의적 잠재성에 대해 어떤 위협도 내포하고 있지 않다는 확신을 우리는 가지고 있다.

일대기적 특징: 인생 이야기로부터 배우기

탁월한 창작자의 일대기

창의적 개인에 대한 몇몇 연구는 그들의 지적인 또는 인성의 특징을 연구한 것이 아니라, 그들의 인생에서 일어났던 일들을 연구했다. 어떤 영역에서 고도의 창의성을 가진 개인들은 맏이로 태어난 경우가 많았고, 어린 시절에 부모를 하나 혹은 모두 잃었다(물론 이 연구가 진행된 시대를 살았던 수많은 이에게 그와 같은 일은 오늘날보다는 흔했다). 이러한 상실에도 불구하고 그들은 넓은 범위의 아이디어에 노출되며 자극을 받고 변화가 수많은 부유한 가정환경에서 길러졌다. 몇몇 창의적인 어른들은 자신이 어린 시절에 학교를 좋아했고, 독서를 즐겼으며, 수많은 취미를 가져 학교 밖에서도 배웠다고 설명했다. 반면에, 어떤 사람들은 따뜻하고 도움이 되는 동료 그룹이 있었다고 했고, 또 다른 사람들은 사회적 상황에서 변방에 살고 있었다고 설명한다. 경력에서 볼 때 그들은 롤 모델과 멘토로부터 이익을 얻었고, 지속적인 노력을 기울였으며, 종종 이른 성공을 즐겼다.(Tardif & Sternberg, 1988) 또 다른 연구 결과는, 창의적인 청소년은 가정으로부터 분명히 특별한 기대를 받았지만 규율은 거의 없었고, 그들의 부모는 안정되게 자리 잡은 관심사를 가지고 있었다. 그런 청소년들은 덜 창의적인 학생들보다 더 많은 어린 시절의 트라우마, 더 많은 수집품, 덜 관습적인 가구가 갖춰진 집에서 살았다고 보고하고 있다.(Dacey, 1989)

물론 이와 같은 목록을 만들 때 접하는 어려움은 주어진 시간 동안 특정 사람들에 대한 연구를 반영하는 것이다. 의심의 여지없이 여러분은 각각의 목록에 대해 창의적인 예외를 실제로 생각해낼 수 있을 것이다. 확실히 양친의 슬하에서 자라고, 거의 자극이 없는 어린 시절 환경에서 지냈으며, 아무것도 모으지 않는 창의적인 개인들도 있다. 게다가 창작자들의 삶의 경험은, 그들의 다른 특징이 그러하듯이 분야에 따라 다양하다. 창의적 과학자와 수학자들의 가정환경은 아마도 예술가나 작가보다 행복할 것이다. 그들은 종종 더 많은 정규 교육을 받았을 것이고, 다양한 취미가 있을 것이다.(Piirto, 2004) 브라질의 시인들은 그들의 가장 중요한 멘토로서 어머니의 이름을 대는 경우가 미국 시인보다 훨씬(거의 만장일치로) 더 많다.(Wechsler, 2000)

영역을 가로질러 19세기의 저명한 창작자들의 전기에 대해 조사하면서, H. 가드너(1993, 1994)는 적어도 그 시대 동안 분야를 초월하는 것처럼 보이는 몇 가지 주제와 특징을 발견했다. 19세기의 창작자들은 사회의 중심에서 어느 정도 떨어져서 살았고, 적당한 규모의 재산을 지닌 자산가 집안 출신이었다. 이들은 학습과 힘든 노동을 가치 있게 여겼으며, 가끔은 그들의 직계 가족을 멀리했다. 그들은 유모나 먼 친척과 더 많이 따뜻한 관계를 유지하는 것처럼 보였다. 초기 경력을 보면, 자신의 전문 지식을 발전시키려고 창작자들은 더 큰 도시로 이주해야 했다. 가드너는 2개의 부가적인 주제와 가능성 있는 '10년 규칙'에 주목했다.

가드너(1993)의 사례 연구에서 등장한 첫 번째 새로운 주제는 창의적 활동이 일어나던 시기에 창작자를 둘러싸고 있는 도움의 회로망이었다. 집중적인 창의적 활동이 일어나던 시기 동안, 이 저명한 창작자들은 새롭게 형성된 아이디어를 누군가와 공유하는 식으로 인지적인 도움과 변함없는 우정이라는 정서적 도움 둘 다가 필요했다. 이러한 역할은 같은 사람에 의해 충족될 수도 있고, 다른 사람에 의해 가능할 수도 있다. 각각의 경우에서 이런 도움은 중요한 창의적 기여를 위해서 필수적인 것처럼 보인다. D. 앨버트(1990, 1993)는 고도의 창의성을 가진 개인이 경력을 발전시켜가는 동안, 초점이 되는 관계의 중요성에 대해 주목했다.

가드너(1993)는 두 번째로 등장하는 주제를 "파우스트의 계약Faustian bargain"이라고 불렀다. 괴테가 창작한 소설의 주인공인 파우스트가 그러했듯이 저명한 창작자들은 그들의 작업을 위해 많이 희생했다. 많은 경우, 그들은 대인관계를 희생시켰다. 몇몇 사람은 극단적인 금욕주의의 삶을 선택했다. 그들의 삶에서 남다른 힘이 작동하게 만들기 위해 고도로 창의적인 사람들은 다른 놀이나 기쁨, 또는 다른 사람들을 위한 여지가 거의 없었다.

마지막으로, 가드너(1993)는 그가 '10년 규칙'이라고 부르는 성취의 패턴을 식별했다. 다양한 영역에서 사람들은 대체로 10년 간격으로 중요한 아이디어, 약진, 또는 다른 창의적 생산품을 만들어내는 경향이 있다. 21세기 창작자들의 전기를 조사하여 지식이 폭발한 동시대 동안에도 10년 규칙이 계속 유효한지 배우는 것도 흥미로울 것이다.

창의적인 개인의 인생에 대한 가드너 관점의 핵심은 '생산적인 비동시성'이라는 개념이다. 가드너는 창의적인 개인은 창의적인 작업에 관련된 요소들 사이의 긴장과 적합성의 결여로 특징지어진다고 믿었다. 고도로 창의적인 개인은 한 분야의 관습 속으로 매끄럽게 맞아들어가려 하지 않으며, 관습적인 방식으로 개발된 관습적 재능 세트를 가지려고 하지도 않는다. 긴장은 강점과 약점의 범위, 어떤 분야의 정치 권력 또는 과거의 전통과 새로운 개념 사이에서 생겨난다. 가드너에 따르면 창의적인 개인은 이러한 스트레스 요인에 대해 안달하지 않는다. 그들은 그것에서 사는 보람을 찾는다. 그들 인생의 다양한 지점에서 겪은 변방 거주의 경험은 그들의 창의적 강점과 중요한 방식으로 연관되어 있는 것처럼 보인다.

그러나 고도의 창의성을 가진 사람들의 초기 경험에 대해 배우면 배울수록, 그것이 시대를 가로질러, 영역에 따라 다양하다는 사실이 더 분명해진다.(Simonton, 1986, 2009, 2010) 작가들은 과학자보다 불행한 가정 출신이 더 많고, 작곡가들은 창의적인 작가들보다 맏이인 경우가 더 많았다. 그 분야가 더 공적이고 논리적일수록 저명한 사람은 맏이이고, 교육을 받았으며, 손상되지 않은 가정 출신인 경우가 많았다. 그리고 물론, 이 모든 것은 역사의 어떤 특정 시점에서 평균적으로 발생한다.

우리는 위에서 지적한 대로 칙센트미하이(1996)의 인터뷰에서 가드너의 19세기의 예를 비교하여 어떻게 경험이 시간을 초월하는지 알 수 있었다. 칙센트마하이와 동료들은 1991년에서 1995년까지 비범하게 창의적인 개인 91명과 인터뷰를 진행했다. 각 개인은 세 가지 범주에 따라 선택되었다. 문화의 중요한 영역에서 변화를 가져왔음에 틀림없는 사람이고, 그 분야와 여전히 활동적으로 연관되어 있어야만 했다. 그리고 그는 적어도 60세는 되어야 했다. 칙센트미하이는 인성과 전기적 특징이 때로는 비슷하며, 다른 경우에는 가드너나 다른 연구자들이 발견한 것과도 다르다는 것을 깨달았다. 예를 들어, 가드너의 창작자들이 파우스트의 계약을 맺어 종종 인간관계를 희생시키는 반면, 칙센트미하이의 참가자들 중 대부분은 안정적이고 만족스러운 결혼 관계를 맺고 있었다.

칙센트미하이의 발견 가운데 가장 주목받는 것은 대조와 역설의 존재이다. 창의적 개인의 초기 경험은 잘 양육되면서 위험하고, 도움이 되면서 한계가 있었다. 이러한 이 중성의 패턴은 개인에 따라 다르지만, 대조적인 점은 남아 있었다. 예를 들어, 어떤 개인은 따뜻하고 도움이 되는 가정에서 자랐지만, 인종차별을 경험했을 수도 있다. 또 다른 개인은 경제적으로 분투하거나 기능장애가 있는 가족에게서 자라났지만, 대가족의 누군가로부터 또는 멘토의 도움을 경험했을 수도 있다. 이러한 두 가지 양식의 초기 경험은 도움과 도전을 동시에 제공하고, 그 이후의 창의성에 연관되어 있는 것처럼 보인다.(Gute, Gute, Nakamura & Csikszentmihalyi, 2008) 아마도 칙센트미하이가 연구한 사람들의 성격에서 복잡성과 역설을 발견했더라도 놀라울 것이 없다.

창의성과 다문화 경험

창의성과 문화는 환상적인 방식으로 서로 얽혀 있다. 문화는 개인이 창의성을 생각해내는 방식과 그들이 창조를 이루는 장소를 형성한다. 창의성을 가능하게 만들고, 그 성공 여부를 판단하기는 시스템의 일부이다. 그러나 다양한 문화와의 상호 작용이 창의성을 발전시키는 요소 겸 선택된 전기적 사건의 독창적인 예가 될 수 있다는 증거 역시 있다.

2009년에 W. W. 매덕스와 A. D. 갈린스키는 외국에서 생활하는 것과 외국 생활을 위해 필요한 적응에 대해 생각하는 것이 수많은 문제 해결 과제의 고득점과 관련되어 있다는 내용의 일련의 논문을 발표했다.(Leung, Maddux, Galinsky & Chiu, 2008; Maddux, Adam & Galinsky, 2010) C. S. 리, D. J. 테리올트와 T. 린더홀름(2012)은 외국에서 공부한 경험이 있는 대학생이, 유학을 계획했지만 아직 가지 못한 학생보다 창의성이 더 높았다고 했다. 이런 결과에는 어떤 논리적 근거가 있다. 즉, 다른 문화권에서 산다는 것은 다른 관점에서 바라보고, 새로운 경험에 개방적이며, 새로운 방식으로 관찰하고 혼란과 모호함을 다루어야 하는 기회를 가질 수 있는 색다른 경험을 제공한다.

C. T. 테드모어, A. D. 갈린스키, W. W. 매덕스(2012)는 다른 나라에 사는 것만으로는 충분치 않다는 것을 발견했다. 수많은 사람이 외국에서 살지만 익숙한 사람들과 익숙한 경험이라는 고치 안에 틀어박힌 채, 프라하나 베이징에서 켄터키프라이드 치킨을 먹으며, 어떤 새로운 경험이 그들을 둘러싸고 있든지 간에 '낯선 것'에 대해 머리를 흔든다. 외국 생활이 당신의 인식을 바꾸게 만들려면, 세계를 경험하는 하나의 방식 이상

을 구상할 필요가 있다. 연구자들은 이것을 "통합적 복합성Integrative Complexity"이라고 부른다. 하지만 우리는 이것을 '새로운 문화가 당신의 일부가 되게 만드는 것'이라고 부를 수도 있다. 양쪽 문화에 대해 동일시할 수 있는 개인, 즉 '두 문화에서 자란' 사람은 창의성의 측정에서 높은 점수를 얻었고, 단 하나의 문화—그들 태생의 문화든, 아니면 그들이 이주해 간 문화든—에 동일시한 사람들보다 더 혁신적인 작업을 만들어 냈다.

보다 더 한정적인 다른 문화 사이의 경험조차도 영향력을 끼칠 수 있다. 창의적인 사고가 필요한 과제를 하기 전에 다른 문화에 대한 소개에 노출되었을 때, 창의적인 행위가 촉진되었다.(Leung & Chiu, 2010; Leung, Maddux, Galinsky & Chiu, 2008) C. T. 테드모어, P. 세터스트롬, S. 장 그리고 J. T. 폴저(2012)는, 다문화 경험은 브레인스토밍을 하는 팀에서 습관성의 효과를 보인다는 사실을 발견했다. 즉, 파트너의 양 당사자가 다문화 경험을 가지고 있을 경우, 구성원 각각의 창의성에 의해 예측할 수 있었던 것보다 팀이 훨씬 더 잘했다. 다문화 경험은 다른 나라에 사는 것은 물론 친구나 음식, 음악 등을 통해 다른 문화에 노출되는 것이기도 하다.

비록 우리 중 대부분이 장기간 외국으로 이주할 기회를 갖지 못한다. 하지만 어떻게 우리 학생들에게 다양한 문화에 대한 이해와 올바른 인식을 증가시킬 수 있을지 생각한다면, 그들의 문화적인 이해는 물론 창의성에도 이익이 될 것이다. 우리 중 대부분에게 이것은 당신이 생각하는 것보다 쉽다. 당신의 한가운데에 있는 문화들을 생각해 보자. 공동체의 문화센터, 미술관, 문화 박람회—심지어 식당까지도 학생들이 세계를 보는 또 다른 방식을 경험하도록 돕는다. 그리고 물론, 기술이 문자 그대로 세계를 손가락 끝에 올려놓았다. 예를 들어, 평평한 교실 프로젝트the Flat Classroom projects(http://www.flatclassroomproject.org) 또는 21세기 학교의 글로벌 공동 작업 프로젝트 the 21th Century Schools' Global Collaboration Projects(http://21centuryschools.com/global_collaborative_projects.htm)를 참고하자. 학생들이 다른 전통을 기이한 것으로 보는 대신, 다양한 관점을 이해할 준비를 갖추도록 다문화 경험을 구조화하는 것이 필요하다. 이 모든 것이 장기간의 경험이 할 수 있는 것과 똑같은 방식으로 관점을 변화시킬 수는 없을 것이다. 그러나 만약 우리가 이해하려는 의도를 가지고 각 경험에 접근한다면, 곤란해지지는 않을 것이다.

이런 예외와 더불어, 연대기적인 특색과 가장 많이 관련된 특징은 우리가 그것들 중 대부분을 고칠 수 없다는 것이다. 우리는 문화의 교환을 도울 수 있고, 롤 모델을 제공하고, 부모들에게 자극이 되는 환경을 제공하도록 격려하고, 취미와 흥밋거리를 줄 수 있다. 또한 창의적 활동을 위해 필요한 인지적이고 감정적인 도움의 회로망 중 일부가 될 수 있다. 그런 점에서 우리는 탁월한 창작자들에게 도움이 되었던 초기의 가정환경에 대한 G. 구테 등(2008)의 설명에서 힌트를 얻을 수 있다. 그러한 환경은 통합과 문화를 모두 포함하고 있어 복잡하다. 통합은 개인이 가치를 인정받고 안전하다고 느끼는 환경을 의미하며, 이것은 친밀함과 지속성의 결합을 통해 만들어진다. 분화는 새로운 도전과 기회를 추구함으로써 가족 구성원들이 '자기 자신이 되는' 지점의 특징이다. 이러한 가족을 특징짓는 주제에 대한 구테 등의 설명을 읽었을 때, 나는 그것이 교실에서 얼마나 가치 있을지 생각하지 않을 수 없었다. 여러분의 목표가 되는 교실을 상상해보라.

통합

- 아이들이 현재 갖고 있는 습성과 흥미 돕기
- 시간을 함께 보내기
- 중심 가치와 행동 경계를 가르치기
- 실패를 참는 법 배우기

분화

- 어려운 상황에 대처하는 법 배우기
- 새로운 흥미와 도전 자극하기
- 창의성의 습관을 모형화하기
- 인구 통계학적으로 그리고 심리학적으로 다양한 단위 구축하기

창의성이 번성하는 교실의 소리가 들린다(제4장에서 설명했던 창의적 작업 환경과 평행하다는 점에 주목하자). 우리가 제9장에서 교실 조직에 대해 공부할 때, 이들 중 얼마나 많은 부분이 당신의 주의에 달려 있는지 보자. 마지막으로, 우리가 창의성과 관련된

인지적·감정적 특징을 조사하고, 이것이 어린이에게서 어떻게 나타나는지에 대한 가설을 세우고, 우리가 이들 중 몇 가지를 어떻게 도울 것인가 생각하기는 생산적이다.

교실에 대해 생각하기

1명의 창의적인 사람에 대한 두 권의 전기—하나는 성인을 위해, 다른 하나는 어린이들 위해 쓴 것을 읽어보자. 거기에서 강조점과 정보가 다른 지점을 파악해보자. 두 책이 정확하게 그 사람 인생의 성공과 실패, 승리와 좌절을 묘사하고 있는가? 그 차이가 학생들에게 어떤 영향을 끼쳤는가?

창의성과 재능 계발: 교사는 무엇을 하는가?

B. 블룸(1995)과 그의 동료에 의해 진행된 재능 계발에 대한 연구는 창의성 그 자체를 다루지는 않았다. 그 연구는 과정에 대해 조사하도록 고안되었는데, "그 과정을 통해 개인은 선택된 분야에서 높은 수준의 성취에 도달하면서 자신의 능력을 완전히 계발하도록 도움을 받았다."(Bloom, 1985, p1) 이것은 스포츠, 미학, 인지 또는 지적인 영역을 포함한 다양한 영역에서 젊은이들의 뛰어난 성취를 연구했다. 비록 재능 계발의 연구가 창의성에 집중하도록 고안되지는 않았지만, 수많은 창의적인 개인의 발전을 연대기순으로 기술하고 있다는 점은 분명하다. 우리가 수영이나 테니스에 필요한 창의성의 정도에 대해 의문을 가질 수는 있지만, 한 나라의 가장 잘 알려진 젊은 피아니스트, 조각가, 연구 수학자, 연구 신경생물학자가 가장 높은 수준의 창의성을 나타내고 있지 않다고 주장하기는 어렵다. 재능 계발에 대한 일반화는 다양한 영역에서 표명된 것처럼 창의성 계발의 핵심일 가능성이 있다.

모든 피실험자는 분야에 관계없이 그들의 재능을 계발하는 데 엄청난 시간을 썼다. 예를 들어, 피아니스트들은 재능 계발 연구팀이 알아보기 전까지 평균 17년의 공부, 연습 그리고 연주했다. 이러한 발견은 그루버(Gruber & Davis, 1988; Gruber & Wallace, 1999)와 퍼킨스(1981) 같은 이론가들의 연구와 함께 사실처럼 들린다. 이들은 창의적인 아이디어를 계발하는 데 드는 시간과 끈기의 중요성을 강조했다. 나 역시 피아노를 17년 이상 연주했지만 그런 연구에 지원자로 낄 수도 없다. 그 시간 동안 학습자는 무엇을 배우고, 그들은 어떻게 활동하며, 그 기간을 거치면서 활동은 어떻게 변화하는가는 재능과 창의성의 발전에서 중대한 문제다.(Sosniak, 1985)

재능 계발의 오랜 과정은 3단계로 나누어져 있으며, 콘서트 피아니스트를 인터뷰하면서 처음 알게 되었다. 비록 그 기간이 서로 겹치고 시간대는 다양하며 경계가 불분명하더라도, 3개의 일반적인 영역은 재능의 분야를 넘어서 일관되어 있다. 아울러 창의성 계발의 숨어 있는 과정에 대한 중요한 단서를 제공할 수 있을지도 모른다.

재능 계발의 초기 단계에서 학습은 놀이다. 학습자들은 자기 분야를 탐험한다. 그들은 자신의 손을 키보드 위에서 달리게 하고, 숫자를 가지고 놀며, 물감·진흙·종이를 가지고 탐험한다. 지도는 개인적이고 비공식적이며 즐겁다. 교사는 따뜻하고 상냥하며, 아이 중심적이고 잘 돌본다. 탐험과 호기심에 강조점이 두어지고 초기의 노력에는 열광과 칭찬이 주어진다. 학습자가 기술을 발전시키면서 그들은 원칙과 패턴이 그들의 학습을 좀 더 조직적으로 만든다는 것을 깨닫는다. 이러한 발견 덕분에 그들은 음악, 미술, 수학, 과학이 단지 재미있는 분야만이 아니라 진지하게 공부할 수도 있다는 것을 깨닫는다.

각 단계의 시간대는 영역에 따라 다양하다. 예를 들어, 피아니스트는 6세경에 공부를 공식적으로 시작한다. 수학자들은 고등학생이 될 때까지 공식적인 수학 공부를 시작하지 않았다. 따라서 한 분야에서 초기에 일어난 것이 다른 분야에서는 10년 후에 일어날 수도 있다. 핵심은 연대기적인 아이디어가 아니라 공부하고 있는 분야에서의 경험이다. 첫 번째 단계가 일어나는 때가 언제든 간에, 그것은 밀도가 강한 두 번째 단계 동안 재능 있는 개인을 지탱해줄 유혹적인 공기와 초기의 빛을 제공해준다.

초기 단계의 탐험 중 어떤 순간에, 어설프게 만지작거리는 것으로는 충분치 않다는 것이 분명해진다. 효과적인 계발을 위해 학생들은 선택한 분야의 기술, 원칙 그리고 어휘를 숙달할 필요가 있다. 초기 단계의 키워드가 탐험이라면, 중간 기간의 지배적인 주제는 정확성이다. 피아니스트는 미세한 차이를 의식적으로 만들어내면서 같은 것을 반복해서 연주했다. 수학자들은 똑같이 복잡한 문제를 연구하고 다시 연구했다. 모든 분야에서 강조되는 것은 기술적인 숙달이다. 중간 기간 동안 효과적인 지도자는 지식이 풍부하고, 철저하며, 규율과 체계가 있는 사람이다. 결국 중간 단계의 교사는 세 번째 단계의 새로운 지도자에게로 학생들을 이끄는 도구로서, 세 번째 단계에서 학습자들은 영역을 불문하고 기술적인 정확성을 예술로 승화시킨다. 이 기간 동안 학생들은 그들 자신의 목소리—그들 자신의 해석, 스타일, 문제 그리고 연구 영역을 발견한다.

어떤 의미에서 창의성이 등장하기는 세 번째 단계에서다. 결국 우리가 정말로 새로운 발견, 증명 또는 조각을 발견하기는 이곳이다. 그러나 이러한 성취는 그 이전에 진행되었던 각 단계에 뿌리를 두고 있다. 창의성을 계발하는 교사의 역할은 학생의 주제에 대한 경험과 학습 단계에 따라 다양해야만 한다. 초등 등급의 학생들은 글쓰기에 대해 거의 경험이 없고, 대부분 1단계일 것이다. 그들은 글쓰기에 대해 놀이와 같은 접근이 필요할 것이고, 따뜻하고 도움이 되는 분위기 속에서 단어들을 탐험해야 한다. 교사들은 그들이 더 앞으로 나아가게 하려면 글쓰기에 맛이 들리게 해야 한다.

그들 중 몇몇은 이미 열정적인 작가일지도 모르며, 좀 더 나이 든 학생들은 높은 수준의 작품을 만들어내기에 기술적인 능력이 부족할지도 모른다. 그 경우에 전문 작가의 작품을 분석하고, 플롯이나 캐릭터의 발전 기술을 연구하고 어휘를 쌓는 연습을 하는 것이 그들의 작품을 개신하는 데 가장 효과직인 수단일지도 모른다. 학생들은 다양한 작가의 스타일로 글쓰기, 특별한 정서를 전달하는 구절 만들기를 연습해야 할지도 모른다. 그리고 가능한 한 촘촘하고 정확해질 때까지 특정 부분을 수없이 반복해서 다시 써야 할 수도 있다. 만약 학생이 탐험과 재미의 단계에서 기술적인 숙달로 옮겨가지 않는다면, 그들은 결코 개선될 수 없다. 그러나 규칙에 대해 헌신적인 마음을 품기에 충분한 탐험과 즐거움이 주어지기 전에 기술의 정확성을 부과하려는 시도는 실패하기 쉽다.

고급반의 학생 또는 전문적인 작가와 일하는 교사에게 딜레마는 좀 다르다. 교사는 학생이 과제에 접근하는 다양한 방법을 보고, 그들 자신의 독창적인 목소리를 찾을 수 있도록 예시를 넘어서게끔 도울 필요가 있다. 이것은 고통스럽고 어려운 이행일 수 있다. 다른 사람을 성공적으로 흉내내어온 학생들은 정확한 작업 방식 없이 그들 자신이 되어야 한다는 것에 공포를 느낄지도 모른다. 그들은 그들 자신의 관점과 성공 기준을 개발할 필요가 있다. 그들이 이전에 습득한 분야에 대한 표준 기술은 그들이 이러한 수준의 성공에 필요한 판단과 확신을 계발하는 데 도움이 될 것이다. 이 지점에서 학생들은 아마도 교실에서 오랜 시간 글을 쓰는 데 보낼 시간이 없을 것이다. 그들은 개인적인 비평가들이나 동료 편집자 그룹을 만나게 될 것이다. 각 개인을 특징짓는 메시지와 기술 그리고 작가가 어떻게 가장 효율적으로 작업할 수 있는가에서 강조점을 찾아볼 수 있다.

교실에 대해 생각하기

여러분이 가르치는 학습 내용에 대해 생각해보자. 당신은 주로 1, 2단계 또는 3단계의 교사라고 생각하는가? 여러분의 가장 중요한 역할은 주제 영역으로의 안내와 흥미의 계발, 또는 기술적 능력의 연마, 예술성을 도출하는 것인가? 당신은 이러한 단계를 위해 효율적인 방식으로 가르치고 있는가? 만약 1명 이상의 학생이 다음 단계를 위한 준비가 되었을 때, 무엇을 할까? 그에 대한 대답과 비슷한 단계에서 이러한 주제를 가르치고 있는 다른 교사의 것을 비교해보자.

칙센트미하이(1996)의 전기에 대한 연구는 블룸의 단계와 똑같지는 않지만 종종 도움이 되는 예를 제공한다. 칙센트미하이가 대상으로 한 피실험자들의 어린 시절은 아주 다양했다. 하지만 일관된 특징은 놀라운 호기심이었다. 1단계의 개인이 세계를 놀이삼아 탐험했던 것처럼, 칙센트미하이의 연구는 인터뷰한 사람들이 지닌 '다양한 영역에서 세계를 탐험하려는 충동'에 대해 설명했다. 칙센트미하이(1996)는 찰스 다윈의 어린 시절에 대한 이야기를 인용했다.

어느 날 그는 집 근처의 숲을 산책하다가 나무껍질 아래로 허둥지둥 숨는 커다란 딱정벌레를 봤다. 어린 찰스는 딱정벌레를 모으고 있었고, 그것은 그가 아직 수집하지 못한 것이었다. 그래서 그는 나무로 달려가 껍질을 벗겨내고 곤충을 움켜쥐었다. 그런데 거기에 두 마리의 표본이 더 있는 것을 발견했다. 그 벌레들은 커서 한 손에 하나씩밖에 잡을 수가 없었다. 할 수 없이 그는 세 번째 것을 입안에 집어넣고 세 마리의 곤충을 지니고 집으로 달려왔는데, 그중 한 마리는 목구멍 속으로 도망치려고 애썼다. (p156~157)

확실히 칙센트미하이가 설명한 모든 초기 경험이 인생이나 어린 다윈에게처럼 2개의 손에 도전적인 것은 아니지만, 대부분의 사람은 어린 시절의 탐험을 즐겁게 회상했다. 미래의 천문학자는 별을 바라보면서 환상적인 시간을 보냈다. 작가나 화가들은 형식을 가지고 실험했다. 많은 경우, 지적인 자극과 도움을 제공하려는 부모의 노력은 재능을 발견하고 계발하는 데 중요한 요소였다. 어떤 경우에는, 부모가 없거나 도움이 되지 않았다. 학교 그 자체는 재능 계발의 원천으로 거의 언급되지 않았지만, 개별적인 교사는 명예를 얻었다.

교사에 대해서는 2개의 중요한 요소가 중요한 영향력을 가지고 것으로 지목되었다. 첫째, 교사는 학생을 관찰했고, 그들의 능력을 믿으면서 돌보았다. 둘째, 교사는 학급의 나머지 학생들보다도 그들의 재능을 발전시키기 위한 더 큰 도전과 기회를 제공하여 돌보아주었다. 예를 들어, 노벨 의학·생리학상을 받은 로절린 앨로(비록 물리학자로 교육받았지만)는 자신이 수학에 대한 흥미를 일깨웠던 12세 때를 회상했다.

> 나는 착한 학생이었고, 선생님들은 언제나 수많은 추가 과제를 내주었다. 나는 리피 선생님에게서 기하 수업을 받았다. 그분은 곧 나를 교무실로 데려가 수학 퍼즐과 수업 시간에 공식적으로 배우는 것 이상의 수학 내용을 가르쳤다. 같은 일이 화학 수업 때에도 반복되었다.(Csikszentmihalyi, 1996, p174)

몇몇 학생들은 그들의 재능에 대한 인정과 지원을 과외수업에서 발견했다. 그러나 다른 학생들, 특히 예술 분야의 학생들은 K-12[11] 경험을 통해서는 자신들의 재능에 대한 도움을 거의 또는 전혀 발견하지 못했다. 칙센트미하이(1996)의 수많은 피실험자에게 대학이나 대학원은 그들 인생의 최고 지점이었다. 그곳에서 그들은 자신들의 목소리를 발견했고, 직업을 찾았으며, 자신들의 독창적인 강점을 좋아하는 교사를 만났다.

비록 이러한 전기 연구가 말끔하게 단계를 나누어놓지는 못했다. 하지만 놀이삼아 한 탐험에서 시작하여 성인의 목소리와 방향으로 진행되는 과정의 예를 제공하고 있다. 그 과정 중에 각 개인은 그들의 재능이 나타나는 것과 같은 정도의 도전 및 진보된 기술과 접촉할 필요가 있었다.

---

11) 초·중학생들을 위해 생각해낸 교육 체계로, 주로 미국과 캐나다 등에서 실시한다.-옮긴이 주

과목, 성, 문화의 차이

적어도 대문자 'C'의 창의성을 생각해보면, 같은 사람이 1개 이상의 영역에 기여하기는 보기 드물다. 창의적 능력의 일정 부분은 영역에 한정적이라는 증거가 있다.(Kaufman, Cole & Baer, 2005; Baer, 2010) 그래서 창의적 개인의 전기 속 경험과 개인의 특징이 영역에 따라 다르다는 것은 놀랍지 않다. 예를 들어, 과학과 예술 양 분야에서 창의적 개인은 경험에 대해 개방적인 반면에, 예술가들은 과학자보다 감정적으로 덜 안정되어 있고 덜 확신을 갖는다.(Feist, 1999) 연구자들은 특히 과학적 창의성, 예술적 창의성, 창의적 글쓰기 그리고 다른 분야의 주제에 대한 특징을 연구해왔다.(Innamorato, 1998; Neihart, 1998; Piirto, 2004; Simonton, 2009, 2010) 수학 영역에서 창의적이기 위해 필요한 인성의 특징과 지능의 패턴은 무용 분야에서 같은 수준의 성취에 도달하는데 필요한 헌신과는 다른 것처럼 보인다. 창의적 과정에 숨겨진 복잡성을 이해할수록, 창의적 개인에게 널리 적용될 수 있는 설명을 하기는 어려워진다.

창의적인 남녀의 특징과 인생 패턴에는 성적 차이가 존재한다. 비록 창의성 테스트를 사용한 연구와 창의성에서 성별 차이를 조사한 과제가 뚜렷한 차이를 보이지는 않았다 해도,(Baer & Kaufman, 2008) 성별에 의해 존재하는 것처럼 보이는 저명한 창의적 성취의 차이를 부인하기는 어렵다. 왜 그런지는 결론짓기 어렵다. 왜냐하면 창의적 여성에 대한 연구가 적었고, 또 창의적 개인에 대한 연구에서 근거 있는 비교가 가능할 만큼 충분한 여성이 포함된 경우는 드물었기 때문이다.

R. 헬슨(1983)의 창의적 여성 수학자에 대한 연구에서는 그 차이의 유형이 드러났다. IPAR 프로젝트의 한 부분으로서, 연구자는 1950~1960년에 학위를 마친 여성 수학자들을 조사했다. 그들보다 덜 창의적인 여성 수학자들과는 일반적으로 예상할 수 있도록 차이가 있었음에도 불구하고(더 높은 유연한 사고, 더 독립적이고 완고하며 판에 박힌 생활에 대한 참을성이 적다는 것 등), 그들은 또한 창의적인 남자 수학자들과도 달랐다. 헬슨은 창의적인 여성 수학자들이 그들 자신을 전혀 모험적이지 않고 내면에 집중하는 사람으로 설명하기 좋아한다는 것을 발견했다. 남자 수학자들은 야망을 강조하는 것을 더 좋아했다.

확실히, 여성의 직업적 역할이 현재보다 더 압박당하던 시기에, 여성 피실험자들이 노동 인구로 진입했다는 사실은 그들의 직업에 대한 인식과 개인의 발전에 영향을 끼쳤음에 틀림없다. 이러한 쟁점은 문화와 시대의 변화에 따라 계속 변해왔다. E. 음포푸 등(2006)은 얼마나 많은 아프리카 전통 문화가 남녀에 대해 다른 영역에서(예를 들어, 치료 대기자 수) 창의적이기를 기대하는지 설명하고 있지만, 그러한 이분법은 과도기나 현대의 아프리카 문화에서는 훨씬 영향력이 덜하다.

많은 차이점은 창의적 개인의 내적인 차이의 결과가 아니라 가정, 학교 그리고 다른 환경에서 부딪치는 방식에서 오는 것처럼 보인다. 어떤 장소에서는 그 차이가 아주 극적이다. 장의 도입부에서 묘사했던 현대 오악사카Oaxaca(멕시코의 와하카)의 도예가인 안젤리카 바퀘에즈는 순종적인 여성이 행실이 좋은 여성이고, 자전거를 타는 것은 문화적 규범에 도전하는 것으로 여겨지는 환경에서 작업했다. 창의적인 독립성을 위한 그녀의 투쟁은 그 사회에서 남자가 직면하는 것과는 아주 달랐다.(Wasserspring, 2000) 그러나 차이는 좀 더 미묘한 방식으로 발생한다. M. 패브리컨트, S. 스비타크 그리고 P. C. 켄샤프트(1990)는 발견 하나를 했다. 수학 시간에 남학생들은 규칙에서 벗어나 문제의 대안적인 해결 방식을 찾을 자유를 허용받았다. 하지만 여학생들은 규칙을 더 엄격히 따르도록 요구받았고 더 자주 비판받는다는 것을 연구로 보여주었다. 이러한 경험이 몇 년에 걸쳐 계속되면 여성의 확신, 주도권, 야망에 확실히 영향을 끼칠 것이다.

또 다른 연구들은 일반적으로 여학생들이 교사의 주목을 덜 받으며, 남학생들에 비하여 자기주장을 덜 펼치도록 요구받는다고 주장한다. 예를 들어, 교사들은 교실에서 남학생들이 부르는 소리에 훨씬 잘 응답하는 경향이 있다. 여학생들은 손을 들고 말해야 한다는 지적을 듣는 경우가 더 많았다.(Sadker & Sadker, 1986, 1995; Sadker, 2002) 만약 우리가 창의적인 남학생과 여학생을 다르게 다룬다면, 마지막에 도출되는 결과가 다르다고 놀라면 안 된다.

지난 세기의 수많은 변화에도 불구하고, 성별에 따라 다른 기대는 남녀 학생이 창의성을 키우는 연습을 할 때 서로 다른 경험을 할 수 있게 만들었다. 벨 훅스[12](1995)는 이렇게 썼다.

---

12) bell hooks, 1952~, 증조모의 이름인 '벨 훅스'로 더 잘 알려진 미국의 여성 운동가. 본명은 글로리아 왓킨스(Gloria J. Watkins)다. 자신의 이름이 아니라 글에 집중하기를 바라는 마음으로 소문자로 된 필명을 사용한다. 1981년 논문집 〈나는 여성이 아닌가: 흑인 여성과 페미니즘〉을 발표해 페미니즘 운동에 참여하는 백인들의 인종적 편견을 비판했다.-옮긴이 주

현대의 페미니스트의 운동 진영에서 위대한 예술과 여성 천재에 대한 질문을 불러일으킨 이후 오랫동안… 우리는 여전히 성별과 관련된 이슈에 맞서야만 하고, 공간을 만드는 정책과 여성 예술가들이 이룬 일을 찾아내는 시간을 만드는 정책에 대해 존경심을 가지고 작업해야 한다. 내가 아는 여성 예술가들 중 대부분은 몹시 무리해서 일을 한다. … 우리는 시간을 현명하게 쓰는 방법을 찾아내기 위해 수많은 시간을 보낸다. 우리는 사랑하는 사람들에게 충분한 관심과 애정을 쏟지 못할까봐 걱정한다. 페미니스트들의 실천과 생각에도 불구하고, 여성들은 여전히 시간, 에너지, 약속, 열정을 할당하는 것에 갈등을 느낀다.(p126~127)

창의적인 남자에게 필요한 것으로 보이는 집중력으로 우리가 판단하는 헌신과 집중이 여성에 의해 실천되었을 때—특히 가정이 있는 여성의 경우, 이기적인 사람으로 간주될 것이다. 비록 창의성에 대한 개인의 '메커니즘'이 남녀에게서 비슷할지라도, 어떤 여성들은 그들의 분야에서 성공적으로 창의적이 되려면 다른 특징과 전략이 필요하다. 예를 들어, 고도의 창의성을 가진 여성들은 그들이 어린아이들을 기르지 않는 동안, 원하는 영역에서 창의성을 표현하기가 더 자유로울 것이다.(Reis, 1987, 1998, 2002; Subotnick & Arnold, 1995) 물론 아이를 기르는 것은 창의성을 위해 수많은 기회를 제공하지만, 대부분의 전통적인 분야에서는 그렇지 않다.

어떤 이들은 여성 본래의 학습하고 일하는 방식이 남자보다는 더 협력적이라고 주장해왔다.(Belenky, Clinchy, Goldberger & Tarule, 1997; Gilligan, Lyons, & Hammer, 1990) 만약 그렇다면, 여성들은 창의적인 협력관계를 발전시킬 때 강점을 가질 것이다. 존-스타이너(2000)는 상호 의존성이 성별과 관련된 특징이라기보다 인간적인 것이라고 주장했다. 하지만 여성들은 인생 경험 속에서 "협력을 시도할 때 남자보다 더 적은 장애물을 만난다"고 믿었다.(p122) 이것은 여성이 창의적인 노력을 추구하는 방식과, 그 과정에서 쏟아붓는 특징의 차이를 만들게 된다.

S. M. 라이스(1987, 1998, 2002)가 가설을 세운 것처럼, 남녀가 종종 창의적 성취를 이루기 위해 다른 경로와 타임라인을 가진다는 것도 가능한 이야기다. 그들은 자신들의 창의적인 노력에 대해, 개인적 특징을 부여하거나 그들이 창조하는 분야로부터 성별 제한이 있는 반응과 직면해질 것이다. 더 많은 연구 덕분에 우리가 이러한 가능성에

대해 더 잘 이해해질 때까지, 창의적인 개인(그리고 그 과정)에 대한 이해를 제공하는 대다수의 연구는 창의적인 남자를 설명한다는 사실을 기억해야 한다. 같은 특징이 비슷하게 재능 있는 여성에게서도 같은 빈도수로 발견되는지는 별로 확실하지 않다.

남학생과 여학생의 창의성과 관련된 특징에 대한 우리의 반응을 모니터해보는 것도 중요하다. 질문에 대해 고집스럽고, 논쟁에서 끈질기며, 독립적인 자기 방식을 가진 남녀 학생에게 같은 방식으로 반응하는가? 우리는 '사내아이는 사내아이일 뿐'이라는 것을 알면서 여학생이 '숙녀답게 행동하기'를 기대하지는 않는가? 우리는 창의적인 개인의 노력과 창의적인 노력을 위한 보다 더 협력적인 과정 둘 다를 격려하는가? 우리는 남학생에게는 거부하면서도 여학생이 예민함이나 감정을 내보이는 것은 용납하는가? 만약 그렇다면, 우리는 어떤 학생에게는 창의성을 격려하면서 다른 학생의 창의성은 죽이는 위험한 행동을 하고 있는지도 모른다.

고등학교에서 풋볼을 아주 잘하는 학생 하나가 운동을 그만두고 더 많은 시간을 연극에 헌신하고 싶어할 때는 어떻게 반응해야 하는가? 적어도 내가 아는 한, 이런 경우에 그 고등학생과 충격을 받은 교장 사이의 즉시 면담이 이루어졌다. 학교의 명예는 위태롭게 느껴지고, 그 학생이 뛰어난 무대를 만들어낸다고 해서 결코 옹호될 수는 없었다! 성별과 관계없이 모든 학생의 창의성 및 연관된 과정과 특징의 전체 범위가 용납되고 도움받을 수 있어야 한다.

창의성의 발전에 영향을 주는 요소는 남자, 여자 그리고 소년, 소녀에 따라 다를 수도 있다. 예를 들어, J. 배어(1997, 1998)는 창의성에 대한 외적 동기 부여 효과가 중학생의 경우, 성별에 따라 다르다고 주장했다. 이런 연구가 계속된다면, 우리는 창의성이 소년, 소녀에게서 어떻게 다르게 나타나는지 이해해질 것이다.

창의성의 특징과 과정 속에서 성별 차이의 가능성에 대한 우리의 지식이 창의적 여성에 대한 연구 부족에 한정되어 있는 것과 마찬가지로, 창의적 그룹에 따라서 그러한 특징과 과정이 얼마나 다양한지도 별로 알려져 있지 않다. 사실 창의적 개인의 특징에 대한 모든 연구는 유럽과 유럽계 미국인 남자의 특징을 전하고 있다. 사모아인들이 독창적인 댄스를 만들어내고, 아프리카계 미국인들이 가스펠 뮤직을 향상시키고, 일본인들이 아주 보기 드문 꽃꽂이를 만드는 것은 그들이 전통적으로 학습한 다른 인지적 인성의 특징을 가지고 있기 때문일지도 모른다. 우리는 모를 뿐이다. 창의성의 본성 자체와 정의가 문화에 따라 다양하기 때문에, 창의성과 관련된 특징들 역시 다양할 수 있는 것 같다. 게다가 문화와 성별의 기반 위에서 개인에게 제공되는 도움의 수준이 다양하고, 이 다양한 수준에 의해 나타나는 도전은 성공을 위해 필요한 특징에 영향을 미치는 것 같다. 예를 들어, 여성의 창의성을 위한 타임라인이 늘어난다면, 동기 부여나 끈기가 그들의 창의적 계발에 특별한 역할을 할 수도 있다.

칙센트미하이(1994)는 1960년대에 아프리카계 미국인들에게 가해진 정치적인 압박 때문에 결국 예술계를 떠나야 했던 사례에 대해 설명했다. 1990년대에 창의적인 영화감독이 되기 위해서 스파이크 리는 존 세일스와는 다른 특징 한 무리가 필요했는지를 생각해보는 것은 흥미롭다. 버락 오바마의 창의성은 그의 다문화적인 이력으로부터 어떤 영향을 받았을까? 아마 당신이 다양한 문화로부터 온 어린이들의 창의적 특징을 관찰한다면 이 중요한 문제에 대한 우리의 이해를 도울 수 있을 것이다.

마지막으로, 우리는 협력하는 창의적 노력에서 성공하는데 필요한 개인의 특징과, 그것들이 어떻게 앞에서 진행된 토론에서 확인된 바와 다른지 모른다. 어떤 특징들은 그의 창의성이 개인적인 경우 협력에 집중되었을 때, 개인들 사이에는 비슷할지도 모르지만 중요한 차이점이 있다. 차이는 또한 다른 집단적 노력에서도 발생한다. 한 가지 협력(예를 들어, 비공식적으로 기여한 협력)을 위해 필요한(또는 충분한) 특징이 더 밀도 있게 통합되는 파트너십을 위해서 필요한 것과 다른지 아닌지 생각하는 것 역시 흥미롭다. 협력적인 창의적 과정에 대한 진전된 조사만이 대답을 줄 수 있을 것이다. 그러는 동안, 잠재적인 창의성을 가진 한 가지 유형의 개인만을 식별하는 데 관심을 기울이는 것이 현명할 것이다. 동시에 학생들에게 도움이 되는 특징은 창의적 힘을 기르는 데도 도움이 될 것이다.

교실에 대해 생각하기

교실에서 질문을 하는 남학생, 여학생에 대한 당신의 반응을 추적해보자. 여러분이 그들의 부름에 대해 같은 방식으로 반응히는지, 그들의 생각을 똑같이 이해하는지 탐구해보자. 이때 여러분을 관찰하는 동료에게 물어보고 싶을지도 모른다. 학생의 과제를 볼 때, 독창적인 내용에 대해 얼마나 많은 강조점을 두는지, 또는 형식과 깔끔함에 수많은 강조점을 두는지 주목하자. 당신은 남녀 학생에 대해 똑같은 기준을 가지고 있는가? 다른 문화, 인종 또는 사회 경제적으로 다른 그룹 출신의 학생들에 대한 반응에 대해서도 비슷한 종류의 관찰을 할 수 있다.

어린 시절 그들은 어땠을까?

어쩌면 목록에 정해진 특징들이 남녀 또는 다양한 문화 그룹에 대해 동등하게 적용되는지 아닌지에 대한 질문보다 훨씬 더 어려운 것이, 성인에서 젊은이들에 이르기까지 적용하는 연구의 적합성 여부이다. 창의적인 어린이들에 대한 연구가 거의 없는 이유는, 그런 연구가 수많은 전술상의 어려움을 내포하고 있기 때문이다. 창의성을 어른의 창의적 성취로 제한한 연구자들은 창의적인 어른을 찾아내고, 어린아이 시절에 그들이 어떠했는지 결정짓는 배경을 연구한다. 또, 한 그룹의 어린이들을 정하여 그들의 특징을 분석하고 그들이 어른이 되기를 기다리면서, 그중 몇몇이 창의적이라고 판명되기를 기대해야 한다! 하지만 어떤 방법도 단순하지 않다. 대안적인 방법 중 하나는 창의적 잠재성을 가진 것처럼 보이는 학생을 식별하여, 보통 확산적 사고에 대한 테스트를 통해 그들의 특징을 확인하는 것이다. 물론 테스트에서 고득점을 얻은 학생이 어른이 되었을 때 창의적이고 생산적인 학생과 같은 학생일까 하는 의문은 우리에게 남는다. 이 질문에 대한 최선의 대답은 "아마도"일 것이다(제10장 참조). 이런 도전에도 불구하고 몇몇 연구는 창의적인 어른에게서 발견되는 특징이 젊은이들에게서도 발견될 것이라고 주장한다.

놀이와 창의성

창의성의 계발에 대한 흥미로운 질문 가운데 하나는 창의성과 어린 시절 놀이 사이의 관계에 중심을 두고 있다. 놀이는 인간과 동물 둘 다에게 어린 시절에 없어서는 안 될 부분이다. A. L. 브라운(2009)은 동물 놀이 전문가인 밥 패건을 인용했다. "끊임없이 새로운 도전과 모호성이 등장하는 세계 속에서 놀이는 진화하는 행성에 대해 [동물을] 준비시킨다."(p29) 이것은 우리 인간들 역시 필요한 것처럼 들린다.

어린이에게 창의성, 문제 해결과 연상놀이 사이에는 명백한 연관이 있는 것 같다. 연상놀이를 하는 아이들은 대안을 상상하고, '단지 …라는 추정'으로 확대해 사물을 모든 방법으로 사용하는 대안을 찾아내고, 그들의 행동에 대해 확산적으로 사고한다. 소여(2012)는 놀이의 즉흥적 본성이야말로 즉흥적인 그룹 창의성과 함께 힘을 발휘하는 것이라고 주장했다.

연상놀이는 어린 시절 창의성의 초기 지표일지도 모른다. S. W. 루스, A. L. 로빈스, B. A. 크리스티아노(1999)는 1, 2학년에서 5, 6학년까지 확산적 사고를 예견하고 판타지에 영향을 끼치는 연상놀이의 능력을 조사했다. 저학년의 연상놀이의 질과 초기의 확산적 사고의 점수는 4년 후의 확산적 사고를 예견했지만 다른 창의성 지수를 예견하지는 않았다. 비슷한 예로, P. Y. 뮬리오와 L. F. 다일랄라(2009)는 미취학의 사실적인 역할놀이 행동은 사춘기 초기에 측정되는 창의성을 예견한다는 것을 발견했다. 이는 창의성과 놀이의 측면이 연결되어 있고, 어린 시절 내내 상대적으로 안정적이라는 것을 시사한다.

다수의 다른 연구자들이 놀이와 확산적 사고, 문제 해결, 정서적 표현 사이의 관계를 연구했다.(Russ & Fiorelli, 2010 참조) 비록 그 연구들이 일관적이진 않지만, 연상놀이가 창의적 사고와 문제 해결에 연결되어 있다는 충분한 연관관계를 시사하고 있다.(예를 들어, Fisher, 1992; Russ 등, 1999; Russ & Schafer, 2006)

그러나 놀이가 실제로 창의성을 증가시킬까? 어떤 연구들은 그럴 수 있다고 주장한다.(Garaigordobil, 2006; Li, 1985; Pepler & Ross, 1981) 예를 들어, D. J. 펠퍼와 H. S. 로스는 확산적인 놀이를 한 적이 있는 미취학 아이들은 확산적·융합적 과제 둘 다에서 더욱 탐구적인 행동과 더 유연한 문제 해결 전략을 보였다. M. 가레이고도빌의 연구가 특히 흥미로운 지점은 수많은 학교가 휴식 활동을 줄이는 나이인 10~10세 학생들을 다루고 있다는 점이다. 이들은 매주 창의적인 게임을 할 기회를 부여받았다(반면에 대조군은 예술 활동했다). 학년 말이 되었을 때, 창의적인 게임을 한 집단은 창의적 사고면에서 상당한 진전을 나타냈다. 비록 아직 배워야 할 것이 많지만, 이 연구는 상상 게임이 젊은이들의 창의성을 얼핏 감지할 수 있게 하고, 그것을 도울 기회를 제공한다는 점을 훨씬 더 설득력 있게 주장하고 있다.

창의적인 젊은이들에 대한 연구

D. 매키넌(1978)은 파를로프Parloff, 다타Datta, 클레먼Kleman, 핸들론Handlon의 연구를 인용했다. 그것은 창의적인 사춘기 젊은이의 특징이 성인과 일치한다는 것이다. 이

연구자들은 연례 과학 재능 연구(Annual Science Talent Search) 지원자들의 행동을 비교했는데, 그들은 IPAR 프로젝트로부터의 성인 수학자, 건축가, 연구 과학자, 작가들의 더 창의적이거나 덜 창의적인 표본으로 '더 창의적인' 또는 '덜 창의적인'으로 등급을 나누었다. 이 그룹들은 CPI[13]를 이용해 비교되었다.

성인과 사춘기 젊은이의 표본 둘 다에서 창의적인 그룹이 자기 확신 및 적응자율성과 관련된 요소에서 비창의적인 그룹보다 높은 점수를 받았다. 이 그룹들은 인간의 양심에 대해서는 차이가 없었다. 재미있는 점은 훈련 적합성과 관련된 요소들(예를 들어 자제심, 사회화, 인내심, 적합성을 통한 성취)에서 창의적인 사춘기 젊은이들은 덜 창의적인 젊은이들보다 높은 점수를 받은 반면, 창의적인 성인들은 덜 창의적인 성인 동료들보다 낮은 점수를 얻었다. 이 표본에서 비록 창의적인 어른과 창의적인 사춘기 젊은이들이 성격상의 수많은 공통점을 가지고 있을지라도, 창의적인 사춘기 젊은이들이 자신들의 창의성을 실험할 기회를 얻기 위해서는 시스템의 힘을 배워야 한다. 자리를 확실히 잡은 창의적인 성인들은 자유롭고 순종적이지 않은 정신으로 활동할 능력이 있다. 이러한 균형을 교묘하게 조작하도록 학생들을 돕는 것은 가치 있는 일일 것이다.

최근의 예로, G. J. 페이스트(1999)는 창의성과 관련된 인성의 특징은 적어도 사춘기부터는 안정되는 경향이 있다고 했다. 창의적인 사춘기 젊은이들과 덜 창의적인 젊은이들을 구별하는 특징은 성인 그룹을 구분짓는 특징들과 일치하며, 이러한 특징들은 시간을 가로질러 일관되게 남아 있는 것처럼 보인다.

창의적인 사춘기 학생들을 위한 연구에서, H. J. 왈버그(1988)는 전국에 걸친 고등학생 771명의 샘플을 조사했는데, 이들은 세 그룹으로 나뉘었다. 과학 분야의 상을 받은 그룹, 예술 분야의 상을 받은 그룹 그리고 수상 경력이 없는 그룹. 이 세 그룹을 자기 보고식 전기 자료를 사용하여 비교했다. 두 창의적인 그룹의 구성원들은 비록 세 번째 그룹에 비하여 사람들보다는 책을 더 흥미 있게 생각하는 경향이 있긴 했다. 하지만 그들 자신에 대해 친절하고, 사교적이며, 자기 확신이 있다고 묘사했다. 그들은 세부 사항에 더 관심이 많았고, 더 끈기가 있었으며, 휴식을 취하는 데 시간을 덜 보냈다.

창의적인 젊은이들은 그들 자신을 상상력이 풍부하고, 호기심이 많으며, 표현력이

---

13) California Psychological Inventory, 해리슨 고프 박사가 개발한 성격 측정 도구-옮긴이 주

풍부하다고 설명했으며, 창의성을 가치 있게 설명하는 경향이 있었다. 그들은 자기 자신에 대해 터무니없는 아이디어를 만들어낸다고 생각하기보다는, 새롭고 독창적으로 자신들의 생각을 표현하는 데 만족감을 느꼈다. 그들은 덜 창의적인 학생들에 비하여 돈에 대해 더 큰 가치를 부여했다. 하지만 인생에서 발전시켜야 할 최고의 특징을 선택해야 할 때, 창의성을 더 자주 선택했고, 부와 권력은 덜 자주 골랐다. 그들의 자기 자신에 대한 기술은 연구에서 보인 창의적인 성인들의 호기심 많고, 유연하고, 상상력 풍부하고, 끈덕지며 창의성에 가치를 두는 점과 여러 면에서 평행했다.

창의적인 저명인사들의 특징이 영역에 따라 다양한 것과 마찬가지로, 과학과 예술 분야에서 창의성을 인정받아 수상한 고등학생들의 특징의 차이에도 역시 주목해야 한다. 예술가들과 비교하여 과학자들은 덜 사교적이고 학교에서 일어나는 조작된 활동에 덜 참여했다. 그들은 미래에 대한 세부적인 계획을 더 많이 가지고 있었고, 자신의 지능에 대해 더 많은 확신을 표현했다. 예술가들은 더 다양한 흥미와 그들의 창의성에 대한 더 큰 확신을 가지는 경향이 있었다.

젊은이들의 다른 패턴은 성인에게서 발견된 경향을 따라 하고 있다. M. A. 룬코 (1991)는 사춘기 이전의 소년들에게서 독립적인 사고와 확산적 사고 사이의 관계를 발견했다. D. P. 키팅(1983)은 창의적인 성인 수학자의 경우와 마찬가지로, 수학 분야에서 능력을 보인 중학생들은(따라서 해당 분야에 대해 창의적인 기여를 할 잠재성이 많은) 이론적인 가치를 대단히 존중했다. 하지만 종교적인 가치에 대해서는 흥미가 낮았다고 보고했다. 창의적인 성인 수학자들과는 달리 중학생들은 미적인 가치에 대해서도 흥미가 낮았다.

J. 피르토(2004)는 높은 능력과 창의성을 가지고 있는 어린이 작가들의 작품을 연구했다. 그녀는 그들의 작품 속에서 어휘의 명랑함, 유머감각, 언어의 소리를 듣는 귀, 시각적 이미지의 사용과 비유적 표현을 포함한 16가지 특징을 식별했다. 이러한 특징의 대부분은 은유적 사고, 시각화, 경험에 대한 개방성 그리고 기꺼이 아이디어를 갖고 놀고자 하는 마음과 같은 창의성과 연관된 인지적, 인성적 특징을 필요로 한다. J. W. 왓슨과 S. N. 슈바르츠(2000)는 어린이의 그림에서 좀 더 미적이고 창의적인 평가와 함께 개인적인 스타일의 발전은 일찍이 3세부터 시작될 수 있다고 보고했다.

L. G. 존슨과 J. A. 해치(1990)는 높은 독창성을 가진 4명의 어린이들의 행동을 조사

했다. 네 어린이 모두 독립적이고, 끈기 있고, 말을 잘했고, 정교한 표현을 사용했다. 그러나 그들 각자는 그들의 창의성이 초점을 맞추고 있는 특별한 영역이 있었고, 따라서 다른 방식으로 그들의 창의성을 표현했다. 이 연구 결과는 창의성은 아주 어린 시절부터 시작되는, 주어진 영역이나 분야에 특화되어 있다는 생각에 힘을 실어주고 있다. 비슷한 예로, K. 한과 C. 마빈(2002)은 그들의 연구에서 109명의 2학년 학생들이 단일 영역에서의 균일한 강점과 약점보다는 다양한 영역의 실행 과제에서 광범한 창의적 능력을 보인다는 것을 발견했다. 그리고 G. 박과 D. 루빈스키, C. P. 벤보(2007)는 성인이 되었을 때 창의적 성취를 이룰 분야는 12세 때의 평가로 예측가능하다는 것을 발견했다. 이와는 반대로 J. A. 플루커(996b)는 강력한 내용 전반에 걸친 능력은 고등학생들을 위한 다양한 창의적 활동을 전하는 창의성 체크 목록의 수많은 변화를 설명할 수 있다고 보고했다. 확실히 성인의 창의성이 지닌 본성과 측정에 관한 중심 이슈는 젊은이들에게도 복잡하다.

창의적 활동과 식별 오류

위에서 언급한 다양한 사례에서 주목했듯이, 학생들에 의해 표현된 창의성과 관련된 특징들이 언제나 긍정적인 결과를 이끄는 것은 아니다. 창의적인 방식으로 행동하는 학생들은 교사의 생활을 편하지 못하게 만든다. 교사가 그리는 이상적인 학생상과, 창의성과 연관된 특징을 조화시키기는 어렵다. 침착하고 유순하며 규칙을 따르고 예측가능한 방식으로 내용에 대해 반응하는 학생들은, 일이 되어가는 방식에 대해 새로운 아이디어를 가지고 있는 사람들보다 큰 규모의 집단일 경우 다루기가 더 쉽다. 이러한 이슈는 전 세계에서 발견된다. B. 귄서와 G. 오럴(1993)은 터키의 교사들이 창의적인 학생들을 학교의 규율에 대해 순종적이지 않은 것으로 인식한다고 설명했다. J. T. 웹 등(2005)은 애플 컴퓨터의 창립자들 중 하나인 스티브 워즈니악의 이야기를 전하고 있다. 그는 직접 만든 전동 메트로놈을 학교의 래커 안에서 작동시켰다는 이유로 정학을 당했다. 그 메트로놈을 집에 가져가서 부모님께 보여주고 싶었던 스티브는 "틱 틱" 소리를 끄는 것을 잊어버렸고, 그래서 학교에 폭탄 처리반이 출동했기 때문이다. 비록 결과가 늘 그렇게 드라마틱하지는 않더라도, 아주 창의적인 행동은 교사나 동료 학생 모두에게 이상하고 괴벽스러우며, 말썽을 불러일으키는 것처럼 보인다.

사실, 때때로 고도로 창의적인 능력을 가진 학생들은 장애가 있는 게 아닌가 오해하도록 만드는 행동을 한다. 역설적으로 특히 아주 능력 있는 학생들이 이런 상황에 처할 가능성이 크다. 왜냐하면 전통적인 학교의 평가 제도는 이들을 위한 변화의 여지가 거의 없기 때문이다. 몇 개월 또는 몇 년간의 반복적인 평가와 너무 느리게 진행되는 페이스에 대해, 그런 학생들은 지루함을 조금이라도 피하는데 상상력을 동원한다. 그 결과, 백일몽에 잠기거나 과제와 관계없는 행동을 하기도 한다. 학교 과제에 대한 이 같은 주의력 결핍 때문에 아주 창의성이 높은 어떤 학생들은 ADD(주의력 결핍 장애, attention depict disorder)나 ADHD(주의력 결핍 행동 장애, attention depict hyperactivity disorder)의 가능성을 조사받기도 한다.

B. 크래몬드(1994)는 창의성과 ADHD 사이의 '교차 특징'을 비교했다. 웹 등(2005)은 (높은 창의성을 포함하는) 천부적인 재능과 ADHD와 연관된 행동 사이에는 어떤 유사성도 없다는 것을 설명한 비슷한 도표를 만들었다. 그리고 S. M. 바움과 S. V. 오웬(2004)은 천재적이고 창의적인 학생들이 일으키는 행동이 학습장애나 ADHD로 오진된 사례를 조사했다. 크래몬드의 교차 특징을 요약한 것이 〈표 5.1〉이다. 각각의 경우에, 저자는 창의성과 연관된 독립성, 유연한 사고, 위험 감수, 쾌활함이 교실에서 표현될 때 가끔 장애로 잘못 해석될 수 있다고 지적하고 있다. 높은 창의성을 가진 학생이 ADHD나 그 밖의 학습장애를 가지고 있을 가능성도 있다. 그러나 대부분의 상황에 대

특징	창의성	ADHD
부주의	아이디어, 시각화를 이용하여 놀아본 결과 흥미의 영역이 방대하고, 주어진 것과는 다른 것을 쉽게 연관짓는다. 다중 처리 능력	집중을 못하고 과제를 끝내지 못한다.
과다 활동	흥미로운 과제에 대한 높은 에너지 위험 감수, 감각 추구	과다한 움직임, 쉼 없음, 충동성, 생각 없이 움직임, 위험 추구 행동
까다로운 기질	비관습적인 행동/ 기꺼이 제도에 도전함	사회적 기술의 결여
능력보다 낮은 성적	학교에서 지시받은 것 대신 자신의 프로젝트에 집중	학습 목표 달성의 어려움

표 5.1 창의성과 ADHD의 특징 비교
출처: Baum, S. M., Owen, S.V., 2004, To Be Gifted and Learning Disabled, p60. Creative Learning Press, Mansfield Center, CT. Reproduced with Permission(by CLP).

해 집중하지 못하는 학생과, 지루해서 몽상에 빠져 있거나 단지 자기만의 상상력을 펼치고 있는 학생을 구별하는 방법을 찾아내는 것은 교사에게 중요하다.

이는 혼동할 가능성이 있음에도 불구하고 연구에 도움이 되는 경향이 있다. 비록 어떠한 연구도 창의적인 어린이와 창의적인 성인의 특징이 같다고 확신하거나, 창의적인 성인이 어린 시절에 반드시 같은 특징을 가지고 있을 필요는 없다. 하지만 성인에게서 논의된 특징들이 어린 시절에 나타나는 것이 당연하다고 주장하기에 충분할 만큼 패턴은 일관성이 있다. 그렇지 않다고 주장하는 연구는 확실히 어디에도 없다. 현존하는 예술의 상태와 더불어 창의성과 연관된 특징을 돕고 격려하는 가장 합리적인 행동 방침은 가능한 한 '언제나'이다. 가장 최소한으로 우리의 교실은 우리를 둘러싸고 있는 경이로움에 대해 좀 더 유연하게 반응하도록 맞춰져 있어야 한다. 더 나아가서 우리는 언젠가 이 세계에 더 훌륭한 지식과 아름다움을 가져다줄 젊은이들의 창의성에 영향을 끼칠 수 있어야 한다―이는 훌륭한 위험 감수처럼 들린다.

What's Next?

1. 창의적인 개인의 전기를 선택해 읽어보자. 창의성과 연관된 그의 특징과 경험을 비교해보자. 여러분은 아마도 그 자서전과 다른 사람이 쓴 전기를 비교하고 싶어질 것이다. 두 가지에는 똑같은 특징이 나타나는가? 다른 쪽에 비하여 어느 한쪽에 더 강조되고 있는 부분이 있는가? 또는 뉴스에 등장하는 사람들에 대한 설명을 조사해보자. 창의성과 연관된 특징에 대한 증거가 보이는가?

2. 창의적인 사람들로 구성된 위원회가 당신의 대학 수업에 초청할 수 있는 또 다른 기회가 여기에 있다 (나는 가끔 대학의 학과장들에게 학과를 위해 가장 창의적인 사람들을 후보로 뽑도록 부탁한다). 그들에게 창의적 과정과 활동에 대해 물어보자. 이 장에서 나열한 특징을 식별할 수 있다면 그들은 어떻게 다르고 어떻게 같은지 알아보자. 연설자들에게 여러분은 어떤 반응을 보였는가? 창의성과 관련된 특징들이 여러분에게 편안한 방식으로 표출되었는가? 그들은 어떤 어린이였을지 생각해보자.

3. 칙센트미하이가 창의적인 개인의 특징이라고 설명했던 이분법에 대해 생각해보자. 미디어에 등장하는 인물의 특징 중 창의적이라고 간주되는 것을 조사해보자. 그 인물은 단순하게 그려지고 있는가, 아니면 깊이를 가지고 묘사되고 있는가? 어떤 측면이 그 인물을 더 흥미롭게 만드는지 생각해보자.

4. 당신 자신의 인생에서 증대시키고 싶은 창의성과 관련된 특징을 한두 가지 골라보자. 예를 들어, 당신은 경험에 대해 더 개방적이거나 더 끈기 있기를 원할지도 모른다. 한 달 동안, 당신이 할 수 있을 때마다 그 특징을 실습해보자. 당신의 노력에 대해 기록하고 특징의 변화가 있는지 살펴보자.

5. 이 책은 학생들의 창의성과 연관된 특징을 식별하고 돕기 위한 도전에 대해 숙고하고 있다. 교사의 경우 어떻게 이와 비슷한 특징의 도움을 받거나 또는 받지 못하는지 성찰해보자. 여러분 학교의 경우, 새로운 아이디어를 신봉하거나 그들 자신의 과제에 대해 끈기 있게 늘어지는 교사는 어떻게 받아들여지는가? 그러한 전문적인 경험이 교육 전문가의 창의성을 돕는 데 더욱 효과가 있는지 고려해보자. 그리고 계획을 세워보자!

Tech Tips

1. 다양한 분야에 속한 창작자들의 사고 과정에 학생들과 우리 자신이 접하도록 하는 가장 흥미로운 방법 중 하나는 블로그를 읽는 것이다.

작가 블로그

놀랄 것도 없이, 작가들은 블로그 활동을 가장 많이 받아들이는 사람들이다. 핵심은 물론 근본적인 거대 광고 웹사이트와, 작가의 창작 과정에 진실한 통찰력을 제공하는 웹사이트를 골라내는 것이다. 어린이 책 작가인 피터 레이놀즈는 자신이 몇 권의 책을 어떻게 시작했는지에 대한 질의응답과 블로그를 포함하고 있는 웹사이트를 가지고 있다. 그의 블로그 덕분에 나는 그 밖에 도움이 되는 블로그들을 추적하게 되었다.(http://www.peterreynolds.com)

어떤 블로그들은 특히 교사와 어린 작가들을 위해 만들어졌다. Teaching Author's blog(www.teachingauthors.com)는 창작을 가르치는 6명의 어린이 책 작가들이 주역이다. 유타 어린이 작가들(http://utahchildrenswriters.blogspot.com)은 유타 출신의 비슷한 블로그이다. Helena Pielichaty's Diary of a Children's Writer(http://www.helena-pielichaty.com/blog)는 확실히 어린이 책 작가인 데이비드 해리슨의 블로그(http://davidlharrison.wordpress.com)와 비슷하다. 시간을 내서 당신이 좋아하는 작가들이 블로그를 가지고 있는지 찾아보자. 나는 내 책꽂이에서 무작위로 작가 몇 명을 골랐고 에이미 탄(http://www.amytanauthor.com)과 로리 킹(http://www.laurierking.com)의 블로그에서 놀라운 자료를 발견했다.

과학 블로그

내가 현재 활동하고 있는 과학자들의 이름을 작가들만큼 알지 못하기 때문에, 과학 분야의 블로그 모음을 찾아보는 것이 더 쉬웠다. 다행히 크게 어렵지는 않았다. Science Blog(http://scienceblog.com)는 다양한 영역(생명 과학, 자연 과학, 테크놀로지)의 블로그에 접근하도록 도와주고, 심지어 몇몇 비과학 분야의 블로그까지 연결시켜준다. 잠시 살펴보고 흥미롭게 보이는 것을 찾아보자. 또 다른 사이트는 최고의 여성 과학자 50명의 블로그 모음이라고 주장하기도 한다.(http://www.onlineuniversities.com/blog/2010/04/50-best-female-science-bloggers/)

블로그 만들기

블로그를 이용하여 창의성을 높이는 방법은 여러분 스스로 블로그를 만드는 것이다. 이것을 자신을 표현하는 장소로 사용할 수도 있고, 학생들이 그들의 창의성을 나누는 장소가 되게 할 수도 있다. 어떤 교사들은 그들의 모든 콘텐츠를 올려놓는 개인 블로그를 만들고, (물론 허락을 받아서) 학생들의 작품을 올려놓는 공간을 마련했다. 이곳은 그 수업을 받는 학생들과 부모들만 접근 가능하게 했다. 물론 이것을 간단하게 만드는 블로깅 사이트들이 있다. 가장 유명한 두 가지는 Blogger와 Wordpress이다.

물론 여러분이 교실에서의 창의성을 토론하는 내 블로그(http://creativiteach.me)에서 토론에 참여하거나, 게스트로 포스팅하기만 해도 아주 기쁠 것이다. 당신의 미래에 어떤 블로그가 있을지 누가 알겠는가?

2. 블로그로 말하는 대신 어쩌면 아바타로 말하는 것을 더 좋아할지도 모른다. 수많은 기술적 도구가 아주 정교한 방식으로 아바타를 사용한다. 분명히 이런 아바타를 만드는 것은 우리의 기술적인 기능을 넘어서는 일이다. 그러나 당신의 어린 학생들을 위해 접근 가능한 선택의 여지가 있다.

Voki(http://voki.com)는 주문에 따라(완전히 독창적이지 않다면) 아바타를 만들 수 있는 웹사이트다. 녹음이나 문자를 입력하여 말하게 할 수 있다. 비록 그들이 긴 연설을 할 수는 없지만, 웹사이트나 이메일로 기본적인 메시지를 전달할 수 있다. Voki for Education은 특히 교사를 위한 제안과 특별한 생김새를 제공하고 있다. 대부분의 기본적인 수준은 무료이지만, 유료 주문으로 더 정교한 옵션을 선택할 수 있다. 학생들이 프레젠테이션에서 세 가지 요점을 표현할 수 있는 보키를 만드는 것을 상상해보자. 또는 역사상의 인물의 관점을 보키로 표현하고 글로 쓰거나 말을 통해 더 정교하게 만들 수 있다.

지도하에 사용할 수 있는 또 다른 옵션은 Blabberize(http://blabberize.com)이다. 블러버라이즈를 통해 당신은 사진을 찍고 '입'을 만들어서 미리 녹음된 내용을 말하게 하는 데 사용할 수 있다. 블라버라이즈는 (아직은) 교사를 위한 부분은 없고, 여러분이 웹사이트 검색을 통해 발견할 수 있는 것 모두가 학생들에게 적합하지도 않다. 그러나 이 사이트는 창의성을 위한 잠재성을 가지고 있으므로 시도해보고, 무엇을 발견했는지 살펴보자.

Part II

창의성과 교실 생활
Creativity and Classroom Life

· · ·

　만약 우리가 교사로서 학생들이 창의성을 높이도록 돕기를 희망한다면 어떤 측면의 창의성을 일깨울지, 그 과정에서 우리의 역할은 무엇인지 결정할 필요가 있다. 앞으로 진행될 장에서는 창의성의 근원에 대한 다양한 관점이 있고, 그것이 어떻게 드러나며, 어떤 활동이 이것을 격려하는지 분명하게 다룰 예정이다. 교사로서의 역할은 우리가 적용하는 창의성의 모델과 이론에 달려 있다. 만약 우리가 플라톤이 했던 것처럼, 창의성이 뮤즈의 개입으로 가지를 뻗는 것이라고 믿는다면, 우리가 할 수 있는 것은 별로 없다(무엇이 뮤즈를 유혹하는지 결정하지 않는 한!). 만약 스키너를 믿는다면, 우리는 그러한 반응을 증가시키려는 노력으로 창의적 반응과 비슷한 모든 노력에 대해 보상해 줘야 한다. 만약 우리가 휴머니스트들의 입장을 좋아한다면, 우리는 정신건강을 돕는 환경을 강조할 것이다. 그러나 연구가 진화되고 창의성에 대한 우리의 이해가 더 복잡해지면서, 난일한 요소로는 충분히 창의성을 설명하거나 증진시킬 수 없다는 것이 명백해졌다. 체계 이론이 우리에게 제안하기는 분야에 대한 지식, 기술 그리고 창의성에 도움이 되는 교실 분위기의 결합에 대해 주의를 기울여야 한다는 것이다. 창의성을 증진시키려는 어떤 시도든 창의성이 어떻게 작동하는지에 대한 최선의 이해에 근거하고 있어야만 한다. 이 책의 Part I 은 그러한 이해를 쌓는 일에 바쳐졌다. 이제 우리는 가르치는 일에 관심을 기울여야만 한다!

　Part II 에서는 창의성에 도움이 되는 교실 활동, 실습 그리고 조직적인 전략에 대해 논의한다. 제6장에서는 창의적인 사고를 계발하는데 다양하고 일반적인 전략과 기술을 살펴볼 것이다. 제7장과 제8장에서는 중요한 교과 영역—언어학, 사회, 과학 그리고 수학—이 창의적 사고라는 원칙과 목표를 통해 교육되는지 살펴볼 것이다. 이 장들에서는 '우리가 각 영역에서 문제를 발견하고 해결하며 아이디어를 나누는 기회로 접근할 때, 교육은 어떤 모습일까?'라는 질문을 연구한다. 제9장에서는 동기 부여와 창의성에 대한 연구를 조사하고, 교실 운영과 조직을 위한 연구가 뜻하는 바를 연구할 것이다. 마지막으로, 제10장에서는 창의성과 평가를 논의하는데—창의성 자체를 증진시키려고 사용하는 평가와 학생들의 창의성에 도움이 되도록 교실에서 하는 내용 평가, 두 가지 모두를 다룬다.

6. 창의적 사고 기술과 습관, 교육
Teaching Creative Thinking Skills and Habits

한 무리의 근로자들이 '포테이토칩' 포장이라는 어려운 문제를 풀어야 하는 책임을 맡았다. 표준으로 주어진 봉지 포장은 쌌지만 약했고, 수많은 칩이 운송 도중에 부서졌다. 근로자들은 창조공학의 접근 방식을 사용하려고 했고, 문제를 푸는 데 유추법이 사용되었다. 그들은 포테이토칩과 성질이 비슷한 것을 상상하려고 노력했다. 근로자 한 사람이 마른 나뭇잎을 생각해냈다. 마른 나뭇잎은 깨지기 쉽고 칩과 마찬가지로 쉽게 부서진다. 한 근로자가 비가 온 뒤 수많은 나뭇잎을 부서지지 않게 자루에 넣을 수 있으며, 보통의 주머니에 평소보다 더 많이 넣을 수 있었다는 것을 기억해냈다. 그 그룹은 야외에서 모임을 열고 나뭇잎에 물을 뿌려 적셨다. 그 결과, 젖은 나뭇잎들은 부서지지 않고 좁은 공간에서 쉽게 압축된다는 사실에 주목할 수 있었다. 이러한 유추법 덕분에 프링글스 포테이토칩의 기본 라인을 만들 수 있었고, 촘촘하게 포장할 수 있도록 젖은 상태에서 모양을 만드는 특징을 갖게 되었다.(Gordon & Poze, 1981)

스웨덴에서 한 무리의 고등학생이 수평적 사고 훈련을 받았다. 이는 신선한 관점을 가지고 상황을 관찰함으로써 아이디어를 만들어내는 기술이었다. 단체와 산업계 지도자들은 젊은이들이 다룰 문제를 제공했다. 문제 중 하나는 주말 동안 계속 가동될 필요가 있는 공장에서 근로자들에게 동기 부여를 하는 어려움과 관련된 것이었다. 학생들은 현재의 근로자들로부터 주말 시간을 내놓도록 동기 부여를 하는 대신, 단지 주말 동안만 근무하는 새로운 노동 인력을 고용하도록 제안했다. 그 아이디어를 시도해본 결과, 주말 일자리를 위한 신청자들이 필요한 숫자를 훨씬 넘어섰다.(de Bono, 1992)

코크란 선생은 그녀의 학급에서 진행되던 과학 프로젝트의 아이디어가 독창적이지 않고, 종종 연구라기보다는 진열이나 전시에 머무는 것 같아 걱정했다. 그녀는 세 종류의 프로젝트가 가진 차이를 가르친 후, 프로젝트를 개선하기 위한 아이디어를 만들기 위해 SCAMPER[1] 기법을 사용하는 방법을 보여주었다. 꿀벌치기를 보여주는 아이디어로 시작했을 때, 학생들은 꿀벌을 유혹하는 꽃 색깔의 효과 평가와, 다른 모양의 꿀벌 통과 꿀 생산을 비교하는 것을 포함하는 연구 프로젝트를 제안했다. 코크란 선생은 학생들이 만든 다양한 프로젝트들이 그해의 박람회에 출품되는 것을 기쁘게 지켜볼 수 있었다.

브라운 선생은 그림과 창의적 글쓰기 둘 다에서 자기 학생들이 창의성의 결여를 나타내자 근심에 빠졌다. 그는 창의적 활동에 대한 책을 구입해서 매주 금요일 오후에 30분 동안 학생들이 책에서 제안한 대로 활동하도록 시켰다. 첫째 주에는 가능한 한 많은 종류의 새들의 이름을 짓는 브레인스토밍을 교실에서 실시했다. 다음 주에는 외계인과 의사소통을 하는 방식을 생각했고, 또 다른 금요일에는 네모를 보고 생각해낼 수 있는 모든 그림을 그렸다. 그러던 중 브라운 선생은 이러한 활동들이 교실에서의 시간을 사용하는 좋은 방법인지 의문을 갖게 되었다. 학생들의 그림과 글쓰기에서 개선되는 모습을 거의 찾을 수 없었기 때문이다.

만약 우리가 교실에서 창의성을 격려하는 방법에 대해 생각하려고 한다면, 당연히 학습과 창의성 둘 다에 도움이 되는 요소들을 고려해야 한다. 제1장을 돌이켜 생각해 보면, 교실에서의 창의성 모델은 창의성 사이의 필수적인 관계, 이해를 위한 학습 그리고 학습과 내적 동기 부여에 대해 설명하고 있다. 이번 장에서는 이 세 가지 모두를 개인적으로, 그리고 집단적으로 돕기 위해 우리가 학교에서 할 수 있는 것들에 대해 생각해보려고 한다. 〈표 6.1〉은 모델의 중심에 있는 '창의성'에 영향을 끼치는 중심 요소들을 설명하고 있다. 창의성은 각 분야은 물론 창의적 사고 전략, 창의적 사고 습관 그리고 창의성이 번성할 수 있는 환경 모두에 대한 지식 기반을 필요로 한다.

---

[1] 창의적 아이디어 발상 기법으로, 대체(Substitute), 결합(Combination), 응용(Adjust), 변형(Modify), 다른 용도(Put to another Use), 제거(Elimination), 뒤집기(Reverse)의 머리글자를 따서 부른다.-옮긴이 주

표 6.1 교실에서의 창의성 모델: 창의성

교실에서의 창의성에 대한 세 가지 핵심

창의성이 환영받는 교실을 상상해보자. 만약 여러분이 다른 수많은 교사와 같다면, 색상이 화려한 교실, 분주한 학생들 그리고 열정적인—아마도 별난—교사를 떠올릴 것이다. 창의성을 가르치는 것에 대한 우리의 고정관념은 〈죽은 시인의 사회〉라는 영화에서 책상 위를 뛰어다니는 인물로 분장한 로빈 윌리엄스에게 기울어져 있다(아니면 아마도 해리 포터가 다니는 호그와트 마법 학교에서 나온 무언가에 말이다). 사실대로 말하자면 나는 그 어느 한쪽의 학생이 되고 싶다. 그러나 나는 재능과 민첩함의 부족으로 깃털을 공중에 띄우거나 변장을 하거나, 교실 안의 가구에 기어오를 수 없다. 이것이 내 능력 때문에 창의성으로 가득 찬 교실을 만드는 데 제한이 있다는 뜻일까? 그렇지 않기를 바란다. 창의성이 번성할 수 있는 교실을 만드는 데 교사로서 도움을 줄 수 있는 것이 적어도 세 가지는 있다고 믿는다. 창의성에 대한 태도와 기술을 가르치는 것, 각 영역의 창의적 방법론을 가르치는 것 그리고 창의성에 친근한 교실로 발전시키는 것이다. 우리는 이 세 가지 핵심에 대해 앞으로 다섯 장에 걸쳐 다룰 것이다.

첫 번째 핵심 요소인 창의성에 대한 태도와 기술을 가르치는 것이란, 학생들에게 창의성에 대해 분명하게 가르치는 것을 포함한다. 창의적인 개인의 삶, 창의적 과정의 본질 그리고 창의적인 아이디어를 만들어내기 위해 사용할 수 있는 전략 등에 대해 가르치는 것이 포함된다. 예를 들어, Story Collider(storycollider.org) 웹사이트의 We Are

Science 부문은 과학에 대해 사람들이 흥미롭다고 생각한 다양한 것들과, 그들이 추구했던 경력의 범위 그리고 그것을 발견하는데 선택했던 구불구불한 길에 대한 통찰력을 제공한다. 만약 우리가 과학적 창의성의 실제를 힐끗 살펴보길 원한다면, 이곳이 시작하기에 좋은 장소다. 여러분은 그들의 창의성이 각 분야의 틀을 잡은 사람들의 특징과 삶에 대해 가르치기에 적합한 곳을 모든 학과목 안에서 고려하고 싶어질 것이다. 게다가, 이 장에서는 창의적인 사고 기술을 가르치고 연관된 정신적 습관을 계발하는 데 사용할 수 있는 다양한 전략을 복습할 것이다.

두 번째 핵심 요소인 각 영역의 창의적 방법론을 가르치기 위해서는, 각각의 개인이 공부한 영역에서 창의적일 수 있었던 방법을 학생들에게 가르쳐야 한다. 예를 들어, 과학에서는 이런 교육에 과거의 연구 결과인 일반화와 개념에 덧붙여, 과학적 조사 과정에 대한 학습을 동반해야 한다. 비록 그것이 시작 지점이기는 해도, 이것이 과학적 방법론의 5단계를 가르치는 것보다는 훨씬 더 복잡하다. 진짜 과학이 그렇게 깔끔하고 예측가능한 단계 속에서 진전하는 경우는 거의 드물다. 창의적인 과학자들이 움직이는 방법을 배우기 위해서는 과학자들이 묻는 질문의 종류를 배우고, 그들이 그것에 대해 조사하는 데 사용하는 방법을 배우는 것이 수반되어야 한다. 전진을 가로막는 장애, 성공으로 이끌 수 있도록 에두르는 길, 그리고 조사를 진행하는 데 필요한 기술에 대해 연구해야 한다. 창의성이 등장하는 분야가 어디든지 간에 그것과 나란히 하는 종류의 지식을 연구해야 한다. 제7장과 제8장에서는 가르치는 학습 내용의 영역을 조사하고—이러한 창의성과 양립할 수 있는 방식으로—필요한 지식의 기초를 건설하는 것에 대해 연구한다.

세 번째 핵심 요소인 창의성에 친근한 교실로 만들기란, 유연한 사고와 문제를 찾고 해결하는 것이 환영받는 교실 분위기를 만드는 것을 동반한다. 창의성에 친화적인 교실은 위험 감수에 대해 안전한 장소와 내적 동기 부여를 돕는 조직적인 구조를 제공한다. 정리해보면, 창의성에 대해 우호적인 교실은 다양하고 유연한 교수법을 사용하고, 선택에 의한 경험을 제공하며, 평가에 있어 정보가 있는 피드백을 제공하고, 자기평가를 장려하며, 보상을 사려 깊게 사용하고, 협동과 독립심 둘 다를 가르치며, 질문과 실험을 격려한다. 창의성에 도움이 되는 교실의 구조와 진행에 대한 더 많은 정보는 제9장과 제10장에서 다룰 것이다. 제10장에서는 또한 창의적 사고에 대한 평가도 다룬다.

창의적 사고를 위한 도구

창의적 사고를 위한, 가끔 '도구tool'라고 불리는 수많은 기술은 각 개인이 독창적인 아이디어를 만들어내는 것을 돕도록 고안되어왔다. 이러한 수많은 전략은 비즈니스 세계에서 생겨났는데, 생산품을 개발하고 경쟁 우위를 지키기 위해 새로운 아이디어가 필수적인 영역이 그곳이다. 몇 가지 기술은 학생들이 더 창의적이 되도록 도우려는 노력에 따라 학교에서 사용되어왔다. 설명된 수많은 전략들은 새롭고 적절한 아이디어를 만들어내려는 어린이와 성인 둘 다를 돕는 데 효과적이라는 증거가 있다.

그것들이 작동하는 이유와 정확히 어떤 상황하에서 작동하는지가 언제나 분명한 것은 아니다. 어떤 기술들은 창의성 아래에 숨겨진 인지 과정을 흉내내거나 자극하는 것인지도 모른다. 어떤 기술들은 창의성을 촉진하는 정신적 습관이나 태도를 계발하는 것일 수도 있다. 판단의 독립성, 다양한 선택의 여지를 기꺼이 탐험하는 것, 첫 번째 아이디어를 넘어서는 끈기 등을 말이다. 어떤 경우든, 창의적인 사고를 촉진하도록 고안된 기술에 대해 친밀하다면, 개인은 그들의 탐구적인 행동에 이것을 사용할 수 있는 도구 세트를 갖게 된다. 뮤즈의 번개가 내리치길 가만히 앉아서 기다리는 대신, 학생들은 그들의 사고를 새로운 방향으로 돌릴 수 있는 사려 깊은 전략을 사용할 수 있다.

Lesson 6.1 예술가 대 예술가: '창의적'이란 무엇과 비슷한가?

〈예술가 대 예술가In Artist to Artist〉(Eric Carle Museum of Picture Book Art, 2007)에서 23명의 일러스트레이터들은 어린이들에게 그들의 예술에 대해 말했다. 그것은 일러스트레이션을 가르치기 위한 좋은 재료지만(또한 페이지가 구성되어 있는 다양한 방식 때문에 유연성의 사랑스러운 예이기도 하다), 일러스트레이터 자신들의 경험과 삶에 대해 토론하도록 사용할 수도 있다. 창의적인 개인의 삶에 대해 공부하기는 학생들에게 모델을 제시해줄 뿐 아니라, 창의성으로 향하는 길이 언제나 똑바로 뻗어 있지 않다는 예를 보여주기도 한다.

그러나 도구를 가지고 있는 것만으로는 충분치 않다. 브라운 선생이 발견한 것처럼, 창의적인 사고 기술을 연습한다고 해서 그러한 기술이 나른 상황으로 자동적으로 옮겨가지는 않는다는 것이다. 학생들은 그러한 기술을 사용하는 방법, 언제 사용해야 하는지 그리고 어떤 상황에서 그것들이 쓸모가 있는지 배워야만 한다. 다양한 상황에서

기술을 사용하고, 다른 곳에서 기술이 적용되는 것에 대해 토론하면 이것들이 금요일 오후의 기분 전환용이 아니라, 인생이 걸린 딜레마에 대한 가치 있는 접근으로 보일 수 있는 가능성을 높일 것이다.

덧붙여 창의적인 사고의 기술과 태도를 가르치기 위해 특별한 활동으로 보낸 시간은 학생들에게 가치 있는 메시지를 전달할 것이다. "창의성은 이만큼 가치 있다. 그것은 너무나 중요해서 우리는 귀중한 시간과 에너지를 너희들이 더 창의적이 되도록 돕는 데 사용할 것이다." 이와 같은 메시지는 창의성에 대해 우호적인 교실의 중요한 측면이다. 질문을 하고 탐구하는 것을 배우는 데 교실에서 시간을 보낸 학생들은 그들이 나중에 이러한 것을 시도하더라도 그 행동이 받아들여지고 가치를 인정받을 것이라고 믿기 쉽다.

아마도 반(反)직관적이겠지만, 여기에서 제시하는 수많은 전략의 또 다른 장점은 창의적인 과제를 둘러싼 조건에 압박을 부여한다. 학생들에게 그들이 원하는 만큼 오랫동안 무엇이든 쓰고, 그리고 연구하라고 하기는 창의성을 위해 꼭 필요한 최적의 상황은 아니다. 가끔은 압박이 우리의 사고를 새로운 길로 나아가도록 밀기도 한다. 일본식 시조인 하이쿠, 트위터의 레시피(Maureen Evans@cookbook을 팔로우해보자) 또는 앞의 제3장에서 설명한 여섯 단어 이야기 같은 것들이다.

이 장에서는 새로운 아이디어를 만드는 데 도움이 되도록 고안된 다양한 기술에 대해 연구한다. 여기서는 이 기술들이 어떻게 작동하고 학생들에게 어떻게 사용될 수 있을지 설명할 것이다. 또한 기술에 대한 교실에서의 활동이 실제 생활에서 정신적 습관으로 옮겨질 수 있도록 어린이들을 돕기 위한 제안도 하고 있다. 첫째, 나는 창의적 사고를 계발하기 위한 로버트와 미셸 루트-번스타인 부부(1999)의 "사고 도구"의 목록을 고려하고 있다. 그 다음으로는, 문제 발견의 개념을 가르치기 위해 가능한 전략을 탐구할 것이다. 장의 나머지 부분은 4개의 주요한 부문으로 나누어진다. 즉 확산적 사고 전략, 비유와 유추의 사용, 상상과 창의적인 표현법 그리고 상업적이고 경쟁적인 프로그램 등이다.

여러분이 직접 읽으면서 어떤 전략이 현재 가르치는 내용과 여러분 학생들의 발달 수준에 가장 자연스레 들어맞는지 고려하라. 비록 브레인스토밍 같은 수많은 기술은 어떤 수준에서든 사용 가능할지라도, 복잡한 은유의 사용과 같은 다른 기술들은 추상적인 사고 능력이 아주 많이 발달된 학생들을 위한 것이다. 당신이 결정해야 할 단 한 가지는 어떤 아이디어가 당신의 학생들을 위해 최선이며, 어떻게 그것들을 적용할 수 있으며, 학생들 삶의 어떤 영역이 변화를 위해 최선의 기회를 제공할 것인지 결정하는 일이다.

천재의 불꽃

루트-번스타인 부부(1999)는 교육을 개선하는데 필요한 것은 사고를 재정의하는 것이라고 주장했다. 만약 우리가 지적인 잔치를 경험하고 싶다면, "정신적인 재료의 모든 영역을 섞고, 혼합하고, 맛을 내는 것을 배우는"(p1) 최고 요리사가 사용하는 도구에 대해 고려해야 한다. 물론 도구를 식별하는 것이 창의적인 사고를 보장하지 않는다는 것은, 마치 거품기를 샀다고 해서 폭신한 오믈렛이 만들어지는 것은 아니라는 사실과 마찬가지다. 그러나 우리는 실습을 통해 거품기를 갖도록 도울 수는 있다!

루트-번스타인 부부는 창의적 사고의 도구를 식별하는데 노력했다. 높은 창의성을 가진 사상가들이 자신들의 과정을 어떻게 경험하는지 알아내기 위해 광범위한 그들의 저술을 조사했다. 이런 노력이 창의적인 활동에 영향을 주기 위해 작동하는 힘의 모든 범위를 나타내고 있다고 주장하는 것은 아니다. 높은 창의성을 가진 사람들이 그러한 힘이 작동한다고 믿는 방법 속에 서로 공통점을 가지고 있는지 발견하려는 것이다. 게다가 이러한 공통점은 인지적이고 정서적인 측면을 동반하는데—사실, 핵심적인 발견 가운데 하나는 고도로 창의적인 활동은 이 두 가지가 없이는 설명될 수 없다는 것이다. 직관적 행위와 '직감'은 창의적 과정과 뗄 수 없다. "창의적으로 생각하기는 우선 느낌이다."(p5) 그들은 아인슈타인을 인용한다. "마음이 통하는 이해에 기초한 직관만이 [통찰력으로] 이끌 수 있다…. 매일의 노력은 어떤 신중한 의도나 프로그램에서 나오는 것이 아니라 바로 심장으로부터 나온다."

높은 창의성을 가진 사람들의 특징을 이해하기 위해서 인지적-정서적 특징을 연구할 필요가 있는 것과 마찬가지로, 창의성을 도우려면 창의적 사고의 과정을 더 명백하게 정의하고, 창의성에 도움이 되는 정신적 습관과 식별하기 쉽지 않은 태도를 도울 필요가 있다. 루트-번스타인 부부(1999)는 높은 창의성을 가진 사람들이 지닌 '13가지 사고 도구'를 알아냈다. 이 도구들은 우리가 세계를 더 창의적인 방식으로 이해하도록 돕기 위해—상상력과 경험을 합치려고 의도한다. 그들이 확산적 사고와 융합적 사고의 종합을 동반하고 있다는 사실에 주목하라. 이 장에 대해 기억을 환기시키는 것을 읽으면서 여러분은 여기에서 설명된 기술이 학생들에게 이러한 도구를 경험할 수 있는 기회를 어떻게 제공하는지 고려해보라. 그 다음으로 고려할 것은 학생들이 자신의 직관과 학습 내용에 대한 정서적인 연관을 존중하도록 돕기 위해 이러한 도구들을 어떻게 사용할 것인가이다.

13가지 사고 도구

1. **관찰하기**: 높은 창의성을 가진 사람들은 그들의 감각에 주의를 기울인다. 그들은 몸의 모든 경험에 대해 열려 있다.

2. **상상하기**: 느낌이나 감각을 상상하거나 회상하는 능력은 과학자들이나 음악가들이 과거의 감각적 경험(예를 들면, 새들의 노랫소리)을 회상할 수 있게 한다. 또한 그들이 결코 경험한 적이 없는 시각, 소리, 느낌(천 마리 새의 노랫소리, 새의 날개 밑의 느낌 등)을 상상할 수 있게 한다.

3. **추상화하기**: 감각의 입력과 상상은 복잡하기 때문에, 창의적인 사람들은 복잡한 데이터, 아이디어 또는 이미지로부터 핵심 원칙을 추출하는데 추상화를 사용한다.

4. **패턴 인식하기**: 자연, 언어, 춤 또는 수학에서 발생하는 패턴을 인식하기는 그것을 만들어낼 수 있는 첫 번째 단계다.

5. **패턴 형성하기**: 이러한 도구를 가지고 창작자들은 새롭고, 종종 기대하지 않았던 방식으로 요소들을 결합한다.

6. **유추하기**: 유추를 만들어내는 것은 패턴을 인식하고 형성하는 것의 논리적 연장이다. 우리는 겉으로는 다른 두 가지가 중요한 특징을 공유하고 있다는 것을 깨닫는다. 이것은 삶에 대한 시적인 이미지를 거미줄로 이끌거나, 갑각류의 해부도에 기초한 새로운 펌프의 발견을 만들어낼 수도 있다.

7. **몸으로 생각하기**: 높은 창의성을 가진 사람 중 수많은 이가 그것이 의식 속으로 들어오기 전에 깨달음이 몸로 전해졌다고 설명한다. 무용수는 춤을 의식적으로 설명하기 전에 육체적으로 먼저 경험하고, 과학자나 수학자들은 전자나 비합리적

인 수의 패턴을 감각하고 난 후에야 논리를 가지고 설명할 수 있다.

8. **감정 이입하기**: 감정 이입은 '몸으로 생각하기'와 연관되어 있다. 왜냐하면 개인은 자신들이 공부하는 데 몰두하기 때문이다. 배우들은 역할에 빠져버리고, 역사가들은 그들이 연구하는 사람들의 정신으로 들어가려 노력하며, 과학자들은 그들이 연구하는 주제와 '하나가 된다'.

9. **차원적으로 생각하기**: 이 도구를 가지고 개인은 물체를 3차원(또는 그 이상)으로 그려볼 수 있다. 물론 이러한 사고는 건축가, 조각가 그리고 기술자에게 필수적이다.

10. **모델링(모형화)하기**: 비록 위의 모든 도구가 서로 연관되어 있다고 해도, 마지막 네 가지 도구를 위해서 확실히 여러 도구의 통합이 필요하다. 모형화의 범위는 다른 사람의 성취에 대해 모형화 작업을 하는 것부터, 상황을 유추하고 이해하는 데 모형화 작업을 사용하는 것까지 포함한다.

11. **놀기**: 놀기는 "당장의 노력에서 어린이 같은 즐거움"(p26)을 필요로 한다. 그것은 순간적으로 전형적인 규칙이나 과정을 무시하는 수준으로 과제에 접근하는 것이 가능하게 한다.

12. **변형하기**: 변형하기는 하나의 아이디어를 다른 것으로 움직일 수 있게 하거나, 아이디어를 이해하고 더 멀리 탐험하는데 하나의 사고 도구에서 그 다음 것으로 움직이게 한다.

13. **종합하기**: 마지막으로, 종합하기는 아이디어, 느낌, 기억, 이미지 등을 전체론의 방식으로 모으는 데 사용된다. 변형하기가 한 번에 1단계씩 사물을 변화시키는 반면에, 종합하기는 중요한 요소들을 함께 모아 더욱 특이한 변화를 만들어낸다.

문제의 발견

솔직히 말해서 나는 문제의 발견에 매혹되어 있다. 창의적인 개인들이 그들이 다룬 도전을 식별해내기 위해 사용한 전략을 생각할 때면, 호기심과 공포가 동시에 생겨난다. 그러나 나는 질문이 늘 이런 것으로 돌아갈 정도로 충분히 오래 교사 생활을 하고 있다. "사람들이 이것을 하도록—또는 더 잘하도록—배울 수 있도록 도와줄 수 있을까? 만약 내가 학생들이 자신의 문제 발견에 대해 생각하도록 도울 수 있다면, 그들은 더 좋은 문제를 발견할 수 있을까?" 그것은 잠재적으로 중요한 문제처럼 보인다.

D. K. 카슨과 M. A. 룬코(1999)는 문제 발견과 문제 해결 기술이 대학생들에게 더 적응성 있는 개인의 모방 전략과 관계가 있으며—직면, 회피 그리고 스트레스를 다루는 방법 같은 것과는 별로 관계가 없다는 것을 발견했다. 우리가 학생들이 이러한 장점을 얻도록 도울 수 있을까? 창의성에 대해서 더 많이 배울수록 이 문제에 대한 대답은 분명하지 않다. 문제의 발견에 대한 훈련이 학생들의 창의성을 증진시킨다는 것을 주장하는 확립된 연구 기반은 없다. 마찬가지로, 우리가 그것을 할 수 있게 돕는, 잘 만들어진 수업 안내서도 없다. 그러나 창의적인 개인의 저술 속에서 내가 시작할 수 있도록 돕는 충분한 힌트를 발견했고, 어린이들과 이러한 생각을 공유한 경험은 내게 용기를 주기에 충분히 긍정적이었다. 학생들이 문제를 발견하는 것을 지켜보는 것—덧붙여 그들이 문제를 해결하는 것을 지켜보는 것—은 그들의 사고를 이해하는 데 중요한 단서가 될 수 있다.(Starko, 2000) 나는 노력을 통해 계속 데이터를 모으길 원하고, 여러분의 경험에 대해 들을 수 있다면 흥미로울 것이다.

창의적인 개인이 새로운 창의적인 노력의 추구에 대해 쓴 저술을 읽으면서, 나는 몇 가지 주제를 식별할 수 있었다. 흥미를 동반한 탐구, 놀이와 놀라움 그리고 문제의 포착이다. 흥미를 동반한 탐구는 놀라움을 가지고 세계에 접근하는 것이다. 새롭고 낯선 벌레는 혐오가 아니라 호기심을 위한 기회다. 우리가 기대하지 않았던 장소에 뚝뚝 떨어진 페인트는 난장판이 아니라 하나의 발견일 수 있다. 레이 브래드버리(1996)는 이렇게 썼다. "아이디어는 떨어지는 사과처럼 어디에나 있고, 아름다움을 위한 눈과 혀를 가진 도보 여행을 하는 낯선 이가 없기 때문에 풀숲 사이에서 녹아버린다. 부조리하든, 끔찍한 것이든, 우아한 것이든 간에."(p8) 새로운 날이 올 때마다, 새로운 장소마다 생각할 만한 뭔가를 가져온다. 자연주의자 캐시 존슨(1997)은 산책의 가치에 대해 설명할 때, 흥미로운 탐험의 예를 들었다.

산책은 이러한 질문에 답하기 위해, 불타오르는 [호기심]을 충족하는데 내가 아는 가장 좋은 방법이다. 산책은—그러나 의식적인 걸음과 경험에 대해 열려 있는, '거니는 것'은 목적이 없는 것처럼 들리기도 한다. … 그러나 그것은 매년 이루어지는 왕나비의 집단 이주처럼 그 길에서의 목적이 뚜렷하다. 그들의 산만하고 표류하는 비행처럼, 단번에 목적 없는 발걸음을 내딛는 것처럼 보인다. 큰 그림으로 보면 훌륭한 산책은 질문을 찾기 위한 것이고 대답을 찾기 위한 것인데, 그 대답은 필연적으로—행복하게도—더 많은 질문을 이끌어낸다. … 만약 내가 스스로에게 거닐도록 허락하지 않는다면, 다음번 산등성이에 뭐가 있을지, 절벽을 따라 돌아가는 오솔길 너머에, 내 마음의 구석에 뭐가 있을지 어떻게 알 수 있을까?(p59~60)

학생들은 산책과 경탄의 가치를 배워야 한다. 산책은 육체적인 것일 수도 있고 정신적인 것일 수도 있다. 학생들은 자연의 오솔길을 탐험할 수 있어야 하며, 수족관에 대해 질문하는 연습을 할 수 있다. 각각의 경우에 그들은 관찰하고, 생각하고, 경탄해야만 한다. 창의적인 개인은 훌륭한 관찰자이기도 하다. 작곡가 이고리 스트라빈스키(1997)는 이렇게 말했다.

창작의 재능은 결코 외톨이로 우리에게 주어지지 않는다. 그것은 언제나 관찰이라는 선물과 손을 잡고 온다. 그리고 진정한 창작자는 자기 주위의 가장 평범하고 소박한 것들 속에서 주목할 만한 가치가 있는 것들을 발견하는 능력으로 알아볼 수 있다. 그는 아름다운 경치에 연연하지 않아도 된다. 그는 귀하고 보기 드문 물건들로 둘러싸일 필요가 없다. 그는 발견을 위해 항구를 떠나지 않아도 된다. 그것들은 언제나 그의 손이 미치는 곳 안에 있다.(p192)

Lesson 6.2 퀼트 안의 이야기: 시각 예술 속의 문제 발견(5-12)

〈바느질 천재: 해리엇 파워스 이야기Stitching Star: The Story of Harriet Powers〉(Lyons, 1997)를 공유하거나 초기의 퀼트 이야기 작가의 예술 형태를 탐험해보자. 해리엇 파워스의 이야기는 그녀가 노예이면서 예술가였기 때문에 특히 중요하다. 그녀의 작품은 페이스 링골드의 것과 비교될 수 있는데, 그녀의 퀼트 작품은 어린이 책의 삽화에서 볼 수 있다. 이 여성들이 어떻게 아이디어를 찾았는지에 대해 이야기해보자. 퀼트나 콜라주로 표현할 수 있는 이야기를 학생들이 찾을 수 있는가에도 한번 도전해보자.

학생들이 정확성을 위해서는 물론 호기심을 위한 관찰을 하도록 돕는 과학 수업은 일종의 산책이다. 창작 수업이 청소년에게 그들이 만들어낸 인물에게 흥미를 갖도록 돕는 것처럼, 역사 수업은 학생들에게 오래전에 살았던 사람들의 말에 주의를 기울이고 그들의 사상 속을 산책하도록 영감을 준다. 그러므로 언제나 "뭐가 보이니?"라고 묻는 대신, 가끔은 "여기에 너희를 머리 아프게 하는 뭔가가 있니? 우리가 이 캐릭터, 이 비눗방울, 이 수학 문제에 대해 무슨 질문을 할 수 있을까?"라고 물어보자. 학생들이 흥미를 가지고 탐구할 수 있도록 가르치는 일의 한 부분은 학생들이 학교를 단지 질문에 대답하는 곳이 아니라 질문을 던지는 곳이라고 이해하도록 돕는 것이다. 질문을 하도록 학생들을 돕기 위한 더 많은 전략에 대해서는 제8장에서 찾을 수 있을 것이다.

창의적인 개인의 저술에서 발견한 두 번째 주제는 놀기와 경탄이다. 창의적인 개인들은 그냥 탐구하는 것이 아니라 논다. 그들은 인간의 모든 노력에 대해 "오, 와우!"라고 감탄하고, 사물에 대해 생각하는 기회를 즐거움으로 여기면서 즐긴다. 이러한 과정에 대한 설명 중 내가 제일 좋아하기는 노벨상 수상자인 물리학자 리처드 파인먼(1997)의 것이다. 그는 자기 분야에서 성공을 거둔 후, 자신에게 아무런 아이디어가 없었던 때에 대해서 이렇게 설명했다. 상당한 스트레스를 받는 기간 후, 그는 중요한 통찰력을 갖게 되었다고 한다.

나는 예전에 물리학 공부를 즐겼다. 왜 그것을 즐겼을까? 그것을 가지고 놀았기 때문이다. … 그래서 나는 새로운 마음가짐을 갖게 되었다. 나는 이제 기력이 소진되었고, 아무것도 성취할 수 없을 것이다. … 나는 중요한 것이 무엇인지 걱정하지 않고, 내가 원할 때는 언제나 물리학을 가지고 놀 것이다. 그로부터 일주일도 안 된 어느 날, 카페테리아에 앉아 있었는데, 몇몇 젊은이들이 장난을 치면서 쟁반을 공중에 던져 올렸다. 쟁반이 공중에 떠올랐을 때 그것이 흔들리는 것 봤고, 쟁반 위의 코넬 대학교의 붉은 메달이 돌아다니는 것을 목격했다. 메달이 쟁반의 흔들림보다 더 빠르게 움직이는 것이 분명히 보였다. 나는 별로 할 일이 없어서 돌아가는 쟁반의 움직임에 대한 문제를 풀어보기로 했다. … 그리고 움직임의 평형 상태를 연구하기 시작했다. … 내가 노벨상을 받은 도형과 모든 작업은 움직이는 쟁반과 함께 빈둥거린 시간에서 나온 것이다. (p67)

놀이가 중요하다. S. 브라운(2009)은 동물과 인간 모두에게 똑같이 중요한, 진화론적인 자산으로서 '놀기 좋아함'에 대해 주장했다. 그것은 두뇌의 발달에서 복잡성이 증가하는 것과 노년의 더 나은 기능과 관련되어 있다. 그리고 물론 문제 발견을 위해서도 필수적이다.

나는 우리가 놀기 좋아함을 직접적으로 가르칠 수 있을지는 확신할 수 없지만, 우리는 이를 위한 모델이 될 수도 있고, 도움을 줄 수도 있다. 학생들에게 주어진 주제에 대해 "이건 정말 흥미롭단다. 나는 너희들에게 이걸 보여주고 싶어서 참을 수가 없구나" 하는 태도로 접근하는 교사들은 놀기 좋아함을 바로 시작할 수 있다. 놀기 좋아함은 단지 재미있어서, 사물에 대해 생각하고 이러한 생각을 학생들과 나누는 것을 동반한다. 이것은 바보짓과는 다르다. 주제에 대해 책임져야 할 내용으로 접근하는 것이 아니라, 호기심을 가질 가치가 있는 세계의 일부로서 접근한다. 아이디어를 가지고 놀면 새롭고 흥미로운 질문을 할 수 있는 에너지와 운동력을 제공하여, 젊은이들의 문화 속에 널리 퍼져 있는 것처럼 보이는 '다루기에는 너무 복잡한 방식'이라는 태도에 대한 균형을 취하는 힘을 제공한다(여러분은 여기에서 루트-번스타인 부부(1999)의 도구와 연관된 무엇을 볼 수 있는가?).

마지막으로, 창의적인 개인들은 그들의 서성거림에 집중한다. 그들은 아이디어를 포착하고, 그것을 토대로 건설한다. 이것이 주제—포착형 질문의 핵심이다. 위에서 토론한 예에서 리처드 파인먼은 확실히 흥미를 가지고 그의 세계를 탐험했다. 그는 자신의 머리 위에서 흔들리는 쟁반에 대한 호기심에 열려 있었다. 반면에, 우리 중 대부분은 머리를 숙이고 집중한다. 그는 관찰을 즐기고 단지 재미와 호기심 때문에 흔들리는 쟁반에 대해 기꺼이 사고했다. 그리고 거기서 멈추지 않았다. 몇몇 개인이 흔들림을 알아챘더라도, 또 다른 사람들이 회전의 움직임에 대해 호기심을 느꼈을지라도, 대부분의 사람들에게 이것은 스쳐 지나가는 생각이었으리라. 그리고 바로 일상생활이 요구하는 아우성 때문에 잊어버렸을 것이다. 하지만 파인먼은 계속 숙고했고, 아이디어를 가지고 놀았으며, 자신의 일련의 질문과 대답이 그를 진정으로 새로운 영토로 이끌 때까지 계산하고 재검토했다.

모범이 되는 창작자의 특징으로 종종 주목받는 '끈기'는 단지 문제를 풀기 위해서만 필요한 것이 아니라, 정말 흥미로운 문제를 발견하기에 충분할 정도로 오래 호기심의 영역에 붙어 있기 위해서도 필요하다. 학생들에게 그들의 아이디어를 숙성시키도록 가르치려면, 43분짜리 수업 안에서 문제를 찾고 풀도록 요구하지 않는 것이 필요하다. 문제 발견의 좋은 예는 시트콤이 아니라 연속극이다.

유일한 목적이 질문을 하고 문제를 발견하는 것인 수업을 가르치는 것은 가치 있는 일이다. 여러분은 학생들에게 이야기의 주제 만들기, 식물 실험의 가능성, 또는 그림을 위한 아이디어 얻는 방식을 연습하도록 할 수 있다. 또, 이후의 수업에서 실제로 이야기를 쓰고, 실험을 진행하거나 그림을 그려볼 수도 있고 아닐 수도 있다. 가끔은 질문을 던지는 연습을 하는 것이 유익하다. 마치 오늘 4쿼터 플레이를 하지 않을지라도, 이것이 게임에 적합한지 알아보기 위해 점프 슛 연습을 하는 농구선수의 경우와 마찬가지다. 예를 들어, 〈밤의 무지개A Rainbow at Night〉(Hucko, 1996)라는 책은 나바호 어린이들의 그림과 함께, 그들이 어떻게 주제를 선택했는지에 대한 화가들의 설명이 실려 있다.

많은 그림은 어린이들이 자연스럽게 자신의 그림을 위한 주제를 선택할 때, 어떤 유사한 전략으로 도왔는지에 관한 토론을 이끌어낸다. 만약 한 소녀의 그림이 그녀의 가족에게 중요한 전통적인 이야기를 반영한다면, 학생들은 그들의 가족이 들려주는 이야기의 종류에 대해 토론할 수 있다. 아마도 수지 아줌마가 어린 시절에 하던 장난이나 어려운 상황에서 보여준 증조할머니의 용기는 새로운 예술 활동을 위한 영감을 줄 것이다. 더 나이 든 학생들을 위해서는 B. 기젤린(1985)의 창의성에 대한 전통적인 설명을 공부하거나, 동시대의 작가나 음악가에 대한 블로그가 문제 발견을 위한 토론에 소재를 제공할 것이다. 〈표 6.2〉와 〈표 6.3〉은 다양한 경력을 가진 사람들이 연구와 질문을 위해 물을 필요가 있는 방식에 대해 학생들이 깨달음을 얻도록 고안된 수업에서 가져온 것이다.

작가들이 이야기에서 탐구할 아이디어를 발견하는 방식에 대해 토론하는 것 역시 흥미롭다. 가끔은 작가 자신의 설명을 통해 이것을 연구할 수도 있다. 다른 경우에는 작가로 하여금 특별한 이야기로 이끈 경험의 종류에 대해 가설을 세워보는 것도 흥미로울 것이다. 톰 스토파드는 오스카상을 받은 영화인 〈셰익스피어 인 러브〉에 대한 추론을 해석했다.

누가 연구를 할까? 당신은 하얀 가운을 입고 유리병에 뭔가를 끓이는 과학자를 생각했는가?
연구를 진행하는 또 다른 수많은 사람이 있다. 아래에 있는 사람들이 연구하는 문제의 종류에 대해 생각해보자.
그들은 어떤 질문을 할까?

사람	질문
학교에 대한 기사를 쓰고 있는 신문기자	
의사	
축구 코치	
장난감 가게 주인	
암 연구자	
학교 교장	
식당 매니저	
작가	

그 밖에 여러분이 아는 누군가를 생각해보자. 그들은 자기 직업의 일부로서 어떤 질문을 할까?

표 6.2 누가 연구를 할까?

출처: Starko, A.J. & Schack, G.D., 1992. Looking for Data in All the Right Places, p9. Creative Learning Press, Mansfield Center, CT. Reproduced with permission(by CIP).

신문기자와 마찬가지로 연구자들도 누가, 무엇을, 언제, 어디서, 왜 그리고 어떻게 같은 핵심 질문 원칙을 사용한다.
이러한 키워드를 사용하여 어떤 것에 대해서든 흥미로운 질문을 생각해볼 수 있다. 예를 들어, 평범한 교실에서 던진
연필에 대한 아래와 같은 질문을 살펴보자.

누가 연필을 사용하는가?

어떤 연필이 어린아이들이 쓰기에 더 쉬운가?

언제부터 연필이 평범한 가정용품이 되었는가?

대부분의 연필은 어디에 사용되는가?

왜 사람들은 펜 대신 연필을 선택할까?

연필을 쥐는 방식이 당신의 필체에 영향을 끼치는가?

#2 연필과 #3 연필을 어떻게 비교할 수 있을까? 차이를 나타내는 견본은 어떻게 모을 수 있는가?

학교 매점에서는 얼마나 많은 연필을 팔고 있는가?

연필에 대해 광고를 한다면 어떨까? 더 많이 팔릴까?

만약 누군가가 #2 연필이 없다면 어떨까? 규격화된 테스트를 위해 다른 무엇을 쓸 수 있을까?

자신에게 흥미 있는 평범한 아이템을 골라보자.
질문 시스템을 사용하여 당신이 생각할 수 있는 가장 흥미로운 질문들을 적어보자.

누가?	무엇을?	언제?	어디서?	왜?	어떻게?

어떻게 비교할까?
얼마나 많이? 만약에? 누군가가 아니라면 어떻게 될까?

표 6.3 질문의 모든 종류

출처: Schack, G.D. & Starko, A. J., 1998. Research Comes Alive, p25. Creative Learning Press. Mansfield Center, CT. Reproduced with permission.

우리는 어쩌면 문제 발견의 세 번째 측면인 '문제 포착'에 중점을 둔 수업을 하고 있는지도 모른다. 훌륭한 질문이나 아이디어는 우리의 마음속을 스치고 지나가버리기만 한 열매를 맺기가 어렵다. 문제 발견을 연습하는 수업은 학생들이 자신의 호기심과 유연한 사고에 전념하기 시작하도록 돕는다. 학생들에게 아이디어 기록이 가진 가치에 대해 가르친다면 유용할 것이다. 거의 모든 영역의 창의적인 사람들은 스케치, 대사의 조각, 흥미를 자아내는 이야기의 아이디어 또는 곤혹스러운 질문들을 기록한 노트를 가지고 다닌다. 학생들도 똑같이 할 수 있다.

T. 실리그(2012)는 스탠퍼드 대학교 교수인 밥 시겔이 가르친 관찰 연습에 대해 설명하고 있다. 시겔 교수는 멀리 떨어진 곳으로의 원정 여행으로 학생들을 이끄는 데 익숙하지만, 이 경우에는 학생들을 그들의 가정환경에 대해 새로운 방식으로 눈뜨게 했다. 스탠퍼드 사파리에서 학생들은 캠퍼스를 관찰한 후 현장 기록부에 기록해야 했다. 이 과정에서 그들은 자신의 대학에 대해서 수많은 것을 배웠다. 하지만 그보다 더 많이 관찰의 힘, 자신의 생각, 질문을 던지는 것에 대해 배웠다. 실리그는 한 쇼핑몰에서 진행한 비슷한 집중 관찰에 대해 설명했다. "정확한 관찰만으로는 충분치 않다. 당신은 그것을 실증하는데 관찰을 포착하는 효과적인 방법을 찾아야 한다."(p79) 노트나 사진을 이용하든, 또는 원래의 출처와 여러 가지 춤의 발전을 구성하는 종이 스크랩, 오려낸 뉴스 기사, 사진, 동영상로 가득 차 있던 무용 안무가 트와일라 타프의 박스 같은 것을 사용하든, 창작자는 미래의 발전을 위해 아이디어를 보관할 방법을 찾아야 한다.

부록에는 여러 영역에서 문제의 발견을 가르치기 위해 고안된 일련의 수업이 들어 있다. 그 수업은 원래 4학년 학생들을 위해 고안된 것이지만, 다양한 수준의 학년에게도 쉽게 적용할 수 있다. 그것은 발명, 글쓰기, 과학에서의 문제 발견에 대한 수업은 물론 문제 발견을 하게 만드는 정신적 습관을 계발하고, 아이디어 노트를 만드는 것에 대해 토론한다.

확산적 사고 전략

창의적 사고를 증진시키기 위한 수많은 기술은 학생들의 확산적 사고를 증진시키고, 주어진 상황에 대해 수많은 다른 대답을 생각해내는 능력을 키우기 위해 고안되었다. 확산적 사고에 대한 가장 흔한 정의는 길포드의 지능 구조 모델(SOI)의 일부로 제2장에서 논의한 것을 포함한다. 유창성(많은 아이디어를 생각하는 것), 유연성(다양한 영역이나 관점에 대해 생각하는 것), 독창성(흔치 않은 아이디어를 생각하는 것), 정교성(아이디어를 개선하는데 세부 사항을 덧붙이는 것) 등이다. 유창성은 종종 확산적 사고를 증진시키려고 고안된 활동의 기초를 이룬다. 더 많은 아이디어를 가지면 가질수록, 적어도 그중 하나는 좋은 아이디어일 가능성이 클 것이다.

이러한 전제를 뒷받침하는 몇 가지 연구가 있다.(MacKinnon, 1978; Parnes, 1967) J. 배어(1993)는 수많은 영역에서 학생들이 창의적 실행을 할 때 확산적 사고가 지닌 훈련 효과에 관해 조사했다. 확산적 사고의 활동은 2학년 학생들에게 스토리텔링, 콜라주 만들기, 시 쓰기에서 높은 수준의 창의적 생산물과 연관되어 있다. M. 바사두어, M. A. 룬코 그리고 L. A. 베가(2000)는 창의적 문제 해결과 비슷한 과정을 배운 매니저들과 직업했으며, 그것을 실세 세계의 문제에 적용했다. 그들은 수많은 해결책을 만들어낼 수 있는 능력으로서 질 높은 해결책을 낳는 가장 중요한 기술을 식별했다. 그러나 유창성과 독창성 사이의 관계는 완벽하지 않다.

D. 매키넌(1978)은 어떤 사람들은 질이 높은 것을 포함한 수많은 아이디어를 가지고 있다는 점에 주목했다. 그러나 또 다른 사람들은 단지 몇 개의 아이디어만을 가지고 있었지만 모두 질이 높았다. 그는 어떤 하나의 접근 방식이 그렇게 다양한 개인을 위한 창의적 사고를 증가시키는 것은 아니라고 주장했다. 첫 번째 그룹의 사람들은 유창성

을 계발하도록 격려받았을 것이고, 두 번째 그룹은 자신들의 아이디어를 평가하는 기준을 고려하도록 격려받았을 것이다. 마지막 세 번째 그룹은 그들의 생산량의 증가에 대해 격려받았다. 그는 단지 몇 개일지라도 질이 높은 아이디어를 생산하는 사람들은 종종 자신들이 공표하지 않는 수많은 아이디어를 가지고 있다는 사실에 주목했다. 이러한 아이디어들은 더 독창적인 아이디어를 쌓기 위해 쓸모 있는 정보를 제공한다. M. A. 룬코와 S. O. 사카모토(1999)는 다양한 연구에서 보다 더 유창하고 더 독창적인 아이디어를 요구하는 뚜렷한 목표는 아이디어가 나타날 수 있는 가능성을 증가시킨다는 사실을 나타내면서 이에 대해 언급했다. 논리적으로 더 분명하게 그런 가르침을 전달하는 교육 방법은 비슷한 긍정적인 효과를 낳는 것 같다.

그러나 모든 연구자가 여기에 동의하는 것은 아니다. D. N. 퍼킨스(1981)는 유창함을 "붉은 훈제 청어[2]"(p141)라고 묘사했다. 그는 숙고되지 않았거나 평가되지 않은 유창한 아이디어들은 질과 양을 바꾸는—많은 평범한 아이디어의 결과를 낳는다고 주장했다. 그는 유창성에 관한 과제에서—사과의 특성을 나열하는—시인들이 높은 점수를 기록한 어떤 연구에서, 시를 쓰는 것에서도 더 높은 등급을 받았다. 더 좋은 시인들이 시 쓰는 방식에서도 더 유창한데, 이는 그들이 가장 좋은 아이디어를 정하기 전에 더 많은 대안을 고려하기 때문이라고 추측하게 한다.

이것은 퍼킨스가 실제로 시인이 창작을 할 때 관찰한 것은 아니다. 등급에 관계없이 어떤 시인도 만족스러운 문구를 찾기 전에 수많은 대안을 연구하는 시간을 보내지는 않는다. 보다 더 유창한 시인이 더 많은 퇴고을 하기는 가능하지만, 연구 기획으로부터 결정될 수 있는 것은 아니다. 적어도 시를 쓰는 일에서, 창의적인 개인은 내적으로 아이디어를 선별하고, 허접한 수많은 것 대신 몇 개의 좋은 것을 만들어내는 것을 선호한다. 그러므로 그 자체만을 위한 유창성은 의문의 여지가 있다. 그리고 확산적인 사고를 향상시키도록 고안된 몇몇 활동들은 목적한 성과를 이끌 수 없을지도 모른다. 예를 들어, D. L. 루벤슨과 룬코(1995)는 더 많은 사람이 브레인스토밍 그룹에서 작업할수록, 독창성은 더 적게 나타난다는 것을 발견했다.

그럼에도 불구하고 비록 확산적 사고(최소한 브레인스토밍의 어떤 형태 속에서는)가

---

2) 여우 사냥용 개를 훈련시키는 데 훈제 청어의 독한 냄새를 썼지만, 그 냄새 때문에 오히려 혼란을 일으켜 사냥감을 놓치기도 한다. 사람의 주의를 딴 데로 돌린다는 뜻으로 쓰인다.-옮긴이 주

반드시 독창성으로 이끄는 것은 아닐지라도, 최소한 몇몇 개인들은 수많은 아이디어를 고려함으로써 좋은 아이디어를 더 많이 생산한다. 그리고 확산적 사고에 대한 어떤 측정을 통해 창의성과 문제 해결에 대한 근거 있는 추측을 할 수 있다.(Runco, 2010e) 순수하게 아이디어의 숫자는 중요할 수 있다. 아마도 수많은 아이디어를 만들어내는 과정 또한 창의성과 관련된 태도와 즐거운 방식으로 아이디어를 실험하는 것에 용기를 준다. 가장 효율적이기 위해서, 확산적 사고에 관한 활동은 그 전략의 목적을 분명하게 하는 것처럼 보인다. 목표는 좋은 아이디어다. 확산적 사고는 그곳에 이르는 하나의 길이다.

무한 재능 모델Talents Unlimited model(Schlichter, 1986, Schlichter, Palmer & Palmer, 1993)에서 추천하는 접근 방식 중 하나는 확산적 사고에 대해 직접 가르치는 것이다. 무한 재능 모델에서 '생산적 사고'라고 불리는 이러한 생각은 다양한 과제에서 성공하는데 중요한 몇 종류 중 하나로 가르칠 수 있다(당신은 재능 가운데 하나인, 제5장에서 묘사한 결정짓기를 기억할 것이다). 학생들은 생산적인 사고가 필요할 때, 다음 네 가지를 실천해야 한다는 것을 배울 필요가 있다.(Schlichter, 1986, p364)

1. 수많은 아이디어 생각하기(유창성)
2. 다양한 아이디어 생각하기(유연성)
3. 비범한 아이디어 생각하기(독창성)
4. 더 좋은 것을 만들어내기 위해 아이디어에 덧붙이기(정교화)

그 모델에 대해 가르치는 것에 덧붙여, 지도 교사는 그들의 평가와 질문을 통해 유창하고, 유연하며, 독창적이고, 정교한 사고를 격려할 수 있다. 예를 들어, "…하는데 얼마나 많은 방식을 생각해낼 수 있을까?"라는 말은 유창성을 촉진시킨다. "다른 생각으로는 무엇이 있을까?" 또는 "지금까지 우리의 모든 아이디어는 음식과 관련된 것이었다. 문제를 다른 방식으로 풀 수 있는 아이디어에 대해 생각해보자"라는 표현은 유연성을 독려한다. "다른 사람이 생각해내지 못할 만한 것을 생각해보자"는 독창성을 불러일으키기 위해 고안되었다. 반대로 "이 아이디어를 가지고 어떻게 작업할 수 있을까?" 하는 말은 정교화를 독려한다.

나는 "최초의 아이디어는 결코 최고의 아이디어가 아니다"라는 격언과 함께 확산적 사고의 네 측면을 학생들에게 가르쳐왔다. 확산적 사고를 증가시키는 다양한 전략과 함께 이 원칙에 대해 가르치는 것은, 그 도구가 유용한 상황을 학생들이 이해하는 한, 우리가 가치 있는 도구를 제공하는 것이라고 믿는다. 당신이 선반 기계를 사용하는 법을 안다고 해도 언제 그것이 필요한지, 그리고 언제 실톱이, 아니면 둥근 톱이나 한 손으로 켜는 톱이 더 나은지 설명할 수 없다면 아무 소용이 없다. 그러한 지식 없이는 시간, 에너지, 나무를 낭비할 뿐이다. 마찬가지로, 언제 그러한 생각이 유용한지 가르치지 않고 확산적 사고를 학생들에게 가르치는 것은 비효율적이고 시간 낭비이다. 우리의 교실은 그럴 만한 여유가 없다.

Lesson 6.4 사회, 과학 그리고/또는 기술 교육에서의 유연한 사고

조지 워싱턴 카버*의 전기를 읽어보자. 유창성, 유연성, 독창성 그리고 정교성의 실례에 대해 귀를 기울여보자. 여러분의 지역 사회에 많이 있지만 쓸모가 없는 물질—아마도 칡이나 지역 비즈니스에서 나온 플라스틱 폐기물에 대해서 생각해보자. 그 물질이 어떻게 생산적으로 쓰일 수 있을지에 대해 유연하게 사고해보자. 이케아의 디자이너들이 이전에 산업 폐기물이었던 것에서 가장 많이 팔린 전구와 장식용 가구를 만들었다는 점을 지적할 수도 있다.

* George Washington Carver, 1864~1943, 아이오와 주립대학 최초의 흑인 학생이자 흑인 교수로서, 흔히 '땅콩박사'로 알려져 있다. 가난한 농부들을 돕기 위해 목화와 땅콩을 번갈아 심으면 유리하다는 것을 알아냈으며 땅콩버터를 포함한 수많은 땅콩 관련 제품을 발명했다.—옮긴이 주

이 장의 맨 앞에서 열거한 세 가지 예를 고려해보자. 각각의 경우, 개인은 문제를 해결하거나 새로운, 또는 더 좋은 아이디어를 만들어내기 위해 노력하고 있었다. 확산적 사고가 가장 유용할 수 있었던 상황이 있다. 만약 우리가 독창적인 파티 계획을 세우려고 할 때, 숲속에 긴급 대피소를 만들 때, 공장주의 요구에 걸맞은 플라스틱을 발견하려고 할 때, 우리가 고려한 첫 번째 아이디어가 가능성 있는 최고의 아이디어가 되기는 어렵다. 그러한 상황에서는 하나를 선택하기 전에 다양한 가능성을 고려하는 것이 아마도 가치 있을 것이다.

반대로, 브라운 선생의 학생들은 가능한 한 많은 새에 대한 '브레인스토밍'을 하고 있었다. 그들은 문제 하나를 풀거나 새로운 종류의 새를 제안하려고 노력하지 않았다. 단지 그들의 집단적인 기억 속 모든 새의 목록을 만들고 있었다. 그들은 심지어 그 과

제에 유연하게 착수하여 배드민턴 버디(공)나 극락조화bird of paradise flower 같은 대답을 만들어냈다. 그러한 과제는 금요일 오후의 유쾌한 기분 전환을 제공할지도 모르지만, 확산적 사고의 목적이나 본질에 대한 단서를 제공하지는 않는다. 단지 긴 목록을 만들기 위해서 수많은 아이디어를 제안하는 것은 학생들에게 확산적인 사고를 가르치는 것이 아니다. 우리가 문제를 풀 때, 또는 새롭고 더 좋은 아이디어를 제안할 필요가 있을 때, 확산적인 사고가 사용된다는 것을 학생들이 이해하는 것이 필요하다.

같은 경고가 이 장의 다른 전략에도 적용된다. 만약 학생들이 그들의 창의적 사고를 증진시키기 위한 전략을 사용하려고 한다면, 그 전략은 반드시 의미 있도록 교육되어야만 한다. 학생들은 이러한 기술이—외계인과 대화하기 위해서만이 아니라, 그들의 아이디어에 대해 친구나 이웃들과 소통하기 위해서, 그리고 그들의 과학 프로젝트를 위해 더 좋은 아이디어를 제안하기 위해서, 또는 잠긴 욕실에서 어떻게 어린 동생을 꺼낼 것인가 하는 문제를 해결하기 위해서 사용될 수 있다는 것을 이해해야만 한다. 새나 붉은 물건, 또는 벽돌의 사용법에 대한 긴 목록을 만드는 것에서 내가 발견할 수 있는 유일한 가치는 이미 유창성에 대해서 알고, 또한 그 사용법을 아는 학생들을 위한 실습 활동으로서의 가치뿐이다. 그들은 이러한 과제가 정말로 수많은 아이디어가 필요하거나, 목록의 앞이나 뒤에 가장 비범한 아이디어가 있는지 살펴볼 필요가 있는 과제와 어떻게 다른지 토론했다. 특히 어린이들은 종종 대부분 실제 세계의 문제보다 더 쉬운 실습 활동으로 이익을 얻는다.

그렇더라도 의미 있는 상황에서 확산적인 사고를 사용하여 같은 목표일지라도 더 나은 성취를 이룰 수 있다. 내가 코네티컷 주에서 강의하고 있었을 때, 그 주는 1938년 이래 첫 번째 허리케인의 습격을 받았다. 뉴잉글랜드의 도로를 뒤덮은 가로수와 같은 나무들이 전선에 걸려 있었기 때문에, 허리케인은 수백만의 나뭇가지를 쓰러뜨렸고 거대한 정전을 야기했다. 폭풍우가 지나고 몇 주 후, 나뭇가지들은 모든 도로에서 산 같은 나무뿌리 덮개로 변해 있었고, 그 양은 주변 정원에서 당장 필요한 것보다 훨씬 많았다. 벽돌 회사를 제외하고는 아무런 의미도 없는 '붉은 벽돌의 쓸모'라는 고전적인 목록보다는 주 전체에 걸쳐 생겨난 과다한 나무뿌리 덮개의 사용법을 제안하기 위해, 우리 학급에서는 확산적 사고를 사용했다. 이것이 바로 독창적인 아이디어가 필요하고, 적절한 당국에 제안을 해야 하는 때였다. 학생들은 사기들이 만든 목록을 조사했고, 어느 정도의 노력을 기울인 후에야 그들이 최고의 아이디어를 제안할 수 있다는 것을 깨닫고, 다른 문제를 해결하는 데 그 전략이 쓸모 있다는 것을 이해하기 시작했다. 마찬가지로 이 장에서 설명된 기술들은 학생들이 그 전략의 유용성을 경험하도록 함으로써, 학생들의 삶과 공동체의 이슈, 그리고 학습 과정의 내용이라는 맥락에서 사용될 수 있다.

마지막으로, 학생들이 어떻게 확산적 사고가 창의적 사고 전체에 적합한지 이해하기는 중요하다. 단지 확산적 사고만으로는 창의성이라 할 수 없다. 창의성은 문제의 발견, 다룰 만한 요점, 다룰 만한 아이디어를 만들어내고, 아이디어를 적용하기는 말할 것도 없이, 만들어낸 아이디어의 평가를 수반한다. 여러분이 확산적 사고에 관한 모든 활동에서 아이디어를 평가할 필요는 없지만, 학생들이 단지 수많은 아이디어를 가진 것만으로는 충분하지 않다는 것을 이해할 정도로는 종종 실천하는 것이 중요하다. 그들은 가장 독창적이고, 가장 흥미롭고, 가장 장래성 있는 것을 아이디어들로부터 선택할 수 있어야 한다.

브레인스토밍

아이디어를 만들어내기 위한 모든 전략 가운데에서 아마도 브레인스토밍이 가장 친숙할 것이다. 그것은 A. F. 오스본(1953)의 유예된 판단의 원칙에 기반하고 있다. 수많은 것이 만들어질 때까지 어떤 아이디어도 평가하지 않는다. 오스본은 그 과정을 운전에 비유했는데, 기실 액셀러레이터를 밟면서 브레이크 페달을 밟으면서 운전하는 것보다 더 비효율적인 것은 없다. 그와 나란한 방식으로 그는 아이디어를 평가하는데 브레이크를 밟는 것은 그 생산 과정을 방해한다고 믿었다. 이러한 원칙에 따르면, 수많은 아이디어를 만들어내고 나서 평가 기준을 적용하는 것은, 생산될 때마다 매번 아이디어를 판단하는 것보다 더 생산적이다. 의도는 평가를 삭제하는 것이 아니라 단지 늦추는 것이다.

브레인스토밍 과정은 아이디어의 생산이 번성할 수 있는 판단 없이 도움이 되는 분위기를 위해 노력하는 것이다. 브레인스토밍의 네 가지 기본 규칙 중 하나는 심지어 판단을 금하는 것이다. 그 네 가지 규칙은 다음과 같다.

1. **비평은 배제한다.** 어떤 사람도 모든 아이디어가 만들어질 때까지 어떤 아이디어도 평가하지 않는다. 당신이 학생들과 작업을 할 때, 이 규칙은 말로 하는 비판과 말이 아닌 비판 모두를 금지한다는 것을 학생들에게 반드시 이해시켜야 한다. 눈알을 굴리거나, 표정을 짓는 것, 또는 다른 표시 등을 말이다.

2. **자유롭게 움직이는 것은 환영한다.** 브레인스토밍에서 개념에서 벗어난 것은 창의적 아이디어에 대한 디딤돌로 여겨진다. 에둘러 가는 것처럼 보이는 제안이 쓸모 있는 아이디어로 이끄는 새로운 관점을 열지도 모른다. 예를 들어, 지하에 있는 우울한 교실을 좀 더 매력적으로 만들기 위한 브레인스토밍을 하는 동안, 한 학생이 유리로 되어 있는 창을 스테인드글라스로 바꾸자고 제안했다. 이 제안은 분명히 학급의 예산 범위를 벗어나는 것이었지만, 학생들에게 창문에 대해 생각하게 만들었고 스테인드글라스를 연상시키는 셀로판지를 창문에 사용하는 영감을 제공했다.

3. **양이 필요하다.** 양은 그 자체를 위해 필요한 것이 아니라 많은 수의 아이디어가 적은 수의 아이디어보다 좋은 아이디어를 낳기 쉽기 때문이다.

4. **결합과 개선을 추구해야 한다.** 이 규칙은 때로는 히치하이킹처럼 묘사된다. 수많은 좋은 아이디어들이 그 이전의 아이디어를 결합하거나 그 바탕 위해서 발견될 수 있다. 이렇게 공들이는 과정은 격려받아야 한다. 때로는 경쟁과 개인적인 소유권에 익숙한 학생들에게 아이디어를 공유하는 개념을 전달하는데 추가적인 노력이 필요할 것이다. 한 친구가 브레인스토밍의 네 가지 규칙이 담긴 포스터를 전시했다. 네 번째 룰 아래에 그녀는 이렇게 썼다. "이것은 아이디어의 도용이 아니라 팀워크라고 부른다." 이러한 문구와 이것에 대한 토론 덕분에 그녀의 스포츠맨 정신을 가진 학생들은 집단 과정의 성공은 개인적으로 성공과 실패를 소유하는 섯이 아니라, 집단의 성공이라는 점을 이해할 수 있었다.

이 네 가지 규칙은 원래의 형태대로 사용할 수도 있고, 더 어린 학생들에게 적합하도록 변경할 수도 있다. 어떤 미취학 교사는 브레인스토밍을 '팝콘 생각'이라고 불렀다. 그녀의 학생들은 팝콘 생각을 할 때, 팝콘 기계 속의 팝콘처럼 수많은 아이디어가 튀어 나오도록 노력해야 한다고 배웠다. 그들은 또한 팝콘 생각을 하는 동안, 누구도 아이디어를 비판하면 안 되고, 약간만 바꿀 수 있다면 다른 사람의 팝콘 아이디어를 사용하는 것도 괜찮다는 것을 배웠다. 그 교사는 3, 4세짜리 학생들에게 자유분방한 아이디어를 만들어내게 하는데 어떤 특별한 격려가 필요한 것은 아니라는 점을 발견했다.

그 규칙이 어떤 형태를 띠고 있건 간에 첫 번째 브레인스토밍 기간 동안의 초점은—이 장의 남아 있는 전략을 위해서라도—복잡한 내용을 분석하기보다는 과정을 배우는 것에 두어져야 한다. 만약 최초의 몇 가지 경험이 아주 단순하다면, 예를 들어, 할로윈 복장이나 교실의 마스코트가 될 동물을 결정하는 것과 같다고 하자. 이때 학생들은 그 기술을 배우고, 언제 그것이 유용한지 알고, 수많은 새로운 상황에 적용할 준비를 하는 기회를 갖게 될 것이다.

브레인스토밍은 여러분이 수많은 아이디어를 원할 때 언제나 적절한 전략이 될 수 있다. 이것은 당신이 문제를 풀어야 하거나 새롭고 독창적인 아이디어를 제안해야 할 때 가장 자주 등장한다. 학생들은 어떤 이야기의 새로운 엔딩, 그래프를 만들기 위한 선택의 여지, 역사적 인물을 도울 수 있었을 전략, 과학 실험을 위한 변수, 너무 많이 사용되는 단어를 대신할 동의어, 학교 신문을 위한 특별 기사, 카페테리아의 소음을 줄이기 위한 전략에 대해 브레인스토밍을 할 수 있다. 그들은 또한 그림을 위한 미술 재료, 학교에서 재활용할 수 있는 자원, 성인들에게 인치 단위 대신 미터 단위를 사용하도록 격려하는 방식에 대한 브레인스토밍을 할 수 있다. 각각의 경우, 전략은 의미 있는 사용법을 가진다. 하나 또는 그 이상의 좋은 아이디어를 선택할 수 있는 아이디어의 목록을 만드는 것은 단지 목록을 만드는 것보다는 훨씬 더 의도적인 이유가 있다.

전통적인 브레인스토밍에서 참가자들은 리더와 아이디어의 궤도를 따라가고 규칙을 모니터하는 기록자와 함께 그룹으로 작업한다. 비록 G. A. 데이비스(1998)가 10~12명의 성인 그룹을 제안했다. 하지만 그러한 그룹은 대부분의 학생들이 독립적으로 운영하기에는 너무 많다. 여러분은 3~5명의 그룹이 더 적절하다는 것을 발견할 수도 있지만, 높은 동기 부여를 가진 나이 든 학생의 경우에는 예외이다. 루벤슨과 룬코(1995)가 더 큰 그룹이 정말로 독창적인 아이디어를 제안하기에는 적절하지 않다고 발견했던 것을 기억해보자. 정말로 새로운 아이디어를 제안하기는 위험 부담이 있고, 수많은 청중 앞에서는 더 어려울 것이다.

보통 이질적인 교실에서 브레인스토밍 그룹은 지식, 경험, 인종 그리고 성별 면에서 이질적이어야만 한다. 브레인스토밍이 특별히 목표를 정한 그룹에서 사용되는 때가 있을 수도 있다. 특별한 내용 영역에서 함께 작업하는 평균 이상의 흥미, 능력 또는 지식을 가진 그룹의 학생들은 이질적인 그룹에서는 가능하지 않았던 적절한 도전을 제공할 수 있다. 반대로 특정한 영역에서 배경이나 기술이 부족한 그룹은 더 다양하고 전개가 빠른 그룹에서 발견되는 것보다 더 많은 기여를 할 수 있는 기회를 학생들에게 제공할 것이다. 그룹을 짓는 유연한 패턴(전체 학급 그룹, 이질적인 그룹, 동질적인 그룹)은 당신이 다양한 상황과 내용 영역에서 다양한 방식으로 브레인스토밍을 사용할 수 있게 할 것이다.

그룹의 구성이 어떠하든지 간에, 전통적인 그룹은 참가자들의 나이에 따라 아마도 3~10분의 정해진 시간 동안, 논평 없이 모든 제안을 기록하는 브레인스토밍을 한다. 시간이 끝나면 그룹의 구성원들은 적절한 기준을 사용하여 아이디어들을 복습하고 평가한다. 링컨 대통령이 남부의 연방 탈퇴 문제를 다룰 때 사용했던 대안적인 전략을 브레인스토밍하는 그룹은 그 제안의 경제적 효과, 주어진 시대 분위기의 생존 능력, 그제안이 링컨의 개인적인 믿음의 표현과 어떻게 관련되어 있는가를 고려해야 한다. 비록 학생들 자신이 선택된 제안을 실행할 수는 없지만, 그들은 그러한 결정에 이르는 사고 과정에 대한 통찰력을 얻을 것이다. 이와 같은 토론은 남북 전쟁은 물론 대통령의 역할을 이해하는 데에도 가치가 있다. 카페테리아의 소음 문제를 해결하려는 브레인스토밍 그룹은 비용이나 아이디어가 교장이나 교사의 도움을 받을 수 있을지, 영향을 받는 소음의 양 같은 요소를 고려해야만 한다.

다양한 상황에서 영향력을 미칠 수 있는 브레인스토밍의 수많은 변형이 있다. 브레인스토밍 시간은 평가의 시간과 번갈아 등장할 수 있다. 브레인스토밍의 시간이 5분이라면 가장 좋은 아이디어를 고른 후, 생각건대 생산적인 방향으로 브레인스토밍을 계속할 수 있다. 이 과정은 필요하고 의도한 만큼 오래 계속될 수 있다. 학생들은 그들의 아이디어를 말로 나타내는 것보다는 글로('브레인라이팅') 조용히 브레인스토밍할 수 있다. 분명히 이러한 기술은 글쓰기 자체가 아이디어를 생산하는 데 방해가 되지 않을 만큼 충분히 나이 들고, 충분한 기술을 가지고 있는 학생들만을 위해 적당하다. 이러한 실습을 조직하는 방법은 표준적인 브레인스토밍 기간을 위한 학생들을 모으는 것이다. 각 사람은 종이에 아이디어 하나를 적어서 그의 오른쪽으로 그것을 보낸다. 그 사람은 종이를 돌리기 전에 아이디어의 일부를 변경하거나 새로운 아이디어를 덧붙인다. 그룹의 크기에 따라 다르지만, 그 종이들은 토론에 들어가기 전에 적어도 한 번 또는 그 이상 순환한다.

브레인스토밍은 전 세계에 걸쳐서 이루어져왔다. S. 프레이저(2006)는 독일에서 사용된 브레인스토밍의 변종에 대해 설명했다. 그룹 활동을 시작하기 전에 카드 위에 참가자들이 아이디어를 쓰게 하고 "브레인워킹"(p180)을 하는데, 다양한 버전의 주제가 방을 둘러싸고 붙어 있는 포스터 위에 나열되어 있다. 참가자들은 포스터에서 포스터로 옮겨가면서 아이디어를 덧붙이고, 다른 포스터에 관한 것들에 대해 메모를 한다. 전자의 브레인스토밍에서는 참가자들이 그룹을 지어 앉아 있는 게 아니라—사실 그들은 같은 국가에 있지 않을지도 모른다. 적절한 소프트웨어를 사용하면, 그룹 멤버들이 컴퓨터에 앉아서 아이디어를 목록에 더할 경우 그 아이디어들은 다른 그룹의 멤버가 즉시 사용 가능하다. 선택 가능한 프로그램을 찾으려면 '온라인 협력 브레인스토밍'을 검색하면 된다. 온라인 브레인스토밍의 장점 가운데 하나는 아이디어에 익명으로 기여할 수 있는 기회이며, 그래서 독창적인 아이디어를 덧붙이는 데 덜 주저할 수 있다는 것이다.

반대 브레인스토밍에서 그룹은 바람직한 아이디어의 반대에 대해 생각해낸다. 학생들은 학교에서 자원을 낭비하는 방법이나, 학교 뒤뜰에서 말싸움을 늘리는 방법에 대해 브레인스토밍을 한다. 반대 브레인스토밍은 신선한 관점에 눈뜨고, 참가자들이 새로운 관점으로 독창적인 문제를 공격하게 할 의도를 가지고 있다. 이것이 효과적이기 위해서 학생들은 거꾸로 된 데이터에서부터 추상적인 원칙에 이르기까지, 활동의 목적을 이해할 수 있어야 하고, 그것들을 새로운 상황에서 사용할 수 있어야 한다. 그것은 아마도 중학생이나 어른들에게 가장 효과적인데, 이러한 이행 과정을 해낼 수 있는 추상적인 추리 기술을 가지고 있을 것이다. 더 어린 학생들도 반대 브레인스토밍을 즐길 수 있지만, 원래의 논점으로 돌아가는 이행을 하지 않고 바보같이 굴지도 모른다. 그들은 심지어 제안된 부정적인 아이디어 중 몇 개를 실행하길 원할지도 모른다!

다른 변형의 경우, 각 개인은 그룹에 참여하기 전에 개별적인 브레인스토밍 기간 동안 자신의 아이디어를 기록한다. 하나의 버전에서 각 개인들은 그들의 제안을 목록으로 만들고, 라운드 로빈(원형) 스타일로 그룹 멤버들에게 자신들의 아이디어를 읽어주고, 모든 것을 기록할 때까지 중복 아이디어를 지운다. 그러고 나서 보통의 경우처럼 아이디어를 평가한다.

브레인스토밍의 시각적인 버전인 마인드 매핑mind-mapping('생각 그물' 만들기)은 개인이나 그룹이 사용할 수 있는데, 종종 온라인 협력의 기초가 된다. 마인드 매핑에서 링크와 이미지에 가지 뻗기를 하기는 새로운 아이디어와 그것의 다른 아이디어에 대한 관계를 표현하는 데 쓰인다. 이것은 종이, 화이트보드 또는 수많은 마인드 매핑 앱 가운데 하나로 할 수 있다. T. 실링(2012)은 브레인스토밍 기간 동안 각자가 개별적인 포스트잇에 아이디어를 적으라고 주장한다. 이 종이들은 그룹의 아이디어가 발전함에 따라 보드 위에서 섞이고 재배열될 수 있다. 이것은 또한 긱 개인이 다른 누군가가 말하지 않을까 걱정할 필요 없이 '그때그때 봐가며' 자신의 생각을 기록할 수 있게 하고, 하나의 목소리가 그룹을 지배하는 것을 어렵게 만든다.

브레인스토밍에 대한 단 하나의 올바른 길이란 없으며, 긍정적인 결과를 보증하는 유일한 기술도 없다. 오스본 자신이 브레인스토밍을 창의적인 아이디어가 필요한 어떤 상황에 대해 만병통치약이라고 제시하지 않았다. 각 개인은 창의적인 사고에 대한 접근 방식이나 강점의 면에서 다양하므로, 어떤 기술도 모두를 위해서 똑같이 잘 작동하지는 않는다. 어떤 연구에서는 브레인스토밍과 연관된 유창성이 참가자가 독창적인 아이디어를 생산할 가능성을 증가시킨다고 주장하지만, 또한 전통적인 브레인스토밍의 효과에 대해 의문을 제기하는 연구도 있다. 종결에 이르기 전에 학생들이 여러 개의 아이디어를 생각하도록 가르치는 전략으로서 그것은 가치가 있는지도 모른다. 실제 세계라는 배경에서 질 높은 아이디어를 만들어내는 도구로서, 그것은 중요한 약점을 가진 것처럼 보인다.

P. B. 파울루스와 B. A. 니지스태드(2003)는 특히 브레인스토밍에 대한 연구를 재조사하여 결핍된 점을 발견했다. 혼자서 아이디어를 만들어내는 개인이 훨씬 효과적이며, 비슷한 주제를 브레인스토밍한 그룹보다 더 능률적이었다. 이것은 1명의 개인이 그룹보다 더 많은 아이디어를 가지고 있다는 뜻이 아니라, 예를 들어, 각각 아이디어를 만들어낸 다섯 사람이 브레인스토밍 그룹에 속한 똑같은 다섯 사람보다 더 좋은 아이디어를 제안하는 경향이 있다는 것이다. R. K. 소여(2007)는 전형적인 브레인스토밍 속에서 생산성이 상실되는 세 가지 이유를 설명함으로써 브레인스토밍에 대한 비판을

종합했다. 첫째, 그룹이 아이디어에 관한 범주에서 손을 떼지 못하고 그 상투적인 방법에서 움직이지 않을 때, 주제 고착 현상이 일어난다. 위에서 나열한 몇 가지 브레인스토밍의 변종(예를 들어, 브레인라이팅이나 브레인워킹)은 이 점과 관련하여 문제가 덜하다. 생산성 결여의 두 번째 원인은 사회적인 금지이다. 판단에 관한 브레인스토밍의 규칙에도 불구하고 브레인스토밍은 비논쟁적인 주제나 동등한 그룹에서 더 효과가 있었다. 마지막으로, 브레인스토밍 그룹은 사회적인 빈둥거림의 먹이가 될 수 있는데—그룹 가운데 어떤 멤버는 편히 쉬면서 그룹의 성공에 대해 책임감을 느끼지 않는다. 그러므로 그들의 개별적인 노력이 그룹의 일부로서 하는 노력보다 더 나은 결과를 생산할 수 있는 것이다. 우리가 학생들과 브레인스토밍을 사용하는 데 대해 생각할 때, 이러한 논점을 최소화하는 전략에 대해 생각하는 것이 중요하다.

마지막으로, 확산적 사고의 과제에 직면한 초등학생들은 주어진 지도 방법에서 영향을 받는다고 주장하는 연구가 있다. 룬코(1991)는 어느 연구에서 능력과 재능이 있는 것으로 확인된 학생들이 확산적 사고에 대한 다섯 가지 테스트를 받았다고 보고했다. 어떤 그룹에는 수많은 대답을 요구하는 표준적인 지시가 주어졌고, 반면에 다른 그룹에는 독창적인 대답만을 하도록 지도했다. 룬코는 모든 그룹 가운데에서 독창적이도록 지시를 받은 학생들이 더 독창적인 경향이 있다는 것을 발견했다. 그들은 또한 덜 유창했다. 룬코의 연구에서 흥미로운 관찰 내용은 독창적이도록 한 지도는 재능이 있다고 확인된 학생들의 독창성을 증진시키기보다는 재능 있다고 확인되지 않은 학생들의 점수를 개선시켰다는 점이다.

일반적으로 확산적인 사고와 특별한 브레인스토밍은 새롭고 적절한 아이디어를 만들어내는 데 도움이 되겠지만, 이러한 전략이 보증하기는 아무것도 없는 것 같다. 아이디어의 질은 유창성의 목적을 이해할 때 개선되는 것처럼 보이는데—교사가 긴 목록을 좋아하기 때문이 아니라, 우리가 새롭고 더 좋은 아이디어를 제안하려고 노력하기 때문에 우리는 유창하려고 노력한다. 판단을 미루는 것은 브레인스토밍의 중요한 요소이지만, 어떤 상황에서는 좋은 아이디어를 위한 기준을 고려하는 것이 언제나 해가 되지는 않으며, 가끔은 도움이 된다(나에게는 단지 창의성에 관한 연구를 읽기 위해서 모호함에 대한 인내가 필요한 것 같다!). 교사에게 브레인스토밍과 그 밖의 확산적 사고 전략의 가장 중요한 기능은 유연성, 위험 감수 그리고 창의성과 연관된 그 밖의 정신적 습관을 연습하는 것이다. 그러한 활동과 연관된 교실의 분위기가 전략 그 자체보다 더 중요할 수도 있다. 다양한 상황, 주제 영역, 숙련의 수준에 대해 최선인 평가의 종류와 시기를 계속 연구하기는 연구자와 교사에게 중요하다.

이 부분에서 남아 있는 전략은 확산적 사고에 도움이 되는 것을 고려할 수 있다. 확산적 사고는 수많은 다양한 아이디어를 생각해내는 데 좋지만, 다가오는 것이 아무것도 없을 때 아이디어를 산출하는 전략을 제공하지는 않는다. 비록 수많은 브레인스토밍 그룹이 불감 시간Dead Time[3] 후, 독창적인 아이디어를 제안하는 것이 사실이지만, 새로운 아이디어를 생각하고, 방향을 바꾸고, 당신이 열중하고 있다고 느낄 때 시작하는데 어떤 단서를 아는 것은 도움이 된다.

Lesson 6.5 생물학에서의 유연한 사고: DNA

학생들에게 각각 엠앤엠스M&Ms 초콜릿 봉지를 나누어주자. 초콜릿을 빨간색=티민, 하얀색=아데닌, 노란색=시토신, 파란색=구아닌을 나타낸다고 정하자. 학생들에게 초콜릿을 일렬로 줄을 세우게 하되 하얀색과 노란색은 같은 편에 있게 하자. 또 다른 초콜릿을 줄 세우고 빨간색은 하얀색의 맞은편에, 파란색은 노란색의 맞은편에 있게 하자. 학생들이 가능한 한 많은 방법으로 초콜릿을 재배열하게 하자. 그리고 수백만 개의 염기쌍이 가능한 코드 조합의 수를 생각해보자. 색깔 하나를 잃어버리면 무슨 일이 일어날까?(크리스타 아데어의 수업에서 발췌)

교실에 대해 생각하기

만약 당신의 학생들이 이전에 브레인스토밍을 경험한 적이 없다면, 몇 가지 행동을 조사해보자. 하나의 질문이나 문제에 대해 수많은 다양한 대답을 생각해내야 하는 수업을 계획하자. 예를 들어, 이야기의 새로운 결말을 만들거나, 주인공이 문제를 해결하는 방법을 결정하는 식으로 말이다. 그 다음 수업 전에 학생들에게 브레인스토밍의 목적과 규칙을 가르친다. 그리고 나서 첫 번째 수업과 아주 비슷한 수업을 해보고, 학생들과 함께 결과를 조사해보자. 어떤 상황에서 학생들은 더 많은 아이디어를 만들어냈는가? 어떤 조건 아래에서 좋은 아이디어가 더 많이 나왔는가? 만약 여러분이 연습의 효과를 피하고 싶다면, 무작위로 교실을 반으로 나누고 각각 같은 과제를 주는데, 한쪽은 브레인스토밍 지도를 하고 다른 한쪽은 하지 않는다. 당신은 더 나이 든 학생들과 함께 브레인스토밍의 변종 가운데 하나를 실험하길 원할 것이다.

---

3) 不感時間, 장비 또는 시스템이 어떤 이유 때문에 새로운 자료(data)를 받아들일 수 없을 때 자료를 수집하는 동안의 간격이다.-편집자 주

스캠퍼(SCAMPER)

확산적 사고를 향상시키기 위한 A. 오스본의 독창적인 제안 중 하나는 아이디어에 박차를 가하는 질문을 사용하는 것이다. 그의 작업은 "어떻게 우리가 단순화할 수 있을까? 어떤 조합을 이용할 수 있을까? 어떤 개조를 할 수 있을까?"와 같은 질문의 체크 목록을 포함하고 있다.(Parnes, 1967, p35) 개인이나 그룹이 아이디어를 만들어낼 때, 제안이 느리게 시작될 때, 한 가지 방향에 몰두해질 때, 그러한 질문이 새로운 관점을 지적할 수 있다.

R. F. 에베를레(1977, 1996)는 오스본의 핵심 질문 몇 가지를 택하여 기억하기 쉬운 두문자어인 SCAMPER로 배열했다. 에베를레는 시각적 이미지를 사용하는 책을 쓰기 위해서 두문자어를 사용하고 제목으로 달았는데, SCAMPER가 자연스럽고 충분했다. 이것은 장의 후반부에서 설명할 것이다. SCAMPER라는 두문자어는 시각적 이미지보다 더 많은 창의적 노력을 위한 유용한 도구가 될 수 있다. 기억하기 쉽기 때문에 그들이 다양한 아이디어를 만들어내는 데 도움을 줄 수 있는 아이디어—박차를 가하는 질문을 사용하는 어른은 물론 어린이들도 도울 수 있다. 이 부분에서 나는 SCAMPER에 숨겨진 질문과 전략을 조사하여 그것들이 확산적 사고를 얼마나 용이하게 하는 데 사용될 수 있는지 검토하려고 한다.

SCAMPER의 S는 대체substitute를 나타낸다. 그것은 "그 대신 나는 무엇을 사용할 수 있을까?" 또는 "내가 사용할 수 있는 다른 성분, 재료, 구성 요소는 무엇이 있을까?"와 같은 질문을 하도록 제안한다. 크건 작건 문제 해결책이나 수많은 새로운 생산품들이 대체의 결과다. 소프트드링크에 설탕 대신 인공 감미료로 대체하는 것을 고려한 최초의 사람은 나라 전체의 습관을 영원히 바꾸어버렸다. 헝겊으로 된 것보다 종이로 만든 냅킨을 실현시킨 사람도 대체를 이용했고, 자전거 체인을 수리하는 데 클립을 사용한 어린이나 덕트 테이프로 자동차를 고정시킨 운전자도 마찬가지다. 각각의 경우, 해결책과 혁신은 원래 것의 일부 또는 새로운 물질로 대체함으로써 발견되었다.

C는 결합combine을 나타낸다. 그것은 "나는 어떻게 부분들이나 아이디어들을 결합할 수 있을까? 새로운 것을 제안하기보다는 내가 섞을 수 있는 두 가지가 있을까?"라고 묻는다. 수많은 평범한 생산품들은 결합의 산물이다. 전화에 결합된 것들을 생각해보자. 예를 들어, 계산기, GPS, 달력, 알람시계, 뮤직 플레이어 등을 말이다. 식품 생산

역시 종종 결합의 결과다. 나는 전에 지방의 한 식품점에서 한 가지 혁신을 본 적이 있는데, 그것은 마른 시리얼과 1인분의 우유팩을 함께 서빙하는 것이었다. 이러한 결합은 스스로 시리얼을 만들고 싶지만 어지르지 않고 무거운 우유 주전자를 다루기 어려운 어린이들을 위해서 특히 유용할 것이다.

SCAMPER의 동사 중 어느 것이든 예술이나 문학을 자극하는 데 사용될 수도 있다. 루크만 글래스고의 조각인 〈워터건Watergun〉은 권총의 총신 끝에 있는 꼭지로 이루어져 있다. 다른 결합으로는 어휘의 합성이나 비유적인 표현으로부터 흥미로운 시각적인 익살을 만들어낼 수도 있다. 카풀, 팬 벨트 또는 핸드스프링이 어떻게 표현될 수 있었는지 생각해보자. 피카소는 서로 떨어져 있는 물체나 형태의 요소들을 결합하는데 이 기술을 사용했다. 예술 작품을 만들기 위해 새로운 방식으로 익숙한 물체의 부분을 재결합시키는 데에도 이와 비슷한 과정이 사용된다. 마찬가지로 다양한 문학 작품 속 등장인물들이 새로운 이야기 아이디어를 위해 결합될 수도 있다. 호기심 많은 조지가 일곱 난쟁이를 만났을 때, 또는 희곡 〈맥베스〉의 여주인공인 맥베스 부인이 소설 〈분노의 포도〉의 등장인물 중 하나라면 어떤 이야기가 생겨날지 상상해보자.

교실에 대해 생각하기

잡지나 선물용 카탈로그를 살펴보자. 여러분 스스로 또는 친구의 도움을 받아 새로운 생산품을 개발하는데 SCAMPER의 단어 각각을 사용하여 묘사할 수 있는 그림을 고르자. 당신은 이 그림을 게시판을 만드는 데 사용하고 싶을지도 모른다. 더 어린 학생들은 그러한 예들을 보고 발명에 대해서 배울 수도 있고, 더 나이 든 고등학교 디자인반 학생들은 수업 프로젝트를 개선하거나 박차를 가하는 데 사용할 것이다. 또는 대신에 각 그룹이 평범한 가사 용품을 골라서 개선하기 위한 방법을 계획하는 데 SCAMPER를 사용할 수도 있다.

A는 응용adapt을 가리킨다. 이것은 "그 밖에 이것과 비슷한 것은 뭘까?" 또는 "다른 어떤 것을 흉내내거나 바꿀 수 있을까?"와 같은 질문을 제안한다. 응용에서 우리는 문제를 해결하는데 알려진 어떤 것을 변화시킨다. 대화 없이 개인이 의사소통을 하는 데 사용되는 수많은 앱은 사용자들이 원하는 단어를 가리키도록(깜빡거리거나) 게시판을 응용함으로써 시작되었다. 수많은 패션 트렌드가 그 이전의 스타일을 응용함으로써 시작되었다. 자동차 뒤에 트레일러를 매단 최초의 사람은 아마도 말 뒤에 수레를 매단 아

이디어를 응용했을 것이다.

많은 경우 문제에 대한 창의적인 해결책은 오래된 아이디어의 응용에서 나온다. 대학원에서 내가 했던 창의성 수업에서 가장 기를 꺾는 과제는 아마도 개인이나 사회의 문제를 식별하고 그것을 해결할 어떤 것을 발명하도록 요구하는 것이다. 그러나 학생들은 언제나 수많은 발명이 이전의 아이디어나 생산품들의 응용이라는 사실을 깨닫고 나면 한숨 돌린다. 이러한 응용 중에는 구멍 뚫린 피자 박스가 있는데, 개인용 조각으로 나누어져 있어서 접시가 필요 없고 재활용 휴지통에 쉽게 들어갈 수 있다. 또, 한쪽 팔만을 제한적으로 사용할 수 있는 사람을 위해 응용된 도마도 있다. 이 도마에는 포크가 장착되어 있어서 한쪽 팔만으로 잘라야 할 때 음식의 형태를 안전하게 유지할 수 있다. 이 두 가지 경우로 볼 때, 응용은 훌륭한 것임에 틀림없으며, 그 후에 우리는 이 두 가지 상업화된 버전을 볼 수 있었다.

M은 몇 가지 의미를 가지고 있다. 우선 **변형**modify을 나타낸다. 변형에서 우리는 "현재의 아이디어, 실습 또는 제품을 약간 바꿔서 성공할 수 있을까?"라고 물을 수 있다. 변형은 어린이들에게 인기를 끌 수 있게 치약의 색과 향기를 바꾸거나, 유명한 쿠키의 레시피에 땅콩이나 건포도를 추가하는 것을 포함한다. 자동차의 스타일을 약간 바꾸는 것 역시 변형이라고 특징지을 수 있다. M은 또한 **확대**magnify나 **축소**minify를 나타낼 수도 있다. 확대는 우리에게 "내가 어떻게 이것을 더 크게, 더 세게, 더 과장되게, 또는 더 빈번하게 만들 수 있을까?"와 같은 질문을 할 수 있게 만든다. 그것은 항상 더 큰 TV 세트, 거대한 금붕어 크래커, 특대 사이즈의 식사, 두 배 길이의 정원 호스, 또는 매주(매달이 아니라) 재활용품 수거와 같은 결과를 낳는다. 내 학생 중 하나는 치과의사가 사용하는 거울을 확대하는 아이디어를 냈고, 빗자루 끝에 각도가 있는 거울을 붙였다.

그는 그것을 사용하여 사다리를 끌어내어 지붕 위로 기어 올라가지 않고도 집의 홈통을 살피는 데 사용했다. 평범한 물체를 원래 사이즈의 몇 배로 확대하면 독창적인 예술 작업에 박차를 가할 수도 있다. 안드레 페터슨의 스테이플 리부버Staple Remover는 익숙한 물건을 30인치 확대한 것이다. 그 사이즈에서 보면, 모양이 기능보다 더 중요하여, 우리가 물체를 새로운 방식으로 볼 수 있게 한다. 축소하기는 물론 그 반대이다. 이런 방향으로 가면, 우리는 "내가 어떻게 이것을 더 작고, 더 간결하며, 더 가볍고, 덜 상습적으로 만들 수 있을까?"라고 묻는다. 축소는 리츠비츠RitzBitz(한 입 크기의 크래커), 3인치짜리 동영상 스크린, 농축된 섬유 유연제 그리고 10초짜리 광고 등의 결과를 낳는다(사실, 축소된 광고는 축소와 확대 둘 다를 결합시킨 것이다. 그것은 시간이 적게 들기 때문에 우리는 더 많은 광고를 본다. 나는 내가 그러한 혁신에 감사하는지 결코 확신할 수 없다).

P는 **다른 용도**put to another use를 나타낸다. 그것은 우리가 "내가 어떻게 이것을 새로운 방식으로 쓸 수 있을까?"라고 묻기를 제안한다. 클리넥스를 '화장 지우는 휴지'에서 '주머니 속의 손수건'으로 바꾼 광고의 전환은, 이러한 전략을 유익하고 뛰어난 방식으로 사용한 것이다. 여행 가방을 정리하는데 음식 저장용 지퍼백을 사용하거나, 낡은 외바퀴 손수레에 꽃을 심는 것 그리고 무대 세트의 일부로 플라스틱 우유병을 재활용하기는 모두 물건을 원래의 의도와는 다른 용도로 사용하는 예다. 내 친구 하나는 샤워를 할 때 깁스한 곳을 적시지 않기 위해 압축해서 봉인하는 플라스틱 랩을 사용했다. 내가 가르치는 초등학생들이 허리케인이 만들어놓은 뿌리 덮개를 대안적으로 사용하는 방법을 생각했을 때, 그들은 SCAMPER 두문자어의 이 부분을 사용하고 있었다.

E는 **제거**eliminate를 나타낸다. 그것은 우리를 "무엇을 생략하거나 제거할 수 있을까? 모든 부분이 다 필요한 걸까? 이 문제를 풀기 위해 조금이라도 필요한 것일까?"와 같은 질문으로 이끈다. 식품점은 설탕과 지방이 제거된 물건들로 가득 차 있다. 시인들은 불필요한 단어를 제거하려고 애쓴다. 농축된 세탁용 세제는 혼합물을 생략하거나 줄인 결과다. 나는 때때로 패션 디자이너가 여성의 옷에서 다음에 제거할 부분을 결정하면서 즐기는 것이 틀림없다고 생각한다. 때로는 그것을 풀기 위해 필요한 노력이 가치가 없거나 중요하지 않다는 사실이 드러나면, 문제 자체가 제거될 수도 있다. 어떤 학교에서 장차 문제 해결사가 되고 싶은 학생이 카페테리아의 소음 속에서 비상벨 소리를 들을 수 있다면, 그래서 학생들이 카페테리아에서 떠드는 게 좋다거나, 학생들이 떠드는 걸 막는 데 사용할 에너지를 다른 곳에 사용하는 것이 더 이익이 된다고 결정했을 때, 카페테리아의 소음을 줄이려는 노력은 사라졌다.

마지막으로 R은 재배열rearrange 또는 뒤집기reverse를 나타낸다. 그것은 "다른 순서를 사용할 수 있을까? 부분을 교체할 수 있을까? 반대로 할 수 있을까? 만약 이것을 뒤집거나, 뒤로 돌리거나, 안과 밖을 바꾼다면 어떤 일이 일어날까?" 같은 질문을 제안한다. 왼손잡이용 가위, 칼 그리고 정원용 도구들은 재배열 또는 뒤집기의 예다. 나는 양면 겨울 코트를 구입하면서 드라이클리닝 값이 반으로 줄었다. 내 학생 중 하나는 밑바닥에 조금 남은 케첩이나 샐러드드레싱을 꺼내려고 애쓰면서 자신이 경험했던 좌절을 줄이기 위해 뒤집기의 원칙을 사용했다. 그녀는 냉장고 안쪽 문에 그물을 설치하여 모든 병을 거꾸로 넣어두었다. 그 후 병을 냉장고에서 꺼냈을 때, 내용물은 모두 쉽게 밖으로 나올 준비가 되어 있었다.

SCAMPER 두문자어로 만들어진 질문들은 수많은 문제를 다루는 데 사용할 수 있다. 두문자어 자체가 꽤 복잡하기 때문에, 어린 학생들의 교사는 한 번에 1개나 2개의 문자를 가르치고 싶을 것이다. 모든 연령의 학생들은 독립적으로 그것을 사용하기 전에, 어떻게 다른 사람들이 이러한 전략을 사용했는지 예를 찾으면서 이익을 얻을 수 있다. 학생들은 SCAMPER 동사의 하나 또는 그 이상을 사용하여 설명한 만화, 광고, 제품의 예를 찾기 위해 잡지를 훑어볼 수도 있다. 또, 이것을 수집한 후 교실에 전시할 수도 있다. 상업 광고의 후렴구를 유명한 노래 속의 새로운 단어로 대신할 수도 있다. 종이 타월 광고는 그 제품이 작은 호수를 흡수할 수 있다고 묘사하면서 과장을 사용할 수도 있다. 수많은 새로운 제품은 아이디어에 박차를 가하는 질문의 결과로 인식될 수 있다.

여러분은 학생들이 그들 주위에서 볼 수 있는 것과 비슷한 방식으로 SCAMPER 두문자어를 사용하기 시작하게 만든다면 가장 쉽다는 것을 발견할 것이다. 그들은 익숙한 제품을 개선하거나 학교 메뉴에 새로운 아이템을 제안하는 방식으로 질문을 사용할 수 있다. 더 나이 든 학생들은 정치적이거나 유머러스한 만화, 광고를 그리기 위해 아이디어에 박차를 가하는 질문들을 사용하려고 노력할 것이다. 그러나 가장 중요하게 이해해야 하기는 SCAMPER 두문자어의 전체 또는 부분이 학생들이 수많은 아이디어를 만들어낼 필요가 있거나 문제를 풀려고 하는 때는 언제나 쓸모가 있다는 것이다. 그들은 앉아서 머릿속에서 아이디어가 튀어나오기를 기다릴 필요 없이, 아이디어가 나오도록 돕는 SCAMPER 질문들을 사용할 수 있다.

Lesson 6.7 양면 사용이 가능한 시와 그 이상

매릴린 싱어의 2010년 신간인 〈거울, 거울*Mirror, Mirror*〉은 시를 창작하는 데 SCAMPER의 '뒤집기' 부분을 사용하여 옛날이야기의 두 가지 버전을 들려준다. 하나는 위에서 아래로 읽는 식, 다른 하나는 아래에서 위로 읽는 식이다. 학생들에게 자신의 거울 시를 쓰도록 도전해보거나 독창적인 (또는 좋아하는) 시에 대해 다른 SCAMPER 동사를 적용하도록 해보자. 당신이 단어를 대체하거나 제거한다면, 또는 언어의 어떤 측면들을 확대하거나 축소한다면 시에서 어떤 일이 일어날까?

이 장의 도입부에서 든 예시에서 코크란 선생은 학생들이 과학 프로젝트를 개선하는 것을 돕기 위해 SCAMPER 질문을 사용했다. 2학년 학생들이 식물 줄기의 구조를 설명하는데 샐러리 줄기를 타고 올라가도록 물감을 푼 물을 사용한 과학책의 실험을 똑같이 해보고 싶어한다고 가정해보자. SCAMPER 질문은 이 프로젝트를 변형하여 수많은 질문을 만들어내는 데 사용될 수 있다. 학생들은 이런 질문을 할 수 있다. "샐러리를 다른 식물로 대체할 수 있을까? 그것 역시 마찬가지로 작용할까? 다른 액체도 그렇게 작용할까? 그것들은 같은 길이, 또는 같은 속도로 움직일까? 큰 줄기와 작은 줄기가 같은 방식으로 작용할까? 줄기 대신 뿌리를 사용한다면 어떻게 될까? 거꾸로 내려올까? 모든 색깔이 같은 방식으로 움직일까? 같은 속도일까? 샐러리의 노치(V자 모양 부분)를 잘라내면 어떤 일이 일어날까?"

더 나이 든 학생들은 보다 더 복잡한 프로젝트를 위해 비슷한 전략을 사용할 수 있다. 만약 7학년 학생이 쥐가 미로를 통과하도록 가르치고 싶다면, 이렇게 질문할 수 있다. "미로의 재료나 모양이 학습의 속도에 영향을 미칠까? 이 연구를 영양학, 소음 수준, 사회적 상호 작용 같은 다른 변수와 결합시킬 수 있을까? 미로의 높이나 넓이가 학습에 영향을 끼칠까? 만약 내가 방에서 미로를 뒤집어놓는다면, 그것이 문제가 될까? 미로의 아이디어를 다른 실험에 사용할 수 있을까? 인간은 어떻게 미로 속에서 길을 찾을까? 종이와 연필로 만든 미로를 잘 찾는 사람이 3차원 미로도 잘 찾을까?"

Lesson 6.8 거꾸로 된 수학(9-12)

학생들이 정말로 수학의 원리를 이해하고 있는지 알려면 거꾸로 된 질문을 하고, 학생들에게 최종 결과를 준 후 그들이 시작했던 곳으로 거슬러 작업하도록 시켜보자. 예를 들어, 학생들에게 선형 방정식의 그래프를 보여주고 이 방정식이 뭔지, 어떻게 알아냈는지 설명하게 해보자(좌표를 찾지 말고). 그들은 어떻게 그 경사도가 플러스인지 마이너스인지 결정할 수 있었을까? 그것은 제로에 가까운가, 아닌가? y 절편이 플러스인가, 마이너스인가? 같은 종류의 과정을 통계치를 가지고 작업하고(그들에게 평균값과 중간값을 주고, 그 작업의 데이터 세트를 찾아내도록 요구하자), 방정식을 풀고(그들에게 x를 주고 그런 해답을 갖는 것으로 얼마나 많은 방정식을 찾아낼 수 있는지 물어보자), 이야기 문제(학생들에게 답을 주고 시나리오를 찾아내도록 해보자), 수많은 다른 주제에 대해 작업해보자.(샌디 베커의 수업에서 발췌)

각각의 경우에 다양한 새로운 프로젝트들이 SCAMPER 질문에 대한 대답으로 다양화될 수 있다. 비슷한 방식으로, SCAMPER는 이야기의 플롯을 변형하고 정교하게 만드는 것, 3차원 예술 프로젝트의 아이디어를 창조하는 것, 또는 학교나 공동체의 문제를 다루는 데 사용될 수 있다. 그것은 학생들이 가지고 있는 아이디어를 개선하거나 찾으려고 애쓸 때, 사용할 수 있는 도구 세트를 제공한다.

교실에 대해 생각하기

어떻게 SCAMPER를 더 추상적인 방식으로 사용할 수 있는지 생각해보자. 예를 들어, 대수학에서 학생들이 선형 방정식을 연구했을 때, SCAMPER 동사를 사용하여 방정식을 바꿀 수 있는 방식을 제안할 수 있다. 그 아이디어를 가지고 놀아보자. 각각을 그래프로 만들고, 결과의 변화를 검토하자. 이 경우 두문자어는 자체로 새로운 생산물을 만들어내도록 도울 수는 없지만, 우리가 여러 가지 방식으로 수학적 관계를 생각하도록 돕는다.

속성열거법

창의적 아이디어를 만들기 위한 또 다른 전략은 속성열거법이다.(Crawford, 1954) 이 기법을 통해 문제점이나 생산품을 따로 다룰 수 있는 핵심 속성으로 나눈다. 예를 들어, 새로운 캔디 바를 만들도록 위탁받은 사람은 캔디 바의 핵심 속성이 무엇인지 먼저 결정해야 하고, 그러고 나서 새로운 생산품을 만들기 위해 각각의 속성을 어떻게 변경하고 결합시켜야 하는지 고려해야 한다. 고려되어야 할 속성에는 모양, 코팅, 내용물, 추가물, 크기, 포장 그리고 유명한 캐릭터와 끼워 팔기 등이 포함된다. 새로운 제품을 한꺼번에 계획하는 대신, 캔디 바 디자이너는 먼저 모양에 변화(둥글거나 동물 모양의 캔디 바는 어떤가?)를 주는 것에 대해 생각해보고, 〈표 6.4〉와 같은 목록을 이용하여 각 속성을 차례로 고려한다. 이러한 과정의 결과로 '속을 땅콩버터와 젤리 또는 오렌지로 채운 로켓 모양의 캔디 바를 토요일 오전의 만화와 함께 끼워 팔기' 패키지를 만들 수 있다.

비슷한 과정을 통해 자동차, 운동장 또는 그 밖의 복잡한 물건을 디자인할 수도 있다. 제품의 핵심 성분을 식별함으로써, 디자인 과제는 새로운 아이디어의 조합에 박차를 가할 수 있는 다루기 쉬운 핵심 요소를 나누는 것이다.

같은 과정을 통해 물질적 생산품으로 귀착되는 문제가 아닌 것을 다룰 수도 있다. 쇼핑객들을 중심가로 유혹하기 위한 광고 계획을 개발하려는 시의회를 상상해보자. 중심가의 핵심 성격과 각 성격이 어떻게 소비자들을 유혹하는 데 사용될 것인지 식별해내는 데 속성열거법을 사용할 수 있다. 대출 코너의 혼잡을 완화하려는 학교 도서관의 매체 전문가는 그 과정의 각 단계를 따로 살펴보아야 한다. 그는 줄의 방향과 통로, 학생들의 책에 대한 책임감, 도서관 종사자들의 위치와 책임, 책상의 물리적인 배열 등

모양	코팅	내용물	추가물	크기	포장	끼워 팔기
직사각형 원형 구형 삼각형 각기둥 동물 로켓 트럭 도넛	밀크초콜릿 화이트초콜릿 땅콩크림 과일 코코넛 땅콩 쿠키 조각 프레첼 조각	땅콩버터 초콜릿 바닐라 민트 캐슈버터 화이트초콜릿 오렌지 체리 그 밖의 과일	땅콩 캐러멜 쿠키 조각 코코넛 건포도 대추야자 젤리 설탕가루 다진 캔디 마시맬로	레귤러 더블버디 미니 다양하게 패밀리	싱글 팩스포츠 패밀리 팩 클리어 패키지 장난감의 속 장난감 포장 뮤지컬 퍼스널	스포츠 피규어 만화 영화 TV 쇼 뉴스 히어로 이야기 피규어 슈퍼 히어로

표 6.4 새로운 캔디 바를 위한 속성열거법

을 살펴보아야 한다. 만약 어린아이들이 책을 높은 카운터에 올려놓기가 어렵고, 스캐너에 손이 닿지 않는 것이 지연의 원인이라고 결론을 내린다면, 초등학생들이 도서관에 올 때는 다른 구역을 이용할 수 있을 것이다. 만약 한 사람이 대출 코너를 책임지고 있으면서 다른 활동에 대해서 지시를 해야 한다면, 임무를 나눌 수 있다. 이러한 과정의 장점은 문제를 해결하려는 사람이 몇 가지 관점에서 조사할 수 있게 만든다는 것이다. 예를 들어, 문제를 해결하려는 사람이 속성열거법을 사용하지 않았더라면, 그래서 대출 코너의 정체 현상을 전체로서만 본다면, 그 문제점에 대한 다양한 원인을 알아챌 수 없다.

> ## Lesson 6.9 스페인어 Ⅳ의 속성열거법: 'If'절과 멕시코 혁명
>
> 이 수업은 사실과 반대로 쓰이는 'if'절에 대한 수업과 동시에 진행되어야 한다. 칠판에 멕시코 혁명의 핵심 사건 목록을 나열하자. 각 사건마다 만약 각 사건이 어떤 식으로 바뀌었다면 무슨 일이 일어났을지 상상하기 위해, 사실과 반대로 쓰이는 절을 사용해보자. 예를 들어, 만약 카란자가 에밀리아노 자파타에 대한 암살 명령을 내리지 않았더라면 혁명은 어떻게 달라졌을까? 학생들에게 교실에서 토론되지 않은 사건을 골라서 만약 그 사건이 변경되었더라면 어떤 변화가 일어났을지 설명하는 짧은 에세이(스페인어로)를 쓰는 과제를 내줄 수 있다.(린 마수치의 수업에서 발췌)

그들의 학교나 개인 프로젝트를 계획할 때, 속성열거법을 사용하도록 학생들을 교육할 수 있다. 이것을 성공적으로 하는데 대부분의 학생들은 어떤 제품이나 상황의 중요한 속성을 식별하는 데 학습의 도움이 필요할 것이다. 그들이 핵심 속성을 식별하는데 익숙해질수록, 처음에는 다른 사람들에 의해 계획된 변화를 조사하면서, 나중에는 그들 스스로가 변화를 일으키면서 각 속성을 변화시키는 효과에 대해 고려하기 시작할 것이다.

회화 수업에서 학생들은 특별한 그림 스타일의 속성을 식별하기 위한 관찰 기술을 사용할 수 있다. 그러면서 그들은 하나 또는 그 이상의 속성이 변화되면 어떤 변화가 초래되는지 관찰할 수 있다. 인상파 그림의 핵심 속성을 결정한 후(예를 들어, 현실적인 묘사로부터의 이탈, 일반적으로 야외에 있는 피사체, 빛과 그림자의 효과를 나타내기 위한 다양한 색깔), 그들은 조르주 쇠라나 폴 세잔 같은 후기 인상파 화가들에 의해 변화된 속

성이 무엇인지 결정할 수 있다. 그 이후에 그들은 먼저 특별한 스타일을 모방하면서 실험을 하고, 변화할 수 있는 스타일의 한 측면을 선택하는 실험을 할 수 있다.

과학에서 학생들은 어떤 실험이나 실험에서 핵심 속성이나 변수를 식별할 수 있고, 만약 특별한 변화가 일어나면 무슨 일이 생기는지에 대한 가설을 세운다. 5학년 학급에서 그들의 교과서에 설명된 깡통 태양열 조리기구의 속성을 조사했고, 각 요소가 바뀌면 어떤 일이 일어날지에 대해 숙고했다. 그 결과는 '태양열 요리 경연대회'였고, 학생들의 태양열 에너지에 대한 이해를 상당히 높일 수 있었다. 비슷한 방식으로 물리반 학생들은 탁구공 발사대의 속성을 조사하여 그 메커니즘의 길이와 각도의 변화가 공의 속도와 비행 거리에 어떤 변화를 가져오는지 가설을 세웠다.

속성열거법의 고전적인 사용법은 이야기의 구조를 나타내는 것이다. 학생들이 이야기의 핵심 속성(캐릭터, 배경, 갈등 등)에 대해 공부한 후, 그들이 읽은 이야기를 분석할 수 있을 뿐 아니라, 새로운 이야기를 만들어낼 지식을 사용할 수도 있다. 학생들이 해볼 수 있는 실습 가운데 하나는 가능한 캐릭터, 배경, 그리고 캐릭터가 가지고 있는 문제와 도움이 되는 수단을 각각 10개씩 만들어보는 것이다. 이것은 여러 개의 다양한 이야기 라인과 결합될 수 있다. 이것의 변주로는 학생들에게 휴대폰의 마지막 네 자리 숫자에 바탕을 둔 이야기를 만들도록 하는 것이다. 만약 자기 전화번호가 0263으로 끝난다면, 나는 열 번째 캐릭터가 두 번째 배경에서 여섯 번째 문제를 가지고 있고 세 번째의 도움이 되는 수단을 사용하는 이야기를 써야 한다.

G. A. 데이비스(1998)는 프랜 스트라이커가 서부극 시리즈인 〈론 레인저〉를 위한 플롯을 만들어내기 위해 비슷한 기술을 사용했다고 설명했다. 스트라이커는 각 에피소드를 계획하는데 캐릭터, 목표, 장애물, 결과의 목록을 결합했다. 좀 더 나이 든 학생들은 아마도 그들이 좋아하는 새로운 에피소드를 개발하는데 속성열거법을 사용하여, 그런 기술이 어떻게 요즘의 TV 쇼를 계획하는 데 사용되는지 가설을 세우는 것을 즐길 것이다.

속성열거법은 또한 창의적 글쓰기의 기본을 형성하는 판타지 캐릭터, 발명 또는 생산품을 창조하는 데 사용될 수 있다. 아주 어린 아이들은 새로운 동물을 만들기 위해서 머리, 몸, 꼬리 등의 목록을 결합시킬 수 있다. 좀 더 나이든 학생들은 새로운 슈퍼히어로나 그 밖의 판타지 캐릭터를 발명하는데 비슷한 과정을 사용할 수 있다. 그들은 슈퍼 파워, 동물 또는 그 밖의 비범한 특징의 원천, 비밀의 정체, 약점 등에 대해 목록을 만들 수 있다. 이런 속성은 새로운 만화 캐릭터를 디자인하는데 결합될 수 있다. 더 나이 든 학생들은 비슷한 실습을 할 수 있지만, 슈퍼 히어로의 속성을 그리스 신화 속 영웅이나 셰익스피어 문학 작품 속의 영웅과 비교할 수 있다. 판타지 캐릭터의 아이디어는 특별한 환경에 사는 캐릭터를 창조하기 위해서 과학의 내용과 결합할 수 있다.

학생들은 금성이나 깊은 대양 해협의 환경에 대한 핵심 속성을 식별하고 난 후, 그러한 상황에서 생물을 생존 가능하게 만드는 특징의 목록을 만들 수 있다. 그 특징들은 현실적인 SF 창작을 위한 인물 개발을 위해 사용될 수 있다. 학생들은 상업적인 SF 컨텐츠를 연구하고 어떻게 캐릭터가 개발되었는지, 어떻게 속성열거법이 사용되었는지, 캐릭터가 설명된 상황에 실제로 존재하는지 여부에 대해 생각해볼 수 있다. 속성열거법은 존재하는 생산품을 개조하거나 설득력 있는 연설, 광고, 이야기의 기초가 되는 실제의 또는 상상의 발명을 개발하는데 사용될 수 있다.

사회 연구에서 속성열거법은 현재의 사건이나 역사적 이야기에서 중심 이슈나 구성 요소를 식별하는 데 사용될 수 있고, 하나의 성분이 변화될 때 그 결과를 예측할 수 있다. 수학에서 학생들은 다각형의 속성을 조사하고, 속성이 변할 때 그 영역에서 무슨 일이 일어나는지에 대해 가설을 세울 수 있다. 이러한 실험은 실제 세계의 맥락에 대입되었을 때 특히 의미가 있다. 그 모양을 포장한다면, 그리고 당신의 회사가 더 이상의 재료비를 들이지 않고 포장의 혁신을 원한다면 어떻게 될까?

속성열거법을 사용하면 같은 활동에 대한 비판적 사고와 창의적인 사고를 결합할 수 있는 좋은 기회를 얻을 수 있다. 공통 교과 과정Common Core에 의해 강조되고 있는 이런 비판적 분석과 증거의 공유는 속성을 확인하는 데 사용될 수 있다. 하나의 속성이 바뀐다면 가능해지는 결과—그리고 예측을 정당화하는—에 대한 가설을 세우면, 학생들은 흥미롭고 유연한 방식으로 학습 내용을 처리할 수 있게 되고, 동시에 다양성에 걸쳐 있는 복잡한 관계도 알게 될 것이다.

형태소 합성법

속성열거법의 변종인 형태소 합성법은 각각의 칸 안에서 2개의 속성을 결합한다. 새로운 동물을 만들고 싶은 어린이들은 동물의 머리를 한 축에, 그리고 동물의 몸을 다른 한 축에 열거할 수 있다.(표 6.5) 각각의 칸은 머리와 몸의 특별한 결합을 나타낸다. 학생들은 특별히 끌리는 조합을 선택하거나, 눈을 감고 종이의 한 지점을 찍거나, 작은 물건을 종이에 떨어뜨리는 것 같은 무작위 선택을 통해 동물을 디자인할 수 있다.

내가 가장 좋아하는 형태소 합성법 중 하나는 몇몇 외국에서 온 학생들과 같은 집에서 살던 대학원 학생이 만든 것이다. 대학원 과정에서 겪는 평범한 부담감에 덧붙여 이 학생들은 언어의 어려움, 부족한 예산 그리고 낯선 미국 음식 문제를 해결해야 했다. 이 그룹에서 열광적인 반응을 만들어낸 발견 하나는 비스킷 재료에서 나왔다. 그것은 비싸지 않았고 유연했으며, 새로운 요리를 만들어내기 위해 다양한 음식과 섞을 수

동물의 몸

	개구리	돼지	다람쥐	개똥지빠귀	고양이	개미	사자	고래	쥐
젖소									
곰									
뱀									
호랑이									
코끼리									
타조									
악어									
금붕어									

표 6.5 형태소 합성법을 통한 동물 만들기

있었다. 한 학생이 새로운 레시피를 만들기 위해 형태소 합성표를 만들었다. 한 축에는 요리할 수 있는 비스킷 재료의 방식, 즉 굽거나, 튀기고, 만두처럼 끓이거나 찌거나 팬에 부치는 것 등을 나열했다. 다른 한 축에는 비스킷 재료와 섞을 수 있는 음식들, 즉 다진 햄, 양파에서 초코칩과 건포도에 이르는 품목을 적었다. 각각의 칸이 가능한 요리를 나타낸다. 비록 모든 조합이 다 맛있었던 것은 아니었지만, 그 그룹은 몇 종류의 새로운 요리에 매우 만족했고, 다른 음식을 발명하는데 똑같은 기법을 써보기로 했다.

어린 학생들이 형태소 합성법을 사용하는 또 하나의 이점은 그래프를 읽고 만드는 데 필요한 기술을 동시에 가르칠 수 있다는 것이다. 학생들이 기린의 머리와 돼지의 몸을 나타내는 사각형을 식별할 수 있으면, 그들은 수학 시간에도 x축과 y축을 읽을 수 있다. 새로운 게임을 만들기 위해 재료와 전략을 결합하고, 새로운 카드를 고안하는 데 기념일과 입체 모양을 섞고, 과학 실험을 위해 생육 배지[4]에 씨앗을 넣는 것 등은 창의적 사고를 위한 기회를 제공한다. 이면서 학생들이 여러 종류의 학습 내용과 기술을 연습할 기회를 주는데, 실제 세계의 수많은 창작자가 하고 있는 것과 같은 일이다.

무작위 투입과 수평적 사고의 다른 기술들

〈창의력 사전〉이라는 제목이 붙은 에드워드 드 보노(1992)의 책에서는 수평적 사고[5]와 새로운 아이디어의 창조를 촉진하는데 만들어진 전략을 설명하고 있다. 수십 년간 창의성 분야에서 다작의 작가였던 드 보노는 전 세계의 수많은 회사와 조직체를 위해 창의적인 아이디어를 증진시키려고 고안된 전략을 훈련하는 방법을 제공하고 있다. 보노의 작업의 기초는 "비정통적인 또는 분명히 비논리적인 방법으로 문제 해결을 구하는"(p52) 것으로 정의할 수 있는 수평적 사고를 체계적으로 촉진하는 것이다.

그는 사색가가 익숙하거나 전형적인 사고의 경로를 더 깊이 사색하여—종종 같은 구멍을 깊이 파는 것으로 비유되는 수직적인 사고와 대조하여 새로운 구멍을 파는—다른 관점이나 견해를 시도해보는 수평적 사고를 비교한다. 드 보노는 사고의 대

---

4) growing media, 유기체를 기를 때 영양 공급을 하는데 사용하는 매개체다.-옮긴이 주
5) 얼핏 보기에 정신착란같이 보이는 한 아이디어에서 다른 것으로 이리저리 기웃거리는 방식을 말한다. 드 보노 박사는 이 것이 정상적인 수직 사고를 보완하는 것으로 봤다.-옮긴이 주

안적인 경로를 자극하는 체계적인 전략의 사용을 통해 수평적 사고를 향상시키는 것이 가능하다고 믿는다. 그의 심각한 창의성은 영감, 직관 또는 타고난 창의적 재능에 의지하는 것이 아니라, 독창적인 아이디어의 생산을 향상시키는데 누구라도 사용 가능한 특별한 도구를 가르치는 것이다. 비록 수평적 사고를 위한 도구가 여기에서 완벽히 설명하기에는 너무 많고 복잡하지만, 우리는 몇 가지 예를 살펴볼 수 있다.

Lesson 6.11 유치원에서의 형태소 합성법

〈색깔 동물원*Color Zoo*〉(Ehleret, 1989)의 이야기를 들은 후, 로이스 엘러트* 스타일로 그림을 만드는 데 사용하는네 세 가지 색깔의 형태 조합에 형태소 합성법을 사용해보자. 인간 눈금표를 만들기 위해 학생들에게 카드를 들고 있게 하자. 조합을 만들기 위해 지정된 학생이 앞으로 걸어가도록 연습하자. 그 일러스트레이터가 사용한 형태를 토론하고 책을 읽어보자. 하나의 동물을 만드는 데 사용된 세 가지 형태를 만들기 위해 학생들이 형태소 합성법을 사용하도록 해보자.(멜린다 스파이서의 수업에서 발췌)

* Lois Ehlert, 콜라주 기법의 일러스트로 유명한 미국의 동화책 그림작가이다.─옮긴이 주

창의적인 휴지기　창의적인 노력에 박차를 가하는데 개인이 배울 수 있는 전략 중 하나는 창의적인 휴지기다. 창의적인 휴지기를 사용하면, 개인은 사고 선상의 한가운데에서 문제가 있기 때문이 아니라, 사색가가 멈추기로 선택했기 때문에 멈출 수 있다. 휴지기는 사색가가 새로운 아이디어에 가능성을 열어둘 수 있고, 어떤 지점에 대해 신중한 주의를 기울일 수 있게 한다. 교사는 수업을 계획하면서 무작위로 고른 어떤 순간에 의도적으로 멈출 수 있고, 그가 생각하고 있는 과제에 접근하는 데 다른 방법은 없는지 고려해볼 수 있다. 학생들이 창의적일 수 있는 노력을 하는 중에 주기적으로 휴식하는 것을 배울 수 있다. 습작 과제, 문제 해결 과제, 사회학 프로젝트 또는 예술적인 뭔가를 하는 와중에 그들은 멈추고 자신들이 하고 있는 것에 접근할 수 있는 다른 방법은 없는지 고려할 수 있다.

　창의적인 휴지기는 문제에 집중하기 위해서나 사색가에게서 새로운 대답을 얻기 위해 그의 두뇌를 고문하게 하려고 사용하는 것이 아니다. 그것은 집중과 변화를 위한 기회다. 그것은 영감의 결과가 아니라 어떤 일련의 생각일지라도 대안은 있으며, 어쩌면 고려해볼 만한 더 좋은 아이디어가 있을 수 있음을 인정하면서 의도적으로 진행된

신중한 전략의 결과다. 만약 짧은 기간 후, 어떤 새로운 아이디어도 나타나지 않는다면 원래의 사고 노선을 계속 유지하면 된다. 만약 모든 학급에 '멈춤—그리고 생각하시오'라고 쓰인 팻말을 붙이고 어떤 아이디어가 그 결과로 나타날지 생각해보면 흥미로울 것이다. 학생들은 때때로 쳐다보고, 쉬고, 자신들의 생각을 살펴보고, 아마도 새롭고 더 독창적인 아이디어로 옮겨갈 것이다.

도발과 po의 사용　수평적 사고를 시작하게 만드는 한 가지 방법은 도발하는 것이다. 도발을 사용하면 진술은 실제의 상황을 묘사하기보다는 새로운 패턴의 사고를 불러일으키는 것을 자극한다. 드 보노(1970)는 도발을 일으키기 위해 'po'라는 단어를 제안했다. po가 진술을 앞설 때, 그 진술은 사실이 아니며, 심지어 불가능하다는 것을 작가나 연설자가 이해하고 있음을 나타낸다. 하지만 그 연설자는 사고의 새로운 길을 열고 싶어서 그것을 어떻게든 고려하기를 원한다는 것을 나타낸다.

　여러 가지 면에서 po는 어린이들이 사용하는 "그냥 상상하자면"이나, "만약 그렇다면 어떨 것 같아?"와 비슷한 면이 있다. 어린아이들은 종종 '만약 개가 날 수 있다면, 만약 학교에 문이 없다면, 만약 연필을 냉장고에 보관해야 한다면' 무슨 일이 생길까를 상상하는 데 별로 어려움을 못 느낀다. 더 나이 든 학생들이나 어른들은 때때로 명백하게 우스꽝스러운 제안에 대해 충분히 오랫동안 집중하면서 그것에서 새롭고 도움이 되는 아이디어가 생겨나도록 집중력을 유지하기가 어렵다. 'po'라는 단어는 "그냥 상상해보면"과 같은 어리석은 게임을 하기에는 자신이 분별력 있다고 생각하는 중학생들이나 더 나이 든 학생들에게 가치가 있을 것이다. 만약 그들이 po가 창의적인 아이디어에 박차를 가하는데 최고 기업의 중역들이 사용하는 도구라는 것을 이해한다면, 그들은 기꺼이 그것을 시도해보기에 충분한 기간 동안 판단을 유보할 것이다.

　4개의 공통적인 도발이 po에 의해 진행될 수 있다. 첫 번째는 SCAMPER의 R과 비슷한 반전reversal이다. 반전의 도발에서 당신은 고려되고 있는 상황을 뒤집어볼 수 있다. 요소를 제거하는 것이 아니다. 그것들을 뒤집는 것이다. 예를 들어, "미국 원주민이 1492년에 포르투갈에 상륙했다"는 po이다. 이러한 도발은 콜럼버스의 대항해의 영향을 토론하는 수업의 기초를 이룰 수 있다.

　두 번째 도발은 과장exaggeration이다. 이런 도발은 고려되고 있는 다양한 것 중 하나를 선택하여 그것을 비상식적인 비율로 확대하거나 축소하는 것이다. 학교의 재활용품 계획을 개발하면서 각 학급이 매주 100상자의 폐지를 만들어낸다고 도발하는 po이다. 이것은 아마도 다른 방식으로는 고려할 수 없는 과정을 제안할 것이다. 대안적인 도발은 "각 학급은 연간 단지 한 장의 종이만을 사용할 수 있다"는 po일 것이다. 그러한 과장은 학생들이 만약 종이가 귀하고 가치 있는 필수품이라면 우리는 어떻게 그것을 다루어야 할지에 대해 집중하게 도울 것이다.

세 번째 도발은 왜곡distortion이다. 여기에서 구성 요소나 시간의 연속성 사이의 관계가 변한다. 교사의 교육에 대한 흥미로운 도발은 "학생들이 교사에게 시험을 내준다"는 po일 것이다. 언어의 발달을 공부하는 고등학생들은 "구전의 의사소통 이전에 문자 언어가 발달했다"는 po를 고려할 수 있다. 왜곡의 도발은 매우 도전적이지만 강력하다. "당신은 죽기 전에 죽는다"는 왜곡은 괴상하게 들리지만, 이러한 도발은 생활 보장 생명보험의 개발을 이끌었고, 이는 보험회사에 이익을 가져다주었으며, 정기적인 질병에 대해서는 재정적인 안정을 주었다.(de Bono, 1992) 물론 어떤 도발이나 수평적 사고의 다른 도구들은 또한 시각적·문학적 예술로 해석될 수 있다. 수많은 예술 수업에서는 눈금을 사용하여 이미지들을 확대하거나 축소한다. 그 눈금이 왜곡되어 있다면, 그래서 원본에는 없었던 커브나 각도가 만들어졌다면, 학생들은 새로운 관점을 발견할 수 있다.

도발이 더 비현실적일수록, 학생들은 그것을 적절하게 다루기 위해 인지적·정서적으로 더 성숙해질 필요가 있다. 어린이들은 그냥 상상해보는 상황의 판타지를 즐길 수 있지만, 도발에서 실제 생활까지의 원리를 추상화하는 데는 어려움을 겪을 것이다. 당신은 당신의 학급을 위해 가장 강력할 도발의 종류를 판단하는데 직업적인 판단력을 사용할 필요가 있다. 학생들이 경험과 세련된 교양을 얻으면, 그들은 멍청해 보이는 진술이 새롭고 혁신적인 아이디어로의 진지한 초대라는 것을 깨닫게 된다.

무작위 투입 수평적 사고를 이끄는 또 다른 방법은 무작위 투입이다. 이 전략으로 창의적 사고를 위한 문제나 주제는 무작위로 선택된 단어, 주로 명사와 병치된다. 주제와 아무 관련 없는 명사 사이의 관계를 만들기 위한 시도를 하면서 각 개인은 문제를 새로운 관점에서 보거나 새로운 아이디어를 만들어낼 수 있다. 만약 서부 개척 시대에 대한 이번 사회 단원에 대해 새로운 접근법을 생각하려고 한다면, 나는 무작위 투입법의 접근을 시도하겠다. 단어를 만들어내기 위해서 인터넷에서 사용할 수 있는 몇몇 무작위 단어 생성기를 사용하거나('random word generator'를 검색하기만 하면 된다), 휴대폰이나 태블릿 PC의 앱을 사용하여 명사를 고르거나, 두꺼운 사전을 사용할 것이다.

사전을 사용할 경우, 무작위로 선택된 페이지를 펼치고(예를 들어, 68), 무작위의 위치에 있는 단어를 고른다(아마도 일곱 번째 단어). 만약 일곱 번째 단어가 명사가 아니라면, 나는 명사를 찾을 때까지 계속 페이지 아래로 계속해서 내려가겠다. 내가 이 실험했을 때, 만들어낸 단어는 폭약통(bangalore torpedo)이었다(당신은 이 활동이 진짜라고 말할 수 있을 텐데, 왜냐하면 난 그것을 만들어본 적이 결코 없기 때문이다!). 폭약통은 폭약과 불을 붙이는 기계 장치가 들어 있는 금속 튜브로, 적 진지의 철조망을 제거하거나 광산에서 발파 작업에 사용한다. 온라인 단어 생성기를 쓸 때 장점 하나는 평범 1명사들로부터 고를 수 있기 때문에 결국 그렇게 도전적인 단어를 쓸 필요는 없지만, 어쨌든 그것으로 시작해보자!

지금 내 과제는 폭약통과 서부 개척 시대 사이에 어떤 관계를 만드는 것이다. 개척자들은 적어도 내 지식으로는 어떤 광산도 폭파하지 않았고, 그래서 나는 폭약의 다른 쓸모에 대해서 생각해야만 했다. 아마도 어떤 학생들은 개척자들이 사용하던 무기의 기계적 구조에 관심을 가질지도 모른다. 우리는 폭약이 어떻게 산을 통과하는 길을 만드는 데 사용되었는지, 정착민들이 인위적인 도로 없이 어떻게 산을 통과할 수 있었는지 조사할지도 모른다. 광산업자들은 때로는 폭약을 쓴다. 아마도 나는 광산 시굴과 채굴권에 대한 정보를 내 단원에 편입시킬 것이다. 우리는 사람들을 서부로 이끈 다양한 동기에 대해서 조사할 수 있다. 독립적인 광산 시굴자와 광산 회사, 또는 자작농은 어떻게 다른가? 왜 사람들이 서부로 갔는지에 단원의 초점을 맞춘다는 아이디어는 사회 과목의 다른 측면과 연관을 맺을 가능성도 포함하고 있다.

나는 전적으로 다른 접근을 할 수도 있다. 폭약통은 그 단원을 준비하는 내 과정과 어떤 관련이 있을까? 나는 이전의 계획안을 다 (폭탄으로) 날려버리고 다시 시작해야만 할까? 아마도 나는 내 아이디어에 대해 숨겨진 광산이나 어려움의 원천을 알기 위해서 널리 재검토할 필요가 있다. 내가 어떤 아이디어를 추구하고 있든지, 대략 5분이면 평범하지 않고 관계가 없는 단어가 내 계획에 창의적인 변화의 가능성을 가져다줄 수많은 방법을 제공해줄 것이다.

같은 접근 방식을 학생들에게 가르칠 수도 있다. 고등학생들은 졸업 앨범이나 댄스를 위한 테마를 개발하는데 노력하고, 중학생은 역사적 사실 속의 인물을 발전시키려고 하고, 초등학생들은 놀이터를 위한 새로운 아이디어를 브레인스토밍할 수 있는데, 이 모두가 무작위로 선택된 투입에 의해 이익을 얻을 수 있다. 학생들은 그들이 아무런 아이디어가 없을 때 무작위 투입을 사용할 수 있는데—예를 들어, 미술 프로젝트를 위한 주제가 떠오르지 않거나 어떤 영역에 대해 독립적인 과제를 진행해야 할지 결정할 수 없을 때다. 무작위 투입은 그들이 아이디어가 고갈되었거나 모든 아이디어가 똑같이 들리기 시작할 때 유용하다. 이미 그들이 이미 다양한 상태에 대해 세 가지 보고를 했다면, 네 번째 프로젝트는 독창적으로 만들고 싶을 것이다. 무작위 투입의 연습은 점심 식사나 퇴근 5분 전에 잘 진행될 수 있다. 문제 중 하나, 과정 중의 논점, 학교 문제, 현재의 사건 중 하나를 뽑아서 무작위 단어와 결합시켜보자. 예를 들어, "문제는 학교 앞의 쓰레기다. 단어는 목재 저장소다. 어떤 아이디어가 나올 수 있을까?"

드 보노(1992)는 무작위 단어를 대신할 수 있는 원천을 제안했다. 학생들은 사전에서 무작위로 고른 60개의 단어 목록을 수집할 수 있다. 그리고 나서 그들은 딱 한 번 초침을 읽어 사용할 수 있을 것을 고른다. 만약 초침이 14초에 가 있다면 그들은 열네 번째 단어를 고르는 것이다. 이 목록는 변화를 위해서 매달, 또는 두 달마다 바꿀 수 있다. 단어들은 깡통이나 박스 속에 넣었다가 꺼낼 수도 있고, 지정된 학생이 눈을 가리고 무작위로 잡지나 책 속의 단어를 지적할 수 있다. 만약 책이나 잡지에 사용된 단어가 학년의 수준에 적합한 것이라면, 학생들이 과정을 위해 효과적인 연관을 충분히 만들 가능성이 커진다. 이 지점에서 스마트폰이나 태블릿의 무작위 단어 생성 앱은 특히 젊은이들에게 꽤 한계를 가지고 있지만, 나는 이 앱들도 변화할 것으로 확신한다. 어쩌면 당신이 그 일을 하게 될 바로 그 사람일 수도 있다! 또 다른 선택 가능성은 창의성이나 이야기 쓰기에 박차를 가하는데 고안된 이야기 큐브Story Cubes나 싱크 에츠Think-ets 같은 장난감들을 고려해보는 것이다. 이야기 큐브를 굴리면 이야기에서 다음번 사건의 진전이나 어떤 식의 문제 해결이든 그것을 위한 무작위 자극을 제공할 것이다.

여섯 색깔 모자 기법과 CoRT 드 보노의 가장 잘 알려진 전략 중 하나는 '여섯 색깔
모자 기법'이다. 이 전략에서는 어떤 상황에 접근하는 여섯 가지의 다른 역할과 방식을
다른 색깔의 모자로 지정하고 있다. 예를 들어, 어떤 사람이 하얀 모자를 쓰고 있으면
정보에 집중하는 사람이다. 하얀 모자의 생각은 "우리는 어떤 정보를 가지고 있습니
까? 어떤 정보를 우리가 잃어버렸습니까? 어떻게 우리가 필요한 정보를 얻을 수 있습
니까?" 같은 질문을 한다. 초록 모자는 창의적인 노력을 요구하고, 반면에 붉은 모자는
느낌, 직관, 정서를 찾는다. 검은 모자의 사고는 비판적 판단을, 노란 모자는 이익과 가
능성, 파란 모자는 사용된 사고의 종류를 감시—조정한다. 주어진 문제에 관해 요구되
는 사고의 패턴을 바꾸어봄으로써 문제 해결자는 새로운 관점을 발견하고, 익숙한 사
고 패턴의 덫에 걸리는 것도 피할 수 있다.

이 전략을 사용하면, 교과서를 평가하는 교사는 그룹의 목표를 정하는데 파란 모자
사고로 시작할 수 있다. 그 다음에 하얀 모자의 사고는 정보를 모으는 데 사용할 수 있
고, 초록 모자의 사고는 가능한 선택 기준을 개발하는 데 도움을 줄 수 있다. 노란 모
자의 사고는 기준 목록의 좋은 점을 찾기 위해 사용될 수 있고, 그 다음으로 검은 모
자 사고가 약점과 결점을 지적하는 데 도움을 줄 수 있다. 마지막으로, 붉은 모자 사고
는 그 그룹이 지금 처해 있는 기준에 대해 어떤 감정을 느끼는지를 평가할 수 있다.(de
Bono, 1991a, 1991b, 1999)

젊은이들과, 또는 덜 복잡한 과제에 대해서는 더 제한된 과정을 사용할 수 있다. 예
를 들어, 시에 반응하는데 색깔 모자를 사용할 수 있다. 학생들은 그들이 그 작업에 대
해 어떻게 느끼는지 설명하는데 붉은 모자 반응으로 시작할 수 있다. "나는 정말 그 시

가 좋다." 또는 "그것은 내게 외로운 느낌을 준다." 다음으로, 하얀 모자는 흥미롭거나 잃어버린 정보를 식별하는 데 사용할 수 있다. "나는 작가가 왜 숲속으로 갔는지를 모르겠어." 또는 "무엇 때문에 그는 숲이 동굴 같다고 생각했는지 궁금해." 노란 모자는 학생들이 그 시에서 좋아하는 점들을 지적하는 데 사용될 수 있다. "나는 검은 숲 가까이 떠 있는 밝은 별을 내 마음속에 떠오르게 하는 그림을 좋아해." 그리고 "마지막 연에서는 's' 소리가 많이 난다." 만약 원한다면 이러한 토론은 검은 모자와 초록색 모자를 사용해서 계속할 수 있다.

이러한 각 활동의 핵심은 다양한 모자, 또는 정신의 구성 조직이 목적의식적으로 사용되고 변화되었다는 것이다. 여섯 색깔 모자 기법의 전략은 다양한 사고를 서로 떨어뜨려놓도록 고안되어, 사색가들이 각 종류의 생각에 더 효과적으로 집중할 수 있게 하여, 궁극적으로는 과제나 어떤 상황에 대해 좀 더 세련된 관점을 제공하는 것이다. 여섯 색깔 모자 기법을 효과적으로 사용하기 위해서는 간단한 개요를 통해 가능한 것보다는 더 많은 정보가 필요하다. 드 보노의 교육 전략에 도움이 되는 원천에 대한 정보를 가장 잘 얻을 수 있는 곳은 그의 공식 웹사이트다.(http://www.edwdebono.com)

수평적 사고를 포함하고 있는 또 다른 기술 프로그램인 CoRT(de Bono, 1986)는 인지 연구 신뢰Cognitive Research Trust의 두문자어로, 이 프로그램의 본래 사이트다. CoRT를 사용하면, 학생들은 각 두문자어와 함께 효과적인 사고를 위한 신호를 제공하는 전략을 배울 수 있다. 교육받는 첫 번째 도구는 'PMI(더하기, 빼기, 흥미: plus, minus, interesting)'라고 불린다. PMI 도구는 어떤 상황에 대해 우리의 본래의 감정과 같은 방향으로 계속 생각하는 자연적인 경향을 극복하는데 고안되었다. 만약 내일 모든 공공교육기관을 하루 24시간 내내 연다면 무슨 일이 생길지에 대해 1분간만 생각해보자. 계속하기 전에 당신의 아이디어 몇 개를 적어두자.

만약 당신의 목록을 본다면 아마도 그 아이디어의 대부분이 일반적으로 긍정적이거나, 일반석으로 부정석이라는 것을 알게 될 것이다. 만약 당신의 첫 느낌이 '24시간 학교'가 좋은 생각이라는 것이라면, 아마도 그 상태에 도움이 되는 몇 가지 점에 대해 생각했을 것이다. 만약 당신의 첫인상이 부정적인 것이었다면, 아마도 24시간 학교에 뒤따를 몇 가지 문제점들의 목록을 만들고 있기가 쉽다. 방향에 대한 암시 없이, 자동적으로 어떤 논점이나 상황의 다양한 측면에 대해 동등한 관심을 가지고 볼 수 있는 사람은 거의 없다.

만약 여러분이 24시간 학교에 대해 생각하는데 PMI를 사용하려 한다면, 당신은 할 수 있는 한 모든 긍정적이고 부정적인 점에 대한 목록을 만들 것이다. 또한 흥미로운 목록도 만들 것인데, 그것은 긍정적인 것도 부정적인 것도 아니다. 흥미로운 것들은 종종 다음과 같은 질문의 형식으로 생겨날 수 있다. "'연다'는 것은 무슨 뜻일까?" "학교는 하루 종일 전통적인 수업을 진행할 것인가, 아니면 다른 역할을 수행할까?" 또는 "방학 스케줄은 어떻게 잡을까?" CoRT 프로그램의 다른 도구들은 논점을 조사하는 데 비슷한 신호를 제공한다. 모두는 아니더라도 그 도구 중 몇몇은 수평적 사고를 촉진하는데 고안되었다. 그 프로그램에 내재되어 있는 가정은 만약 어떤 상황에 대한 학생들의 이해를 넓힐 수 있다면, 그 상황에 대한 사고는 더 효율적일 수 있다는 것이다. 여섯 색깔 모자 기법과 마찬가지로, CoRT도 짧은 개관이 줄 수 있는 것보다 더 많은 정보와 훈련이 필요하다. 원천이 되는 정보는 드 보노의 웹사이트(http://www.edwdebono.com)를 통해 얻을 수 있다.

창의적인 문제 해결에서 확산적 사고를 사용하는 법

제2장에서 논의했던 것처럼, 창의적 문제 해결Creative Problem Solving(CPS)은 창의적 과정을 설명하는 것은 물론 촉진하는데 고안된 모델이다. CPS의 각 구성 요소는 확산적 측면과 통합적 측면 둘 다를 가지고 있고(생성적인 면과 집중적인 면이라고 불리는), 따라서 그 안에서 확산적 사고를 사용하기는 자연스런 맥락이다. 지금까지 설명된 수많은 도구는 아이디어의 수와 다양성을 증진시키기 위한 CPS 과정에서 효과적으로 사용될 수 있다. CPS는 복잡하기 때문에, 어린이들을 가르치는 교사는 그 과정을 한 부분씩 떼어내어 사용하거나 가르치고, 또는 더 단순화된 형식으로 사용하기를 원할 수도 있다. 어떤 연령대의 학생이든 각 단계를 숙달하고 다양한 상황에 적용할 수 있으려면 CPS에 대한 다양한 경험이 필요할 것이다. 그러나 나는 CPS를 가르치기 위해 필요한 시간과 골칫거리가 가치 있는 노동이라고 생각한다.

학생들은 초등학생에서 성인 시절에 이르기까지 CPS 덕분에 학교, 사회, 개인의 문제를 공격할 수 있는 강력한 방법을 갖는다. 비록 초기의 실습 활동이 판타지 상황이나 동화에 초점을 맞추고 있지만, CPS는 실제 세계와 상호 작용을 하는데 사용되었을 때 가장 강력하다. 여러분의 공동체에 이익이 되는 새로운 문제 해결 기술을 사용하는 데 당신과 학생들에게 영감을 줄 책은 〈사회적 행동에 대한 어린이 지도*The Kid's Guide to Social Action*〉(Lewis, 1998)이다. 이 책은 공동체의 이슈를 다루는 주최자에게 적용할 수 있는 문제 해결을 위한 실례, 기술 지도 그리고 팁을 제공하고 있다.

CPS의 기본 요소는 제2장에서 논의했다. 이 부문에서는 각 구성 요소를 재검토하고 초기의 문제 해결 활동을 통해 2개의 교실을 쫓아간다. 당신이 이 두 가지 예를 살펴볼 때, 중요한 것은 그들이 모든 문제 해결 활동에서 거치는 단계를 단지 설명하고 있는 것이 아니라 가능한 단계의 실례로 제공되고 있다는 것을 기억하는 것이다. CPS를 효과적으로 사용하려면 주어진 상황에서 어떤 요소와 단계를 거칠 것인지를 잘 결정할 필요가 있다.(Isaksen, Dorval & Treffinger, 2000; Treffinger, 1995; Treffinger, Isaksen & Dorval, 2000, 2003)

도전에 대한 이해

기회의 건설 제2장을 다시 기억해보면 도전을 이해하기 위한 첫 단계는 기회의 건설이다. 기술을 사용하여 유권자(그리고 기부자)에게 도달하기 위한 기회를 건설하는데 버락 오바마가 첫 번째 대통령 선거 유세에서 사용했던 방법을 고려해보자. 그 기회에 대한 그들의 인식은 선거 유세의 겉면을 예측가능한 미래로 바꾸는 것이었는데, 그것을 먼저 연설의 영역에서 계획해야 했다. 문제 해결의 노력이 집중해야 할 일반적인 영역을 식별하는 것이 필요하다. 가끔 기회는 매일의 학급 토론에서 두드러지거나 갑자기 나타난다. 한 교실에서 휴가를 마치고 돌아온 6학년짜리 소녀가 레스토랑의 어린이 메뉴가 한정되어 있다는 점에 대해 격분했다. 그녀는 조금만 먹기 때문에, 엄마는 어린이 메뉴를 주문할 것을 고집했다. 그래서 엄마는 휴가 기간 내내 각종 다양한 음식을 맛볼 수 있었지만, 6학년짜리 소녀는 한 주 내내 햄버거, 핫도그, 프라이드치킨 그리고 스파게티만 먹었다. 그녀에게 이것은 영양학, 레스토랑의 규제, 나이 차별과 그 밖의 수많은 이슈에 대해 눈길을 주게 된 프로젝트의 시작이었다. 다른 학교에서는 아스팔트 운동장에서의 빈번한 부상 문제가 고려되어야 할 명백한 초점을 제공했다.

만약 도전이 스스로 즉시 나타나지 않으면, 문제 영역을 찾아보도록 학생들을 교육할 수 있다. 관심사의 목록을 만들기 위해 신문이나 뉴스, 잡지 등을 사용할 수 있다. 공동체에 영향을 끼치는 이슈를 확인하는데 지방 공무원이나 학교 당국자를 인터뷰할 수도 있다. 어린아이들을 위해서 교사는 가상의 도전과 실제 도전을 구별할 수 있기를 바랄지도 모른다. 나는 CPS 과정을 통해 추구할 수 있는 2개의 기회를 선택했다. 첫째는 〈호튼과 후-빌〉[6]을 중심으로 삼은 상상력이 풍부한 초등학교 교사의 가상 문제 해결 실습이다.(Seuss, 1954) 두 번째로 나 자신의 교육 경험에서 온 실제 세계의 예로, 난장판은 문제가 있는 장소가 아니라 기회라는 것이다. 중학생 2명이 학교 근처에 있는 기념비에 호기심이 생겨서 학교가 끝난 후 읽으러 가기로 했다. 그 기념비는 도시의 시작에 대해 설명하고 있었고, 약간의 계산 끝에 학생들은 도시의 250주년 기념일이 다가오고 있다는 것을 깨달았다. 이것은 문제가 아니라 창의적인 문제 해결을 위한 기회였다.

각각의 경우, 학생들은 문제 해결 활동의 일반적인 목표와 그 목표가 스스로 선택한 것인지, 아니면 교사에 의해 제시된 것인지 식별할 수 있어야 한다. 창의적 문제 해결에 대해 어느 정도 경험을 가진 학생은 CPS가 이러한 기회에 적합한 도구인지를 결정하는데 과제 평가Appraising the Task로 시작할 수 있다. 그들은 또한 CPS의 어느 단계가 당장의 상황에 대해 가장 적합한지 선택함으로써, 과정을 디자인Design the Process할 수 있다. 이 경우에 마치 각각의 사용 가능한 단계를 추구하는데 결정이 내려졌던 것처럼, 나는 각각의 가능한 구성 요소를 설명할 것이다.

데이터 탐색　데이터를 탐색하면서 학생들은 그 상황에 대해 가능한 한 많이 배운다. 후-빌을 조사한 학생들은 호튼의 상황에 대해 그들이 알고 있는 모든 것을 쓸 수 있다. 이 목록은 책을 읽으면서 얻은 사실, 느낌, 감상을 포함해야 한다. 학생들은 어떤 아이디어가 사실이고, 어느 것이 선택 가능하며, 어떤 것이 완전히 확정되지는 않은 것인지 결정해야 했다. 그들은 또한 만약 그들이 딜레마의 현장인 호튼을 방문한다면, 알

---

6) Horton and The Who-ville, 세계적인 동화작가인 시어도어 세우스 박사가 1954년에 발표한 작품으로, 귀가 잘 들리는 코끼리 호튼과 먼지 입자 속의 마을 후-빌에 사는, 성이 모두 후인 사람들에 관한 이야기. 마을을 지키기 위해 마을 시장과 코끼리 호튼이 노력한다. 2008년 애니메이션으로도 제작되었다.-옮긴이 주

고 싶은 정보에 대해서도 기록해야 한다. 이러한 실습은 데이터를 탐색하고 텍스트로부터 얻은 정보를 가지고 아이디어를 보완하는 훈련을 제공한다.

250번째 생일 그룹은 광범한 데이터 탐색했다. 호기심 수많은 학생은 도시의 역사를 읽었고, 계획된 축하 행사가 있는지 담당 공무원에게 물었으며(실제로는 없었다), 1976년 미합중국 건국 200주년 기념행사 당시 도시에서 했던 활동에 대해 지역 주민에게 물었다. 몇몇 사람들은 200주년 즈음에(아무도 정확한 때를 몰랐다) 어떤 초등학생들이 학교 앞에 타임캡슐을 묻었을 거라고 믿고 있었다. 정확한 장소를 아는 사람은 아무도 없었다.

문제 틀 형성 문제 틀 형성은 문제를 푸는 사람이 그들의 도전에서 가능성이 있는 하위 문제를 인식하는 단계다. 문제는 보통, IWWMW(우리는 어떤 방식으로? In What Ways Might We?)로 시작한다. '호튼은 후 사람들의 소리를 들었다'[7] 실습에서 문제의 설정은 "어떤 방식으로 호튼은…"으로 시작할 것이다. 학생들은 그들이 다루기로 선택한 딜레마를 가장 잘 표현한 것 중 하나(또는 결합체)를 고르기 전에 가능한 한 많은 문제 설정의 목록을 만들어야 한다. 초등학교 그룹은 "어떤 방식으로 호튼은 가만히 앉아 있지 않고 후-빌의 사람들을 안전하게 지킬 수 있을까?"와 같은 문제 설정을 결국 받아들일 것이다. 기념일 그룹의 문제는 "어떤 방식으로 도시의 250주년 행사를 해야 기억될 수 있을까?" 같은 것이었다.

아이디어 만들기 아이디어를 만들어내는 단계에서 문제 해결자는 문제를 풀기 위해 가능한 한 많은 다양하고 비범한 아이디어를 만들어내야 한다. CPS 과정의 이 단계에서 확산적 사고를 위한 수많은 다른 도구가 쓸모 있을 것이다. 속성열거법, 형태소 합성법, 은유적 사고와 그 밖의 모든 것이 제안할 수 있는 수많은 다양한 해결책을 늘리는 데 사용될 수 있다. 그 그룹이 필요한 만큼 수많은 아이디어를 만들어낸 후, 아이디어 가운데 작은 그룹만이 보통 선택되어 CPS 과정을 계속한다. 이 단계에서 어떤 공식적인 기준도 아이디어를 선택하는 데 사용되지 않는다. 그 그룹은 단지 최선처럼 보이

---

7) Horton Hears a Who, 호튼이 등장하는 책의 제목이다.-옮긴이 주

는 아이디어를 선택한다. 호튼 그룹은 어쩌면 후-빌을 올려둘 수 있는 스탠드를 만들거나, 누군가가 후-빌을 일정한 시간 동안 들고 있게 하거나, 사람들로 하여금 휴가를 이용하여 먼저 공을 치우기 위해 후-빌을 방문하게 하거나, 또는 새로운 후-빌을 건설하는 등의 아이디어를 선택할 것이다. 250번째 기념일 그룹은 공동체의 축하를 위해 수많은 아이디어를 제안했다. 즉 도시의 축제, 신문 기사, 기념품, 새로운 타임캡슐 그리고 다양한 학교 프로젝트 등을 말이다.

행동을 위한 준비

해결책 개발하기 해결책을 개발하기 위해서 아이디어를 모은 짧은 목록을 그룹이 결정한 기준을 사용하여 평가한다. 기준의 수나 평가의 복잡성은 학년 수준에 따라 다를 것이다. 어린이들은 작은 수의 기준과 단순한 평가로 시작해야 한다. 예를 들어, 호튼의 선택의 여지를 판단할 때, 학생들은 어떤 아이디어가 가장 좋은지를 호튼은 어떻게 결정할 것인지에 대한 질문을 받는다. 그들은 이런 질문을 할지도 모른다. "호튼은 후-빌을 떨어뜨리지 않고 이것을 할 수 있을까? 후 사람들은 안전할까? 후 사람들은 행복할까? 호튼은 행복할까?" 이러한 기준은 〈표 6.6〉에서 볼 수 있는 간단한 표로 평가할 수 있다. 각각의 제안은 각 기준에 의해 평가할 수 있고 웃는 얼굴, 슬픈 얼굴, 중립적인 얼굴(말을 할 수 없는) 표시를 준다.

가장 많은 웃는 얼굴을 가진 해결책은 가장 좋은 해결책일 수 있다. 학생들이 성숙하고 CPS에 대한 경험이 늘어가면, 그들은 더 복잡하게 집중된 도구를 사용할 수 있다. 웃는 얼굴보다 학생들은 각 기준에 대해 숫자로 된 등급 표시를 더 많이 할 수 있고, 전체를 더하여 가장 높은 순위를 가진 해결책을 결정할 수 있다. 만약 학생들이 실제 세계의 맥락에서 CPS를 사용한다면, 그들은 아마도 곧 총점이 언제나 가장 좋은 아이디어를 식별하게 하는 것은 아니라는 결론을 내릴 것이다. 가끔은 높은 순위를 받은 아이디어가 실현 불가능할 수도 있다. 예를 들어, 만약 250주년 행사 그룹이 "우리가 그 비용을 감당할 수 있을까?"라는 질문만을 제외하고 모든 기준에서 높은 점수를 받은 아이디어를 가지고 있다면, 높은 점수만으로는 아이디어를 실현하는 데 충분치 않다.

Lesson 6. 12 미국 역사에서 CPS 사용하기

식민지에 정착한 이민자 그룹과 그들이 함께 가지고 온 다양한 기술적인 지식을 다시 살펴보자. 왜 사람들이 신세계나 미개척지로 이주하는지 토론해보자. 미개척지에서 발견되었을 법한 도전의 종류에 대해서 브레인스토밍을 해보자. 작은 그룹의 학생들은 조사할 만한 문제 상황을 골라서, 그 상황과 관련된 사실에 대해 연구해보자. 예를 들어, 그룹이 연구하는 문제가 '제한된 식량'이라면 기후, 토양의 조건, 식물, 야생 생물과 같은 것을 공부할 것이다. 그들은 또한 18세기에 사용 가능했던 음식 생산과 관련된 기술들을 연구할지도 모른다. 문제 설정의 틀은 "어떤 방식으로 우리가?"일 것이다.

아이디어 만들기

기본적으로 어느 시대의 도구를 사용하면, 그룹들은 그것을 개선하는데 도구를 변화시킬 SCAMPER를 사용한다. 그 도구를 평가할 기준을 고르자(기준을 평가하기는 아마도 교실 전체의 활동으로 만들어질 수 있다).

행동을 위한 계획

새로운 도구 또는 도구의 모델을 만들기 위해 필요한 단계와 재료에 대한 계획을 세워보자.
(린다 가이어의 수업에서 발췌)

또 다른 경우에 학생들은 자신들이 중요한 기준(예를 들어, 돈이나 쓸 수 있는 시간), 또는 그 밖의 것보다 더 중요하다는 사실을 생략한 기준이 있다는 것을 깨닫게 될 것이다. 실제의 250주년 행사 그룹에서 타임캡슐을 만드는 것은, 특히 공동체와 연관된다는 점을 걱정한다면 모든 다른 아이디어보다 더 중요한 것이 아니었다. 하지만 그 그룹은 정말로 타임캡슐을 만들고 싶었다. 수많은 학급 학생이 열광한다는 것이 다른

	호튼은 할 수 있을까?	후 사람들은 안전할까?	후 사람들은 행복할까?	호튼은 행복할까?
후–빌을 위한 스탠드 세우기	☺			
누군가에게 들고 있게 하기	–			
사람들을 시켜서 후–빌의 먼지공 치우기	–			
새로운 후–빌 건설하기	╱			

표 6.6 호튼을 위한 해결책 찾기

어떤 것보다 그 프로젝트의 아이디어를 위해 더 중요했다. 그들은 이 프로젝트를 위해서 학급의 흥미가 특히 중요하므로, 부가적인 중요성을 부여하기로 결정했다.

또한 학생들은 아이디어들이 서로 배타적일 필요가 없다는 것을 이해해야 한다. 아이디어들은 가끔 서로 결합되기도 하고, 수많은 것이 동시에 추진될 수도 있다. 250주년 기념일 그룹이 이러한 다양성을 보여주었다. 그들은 반씩 나뉘어 반은 학교 운동장에서 전에 묻은 미스터리한 캡슐을 찾면서 타임캡슐을 만들고 파묻을 계획을 세웠다. 나머지 반은 주식 시장을 조사하여 기념품을 생산하고 판매하는 사업을 만들기로 결정했다. 그들은 도시의 기념일을 축하하기보다는 자신들의 기념품 판매를 도시에서 매년 열리는 봄 축제에 통합시키고, 사업 자금을 마련하는데 회사 주식을 거래하기로 계획했다.

수용안 세우기 CPS의 마지막 단계는 문제 해결자에게 행동 계획을 세우도록 요구하는 것이다. 그들은 어떤 요구를 수행해야 하는가? 누가 각 과제를 책임질 것인가? 합리적인 시간 구성은 무엇인가? 같은 것을 결정해야 한다. 게다가 계획에 참여한 사람들은 먼저 어떤 장애물이 생길 것인지 식별하려고 노력해야 한다. 이러한 장벽은 계획의 어려운 부분이 될 것이고, 그들이 계획에 반대하는 개인이나 그룹이 될 수도 있다. 만약 계획자가 먼저 이 문제점을 식별하고 그것을 피하거나 최소화할 수 있는 전략을 개발한다면, 성공 기회는 더 늘어날 것이다.

호튼이 가지고 있는 문제를 풀려고 하는 초등학생들은 후-빌을 위한 스탠드를 세우기 위해 3단계의 단순한 계획을 결정할 수 있다. ⓐ 재료를 모은다 ⓑ 윗부분이 푹신한 튼튼한 스탠드를 세운다. ⓒ 스탠드 위에 먼지공을 부드럽게 올려놓는다. 만약 호튼이 재료를 모으고 스탠드를 세우기 위해 후-빌을 내려놓을 수 없다면, 그러한 책임은 다른 누군가에게 배당될 필요가 있다. 친구 중 하나가 그것을 할 수 있을 것이다. 학생들은 또한 일어날 수도 있는 문제점을 식별해야 한다. 만약 친구가 도움을 거절한다면 어떻게 될까? 만약 후-빌의 바닥 쪽에 살고 있는 후 사람들이 찌부러진다면 어떻게 할까? 이러한 예측 못할 사건에 대해 계획을 세우면서—호튼은 다른 친구에게 도움을 청할 수 있고, 호튼이 먼지공을 내려놓는 동안, 후 사람들에게 공의 위쪽으로 여행을 가도록 부탁할 수도 있다.—학생들은 다른 상황에서 어떻게 어려움을 예상하고 피할 수 있는지 상상하기 시작할 수 있다.

실제 세계에서 CPS를 적용할 때, 수용안 세우기는 특별히 중요해진다. 250주년 기념일 그룹은 그들의 아이디어를 실현시키려고 세부적인 계획이 필요했다. 각 프로젝트에 대해 비용, 시간, 책임에 대한 세부 사항을 생각했던 과정의 이 단계 덕분에 그들은 앞선 계획을 세웠고, 나중에 따라올 수많은 어려움도 피할 수 있었다. 200주년 기념 타임캡슐의 위치를 찾는 데 어려움을 겪었기 때문에, 그들은 타임캡슐이 결국 발견되기를 원한다면 분명하게 표시를 해두어야 한다는 것을 배웠다. 학교 사무실 금고에 지도를 남겨두는 것에 덧붙여, 학생들은 캡슐이 금속 탐지기로 쉽게 발견될 수 있도록 금속 조각으로 꼭대기를 덮었다.

세부적인 계획조차도 모든 어려움을 제거하지는 못할 것이다. 그중 하나로 250주년 기념품이 잘 팔리지 않아서 학생들의 이익에 대한 꿈은 빠르게 사라져버렸다. 확산적 사고의 도구와 전략은 이렇게 중요한 프로젝트를 구조하는 데 필요한 때에 결코 그렇게 환영받지 못한다. 이 그룹은 재빠르게 새로운 영업 전략을 고안했고, 기념품들을 잘 팔 수 있었다. 이러한 예는 아마도 CPS의 최선일 것이다. 학생들이 하나의 맥락에서 배운 기술들은 다른 경우에 갑자기 필요하고 사용될 수 있고 성공적으로 발견되기도 한다. 학생들이 그 기술을 연습한 맥락이 광범할수록, 그들은 이 기술을 다른 상황으로 옮기기가 더 쉽다. 당신이 이동에 대해 명백하게 가르치는 것이 중요하다. 학생들이 CPS의 기술을 배울 때, 당신은 그들에게 이렇게 물을 수 있다. "이 과정을 다른 어떤 때에 사용할 수 있을까? 창의적인 해결책이 필요한 문제를 여러분이 가졌던 때는 언제였을까?" 주어진 상황에서 모든 CPS 요소와 단계를 사용할 필요는 없으며 바람직하지도 않다는 것을 학생들이 이해하는 것이 중요하다. 핵심(그리고 여러분의 접근 방식의 요소를 계획하는 핵심 목표)은 어떤 과정이 필요한지, 또 그것을 적절하게 사용하기 위한 과정은 무엇인지 결정하는 것이다.

여러분은 또한 그 과정의 각 단계를 교실의 수많은 맥락에서 적절하게 사용할 수 있다. 가끔은 그 과정의 단지 1~2개의 단계만이 필요하거나 적절하다. 학생들은 교실에서의 갈등을 명백하게 하기 위한 문제 틀 형성, 교실 활동이나 프로젝트를 계획하는데 수용안 세우기, 교실의 애완동물을 결정하거나 견학 수업의 장소를 정하는데 해결책 개발을 사용할 수 있다. 고등학생들은 졸업 댄스파티나 졸업 앨범 촬영 계획부터 예산

내에서 무대 세트를 디자인하는 것에 이르기까지, 다양한 과외의 활동 장소에서 이런 과정이 가치 있다는 것을 발견할 것이다.

CPS의 어떤 단계들은 다양한 역사적 맥락에서 사용될 수 있는데, 학생들로 하여금 특별한 결정을 내리게 만든 원인이 되는 상황을 그려보거나 역사를 바꾸어서 생각하게 만든다. CPS는 베르사유 조약이 다르게 합의되었더라면 어떻게 되었을까 생각해보기 위해 역할놀이와 결합할 수 있는데, 한편으로 그 조약은 여전히 다양한 국가의 이익을 유지한다. 물론 CPS는 기술, 기술자링, 로봇 공학 교실, 제작자 클럽, 해커 스카우트Hacker Scout에서 아주 가치가 있다. 이런 곳에서는 창의적인 문제 해결이 행동에 집중되어 있다.

주어진 상황에서 적용할 단계가 무엇인지 결정하는 데 필요한 초인지 기술은 분석을 위한 강력한 기회를 제공한다. 만약 학생들이 CPS가 그 전체로 사용되어야 한다고 생각한다면, 그들은 비판적 사고나 이동을 위한 가치 있는 기회를 잃어버릴 것이다. 사실, 시작 단계에서 당신은 CPS의 모든 개별적인 단계보다는 세 가지 광범한 요소(도전의 이해, 아이디어 만들기, 행동을 위한 준비)를 가르치기로 선택할지도 모른다. 일단, 학생들이 문제를 다루기 시작하기 전에 이해의 중요성을 안다면, 그들은 특별한 전략을 배우는 데 더 잘 준비될 수 있을 것이다. 학생들이 가상의 문제든, 실제의 문제를 다루든 간에, CPS는 그들에게 가치 있는 문제 해결 기술을 개발하고, 창의성에 도움이 되는 정신적 습관을 촉진하고, 동시에 모든 중요한 내용을 진행할 수 있게 한다. 얻을 가능성이 있는 이익의 넓이와 깊이를 고려하면 이 복잡한 과정을 가르치는 데 사용된 시간과 노력이 잘 쓰였다는 것은 명백하다. 학생과 함께 사용할 창의적 문제 해결 모델의 다양한 재료는 창의적 학습 센터The Center for Creative Learning Inc의 웹사이트(http://www.creativelearning.com)에서 구할 수 있다.

교실에 대해 생각하기

여러분과 같은 연령의 학급을 가르치는 동료를 찾아서 당신이 CPS를 쓰려고 하는 교과 과정 영역의 목록을 정해보자. 그리고 교실에서 시도해볼 수 있는 예를 하나 고른다. 이때 실제 세계의 문제, 역사 또는 문학에서 파생된 문제 중 어느 것이든 고를 수 있다. 단, 어느 것이든 교과서에서 증거를 발견할 수 있는 기회가 수많은 문제를 해결해야 한다는 것을 기억해두자.

은유와 유추의 사용

창의성에 대한 몇 가지 이론은 새로운 관점을 자극하거나 새로운 통합을 만들어내기 위해 멀리 떨어져 있는 아이디어를 모으는 일의 중요성을 강조한다.(Boden, 1990; Mednick, 1962; Rothenberg, 1990) 이 과정의 가장 강력한 도구로는 은유와 유추가 있다. 이것들을 사용하기는 확산적 사고를 위한 메커니즘으로 간주될 수도 있다. 왜냐하면 그것은 수많은 아이디어를 만들어낼 수 있지만, 일반적으로 아이디어의 수보다는 종류에 더 많이 집중하고 있기 때문이다. 유추적인 사고 중 하나의 맥락에서 나온 아이디어는 유사점이나 통찰력, 신선한 관점 또는 새로운 통합을 찾기 위해 다른 것으로 이동할 수 있다.

창의적인 개인들은 역사로 보면, 다른 사람의 아이디어에 의해 영감을 받거나, 때로는 다른 사람의 것을 도용함으로써 변화되어왔다. 작곡가들은 익숙한 민속음악의 멜로디, 다른 작곡가의 테마 그리고 자기 자신의 이전 작곡을 작업의 기초로 삼아왔다. 최선의 경우로는 이러한 원래의 소스가 새로운 테마나 흥미로운 악기 구성과 병합하여 독창적인 통합체로 변모해가는 것이다. 이 새로운 통합체는 그 자체로 흥미로울 뿐 아니라, 그것이 생겨난 원래의 작품에 대한 우리의 이해도 거기에 덧붙여진다.

같은 과정이 예술, 문학 그리고 다른 영역에서도 작용한다. 패션 디자이너는 핵심 아이디어를 하나의 영역에서 *끄집어내어* 다른 재료와 감각을 병합시킨다. 작가들은 이전의 이야기, 주인공 그리고 시대를 환기시키는 이미지를 사용한다. 우리는 프로도 배긴스[8]를 〈길가메시〉나 〈오디세우스〉와 같은 신화적인 영웅의 맥락에 두었을 때 더욱 완전히 이해할 수 있다. 우리는 〈웨스트사이드 이야기〉를 〈로미오와 줄리엣〉 덕분에 이해할 수 있다. 랭스턴 휴즈[9]는 태양 속의 건포도, 썩어가는 상처, 가라앉는 도로 그리고 폭발과 비교함으로써 경의를 표한 꿈의 영향력을 이해하도록 독자들을 이끌었다. 각각의 비유는 신선한 관점을 가져왔고, 새로운 질문과 이해를 불러왔다. 우리는 건포도와 상처를 알기 때문에 꿈에 대해 알기 시작할 수 있다. 소통을 가능하게 하고 새로

---

8) Prodo Baggins, J. R. R. 톨킨의 〈반지의 제왕〉과 〈호빗〉에 등장하는 주인공 중 하나다.-옮긴이 주
9) Langston Hughes, 1902~1967, 미국의 시인, 소설가, 극작가. 1920년대 흑인들의 문학운동인 '할렘 르네상스' 시기에 나온 재능 있는 시인으로서, 재즈 시의 초기 혁신자 중 한 사람이다. 아프리카계 미국인의 재즈 리듬을 수용했으며, 자신의 시에 블루스, 흑인 영가, 구어체적 연설, 흑인 풍속 등을 결합시켰다.-옮긴이 주

운 통찰력을 가져오는 은유와 유추의 힘은 이러한 기술을 학생들이 사용하도록 가르치는 이유 중 하나다.

은유는 문제 해결과 과학적 발견에서도 중요한 역할을 할 수 있다. 수많은 발명가와 학자가 그들의 아이디어를 자신을 둘러싸고 있는 사건이나 물건 덕분으로 돌렸다. 요하네스 구텐베르크는 동전이 찍히는 방식을 보고 활판 인쇄 아이디어를 고안했다. 새뮤얼 모스는 역마차를 타고 여행하는 동안 말들이 피곤해지면 바꾸는 역을 관찰하다가, 장거리에 걸쳐 전신 신호를 전송하는 데 사용되는 교대 아이디어를 생각해냈다. 엘리 휘트니는 울타리를 뛰어넘어 닭을 잡으려고 하는 고양이를 관찰하다가 조면기[10]아이디어를 개발했다고 말했다(다른 사람들은 여자였기 때문에 자신의 이름으로 특허를 낼 수 없었던 그린 부인에게서 그가 아이디어를 빼앗은 것이라고 주장했다!(Gordon & Poze, 1979; Hanaford, 1882)).

다양한 과학적 통찰력이 은유에서부터 생겨났다. 파스퇴르는 감염된 상처와 발효된 포도 사이의 유사성을 관찰하면서 감염의 메커니즘을 이해하기 시작했다. 다윈의 진화 나무는 아주 강력한 이미지여서 몇 년 동안의 연구에도 불구하고 난공불락이었다. 아인슈타인은 시간과 공간의 관계에 대한 통찰력을 움직이는 기차로부터 얻었다. 하나의 사물이 다른 사물과 어떻게 비슷한지 상상하거나 관찰하는 과정을 통해 그에 필적하는 새로운 가설, 통합, 시점을 펼치고 박차를 가할 수 있게 된다.

> Lesson 6.13 눈의 이름 짓기
>
> J. K. 비치(2003)의 그림책 〈눈의 이름 짓기*Names for Snow*〉는 어린이들을 은유의 세계로 이끌고, 성인기 작가를 위해 매력적인 영감을 주는 좋은 안내서다. 눈에 대해 엄마, 고양이 또는 마술사라고 상상하면 다른 자연의 아름다움에 대해서도 새로운 관점을 가질 기회가 열릴 것이다. 비, 나무 또는 하늘에 대해서도 이름 짓기를 해보면 어떨까?

---

10) 繰綿機, cotton gin, 목화씨를 빼내거나 솜을 트는 기계다.-편집자 주

창조공학

창조공학Synectics은 '다르고 명백하게 무관한 요소들을 모아서 맞춘다'는 뜻의 신조어다.(Gordon, 1981, p5) 창조공학의 방법론은 새로운 아이디어나 해결책을 찾기 위해 은유나 유추에 바탕을 두고 요소들을 끌어모으는 기술이다. 이것은 경영, 싱크탱크 그리고 연구 조직에서 사용되어왔고, 프링글스 포테이토 칩과 마그네슘이 첨가된 반창고, 일회용 기저귀, 당신만의 옥탄가솔린 펌프의 다이얼, 공간 절약형 클리넥스 그리고 그 밖의 수많은 혁신의 중심 뒤에 숨어 있는 자극제가 되었다. 창조공학의 아이디어는 교사와 학생들을 위한 워크북과 교과 과정 개발 안내서에도 채택되어왔다.(Gordon & Poze, 1972, 1975, 1979, 1981, 1984)

Lesson 6.14 스페인어 Ⅳ 또는 사회 과목에서 은유 사용하기: 멕시코 정복

스페인어에서: 세균이 몸에 침투하여 감염의 원인이 되는 과정을 설명해보자. 그리고 이 과정이 멕시코 정복과 얼마나 비슷한지 토론해보자. 과제 평가로서 학생들이 자신의 유추를 토대로 멕시코 정복과 비교하는 비주얼 이미지를 만들게 하자.
사회에서: 다른 역사적 사건을 위한 유추를 하는데 비슷한 과정을 사용해보자. 자연의 어떤 과정이 중동의 갈등과 유사한 것으로 고려될 수 있을까? 우주 탐험의 영역에 대해서는 또 어떠한가?(린 마수치의 수업에서 발췌)

창조공학의 기본 과정은 "낯선 유사성 만들기"와 "낯익은 차별성 만들기"다.(Prince, 1968, p4) 낯선 유사성을 만들기 위해서는 익숙한 무언가를 새로운 문제, 또는 문제를 해결하거나 이해해야 하는 상황과 결합시켜야 한다. 낯익은 차별성을 만들기 위해서는 뭔가 새롭고 낯선 것을 이미 익숙한 아이디어의 기반 위에 있는 관점, 또는 이번에 새로운 통찰력을 얻어야 하는 무언가에 결합시켜야 한다. 이러한 과정들은 다양한 유추를 만들어냄으로써 촉진될 것이다.

직접적인 유추 직접적인 유추는 비교의 가장 간단한 형태다. 직접적인 유추에서 개인은 하나의 아이디어, 물체 또는 상황과 그 밖의 것 사이의 유사성을 찾는다. 직접적인 유추를 처음 배우는 학생들은 비슷한 물체와 과정 간의 비교에서 좀 더 추상적인 과정까지 단순한 비교로 시작한다. 초기의 유추는 아마도 새가 왜 비행기와 비슷한지,

연이 왜 풍선과 같은지 조사하는 것이었으리라. 비교를 시작하기는 만약 그것이 각각의 형태와 기능의 명백한 유사성에 기초한 것이라면 성공하기 쉽다. 어린 학생일지라도 나무와 모자걸이 사이의 물질적 유사성, 또는 캠프파이어와 스토브 사이의 기능적 유사성은 쉽게 알 수 있다. 학생들이 자신의 유추를 만들기 시작하기 전에 다른 사람에 의해 선택된 유추에서 그 관계를 설명하는 연습을 먼저 한다면 성공적일 수 있다. 그들은 "빗과 비슷한 물건은 뭘까요?"라는 질문을 받기 전에 그런 활동에서 빗과 갈퀴가 어떻게 비슷한지, 유사성과 관계성을 식별하는 기회를 가져야만 한다.

그러한 기술의 힘은 학생들이 그들 자신의 유추를 만들기 시작하고, 보다 더 멀리 떨어져 있는 물체 사이의 유사성을 알아볼 때 나온다. 그들은 바위가 나무나 개와 어떻게 비슷한지, 또는 깃털이 잔디와 얼마나 비슷한지 조사할 것이다. 학생들이 추상적인 사고를 발전시키고 성숙해감에 따라, 직접적 유추는 추상적 아이디어를 포함한다. 학생들은 아마도 행복과 불길, 자유와 쇠사슬, 또는 침식과 도둑이 어떻게 비슷한지 토론할 수 있다. 그들은 이러한 비교를 통해 은유적 사고를 실습할 수 있고, 중요한 교과과정의 아이디어를 진행할 수 있는 활동으로 만들 수 있다. 이민을 공부하는 학생들은 이민이 어떻게 은행 업무, 철새의 이동, 또는 요리하기와 비슷한지 토론할 수 있다. 제국주의를 공부하는 학생들은 "어떤 동물이 제국주의자와 비슷할까?"라는 질문을 받을 수 있다. 학과 내용과 연관해 학생들이 만들어낸 유추에 대해 토론함으로써, 학생들은 그 내용을 복잡한 사고 수준까지 진행할 수 있고, 교사들은 핵심 아이디어를 학생들이 얼마나 이해하고 있는지에 대한 통찰력을 얻을 수 있다. 여러분은 학생들에게 유사점을 기록해둘 기회와 함께 그들이 이해하도록 틀을 짜는 데 도움이 될 그래픽 오거나이저[11]를 만드는 것을 고려할 수도 있다.

직접적 유추는 또한 시각 이미지를 창조하는 데 강력한 도구다. N. 루케스(1982)의 예술 창조공학Art Synectics은 비록 모든 창조공학의 과정과 평행을 이루는 것은 아니지만, 예술 활동을 자극하는데 다양한 방식의 유추를 사용한다. 직접적 유추는 감정과 다양한 물체 사이에서도 만들어질 수 있다. 꼬인 리본이 게으름을 나타내거나, 사진 위에 풀로 붙인 깨진 거울은 분노를 나타낸다. 루케스(1982)가 제안한 활동 중 하나는 감정

---

11) Graphic Organizer, 텍스트와 그림을 결합시켜 개념, 지식, 정보를 구조화하여 제시하는 시각적 체계다.-옮긴이 주

상자를 만들기 위해 칸막이가 수많은 작은 상자 안에 관련 아이템들을 모아서 전시하는 것이다.(p68) 다른 프로젝트에서는 의인화 유추로부터 시각 예술의 새로운 관점을 자극하기 위한 과정, 조합 그리고 왜곡에 이르는 전략을 사용할 수 있다.

의인화 유추   의인화 유추를 위해 학생들은 바로 그것이 될 것을 요구받는다. 그들이 창의적인 극적 상황에 있을 때, 학생들은 물리적으로 그 물체나 상황 밖에서 행동하면 안 된다. 사실 의인화 유추로 조사할 수 있는 수많은 상황이나 물체는 쉽사리 자기 자신을 극적인 해석에 빌려주지 않는다. 식물의 세포나 침식된 바위에 대한 극적인 해석을 하기는 어렵지만, 만약 학생들이 그들이 특정한 상황의 그러한 존재라고 상상할 수 있다면(세포가 분열된다거나, 바위가 증가하는 열과 압력을 받고 있다거나), 그들은 더 큰 이해와 새로운 관점을 얻을 수 있다.

의인화 유추로 학생들이 얻을 수 있는 경험의 양은 물론 그들의 발전 수준은 자신들이 만들어낸 유추에 대해 감점 이입이 작용하는 정도와 관계의 깊이에 영향을 끼친다. 개인과 유추 사이의 개념적 거리가 크면 클수록 감정 이입의 작용을 얻기가 어렵지만, 유사성이 크면 클수록 새로운 아이디어로 확실히 이끌 것이다.

Lesson 6.15 종교에서의 은유: 〈고린도서〉 13장 1절

학생들에게 그들의 역할에 비춰 〈고린도서〉 13장 1절을 다시 말하게 해보자. 예를 들어, "내가 사람의 방언과 천사의 말을 할지라도 사랑이 없으면 울리는 징과 요란한 꽹과리가 되고"는 패스트푸드점에서 일하는 사람이 되어 다시 말해볼 수 있다. "내가 빛의 속도로 주문을 받을지라도 각각의 고객에 대한 사랑이 없으면 나는 바닥을 쓸고 있는 것과 같다."(타냐 하트의 수업에서 발췌)

의인화 유추에 대한 4단계의 개입이 있는데, 내용은 아래와 같다.(Joyce, Weil & Calhoun, 2009)

1. **사실에 대한 1인칭 서술**   이 단계에서 개인은 물체나 동물에 대해 알려진 바를

설명하지만, 감정 이입의 적용은 보여주지 않는다. 산미치광이[12]를 설명하면서 학생은 아마도 "나는 가시투성이다" 또는 "나는 꼬리가 땅에 쾅 부딪치는 것이 느껴진다"라고 말할 것이다.

2. **1인칭 감정 동일시**   두 번째 단계에서 개인은 일반적인 감정에 대해 설명하지만, 새로운 통찰력을 보여주지는 않는다. 산미치광이를 설명하면서 학생은 "나는 숲 속을 거닐면서 행복하다" 또는 "나는 바늘 때문에 보호받는 느낌이다"라고 말할 것이다.

3. **생명이 있는 것과 감정 이입의 동일시**   이 단계에서 학생은 산미치광이의 생명, 느낌 그리고 딜레마에 대해 더 깊은 통찰력을 보여준다. 예를 들어, "참으로 혼란스럽다. 가끔은 내 바늘이 좋지만, 또 가끔은 싫다. 나를 둘러싼 바늘 때문에 안전하다고 느끼지만, 아무도 내게 가까이 오지 못한다. 심지어 다른 산미치광이조차도 다가오지 못하는데, 우리는 서로를 해칠 수 있기 때문이다. 나는 바늘들을 떼어버리고 싶다"고 할 수 있다.

4. **생명이 없는 물체와 감정 이입의 동일시**   의인화 유추의 가장 높은 단계에서 학생들은 살아 있지 않은 것과 같은 종류의 감정 이입 관계를 만들 수 있다. 그들은 아마도 도약하는 속도에 다다를 때 비행기의 들뜬 심정이나 여름 동안 내내 처박혀 있어야 하는 스키의 슬픔을 표현할 수도 있다.

의인화 유추는 교실의 토론, 작문 프로젝트 또는 예술 활동을 위한 기초를 제공하기도 한다. 초등학생들에게는 우편 배달이 되는 편지가 되어서 그들의 모험을 일기에 적어보도록 시킬 수 있다. 간단한 기계를 공부하는 중학생들은 레버나 도르래가 되면 어떨까에 대해 토론을 할 수 있다. '사용될 때 느낌은 어떠할까? 무엇이 그 느낌을 변화시킬까?' 고등학생들에게는 원자나 음파의 관점에서 생명에 대한 설명을 쓰게 하거나 예술 작품을 만들도록 요청할 수 있다. 화학적 결합체는 각각의 요소의 관점에서 볼 때 완전히 새로운 의미를 가질 것이다. 어떤 사랑 노래가 그것을 묘사할 수 있을까?

의인화 유추는 문제 해결이나 디자인 프로젝트를 위한 기초를 이룰 수도 있다. 만약

---

12) porcupine, 호저豪猪라고도 불리는 쥐목 동물. 몸과 꼬리의 윗면은 고슴도치와 같이 가시털로 덮여 있으며 야행성이다.-옮긴이 주

당신이 킥볼[13]이라면 운동장에서 벌어지는 승부에서 무엇을 할까? 만약 당신이 학교 앞의 멈춤 표지판이라면, 어떻게 더 많은 사람이 완전히 멈출 수 있게 할까? 만약 당신이 좌석 벨트라면, 어떻게 사람들이 당신을 두르도록 할까? 만약 교실의 책상이라면 당신의 느낌은 어떨까? 또한 당신은 어떻게 느끼고 싶은가? 그렇게 느끼기 위해 책상은 어떻게 디자인이 바뀌어야 할까? 이 각각의 경우, 물체에 대해 동일시를 하면 디자이너나 문제 해결자는 새로운 관점에서 상황을 볼 수 있게 된다.

> **Lesson 6.16 과학의 은유**
>
> 원소, 화합물, 혼합을 공부하는 학생은 특별한 원소 또는 화합물이나 혼합에 기초하여 슈퍼 히어로를 만드는 데 도전할 수 있을지도 모른다. 슈퍼 히어로들은 각각 원소의 특징을 대표하는 힘과 함께 선택된 원소의 본성을 기본으로 해야만 한다. 학생들에게는 자신들의 원소가 그룹 가운데 가장 특등품이라는 것을 다른 사람에게 설득하는 과제가 부여된다.(첼시 해리스의 수업에서 발췌)

압축된 갈등　압축된 갈등 또는 상징적 유추는 극적으로 반대되는 아이디어를 표현하는 어휘를 모은다. A. 로덴버그(1990)의 야누스적인 과정을 상기시키는 기술에서 사용자들은 동시에 2개의 상반되는 아이디어를 강제적으로 고려해야 한다. 가끔 이러한 병렬은 '행복한 슬픔'이나 '차가운 열기'와 같은 문학적 반의어가 된다. 다른 경우 그들은 '부끄러운 영웅' '독립적인 추종자'와 같이 더 복잡하거나 모호하지만 갈등하는 관계를 표현할 수도 있다. 압축적인 갈등은 종종 광범하고 추상적인 적용이 가능하고, 수많은 다양한 상황에 사용할 수 있다. 여기에서 그들이 필요로 하는 추상의 수준은 초등학교 고학년이나 그 이상의 학생들에게 적합한 압축된 갈등을 만든다. 그것은 흥미로운 기초, 도전적인 글쓰기 프로젝트, 사회나 과학의 내용을 바탕으로 한 에세이 쓰기를 위한 것이다. 어떤 역사의 인물이 관대한 도둑으로 여겨졌으며, 물리학의 어떤 힘이 파워가 약한 것으로 간주되는지 생각해보자.

창조공학의 사용　교실에서 사용되는 창조공학에서의 여러 방식 가운데 세 가지가 기

---

13) kickball, 지름 15m의 내원과 16m의 외원을 양분하여 각조 15명이 내원과 외원에 대치한 다음, 캡틴이 차는 축구공을 상대편의 외야 밖으로 나가게 하면 득점하는 경기다. '풋 베이스볼'의 별명이다.-옮긴이 주

초적으로 적용된다. 스트레칭 또는 실습 활동으로 이미 배운 콘텐츠를 새로운 관점에서 조사하도록 학생들을 돕는 활동이거나(낯익은 차별성 만들기), 학생들이 새로운 내용에 대해 이미 알고 있는 어떤 것을 시도함으로써 이해하도록 돕는 것(낯선 유사성 만들기)이 그러하다. 스트레칭 활동에서 학생들은 직접적인 유추나 관계, 의인화 유추와 압축된 갈등의 개념을 배운다. 이러한 전략은 실습 활동에서 사용되는데, 공을 다루는 훈련은 수많은 스포츠에 필요한 기술이어서 실습에서 사용되는 것과 마찬가지다. 실습 활동에는 보통 새로운 내용을 연관시키기보다는 학생들이 연관짓기에 더 편안함을 느끼도록 익숙한 아이디어나 판타지 콘텐츠를 사용한다. 그것은 창의적인 글쓰기 활동 또는 학급 토론과 연관되거나, 점심시간 전 여분의 10분을 위한 스펀지로 단순히 사용될 수 있다. 학생들에게 다음과 같은 질문을 던질 수 있다.

직접적 유추

회전목마와 비슷한 눈은 어떤 것일까?

시계 같은 동물이 있다면 뭘까?

공포와 자몽은 어떤 점이 비슷한가?

바위와 비명 중 더 단단한 것은 무엇인가?

의인화 유추

연필이 되었다고 가정해보자.

- 학교생활에서 당신의 느낌은 어떤가?

- 밤에는 어떤 기분이 들까?

당신이 가장 좋아하는 동물이 되었다고 가정해보자.

- 당신은 무엇인가?

- 당신은 어떻게 느끼는가?

- 당신이 가장 원하기는 무엇인가?

압축된 갈등

'슬픈 행복'이란 본질적으로 무엇과 같은가?

'복종하는 독립성'은 어떤 동물과 비슷한가?

시계는 '멈춘 시냇물'과 어떻게 비슷한가?

'살아 있는 죽음'은 어떤 행동과 비슷한가?

스트레칭은 또한 비판적 분석은 물론 놀기 좋아함, 유머, 열린 결말(개방성)을 초대하는 방식으로 과정을 진행하는 데 사용될 수 있다. 만약 주제가 〈햄릿〉이라면, 학생들에게 "어떤 동물이 여주인공인 오필리아와 가장 비슷한가?"라고 물을 수 있다. 먹이 사슬을 공부하는 학생들이라면, "먹이사슬과 쇠사슬 중 어느 것이 더 힘이 센가?"라고 물을 수 있다. 미국 독립 전쟁 당시 한 부대에서 학생들에게 베네딕트 아놀드[14]로 대표되는 압축된 갈등을 만들거나, 렉싱턴 전투나 콩코드 전투에서 사용된 총알의 느낌을 표현하도록 요청할 수 있다. 만약 주제가 시민권 운동이라면 로자 파크스[15]의 행동을 가장 잘 특징짓는 유추는 무엇일까? 이러한 활동은 종종 이미 제시된 내용에 대해 새로운 방식으로 생각하도록 학생들을 돕도록 고안되었다.

B. 조이스 등(2009)은 창조공학으로 가르치기 위한 두 가지 개요('구문론'이라고 불리는)를 발표했다. 하나는 새로운 뭔가를 만들어내기 위한 것이고, 다른 하나는 낯익은 차별성을 만들기 위한 것이다. 이 개요는 창조공학을 이용하여 디자인한 교과 과정의 자습용 교과서인 〈가르치는 것이 배우는 것이다*Teaching Is Learning*〉(Goedon & Poze, 1972)를 퇴고한 것이다. 첫 번째 개요는 낯익은 것의 차별화를 통해 뭔가 새로운 것을 만들어내기 위해 고안되었다. 비록 단순한 스트레칭 연습보다는 좀 복잡할지라도, 이것은 학생들에게 이미 배운 내용을 새로운 관점에서 조사할 수 있게 한다. 개요의 단계는 다음과 같다.

1. 학생들은 상황에 대해 자신들이 지금 보는 대로 묘사한다.

2. 학생들은 직접적 유추들을 제안하고 그중 하나를 골라서 탐험한다.

---

14) Benedict Arnold, 1741~1801, 미국 독립 전쟁의 영웅 중 하나였지만, 공적을 번번이 가로채이고 승진을 거부당하며 무고한 고발을 당하자 조지 워싱턴을 배신하고 영국군에 귀순하여 한동안 배신자의 대명사로 불렸다. 훗날 억울한 사정이 밝혀지면서 그의 복잡한 인생이 재평가되고 있다.-옮긴이 주

15) Rosa Parks, 1913~2005, 미국 시민권 운동의 어머니. 1955년 12월 앨라배마 주 몽고메리 시에 살던 로자는 버스에서 흑인 전용 자리로 옮기라는 지시를 거부했다는 이유로 체포되었다. 이는 마틴 루서 킹 목사를 중심으로 한 시민 불복종 운동으로 발전했다.-옮긴이 주

3. 학생들은 그들이 선택한 유추가 되어 의인화 유추를 만들어낸다.

4. 학생들은 2단계와 3단계의 설명을 사용하여 압축된 갈등을 만들어낸다.

5. 학생들은 압축된 갈등에 기초한 또 다른 유추를 만들어낸다.

6. 학생들은 원래의 과제나 문제를 조사하는데 마지막 유추(또는 창조공학적 경험의 나머지)를 사용한다.

로페즈 선생님의 교실에서는 학생들이 앨라배마 주의 셀마 시에서 마틴 루서 킹 목사가 벌였던 행진에 대해서 공부하고 있다고 상상해보자.

로페즈 선생님: 오늘 우리는 셀마에서 있었던 킹 목사의 행진에 대해서 이야기할 텐데, 그것을 새로운 방식으로 생각할 예정이다. 그 행진에 대해서 여러분이 기억하고 있는 것은 무엇인가? [그는 학생들의 대답을 칠판에 적는다.] 그래, 그것들이 바로 팩트(fact), 그러니까 '사실'이다. 다음으로, 그 사실들을 새롭고 다른 방식으로 이해하는 데 도움을 줄 창조공학을 이용해보자. 잠시 동안 셀마에서의 행진을 환기시켜줄 동물에 대해 생각해보면 좋겠다.

샘: 저는 모기가 생각나요. 앨라배마에는 모기가 정말 많은데, 진짜 크거든요. 행진하던 사람들은 정말 많이 물렸을걸요.

로페즈 선생님: 그렇겠지. 하지만 우리는 지금 실제로 그 행진 장소에 있었던 동물에 대해 생각하려는 것이 아니라, 어떤 방식으로든 행진과 닮은 동물을 생각해보려는 거다. 그러려면 행진의 특징 중 하나를 생각해보고, 어떤 동물이 비슷한 특징을 가지고 있는지 생각해보는 게 하나의 방법이 될 수 있지.

지나: 음, 산호일 것 같아요. 산호는 여러 부분으로 뻗어 있는데, 행진에도 사람들이 많았잖아요.

제러드: 그럴 수도! 하지만 산호는 죽은 거지만, 행진하던 사람들은 아니거든!

로페즈 선생님: 우리가 유추를 할 때, 종종 어떤 특징들은 잘 들어맞지만, 어떤 것들은 그렇지 않단다. 우리가 동의할 수 있는 것을 찾을 때까지 몇 개의 대안을 생각해볼 수 있을 거야.

뎁: 아마도 거대한 뱀처럼 길을 따라 행진했을 거예요.

다이앤: 제 생각에는 애집개미[16) 군대랑 더 닮았을 것 같아요. 개미 한 마리는 별로 강하지 않지만, 개미 군대는 힘도 세고 위험해요. 그 행진에 참가한 사람이 정말 많았으니까 힘이 셌을 거예요.

벤: 맞아요. 하지만 사람들은 애집개미처럼 난폭하지 않아요. 그들은 양떼를 닮았거나 아니면….

마리아: 늑대! 저는 늑대에 대해서 읽었는데, 그들은 정말로 온화하고 음식이 필요할 때에만 사냥을 한대요. 그들은 훨씬 큰 동물을 잡을 때 무리를 지어서 협력해요. [학급은 '늑대'라는 아이디어를 가지고 작업하기로 결정했다.]

로페즈 선생님: 좋아, 늑대. 늑대가 되면 어떤 기분이 들까?

밥: 털로 덮인 느낌이요!

로페즈 선생님: 밥, 늑대는 어떤 느낌이 들까? 늑대가 되면 어떨까?

밥: 든든한! 저의 주위에는 늑대 형제들이 있다는 걸 알고 있거든요.

케이티: 안절부절못하는 느낌! 저는 사냥을 싫어하지만, 그래도 가끔 해야만 해요. 그래서 풀을 먹는 평화로운 동물이 되고 싶어요.

브루스: 저는 할 수만 있다면 외로운 늑대가 되고 싶어요.

웬디: 이상해. 두렵고 용감한 게 한꺼번에 있는 것 같아. 늑대는 강한 느낌이지만, 사슴 같은 큰 동물을 사냥하려면 무서울 것 같거든요. [학급은 늑대가 가질 것 같은 느낌에 대해 계속 이야기한다. 로페즈 선생님은 계속 학생들의 대답을 기록한다.]

로페즈 선생님: 너희들이 늑대에 대해 말한 것들을 살펴보렴. 서로 반대되거나 어울리지 않을 것 같은, 갈등이 느껴지는 단어들이 보이니? [학생들은 든든한-안절부절못하는, 평화로운-사냥, 외로운-형제들, 강한-두려운 같은 단어들을 제시한다. 그들은 가장 흥미로운 갈등으로 '강한-두려움'을 골랐다.]

로페즈 선생님: 좋다! 너희들은 '강한-두려움'에 대한 다른 유추를 할 수 있겠니? 다른 동물이나 다른 기계 같은 걸 생각해볼 수도 있겠지.

다이앤: 도난 경보기요! 강력하지만 두려움이 없다면 그것을 가지려고 하지 않을 거예요.

---

16) fire ant, 선박과 난방 시절이 잘 발달된 집 안에서만 서식하는 가주성 곤충이다. 영어의 'fire ant'라는 명칭의 영향으로 '불개미'라고 잘못 부르기도 한다.-옮긴이 주

밥: 새요! 새는 크기에 비해서 정말 강하지만, 아주 가벼운 바람의 움직임에도 멀리 날아가버리거든요.

웬디: 군인이요. 정확히 동물은 아니지만, 군인은 두려워한다고 해도 힘이 세잖아요.

뎁: 연어는 강을 헤엄쳐 거슬러 올라가요. 정말 힘이 센 게 틀림없어요. 하지만 어디로 가고 있는지 모르잖아요. 무서울 게 틀림없어요.

벤: 폭탄을 맞은 건물은요? 강력하지만 더 이상 강력하지 못할까봐 두려울 거예요.

이 지점에서 로페즈 선생님은 학생들의 유추 가운데 하나를 고르거나 아니면 각자가 원하는 유추를 고르도록 도울 것이다. 그들은 원래의 주제였던 셀마에서의 행진으로 돌아가서 그들이 고른 유추와 그 행진이 얼마나 닮았는지에 대해 작문을 한다. 뎁은 아마도 다음 세대를 위해 물길을 거슬러 올라가는 연어에 대해서 쓰려고 할 것이고, 밥은 위험한 순간에 새의 깃털이 어떻게 서로 달라붙는지 쓸 것이다. 각각의 유추는 행진 참가자들의 힘, 동기 부여 그리고 용기에 대한 통찰력을 불러올 수 있는 가능성이 있다.

이미 소개된 내용을 진행하는 것에 덧붙여, 창조공학은 새로운 내용을 제시하는 데 사용될 수도 있다. 두 번째 개요는 새로운 재료를 위해 익숙한 유추를 사용함으로써 낯선 유사성을 만들도록 고안되었다. 이러한 창조공학 체계를 위한 단계는 다음과 같다.(Joyce 등, 2009)

1. 교사는 새로운 주제에 대해 정보를 제공한다.
2. 교사는 직접적 유추를 제안하고, 학생들에게 유추에 대해 설명하도록 요구한다.
3. 교사는 학생들이 직접적 유추가 '되어보도록' 한다.
4. 학생들은 새로운 재료와 직접적 유추 사이의 유사점을 식별하고 설명한다.
5. 학생들은 유추가 들어맞지 않는 지점을 설명한다.
6. 학생들은 자신의 용어로 원래의 주제를 재탐구한다.
7. 학생들은 자신의 직접적 유추를 제공하고, 유사점과 차별성을 탐험한다.

어떤 교사가 동물 서식지에 대한 교훈을 가르치길 원한다고 상상해보자. 그녀는 학생들에게 먹이사슬에 대한 기본적인 정보와 더불어, 한 부분이 바뀌면서 다른 부분에 어떤 영향을 끼치는지에 대한 자료를 제공한다. 그 다음으로, 그녀는 학생들에게 교실에 걸려 있는 모빌을 바라보고, 그것에 대해 설명하도록 요구한다. 그것이 어떻게 각각의 것들로 이루어져 있는지, 어떻게 줄로 연결되어 있는지, 균형은 어떻게 이루는지 등을 말이다. 그 다음에는 학생들에게 모빌이 되어보라고 요청한다[Gordon and Poze(1972), 언제나 이 단계를 포함하는 것은 아니다]. 그들은 모빌이 되면 어떤 느낌일지 설명해야 한다. 산들바람이 불어오면 느낌이 어떨까? 줄이 끊어지면 어떻게 느낄까?

개인적으로든 교실 전체로든 그들은 어떤 면에서는 동물 서식지와 비슷한 모빌의 요소들을 식별할 수 있다. 줄이 그들을 묶어두고 있는 것은 동물과 먹이 사이의 관계와 같다. 한 조각이 사라지면 모빌 전체가 균형을 벗어난다. 학생들은 또한 모빌이 동물 서식지와 다른 점에 대해서 설명해야만 한다. 예를 들어, 모빌은 같은 종류에 속하는 수많은 동물이 있다는 것을 실제로 표현하지 못한다.

이 지점에서 학생들은 동물 공동체에 대한 토론으로 돌아가서 그들 자신의 유추를 개발하도록 해야 한다. 학생이 만들어낸 유추 덕분에 학생들은 정보를 창의적인 방식으로 처리할 수 있고, 그들의 설명은 학생들이 배운 개념에 대해 얼마나 잘 이해하고 있는지에 관한 귀중한 정보를 제공한다.

당신이 본 바와 같이, 창조공학의 과정은 교과 과정의 영역과 실제 세계의 문제에 대해 광범하고 다양한 적용이 가능하다. 그것은 단순히 정신을 스트레칭하는 데 사용되거나, 핵심 개념을 나타내고 처리하기 위한 준거 틀을 제공하는 데 사용될 수 있다.

교실에 대해 생각하기

창조공학의 개요 중 하나를 이용하여 수업을 계획해보자. 당신의 계획에 대해 동료의 피드백을 받아보자. 수업을 진행하고, 그 결과에 대해 토론하자.

은유적 사고의 또 다른 사용

창조공학의 과정은 유추를 사용하고 만들어내기 위한 강력한 도구를 제공하지만, 학생들이 다른 방식으로 유추적 사고를 사용하도록 돕기를 바라는 때가 당신에게 있을 수 있다. 특히 은유적 또는 유추적 사고의 경험은 학생들이 아이디어를 만들어내고 창의적 표현을 하는 데 도움이 될 것이다. B. K. 가너(2007)는 특히 은유가 배우려고 애쓰는 학생들을 돕는 데 적절한 전략으로 사용되어야 한다고 제안했다.

우리는 아마도 은유와 유추를 가장 흔하게 문학과 연관지을 것이다. 어떤 점에서 대부분의 학생들은 이 둘의 차이점을 기억해야만 한다. 그보다 자주는 아니지만 학생들은 실제로 그러한 문학적 도구를 그들 자신의 표현을 위해 사용할 것이다. 그들 자신의 글쓰기에서 은유와 유추를 사용하는데 학생들은, 랭스턴 휴즈가 경의를 표한 꿈에 대한 질문에서처럼, 어디서든 유추를 사용하는 것에 익숙해져야만 한다. 학생들은 휴즈가 왜 특별한 이미지를 선택했으며, 그 이미지는 무엇을 전달했는지에 대해 토론해야 한다. 그들은 아마도 휴즈가 사용했던 다른 유추나 다른 꿈에 대한 시, 다른 사고에 대한 생각과, 그것이 개인에게 미치는 영향에 대해 브레인스토밍을 해봐야 한다.

유추적 사고는 문학 작품과 유사한 현대의 이야기를 만들어내는 데 사용될 수도 있다. 〈리지 베넷의 일기장*The Lizzie Bennet Diaries*〉은 온라인 연속물인 브이로그(v-logue; video blog, 동영상 블로그)로, 제인 오스틴의 소설 〈오만과 편견〉의 자매품이라고 할 수 있다. 즉, 고전 이야기가 현대의 딜레마로 번역되었을 때 어떤 일이 일어나는지 보여주는 흥미롭고 복잡한 예다(http://www.lizziebennet.com 참조). 학생들은 책과 브이로그의 장면을 비교할 수도 있고, 공부하고 있는 문학 작품과 유사한 현대적인 장면을 위해 스스로 각본을 쓸 수도 있다. 〈톰 소여의 모험〉의 주인공인 허크 핀을 현대적인 인물—어쩌면 스케이드보드에 열정을 가지고 있는 십대 노숙자—로 번역하는 데 필요한 작품 분석을 생각해보자.

8학년 학생들에게 교사가 과학 수업을 하며 알파선·베타선·감마선에 대해 설명할 때, 교사는 이야기의 행태로 유추를 사용할 수 있다. 여기에 그 도입부가 있다.

옛날에 한 조그만 마을에 애니 알파, 바비 베타와 그램마 감마가 살았다. 애니 알파는 매우 긍정적이지만 좀 덩치가 큰 젊은 숙녀였다. 그녀는 매사에 긍정적이었기 때문에 모두가 그녀를 좋아했다. 그러나 바비 베타는 훨씬 작고, 매우 빠르고, 부정적인 주목을 끌었다. 그램마 감마는 반면에 그녀의 안락의자에 앉아서 모든 것을 관찰하고 있었다. 그녀는 아주 중립적이었다.(셰리 노벨의 수업에서 발췌)

이 이야기는 이 입자들이 사는 '집'의 종류에 대한 설명으로 이어지는데, 감마선을 위한 납으로 만든 집 같은 것이다. 예를 들어, 그들이 자기장 속에서 어떻게 기능하는가 등을 다루었다. 몇 년 후, 학생들은 여전히 애니 알파를 기억하고 있었다. 이러한 창의적인(또한 효과적인) 교육의 예는 창의력 향상 교육으로 이어질 수 있다. 예를 들면, 학생들은 다양한 과학적 원리에 대해 그들 자신의 유추를 창작할 수 있다.

영화의 역사는 유추적 사고로 가득 차 있다. 신화적인 영웅을 공부하는 학생들은 고대 신화로부터 영감을 받았음에 틀림이 없는 〈스타워즈〉나 〈반지의 제왕〉 또는 〈해리 포터〉를 연구하여 유사점을 찾을 수 있다. 〈매트릭스〉나 〈나니아 연대기〉〈사자, 마녀 그리고 옷장〉은 종교적인 이미지를 위한 잠재력 있는 원천이다. 〈킹 오브 하츠*The King of Hearts*〉는 전쟁과 평화, 건전한 정신과 광기를 연구한다. 〈흐르는 강물처럼〉은 표면상으로는 플라잉 낚시에 관한 영화지만, 투쟁과 정복 그리고 성장에 관한 영화이기도 하다. 유추적인 사고를 탐험하는데 영화를 사용할 때, 중요한 가치 가운데 하나는 특히 중학생들에게 이러한 사고가 일상생활에 대한 이해에 영향을 끼치면서 우리를 둘러싸고 있다는 통찰력을 준다는 점이다.

이러한 기술이 어떻게 상업적으로 사용되는지에 대한 공부는 학생들에게 이것을 사용하도록 하는 자극을 제공한다. 다른 시대나 장소를 배경으로 새로운 신화적인 영웅을 만들어내는 데에도 같은 전략이 사용될 수 있다. 미국 독립혁명 당시의 신화적인 영웅이라면 무엇했을까?(우리는 그런 영웅을 가지고 있는가?) 오늘날의 고등학교에서 신화적인 영웅은 어떤 모습일까? 학생들은 〈흐르는 강물처럼〉에서 메시지를 전달하는 데 사용될 수도 있었을 다른 매개체에 대한 브레인스토밍을 할 수도 있다. 만약 가족이 플라잉 낚시를 하러 가지 않았다면, 그들은 어디로 갔을까? 젊은 여성의 그룹에도 같은 방식으로 그런 이미지가 작동할까? 사용할 수 있는 대안은 무엇일까? 이런 연습을 하면 하나의 예로부터 나온 유추적 사고에 그치지 않고 개인의 표현을 위한 도구로서, 다양한 선택을 실험할 수 있도록 변화된다.

유추적 사고는 예술 속에서 창의적인 자극과 통찰력을 제공할 수 있다. 학생들은 같은 아이디어를 위한 새로운 이미지를 만들어내기 전에, 그림이나 조각의 이미지가 다른 아이디어를 묘사하는데 사용하고 있는 형태를 연구할 수 있다. 이런 실습은 재능을 계발하는데 필요한 기술 지도의 한 부분으로 여겨지고 있다. 때로는 주어진 아이디어를 묘사하는데 특별한 기술의 사용이 필요한 좀 더 강요된 활동이 덜 구조화된 프로젝트보다 창의적인 표현을 개발하는 데 더욱 가치가 있다. 확실히 학생들이 그들 자신의 방식으로 자신만의 아이디어를 표현하는 때가 있지만, 유추적 표현이나 그 밖의 특별한 기술을 연마하면 그들의 노력은 더 풍부해질 것이다.

유추적 사고는 패션 디자인이나 건축에서 필요한 실습도 제공한다. 현대의 디자인 쇼는 여기에 영감을 준다. 유명한 TV 쇼에 나오는 디자이너처럼 학생들도 예술 작품이나 주변의 장소, 또는 식품점에서 파는 물건들에서 받은 영감으로 의상이나 빌딩을 만드는 데 도전해볼 수 있다. 유추는 또한 정치 풍자 만화나 그 밖의 만화들을 창작하는 데 사용될 수 있다. 뉴잉글랜드에 살던 때부터 내 사무실에는 만화 한 장이 있었다. 제목은 〈코네티컷의 모세〉인데, 뉴잉글랜드의 집 앞에서 팔을 벌려 눈더미를 가르고 있다. 비록 모세가 공립학교의 학급 활동을 위한 적절한 주제가 아닐지도 모르지만, 비슷한 이미지가 다양한 배경에서 어떻게 사용될 수 있는지 상상하기는 쉽다. 축구장의 모세, 러시아워의 모세 또는 캠퍼스 안에서 주차 공간을 찾는 모세 등! 다른 만화 속의 유추도 비슷한 방식으로 확장될 수 있다.

정치 풍자 만화는 종종 익숙한 문학 작품, 어린이 책 또는 우화에 기초를 두고 있다. 만화는 조지 W. 부시와 사담 후세인을 석양 아래에서 대결하는 카우보이로, 버락 오바마를 〈곰 세 마리〉의 곰이 그랬듯 모든 재정의 죽 그릇이 텅 빈 것을 발견하는 모습으로 묘사했다. 기존의 세력에 도전하는 개혁운동가는 풍차에 돌격하는 모습이나 '속이 뻔한 허세로 집을 무너뜨리려는' 자로 묘사될 수 있다. 새로운 정치적인 견해를 가진 것이 〈카멜롯〉[17]이나 네버 네버 랜드[18]의 세계로 이끄는 것으로 그려질 수 있다. 이 모든 것은 만화가의 관점에 달려 있다.

초등학교 고학년 이상의 학생들은 다양한 수준의 복잡성을 가진 이 기술을 사용할

---

17) 아서 왕의 이야기를 다룬 TV 10부작 판타지 드라마이다.-옮긴이 주
18) Never Never Land, 모든 것이 다 있는 꿈의 나라이다.-옮긴이 주

수 있다. 더 어린 학생들은 좀 더 독창적인 포스터나 광고를 만들기 위해 익숙한 이야기나 이미지를 사용하는 방법을 배울 수 있다. 확실히 내가 지금까지 보아온 수많은 불조심 포스터나 약물 남용 포스터는 유추를 독창적으로 사용함으로써 득을 본 것들이었다. 중학생들은 어린이 책이나 계절에 따른 행사, 또는 그 밖의 원천을 가진 만화가 얼마나 많은지를 도표로 나타내면서 정치 풍자 만화 속의 유추나 은유의 사용을 공부할 수 있다. 학생들이 은유적인 이미지를 식별하면, 자신의 유머러스하고 정치적인 표현을 만들어내는 데 그것을 사용할 수 있다.

종종 창의적 사고의 다양한 기술들이 훨씬 더 강력한 결과를 위해 함께 사용될 수 있다. 유추적 사고는 형태학상의 종합을 사용함으로써 생겨날 수도 있다. 예를 들어, 현재의 사건이나 이슈는 표의 가로축에 놓고, 세로축에는 어린이 책의 이야기나 현재의 영화를 나열할 수 있다. 표는 정치 풍자 만화를 위한 아이디어를 만들어내는 데 사용될 수도 있다. 〈표 6.7〉을 조사해보자. 어떻게 만화가들이 〈신데렐라〉나 〈곰 세 마리〉를 사용하여 환경 오염에 대한 그림을 만들어내는지 생각해보자. 마찬가지로, 한 축에는 우정이나 평범한 십대의 딜레마에 대한 중요한 아이디어를 놓고, 다른 축에는 가능한 상황을 놓는 눈금표를 만들 수도 있다. 이것들은 단편 이야기를 위한 기초로 사용될 수 있다. 각각의 경우, 학생들은 같은 진술이 수많은 다양한 방식으로 만들어질 수 있다는 것을 깨달으면서 창의적인 유추를 만들기 위한 도구를 갖게 된다.

정치적인 이슈를 어린이 책의 이야기와 결합하여 유추를 만들어냄으로써 정치 풍자 만화를 창작해보자.

■ 이슈	■ 이야기
오염	신데렐라
노숙자가 되는 것	곰 세 마리
재활용	백설공주
멸종 위기에 처한 동식물	피터 팬
약물	잭과 콩나무
총기 규제	아기돼지 3형제
TV의 폭력성	알라딘

표 6.7 정치 풍자 만화를 창작하는데 유추 사용하기

작곡가인 내 친구는 학생들이 노래 만드는 것을 배우는 데 도움이 되도록 유추를 종종 사용한다. 어린아이들은 "로우, 로우, 로우 유어 보트"의 단어를 바꾸는 간단한 활동으로 시작할 수 있다. 만약 도입부를 "드라이브, 드라이브, 드라이브 유어 카"나 "슬라이드, 슬라이드, 슬라이드 유어 스케이트" 또는 "스트레치, 스트레치, 스트레치 유어 스마일"로 바꾼다면 노래 전체로 대구를 이룰 수 있다. 〈당신이 행복하다면 당신은 알고 있다 *If You're Happy and You Know It*〉(Sayre, 2011)라는 책은 행복에 대한 어린이의 노래를 중독 때문에 울부짖는 동물에 대한 발라드로 바꾸었다("만약 네가 나약하게 질질 짜고, 그것을 알고 있다면 넌 돼지 같은 놈이다"). 더 나이 든 아이들은 다양한 음악을 들음으로써, 가사 없이도 아이디어와 감정을 묘사하는 방법을 배울 수 있다. 학생들은 음악이 마음속에 가져온 이미지를 그리고, 그것이 불러일으킨 감정에 대해 토론할 수 있다. 이 아이디어는 음악의 분위기에 맞는 가사를 쓰는 것으로 확장될 수 있다. 베토벤이 가발을 쓰고 있는 CD는 학생들에게 클래식 음악에 대한 가사를 쓰고 싶도록 영감을 준다. 이것은 마치 '이상한 알Weird Al'의 얀코빅[19]이 좀 더 나이 든 학생들에게 패러디 노래를 쓰도록 영감을 주는 것과 마찬가지다. 결국 학생들은 자신의 아이디어를 표현하는 독창적인 노래를 쓰기 시작할 것이다.

모든 창의적인 활동의 경우와 마찬가지로 우리는 유추적 사고의 진행 단계를 인식해야만 한다. 학생들은 창작하기 전에 먼저 유추를 식별해야만 한다. 그들은 혼자서 그것을 할 수 있기 전에 구조화된 상황에서 아이디어를 만들어낼 수 있어야만 한다. 나는 학교에서 학생들의 창의적인 노력이 부족할 때, 종종 그들에게 도구 없이 자유만 주어졌기 때문이 아닌지 의심한다. 간단히 말해서 "자신에게 흥미 있는 뭔가에 대해 노래를 지어보자"라는 요구는 대부분의 학생들 그리고 성인에게도 지나친 과제다. 익숙한 노래의 이미지를 식별하고 그것을 적용하면서, 또는 익숙한 곡조의 가사를 쓰면

---

19) Yankovic, 유명 아티스트의 노래와 뮤직 동영상을 패러디하는 것으로 유명한 미국의 가수이다.-옮긴이 주

서 천천히 시작하는 것이 훨씬 덜 위협적이다. 다른 작곡가들이 어떻게 멜로디를 사용하거나 재사용하는지 배우면 학생들은 같은 일을 할 자유를 가질 수 있다. 학생들은 또한 그들이 이 고안품을 독창적으로 사용하려고 시도하기 전에 다른 사람들이 유추를 디자인이나 만화에서 어떻게 써왔는지 이해하는 경험이 반드시 필요하다. 아마도 이것이 D. 펠트먼(1988)이 다른 사람의 독창적인 작품을 보는 것도 창의적 과정의 일부라며 그 중요성을 강조했을 때, 그의 마음속에 있었던 것이리라. 실제 세계의 어떤 창의적 작품도 진공 상태에서 나타나지 않는다. 어린아이에게 그런 노력을 기대하기는 비현실적이다.

시각화와 창의적인 연출법

창의적인 아이디어의 생산을 촉진하기 위한 두 가지 덧붙일 만한 전략은 '시각화'와 '창의적인 연출법'이다. 이 두 기술은 하나는 상상 속에서, 다른 하나는 신체의 행동 속에서 아이디어에 생명을 불어넣는다.

시각화

시각화는 볼 수 없었던 어떤 것, 또는 존재하지 않는 어떤 것의 마음속 이미지를 창작하는 과정이다. 만약 내가 "너의 침실을 그려라"라고 말한다면, 당신은 아마도 지금 당장 침실에 있지 않더라도 쉽사리 적절한 마음속 이미지를 그려낼 수 있을 것이다. 그리고 만약 내가 당신이 자랐던 고향의 침실을 그려보라고 요청한다면, 그것 역시 분명한 이미지일 것이다. 사실, 대부분의 사람에게 그와 같은 이미지는 다양한 정서를 품고 있을 것이다. 우리 중 운이 좋은 사람들에게 집에 대한 그림은 사랑과 안전한 느낌을 가져다준다. 그러나 또 다른 사람들에게 그 정서는 훨씬 고통스러운 것이다. 어느 경우이든 집에 대한 마음의 이미지는 시각화의 한 가지 특징을 나타낸다. 뚜렷한 시각 이미지는 종종 그에 상응하는 강력한 정서를 동반한다. 이러한 결합 덕분에 시각화는 학습도구로서 가능성을 갖게 하지만, 반드시 조심스럽고 섬세하게 사용되어야 하는 것이기도 하다. 아마도 강력한 정서를 전달하는 시각화의 힘 때문에 어떤 정치적인 집단의 목표가 되기도 한다.

마인드 컨트롤에 대해서 걱정하는 학부모들은 학교에서 시각화를 사용하는 것에 대해 부적절하고 잠재적인 위험성을 가진다고 공격해왔다. 제5장에서 언급했듯이 시각화 활동의 형식이나 내용을 계획할 때 당신은 지역적인 민감성이나 고려를 참작하는 것이 중요하다. 비록 어떤 개인은 마녀나 용, 물의 요정 같은 판타지 이미지를 불편하게 여길지라도, 소화기관을 통한 여행을 묘사하거나 새로운 발명품에 대한 상상, 단어의 철자를 시각화하는 활동에 대해서는 섬세하게 접근한다면 반대할 학부모는 거의 없다.

시각화는 학과 과정의 내용을 보충하는 데 사용될 수 있다. 초등학생들은 메이플라워호의 울부짖는 파도, 복잡한 환경, 나쁜 음식을 시각화하도록 과제를 받을 수 있다. 중학생들은 글로브 극장[20]의 제일 싼 1층석 관람객의 경험을 시각화함으로써 셰익스피어의 극에 대한 통찰력을 얻을 수 있을 것이다.

부적절한 그림(예를 들어, 글로브 극장을 영화관처럼 시각화하는 것)은 부작용으로 나타날 수 있다. 학생들은 그들의 이미지가 그들의 학과 내용에 대한 지식을 효과적으로 증가시키기를 원한다면 사전 지식과 조심스러운 안내가 필요할 것이다. 이런 방식으로 도움을 받은 시각화는 때때로 유도된 이미지라고 불린다.

이런 시각화를 자극하는 데 가장 효과적이려면, 교사들은 묘사하려는 이미지에 대한 작성된 시나리오, 또는 마음속의 시나리오를 가지고 있어야 한다. 교사가 내용 속으로 그들을 안내하는 동안, 학생들은 보통 눈을 가리거나 감은 상태에서 편안한 자세로 앉도록 권유받는다. 묘사나 제안은 천천히 그리고 분명하게 표현되어야 하고, 또한 학생들의 이미지가 발전할 수 있는 시간이 허락되어야 한다. 예를 들어, 교사가 학생들을 혈액 순환 시스템을 통해 안내한다면 산소가 되어 시스템에 들어가는 것으로 시작할 수 있다.

너 자신이 작은 잠수함, 꼭 너에게 맞을 정도의 크기인 곳에 들어가 있다고 상상하
자. 너에게 필요한 모든 것은 거기에 있다. 너는 안락의자와 여행에 필요한 많은 공

---

20) Globe Theater, 1599년에 셰익스피어의 극을 공연하던 회사가 런던에 건립한 극장. 1613년 화재로 소실된 후 두 차례에 걸쳐 복원되었다.-옮긴이 주

기를 가지고 있다. 배가 고플 경우에 대비해 식량도 준비했다. 너 자신이 안락한 캡슐 속에 있다고 상상해보자. … 오늘 너와 캡슐은 너의 몸속으로 멋진 여행을 떠날 것이다. 먼저 너 자신을 아주아주 작아질 때까지 줄어들게 해서, 가장 작은 혈관에도 꼭 맞을 정도로 작아져야 한다. 너는 너무 작아서 주위에 있는 공기 속의 모든 분자를 볼 수 있다. 네 앞에서 어떤 사람이 숨을 쉬고 있다. 그는 너무도 커서 너는 그의 몸 전체를 볼 수 없을 정도이다. 네가 볼 수 있는 모든 것은 거대한 코이다. 오! 너를 들이마시는 중이다. 너는 너의 주위에 있는 모든 공기 분자, 먼지와 함께 그의 콧속으로 들어간다. … 이제 너는 코안에 있다. 주위에 있는 털들을 교묘하게 처리하기는 어렵다. 먼지 파편들이 사방에서 너를 꼼짝 못하게 하고 있다.

확실히 학생들이 확장된 이미지에 집중할 수 있다는 기대를 하기 전에, 그들은 유도된 이미지에 대한 사전 지식이 필요할 것이다. 초기의 경험은 물건의 모양으로 단어의 철자를 보여주거나(예를 들면, 고양이의 그림을 뒤집으면 Cat의 C가 나오는), 수학의 이야기식 문제의 특징을 시각화하는 등의 간단한 것일 수 있다. 학생들은 그림 없는 책의 일러스트를 그리거나, 삽화를 본 적이 없는 책의 그림을 그리도록 격려를 받을 수 있다.

학습 내용에 초점이 맞춰진 유도된 이미지는 학생들의 기억을 증진시키고, 그들의 창작이나 그 밖의 창의적 활동을 자극한다. 이미지를 통해 메이플라워호의 어려움을 경험했던 학생들은 단지 사회 교과서의 한 부분을 읽은 학생들보다 그 사람들의 정서를 더 잘 이해하기 시작했을 것이다. 만약 그들이 배 위의 어린이의 경험에 대한 글을 쓴다면, 그들의 작문은 더욱 생생할 것이다. 값싼 1층 관람석에서의 삶을 경험한 고등학생들은 지적인 지식인의 엘리트주의로만 셰익스피어를 연상하지는 않을 것이다.

나는 이전에 2학년생 그룹과 함께 바다 밑의 여행에 대해 이미지를 유도하는 경험을 한 적이 있었다. 그들의 작문에서 묘사된 이미지들은 그 그룹이 평소에 표현하던 것보다 훨씬 더 뛰어난 것이었다, 내가 가장 좋아한 것은 한 학생이 묘사한 "내 뱃속에서 모래가 느껴지고… 해가 지는 빛나는 풍경이 물로 보이고, 바람이 느껴지지 않는" 것이라는 부분이었다. 나는 이런 정도의 통찰력은 물 아래에 있다는 상상의 경험 없이는 생겨날 수 없는 것이라고 믿는다.

Lesson 6. 17 다양한 전략 사용하기: 〈헨젤과 그레텔〉 또는 〈리어 왕〉

다음의 연이은 수업들은 〈헨젤과 그레텔〉의 연극을 제작하는데 학생들을 준비시키려고 고안되었다. 그것들 중 어느 것이 당신의 학급 수준에서 소설이나 연극에 적합한지 고려해보자.

• 이야기를 읽되, 학생들이 스스로 이야기를 시각화하도록 가능하면 일러스트가 없는 버전을 택하는 편이 좋다.
• 다양한 상황에서 이야기를 위한 새로운 엔딩에 대해 브레인스토밍을 해보자.
  만약 마녀가 요정의 대모였다면 어땠을까?
  만약 아버지가 숲속에 그들을 버리는 것을 거절했다면 어떻게 되었을까?
  만약 새들이 빵조각을 먹지 않더라면 어땠을까?
  만약 사탕으로 만든 집이 말을 할 수 있었다면?
  만약 헨젤과 그레텔이 마법의 힘을 가지고 있었다면?
• 캐릭터, 배경 그리고 이야기의 주요 사건을 포함하는 표를 그려보자.
  다른 캐릭터가 다른 배경에서 다른 일을 하도록 속성들을 섞어보자.
  새로운 이야기를 창조해보자. 예를 들어, 만약 아버지가 사탕으로 만든 집을 발견했다면 무슨 일이 벌어졌을까?
• 홈페르딩크*의 오페라인 〈헨젤과 그레텔〉에서 선곡하여 연주해보자. 아이들이 눈을 감고 결말이 열려 있는 시각화를 묘사하게 해보자. 예를 들면, "너는 숲을 걷고 있다. 너의 주위에서 들려오는 소리를 들어보아라. 무엇이 들리니? 오솔길을 걸어가다 보니 이상한 집을 발견했니? 조심스럽게 살펴보거라." 학생들에게 눈을 뜨고 그들이 시각화한 것을 설명하게 해보자.
• 학생들이 헨젤, 그레텔, 말하는 사탕으로 만든 집의 경험을 하도록 허락하여 창의적인 연출법을 사용하게 해보자. 그들이 서로에게 뭐라고 말하는지 상상해보자.(패트리샤 바네스의 수업에서 발췌)

〈리어 왕〉에 대해서 비슷한 전략을 사용하는 것을 상상해보자.

• 왕과 그의 딸들을 은유할 수 있는 동물들이나 그 밖의 상징을 선택해보자.
  포스터(종이나 온라인)를 만들고, 왜 그 이미지가 적합한지 설명해보자.
• 리어 왕에게 딸 대신 아들들이 있었더라면 연극은 어떻게 달라졌을지 상상해보자. 셰익스피어가 했던 선택의 강점과 한계는 무엇일까?
  리어 왕의 가족과 비슷한 캐릭터가 등장하는 현재의 영화나 텔레비전 드라마에서 캐릭터를 선택하여, 유사점과 차이점을 설명해보자.
• 그 다음에 어떤 일이 일어날지에 대해 학생들이 참여하게 해보자.
  속편 줄거리의 윤곽을 그려본다. 만약 리어 왕이 계속 살았다면 어땠을까?
  속편은 어떻게 달라질 수 있을까?
• 만약 리어 왕이 그래픽 노블로 바뀐다면, 어떤 장면이 가장 핵심적일까?
  어쩌면 여러분의 학생 중 하나가 그것을 만들고 싶어할지도 모른다.

* Engelbert Humperdinck, 1854~1921, 독일의 후기 낭만파 작곡가로, 오페라 〈헨젤과 그레텔〉을 작곡했다.―옮긴이 주

물론 유도된 이미지나 시각화는 존재하지 않는 것을 상상하는 데에도 사용될 수 있다. 에베를레(1977)는 SCAMPER 두문자를 사용하여 창조된 일련의 시각 이미지를 제공했다. 그중 하나에서 학생들은 다양한 모양과, 집만큼 큰 도넛이 다양한 물질로 채워져 있는 그림을 그렸다. 거대한 도넛 가운데에는 사과잼으로 가득 찬 수영장이 있고, 그들이 뛰어드는 강력한 이미지도 있었다. 이런 경험을 나눌 때면 예외 없이 학생들은 낄낄거리고 몸부림친다. 학생들은 열기구를 타고 상상여행을 떠나거나, 거대한 딸기 속으로의 여행[〈제임스와 거대한 복숭아〉[21](Dahl, 1961)처럼], 또는 머나먼 행성으로 상상 여행을 떠나도록 유도될 수 있다. 이런 상상력은 삽화(작품), 창의적인 글쓰기, SF 같은 문학 형태에 대한 토론에 박차를 가할 수 있다.

M. 베이글리(1987)는 창의적 문제 해결에도 이러한 이미지가 사용될 수 있다고 주장했다. 그것은 아마도 무작위 조합, 은유 또는 문제에 대한 새로운 관점에 박차를 가할 수 있을 것이다. 1명의 경험은 그 문제를 과거의 배경에서 시각화하는 것과 연관되어 있다. 이와는 다르게 참가자들에게 그 상황의 여러 면에 대해 동물에게 역할을 시키는 시각화를 요청할 수 있다. 각 경우에, 시각화는 새로운 아이디어와 관점의 방아쇠로 쓸 수 있다.

R. A. 핀케(1990)는 발명의 과정에서 이미지를 사용하는 것에 대해 토론했다. 그는 발명을 위한 새로운 아이디어를 만들기 위해 개인이 선택한 이미지를 사용한 수많은 연구 조사를 실시했다. 그 연구에서 피실험자들은 원뿔형, 반구체 그리고 갈고리 모양의 조합을 시각화하도록 요구받았다. 그들은 발명을 위한 아이디어를 주는 이미지를 발견할 때까지 원하는 만큼 이미지의 크기와 위치를 바꿀 수 있었다. 핀케는 특히 창의적 과정에서 발명 이전 형태의 기능에 대해 관심이 많았는데, 그것은 다양한 문제를 풀기 위해 여러 방식으로 해석되는 단순한 이미지들의 조합이다.(Ward, Smith & Finke, 1999)

핀케의 연구 결과 중 가장 흥미로운 것 가운데 하나는 피실험자들이 주로 대학 재학생들이었는데, 과제가 어느 정도 제한적이었을 때 창의적인 발명을 고안해내는 것에 더 성공적이었다는 점이다. 어떤 발명이라도 고안해낼 수 있는 넓은 범위의 형태가 주

---

21) 로알드 달 원작의 판타지 동화로, 고아가 된 제임스가 이모들로부터 구박을 받으며 살다가 마법사 할아버지를 만나 신기한 약을 얻지만, 실수로 죽어가는 복숭아나무에 쏟는다. 복숭아나무에서는 거대한 복숭아가 열리고 제임스는 복숭아 속 모험을 하게 된다는 이야기로, 팀 버튼이 제작에 참여하여 애니메이션으로 만들기도 했다.-옮긴이 주

어진 피실험자들은, 그들이 작업할 수 있는 제한된 수의 이미지와 만들어내야 하는 물체가 특정 카테고리에 속해 있는 학생들의 것보다 덜 창의적이었다. 피실험자들이 훨씬 더 독창적인 아이디어를 가졌던 경우는, 특별한 카테고리에 적합한 형태를 계획하는 대신, 고안하려는 물체의 카테고리를 식별하기 전에 먼저 이미지들을 결합하여 흥미롭고 잠재적으로 효율적인 모양을 발명 이전 단계에서 만들었을 때였다.

아마도 이 결과에서 공통적인 요소는 탐구하는 행동이다. 만약 개인이 고려해야 할 이미지의 수를 제한적으로 가지고 있다면, 그들은 각각에 대해 충분히 탐험할 수 있다. 만약 알지 못하는 목적을 위해 어떤 형태를 선택할 필요가 있다면, 그 형태에 대한 다양한 가능성이 고려되어야 한다. 핀케(1990)의 다양한 테크닉에 대해 어린 학생들과 실험해보는 것은 흥미로울 것이다. 그들에게는 시각화하고 마음속으로 다루어볼 수 있는 특별한 기하학적인 모형이 주어질 것이고, 발명을 위한 새로운 아이디어를 만들어내기 위해 이를 사용할 수 있다. 또한 제한된 개념의 과제가 다른 창의적 사고 기술을 가르치는 데 가치 있는지 여부를 생각해보는 것도 중요하다.

창의적 연출

창의적 연출에서 학생들은 그들의 마음은 물론 몸으로 아이디어를 탐험하도록 요구받는다. 이러한 활동은 집중력, 감각적 인식, 자제력, 감정 이입이 동반된 이해, 그리고 유머 감각을 계발하는 데 가치가 있다. 창의적인 연출에서 학생들은 안전하고 기꺼이 수용하는 맥락에서 누군가, 또는 뭔가 다른 것이 되어볼 기회를 갖는다.(Heinig, 1992; McCaslin, 1999)

창의적 연출과 역할놀이를 어린이 연극과 구별하기는 중요하다. 제8장에서 논의할 예정이지만, 역할놀이 활동에 관여하고 있는 학생들은 다양한 역할을 택하고 그들의 결정을 묘사함으로써 문제 상황을 처리한다. 어린이 극장은 어린이들이 관람하도록 만들어진 극장인데, 종종 어른들이나 재능 있는 학생 배우들이 꾸민다. 연극은 대본에 기초하여 연습하고 관객에게 보여준다. 창의적 연출은 역할놀이와 마찬가지로 대본이 없고, 관객이 있는 경우도 거의 없다. 비록 창의적 연출이나 역할놀이가 반복되더라도, 그것은 일관성을 위해서가 아니라 새로운 아이디어와 해석을 재탐험하기 위해서이다.

창의적 연출에 관여하고 있는 학생들은 창의적인 아이디어를 찾고 표현하려는 노력에 의해 어떤 상황을 육체적으로 탐험한다. 때때로 이것은 문제 해결 활동의 유형 그리고 역할놀이를 토론할 때 설명했던 이슈를 탐구하는 것과 연관이 있다. 창의적인 연출은 그러한 활동들을 포함하는 것처럼 보인다. 그러나 그것은 또한 덜 현실적인 상황에 대한 탐구나 동물 또는 물체에 대한 조사도 포함하고 있다. 역할놀이에서 학생들은 문제를 해결하기 위해서 전형적으로 상당히 현실적인 역할을 택한다. 창의적인 연출은 종종 판타지로 옮겨가기도 한다. 학생들은 녹는 눈, 어슬렁거리는 동물, 또는 건물의 벽이 될 수 있다.

역할놀이처럼 창의적 연출 활동도 3단계로 나눌 수 있다. 웜-업warm-up(사전 연습), 극적인 활동, 보고 듣기 등이 그것이다. 웜-업 활동은 두뇌와 몸, 둘 다를 준비시키는 데 사용된다. 육체적·정신적 이완 활동은 다른 학과 수업으로부터 변화하는 것을 제공하고 근육을 이완시킨다. 웜-업은 때때로 학생들이 그날의 이슈나 주제에 대해 집중하도록 만드는 데 사용되기도 한다. 다른 경우에는 그들은 뒤따르는 활동에 관계가 없을지도 모른다. 내 경험으로 보면 더 나이 든 학생들은 어린 학생들보다 더 웜-업 활동이 필요하다. 대부분의 어린 학생들은 어떤 종류든 극적인 활동에 스스로를 내던질 준비가 되어 있다. 신호만 주어지면 그들은 사자, 고무밴드 또는 길 잃은 아이가 될 준비가 되어 있다. 중학생들은 훨씬 자의식이 강해서 과정을 진행하기 전에 더 많은 웜-업과 활동에의 집중이 필요하다. 무대나 영화를 준비하는 전문 연기자들이 이 같은 활동을 많이 사용한다는 사실을 지적하는 것도 도움이 될 것이다. 웜-업에는 다음과 같은 것들이 포함된다.

스트레칭: 학생들은 머리부터 아래로 모든 근육을 스트레칭한다. 학생들에게 가능한 한 많은 근육들을 따로따로 스트레칭하도록 지시해야 한다.

릴랙싱: 학생들은 바닥에 누워서 한 번에 한 부분의 근육을 이완한다.

거울: 각 학생들은 파트너가 필요하다. 한 사람이 거울이 되어 파트너가 만드는 움직임들을 그대로 반영한다. 거울들은 느리고 부드러운 움직임일 때 가장 쉽게 작동할 수 있다. 때때로 학생들에게 동작의 흐름을 붕괴시키지 않으면서 역할을 바꾸도록 지도할 수 있다.

받기: 학생들은 다양한 상상의 공으로 캐치볼을 한다. 그들은 소프트볼에서 비치볼로, 그리고 볼링 공으로 바꿔가야만 한다.

걷기: 학생들은 다양한 상황에 놓인 장소를 걷는다. 정글을 지나며, 뜨거운 사막 위로, 또는 숙제를 다 끝내지 못했을 때 학교로 가는 길 등으로 진행한다.

고무밴드, 각얼음, 그 밖의 물체들: 학생들은 형태가 변할 수 있는 물체가 된다. 그들은 녹는 얼음, 튀겨지는 베이컨, 혹은 당겨지는 고무밴드를 묘사할 수 있다. 더 나이 든 학생들은 자기 몸의 다양한 부분에서 당겨지는 고무밴드를 상상할 수 있다.

극적인 활동에는 움직임 연습, 감각 자각 연습, 무언극 그리고 다른 형태의 스토리텔링이 포함된다. 움직임 연습은 주로 학생들이 그들의 몸에 대한 통제권을 얻고, 그들의 몸이 어떻게 움직이는지 아는 데 도움을 준다. 이 토론 과정에서 묘사된 대부분의 웜-업 행동은 움직임 연습에도 사용될 수 있다. 다른 움직임 연습에는 다음과 같은 것이 포함된다.

인형극: 학생들은 몸의 다양한 부분에 연결된 줄에 의해 끌어당겨지는 척해야 한다.

줄다리기: 학생들은 팀으로 나뉘어 상상의 선 위에서 상상의 로프를 당긴다.

동물: 학생들은 동물들의 움직임과 독특한 버릇을 흉내낸다. 중학생들은 선택한 동물의 어떤 측면에 기초하여 사람의 성격을 계발할 수도 있다.

인간 기계: 학생들은 작은 그룹으로 나뉘어 기계의 모양을 형성하거나, 학급 전체가 쌓기 활동로 거대한 기계를 만들어낼 수도 있다. 이러한 활동에서는 다양한 변화가 가능하다. 내가 가장 좋아하기는 각 참가자들이 하나의 소리와 하나의 움직임을 표현하는 것이다. 학생 하나는 아래로 내려가는 운동을 하는 동안 휘파람을 불면서 다리 하나를 들어 올리거나 내리는 것을 선택할 수 있다. 여기서의 목표는 각 부분이 논리적인 방식으로 그 다음 것과 연결되어 있고, 움직임이 서로 상호 작용하면서 기계의 각 부분을 이루는 것이다. 만약 여러분의 학급이 히스테리 속에서 무너져 내리기 전에 기계 전체의 조화를 이룰 수 있다면, 그들은 엄청난 자제력을 보여준 셈이다!

'감각 자각' 연습은 정확히 그 명칭이 의미하는 것이다. 즉 학생들이 그들의 오감에 대해 인식하는 것을 증진시키는 연습이다. 학생들에게 상상의 음식을 먹고, 상상의 소리를 듣고, 상상의 직물을 만지라고 요구해보자. 그러면 아마도 감각 중 하나를 제한하는 것이 다른 것들을 증진시킨다는 사실을 발견할지도 모른다. 학생들이 눈가리개를 착용한 가운데 다양한 직물을 느끼는 기회를 가진다면 다른 직물을 상상하는 능력도 더 예민해질 것이다.

아마 가장 익숙한 극적인 활동은 무언극이나 그 밖의 형태의 스토리텔링 활동일 것이다. 학생들에게 대사를 쓸 수 있거나 쓸 수 없는 상황을 묘사하는데 그들의 몸을 사용하라고 해보자. 이것의 범위는 누군가가 평범한 가정용품을 사용하는 무언극과 같은 단순한 활동에서 복잡한 문제 해결 시나리오에까지 이를 것이다. 좀 더 복잡한 극적인 활동은 계획 단계는 물론 연기 단계를 필요로 한다. 대선 후보자들을 만나는 인터뷰어의 역할, 그녀의 시에 대해 토론하는 필리스 위틀리[22]를 묘사하거나, 〈피터와 늑대〉의 이야기를 발표하도록 학생들에게 요구하려면 그 활동이 성공하기 전에 토론 시간—내용에 대한 지식—이 필요하다. 또한 대부분의 창의적인 연출 활동은 토론에 대한 보고 듣기로 촉진된다. 학생들은 그들이 했던 것, 느꼈던 방식, 작동한 것과 잘 작동하지 않은 것 그리고 그들이 다음번에 시도할 것에 대해서 토론할 것이다. 이러한 토론은 창의적 연출 활동이 즐길 만하긴 하지만 휴식은 아니라는 점을 명백하게 할 것이다. 그것은 다양한 상황에 대한 통찰력을 가져다줄 수 있는 운동감각의 활동이다.

창의적 연출은 또한 학습 내용에 대한 토론, 예술 활동 그리고 글쓰기 프로젝트에 대한 자극을 줄 수 있다. 시각화와 마찬가지로, 특히 문제나 사건 아래에 숨어 있는 정서에 대해 더 깊은 이해를 가져올 수 있다. 만약 학생들에게 충분한 배경 지식이 주어진다면, 남북 전쟁 중에 전장에 나가기를 원했던 젊은 여성에 대한 창의적 연출 활동은 그 시대 여성의 역할에 대한 이해를 증진시킬 것이다. 프랑스 혁명의 핵심 인물에 대한 표현은 학생들이 중요한 참가자들에게 동기 부여했던 특징에 집중하고, 그들의 상호 작용을 충분히 이해하는 데 도움을 줄 것이다.

인간 기계를 만드는 것과 같은 판타지 활동은 토론과 일기 쓰기를 위한 기초로 사용

---

22) Phillis Wheatley, 1753?~1784, 독립 전쟁 직후의 가장 뛰어난 시인 중 하나로 여겨진 아프리카계 미국 여성이다.-옮긴이 주

될 수도 있다. 2학년 학급에서 인간 기계를 만드는 활동을 한 후, 그들이 만들었던 것과 같은 놀라운 기계가 할 수 있는 일에 대해서 이야기를 나누었다. 학생들은 그러고 나서 자신들의 아이디어에 대해서 썼고, 그 놀라운 기계의 일러스트를 그려냈다. 그 이야기에는 주인이 좋아하지 않는 기계를 먹는 기계, 나쁜 사람을 좋은 사람으로 바꾸어 놓는 기계, 스크램블드에그를 만드는 기계에 대한 것이 들어 있었다. 스크램블드에그 이야기에서는 작가의 엄마가 기계를 질투하게 된다. 왜냐하면 모든 사람이 그녀가 만든 아침 식사보다 기계의 스크램블드에그를 더 좋아하기 때문이다. 그러나 그것은 엄마의 요리가 더 나빠서가 아니라 기계는 아침 식사를 침대로 배달해주기 때문이었다. 어느 날 기계는 엄마를 위한 아침 식사도 만들었다. 그러고 나자 엄마는 기계를 "애완동물처럼" 사랑했다.

바다 밑의 시각화 활동 후에 학생들이 썼던 이야기처럼, 이러한 노력들은 매일 일기를 쓰는 것보다 훨씬 낫다. 더 나이 든 학생들은 적대적인 환경에서 살아남은 경험, 좀도둑을 퇴치한 것, 또는 누군가를 첫 번째 데이트에 초대한 일들에 대해 창의적 연출을 통해 이벤트에서 살아남은 후에 쓴다면 비슷한 결과를 얻을 수 있다. 새로운 관점, 정서적 통찰력 그리고 그들이 만들어낼 수 있는 열정과 함께 창의적 연출 기법은 어떤 언어 예술이나 역사 프로그램에도 가치 있는 자산이 될 수 있다. 창의적 교육 방법을 가지고 수학과 과학 역시 풍부하게 만들 수 있다.

교실에 대해 생각하기

창의적인 연출에 어린이와 어른 둘 다를 초대하자. 그들이 활동에 접근하는 방식에 어떤 차이를 찾아볼 수 있는지 살펴보자. 어른들은 모두 참여할 기회를 가져야만 한다! 당신은 이 활동을 다른 연령대의 학생들과 시도해볼 수 있다. 그들의 접근 방식에서 여러분이 관찰한 것은 무엇인지 살펴보자.

상업적이고 경쟁적인 프로그램

창의적 사고를 높이기 위해 고안된 수많은 상업적인 프로그램과 학교 간의 경쟁도 쓸모가 있다. CoRT 프로그램이나 6개의 생각하는 모자에 대해서는 이미 설명했다. 상업적인 재료의 숫자는 너무도 빠르게 증가하기 때문에, 그 모든 것에 대해 토론하기는 불가능하다. 이번 부문에서는 메뉴의 견본을 만들고, 가장 잘 알려진 제안 몇 개에 대해 설명하려고 한다.

미래 문제 해결

미래 문제 해결Future Problem Solving(FPS)은 원래 E. P. 토랜스와 J. P. 토랜스에게서 기인한 것으로, CPS를 사용하는 학생들이 미래의 문제를 다루는 것과 연관되어 있다. 그것은 경쟁적인 것과 비경쟁적인 것 모두를 제안한다. 원래의 프로그램에서는 세 부분으로 나뉜 학생들(4~6학년, 7~9학년 그리고 10~12학년)이 4명씩 팀을 이루어, 과제로 주어진 주제에 대한 책자를 완성하는 것이다. 매년 FPS의 주제는 세 가지 기준에서 선택된다. 경영과 경제, 과학과 기술 그리고 사회 정치적 이슈 등을 말이다. FPS의 주제와 학습 내용 교과 과정 기준 사이의 연관성에 대한 정보는 이 부문 끝에 있는 웹사이트 목록에서 찾아볼 수 있다.

FPS의 목표는 다음과 같다.

- 다단계 문제 해결 방법으로 창의적이고 더 수준 높은 사고 기술을 계발하고,
- 알지 못하는 미래에 대해 대처하는 능력을 학생들이 계발하는 데 도움을 주고,
- 다양한 원천을 조사한 후 지식에 근거한 결정을 내리도록 학생들을 고무하고,
- 팀워크나 그룹 과정에 필요한 기술을 개발하도록 학생들을 돕고,
- 서면을 통한, 또는 구두 의사소통에서 일관성과 조직화의 기술을 발전시키도록 학생들을 돕고,
- 학생들이 좀 더 스스로 방향을 정하도록 돕고,
- 학생들이 모호함에 대해 논쟁하도록 돕는다.

〔미시간 주의 미래 문제 해결 프로그램Michigan Future Problem Solving Program(n.d.)〕

학생들은 매년 3개의 주요 분야에서 문제를 풀도록 시도하고 연구함으로써 이러한

목표를 처리한다. 문제의 주제는 매 학년도마다 전국에 걸쳐서 똑같다. 첫 번째 2개의 주제에서는 학생들이 CPS의 단계를 배우고 연습하는 것으로 문제를 실습하도록 되어 있다. 문제를 실습하기는 전형적으로 평가와 피드백을 받기 위해 주 단위의 FPS 조직에 따라서 이루어진다. 세 번째 문제는 도움 없이 팀 단위로 완성되어야만 하는데, 주 전체에 걸친 경쟁의 기초가 된다. 세 번째 문제에서 가장 높은 점수를 얻은 팀들은 초청을 받아 전국 FPS 경쟁에 나갈 수 있다.

FPS에서 쓰이는 실제 문제 해결의 과정은 불분명한 상황으로부터 시작한다. 불분명한 상황에서 현재의 이슈를 미래에 놓고 추정하여 가능성 있는 결과를 설명하는 것이다. 감옥이라는 문제가 주어진 한 사람은 '맥싱턴Maxingtern'이라는 우주 궤도에 세워진 혼잡한 감옥에 대해 설명했다. 학생들은 불분명한 부분과 관련된 주제를 연구하는 것에서부터 시작한다. 이 경우에 그들은 감옥의 건설과 운영 비용, 조건, 인원 초과가 죄수들에게 미치는 영향과 그 비슷한 이슈들에 대해 조사할 것이다. 이러한 배경 지식을 가지고 그들은 문제 해결 과정을 시작할 준비를 갖추는 것이다.

비록 경쟁 조건에는 문제 풀이를 두 시간 안에 완성하는 것이 필요하지만, 문제 풀이 활동은 며칠 또는 몇 주일에 걸쳐 확장될 수 있다. 그 과정의 첫 단계는 문제에 대한 브레인스토밍을 하는 것인데, 이는 CPS의 문제 발견 단계와 비슷하다. 문제 아래 숨겨진 것 하나를 선택하고 IWWMW나 비슷한 형식을 사용해서 작성한다. 맥싱턴에 대한 문제 진술은 다음과 같을 것이다. "어떤 방식으로 우리는 2040년의 죄수들에게 그들이 더 생산적인 시민이 될 수 있도록 돕는 안전한 환경을 제공할 수 있을까?"

다음으로, 학생들은 그 문제에 대한 가능한 해결책을 만들어낸다. 이것에 대한 목록이 만들어진 후, 팀 구성원들은 해결책들을 평가할 수 있는 다섯 가지 범주를 만들고, 그것을 사용해서 평가표에 해결책의 순위를 매긴다. 가장 많은 점수를 얻은 것이 최고의 해결책으로 간주되고, 더 자세한 세부 사항이 덧붙여진 뒤 설명된다. 이 과정의 모든 단계(가능한 문제 목록, 해결책 등)는 문제의 소책자에 기입한다. 단지 마지막 해결책에 대해서만이 아니라 소책자의 각 부문에 대해 점수를 배당한다. 팀으로 성공하려면, 최소한 몇몇 팀 구성원들은 그룹의 아이디어를 시종 일관되게 기록할 기술을 가지고 있어야 한다.

FPS 과정에 대한 몇 가지 변화가 몇몇 주 단위 조직에 의해 제공되었다. 행동-기반 문제 해결은 K-3 등급과 그 이상의 학생들에게 문제 해결을 가르치도록 고안된 비경쟁 프로그램과 비슷하다. 즉, 각 학생들은 최소한 20년 후의 미래에 그들이 보게 될 삶에 대한 시나리오를 쓰는 것이다. 시나리오는 보통 그해의 FPS 주제 중 하나에 초점을 맞춘다. 공동체 문제 해결은 학생들에게 그들 자신의 공동체의 이슈를 다루기 위해 문제-해결 기술을 사용할 기회를 준다. 최소한 하나의 주에서는 주지사의 문제 해결 기구를 제공하는데, 학생들은 주지사와 함께 그들에게 부과된 문제를 함께 풀기 위해 노력하는 여름 프로그램을 경험하게 된다. 미래 문제 해결은 또한 나사(NASA), 국립 예술 기금 그리고 미국 교육부와의 공동 프로젝트인 화성 밀레니엄 프로젝트와 연관되어 있는데, 이는 화성의 환경에 관한 문제 해결에 집중한다. 더 이상의 정보를 원한다면 주 정부 FPS 프로그램에 접촉하거나, FPS 웹사이트(http://www.fpspi.org)를 방문해보자.

세계 창의력 올림피아드

세계 창의력 올림피아드Destination Imagination는 FPS와 비슷한 주 및 국가 기구와 함께하는 팀 단위의 프로그램이다. 그러나 이 두 프로그램에서 만들어내는 생산품의 종류와 다루어지는 문제는 아주 다르다.

학생들은 2개의 다른 도전 과제를 풀기 위해 작업하는 7명의 구성원으로 이루어진 팀으로, 세계 창의력 올림피아드에 참여한다. 팀 도전과 즉석 도전. 다섯 가지의 팀 수준이 가능한데, 초등학교 저학년생, 고학년생, 중학생, 고등학생 그리고 대학생이다. 팀들은 그들의 해결책에 대해 토너먼트로 발표할 기회를 가지며, 초등학교 저학년생을 제외한 모두는 감정인의 평가를 받는다.

팀 도전에서 팀들은 문제를 해결하고, 그들의 해결책 발표를 준비하는데 몇 개월에 걸쳐 작업한다. 매년, 세계 창의력 올림피아드는 7개의 도전(그리고 1개의 비경쟁 조기 학습 도전Early Learning Challenge)을 발표하고, 팀은 그중 하나를 골라서 푼다. 학생들이 문제를 풀기 위해 아이디어를 만들고 기록하는 FPS와 비교하여, 세계 창의력 올림피아드의 팀 도전은 학생들이 문제를 푸는 데 기능해야 하는 어떤 운송 수단, 구조, 기계 또는 그 밖의 물체를 만들어낼 필요가 있다. 각 도전은 또한 공연 요소를 포함하고 있다. 예를 들어, 2002~2003년 동영상 어드벤처viDIo Adventure 도전에서는 참가자들이

3D 동영상 게임을 보여주기 위한 8분짜리 발표물를 만들어내야 했다. 게임의 주제는 현대 시대의 탐구 여행 이야기를 전달하는 것이었다. 팀은 3개 국가를 여행하는 탐구자를 생각해내고 만들어내야 했다. 각 나라에서 장애를 극복하고 탐구를 계속하는 데 사용될 현상금을 모아야 한다. 세계 창의력 올림피아드는 또한 어린아이들을 위한 것에서부터 DI-TV에 이르는 그 밖의 여러 프로그램과 재료를 제공한다.

물론 세계 창의력 올림피아드와 FPS 둘 다 확산적 사고를 필요로 하고, 비슷한 경쟁 구조를 가지고 있다. 하지만 문제의 성격 때문에 종종 다른 학생들의 관심을 끄는 경쟁을 만들어낸다. FPS에서 가장 성공적인 학생들은 자유로운 조사와 글과 말로써 하는 의사소통을 편하게 생각한다. 어떤 학교에서 FPS는 사회 교과 과정에 편입되기도 한다. 세계 창의력 올림피아드를 가장 즐기는 학생들은 종종 서투른 땜장이거나 공연자들이다. 그들은 3차원 문제 풀기를 좋아하고, 그들의 창의성을 예술적이고 극적인 방식으로 사용하는 것을 좋아한다. 세계 창의력 올림피아드에 대한 더 많은 정보를 원한다면 P.O. Box 547, Glassboro, NJ, 08028의 세계 창의력 올림피아드으로 편지를 쓰거나 웹사이트(http://www.dini.org)를 방문하면 된다.

세계 학생 창의력 올림피아드

세계 학생 창의력 올림피아드(Micklus & Micklus, 1986)는 세계 창의력 올림피아드의 것과 아주 비슷한 문제를 팀을 이루어 푸는 경쟁 프로그램이다. 사실, 이 두 그룹은 원래의 OM(Odyssey of the Mind)에서 갈라져 나왔는데, 세계 창의력 올림피아드는 비영리 조직으로 계속 유지되고, 세계 학생 창의력 올림피아드는 '창의력 경쟁(Creative Competition)'과 제휴한 영리 목적의 조직이다. 두 그룹 모두 장단기 문제 해결을 다룬다. 둘 다 만들고 공연하는 요소를 포함한 문제들이다. 어떤 조직이 해당 영역에서 가장 활발한지 알려면 여러분 지역의 학교들을 조사해볼 필요가 있다. 더 많은 정보를 구하려면 세계 학생 창의력 올림피아드 웹사이트(http://www.odysseyofthemind.com)를 살펴보자.

발명하기와 발명 컨벤션

창의성에 대해서 배우는 가장 흥미롭고 즐길 만한 방법 가운데 하나는 발명 과정을 경험하는 것이다. 발명가의 경험에 대해서 배우고 그들의 발자취를 따라 걸어가면, 학생들은 새로운 아이디어를 낳고 실행하는 것에 대한 독특한 통찰력을 얻을 수 있다. 수많은 회사와 재단, 조직들은 발명에 대해 학생들을 가르치도록 고안된 활동들을 후원하고, 어린 발명가들을 위해 관객을 제공한다. 나는 또한 문제를 식별하고 풀기 위한 어떤 것을 발명하는 것이 성인을 위한 강력한 과제라는 것 또한 발견했다. 이 과제는 원래 위협적이지만, 나는 이런 도전에 부딪힘으로써 그들 자신의 창의성에 대해 다시 새롭게 느끼는 믿음, 자부심, 성공을 발견하는 대학원생의 인원수를 지켜보았다(단 한 번도 발명이 필요한 뭔가를 발견하지 못하는 학생은 하나도 없었다).

여러분이나 학생들이 공식적으로 조직된 발명 프로그램에 관여하고 있든 아니든 관계없이, 발명의 기본 단계는 필연적으로 같다. 초기 단계에는 발명가나 발명의 이야기를 아는 것이 중요하다. 스카치테이프나 화장 티슈, 빨대가 늘 존재했던 것이라고 추정하는 삶을 경험하기는 쉽다. 만약 질문을 받는다면, 우리 중 대부분은 이 아이디어들이 어딘가에서 왔음에 틀림이 없다는 것을 깨닫지만, 클립에서 컴퓨터 칩에 이르기까지 우리의 삶을 가득 채우고 있는 물건들이 누군가의 새로운 아이디어에서 나온 생산품이라는 사실은 쉽게 잊어버린다. 하지만 누군가는 이렇게 물어야만 했다. "여기에 필요한 게 뭐지?" "여기서 문제가 뭐야?" 또는 "이것이 어떻게 하면 더 좋아질까?" 학생들이 발명과 발명가에 대해서 배우는 데 도움이 되는 책과 웹사이트의 끝없이 늘어나는 목록이 존재한다. 살짝 살펴보기만 해도 당신은 시작할 수 있다.

자료를 찾아보는 동안, 다양한 인종적·문화적 배경을 가진 이들의 발명 이야기를 찾아보는 것도 중요하다. 만약 찾기 쉬운 이야기에만 스스로를 한정한다면, 모든 주요한 발명품이 아주 제한된 그룹에 의해 만들어졌다는 인상을 가지기 쉽다. 그러나 이는 진실과는 거리가 멀다.

새로운 발명가들은 그들을 둘러싼 문제와 기회에 대해 민감해질 필요가 있다. 이렇게 하는 방법 가운데 하나는 '나를 괴롭히는 것'에 대한 브레인스토밍을 하는 것이다. 학생들은 작은 그룹을 이루고 일상의 성가신 일들에 대한 목록을 만든다. 어느 고등학생의 사이즈가 너무 작은 도시락이라든가, 방청소를 하라는 부모님의 잔소리에 관한 것을 포함할 수도 있고, 비 오는 날 우편함까지 걸어 나가거나, 레스토랑에서 아이들 뒤를 따라다니며 청소하고, 자기 차에서 알 수 없는 액체가 새는 걸 발견하기 싫어하는 어른의 것에 이르기까지 아주 다양할 것이다.

가끔은 카탈로그를 살펴보는 것, 특히 11월이나 12월에 도착하는 특별 선물용 카탈로그가 때로는 도움이 된다. 거기에 소개된 다양한 공산품은 일상생활의 골칫거리들을 줄여보려는 누군가의 노력의 결과다. 가끔 학생들이 1년 전 그들의 골칫거리 목록에 포함되었던 문제에 대한 해결책을 제시하는 카탈로그를 들고 내 사무실에 들이닥치곤 한다. 종종 그들은 자신들의 발견에 대해서 "왜 저는 이런 생각을 하지 못했을까요?" 또는 "이놈들이 내 발명품을 팔고 있어요" 같은 한탄을 곁들인다. 어린 학생들은 〈어린이들을 위한 발명책The Kid's Invention Book〉(Erlbach, 1999)에서 자기 또래들이 생각해낸 발명품을 보는 것을 즐길지도 모른다. 내가 가장 좋아하는 것은 1학년 학생이 고안해낸 먹을 수 있는 애완동물용 먹이 스푼이다. 그것을 발명한 아이는 애완동물의 먹이를 덜어내는 더러운 스푼에 몹시 분개하고 있었다. 그녀의 스푼은 애완동물의 접시 안에서 잘 부서지기 때문에 인간의 손이 애완동물의 먹이와 닿지 않아도 된다! 발명과 그 필요성을 인식하게 되면 개인이 세계를 보는 방식마저 변화될 수 있다. 이 과정 동안 사람들이 이렇게 말하는 것을 듣는 것은 드문 일이 아니다. "이게 사람 미치게 하는구먼. 내 눈에 들어오는 곳 어디든 발명품이 있다니까. 내가 뭘 하든 나는 어떻게 하면 더 쉽고 더 잘할 수 있나 생각하거든. 어딜 가든 개선할 거리를 찾고 말이지. 내 마누라/남편/부모님은 미칠 지경이지." 괴롭힘을 당하는 가족에게는 동정을 금치 못하겠다. 하지만 기회에 대한 이러한 민감성은 문제 발견의 필수적인 부분이고, 어떤 발명가에게든 가치 있는 자산이다.

일단 문제를 식별하고 나면 탐험이 시작된다. 이미 토론했던 확산적 사고 전략의 수많은 부분이 해결책을 찾는 데 도움이 된다. 많은 경우, 쓸만한 해결책이 발견되기 전에 수많은 디자인과 재료의 활용이 시도되어야만 한다. 가끔은 공학적인 문제에 대한 기술적인 도움을 찾을 필요도 있고, 새로운 재료의 본을 뜨기 위해 물리적 도움을 받을 필요도 있다. 이 모든 것은 발명 과정의 평범한 일부이며, 진짜 발명가들도 겪는 어려움이기도 하다. 발명 일지는 학생들이 과정을 기록하고, 그들의 성공과 실패, 그리고 실제로 입증되지 않은 아이디어들의 자취를 추적하는 데 도움이 된다. 발명 일지는 바로 그 학생들이 계획을 세우고, 고치고, 아이디어를 적어두고, 꿈을 기록하는 곳이다. 만약 주의를 기울이며 계속 날짜를 기입해둔다면, 발명 일지는 그 발명이 맨 처음 떠올랐을 때의 기록으로서 역할을 할 수도 있다.

계획을 세우고 나면, 제작을 시작할 수 있다. 어떤 경우에 학생들은 그들의 아이디어에 대해 미세한 조정을 하면서 대신 쓸 수 있는 재료를 사용하거나, 그들이 원래 만들려고 했던 것을 모형으로 제작할 수 있다. 그러나 그들이 실제로 민들 수 있는 발명품을 기획하도록 학생들을 격려하는 것은 중요하다. 가능한 기술 수준을 넘어서는 판타지적인 발명품을 상상하는 것은 즐길 만한 일이다. 하지만 박스를 장식하는 학생에게, "이 박스는 오일이 새는 네 자동차에 가까이 대면 즉시 그 오일이 뭔지 분석해주는 기계가 될 수도 있어"라고 말해보라. 이러한 행위는 간단하지만, 다루어볼 만한 발명품을 제작하는 과정에서 그 학생이 배우게 될 문제 해결 과정 같은 것을 그에게 제공할 수는 없다. 그렇지만 그렇게 빙 에두른 아이디어가 가끔은 실질적인 응용을 이끌어내기도 한다. 오일이 새는 자동차를 가지고 있지만 관련 기술은 거의 없는 학생은 커다란 패드를 만들고, 그 위에 자기 차의 밑면을 전체 크기대로 스케치했다. 패드 위에 타이어의 자국이 남도록 차를 움직여서 자동차의 밑면이 그림과 정확하게 일치하도록 위치를 잡을 수 있었다. 곧 차에서 오일이 새기 시작하자 실제 자동차의 해당 부분으로부터 그림의 바로 그 지점 위로 떨어졌고, 그럼으로써 새는 곳을 알 수 있었다. 브레이크 액, 오일, 그 밖의 액체를 식별할 수 있는 색깔의 키 덕분에 생산품이 완성되었다. 알아낸 것이다!

만약 당신이 학생들로 하여금 발명을 하게끔 이끌고 싶다면, 그러나 공식적인 발명 프로그램의 일부가 되고 싶지는 않다면, 당신은 스스로 발명 컨벤션을 조직하고 싶을지도 모른다. 그러한 학회를 조직하는 과정은 과학 박람회를 만드는 과정과도 비슷하다. 아마도 당신이 고려하기를 원할 주의점이 1개 있다. 발명은 반드시 자급자족적이어야 한다는 것을 참가자들이 이해해야 한다. 즉, 그들 모두가 흐르는 물이나 전기 또는 그 밖의 형식을 요구하면 안 된다. '자급자족'이라는 규칙을 제시하지 않는다면, 당신은 곧 체육관 전체에 콘센트는 2개뿐이고, 수도꼭지는 없다는 사실과, 전기가 필요한 프로젝트 30개, 흐르는 물이 필요한 프로젝트 5개를 처리해야 하는 자신을 발견할 것이다! 발명과 발명 컨벤션에 대한 부가 정보는 학생들이 발명가가 되도록 격려하는 것이 조직의 목표인 Invent America에서 얻을 수 있다(P.O. Box 26065, Alexandria, VA 22313(http://www.inventamerica.com) 또는 By Kids For Kids, Co(http://bkfk. com/educators)).

사이언스 올림피아드

사이언스 올림피아드Science Olympiad는 과학 지도의 질을 향상시키고, 과학에 대한 흥미를 증진시키며, 뛰어난 과학적 성과를 알리는 데 기여하는 비영리 국가 조직이다. 비록 학생들의 창의적 사고 기술을 증진시키는 데 특별한 목표를 두고 있지는 않지만, 사이언스 올림피아드는 학습 내용 분야에서 창의성을 사용할 기회를 제공하고 있다.

사이언스 올림피아드는 다양한 수준에서 활동 메뉴를 제공한다. 그 메뉴는 생명 과학, 자연 과학, 지구 과학 사이에서 그리고 과학적 지식, 개념, 과정, 기술 및 적용이 필요한 경기들 사이에서 균형을 보이고 있다. 어떤 활동들, 특히 팩트에 기초한 것은 단하나뿐인 정답만을 가지고 있고, 창의적 사고를 위한 최소한의 기회만 제공한다. 다른 활동의 경우, 과학적 원리를 적용할 때 수많은 올바른 해결책이 나올 수 있다는 결론을 이끌어내기도 한다. 예를 들어, 디비전 B(6~9학년)는 한 경기에서 학생들에게 표준적인 테스트 과정을 통해 다양한 바위 샘플을 구별하도록 요구했다. 물론 이것이 결국 지구 과학 부문에서 창의적이 되려는 학생들에게 필요한 영역의 기술을 발전시키는 데 좋은 활동일 수 있다. 하지만 원래의 대답이 적절한 활동은 아닐 것이다. 같은 수준에서 또 다른 활동은 팀에게 먼저 각 면이 20~40㎝인 집과 비슷한 격리 구조를 만들고, 20~30분 동안, 250㎜의 비커 안에서 100㎖의 물과 열기를 유지하게 하라고 요구했다. 이 경우, 수많은 다양한 해결책이 나온다. 그러니까 어떤 분야의 매개변수 안에서 유연한 사고를 하면 학생들의 성공률은 높아지는 것 같다.(Science Olympiad, 1990)

사이언스 올림피아드(1989, 1990)에는 4개 분야가 있다. 초등학교부 A1(K-3등급)은 비경쟁 분야야. 경기는 유치원에서 3학년에 이르기까지, 특정 학교에서 한 반, 또는 전체 학생의 범위에서 과학의 날에 조직된다. 그리고 나머지 3개 분야가 있다. 초등학교 A2(3~6학년), 중학교(6~9학년) 그리고 고등학교(9~12학년)가 그것이다. 상위 3개 분야의 경기는 보통 학교 단위나 지역 단위의 토너먼트로 조직된다. 그 밖의 정보를 원한다면, 사이언스 올림피아드 웹사이트(http://www.soinc.org)를 방문해보라.

제작자 또는 그 이상

최근 젊은 학생들에게 '제작자'가 되도록 격려해주는 새로운 조직이 몇 개 등장했다. 해커 스카우트Hacker Scouts(http://hackerscouts.acemonstertoys.org), 메이커 스카우트 Maker Scouts(http://makerscouts.org) 그리고 DIY 메이커DIY Maker 프로그램(http://diy. org) 같은 조직은 모두 젊은이들에게 만드는 것을 통해 문제를 풀도록 격려한다. 그런데 이들은 종종 기술에 집중한다(주의: 여기서 '해킹'은 악의적인 컴퓨터 장난을 뜻하는 것이 아니라, 새롭게 발명된 해결책을 뜻한다). 해커 스페이스나 공동체가 관리하는 공간에서 그러한 일들을 조직할 수 있는데, 여기에서 공통적인 관심사를 가진 사람들이 만나고 설비를 공유하면서 협력할 수 있다. 해커 스페이스는 전 세계에서 발견되고, 때로는 해크랩hacklab, 메이커 스페이스makerspaces 또는 해크 스페이스hackspaces라든가 그 밖에 수많은 것이 젊은이들을 위한 프로그램 또는 지정된 시간대에 운영되고 있다. 어떤 제작자가 될 수 있는 기회를 여러분의 영역에서 사용할 수 있는지 살펴보자. DIY 메이커의 찬가인 "쌓고, 만들고, 바꾸고, 키우자"는 젊은 창작자들을 위한 테마 송이 될 수 있다. 다음에 내가 이 책의 개정판을 만들 때, 우리가 학교에 기반을 둔 전국 규모의 학생 제작자 박람회를 개최해도 별로 놀라지 않을 것이다. 나는 꼭 그렇게 되길 희망한다.

수많은 학교 대항의 프로그램들이 특정한 과목에서 창의성을 풍부하게 하는 데 사용될 수 있다. 젊은 작가들의 프로그램은 젊은 글쓰기 초보자들을 격려하고 도울 수 있다. 과학 박람회와 비슷하게 조직된 역사의 날History Days은 역사에 대한 창의적 연구와 발표 기회를 제공한다(http://www.nhd.org).

교사들은 몇 가지 측면에서 그러한 프로그램의 영향력을 평가할 필요가 있을 것이다. 그 프로그램이 학생들로 하여금 중요한 학습 내용이나 과정을 사용하도록 돕는가? 요구된 생산물이 유연한 대답을 허용하는가? 프로그램의 경쟁적 측면의 영향력은 무엇인가? 제9장에서는 창의적 노력에서의 경쟁은 학생들 본래의 동기 부여와 창의성을 억제한다는 증거를 제공한다. 어떤 사람들은 창의적 생산품에 대한 보상은 실제 세계의 과정과 유사하며, 학생들이 더 훌륭한 진전을 이루도록 격려할 것이라고 주장한다. 주어진 학생 그룹을 위해 이익과 위험의 균형을 잡을 때, 당신만이 당신의 학생들을 위해서 무엇이 최선인지 판단할 수 있다.

교실에 대해 생각하기

지역의 창의력 올림피아드 토너먼트가 언제 열리는지 알아낸 뒤 방문해보자. 또는 FPS, 과학 올림피아드, 그 밖의 경연 대회의 참가자나 지역 지도자와 연락을 취해보자. 어쩌면 가까이에 해커 스페이스나 제작자 조직이 있을지도 모른다. 당신의 분야에서 무슨 일이 진행되고 있는지 알아보자.

상업적인 생산품, 전달 그리고 실제 세계

창의성을 고취하는데 고안된 수많은 상업적 생산품과 프로그램은 쓸모가 있다. 예를 들어, 책, 키트, 소프트웨어 등이 그러하다. 어떤 것은 특정한 활동이고, 또 어떤 것은 목표가 있는 아이디어나 기술에 초점을 맞춘 책들이다. 또, 포괄적인 프로그램들도 있다. 가장 최근에는 확산적 사고에 박차를 가하거나 아이디어를 구성하고 기록하는 것을 돕도록 고안된 앱들이 급증하고 있다. 프로그램과 재료의 효율성에 대한 평가는 평가가 진행되어온 곳에 따라, 그리고 연구에 따라 다양하다. 그러므로 연구에 대한 주의 깊은 분석이 필요하다. 특별한 프로그램을 사용한 학생들이 그 프로그램에서 사용된 것과 아주 비슷한 활동을 할 때 더 우수하다는 것은 이미 발견된 사실 중 하나다. 또 다른 발견이라면, 상업적이거나 그 밖의 활동에서 기술을 발전시킨 학생들은 그것을 새로운 실제 세계의 상황으로 옮길 수 있다는 것이다. 재료와 전략에 대해 지도하고 가르친 방식은 학생들이 교사가 주도하는 상황 밖에서 그것들을 사용할 수 있는지 여부, 또는 어떻게 사용할지에 영향을 끼칠 수 있다. 만약 교사가 학생들에게 그 기술이 이동 가능하다는 신호를 준다면, 학생들은 다른 상황에서도 그것들을 더 잘 사용하는 경향이 있다.(Bransford, Sherwood, Vye & Rieser, 1986; Cramond, Martin & Shaw, 1990)

당신이 활동을 고를 때, 상업적으로 생산된 것이든, 아니면 교사가 생각해낸 것이든 간에 먼저 고려해야 할 것은 그것이 어떻게 사용 가능한 이론이나 연구와 맞물리는지와, 어떻게 그것이 이동의 가능성을 높이도록 적용 가능한지다. 만약 이러한 활동과 그들이 가르치는 과정이 장기적인 가치를 가지고 있다면, 그들은 학생들이 교실의 안과 밖 둘 다에서 창의적으로 생각하도록 돕는 기술과 태도를 분명히 발전시킬 것이다. 그들은 또한 그것을 사용하면서 학생들의 독립성이 커지도록 도울 것이다. 비록 상상 활동이 그 자체로 중요하고 가치 있을지라도(예를 들어, 호튼의 딜레마를 풀기 위해 CPS를 사용하거나, 새로운 우주 괴물을 만들 계획을 세우는 등), 학생들이 학교에서, 집에서 또는 그 밖의 장소에서 그들의 아이디어를 개선하는데 비슷한 과정을 어떻게 사용할 수 있는지 이해할 때, 그 가치는 더 늘어난다고 믿는다.

나는 자주 내 첫 번째 추수감사절 칠면조에 관한 경험을 유창성이나 브레인스토밍 수업의 도입부에 써먹는다. 나는 모든 요리법을 7명의 가족 속에서 배웠다. 이러한 연습은 내게 독특한 장점과 단점 모두를 제공했다. 나는 누군가를 차별한다는 비판을 피하기에 충분하도록 파이를 일곱 조각으로 똑같이 나누는 법을 배웠다. 나는 또한 평균 20~25파운드(9~11kg)짜리 칠면조를 요리하는 법도 배웠다. 결혼 후 첫 번째 추수감사절 날, 전에 했던 것처럼 칠면조를 준비했던 나는 그것이 테이블에 놓였을 때 비로소 달랑 나와 아내의 접시밖에 없다는 사실을 깨달았다. 말할 필요도 없이 우리는 추수감사절이 한참 지난 후까지 그 칠면조를 먹었다. 당연히 남은 칠면조를 처리하는 데 수많은 아이디어가 필요했다.

그 이야기와 함께 학생들의 다양한 아이디어가 필요했던 시기에 대한 이야기 덕분에, 아이들은 브레인스토밍 시간을 기분 전환용으로 쓸모 있는 실습이라고 여기도록 생각을 바꿀 수 있었다. 학급이 가지고 있는 딜레마를 풀기 위해 사용되는 브레인스토밍은 사고의 이동을 위한 더 강력한 도구가 될 것이다. 당신이 가르치려고 선택한 창의적 사고의 기술이 무엇이든, 학생들은 결국 다음과 같은 질문에 대답해야만 한다. "너는 뭘 하고 있니?" "왜?" 그리고 "이게 언제 도움이 될까?" 그러한 방향 지시가 없다면 우리는 결국 이 장의 도입부에서 소개했던 브라운 선생처럼 될 것이다. 그의 학생들은 금요일 오후에 창의적인 실습을 즐겼지만, 삶의 다른 측면에서는 창의성을 거의 보여주지 못했다.

이동 과정은 우리가 학생들에게 줄 수 있는 다른 도구와 유사해 보일 것이다. 어린 아이들에게 톱, 렌치 그리고 망치가 가득 담긴 박스를 주고서 그것들을 언제 사용할 수 있는지 알아내기를 희망하는 어른은 없을 것이다. 만약 우리가 학생들에게 정신의

망치와 창조의 못을 제공하려고 한다면, 우리는 반드시 그들이 작은 망치와 못 몇 개
만으로도 이 세상의 얼마나 많은 것에 이익을 줄 수 있는지 볼 수 있도록 도와야 할 것
이다. 어떤 장소에서 우리는 박스 안의 모든 것을 사용하기도 한다.

What's Next?

1. 루트-번스타인 부부가 식별한 13가지 전략을 나열한 표를 만들자. 해당되는 장의 내용을 다시 상기하
   면서 창의적 사고 전략을 조사하고, 13가지 기술이 무엇을 나타내는지 살펴보자. 등장하지 않는 기술
   도 있는가? 학교의 반복되는 일상에 꼭 들어맞는 곳은 어디이며, 그 방법은 무엇인가?

2. 문제의 발견은 창의적인 노력을 완성하기 전에 탐험에 일정한 시간을 보내도록 요구하는 것처럼 보인
   다. 당신 자신의 창의적 활동에서 좀 더 탐구적인 행동을 계발하기 위한 실험을 하자. 당신의 노력에
   따른 생산품과 과정 둘 다에 대해 숙고해보자. 느낌이 어땠나? 그것은 창의적인 과정의 다른 측면에
   영향을 끼쳤는가? 그것은 당신의 생산품에 영향을 끼쳤는가? 창의적인 프로젝트를 진행하고 있는
   다른 사람들과 당신의 경험을 공유해보자.

3. 만약 놀이와 즐거움의 중요성이 궁금하다면, 유튜브에서 에스키모의 썰매 끄는 개들과 북극곰에 대
   한 동영상을 검색해보자. 당신은 이론적으로는 서로 적인 이 둘 사이의 놀라운 상호 작용을 보여주
   는 동영상을 찾을 수 있을 것이다. 그들은 놀고 싶다는 더 강력한 본능을 사용하여 공격 본능을 극
   복하는 것처럼 보인다. 다른 동물들은 어떻게 노는지 살펴보자. 어떻게 놀이가 잠재적인 위험성에도
   불구하고 동물들에게 진화의 자산이 될 수 있었을까?

4. 최소한 두 가지 전략을 선택하고 늘어난 창의성으로 인해 이익을 얻을 만한 생활의 영역에서 그것을
   사용해보자. 당신은 그것을 창의적 생산품을 작업하는 곳에서, 또는 삶의 다른 측면에서 사용할 수
   있다. 그것을 사용할 때의 느낌과 노력의 결과를 기록해두자.

5. 발명가나 그 밖의 창의적인 인물의 전기나 자서전을 읽거나, 유명한 발명가들의 인용문을 조사해보
   자. 그들의 사고 과정에서 은유나 이런저런 전략을 사용한 증거가 있는지 찾아보자. 그들이 가장 성
   공적으로 사용한 것처럼 보이는 전략에 대해 토론해보자.

Tech Tips

1. 아이팟, 아이패드 그리고 스마트폰의 시대에는 창의적 사고를 비롯한 거의 모든 것에 대한 앱이 있다. 점심시간이 끝나기 5분 전 같은 남는 시간을 위해 가장 쓸모 있는 것 중 하나는 아이팟, 아이패드, 아이폰을 위한 Creative Genuis on the Go이다. 이것은 당신이 편리한 스마트폰을 가지고 있다면 어느 곳에서나 사용할 수 있는 확산적 사고를 위한 도전을 모은 것이다. 여행할 때도 좋다!

   성인과 학생 들을 위한 이와 비슷한 도구는 Idea Stimulator app이다. 여기에는 확산적인 사고를 만들어내기 위한 110가지 전략과 연습이 들어 있다. 예를 들면, 그 앱은 당신에게 멈추지 말고 10개의 아이디어를 적거나, 당신의 문제를 가장 극단적인 결론으로 가져가보라고 제의한다.

   확산적 사고에 관한 것을 할 때, 당신은 또한 마인드맵(생각 그물 만들기) 관련 앱을 사용하는 것을 즐길 수도 있다. SimpleMind도 있고, 이보다 더 고급스럽지만 비싼 iThoughts도 있다. 마인드맵 앱을 가지고 있으면 당신은 결코 브레인스토밍을 미룰 필요가 없다.

2. 물론 마인드맵을 위한 스마트폰이 필요 없는 온라인상의 선택지도 많다. SpiderScribe(http://www.spiderscribe.net)는 당신의 아이디어를 시각적으로 표현하고 연결하도록 돕는 무료 도구다. 그것은 당신이 그리는 마인드맵처럼 모양을 만들어내는 데 있어서 융통성은 없지만, 텍스트에 덧붙여 파일과 그림, 지도를 업로드할 수 있게 되어 있다. SpiderScribe의 가장 멋진 점 가운데 하나는 공유할 수 있다는 것이다. 당신의 아이디어를 기록하여 그것을 친구나 (또는 수많은 친구에게!) 보내거나 온라인 브레인스토밍에 사용할 수 있다. 지도는 '클라우드'에 저장할 수 있어서 어느 곳에서나 사용 가능하다. 그 사이트는 프린트 기능도 있어서 당신의 지도를 나중에 사용하는데 프린트할 수 있다.

3. 만약 유연한 사고가 다른 관점으로부터의 사고를 포함한다면, 그것은 확실히 다른 사람의 관점을 가져오는 것도 포함할 것이다. Classtools.net의 Fakebook은 문학 작품의 캐릭터, 역사적 인물, 또는 새로운 판타지 캐릭터를 위한 페이스북 페이지를 흉내낸다. 벤저민 프랭클린 같은 역사적 인물을 위한 페이지를 조사하고, 어떻게 이것을 국어나 사회 프로젝트에 사용할 수 있는지 상상해보자.

4. 더 나이 든 학생이라면 유연한 사고를 실제 세계에서 연습하고자 한다면 〈뉴욕타임스〉 온라인의 Room for Debate를 조사해보자. Room for Debate에서는 다양한 관점을 가진 4~5명의 전문가들이 뉴스에 관한 질문에 대해 짧은 답변을 쓴다. 〈타임〉지는 Room for Debate가 공통 교과 과정에서 '논쟁의 구조화', 즉 논리적이고 비판적 사고가 필요한 기술을 다루는 데 사용될 수 있다고 제안했다. 그러나 그 기술은 창의적 과제에 집중할 수 있는 어떤 것 정도가 아니라, 다양한 수준과 학년에서 창의성을 기르는 방법을 교육하는 것이기도 하다. 당신의 학생들은 Room for Debate 포맷을 위해 〈타임〉지를 읽을 필요는 없다.

   다음과 같은 Room for Debate를 위한 참가자 조직에 대해 상상해보자.

   잭은 황금 거위를 훔친 죄로 기소되어야만 하는가? (잭, 거인 그리고 가위의 관점에서)

왜 첫 번째 추수감사절이 중요했는가? (1620년의 청교도, 미국 원주민 그리고 현대 사람의 관점에서)

학교 옆의 강을 따라 자전거도로가 건설되어야만 하는가? (학생, 부모 그리고 강에 사는 물고기의 관점에서)

왜 당신은 당신의 집 짓는 재료를 선택했는가? (아기돼지 3형제의 관점에서)

어떤 단순한 기계가 가장 쓸모 있는가? (지렛대, 도르래 그리고 쐐기의 관점에서)

7. 콘텐츠 영역에서의 창의성
- 언어, 사회 그리고 예술
Creativity in the Content Areas
- Language Arts, Social Studies, and the Arts

데이브는 동료 교사인 낸시에게 인사하려고 길에서 멈췄다. 헌데 낸시가 무척 시무룩해 보였다.

"무슨 일 있어?" 데이브가 물었다.

"혹시 운이 나쁜 날이니?"

"난 이 모든 걸 어떻게 해야 할지 모르겠어." 낸시가 대답했다.

"어떤 모든 것?"

"모든 것… 교실에서의 창의적인 활동에 내가 얼마나 관심이 많은지 너도 알잖아. 난 학생들의 상상력이 진짜로 뻗어나갈 때 보이는 에너지와 흥분을 정말 사랑해. 하지만 현재 우리에게는 공통 교과 기준이 있고, 그것으로 모든 것이 끝났다고들 생각해. 창의성에 관한 기준이 전혀 안 보이지. 하지만 거기엔 지나치게 많아. 게다가 학력 평가와는 관련 없는 것들, 그 나머지 것들에 어떻게 시간을 낼 수가 있겠어? 아마도, 창의성은 사라지게 될 거야."

만약 당신이 데이브라면 뭐라고 말할까? 학습 내용을 가르치는 것은 대부분의 학교 활동에서 핵심적이다. 사용할 수 있는 정보의 양이 계속 폭발적으로 증가하기 때문에, 우리 학생들이 미래에 갖추어야 할 지식은 지금 당장 사용할 수 없다. 수많은 학생이 그들의 인생에서 태프트-하틀리 법[1]의 세부 사항이나 등가 각도의 중요성을 기억하지 못할 것임을 우리는 잘 안다. 그러나 교사들은 여전히 학교에서 대부분의 나날을 네 가지 기초 분야를 가르치는 데 보낸다. 언어, 수학, 사회, 과학이 그것이다. 학습 내용은 학생들을 둘러싸고 있는 세계와 문화에 대해 이해하고, 더 건강한 삶을 살고, 그들 자신을 더 분명하게 표현하고, 인생의 수많은 영역에서 지식에 바탕을 둔 결정을 하도록 돕는다. 그것은 또한 21세기에 기초 기술로 간주될 창의적이고 비판적인 사고와 문제 해결 방식을 배우는 데 있어 전달 수단이 될 수 있다.

이번 장에서는 교육 내용에 대해 조사하고, 그것이 어떻게 창의성의 기본 목표 및 과정과 연관될 수 있는지 연구할 것이다. 나는 창의적인 행동은 문제를 발견하고, 해결하고, 독특한 방식으로 개별적인 아이디어를 표현하는 것을 동반한다고 주장하고 싶다. 해결되는 문제, 표현되는 아이디어가 진공 속에 존재하는 것은 아니다. 사람들은 한 가지 이상의 분야에서 창의적이며, 창의적인 과학자, 창의적인 음악가, 그리고 창의적인 작가로서 활동한다. 각 개인은 창의적이기 위해 지식이 필요하다. 더욱 복잡해지는 문제를 발견하려면 문제가 발견되는 영역에 대한 이해 역시 늘릴 필요가 있기 때문이다. 확립된 지식 속에서 너무 깊이 참호를 파면 신선한 관점으로 어떤 분야를 바라보기가 어려워질 수도 있다.(Sternberg & Lubart, 1991; Sternberg & O'Hara, 1999) 그러나 너무 많은 지식이 초등학교나 중학교 교사의 걱정거리가 되는 경우는 드물다. 보다 더 직접적인 이슈는 이해를 위한 교육을 하면서 어떻게 중요 과목을 가르쳐야 학생들의 창의성에 도움을 줄 것인지 결정하는 것이다.

제1장에서 썼듯이, 학습 내용에 대한 이해를 향상시키는데 추천한 전략들은 사실 학생들의 창의적 사고와 연관된 활동들을 설명한 것이었다. 스턴버그(2003)의 연구 결과에 따르면, 분석적이고 실제적이며 창의적인 사고 기술을 사용하여 배운 학생들이, 전통적인 방식만으로 배운 학생들보다 더 다양한 영역에서 학문을 성공적으로 연구했다. 그가 요약하기를, "간단히 말해서 창의적으로 생각하도록—창조하고, 상상하고, 추측하고, 발견하고, 발명하도록 학생들을 격려함으로써 교사는 학생들이 그들의 성취 능력을 높이도록 돕는다."(p132)

---

1) Taft-Hartly Act, 미국 현행 노동 기본법으로, 1947년에 제정되었다.-옮긴이 주

창의성을 돕는 방식으로 학습 내용을 가르치는 것이야말로 21세기 시민을 위해 필수적인 기술을 개발하는 것이라고 믿는 이유가 있다. T. 와그너(2008)는 경영, 교육 그리고 자선 사업 분야의 리더 수백 명을 인터뷰하면서 학생들이 성인으로 옮겨갈 때 필요한 기술에 대해 물었다. 경영 분야의 어느 리더에게서 나온 첫 번째 대답은 이것이었다. "첫 번째이자 가장 중요한 것은 이겁니다. 나는 훌륭한 질문을 던지는 사람을 찾지요. 우리는 그들에게 기술적인 것은 가르칠 수 있지만, 좋은 질문을 던지는 법—즉 생각하는 법을 가르칠 수는 없으니까요."(p20) 와그너는 다음과 같이 그가 식별할 수 있었던 기술을 요약했다(창의적 사고와 비슷한 점을 적었다).

1. 비판적 사고와 문제 해결
2. 협력과 리더십
3. 명민함과 융통성(유연한 사고)
4. 솔선수범과 기업가 정신
5. 말로써 또는 문서를 통한 의사소통 기술
6. 정보에 접근하고 분석하는 능력
7. 호기심과 상상력

사실상 목록에 적힌 모든 요소가 창의성의 핵심 속성을 되풀이한 것이다. 호기심, 흥미와 문제를 발견하는 것, 유연한 사고, 개인의 아이디어를 교환하고 문제를 푸는 것 말이다. 그러나 이 목록은 창의성에 집중해서 개발된 것이 아니라, 학생들이 21세기의 경력과 시민 의식을 가지는 데 가장 도움이 될 활동을 설명한 것이었다.

창의성을 돕기 위한 교육에서 실제적인 정보의 중요성을 과소평가하는 것은 아니다. 어떤 개인도 실제 배경 지식 없이는 힘 있고 흥미로운 문제를 발견할 수 없다. 그것은 이 내용이 즉시 착수될 수 있는 것임을 알려준다. 그것은 또한 우리가 학습 내용과 학생 둘 다를 새로운 눈으로 보지 않을 수 없게 만든다. 우리가 학생들에게 문제를 발견하고 해결하라고 가르칠 때, 결코 그 문제가 정확히 우리를 어디로 이끌지 알 수 없다. 우리는 학생들을 텅 빈 그릇이나 비어 있는 칠판처럼 보면 안 된다. 함께 추구할 가치가 있는 아이디어, 경험, 생각을 가지고 우리에게 온 동료 연구자로 봐야만 한다.

이런 관점에서 교사들은, 자기 영역에서 창의적인 개인들이 그랬듯이, 학생들이 전략을 사용할 기회를 가질 수 있도록 각 과목을 가르쳐야 한다. 학생들은 적어도 가끔은 창의적 작가가 하듯이 언어학을 바라보고, 창의적인 과학자의 관점으로 과학을 보고, 그 영역의 창의적 연구가처럼 사회 과목에 접근할 수 있다. 그들은 단지 과목의 내용만을 배워서는 안 된다. 그 영역이 어떻게 작동하는지 배워야만 한다. 학습 내용에 대한 교육은 문제를 발견하고, 정보를 모으고, 중요한 아이디어에 집중하고, 그 영역의 언어와 형식으로 발견한 것을 표현하는 전략을 포함해야 한다.

〈표 7.1〉은 교실을 모델로 하여 창의성을 이해하기 위한 학습을 나타낸다.

이해를 위한 학습을 위해 학생들은 목표를 이해하는 데 집중할 필요가 있고, 그 목표 덕분에 우리는 학생들이 배우기를 원하는 핵심 개념과 일반화로 이끌 수 있다는 사실에 주의해야 한다. 그들이 배운 정보를 의미 있게 사용해야만 하고, 분명한 피드백도 받아야 한다.(ALPS, 2012) 여러분이 앞으로 진행될 다음 3개 장을 읽어나갈 때, 창의성을 돕기 위해 고안된 전략들이 어떻게 그 방향으로 정확하게 인도하는지 관찰해보자.

다음에 나오는 2개 장에서는 내용 교육에 대해 몇 가지 각도에서 조사할 것이다. 먼저, 그들은 예술에서의 학습 내용 교육 사례를 토론하고, 그것이 어떻게 다른 과목을 위한 모델을 제공할 수 있을지 논의한다. 그 다음으로, 우리는 교과 과정 가운데 4개의 주요 영역(언어, 사회, 과학, 수학)을 조사하여 창의성을 보조하는 내용 교육 사례를 제공할 것이다. 마지막으로, 제8장에서는 귀납적인 교육, 역할놀이 그리고 모의실험 전

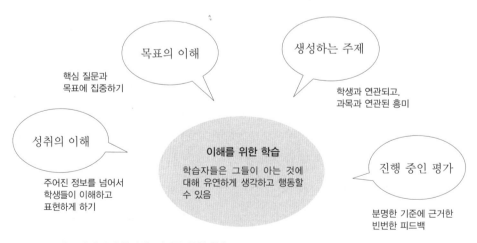

표 7.1 교실 모델에서의 창의성: 이해를 위한 학습

략을 비롯해 과목을 초월하는 부가적인 전략을 조사하고, 질문을 던지는 패턴과 토론 기술을 조사할 것이다. 그러나 우리는 먼저 최근에 가장 중요하게 이루어진 교과 과정의 발달 가운데 하나인 공통 핵심 교과목 기준을 다루어야만 한다. 만약 낸시가 그녀의 수업에 창의성을 짜 넣을 수 있다면, 그녀는—그리고 그녀와 같은 수천 명의 교사들은—필요한 기준을 다루면서 그렇게 할 수 있을 것이다.

창의성과 공통 교과목

미국에서 전국 공통 교과목 기준은 지난 수십 년간 가장 강력한 영향력을 지닌 교육용 데이터베이스 중 하나다. 전국 공통 교과목의 기준은 제휴하고 있는 주에 걸쳐—이 책을 쓰고 있는 시점 기준으로 45~50개 주—공통적인 교과 과정 기준을 개발하도록 고안되었다. 기준은 결국 공통적인 평가 기준을 사용하여 평가하게 될 것이고, 주 사이의 경쟁을 허용할 것이다. 전국 공통 교과목 기준은 기술적으로는 국가 전체의 교과 과정이 아니다. 왜냐하면 그것이 연방 조직에 의해서가 아니라 주들 간의 협력을 통해 개발되었기 때문이다. 그것은 미국 전역의 학교에 엄청난 영향력을 행사하고 있다. 사실 놀라울 것도 없다. 누가 국가 평가 프로그램에서 바닥 수준임을 보이고 싶겠는가?

지금까지 전국 공통 교과목 기준은 수학과 영어에서 발달해왔다. 미국 전체에 걸쳐 교사들은 워크숍에 참가했고, 그들의 전통적인 활동을 공통 교과 과정에 맞춰 정렬시킬 수 있다고 약속하는 모든 자료를 제공받았다. 그 자료들은 아마도 평가를 우선시했다. 그리고 공통 기준에 가치를 부여하는 구성 요소들도 분명히 있었을 것이다. 하지만 나는 누군가가 그것에 대해 이야기할 때마다 영화 〈죠스〉의 주제곡을 듣는 기분이 들었다. 부드럽게 항해하는 것처럼 보이는 동안, 뭔가가 그 아래에 잠복하고 있는 것이다. 문제는, "창의성이 공통 교과목 기준과 안전하게 공존할 수 있을까?"이다.

공통 기준에는 수많은 좋은 점이 있다. 특히 비판적 사고, 논리, 조사 그리고 수학적 사고에 대한 강조는 창의적 사고와 혁신에 중요한 도움을 줄 수 있다. 그러나 여기에 내 두려움이 도사린다. 언제나 존재하는 "시험 성적을 올리라!"는 압박하에서 학교와 교사들은 그들의 노력을 공통 기준에 집중하도록 강요받을 것이고, 거대한 '성적 책임'

이라는 상어가 어적어적 씹어 먹는 사이에 다른 것들은 사라져버릴 것이다.

그러나 기준을 만든 저자가 "기준이 포함하지 않는 것은 무엇인가?"에서 말한 것을 기억하자.

기준이 가장 핵심적인 것에 초점을 맞추는 반면, 그것이 교육할 수 있고 교육해야 만 하는 모든 것을 설명하지는 않는다. 수많은 부분이 교사와 교과 과정 개발자의 선택권으로 남아 있다. 기준의 목적은 기초가 되는 것을 연관짓는 것이지, 완벽한 목록을 제시하거나 여기에서 열거된 것 이상의 것을 가르치는 데 제한을 두려는 것 이 아니다.

여기에서 우리는 창의성과 공통 교과목 기준에 대해 고려해야 하는 세 가지 핵심 원칙에 도달할 수 있다.

창의성과 공통 교과목 기준의 원칙 1
: "이것이 전체 교과 과정은 아니다"

이것은 전국 공통 교과목 기준이다. 하지만 사과 전체는 아니다. 만약 우리가 가르 치는 일을 기준 서류 안에 있는 것으로 정확히 한정짓는다면, 학생들은 중요한 경험과 아이디어—말할 것도 없이 대부분의 사회, 세계 언어, 예술!—를 놓칠 것이다. '공통 교과목 기준에 포함되지 않는 것'의 목록은 이 점을 특별히 다루고 있다.

공통 교과목 기준이 어떤 특정 형태의 학습 내용에 대해 언급하고 있는 반면에… 그것은 학생들이 배워야 하는 것 모두, 심지어 대부분을 열거하고 있지 않으며, 사 실은 할 수도 없다. 그러므로 공통 교과목 기준은 잘 개발된, 내용이 풍부한 교과 과정의 보완을 반드시 받아야만 한다.(National Governors Association Center for Best Practices, Council of Chief State School Officers, 2010, p6)

창의성과 공통 교과목 기준의 원칙 2
: "이것이 당신에게 가르치는 방법까지 알려주지는 않는다"

전국 공통 교과목 기준은 핵심 수학, 언어 그리고 곧 과학의 내용에 대해서 각 학년 기준으로 윤곽을 그리고 있다. 즉 전국공통기준위원회는 적어도 이러한 과목들의 영역에서는 각 학년 수준에 따라 무엇을 가르쳐야 하는지에 대해 신중하게 숙고하고 있다. 그러나 그 내용에 대한 교육이 이루어지는 방식에 대해서 다루지는 않는다. 사실 '공통 기준이 포함하지 않는 것'의 목록을 정할 때, 첫 번째 문장은 다음과 같이 말하고 있다, "공통 기준이 정의하는 것은 모든 학생이 안다고 기대하는 것, 할 수 있다고 기대하는 것이지, 교사가 어떻게 가르쳐야 하는지에 대한 것이 아니다." 공통 기준이 권한을 주는 것과 주지 않는 것이 무엇인지를 이해하는 것이 중요하고, 창의적인 교육과 창의력을 향상시키는 교육을 통합하는 방법도 찾는 것이 중요하다.

예를 들어 당신이 4학년 학생들을 가르치고 있는데, 지도 안에 창의적 사고 전략을 결합시키고 싶다고 가정해보자. 그리고 다음과 같은 기준을 따라서 작업하고 있다고 상상해보자.

> 교과서 안의 특정한 세부 사항을 살려서 캐릭터, 배경이나 사건, 드라마를 깊이 있
> 게 설명해보자(예를 들어, 캐릭터의 생각, 말 또는 사건).

오늘 당신의 목표는 학생들이 캐릭터를 설명하도록 돕는 것이다. 당신은 학생들에게 한 단락을 읽고 묘사에 해당하는 단어나 어구를 끄집어내도록 시킬 수 있다. 그런데 나는 그런 걸 상상하는 것만으로도 꾸벅꾸벅 졸기 시작할 지경이다. 어떤 다른 선택의 여지가 더 창의적인 사고를 가능하게 하고, 학생들이 흥미를 가지도록 만들 것인가? 당신 자신에게 확산적·창의적 사고 전략에 대한 몇 가지 기본 질문을 하는 것으로 시작해보자.

- 많은 아이디어를 만들어내는 데 도움이 되는 장소가 있을까?
- 그것은 다른 관점이나 시점을 가지는 데 도움이 될까?
- 나는 어떻게 "만약 OO라면 어땠을까?"라는 질문을 사용할까?

- 나는 어떻게 우리의 토론 속에 은유를 결합시킬 수 있을까?
- 나는 어떻게 학생들이 질문을 던지고 조사하도록 만들 수 있을까?

이러한 질문들은 수많은 아이디어의 방아쇠를 당길 수 있다. 4학년을 위해 가장 많이 추천되는 텍스트 중 하나인 〈이상한 나라의 엘리스〉를 선택해보자.

- 나는 중심 장면 하나를 선택한 뒤, 그 캐릭터가 선택할 수 있는 수많은 가능성을 만들어내도록 학생들에게 요구했다. 그러면 학생들은 그 캐릭터가 가장 좋아할 만한 선택을 골라야 한다. 이때 캐릭터의 성격, 믿음 등을 근거로 선택할 수 있다. 예를 들어, 이야기 도입부에서 엘리스는 방에서 곤경에 빠져 있다. 문을 통과하기에는 몸이 너무 큰 것이다. 엘리스는 주저앉아 울고 만다. 엘리스는 그 다음에 어떻게 할 수 있을까? 우리가 엘리스에 대해서 알고 있는 것을 바탕으로 할 때, 어떤 선택이 가장 그럴듯할까?
- 나는 학생들에게 어떤 캐릭터에 대해 설명하라고 요구해서 같은 캐릭터를 다시, 그러나 다른 캐릭터의 관점에서 설명하도록 요구할 수 있다. 예를 들어 체셔 고양이는 엘리스를 어떻게 묘사할까? 공작 부인은 어떨까? 그들은 반드시 왜 그 두 번째 캐릭터가 그와 같은 관점을 가지고 있는지에 대한 근거를 제공해야만 한다.
- 〈이상한 나라의 엘리스〉에는 수많은 "만약 OO라면 어땠을까?"의 가능성이 있다. 하지만 학생들이 엘리스의 캐릭터를 더 잘 설명하도록 도울 수 있는 "만약 OO라면 어땠을까?"를 제안하기가 좀 더 까다롭다. 나는 다른 날을 위해 "만약 OO라면 어땠을까?"를 아껴두겠다.
- 세부 사항을 첨가하는 것에 대해 생각하면서, 나는 또 다른 공통 교과목 기준을 떠올린다. 이야기나 드라마의 텍스트와 텍스트의 시각적인 구두 발표 사이에 연관을 맺고, 각각의 버전이 텍스트 안의 특정한 설명이나 방향을 반영하는 지점은 어디인지 확인해보자. 학생들에게 텍스트 안의 세부 사항과 원래의 일러스트를 비교하게 한다면 흥미로울 것이다. 그들이 일러스트에 덧붙이고 싶어한 세부 사항이 텍스트와 더 잘 어울리는가?
- 엘리스에 대한 은유는 재미있을 것이다! 만약 엘리스가 동물이라면, 그녀는 어떤

동물일까? 엘리스의 어떤 점이 그 동물과 비슷한가?
- 학생들은 어떻게 엘리스를 조사할 수 있을까? 아마도 책의 도입부에서 학생들은 엘리스의 성격에 대한 가설을 만들 수 있을 것이다. 그녀는 호기심이 많은가? 용감한가? 그다지 조심성이 없는가? 학생들은 계속 읽어가면서 가설을 지지하거나 지지하지 않는 근거의 도표를 만들 수 있다.

이런 활동의 어느 것이라도 학생들이 세부 사항을 보고 캐릭터를 묘사하는 데 도움이 되며, 그들에게 유연한 사고와 상상을 위한 기회를 제공하기도 한다.

물론 엘리스와 함께하는 가능한 많은 다른 창의적 활동이 있지만, 위에서 열거한 기본적인 질문들은 대부분의 다른 주제나 기준에 대해 방향을 제시하는 데 도움이 될 것이다. 아울러 다음 2개 장에서 다루어질 전략들은 더 많은 선택의 여지를 제공할 것이다. 목표는 정해져 있지만, 엘리스가 발견한 것처럼 비록 당신이 어디로 가는지 알고 있을지라도, 그 길을 따라가는 모험은 말할 것도 없고, 그곳에 가는 방법은 수없이 많다는 것을 기억하자!

창의성과 공통 교과목 기준의 원칙 3
: 이것은 당신에게 학생들이 학습 내용을 가지고 무엇을 해야 하는지 알려주지 않는다

공통 교과목 기준은 또한 학생들이 배운 학습 내용을 어떻게 사용해야 하는지는 다루지 않는다. 공통 기준은 학생들이 사용할 기본 과정('묘사하다', '설명하다', '쓰다', '비교하다')을 열거하고 있지만, 일반적으로 이러한 과정들을 증명하는데 학생들이 해야 하는 것을 말하지는 않는다. 이것이 이해라는 행동이 들어맞는 지점이다.(ALPS, 2012)

예를 들어 고등학생들은 이렇게 할 수 있다.

작가들이 선택한 텍스트의 구조를 세우고, 그 안에서 사건을 정하고(예를 들어, 평행하는 플롯), 시간을 교묘하게 다루는(예를 들어, 속도를 유지하거나, 플래시 백하는) 방법이 어떻게 미스터리, 긴장감 또는 놀라움과 같은 효과를 만들어내는지 분석하라.

이해될 수 있게 해주는 가능한 방법은 많다. 학생들은 글쓰기에 유익한 텍스트에 초점을 맞춰서 어쩌면 전형적인 논술을 할 수도 있다. 아니면 그 대안으로 몇 개의 텍스트—아마도 몇 개의 미스터리—를 분석하고, 거기에서 알아볼 수 있었던 미스터리 전략을 사용하여 자신의 짧은 미스터리를 쓸 수도 있다. 미니 미스터리는 이메일을 이용하는 이야기 만들기 자료(e-mail story starter)나 전통적인 단편, 또는 할로윈 기간에 하는 '무서운 이야기'를 들려주는 이벤트 같은 형식을 택할 수 있다. 이 모든 활동은 최초의 분석은 물론 이야기 쓰기나 연설 모두에서 공통적인 기준을 세우는 데 도움이 된다. 차이가 있다면 교사가 다음과 같은 수행에 관한 질문을 덧붙인다는 것이다. "학생들이 어떻게 이 학습 내용을 독창적으로 사용할 수 있을까?"

학생들은 또한 온라인 게시판이나 "무엇이 미스터리를 만드나?" 또는 "텍스트 속의 시간 여행" 같은 정의를 가진 포스터에 기고하는 등 글쓰기에 관한 기술을 사용하여 공통 기준을 보조할 수 있다. 이때 다양한 텍스트로 작가들의 기교에 대해 관찰하고 공유할 수 있다. 이러한 놀라운 일이 가능하게 하는 웹사이트들이 있다. Padlet, Corkboard Me나 Glogster가 그것이다. 중요한 것은 이러한 과제들 중 어느 것을 통해서든 텍스트의 구조 쌓기와 정보가 있는, 뭔가 의미 있는 일을 하는데 작가가 선택할 때 어떤 고려를 하는지 분석하는 것이다. 이 활동은 또한 학생들이 전문 작가들의 방법과 도구를 이해하도록 도움으로써, 창의성을 계발하는 핵심 중 하나에 도움이 될 것이다.

또는 여러분이 다음과 같은 기준을 다루고 있는 예를 들어보자.

양방향 빈도 분포표에서 2개의 범주를 위한 범주 데이터를 요약해보자. 데이터의 맥락(연결되거나 최저의, 그리고 상대적인 상대빈도수를 포함하여) 속에서 상대빈도를 해석해보자. 또한 데이터 안에서 가능한 연관성과 흐름을 파악해보자.
샘플 조사, 실험 그리고 관찰 연구로 추리해보고 결론의 정당성을 증명해보자.

여러분은 학생들이 수학 교과서에서 당연히 사용할 수 있는 손쉬운 문제들을 풀게 할 수 있을 것이다. 아니면, 몇 년 전에 내 제자가 했던 것처럼 통계를 실험해볼 수도 있을 것이다. 그는 학생들이 간단한 조사, 데이터 분석 그리고 데이터를 제시해야 하는 프로젝트를 고안했다. 처음에는 정확하게 하고, 그 다음에는 가능한 한 거짓말은 하지 않으면서 미완성 데이터를 보여주고, 일부를 생략한 그래픽을 사용하는 등 흔한 공통 전략을 사용하여 진실과 다르게 진행했다. 그 프로젝트의 결과 그는 통계에 대한 이해와 조사를 해석하는 학생들의 능력을 평가할 수 있었고, 동시에 학생들이 "통계에 기반한 건데요"라고 주장하는 것을 읽을 때 아주 조심해야 한다는 교훈을 줄 수 있었다. 비슷한 방식으로 학생들이 과목 안의 문제를 식별하고 풀도록 하면서 학습과 창의성 둘 다에 대한 강력한 경험을 제공할 수 있다.

공통 교과목 기준은 학생들의 학습과 비판적 사고를 위해 높은 기준을 제시하고 있지만, 그것이 교육의 만병통치약은 아니며, 그것만으로 창의성을 도울 수도 없다. 그러나 우리가 현명하다면, 공통 기준과 창의성을 동시에 다룰 수 있을 것이고, 더 나은 이해도 다룰 수 있다. 그렇게 하려면 창의적인 교육과 창의력을 향상시키는 교육이 모두 필요하다. 우리는 핵심 학습 내용을 보고서 이렇게 말할 수 있는 교사가 필요하다. "나는 학생들이 보고서를 씀으로써 인간 몸의 구조를 이해하고 있음을 나타내게 하고 싶지 않다. 우리는 그것을 마지막 단원에서 했다. 이번에 그들은 말을 통한 소통과 창의성을 동시에 합쳐 그 구조를 설명하고 나타내는 루브 골드버그[2]식 모델을 만들 수 있다." 유연한 방식으로 학습 내용을 사용하는 방식을 조사함으로써 내용 학습과 창의성 면에서 이익을 얻을 수 있다. 그것이 가능하도록 우리를 돕는 전략이 바로 '창의적인 사람들은 어떻게 그들이 연구하는 분야에서 그러한 내용을 사용하는지 고려해보는' 것이다.

교실에 대해 생각하기

여러분 학급의 수준에 맞는 공통 교과목 기준을 조사해보자. 그리고 실제 세계의 문제를 조사하는 동안 배울 수 있는 공통 기준을 찾아보자. 이때 선택 가능한 옵션을 위해 내용의 영역에 도움을 줄 언어의 기준을 반드시 확인하자.

---

2) Rube Goldberg, 1883~1970, 미국의 만화가. 1948년에 카툰 〈평화 오늘(Peace today)〉로 퓰리처 만화상을 수상했는데, 만화에 등장하는 각종 번잡한 장치를 '루브 골드버그 장치'라고 부른다. 그 까닭은 그가 '단순한 결과를 얻기 위해 복잡한 과정을 거치는 상황'을 풍자한 만화를 그렸기 때문이다.-옮긴이 주

창의력을 향상시키는 교육: 모델

예술가인 조지 제클리는 어린이들의 예술과 사랑에 빠졌다. 그는 아이들 작품의 정직함과 흥분에 사로잡혔다. 또한 어린 예술가들의 작품이 성인 예술가들의 활동에 필적하는 그 방식에 충격을 받았다. 그들의 그림, 진흙 작품 또는 춤에 몰두했을 때, 그들은 예술 과정의 진정한 방식에 종사하고 있었다. 불행히도 예술을 가르치는 교사로서, 그 역시 학생 예술가들이 자신의 예술을 하는 방식과 그들이 학교에서 예술적인 면을 표현하도록 기대되는 방식 사이의 대비 때문에 충격을 받았다. 학교에서의 예술은 보통 교사에 의해 선택되고 계획된 과제와 관련되어 있다. 계획에서 벗어나거나 일탈하면 잘못된 행동이나 실패로 여겨진다. 그는 학생 중 하나가 자신이 주의 깊게 계획한 프로젝트를 완성하는 것을 거부하자 울음을 터뜨린 젊은 예술 교사에 대해 묘사했다. 그 학생이 원하던 것은 오직 그림 그리기뿐이었다!

학생들에게 예술가로서 행동할 수 있도록 허용하는 학교의 예술 활동을 고안하려는 제클리(1988)의 노력의 결과로 그의 책 〈예술 수업에서 힘을 북돋우는 창의성 *Encouraging Creativity in Art Lesson*〉이 나왔다. 책에서 그는 동료 예술가, 발견자 그리고 탐구자이기도 한 학생들과의 상호 작용에 대해 설명했다. 여기에서는 예술 교사로서 제클리의 전략 몇 가지를 다시 살펴보고, 이것이 어떻게 아이디어를 소통하고 문제를 발견하고 해결하는 과정의 모델이 될 수 있는지 생각해보겠다. 다음 부문에서는 이러한 원칙을 다른 영역에 적용하는 방식을 탐구하고, 학생들을 다양한 영역에서 지식의 재생산자라기보다는 창의적인 생산자로서, 그리고 문제를 탐구하고 아이디어를 소통하는 사람으로서 보고 이에 대해 논의한다. 이 부문에서는 창의적 사고를 증진시키기 위해 고안된 몇몇 전략들이 콘텐츠 영역 안에서 특히 적절하다는 것을 지적한다. 이러한 노력을 하면서 우리는 계속 교사의 역할을 연구해야만 한다. 제클리가 스스로를 예술가-교사라고 본 것과 마찬가지로, 그가 학생들과 공유하면서 예술 작업을 하고 생활의 예술을 만드는 것처럼, 영역을 넘나드는 창의성의 과정은 우리 스스로를 새로운 역할 속에서 재창조하도록 이끈다. 우리가 또한 주목을 끌 만한 가치가 있는 문제와 공유할 만큼 흥미로운 아이디어를 탐구하듯이, 우리는 과학자-교사, 작가-교사 등이 될 필요가 있다. 아마도 문제와 질문 그리고 우리 학습 내용의 신비로움에 스스로 빠져들게

함으로써 우리는 학생들뿐 아니라, 자신을 위한 새로운 모험을 발견할 것이다. 이제 예술 속의 여행을 탐구해보자.

예술의 발견

예술 담당 교사는 시간 부족에 끊임없이 시달린다. 특별한 날을 위해 계획한 과제가 무엇이든 할당된 시간 안에 반드시 설명하고 성취하고 끝을 내야만 한다. 그러한 요구를 충족시키기 위해 어떤 예술 수업에서는 조립 라인 같은 분위기를 흉내낸다. 교사는 과제를 가능한 한 분명하게 설명하고, 필요한 재료를 공급한다. 학생들은 주의 깊게 듣고 지도하는 대로 따라야 할 책임이 있다. 모든 것이 잘되어가면 게시판이나 집의 냉장고 문에 걸 준비가 되어 있는, 교사의 계획에 가까운 생산품의 컬렉션을 확보하고서 학기가 끝날 것이다.

하지만 비록 이러한 전략이 효율적이더라도, 이것은 제1장에서 다루었던 기본적인 질문 가운데 하나를 떠올리게 한다. 여기서 창의적인 사람은 누구인가? 만약 교사가 문제를 선택하고, 그것이 어떻게 해결되어야 하는지 결정한다면, 결과물(비록 학생들에게 예술적인 기교를 연습할 기회를 잠재적으로 제공했을지라도)은 학생들보다 교사의 창의성을 더 많이 반영한다. 그것은 교사의 아이디어이고, 교사가 선택한 재료이며, 교사의 말끔한 지도 방침 그 자체다. 학생들은 단지 노동력을 제공할 뿐이다. 그러한 수업에서 학생들은 예술을 경험하지 못한다. 교사들이 미리 계획해둔 문제와 고안해둔 해결책을 제시할 때, 그것이야말로 창의성으로 가는 핵심 중 하나를 줄여버리는 셈이다. 학생이 풀 만한 중요하고 흥미로운 문제의 발견을 말이다.

> 교사들이 단지 학생들이 자기 지시를 따르기만 해도 예술 작품을 만들 수 있다고 추측한다면, 그들은 *아이디어에 대해서 생각하고* 예술 작품을 준비하는 것이 예술 과정에서 얼마나 중요한지 잊어버렸음을 보여주는 셈이다. 예술가들은 그 자신의 아이디어에 대해 생각하고, 자신이 만들 작품을 시각화하고, 아이디어들을 노트와 스케치로 기록하고, 작업을 준비하고, 재료를 찾고, 아이디어들을 현실화할 수 있는 다양한 가능성에 대해 즐거운 경험을 하면서 예술품 제작을 준비한다. 지시에 따

르기만 하는, 예술품 제작에 관한 정해진 기술을 배우는 데 강조점을 둔 수업은 학생들을 예술 과정으로 인도하는 기본적인 문제와 타협하기 어렵다. 환경에 대한 경험에 반응하고, 예술적 아이디어에 대해 생각하고, 그 밖의 필수적인 준비를 하면서 예술품 제작을 준비하는 학생들을 돕기 위한 수업 **과정에서 시간을 찾아야만 한다**. 또한 예술품 제작을 적절하게 준비하는 데 충분한 시간이 주어지기 어렵기 때문에, 수업을 기획할 때 학생들이 예술 수업 시간 외에 그들 자신의 시간을 쓰도록 동기 부여를 해야 한다. 그러니까 집에서뿐만 아니라 모든 종류의 일상 경험에서 보고, 생각하고, 예술가들이 하는 것처럼 반응하면서 예술품 제작을 준비해야 한다.*(Szekely, 1988, p4~5, 고딕체 부분은 원문의 강조 부분)*

학생들을 '아이디어를 찾는 데 따른 걱정'으로부터 보호하는 대신 교사가 구조화한 문제는, 학생들로부터 예술 제작 과정을 훔치는 셈이다. 아이디어를 찾고, 재료와 도구와 형식을 선택하는 것, 다양한 가능성을 시각화하는 것 등을 말이다. 예술 수업은 기껏해야 교사의 지식이나 그 분야의 기술을 단지 나누어주기 위해 기획되는 것이 아니라, 학생들에게 예술가의 삶을 경험할 수 있게 해주어야 한다. 그들은 동시대 예술가들의 흥미를 끄는 그런 문제들을 탐험해야 한다. 예술가들이 하듯이, 주위 세계를 표현하고 탐험하는데 예술을 사용해야 하는 것이다.

그렇다면 예술 수업의 목적은 아이들이 발명하고… 구조와 원칙을 발견할 수 있는 상황을 창조하는 것이다. 우리는 그들의 학교 교육이 끝난 후에도 그들 자신의 아이디어를 계속 만들어내고, 그것에 따라 행동할 것이라고 확신하기를 원한다. 이런 방식으로 우리는 예술이 단지 학교 프로젝트를 만드는 데 사용되는 특별한 기술의 본체가 아니라, 우리 삶과 관련된 뭔가, 실제로 삶의 중심이라는 것을 보여준다. 학생들은 그들 자신의 아이디어와 진지한 관찰을 택하고, 그들 자신에게 먼저 의지하여 맨 먼저 해결책과 대답을 찾도록 배울 필요가 있다. … 그러므로 예술 수업은 질문과 문제의 도출 그리고 도전의 준비라는 형태로 시작될 필요가 있다. 그래야만 학생들은 그들 자신의 해결책을 찾는 것을 배우고, 새로운 가능성이 존재한다는 것도 인식하게 된다.(Szekely, 1988, p7, 9)

비슷한 걱정과 도전 그리고 잠재적인 가능성은 어떤 과목에서든 찾을 수 있다. 예술 지도가 예술 활동 과정에 대한 예시여야만 하는 것과 마찬가지로, 그리고 다른 학습 내용 분야에 대한 지도 역시, 아주 적은 시간 동안만이라도, 그 분야의 창의적인 개인의 과정을 공유해야만 한다. 과학을 공부하는 학생들은 그들을 둘러싼 세계에 대한 정보를 배울 필요가 있다. 만약 그들이 창의적인 과학자로 발전하고 싶다면, 그들은 또한 과학자들이 어떻게 세계를 보는지, 어떻게 질문을 던지고 탐험하는지 배우기 시작할 필요가 있다. 수학을 배우는 학생들은 수학자들이 그들을 둘러싼 패턴을 보는 놀라움과 그들이 묻는 질문의 종류를 보기 시작할 필요가 있다.

교실에 대해 생각하기

여러분이 가르치는 주제나 과목에 대해 생각해보자. 그 분야나 그러한 영역들에서 전문가들이 추구하는 질문의 종류를 생각해보자. 여러분이 가르치는 최소한 하나의 영역에서 문제를 식별하고 탐험하는데 필요한 기술의 목록을 적어보자. 그중 얼마나 많은 것이 당신의 교과 과정 중에 교육되었는가?

물론 각 과목에서마다 배워야 할 기술과 탐험되어야 하는 특별한 문제의 종류를 연구한다. 하지만 또한 분야를 넘나들면서 창의성을 돕는 아이디어, 가치 그리고 태도가 존재한다. 나는 대학원생이었을 때 몇 가지 자격으로 참여했던 여름 학회가 생각난다. 아침 시간에 나는 초등학교 교사들에게 과학에서의 조사 기술을 가르치고 있었다. 오후에 나는 그 주제에 대해 아는 것이 거의 없던 유명한 비주얼 아트 전문가의 조수로 일하고 있었다. 조수로 일하면서 나는 그 분야에 대해 더 잘 가르칠 수 있다는 확신과 충분한 지식을 얻기를 희망했다. 며칠 후, 오전과 오후 활동이 거의 유사하다는 사실을 깨닫고 놀랐다. 각 수업마다 우리는 학생들에게 주의 깊게 관찰하고, 패턴을 찾고, 무엇이 흥미로운지 결정하고, 심화 연구를 하도록 가르쳤다. 과학과 마찬가지로 예술에서도 우리는 학생들이 그들의 관찰과 아이디어를 가치 있게 여기고, 세계를 영감과 놀라움을 주는 곳으로 여기고서 접근하도록 격려했다. 우리가 탐험을 하는 데 사용한 도구는 달랐지만, 질문을 던지는 과정은 종종 비슷했다. 이제 와서 돌이켜보면, 그때 공유했던 경험이 제6장에서 설명한 문제 발견의 패턴을 따르고 있음을 알 수 있다.

관찰, 조사 그리고 꿈을 꾸는 경험은 계획 없이 나타나거나 혼돈의 분위기 속에서 등장하는 것이 아니다. 창의성은 내용의 영역을 가로지르는 탐험, 새로운 흥분 그리고 이해의 새로운 방식을 요구한다. 아이들이 새로운 방식으로 보도록 도우려면 아이들이 지금 보고 있는 방식에 대한 이해를 동반해야 한다. 이미지, 그리고 젊은이들의 삶의 언어와 경험을 관찰해야 한다. 그곳으로부터 학생들은 놀고 질문하고, 그들의 외적인 아이디어, 관찰 그리고 과제에 영향을 미치는 시도들 가운데 제일 좋은 것을 가지고 오도록 초대받을 수 있다. 그러한 수업은 재생산을 요구하는 것이 아니라 창조를 위한 초대가 될 것이다.

만약 초대가 열쇠라면, 우리는 초대를 하기 위한 시간을 주어야 한다. 만약 학생들이 43분짜리 수업 시간 동안 문제를 발견하고 다루도록 돕는 게 불가능하다면, 탐험을 위해 몇 시간을 독점적으로 줄 수 있다. 무슨 과목이든 학생들이 그들의 아이디어를 발견하도록 돕는 데 사용하는 시간은 창의적 과정의 핵심적인 부분이다. 만약 이번 수업에서 냉장고에 걸어둘 것을 전혀 만들지 못해도 어쩔 수 없다.

문제를 위한 계획 세우기

만약 학생들이 예술가(또는 과학자, 작가)가 되는 데 필요한 독립성을 얻기를 원한다면, 그들은 어른들이 하는 것처럼 독립적인 프로젝트를 수행할 기회를 가져야만 한다. 25가지 버전의 '칠면조 손그림 따라 그리기'나 '여름 방학에 내가 한 일'에 대한 에세이, 또는 그달의 강우량에 대한 똑같은 그래프는, 학생들에게 그들 자신의 질문을 하거나 자신의 아이디어를 탐험하는 데 필요한 기술과 비전을 제공하지 않는다. 그보다는 학교에서 하는 몇몇 경험으로 학생들에게 각각의 문제를 식별하고 계획을 세우기 위한 폭넓은 관심 영역이 주어져야만 한다. 그 과정은 최소한 네 부분으로 나눌 수 있다. 환경 탐험, 아이디어와 재료 조사, 아이디어 기록, 제작 실험 등이다.

환경 탐험 문제를 위한 아이디어는 학생들의 내적·외적 환경에서 온다. 문제 발견의 첫 단계는 학생들이 보기 시작하도록 돕는 것이다. 이것은 제6장에서 토론했던 문제 발견의 흥미로운 부분에 대한 탐험이다. 예술에서 환경에 대한 탐색은 가능성 있는 재료, 도구 또는 아이디어를 찾는 것을 포함할 수 있다. 작가들은 탐험하기에 흥미로운 장면, 분위기, 캐릭터, 갈등 그리고 투쟁을 찾는다. 과학자들은 패턴, 그에 관한 변수, 예상치 않았으며 설명되지 않은 사건의 발생을 찾는다. 각각의 경우, 환경에 대해 개별적인 흥미와 관심을 식별하려는 눈을 갖추고 목적의식적으로 접근한다.

환경 조사를 시작하는 학생들을 돕는 방법 하나는 학교 이외의 세계에 대한 그들의 탐험을 구조화하는 것이다. 제클리(1988)는 학생들이 패스트푸드점에서 예술의 재료를 찾거나 옷감 가게에서 색깔에 대한 아이디어를 찾도록 도전해야 한다고 주장한다. 젊은 작가들은 그들의 주머니에 꼭 맞는 흥미로운 것을 찾거나, 이웃 중에서 과거에 모험을 했을 것 같은 인물, 또는 그들에게 호기심을 갖게 하는 잡지 속 그림을 찾으면서 며칠을 보내도록 지도받을 수 있다. 과학자가 되려면 주변의 어떤 장소에서 자연스럽게 자라는 식물을 찾거나, 젊은 역사학도라면 지역의 빌딩이나 묘비석의 연대에 대해 조사할 수 있다. 각각의 경우 핵심은 학생들이 질문을 발견하고 흥미를 불러일으키는 아이디어를 찾으려는 노력을 갖추고서 그러한 연구를 수행하는 것이다. 왜 그렇게 많은 사람이 1817년에 죽었을까? 왜 어떤 잔디밭에는 이끼가 가득한가? 이 그림 속의 여인은 왜 웃고 있을까?

교사들은 그들 자신의 노력을 나누어줌으로써 탐험 과정의 모형을 만들 수 있다. 작가-교사는 최근에 자신이 쓴 시에 영감을 준 숲 속 산책에 대해서, 또는 그들이 빨래방에서 관찰했던 흥미로운 캐릭터에 대해서 묘사할 수 있다. 수학자-교사는 자연 속 나선형에 대한 탐색이나 새롭고 흥미로운 조개를 발견했을 때의 기쁨에 대해 설명할 수 있다. 역사가-교사는 자기 집의 역사를 배우려는 노력이나 자기네 도시의 사라진 노면전차에 대한 호기심을 나눌 수 있다. "노면전차의 철로는 예전엔 어디로 이어졌을까?" 과목에 상관없이 교사는 적어도 한 분야에서는, 만약 그들 자신이 탐험 과정에 관련된다면, 더 나은 모델이 될 수 있을 것이다.

실제로 그러한 연관은 도전임이 드러날 것이다. 교사 생활은 바쁘다. 그래서 외부로부터 흥밋거리를 추구한다는 것은 거의 누릴 여유가 없는 사치처럼 느껴질 것이다. 더 끔찍한 것은 우리 자신이 너무나 많은 시간을 교사가 생각해내고 교사가 평가하는 프로젝트하에서 보내왔기 때문에, 과제를 부여받지 않고서 스스로 어떤 학문적인 과업을 추구하는 것을 상상하기가 어렵다. 언어학이나 역사, 과학 또는 수학에서보다 요리, 나무공예, 할로윈 의상을 만드는 분야에서 창의적일 수 있는 기회를 찾는 것이 훨씬 더 쉬워 보인다. 그러나 비록 창의성이 축제용 의상에서부터 찜 요리에 이르기까지 어떤 영역에서든 가치 있을지라도, 만약 우리가 학생들이 학문적인 영역에서 창의적인 질문을 하기를 기대한다면, 우리 스스로가 그것을 기꺼이 경험해야만 한다. 당신이 흥미로워하는 방식으로 세상으로 탐험하기 위해 당신이 가르치는 과목들 중 하나를 당신이 어떻게 활용할지 생각해보자. 그런 다음 당신의 경험들을 당신의 학생들과 함께 공유해보자. 예술가, 수학자, 과학자 또는 작가이면서 동시에 교사인 사람이 자신을 둘러싸고 있는 사람들과 이러한 영역에서의 모험을 더 잘 공유할 수 있다.

학교 밖에서 당신의 탐험을 공유하는 것에 덧붙여 학교의 환경을 구조화함으로써 학생들의 문제 발견에 도움을 줄 수 있다. 예술 교실에서는 탐험을 위한 환경을 만들어내기 위해 다양한 붓을 담은 통, 다양한 표면 위에서 빛나는 전구들, 바다 생물 컬렉션, 신발, 포장지, 포장용기 등을 진열하는 것 등이 포함된다. 수학 교실에서는 피보나치 수열의 포스터나 에셔[3]의 포스터 모음이나 룰렛 휠의 그림이 환경이 될 수 있다. 무슨 환경이든 그것은 학생들이 일반적인 관심사의 영역을 탐험하고, 문제를 제기하고 연구하고 실험하도록 초대해야만 한다.

교실에 대해 생각하기

여러분이 담당하는 과목의 영역 안에서 학생들이 문제나 프로젝트를 찾도록 특별히 격려하게끔 고안된 활동을 계획해보자. 그리고 학생들이 제기한 문제에 대해 토론해보자. 이때 개인별 또는 그룹별로 추구할 만한 것을 생각해보자.

아이디어와 재료 조사 문제를 발견하는 학생들을 돕는 다음 단계는 아이디어를 실험할 기회—'문제 발견'을 가지고 놀면서 그것에 대해 경탄할 기회를 제공하는 것이다. 일단 그 환경에서 어떤 아이디어가 그들의 주목을 끌면, 학생들은 그것을 가지고 놀고, 여러 가지 가설을 만들어내고, 프로젝트나 연구를 결정하기 전에 몇 가지 스케치를 그리거나 5~6개의 붓을 실험해볼 자유를 가져야만 한다. 예술 수업에서 이루어지

---

3) Maurits Cornelis Escher, 1898~1972, 네덜란드의 판화가. 기하학적 원리와 수학적 개념을 토대로 2차원의 평면 위에 3차원의 공간을 표현하여, 유한과 무한을 그림으로 나타냈다.-옮긴이 주

는 다양한 이런 실험은 구체적이고 눈으로 볼 수도 있다. 우리는 학생들이 몇 가지 그림 도구를 실험해보고, 다양한 방향으로 빛을 비춰보거나 조각을 위한 재료들을 섞는 실험을 하는 것을 볼 수 있다. 다른 영역에서 탐구는 덜 눈에 띄지만 똑같이 중요하다. 수족관에서 물고기가 헤엄치는 길에 대해 흥미를 갖는 학생은 물고기 길에 대해 정확히 어떤 측면을 조사하고 싶은지 결정하기 전에, 물고기를 관찰하고 물고기에 대해 생각하고 물고기에 대해 읽으면서 시간을 보낼 필요가 있다. 도시의 인구 통계에 흥미를 갖는 학생은 교육 수준의 변화에 대해 집중하기로 결정하기 전에 나이, 직업, 성별, 결혼 상태 그리고 민족에 대한 질문을 고려해야 한다. 다양한 변수에 대한 사전 고려는 여러 가지 아이디어를 가능하게 하는 것은 물론, 변수들이 어떻게 연관되어 있는지에 대한 암시를 제공할 수 있다. 아마도 교육 수준의 변화는 성별, 민족 또는 나이와 연관되어 있을 것이다.

비록 창의적 과정이 때로는 개별적으로 탐험을 진행하고, 문제의 형식을 찾도록 요구할지라도 창의적 경험을 공유하는 경험 또한 중요하다. 교실 전체가 주어진 자극과 환경을 탐험하고, 탐색을 위해 수많은 다양한 경로를 만들어낼 수도 있다. 오래된 묘지로의 여행, 설치류 수집, 흥미로운 이야기 등 모두가 교실의 토론과 조사를 위한 영감을 제공할 수 있다. "네가 흥미롭다고 관찰했던 건 뭐니?" "이것에 대해 네가 감탄한 점은 뭐지?" "무엇이 네게 호기심을 갖게 했니?" 또는 "네가 연구하고 싶은 게 뭐니?" 같은 질문들은 학생들에게 그들이 조사할 질문과 배울 것에 대해 선택해야 한다고 지시한다.

탐색을 위한 시간에는 또한 아이디어와 질문, 가능성을 공유하는 것이 포함된다. 이 붓들로 우리가 할 수 있는 것에 대해 토론하거나, 게르빌루스 쥐에 대해서 우리가 물을 질문에 대해 소비한 수업 시간은 40분이라는 시간대에 압축된 예술 프로젝트나 연구 계획보다는 풍부하고 창의적인 활동이 이루어질 가능성을 훨씬 더 많이 제공한다. 학생들은 또한 그들의 아이디어를 이 과정에서 토론할 수 있는 예술가의 세미나, 작가의 워크숍, 연구를 위한 싱크탱크를 이끌 수도 있다. 그러한 토론의 중심에는 학생들이 창조하고, 쓰고, 연구하는 것이 있다. 비록 이 모두가 즉시 추진될 수는 없을지라도, 좋은 아이디어를 돕고 격려하는 기회를 제공한다.

아이디어 기록 사실상 모든 종류의 창의적인 노력에는 아이디어, 영감 그리고 진행 중인 생각을 기록하는 체제, 즉 나의 '연속적인 문제 발견 과정'에 포착된 질문 부분을 기록하는 것이 수반된다(내가 창의적인 개인의 글이나 제클리의 예술 연구를 읽을 때, 창의적 과정의 초기 단계는 사실상 거의 비슷하다는 결과가 나온다. 이는 내가 보기에 정말 흥미로운 일이다). 발명가의 노트, 작가의 일기 그리고 예술가의 스케치북은 당신이 잠들기 전, 샤워 중일 때, 어떤 다른 초대받지 않은 순간에 등장할 아이디어를 덫을 놓아 잡을 공간을 제공한다. 그것은 개발할 아이디어를 기록할 수 있게 하는 것은 물론, 당장 개발하지는 않지만 다른 순간에 열매를 맺게 될 아이디어를 안전하게 보관할 수 있게 한다. 3학년 학생의 스케치북에는 점점 더 나은 세부 묘사가 이루어진 여섯 장의 개 그림, 로봇 피규어 스티커(언젠가는 로봇을 만들면서 즐거워할 것이다)가 들어 있을지도 모른다. 거칠게 스케치한 여섯 가지 공들, 은종이 샘플 그리고 다섯 가지 나뭇잎의 탁본 등을 말이다. 개 그림은 진행 중인 작품을 보여준다. 로봇, 공 그리고 은종이는 미래의 프로젝트를 위한 아이디어를 나타내고, 나뭇잎들은 흥미로운 직물 구성을 찾아보라는 교사의 요구를 반영한다. 이와 마찬가지로 작가의 일기 속에는 어구, 그림, 진행 중인 작품이 들어 있다. 반면 과학자들의 노트에는 관찰 스케치, 신문 기사, 흥미로운 질문 등이 포함되어 있다.

학생들은 그들의 창의적인 아이디어를 기록하기 위해 적어도 일기 하나쯤은 가지고 있어야 한다. 그 일기는 교사가 평가하는 매일의 기재 사항을 적은 노트가 되면 안 된다. 가지고 다니기에 편리하고 재미있게 사용할 수도 있는 아이디어 북이어야 한다. 아이디어 북은 때때로 좋은 질문의 가치를 보여주기 위해서, 또는 어떤 아이디어의 진전을 보여주기 위해서 학급의 토론이나 교사의 학회 동안 공유될 수 있을 것이다. 그러나 주요 목적은 좋은 아이디어나 그다지 좋지 않은 것, 풀었던 문제들 그리고 여전히 남아 있는 문제들에 대한 기록으로서의 가치다. 어떤 아이디어는 이루어질 것이고, 또 어떤 것들은 그렇지 않으리라는 기대, 모든 실험 과정에서 배울 점이 있다는 것, 모든 아이디어가 마지막 생산물이 될 필요는 없다는 예측은 창의적 과정의 기초이며, 창의성과 연관된 위험 감수 태도에서 필수적인 부분이다.

제작 실험 일단 문제를 선택하고 탐험하면 제작은 시작될 수 있다. 예술가들은 그림을 그리거나 조각을 한다. 과학자들은 실험을 계획한다. 그리고 작가들은 쓰기 시작한다. 심지어 이 단계에서도 문제의 발견은 계속될 수 있다. 조각가는 빛의 움직임을 변화시키는 새로운 각도를 발견할 수 있다. 과학자는 새로운 가설을 만들 수 있다. 그리고 작가는 방향을 바꿀 수도 있다. 그것이 과정의 본질이다. 비록 각각의 아이디어가 계속 발전되어갈지라도 창의적 생산물이나 프로젝트는 마무리되어야 한다는 것을 이해한다면 도움이 될 것이다. 수정을 언제 그만두어야 하는지, 새로운 작품을 언제 시작해야 하는지 등을 배우는 것 자체가 예술이다. 창작자이면서 교사인 우리는 우리 자신의 경험을 나누고, 프로젝트가 어떻게 진전되고, 어느 지점에서 우리가 다음 단계로 넘어가야 하는지 토론함으로써 그 과정의 실례를 보여줄 수 있다. 창의적인 개인의 삶, 특히 그들의 기록을 공부하면 비슷한 교훈을 얻을 수 있다. 학급에서 공유하고 전시하고 발표하는 기회를 가지면, 학생들은 문제들 사이의 이행 과정을 경험하거나 앞으로의 일을 생각하는 데 도움을 받을 것이다.

훌륭한 예술 교육은 다음과 같은 단계를 따른다. 제클리는 우리에게 과목의 영역을 넘나들 수 있는 예술 교육의 전망을 제공했다. 좋은 음악 교육은 기술을 가르치지만, 동시에 개인의 표현을 경험할 수 있는 시간과 공간을 제공한다. 상태가 최상인 무대는 단지 대사를 암송하는 곳이 아니다. 배우는 역할을 창조하고, 감독은 콘셉트를 만들고, 디자이너는 관객들의 상상에 활기를 불어넣는 것을 가능하게 해주는 캐릭터, 상황, 선택에 대한 탐험이 이루어지는 곳이다. 예술에 대한 교육은 학생들에게 기술은 물론 탐험하고 조사하고 창조하는 기회를 제공해야 한다. 그와 똑같은 기회가 다른 과목에서의 창의성을 가르치는 데에도 필수적이다.

수업 계획 세우기

문제를 발견하고 해결하는 과정을 학생들이 볼 수 있게 하는 수업은 자기 영역 밖으로도 영향을 끼친다는 득징이 있다. 첫째, 그러한 수업은 특정한 사실이나 기술보다는 광범하고 중요한 아이디어에 초점을 맞추고 있다. 이것은 더 깊은 이해를 위한 학습과 연관된 목표를 이해하면서 생성하는 주제들이다. 예술 수업은 스크린 인쇄보다는 직물의 감촉에 중점을 두고, 사회 수업은 미국 서부에 개척된 땅보다는 지리적·경제적 개발 사이의 관계에 초점을 둘 것이다. 하나의 사실이나 기술은 그것의 초점이라기보다는 수업의 일부가 된다. 그것은 더 광범한 이슈를 탐험하는 도구가 될 것이다. 그 단원을 구조화하는 개념이나 일반화는 다양한 개인이나 작은 그룹의 질문에 대한 여지를 가지고 있다.

둘째, 그 수업은 어떤 방식으로든 학생들의 세계와 연관을 가져야만 한다. 한편으로, 그러한 표현은 뼈저리게 명백한 것처럼 보인다. 인지심리학에서는 이전의 지식에 대해 새로운 경험을 시도하는 요소가 학습에는 반드시 필요하다고 분명하게 지적하고 있다. 만약 우리가 학생들이 배우기를 원한다면, 그들은 과거의 경험에 의해 학교 활동을 이해할 수 있어야만 한다. 다른 한편으로 만약 우리가 학생들이 의미 있는 문제를 발견하기를 원한다면, 그들은 그것을 이해할 수 있어야 할 뿐만 아니라 관심도 가져야만 한다.

창의적 과정은 극단적으로 개인적인 것이다. 각 개인은 그들이 해야만 하기 때문에 창조한다. 즉 그들이 풀어야만 하는 문제와, 그들이 말해야 하는 것들이 아주 중요하기 때문이다. 문학 작품에는 멈추지 않고 밤낮으로 실험실에 틀어박혀 있는 과학자, 스튜디오의 예술가들, 또는 책상 앞에 붙어 있는 작가들의 이야기가 넘쳐난다. 그들은 눈앞의 작업에 너무나 몰두하고 있다. 비록 성인들이 창의적 행위를 하는 것만큼 학교에서도 하기에는 적당하지 않고 바람직하지도 않다. 하지만 문제를 발견하는 과정은 개인의 (또는 공유된) 흥미와 뗄 수 없을 만큼 연관되어 있다. 창조자들은 그것에 대해 관심이 있기 때문에 문제를 선택한다. 그 문제는 어떤 면에서 중요하고, 흥미도 자아내며, 수수께끼처럼 다루어져야만 한다. 학생들이 이 과정과 비슷해지려면, 그들은 반드시 (또는 가끔이라도) 그들에게 중요하고 흥미로운 문제를 선택할 수 있어야 한다.

수업과 학생들의 세계를 연관짓기 위해서 우리는 전통적인 학문의 내용과 일반적인 원리를 비추는 현대 문화의 측면 사이의 균형을 찾아야만 한다. 직물 수업은 조르주 쇠라의 그림, 나무로 만든 가면, 솜으로 속을 채운 인형, 또는 현대 음악가들의 의상을 통해 탐구할 수 있다. 경제 개발에 대해서는 개척자들은 물론 광산업자들의 활동으로도 연구할 수 있고, 경제 중심지의 성장은 물론 지방에 있는 물레방아의 운명, 심지어 톨킨이 창조한 판타지 세계에 나오는 잠재적인 경제로도 공부할 수 있다. 만약 학생들이 '연구'를 선택한다면, 그들에게는 실제로 선택의 여지가 있어야만 한다. 만약 학생들의 선택이 "그리스 신들 중 누구를 연구할까?" 또는 "보고서를 쓰기 위해 어떤 조직체를 고를 것인가?"로 한정된다면, 학생들은 강력할 뿐만 아니라 흥미를 동반한 경험인 연구와 선택의 과정을 보기 힘들 것이다. 비록 우리가 언제나 학생들에게 넓은 선택의 여지를 줄 수는 없을지라도, 어떤 선택은 가능한 한 언제나 내용 교육의 중요한 부분이어야 한다.

마지막으로, 수업은 학생들의 독립성을 돕고 기르도록 구조화되어야 한다. 학생들은 개인적으로 또는 작은 그룹을 이루고서 문제에 접근할 것이다. 하지만 그들은 가능한 한 자신의 힘으로 해야 한다. 독립적으로 작업하는 학생들은 교사의 끊임없는 지시가 없어도 시간과 재료를 잘 활용하며, 그들의 노력의 범위, 스케줄 그리고 결과를 결정할 수 있다. 앞으로 제9장에서 더 자세히 학생들의 독립성을 돕기 위한 교실의 구조에 대해 논의하겠다. 여기에서는, 수업의 성공 여부는 학생들의 적절한 수업 태도, 교사에 대한 집중도, 시험 성적은 물론 그들이 정보를 얻고 그것으로부터 배우며 새롭게 적용하는 방식에 의해 가장 잘 평가될 수 있다고 말하는 것으로 충분하다.

무엇이 문제인가?

만약 우리가 학생들이 학습 내용의 영역에서 문제를 발견하고 푸는 것을 돕고자 한다면, 먼저 고려해야 할 중요한 것은 '무엇이 문제인가?'이다. 어떤 특징이 실제의, 그리고 진정한 문제를 나타내며, 어떻게 그것을 학교에서 다루는 전형적인 문제와 구별할까? 이론가들이 신봉하는 진정한 산출물, 실제—세계의 과제 그리고 다면적인 문제 해결이 교육 저널의 페이지들을 채우고 있다.(Mansilla & Gardner, 2008; Newmann & Wehlage, 1993; Renzulli & Reis, 1997) 그러나 많은 경우, 이런 용어들의 뜻이 불분명하다. 저자들은 우리가 실제 과제를 보면 알 수 있을 거라고 추측한다.

실제 문제를 정의하는 데 도움이 될 만한 열쇠는 J. S. 렌줄리(1977)와 S. M. 라이스(1997)의 작업에서 찾을 수 있다. 그들의 심화 학습 3단계 모델Enrichment Triad Model은 실제 문제에 대한 개인과 작은 그룹의 조사에 중점을 두고 있다. 이 모델은 원래 재능 있고 뛰어난 학생들을 위해 개발되었지만, 그 요소들 중 수많은 부분이 모든 학생에게 적합하다. 아울러 여러 분야에서 문제를 발견하고 해결하기 위한 열쇠를 가지고 있는 실제 문제를 추구하는 전략에도 적합하다.

첫째, 실제 문제는 한 학생이나 학생들의 그룹에서 튀어나온다. 실제 문제는 개인적인 흥미와 그것을 추구하는 학생의 가치를 가지고 있다. 만약 모든 사람이 그것을 하도록 과제로 받았다면, 그것이 실제 문제가 되기는 힘들다. 둘째, 실제 문제는 미리 결정된 올바른 답을 가지고 있지 않다. 그것은 대답의 열쇠가 될 수 없는 과정과 연관되어 있다. 내가 우리 학생들이 관여하게 될 실제 문제를 생각해볼 때, 그것은 다음과 같은 세 가지 일반적인 카테고리에 포함된다.

1. 어떤 실제 문제들은 연구해야 할 질문이다. 그것은 데이터를 모으고 분석하여 결론을 도출하는 것과 연관되어 있다. 진정한 연구용 질문은 관찰, 조사, 인터뷰, 또는 자료 분석을 통해 얻은 중요 자료로부터 정보를 모으는 과정을 동반한다. 학교 식당에서의 음식 선호도를 조사하는 학생, 제2차 세계대전 동안의 민간인의 삶에 대해 지역민을 인터뷰한 학생, 그리고 우유가 식물의 성장에 끼치는 영향을 관찰한 1학년 학생 등은 모두 문제를 조사하고 연구했다.

2. 다른 실제 문제는 행동주의 카테고리에 포함된다. 이러한 활동에서 학생들은 그들을 둘러싼 세계의 몇 가지 측면을 개선하려고 노력한다. 학교의 재활용 프로그램을 만드는 학생들, 친구가 왕따를 당한다는 의심이 든다면 어떻게 해야 하는지 같은 학급 학생들에게 가르치는 학생들, 자기가 사는 지역에 자연관찰로를 만들려는 학생들, 자전거길을 위한 로비를 하는 학생들은 이러한 실제 문제를 추구하고 있는 것이다.

3. 마지막으로, 예술에서의 실제 문제는 어떤 주제, 미학 또는 아이디어에 대한 표현을 수반한다. 성인 창조자들은 표현을 위한 도구로 말(단어), 움직임, 그림, 또는 찰흙을 사용한다. 빛의 변화를 탐험하는 학생들의 작품, 우정에 대한 아이디어를 반영하는 그들의 이야기, 분노를 표현하는 춤 모두가 의미 있도록 실제 문제를 다루고 있다.

진짜 문제를 추구하면서, 학생들은 가능한 한 확실한 방법론을 사용해야만 한다. 즉, 그 문제를 전문가들이 하는 것처럼 다루어야 한다. 학교 식당의 선호도를 조사하고 싶은 학생들은 '조사 설계'에 대한 것을 배워야만 한다. 콩과 식물을 가지고 있는 1학년 학생은 가설과 통제 그룹을 가지고 있어야만 한다. 비록 실제 방법론의 몇 종류가 다른 것보다는 실행하기 쉽더라도, 프로젝트의 각 측면은 학생들이 전문적인 직업의식으로 뻗어나갈 기회를 제공한다. 학생들이 먼 곳에 대한 프로젝트보다는 지역의 역사 프로젝트에서 실제 역사 조사 기술을 사용하기가 훨씬 쉬울 것이다. 그러나 비록 중요 원천이 제한되어 있더라도, 학생들이 그 과목에 적합한 방식으로 정보를 공유하는 데 전문적인 기술을 사용할 수 있다.

마지막으로, 그들이 진짜 문제를 추구하는 동안 학생들은 결국 진짜 관객들과 정보를 공유한다. 진짜 관객의 구성이 어떠할지는 학생들의 나이와 문제가 얼마나 복잡한지에 따라 크게 달라질 것이다. 핵심은 관객들이 그것을 등급이나 다른 평가의 재료로 보는 대신, 그 생산물에 대해 진짜 관심을 가지고 있어야만 한다는 것이다. 몇몇 진짜 관객들은 자연스러운 학교 환경의 일부이다. 1학년 학생 그룹은 옆반 교실을 위해서 독창적인 연극을 쓰고 만들 수 있다. 관객들은 학생들의 노력에 매개체를 제공하기 위한 학교 행사를 통해 만들어질 수 있다. 미술 전시, 발명 컨벤션 그리고 과학 박람회 등의 다른 관객들은 지역 공동체의 일부일 수 있다.(Schack & Starko, 1998; Starko & Schack, 1992) 우리의 지방 상공회의소는 학생들이 만든 지역 건물의 역사에 대한 브로셔를 그들이 대중을 위해 준비한 다른 팸플릿과 나란히 전시하는 것을 기쁘게 받아들였다. 라디오 방송국은 종종 학생들이 만든 공공 서비스를 위한 안내를 방송했다. 지역 단위의 케이블 TV, 역사적 단체들 그리고 공동체 조직들은 학생들의 적절한 생산품에 열광하는 관객을 제공할 수 있다. 물론, 인터넷 기술 덕분에 학생들은 그들의 세계에 흥미를 가지고 있는 전 세계의 관객들과 그것을 나눌 기회를 가질 수 있다.

확실히 추구하는 문제, 사용하는 방법 그리고 접근하는 관객은 유치원의 인형쇼, 또는 정원 체험에서 고등학생들에게 고고학 유물의 현장을 보여주는 컴퓨터 프로그램에 이르기까지 아주 다양할 것이다. 그러나 각 단계에서 학생들은 전문가 정신에 1단계씩 더 가깝게 움직여갈 것이다. 유치원생들은 인형을 만들기 전에 계획을 세울 것이고, 고등학생들은 그들의 작업을 국가 고고학협회에 보고할 것이다. 각각은 진짜 문제를 추구하는 데 기준에 맞는 단계를 나타낸다.

교실에 대해 생각하기

학생들이 연구할 수 있는 진짜 세계의 문제를 찾기 위해 지방 신문을 조사해보자. 1~2주간 발행된 일간 신문을 찾아볼 수 있다. 거기에서 여러분의 교과 과정과 연관지을 수 있는 뭔가를 발견할 수 있는지 살펴보자.

학습 내용 영역에서 창의력을 위한 교육

적어도 표면상으로 하나의 영역에서 창의성을 구성하고 있는 것은 다른 영역에서 창의성을 포함하는 것과는 상당히 다르다. 우리 중 대부분에게 물리학자가 하는 것은 소설가나 화가가 하는 것과는 아주 다르게 보인다. 비록 이론가들이 영역을 가로지르는 숨겨진 창의적 과정이 있는지에 대해 토론을 벌이지만, 교사들은 학습 내용 교육에 대해 결정을 내려야만 한다. 나는 수많은 교사가 가르치는 영역에서 학생의 창의성을 계발하는 데 도움이 되는 방식으로 학습 내용을 가르치게 하는 결정을 좋아할 거라고 생각한다. 교사들은 수학 수업에서 수학적 창의성을 돕기를 원하고, 과학 시간에는 과학적 창의성을 돕기를 원할 것이다.

만약 실제로 다양한 영역에서 창의성을 위해 사용되는 과정에 진짜 차이가 있다면, 교사들이 수많은 다른 주제 영역에서 창의성을 가르치는 것이 중요할 것이다. 만약 창의적 전략이 비록 부분적으로라도 한 영역에서 다른 영역으로 옮겨진다면, 다양한 영역에서의 창의력 교육을 위해서는 이전을 위한 기회를 제공하고, 그것을 강화해야 한다. 각각의 경우 교사가 학습 내용 영역에서 창의성을 위해 교육할 때, 그 결과에 대한 경험은 학생들이 창의적인 개인이 무엇에 대해 창의적인지 이해하도록 돕는다. 내용과 상관없는 활동은 즐길 수 있다. 그 경우 학생들은 필요한 기술을 연습할 수 있다. 그러나 학생들이 그들의 창의성을 독립적인 내용이나 실제 세계 문제에 사용하는 한, 그것이 사회에서 사용되고 가치를 평가받는 방식으로 창의적 사고를 경험하지는 못할 것이다.

교사들은 학습 내용 영역에서 교육에 대한 결정을 할 때, 두 가지 중요한 고려를 해야만 한다. 첫째, 그들은 무엇을 가르칠지 결정해야 한다. 어떤 개념, 일반화, 기술 또는 강조할 전략 등을 말이다. 둘째, 그들은 학습 내용이 어떻게 교육될 것인지 결정해야 한다. 어떤 교육적 접근이나 조직적 전략이 그들의 목적에 최적일까? 이 부문은 창의성을 위해 무엇을 어떻게 가르칠 것인가에 대한 일반적인 권장 사항을 보여준다. 마지막으로, 언어학이나 사회 과목에서 그 권장 사항이 어떻게 효과를 발휘하는지에 대한 특별한 실례를 제공한다. 제8장에서는 과학과 수학에 대해 다룰 것이다.

교실에 대해 생각하기

여러분의 교과 과정 자료를 조사해보자. 학생들이 교사에게 질문하고, 아울러 교사의 질문에 대답하도록 격려받을 수 있는 영역이 있는가? 그 교과 과정은 연구, 문제 해결 또는 당신이 연구하는 분야에서 창의성을 위한 과정을 가르치고 있는가?

각 개인이 문제를 발견하고 해결하며, 아이디어를 표현하기 위한 노력을 창의적으로 하려고 한다면, 창의성을 돕는 교육은 그들이 이러한 것을 학교에서 하도록 허용해야 한다. 만약 그들이 학습 내용 영역에서 창의적이려면, 그들은 반드시 내용에 대한 지식도 가지고 있어야 한다.

무엇을 가르칠지 생각해볼 때, 적어도 두 가지 주요 정보의 범주가 중요해 보인다. 첫째, 학생들이 적절한 질문을 할 수 있으려면 영역에 대한 큰 아이디어, 중요 개념, 일반화에 대한 충분한 이해를 얻어야만 한다. 둘째, 그들은 그 분야의 창의적 개인이 가진 기술과 방법론(정신적 습관뿐만 아니라)을 배워야 한다. 과학을 공부하는 학생들은 단지 사실과 규칙은 물론 과학이 어떻게 기능하는지에 대해서도 배워야 한다. 내용 영역이 무엇이든 간에, 학생들은 그 영역에서 어떤 문제가 탐색되어야 하는지, 어떻게 그것이 다루어져야 하는지, 그리고 어떻게 정보를 공유해야 하는지를 배워야 한다. 사회를 공부하는 학생들은 어떻게 사회과학자들이 그들의 분야를 보고 있는지, 그들은 무엇을 탐색하는지, 어떻게 진행하는지 배워야 한다. 젊은 작가들은 작가들이 어떤 문제와 질문에 직면하고 그것들을 다루는지 학습해야 한다. 물론 사용되는 기술의 수준과 복잡성은 학년 수준에 따라 크게 달라져야 한다. 하지만 기본적인 원칙은 남아 있다. 만약 학생들이 내용의 영역에서 창의적으로 작업하려 한다면, 그들은 자신들이 연구하는 내용과 주제의 방법론 둘 다를 배워야 한다.

학습 내용과 방법론을 어떻게 가르칠 것인지 고려하는 것도 중요하다. 내용 교육의 방법에 대해 고려하는 한 가지 방법은, 새로운 내용을 배울 때 세 가지 일반적인 단어를 고려하는 것이다. 준비, 이해 쌓기(또는 발표) 그리고 적용이다. 창의적 사고를 경험하기 위한 기회는 학생들의 주의를 끌고, 집중하도록 그리고 그들이 내용을 쌓아올리도록 돕기 위해 새로운 방식으로 생각하게끔 내용을 실습하는 데 사용될 수 있다. 교육에 대한 인큐베이션 모델(Torrance & Safter, 1990, 1999)은 수업 전후 그리고 수업 중에 사람의 창의적 사고를 증진시킬 수 있는 활동에 대해 숙고한다. 3개 단어 모두, 또는 그중 하나에 대해 창의적 사고를 돕는 결합 형태의 전략이 가능하다. 확실히 모든 수업의 모든 부분에서 그러한 전략을 사용하기가 적절하지 않을(또는 가능하지 않을) 것이다. 그러나 어떻게 창의적 사고가 각 세 단어 속에서 역할을 할지 고려하는 일은 가치 있다.

연속된 수업의 첫 번째 부분은 학생들의 학습을 준비하는 것이다. 이 부분에서 교사는 학생이 아는 것을 찾아내어 이전의 지식과 연관짓고, 선행조직자先行組織子들을 제공하고, 흥미와 호기심에 박차를 가한다. 학생들에게 흥미를 담은 질문을 하도록 허용하고, 이전의 지식과 연관지을 다양한 관점과 유추를 사용하게 하는 준비 활동은 학생들에게 가설을 만들도록 요구하거나, 창의성에 필수적인 호기심, 탐험 그리고 놀라움에 도움이 될 만한, 설명되지 않은 사건에 도전하라고 요구한다.

질문, 가설 테스트 그리고 독립적인 사고에 도움이 되는 방식으로 내용 발표(이해를 쌓는 것)를 구조화하는 것도 가능하다. 제8장에서 토론된 귀납적인 교육 방식이 이러한 목적을 달성하는 데 적절하다. 발표라는 단어는 교사가 직접 지식을 발표하는 걸 의미하지 않고, 단지 내용이 소개된다는 뜻이다. 만약 우리가 동시에 학습 내용을 발표하고 창의적 사고 전략을 강화하기를 원한다면, 적어도 몇몇 내용은 학생들에게 질문, 탐험 그리고 결론 도출을 허용하는 방식으로 소개될 수 있어야 한다.

일단 학습 내용이 소개되면 그것은 적용되고 확대되어야 한다. 이것이 대부분의 문제 해결 활동의 적절한 단계다. 학생들은 알려진 내용을 새로운 영역 탐험에 적용할 수 있고, 다른 관점을 조사하고, 본질적인 질문을 제기한다. 교사들은 문제를 풀 수는 없겠지만 학생들이 창의성에 중요한 태도와 전략을 실습할 수 있도록 해주는 적용 활동을 고안할 수 있다. 예를 들어, 학생들이 다양한 관점을 알 수 있게 해주는 역할놀이 활동이나 독창적인 유추를 만들어냄으로써 내용을 연습할 수 있는 글쓰기 활동, 또는 그것을 배웠던 상황과는 아주 다른 경우에 정보를 사용해야만 하는 시뮬레이션 등 모든 것이 창의적 사고의 기술과 태도를 강화한다.

다음에 나오는 4개 부문에서는 문제의 발견과 해결, 각 영역의 방법론 학습 그리고 다양한 과목에서 창의성을 증진시키는 교육의 구조화를 연구할 것이다. 어떤 경우에도, 논의하는 영역에 대한 포괄적인 프로그램이 되려는 의도를 가진 제안은 없다. 그보다는, 다양한 프로그램의 중요한 부분을 형성할 수 있는 활동, 관점 그리고 조직적인 전략을 반영한다.

언어 과목에서의 문제 발견과 해결

언어 과목에서 문제를 발견하고 해결하려는 학생들에게 도움을 주려면, 관점의 중심을 변화시킬 필요가 있다. 학생들은—적어도 가끔은—'나는 숙제를 해야 하니까 쓴다'에서 '아이디어가 떠올라서 쓴다'로 생각을 변화시켜야 한다. 좋은 글쓰기나 좋은 언어는 아이디어의 소통에 바탕을 두고 있다는 사실을 이해하는 것이 언어 교육의 창의적 핵심이다.

소통을 위한 기술과 목적의 발견

작가들은 다양한 목적 때문에 쓴다. 어떤 글쓰기는 사실에 입각한 정보를 전달하기 위해, 어떤 것은 설득을 위해, 어떤 것은 아이디어나 정서를 공유하기 위해, 그리고 또 어떤 것은 문제를 제기하기 위해 만들어진다. 다른 중요한 소통은 비슷한 목적을 위해 구두 언어를 사용하거나 다른 매체 또는 상징 형태를 사용한다. 만약 학생들이 자신의 아이디어를 공유하는 데 다른 형태의 언어나 글쓰기를 사용하려 한다면, 그들은 읽고 듣는 작업 속에서 소통에 쓰이는 노력을 깨달아야 한다.

창의성에서 언어와 언어학의 역할을 고려할 때, 교사들은 반드시 적어도 2개의 관점을 알고 있어야 한다. 첫 번째 관점은, 구두의 형태든 글로 쓰인 것이든 언어는 영역을 가로질러 창의적인 아이디어, 전략 그리고 해결책에 대한 의사소통을 위한 필수적인 매체라는 것이다. 학생들은 수학, 과학, 사회 또는 다른 분야에서 문제와 아이디어에 대해 쓸 것이다. 이는 공통 기준Common Core이 다양한 과목에서 언어학의 통합을 추진하는 것처럼 점점 중요해지는 것으로 보인다. 두 번째 관점은, 언어학 그 자체에서 계승되는 것과 같은 창의성을 돕기 위해 학교가 할 수 있는 역할에 대한 것이다. 시, 스토리텔링, 이야기 쓰기, 극본 쓰기 등을 말이다. 각각의 경우에서 과정의 핵심은 소통할 가치가 있는 아이디어를 구별하는 것이다. 이번 부문에서는 주로 두 번째 관점을 다룰 것이다. 좀 더 전통적인 언어학에서의 창의성. 그러나 글쓰기나 언어학 활동은 나중에 토론될 다른 과목에서 문제를 식별하고 해결했던 경험을 중심으로 조직될 수 있고, 그렇게 되어야만 한다는 것을 명심해야 한다.

사고, 의견 발표 그리고 글쓰기 사이의 연관은 현재의 교육적 접근의 핵심이다. 학생들이 배우는 것은, 그것을 생각할 수 있다면 말할 수도 있다는 것이다. 그들이 무언가를 말할 수 있다면, 그것을 쓸 수도 있고 읽을 수도 있다. 글쓰기는 무엇보다도 소통이다. 그에 덧붙여 읽기와 글쓰기라는 행동은 목적의식적이고 조사가 필요한 것처럼 보인다. 학생들이 독자이자 작가로 성장해가면서 그들은 훨씬 복잡해진 아이디어를 발견하고 표현하는 과정에 접근할 수 있다. D. 그레이브스(1983, 1994)에 의해 유명해진 글쓰기에 대한 접근 방식인 과정 글쓰기Process writing는, 광범위한 학년 수준에 걸쳐 창의성과 연관된 수많은 아이디어와 태도를 보조할 수 있다.(Atwell, 1998; Calkins, 1994; NCTE, 2004) 모든 게 잘 됨으로써 언어학은 글쓰기, 말하기 그리고 그 밖의 형태의 의사소통의 중심에서 분리되어 소통으로 자리 잡았다. 저자에 따라 용어는 다를지라도, 글쓰기 과정에 대한 대부분의 옹호자들은 적어도 다음과 같은 5단계를 구별한다. '글쓰기 전에 생각을 정리하기', '글쓰기', '퇴고', '편집' 그리고 '발표' 말이다.

글쓰기 과정에 대한 완벽한 설명은 이 장의 범위를 벗어나는 것이다. 하지만 우리는 여기에서 어떻게 몇 단계가 창의성에 대한 연구와 이론에 연관되어 있는지 숙고할 것이다. 글쓰기 전에 생각을 정리하는 단계에서 만약 그들이 아이디어나 주제 또는 개인적 관심사에 관한 질문을 선택할 수 있는 유연성을 부여받는다면, 학생들은 문제를 발견하고 집중할 수 있다. 글쓰기 전에 생각을 정리하는 단계는 적어도 세 가지 요소를 포함한다. '관심', '관찰' 그리고 '집중'이 그것이다. 작가들은 일단 뭔가에 대해 관심을 가져야만 한다. 그들은 뭔가를 말하는 쪽으로 옮겨가야 한다. 관심을 기울이는 것은 이전의 경험이나 관심, 교사에 의해 구조화된 경험에서 생겨난다. 이 요소는 또한 아이디어가 발효되고 부화할 시간을 포함한다.

관심 다음에는 관찰이 온다. 저자는 아이디어와 주제, 과거 또는 현재에 대한 그들의 경험과 태도를 관찰한다(당신은 여기에서 문제 발견과 일치하는 것을 알아볼 수 있는가?). 이것의 뒤를 따르는 것은 집중이다. 관점을 결정하고, 관객을 식별하고, 적절한 관찰을 선택하고, 목표를 좁힌다. 한 교실의 6학년 학생들은 여름 휴가 중에 만났던 흥미로운 인물에 대해 생각해보도록 요구받았다. 글쓰기 전에 생각을 정리하는 과정에는 흥미로웠던 사람들, '흥미'라는 주제에 관한 사람들, 또는 여름 동안 그들이 만난 남달랐던 사람들에 대해 생각하는 것이 포함되어 있다. 어떤 학생은 보라색 머리를 하고 있던 캠프의 상담 교사, 스포츠를 몹시 좋아하던 코치, 자신을 정원 일에 고용했던 이웃집 여인에 대해 생각할지도 모른다.

어떤 학생은 그녀의 지나간 세월에 대한 이야기가 여름밤을 흥미롭게 만들었던 할머니에 대해 쓰기로 결정했다. 그 학생은 그 나이 많은 여인에게 관심을 가졌고, 다른 사람들도 그녀에 대해 관심을 갖기를 원했다. 그 다음으로, 그 학생은 그 할머니에 대해 그녀가 기억할 수 있는 모든 감각적·정서적 세부 사항들을 생각했다. 웨빙webbing 또는 마인드매핑mind mapping은 종종 어떤 주제에 대한 아이디어나 정보를 조직하는 데 사용된다. 제한된 글쓰기 기술을 가지고 있는 신규 독자라도 어떤 아이디어와 연관된 활동, 아이템, 장소를 끄집어냄으로써 마인드맵을 사용할 수 있다. 마지막으로, 이 학생은 자기 할머니의 친구에 대해 알리고 싶은 것을 결정하고, 정보를 골라내는 작업을 해야 한다. 그 여인이 우아하게 말했던 운명을 묘사하는 데 설명적인 언어를 사용하기로 그녀가 결정했다면, 그 프로젝트의 중심은 정해진 것이다. 관심을 갖고, 관찰하고, 집중하는 활동은 그 학생이 일반적인 과제에서 특별한 문제를 발견하고 집중할 수 있게 한다.

글쓰기 과정의 그 이후 단계, 특히 학생들이 종종 독자의 관점에서 초고를 검토할 때 함께 작업하는 퇴고 단계에서는, 필요한 내적인 평가의 궤적과 판단 기준을 학생들이 발전시키도록 도움으로써 창의성을 보조할 수 있다(제9장 참조). 기술 지도는 단지 구두점이나 문법 형태에 대한 수업은 물론 학생들이 여러 분야에서 숙달된 작가들이 사용하는 기술이나 전략에 초점을 맞추도록 돕는 활동—그리고 과정 내내 유연한 사고를 하도록 돕는 활동을 포함하고 있다.

이러한 수업은 기술 지도에 생명을 불어넣도록 만든다. 〈아줌마들의 행진*The Aunts Go Marching*〉(Manning, 2003)을 읽은 학생들, 그리고 그 책에서 동음이의어가 어떻게 현명하게 사용되었는지를 본 학생들은, 나이와 상관없이 연습용 문제지를 채우는 것이 유일한 목표였던 학생들보다는 동음이의어를 공부하면서 전혀 다른 목표를 가질 것이다. 동음이의어에 기초를 둔 새로운 어린이의 이야기를 만들어내는 과제를 설정하는 문제에 대해 상상해보자. 당신은 언어 공부와 창의성을 1개의 틀 안에 모두 넣을 수 있다! 구체적인 시에 대해서 J. 그랜디츠(2004)의 〈기실 내 잘못이 아냐*Technically It's Not My Fault*〉로 배운 중학생들은 그랜디츠가 했던 것처럼 그들의 삶을 생생하게 (그리고 유머러스하게) 반영하는 시를 쓰겠다는 목표를 가지고 시의 구조와 음성에 대해 배울 것이다.

시작 단계에 있는 젊은 작가들은 그들이 듣는 이야기에 숨겨진 아이디어와 정서를 연구할 수 있다. 그들은 〈눈 내리는 날*The Snowy Day*〉(Keats, 1962)에서 작가가 전달하려고 했던 감정이나 〈아이라가 자고 가요*Ira Sleeps Over*〉(Waber, 1972)에서 작가가 공유하고자 했던 아이디어가 무엇인지에 대해 토론할 것이다. 그들은 독자에게 행복 또는 두려움을 느끼게 만들 단어들을 실험할 수 있고, 특별한 감정을 불러일으키는 짧은 이야기를 쓰려고 노력하기도 할 것이다. 그들은 작가들이 왜 행복한 이야기를, 아니면 슬픈 이야기를 쓰는지에 대해 토론할 수도 있다. 이후에 학생들은 특별한 느낌을 불러일으키도록 고안된 단편을 쓸 수도 있고, 다른 학생들과 그것을 공유하면서 그들이 의도한 정서를 독자들이 이해했는지 토론한다. 〈크루서블*The Crucible*〉에서는 어떤 감정이 결정적인가? 아비가일 윌리엄스와 반대되는 것으로서 존 프록터에 의해 경험될 수 있는 것들은 어떠한가?

학생들은 또한 어떤 문학 작품에 대해 기본적으로 작용하는 언어를 탐구할 수 있다. 나이에 관계없이 〈딩동, 딩동*Ding Dong, Ding Dong*〉(Palatini, 1999)을 읽은 아이들은 에입온*Ape-On* 화장품을 팔기 위해 엠파이어스테이트 빌딩을 기어 올라간 커다란 고릴라인 딩동의 이야기에서 수많은 단어를 가지고 노는 것을 즐길 것이다. 좀 더 세련된 독자들은 〈진지함의 중요성The Importance of Being Ernest〉의 대사나 톰 스토파드의 연극에서 단어 유희를 연구할 수 있다. 단어를 현명하게 사용하면서 즐기는 작가를 이해하면, 학생들이 선택한 단어에 대한 유연한 사고를 강화하면서 새로운 방식의 글쓰기에 대해 그들에게 영감을 줄 수 있다. 다른 글쓰기 과제는 더 넓은 영역을 포함할 수 있고, 학생들은 그들이 중요하다고 식별한 주제에 대해 쓸 수 있게 된다. 그들이 가장 좋아하는 방과 후 활동, 그들이 학교에서 가장 절실히 바뀌길 바라는 것, 또는 그들이 중요하다고 생각하는 사람 등을 말이다. 비록 그러한 과제가 상대적으로 좀 강제적인 면이 있을지라도, 그것은 아이디어와 작가에게 중요한 감정을 소통하도록 고안된 글쓰기라는 생각을 전달한다.

일본식 시조인 하이쿠의 범위를 넘어서는 어떤 새로운 형태의 시를 실험해보자. 아마도 당신은 책 등에 있는 시를 즐길지도 모른다. 그래서 책의 제목으로 시를 만드는 방식으로 책들을 쌓아올릴지도 모른다. 내 친구 중 하나는 아들과 함께 〈불을 가지고 노는Who Play with Fire〉〈소녀의 위에on top of The Girl〉〈매리 포핀스Mary Poppins〉라고 쌓아올리면서 시작했고, 거기에서 더 나아갔다. 또는 이미 존재하는 문서에서 추출한 텍스트를 조합함으로써 구조화한 변형시를 시도해보자. 〈뉴욕타임스〉는 매년 신문 지면에서 '찾아낸' 시에 대한 경연을 실시한다. 신문, 역사 기록물, 심지어 과학 텍스트에서 시를 발견하는 것에 대해 생각해보자. 아마도 학생들에게 뉴스나 콘텐츠에 대한 새로운 관점을 제공할 것이다.

중학생들이라든가 그보다 더 높은 수준의 상급생들은 작가들이 그들의 글쓰기를 위해서 어떻게 아이디어를 얻는지에 대해 토론을 시작할 수 있다. 지역의 작가들을 인터뷰하거나 전기를 읽으면 학생들은 작가의 과정에 대한 단서를 얻을 수 있다. 좀 더 나이 든 학생들은 창의적인 성인들이 그들의 작품에 대해 설명한 글을 분석할 수 있다. 그들은 수많은 작가를 특징짓는 주의 깊은 관찰과 경이로운 감각을 연습할 수 있다. 학생들이 세계를 작가의 눈으로 볼 때, 모든 경험은 잠재적인 이야기 재료가 된다. 제3장에서 오손 스콧 카드가 특이한 방식으로 관찰하고 집중함으로써 매일의 순간순간 속에서 단편을 위한 아이디어를 발견했던 것을 떠올려보자. 수많은 작가가 세계를 보면서 '저건 이상하지 않아?—또는 흥미롭거나—슬프거나—혼란스럽지 않아?'라고 생각하고, 다른 사람들 역시 잘 관찰하길 원한다. 아마도 그러한 욕망으로부터 글을 쓰려는 충동이 생겨나는 것 같다.

이런 과정에 대해 작가가 묘사한 것 중 내가 가장 좋아하는 예 가운데 하나는 레이 브래드버리 (1996)의 〈선禪 그리고 글쓰기의 예술: 창의성 위의 에세이들*Zen and the Art of Writing: Essays on Creativity*〉이다. 이 책에서 브래드버리는 자신 속에서 이야기를 발견하고, 이야기를 간직하고 있는 명상을 잘 키우는 과정에 대해 설명하고 있다. 그가 쓰기를, "아이디어는 터무니없든, 끔찍하든, 혹은 우아하든 간에, 아름다움을 알아보는 눈과 혀를 가진 도보 여행자가 없기 때문에 풀밭에 떨어져서 녹아버리는 사과처럼 어느 곳에나 놓여 있다."(p8) 아이디어를 발견하기 위한 그의 제안은 매일 시를 읽고, 독서를 하고, 색깔에 대한 감각을 계발하기 위해 시골에서 오랫동안 도보 여행을 하거나 서점을 순례하는 여행에 이르기까지 폭넓다. "잘 살고, 당신의 삶을 잘 관찰함으로써, 독서를 잘하고 당신이 읽은 것을 잘 관찰하면서, 당신은 가장 당신다운 본래의 자신을 먹여 살리는 것이다."(p43) 브래드버리는 권위 있는 문제를 발견하는 것에 대해서 썼다. 아이디어를 발견하는 것에 대한 그의 생각은 브래드버리의 SF를 공부하는 학생들이나, 어쩌면 그들 자신의 글을 쓰는 학생들에게 특히 의미가 있을 것이다.

Lesson 7.1 〈엄마, 나를 사랑하나요?〉 언어학에서 유연한 사고 사용하기(K-12)

그림책 〈엄마, 나를 사랑하나요?*Mama, Do You Love Me?*〉(Joosse, 1991)를 읽어보자. 이 책은 아이에 대한 엄마의 사랑을 설명하는데 이누이트족의 문화로부터 가져온 이미지와 예를 사용하고 있다. 학생들은 그들 자신의 문화나 그들이 연구한 문화로부터 가져온 이미지를 사용하여 비슷한 책을 쓸 수 있다.

학생들은 '작가의 노트'라는 매개체로 작가로서의 그들을 둘러싼 세계를 관찰할 수 있다. 특별한 것을 적어두기 위해 개별 페이지를 준비해둘 수도 있다. 학생들은 '내가 궁금하게 여기는 것', '사람들이 하는 이상한 짓들', '평화로운 것들', '듣기 좋은 단어나 어구들', '미래에 대한 아이디어들', '도시적인 것' 또는 그들의 흥미나 필요에 적합한 어떤 다른 것들에 대한 부문을 만들 수 있다. 어떤 범주들은 학급 토론의 기초로서 필요하다. 예를 들어, 길가메시나 맬컴 X의 자서전(X, 1965)을 읽는 학급에서는 영웅적인 행동에 대한 예나 아이디어를 찾는 데 며칠을 보낼 수 있다. 그러한 아이디어들이 새로운 문학을 위한 토대를 어떻게 만들 수 있을지에 대해 학급 토론에서 논의할 수 있다. 이러한 아이디어들은 실제로 글로 쓰여질 수도 있고, 아닐 수도 있다.

다른 경우에 학생들은 특별한 작가들이 설명했던 활동과 비슷한 활동에 참여할 수 있다. 토니 모리슨(1987)이 19세기의 신문을 읽다가 소설 〈빌러브드*Beloved*〉을 위한 아이디어를 어떻게 발견했는가를 읽은 학생들은, 이야기를 위해 쓸 수 있는 아이디어를 찾으려고 신문(과거나 현재)을 조사하는 과제를 받을 수 있다. 더 어린 학생들은 익숙한 이야기에서 뒷이야기를 상상하도록 요구받을 수 있다. 왜 골디락스는 그날 숲으로 갔지? 왜 아기돼지 3형제는 한집에서 살려고 하지 않았을까? 〈늑대가 들려주는 아기돼지 3형제 이야기*The True Story of The Three Little Pigs*〉(Scieszka, 1989)와 같은 책은 학생들이 익숙한 이야기를 다른 관점에서 보도록 돕고, 겉으로는 평범한 재료에서 아이디어를 발견하는 작가의 사례도 제공한다. 심지어 더 나이 든 학생들도 애니메이션 〈슈렉〉에서 전통적인—그리고 그렇게 전통적이지 않은—캐릭터의 역할을 고려함으로써 옛날이야기의 관점을 사용하는 것에 대해 숙고할 수 있다. 다른 어떤 이야기에서 〈슈렉〉이 원본에 대한 오해를 드러내거나 잘못된 해석을 하고 있는가?

E. L. 닥터로가 말한 '작가가 맞닥뜨리는 장애물'과의 싸움에 대해 들어본 학생이라면 그의 실례를 따를 것이다. 내가 몇 년 전에 봤던 TV 인터뷰에 따르면 소설 〈다니엘서*The Book of Daniel*〉(1971)의 성공 이후, 닥터로는 새로운 아이디어를 찾느라 고생하고 있었다. 자기-규율을 따르는 차원에서 그는 스스로에게 매일 일정 분량의 글을 쓰도록 강제했다. 이는 자신의 노력이 불만족스러운 상황에서 아이디어를 발견할 수 있기를 바라는 마음에서였다. 영감이 떠오르지 않던 그는 어느 날 벽의 한 지점을 바라보면서 앉아 있었다. 그는 그 순간 아무런 아이디어가 없었기 때문에 그저 벽에 대해서 생각하기 시작했다. 벽은 그에게 그 집에 대해 생각하게 만들었고, 그는 자신의 상상력이 그 집이 지어지던 당시를 떠돌도록 놔두었다. 그는 그 곁을 지나가는 사람들, 그들이 했을지도 모르는 일들 그리고 그들이 찾아가는 장소에 대해 상상했다. 결국 그 결과 소설 〈래그타임*Ragtime*〉(Doctorow, 1975)이 태어났다. 학생들 역시 익숙한 장소나 물건을 골라서 이야기의 아이디어로 이끌 수 있는 연관성을 상상해낼 수 있다. 다시 그 이야기들이 쓰여질 수도 있고, 단지 아이디어의 토론에 그칠 수도 있으며, 다른 날을 위해서 치워둘 수도 있다.

L. 에이폴(2002)은 일상적인 것들에 대해 시를 쓰도록 요구받은 중학생들의 활동에 대해 설명했다. 먼저 그들은 평범한 사물에 대한 시들을 읽고, 작은 물체에 덧붙일 수 있는 커다란 아이디어에 대해 토론했다. 그 다음으로, 그들의 지도 교사는 시를 떠올릴 수 있도록 익숙한 물체들을 테이블 가득 늘어놓았다. 이 경우, 에이폴은 학생들이 비슷한 경험을 할 기회를 제시하기 전에 문제의 발견이 다른 곳에서 발생한 경우를 실례로 보여준다. 이야기와 시에 덧붙여, 학생들은 저자의 목적에 대해 다양한 픽션과 논픽션 형식으로 조사해야만 한다. 각각이 글쓰기와 연관되어 있지만, 다음과 같은 형태에서 제시될 수 있는 목적의 다양성에 대해 생각해보자. 시, 소설, 짧은 이야기, 에세이, 리포트, 희곡, 시나리오, 다큐멘터리, 기술 보고서, 팸플릿, 인증서, 연구 보고서, 프로젝트 제안서, 법안, 광고 카피, 노랫말 등을 말이다.

S. K. 페리(1999)는 75명 이상의 베스트셀러 작가들과 더불어 글쓰기에 대한 그들의 경험과 전략에 대해서 인터뷰했다. 그녀는 특히 글쓰기의 흐름에 대한 그들의 설명에 관심이 있었는데, 이것은 제9장에서 설명할 것이다. 그 결과로 나온 책인 〈흐름에 따른 글쓰기*Writing in Flow*〉는 전문 작가에게 도움이 되어왔던 전략을 경험하고 싶은 중학생들과 작업하는 데 도움이 된다. 글쓰기 흐름에 대한 그녀의 다섯 가지 키는 이미 토론한 것과 아주 비슷한 제안을 한다. ⓐ 글을 쓰려는 이유를 가지고, ⓑ 작가처럼 생각하고(판단을 유보하고, 위험을 감수하고, 경험에 대해 개방적으로 대하며), ⓒ 긴장을 풀고(아이디어를 가지고 놀며), ⓓ 집중하고, ⓔ 반대편의 것과 균형을 잡는다(양쪽의 사고와 기술 그리고 영감을 가지고 작업한다). 여러분도 자신의 글쓰기 과정을 실험할 때, 그

녀의 제안이 쓸모 있다는 것을 발견할지도 모른다.

기술력 덕분에 우리는 그들의 창의적 표현을 하는 데 있어 특별한 욕구를 가지고 있는 학생들을 위한 도움을 줄 수 있는 가능성을 가지고 있음을 잊지 말아야 한다. 그들 스스로에 대해 표현하는 데 어려움을 겪는 학생들은 종종 할 말을 많이 가지고 있다. 제1장에서 목록을 나열했던 CAST 웹사이트는 풍부한 선택의 여지를 당신에게 알려준다(http://www.cast.org). 예를 들어, CAST Book Builder option(http://bookbuilder. cast.org)은 모든 연령의 학생들이 그들 자신의 온라인 책을 만드는 것을 돕는다.

당신은 또한 Universal Design for Learning 웹사이트(http://www.udcenter.org)를 방문할 수도 있고, 'UDL Guidelines'를 클릭해도 된다. 세 가지 주요 원칙(Three Primary Principles)을 위한 링크를 찾아서, 'Provide Multiple Means of Action and Expression: Expression and Communication'을 선택해보자. 거기에서 Guideline 5.1, 'Use Multiple Media for Communication'을 선택하고, 거기에서 'Examples and Resources'를 위한 옵션을 찾아야 한다. 거기에서 당신은 이야기, 만화, 심지어 동영상을 위한 옵션이 들어 있는 모든 종류의 학습자에게 도움이 되는 제안들을 발견할 것이다. 대학에서 디자인한 최고의 것 가운데 Kerpoof[4]에서 Animoto[5] 등에 이르기까지 모든 학생에게 적절하다(그와 더불어 기쁨도 준다). 물론 태블릿은 말하기, 글쓰기 그리고 모든 종류의 소통을 위한 도움을 제공한다. The Autism Speaks 웹사이트는 자폐증이 있는 학생들이 성공적으로 사용해온 아이패드용 앱의 목록을 제공한다. 이들 중 대부분이 창의적 표현에 도움이 되도록 사용될 수 있다(http://www.autismspeaks.org/autism-apps).

---

4) 디즈니 온라인인 Kerpoof Studio에서 만든 엔터테인먼트와 교육을 위한 어린이용 웹사이트-옮긴이 주
5) 사진으로 음악을 첨부한 동영상을 만들도록 도와주는 앱-옮긴이 주

우리가 협동 과정을 통한 창의성의 가능성을 고려해볼 때, 어떻게 교실에서의 협력을 도울 수 있을지 구상하는 것은 매우 중요하다. 협동의 창의성에 대한 비범한 실례를 나와 웨일스의 스토리텔러인 M. 마이클 하비가 공유할 수 있었다. 마이클(personal communication, 2002)은 그가 들려준 성경 이야기에 기초하여 초등학교와 중고등학교 학생들(초등 고학년 학생부터 중학생까지)이 그룹을 지어서 쓴 시 몇 편을 내게 보내주었다. 나는 그 시에 아주 감동을 받아서 그것이 어떻게 창작되었는지 배우고 싶었다. 어떻게 초등학생들이 "나는 천둥과 번개를 가슴에 가지고 있는 날개 달린 여인이 내 안에 있는 것처럼 느낀다"와 같은 생각을 글로 쓸 수 있었을까? 마이클은 관대하게도 몇 가지 과정을 나와 나누었다. 당신이 이미 읽은 것처럼, 이 교실에서 실제로 증명된 문제 발견의 측면에 대해 생각해보자.

[이야기를 들려준 뒤] 내가 시작한 것은 이야기를 들은 그들의 경험과, 그 이야기 속으로 들어가는 경험이다. … 우리는 그것이 그들에게 있어 무엇과 비슷한지를 이야기한다. 나는 그들이 이야기를 얼마나 많이 기억할까 불안해하는 모습을 보이지 않기 위해, 대화에서 이런 부분을 유지하려고 노력한다. … 초기 안정화 단계에서 나는 아이들 사이의 경쟁이라든가 그들이 말하는 것에 대해서마다 인정을 받으려고 하는 것을 피함으로써 그룹의 역동성을 유지하려고 노력한다. … 오래지 않아

학생들은 이야기에 대한 생생한 표현을 들려준다. 이 연령대(7~10세)는 놀라운 집단의식을 가지고 있고, 이것이 집중력과 과정에 추진력을 제공한다.

이것은 정말이지 내게는 고고학적인 탐색처럼 느껴진다. 그것이 무엇이든 저 바깥에 있고, 우리가 그것을 발견해야 한다면 그러한 기술을 사용할 필요가 있다. 나는 금속 탐지기에 대해서 말하고 있는데―어떤 사물이 "삐 삐"하고 울리면 그것이 무엇인지는 몰라도 뭔가를 발견했다는 것을 알게 된다. 그것은 이야기를 통과하는 것과 같다. 우리가 이야기를 적절하게 말한 후 통과하여 지나가면―"저기에 뭔가가 있다"라고 말하는 내적인 상상의 유도를 그들은 찾는다. 학생들은 모두 내가 뜻하는 것을 알고 있다. …

좀 더 나이 든 학생들의 그룹에서 여러분은 수많은 개인적인 반응을 기대하겠지만, 7~10세의 경우에는 그룹의 반응과 협상한다. 훌륭한 것은 그들이 언제나 선택한다는 것이고―나는 결코 그들이 서두르도록 부추기지 않으며, 심판 역할을 하지도 않는다. [일단] 우리가 어떤 부분에서 더 많은 세부사항을 찾을지 결정하면, 보통 나는 상상력과 느낌을 되돌려주기 위해 이야기에서 그 부분을 다시 들려주고, 학생들에게 단지 무엇을 경험했느냐고 묻는다. … 만약 예를 들어, 우리가 새뮤얼이 잠들어 있는 탑 안에 있고, 누군가가 그들은 램프 빛으로 벽을 볼 수 있다고 말한다면, 나는 그 벽이 어떠냐고 묻는다.

"부드러워요."

"좋아, 어떤 부드러움이지?"

"아주 매끄러워요."

"오, 그렇구나. 이 벽만큼 매끄러운 뭔가를 생각해낼 수 있을까?" 그들은 곤경에 빠진다.

"그 성 안에, 아니면 밖에 그렇게 부드러운 뭔가가 있을까?"

"모래 언덕이요!"

좋다! 나는 높은 수준의 의견 일치를 나타내는 행동과 창작의 미소는 말할 것도 없고, 의심할 여지 없는 안도를 보게 되면서 드디어 적어 내려간다. …

이러한 부문을 진행할 때면, 나는 책임을 지고 있고 전에도 이런 것을 해봤지만, 그들과 함께 이런 게임을 하는 것을 즐긴다. 그 점에서 나는 게임이 잘되어 갈 때 학생들처럼 즐겁고, 우리가 곤경에 처했을 때 아이들이 좌절하는 것만큼 좌절한다. 이 것은 "이것이 옳을까, 아니면 거의 정답에 가까울까?"라고 질문함으로써 요구가 더 많은 미세한 단계로 옮겨가는 것이 더 쉽다는 것을 뜻한다. 만약 그들이 "넵! 저것 이 정확히 정답이에요"라고 말한다면, 비록 막 터져 나오려는 100만 개의 멋진 아 이디어를 가지고 있을지라도 나는 그 지점을 떠난다. 수많은 교사가 "만약 ○○라면 더 좋을 거라고 생각하지 않니?"와 같이 말하는 바람에 그들 사이의 소통을 망쳐버 리는 것을 많이 봐왔다. 아이들이 이렇게 할 때, 그들의 눈에서 뿜어져 나오는 빛을 당신은 볼 수 있을 것이다!

마이클은 생성하는 아이디어에 적합한 형태를 식별하는 것에 대해 계속 설명했다. 이야기를 탐험하고, 그룹에 말할 거리를 구별하고, 그들의 이미지에 꼭 들어맞는 말을 만들어낼 수 있는 기회를 주는 것에 주의하자. 이러한 협동의 노력으로 창조되는 교실 분위기에 대해 생각해보자. 새뮤얼에 대한 시는 다음과 같다.

탑 속에 잠들어 있는 새뮤얼
탑의 벽은 모래 언덕의 그림자처럼 부드럽다.
램프의 불꽃은 햇빛 속에서 반짝이는 칼처럼 빛난다,
낡은 방주의 고대 무늬 위에서.
그들은 사막의 모래 폭풍처럼—자유처럼 거칠게—소용돌이친다.
신의 목소리는 파도 위의 바람처럼 속삭이고
깊은 홍해처럼 우르르 울리며
요람에서 숨 쉬는 아기처럼 웅얼대고
죽음의 천사와 같다. … 새뮤얼!
—*Bryn Deri CP School*, 6학년(10세)

만약 마이클이나 그의 학생들에 대해 더 읽고 싶다면, 그의 블로그(http://yrawen. wordpress.com)나 그의 웹사이트(http://www.michaelharvey.org)를 방문해보자. 당신 은 웨일스어나 영어로 된 시와 텍스트, 그리고 마이클의 활동에 대한 정보도 발견할 수 있다. 언젠가 나는 웨일스로 워크숍을 위한 여행을 떠나고 싶다!

장르 연구

G. D. 슬로언(1991)은 학생들이 작가로서만이 아니라 비평가로서 문학의 전략과 관습에 대해 공부할 수 있다고 제안했다. 그녀는 이야기 감각의 중요성과 학생들의 삶에서 내러티브의 중심을 갖는 것이 중요하다는 사실을 강조했다. 이야기 감각이란 어떤 작가에게든 필요한 중심 방법론 중 하나다. 슬로언은 이야기의 구조와 기능을 이해하는 학생이라면 문학의 관습을 식별하고 사용할 수 있으며, 자신의 삶에서 가치 있는 이야기를 구별할 수 있을 것이라고 말한다. 학생들은 다른 사람들의 이야기를 연구하고, 종종 독서 지도를 받는 경험으로 이야기 감각을 계발한다. 그들은 이야기의 종류(어떤 표시와 신호를 보고 이야기가 실제적인가, 아니면 판타지적인 배경을 가지고 있는가를 알 수 있는가?), 배경과 플롯(만약 당신이 새로운 결말을 생각해냈다면—새로운 결말에 어울리도록 나머지 이야기는 어떻게 바뀌어야 할까?), 인물(제거될 수 있는 인물이 있을까? 그것이 나머지 이야기에 어떤 영향을 끼칠까?), 관점, 분위기, 톤, 스타일, 주제 또는 일러스트레이션에 대해 토론할 수 있다. 기본적인 이야기는 복잡성의 정도에 따라 다양하게 토론될 수 있다. 좀 더 나이 든 학생들이 문학에서의 질문 유형에 대해 연구할 수 있는 반면, 어린아이들은 주인공이 집을 떠나서 모험을 겪고 집으로 되돌아오는 식으로 순환하는 이야기를 보면서 비슷한 이슈를 다룰 수 있다. 학생들이 이러한 관습을 알 때, 교활한 여우를 묘사한 자신의 이야기라든가(또는 관습을 무시하고 영웅적인 여우를 묘사하거나), 주제를 보조하는 계절의 이미지를 사용하면 그것은 학생들을 위한 훈련 방법의 일부가 된다.

좀 더 폭넓게 보면, 슬로언의 접근법은 학년 수준을 가로질러 추구할 수 있는 장르 연구를 선도한다. 어린아이들이 그들의 첫 번째 하이쿠나 동화를 쓸 때 '규칙'에 대해 알 필요가 있는 것처럼, SF나 가상 역사, 전기 또는 정보 제공이 목적인 논픽션의 관습을 공부한 더 나이 든 학생들이 그것들을 쓰기 위한 준비가 훨씬 더 잘되어 있을 것이다. 하나의 주제를 둘러싼 다양한 문학을 공부할(쓸) 때, 다양한 장르 연구는 하나의 주제를 둘러싼 여러 가지 관점을 형성하는 데 창의적인 이익을 덧붙여 제공할 것이다.

이 과정에서 학생들은 문화적으로 특별한 형식의 관습과 목적에 노출되어야 한다. 여기에는 아일랜드의 거인 전사인 핀 매콜의 이야기에서 랩 스타일의 시에 이르기까지, 흑인 페미니스트 화가 페이스 링골드의 〈스토리 퀼트story quilts〉(Ringgold, 1991)에서 다양한 문화로부터 유래한 스토리텔링 형태까지를 포함한다. 만약 문제 발견의 첫 번째 부분이 관심을 가지는 것이라면, 그것은 학생들이 읽었던 문학 작품과 그들이 창작했던 글쓰기 작품이나 말로 표현한 것에 대한 관심이고, 이는 그들이 관심을 가졌던 형식과 아이디어를 중심으로 이루어져야 한다. 보통 언어학 프로그램에서 촉진되는 소통은—링골드의 〈스토리 퀼트〉가 그녀의 스토리텔링을 글의 형태로 이끌듯이—언어 과제에 덧붙여, 또는 언어 과제 대신에 비언어적 형태로 표현될 수도 있다. 학생들은 흐몽족[6]의 바느질 작업을 따라하거나, 아프리카의 켄테[7]를 디자인하거나, 중국식 두루마리 그림을 그리려 하거나, 다양한 전통 춤이나 가면을 만드는 것을 통해 아이디어와 중요한 가치를 표현할 수 있다. 이러한 표현은 말로써 또는 글쓰기로 표현될 수 있고, 다양한 문제 발견과 표현을 위한 새로운 기회도 제공한다.

Lesson 7.4 가보: 역사에 대한 조사와 문화적 표현(K-12)

베트남인 가족의 미국 이민사에 관한 이야기인 〈연꽃의 씨The Lotus Seed〉를 읽고, 연꽃의 씨가 그 베트남인 가족의 강인함과 유산의 중요한 상징이 된 방식을 알아보자. 학생들에게 그들 과거의 중요한 이야기에 대해 가족 구성원과 이야기를 나누어보도록 제안하자. 이것은 다양한 창의적 표현의 기초를 이룰 수도 있다. 이야기, 에세이, 춤, 연극 또는 다양한 비주얼 아트 등을 말이다.

언어학: 창의적인 힘

창의성의 여러 측면은 어떤 과목에서든 도움을 받을 수 있지만, 각 과목은 특히 창의성에 그들 자신을 잘 빌려줄 수 있는 전통적인 교과 과정을 가지고 있다. 언어학에서 가장 눈에 띄는 매개체는 창의적인 글쓰기다. 상상으로 글쓰기를 하는 활동은 창의적

---

6) 베트남, 중국, 라오스 등지에 사는 묘족이다. 중국에 가장 많이 거주하는 민족 집단으로, 같은 계통의 언어를 말하는 사람들은 태국, 미얀마, 라오스, 베트남 등지의 산악 지대에서 살고 있다. 중국에서는 55개 소수 민족 중 하나다.-옮긴이 주
7) 아프리카의 가나에서 남성이 몸에 감아서 입는 옷으로, 고대 로마의 토가와 비슷한 화려한 색깔의 옷이다.-옮긴이 주

인 사고 기술과 전략을 사용하기 위한 자연스러운 기회를 제공한다. 창의적 사고를 증진시키기 위해 특별히 고안된 전략 중 대부분(제6장 참고)을 언어학 활동이 빌려 쓰고 있다. 학생들은 은유적 사고, 시각적 이미지, 창의적인 극적 경험에 기초한 이야기를 쓸 수 있다. 그들은 더 잘 설명하고, 광고를 기획하고, 더 좋은 시를 쓰기 위해 은유나 창조공학 기술을 사용할 수 있다. 그러나 교사들이 학습 내용에 관한 글쓰기를 통해 학생들의 창의적 사고를 증진시킬 수 있는 가능성에 대해 놓치지 않는 것이 중요하다.

학습 내용에 대한 글쓰기는 학생들에게 내용에 대한 이해는 물론 그들의 질문, 관심사 그리고 흥미를 표현하는 기회를 제공한다. D. 워슬리와 B. 메이어(1989)는 중학교 과학 지도의 한 부분으로서 다양한 글쓰기 과제에 대해 설명했다. 그 제안은 전형적인 실험 보고서를 과제로 부과하는 것만이 아니라, 특별한 역사적 장소(강둑이나 전화 부스)와 관련하여 감각적인 경험을 묘사하고, 교과서를 다시 쓰고, 미래의 발명품을 설명하고, 누군가의 개인적 아이디어의 역사를 열거하고, "과감한 이론을 가정"한다.(p72) 내가 가장 좋아하는 예 중 하나는 고등학교 1학년생이 쓴 텔레비전에 대한 에세이였다. 그 에세이의 거의 전체가 일련의 질문으로 되어 있는데, 예를 들면 다음과 같다.

어떤 사람들이 운동 프로그램을 볼까? 그들은 못 말리게 뚱뚱할까? 그들은 미친듯이 운동할까? 그들은 5시 20분에 채널 7의 운동 프로그램을 볼까, 아니면 몸에 착 달라붙는 옷을 입고 소녀들이 점프를 하는 채널 4를 볼까? 아마도 이것은 그들이 남자냐, 여자냐에 달려 있을 것이고, 어쩌면 그들이 운동하기를 얼마나 진정으로 원하는지에 달려 있을 것이다. … 왜 사람들은 중독되는 걸까? 사람들은 어떻게 그들이 TV를 보는 양을 결정할까?(Worsley & Mayer, 1989, p116~117)

그 에세이는 문제 발견을 위한 연습처럼 들렸다! 학습 내용에 대한 글쓰기가 좀 더 형식적이고 실제 사실에 기초하는 것이 일반적이지만, 만약 그러한 글쓰기가 실제 문제에 대한 연구를 설명하고 있다면, 현재 작용하고 있는 진정한 창의성을 나타내고 있는 것이다.

마지막으로, 언어학 활동은 창의적 행동을 모형화하기 위한 다양한 기회를 제공한다. 학생들은 〈말괄량이 삐삐〉에서 〈해리 포터〉〈셜록 홈즈〉 또는 〈올리버 트위스트〉

에 이르기까지 살펴보며 문제 해결과 주인공의 유연한 사고를 연구할 수 있다. 젊은이들이 우리가 찾는 주인공을 모형화할 수 있는 문학 작품을 선택하려면, 우리의 교실이 창의적 사고를 향해 열려 있음을 표현하는 것도 방법 중 하나다.

Lesson 7.5 언어학에서 유연한 사고

주인공의 몸 크기가 이야기의 중요한 요소인 동화들, 예를 들어, 〈잭과 콩나무〉 〈엄지손가락 톰〉 〈이상한 나라의 엘리스〉 또는 〈걸리버 여행기〉 등에 대해 이야기해보자. 어린아이들은 모리모토 준코의 〈한치동자〉(1988)를 읽을 수도 있다. 크기에 따른 그의 창의적인 적용에 대해 토론해보자. 당신은 등장인물과 크기에 대한 형태학적인 차트를 만들 수도 있다. 만약 주인공들의 크기가 다르다면 이야기가 어떻게 바뀌었을지에 대해 상상하기 위해서 모눈종이를 사용하자. 그 대신 영화 〈빅〉이나 〈벤저민 버튼의 시간은 거꾸로 간다〉 등에서 나온 크기와 나이 사이의 관계에 대해 생각해보자. 주인공이 전통적인 방식으로 나이를 먹지 않는 이야기를 구상하는 데 이것들을 사용해보자.(신디 핀터의 수업에서 발췌)

교실에 대해 생각하기

학생들과 함께 작가의 목적과 문제 발견에 대해 토론할 수 있는 학급 활동을 계획해보자. 수많은 작가의 블로그와 웹사이트는 그들의 사고에 대한 중요한 단서를 제공할 수 있다. 글로 쓸 만한 흥미로운 문제를 찾고, 무슨 일이 일어나고 있는지 보기 위해 학생들을 밖으로 내보내자.

사회 과목에서의 문제 발견과 해결

사회 과목 국가 협의회(NCSS)는 사회 과목에 대해 다음과 같이 정의했다.

사회 과목은 시민의 권리를 증진시키기 위한 인문학과 사회과학에 대한 통합 연구다. 학교 프로그램에서 사회 과목은 인류학, 고고학, 경제학, 지리, 역사, 법, 철학, 정치과학, 심리학, 종교학, 사회학은 물론 인문학과 수학, 자연 과학에서 도출한 적절한 콘텐츠로서 이들 영역에서 이끌어낸 통합적이고 체계적인 연구를 제공한다. 사회 과목의 주목적은 젊은이들이 다양한 문화와 서로 의존하는 세계의 민주 시민으로서, 공공의 선을 위해 충분한 정보와 이유를 가진 결정을 내릴 수 있는 능력을

계발하도록 돕는 것이다.(NCSS, n.d.)

비록 다른 정의들은 약간씩 다르겠지만, 사회 과목에 대한 대부분의 토론은 두 가지 일반적인 형태로 학생의 목표에 중심을 두고 있는 것 같다. 즉, 사회과학으로부터 중요한 이해를 얻고, 민주 사회에서 지식을 가진 일원이 되도록 준비하는 것이다. 만약 학생들이 사회 과목에서 문제를 발견하고 해결하려면, 문제는 논리적으로 비슷한 부문으로 빠질 것이다. 우리는 먼저 사회 과목의 지도로 얻을 수 있는 유연한 사고를 위한 일반적인 기회를 간단하게 살펴본 뒤 학생들이 사회과학의 영역에서 문제를 발견하고 해결할 수 있게 한다. 그리고 공동체, 주, 국가의 시민으로서 문제를 식별하고 다룰 수 있게 하는 교육 방법론과 학습 내용의 유형에 대해 숙고한다.

관점을 통한 유연한 사고

사회 과목에서 '사회'는 모든 사회과학 과목이 인간의 상호 작용에 초점을 맞추고 있음을 명확히 하고 있다. 역사와 고고학은 인간의 과거에 대한 것이고, 사회학은 인간의 현재에 대한 것이다. 지리학은 단지 지형에 대한 것이 아니라(그것은 지질학이다), 인간이 대지와 상호 작용하는 방식에 대한 것이다. 우리가 사회 과목에서 공부하는 것이 무엇이든, 그 기초는 인간에 대한 것이다. 그리고 모든 인간은 관점을 가지고 있다. 다른 사람의 눈으로 세계를 보는 것을 배우는 것은 사회과학 영역의 기초이고, 유연한 사고를 위한 큰 기회를 제공한다.

학생들이 다양한 관점에 대해 생각하도록 도움을 주는 수많은 방법이 있다. 역사 과목에서 몇 가지 기초적인 질문들은 다음과 같은 것을 포함한다.

- 왜 그 사람은 그 일을 했을까? 그는 무슨 생각을 했을까?
- 그 사람에게는 다른 어떤 선택의 여지가 있었을까? 그는 그 밖의 어떤 것을 할 수 있었을까?
- 그 사람(또는 그룹)이 그 대신 OOO(다른 일련의 행동을 채워 넣어보자)을 선택했다면, 어떻게 되었을까? 그 결과는 어떠했을까?

- 만약에 OOO(상황을 변화시켰을 만한 어떤 방식을 채워 넣어보자)라면 어땠을까? 그 것이 그 사람의 생각이나 행동을 변화시켰다면, 어떻게 변했을까?

이러한 질문의 의도는 학생들이 역사적 인물에 대해—우리가 그러는 것처럼 그들이 알았고 믿었던 것을 바탕으로 결정을 내렸던 인간으로서 이해하도록 돕는다. 마찬가지로, 다른 문화에 대해 공부할 때, 기이하게 보이는 문화적 관습이 그들에게 주어진 환경이나 그 민족의 역사에서는 논리적 타당성이 있음을 이해하게 만든다면, 문화에 대한 이해를 위해서는 물론 유연한 사고에도 좋은 일이다.

교실에 대해 생각하기

당신의 학급 수준에 적절한, 다양한 관점을 가진 역사 관련 서적을 찾아보자. 예를 들어, 미국 독립 전쟁을 공부하는 학생들에게는 〈조지 대 조지*George vs George*〉(Schanzer, 2004)를 소개할 수 있다. 약간 더 나이 든 학생들은 〈모든 사람의 혁명*Everybody's Revolution*〉(Fleming, 2006)이나 'Lesson 7.8'에서 설명한 남북 전쟁 관련 자료를 사용할 수 있다. 당신이 발견한 것을 동료들과 공유하면서, 사서가 그 책들을 구매 희망 목록에 넣도록 추천하자. 또한, 당신은 학생들이 그 자료들로 다양한 관점을 어떻게 공부하게 만들 것인지 생각해보자.

이러한 이해는 초등학교 수준에서 시작할 수 있다. 몇 년 전에 내 학생 중 하나는 3학년 학생들을 위해 일본에 대한 멋진 단원을 만들었다. 그 단원을 형성하던 핵심 질문 중 하나는 '왜 일본의 수많은 3학년 학생이 점심으로 땅콩버터 샌드위치 대신 밥을 가져올까?'였다. 시작 단계에서 미국 어린이들은 '점심으로 밥을 먹는 것이 이상하다는 사실'을 발견했다. 그러나 일본의 지리와 문화에 대해 배우고 난 후—그리고 땅콩버터 샌드위치를 만들려면 넓은 밀밭이 필요하다는 것을 배운 후—점심의 차이는 이치에 맞다는 사실을 알았다. 이들은 그 순간에 일본 사람의 눈으로 봤고, 그럼으로써 점심으로서 밥을 먹는 것이 매우 사리에 맞고 맛있다는 사실을 깨달았다. 이렇게 하려면 단지 관점의 이동이 필요했다. 더 나이 든 학생들(13세 이상)이 다양한 문화적 관점을 이해하도록 돕는 놀라운 기회 중 하나는 Voices of Youth 블로그로 구할 수 있다. UNICEF가 만들어 유지하는 Voices of Youth 블로그는 전 세계의 젊은이들이 아이디어를 공유하는 장소다(http://www.voiceofyouth.org).

학생들이 다양한 관점을 취하도록 촉진하는 수많은 교육 전략이 있다. 그중 몇몇은 제6장과 제8장에서 설명하고 있다. 역할놀이, 시뮬레이션, 대조 요건을 활용한 글쓰기 또는 페이스북을 통한 역사적 인물의 페르소나를 택하거나 블로그, 역사적 사건에 대한 상상의 트위터 계정 활용을 고려해보자. 그러한 것들은 당신에게 다양한 지도 방식을 제공하고, 학생들에게는 순간적으로라도 세계를 다르게 볼 수 있게 한다. 말 그대로 우리 세계에서는 필수적인 기술이다.

역사 연구자로서 학생

만약 학생들이 사회과학 영역에서 문제를 식별하고 연구하고자 한다면, 그들은 두 가지 지식을 가져야만 한다. 첫째, 그들은 그 영역 자체에 대한 지식을 가져야 한다. 역사가들은 역사에 대해 뭔가를 알고 있어야 하고, 지리학자들은 지리에 대해 알고 있어야 한다. 둘째, 그들은 해당 영역이 어떻게 작동하는지 알아야 한다. 역사가들은 역사적 정보의 원천과 그것이 어떤 질문에 대답할 것인지, 그리고 어떻게 그것들을 연구할 것인지 이해해야만 한다. 지리학자들도 그들이 무엇을 하고, 어떤 정보를 가치 있게 여기는지, 어떻게 지리적 정보가 모이고 평가되고 사용되는지 알아야 한다.

전통적으로 학교 교과 과정에 그것을 만들어내는 데 필요한 전략과 문학에 관한 내용 둘 다가 속해 있던 언어학과는 달리, 수많은 학생은 학교에서 경험하는 사회 과목을 단지 하나의 체계로서—또는 좀 더 정확하게 말하면 내용에 대한—실체 없는 큰 덩어리로 보고서 지나칠 것이다. 여러분 중 몇몇은 아마도 사회과 교과서를 읽고 끝없는 확인checkup 질문에 답해야 했던 기억이 있을지도 모른다. 그중 수많은 부분은 교과서에서 정확한 문장을 복사하여 적어 넣어야 하는 것도 있었다. 그러한 경우, 사회과의 팩트들은 보다 더 중요한 개념에 대한 학생들의 이해를 제한하는 방식으로 강조될 수 있고, 질문 속에 놓인 팩트의 본질에 대한 고려를 배제해버린다.

청교도들이 무엇을 먹고, 입고, 어떤 놀이를 했는지 당신은 어떻게 아는가? 어떤 왕이 민중의 사랑을 받았는지 또는 증오의 대상이었는지 우리가 어떻게 알며, 중세 유럽의 공동체는 어떻게 조직되었고, 미국이 제2차 세계대전에 참전한 것에 대한 대중의 관점은 베트남 전쟁 때의 그것과 비교하면 어떠했는지 우리는 어떻게 아는가? 베트남에 대한 동시대의 관점과 비교하여, 이라크 전쟁에 대해 현재 미국 대중은 어떤 관점을 가지고 있을까? 방법론이나 영역의 내용에 대한 고려가 없다면, 학생들에게는 만약 그것이 인쇄되어 있고, 특히 교과서에 들어 있는 내용이라면 그냥 믿는 것 외에는 다른 선택의 여지가 거의 남아 있지 않을 것이다. 물론 학생들이 시민 의식을 갖추도록 준비시키기 위한 목적을 가진 영역에 대한 건전한 추정도 거의 힘들어진다!

만약 학생들이 사회과학의 영역에서 창의적인 사고를 위해 준비를 갖추려고 한다면, 그들은 팩트에 대한 이해는 물론 그 과목을 형성하는 개념과 광범한 흐름도 이해할 필요가 있다. 여기에는 상호 의존성이나 제도 같은 아이디어가 포함된다. 원인, 영향, 변화 그리고 갈등, 세력, 권리, 정의 같은 것 말이다. 그들은 또한 정보를 모으고 조직하고 분석하는 기술이 필요하며, 사회과학자의 정신적 습관과 관련된 지식도 필요하다. 예를 들어, W. C. 파커(1991)는 〈역사의 자연성*History's Habits of Mind*〉의 예를 인용했는데, 거기에는 "과거에 대한 판단이 불확실한 본성을 가지고 있음을 인식하고, 그럼으로써 현재의 질병을 치유하기 위해(p7) 특정한 역사의 '교훈'을 움켜쥐려는 유혹을 피하는 것이 포함된다." 역사가처럼 행동하기보다 역사의 습관과 가치를 배우는 더 좋은 방법이 있을까?

비록 학생들은 훨씬 많은 사회과학 영역의 방법론을 교육받겠지만, 나는 역사 연구를 위한 전략만을 여기에서 토론할 것이다. 공간 자체가 모든 영역에 대한 완전한 토론을 불가능하게 하며, 사회 과목의 교과 과정 가운데 역사에 대한 강조는 시작을 위한 논리적인 장소를 만들어준다. 역사 연구에 학생들이 관여하면, 그들이 창의적인 역사가들과 같은 방식으로 문제를 식별하고 연구할 수 있게 한다.

역사 연구가들은 다음과 같은 질문에 대답한다. "사물들이 과거에는 어떠했을까?" 그 목표는 다양한 관점을 고려하여 과거를 가능한 한 정확하게 재구성하는 것이다. 그가 살던 시대의 핵심 사건에 대해 토론하는 과거의 정치가를 인터뷰한 잡지, 19세기 패션의 변화에 대한 책, 또는 100년 이상 된 오래된 지역의 주거지에 대한 기억을 담은 신문 기사 등은 역사 연구용 자료를 기록하고 있는 셈이다. 자신들의 부모가 학교 다닐 때 어땠는지 인터뷰한 학생들, 중심가에 있는 상가의 과거 임차인에 대해 연구한 학생들, 그 시대에 유행한 노래 가사를 조사하는 식으로 남북 전쟁에 대해 공부하는 학생들 역시 역사 연구를 하는 셈이다.

많은 역사 연구는 초등학생들에게 흥미롭고 적절하다. 그러나 특히 조심해야 할 것 한 가지가 있다. 학생이 어리면 어릴수록, 가정과 가까우면 가까울수록 연구는 참고 기다리면서 이루어져야만 한다. 어린아이들은 역사와 판타지를 구별하는 데 어려움을 겪는다. 아무튼 조지 워싱턴과 백설공주 둘 다 "옛날 옛적에 아주 먼 곳에서" 살았다. 그러나 비록 초등학생일지라도 그들의 현재 가족이나, 어쩌면 학교에 대한 정보는 연구할 수 있다. 공동체의 역사는 아주 추상적인 것처럼 보이지만, '우리 부모들이 학교에 다닐 때와 현재의 2학년은 어떻게 다를까?'처럼 실제 사람들에 대한 실제의 문제다. 중등학년(초등학교 고학년 학생부터 중학생) 수준 이상부터는 학생들이 지역, 국가, 어쩌면 세계 역사에 대한 이슈까지도 전문적인 방식으로 다룰 수 있는 것처럼 보인다. 그리고 중학생들에게 있어서 중요한 재료에 관여할 수 있는 기회는 과거에 대한 건조한 빈칸 채우기부터 최신 리얼리티 쇼만큼이나 매력적인 이야기로 옮겨갈 수 있게 한다.

S. 레비(2008)는 아이오와 주의 더뷰크에 있는 어느 대안 고등학교를 다니는 학생들 그룹이 역사 연구를 경험하면서 겪었던 변형에 대해 설명한다. 이 학교의 학생들은 전통적인 고등학교에서 성공했던 경험이 없다. 학생들이 제2차 세계대전에 대한 국가 기준 시험을 치르게 하려는 노력을 하면서, 교사들은 터스키기 항공대 조종사들[8])에 대한 주제를 소개했다. 그 주제는 그 조종사들 중 한 사람이 더뷰크 고등학교 출신이라는 것을 학생들이 배우기 전까지는 거의 관심을 끌지도 못했다. 학생들은 그 조종사들—그리고 다른 관계자들에게도—편지를 썼다. 그리고 그들의 말대로 "나머지는 (실제로) 역사다!" 학생들은 편지에 이어 초청장을 보냈으며, 그 조종사들이 연설할 대중 강연회와 학생들 자신도 공동체와 시민 조직에 연설할 공동체 각성 캠페인을 계획하기 시작했다. 또한 라디오 생방송 인터뷰도 했으며, 지역 신문에 소개될 관현악단을 조직했다. 대중적인 이벤트에 더해 학생들은 영어 교사의 도움을 받아 230페이지에 이르는 자신들의 연구 내용을 편집하고 출간했다. 그 책은 1,500권이나 팔렸다. 이러한 노력에 필요했던 유연성과 문제 해결에 대해 상상해보자—그리고 여러분은 그들 중 누가 과연 제2차 세계대전에 대해 배운 것을 잊어버릴 것이라고 생각하는가?

역사가들의 임무에 대해 학생들에게 설명할 때, 탐정과 비교하면 효과적이다. 탐정

---

8) Tuskegee Airmen, 제2차 세계대전 중 최초로 육군 항공대(Army air-force) 조종사가 된 흑인들. 이들의 활약상은 1995년에 로렌스 피시번과 쿠바 구딩 주니어 등을 주연으로 영화화되기도 했다.-옮긴이 주

처럼 역사가들은 이미 일어난 일에 대한 단서를 찾으며, 탐정과 마찬가지로 역사가들을 위한 최고의 근거는 목격자이기 때문이다. 심지어 어린아이조차도 범죄와 사건 수사를 소재로 한 드라마에 충분히 익숙하기 때문에, '목격자'라는 개념은 보통 그들에게 주요 근거와 2차 근거를 설명할 때 친근하고 효과적이다. 주요 근거는 원래의 기록물과 유물인데, 바람직하게도 그것들은 저자나 창작자가 기록된 사건의 직접적인 관찰자였다. 2차 근거는 저자가 주요 기록물로부터 얻은 정보를 보고하고 분석한 것이다. 그는 실제 사건과 가까울 수도 있고 멀리 떨어져 있었을 수도 있다.

Lesson 7.6 어린이 책: 역사 연구와 언어학(7–12)

다른 지역 또는 다른 시대로부터 온 어린이 책은 학생들에게 세계를 다른 관점으로 볼 기회와 다른 시대에 대한 가설을 세우도록 시도할 기회를 제공한다. 이야기와 일러스트 둘 다가 생활상과 가치에 대한 단서를 제공할 수 있다. 많은 경우 어린이 책은 지역의 중고책 서점이나 벼룩시장에서 찾을 수 있다. 내가 가장 좋아하는 것 중 하나는 〈리 장군과 산타클로스*General Lee and Santa Claus*〉(Bedwell & Clark, 1997)의 복제판으로, 원래는 1867년에 출판되었다. '산타클로스가 여전히 미국 남부 백인 아이들을 사랑할까?' 궁금해하는 아이들에 대한 이야기는 남북 전쟁에 대한 아이들의 독특한 관점을 제공한다. 그것은 학생들이 그 시대 어린이 문학 작품이나 그 밖의 전쟁에 대한 어린이의 관점에 대해 그 이상의 연구를 하도록 박차를 가할 수도 있다.

Lesson 7.7 익명의 여성 창작자들: 문제 발견과 역사 연구(7–12)

〈이름 없는 여성들*Anonymous Was a Woman*〉(Bank, 1995)을 서로 공유해보자. 또는 여러분이 운이 좋다면 같은 제목의 영화를 발견할 수 있을 것이다. 18세기와 19세기에 여성들이 창의성을 표현하는 방식에 영향을 끼친 세력에 대해서도 토론해보자. 이 책은 수많은 역사 연구 프로젝트에 영감을 줄 수 있다. 학생들은 여성의 창의적 활동에 대한 더 많은 예를 찾기 위해 다락방이나 지역의 골동품상을 조사할 수 있다. 허락을 받은 뒤 전시를 위한 사진을 찍을 수도 있다. 또한 학생들은 현재 창의적 예술 분야에서 활발히 활동하는 여성들을 인터뷰할 수도 있는데, 〈이름 없는 여성들〉에서 제기한 이슈에 관한 질문들을 할 수도 있다.

역사 연구와 전형적인 도서관에서의 연구 사이의 핵심적인 차이 중 하나는, 역사 연구는 주요 근거에 의존하고 있다는 것이다. 제2차 세계대전에 대한 미국 시민들의 반응을 다룬 전형적인 연구 보고서를 작성하기 위해서 학생들은 위키피디아나 참고서 또는 그 밖의 2차 자료를 보고, 노트 필기를 하고, 정보를 분석하면 된다. 같은 주제에

대해 역사 연구를 하는 학생들은 정보를 구하기 위해서 주요 근거를 찾을 것이다. 그들은 그 시대의 신문이나 잡지를 보고, 그 시대의 음악을 들으며, 그들의 경험에 관해 지역 시민들을 인터뷰한다. 학생들은 유사성과 다양성을 찾고, 그 데이터로부터 결론을 도출한다.

　가장 역사적인 연구는 질문에 의해 구조화된다. 그것 없이 연구는 조직화될 수 없으며, 종종 혼란스럽고, 유리한 것만 캐내는 조사가 될 수도 있다. 학생 연구자들이 교양이 있으면 있을수록 질문과 결론은 더 잘 조정될 것이다. 아마도 수많은 학생이 1860~1865년 사이 여성들의 의복이 현재의 옷과 얼마나 다른지에 대해 결론을 이끌어낼 수 있을 것이다. 하지만 더 능력 있고 지식이 있는 학생이라면 1860~1865년 사이 남부와 북부의 여성들의 의복의 차이를 조사할 수도 있고, 〈하퍼스 바자Harper's Bazaar〉와 1860~1865년 사이에 출간된 〈몽고메리 워드〉의 카탈로그에 나타난 여성 의복의 차이를 묘사할 수도 있을 것이다. 같은 역사 연구 도구를 사용한 비슷한 연구를 통해 훨씬 현대적인 근거에서 흐름을 조사할 수도 있다. 예를 들면, 지난 10년간 〈타임〉지에서 광고와 기사를 위한 지면 배당이 어떻게 변해왔는지에 대해 질문을 던질 수 있다. 각 경우에 핵심은 변형 속에 있다. 역사 연구를 진행하는 학생들은 단지 정보를 요약하는 것이 아니다. 그들은 추론을 하고, 패턴을 찾고, 데이터로부터 결론을 도출한다. 역사 연구자로서 그들은 팩트와 추론의 차이, 그들의 결론의 시험적인 성격에 대해 알고 있어야만 한다.

Lesson 7.8 역사에 대한 관점 1: 역사 연구 사용하기(5-12)

〈역사에서의 관점The Perspective on History〉 시리즈는 젊은이들이 접근할 수 있도록 뽑은 다양한 시대와 사건에 대해 간단한 주요 근거의 모음을 제공한다. 이것은 특히 다양한 관점이 사용 가능할 때 가치가 있다. 예를 들어, 두 권의 책이 미국 남북 전쟁으로부터의 근거를 제공한다. 〈남북 전쟁의 반향: 북군Echoes of the Civil War: The Blue〉(Forman, 1997a)과 〈남북 전쟁의 반향: 남군Echoes of the Civil War: The Gray〉(Forman, 1997b)이 그것이다. 갈등의 두 당사자로부터의 편지와 개인의 일기는 학생들에게 다양한 관점은 물론 전쟁에 대한 일반적인 공포에 대한 통찰력을 갖게 한다.

역사 연구에서 납득할 만한 결론을 도출하기 위한 핵심은 동기, 한계 그리고 주요 근거에서 나타나는 선입견을 주의 깊게 살피는 것이다. 비록 주요 근거가 늘 2차 근거보다는 더 훌륭하지만, 학생들이 목격자의 증언이 반드시 정확하고 완성된 것이거나 믿을 만한 것은 아니라는 사실을 깨닫는 것이 중요하다. 각 역사적 근거들은 특정한 관점을 나타내고 있고, 특정한 개인의 삶과 경험으로 만들어진 것이다. 역사적 근거가 개인의 반영이라는 점을 이해하면 학생들은 창의적 사고를 돕는 관점에 대한 유연성을 발전시킬 수 있게 된다. 학생들은 무엇이 그 사람들로 하여금 특정한 방식으로 쓰고 행동하게 만들었으며, 그러한 관점은 다른 사람과 어떻게 다른지 숙고할 것이다.

주요한 근거를 찾으면서 마주치게 되는 어려움은 학생들이 다양한 인터뷰를 다루면서 명백해진다. 같은 사건에 대한 개인의 설명은 종종 크게 다르다. 제2차 세계대전의 막판에 벌어진 유럽 승전 기념일VE Day, 1945년 5월 8일에 대한 4명의 시민들의 설명은 상당히 다른 이야기를 보여주는 것 같다. 가까운 과거에 대한 학생들의 기억조차도 다양하기 쉽다는 것을 고려하면, 이는 역사적 근거에 대한 주관성과 본래의 다양성을 학생들이 이해하도록 돕는다. 그러한 이해와 그 결과인 정신적 습관은 학생들을 역사적 근거에 대한 질문으로 이끌며, 역사가들이 물었던 질문을 제기한다. 잡지에서 볼 수 있는 의복이 대부분의 여성들이 입었던 것과 같을까?(여러분의 옷장에는 〈보그〉나 〈GQ〉에 나온 옷들이 걸려 있는가?) 어떤 매체에 등장하는 의복이 다른 근거에서 찾을 수 있는 옷과 달라 보인다면, 어떤 설명이 가능할까? 역사 연구에 대한 분석은 유연하고 분석적인 사고를 연습할 수 있는 굉장한 기회다.

다양한 주요 근거에 대한 접근은 역사 연구에서 필수적인 부분이다. 놀랍도록 다양한 자원에 대한 접근이 인터넷으로 가능하다. 다른 자원들은 지역 도서관이나 미술관, 또는 도서관끼리의 대여로 사용할 수 있다. 많은 경우 그림, 책, 잡지 또는 카탈로그의 재생산을 이용할 수 있고, 원본보다 훨씬 더 영속성이 있다. 당신은 다음과 같은 것을 고려하기를 원할 것이다.

1. **예술품**: 원래의 예술 작품을 일러스트로 재생산할 수 있는 온라인 미술관의 전시품, 재생산품, 아트북, 또는 그 밖의 2차 근거들을 찾아보자. 역사가들이 패션, 애완동물, 건축, 가정용품 그리고 심지어 특정 사회의 생활상에 대해서 배운 것은 대부분 예술을 통해서였다. 고대 이집트의 삶에 대한 우리의 지식 중 얼마나 많은 것이 그림로 온 것인지, 18세기의 도자기를 공부함으로써 우리가 배운 것은 무엇인지 생각해보자.

2. **잡지**: 여러 공공 도서관이 19세기까지 거슬러 올라가는 정기간행물을 비밀 장소나 전자 데이터베이스에 보관하고 있다. 도서관의 미디어 전문가에게 도움을 청할 때 주저하지 말자. 나는 특별히 20세기로 접어드는 시기에 교사를 위해서 만들어진 잡지를 읽는 것을 즐긴다. 어떤 관심사에 대해서는 얼마나 극적으로 다르고, 또 어떤 것들은 실제로 변함이 없는지 보는 것은 매혹적이다.

3. **신문**: 다른 정기간행물보다 신문의 기록 보관소는 더 일반적이다. 신문은 역사 연구에서 단지 헤드라인 이야기에 대한 연구만을 위해서가 아니라 광고, 스포츠, 날씨, 패션, 시사만화, 심지어 저널리즘의 역사에 대한 연구를 위해서도 사용될 수 있음을 잊지 말자.

4. **책과 잡지**: 다시 한 번, 공부하고 있는 시대에 대한 책의 재생산품, 또는 원본이 어디 있는지를 알아보기 위해 도서관의 미디어 전문가의 도움을 구하는 것을 주저하지 마라. 19세기의 교육에 대해 공부하는 학생이 교과서 안의 변화나 학교의 진행 절차에 대해 읽는 것은 단지 교과서 자체를 읽는 것과 같지 않다. 미술관의 상점, 도서관의 중고책 판매, 그리고 중고책 서점는 또 하나의 출처 기능을 하며, 종종 최소한의 비용만으로 사용 가능하다. The Teaching With Documents 웹사이트(http://www.archives.gov/education/lessons)는 국립 아카이브의 자료들도 갖추고 있다. 그 범위는 1785년에 선포된 〈항해 조례〉의 인쇄본에서 리처드 닉슨 대통령의 사임 편지에 이르기까지 광범하다. 이러한 재생산품으로 하는 작업 과정은—워싱턴 DC로 여행하는 경비 없이—실제 자료를 사용하는 경험과 사실상

똑같다. 초등학교와 중학교 수준의 학생들을 위해 미국 역사를 가르칠 때 내가 가장 좋아하는 재료는 〈코블스톤Cobblestone〉지다(http://www.cobblestonepub.com). 이것은 젊은이들에게 접근 가능한 주요 근거와 2차 근거의 조합을 포함하고 있다. 같은 회사가 세계사 관련 잡지인 〈칼리오페Calliope〉지도 발간하는데, 이는 다양한 사회과학 관련 간행물이다(http://www.cobblestonepub.com/magazines.html).

5. **음악**: 특정한 시대의 역사에서 온 노랫말은 그 시대의 태도, 활동 그리고 관심사에 대한 귀중한 통찰력을 제공한다. 음반 가게에는 종종 특정 시대의 음악 녹음 기록을 가지고 있다. 나는 제2차 세계대전 당시의 노래가 들어 있는 음반을 들으면서, 1940년대의 가치와 태도에 대한 새로운 통찰력을 얻었다. 이는 내가 1960년대와 1970년대에 들은 기억이 있는 제1차 세계대전에 대한 노래는 아주 달랐다! 또한, 현대 역사에서 중요한 순간에 대한 방송이나 연설 녹음을 찾아보자. 유튜브에는 역사적 영상들이 가득하고, 'Famous Speeches' 앱은 그것들을 당신의 스마트폰으로 곧바로 가져다줄 것이다.

6. **인터뷰와 조사**: 학교에서 학생들이 거의 하지 않는 것 중 하나가 자신들의 공동체에 대해 글로 작성된, 또는 말로 전해지는 역사를 오랫동안 지속할 만한 가치 있는 것으로 보존하는 일이다. 더 나이 든 공동체 구성원들은 다른 어떤 수단을 통해서는 얻을 수 없는 정보와 통찰력을 제공할 수 있다. 다른 시민들은 지역의, 공동체의 또는 세계적인 이슈에 관한 그들의 경험을 설명할 수 있다. 이라크나 아프가니스탄에서 복무를 마치고 돌아온 사람, 지역에 있는 공장이 문을 닫아서 영향을 받는 공장 근로자, 또는 집무실을 떠나는 전직 시장을 인터뷰하는 학급 프로젝트의 중요성을 상상해보자.

7. **일기와 개인 기록**: 가족의 일기나 수많은 도서관에서 얻을 수 있는 기록의 사본은 역사 교과서에서 찾기 어려운 일상생활에 대한 정보를 제공한다. 주요 원재료를 찾으려는 당신의 요구를 학교 도서관의 미디어 전문가와 공유한다면 도움이 될 것이다. 만약 도서관의 미디어 전문가가 당신이 학급을 위해 찾고 있는 원재료의 종류를 안다면, 그는 아마도 한정된 도서관 펀드를 이런 참고 자료를 위해서 쓰려고 할지도 모른다.

8. **가정용품과 기타 공예품**: 가족 수집품, 할아버지의 다락방 그리고 지방 미술관은 젊은 역사학도가 결론을 이끌어낼 수 있는 공예품을 제공한다. 내가 공부했던 어떤 지역의 지방 중학교 지구에서는 학생들이 연구하고 다루어볼 수 있도록 공예품들을 서로 교환했다.

9. **더 많은 온라인 옵션과 가상 견학 여행**: 수많은 정부와 미술관 사이트는 성인은 물론 학생들을 위한 본 연구의 기초를 형성하는 중심 자료에 대한 링크를 포함하고 있다. 예를 들어, 미국 역사에 대한 국립 박물관 사이트는 역사 탐험 활동(http://historyexplorer.si.edu/home)과 다양한 실제 전시물을 포함한다. 역사와 그 밖의 자료에 대한 수많은 링크는 U.S. Department of Education(http://www.free.ed.gov/index.cfm)에 링크된 Federal Resources for Educational Excellence(FREE) 사이트에서 발견할 수 있다. 아마도 당신은 폼페이의 유물을 보기 위한 가상 견학 여행을 가고 싶을지도 모른다. 구글의 World Wonders Project(p95 참조)는 당신을 3D 탐험의 세계로 데리고 간다. 새로운 테크놀로지가 발전하면서 세계는 점점 더 우리의 손가락 끝에 있다!

교실에 대해 생각하기

동네 중고책 서점, 골동품상 또는 벼룩시장에 가보자. 여러분의 교육 단원 중 하나의 질을 높이기 위해 무엇을 발견할 수 있을지 보자. 그 다음에는 Teaching with Documents website 같은 중요한 역사 데이터베이스를 방문하거나, 여러분의 수집품에 덧붙일 수 있는 뭔가를 찾을 수 있을지 살펴보자.

개인 또는 학급 프로젝트 중 어느 것을 위해서든 중요한 근거 자료를 찾는 것은 어려워 보이지만, 역사 연구는 다른 어떤 수단에 의해서는 얻을 수 없는 이점을 학생들에게 준다. 그것이 촉진하는 사고 기술과 명백한 연구 발전은 제외하고라도 이런 조사는 역사를 살아 있는 것으로 만든다. 오래전에 존재했던 실제 사람들의 말이나 소리, 이미지와 접촉하고, 이러한 사람들의 삶과 관점에 대해 숙고하고, 그들의 삶으로부터 결론을 도출했던 학생들은 다른 방식으로는 맺을 수 없는 관계를 역사 이야기와 함께 형성한다. 역사의 실제와 접촉하는 이러한 힘은 학생들이 역사적 정보에 대해 가지고 있는 이해의 폭을 확장하고, 역사가들이 물을지도 모르는 질문을 하도록 돕는 측면을

고려하는 역사 연구에서 꼭 필요한 도구다.

비록 수많은 지역 자료가 전자화되어 있을지라도, 나는 교과 과정의 중요 단원과 연관될 아이템을 찾기 위해 벼룩시장이나 중고책 서점을 뒤지는 것도 그럴 만한 가치가 있다고 생각한다. 종종 최소한의 비용으로 학생들에게 몇 년 동안 이익이 될 아이템을 찾는 것도 가능하다. 예를 들어, 일반적으로 공동체의 역사를 가르치는 4학년 담당 교사들은 공동체나 지역 가족의 역사를 묘사한 엽서, 초기 지도의 복사본을 찾기 위해 도서관의 중고책 판매 행사나 벼룩시장을 찾아다닐 것이다. 이러한 자료 덕분에 학생들은 "1800년 이래 우리 도시의 경계선은 어떻게 변해왔나?" "1920년대에 우리 공동체에서 가장 흔한 건축 스타일은 무엇이었나?" "최근에 복원된 건물은 원래 건물과 얼마나 비슷한가?"와 같은 다양한 질문을 연구할 수 있다. 미국 역사를 다루는 교사는 낡은 잡지, 낱장 악보, 광고 브로슈어, 카탈로그의 사본이나 뉴스 사진에 대해 고려하기를 원할지도 모른다. 덧붙여진 재료들 덕분에 학급은 특정한 시대에 대한 새로운 취재 또는 19세기의 황색 저널리즘과 현대의 타블로이드를 비교하는 개인의 연구에 대한 관점을 조사할 수 있다. 심지어 '우리 학교'를 연구하는 학급의 초등학교 교사는 오래된 사진, 레코드 또는 연감을 찾기 위해 지역 아카이브를 뒤지길 원할 것이다. 학교 교복, 공부, 사람들에게서 일어난 변화를 조사하는 학급은 그것들을 사용하기 위해 사본을 만들 것이다. 각 경우, 학생들은 과거 세계와 접촉하고 진실한 역사가로서 작업하는 데 따르는 스릴을 경험할 수 있다. 그 학생들은 또한 역사를 단지 배우는 것이 아니라 질문을 던지고, 궁금하게 여기고, 조사하는 무엇으로서 경험하게 된다. 그러니 그러한 활동은 확실히 그 분야에서 창의적이 되려는 사람들을 위한 핵심 활동이다.

Lesson 7.10 미술관 상점 찾아다니기: 역사 연구의 재료(7-12)

역사적 공예품의 재생산품을 찾을 때 내가 가장 좋아하는 장소 중 하나는 미술관 상점이다. 뉴욕 주 세니커폴스 시의 the National Historic이라는 사이트를 방문하면 여성 권리 컨벤션Woman Right Convention의 보고서, 아멜리아 블루머가 발간한 신문인 〈더 릴리The Lily〉(August, 1852), 수잔 B. 앤서니가 발간하고 엘리자베스 캔디 스탠튼과 파커 필스버리가 편집한 신문인 〈더 레볼루션The Revolution〉(January, 1968)의 사본을 만날 수 있다. 내가 구입한 〈더 레볼루션〉의 판본은 새로운 신문의 발행에 대한 다른 신문들의 반응에서 따온 인용문들이 포함되어 있다.

이러한 물건들은 다음과 같은 질문을 연구하는 역사 연구의 시작이 쉬워지게 한다. 〈더 릴리〉의 진술은 〈더 레볼루션〉에 나타난 것과 어떻게 다른가? 그것은 여성 운동의 변화를 반영하는가, 아니면 편집자의 차이인가? 다른 신문들의 반응은 〈더 레볼루션〉과 어떻게 달랐는가? 그러한 반응은 그 시대의 다른 대중매체에서 전형적이었나? 이러한 잡지를 〈국립 여성 조직The National Organization for Women〉지의 현재 발행물, 또는 변화를 위해 로비를 하고 있는 다른 그룹의 것과 비교하는 것도 흥미롭다. 그들의 스타일, 전략, 기타 등등이 어떤 방식으로 비슷하거나 다른가? 다른 역사적 장소로 떠나는 당신의 여행은 이와 비슷하게 귀중한 발견으로 이끌어질 것이다.

민주주의 참여자로서의 학생

사회과학으로부터 학생들이 중요한 이해를 얻도록 돕는 것에 덧붙여, 사회 과목은 또한 학생들이 우리 민주주의 사회에서 활발한 참가자가 되도록 준비시키라고 요구하고 있다. 학생을 사회에 관한 시민이 되도록 돕는 것은 그들이 정부의 부처를 이해하도록 돕는 것 이상의 효과를 가져오는 것은 물론, 그들을 둘러싼 공동체에 개인이 영향을 끼치도록 권위를 부여하는 비전과 능력을 부여하는 도구를 준다는 뜻이다. 이것을 달성하기 위한 최선의 방법 중에는 학생들이 그들의 공동체에서 문제 해결에 관여하도록 허용하는 것이 포함된다. 말할 필요도 없이, 이러한 활동은 사회 과목의 내용만이 아니라 문제 해결과 창의적 사고도 강화한다. 창의적 문제 해결(CPS) 과정(제6장 참조)은 이러한 활동을 촉진하는 데 특히 가치 있는 도구다.

Lesson 7.11 요리책 조사하기: 역사 연구의 또 다른 재료(5–12)

요리책은 평범한 가족의 삶에 대한 역사 연구에 흥미로운 재료를 제공한다. 수많은 중고책 서점은 가사에 관한 다양한 가이드와 요리책을 19세기에 출판된 것부터 가지고 있다. 또 어떤 책들은 종종 미술관 상점에서 복사본으로 발견할 수 있다. 수많은 흥미로운 복사본들의 원천인 도버 출판사Dover Publications는 최초의 미국 요리책의 사본인 〈미국인의 요리법1796American Cookery 1796〉(Simmons, 1984)을 출판했다. 이 책에는 "미국의 떠오르는 세대의 여성을 위한 개선"에 관한 충고가 포함되어 있다. 그래서 학생들은 영양에 대해서는 물론 생활상과 가치에 대한 결론을 도출할 수 있게 한다. 미술관 상점에서 살 수 있는 또 다른 보물은 버지니아 주 민병대를 위해 준비된 〈주둔지 및 야전 병원에서 장병들에 의한 요리를 위한 지시Direction for Cooking by Troops in Camp and Hospital〉의 사본이다. 그 책은 아프거나 부상을 당한 군인들에게 가장 적합한 음식에 대해 플로렌스 나이팅게일이 쓴 에세이도 포함하고 있다. '100명의 남자를 위한 신선한 비프 스튜'

같은 레시피는 군 주둔지 생활에 대한 새로운 관점을 전한다. 그 레시피 가운데 내가 가장 좋아하는 구절은 "편리한 크기의 솥에…"이다. 물론 다른 경우와 마찬가지로 인터넷에서 훨씬 더 많은 것들을 찾을 수 있다. 역사적인 미국 요리 프로젝트The Historic American Cookbook Project(http://digital.lib.msu.edu/projects/cook books)는 시대에 따라 다양한 요리 도구의 그림은 물론, 18~20세기에 이르는 미국 요리책들을 제공하고 있다. 좀 더 나이 든 학생이나 진짜 모험을 원하는 사람을 위해서 Historical Cookbooks online은 13세기부터 출간된 요리책들을 제공하는데, 영국 초기의 요리와 초기 영어 둘 다에 대한 설명을 볼 수 있다(http://www.angelfire.com/md3/openhearthcooking/aaCookbooks.html).

한 6학년 교실에서 '에임스빌 사색가Amesville Thinker'라고 불리는 그룹을 만들었다. 이는 공동체 문제를 식별하고 다루기 위한 것이었다.(Elasky, 1989) 그들은 공동체의 중요한 문제를 파악하기 위한 노력으로 공동체 구성원들에 대한 인터뷰를 진행했다. 가장 흔하게 거론되는 문제인 실업은 초등학생 그룹이 다루기에는 너무 버거웠다. 그래서 두 번째로 흔히 논의된 문제인 선출직 공무원 책임의 불확실성이 더 다룰 만해 보였다. 학생들은 지방 정부의 기능에 대해서 공동체를 교육하기 위해 고안된 일련의 공적 서비스에 관한 공고를 쓰고 만들어냈다. 그 다음 해에 동일한 6학년 담당 교사는 지방 수로의 오염 상태를 분석하는 과제를 선택한 학생들과 작업했다. 이 그룹은 스스로를 '에임스빌 6학년 물 연구 화학자들the Amesville Sixth-Grade Water Chemists'이라고 소개했다.

Lesson 7.12 역사 제작자들

당신의 공동체 안에서 또는 역사적 표시 데이터베이스Historical Maker Database(http://www.hmdb.org)에서 역사 제작자historical makers를 조사해보자. 역사적 표시를 창조하는 것은 간결한 산문을 쓴다거나 역사 연구를 하는 것은 물론, 때로는 유연한 사고에도 풍부한 기회를 제공한다. 당신의 학생들이 주요 자료를 연구하는 데 필요한 수많은 관련 기회를 어떻게 가질 것이며, 당신의 분야에서 학생들이 가능성 있는 역사 사이트를 조사하고 제시할 수 있을지 생각해보자. 또는 그에 대한 대안으로서, 당신이 공부하고 있는 사건에 관한 사이트들을 위해서 역사 제작자를 만든다고 상상해보자. 학생들은 가상의 제작자를 창조하듯이, 압축된 형식으로 핵심 아이디어를 식별하고 표현할 기회를 가진다. 또는 아마도, 당신은 학생들에게 동일한 사이트를 위해 제작자를 창조하도록 지시할 수도 있다. 그러나 그것은 다른 그룹의 관점으로부터 이루어져야 한다. 예를 들어, 수많은 전쟁이 양측의 병사들에 의해 다르게 설명될 것이다. 어떤 다른 사이트가 다양한 관점에 대한 영감을 불어넣을까?

그러한 프로젝트에 대한 학생들의 참여—1학년 학생이 지역의 공원으로 나비를 유혹하려고 꽃씨를 뿌린다든가, 고등학생이 시의회에 보낼 자전거도로 관련 제안서를 작성하려는 것—는 그들이 내용에 창의적으로 관여하는 데 필요한 태도와 기술을 개발하는 데 도움이 된다. 학생들은 내용에 대해서 관심을 기울일 기회를 가지게 되고, 위험을 감수하며, 전략을 실험하고, 실수를 하고, 그들이 어떤 결론에 도달할 때까지 계속 시도한다. 이러한 태도는 물에 대한 실험 후 "진짜 과학자가 된 것처럼" 느꼈다고 말한 학생에게 에임스빌의 교사가 해준 답변이 잘 설명해주고 있다.

> 나는 그 학생에게 "너는 진짜 과학자야"라고 말했다. 왜냐하면 그 학생은 진짜 과학자가 하는 것을 하고 있었기 때문이다. 과학자, 작가 그리고 교사의 진짜 세계는 우리의 교실에 침입하여 학생들에게 이론의 중요성을 중요한 내용을 사용하는 실습으로 바꿀 만한 이유를 제공한다. 이것은 에임스빌의 6학년 물 화학자나 에임스빌의 사색가가 특별히 재능 있고 똑똑해서, 혹은 그들의 교사가 비범해서, 아니면 우리가 그것을 뛰어난 방식으로 다루었기 때문이거나—심지어 최대치로 개발했기 때문에 일어난 일이 아니다. 이들 중 어느 것도 사실이 아니다. 그것은 우리가 그 과정이 작동하게끔 사용했기 때문이다.(Elasky, 1989, p13)

S. 레비(2008)는 한 그룹의 스페인계 학생들이 고유어로 '익실Ixil'을 사용하는 가난한 과테말라 학생들이 교육과 취업의 기회를 얻기 위해 스페인어를 배워야 한다는 것을 배웠을 때, 스페인어에 대한 그들의 태도가 극적으로 바뀌었던 경우를 말하고 있다. 미국의 스페인계 학생들은 수천 마일 떨어져 있는 어린아이들을 위한 이야기를 쓰고, 학습용 재료도 만들기 위해 기꺼이 어휘와 문장을 공부했다. 이러한 예가 보여주는 것은 공동체의 문제 해결은 다양한 과목과 연관될 수 있고, 또 그렇게 되어야 한다는 것이다. 비록 공동체의 문제 해결이 사회 과목에서 시민 의식과 연관되는 중요성 때문에 이 부문에 포함되지만, 어떤 의미 있는 공동체 문제를 다룰 때에는 언어학, 수학, 과학—그리고 때로는 스페인어와의 연관 없이는 사실상 불가능하다. 이 문제들을 다루기 위해 필요한 문제와 기술의 복잡성 때문에 창의성과 연관된 복잡하고 다면적인 사고를 위한 한 가지 이상의 도움을 받아야 한다. 만약 당신이 학생들의 공동체 행동을

돕는 데 관심이 있다면, 그것을 위한 뛰어난 재료는 〈사회적 행동을 위한 아동의 가이드The Kid's Guide to Social Action〉(Lewis, 1998)이다. 이 책에서 B. A. 루이스는 오염된 물부터 멸종 위기의 동물에 이르기까지 문제를 공략하는 학생들의 참여에 대해 설명하면서, 언론 보도를 준비하거나 조사하고, 출판사 편집자에게 편지를 쓰는 것과 같은 사회 활동에 필수적인 수많은 기술에 대한 정보를 제공하고 있다. 비록 그 예들이 일반적으로 초등학생과 관련된 것이지만, 그 기술은 어떤 학년이든, 때때로 성인 활동가를 위해서도 적절하다. 또 다른 좋은 근거를 찾을 수 있는 곳은 미래 문제 해결Future Problem Solving(http://www.fpspi.org) 안의 커뮤니티 문제 해결Community Problem Solving 프로그램이다. 그곳에서는 학생들이 그룹 경쟁 속에서 실제 공동체의 문제를 위해 작업한다.

Lesson 7.13 유물 박스 교환 네트워크와 다른 교환

유물 박스 교환 네트워크The Artifact Box Exchange Network(http://www.artifactbox.com)는 다양한 지역의 학생들이 지역 유물을 통해서 그들 지역의 지리와 경제 등에 대한 단서를 제공할 수 있는 박스를 만들어 파트너 학급과 교환하는 프로젝트다. 비록 그 프로젝트가 독창적인 질문을 낳을 수 있을 만큼 충분히 구조화되어 있지는 않지만, 몇 개의 사회과학 분야에 걸쳐 유물로부터 결론을 도출하는 훈련을 할 수 있는 학생을 위한 좋은 기회가 되고 있다.

전국(또는 전 세계)에 걸쳐 협력한다는 이 아이디어를 좋아하지만, 유물 박스 프로젝트가 만약 당신의 요구에 들어맞지 않는다면, 다른 수많은 선택의 여지가 있다. 평평한 교실 프로젝트Flat Classroom Project(http://flatclassroomproject.org)를 탐색하거나 가상 건축Virtual Architecture 웹사이트(http://virtual-architecture.wm.edu)의 특히 Telecollaboration 부문을 방문하여, 과목에 상관없는 여러 개의 옵션에 대한 정보를 찾아보자. 몇몇 프로젝트는 완결되었고 어떤 것은 진행 중이지만, 대부분이 당신에게 영감을 줄 것이다.

사회 과목: 창의적인 힘

학습 내용 영역으로서 사회 과목은 특히 창의성과의 강한 연관을 돕는 수많은 측면을 가지고 있다. 그것은 특히 지역사회에서 문제 해결과 데이터 수집을 위한 뛰어난 기회를 제공한다. 역사와 다양한 문화에 대한 연구는 하나의 관점 이상으로부터 사건과 아이디어를 보려고 시도하면서 다양한 관점을 탐색하는 자연스런 매개체다. 다양한 관점은 개인 또는 문화 연구, 재료 그 자체에서 확인될 것이다. 〈미시간 주 교육 확대

서비스*The Michigan Educational Extension Service*〉(1992)는 그들의 사회 교과서의 집필 관점에 대해 학생들이 질문해주기를 원한 교사 2명의 노력을 설명하고 있다. 학생들에게 다양한 관점의 필요에 대해서 수 개월간 가르친 후, 그들은 학생들이 다음과 같은 질문을 하는 것을 발견하기에 이르렀다. "어째서 그들은 여성을 언급할 때마다 백인 페이지에 넣을까? 게다가 그것도 아주 조금뿐이다."(p7) 또는 "어째서 눈물의 길[9]에 대한 이야기는 한 단락뿐인데, 보스턴 차 사건에 대해서는 두 페이지나 할애했을까? 보스턴 차 사건 때는 아무도 안 죽었지만, 눈물의 길에서는 4만 명이나 죽었는데도 말이다?"(p4) 학생들이 새로운 관점을 가진 채 다른 사람의 관점으로도 세계를 탐험하도록 도울 때 효과적인 교육 전략 가운데 몇 가지는 특히 사회 과목에 가장 적합하다.

마지막으로, 핵심 개념에 초점을 맞춘 사회 과목은 유연하면서 독창적일 수 있는 과목 간의 이행을 위한 기회를 제공한다. 상호 의존, 권력, 변화, 혁명이라는 개념은 단지 역사에서가 아니라 과학, 문학 또는 예술에서도 탐구될 수 있다. 문학이 얼마나 힘이 있으며, 원인과 결과가 음악이나 과학에서 어떻게 작동되는지, 회화가 어떻게 혁명이라는 개념을 표현하는지 학생들이 연구하도록 돕는다는 것은, 새로운 관점과 유연한 사고를 위한 땔감을 제공하는 셈이다.

What's Next?

1. 제클리는 자신이 예술가–교사라고 말했다. 만약 당신의 창의성 대부분을 드러내는 영역이라는 의미에서 당신 자신을 정의한다면, 뭐라고 부르고 싶은가? 작가–교사? 과학자–교사? 자신의 창의성을 계발하고 싶은 영역을 고른 다음 아이디어북을 시작해보자. 한 달 후, 당신의 아이디어를 읽어보고 앞으로 추구하려는 것이 있는지 살펴보자.

2. 자신의 환경을 탐구해보자. 가까이에 있는 장소—쇼핑 센터, 공원. 당신이 탐험하고 싶은 어떤 장소든 골라보자. 그 장소를 예술가, 작가, 역사가 또는 수학자로서 방문해보자. 동료들과 함께 그룹을 만들어 탐험을 하고, 다양한 관점을 취해보자. 주의 깊게 관찰하고서 흥미로운 아이디어, 문제 그리고 질문을 가능한 한 많이 기록하고 그 결과를 비교하자. 당신의 관점이 경험에 어떤 영향을 끼쳤는지

---

9) Trail of Tears, 1838년에 백인들에 의해 쫓겨난 체로키족 인디언들이 서부로 밀려나면서 걸었던 길이다. 무려 3,540km에 이르렀다. 수많은 인디언들이 병, 기아, 탈진 등으로 도중에 사망했다.-옮긴이 주

돌이켜 생각해보자.

3. 국제 독서 협회International Reading Association와 연관된 ReadWriteThink 웹사이트(http://readwritethink. org)를 방문해보고, 수업 계획을 탐구해보자. 학생들이 독창적인 글쓰기 주제를 식별하고, 유연하게 생각하며, 자기-표현의 기술을 얻거나 새로운 뭔가를 창작하는 데 도움이 될 만한 것을 얼마나 많은 지 살펴보자. 또는 좀 더 확산적이고 유연한 사고를 위한 기회를 끼워 넣을 수 있도록 '비틀' 수 있는 수업을 찾아보자. 때로는 작은 조정이 큰 변화를 만들 수 있다.

4. 당신 스스로 역사 조사를 시도해보자. 도서관에 가서 당신이 태어난 해의 신문을 찾아 헤드라인을 조사해보자. 광고, 스포츠면 그리고 안내 광고도 살펴보자. 친척들에게 그들이 그날에 대해 무엇을 기억하는지 물어보자. 그 당시 인기 있던 음악을 듣거나 영화를 보자. 당신이 무엇을 배우고 있는지, 또는 프로젝트가 진행되면서 어떤 느낌을 갖게 되었는지 인식하려고 노력해보자. 역사가 당신에게 생생하게 다가오는가? 느낌을 토론해보고 진정한 역사가로서 당신의 경험이 교육에 어떤 의미가 있 는지 생각해보자.

Tech Tips

1. 이야기를 전달하는 기술적인 옵션은 무수히 많다. 그래서 여기서는 단지 몇 가지만 제시할 것이다. 최 근의 앱을 반드시 찾아보자. 매일 새로운 것들이 나타난다는 사실을 알게 될 것이다.

   디즈니의 Kerpoof!(http://www.kerpoof.com)는 온라인 이야기 창작은 물론 그림, 카드 그리고 그 밖 의 옵션을 위한 원천이다. 이 사이트는 초등학교를 다니는 아이들을 위해 고안되었지만, 나 역시 이 사이트를 즐겼다는 것을 인정해야겠다. 온라인 책 만들기는 장면, 등장인물을 드래그해서 가져다놓 고 텍스트를 덧붙이면 될 만큼 쉽다.

   이야기 만들기를 위한 또 다른 옵션은 스토리버드Storybird(http://storybird.com)이다. 스토리버드는 Kerpoof만큼 다양하지는 않고, 특히 온라인 이야기 만들기에만 집중하고 있다. 하지만 더 폭넓은 연 령층이 사용할 수 있다. 이야기 만들기를 위해 사용할 수 있는 그림은 아름답고 다양하며, 아이나 어 른 모두에게 적합하다. Kerpoof처럼 처리 과정도 쉽다. 당신이 만든 책을 인터넷에서 보고, 공유하며 인쇄할 수 있다. 견본 중 몇 가지는 정말로 사랑스럽다.

   최근의 스토리텔링을 위한 옵션은 아이폰, 아이패드 그리고 아이팟터치의 등장과 함께 생겨났다. 다 른 태블릿 PC를 위한 앱도 있다고 확신하지만, 여기서는 아이팟/아이패드 앱인 스토리키트Storykit만 논하겠다. 앱 스토어에서 그것을 찾아보자. 스토리키트는 무료다. 국제 아동 디자인 도서관 재단 International Children's Digital Library Foundation이 만들었고, 아이팟이나 아이패드에서 쓸 수 있다. 당신

앨범 속의 사진을 이용하거나 간단한 그리기 옵션을 사용해 스크린 위에 그린 그림으로 아이들이 가지고 다닐 수 있는 이야기로 만들기 쉽다. 스토리키트는 학교에서도 도움이 될 듯하다. 학생들이 다양한 난이도의 이야기를 만들 수 있도록 아이패드를 쓸 수 있기 때문이다.

2. Creaza(http://www.creazaeducation.com)는 학생들이 마인드맵이나 카툰을 만들고, 동영상이나 오디오 파일을 인터넷에서 편집할 수 있게 하는 통합된 도구 세트다. Creaza의 만화가 파트는 아이패드 앱에서도 사용 가능하다. 다른 것들과 마찬가지로 Creaza 역시 데모용 무료 옵션이 있고, 판매를 위한 더 복잡한 옵션도 있다. Creaza의 흥미로운 점 가운데 하나는 그것이 전 세계적으로 사용되고 있어서 데모용 동영상을 다양한 나라의 학생들에게 보여주고 있다는 점이다.

3. 중요 원천에 대한 탐구는 학생들을 미술관으로 이끌 수 있다. 다행스럽게도 미술관의 자료들 중 최고의 것을 열거한 목록을 인터넷에서 사용할 수 있다.

구글의 The Art Project로 전 세계 미술관에 즉시 접속할 수 있다(http://www.googleartproject.com). 베르사유 궁전에 가고 싶은가? 모스크바의 트레차코프 미술관이나 피렌체의 우피치 미술관은 어떤가? 마우스를 클릭하기만 하면 당신은 이미 거기에 있다. 미술관의 모든 작품이 전시되어 있지는 않지만, 줌zoom으로 보는 그림은 실제로 볼 때보다 더 가까이서 볼 수 있게 해준다. 당신은 개인 컬렉션을 만들기 위해 다양한 미술관의 그림을 다운로드할 수 있다. 멋지지 않은가!

집 근처에 있는 디트로이트 인스티튜트 오브 아트Detroit Institute of Art(http://www.dia.org)는 인터넷으로 수많은 수집품에 접근할 수 있는 원천이다. 나는 개인적으로 다양한 시각에서 그곳의 브라우저를 열고 방문하기를 즐긴다. 당신 집 근처에 있는 미술관에서도 비슷한 기회를 가질 수 있다.

스미스소니언 박물관은 물론 역사부터 과학까지 포괄하는 미술관의 컬렉션이다. 모든 종류의 수집품을 인터넷으로 볼 수 있고(http://www.si.edu/Exhibitions), 교육자들을 위한 수많은 수집품 원천도 사용할 수 있다(http://www.si.edu/educators).

MoOM(http://coudal.com/moom), 그러니까 '온라인 박물관의 박물관Museum of Online Museum'은 전통적인 미술관(파리의 오르세 미술관 같은)부터 덜 전통적인 미술관(색이 바래가는 옥외 광고판 같은 것을 전시해놓은 곳 등)에 이르기까지 전시관들로 통하는 문을 제공한다. 탐험하기에 훌륭한 장소다.

마지막으로, 가상 여행Virtual Tours(http://www.virtualfreesites.com/museums.museums.html)은 300개 이상의 미술관, 전시, 투어와 연결되어 있다. 고대 로마의 마을을 방문할 수도 있고, 아프리카 영장류의 다양한 소리를 들을 수도 있으며, 아인슈타인에 대해 배울 수도 있다. 그리고 다른 사이트를 위한 원천을 방문할 수도 있다. 모든 링크가 작동하고 있지는 않지만, 행복한 검색에는 충분하다.

8. 콘텐츠 영역에서의 창의성
-과학, 수학 그리고 일반적인 교육 전략
Creativity in the Content Areas
- Science, Math and General Teaching Strategies

내가 보기에는 지식만으로는 충분치 않다. 급변하는 오늘날의 세계에서 사람들은 예기치 못한 문제에 대한 창의적 해결책을 꾸준히 따라잡아야만 한다. 성공의 기초는 당신이 무엇을 알고 있고 얼마나 많이 알고 있는지뿐만 아니라, 창의적으로 생각하고 행동하는지에 달려 있다. 간단히 말해서 당신은 지금 창의적인 사회에서 살고 있다. … 새로운 테크놀로지는 창의적인 사회에서 두 가지 역할을 하고 있다. 한편으로, 새로운 테크놀로지의 급증은 변화의 속도를 빠르게 했고, 삶의 모든 면에서 창의적으로 생각할 것을 강조한다. 다른 한편으로, 새로운 테크놀로지는 사람들이 창의적인 사색가로 발전하는 데 도움을 준다.(Resnick, 2007~08, p18)

"만약 누군가가 과학의 독창성과 미학 두 측면에 대해 실제로 가능한 도움을 거의 줄 수 없다면, 그는 우리의 교육 시스템보다 더 나은 계획을 고안해낼 수 없을 것이다. … 그는 우리가 과학에서 이해하지 못하는 것에 대해 들어본 적이 없을 것이고, 창의적인 아이디어를 어떻게 준비해야 하는지에 대해서도 마찬가지일 것이다."(William Lipscomb, Root-Bernstein & Root-Bernstein 인용, 1999, p13)

나는 전에 어린아이들을 위한 과학책을 찾으러 서점에 갔다. 그때 나는 단지 하나만을 원하고 있었다. 어떤 연구 결과가 나왔는지 알려주기보다, 어린이들이 질문하고 실험하도록 격려하는 책을 원했다. 서점 점원이 도움을 주겠다고 하길래 설명해주자, 씨를 심고 화분을 다른 장소에 놓는 좋은 제안이 담긴 책의 예를 보여주었는데—그 바로 다음 페이지에서 아이들이 각 화분에 대해 정확히 어떤 일이 일어날 거라고 기대해야만 했는지를 말하고 있었다. 나는 물었다. "실험을 하는 까닭이 뭐죠? 책이 답을 알려주는군요. 하지만 나는 아이들이 진짜 과학자들처럼 실험하기를 바라거든요." 그런데 그 젊은 점원의 대답에 나는 말문이 막혀버렸다. "하지만 과학자들은 답을 알잖아요." 그의 말은 다음과 같이 이어졌다. "과학자들은 단지 보여주기 위해서 실험을 하잖아요. 저도 대학에서 물리 과목(그의 관점에서 보면 확실히 과학의 최고봉)을 들었을 때, 우리는 시작하기 전에 늘 답을 알고 있었어요. 그리고 나서 실험실에 가서 실험했지요."

과학 과목에서의 문제 발견과 해결

나는 그 후 몇 년간 위에서 언급한 서점 점원에 대해 생각해왔다. 어찌 되었든 최소한 16년간의 교육을 통해 과학의 기능은 해답의 열쇠가 있는 책과 같다고, 분명히 지적인 성인이 그렇게 생각하게 되었다. 그는 과학에 대해 갈등이나 논쟁은 말할 것도 없고, 어떤 미스터리 또는 진전에 대한 생각도 없었다. 그의 관점에서 보면 과학자들은 그들이 이미 알고 있는 것을 '증명하는 데' 시간을 보낸다. 과학을 가르쳐온 우리 모두가 자신이 가르친 방식이 그러한 잘못된 사고의 일부는 아닌지 생각해봐야만 한다. 모든 교과 과정의 영역 가운데 아마도 과학은 문제의 발견과 해결의 중요성이 가장 분명해야만 하는 과목 가운데 하나다. 과학 그리고 특히 과학적인 연구는 가설을 주장하고 문제를 해결하는 것에 관한 일이다. 그녀의 책인 〈과학은 금이다 *Science is Golden*〉의 서문에서 A. 핀켈스타인(2002)은 이렇게 말하고 있다. "나는 아이들이 과학자들과 얼마나 닮았는지를 발견하고 충격을 받았다. 그들은 만족할 줄 모르는 호기심을 가진 듯하고, 낯선 개념이나 사물을 조사하기를 좋아하며, 자신들이 관찰하는 것을 분석한다."(p. xiii)

물리학인인 D. 데이비드 봄(1998)은 과학에서의 동기 부여를 곤경에 빠진 창의성으로 설명했다.

과학자들은 즐거움보다는 그들에게 훨씬 더 중요한 어떤 것을 추구하고 있다. 그 추구의 한 측면에는 이전에 **알려진 적이 없는** 어떤 **새로운** 것을 발견하려는 궁극적인 목적으로는 나타낼 수 없는 무엇이 있다. 물론 과학자들이 원하는 것이 뭔가 색다르고 일반적인 것을 벗어난 어떤 것에 대해 작업하는, 단지 새로운 경험만이 아니라―사실 또 다른 '자극' 이상은 아니다. 오히려 그가 정말로 추구하는 기초적인 중요성을 가진 새로운 것을 배우는 것이고, … 아름답다고 느껴지는 어떤 조화에 대해서 배우는 것이다. 이러한 측면에서 과학자들은 어쩌면 근본적으로 자신들의 작업에서 이런 것을 창작하기를 원하는 모든 예술가, 건축가, 작곡가 등과 다르지 않다.(p2)

불행하게도 진짜-세계 과학의 절대로 필요한 부분에 대한 과정과 이해가 항상 과학 교육으로 옮겨진 것은 아니다. 어떤 접근 방법은 과학을 암기해야만 하는 사실, 규칙, 정의의 모음으로 취급해왔다. 국가 필수 시험에 과학 시험이 포함되는 경우가 늘어나자, 과학 교육을 다양한 시험을 준비하는 학생의 선택 사항으로 보려는 유혹도 커지는 것 같다. 〈과학 교육을 위한 체계*The Framework for Science Education*〉(National Research Council, 2011)는 과학 교육에서 3개의 주요한 측면을 구별함으로써 문제를 다루려고 시도한다. 과학과 공학의 실습, 개념 가로지르기, 영역의 핵심 아이디어 등은 창의성에 도움이 되는 방식으로 사용될 수 있다. 가장 명백한 응용은 과학과 공학 실습에 있는데, 여기에는 다음과 같은 것이 포함된다.

- 질문하고(과학에 대해) 문제 정의하기(공학을 위해)
- 모델을 개발하고 사용하기
- 연구를 계획하고 수행하기
- 데이터를 분석하고 해석하기
- 수학과 컴퓨터의 사고를 이용하기
- 설명을 구조화하고(과학을 위해) 해결책을 고안하기(공학을 위해)
- 증거에서 시작되는 논쟁에 참여하기
- 정보를 얻고 평가하고 소통하기

이 목록을 읽으면서 나는 과학을 떠올린다. 호기심을 불러일으키고 어지러우며 멋지다. 이러한 과정은 학생들에게 창의적인 과학자들이 하듯이 문제를 제기하고 다루는 기회를 준다. 그 체계Framework의 다른 두 측면은 다루어질 개념을 다루는 것으로, 이는 영역을 가로지르는 것과 영역의 핵심 개념 둘 다에 해당한다. 이것들 역시 창의성과 이해를 위한 학습을 돕는 방식으로 다루어질 수 있다.

개념의 변화를 향한 작업

이해를 위한 과학의 개념 교육은 종종 개념의 변화를 필요로 한다. 세계에 대한 그들의 경험에 기초하여 학생들은 과학적 현상에 대한 사전 개념을 가지고 교실에 들어온다. 그들은 태양이 떠오르는 것과 사물이 땅으로 떨어지는 것을 봐왔고, 그들의 환경과 모든 종류의 상호 작용에 대해 잘 알고 있다. 만약 그러한 개념이 정확하지 않다면, 학생들은 그들의 사전 지식을 다루고, 그 타당성에 질문을 던지고, 새로운 개념을 세울 수 있게 해줄 경험이 필요하다. 단지 학생들에게 진실이 무엇이고, 지금 이 시대에 우리가 진실을 이해하는 최선의 방법이 무엇인지 말하는 것만으로는 충분치 않다. 개념을 세우는 동안 학생들은 과학의 과정에 참여해야만 한다. 즉 관찰하고 가설을 세우고 변수를 처리하는 것 등 말이다. 이 모든 것의 장점은 과학을 자연에 대한 설명으로 강조하는 것이다.

과학 교육에서의 이러한 강조는 또한 창의성에 대한 태도와 과정에 도움이 된다. 그들은 학생의 경험과 학생의 질문, 예측에 집중한다. 학생들을 무수한 아이디어에 노출시키는 대신 경험으로 소수의 핵심 개념을 세우도록 도우면, 그들은 과학의 창의성에서 필수적인 요소인 끈기, 혼란, 흐리멍덩함과 함께 살 수 있게 된다.

B. 왓슨과 R. 코니세크(1990)는 학생들의 개념 변화를 돕기 위한 세 가지 핵심 요소를 정했다. 첫째, 교사는 새로운 개념을 학생들의 일상생활과 연관지어야만 한다. 만약 학생들이 그들이 과학 수업 시간에 하는 것과 세상이 돌아가는 방식에 대한 자신들의 가정 사이에서 아무런 연관성을 보지 못한다면, 과학을 단지 교실에서만 일어나는 일련의 괴상한 일이라고 치부하기 쉽다. 둘째, 학생들은 예측되는 것에 대한 질문을 받아야 한다. 가설을 만드는 것은 이전의 지식과 새로운 경험 사이의 필수적인 연관을 만들어내고, 또한 어떤 과학 연구에 대한 비판적 요소를 실습하는 것이다. 셋째, 교사는 일관성을 강조해야만 한다. 학생들은 그들의 사고에서 모순과 불일치를 보도록 도움을 받아야 하며, 그것들을 다루도록 격려받아야 한다. 과학은 세계를 이해하는 것에 관한

일이다. 학생들은 기계적인 정보를 암기하는 것이 아니라, 논리적인 이해를 추구하도록 격려받아야 한다. 이러한 강조와 더불어 교사들은 수업을 구조화함으로써 학생들이 현재의 아이디어에 도전하는 현상을 관찰하고 시험해볼 만한 적정한 대안을 제공해야 한다.

왓슨과 코니세크(1990)는 며칠 동안의 실험에 대해 설명하고 있다. 그 실험에서 4학년 학생들은 스웨터가 열을 만들어낸다는 자신들의 믿음을 놓고 실험했다. 겨울 날씨 때문에 옷을 입었던 수년간의 경험으로 학생들은 열이 불과 태양—그리고 스웨터, 모자, 코트에서 나온다고 배웠다. 최초의 실험(15분 동안 스웨터와 모자 안에 온도계를 두는)이 열 생성의 증거를 제공하지 않았을 때, 학생들은 더 긴 시간 동안 밀폐된 장소에 스웨터를 봉인하는 새로운 노력을 했다. 여전히 열은 만들어지지 않았다. 학생들은 자신들의 예상이 맞아들어가지 않자 당황했고, 아마도 좌절했을 것이다. 학생들이 막다른 골목에 이른 것처럼 보일 때에야 교사는 실험해볼 만한 대안 가설을 제공했다. 이 논문은 온도계를 모자 아래에 두고 물러나는 학생들의 이야기로 끝을 맺고 있다! 이러한 교육은 학생들이 가까이에 있는 개념과 과학의 본성 둘 다를 배울 수 있게 한다. 최근에 내 친구의 3학년 학급은 비슷한 방식으로 그림자를 연구하는 데 몇 주를 보냈다. 그 학급의 블로그는 어떤 과학자에게도 가치 있을 법한 결론에 대해 이렇게 설명한다.

'가설'이란 당신이 진실이거나 일어날 것이라고 생각하는 질문이나 이론이다. 그것은 옳을 수도 있고 틀릴 수도 있다. 과학자들은 어떻게 가설을 만들거나 발전시키는가? 우리가 이야기를 하고 있을 때 누군가가 말했다. "여러 개의 그림자를 가지고 있는 그림자를 봐!" 그래서 우리 선생님이 말했다, "실험해보자!" 우리가 밖으로 나갔을 때, 그것(가설)은 사실이 아니었다. 그것이 과학자들이 추측을 하고, 그 안에서 이론을 발견하는 방식이다.
당신이 확신할 때까지 여러 번 확인하자. 결론으로 뛰어들지 마라. 투표는 결론이 아니다. 발견하기 위한 실험은 좀 더 의지할 만한 결론이다.

개념 변화를 위한 교육이 단지 어린이들에게만 한정된 것은 아니라는 것에 반드시 주목해야 한다. J. D. 브랜스퍼드, A. L. 브라운, R. R. 코킹(2000)은 고등학교와 대학교에서 물리를 공부하는 학생들 내부에 존재하는 잘못된 개념의 수많은 사례(그리고 개념 변화를 위한 전략)를 들고 있다. 예를 들어, 그 학생들이 가상으로 던져진 공에 작용하는 힘을 설명하라는 요청을 받았을 때, 수많은 학생은 '손의 힘'이라고 언급했다(당신들 중 몇 명이 지금 '뭐, 맞는 말 아냐?'라고 생각하고 있음을 장담할 수 있다). 사실 손의 힘은 손이 공에 닿고 있는 동안만 행사되고—반면에 공이 공중에 있을 때에는 손이 아니라 중력 그리고 공기의 저항에서 영향을 받는다. 종종 개념의 변화가 새로운 상황으로 전달될 수 없는 것은 개념 변화가 일어나지 않았다는 증거가 될 수 있다. 예를 들어, 당신은 문의 가장자리를 움직이지 않고서 무거운 문을 열려고 씨름하는 사람을 얼마나 자주 봤는가? 그들 중 얼마나 많은 사람이 교육 기간 동안 지렛대와 경첩에 대해 '배웠'을까?

교실에 대해 생각하기

최근 과학에서 배운 것에 대해 학생들과 인터뷰해보자. 그 학생들이 그와 같은 정보를 새로운 상황에서 적용할 수 있는지 알아보기 위해 조사해보자. 당신은 개념 변화나 잘못된 개념의 증거를 봤는가?

진짜 과학으로 가르치기

P. 브랜드와인(1962)은 이렇게 썼다, "과학자의 길은 … 발견의 미용 체조처럼 해석되면 안 되고, 연구 예술이어야 한다. 결국 과학자는 일종의 성공을 알지만, 일상에서 그것은 지적인 실패로부터 온다."(p8) 학생들을 과학의 성공과 실패에 종사하게 하는 작업은 질문으로 시작해야 한다. 과학 수업에서 대부분의 시간은 교사, 지역, 국가에 의해 결정된 내용을 위주로 짜이기 쉽기 때문에, 교사의 핵심적인 책임 가운데 하나는 학생들이 내용에 대해 질문하도록 박차를 가하는 경험을 제공하는 것이다. 때로는 공기의 압력이 가스통을 짜부라뜨리는 것 같은 유효성이 입증된 낯익은 실험을 통해서 질문의 방아쇠를 당길 수도 있다. 그러나 현상을 설명하고 실험이 그것을 증명하기를 기대하는 대신, 교사는 다른 방식으로 그 활동을 사용할 수 있다. 학생들로 하여금 가스통이 수축하는 것을 보게 한 다음, 교사는 이런 질문을 할 수 있다. "무슨 일이 일어

난 거지?" "너희들 마음속에 어떤 질문이 생겼니?" "이런 것을 전에도 본 적이 있니?" "이렇게 쭈그러드는 물건을 전에도 본 경험이 있었니?" "왜 이렇게 되었을까?" "왜 이렇게 되어 있다고 생각하니?" 그리고 "너희들의 아이디어를 실험하는데 있어서 우리는 무엇을 할 수 있을까?"

Lesson 8.1 과학자들은 무엇을 하나?

많은 인터넷 자료들 덕분에 학생들은 과학자들을 매일 접할 수 있는데, 거기에는 과속방지턱도 포함된다. 국립 과학 교사 협회의 학습 센터The National Science Teachers Association's Learning Center의 팟캐스트(http://learningcenter.nsta.org/products/podcasts.aspx)는 과학 관련 팟캐스트의 링크를 제공하고 있고, 샌프란시스코 과학관Exploratorium 같은 곳은 지구의 반대편 구석에 있는 과학자에게서 온 급보를 전한다(http://exploratorium.edu). 진짜 과학real science에서 '청취하기listening in' 옵션은 계속 변하고, 실시간real time에서 최고는 당신이 과학자들의 트위터나 블로그를 팔로우할 수 있게 함으로써 그들이 작업에서 하는 대로 탐험할 수 있게 허용한다는 것이다. Mine the Web은 지금 무슨 일이 일어나고 있는지를 알아낸다.

어떤 2학년 담당 교사는 표준적인 과학 수업을 학생들의 연구에 적용하려고 했던 첫 시도에 대해 이렇게 설명했다. 수업 준비를 위해 그 교사는 비눗방울을 불어야 했고, 학생들에게 관찰한 다음 질문에 대답하도록 요청했으며, 필요한 내용을 제공했다. 그 대신 그 교사는 아이들에게 비눗물과 빨대를 주었다. 그 이후에 무슨 일이 있었는지를 그녀는 다음과 같이 회상했다.

순식간에 모두가 큰 것, 작은 것, 뭉친 것, 거대한 것 등 비눗방울을 불어 만들기 시작했다. 학생들은 그들이 한 것과 본 것에 대해 이야기했고, 비교하고 분석했다. 15~20분 후, 우리는 컵을 내려놓고 질문 목록을 만들기 시작했다. … 학생들은 질문을 40여 개 만들었다. 어떤 것들은 아주 간단했다. "방울은 어떻게 만들어졌나?" "왜 그것들은 난장판이었을까?" 어떤 것들은 아주 놀라웠다. "왜 방울들이 빙글빙글 돌까? 왜 색깔이 있었던 거지? 손가락은 방울을 터뜨릴 수 있는데, 왜 빨대로는 안 터질까?" 같은 것들이었다. 나는 내 학생들이 1개를 빼고는 모든 질문에 대답할 수 있었을 때 정말로 감탄했다. … 나는 내 경험을 다른 2학년 담당 교사와 나눌 수 있어서 좋았지만, 회의론에 맞닥뜨리고 말았다. 누구든 해보면 믿을 것이다!

(Bingham, 1991, p6)

마찬가지로, 전통적인 실험실 활동도 종종 학생들에게 질문을 허용하도록 바꿀 수 있다. 미리 준비된 수많은 실험들은 레시피와 아주 비슷해 보인다. 학생들은 성분과 재료 목록과 과정에 대한 단계별 지도를 받는데, 이는 이 장의 도입부에 등장했던 서점 점원의 경험과 같다. 그런 상황에서 학생들은 질문에 참여할 수 없고, 활동 단계를 기획할 수도 없다. 그러한 실험의 목적과 과학적인 과정의 관계를 파악하기가 아주 어려울 수도 있다. 확실히 그림으로 그려진 안내서를 들고서 연구를 시작하는 과학자는 없다! 당신의 전통적인 과학 실험 중 어떤 것이 학생들로 하여금 기획 과정에 참여하도록 허용할 수 있는지 생각해보자. 〈재능 있는 교육 담당자를 위한 센터*The Center for Gifted Education Staff*〉(1996)는 실험에 적용하는 과정에 대해 설명하고 있고, 〈실험의 초자연성*Uncanning the Experiment*〉은 다양한 능력 수준을 가진 학생들에게 적합하다. 학생들에게 미리 준비된 작업계획표를 건네는 대신, 작가는 학생들이 실험 이전 단계에 참여하여 핵심 질문을 받거나 발전시키고, 그것을 어떻게 연구할지 찾아낼 것을 제안했다. 그 과정은 미리 준비된 지도 사항과 아주 비슷하기 쉽지만, 이 경우 학생들 스스로가 목적의식적으로 준비한 것이다.

Lesson 8.2 뒝벌 사냥꾼: 과학의 본성(K-3)

초등학생이 시도해볼 만한 초급 과학을 설명하기 위해, 아이들의 훌륭한 도움을 받은 D. 홉킨슨(2010)의 '찰스 다윈의 뒝벌*Humblebee* 연구'에 관한 이야기를 읽어보자. 에티*Etty*가 했던 일과 그것이 과학의 과정과 어떻게 연관되어 있는지에 대해서도 이야기해보자. 학생들이 주변 동물의 생활을 파악하기 위해 할 수 있는 관찰 방식에 대해 생각해보자. 나는 초등학생들과 함께 학교 마당에서 개미가 좋아하는 길에 대한 성공적인 연구를 했다. 그것은 개미들이 그들에게 주어지는 다양한 음식에 따라 어떤 영향을 받는가에 대해서였다. 그것은 현재 진행 중인 진짜 과학의 질문이자 연구였다!

〈재능 있는 교육 담당자를 위한 센터〉(1996)는 실험의 예를 제공하고 있다. 그 실험은 학생들이 다양한 색깔의 셀로판지로 덮은 용기에서 씨를 키우는 것이다. 이 실험을

'언캐닝Uncanning'[1]하려면 주제에 대한 도입으로 시작해야 한다. 이것은 학생들이 빛과 식물에 대해 무엇을 알고 있는지에 대한 토론을 포함할 수 있다.

> Lesson 8.3 생물학에서의 유연한 사고: 진화
>
> 직접적인 조사가 불가능한 때에도 유연한 사고는 과학적 활동을 증진시킬 수 있다. 이 부문에서 학생들은 동물의 종을 선택하고, 그것의 중요 특징을 나열한다. 그들은 동물의 전형적인 행동, 음식 선택 그리고 서식지에 대해서 배운다. 그리고 나서 학생들은 그 동물 중 몇 마리가 지리적으로 다른 장소에 있는 동물원에 옮겨졌다고 상상한다. 그들은 2개의 형질을 선택하여 각 동물에 대한 유전자형을 만들 것이다. 그 다음에 그들은 새로운 환경에서 동물 개체수에 무슨 일이 일어났는지에 대한 가설을 세운다. 교과 과정에 따라 교사는 유전적인 병목 현상, 유전적인 표류, 또는 종의 돌연변이에 대해서 질문을 제기할 수 있다. 또한 학생들에게 개체수 안의 변화에 대한 가설을 세우게 할 수도 있다. 만약 그들이 동물원 주인이라면, 이 동물은 훌륭한 선택이었을까?(크리스타 아데어의 수업에서 발췌)

학생들에게 프리즘을 주고, 이것으로 만들 수 있는 무지개로 태양의 성질에 대해 무엇을 공부했는지, 그리고 이러한 지식이 식물의 성장에 대해 보여주는 의미는 무엇인지 물어보자. 이러한 연구용 질문은 학생에 의해 개발될 수도 있고, 교사에 의해 직접 제기될 수도 있다. "너희들은 식물에 모든 색깔의 빛이 필요하다고 생각하니? 아니면 그중 몇 가지만 필요한 것 같니?" 일단 기본적인 질문이 설정되면, 실험 그룹은 연구를 위한 실험 계획을 발전시키도록 요구받을 것이다. 모든 실험 그룹은 그들의 계획이 합리적이고 문제를 다룰 수 있는 한 원래 실험 계획을 따를 필요가 없다. 실험과 데이터 수집이 끝나면 학생들은 얻어진 정보, 남아 있는 문제, 그리고 남아 있는 문제를 다룰 부가 실험에 대해 논의할 수 있다. 비록 모든 실험에 대해 학생들의 계획이 개방되어 있지는 않지만(특히 화학에서는 안전에 대한 고려가 유연함을 제한할지도 모른다), 많은 경우 학생들이 실제 과학 진행 과정에 더 많이 참여하도록 허용할 수 있다. 또한 그들에게 상자에 담긴 '치즈를 곁들인 마카로니 요리'를 준비하는 것보다 더 과학자처럼 행동할 자유를 보장할 수 있다.

관찰한 것을 이해하기 위한 노력의 일환으로 질문을 제기하고 가설을 실험하는 과

---

1) uncanning, 캔에 집어넣는 것에 반대되는 행동을 비유한 말로, '주입식'의 반대 개념으로 사용한 저자 고유의 표현이다.-편집자 주

정은, 학생들이 기술과 과학자들의 정신 습관 둘 다에 접촉할 수 있게 한다. 교과서와 실제의 경험만 가지고는 학생들의 학습 역량과 창의적 역량을 충분히 기를 수 없다. 학생들은 또한 토론, 가설 세우기, 아이디어 방어, 질문하기 그리고 실험하기에 대해 말을 통해서든 글을 통해서든 관여해야만 한다. 그러한 경험을 학생들에게 제공하는 것은 시간 낭비다. 그러나 우리의 목표가 과학 개념을 이해하는 것이든 과학의 창의성을 계발하는 것이든 간에, 그러한 시간은 필수적이다. 그것은 단지 이해를 위한 적용 범위를 교환하는 데 필요하다.

Lesson 8.4 심장에 대한 언캐닝 교육

심장에 대한 연구는 창의적인 사고를 돕기 위해 '판에 박힌' 활동을 적용할 몇 가지 기회를 제공한다.

1. 학생들이 맥을 짚는 법을 배우면 그들은 이러한 활동이 그들의 맥박을 빠르게 또는 느리게 하는지를 상상하도록 격려받을 수 있고, 그러고 나서 그들의 가설을 실험할 수 있다.
2. (혈액) 순환에 대해 토론할 때, 학생들은 깨끗한 동맥과 방해를 받는 동맥으로 어떻게 혈액이 흐르는지 테스트하기 위한 모형을 고안할 수 있다. 그들은 액체가 흐르는 속도와 인공심장이 얼마나 열심히 작동해야 하는지 실험해야 한다.(질 파이니의 수업에서 발췌)

교실에 대해 생각하기

당신이 전형적으로 보여주기 위한 실험에 사용하거나 레시피 실험용으로 계획하는 과학 수업을 선택하여, 학생들이 질문을 도출하고 연구 계획을 세우도록 만들어보자. 학생들의 참여와 이해에서 어떤 변화를 볼 수 있는지 주목하자.

Lesson 8.5 유치원에서의 생물 언캐닝: 무엇에 곰팡이가 피었나?

학생들에게 곰팡이가 핀 빵과 안 핀 빵 한 조각씩을 관찰하게 해보자. 과학자들이 그들이 보는 것에 대해 질문하는 방식에 대해 토론하자. 학생들에게 빵의 곰팡이를 더 빨리 피게 하는 것에 대한 아이디어를 생각해보게 하고, 그들의 가설을 실험하는 방식을 만들어내도록 하자. 그후 연구를 진행해보자.(멜린다 스파이서의 수업에서 발췌)

1학년 학생들의 햇빛, 그늘 그리고 어둠 속에서 식물 성장에 대한 평가, 6학년 학생들의 지역 하천의 오염도 측정, 고등학생들의 알려지지 않은 질병의 사례에 대한 위치

분석 등은 적절한 수준에서 질문하고, 또한 의미 있는 과학적 질문에 대답하려는 시도다. 그룹과 개인 둘 다에 의해 그러한 질문을 계획하는 것은 과학 교과 과정을 계획하는 데 필수적이다. 비록 학생들이 필요한 학습 내용의 결론 안에서 질문을 다루는 것이 중요하지만, 학생이 만들어내는 질문을 위한 공간도 있다. C. W. 앤더슨과 O. 리(1997)는 만약 학생들이 과학 지도와 그들 개인의 의제 사이에서 충분한 연관성을 발견하지 못한다면, 가장 훌륭하게 계획된 과학 지도일지라도 실패한다는 것을 보여주었다. 훌륭한 과학 과제에는 학생들의 상당한 집중과 노력이 필요하며, 궁극적으로 학생들에 의해서만 통제된다. 관심을 가지는 문제를 조사하도록 학생들에게 허용하는 데 투자된 시간은, 창의성은 물론 효과적인 과학 교육에 대해서도 필수적일 것이다.

물론 학생들은 그들의 과학적 노력에 대해 실험 리포트, 과학 박람회 전시, 또는 다른 장소에서 보고해야만 한다. 다시 한 번 특별한 요구를 가지고 있는 학생들이 이러한 노력을 통해 도움받을 수 있다는 것과, 그들의 과학적 사고가 소통의 어려움 속에서 사라지면 안 된다는 것을 잊으면 안 된다. CAST 사이언스 라이터The CAST Science Writer(http://sciencewriter.cast.org/welcome)는 중고등학교 학생들이 과학 리포트를 쓰는 것을 돕도록 고안되었다. 사이언스 라이터는 과학적 글쓰기의 과제를 더 작게 부수어서 좀 더 다룰 만한 크기로 만듦으로써, 학생들이 글쓰기, 고치기, 편집의 과정을 거치도록 안내한다. 보고서의 한 부분을 큰 소리로 읽음으로써 학생들이 자신들의 작문을 체크하고, 심지어 어휘를 바꿀 수 있도록 한다. 말할 필요도 없이 그것은 광범한 영역에 걸쳐 학생들의 요구에 도움이 될 것이다.

학생들은 정신적 습관을 계발하도록 지지를 받는 것 역시 필수적이다. 정신적 습관이라는 것이 과학자들에게도 필수적이듯이 말이다. 여기에는 호기심, 논리와 일관성을 추구하는 것, 다양한 관점에서 문제를 바라보기 그리고 혼란에 직면했을 때의 끈기 같은 속성들이 포함된다. 우리의 교육 방법과 내용의 정서적 요소를 고려할 필요가 있다. 만약 우리가 호기심을 지원해주기를 원한다면, 비록 그것이 우리 수업 계획의 일부가 아닐지라도 호기심에 긍정적인 증거에 대해 반응해야 하는 것은 물론, 호기심을 북돋우고 우리 스스로 호기심의 모형을 만들도록 생각해낸 행동을 구조화해야만 한다. 만약 우리가 호기심, 끈기 그리고 추구를 모형화하고자 한다면, 우리는 자신을 모든 대답을 가지고 있는 사람으로 나타내면 안 된다. 실제로 그럴 수도 없다. 적어도 시간 중 일부 동안에는 학생들에게 정말로 우리를 당황하게 만드는 문제들 역시 다루고 질문하도록 격려할 필요가 있다.

Lesson 8.6 자연주의자 되기

학생들에게 학교 주위에서 자라는 것 중 한 식물을 선택하게 해보자. 그들은 할 수 있는 한 주의 깊게 그 식물을 관찰하고 기록해야 한다. 여기에는 식물의 그림은 물론 그것이 발견된 환경에 대한 기록, 인구밀도(제곱피트당 얼마나 많은 식물이 있는지), 근처에서 어떤 다른 식물이나 동물이 발견되었는지 등이 포함된다. 그 다음으로 그 식물이 현존하는 생태계에 얼마나 적절한지에 대한 질문이 나온다. 이것은 비록 질문이 결국 연구에 이르지 못할지라도 문제를 발견하고 관찰하는 데 좋은 실험이다.

문제에 기반을 둔 학습

창의성과 과학 과정 둘 다에 도움이 되는 과학 학습 내용을 조직하는 전략 하나는 문제에 기반을 둔 학습이다.(Center for Gifted Education Staff, 1996; Coleman & Gallagher, 1997; Finkelstein, 2002; Lambros, 2002; Ngeow & Kong, 2001; Stepien & Gallagher, 1993) 이 전략은 물론 다른 영역에서도 적절하다.

문제에 기반을 둔 학습에서 학생들은 잘못 구조화된 문제로 시작한다. 이와 같은 전형적인 문제는 실제 세계의 사건을 설명하는데, 학생들은 그것을 위해 해결책, 반응 또는 설명을 공식화해야 한다. 대부분의 실제 문제에서 학생들이 문제를 푸는 데 필요한 정보를 제대로 가지고 있지 못한 것처럼, 그들은 해결을 위해 필요한 과정이나 행동도 알지 못한다. 그들은 관찰하고, 관계를 찾고, 부가적인 정보를 얻고, 기술을 배우고, 특별한 상황에서 지식을 사용해야만 한다. 가끔은 인지한 문제의 성격이 과제 도중에 변할지도 모른다. 처음에 중요한 문제처럼 보였던 것이 새로운 정보를 얻자 부차적이 될 수도 있다. 교사의 역할은 문제 해결의 모델로서 행동하면서 학생들이 자신의 사고를 깨닫도록 도와주며, 그들에게 문제 해결 과정을 통제하도록 허용하는 것이다. 이 역할은 다음과 같은 질문의 사용으로 풍성해질 수 있다. "우리가 아는 것은 무엇일까?" "우리는 충분한 정보를 가지고 있나?" "이것은 믿을 만한 정보일까?" 또는 "우리가 지금 보고 있듯이 문제가 뭘까?"

4~6학년 중 능력이 있는 학생들을 위해 개발된 문제에 기반을 둔 단원 하나는, 트럭이 전복되면서 지방 하천에 정체 불명의 화학약품을 쏟은 사건이었다.(Center for Gifted Education Staff, 1996) 처음에 학생들은 주요 고속도로 순찰대의 지휘자가 맡은 역할에 대한 질문을 받았다. 그들은 자신들이 상황에 대해 무엇을 알고 있는지, 알아야 할 필요가 있는 것은 무엇인지, 어떻게 찾아낼 것인지 결정해야만 했다. 그 단원에서 강조하고 있는 내용은 시스템의 개념(생태계와 운송 시스템), 산성 화학물질 그리고 과학적 과정을 포함하고 있었다. 그러나 조사 과정 중에 학생들은 당연히 패턴, 실험 기술, 정부의 책임과 그 밖의 내용에 대한 정보를 얻으면서 숙고할 것이다. 비록 이 특별한 단원이 연장된 시간 동안 높은 능력을 가진 학생들을 위해 사용되도록 계획되었지만, 문제에 기반을 둔 교과 과정은 다양한 시간표 속에서 여러 가지 능력 수준에 따라 사용될 수 있다.

I. 어스킨과 C. 크르자닉키(2012)는 학생들이 쉬는 시간에 학교 앞으로 배달된 커다란 바위를 처리해야 하는 초등학교 직원들에 대한, 학교 전체에 걸친 활동을 설명했다. 한 배우 친구가 부상당한 외계인을 표현하면서 바위 옆에서 '발견'되었다. 지방 경찰관이 왔고, 신문사는 기자를 파견했다. 부상당한 외계인은 오직 건강에 좋은 음식만 먹는 오염되지 않은 행성에서 왔기 때문에, 이 상황은 가상의 과학자가 외계인을 추적하려고 할 때, 도덕적인 딜레마에 빠질 것임은 물론 영양과 오염에 대한 연구로도 이끌었다.

Lesson 8.7 대단한 껌의 딜레마에 대한 언캐닝

이어지는 다음 시나리오를 학생들에게 제공해보자. 당신의 그룹은 지금 막 애크미 식품 회사 Acme Food Company에 껌 전문가로 고용되었다. 그 회사의 높으신 분들은 새로운 추잉껌을 생산하길 원한다. 그 회사는 6학년 학생들을 목표 그룹으로 생각하기 때문에, 당신은 어떤 껌을 생산해야 할지 결정해야 한다. 애크미 사는 이미 껌의 재료를 만들었다. 여러분은 기본 재료에 풍미, 단맛의 종류 그리고 풍미/단맛의 비율에 대한 정보는 물론, 당신의 추천을 보조할 데이터를 제출해야 한다. 이 회사는 새로운 제품이 현재 나와 있는 제품과 시장을 어떻게 분할할지 결정하는 데 가장 많은 관심을 둘 것이다.

학생들에게 씹기 전과 씹은 후 껌의 무게를 통해 껌 속의 단맛과 풍미의 상대적인 양에 대한 정보를 이해시킬 수 있는 단서와 (또는) 모델을 제공할 필요가 있다. 이것은 그들에게 데이터 조사보다는 그들의 추천을 후원할 데이터를 제공하도록 허용할 것이다.(데보라 멜데의 수업에서 발췌)

W. 스테펀과 S. 갤러거(1993)는 짧은 '말뚝 구멍' 문제(상대적으로 좁은 문제를 깊이 탐구하는 질문들)를 사용하는 것에 대해 설명하고 있다. 이것은 교사들이 문제에 기반을 둔 학습을 도입하고 싶지만, 전체 단원이나 과정을 구조화하는 데 그것을 사용하기를 원하지 않는 경우다. 예를 하나 든다면, 독일의 3학년 학생이 어느 날 학교에 와보니 나치의 선전국에서 온 편지를 발견한다. '1938' 소인이 찍힌 그 편지는 학생들을 '미술관 책임자'라고 적었고, 그들이 가지고 있는 소장품을 다시 살펴본 다음 '타락한 예술 작품'을 제거하라는 내용을 담고 있었다. 타락한 예술 작품을 더 이상 독일 정부가 참아줄 수 없기 때문이었다. 명령을 제대로 이행하지 않으면 심각한 벌칙이 따른다. 화학약품을 쏟은 트럭 문제에 직면했던 학생들과 마찬가지로, 이 학생들도 다음과 같은 질문으로 시작할 것이다, "우리가 현재 아는 게 뭐지?" "우리가 더 알아야 할 게 뭘까?"—그들이 독일에서 했던 것 외에도. 더 어린 학생들은 교사의 야채밭에서 죽어가는 농작물, 도무지 날려고 하지 않는 연, 또는 도로변에서 보통 때와 다르게 많이 죽은 땅다람쥐의 숫자 등 '말뚝 구멍' 문제에 직면할 수도 있다. 나는 말뚝 구멍 문제를 쓰기 시작하는 교사들에게 도움이 될 만한 다음과 같은 가이드라인을 발견했다.

- 그 문제가 현실적이고, 실제 세계와도 명백한 연관이 있는가? 실제 세계에서 자연스럽게 발생하는 사건이나 현상에 기반을 두지 않은 문제는 덜 바람직하다. 학생들은 그들의 노력과 실제 세계의 현상 사이의 명백한 관계를 볼 수 있어야 한다. 만약 당신이 준비된 실험이나 활동을 하는 문제에 초점을 맞추고 싶다면, 현실적으로 (또는 현실적인 것에 가까운) 발생할 현상과 상황의 원인이 되는 현상에 대해 생각해보자.
- 그 문제 상황이 이 연령의 학생들의 호기심을 *끄는가*?
- 해결책과 해결을 위한 방법론 둘 다 알려지지 않은 것인가? 잘못 구조화된 문제는 즉석에서 분명한 해결책이나 해결 방법론을 제시하면 안 된다. 다양한 방법(그리고 보통 다양한 해결책)이 가능하다.
- 책임자로서 그 학생의 역할은 문제에 대해 본질적인가? 논리적이고 효율적인 초점을 제공하는가? 학생들에게 힘이 있다고 생각되는 역할을 부여하는 것이 그들에게 학생으로 있으라고 요구하는 어떤 역할보다 동기 부여에 더 유리하다. 선택

된 역할은 당신이 집중하기를 원하는 학습 내용으로 학생들을 논리적으로 이끌 것이다.

- 그 문제 상황은 실제 내용을 위한 필요를 유도하는가? 제공된 재료와 정보는 학생들을 바람직한 방향으로 집중하게 하는가? 당신의 잘못 구조화된 문제는 이제 구조가 제대로 잡혔는가? 비록 '올바른 구조의 잘못 구조화된 문제'는 모순어법처럼 들리지만, 그렇지 않다. 문제에 기반을 둔 학습에서 문제들은 실제 생활 속 상황의 혼란스러운 특징을 가지고 있으며, '잘못 구조화'되어 있다. 하지만 그것들은 학생들에게 핵심 내용의 방향을 가리키도록 조심스럽게 계획되어야만 한다.

심지어 더 짧은 '말뚝 구멍' 문제와 관련하여 이러한 학습에 요구되는 사고의 유형을 위한 발판을 제공하는 것이 중요하다. 그것은 문제를 제시하고 학생들이 그것을 풀 때까지 기다리는 것처럼 단순하지 않다. 문제로 배우는 학습은 복잡하다. 그것에는 주의 깊은 모형화, 과제를 다룰 만한 크기로 나누는 것, 그리고 과제의 핵심 요소에 대해 집중하도록 돕는 것이 포함된다. 물론 문제에 기반을 둔 학습이 교사가 구조화한 문제에 기반을 둘 필요는 없다. 비록 구조화된 문제가 주요한 교과 과정 개념에 대한 좀 더 구조적인 심사숙고를 보증하더라도, 중요한 학습은 진정한 실제 세계 문제에 대한 조사를 통해 이루어질 것이다. 제7장에서 설명한 에임스빌의 6학년 물 화학자는 이러한 문제를 다루었다.

세르비아에 있는 고등학생들을 위한 페트니카 과학 센터the Petnica Science Center는 기업의 후원을 받고 있다. 특히 학생들로 하여금 그들의 실제 세계 문제를 다루게 하는 학교에 비용을 지불했다. 같은 센터에서 학생들은 구시대의 이데올로기에 지배된 교과서를 분석하고 새로운 것을 쓰도록 요청받았다. 이는 확실히 잘못 구조화된, 실제 세계의 문제였다. 한동안 나는 그 센터가 그것을 둘러싼 정치적인 소동에 굴복할까봐 걱정했다. 다행히도 그 센터는 세르비아에서 계속 운영되었고, 과학을 공부하는 학생과 교사에게 실제 세계의 기회를 제공하고 있다.(Petnica Science Center, 1992, 2003)

때로는 기술이 실제 세계를 위한 학습에 놀라운 기회를 제공할 수 있다. K. A. 볼맨, M. H. 로저스 그리고 R. I. 몰러(2001)는 골드스톤 애플 밸리의 라디오 전파망원경(GAVRT) 프로젝트에 대해 설명했다. 이것을 통해 중학생들과 고등학생들은 커다란 과학 공동체의 일부로서 망원경의 데이터를 모으고 처리했다. 비슷한 기회가 계속 인터넷에 등장하고 있다. 시작할 장소를 위해 가상 건축가 웹사이트(http://virtual-architecture.wm.edu)와 '원거리 통신 및 정보 수집과 분석Telecommunication, Information Collection and Analysis'을 살펴보자.

교실에 대해 생각하기

학생들에게 단기의, 잘못 구조화된 문제를 통해 문제에 기반을 둔 학습을 소개하는 '말뚝 구멍' 경험을 계획해보자. 당신의 경험에 대해서도 기록해두자.

과학: 창의적인 힘

확실히 과학은 문제를 발전시키고 추구하기 위한 중요하고도 명백한 수단을 학생들에게 제공한다. 이번 장에서 설명할 질문 교육은 과학 지도의 기둥이 되어야만 한다. 문제의 발견과 문제 해결의 분명한 연관성을 넘어서, 과학 활동은 특히 창의성에 숨어 있는 가치와 태도를 계발하는 데 특별히 귀중한 일이 될 것이다. 훌륭한 과학자는 과제에 대한 끈기, 참을성 그리고 헌신이 필요하다. 낡은 것이 무익하다는 것이 증명되면 새로운 수단에 대한 조사와 유연한 사고를 할 필요가 있다. 과학적 발견에 대한 연구는 학생들이 유추하고 재구성한 문제의 가치를, 그리고 위험 감수의 가치를 알도록 도울 것이다. 까다로운 문제에 대한 경험은 호기심을 계발하는 데 도움을 준다. 그보다 더 중요한 것은, 좋은 과학 교육은 과학적인 지식이 불확실하고 종종 순간적이라는 점을 분명히 보여준다. 과학은 우리가 세계를 이해하도록 돕고, 우리가 그것에 대해 질문하도록 도와야 한다. 대답이 모두 책 속에 있지 않고, 질문은 매일매일 바뀌며, 이해로 향하는 길은 진흙투성이지만 흥미롭다는 사실을 이해한 학생들은 과학적 창의성의 시작을 볼 것이다.

수학 과목에서의 문제 발견과 해결

만약 당신이 한 그룹의 사람들에게 '문제'라는 단어를 말했을 때 맨 처음 생각나는 과목이 뭐냐고 묻는다면, 아마도 대답은 '수학'이기 쉽다. 그러나 만약 당신이 같은 사람들에게 '창의성'이라는 단어와 연관된 첫 번째 과목에 대해 묻는다면, 나는 그 대답이 모두 다를 거라고 추측한다. 수학 문제를 상상할 때, 우리는 쉽게 곱셈표라든가, "조니는 6개의 사과를 수지에게 주었다"거나, "2대의 기차가 A지점과 B지점에서 출발했다" 같은 이야기를 떠올릴 수 있다. 교사가 제시하고, 교사가 미리 설명한 방법에 따라 풀고, 준비된 정답표에 따라 평가하는 문제는 창의성과 거의 관계가 없다. 그들은 수학의 가장자리가 깔끔한 버전을 제시하고 있다. 다시 말해, 모든 중요한 질문은 책 안에 있고, 모든 질문은 하나뿐인 정답을 가지고 있다. 이러한 지도 방식은 수학의 심장을 제거하는 것이다. 과학의 경우와 마찬가지로 진짜 수학은 진흙투성이다. P. R. 할 모스(1968)는 이렇게 말했다.

수학은 … 창작에 있어서 결코 연역적이지 않다. 실제로 작업을 하는 수학자들은 희미한 추측을 하고, 광범한 일반화를 시각화하며, 보증되지 않은 결론으로 뛰어든다. 그는 자신의 아이디어를 정리하고 재정리하여 논리적인 증명을 적을 수 있게 되기 훨씬 전에 그 진실을 확신하게 된다.(p380~381)

수학은 질문에 대한 대답은 물론 질문을 제기하는 것에 관한 일이며, 새로운 관계를 발견하고 낡은 관계를 일반화하는 일이다. 사실, 학생들이 수학적인 의미를 구조화할 수 있도록 허용하는 방식으로 수학 문제를 만들고 푸는 능력은 수학적 사고에 대한 현대 연구의 핵심이다.(Kilpatrick, Martine & Schifter, 2003)

이해를 위한 수학 교육

다른 모든 과목과 마찬가지로 수학 교육은 이해를 목표로 해야 한다. 수학의 과정을 가르치는 것은 좋은 학습을 위해서든, 창의성을 위해서든 충분치 않다. 학습 기준에 대해 설명하는 국립 수학 교사 자문 위원회the National Council of Teachers of Mathematics(2000)의 기준은 다음과 같다.

'기초'를 배우는 것은 중요하다. 그러나 학생들이 이해 없이 사실이나 과정을 암기하기만 하면 종종 그들이 아는 것을 언제 어떻게 사용할 수 있을지 확신하지 못한다. 대조적으로 개념 이해는 학생들로 하여금 새로운 문제와 배경을 다룰 수 있게 한다. 그들은 이전에 맞닥뜨려본 적이 없는 문제도 풀 수 있다.
이해가 동반된 학습은 또한 학생들이 자율적인 학습자가 되도록 도울 것이다. 학생들은 그들이 자신의 학습을 통제할 수 있을 때, 더 많이 더 잘 배울 수 있다. 적절하게 선택된 과제로부터 도전받을 때, 학생들은 어려운 문제를 다루는 자신들의 능력을 확신하게 되고, 기꺼이 자신의 문제를 해결하려고 하며, 수학적인 아이디어를 탐험하는 데 유연하고, 과제가 도전적일 때 기꺼이 인내할 것이다.

수학을 배우는 학생들은 수학을 규칙과 과정의 집합으로서가 아니라, 세계를 설명하고 이해하는 방식으로 바라봐야 한다. 수학은 '아하!' 하는 순간으로 가득 차 있어야만 한다.

이해를 위한 수학 교육의 중요성은 수학적 추론에 관한 뇌 연구에 대해 신경심리학자 B. 브레인 버터워스(1999, D'Arcangelo, 2001)가 쓴 글에 반영되어 있다. 그는 이해를 높이기 위한 전략으로서 하나 이상의 방식으로 문제를 풀고, 폭넓은 예를 사용하며, 다양한 방식으로 활발하게 숫자에 관여하도록 하는 것이 포함된다고 제안하고 있다. 이러한 각각의 제안은 수학 문제를 둘러싼 유창하고 유연한 사고 둘 다를 동반한다.

공학자처럼 생각하기

학생들이 수학적인 질문을 제기하도록 허용하는 교육을 생각해볼 때, 우리는 두 가지 질문을 구별해야만 한다. 첫째, 우리는 수학을 창의적인 일을 하는 데 사용할 수 있는 질문을 학생들이 탐험하도록 도와야 한다. 학생들은 학급 예산 집행을 어떻게 계획할 것인가, 최대한의 화물칸을 가진 알루미늄 포일 보트를 어떻게 디자인할 것인가, 탁구공을 쏘기 위한 투석기를 만드는 방법, 또는 학교에서의 공기의 총량을 계산하는 방법을 생각해볼 수 있다. 어떤 면에서 우리는 이러한 공학적 질문을 생각해볼 수 있다. 왜냐하면 공학자들이 하듯이 학생들도 상대적으로 실제적인 문제를 해결하는 데 수학을 사용하기 때문이다. 이런 수학은 실제 세계의 문제 해결 그리고 앞의 두 부문에서 논의했던 문제에 기반을 둔 지도 방식과 유사하다.

학생들은 과제를 성취하는 데 수학이 필요하기 때문에 그것을 배운다. 그들은 보트를 만들기 위해 산성도와 부피를 계산하려고 퍼센티지(백분율)를 배우고, 예술 작품을 만들기 위해 기하학적인 건축을 배운다. 수학적 원리의 유용성을 나타내는 것에 덧붙여, 이러한 문제는 유연하고 다양한 접근 방법과 다양한 해결책을 허용한다. 그것은 또한 학생들이 자신의 문제를 만들어내고, 자신의 시각을 찾고, 자신의 본능을 따르도록 돕는다. 물론 이런 문제들이 수학 교실에서만 독점적으로 발견되는 것은 아니다. 중고등학교의 공학과 기술 수업은 이러한 문제를 중심으로 형성된다. 즉 모형 비행기, 로봇 동물, 또는 더 나은 쥐덫까지도(!) 디자인한다.

수학자처럼 생각하기

학생들이 조직화하도록(발견하도록) 우리가 돕기를 원하는 두 번째 문제는 수학적인 질문이다. 과제를 성취하는 데 제기되는 공학적인 질문과 달리, 수학적인 질문은 이해를 얻기 위해 제기된다. 여기에서 학생들은 수학자들이 묻는 질문의 종류를 묻고, 수학자들이 생각하는 방식으로 생각한다. 수학적인 질문은 계산 문제가 아니다. 확실히 수학자들이 일상적으로 $2+2$, 또는 $2,837,495+483,882$의 합을 곰곰이 생각하는 것은 아니다. 수학자들은 과학자나 예술가 들처럼 패턴을 찾으며, 그것을 이해하려고 노력한다. 이것이 A. S. 포사멘티어(2003)가 "수의 아름다움"이라고 부른 것이다(p1). 수학자들은 수의 관계에 대해 현재 이해하고 있는 것을 본 후, '논리적으로 다음에 뒤따르는 것은 무엇일까?' 궁금해한다. 내 수학자 친구는 그 과정을 "수학적 지식 체계에 새로운 길을 닦게 만들려는 노력이네"라고 설명했다.

Lesson 8.9 수학에서의 유연한 사고: 원주와 지름

수업을 하기 약 일주일 전에 학생들에게 다양한 크기의 둥근 물체를 가져오라 하자(예를 들어, 구슬, 비치볼, 오렌지 등을 말이다). 학생들은 물체를 자르지 않고 다양한 구체의 지름과 원주를 비교하는 작업에 측정용 테이프나 자를 사용해야 한다. 학생들은 팀을 이루어 이것의 지름을 측정하는 방법을 결정하기 위해 함께 작업한다. 그 비율이 3 대 1보다 약간 더 많은 것으로 결정되었을 때, 파이(pi)의 개념이 소개된다.(캔디 배런의 수업에서 발췌)

우리 중 대부분에게 '수학자처럼 생각하기'는 새로운 도전을 내놓는 일이다. 우리가 수학과 계산을 동등하게 생각하는 데 익숙하다면 특히 그렇다. A. H. 쇤펠드(1992)는 수학과 관련된 이해의 스펙트럼을 설명했다. 어떤 면에서 수학은 사실체, 과정 그리고 규칙으로 보인다. 만약 어떤 사람이 그 과정을 배운다면 그는 수학을 안다. 다른 측면에서 수학은 다른 과학들과 아주 비슷한 패턴에 대한 과학처럼 보인다. 쇤펠드는 "수학적 사실과 과정 전체를 숙달하는 것에 기초한 교과 과정은 심각하게 피폐한 것이다. 영어 교과 과정이 만약 주로, 완전히 독점적이진 않더라도, 문법 문제에 집중하고 있다

면 피폐하다고 생각되는 것과 마찬가지다"라고 믿었다.(p335)

학생들이 수학적 질문을 묻고 답하도록 돕는 방법을 찾으면 그것은 건전한 수학적·창의적 사고의 기초가 될 것이다. 창의성을 위해서 가르치는 다른 과목과 마찬가지로 수학은 이상하게 여기고 질문하고 연구하는 질문으로 가득 차 있어야만 한다. 인디애나폴리스의 NCTM Ignite 이벤트에서 애니 페터가 "당신은 무엇에 주목하는가?" 그리고 "당신은 무엇을 궁금하게 여기는가?"와 같은 질문을 제기한 멋진 유튜브 동영상이 있다(http://www.youtube.com/watch?v=WFvYZDR4OeY). 학생들에게 수학과 관련된 어떤 상황이 주어질 때, 그들에게 맨 먼저 관찰하고 탐구하도록 요청하는데—이는 문제 발견의 핵심이다. 그리고 나서 그들은 질문을 한다. 페터 선생Ms. Fetter이 설명하듯이 그러한 질문은 잘못된 이해가 아니라 호기심을 반영한다. 그들은 수학을 '풀어야 하는 미리 정의된 문제'라기보다 '탐구되어야 하는 흥미로운 상황'으로 본다. 사실, 그 토론에서는 학생들에게 특별히 풀어야 할 문제라기보다는 '탐구되어야 할 수학 이야기—시나리오'가 제시되어야 한다고 주장한다. 학생들은 문제를 제기하면서 수학적 사고를 사용하는 것은 물론, 교사가 그들의 현재 이해 수준에 대해 슬쩍 살펴볼 수 있게 한다. '분수는 원주에만 작용할까?'라며 궁금하게 여기는 학생은 교사에게 필수적인 지도 정보를 제공했다. 그리고 물론, 이야기보다 시나리오를 제공하는 것은 어떤 학생도 문제를 재빨리 풀지 못하며, 나머지 학생들은 의미 있는 기여를 하지 못한 채 남겨진다는 것을 뜻한다. 언제나 관찰하고 탐구해야 할 것이 더 있다.

교사들은 가르쳐야 할 개념을 강조하거나 학생들이 그런 문제를 찾게 하려고 시나리오에 나타난 이야기와 그림을 구조화할 수 있다. 주위 환경에서 경사도의 예를 찾기 위해 스캐빈저 헌트 게임[2]을 상상해보자. 경사진 것을 보여주는 그림이나 사진을 가지고 돌아와서 계산할 준비를 하면 새로운 질문의 기초가 마련될 것이다. 질문을 던지는 것은 학생들이 표면적으로 명백한 질문에 대한 답이 다를 수 있음을 알도록 돕는다. "보통이란 무엇인가?"에 대한 대답은 당신이 평균, 중간 또는 최빈값을 찾는가에 따라 크게 달라질 것이다. '가장 큰'의 경우는 어떠한가? 예를 들어, 세계에서 가장 큰 도시는 어디인가? 가장 큰 땅은 얼마나 크고, 인구가 가장 많은 곳의 사람 수는 얼마나 되

---

2) scavenger hunt, 한국의 보물찾기와 비슷한 미국의 물건 찾기 놀이-옮긴이 주

며, 또는 가장 붐비는 곳은 어디인가? 학생들은 각각의 범주에 따라 도시의 순서를 정하고, 인구밀도를 계산할 수 있다. 세 가지 범주 모두를 사용하여 학생들은 가장 큰 도시의 목록에서의 순위를 정하고 정당화할 수 있다.

당신은 또한 질문과 호기심의 자료를 인터넷에서, 그리고 널리 전 세계에서 찾을 수 있다. 진짜 세계의 수학Real World Math(http://www.realworldmath.org)은 기묘한 모양의 들판에서 태풍의 추적과 미스터리 서클에 이르기까지 구글 어스를 이용하여 문제를 만들고 풀기 위한 수업 아이디어를 제공한다. 뉴스 속의 수학Math in the News(http://www.media4math.com/MathInTheNews.asp)은 정확히 말뜻 그대로이며, 우리를 둘러싸고 있는 세계에서 일어나는 것을 수학적으로 관찰한다. 당신 자신의 영역에서 수학적 질문을 하는데 당신이나 학생들에게 영감을 주는 그곳에 있는 질문, 또는 더 좋은 것에 대해서는 사이트를 검색해보자. 수학적 문제의 발견을 실습하는 활동을 하기 위해, 질문에 대한 도화선이 되는 일일 삽화를 위해 '11가지 질문' 웹사이트(http://www.101qs.com)를 시험해보자. 학생들이 수학을 질문을 제기하고 대답하는 방식으로 이해할수록, 이해와 창의성 둘 다를 위한 기회는 더 커질 것이다.

여러분이 자신의 수학 문제를 계획할 때는 어떤 일반적인 전략, 알려져 있는 뭔가로 각 단계를 시작하는 것을 고려해볼 수 있다. 첫째, 어떤 질문은 특별하다고 알려진 사례가 다른 사례에까지 일반화될 수 있는지 물을 수 있다. 예를 들어, 먼 옛날에 특정한 삼각형의 면적이 밑변의 길이와 높이를 곱한 후 둘로 나누면 계산할 수 있다는 것을 처음 깨달은 수학자가 있었다고 상상해보자. 그는 무척 궁금해했을 것이다. "내가 이것을 모든 삼각형에 적용할 수 있을까? 삼각형이 예각인지, 둔각인지가 문제가 될까? 이 원칙이 늘 통한다는 것을 내가 증명할 수 있을까?" 학생들은 이러한 질문을 이 장의 'Lesson 8.9'와 'Lesson 8.10'에서 할 수 있다. 각 경우에 그것은 특별한 예로부터 일반화를 위한 더 넓은 기회로 움직인다.

둘째, 어떤 수학 문제들은 하나의 지식 체계나 수학의 영역을 다른 것과 연관지으려고 시도한다. 어떤 수학자는 흥미로운 대수의 관계를 연구하고 궁금해할 것이다. "어떤 기하학의 형태가 이것을 설명할 수 있을까?" 당신의 학생들은 수학과 좀 더 다양한 학문 분야에 걸친 방식 둘 모두에서 비슷한 과정을 경험할 수 있다. 예를 들어, 'Lesson 8.12'와 'Lesson 8.13'은 수학과 인간관계 사이의 연관을 탐구한다.

셋째, 수학적인 질문은 "만약 OO라면 어땠을까?" 같은 질문을 던진다. 그들은 사실로 알려진 수학의 정리나 관계로 시작하면서 가정 가운데 하나가 변하면 무슨 일이 일어날지를 탐험한다. 예를 들어, 만약 평평한 표면 위의 삼각형 면적이 1/2(가로×세로)이라면, 그 삼각형이 구체의 표면 위로 옮겨진다면 무슨 일이 일어날까? 같은 질문이 여전히 성립될까?

Lesson 8.10 수학에서의 유연한 사고: 비유클리드적인 형태

학생들 그룹에 끈을 이용하여 비치볼 위에 다양한 크기의 삼각형을 만들게 해보자. 그런 다음 각 그룹에 각 삼각형의 각도를 측정하게 해보자. 그리고 각 삼각형의 각도와 각도의 크기를 나타내는 차트를 만든다. 학생들에게 패턴을 관찰하게 한 뒤 무슨 일이 일어나고, 그 이유는 무엇인지 가설을 세우게 하자. 만약 당신이 비평면으로 된 부분의 표면 위의 형태가 평면으로 된 부분 위의 것과 같은 패턴을 따르는지에 대한 질문을 제기하면서 시작한다면 ,이 활동은 훨씬 더 좋을 것이다. 학생들은 그 질문에 대답하기 위한 조사 방법을 고안할 수 있다. 만약 다양한 공과 끈을 제공한다면, 문제 해결의 발전이 이루어지기 쉽다!

마지막으로, 때로는 수학자들은 이미 풀었던 문제를 살펴보고 새로운 방식으로 풀려고 노력한다. 이러한 문제에서 수학의 미학은 더 명백해진다. 수학자들은 문제를 풀기 위해서 노력하는 것은 물론, 그것을 아름답게 풀기 위해서 노력한다. 수학자가 아닌 사람들에게 아름다운 해법이라는 아이디어는 이상해 보일 수도 있다. 해법이 작동하거나, 그렇지 않거나 말이다. 그러나 어떤 해답은 느슨한 결말, 불필요한 부분, 꼴사나운 구조를 가지고 있다. 그것은 마치 자동차의 축 늘어진 머플러를 벨트 반쪽, 깡통 포일 두 조각, 몇 개의 추잉껌, 그리고 3개의 바나나 껍질로 고치려는 것과 같다. 그 머플러는 바닥에 끌리지는 않을지도 모른다. 물론 아름답지도 않다. 각 부분을 용접하여 이음새가 거의 보이지도 않게 한 전문가는 문제를 풀었고, 너무도 우아하게 해냈다. N. 소더버그(1985)는 다음과 같이 주장했다.

> 왜 수학이 아름다울 수 있는지 내가 설명하게 해달라. 첫째, 수학적 진술은 간결하고 우아하게 표현되는 심각한 내용을 포함하고 있다. 그들은 마치 잘 짜인 시처럼, 중요한 아이디어의 의미를 표현을 압축하면서 일반화할 수 있다. 둘째, 수학적 진

술은 그것을 공부하는 사람에게 미학적인 즐거움을 가지게 한다. 잘 구조화된 해답 또는 증명은 불안정한 논리와 광범한 의미를 알고 있는 학생들의 놀라움을 불러일으킬 수 있다. … 아름다운 수학을 공부한다는 것은 마치 심포니를 듣거나 영감을 주는 그림을 공부하는 것과 같다. 어떤 사람은 그렇게 마술적인 결과를 낳는 뭔가에 대해 음모와 경탄을 느낀다.(p10)

학생들이 수학자처럼 문제를 발견하고 해결하도록 돕고 싶다면, 우리는 그들의 노력에서 효율성과 우아함을 모두 볼 수 있게 도와야 한다.

수학자들이 문제를 다룰 때, 그들은 깔끔하고 미리 준비되어 있는 알고리즘을 사용하지는 않는다. 그들은 문제-해결 전략을 위한 배터리를 가지고 있어야만 하고, 가장 효율적이고 아름다운 해답을 창조할 수 있는 방법을 선택해야 한다. 어떤 전략을 사용할 것인지 결정하는 것은 아주 중요한 과제이며, 같은 페이지 위의 모든 문제는 해답이 삭제되어 있으니 같은 종류의 조작을 할 필요가 있다.

비록 K-12 등급의 학생들은 새로운 수학 지식을 만들어낼 것 같지는 않지만, 그들은 수학적 사고와 개인의 창의성을 요구하는 문제를 다룰 수 있다. 수학의 모호함을 학생들이 경험하게 해주는 과제들은 실제 세계의 문제가 아닐지도 모르지만, 그 과제들은 수학의 영역을 구성하는 관계를 학생들이 발견하도록 돕는 다양한 방식의 공격을 받을 수 있다. 수학의 과제는 학생들이 패턴, 연속성 또는 관계를 발견하도록 도울 것이다. 교사는 반으로 접혀서 둘로 나뉜 종이를 보여줄 수 있다. 학생들은 종이를 8번 접으면 얼마나 많은 부분이 만들어질지 알아내는 과제를 받을 수 있다. 어떤 학생들은 실제로 종이를 8번 접어보려고 할 것이다. 다른 학생들은 차트를 만들고 패턴을 볼 것이다. 거듭제곱에 익숙한 학생들은 다른 관점을 가질 것이다.

가끔 문제들 덕분에 학생들은 새로운 시스템을 볼 수 있게 되거나, 이전의 추정을 변경할 수 있다. 우리의 수 체계는 10진법에 기초하고 있다. 만약 그러한 가정이 변한다면, 5진법이나 2진법 같은 수많은 새로운 시스템이 창조될 수 있다. 학생들이 수에 대해 새로운 방식으로 생각하도록 요구하는 문제와 활동은 수학적인 문제의 발견과 문제 해결을 촉진한다(종이를 다양하게 접어서 만든 면의 패턴이 2진법이나 8진법에서는 어떠할지 생각해보자).

학생들에게 새로운 아이디어를 발견하게 하고, 새롭고 아마도 더 우아한 해결 방법을 발견하도록 허용하는 문제는 수학적 사고를 촉진한다. 앞에서 말한 종이-접기의 예는 이 범주에 들어맞는다. 숫자로 만든 팔찌도 그렇다.(Burns, 1992) 0에서 9까지 중에서 2개의 숫자를 선택하고 다음의 규칙을 따르면서 이것을 만들 수 있다. 2개의 숫자를 더하고, 그 총합의 숫자를 한 자리 수로 기록한다. 예를 들어, 만약 내가 5와 4로 시작했다면, 나는 9를 기록한다. 그 다음에 9와 4를 더하여 3을 기록하는데, 왜냐하면 그 수는 한 자리 수이기 때문이다. 나는 5로 돌아가서—5 4 9 3 2 5가 될 때까지 계속할 수 있다. 학생들은 가능한 한 가장 길거나 가장 짧은 팔찌를 발견하도록 요구받을 수 있고, 팔찌 속에서 홀수와 짝수의 패턴을 찾을 수도 있다. 주의 깊게 패턴을 찾은 학생들은 모든 가능한 조합을 기록하지 않고도 우아한 해답을 찾을 수 있을 것이다. 그러한 패턴을 식별하고 사용하는 것은 수학적 창조력의 '아하!'이다.

수학 활동 계획

수많은 저자들이 이해를 위한 NCTM의 목표와 이 책에서 설정하고 있는 창의적 목표 둘 다를 위해 적절한 교육 전략에 대한 충고를 해왔다.

M. 번스(1992, 2007)는 여섯 가지 요소를 가지고 문제에 기반을 둔 수학 지도의 예를 제시한다. 측정, 개연성, 통계, 기하학, 논리, 패턴과 함수 그리고 수가 그것이다. 그녀는 수학 문제를 위한 아래의 네 가지 범주를 제안하고 있다.(1992, p17)

1. 학생들이 이해하는 복잡한 상황이 있다.

2. 학생들이 문제를 발견하는 데 흥미를 가지고 있다.

3. 학생들이 해답을 향해서 똑바로 전진할 수 없다.

4. 해답을 구하는 데 수학적 아이디어를 사용할 필요가 있다.(1992, P.17)

학생들은 다양한 문제-해결 전략, 즉 패턴을 찾고, 표를 만들고, 소급해서 작업을 한다든가 더 간단하거나 비슷한 문제를 푸는 것과 같은 방법을 사용하여 문제를 다루도록 배운다. 번스는 협력을 함으로써 또는 개별적으로 문제-해결의 경험을 사용하기 위한 전략을 제시한다.

협력의 경험 속에서 수업은 해결되어야 하는 문제를 소개하고 필요한 개념을 제시하는 것을 포함하는 지도 방식으로 시작된다. 그 다음에 학생들은 문제 해결을 향해 집단적으로 노력하면서 작업한다. 마지막으로, 그룹은 그들의 전략과 결과를 공유한다.

Lesson 8.12 꼭짓점 이야기

꼭짓점 안의 2차방정식을 변환하여 이야기로 만들어보자. 예를 들어, $y=-2(x-2)^2+3$은 다음의 이야기를 나타낼 수 있다. "마리오는 버섯에 부딪쳐 줄어들었다. 그는 오른쪽 2를 향해 달려가서 공주를 구하기 위해 3 사다리 계단을 올라갔다."
이 이야기는 $y=x^2$에 비유할 수 있는 포물선의 기초적인 변환을 설명한다. 학생들은 자신의 이야기를 만들 때, 수직과 수평의 이행과 변환 그리고 반영의 지식을 나타내며—자신들의 창의성을 실험한다.(멜라니 카빈의 수업에서 발췌)

토론 문제는 다음과 같은 질문을 포함하고 있다. "당신은 그룹에서 작업을 어떻게 조직화했나?" "당신의 그룹은 어떤 전략을 사용했나?" "어떤 그룹은 다른 전략을 사용했나?" "이것은 당신이 전에 풀었던 어떤 문제를 기억나게 하는가?" 문제 해결 수업은 하나의 수업 시간 동안 완결되거나 며칠에 걸쳐 연장될 수 있다.

하나의 단순한 활동이 기하학의 형태인 펜토미노[3]를 소개하기 위해 고안되었다. 먼저 교사는 펜토미노를 만들기 위한 규칙을 보여주고, 뒤집거나 돌려서 2개의 펜토미노가 합동하는지 결정하는 방법을 보여준다. 그 다음에는 학급에 대해 협동하는 그룹을 위해 계획된 비슷한 문제를 제공한다. "3개의 사각형에 대한 모든 가능한 논쟁점을 찾으려고 노력하는 것을 상상해보자. 얼마나 많은 것이 있을까?" 그 다음에 학생들은 사각형 4개로 같은 것을 해볼 수 있다. 그 다음으로 협동하는 그룹은 사각형 5개를 다루는 데 쓸 수 있는 방식을 조사한다. 그들은 종이 그림을 잘라내어 합동을 실험한다. 마지막으로, 그룹들은 전략과 결과를 비교하기 위해 함께 모인다. 개별적인 문제-해결 기회는 메뉴 또는 문제-해결 과제 모음을 사용하여 조직할 수 있다. 그룹의 문제 해결 경험과 마찬가지로 메뉴 과제는 다양한 해결책을 제시하도록 고안되었고, 수학적 추리를 개발하기 위한 기회를 학생들에게 제공한다. 그것은 또한 창의적 활동에서 중요한 독립적 사고와 작업 기술을 형성한다(제9장 참조).

어떤 교사들은 게시판 위에 메뉴 과제를 위한 방향을 붙여놓는다. 다른 사람들은 필요할 때 학생들이 자기들 책상으로 가져갈 수 있도록 복사본을 만든다. 그 과제가 완성되어가는 것을 기록하기 위한 체계 또한 다양할 것이다. 며칠 혹은 그 이상의 기간 동안 메뉴를 준비할 수도 있다. 메뉴의 문제는 일반적으로 계층적이지 않다. 하지만 문제를 제시하고, 상황을 설정하고, 개인이나 소규모 그룹이 어떤 순서로든 다룰 문제를 제기한다. 그 메뉴는 초등학생부터 고등학생에 이르기까지 사용할 수 있다. 아주 어린 아이들도 종종 글로 써진 지시서 없이 각종 센터에서 메뉴 과제를 할 수 있다. 고등학생들은 메뉴 과제를 그 다음 날로 넘길 수 있으며, 벨이 울렸을 때 생산적인 시간을 시

---

3) pentomino, 고대 로마에서 유래한 퍼즐로, 5개 단위의 정사각형이 변끼리 붙어 이루어진 도형으로 모양을 만드는 놀이다.-옮긴이 주

작하는 것도 허용받는다. 대부분의 수업에서 지도 시간 동안 그룹 문제를 해결할 동안, 학급 토론과 직접 지도 그리고 메뉴 시간으로 나뉠 수 있다.

Lesson 8.14 수학에서의 유연한 사고: 통계의 역할(9-12)

통계에 대한 단원의 일부로, 정확하지만 거짓으로—생산품을 팔려는 동기를 가진 광고주의 역할을 학생들이 수행하게 하자. 학생들은 그들의 생산품에 대해 샘플 연구(조사)를 계획하고 실행할 것이다. 그들은 생산품을 팔기 위해 데이터를 사용해야만 한다. 학생들은 반드시 긍정적 결과를 극대화하게 된다. 그러니까 그들의 샘플을 어떻게 한쪽으로 치우치게 만들었는지, 그들의 생산품을 선전하면서 통계를 얼마나 선택적으로 사용했는지 보고해야만 한다. 이 활동은 소비자 조사는 말할 것도 없고, 유연한 사고를 발전시키는 데 탁월하다.(벤저민 아론하임의 수업에서 발췌)

G. 위긴스와 J. 맥타이(2005)는 위에서 제시된 기초적인 예와 비슷한 수업 시퀀스 sequence(연속 수업)를 제안하는 고등학교 수학을 위한 연속 수업을 제안한다. 비록 그 것이 창의성에 강력히 도움되는 형식일지라도, 위긴스와 맥타이가 깊은 이해와 전달을 촉진하는 모델로서 제시하고 있다는 데 주의를 기울이면 재미있다. 다시 한 번 더, 창의성을 위해 도움이 되는 이 과정은 학습을 위해서도 도움이 된다.

그 시퀀스는 학생들을 헷갈리는 상황에 끼어들게 만드는 '미끼 문제hook problem'로 시작된다. 샘플 수업에서 학생들은 약 2킬로미터를 걸으면서 4개 학급 학생 122명의 경쟁 종료 시간을 배당받는다. 그들의 과제는 어떤 학급이 이겼는지 결정하는 것이다. 그 과정의 다음 단계는 본질적인 질문에 대해 토론하는 것이다. 예를 들어, "공정한 것은 무엇인가? 수학이 어떻게 뭔가가 공정하다고 결정하는 데 사용될 수 있을까?" 같은 것들이다. 그때 학생들에게는 궁극적인 활동에 대한 사전 검토가 주어지는데, 이 경우 학생들은 그 학기 동안 그들의 수학 등급을 결정하는 데 사용될 수단을 결정할 것이다—수단, 매개체 또는 방식 등을 말이다. 비로소 그때, 그러니까 학생들이 수수께끼를 푸는 데 필요한 정보가 필요할 때, 전통적으로 직접 지도를 하고 실습 활동을 시작한다. 이것은 위에서 설명한 문제에 기반을 둔 학습의 또 다른 형태다.

어떤 수학 문제는 학생들이 다양한 관점에서 상황을 볼 수 있도록 요구함으로써 유연한 사고를 촉진할 수 있다. M. A. 소벨과 E. M. 맬러스키(1999)는 고객이 5달러짜리 슬리퍼 한 켤레를 사려고 20달러를 지불한 문제를 인용하고 있다. 거스름돈을 줄 수가 없었던 그 상인은 옆 가게 잡화상에게 "슬리퍼를 팔고 거스름돈 15달러를 손님께 드릴 수 있도록 지폐를 바꿔주시오"라고 부탁했다. 나중에 잡화상은 그 20달러짜리 지폐가 위조지폐임을 발견하고 그 상인에게 보상을 요구했다. 상인은 보상했고, 그 위조지폐는 FBI에 보내져야만 했다. 문제는 상인의 손실이 얼마냐는 것이다. 그 문제는 다른 관점, 그러니까 그 소비자—위조지폐범의 관점에서 볼 때 풀기가 훨씬 쉽다.

문제는 학생들이 생활하는 환경에서 튀어나올 때 특히 매력적이다. J. 캐니글리아(2003)는 디트로이트 역사 박물관Detroit Historical Museum에 공동묘지를 방문하는 동안 조사해야 하는 질문과 문제를 개발하여 제시했다. 학생들은 사망자가 출생한 달을 묘사하기 위해 그림 통계 그래프Pictograph를 사용했고, 10년 간격으로 죽은 사람의 수를 비교하는 데 막대그래프를, 성별·사망 당시의 나이 등을 분석하는 데 상자수염도[4]를, 5개의 가장 흥미로운 비석에 대한 지도를 만들기 위해 플롯을 사용한다. 그러한 활동은 당연히 해볼 만한 것이며, 또한 학생들에게 스스로 덧붙일 문제를 조사하고 만들 기회도 제공한다.

S. I. 브라운과 M. I. 월터(1990)는 수학 문제를 발견하고 제출하는 데 집중하는 중학생들을 위해 특별한 활동을 설명하고 있다. 그들은 학생들이 수학자처럼 수학적인 제안에 관한 질문을 하도록 격려받아야 한다고 제안한다. 예를 들면, 다음과 같은 방정식에서 도출된 활동을 설명했다.

---

4) box and whisker plot, 정령형 자료를 나타내는 데 사용되는 그래프로, 가운데의 상자 모양과 양쪽의 선의 모습을 빗대어 이렇게 부른다.-옮긴이 주

$$x^2 + y^2 = z^2$$

이런 방정식에 직면했을 때, 우리 중 대부분은 (만약 고등학교 수학에 대한 기억이 충분히 또렷하다면) 과제가 방정식을 참으로 만드는 x, y, z의 값—예를 들면 3, 4 그리고 5—을 도출하는 것이라고 추정하기 쉽다. 그러나 이 방정식은 실제로 그것을 하라 요구하지 않는다. 사실 이 방정식은 아무것도 요구하지 않는다. 이것은 진술이다. 사실, "$x^2 + y^2 = z^2$이 참이기 위한 값은 무엇인가?"는 그 방정식에 대해서 물을 수 있는 수많은 가능한 질문 중 하나일 뿐이다. 다른 질문들은 "해답은 언제나 정수인가?" "이것의 기하학적 중요성은 무엇인가?" "모든 가능한 수를 시험해보지 않고 어떻게 해답을 발견할 수 있을까?" 같은 질문들을 포함한다. 이러한 각각의 질문은 브라운과 월터가 문제 제출의 첫 단계라고 부르는 것이고—애니 페터의 "당신이 궁금한 것이 무엇인가?"라는 질문의 예이기도 하다. 문제 제출은 수학적 진술 대신 다른 자극으로 시작될 수 있다. 즉 정의, 정리, 시나리오, 문제 또는 목적 같은 것 말이다. 문제 제출의 첫 번째 단계에서 학생들은 직각삼각형right triangle에 관한 질문("왜 그것은 'right'라고 불릴까?"), 선의 정의 또는 지오보드geoboard(기하판)에 대한 질문을 할 수 있다. 각각의 경우, 질문은 그것이 표현될 때 자극과 관련되어 있다.

브라운과 월터(1990)는 문제 제출의 두 번째 단계를 위한 '만약 OO가 아니라면 (What-if-Not)?'이라는 단계를 만들어냈다. 그 경우, 자극의 어떤 측면이나 가정은 문제나 질문을 만들기 위해 변화된다. 이것이 수학자들이 새로운 아이디어를 계발하는 데 사용하는 핵심 전략 중 하나임을 기억하라. 예를 들어, $x^2 + y^2 = z^2$ 방정식을 위한 가정이 변하면 우리는 "$x^2 y^2 > z^2$가 참인 값은 무엇인가?" 또는 "그것이 직각삼각형이 아닐 때 삼각형의 값에는 무슨 일이 일어나는가?" 궁금해진다. '만약 OO가 아니라면?' 전략을 사용하면 연구되어야 할 자극의 속성 목록으로 시작할 수 있다. 예를 들어, 직각삼각형은 3개의 변과 3개의 각을 가지고 있는데, 3개의 각 중 하나는 직각이다. 속성을 분해하여 각각의 목록을 따로 만들고 개별적으로 생각하는 것이 도움이 될 것이다(제6장의 속성 분류 전략을 알아볼 수 있는가?).

1. 그것은 3개의 변을 가지고 있다.

2. 그것은 3개의 각을 가지고 있다.

3. 각 중 1개는 직각이다.

4. 가장 긴 변은 직각의 반대쪽 변이다.

5. $x^2 + y^2 = z^2$

(등)

그 다음에는 '만약 OO가 아니라면?'이 온다. 학생들은 바꿀 속성을 선택한다. 만약 그 형태의 변이 3개 이상이라면 어떨지 가정해보자. 그 다음 단계는 새로운 가정에 근거하여 질문을 제기하는 것이다. 만약 그 형태의 변이 3개 이상이라면, 우리는 이런 질문을 할 수 있다. "나머지 진실이 여전히 참인 형태를 그리는 것이 가능할까?" "게시판 위에 있는 물체 중 그것과 비슷한 형태를 가진 영역은 무엇인가?" "$x^2 + y^2 = z^2 + a^2 + b^2$ 일까?" 또는 "다른 질문이 그 관계를 더 잘 묘사할 수 있을까?" 마지막으로, 이러한 질문 중 하나 이상을 분석하기 위해 선택할 수 있다. 이러한 예는 '만약 OO가 아니라면?'의 4단계를 묘사하고 있다.

1단계: 속성 목록

2단계: 만약 OO가 아니라면? (어떤 속성을 교체)

3단계: 질문 제기

4단계: 문제 분석

브라운과 월터(1990)가 설명하는 또 다른 흥미로운 전략은 학생들과 함께 편집국의 일원으로, 그리고 작가로서 일하면서 수학 저널에 글을 쓰는 것이다. 논문에는 문제 해결 또는 미해결, 시도된 전략에 대한 토론, 통찰력 그리고 개념에 대한 오해 등이 포함될 것이다. 그 저널은 또한 각 논문의 개요, 논문에 대한 편집국의 의견—저자에게 보낸 수락 편지, 흥미로운 문제에 대한 아이디어의 목록 그리고 읽을거리에 대한 제안 등이 포함되어 있다. 그 저널은 창의적인 수학적 사고의 결과를 위한 좋은 표현 수단을 제공한다. 마찬가지로 중요한 것은, 그들은 성공하지 못한 시도도 출간한다는 점이다. 여기에는 성공적인 해결책에 주어졌던 것과 같은 통찰력을 가진 확인 작업을 제공한다. 이러한 균형 잡힌 주목은 위험을 감수할 것과, 어려움에 직면했을 때 끈기를 가지도록 격려한다. 학생들은 그들의 성공이 문제에 대한 정답을 찾기보다는 그들의 사고와 학습에 달려 있음을 이해했을 때, 도전적인 과제를 시도하려는 경향이 더 크다.

수학: 창의적인 힘

수학은 창의성과 자연적인 연관이 있다. 패턴과 아름다움을 찾고, 수많은 방향을 살펴보고, 문제를 풀고, 새로운 아이디어를 찾는다. 불행히도 어떤 수학 지도 방식은—하나뿐인 정답을 찾는 하나의 올바른 방식에 늘 초점을 맞추는데—수학으로부터 아름다움을 박탈해버릴 수 있고, 학생들이 창의성과 수학 사이의 관계를 아는 것 또한 어렵게 만든다. 아마도 우리가 수학에 관한 창의적 사고를 계발하는 데 기여할 수 있는 최고의 봉사는, 학생들로 하여금 수학이라는 것이 똑같은 계산이 아니라는 것과, 수학 문제가 모두 책에만 있는 것은 아니라는 사실을 이해하도록 돕는 것이다. 학생들이 수학 문제를 제기하고, 수학적 관계를 발견하고, 수학의 가정에 대해 도전하도록 돕는 것은 그들이 창의적 기술자나 수학자 들의 생활에 즐거움을 가져다주는 창의적 사고에 더 가까이 가도록 데려다 준다.

교실에 대해 생각하기

학생들이 수학적인 아이디어나 원리를 독자적으로 발견하도록 돕기 위해 고안된 수학 활동을 계획해보자. 이때 하나 이상의 방식으로 풀 수 있는 문제를 포함시키도록 노력하면서 무슨 일이 일어나는지 보자.

콘텐츠 영역에 대해 생각하기

콘텐츠 영역에서 창의성을 돕는 교육 방법에 대해 곰곰이 생각하면서 나는 몇 가지 주제를 떠올린다. 나는 그러한 교육을 위해서라면 학생들이 학과목의 방법론과 열쇠가 되는 개념 둘 다를 배우도록 우리가 도와야 한다고 줄곧 말해왔다. 만약 학생들이 새로운 아이디어를 계발하려고 한다면, 그들은 전문가들의 아이디어가 어떻게 계발되었는지 알아야 한다. 수많은 과목의 경우에 문제에 기반을 둔 지도 방식은 강력한 내용 교육과 창의적 사고 둘 다를 위한 수단을 제공한다. 때로는 실제 세계의 문제가 훨씬 적절하다. 평소에는 교사에 의해 구조화된 문제가 훨씬 다루기 쉽다. 나는 학습 지도의 기초로서 학생들이 만들어내는 문제, 질문 그리고 아이디어를 위한 공간이 있기를 희망한다. 만약 내 학급을 가지고 있다면—내가 요즘 맡은 수업은 사실 모두 온라인 강의다—나는 커다란 구호를 써 붙여놓으리라 생각하고 있다. "좋은 질문을 하라!" 아마도 그 아래에 나는 과목이 무엇이든지 간에 계속 등장할 것 같은 질문의 목록을 적을 것이다.

무엇인가?
무엇이었나?
어떻게 아는가?
왜?
왜 안 되나?
만약 OO라면?
만약 OO가 아니라면?

내용 교육을 위한 추가 전략

이번 부문에서는 내용에 대한 정보를 사용하거나 발표하는 동안 창의적 사고를 돕는 수업 디자인과 교육 전략을 연구한다. 이러한 전략 중 대부분은 무엇이 교육되어야 하는지를 다루기보다, 교육 방법에 더 관심을 가진다. 토론하는 전략은 결코 포괄적인 것도 아니고, 또한 모든 교육이 설명된 방식으로 이루어져야 한다는 것을 이 부문에서 제안하는 것도 아니다. 이것은 교육에서 다양성, 흥미, 유연함을 증가시키려고 사용되는 전략을 실습하고, 좀 더 직접적인 표현에 대한 대안을 제공한다. 전략은 세 부문으로 나뉠 것이다. 귀납적인 전략, 시뮬레이션과 역할놀이 그리고 질문과 토론 기술 등으로 말이다.

귀납적 접근

어떤 논쟁이나 논리의 과정이 '귀납적'이라고 말할 때, 그 과정은 특별한 것에서 일반적인 것으로 진행한다. 즉 개인들은 특별한 예에 기초한 일반적인 결론을 이끌어낸다. 만약 내가 이웃의 작은 개 네 마리가 더 큰 개들보다 훨씬 더 잘 짖는다는 것을 관찰한 뒤, "작은 개가 큰 개보다 더 잘 짖는다"는 결론을 도출한다고 해보자. 그것은 귀납적인 추리다. 만약 내가 5명의 유명한 과학자들의 전기를 읽고, 그들이 공통된 특징을 가지고 있다고 결론을 지었다면, 그것 역시 귀납적이다. 탐정들은, 특히 텔레비전 드라마에서 각기 동떨어져 있는 증거들로부터 범죄 현장에서 무슨 일이 일어났는지에 대한 결론을 도출할 때, 귀납적 추리를 사용한다. 교사들은 직접적인 수업에서 아이디어와 기술을 보여주고 싶어하고, 그것이 어떻게 적용되는지에 대해 특별한 예를 인용한다. 반면에, 귀납적인 수업에서는 학생들에게 예를 제시하고, 그 예들을 서로 묶는 개념이나 일반화를 찾아보라고 요구한다. 학생들이 귀납적인 사고에 관여한다면, 그것은 오로지 귀납적인 수업에서뿐이다. 귀납적인 수업은 독립적으로 생각하고, 위험을 감수하고, 독창적인 아이디어를 만들어낼 기회를 제공한다. 비록 어떤 귀납적인 수업이 상대적으로 제한된 수의 결론에 이바지하지만, 다른 것들은 다양한 결론과 전략, 관점을 제공한다.

귀납적인 교육은 개념의 도달부터 의문에 기반을 둔 교육과 문제 기반의 학습(예를 들어 Joyce, Weil & Calhoun, 2009 참조)에 이르기까지 다양한 형태를 취한다. 그러나 그 수많은 다양성 아래에 숨어 있는 귀납(탐구)의 추정은, 학습은 건설적인 과제이기 때문에 학생들은 그들에게 경험을 통해 개념과 일반화를 발견하도록 허용하는 활동이 주어질 때 가장 잘 배울 수 있을 것이다. 학습을 건설적인 과제로 보는 생각은 인지심리학(Bransford, Brown & Cocking, 2000)에 바탕을 둔 지식의 증가에 의해 도움을 받고 있지만, 탐구 교육과 학습의 과정은 훨씬 덜 보편적으로 받아들여지고, 실행하기가 언제나 간단한 것도 아니다.

핵심 연구 그룹이나 경험 많은 교사들 모두의 탐구 활동이 언제나 성공적인 것은 아니라고 여러분에게 말할 수 있다.(Kirschner, Sweller & Clark, 2010; Klahr & Nigam, 2004; Mayer, 2004) 어떤 학생들은 기대하고 있던 결론을 도출하지 않은 채 자료를 탐험할 수도 있다. 다른 학생들은 뒤에 남겨진 것들은 혼돈 속에 놔둔 채, 논리적인 경로에서 3단계를 건너 뛸 수도 있다. P. A. 커시너 등(2010)은 비록 인지심리학이 학습을 건설적 과정처럼 도울지라도, 그것은 또한 풋내기 학습자에게 놓인 인지적 요구의 증가 때문에 생기는 질문을 기반으로 하는 교육의 실패를 설명하고 있다. '순수한 발견'이 교실에서 거의 발견되지 않는 극단적인 실습을 나타낸다는 비평 속에서 질문을 정의하곤 하는 것이다. 하지만 학생에게 여전히 제한된 '학습에서의 실험'도 진지하게 다루어져야 한다고 나는 주장한다.

그러나 탐험하고 질문하는 기회의 결여는 또한 어떤 작가가 "교육의 양날의 검"이라고 불렀던 위험을 내포하고 있다.(Bonawitz 등, 2011) 예를 들어, 물건의 사용에 대해 직접 배운 아이들은 그것을 덜 탐험하거나 대안을 발견하려는 노력을 덜 하는 경향이 있다. 그리고 비록 그것의 효과가 부족하더라도 자기들이 본 것을 흉내내려는 경향이 더 크다.(Bonawitz 등, 2011; Buchsbaum, Gopnik, Griffiths & Shafto, 2011) 학생들이 지도를 받은 후 덜 탐구하더라는 생각은, 만약 탐구가 좀 더 실체적인substantial 이해로 이끄는 경향이 있다면 특히 문제가 된다. 그리고 학생들이 그들 스스로 효과적인 결론을 도출하는 것을 배운다면, 그들은 언제나 증거 없이 마음대로 결론을 발표하고 싶을 것이다. 그리고 당장 우리에게 남아 있는 것은 훌륭한 판단, 주의 깊은 평가, 귀납적인 행동을 실행하는 현명한 피드백을 사용하는 것이다. 비록 그들이 단지 한 가지 지도 방식을 나타내더라도, 그것은 강력한 것이다. 모든 것이 처음부터 매끄럽게 돌아가지 않더라도 당신의 학생들의 생각이 발전하는 것을 끈기를 가지고 지켜보자.

H. 타바(1967, 2009년에 Joyce 등에서 설명된)는 세 가지 기본적인 귀납적 사고를 식별했다. 즉 개념 구성, 데이터의 해석 그리고 원리의 적용이다. 개념 구성은 데이터의 식별과 열거, 아이템들을 카테고리로 묶기, 그리고 개념을 구별할 수 있게 하기 등과 관계가 있다. 예를 들어, 학생들은 만약 한 달 동안 가족의 생활비를 책임지게 된다면, 그들이 사고 싶은 모든 것의 목록을 작성하고 공통적인 속성에 따라 그 아이템들을 묶는다. 이 과정에서 그들은 교사의 도움을 약간 받겠지만, 욕구와 필요에 대한 개념을 계발하게 된다.

타바(1967)의 두 번째 귀납적 과제인 데이터의 해석은 데이터를 조사하고, 관계에 대한 가설을 만들고, 원인을 추론하고, 일반화하는 것을 기반으로 한다. 예를 들어, 한 그룹의 학생들은 잡지 광고를 조사했다. 그들은 그 광고가 사용한 판매 기술을 설명하기 위해 수많은 카테고리를 개발했다. 그리고 나서 교사는 그 학생들에게 그 광고를 연구한 다음, 광고된 제품의 종류와 사용된 기술 사이의 관계를 찾으라고 했다. 학생들은 '구매자의 속물 근성을 자극하는 요소'와 같은 어떤 기술은 기본적으로 필수적인 상품을 위해서라기보다는 덜 필수적인 상품을 위해서 사용된다는 점에 주목했다. 그들은 광고 기술이 그 상품이 욕구를 위한 것인가, 필요를 위한 것인가에 따라 달라진다는 가설을 세웠다. 이러한 가설을 도출하던 그들에게는 데이터 해석이 필요했다(흥미로운 점은 이 특별한 수업 시간 동안에 학생들이 도달한 결론은 교사가 기대했던 것 이상이었다는 사실이다. 그녀가 예상한 것은 학생들이 어떤 전략이 특정 상품을 광고하는 데 좀 더 빈번하게 쓰였다는 것—예를 들어, 스포츠 스타들이 운동화를 판다거나—을 학생들이 깨닫는 것이었다. 하지만 그녀는 욕구와 필요를 둘러싼 패턴에 대해서는 깨닫지 못했다. 그 후 교사와 학생 모두 이 가설을 함께 실험하는 연구자가 되었다).

원리의 적용에는 논리적으로 데이터의 해석이 뒤따를 것이다. 이 과제에서 각 개인은 식별 가능한 패턴에 기초한 새로운 상황 또는 결과를 예측하려고 노력한다. 학생들은 특정 상품을 선전하는 데 더 많이 사용되는 경향이 있는 광고의 종류를 예측하거나, 그들의 인쇄물형 광고에 대한 관찰이 TV 방송형 광고의 경우에도 참인지에 관한 가설을 세울 것이다. 개념 구성, 데이터 해석 그리고 원리의 적용이라는 세 가지 과제는 개별적으로 사용되거나 귀납적인 수업에서 결합된다.

그 다음 부문에서 나는 두 가지 기본적인 귀납적 경험에 대해 논의하겠다. 개념을 세우기 위해 고안된 경험과, 데이터의 해석과 적용을 필요로 하는 질문에 관한 경험이다. 이미 논의된 수많은 연구와 문제 해결 행동은 귀납적인 사고를 통합하고 있다. 학생들이 데이터에서 결론을 도출할 때 그들은 언제나 귀납적으로 사고한다.

개념을 세우기 위해 고안된 경험　타바(1967)의 개념 구성 수업은 세 가지 기초 요소를 가지고 있다. 첫째, 학생들은 특정한 질문이나 문제에 관한 데이터에 대해 목록을 만들거나 열거하도록 요구받는다. 이전의 예에서 학생들은 만약 가족의 생활비를 책임지고 있다면, 그들이 사려는 모든 아이템의 복록을 만들도록 요구받았다. 그 다음에 학생들은 비슷한 성격에 따라 아이템들을 묶도록 요구받았다. 예를 들어, 어떤 방식으로든 비슷한 물건들을 그룹으로 나누는 것이다. 이 과정은 다음과 같은 질문의 도움을 받을 수 있다. "새 TV와 새 자전거는 둘 다 네게 즐거움을 주기 때문에 함께 묶을 수 있다. 네 목록 중에서 같은 기능을 하는 다른 물품은 무엇이 있을까?" 또는 "그 아이템들을 서로 뜻이 통하는 가장 작은 그룹의 수로 나누어보자." 개념 구성 수업의 마지막 단계는 개념을 분류하는 것이다. 이 수업에서 교사는 욕구와 필요의 개념을 발전시키기를 희망한다.

개념 구성 수업을 계획할 때는 두 가지 커다란 사항을 고려해야 한다. 첫째, 당신이 계발하기를 원하는 개념을 포함하는 데 충분히 풍부한 데이터의 목록을 학생들이 만들어내도록 허용하는 문제나 질문을 계획하는 것이 중요하다. 만약 내가 "500달러를 가지고 있다고 상상하고, 당신이 사고 싶은 모든 물건의 목록을 정해보자"와 같은 진술을 가지고 욕구와 필요에 대한 수업을 시작했다고 해보자. 그러면 목록에 올라 있는 모든 물품이 욕구에 관한 것일 가능성이 있다. 그 경우에 추가 질문 없이 바람직한 개념을 개발하기는 불가능할 것이다. 학생들에게 그들이 더 늘어난 기간 동안 가족의 모든 생활비를 책임지고 있다고 상상하게 한다면, 어떤 학생들은 음식, 가전제품, 집세 그리고 그 밖의 필수적인 요소들을 언급할 가능성이 크다.

성공적인 개념 계발 수업의 두 번째 열쇠는 학생들이 아이템을 만들어내거나 카테고리에 초점을 맞출 때, 그들을 돕기 위한 추가 지도가 필요한 시점을 알아차리는 것이다. 어떤 카테고리가 맨 처음에 형성될지, 그리고 어떻게 학생들을 바람직한 개념으로 인도할 수 있을지 미리 예측하려고 노력하는 것은 언제나 현명한 일이다. 때로는 아주 일반적인 질문이나 방향이 도움이 될 것이다. 학생들이 가장 작은 수의 가능성 있는 카테고리를 만들어내는 것은 일반적인 지도의 예라고 가정하자. 다른 경우에 당신은 좀 더 특별한 것이 필요할 것이다. "네 가족이 한 달 동안 사들일 모든 것에 대해 네가 책임지고 있다는 것을 다시 기억해보자. 네 목록에서 빠진 중요한 생각은 없을까?" 개념 구성 수업은 단독으로 존재할 수도 있고, 데이터를 사용하고 해석하기 위한 연속선상의 일부일 수도 있다. 개념 구성 수업을 계획하는 것과 타바의 다른 전략에 대한 추가적 세부 사항은 갤러거(2012)의 〈발전의 개념Concept Development〉에서 찾아볼 수 있다.

이에 관한 수업인 개념 획득 수업은 학생들이 새로운 개념을 계발하도록 돕기 위해 고안되었다. 개념 구성 수업에서 학생들은 규범을 결정하고 카테고리를 발전시킬 필요가 있는 반면에, 개념 획득 수업에서는 다른 사람에 의해 이미 구성된 카테고리를 구별짓는 속성을 식별할 필요가 있다. 그들은 획득한 개념에 대한 실례와 '예가 아닌 예 nonexample'를 분석함으로써 이런 작업을 한 한다.(Bruner, Goodnow & Austin, 1977) 실례와 예가 아닌 예는 '견본'이라고 불린다.

개념 획득 수업은 교사의 견본 제시 후 그것들을 'Yes'(개발된 개념의 예)와 'No'(예가 아닌 예)로 카테고리를 나눔으로써 시작된다. Yes와 No의 견본을 비교함으로써 학생들은 개념의 비판적 속성에 대한 생각을 형성하기 시작한다. 수많은 견본이 제시된 뒤, 학생들은 그때까지 제시된 Yes의 예들이 공통적으로 가지고 있는 속성의 특징을 설명해야 한다. 예들이 추가 제시된 후, 학생들은 그것들을 Yes 또는 No의 카테고리로 나눈 다음, 그 범주가 계속 유지될 수 있도록 원래 개발된 것인지 확정짓도록 요구받는다. 추가된 예들을 조사한 후, 학생들은 범주를 세밀하게 구별한 뒤 개념 분류를 발전시킨다. 그 다음에 교사가 분류를 하면, 학생들은 그들 자신의 예를 만들어내도록 요구받는다. 마지막으로, 학생들은 그들의 생각과 그 활동을 통해 움직일 때, 그들의 아이디어가 어떻게 바뀌었는지 설명한다. 예를 들어, 어떤 교사가 학생들이 천연자원에 대한 개념을 얻기를 원한다고 상상해보자. 그는 천연자원의 예 또는 예가 아닌 예를 제시하고, 그것들을 정답 카테고리에 넣음으로써 수업을 시작할 것이다. 바다의 예는 Yes 카테고리에 들어갈 것이고, 반면에 책상은 No일 것이다. 패턴이 등장함에 따라 학생들은 새로운 예를 위한 카테고리를 결정하고, 어떤 예가 공통점을 가지고 있으며 그들 자신의 예와 예가 아닌 예를 만들어낼 것인가 하는 도전을 맞을 것이다. 마지막으로, 그 교사는 개념 분류—천연자원을 제시한다.

개념 획득 수업을 개발하는 과정에는 주요한 단계 세 가지가 있다. 첫째, 여러분은 주의 깊게 개념을 정의하고, 그것의 핵심 속성을 결정하고, 어떤 속성이 비판적이고(이 개념에 대해 필수적인가) 어떤 것이 비판적이지 않은가(공통적이지만 필수적이지는 않은가)에 대해 생각해야만 한다. 예를 들어, 만약 그 개념이 '포유동물'이라고 해보자. 그러면 비판적 속성은 포유동물은 온혈동물이고, 털로 뒤덮여 있으며, 새끼를 낳고 키운다는 것 등이다. 비판적이지 않은 속성은 수많은 포유동물이 네 다리를 가지고 있고, 땅에서 산다는 점이다. 개념에 대한 가능한 한 많은 비판적 속성을 명백하게 하는 것이 개념 획득 수업 개발에 중요하다.

그 다음으로, 여러분은 견본을 선택해야 한다. 견본은 단어, 그림, 심지어 구체적인 아이템의 형태로 나뉠 수 있다. 당신은 비판적 속성을 강조하는 예와 예가 아닌 예를 골라야 한다. 어린 학생들이 온혈동물의 특징을 자료에 근거하여 추측할 수 있도록 충분한 예를 제공하기는 몹시 어렵다. 그러나 당신은 다른 관련된 특징을 강조하는 예를 제공할 수 있다. 예를 들어, 포유동물의 예와 예가 아닌 예를 선택할 때, 당신은 학생들이 처음에는 동물원이나 숲속에 있는 동물의 개념을 생각할 것이라고 예상할 수 있다. 당신은 뱀이나 타조와 같은 예가 아닌 예가 포함된 잘못된 개념을 명백하게 하는 데 도움을 줄 수 있다. 만약 이러한 동물들과 그들의 알이 포함된 그림을 사용할 수 있다면, 중요한 속성에 초점을 맞출 수 있다. 한 예로 고래를 사용한다는 것은 학생들이 고래가 털로 덮여 있고 새끼를 낳는다는 사실을 모른다면 학생들의 혼돈을 야기할 수 있다. 새끼를 돌보는 고래의 그림은 중요한 단서가 될 수 있다. 개념의 속성이 직접적일수록 이 방법과 더 많이 조화를 이룰 것이다. 예각 대 둔각에 대한 개념 획득 수업은 아주 분명하다. 자유의 개념에 대해 시도하는 수업은 해결하기 어렵다. 자유의 속성이 훨씬 더 추상적이고 해석이 필요한 주제이기 때문이다.

마지막으로, 당신이 예와 예가 아닌 예를 제시하는 순서를 고려하는 것이 중요하다. 대부분의 경우, 폭넓고 다양한 예들이 먼저 주어지고 개념이 발전되어가면서 점점 더 예민한 구별이 제시될 것이다. 예를 들어, 당신은 수업 초반에 곰과 물고기의 그림을 제시하면서 고래 그림은 이후 개념을 예민하게 조정할 때를 위해 떼어놓기로 결정할 수 있다. 견본의 순서를 결정할 때, 활동의 목적을 고려하는 것이 중요하다. 개념 획득 수업에서처럼 만약 목적이 학생들이 새로운 개념을 형성하도록 정보를 제공하는 것이라면 명백한 예로 시작하고, 주의 깊은 분석이 필요한 요구는 이후의 수업을 위해 남겨두는 것이 적절하다. 때로는 개념 획득 수업과 비슷한 활동이 그들이 이미 배운 개념을 복습하거나 재도입하는 데 쓰일 수 있다. 이 경우에 교사들은 때때로 더 복잡한 예를 먼저 사용하고, 학생들이 개념에 도달할 때까지 점점 더 분명한 단서들을 제공한다. 이러한 활동은 큰 동기 부여를 할 수 있고 수업의 도입부에도 적절하다. 하지만 이것은 개념 획득 수업이 아니다. 왜냐하면 학생들이 이미 습득한 개념을 식별하려고 노력하는 것이기 때문이다.

개념 계발과 개념 획득 수업은 둘 다 논리적으로 생각하고, 유연하게 활동하며, 데이터로부터 결론을 도출하는 기회를 제공한다. 비록 그 수업들이 일반적으로 학생들을 미리 결정된 결론으로 이끌도록 구조화되어 있을지라도, 그들은 여전히 창의성의 중요한 속성들을 강화할 수 있다. 개념에 대한 직접적인 교육은 다음과 같은 절대적인 메시지를 전달하고 있다. "교사는 내게 중요하거나 참인 것을 말한다." 그와 반대로 개념 계발이나 개념 획득 수업은 "나는 스스로 이것을 알아내야 한다"는 뜻이다.

탐구 수업: 데이터의 해석과 적용   학생들이 데이터를 해석하고 적용할 필요가 있는 경험은 종종 '탐구 수업'이라고 불린다. 탐구 수업에서는 자연히 학생들이 정보를 탐구하고 조사하며, 가설을 세우고 데이터를 모으고 결론을 도출해야 한다. 그 수업에서 학생들은 수수께끼 같은 사건이나 일련의 데이터를 설명할 수 있는 일반화를 발견하는 활동에 관여하게 된다. 탐구 수업이 특히 가치 있는 이유는 그 수업 시간에 학생들은 어른들이 다양한 분야에서 사용하는 진짜 연구의 수많은 과정에 참여할 수 있기 때문이다.

탐구 수업의 다양한 예 가운데 하나는 J. R. 서치맨(1962)에 의해 개발되었다. 서치맨의 모델에서 교사는 탐구 과정과 기초 법칙에 대해 설명하면서 활동을 시작한다. 학생들은 질문 기간 동안 'Yes'와 'No' 외에는 교사로부터 어떤 반응도 얻을 수 없다. 그 다음에 교사는 수수께끼 같은 사건을 제시한다. 그것은 우리들의 전형적인 관념과 갈등을 일으키는 어떤 것이다. 그리고 나서 학생들은 더 이상의 정보를 얻기 위해 질문을 하고, 다른 결과가 발생할 수 있는 조건에 대해 배운다. 학생들은 그들의 질문을 통해 관련된 변수를 고립시키고 인과관계에 대한 예감을 형성하기 시작한다(가설). 그들의 가설을 실험하는 질문이나 경험을 통해 그들은 수수께끼 사건에 대한 설명을 공식화한다. 마지막으로 교사는 학생들이 그들 자신의 사고 과정을 분석하도록 이끈다. 교사는 과학적인 실험, 즉 이전에 언급한 공기 압력에 의해 쭈그러지는 깡통 같은 것을 보여주고, 학생들에게 20가지 질문과 닮은 방법 속에서 무슨 일이 일어나는지 결정하도록 요구할 것이다. 학생들은 관련된 변수를 식별하고 ,그들의 가설을 증명할 수 있는 추가 경험을 계획하려고 노력할 것이다.

가장 일반적으로 보면 탐구 수업은 특별한 수수께끼 같은 사건에 대한 것이 아니다. 즉, 일련의 데이터에 대해 학생들이 결론을 도출하도록 만드는 수업이다. 이미 설명했던 광고 전략과 상품의 종류 사이의 관계에 대한 가설을 연구하고 만들었던 수업은 탐구 수업이라고 설명할 수 있겠다. 학생들은 데이터 세트를 조사하고(잡지 광고), 변수에 대한 가설을 세우고(상품과 전략), 그들의 결론을 시험했다(다른 인쇄 매체나 TV 광고를 조사했다). 탐구 수업의 핵심 속성은 데이터를 조사하고, 가설을 세우고, 결론을 도출하는 것이다. 이런 순환 구조가 그것에 생산적인 것처럼 보일 때까지 가능한 한 많이 반복될 것이다.

내 학생 중 하나가 남북 전쟁 때의 직업에 기초한 탐구 수업을 개발했다. 초등학생들에게 그 당시의 공예품 사진을 보여주면서 그 당시 사회에는 어떤 직업이 있었는지에 대한 가설을 물었다. 그 활동에는 주의 깊은 관찰과 자신의 관점을 기꺼이 옹호하려는 자세가 필요했다. 이후 지역 미술관으로 나들이를 갔을 때, 학생들은 그들의 가설을 지지하거나 반박하는 추가 정보를 찾았다. 그들은 다양한 가능성을 고려할 기회를 가졌고, 독립적으로 사고했으며, 그들의 아이디어를 응원했다. 이 모든 것이 전통적인 사회 과목을 배우는 동안 진행되었다. 개념 계발, 개념 획득 그리고 탐구 수업의 전략에 대한 추가 세부 사항에 대해서는 B. 조이스(2009) 등을 참고하자.

시뮬레이션과 역할놀이 활동

창의적 사고의 핵심 특징 가운데 하나는 그것이 유연하다는 것이고, 하나의 카테고리나 관점 이상을 고려한다는 것이다. 역할놀이나 시뮬레이션은 특히 이러한 사고를 발전시키는 데 효과적인 전략이다. 왜냐하면 그것이 다른 누군가의 눈으로 세계를 보는 것에 관여하기 때문이다.(Taylor, 1998)

역할놀이 역할놀이는 사회적인 이해는 물론 학습 내용에 대한 이해를 증진시키는 데에도 효과적일 수 있는 도구다. 역할놀이 활동 중에 학생들은 문제를 풀거나 어떤 상황을 실행에 옮기기 위해 그들이 특별한 사람인 체하는—역할을 택한다. 조이스 등(2009)은 이렇게 말했다. "그것의 가장 간단한 수준에서 역할놀이를 하는 것은 행동을 통해서 문제를 다루는 것이기도 하다. 어떤 문제에 대해 서술하고 실행에 옮기고 토론한다. … 어떤 사람이 자신을 다른 사람의 위치에 두고 역시 역할놀이를 하고 있는 다른 사람들과 상호 작용하려고 노력한다. 감정 이입, 공감, 분노와 감동이 모두 이러한 상호 작용 와중에 생겨나기 때문에, 만약 잘 진행되기만 한다면 인생의 일부가 될 것이다."(p291)

역할놀이는 작은 그룹에서 또는 전체 학급 앞에서 이루어질 것이다. 그것은 보통 간단한 활동으로 종종 1시간 이내에 완성된다. E. P. 토랜스(1975)는 "사회적 드라마"라는 용어를 사용하여 학생들이 다양한 극적인 기술을 통해 현재와 미래의 문제를 푸는 관련 과정을 설명했다. 이 부문에서 역할놀이로 설명되고 있는 활동은 사회적 드라마의 직접적인 표현 기술과 밀접하게 연관되어 있다. 그 밖의, 더 복잡한 사회적 드라마의 형태에 대해서는 토랜스(1975)를 보자.

역할놀이는 다양한 영역의 내용을 향상시키는 데 사용될 수 있다. 학생들은 대학에서 수학을 공부하는 유일한 여성이 되고 싶다고 자기 아버지를 설득한 에미 뇌터[5], 미주리 주에 머물 것인가, 아니면 더 서쪽으로 갈 것인가를 결정하려는 신교도 가족, 또는 그들의 딜레마에 대해 새로운 해법을 찾으려고 노력하는 문학 작품 속 인물의 역할을 할 수 있다. 그것은 마약을 제공하려는 친구, 불량배와 맞닥뜨린 일, 또는 운동장 시설물에 대한 논쟁과 같은 실제 세계의 사회적 문제를 해결하는 데 사용될 수도 있다. 조이스 등(2009)은 이렇게 말했다. "역할놀이의 본질은 실제 문제 상황에 대해 관찰자와 참여자로 연관되는 것이고, 이러한 연관이 생겨나게 된 상황에 대해 이해하고 결정을 내리려는 욕망이다."(p60) 다양한 관점에 대한 이해가 중요한 학습 영역이라면 무엇이든 역할놀이의 기회를 제공한다.

역할놀이 계획과 관련하여 아래의 네 가지 주요 단계가 있다.

1. 다루어질 일반적인 문제를 결정한다. 주제를 선택할 때, 당신은 학생들의 요구, 흥미, 배경을 고려하기를 원할 것이다. 관련이 있고 흥미가 있는 문제 영역을 선택하는 것에 덧붙여 당신에게 중요한 것은, 학생들이 그 역할을 맡기에 충분한 사전 지식을 가지고 있는 주제를 선택하는 것이다(또는 역할놀이를 시도하기 전에 그러한 배경을 제공할 것인가?). 만약 당신이 학습 내용 영역에서 역할놀이를 한다

---

5) Emmy Noether, 1882~1935, 독일의 수학자. 19세기 수학에서 현대 수학으로의 과도기에 추상대수학을 추진하여 괴팅겐 대학의 황금기를 이룬 멤버 중 한 사람이다.-옮긴이 주

면, 배경 지식은 재미있는(또는 아마도 시간 낭비인) 촌극과 강력한 학습 경험 사이의 차이를 만들어낼 것이다.

2. 일단 당신이 일반적인 문제 영역을 결정했다면, 묘사되어야 할 특정한 상황에 대한 정의를 내리자. 훌륭한 역할놀이는 행동이 필요한 특정 상황에 인물을 집어넣는다. 만약 주제가 '남북 전쟁의 원인'이라면 상황은 그들의 아들들이 전쟁에 나가야만 하는지를 놓고 논쟁을 벌이는 버지니아 주 어느 가문의 두 형제가 될 수 있다. 더스트 보울[6] 지역에 대해 공부하는 학생이라면 가족이 머물 것인가, 떠나야만 할 것인가 결정하기 위해 비슷한 토론을 할 것이다.

3. 관객을 위한 역할을 계획하자. 특별한 역할을 맡고 있지 않은 학생들이 역할놀이 경험에서 활발한 부분을 담당하는 것은 중요하다. 그들은 특별히 효과적인 논쟁을 경청하고, 몇 가지 해결책 가운데 그들이 최선이라고 생각하는 것을 결정하거나, 어떤 특별한 인물의 입장에서 그들이 무엇을 할 수 있을지 고려한다.

4. 역할놀이를 어떻게 소개할지 결정하자. 어떤 역할놀이 상황은 이야기를 통해 소개할 수 있지만, 다른 것들은 논점에 대한 토론이나 소그룹의 공유로 가능하다.

당신이 실제로 역할놀이 경험을 제시할 때, 당신은 처음에 소개 활동을 지도한다. 그 다음에는 연기되어야 할 상황을 분명하고 명시적으로 설명해야 한다. 각각의 역할을 위한 학생을 선발하고, 관객들에게는 관찰 과제를 부여한다. 역할놀이를 한 번 또는 그 이상 지도한다. 당신이 시나리오를 반복한다면, 당신은 더 많은 학생에게 참여의 기회를 주는 것은 물론 다양한 관점을 얻을 수 있다. 어떤 역할놀이의 경우, 당신은 각각의 버전에 대해 그것이 나타났을 때 토론하기를 원할 수도 있다. 다른 경우에 당신은 몇 가지 버전이 묘사될 때까지 토론을 미루는 것을 선호할지도 모른다. 각각의 경우에 역할놀이의 경험에 대해 토론하는 충분한 시간을 반드시 허용해야 한다. 왜 그 개인들은 특별한 선택을 했으며, 그들이 생각하고 느꼈던 것은 무엇이었으며, 다른 어떤 대안적인 선택이 가능했을까를 학생들이 이해하도록 돕는 것이 역할놀이 활동의 본질이다. 어떤 작가들은 특정한 시대나 주제에 대한 깊은 이해를 촉진하는 데 역할놀이를 사용

---

6) Dust Bowl, 1930년부터 1936년까지 미 중부 평원지대에 불어닥친 모래바람으로, 극심한 가뭄을 일으켜 평원 지대를 황폐화시켰다. 존 스타인벡이 쓴 〈분노의 포도〉의 배경이 되었다.-옮긴이 주

해왔다. 예를 들어, A. 맨리와 C. 오네일(1997)은 지하철도[7]를 묘사하는 것부터 제1차 세계대전 후 북부로 이주하던 상황을 묘사한 제이콥 로렌스[8]의 예술 작품에 이르기까지 아프리카계 미국인의 유산을 탐험하는 데 역할놀이를 사용했다. 결정짓거나 대안적인 관점에 대한 통찰력은 시뮬레이션의 사용으로 발견될 수 있다.

시뮬레이션 역할놀이 활동의 목표는 학생들이 특정 상황의 특별한 개인의 역할을 함으로써 사람들, 관점, 사건을 이해할 수 있게 허용하는 것이다. 시뮬레이션의 목표도 비슷하지만, 좀 더 복잡하다. 역할놀이 활동이 일반적으로 짧고 촘촘하게 한정된 문제 해결 상황을 포함하는 반면, 시뮬레이션은 학생들이 좀 더 연장된 기간 동안 단순화된 현실의 비전을 경험하도록 허용한다. 역할놀이에는 일반적으로 한 번에 적은 수의 학생들이 관여할 수 있고, 보통 수업 시간 중에 완성되는 반면, 시뮬레이션은 며칠, 몇 주, 심지어 몇 개월에 걸친 기간 동안 수많은 학생이 관여할 수 있다.

국제적인 관계에 대한 역할놀이 활동은 개발도상국가나 테러리스트 그룹의 핵 보유 능력에 대해 미국 대통령과 토론하는 러시아 대통령의 역할을 묘사하는 학생이 될 수도 있다. 만약 몇 쌍의 학생들이 같은 상황을 묘사한다면, 그 활동은 거의 45분에 걸쳐 진행될 것이다. 국제 관계에 대한 시뮬레이션에는 아마도 학급 전체가 연관될 것이다. 각 학생들은 특별한 국가를 대표하는 역할을 맡는다. 대표자들은 모의 유엔U.N의 일원으로서 대표단을 구성할 것이다. 개발도상국가를 묘사하는 학생들은 유엔의 안전보장이사회나 그 밖의 적절한 장소에서의 회의에서 그들의 핵무기 방어권에 대해 논쟁을 벌일 것이다. 그러한 활동의 실행을 준비하려면 몇 주 이상 걸릴 것이다.

훌륭한 시뮬레이션은 서로 다른 힘과 흥미를 요구하는 다양한 역할을 수행한다. 학생들은 그들이 대표하고 있는 역할에 대한 흥미와 요구에 따라 다양한 관점에서 복잡한 상황을 다룬다. 시뮬레이션의 결과가 미리 결정되어 있지 않다는 것이 중요하다. 사건은 학생들의 행동의 자연스러운 결과로 발생해야 한다. 시뮬레이션의 공통적인 형태 가운데 하나는 재판정을 재연하는 것이다. 이것은 아마도 문학 작품의 등장인물과

---

7) Underground Railroad, 19세기 중반 자유를 찾아 캐나다로 도망치는 흑인 노예들을 돕기 위해 노예 제도 폐지를 지지하는 사람들이 만든 지하 조직-옮긴이 주
8) Jacob Lawrence, 1917~2000, 미국의 화가. 뉴욕현대미술관(MoMa)에서 전시회를 연 최초의 아프리카계 미국인 화가로, 주로 템페라로 그림을 그렸다.-옮긴이 주

관련된 아주 현실적인 묘사부터 판결까지 포함할 것이다(골디락스가 문을 부수고 침입한 것이 유죄일까? 〈파리 대왕〉에서 피기의 죽음에 책임이 있는 사람은 누구일까? 맥베스 부인은 살인죄를 범했는가?). 등장인물의 유·무죄 여부는 제출된 증거에 입각하여 배심원에 의해 결정되어야 한다. 만약 어떤 변호사가 준비하고 논쟁하는 역할을 다른 사람보다 더 잘했다면, 그는 사건에서 이길 것이다. 교사는 과제에 대한 정보나 그 밖의 필요한 데이터를 제공하겠지만, 학생들의 행동을 지도하면 안 된다. 학생들은 그들의 역할이 요구한다고 믿는 대로 행동해야 한다.

Lesson 8.16 작전상황실: 고등학생을 위한 시뮬레이션

이 시뮬레이션에서 학생들은 민족주의, 제국주의, 산업주의, 군국주의와 제1차 세계대전을 이끈 사건 속에서 동맹국들의 비밀 음모의 영향에 대해 배운다. 학생들은 다양한 국가를 대표하는 그룹으로 나누어진다. 각 그룹에는 정보를 제공한다. 실제로 존재하는 조약, 그들의 나라가 알아야 하는 것들, 그 국가가 원하는 것들 그리고 그 국가가 의심하지만 모르는 것들 등을 말이다. 계획을 세우는 시간을 가진 후, 그룹들은 '외교적 활동'을 시작한다. 그룹들은 동맹을 맺을 자격을 부여하고, 동맹 관계를 파기한 뒤 전쟁을 일으키는 사건 속에서 행동 계획을 세우는 일 등을 한다. 교사는 주기적으로 조약을 검토하고 섞어 넣을 세계적인 사건(실제의 것이 더 좋다)을 고른다. 시뮬레이션이 끝난 후 학생들은 그들의 결정에 영향을 미친 요소들을 조사하고, 그 당시 국가들에 영향을 끼쳤던 것들과 어떻게 다르고 또 어떤 점이 같은지를 살펴볼 수 있다.(대런 테리의 수업에서 발췌)

자연히 어떤 그룹의 학생들에게 적절한 시뮬레이션의 깊이나 복잡성 같은 것은, 학생들의 나이라든가 그들이 수행할 역할놀이, 시뮬레이션에 얼마나 익숙한지에 따라 다양할 것이다. 초등학생들은 몇 주 동안 제 역할을 할 모의 우체국을 만들거나, 단지 하루 동안 존재할 미국 서부 개척자 집안을 만들 것이다. 더 나이 든 학생들은 회사, 은행 또는 모의 주식 시장을 만들 것이다. 어떤 학급 또는 심지어 학교 전체가 미니 사회를 창조하여 화폐, 하루에 드는 비용, 그리고 그 학교 학생 전체를 고용하는 작업을 완성할 수도 있다. 그러한 미니 사회에서 학생들은 매일 수입의 일부를 책상을 빌린다든가 교실에서 사용한 전기에 대한 요금 중 각자의 부분을 지불하는 데 사용했다. 어떤 학생들은 그들의 가상의 생계비를 '공무원'으로서 벌었고, 다른 학생들은 은행이나 회사를 운영하면서, 또 다른 학생들은 출판업자가 되어 생계를 꾸렸다. 미니 사회는 몇

주 동안 또는 거의 한 학년 동안 운영될 것이다. 역사적 사건을 시뮬레이션하는 것도 가능하다. 학생들은 서쪽을 향해서 이동하는 집단을 구성하는 역할을 맡거나, 초기의 작은 학교의 생활을 시뮬레이션하기 위해 하루를 보낼 것이다.

몇몇 흥미롭고 도전적인 시뮬레이션을 상업적으로 사용할 수도 있다. 그러나 분류된 시뮬레이션의 모든 재료가 학생들과 실제 생활의 중요한 측면이 연관되게 만드는 것은 아니다. 학생들을 공룡과 연관짓거나 우주 괴물과 대화하도록 하는 취지를 가진 시뮬레이션 재료는 다른 목적을 가지고 있다. 인터넷에서 사용 가능한 수많은 시뮬레이션도 그렇다. 비록 컴퓨터 시뮬레이션이 전체 학급과 동시에 연관짓지는 못하더라도 그것은 학생들이 실제 생활에서 위험하거나 불가능한 결정의 결과를 경험할 수 있게 한다. 컴퓨터 시뮬레이션은 학생들이 그들의 환경에 영향을 끼치게 하고, 위험한 장소를 여행하게끔 해주며, 학교에서는 할 수 없는 복잡한 실험도 할 수 있게 해준다. 컴퓨터와 함께 학생들은 도시를 건설하고, 유전자 풀을 교묘하게 다루고, 화학약품을 섞으면서 위험하거나 엄청난 비용을 지불하지 않고도 환경 재난을 통제하려고 시도해 볼 수 있다. 예를 들어, PhET 시뮬레이션은 다음에 나올 Tech Tips에서 설명하겠지만, 추가 재료나 위험 없이 물리학 실험을 할 수 있게 한다. 학생들은 또한 다른 학교나 다른 나라의 학생들과 함께 시뮬레이션에 참여할 수 있다. 미시간 대학교의 '상호 소통 및 시뮬레이션(Interactive Communication and Simulations, http://ics.soe.umich.edu)'은 중동 지역의 갈등, 환경 관련 결정 시뮬레이션, 그리고 문학 저널을 만드는 작업 등을 비롯한 시뮬레이션에 전 지구상의 학생들을 연결시키고 있다. 컴퓨터 시뮬레이션을 평가하는 기준은 다른 시뮬레이션 재료를 위한 것과 비슷하다. 시뮬레이션은 학생의 필요를 위해 단순화된 현실을 보여주어야 한다. 그러면서도 학년 수준에 적절하게 복잡하고, 근거도 있어야 한다. 결과는 학생들의 참여에 의해 결정되어야 하고, 학생들의 행동과 실제 세계의 힘에 의해 자연스럽게 나와야 하며, 행운이나 우연에 따라서는 안 된다.

질문하기와 토론의 전략

질문자로서의 학생　창의성 친화적인 교실의 핵심 목표 중 하나는 학생들이 질문을 하도록 격려하는 것이다. 그것은 결국 질문을 하지 않고서는 학생이 조사하고 도전하고 꿈꾸는 것이 불가능하다는 것을 의미한다. 비록 학생들이 혼란스러워하는 것을 표현하거나, 배웠던 학습 내용에 대한 이해가 부족하다는 것을 드러내는 것을 편하게 느끼는 것이 중요할지라도, 그들이 당장 진행되고 있는 논점을 넘어서서 질문을 하는 것이 자유롭다고 느끼도록 하는 것이 필수적이다. 이러한 질문의 핵심은 "선생님이 설명하신 것을 이해하지 못했어요"가 아니라, "내가 아는 것 이상의 다른 게 궁금해요"인 것이다. '궁금해하는 것'이 배움과 창의성의 중요한 열쇠다. 생산적인 사람들은 그들이 보는 것, 듣는 것, 골칫거리를 안겨주는 것 그리고 즐거움을 주는 것 등 항상 모든 것에 대한 궁금증을 가진다. 불행히도 학생들은 학교에서 이런 질문을 경험하는 경우가 드물다. 학교의 질문은 일반적으로 단 하나뿐인 '올바른 답'을 가지고 있고, 그것은 교과서의 끝에서 찾을 수 있다. 실제 세계는 그렇지 않다. 학생들에게 질문하거나 궁금하게 여기도록 하는 방법을 가르치는 것은, 그들에게 창의성은 물론 일생 동안 지속될 기술을 제공하는 셈이다.

　학생들이 질문을 하도록 격려하려는 당신이 고려해야 하는 최소한 다섯 가지 전략이 있다. 첫째, 학생들의 이해도를 확인하는 것과 진정한 질문의 차이를 가르쳐라. 당신이 이미 알고 있는 대답에 대해 수많은 질문을 할 수 있도록 그들이 이해하게끔 도와라. 이렇게 해야 하는 이유는 그들이 중요한 학습 내용을 이해했는지 알아볼 필요가 있기 때문이다. 때로는 학생들도 당신이 가르친 것을 이해하고 있는지 확신하기 위해서 확인하는 질문을 하려고 할 것이다. 당신이 그런 질문에 대답하는 것을 즐거워한다고 학생들이 믿게끔 만들어라. 학생들이 이러한 활동과 당신의 진짜 질문—당신이 정답을 모르기 때문에 호기심을 갖는 질문—의 차이를 이해하도록 돕자.

둘째, 질문하는 행동의 모델을 만들자. 당신의 궁금증과 호기심을 학생들과 나누자. 때로는 이것이 다음과 같은 격식 없는 단순한 질문일 수도 있다. "어떤 패션 유행은 되돌아오고, 어떤 것은 그렇지 않은데 흥미롭지 않니? 나는 어떤 요소가 이러한 패션의 순환을 결정하고 또 결정하지 않는지 궁금해. 내가 이것(당신의 석기시대 것 같은 패션 스타일 중 하나를 여기에 제시하자)을 다시 입을 수 있을까?" 다른 경우에 당신의 질문은 더 진지하고 학습 내용과 관련된 것이 될 수도 있다. "나는 국가 간의 어떤 갈등은 전쟁으로 귀결되고, 어떤 것은 그렇지 않을지가 궁금해. 우리가 공부했던 현대의 전쟁에 대해 생각해보면서, 이 문제를 해결하도록 도와줄 어떤 패턴을 찾을 수 있었니?"

셋째, 학생들에게 질문을 하도록 가르쳐라. 당신은 질문을 구성한다는 것이 어떤 것이고, 왜 사람들은 질문을 하며, 왜 질문이 중요한지에 대한 수업을 하기를 원할지도 모른다. 주어진 사건, 실험, 이야기 그리고 아이디어에 대해 물을 수 있는 질문에 초점을 맞추는 수업을 고려해보자. 레스토랑의 지배인, 건널목의 안전요원에게 가치 있거나 농부가 물을 만한 다른 질문에 대해 학생들에게 가르치자. 〈표 8.1〉은 다양한 상황에서 중요할 수도 있는 질문을 나타내기 위해 초등학생들에게 사용한 활동의 예를 보여준다. 〈표 8.2〉는 중학생들에게 쓸 수 있었던 비슷한 질문 던지기 활동의 예다.

넷째, 학생들의 질문을 존중하는 마음을 가지고서 응답하자. 내 친구의 어린 딸은 어느 날 자기 교사가 K-W-L 독서 전략을 사용한 데 몹시 분개하여 발을 구르며 학교에서 돌아왔다. 그 K-W-L 기법에서 학생들은 그들이 어떤 주제에 대해 무엇을 아는지(Know), 그들이 알고 싶은 것은 무엇인지(Want), 그리고 나중에 무엇을 배웠는지(Learn)를 질문받았다. 그 아이의 대답은 이랬다. "나는 그들이 왜 W를 가지고 괴롭히는지를 도대체 모르겠어요. 선생님은 우리에게 배우고 싶은 게 뭐냐고 물었지만, 어쨌든 우리는 선생님이 하고 싶은 것을 그냥 했을 뿐이라고요." 비록 우리가 열광적인 학습자 그룹이 제기한 모든 질문을 조사하는 것이 중요하다는 사실을 알고 있을지라도, 학생들은 적어도 자신들의 질문의 일부는 다루어질 것이고, 다른 것들은 마무리 동작을 위해 열광적인 반응과 제안을 만나게 될 것이라는 확신을 가져야만 한다. 어떤 교사는 심지어 흥미로운 질문을 걸어둘 게시판을 만들어냈다. 모든 질문에 대해 연구한 것은 아니지만, 그것들 모두 중요하고 가치 있는 것으로 인정받은 것이다.

표 8.1　나는 궁금하다

출처: Starko, A. J. & Schack, G. D.(1992) *Looking for Data in all the Right Places*, p8. Mansfield Center, CT: Creative Learning Press. Reproduced with permission.

얼마나 많은 범죄가 운동화 절도와 관련되어 있는가?

이제 이 주제와 관련하여 당신은 어떤 질문을 가지고 있는가?

당신 학교의 관습:
십대들의 음식 습관:

우정:

자동차:

당신이 궁금한 또 다른 것은 무엇인가?

표 8.2 질문, 질문, 누가 질문이 있니?
출처: Schark, G. D. & Starko, A. J.(1998) *Research Comes Alive*, p23. Mansfield Center, CT: Creative Learning Press. Reproduced with permission.

마지막 단계에서는 여러분의 과목을 위한 조사 기술을 학생들에게 가르쳐라. 이러한 기법에 대해서는 이번 장의 각 학습 영역 안에서 논의할 것이다.

당신이 질문할 때 우리가 질문을 우리의 직업적 레퍼토리의 일부로 사용하는 방법에 대해 생각하는 것은 중요하다. 어떤 교사에게든 '좋은 질문'보다 더 중요한 기술은 거의 없다. 이 장에서 설명하고 있는 내용 전략과 제6장에서 설명한 창의적 사고를 계발하기 위한 전략 둘 다 질문을 사용하는 방식에 많이 의존하고 있다. 특히 확산적인 질문들은 다른 수많은 가능하고 적절한 답변과 함께 창의적 사고를 격려하는 수많은 활동의 심장부인 셈이다. 결국, 만약 학교에서 묻는 질문들이 늘 하나뿐인 정답만 가지고 있다면, 학생들은 독창적인 아이디어가 가치 있고 받아들여질 것이라고 믿을 수 없을 것이다. 질문을 던지는 전략에 대한 완벽한 토론이 여기에서 포함되기에는 너무나 복잡하지만, 당신이 질문에 대한 전략을 고려할 때, 네 가지 핵심 요소는 기억을 되살리는 데 도움이 될 것이다.

첫째, 당신의 질문의 목적을 계획하라. 많은 경우 당신은 토론 중인 학습 내용을 학생들이 이해하고 있는지 확인하려고 질문한다. 그러나 학생들의 이해 정도를 확인하는 데 주 목적을 둔 질문은, 학생들이 교사가 하는 모든 질문은 하나뿐인 정답을 만들어 낼 목적을 가지고 있다고 믿도록 만들 것이다. 그러한 분위기에서 학생들이 그들이 원하는 독창적인 생각이나 의견을 제공하는 위험을 감수하도록 설득하기는 어렵다. 이해를 확인하는 질문, 학생들이 정보를 적용할 수 있는 질문, 의견을 제출하는 질문 그리고 "만약 OO라면 어땠을까?" 같은 질문이 포함된 질문의 균형을 이룰 수 있다면, 학생들의 대답을 유연하게 만드는 데 도움이 될 것이다. 만약 학생들이 질문의 다양한 목적을 배웠다면, 당신은 그들에게 주어진 활동의 목적에 대한 단서를 줄 수 있다. 즉 "나는 이 정보가 확실한지 알아보고 싶구나"라든가, "이 주제에 대한 우리의 개인적인 관점에 대해 1분간 토론해보자" 또는 "이번에는 우리들의 상상력이 황야를 질주하도록 내버려둬보자" 같은 말을 함으로써 말이다. 이러한 단서는 학생들이 적절한 대답의 종류를 예상하는 데 도움이 된다.

학생들의 창의성과 학습에 해가 될 수 있는 우리의 목적은 질문을 무기처럼 사용하는 것이다. 도발은 말할 것도 없고, 학생을 겁주거나 창피하게 만들기 위해 질문을 사용하지 않는 것이 중요하다. 비록 질문이 부주의한 학생을 다시 대화 속으로 끌어들이기 위해 적절하게 사용될 수 있다. 하지만 학생들이 적절하게 대답하기 위한 기회를 극대화하기 위해서 그렇게 하는 것이 중요하다. 지적받으면서 받은 질문 때문에 창피를 당한 학생은 긍정적인 학습 경험을 가지지 못할 것이고, 그러한 창피를 목격한 학생들도 마찬가지다. 그러한 전략은 창의성을 돕는 위험 감수나 수용의 분위기에 극단적으로 해롭다.

둘째, 당신의 질문 속도를 조절하는 것을 고려해보자. M. 로브(1974)는 교사가 질문 하나를 한 뒤 다른 질문을 하거나, 다른 학생을 지목하거나, 교사 스스로 답변을 내놓는 데 걸리는 시간이 평균적으로 불과 1초에 불과한 것을 발견했다. 이는 질문을 하고 대답을 받는 사이에 기다리는 시간이나 짧은 쉼표—보통 3~5초—를 사용하면 학생들의 답변이 늘어나고, 더 복잡한 답변을 하며, 대답을 하려는 의지가 더 커지는 것과 관련이 있다. 만약 우리가 확산적이거나 독창적인 답변을 촉진하기를 희망한다면 학생들에게 그것에 대해 생각할 시간을 주는 것이 유일하게 합리적인 방법이다. 속사포 같은 질문의 연발 사격 아래에서 최선의 사고를 할 수 있는 사람은 없다.

셋째, 당신의 질문에 대한 배급 문제를 고려해보자. 창의적인 사고는 모든 학생에게 중요하다. 우리의 사회도, 국제 공동체도 유연하게 생각하지 못하고 문제를 해결하지도 못하는 시민을 위한 여유가 없다. 결론적으로, 창의적 사고를 촉진하는 질문이 모든 학생에게 공정하게 배급되는 것이 중요하다. 물론 이것이 말처럼 쉬운 일은 아니다. 수많은 교사가 불평등하게 질문을 배분하기 때문이다. 예를 들면 여학생보다는 남학생에게, 성취도가 낮은 학생보다는 높은 학생들에게, 소수 민족계 학생보다는 다수 민족계 학생에게, 또는 교실의 한쪽 면보다는 다른 쪽 면에 앉아 있는 학생에게 더 많은 기회를 준다. 당신을 도울 어떤 단서 없이는 그러한 패턴을 부수기가 어렵다. 어떤 교사들은 막대사탕 모음이나 색인 카드에서 학생 이름을 무작위로 뽑는다. 또 다른 교사들은 좀 더 평등한 배급을 위해 대답을 한 학생이 누군지 기록한다.

무작위 질문의 또 다른 부가적 이점은—즉 질문을 던진 다음 "저요!"를 외치며 손을 든 학생 중에서 대답할 학생을 고르는 것이 아니라 무작위로 뽑는 것은—교사가 모든 학생에게 높은 기대감을 가지고 있다는 메시지를 전달한다는 셈이다. 만약 교사가 언제나 손을 든 학생들 중에서 대답할 학생을 뽑는다면, 학생들은 만약 그들이 손을 들지 않는다면 '대답할 책임'에서 벗어날 것이고, 그렇다면 수업에 집중할 필요도 없다고 논리적으로 추측할 것이다. 교사가 질문을 던지기 전에 대답할 학생의 이름을 부를 경우에도 같은 메시지가 전해진다. "밥, 너는 왜 쿠바의 독재자 피델 카스트로가 유럽에서 공산주의가 몰락한 뒤에도 공산주의가 성공할 것이라고 계속 믿는다고 생각하니?" 같은 질문은 밥을 제외한 모든 학생에게 질문을 듣지 않고 안도의 한숨을 쉬도록 허락한다. 반면에, 만약 교사가 "왜 카스트로는 공산주의가 성공할 거라고 계속 믿을까? 잠시 생각해보자(기다리는 시간)" 같은 질문을 하고 대답할 학생을 무작위로 고른다면, 모든 학생은 교사가 '자신이 대답을 준비하리라' 기대하고 있다고 이해할 것이다.

어떤 교사들은 답을 모르는 학생에게 창피를 줄까봐 두려워서 손을 들지 않는 학생을 부르는 것을 우려한다. 그러한 우려는 확산적인 질문과 더불어 최소화될 것이다. 왜냐하면 '단 하나뿐인 정답'이란 없기 때문이다. 심지어 어떤 교사들은 하루 동안 학생들이 주어진 수만큼 대답을 하지 않고 넘어갈 수 있게 허용한다. 만약 어떤 학생이 부름을 받았는데, 대답을 갖고 있지 않을 때는 "통과Pass"라고 말하는 것이 허용되고, 그 질문은 다른 누군가에게 넘어간다. 하루 동안 한정된 수의 이러한 옵션이 주어지면 학생들은 당장의 논점에 더 주의를 기울이고, 창의성과 주의력을 가지고 생각하기를 기대하는 경향이 있다. 수업에 집중하는 데 어려움을 겪거나, 특히 질문을 받는 데 대해 불안해하는 학생에게는 질문에 대해 준비할 수 있도록 하는 단서를 제공할 수 있다. 예를 들어, "내가 네 책상 가까이에 서면, 너는 다음번에 내가 너를 부를 것임을 알게 될 거야" 같은 것이다.

질문을 공평하게 배급하는 것에 덧붙여, 당신은 대답한 모든 학생을 위해 격려와 탐구를 평등하게 사용하는지 확인해야 한다. 때로는 학생의 맨 처음 대답이 불명료하고 완성되지 않은 것일 수 있다. 단지 높은 능력과 높은 창의성을 가진 학생만이 더 진전된 대답을 하도록 격려받는다면, 다른 학생들은 창의적 사고가 필요한 질문에 대해서 걱정할 필요가 없다고 믿게 될 것이다.

교실에 대해 생각하기

당신의 질문 기법을 관찰해달라고 동료에게 부탁하자. 남학생과 여학생 몇 명에게 질문하는지, 또는 당신이 사용하는 확산적 질문과 집중적 질문의 비율을 추적해달라고 요청할 수 있다. 만약 관찰하는 사람이 당신의 학급을 잘 안다면 당신의 요청대로 높고 낮은 성취도를 가진 학생들의 수를 기록하기를 원할 것이다. 어떤 패턴의 질문을 당신이 사용하고 있는지도 살펴보자.

넷째, 질문과 토론 사이에는 차이가 있음을 기억하자. 질문과 토론 둘 다 교실의 중요한 전략이다. 질문의 경우 대부분의 상호 작용은 교사와 학생 사이에 있다. 교사가 질문을 하면 한 학생이 대답하거나 여러 학생이 대답하고, 그러면 또 다른 질문이 던져진다. 토론에서 학생들은 교사에게 이야기하거나 서로에게 말을 한다. 교사가 자극을 주기 위한 질문을 할 수도 있지만, 대답의 대부분이나 추가 질문들이 학생들에게서 나온다. 목표는 하나뿐인 정답을 찾아내는 것이 아니라, 관점을 조사하거나 일치에 이르는 것이다. 토론은 자신의 다양한 의견과 아이디어를 평가받는 학생들과의 소통 안에서 특별한 가치를 가지고 있는 중요한 교실 전략이다.

토론에서 교사의 역할은 학생들에게 자극을 주는 질문을 하는 것이다. 부연 설명과 요약, 필요하다면 학생의 위치를 분명하게 해주는 것이다. 집중을 유지하도록 돕는다. 토론의 끝이 가까워지도록 이끈다. 정말로 전 학급이 참가하는 토론은 시작하고 유지하기가 어렵다. 파트너들이나 작은 그룹과 진행하는 더 작은 토론이 더 커다란 노력을 위한 길을 닦는 셈이라는 사실을 당신은 알게 될 것이다. 어떤 교사들은 손을 사용하지 않는 규칙이 학생들이 토론 시간 동안 서로에게 귀를 기울이는 법을 배우는 데 도움이 된다는 것을 발견했다. 만약 어떤 교사가 손을 든 학생을 부름으로써 토론을 통제한다면, 뭔가 할 말이 있는 학생은 토론의 과정을 따라가기보다는 교사의 주의를 끄는 것에 더 관심을 가질 것이다. 손을 사용하지 않는 규칙은 단순히 손을 들지 않는 것은 물론, 어떤 간섭도 허용되지 않는다는 뜻이다. 학생들은 연설자가 언제 하나의 생각을 끝낸 다음 다른 사람이 논리적으로 토론에 개입할 수 있게 하는지를 알기 위해 주의 깊게 들어야 한다.

마지막으로, 만약 당신이 토론을 계획하는 데 흥미를 가지고 있다면 좋은 토론용 질문이 가장 중요하다. 그러한 질문에 대한 좋은 측정 수단 중 하나는 당신 자신이 대답을 가지고 있느냐는 것이다. 어떤 질문이 정답을 가지고 있다면, 그것은 아마도 질문-대답 수업에 더 적합할 것이다. 훌륭한 토론 수업은 토론의 지도자가 정말로 답을 찾는 것이며, 다양한 관점을 초대할 수 있는 것이다.

내용에 대한 교육은 학생들의 창의성을 격려하기 위한 풍부한 기회를 제공한다. 그렇게 하는 데 있어 우리가 사용하는 방법론과 우리가 가르치는 내용은 우리가 그들에게 기대하는 학습과 사고에 대해 학생들에게 메시지를 전달한다. 학생들이 대답하면서 질문도 하고, 이해하면서 연구하고, 문제를 해결하는 것은 물론 파악하는 것까지 기대하는 학습 내용과 수업은, 학생들이 그들의 창의적 능력을 기르는 동안 중요한 내용을 배우도록 만든다. 이는 떨어질 수 없는 조합이다.

What's Next?

1. '스티브 스팽글러의 과학Steve Spangler Science(http://www.stevespanglerscience.com)'이나 '과학하는 녀석 빌 나이Bill Nye the Science Guy(http://www.billnye.com)' 또는 그 밖의 과학 활동 관련 웹사이트를 방문하여 몇 가지 활동을 살펴보자. 학생들의 질문 및 학생들의 연구용 질문과 관련된 것이 얼마나 많은가? 어떤 것이 학생들로 하여금 과학자에 가장 가까워지도록 해주는가? 좀 더 진정한 연구가 가능해지도록 하는데 있어서 당신이 '비틀' 수 있는 활동은 있는가?

2. 여러분의 수학 학습 내용을 실제 세계 문제에 어떻게 적용할 수 있을지 확신할 수 없는가? 영감의 원천 가운데 하나는 K-12 학생들을 위해 디자인된 공학 프로젝트다. 시작할 장소는 '기술 교육을 위한 미국 과학American Society for Engineering Education' 웹사이트의 K-12 부문이다(http://www.asee.org/k12/index.cfm). 어떤 프로젝트에 당신의 교과 과정 중 일부가 포함되어 있는지 생각해보자. 국립 수학 교사 자문 위원회의 웹사이트(http://www.nctm.org) 역시 귀중한 원천이다.

3. 이 장에서 제안한 수업 전략 중 몇 가지를 시도해보자. 가르치는 기술을 다양화하면서 당신의 경험을 기록하자. 그리고 그것에 대해 동료들과 토론해보자. 그러한 노력에 필요한 신선함에 응답하고, 위험 감수와 끈기에 대해 생각해보자. 창의력을 향상시키는 교육을 하려면 종종 창의성이 필요하고, 헌신과 끈기 그리고 용기는 교사가 반드시 갖춰야 할 덕목이다.

Tech Tips

앞서 토의했던 국립 수학 교사 자문 위원회(http://www.nctm.org)과 과학 교육 자문 위원회(http://www.nsta.org) 사이트에 덧붙여, 수학과 과학의 수많은 옵션을 인터넷에서 사용할 수 있다. 그 범위는 CSI에서 중세의 과학과 우주 그 자체의 규모에까지 이른다.

1. 밖에 있는 CSI 팬들을 위한 예부터 시작하자. 미국 범죄 과학 수사 아카데미The American Academy of Forensic Science는 국립 과학 교사 협회the National Science Teachers Association와 협력하여 교실에서의 법의학Forensics in the Classroom(http://apps.trutv.com/forensics_curriculum)이라는 무료 재료 세트를 만들었다. 당신이 해야 할 일 중 전부는 그 사이트에 등록한 뒤 모든 것을 무료로 다운로드받는 것이다. 자료를 읽기만 해도 과학 수업에 가고 싶어질 것이다!
각각의 법의학 단원은 수업, 유인물 그리고 심지어 '범죄 현장'을 꾸미기 위한 레시피와 지도 방침으로 완성된다. 그것들이 국립 과학 교사 협회와 결합하여 만들어졌기 때문에, 그 단원들에는 〈학교 식당 강도Cafeteria Caper〉(세포 구조와 효소의 기능 등에 대한 정보를 사용하여 학교 식당 침입 사건을 해결)나 〈그것은 마술이다It's Magic〉(물성 평가와 생명 시스템을 사용하여 납치된 개의 미스터리를 풀었다)와 같은 시나리오 속에 핵심 교과 과정의 전통적인 일부인 내용과 실험실을 끼워 넣었다.

2. 만약 당신이 〈해리 포터〉 시리즈의 팬이라면, 해리 포터의 세계가 펼쳐진다. '르네상스 시대의 과학, 마법 그리고 의술Renaissance Science, Magic and Medicine(http://www.nlm.nih.gov/exhibition/harrypottersworld)'은 해리 포터의 마법사 세계에서 온 아이디어의 온라인 전시장을 보여주고, 그것들을 과학과 의학의 르네상스 시대 개념과 연결짓고 있다. 예를 들어, 약용 식물학 부분은 어린 마법

사들을 괴롭히는 '비명 지르는 맨드레이크'에 대해 가르친다. 맨드레이크의 뿌리가 사람 모양으로 생겼고, 마법의 힘을 가지고 있으며, 〈해리 포터〉에 나오는 것처럼 치명적인 비명을 지르는 것을 포함하는 이 모든 것은, 르네상스 시대의 믿음에 근거를 두고 있다. 초기 식물에 대한 글에 나오는 삽화는 〈해리 포터〉식으로 무시무시하게 생겼다. 문학과의 연관을 제외하고라도 그 사이트는 과학 연구의 귀중한 부분이 될 수 있는 초기 과학을 들여다볼 수 있게 한다.

3. 수학과 과학 모두에 적합한 탐색을 위해 '우주의 범위the Scale of the Universe(http://htwins.net/scale2/)'를 탐색해보자. 경고! '우주의 범위'는 중독성이 있다. 당신은 아마도 사이즈, 스케일, 관계에 대한 이 매혹적인 탐험으로부터 자신을 떼어내는 데 어려움을 겪을 것이다. 로딩에 시간이 좀 걸릴지도 모르지만, 일단 시작되면 1×10^{-35}m짜리 양자 거품부터 미생물, 개미, 거대한 지렁이, 타이타닉호 그리고 타란튤라 성운에 이르기까지, 9.3×10^{28}m짜리 관찰 가능한 우주의 예측 크기는 모든 아이템을 보여준다. 사이즈의 영역을 줌업하거나 다운해볼 수 있다. 그것의 사이즈를 보거나 흥미로운 정보의 부스러기를 얻기 위해 아이템을 클릭해보자. 당신은 '고메즈의 햄버거Gomez's Hamburger'가 정말로 햄버거 같은 모양을 한 젊은 별인데, 먼지빵처럼 빛을 발한다는 것을 알았는가? 또는 만약 당신이 매일 밥 한 그릇을 먹는다면, 이는 당신이 평생 약 300만 톨의 쌀을 먹게 되는 셈이라는 것은? 당신은 거대한 분자도 상상할 수 있는가? 당신은 당장 할 수 있다.
더 놀라운 것은 '우주의 범위'는 캐리 후앙이라는 14세의 캘리포니아 주의 모라가에 사는 9학년생이 그의 쌍둥이 형 마이클의 기술적 도움을 받아 만들었다는 것이다. 7학년 과학 교사의 세포 크기에 대한 동영상에서 영감을 받아, 캐리는 자기만의 "더 커다란 범위의 사이즈"라는 상호 작용 버전을 만들기로 결심했다. 그것은 일종의 '절제된 표현'이 되어야만 했다. 그들의 열정을 쫓는 학생들의 예는 얼마나 대단한가!
그리고 우리가 우주에 대해 이야기할 때, 나사NASA의 교육 부문(http://www.nasa.gov/education)이 당신의 교실 문 앞으로 우주와 과학자의 일생을 데리고 올 수 있다는 사실도 잊지 말자.

4. 맛있는 수학Yummy Math(http://www.yummymath.com)은 당신의 교실로 실제 세계의 사고와 문제 해결을 가져오는 것에 초점을 두고 있다. 그것은 수학의 주제(개연성, 수의 감각 등)에 의해 조직되었고, 또한 전형적이든 전형적이지 않든 주제 영역에 의해서도 조직되어 있다. 내가 맛있는 수학을 사랑하는 이유는 그것이 학생들에게 단지 질문에 대답하라고 요구하는 것이 아니라, 질문을 만들어내도록 자극하기 때문이다. 예를 들어, 재향군인의 날 활동은 재향군인의 수에 대한 움직이는 차트와 그들이 했던 군 복무의 성격, 미국 독립 전쟁 이래 전사자들에 대한 정보를 제공한다. 그 활동은 다음과 같은 식으로 자극을 준다. "위의 데이터를 사용하여 내일 당신의 학급에서 질문할 세 가지 질문을 만들어라. 당신의 질문은 학생들이 우리나라에서 재향군인이 했던 군 복무의 중요성을 이해하도록 도울 수 있어야만 한다.
학생들이 이와 같은 실제 세계의 맥락에서 수학을 경험할 때, 그것은 그들의 학습을 고양하는 것은 물론 독창적인 수학 관련 질문을 묻고 대답하는 것까지 가능하게 한다.

5. 콜로라도 주의 볼더에 있는 콜로라도 대학에서 온 PhET 시뮬레이션(http://phet.colorado.edu)은 뭔가를 흘리거나, 부주의하게 섞거나, 새로운 길을 시도하려는 직감을 따르다가 폭발을 일으킬 위험이 없이—학생들이 안전한 환경에서 탐험을 하고 실험을 하고 원칙을 적용하게 하는 방식으로 수학과 과학 학습 내용을 제공한다.

6. 샌프란시스코 과학관San Francisco's Exploratorium(http://www.exploratorium.edu)은 "과학, 예술 그리고 인간의 지각"을 탐험하는 데 필요한 상호 작용의 풍부한 옵션을 제공한다. 나는 특히 과학과 음악 예술 속에서 그들의 탐험을 즐긴다. 그것은 나로 하여금 밖으로 나가 어떤 소리를 창조하고 싶게 만든다!

9. 동기 부여, 창의성 그리고 교실 조직
Motivation, Creativity, and Classroom Organization

유치원 교사인 조안의 미술 책상은 그 방에서 가장 인기 있는 영역 중 하나였다. 그것은 다양한 프로젝트를 위한 재료로 가득 차 있었다. 가까이에서 지도해줄 어른이 있었고, 학생들의 노력에는 늘 열광적인 박수가 뒤따랐다. 그런데 학생 가운데 2명이 절대 그녀의 미술 책상 근처로 오지 않자 조안은 이상하게 생각했다. 처음 3개월 동안 데이비드와 다이앤은 물감, 크레용, 가위를 비롯한 재료들을 전혀 건드리지 않았다.

지역 라디오 방송국이 후원하는 약물 남용에 관한 연례 에세이 콘테스트 시즌이 다가오자 짐은 자기 학급이 참여해야 할지 결정을 내리지 못했다. 그는 약물 남용은 중요한 주제이고, 콘테스트에서 학생들에게 지역 상점에서 쓸 수 있는 상품권을 준다는 것도 알고 있었다. 하지만 그것이 학생들로 하여금 최선의 능력을 발휘하게 하는 것 같지 않았다. 그런데 지난 몇 년간의 에세이들은 그다지 창의적으로 보이지 않았고, 학생들은 자기 학급에서 아무도 상을 받지 못하자 분개했다. 짐은 혼란에 빠졌다.

몽크 선생의 3학년 교실에서는 씨앗콩에 대해 조사하고 있었다. 학생들은 씨앗콩을 조사한 뒤 실험 공책에 자신들이 발견한 것을 삽화를 넣어가며 기록해야 했다. 낸시는 씨앗콩을 주의 깊게 그린 다음 각 부분에 명칭을 붙였다. '아기' '담요' '아기 침대' 그리고 '우유병'이라고 말이다. 몽크 선생이 낸시의 책상으로 다가왔고, 그는 비명을 질렀다. "낸시, 도대체 뭐하는 거니? 3학년들에게는 이런 멍청한 짓을 하고 있을 시간이 없어. 인형은 유치원에서 가지고 놀아. 나는 과학적인 명칭을 원한다. 다시 해라. 그리고 이번엔 과학 교과서를 사용하도록 해."

학생들이 창의성을 위한 곡식과 방앗간을 제공하는 학습 내용이나 기술에 대해 아는 것만으로는 충분치 않다. 그들은 또한 창작 활동을 안전하게 할 수 있는 공간—즉 창의성에 친화적인 교실을 가지고 있어야만 한다. 창의성에 친화적인 교실은 창의성에 도움이 되는 교육 전략을 사용한다. 하지만 그것이 다가 아니다. 그것은 창의적 활동에 따르는 위험을 감수하는 데 있어서 안전하고, 창의적인 아이디어와 흥미를 탐험하는 것이 교실의 일상 활동의 평범한 부분이라는 분위기를 전달한다. 그곳은 학생들이 창의적인 사람이 되는 데 필요한 동기를 부여해줄 장소다. 다시 말하자면, "의지가 맷돌을 돌린다"라고 할 수 있을 것이다. T. 와그너(2012)는 혁신을 위한 내적 동기를 부여해준다고 그가 믿는 일련의 요소들에 대해 설명했는데—모두가 두운을 맞춰 P로 시작한다. 놀이play, 열정passion 그리고 목적purpose이 그것이다. 창의적인 아이디어를 가지고 노는 것은 단지 아이들을 위한 행위가 아니다. 그것은 문제 발견과 그 이상의 일부로서 설명되는 즐거운 탐험을 포함하고 있다. 와그너는 미국의 가장 혁신적인 공학 분야의 주요 원천이 되고 있는 MIT(매사추세츠 공과대학)의 주스트 브론슨을 인용하고 있다.

> '혁신적'이라는 것은 인간의 핵심이다. … 우리는 호기심 많고 놀기 좋아하는 동물이다. 우리가 가루가 될 때까지 말이다. 이 MIT가 지닌 장난의 전통을 보자. 무엇 때문에 경찰차가 15층 높이의 기숙사 건물 위로 가야 했을까?(이는 가장 유명한 MIT 학생의 장난 중 하나다.) 유일한 출구는 닫혀 있는 뚜껑문뿐이었다. 그것은 믿을 수 없는 공학적 묘기였다. 그들은 자동차를 분해한 다음 들키지 않고서 기숙사 안으로 가지고 가야 했다. 그런데 진짜 도전은 그것을 기숙사 꼭대기에 올려놓고 잡히거나 다치지 않고서 내려오는 것이었다. … 장난은 칭조적인 즐거움에 대한 문화적 기풍을 강화한다.(p27)

어떤 사람들은 학교 건물의 지붕에 자동차가 올라가는 일을 피하고 싶겠지만, "창의적 즐거움에 대한 문화적 기풍"을 창조하는 것은 어떤 학년을 가르치고 있든 우리 과제의 일부다. 당신은 B. 블룸의 재능 계발 단계의 메아리를 여기에서 들을 수 있는가?

두 번째 P인 열정은 내적 동기 부여의 중심이 된다. 그것은 우리로 하여금 탐험하고, 배우고, 어려운 무언가를 극복하도록 이끈다. 와그너는 성공적인 혁신가들의 성공과 관련하여 그들의 아이디어를 향한 열정이 중심에 있다는 것을 알아냈다. 학교에서 열정은, 그러나 슬프게도, 종종 결여되어 있다. 우리는 학생들이 그들이 배워야만 하는 것들 속에서 흥분과 기쁨을 찾아내고, 그들이 배우기를 원하는 것들을 발견할 수 있는 장소를 허용함으로써, 주의 깊은 균형으로 열정을 찾도록 돕는다. 기준의 통제를 받는 우리의 교육 환경에서 선택과 탐험을 위한 여지를 만들기는 쉽지 않지만, 그래도 중요하다.

마지막 P인 목적은 더 깊고 더 지속할 수 있는 형태의 열정이라고 생각할 수 있다. 목적은 단지 재미있고 흥분되지는 않지만, 중요한 과제와 연관되어 있다. 흙과 물을 사용하여 아프리카를 위한 전등을 개발한 대학교 스터디 그룹과 관련하여 제1장에서 설명한 데이비드 셍게를 기억하는가? 조국인 시에나리온의 고등학생 시절에 봉사를 하면서 목표 의식을 계발한 데이비드는, 시에라리온을 돕기 위한 학교 비품과 말라리아 모기를 막을 모기장을 사기 위한 펀드를 시작했다. 목적이 있으면 우리의 분투와 창의적인 노력이 가치가 있다고 느끼는 데 도움이 된다. 물론 와그너는 '어린 시절의 놀이'로부터 '사춘기의 열정' 그리고 '성인기의 목적'으로 연속적인 발전을 제안했다. 하지만 나는 그것이 그렇게 분명하게 구별되지는 않는다고 생각한다. 나는 창의적인 목적으로 이끌리는 초등학생들을 알고 있으며—학생들이 그러한 목적을 발견하도록 돕는 것은 우리가 그들의 창의성을 긍정적인 방향으로 돌리는 방법 중 하나라고 믿는다. 그리고 당신의 창의성에 친화적인 교실이 발전적으로 적절한 방식으로 놀이, 열정 그리고 목적을 만들 수 있는지 고려하자. 그렇게 할 수 있을 때 우리는 창조하기 위한 공간과 동기 부여 둘 다를 이룰 수 있다.

물론 동기 부여에는 다양한 원천이 있다. 어떤 원천은 외부에 있다. 그것들은 개인의 외부로부터 온다. 학생들은 등급, 칭찬, 특권 또는 그 밖의 보상에 의해 동기 부여를 받을 수 있다. 다른 원천들은 내적인 것인지라 개인의 내부에서, 또는 개인과 특별한 과제 사이의 상호 작용으로부터 온다. 글쓰기와 그림 그리기, 컴퓨터 작업을 좋아하는 학생들은 약속된 등급이나 미소 띤 얼굴에 의해서가 아니라 그 작업으로부터 그들이 얻을 수 있는 흥미와 즐거움에 의해 그 일을 하는 동기를 부여받는다.

학습을 위한 보다 더 세계적인 동기 부여와 함께 내적 동기 부여는 교실 모델에서 창의성의 핵심 요소라는 사실이 제1장에 나왔던 것부터 기억해보자. 우리는 〈표 9.1〉에서 모델의 동기 부여 요소를 명확하게 볼 수 있다.

T. M. 아마빌레(1987, 1989, 1996)는 창의적인 행동의 세 가지 핵심 요소 중 하나로 내적 동기 부여를 찾았다. 제4장에서 설명했던바대로 그녀는 이러한 동기 부여가 모종의 결말로 가는 가장 빠른 경로를 찾기보다는 실험하고, 새로운 아이디어를 시도하고, 새로운 길을 탐험하려는 개인의 자발적인 마음 아래에 숨어 있다고 설명했다. 만약 이것이 사실이라면, 내적 동기 부여를 돕는 교실 구조를 발전시키는 것은 학교에서의 창의성을 계발하는 데 핵심적인 요소다.

우리는 판단의 독립성, 위험을 감수하는 자발성 그리고 스스로 선택한 과제에 대한 끈기가 창의성과 연관된 특징이라는 것을 봐왔다. 우리는 창의적인 자기효능감이 창의성을 추구하는 과정에서 학생의 끈기에 영향을 준다는 것을 안다. 만약 우리가 학생들이 가지고 있는 이러한 특징을 촉진하려고 한다면, 우리는 학생들의 자기결정권과 창의적인 자기효능감을 증가시켜줄 교실을 만들어야만 한다. 만약 학생들이 창의적이려고 한다면, 그들은 교사에 의해 만들어진 경로를 늘 따라가기보다 스스로의 아이디어와 판단 그리고 흥미를 계발하기 시작해야 할 것이다.

이번 장에서는 제6장에서 설명했던 창의성에 친화적인 교실을 만들기 위해—교실에

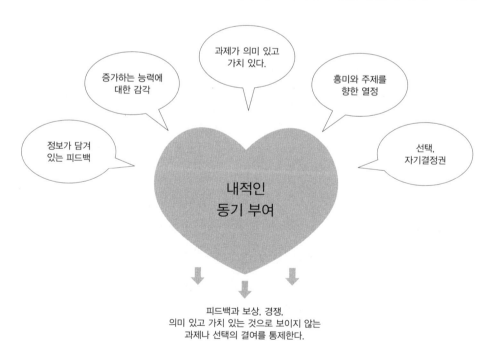

표 9.1 동기 부여 부문, 교실 모델에서의 창의성

서 학생들의 자기결정권과 자기효능감을 계발하고 내적 동기 부여를 이루는 데 도움이 되는 방법에 대해 생각해봐야 한다. 그래서 내적·외적 동기 부여, 자기효능감, 교실 조직과 독립적인 학습 그리고 그룹을 짓는 패턴과 연관된 이론에 대해 연구할 것이다. 이 각각은 학생들의 동기 부여, 자기결정권 그리고 창의성에 영향을 미친다. 또한 어떻게 평범한 교실 활동이 이러한 목표를 해치고, 어떻게 그러한 활동이 학생들의 독립성, 위험 감수 그리고 탐험을 돕도록 변화시킬 수 있는지에 대해 논의한다. 앞에서 읽은 것을 당신의 교육 습관에 반영해보자. 놀이, 열정, 목표를 개발할 수 있는 기회를 찾아보자. 우리는 제10장에서 토론을 계속할 것이고, 이러한 요소들이 어떻게 교실의 평가와 관계를 맺는지 조사할 것이다.

심리적 안전, 내적 동기 부여 그리고 흐름

심리적 안전

M. H. 로저스(1962)의 '심리적 안전'이라는 개념은 동기 부여에 관한 주제를 직접 다루고 있지는 않다. 하지만 창의성을 자유롭게 계발하는 데 있어 개인에게 필요한 조건에 대한 이해를 나타내고 있다. 로저스는 여러분이 제3장에서 봤듯 창의성이 건강한 발달의 자연스런 산물이지만, 심리적인 방어를 위한 개인의 필요에 의해 봉쇄될 수 있다고 믿는다. 개인이 창의성과 자기실현을 향해 나아갈 것이냐, 아니냐는 내적·외적 요인으로부터 영향을 받는다. 창의적인 성장(경험에 대한 개방성 같은)을 촉진하는 개인적 특징에 덧붙여, 로저스는 개인을 둘러싼 상황이 창의성을 위한 그의 기회에 영향을 미친다고 믿었다.

로저스(1962)는 농부와 씨의 은유를 사용했다. 비록 농부가 씨가 자라도록 강제할 수는 없지만, 농부는 씨가 자신의 가능성을 발전시킬 수 있도록 허락할 영양 조건을 제공할 수는 있다. 같은 방식으로, 인간의 성장을 촉진하기를 희망하는 교사, 치료사 같은 사람들은 개인이 발전할 수 있도록 심리적 안전의 조건을 세울 수 있다. 심리적 안전은 세 가지 과정과 연관되어 있다. 즉 개인에 대한 수용, 외적인 평가 없음, 그리고 감정 이입의 이해 등 말이다.

무조건적인 가치를 가지는 개인에 대한 수용은 심리적 안전의 핵심이다. 이런 수용은 그의 현재 조건이 어떻든 간에 그 사람을 가치와 가능성을 가진 사람으로 본다는 것을 의미한다. 어떤 개인들은 이러한 수용을 따뜻하고 사랑이 넘치는 가족에게서 발견할 정도로 운이 좋다. 그러한 상황에서 개인들은 자신이 무엇을 하든 사랑받을 것임을 안다. 사랑과 수용은 시험을 통과하거나 야구 경기에서 이기거나 콘서트에서 연주하는 것과 연관이 없다. 그것은 무조건적이다. 그러한 수용은 내적 동기 부여의 필수적인 요소인 '동족 의식'의 일부다.(Ryan & Deci, 2000)

어떤 교사라도 매일 몇 시간 동안 사랑이 넘치는 가정의 모든 장점을 제공하기는 불가능하다. 그러나 그들이 단지 거기에 있기 때문에 학생들의 가치를 인정하는 교실이라든가, 그들의 현재 상황이나 행동이 어떻든 모든 학생이 가능성을 가지고 있다고 여겨지는 교실을 만드는 것은 가능하다. 무조건적인 수용이 모든 학생의 행동이 다 용납된다는 뜻은 아니다. 사랑이 넘치는 가정일지라도 규칙이 있으며, 규칙이 깨졌을 때 그에 따른 분명한 결과가 있다. 그러나 비록 그 행동이 용납될 수 없는 때일지라도, 그 아이는 만약 그가 존중과 존엄으로 다루어진다면 수용되고 있다고 느낀다. 내 친구의 어린 아들이 학교의 교직원으로부터 '나쁜 아이'라는 말을 들었을 때, 그 아이는 이렇게 대답했다고 한다. "아뇨. 저는 가끔 나쁜 선택을 하는 착한 아이입니다." 그 어린 소년은 자신에 대해 알고 있었고—바로 그러한 이해가 우리가 학생들에게 줄 수 있는 선물인 것이다.

무조건적인 수용은 수많은 방식으로 나타날 수 있다. 학생들에게 "너는 중요하고 가치 있으며 가능성으로 가득 차 있다"는 메시지를 보내는 행위는 심리적 안전의 기초를 세운다. 아마도 가장 분명한 형태의 수용은 교사가 학생의 아이디어에 대해, 비록 그것이 처음에는 이상하고 적합하지 않게 보이더라도, 기꺼이 검토하려는 마음일 것이다. 만약 몽크 선생이 감정을 폭발시키기 전에 낸시에게 그녀의 삽화에 대해 말해달라고 부탁했다면, 그녀의 특이한 명칭이 이해의 결여와 부주의에 따른 것인지, 아니면 씨들의 관계를 표현하기 위해 은유를 사용하려고 했던 것인지 구별할 수 있었을 것이다. 낸시가 이런 은유를 사용한 것은 그녀가 학습 내용을 이해하고 있고, 그것을 참신한 방식으로 표현하는 능력이 있다는 두 가지 사실의 단서가 될 수 있다. 불행하게도 낸시의 교사는 그녀의 아이디어를 거부했기 때문에, 아마도 앞으로 비슷한 연관을 짓는다면 환영받지 못할 것이라고 낸시는 느낄 것이다. 그러나 더 나쁜 것은 몽크 선생이 단지 그 아이디어가 아니라 낸시 자체를 거부한 것이다. 그런 아이디어는 유치원에나 적합하다고 말함으로써, 그는 낸시가 미숙하고 불충분하며 불행하다고 느끼게 버려두었다.

대부분의 교사들은 몽크의 행동이 도움이 되지 않는다는 것을 깨달을 것이다. 그러나 심리적 안전을 해치는 다른 행동들은 쉽게 알아채기 어렵다. 안전한 교실에서 모든 학생은 그들이 중요한 인물들이며, 교사는 그들에게 상당한 기대를 한다고 느낄 것이다. 이러한 기대는 공정한 질문의 패턴, 교실에서 대표되는 문화에 대해 이해하고 존중하는 문학 그리고 수많은 종류의 학생들을 긍정적인 방식으로 묘사하고 있는 교실의 포스터들로 드러난다. 만약 학생들이 탐색을 하고, 위험을 감수하고 도전할 만큼 충분히 안전하다고 느끼려면 교사나 학교가 그들과 똑같이 학생들을 수용한다는 느낌을 가져야만 한다.

이러한 교실은 다음과 같이 말하는 메시지를 전달하고 있다. "물론 너희들은 중요하다. 물론 너희들은 열심히 공부할 것이다. 나는 너희들이 실수할 거고, 너희들의 아이디어 중 몇 개는 잘 실현되지 않을 것이라고 예상하지만 상관없다. 너희들은 계속 노력할 것이고, 결국 우리는 그것을 해낼 것이기 때문이다." 만약 이러한 메시지가 모든 학생에게 전달된다면 성취, 성별, 인종, 장애, 가족 배경이라든가 그 밖의 요소들과는 상관없이, 학생들은 그들 인생의 나머지 부분이 어떻든 간에 학교에서 심리적으로 안전하다고 느낄 기회를 가질 것이다.

심리적 안전의 두 번째 측면은 외부의 평가가 없어야 한다는 것이다. 로저스(1962)는 외부의 원천에 의한 평가는 심리적 안전을 방해한다고 믿었다. 그것은 개인으로 하여금 방어막을 치게 만들고, 그들 스스로에 대한 평가에 개방적이지 못하게끔 만든다. 로저스는 평가의 내적인 소재—창의적인 생산물의 궁극적 가치를 결정하는 데 자기 자신의 판단을 사용하는 것—가 창의적 행동의 핵심이라고 믿었다. 그는 평가하지 않는다는 것이 피드백이 없다거나 평가자 말고는 창의적 노력에 대해 의견을 표현할 수 없다는 뜻이 아니라는 점을 분명히 했다. 그러한 의견은 도움이 된다. 창의적인 노력의 가치에 대한 마지막 결정이 창작자에 의해 안전하고 가장 강력하게 결정되어야 한다는 뜻이다.

심리적 안전에 대한 이러한 측면은 학교에서의 도전을 내포한다. 인생의 다른 어떤 영역에서도 교실에서보다 더 많은 외부의 평가가 계속되지는 않는다. 학생들은 매일 여러 번 학문의, 또는 행동의 변수에 대한 평가를 받는다. 교사의 도전은 유일하고 확실한 평가의 원천이 그들 자신의 외부에 있다고 학생들이 믿도록 이끌지 않으면서 행동과 아이디어에 대한 정보와 피드백을 제공하는 것이다. 이 장의 뒤에서 나는 학생들과의 분명한 의사소통의 한 부분으로서의 피드백에 대해 토론할 것이다. 제10장에서는 정보가 담긴 피드백과 자기평가, 총체적인 평가를 위한 노력 속에서 필수적인 요소에 대해 토론할 것이다.

심리적 안전의 마지막 측면이자 정점은 감정 이입이 있는 이해다. 감정 이입이 있는 이해는 수용을 넘어서 한 걸음 더 나아간다. 그것은 그 사람이 어떻게 보이는지는 물론 그 또는 그녀의 내면에 누가 있는지 받아들이는 것이다. 감정 이입이 있는 이해 속에서 우리는 세계를 다른 사람의 관점으로 보고, 그 사람의 개인적인 세계로 들어가고, 여전히 그를 받아들인다. 우리의 모든 학생에 대해 감정 이입이 있는 이해를 한다는 것은 너무나도 고상한 목표다. 특히 엄청난 수업 부담을 지고 있는 중고등학교 교사에게는 더욱 그러한 그것은, 학생들이 수많은 어려운 상황에서도 안전하게 받아들여진다고 느낄 수 있게 한다. 어떤 교사가 학생들의 눈으로 세계를 보기 위해 학생들에 대해 자발적으로 충분히 배우려고 한다는 사실은, 내용에 대한 학습과 창의적 사고 둘 다를 위한 열쇠를 어떤 학생들에게 제공할 것이다.

흥미롭게도 영향력이 문제라는 생각—창의성은 긍정적이고 도움을 주려는 분위기에서 생겨날 가능성이 가장 높아 보인다—은 비즈니스 세계에서 진행된 창의성에 관한 최근 연구의 핵심이다. 전통적으로 '오직 비즈니스'라는 단어는 창의성과 연관된 '놀기 좋아함'과는 아주 거리가 먼 분위기를 가리켰다. 그러나 모든 비즈니스 세계에서 혁신은 그들의 성공에서 핵심에 있다. T. M. 아마빌레, S. G. 바사드, J. S. 뮬러 그리고 B. M. 스토우(2005)는 7개의 다른 회사에서 영향력(정서적인 환경)과 창의성 사이의 관계를 조사했다. 연구자들은 긍정적인 영향이 창의성을 증진시키는 것과 관련이 있다는 사실을 발견했다. 회사에 고용된 직원들이 그들의 작업 환경에 대해 긍정적인 감정을 가질 때, 그들은 더 많은 창의적인 아이디어를 내는 것 같다. 덧붙여 직원들이 작업에 대해 창의적인 아이디어를 가지고 있을 때, 그들은 더 긍정적인 느낌을 가진다. 아마빌레 등은 영향력-창의성 순환 고리 속에서 긍정적인 영향력은 다양한 아이디어를 가질 수 있는 더 많은 자유를 이끌어내고, 그것은 인큐베이션을 통해 창의성을 만들어내며, 조직의 활동력으로 이어지고, 그 결과 더 많은 긍정적인 영향력을 낳는다고 주장했다. 몇 년 전, 구글은 내 고향인 미시간 주의 아버에 사무실을 열었다. 지방 소식지는 그 사무실에 대한 소식으로 가득 찼다. 공짜 음식, 라바 램프[1], 공기를 넣어서 부풀리는 슈퍼 히어로 그리고 긴장이 풀린 분위기 등을 말이다. 구글이 성공한 이유는 뭔가 옳은 일을 했기 때문이겠지만, 아마빌레 등의 연구를 보면 '작업할 수 있는 긍정적인 분위기'를 만드는 것이 핵심 중 하나임을 알 수 있다.

연관 연구 중에 T. M. 아마빌레, E. A. 샤첼, G. B. 모네타 그리고 S. J. 크레이머(2004)는 하급자의 창의성에 대한 비즈니스 리더의 역할을 조사했다. 그들은 직원들이 리더에 대해 가지는 인식이 작업 공간의 정서적 환경과 직원의 창의성에 중요한 영향을 미친다는 것을 발견했다. 특히 중요해 보이는 리더의 행동 가운데 몇 가지에는 직원들을 '중요한 기여를 해야 하는 자발적인 공헌자'로 다루는 것이 포함된다. 아마빌레 등은 리더의 행동이 그렇게 중요한 이유 중 하나는 그들이 아마빌레의 초기 연구에서 수많은 부분을 차지하고 있고, 다음 부문의 내용이 될 직원들의 내적 동기 부여를 돕기 때문이라고 주장했다.

그러나 우리가 토론에 들어가기 전에 이러한 비즈니스에 대한 연구가 학교와 교실에서 의미를 지닐 가능성에 대해 잠시 시간을 내 생각해보자. 교사와 학생 사이의 관계가 비즈니스 환경에서의 관계와 비슷하게 작동한다는 것은 추측하기 어렵지 않다. 그러나 교실에서 학생들은 어떠한가? 학교에서 시간은 귀중한 필수품이다. 우리는 중요한 학습에 실제로 기여하지 않는 활동에 시간을 낭비할 수는 없다. 그러나 특히 지금 창의성과 학습 사이의 관계에 대한 이해가 주어진다면, 황량하고 부정적인 분위기가 비즈니스에도 효과적이지 않다는 것을 이해하고 있기 때문에, 우리는 '오직 비즈니스' 같은 학급 분위기를 만들어내는 것을 경계해야 한다. 학생들이 조직과 존중, 배려에 대해 배워야 할 때가 있다. 그러나 이 연구가 말해주는 것은 긍정적인 분위기—사람들이 원하는 곳—는 그들의 창의적 사고에 차이를 만든다는 것이다. 만약 학생들이

---

1) lava lamp, 반 고체 상태의 물질이 아래위로 움직이는 전기 스탠드-옮긴이 주

학습 내용에 다양한 방식으로 개입하기를—창의적이고 유연하게 생각하기를—우리가 바란다면, 우리는 그런 일들이 가능한 공간을 창조해야만 한다. 예를 들어, E. 배스(2007)는 7~9세의 영국 아이들이 협동하여 진행한 창의적인 글쓰기 과정을 연구했다. 핵심적인 발견은 창의적 과정에 대한 감정 중심성이다. 그녀는 생각에 잠기기, 행동 분출(제멋대로 행동하는 것이 아니라 놀이하기), 유머 그리고 노래하기로 자신이 분류한 의사소통 패턴을 구별했다. 이 모든 것은 창의적인 노력에 기여했다. 얼마나 자주 이러한 행동들이 '창의적인 자극'에 반대되는 '시간 낭비자'로 분류되었는지를 생각해보면 흥미롭다. 우리 학급의 분위기를 조사하는 것에 덧붙여, 최고의 비즈니스 리더처럼, 중요한 기여를 할 수 있다고 우리가 믿는 학생들과 어떻게 의사소통할 수 있는지 생각해보기를 바란다.

교실에 대해 생각하기

'심리적 안전'을 위해서는 당신 교실의 모든 학생이 "나는 받아들여지고, 중요하며, 가치 있는 사람이다"라고 느끼게 할 필요가 있다. 당신의 교실에서 발견할 수 있는 아이들과 어른의 이미지를 조사해보자. 교과서, 포스터, 달력 그리고 그 밖의 쓸 수 있는 재료로 이것을 생각해보자. 그것이 학생들의 심리적 안전을 도울 수 있을까? 그것이 당신에게 모든 사람은 기여할 만한 중요한 점을 가지고 있다고 믿도록 제안하는가?

내적 동기 부여

위에서 언급한 대로 로저스(1962)의 심리적 안전에 대한 아이디어의 일부분—그리고 물론 아마빌레 등(2005)의 영향력과 창의성에 대한 조사—는 내적 동기 부여를 연구하는 맥락에서 진실하게 들린다. 내적 동기 부여는 과제 자체에 대한 긍정적인 응답으로서, 그 안에서 나온다. 그것은 어떤 사람이 과제 그 자체에 대한 만족을 바탕으로 탐험하고, 끈기를 가지고 성취하도록 박차를 가한다. 나는 제4장에서 흥미, 동기 부여, 관련성 그리고 능력이 늘어가는 느낌 모두가 특별한 활동과 관련된 어떤 개인의 내적 동기 부여에 기여한다는 것을 알았다. 외적 동기 부여는 과제 밖의 원천에서 생겨난다. 평가와 보상에 버릇이 들었다든가, 외부로부터의 지시나 그 비슷한 것들 말이다.

연구자들은 다양한 활동에서 동기 부여에 영향을 끼치는 요소들을 조사했다. 그랬더니 어떤 것들은 창의적이고, 다른 것들은 아니었다. 몇몇 연구는 원래 내적 동기 부여를 해주던 작업에 대한 외부적인 제약의 영향에 대해 보고하고 있다. 그러한 제약요소는 보상, 데드라인 그리고 명백한 관리·감독을 포함하고 있을 것이다. 다양한 상황에서 외적인 제약을 부과하면 실제로 목표로 하고 있는 과제에 대한 내적 동기 부여를 감소시킬 수 있다. M. 레퍼, D. 그린 그리고 R. 니스벳(1973)은 미취학 어린이들이 마술 마커를 가지고 노는 것을 관찰했다. 학생들이 그 마커에 대해 높은 수준의 흥미를 표현하는 것을 알아본 후, 연구자들은 아이들에게 마커를 사용하여 그림을 그려보라 요청했다. 어떤 아이들에게는 그들이 그림을 그리면 보상받을 거라고 약속했다. 또다른 아이들에게는 약속을 하지 않았다. 그 후, 보상을 약속받은 아이들은 보상을 약속받지 않고 그림을 그렸던 아이들보다 마커에 대한 흥미를 덜 표현했다. 일단 보상받으려고 그림을 그린 아이들은 그림을 그릴 다른 이유를 상상할 수 없었던 것 같았다. 그림 자체를 위한 그림은 더 이상 가치가 없는 것처럼 보였다. 다양한 제약과 목표 행동에서 비슷한 점을 발견할 수 있었다.(Amabile, DeJong & Lepper, 1976; Deci, 1971; Deci, Koestner & Ryan 2001a, 2001b, Lepper & Greene, 1975, 1978)

이 연구 조직으로부터 단서를 얻은 아마빌레(1987, 1989, 1996), M. A. 콜린스 그리고 아마빌레(1999)는 창의적인 과제를 위한 내적 동기 부여에 충격을 주는 요소의 영향을 조사했다. 가설과 같이, 만약 내적 동기 부여가 창의성의 필수적 요소라면, 내적 동기 부여를 감소시키는 변수는 주어진 과제에서 보이는 창의성의 수준도 감소시켜야만 한다. 아마빌레의 연구는 다양한 정보를 사용했다. 창의적인 사람들의 글쓰기로부터 수집한 회고적인 리포트, 창의적인 과제에 참여한 어린이와 성인들의 실험적인 연구, 그리고 그들의 창의성에 영향을 끼치는 요소를 반영하는 개인에 대한 연구 등을 말이다. 그녀의 연구에서, 평가된 창의성은 시험 성적이 아니라 결말이 열려 있는 과제 또는 실제 세계의 문제 상황에 대한 피실험자의 반응이었다. 특별한 영역에서 전문가들의 합의 판단(합의 평가)은 응답에서의 창의성 수준을 평가하는 데 사용되었다. 어린이들과 성인에 대한 실험적인 연구는, 일반적으로 각 개인이 창의적인 과제와 반응에 대한 평가를 수행하는 상황을 연구자들이 교묘하게 다루는 것과 연관되어 있다.

한 연구에서 어린이들은 이야기책을 본 뒤 이야기를 하도록 요구받았다. 한 그룹은 이 활동에 대한 보상으로 폴라로이드 카메라로 사진을 찍을 수 있는 기회를 얻게 될 거라는 말을 들었다. 만약 그들이 이야기를 하는 데 동의한다면, 그들은 먼저 사진을 찍고 이야기 과제를 완성하도록 허락받았다. 다른 아이들도 사진을 찍고 이야기를 했지만, 그 활동을 '단지 해야만 하는' 관련 없는 두 가지 일로 제시받았다. 보상이 없는 조건에서 일한 학생들은 보상받기 위해 그들의 이야기를 들려준 학생들의 것보다 훨씬 더 창의적이라고 판단되는 이야기를 만들어냈다.(Amabile, Hennessey & Grossman, 1986) 이러한 발견은 레퍼 등(1973)이 했던 마술 마커 연구에서의 발견과 비슷하다. 하지만 그들은 그 이론을 한 발자국 더 진전시켰다. 레퍼 등이 잠재적인 창의적 활동을 향한 동기 부여에 보상이 부정적인 영향을 끼친다고 증명한 반면, 아마빌레 등(1986)은 보상이 창의성 그 자체에 영향을 끼친다는 것을 발견했다. 수많은 다른 연구들이 비슷한 결과를 가져왔다.(Amabile, 1996; Collins & Amabile, 1999; Hennessey, 2010)

사실상 창의성에 대한 모든 다른 아이디어와 마찬가지로, 내적 동기 부여의 중요성에 대한 아마빌레의 입장은 의문의 여지가 있다. R. W. 와이즈버그(1993)는 외적인 보상에 의해 높은 동기 부여를 받은 성인 창작자를 인용했다. J. 왓슨과 F. H. C. 크릭은 그들이 만든 DNA 구조로 노벨상을 받기를 원했다. 레오나르도 다빈치, 부오나르티 미켈란젤로, 아마데우스 모차르트, 찰스 디킨스는 계약이나 주문을 받으려고 숱한 작업을 했다. 그들의 창의성은 재정적 보상이라는 약속 때문에 무뎌진 것처럼 보이지는 않는다. R. 에이센베르거와 그의 동료들은 행동주의자의 관점에서 논쟁하면서, 보상이 확산적인 사고가 증진되는 것을 돕는다는 연구를 인용했다.(Eisenberger, Armeli & Pretz, 1998; Eisenberger & Cameron, 1996) J. 캐머런(2001)은 보상의 부정적 영향은 매우 한정적이고, 대부분의 보상은 문제가 없다고 설명했다. 내적 동기 부여의 중요성은 발달에 따라 변하고, 과제나 영역에 따라 다양할 수 있다. 장기간에 걸친 과학 사업에 관련된 동기 부여는 확산적인 사고의 연습을 완성하기 위한 동기 부여와는 다를 것처럼 보인다.

그녀의 연구가 진척됨에 따라 아마빌레(1993b, 1996, 2001) 자신이 그녀의 원래의 가설을 교정했다. 원래의 내적 동기 부여 가설은 어떤 외적 동기 부여도 창의성에 해롭다고 주장했다. 1996년에 아마빌레는 교정된 내적 동기 부여 원칙을 내놓았다. "내적 동기 부여는 창의성에 대해 전도성이 있다. 외적 동기 부여를 통제하는 것은 창의성을 키우는 데 해롭다. 하지만 정보를 제공하거나 권능을 부여하는 외적 동기 부여는, 만약 내적 동기 부여의 처음 수준이 높다면 부분적으로 전도성이 있다."(p119) 즉 내적 동기 부여는 창의성을 키우는 데 도움이 된다. 어떤 외적 동기 부여는 창의성을 키우는 데 해롭지만, 또 어떤 것은 그렇지 않다. 물론 우리의 과제는 어떤 것이 그런지, 그리고 교실에서 그것을 어떻게 최선의 방식으로 사용할 것인지를 결정하는 것이다.

일단 그것이 창의성에 영향을 끼치는 한, 좋고 나쁜 외적 동기 부여 간의 핵심적인 차이는 외적인 요소가 어느 정도 통제적인가, 또는 정보를 제공하는가이다. 이것이 외부적이지만 목표지향적인 동기 부여(배우려는 동기)와 개인 바깥의 요소에 의해 전적으로 이끌려지는 동기 부여의 차이를 만들 것이다. 외적 동기 부여를 통제하는 것은 행동의 뒤에서 움직이는 힘이고, 아마도 그것이 수행되고 있는 유일한 이유일 것이다. 시험과 등급에 대한 끊임없는 위협 아래에서 운영되는 교실은 외적 동기 부여의 통제에 중심을 두고 있다. 그래서 학생들의 집중력은 '배우는 것'보다는 상을 받거나 스타가 되는 것 그리고 칭찬에 주로 쏠려 있다. 그들이 무엇을 잘했는지에 대한 명백한 지적 없이 착한 학생들에게 인색하게 나누어주는 칭찬도 비슷한 효과를 보인다. 학생들은 어떻게 칭찬받을 수 있을지 알아내는 데 너무나 많은 에너지를 쓴다. 그러다보니 창의적인 사고를 위한 에너지는 별로 남지 않는다. 학생들에게 그들이 무엇을 잘했는지에 대한 정보를 주고, 그들의 적성에 대한 감각을 촉진하는 칭찬은 덜 해롭다. 외적 동기 부여가 뚜렷할수록 문제는 더 크다. 교실 앞에 놓여 있는 가장 창의적인 이야기를 위한 세 발 달린 트로피는 학생들의 관심이 그들의 이야기로부터 트로피로 옮겨가게 만드는 것 같다. 이것은 창의적 사고를 증진시키는 것 같지 않다. 상은 이런 경우 통제하는 요소가 된다.

피실험자가 다양한 창의적 과제를 추구하는 다양한 상황에 대한 일련의 연구를 진행하면서 아마빌레(1989, 1996)와 콜린스 그리고 또 아마빌레(1999)는 창의성, 특히 어린이들의 창의성에 영향을 끼치는 다섯 가지 요소를 발견했다. 이 요소들은 다음과 같은 두 가지 특징을 가지고 있다. ⓐ 그것들은 학생들의 창의성을 줄이는 일에 관련되었다. ⓑ 그것들은 수많은 교실 문화의 중요한 부분이다. 그 요소들은 평가, 감독, 보상, 경쟁 그리고 선택의 결여다. 이 토론에서 나는 복잡한 방식으로 그것들이 어떻게 동기 부여에 영향을 주는지, 그것이 어떻게 학생들에게 영향을 미치는지 조사한다.

내가 맨 처음 아마빌레의 연구를 읽었을 때(1989) 실망했음을 인정해야만 한다. 나에게는 교실에서의 창의성을 계발하는 것이 중요하다. 하지만 그녀가 '창의성의 말살자'라고 지적한 몇 가지 요소들은 학급 생활의 밀물과 썰물의 수많은 부분에 해당되기 때문에, 나는 내가 불가능한 꿈을 위해 일하고 있는 게 아닌가 하는 의문마저 품었다. 연구가 진전되면서 동기 부여와 창의성은 원래의 생각보다 훨씬 복잡한 방식으로 상호 작용한다는 것이 명백해졌다. 그렇기 때문에 나는 덜 실망할 수 있었다. 하지만 확실히 더 혼란에 빠졌다! 이 연구를 고려할 때 핵심은 우리 교실에서 이런 요소를 어떻게 제거할지 결정하려고 시도하는 것을 참는 것이다. 모든 평가와 보상을 제거할 수 있는 교사는 거의 없으며, 그걸 원할 교사도 없다. 우리가 할 수 있는 것은 이러한 요소들이 우리의 교실에서 작동하는 방식에 대해 주의 깊게 생각하고, 학생들의 내적 동기 부여와 창의성에 미치는 해로운 영향력을 최소화하기 위해 우리가 할 수 있는 일을 하는 것이다.

고려해야 할 첫 번째 두 요소는 평가와 감독이다. 그들의 창의적인 노력이 평가받았을 때 학생들은, 비록 그 평가가 긍정적이었더라도, 다음번 노력에서 창의성을 덜 표현하는 경향이 있다는 것을 보여주는 증거가 있다. 이러한 관찰은 나로 하여금 즉시 평가와 심리적 안전에 대한 로저스(1962)의 아이디어를 떠올리게 했다. 이 이론에 따르면 외부의 평가는 개인으로 하여금 방어막을 치게 하고, 창의적 아이디어에 대해 덜 개방적이도록 만든다. 로저스의 이론은 평가가 각 개인이 다양한 아이디어와 가능성을 탐험하려는 동기를 덜 부여하도록 만든다고 주장한다. 절차와 방법에 상관없이 결과는 같다. 평가는 창의성을 저해하는 효과가 있다.

이 장의 도입부에서 소개했던 조안의 유치원의 미술 책상은 이러한 효과를 설명하고 있다. 내적 동기 부여에 대한 연구를 읽은 후, 조안은 만약 그녀가 아이들의 미술 작품에 대해 평가하는 발언을 하지 않으면 무슨 일이 생기는지 보고 싶었다. 그녀는 유치원의 직원들과 자원봉사자들을 만난 뒤 두 가지 변화를 이루기로 결심했다. 첫 번째 변화는 미술 테이블 근처에 더 이상 어른이 앉아 있지 않게 하는 것이었다. 어른들은 필요할 때 도움을 줄 수 있고, 재료들이 안전하게 사용되는지만을 멀찍이서 살펴볼 것이다. 어떤 연구 결과들은 성인들이 가까이서 지도하는 것이 그들의 창의성에 방해가 된다는 것을 보여준다. 이는 아마 그들이 평가를 하지 않더라도, 아이들이 평가받고 있다고 느끼게 만들기 때문일 것이다. 두 번째 변화는 학생들에게 하는 언급의 종류에 관한 것이었다. "잘했어!" 또는 "멋진 그림이구나!"처럼 평가하는 듯한 언급보다 "오늘은 파란색을 많이 사용했네!"와 같은 묘사적인 언급만 하기로 스스로를 통제했다. 만약 어른이 그림을 좋아하느냐는 질문을 받는다면, 그 어른은 학생들에게 "그 그림을 얼마나 좋아하느냐?"고 물음으로써 방향을 돌릴 것이다.

이 간단한 변화의 결과는 놀라웠다. 몇 달 동안이나 미술 활동을 피해왔던 두 학생이 '한 주 안에' 미술 책상에 참여했다. 다이앤이라는 학생은 처음 시도할 때 아주 불안해했다. 그녀는 계속 어깨너머로 어른이 보고 있는지 살펴봤다. 어른들은 모두 열심히 외면했다. 처음으로 그림을 완성한 후, 그녀는 평가를 받기 위해 그것을 교사에게 가져왔다. 교사가 자신의 작품에 대해 판단을 내리려고 하지 않는다는 것이 분명해졌을 때, 다이앤은 안도의 한숨을 쉬고 자기 일로 돌아갔다. 미술 활동을 기피하던 학생들에게 더 이상의 어려움은 없었다.

확실히, 우리는 창의적 노력 안에서, 시각 예술이나 어떤 다른 분야에서 학생들이 개선하리라고 기대할 수는 없다. 피드백도 없이 말이다. 우리의 목표는 피드백을 가장 많은 도움이 될 수 있는 적절한 시기와 방식으로 제공하는 것이다. 고려해야 할 사항 하나는 학생의 성숙도와 전문가적인 수준이다. 블룸(1985)이 말했듯이 첫 단계 학생에게 가장 필요한 것은 주제와 사랑에 빠지는 것이다. 두 번째 단계 학생들은 그 영역을 발전시키고 내용에 적합한 기술을 향상시킬 필요가 있다. 확실히 이 2단계에 적절한 피드백은 다를 것이다. 그러나 비록 평가가 담긴 피드백이 필요할지라도, 기본적으로 정보에 중심을 둔 피드백과 통제를 하려는 피드백 사이에는 차이가 있다.(Amabile, 1989, 1996)

통제하는 피드백은 어떻게 교사들이 그들의 과정을 평가하는지를 학생들이 알도록 만든다. 그것은 학생들이 자주 묻는 질문인 "제가 어떻게 한 거죠?"에 대답한다. 통제하는 피드백에서 교사는 주로 그리고 보통, 학생들의 성공과 실패에 대해 독단적인 판단을 내린다. 학생들은 "A!"라든가 "잘했다!" 또는 "넌 이것보다 더 잘할 수 있어!"라든가 "정말 실망했다!" 같은 말을 듣는다. 그러한 언급은 학생들로 하여금 그들이 교사의 시각으로 어느 위치에 서 있는지와, 아마도 교실 안의 다른 사람과 어떻게 관계되어 있는지를 명백히 알도록 만든다. 그러나 그들은 "야호, 나는 성공했어!" 또는 "아으, 망했어!" 외에 학생들이 더 배울 수 있도록 도와주는 어떤 정보도 주지 않는다. 이런 피드백이 '통제적'이라고 불리는 것은 교사가 좋고 나쁨, 성공과 실패, 가치 있고 없음의 결정권자이기 때문이다.

정보가 담긴 피드백은 학생들이 그들 자신의 학습을 평가하고 조직할 책임이 있다고 가정한다. 그것은 그들의 길잡이가 되어 유용한 정보를 제공한다. 그들이 다루는 질문은 "네가 배운 것은 뭐니?" 그리고 "이 중에서 어느 부분이 네가 더 공부하는 데 도움이 될 수 있을까?" 같은 것들이다. 예를 들어, "잘했어!"는 통제적이다. 그것은 학생들에게 그들의 작품이 훌륭하다고 말하지만, 무엇이 그것을 훌륭하게 만들었는지, 또는 어떻게 그것이 더 좋아질 것인지는 말하지 않는다. 학생들은 그런 말을 듣기 전보다 더 나은 정보를 얻지도 못했고, 그런 언급으로 배울 수 있는 것도 없다. 그러한 언급을 다음의 말들과 비교해보자. "대니의 캐릭터는 정말로 믿을 만하구나. 대사가 현실적이고, 정말 열두 살 소년처럼 들렸어." "2페이지의 숲에 대한 설명은 좀 장황하구나. 잘 고른 설명과 함께 그림 몇 장을 실어보면 어떨까?" "부분을 늘리는 건 잘했다. 그런데 구분짓는 데 어려움을 겪는 것 같구나. 67페이지를 다시 읽어보렴. 그런 후 다시 살펴보자." 학생들에게 요구하는 다음과 같은 내용의 쪽지들, "이것을 5번 예와 비교해보자" 또는 "도르래의 수를 고려하여 이 부분을 다시 해보자"라는 말은 그 페이지에 써 있는 커다란 ×표나 F와는 아주 다른 반응을 불러올 것이다. 이 경우, 피드백은 학생들에게 무엇이 그들을 성공으로 이끌었는지, 또는 그들이 어떻게 미래에 성공할 수 있을지에 대한 특별한 정보를 제공한다. 가치 평가는 명백하게 개인으로서 학생에 대한 것이 아니라, 그들 작품의 다양한 측면의 강점과 약점에 대한 것이다. 정보를 포함하고 있는 피드백 역시 학생들이 그들의 작품을 평가할 수 있는 기준을 제공할 것이다. 만약 알렉스가 자신의 설명이 너무 장황했음을 안다면, 그는 다음번에는 글쓰기를 더 간결하고 정제적으로 하려고 시도할 것이다. 교실의 수용적인 분위기에서 그러한 언급은 개인에 대한 평가나 자존심에 대한 위협이라기보다는 가치 있는 도움으로 여겨질 것이다.

창의성에 대한 수많은 부분과 마찬가지로, 창의성을 돕는 방식으로 우리의 평가를 형성하는 것 또한 학습에 도움이 될 것이다. 스티긴스의 학습을 위한 평가의 개념(학습에 대한 평가의 반대로서, Stiggins, Arter, Chappuis & Chappuis, 2006)은 학생들의 학습을 촉진하는 데 사용될 수 있는 평가 방식을 설명하고 있다. 그러한 아이디어 가운데 명백한 정보가 담겨 있는 피드백과 함께 형성적 평가라는 개념이 있다(예를 들어, Brookhart, 2007/2008, Chappuis & Chappuis 2007/2008, Fisher & Frey, 2012). 형성적 평가는 학습이 진행 중인 동안 마지막 평가 이전에 그들의 수행에 대해 명백한 피드백을 주는 것을 포함한다. 학생들이 자신들의 목표에 대해 알고, 이러한 목표를 만족시키는 데 필요한 것을 알면, 그들은 더욱 배우고 싶을 것이다. 이런 피드백은 두 가지 메시지를 전달할 수 있다. "여기에 너희들이 해야 할 필요가 있는 것이 있다"와 "나는 너희들이 할 수 있다는 것을 안다"가 그것이다. 그것은 학생들의 학습과 창의성을 위한 동기를 부여하는 것을 돕는다. 형성적 평가에 대한 더 많은 정보와―창의성을 위한 평가는 제10장에서 발견할 수 있다.

평가의 상호 작용, 동기 부여 그리고 창의성에 대해 더 많은 정보가 모아짐에 따라 복잡성이 더 커지는 것으로 나타난다.(Amabile, 1996) 평가에 대한 전망은 덜 수줍은 학생들보다는 수줍은 학생들의 창의성을 저하시키고, 더 기술이 뛰어난 학생들보다는 기술을 덜 가진 학생들에게 악영향을 끼친다. 그 영향력은 창의성을 앞서는 활동에 따라 다양할 것이다. F. 유안과 J. 조우(2008)는 평가의 영향력은 창의적 과정의 어느 부분이 평가되는지에 따라 다르다는 사실을 발견했다. 계속 등장하는 연구에 따르면 우리 교실의 상호 작용 속에서 통제하는 피드백보다 정보를 향해 작업하는 것이 사리에 맞는 것 같다. 그것은 창의성을 향상시키는 것처럼 보이고―창의적인 노력으로 개선하려는 우리 학생들에게 확실히 도움이 된다.

교실에 대해 생각하기

최근에 여러분이 모은 신문 더미를 살펴보자. 학생들의 편에서 창의성이 필요한 내용이 들어 있으면 더 좋다. 얼마나 자주 당신이 통제하는 피드백과 정보가 포함되어 있는 피드백을 사용하는지 살펴보자. 그런 다음 필요한 곳에 정보가 포함되어 있는 피드백을 덧붙이도록 시도해보자.

두 번째, 빈번하게 관계되는 창의성에 대한 위협은 바로 '보상'이다. 많은 경우 이 아이디어는 우리의 직감을 거스른다. 보상의 역할에 대해서도 수많은 토론이 있어왔

다.(Cameron, 2001; Deci, Koestner & Ryan, 2001a, 2001b) 학생들은 보상받기를 좋아하고, 그것을 받기 위해 열심히 작업한다. 초등학교 교사들은 자기가 담당한 초등학생들 때문에 수년 동안 스티커 회사를 먹여살려 왔고, 중학생들은 자주 학급 파티라든가 영예로운 역할 그리고 다양한 특권의 유혹을 받아왔다. 불행하게도 연구 결과는 창의적인 노력 전에 약속된 보상은 비슷한 활동을 계속하려는 동기를 부여한다거나 창의적 행동을 하는 것 그 자체를 감소시킨다고 말한다. 이것은 행동의 목적이 되는 보상을 위한 '보상 계약'이라고 부를 수 있다. 이 장의 도입부에서 설명했던 약물 남용 에세이 콘테스트에 대한 짐의 딜레마는 걱정거리인 것이 당연하다. 그들의 마음속에 상을 받을 가능성을 가장 우선시하면서 글을 쓰는 학생들은, 당장 덜 창의적인 에세이를 만들 뿐 아니라, 보상받을 가능성이 없을 때에는 글을 쓰려고 하지 않는 경향마저 가질 수 있다.

학교에는 보상을 위한 공간이 있다. 단순하고 직접적인 과제를 추구하거나 이미 배운 과제를 실습하는 개인들은 보상을 약속받았을 때 더 잘, 그리고 더 빠르게 실행한다는 증거가 약간 있다. 만약 누군가가 내게 "집 청소를 하면 보수를 주겠다"고 약속한다면 나는 집 청소를 더 잘하지 않을까 추측한다. 또한 수학 계산, 손글씨, 프랑스어의 동사 변화 또는 문법의 반복 연습은 어떤 보상 시스템으로부터 이익을 얻을 때 더 잘되는 것 같다. 보상은 또한 학습에 어려움을 겪거나 학교에서 실패한 이력이 있는 학생들에게는 효과적일 수 있다. 보상이 어떤 물체의 다양한 사용법을 따라잡거나, 어떤 모양을 만들기 위한 다양한 방식과 같은 직접적이고 확산적인 사고에는 도움이 된다고 주장하는 증거조차 있다.(Eisenberger & Cameron, 1996) 그러나 문제 해결이나 창의성과 연관된 복잡한 과제를 수행하는 데 있어서 보상은 종종 역효과를 가져온다. 그에 따른 부정적인 효과는 어린이에게서 더 두드러진다.(Deci, Koestner & Ryan 2001a) 그러한 과제들은 일반적으로 흥미롭고, 그 자체로 동기 부여를 이루어야만 한다. 즉, 학생들에게 보상을 하는 것은 과제가 지루하다는 것을 의미하고, 외부의 자극 없이는 학생들이 생각하고 실험하거나, 이러한 아이디어를 탐험할 이유가 없다고 주장하는 셈이다.

당신이 특별히 창의적인 노력에 대해 보상해주기를 원하는 때가 있다. M. A. 룬코(1993)는 그러한 보상이 특히 소득이 낮은 학생들에게 중요하다고 주장했다. 만약 보상이 정기적으로 기대하는 보수 같은 것이라기보다는 즐거운 깜짝선물로 나중에 제시된다면, 그것은 학생들의 동기 부여에 부정적인 영향을 미치지 않을 것이다. 기대하지 않았던 보상은 창의성에 심지어 긍정적인 영향을 준다는 몇몇 증거도 있다.(Amabile, 1996) 당신은 또한 과제 자체에 대한 흥미와 본래의 가치를 지적하는 보상을 고안해내기를 원할지도 모른다. 멋진 이야기를 쓴 학생은 나머지 시간 동안 글을 쓸 기회(과제가 아니라)로 보상받을 수 있다. 특별히 독창적인 실험을 고안해낸 사람은 과학실에서 더 많은 시간을 보내도 좋다는 허락을 받을 것이다. 뛰어난 예술 프로젝트는 개인 갤러리를 만들 기회라든가, 특별한 포트폴리오를 편집할 기회로 보상받을 수 있다. 이러한 전략은 "창의적인 활동은 흥미롭고 가치 있는 것이며, 그것에 참여하는 것 자체가 보상이다"라는 메시지를 전달한다.

다행히도 연구 결과는 우리가 아이들을 질병으로부터 보호하기 위해 예방 접종을 하는 것과 꼭 마찬가지로, 보상이나 그 밖의 외적 동기 부여의 해로운 영향을 최소화하기 위해 면역 전략을 적용할 수 있다.(Amabile, 1993a, 1996) 한 연구에서 학생들은 어린이들이 학교에서 즐기는 것에 대해 어린이와 어른이 토론을 하는 동영상을 봤다. 그 어린이들은 내적 동기 부여의 모델로서, 그들이 어떤 과목을 즐기고 학습으로부터 얻는 즐거움은 무엇인지 설명하고 있었다. 등급에 대해 질문을 받았을 때, 그들은 좋은 등급을 받으면 좋지만, 정말로 중요한 것은 배우는 것이라고 말했다. 이러한 모형화를 체험하면 통제자로서 그 효과를 제한함으로써, 학생들을 보상의 부정적인 효과로부터 보호할 수 있는 것 같다. 창의적인 과제가 제시되었을 때, 훈련을 받은 학생들은 동영상을 보지 않은 학생들과는 달리 보상이 주어졌을 때 창의성이 감소하지 않았다. 사실, 동영상을 봤던 학생들은 보상을 약속받았을 때 더 창의적인 생산물을 만들어냈다. 이 상황에서는 내적 동기 부여와 외적 동기 부여가 공동 작업을 한 것처럼 보인다. 만약 우리가 비슷한 대화를 학생들과 나누면서 과제의 흥미로운 측면을 강조하고 외적 동기 부여 요소의 중요성을 최소화한다면 비슷한 결과를 얻을 것이다. 시험, 등급, 상 또는 그 밖의 외부적 보상에 대한 언급이 반복되면, 특히 창의적인 과제에 종사하고 있는 학생들은 반대 효과를 가질 가능성이 높다.

J. V. 맷슨(1991)은 어떤 학생들은 자신들의 실패한 창의적 노력이 보상받음으로써 이익을 얻을 것이라고 주장했다. 맷슨은 대학교 수준의 기업가 정신 수업(실패 101)에서 학생들이 신중한 성공보다는 지적이고 빠른 실패에 대해 보상받았다고 설명했다. 그러한 보상은 과목의 성적이 떨어질까봐 두려워 독창적인 생각을 시도하는 위험을 감수하기를 두려워하는 학생들에게는 적절했을 것이다. 창의력 올림피아드Odyssey of the Mind competitions(제6장)는 라나트라 푸스카상[2]을 올림피아드의 문제를 푸는 데 성공했는지 여부와 관계없이 뛰어난 창의성을 보여준 참가자의 팀에 준다. 이 상의 이름은 물거미과 생물의 이름을 딴 것으로, 공중 부양 장치 경연에서 글래스보로 주립 대학의 학생들이 만든 탈것을 기념한 것이다. 공중 부양 장치로 물줄기를 건너기로 되어 있었는데, 일반적인 외차륜이나 돛으로 동력을 공급하는 대신, 글래스보로 참가자들은 물거미처럼 물 위를 걸어가도록 고안했다. 그것은 가로지르기를 끝내기 전에 뒤집혔지만, 너무도 극적인데다 상당한 독창성을 가지고 있었다.(Micklus & Micklus, 1986) 그러니가 라나트라 푸스카 같은 상은 아주 엉뚱한 생각을 가진 학생에게 보상을 하는 셈이다!

교실에서 빈번하게 발견되는 네 번째 문제 요소 역시 짐의 에세이 콘테스트에 대한 딜레마의 일부다. 경쟁, 그러나 지금까지도 분명했듯이 그 관계는 직접적이지 않다. 하나는 어린이에 대해, 다른 하나는 어른에 대해 진행된 두 연구에서 각 개인은 비경쟁적인 상황에서보다 경쟁적인 상황에서 덜 창의적인 작품을 만들어냈다.(Amabile, 1982a, 1987) 뒤이은 연구 2개가 보여주는 것은 여학생들은 남학생들보다 경쟁에 의한 부정적인 영향을 더 많이 받으며, 남학생들은 일부 경쟁 상황에서 심지어 더 높은

---

2) Ranatra Fusca, 세계 학생 창의력 올림피아드에서 참가 팀 중 자발성과 창의성 과제를 가장 우수하게 수행한 팀에 주는 상-옮긴이 주

창의성의 수준을 보여주기도 한다는 것이다.(Conti, Collins & Picariello, 1995, Amabile 가 인용 1996) 작업의 세계에서 그룹 내의 경쟁은 낮은 단계의 창의성과 관련이 있고, 반면에 그룹 간의 경쟁은 더 높은 창의성과 연관되어 있다는 증거가 있다.(Amabile, 1988; Amabile & Gryskiewsicz, 1987) '미래 문제 해결Future Problem Solving'이나 '세계 창 의력 올림피아드Destination ImagiNation' 같은 창의적인 문제 해결을 위한 경쟁은 창의적 인 노력을 향상시키기 위한 팀 간의 경쟁을 기대한다.

경쟁은 또한 이미 강력한 내적 동기 부여를 발달시켜온 개인에게도 덜 문제가 될 것 이다. 예를 들면, 블룸(1985)이 연구한 재능 있는 화가들은 그들의 경력을 쌓아가면 서 수많은 경쟁과 마주쳤다. 비록 창의성에 초점을 맞추지는 않았지만, 협력적인 학습 에 대한 문헌은 교실에서 잠재적으로 부정적인 결과를 가져올 수 있는 결과에 대한 정 보를 제공했다. 대부분의 교육적인 딜레마와 마찬가지로, 교실에서의 경쟁에 대한 대 답은 간단하지 않다. "협력적인 학습법을 사용하라"고 말하는 것만으로는 충분하지 않 다. 어떤 형태의 협력적인 학습은 그룹 간의 상당한 경쟁을 수반한다. 다른 형태의 경 우 학생들은 그들 자신에게 협력을 제공하지 않는 과제를 위해 함께 일해야 하기도 한 다. 교실에서 협력 전략을 사용하는 것에 대해서는 이 장의 후반부에서 더 자세하게 다루겠다.

마지막으로, 창의성을 저해할 수 있는 교실의 요소 중 흔한 것은 선택의 여지가 없 다는 것이다. 콜린스와 아마빌레(1999)는 "사람들이 창의적 잠재력을 극대화하도록 돕 는 가장 좋은 방법은 그들이 좋아하는 것을 하도록 허용하는 것이다"(p305)라고 뭉뚱 그려 말했다. 이것은 이 장의 도입부에서 묘사했던 정열을 계발하기 위한 기회다. 불 행하게도 학생들이 그들의 학습에 대해 의미 있는 선택을 할 기회를 가져보지 못한 채 수년간의 학교 교육을 마치는 것은 흔한 일이다. 나는 수많은 학생에게 독립적인 학습 기회에 대해 말하면서, 만약 좋아하는 것을 공부할 수 있다면 배우고 싶은 것은 뭐냐 고 물었다. 제5장에서 말했듯이 내가 질문했던 많은 경우에, 학생들은 내가 마치 다른 별에서 온 사람인 양 바라보았다. 그들은 단지 "자발적으로 뭔가를 배운다"는 인식을 갖고 있지 못했다. 학습은 평가를 받을 때 그들이 해야 하는 어떤 것이었다. 학교에서 그들은 교사가 배우라고 말한 것을, 교사가 배우라고 말한 시간에만 배웠다.

학생들은 폭넓은 분야에 걸쳐 학교에서 선택에 대해 경험할 수 있다. 그들은 학급의 규칙에 개입할 수 있다. 그들은 학급 파티를 위한 게임이나 매년 현장 학습을 하러 갈 곳에 대해 계획할 수 있다. 그들은 특별한 단원을 위한 교과 과정의 초점을 결정하고, 개인의 흥미를 둘러싼 장·단기 프로젝트를 진행하는 것을 도울 수 있다. A. 콘(1993)은 학생들의 선택권이 늘면 그들의 태도와 성취에 영향을 끼칠 것이라고 주장했다. 비록 남아 있는 수많은 연구가 이루어져야 하지만, 그 제안은 탁월하게 논리적이다. 만약 학습 과제에서 학생들의 선택이 허용된다면, 그들은 끊임없이 외부에서 과제가 부과되었을 때보다 더 열심히 작업하고 더 많이 배울 것이다. 다시 한 번 강조하는데, 학생들의 창의적 사고를 향상시키는 전략은 그들의 학습 역시 향상시킨다.

D. 핑크(2009)는 비즈니스 세계에서 선택의 영향력에 대한 매혹적인 예에 대해 설명했다. 구글의 '20% 타임^time'은 기술자들이 그들 스스로 선택한 프로젝트에 일주일 중 하루를 보내도록 격려한다. 핑크에 따르면 매년 구글의 새로운 아이디어 중 반 이상이 '20% 타임'에서 나왔는데, 그중에는 Google News, Gmail 그리고 Google Translate 등이 포함되어 있다. 비록 대부분의 교사들이 20%의 선택 시간을 제공할 만큼의 유연성이 없지만, 학생들의 선택을 증가시키도록 돕는 구조가 있다. 그중에는 학급 센터나 공통적인 관심사에 대한 문제를 위해 매주 모이는, 학교 전체를 망라한 심화 클럽이 포함된다.(Renzulli & Reis, 1997)

더 나이 든 학생들이 개인적인 연구에 더 숙달되어 있지만, 어린 학생들조차도 개인적인 목표를 계획하고 추구할 수 있다. 내 대학원 학생 중 하나는 그녀의 유치원 학생들에게 가장 연구하고 싶은 것 하나를 고르도록 시키기로 결심했다. 그들 모두는 아이디어를 선택했고, 그녀는 그 학년이 끝나기 전에 각 학생들이 자신의 선택에 대해 더 많이 배우도록 돕겠다고 약속했다. 그녀는 2개의 반나절 유치원 수업과 50명 이상의 학생들을 맡고 있었기 때문에, 이 노력은 그 학년 내 이루어졌다. 프로젝트의 범위는 케이크를 굽는 방법(그들은 해냈고, 즐겼다)부터 어떤 동물이 더 빨리 달리는가를 연구하는 것에 이르기까지 광범했다. 각 프로젝트는 사진으로 찍힌 뒤 교실 앨범에 기록되었다. 학생들은 확실히 그해에 훨씬 흥미로운 내용을 배웠지만, 가장 가치 있는 교훈은 이것이라고 나는 믿는다. "당신은 당신이 좋아하는 것에 대해 배우기를 선택하고, 그것에 대해 배울 수 있다. 배우고 싶은 것을 배우는 것은 재미있다!"

이 지점에서 내적 동기 부여 그리고 창의성과 관련된 연구는 복잡하다.(Hennessey, 2010) 내적 동기 부여가 창의성을 증진시키고, 외적 동기 부여의 수많은 원천들이 창의성을 저해한다고 주장하는 연구들이 많다. 그러나 그것은 그렇게 단순한 문제가 아니다. 내적 동기 부여가 잘 이루어질 때, 예를 들어, 전문가인 성인 예술가의 경우 약속된 보상은 해가 되지 않을 것이다(어떤 기관이 위임한 예술 작품은 이런 경우 고마운 일이다). 다양한 동기 부여는 창의적 과정의 다양한 단계에 필요할 가능성도 있다. 문제 발견의 초기 단계에서 요구되는 유연성과 아이디어 생성이 내적 동기 부여에 의해 가장 잘 조장될 때, 장기적인 창의적 프로젝트를 지속하는 데 필요한 끈기는 외적 동기 부여를 현명하게 사용할 때 이익을 얻을 수 있다. 비록 이러한 요소들이 좋은 문제 발견을 돕는 것처럼 보이지는 않지만, 확실히 수많은 작가가 마감 시한과 약속된 저작권에 대해 생각하면서 힘든 시간을 극복할 것이다.

마찬가지로, 장기적인 과학 프로젝트에 종사하고 있는 학생들은 스스로 고른 프로젝트에 종사할 때 선택과 흥미에 대한 집중에 따라 가장 큰 도움을 받을 것이다. 하지만 임박한 과학 박람회 덕분에 3주 안에 데이터를 모으도록 독려받을 수도 있다. 어떤 연구에 따르면 내적 동기 부여 대 외적 동기 부여의 영향은 성격적 특성이나 성별에 따라 다르다고 한다. 즉, 여학생들은 남학생들보다 외적 동기 부여로부터 부정적인 영향을 더 많이 받는 경향이 있다고 주장한다.(Amabile, 1996; Baer, 1997, 1998) A. M. 그랜트와 J. W. 베리(2011)는 작업 환경에서 내적 동기 부여와 창의성 사이의 관계가 친사회적 동기 부여나 다른 사람들에게 유용한 방식으로 문제를 풀려는 욕구에 의해 증진된다는 것을 발견했다.

'면역법' 연구(Amabile, 1993a, 1996)는 우리가 학교생활에서 내적·외적 동기 부여에 대해 나눈 대화가 모든 학생에 대한 동기 부여 효과에 영향을 미친다는 것을 알려주고 있다. 즐거운—학습 또는 보상을 위한—학습에 대한 우리의 일상적인 대화는 중요한 결과를 가져온다.

'동기 부여의 협력 작용(시너지)'이라는 개념은 내적이고 외적인 요소들이 이익이 되는 방식으로 화합하는 때가 있다고 주장한다. 만약 보상과 인정이 자기결정권의 의식을 저해하지 않고, 능력을 확신하고 정보를 제공하는 방식으로 사용된다면, 그것들은 이후 내적 동기 부여에 기여할 것이다. 나는 내 친구의 십대 아들이 학년 말 행사에서 작문으로 특별 표창을 받은 사건을 관찰했다. 이 재능 있는 젊은이는 학습 장애를 가지고 있었고, 그렇기에 학교에서 어려움을 겪었다. 놀랍게도 그 상을 받은 후, 그는 여름 내내 글쓰기에 시간을 바쳤다. 한 친구가 물었을 때, 그는 이렇게 대답했다. "글쎄, 너도 알다시피 난 작가니까." 이 사건은 보상과 외적 동기 부여의 역설을 묘사하고 있다.

많은 상황에서 그것들은 동기 부여와 창의적 반응 둘 다 감소시킨다. 확실한 것은, 만약 이 젊은이가 글쓰기 시험에 통과할 수 있는 글을 쓰도록 격려받았더라면, 그는 아마도 마지못해서, 그리고 최소한의 창의적인 에너지만 가지고 반응했을지도 모른다. 그러나 이 경우, 어느 현명한 교사는 그의 꽃을 피우려는 재능에 대한 대중적인 인정이, 그러니까 계약에 의한 보상이 아니라 즐거운 놀람이 이렇듯 창의적인 작가라는 그의 주체성을 만들어내는 데 도움이 될 것임을 이해했다. 당신의 학생들의 창의성을 가장 잘 증진시킬 수 있는 내적이고 외적인 요소의 균형을 발견하려면 비슷한 지혜, 균형 그리고 주의 깊은 관찰이 필요하다.

창의적 자기효능감

제4장에서 말한 '창의적 자기효능감'이라는 개념(Bandura, 1977, 1986)은 내적 동기 부여와 연관되어 있었다. 특별한 행동을 수행하기 위한 우리의 능력에 대해 우리가 가지는 확신의 수준을 알아보게 하는 자기효능감에 대한 기억을 되살려보자. 자기효능감은 우리가 어떤 활동을 시도하는지, 우리가 얼마나 많은 에너지를 그것에 투여하는지, 일이 잘못되었을 때 우리가 얼마나 끈기를 가지는지에 영향을 끼친다. 지난 몇 년 동안 모자이크 수업을 받았기 때문에, 모자이크에 관한 문제에 대한 내 자기효능감이 증가되었다. 뭔가가 잘못될 때 내가 그것을 바로잡을 수 있다고 믿었고, 그렇게 했다. 반면에, 나는 야구방망이로 볼을 치는 내 능력에 관한 한 실제로 자기효능감이 거의 없

다. 나는 야구를 하도록 압력을 받는 상황을 피하고, 내가 (그러나 또다시) 공을 놓쳤을 때 되풀이하는 것을 피하려다보니 신경이 더욱더 곤두선다. 놀랄 것도 없이 내 야구 실력은 조금도 늘지 않았다.

그러면 나는 어떻게 모자이크에 관한 노력으로 자기효능감을 키웠을까? 예를 들어, 스튜디오에서의 첫 번째 순간은, 조금도 과장 없이 말하자면, 늘 기가 죽는 일이었다. 그 순간 내 능력에 대해 어떤 확신도 없었지만, 나는 모자이크 거울을 정말로 원했고, 그래서 상당한 공포를 안고 지역 교육 수업에 등록했다. 그곳에서의 내 경험은 자기효능감을 쌓는 원천에 대한 A. 밴두라(1977)의 설명을 거울에 비춘 듯했다. 놀랄 것도 없이, 가장 강력한 경험은 실제로 그 행동을 이루어내거나 행동 성취를 동반한다. 내 경우, 첫 번째 작은 모자이크가 성공적으로 완성되었을 때, 무척 놀랐고 기뻤으며 또 다른 것을 몹시 하고 싶었다. 모자이크에 관한 내 자기효능감은 하나의 경험 속에서 급상승했다. 또한 자기효능감에 대한 중요한 다른 공헌자 둘을 나는 갖고 있다. 첫 번째는 '간접 경험'이었다. 나는 스튜디오에서 다른 학생들이 모자이크 만드는 것을 보고 있었는데, 대부분 내가 했던 것 이상의 수준은 아니었다. 그들이 어려움을 극복하고 성공하는 것을 보면서, 나도 같은 것을 할 수 있다는 믿음이 늘어갔다. 다른 초보자들을 관찰하는 것은 선생님을 관찰하는 것보다 훨씬 더 강력한 효능의 원천이다. 왜냐하면 선생님의 기술 수준은 내가 '헤아릴 수 있는' 것보다 훨씬 멀리 있기 때문이었다. 프로야구 선수를 지켜보는 것은 야구와 관련된 내 자기효능감을 늘리는 것과는 아무 관계가 없다. 나는 나만큼이나 기술이 한정적인 누군가가 성공하는 것을 관찰해야만 했다. 그것은 참으로 도전적인 과제다. 효능 정보에 대한 내 세 번째 원천은 밴두라가 '언어적 설득'이라고 불렀던 것이다. 비록 나 스스로 과제를 성취하는 것만큼, 또는 다른 사람이 하는 것을 보는 것만큼 강력하지는 않지만, 교사나 동료 학생들로부터 받은 격려가 되어주는 발언(그의 주문은 "고칠 수 없는 것은 없다"임에 틀림없다!)은 내가 처음 가졌던 '확신의 결여'를 극복하는 데 도움이 된다.

모든 종류의 자기효능감은 과제/영역에 따라 특별하다. 창의적인 자기효능감은 창의적인 과제를 성취하기 위한 개인의 능력에서 확신의 수준에 대해 주목하게 한다. 다른 자기효능감과 마찬가지로 개인의 창의적 자기효능감이 높으면 높을수록, 그는 자신이 성공할 때까지 더 많은 창의적 노력을 시도하고, 끝까지 하려는 경향도 있다.(예를 들어, Tierney & Farmer, 2002 참조) 창의적 자기효능감은 영역이나 심지어 세부 과목에 따라 다를 것이다. 예를 들어, 모자이크에 관한 내 창의적 자기효능감의 수준은 구상 소묘나 금속 조각에 관한 내 자기효능감과는 크게 다를 것이다. 내 학급 안에는 넓은 과목 영역에 걸쳐 모든 수준의 창의적 자기효능감을 가진 학생들이 있다. 높은 창의적 자기효능감을 가진 학생들은 창의적인 과제를 더 많이 시도하고, 온전히 종사하며, 그들이 어려움에 봉착했을 때 더 끈기 있는 경향이 있다. 창의적 자기효능감이 없는 수많은 학생들은 저항하거나, 최소한의 작업만 하거나, 어려움의 징후가 처음 보였을 때 실망하면서 포기하려는 경향이 더 많다.

우리가 학생들이 도전적인 창의적 과제에 종사하도록 만드는 것의 중요성을 고려할 때, 창의적인 자기효능감은 몹시 중요해진다. 모든 학생이 큰 것을 시도하기 전에 보다 더 작은 창의적 과제에서 최초의 성공을 경험하도록 이러한 경험을 구조화하고, 성공을 향한 다양한 길의 모델을 제공하고, 앞으로 나아가는 긍정적인 발자국을 가리키는 것은 학생들이 성공하는 데 끈기 있게 필요한 자기효능감을 쌓는 데 도움이 될 것이다. 이것은 전체 과제를 다루거나, 학생들을 '가라앉거나 수영하거나'를 택하게 만들기보다는, 더 큰 창의적 과제를 구획화하는 주의 깊은 구조화를 뜻한다. 예를 들어, 당신이 학생들에게 인간의 신체 구조를 보여주기 위해 루브 골드버그 타입Rube Goldberg-type 기계를 만들도록 한다고 상상해보자. 만약 당신이 그 프로젝트를 ① 계획도를 그리고 그것이 어떻게 인간의 몸을 나타내는지 설명하고, ② 재료 목록을 만들고 다양한 옵션을 실험해보고, ③ 기계를 제작하고, ④ 그 구조의 각 부분을 어떻게 나타내는지에 대한 설명을 발표한다든가 하는 식으로 나눈다면, 몇 가지를 이룰 수 있다. 첫째, 물론 당신은 학생들이 마지막 순간까지 모든 것을 남겨두기보다는 구조적인 방법으로 프로젝트를 통해 작업하도록 도울 수 있다. 당신은 형성 평가(제10장 참조)를 위한 다양한 기회를 만들 것이다. 그럼으로써 만약 학생들에게 다시 지도가 필요할 경우, 마지막 생산물이 나오기 전에 그것이 이루어질 수 있게 한다. 당신은 또한 창의적 자기효능감을 쌓을 기회를 만듦으로써 학생들이 다양한 작은 성공을 경험하고, 동료들이 같은 경험을 하는 것을 지켜보게 할 수 있다.

몰입

그것이 재미있기 때문에 과제를 추구한다는 것은 경박한 목적처럼 보일지도 모른다. 그러나 만약 우리가 약간만이라도 더 생각한다면, 우리는 학생들이 행복을 발견하는 방식을 배우고, 좀 더 의미 있고 만족스럽고 성장을 촉진하는 삶을 이끌도록 돕는 것이 단지 목적이 아니라, 오히려 학교의 목표임을 깨닫게 될 것이다. M. 칙센트미하이(1990)는 최상의 경험이라는 개념에 초점을 두고 행복을 조사하던 수십 년간의 연구를 이렇게 요약했다. '최상의 경험'은 설명하기는 어렵지만 상상하기는 쉽다. 그것은 인생에 중심이 있고, 기분이 상쾌하고 만족스럽다고 느끼는 순간을 포함한다. 어떤 사람들에게 그것은 아마도 산의 정상을 걷는 순간과 같을 것이다. 다른 사람들에게 그것은 어떻게 심포니의 멜로디가 완벽한 전체로 화합하는지 이해하는 순간이며, 캔버스 위의 그림들이 뭔가 새로운 것이 된다고 느낄 때이며, 또는 어린아이가 탄생하는 경험과 같을 것이다. 이러한 각각의 경험은 인간으로서 우리를 더 풍부하고 복잡하게 만든다. 어떤 의미에서 그것은 우리가 자신을 창조하도록 돕는다. 이러한 순간을 묘사하면서 칙센트미하이(1990)는 이렇게 썼다.

> 행복은 발생하는 어떤 것이 아니다. 그것은 행운의 결과나 우연한 찬스가 아니다. 그것은 돈으로 사거나 힘으로 명령할 수 있는 것이 아니다. 그것은 외부의 사건에 달려 있는 것이 아니라, 오히려 우리가 그것을 어떻게 해석하느냐에 달려 있다. 사실 행복은 준비하고 가꾸고, 각자가 개인적으로 방어해야 하는 조건이다. 내적인 경험을 통제하는 것을 배운 사람들은 그들의 삶의 질을 결정할 수 있을 것이고, 그것은 우리 중 누구라도 행복하다고 할 수 있는 것에 가깝다.(p 2)

칙센트미하이(1990)의 '최상의 경험'에 대한 연구는 온갖 계층의 사람들 수천 명과 인터뷰를 하면서 시작되었다. 태국의 성인들, 도쿄의 십대들, 이탈리아 알프스의 농부들, 시카고에 있는 공장의 조립 라인 근로자들 등을 말이다. 후에 그의 연구팀은 경험 추출법Experience Sampling Method을 발전시켰다. 이는 피실험자들이 일주일 동안 전자 호출기를 달고, 호출기가 신호를 보낼 때마다 그들이 무엇을 하고 있고, 어떻게 느끼는지를 적어두도록 했다. 이 엄청난 데이터의 모음으로부터 '몰입flow'이라는 개념이 등장했다. 그러니까, "다른 것은 어떻든 상관없이 사람들이 어떤 활동에 종사하고 있는 상태: 경험 그 자체가 너무 즐거워서 사람들은 비록 비용이 크더라도, 오로지 그 자체만을 위해 그것을 할 것이다."(Csikszentmihalyi, 1990, p4)

몰입에 대한 조사는 인간이 가지고 있는 수많은 불만족의 핵심을 보여줄 것이다. 그 이유만으로도 더 이상의 고려를 해볼 가치가 있어 보인다. 그것은 분명히 내적 동기 부여와 관련되어 있다. 사실, 몰입은 내적 동기 부여의 최고의 예처럼 보인다. 그것은 또한 창의성과 연관을 가지고 있는 것 같다. 전통적으로 몰입을 이끌어내는 수많은 활동들이 창의적인 행동을 수반한다. 화가가 그림을 그리고, 음악가는 연습을 하고, 과학자가 연구에 몰두하는 것이 몰입하는 개인의 전통적인 예다. 이번 토론에서 나는 몰입의 본성과 그것이 나타나는 조건을 간단하게 조사한 뒤 이러한 변수가 교실에서 어떻게 작동하는지 고려해볼 것이다.

칙센트미하이(1990)는 연구자들이 넓고 다양한 문화와 활동에서 경험한 몰입의 균일성에 놀랐다고 설명한다. 피실험자들은 항해하고, 명상하고, 그림을 그리거나, 조립라인에서 일하는 등 아주 다양한 일들을 해왔다. 그리고 그러한 활동에 대해 최고조에 있을 때 그들이 설명한 감정은 놀랍게도 비슷했다. 게다가 그들이 그런 활동을 즐겼던 이유 역시 수많은 유사점을 보여주었다. 이러한 핵심 요소가 드러났을 때, 이러한 활동들은 사람들에게 깊은 향략의 감각을 불러일으킨다. 그렇기 때문에 그들은 단지 그 경험을 하는 데 엄청난 양의 에너지를 기꺼이 소비했다.

대부분의 몰입 경험에서 발견되는 한 묶음의 요소는, 그러한 활동이 우연한 것이 아니라 어떤 에너지와 기술을 요구하는 목표지향적인 활동이라는 것이다. 이러한 초점은 신체의 활동에서 쉽게 볼 수 있다. 등산가는 목표를 가지고 있고, 그것을 얻기 위해 상당한 에너지를 들이며, 전제가 되는 기술도 필요하다. 그러나 지적인 또는 심리적인 에너지에 대해서도 비슷한 요구가 제기된다. 심포니를 갑자기 듣는 사람은 주의 깊게 들을 수 없다. 그러한 경험에는 집중이 필요하다. 그것은 지식과 기술로 증진된다. 듣는 사람이 심포니의 구조에 대해 더 많이 알면 알수록, 그는 기악 편성이나 연주의 뉘앙스에 대해 더 많이 동조하고, 더 의미 있고 강력한 경험을 할 것이다.

몰입의 핵심 조건 중 하나는 그것이 도전과 기술 사이에서 최선의 조화를 가져오는 것이다. 너무 많은 도전이나 너무 부족한 기술은 좌절로 이끌 것이다. 도전이 너무 적으면 지루할 것이다. 몰입을 유지하는 데 있어 도전의 수준은 개인의 기술이 증가하는 것에 맞추기 위해 끊임없이 올라가야 한다.

> 연구로 우리는 모든 몰입은 이 지점에서 공통점을 가지고 있음을 발견했다. 그것은 발견의 느낌을 주고, 그 사람이 새로운 현실로 옮겨가는 듯한 창의적인 느낌을 제공한다. 그것은 그 사람을 더 높은 연주 수준으로 올라가도록 밀어올리고, 이전에는 꿈도 꾸지 못했던 의식 상태로 이끈다. 간단히 말해서 그것은 더 복잡하게 만듦으로써 자기 자신을 개조시킨다. 자기 자신의 성장 속에 몰입 행동의 핵심이 있다.(Csikszentmihalyi, 1990, p74)

이러한 관찰에는 학교를 위한 암시가 담겨 있다. 만약 불충분한 기술 개발이 도전이나 잠재적으로 창의적인 활동 앞에 존재한다면, 그것은 좌절이나 저항에 직면하기 쉽다. 그는 불가능하다고 인식하는 과제를 추구한다. 그렇기에 어떤 학생이 내적 동기 부여를 받기가 정말 쉽지 않을 것이다. 반대로, 도전할 거리가 거의 없어도 동기 부여는 방해를 받는다. 미리 동기 부여가 이루어진 과제는 그 사람의 기술이 증가하도록 별로 작용하지 않아서 도전이 감소한다. 나는 이것이 사실임을 덜시머 연주를 하기 위한 내 풋내기 노력에서, 그리고 나중에는 켈트 하프에 대한 내 새로운 도전에서 발견했다. 비록 내가 주기적으로 도입부를 복습하는 것을 즐겼지만, 나는 그 부분을 오래 하고 싶지는 않았다. 나는 우리 시의 공동체 교육 프로그램이 제안하는 덜시머 수업에 참가하는 것을 즐겼다. 그들은 내게 새로운 기술을 배울 기회와 혼자서는 할 수 없는 하모니 연주 기회를 제공했다. 그러나 그 수업에서는 경험의 범위 때문에 어떤 학생들에게는 적절한 도전이 되는 곡을 다른 학생들은 10분 만에 습득할 수 있었다.

우리 모두가 같은 곡만 연습한다면, 우리 모두가 도전을 즐길 수는 없었다. 시간이 흐르고 나서 내가 하프 연주를 배우려고 시도했을 때, 나는 다른 문제를 갖게 되었다. 나는 혼자였고(동기 부여가 이루어져 있었고), 도전의 수준은 늘 적절했다. 하지만 배우고 연습하는 가장 효율적인 전략을 스스로 찾아내야만 했다. 이러한 딜레마는 동기 부여와 자율성 그리고 몰입 사이에서 하나의 연결고리를 제공한다. 학생들은 늘 다양한 수준의 기술을 가지고 있기 때문에, 만약 우리가 그들의 내적 동기 부여를 계발하고 싶다면, 아마도 몰입으로 이끌고 싶다면, 학교에서 그들이 추구하는 활동 중 몇 개는 학생에 따라 달라야만 한다. 학생들을 위해 이렇듯 다양한 도전 방식을 운영하려면, 그들은 더 자발적인 학습자가 되는 것을 배워야 한다.

몰입 활동은 의미 있는 목표를 가지고 있고, 참가자가 그들의 목표를 향해 접근하고 있는지 알게 해주는 어떤 피드백도 가지고 있다. 피드백의 종류는 때때로 명백하다. 무용수는 더 높이 도약하는 순간을 알고, 피아니스트는 그가 더 빠르게 트릴을 연주하는 때를 안다. 과학자들은 그들의 피드백을 자신들의 연구 결과에서 얻는다. 다른 피드백은 덜 분명하지만, 여전히 필수적이다. 화가는 작품을 보고서 그것이 제대로 되어가는지 말할 수 있어야만 하고, 배우는 연기가 제대로 전달되는지 아닌지 알고 있어야만 한다. 이러한 요구는 내적인 평가 지점과, 그들의 생산물에 대해 판단할 수 있는 기준의 필요와 다시 연관되는 것처럼 보인다. 몰입 활동이 요구하는 것은 학생들이 그들의 작품에 대해 단지 양적인 가치가 아니라 질과 중요성을 이해할 수 있도록 핵심이 되는 정보가 담긴 평가와 자기평가를 도울 수 있는 약간의 증거를 제공하는 것이다.

두 번째 요소의 묶음이 보여주는 것은 대부분의 몰입 경험에서 집중, 자의식 상실 그리고 시간 감각의 감소가 나타난다는 것이다. 무용에서 독서, 체스, 암벽 등반에 이르기까지, 그런 활동에 종사하는 사람들은 나머지 외부 세계가 필연적으로 차단되는 집중의 수준에 대해 설명하고 있다. 우리 모두는 가끔 시간이 그렇게 빠르게 흘러갔다는 것을 믿을 수 없었던 경험을 갖고 있다.

이러한 다양성이 학교 안에서 어떻게 작동할 수 있을지 생각해보던 나는, 방해를 받지 않고서 어떤 과제에 대해 그렇게 오래 집중할 수 있는 시간을 학교에서 발견하기 어렵다는 것을 깨닫고 벽에 부딪쳤다. 동기 부여나 창의적인 노력이 방해받지 않고 작업할 시간 단위에 의해 단지 영향을 받는다는 것을 보면 흥미롭다. 만약 5학년 담당 교사가 매일 1시간씩 독서, 수학, 과학 그리고 사회를 시간표에 넣는다면, 그 대신 이틀에 한 번씩 수학이나 독서(또는 과학과 사회)를 위해 쓸 수 있는, 한 번에 2시간짜리 수업 묶음으로 바꾸면 어떤 활동의 변화가 가능할지 생각해보자. 또는 과목 간의 묶음 속에서 독서와 사회를 결합하는 것을 상상해보자. 몇몇 중학교에서 사용하는 묶음 시간표는 이런 연관을 촉진할 수 있다. 개별적인 수업과 교사들의 시간표를 짜는 대신, 더 큰 규모의 학생들과 교사들이 묶음 수업의 시간표를 만들 수 있다. 시간 단위와 학생들의 범위는 필요에 따라 다양한 방식으로 다시 묶을 수 있다. 이러한 대안 가운데 어떤 것은 43분 벨(수업 종료)이 울리는 것의 간섭을 받지 않고 창의적인 프로젝트나 문제 풀이에 집중적으로 몰두할 수 있는 더 많은 기회를 제공한다.

학습 과정에서 학생들의 참여에 영향을 주는 다양한 변수들이 있다. M. 셰러(2002)와 대화를 나누던 칙센트미하이는, 학생들의 참여와 몰입은 그들이 각 수업의 목표와 재료의 관련성을 이해할 때 더 커지는 것 같다고 주장했다. 컴퓨터의 도움을 받은 지도 방식을 포함하여 분명하고 꾸준한 피드백을 받는 것. 문제를 풀거나 공동 작업의 기회를 갖는 것. 흥미로운 내용을 공부할 기회를 갖는 것 등을 말이다.

마지막으로, 몰입과 연관된 요소 한 무리는 수동적인 활동에서는 일어나지 않는다는 것에 주목하자. 우리는 TV를 보거나 해먹에 몇 시간씩 누워 있을 때 몰입을 발견하기가 어렵다. 비록 즐거움이란 종종 오락 속에서 발견되지만, 일 속에서도—그리고 일이 필요한 오락 속에서도 발견된다. 이러한 진실을, 그러니까 우리가 그들로부터 찾고 있는 동기 부여, 개입, 에너지 그리고 창의성이 그들에게 행복을 가져다줄 것이라는 점을 학생들이 발견하도록 도우면 우리 자신의 노력에도 집중력과 에너지를 가져다줄 수 있을 것이다.

교실에 대해 생각하기

몰입하는 개인은 과제에 대한 도전과 그들의 기술 수준 사이에 균형이 있음을 밝혀왔다. 다양한 학생 인구를 위해 이러한 균형을 얻기는 어려울 것이다. 다음 주를 위한 여러분의 계획을 조사해보자. 그 주 동안 얼마나 많은 학생이 자신의 수준에 맞는 도전을 하도록 활동 계획을 짜는가? 몇몇 동료들과 도전에 대해 이야기하고 아이디어를 공유해보자.

교실을 조직하고 운영하는 데 도움을 줄 이 모든 이론에서 우리가 수집할 수 있는 것은 무엇인가? 우리는 심리적으로 안전한 교실 공간을 만들기를 원하고, 그곳에서 우리 학생들은 자신이 받아들여지고 있으며, 가치가 있다고 느낄 것이다. 내적 동기 부여를 쌓기 위해 우리는 학생들이 능력에 대한 감각과 의미 있는 과제에 종사하고 있다는 느낌을 계발하고, 흥미를 선택하고 탐험하는 경험을 하며, 정보가 담긴 피드백을 받도록 도와야 한다. 우리는 보상을 사용하는 데 신중할 필요가 있다. 몰입의 경험으로 나

아가기 위해, 학생들은 그들을 압도하지 않는 도전의 수준에서 지도와 작업에 참여할 충분한 시간이 필요하다. 창의적인 자기효능감을 얻기 위해 학생들은 창의적인 과제 안에서 성공적인 경험을 해야만 하고, 동료들이 비슷한 것을 하는 모습을 봐야만 한다. 휴! 고려해야 할 것이 많지만, 다행히 겹치는 것도 많다. 학습과 창의성을 돕는 다음과 같은 네 가지 핵심 원칙을 고려해보자.

1. 학생들은 그들에게 적합한 수준에서 지도(구별된 지도)가 필요하고, 자신들이 진전하고 있다는 증거를 볼 필요가 있다.
2. 학생들은 그들에게 도움이 되는 정보가 담겨 있고, 능력에 대한 감각으로 이끄는 평가가 필요하다.
3. 학생들은 선택의 경험과 그들의 흥미를 탐험할 기회가 필요하다.
4. 학생들은 의미 있는 과제에 종사할 기회와, 교실에서 창의적인 경험을 추구할 기회가 필요하다.

C. A. 톰린슨과 M. B. 임보(2010)는 이것을 '환경 조성enabling environment'이라고 설명하고 있다. 환경 조성은 질서를 잡는 것 이상을 말한다. 그것은 학생들이 학습 내용을 이해할 수 있도록 돕기 위한 다양한 전략을 교사가 사용하는 환경이다. 모든 학습이 교사가 중심이 된 직접적인 지도를 통해 촉진되는 것이 아니기 때문에, 교사와 학생 들에게는 다양한 학습 활동이 동시에 일어날 수 있는 전략이 필요하다. 이 장의 기억을 떠올리기 위해 우리는 구별된 지도에 도움이 되는 교실의 원칙을 고려해볼 것이다. 그러니까 선택과 의미 있는 과제를 위한 기회를 말이다. 제10장에서는 학생들에게 의미 있는 정보와 창의적인 프로젝트를 평가하기 위한 전략을 제공하는 평가에 대해 다룰 것이다. 환경 조성을 하기 위한 더 완벽한 전략을 위해 톰린슨과 임보의 〈가장 중요한 그리고 경영을 잘하는 차별화된 교실Leading and Managing a Differentiated Classroom〉을 참고하라.

교실 조직, 동기 부여 그리고 자발성: 독립성을 위한 교육

만약 학생들이 자신들에게 적합한 수준으로 작업하려고 한다면, 그리고 교실에서 선택에 의한 경험을 하고자 한다면, 언제나 같은 시간에 같은 것을 할 수 없다는 것은 말할 필요도 없다. 그들은 독립적인 학습자가 되어야 한다. 그리고 그들의 교사는 학생들이 자립적으로 작업하도록 허용하는 방식으로 시간과 재료를 조직하는 것을 배워야만 한다. 무리 없는 학급 조직도, 학생들의 독립적인 작업 기술도 자동적으로 생겨나는 것이 아니다. 만약 당신의 교육 대부분이 교사가 이끄는 전체 그룹 지도 방식이라면, 덜 직접적인 방식으로 이행할 때 점진적으로 진행하는 것이 무리가 없을 것이다. 이 부문은 학생들을 더 자율적인 방향으로 움직이게 하는 전략과 교실 활동에서의 선택을 연구한다. 그것은 학생들에게 독립적인 학습 기술, 그러한 학습을 촉진하는 재료와 과정 그리고 유연한 학급의 그룹 나누기에 대해 가르치는 것을 토론한다. 이러한 전략은 구별된 지도 방식이, 그러니까 다양한 학생의 필요에 부합하는 다양화된 지도가 규범이기도 한 교실의 맥락에서 가장 잘 작동한다. 구별된 지도에 바탕을 둔 교실에서 학생들은 때때로 작업하고 때로는 개인적으로, 또는 그룹을 지어 그 순간의 필요에 따라 작업한다. 다양한 기술 수준을 가진 학생들은 다양한 활동에 의해 도전받을 수 있다. 구별된 지도에 대한 완전한 토론은 이 책의 영역을 넘어선다. 〈다양한 능력이 섞여 있는 교실에서 어떻게 차별화된 지도를 할 것인가*How to Differentiate Instruction in Mixed Ability Classrooms*〉(Tomlinson, 2004)에서 훌륭한 개관을 찾아볼 수 있다.

교사들의 독립적인 학습 전략에 대한 경험은 크게 다르며, 교사들이 그들의 경력을 시작한 장소와 시기로부터 크게 영향을 받는다. 교육의 진자가 앞뒤로 흔들리면서 개인적으로 인도되는 지도, 개인화된 지도 방식, 중심성, 경영 계획 그리고 수많은 교육에 관한 별 쓸모없는 단어들이 나타나고 사라진다. 수많은 혁신이 진행되면서 어떤 실천의 한 측면이 지지를 잃어버리기도 하고, 그 나머지는 계속 유지되기도 한다. 그 결과, 어떤 교사들은 다양한 독립적인 학습 기술을 경험해왔다. 그의 훈련을 다른 진자의 움직임을 포함하던 다른 사람들은 가지고 있지 않다. 만약 당신이 다양한 그룹 나누기 패턴을 가르친 경험이 있다면, 다음 부문을 대충 넘어가고 싶을지도 모른다. 당신은 아마도 거기에서 낯익은 아이디어를 발견할 것이다. 만약 당신이 전체 그룹 교육에 익숙하고, 때로는 그 패턴을 다양화하기를 원할 것이다. 하지만 어떻게 이행해가야 할지 확신할 수 없다면, 읽어라!

독립적인 학습의 교육 기술

만약 학생들이 흥미와 문제를 식별하고 추구하면서 창의적 생산물을 발전시킬 기회를 갖기를 원한다면, 교실에 있는 모든 학생은 독립적으로 작업하는 기술을 배워야만 한다. 만약 학생들이 다양한 수준의 도전이 있는 작업을 하려고 한다면 독립적인 작업은 작전상 필요할 뿐 아니라, 제5장에서 설명했듯이 수많은 창의적인 사람들은 그들 자신의 창의적인 노력을 효과적으로 추구하는 데 혼자만의 시간이 필요하다. 독립적인 학습 기술은 단지 가장 능력 있는 사람과 가장 창의적인 사람만을 위해서뿐 아니라, 동기 부여가 가장 많이 이루어진 사람을 위한 것이다. 그것은 아마도 그러한 학생들이 결국 독립적으로 일할 더 많은 기회를 가지는 셈이기 때문이다. 그러나 만약 당신이 다양한 그룹에 속한 모든 학생과 상호 작용하기를 원한다면, 어떤 지점에서 각각의 학생들은 당신의 직접적인 안내 없이도 작업할 수 있어야만 한다. 다양한 그룹 나누기 전략을 구사하는 것은 또한 교실의 구조를 '뒤집는' 데 필수적인 요소다. 그런데 그럴 경우 학생들은 핵심 학습 내용을 인터넷으로 보면서 숙제를 하기도 하고, 연장 활동을 연습하면서 시간을 보내기도 한다.

독립적인 학생의 작업으로 이행하는 데 있어서 첫 번째 핵심은 학생들에게 독립적으로 작업하는 방법을 당신이 가르쳐야 한다는 것을 깨닫는 것이다. 그들에게 독립적이 되라고 말하는 것만으로는 충분치 않다. 당신은 그들에게 그렇게 하는 방법을 가르쳐야 한다. 대부분의 경우, 이 과정을 독립적인 작업 시간에 대한 일련의 수업을 계획함으로써 시작할 수 있다. 이러한 수업은 다른 교육 단원과 동일한 관심, 계획 그리고 연습을 가지고서 계획되고 실행되어야 한다. 주요 주제는 다음과 같은 것들을 포함한다.

- 독립적인 사람이 된다
- 독립적인 작업 시간을 사용한다(가끔은 교실 전체를 위해, 가끔은 작은 그룹을 위해, 때로는 개인을 위해)

- 당신 자신의 시간 계획을 세운다(예를 들어, 독립 프로젝트나 선택 활동으로 들어가기 전에 평가 과제를 완성한다)
- 당신이 벽에 부딪치거나 과제를 이해하지 못했을 때 어떻게 할까?
- 교사에게 도움이나 협의를 원한다는 신호를 어떻게 보낼 것인가?(교사가 즉시 도와줄 수 없을지도 모르는데, 그러는 동안 학생들은 무엇을 해야 할지 알고 있어야만 한다)
- 소음, 대화, 기타 혼란에 대해 예상한다
- 재료에 대한 규칙을 세운다(사용할 수 있는 것과 재료를 어떻게 반납할까?).
- 선택 활동과 과제가 완성되었을 때 무엇을 할까?

비록 기술의 특성이 나이에 따라 다양할지라도, 실제로 모든 수준의 학생들은 비슷한 종류의 지도가 필요하다. 현재 나는 대학원 과정을 인터넷으로 가르치고 있다. 이 새로운 환경에서 특히, 나는 독립적으로 작업을 운영하는 방법, 당신의 시간을 구조화하는 방법, 그리고 고급 과정의 학생들 중에서조차 성공을 촉진하는 재료를 전달하는 방법에 대한 토론을 발견하고 있다.

다른 모든 것보다 더 나은 일련의 처리 절차란 없다. 만약 그들이 벽에 부딪쳤거나 과제를 이해하지 못했을 때, 학생들이 따라야 하는 유일한 최선의 전략도 없다. 핵심은 전략이 있어야 한다는 것이다. 1학년을 가르치는 내 친구는 학생들에게 그들의 책상 한 모서리에 작은 찰흙 공을 올려놓도록 시켰다. 그들은 "도와주세요!" 또는 "곤란에 빠졌어요!"라고 써 있는 깃발을 막대 사탕에 붙이게 했다. 그 교실에서는 학생들이 독립적인 작업을 하던 중 벽에 부딪쳤을 때 다음과 같은 과정을 사용하도록 지도받았다. ⓐ 깃발을 세운다. ⓑ 어떻게 해야 하는지 아는대로 진행한다. ⓒ 진행하는 방법을 아는 것이 남아 있지 않다면, K 선생님이 너를 도울 수 있을 때까지 도서관에서 가져온 책을 읽는다.

다른 학급들은 같은 딜레마에 대해 아주 다른 과정을 가지고 있었다. 어떤 학생들은 교사에게 묻기 전에 3명의 친구에게 먼저 물어야 한다고 들었다. 어떤 교실들은 팀으로 나뉘었다. 교사는 그 팀에서 질문에 대답할 수 있는 사람이 있는 한 조언을 하지 않았다. 다른 교실에서는 도움을 요청하는 것에 대해 동의하는 서명을 받았다. 각각의 경우에서 핵심은 진행 절차가 주의 깊게 교육되어야 한다는 것이다. K 선생의 1학년 학생들은 그들의 첫 번째 독립 작업을 시작하기 전에 20분 동안 모델을 만들고 깃발을 사용하는 연습을 하면서 보냈다. 그러나 특별한 지도, 모델 만들기 그리고 실습의 필요성은 어린아이들에게만 한정된 것이 아니다. 심지어 독립 작업에 대한 한정된 경험만을 가지고 있는 중학생들은 과정에 대한 주의 깊은 지도와 이러한 작업 시간에 대한 예상으로부터 이익을 얻을 수 있다. 일단 진행 절차가 확립되면 독립적인 작업 시간은 시작될 수 있다. 그 목적은 학생들을 자리에 앉아서 하는—그동안 그들은 조용히 하겠지만, 그것을 위한 활동은 교사가 선택하고 지시하고 감독하는—자습으로부터 학생들이 활동을 계획하고 조직하고 권한을 가지는 기간으로 옮겨가게 하는 것이다.

당신이 독립적인 작업 시간을 처음 가질 때, 새로운 학습 내용을 소개하려는 시도를 하지 마라. 가장 중요한 수업 내용은 '독립성'이다. 학생들에게 과제를 주고(바람직한 것은, 어떤 학생들은 도움을 구해가며 연습할 필요가 있을 정도로 도전적인 것이다), 두세 가지 활동에 대한 선택의 여지를 준다. 그 작업 시간 동안 다른 지시를 하지 마라. 당신은 그들의 독립적인 작업 기술에 대해 학생들에게 피드백을 주면서 돌아다니고 싶을 것이다. 하지만 독립적인 작업 시간을 위해 확립된 진행 절차를 제외하고는 내용에 대해 도움을 주면 안 된다. 독립적인 작업 시간이 끝난 후, 결과에 대해 교실에서 토론해보자. 어려움이 있었던 영역과 그것을 줄이기 위한 다양한 전략을 확인해보자. 학생들은 독립성을 목표로서 인식하고 있어야만 하고, 그 목표를 향한 그들의 진전을 주시해야 한다.

독립적인 작업 시간을 확립하는 데 있어 다음 단계는 당신이 개인이나 작은 그룹에 관심을 기울이는 동안 학생들이 독립적으로 작업하도록 만드는 것과 관련되어 있다. 이것은 특별한 기술 속에서 실습이 필요한 그룹들이 협력하여 일하거나, 평가가 필요한 개인들과 시간을 보내거나, 또는 프로젝트를 도울 수 있는 좋은 기회이다. 당신이 작은 그룹들과 작업을 하는 동안 교실 전체를 감독하기 쉬운 곳에 위치하도록 주의를 기울여라. 학생들로 하여금 당신이 교실 안의 모든 활동을 알고 있음을 알도록 만드는 것이 중요하다. 개별적인 질문에 대답하려는 그룹을 방해하는 것이 아니라, 학생들이 독립적인 작업 시간을 위한 진행 절차를 참고하도록 만들어라. 당신은 지도하는 그룹들 사이를 돌아다니며 질문에 대답하고 싶을지도 모른다.

독립적인 작업 기술은 복잡하고 시간이 걸려서 쌓아진다는 것을 기억하자. 학년 초기에 대부분의 학급-선택 활동들은 확실히 단순한 것이어야만 한다. 하지만 그 학년이 지나가면서 복잡성이 쌓여간다. 당신은 직접적으로 학과목과 관련되지 않은 활동(예술 활동, 자유 독서 또는 퍼즐)으로부터 학급의 학습 내용을 강화하는 활동(현재의 단원에 중심을 둔 게임)으로, 또 새로운 내용을 탐험하는 활동(흥미 발달에 중심을 두거나 독립적인 프로젝트)으로 진보하기를 바랄 것이다. 물론 학생 중 몇몇은 아마도 학급의 나머지보다 먼저 개인적인 독립 프로젝트를 수행할 준비를 갖출 것이다. 학생들이 내적 동기 부여를 하는 데 필요한 다양한 도전의 수준을 공급하는 것이 독립적인 작업의 목표 가운데 하나다.

담당하는 학년이 올라가면서 당신은 다른 독립적인 작업 기술을 소개하고 싶을지도 모른다. 여기에는 센터에서의 작업을 위한 지도(센터를 이용할 때, 얼마나 많은 학생이 그곳을 한번에 사용할 수 있는지를 비롯한 규칙들)가 포함될 것이고, 개별적인 프로젝트를 계획하는 데 필요한 지도(주제를 고르고 전체 시간 계획을 세우고, 일일 계획을 만드는 등)가 포함된다.

교실에 대해 생각하기

당신의 고등학생들이 대학에서 또는 그 이상의 기관에서 직업 교육을 받을 때 성공하기 위해 필요한 독립적인 작업 기술에 대해 생각해보자. 그리고 교실에서 당장 사용되는 기술의 수준을 고려해보자. 독립성이 필요한 과제를 계획한 뒤 그것을 성공적으로 완성하는 데 필요한 작업 기술에 대한 수업을 계획해보자.

학생들은 또한 더 긴 기간 동안 독립적으로 작업하고 계획하면서 책임을 질 것이다. 중간 등급과 그 이상 등급에 속한 대부분의 학생들과 몇몇 더 어린 학생들은 며칠 동안에 걸친 독립적인 작업에 따르는 책임을 계획하는 방법을 배울 수 있다. 이것 또한 지도가 필요하다. 만약 학생들이 매일의 수학 과제와 5일에 걸친 사회 과제 그리고 개별적인 연구 과제를 가지고 있다면, 그들은 과제들을 다룰 만한 덩어리로 나누고, 매일 무엇을 해야 하는지 결정하는 것에 대해 가르치고, 모델을 만들고 연습할 필요가 있을 것이다. 당신은 대안적인 계획 몇 개에 대한 모델을 만드는 것도 고려할 수 있다. 예를 들어, 자습 시간이 90분 주어졌을 때, 학생 A는 매일 수학 교과서 1페이지를 공부하기

로 결정한다. 그는 매 자습 시간을 수학으로 시작하며, 사회를 20분 동안 공부하고, 나머지 시간은 독립적인 프로젝트를 위해서 남겨둔다. 목요일에 그는 사회 과목의 진도를 평가해보고, 나머지 시간을 금요일까지 프로젝트를 완성시키기 위해 배당할 필요가 있는지 결정한다. 학생 B는 더 긴 시간 블록으로 작업하는 것을 더 좋아한다. 아마도 그녀 역시 수요일에 그녀의 독립 프로젝트를 위해 교장과의 인터뷰 약속을 잡을 것이다. 그녀는 월요일에 수학 교과서 3페이지를 공부하려고 노력하기로 결정할지도 모른다. 화요일에는 온전히 그녀의 사회 과목 프로젝트를 위해 열중한다. 수요일은 인터뷰를 하고, 그녀의 노트를 기록하는 데 쓴다. 목요일에 그녀는 수학 교과서 2페이지를 공부하려고 노력하고, 금요일을 위한 계획을 세우기 위해 그녀의 진도를 평가한다.

　이러한 각 스케줄은 특별한 학생에게 적합한 스타일로 스케줄에 따른 과제 완성의 결과를 가져올 것이다. 당신이 학생들에게 그들의 시간 계획을 짜도록 가르칠 때, 학생들에게 "목표에 도달하도록 해주는 경로는 많다"는 것을 이해하도록 도와라. 최선의 스케줄을 가르쳐주려는 유혹에 빠지지 마라. 비록 어떤 스케줄이 명백하게 적절하지 않더라도("모든 것을 금요일에 한다"와 같은), 많은 것은 받아들일 만하다. 당신이 보기에 뚜렷이 우월한 것은 학습 스타일에 적합한 것이지만, 모든 학생에게 적당하지는 않을 것이다. 5학년 담당 교사 한 명이 그녀의 학생들과 매일의 작업 시간을 계획하는 것에 대해 토론했다. 집중력 장애라는 진단을 받은 한 학생은 자신에게 최선의 계획은 수학 문제 5~6개를 풀고, 약간의 영어와 약간의 과학, 또는 사회를 공부한 뒤 몇 개의 수학 문제를 더 푸는 방식으로 반복하는 것임을 발견했다. 이러한 방식으로 그는 모든 과제를 성공적으로 완성할 수 있었다. 이는 교사가 그에게 다른 것을 시작하기 전에 과제 하나를 끝내라고 주장했을 때에는 결코 할 수 없었던 일이었다. 다시 한 번, 수많은 중학생이 계획을 세우고 스케줄 짜기에 숙달하는 데 필요한 지도의 양을 과소평가하지 말자. 앞당겨 계획을 세우라고 그들에게 말하는 것으로는 충분치 않다. 그들에게는 직접적인 설명과 토론 그리고 과제 안에서, 과제에 걸쳐 시간을 경영하는 방법의 예가 필요하다. 이러한 토론에 투자되는 시간은 단지 학급의 프로젝트에서가 아니라, 독립성이 필수적인 학생들이 앞으로 계속되는 교육에서 성공하기 위한 비용과 같다.

독립적인 학습을 위한 재료와 구조

거점 활동 학생들이 독립적이 되도록 돕기 위한 첫 번째이자 가장 중요한 전략은 거점 활동을 사용하는 것이다. 심지어 교실 전체에 배정된 과제를 수행할 때, 학생들이 동시에 그들의 작업을 완성시키는 일은 거의 드물다. 자기 작업을 완성시킨 학생이 몇 분 이상 아무것도 하지 않고 조용히 앉아 있을 거라고 본다면, 그것이야말로 멍청하거나 시간 낭비다. 학교에서의 시간은 소중하고, 그래서 우리에게는 학생들의 시간을 생산적으로 사용할 방법이 필요하다. 거점 활동은 그들이 주어진 과제를 완성했을 때, 학급이 시작하기 전에, 그들이 벽에 부딪쳐 도움을 기다릴 때, 또는 하루 동안의 공허한 시간에 학생들이 옮겨갈 수 있는 과제다.

높은 수준의 거점 활동은 바쁜 작업이 아니다. 거점 활동은 중심 학습 목표와 연관된 경험과 맞물려야 한다. 거점 활동은 학생들이 그들의 흥미를 끄는 것을 탐험하고 집중력을 사로잡는 내용에 필요한 개념과 기술을 묶음으로써 새로운 것을 개발하도록 도울 수 있다. 스포츠 경기에 사용되는 전술을 분석하거나 지역 이슈에 관한 연구를 진행하면서 같은 기술을 실습할 수 있을 때, 왜 여전히 수학 연습장을 풀어야 하는가? 물론 거점 활동은 다양한 수준의 준비된 것과 학습 스타일을 제공해야만 한다. 그것은 학생들이 교사의 안내 없이도 진행할 수 있도록 허용하는데 명백한 방향을 가지고 있어야 한다. 거점 활동은 학생들이 독립적으로 작업할 수 있는 '진행 중인 것'이거나, 단기적인 활동(예를 들어, '그날의 문제Problem of the Day' 센터나 현재의 학습 내용과 연관된 실험), 또는 부과된 과제를 끝냈을 때 학생들이 추구할 수 있는 장기 프로젝트일 것이다. 그것은 학생들에게 1개의 학습 활동에서 교사의 지도가 없는, 독립적인 또 다른 것으로 옮겨가도록 선택의 여지를 제공한다.

그러나 위에서 지적한 것처럼 작은 것으로 시작하자. 몇 가지 선택으로 시작하고,

학년이 올라가면서 확대하자. 독립적인 학습의 모든 과정처럼, 거점 활동의 사용도 배워야만 한다. 처음에 당신이 가르치고 있는 가장 중요한 것은 시간과 관심에 대한 경영 방법이라는 것을 기억하자. 학생들이 학습이라는 특정한 과제가 끝났을 때 멈추는 것이 아니라, 그들 자신의 약속에 대해 책임져야 한다는 것을 이해했을 때, 당신은 그들에게 더 복잡한 선택을 제시할 수 있을 것이다.

일단 당신이 시작 단계를 지나가면, 독립적인 학습 활동을 실행하기 위한 2개의 가장 공통적인 수단은 센터와의 계약이다. 이것들은 핵심 지시 사항과 거점 활동으로서 기능할 수 있다. 왜냐하면 그들의 작업 시간이 허락할 때, 학생들은 계속 진행 중인 활동으로 향할 수 있기 때문이다. 이러한 각각의 전략은 다양한 주제와 등급 수준에 따라 여러 가지로 변화시켜 실행될 수 있는 가능성이 있다. 이번 부문에서 나는 일반적인 정의, 쓸모 그리고 패턴에 대해 설명할 것이다. 이러한 일반적인 틀을 학생들의 요구에 따라 적용하는 것은 당신에게 달려 있다.

센터 센터는 초등학교 등급에서 가장 흔히 사용되지만, 어떤 수준에서든 사용될 수 있다. 나는 센터를 세 종류로 구별할 수 있다. 학습 센터, 흥미 계발 센터 그리고 탐구 센터가 그것이다. 물리적으로 학습 센터와 흥미 계발 센터는 비슷해 보인다. 각각은 특별한 주제와 과목에 대한 독립적인 작업을 촉진하기 위해 고안된 교실로서 디자인된 영역을 가지고 있다. 센터는 테이블의 개인용 열람실, 구석의 테이블 한 쌍, 이젤, 냉장 박스 또는 재료를 저장하고 지시를 제공하는 어떤 구조물도 실제로 사용할 수 있다. 학습 센터와 흥미 계발 센터의 차이는 목적에 있다. 학습 센터는 정규 교과 과정의 특별한 부분을 도입하고 강화하도록 고안되었다. 흥미 계발 센터는 학생들의 호기심과 흥미를 정규 교과 과정의 외부 영역에서 촉진하기 위해 고안되었고, 종종 동시에 연구와 발표 등에 필요한 일반적인 기술을 강화한다. 탐구 센터는 전형적으로 초등학교 교실에서 더 유연한 쓸모를 위해 고안되었다. 이러한 센터에서는 탐구를 위해 다양한 재료를 사용할 수 있지만, 특별한 지도나 사전에 계획된 활동은 없다.

학습 센터는 핵심 교과 과정을 강화하기 위해 고안되었기 때문에 학습 센터에서의 활동은 자주 학생들에게 필요하다. 그러나 센터의 본성은 필요성 내에서 선택을 제공하고, 각 학생들을 위한 과제의 난이도를 다양화하기 쉽게 한다. 센터를 만들 때 당신이 내려야 하는 첫 번째 결정은 주제에 관한 것이다. 어떤 센터들은 독도법이나 이야기 문제 풀기와 같은 특별한 기술에 초점을 맞출 수도 있다. 어떤 경우에는 기하판 geoboard이나 특별한 소프트웨어 같은 특정 재료에 중점을 두기도 한다. 또 다른 것들은 미국 원주민 문화, 날씨, 모바일과 같은 콘텐츠 영역으로 방향을 정하고 있다.

일단 당신이 주제를 결정했으면, 다음 단계는 쓸 수 있는 재료를 모으는 것이다. 만약 주제가 날씨라면 날씨에 대한 책, 웹사이트, 스마트폰이나 태블릿 PC의 앱 그리고 기타 쓸 수 있는 재료를 모으는 것으로 시작할 수 있다. 그 다음으로 개인이나 작은 그룹이 독립적으로 추구할 수 있는 가능한 활동의 목록에 대해 브레인스토밍을 할 것이다. 전형적으로 활동은 그 단원을 위해 계획된 핵심 개념이나 일반화에 집중하거나, 그것으로부터 갈라져 나온다. 활동은 전통적인 어휘 연습과 사실―수집 연습에 덧붙여 데이터 수집, 문제 해결, 개인적인 연구 그리고 창의적인 표현을 위한 기회를 포함해야만 한다.

날씨에 관한 단원은 3개의 일반적인 학습 내용 묶음을 둘러싸고 계획될 것이다. 날씨의 일반적인 원인과 예보, 날씨가 극단적인 때의 안전 확보 그리고 날씨 추이의 변화 등을 말이다. 가능한 활동 목록에는 날씨 관련 어휘에 대한 크로스워드 퍼즐이라든가, 과학 교과서에서 구한 '기압계를 만드는 데 필요한 작업계획표'가 포함될 것이다. 당신은 웹사이트에 북마크를 하고, 패턴을 추적하고, 지역에 따른 날씨 비교를 가능하게 하는 세계 날씨 정보라든가 최신형 기상 레이더에 학생들이 접근하도록 허용하는 앱을 찾을 수 있다. 덧붙여 학생들이 한 주 동안 지역의 온도와 기압 그래프를 모으고, 지구 온난화에 대한 연구와 보고를 하고, 토네이도가 닥쳤을 때 어린아이들에게 안전 대응법을 가르치는 브로슈어를 디자인하고, 구름의 종류에 대한 그림을 만들고, 지난 10년에 걸친 국가의 온도와 강우량/강설량의 추이 등을 조사하게 할 수 있다. 이러한 각각의 활동은 독립적으로 수행될 수 있고, 이 단원의 학습 내용의 강조점을 강화할 수도 있다. 당신은 어떤 활동이 교사의 감독하에 수업 시간 동안 이루어지고, 어떤 것에는 센터 활동이 필요하고, 어떤 것은 선택 사항일지 결정할 필요가 있다. 당신은 또한 어떻게 과제가 학생들의 요구에 다양하게 부합할 것인지 결정해야만 한다.

여러분은 여러 가지 방식으로 센터 활동을 조직할 수 있다. 다양한 색깔의 카드에 각 종류의 활동에 대한 지도를 붙여놓거나, 다른 색깔의 포스터에 그것들을 나타낼 수도 있다. 붉은색은 핵심 활동을 위한 것이고, 푸른색은 강화 활동을 위한 것이고, 초록색은 보다 더 도전적인 과제를 위한 것이다. 여러분은 각 학생들이 세 장의 붉은색 활동과 적어도 두 장의 푸른색이나 초록색 활동을 완성하는 데 필요할 것 같은 포괄적인 과제를 줄 수도 있다. 잘 정의된 구조 안에서 선택의 여지를 줄 필요도 있다. 그 대안으로 여러분은 개별 학생들을 위해 과제를 다양화할 수 있다. 어떤 학생들은 단지 붉은색 활동만을 완성하고, 나머지는 선택 사항으로 둘 필요가 있다. 이 분야에 대한 사전 지식이나 능력을 보여준 학생들은 초록색 카드를 적어도 한 개 선택할 필요가 있다. 또한 센터에서 포스터, 게시판, 커다란 박스, 기타 다른 전시품을 사용하여 일종의 배경 막과 타이틀을 제공할 필요가 있다. 이런 구조물은 센터를 위한 광고로 간주될 수 있다. 그것을 통해 센터가 포함하는 범위를 정하고, 학생들의 흥미와 호기심을 불러일으키는 데에도 도움이 될 것이다. 만약 그것이 다른 배경에서 진행된다면 같은 활동도 다르게 받아들여질 것이다. 만약 당신의 날씨 관련 활동이 하얀색인 카드에 연필로 적어서 파일 박스 안에 넣는 것이라면, 그것으로는 수많은 흥미를 불러일으키는 데 적합하지 않다. 다양한 색의 종이에 적힌 같은 활동이 책들, 날씨 관련 도구들, 다양한 색의 폭풍우 그림이 담긴 포스터와 함께, 그리고 '신비로운 날씨'라는 제목까지 붙어 있으면 아주 다르게 받아들여질 것이다.

어떻게 활동이 부과되고 조직되는가와 상관없이, 몇몇 요소들이 학생들로 하여금 센터를 무리 없이 사용하도록 허용할 것이다. 각 활동에는 분명한 지시가 따라야 한다. 당신은 아마도 센터를 소개할 때 복잡한 활동에 대해 보여주겠지만, 학생들이 센터의 복잡한 활동에 대한 지도를 기억할 것이라는 사실에 의지하면 안 된다. 글을 읽지 못하는 사람들을 위해서, 글자 맞추기나 기록된 지시 사항은 학생들로 하여금 교사의 도움 없이 활동을 계속할 수 있게 허용할 뿐 아니라, 지시를 받으려고 교사를 찾기보다는 재료를 찾는 데 더 익숙하게 만들 것이다.

만약 몇몇 활동이 정답을 가지고 있다면 이들 중 대부분이 자동적으로 수정되도록 설비를 갖춰보자. 만약 활동들이 자동적으로 수정되지 않거나 당신이 학생들의 작업을 보고 싶다면, 생산물이 놓여 있는 장소가 당신의 주목을 늦게 끌도록 설정해보자. 만약 센터가 무리 없게 기능하려면 학생들은 교사의 즉각적인 개입 없이 센터 활동을 진행하고 완성하며, 그들의 생산물을 검토할 수 있어야만 한다. 먼저 결정되어야 할 중요한 사항은 얼마나 많은 학생이 학습 센터를 한 번에 사용할 수 있는지, 센터의 재료가 제자리에 있어야만 하는지, 아니면 그 방의 다른 장소로 가져가도 되는지 등이다. 더 나이 든 학생들을 위해서 해당 센터에 허용되는 학생들의 수가 나타나는 표시를 고안하여 사용할 수도 있다. 더 어린 학생들은 센터의 중앙에서 색깔 있는 나뭇조각이나 옷핀을 받고서 센터에 입장할 수 있다. 예를 들어, 초록색 조각은 기상 센터에서 사용할 수 있다. 만약 초록색 조각이 없으면, 학생들은 누군가가 센터에서 작업을 끝내고 초록색 조각을 되돌려줄 때까지 다른 작업을 해야 한다는 것을 안다. 만약 여러분이 센터에서의 활동을 주기적으로 바꾸고 싶다면 나뭇조각 시스템은 특히 잘 작동할 수 있다. 만약 새로운 센터 활동이 특히 정신없고 진행하는 데 커다란 공간이 필요하다면, 나뭇조각의 숫자를 줄일 수도 있다.

만약 학습 센터에서의 활동이 필요하다면, 완성된 활동을 어떻게 기록할지 고려할 필요도 있다. 확실히 만약 어떤 활동에 대해 검토해야 한다면, 다른 학생들의 작업을 기록하듯이 그것들을 기록할 수 있다. 만약 한 주 동안의 기온에 대한 그래프가 필요하다면, 학생들은 관련 나뭇조각을 바구니에 넣어둘 것이고, 그러면 당신은 편리한 시간에 그것을 평가할 수 있다. 그러나 다른 활동들은 물리적인 생산물이 없거나(예를 들어, 역할놀이 또는 토론 활동), 쉽게 보관할 수 없는 생산물을 만드는 경우(예를 들어, 조각그림 맞추기나 실험 실습)가 있다. 이 경우 더 중요한 것은 마지막 결과물을 평가하는 것보다 진행되고 있는 활동을 기록하는 것이다. 그러한 기록을 조직하는 가능한 방법은 센터 활동의 목록을 학생들에게 제공하는 것이다. 학생들은 그들이 완성한 활동을 지워나갈 수 있다. 만약 당신이 보고의 정직성에 대해 걱정한다면, 입회한 학생 이름의 머릿글자가 필요할 수도 있다. 더 어린 학생들은 완성된 활동을 가리키는 숫자의 모양에 색칠을 할 수 있다. 예를 들어, 어떤 학생이 물고기 센터에서 활동 번호 '2'를 완성했다면, 그는 물고기 그림 위의 숫자 2에 색칠할 것이다. 그 대안으로 특별한 활동 가까이에 놓인 서명 용지는 학생들의 참여를 기록하는 데 사용될 수 있다.

마지막으로, 당신은 센터를 언제 사용할지 결정할 필요가 있다. 어떤 교사들은 다른 과제들이 끝났을 때, 학생들이 센터를 거점 활동에 사용하도록 계획한다. 이런 조치의 문제는, 어떤 학생들이 결코 과제를 제 시간 안에 끝내지 못해서 센터 활동을 하지 못한다는 것이다. 만약 센터 활동이 중요하다고 생각되면, 다른 조치를 고려해야 한다. 다른 선택은 학생들로 하여금 센터를 교대로 이용하게 하는 것이다. 한 중학교 수학 교사는 그의 학급을 세 그룹으로 나누었는데, 이는 단원에 따라 변경되며 학급의 시간은 두 파트로 나누었다. 주어진 시간 동안 한 그룹은 교사와 작업하고, 다른 한 그룹은 문제 해결 파트를 학습 센터에서 진행하고, 나머지 한 그룹은 컴퓨터를 사용했다. 그 교사는 각 그룹들 사이를 돌아가며 지도했는데, 매 3일마다 그룹 2와 미팅을 가졌다. 같은 종류의 조직이 기술에 대한 지도를 하는 초등학교 교실에서도 가능하다. 교사가 특별한 기술이 필요한 그룹을 만나는 동안, 다른 그룹은 앉아서 작업을 하고 있었고, 또 다른 그룹은 센터에 있었다. 그 그룹들은 모두 센터에서 작업할 수 있을 때까지 순환했다. 또 다른 교사들은 다양한 센터를 만든 뒤, 모두가 센터 활동을 추구할 수 있는 특별 활동 시간을 계획에 넣었다.

어떤 교사들은 센터를 그들의 교과 과정에서 핵심 조직으로 사용한다. 그런 교실들은 전형적으로 위에서 설명한 기상 센터처럼 정교하지 않고 복합적인 센터라는 특징을 가지고 있으며, 매주마다 바뀐다. 하나의 전통적인 방식은 주제 영역에 따라 초등학교 교실 센터를 조직하는 것이다. 그 결과는 수학 센터, 언어 센터, 미술 센터, 과학 센터 등인데, 각 센터는 이 분야의 학습을 위해 도움이 되는 재료를 제공한다. 주제 중심의 센터를 조직하는 또 다른 방법은 모든 활동을 주제 단위에 따라 조작하거나 책을 공유하는 것이다. 예를 들어, 〈곰 세 마리〉를 읽는 초등학교 1학년 학생들의 교실은 곰을 더하는 식의 수학 활동, 곰의 습성에 대한 과학 공부, 곰과 관련된 형용사에 대한 글쓰기 활동 등을 할 수 있다. 다양한 센터를 조직하는 세 번째 방법은 주제 영역보다는 다양한 정보를 둘러싼 센터를 만드는 것인데—이 경우, 어쩌면 곰에 대한 글쓰기, 곰이 걸어가는 스타일의 춤을 창작하고, 엄마·아빠·아기 곰의 크기를 측정하는 것 등이 가능하다. 다양한 센터가 있는 교실에서 조직의 일반 원칙은 단일한 학습 센터의 경우와 비슷하다. 다양한 센터를 사용하는 그들의 시간을 조직하는 기회를 가지는 학생들은, 독립적인 작업자로서 발전할 수 있는 특별한 기회를 가진다.

대부분의 경우, 흥미 계발 센터의 건설과 사용은 학습 센터의 건립 및 사용과 동일하다. 그들 역시 주제와 함께 시작한다. 그러나 그 주제는 일반적으로 정규 교과 과정의 일부가 아니다. 그것은 단원의 파생물로서, 또는 지역이나 국가적인 이벤트의 연장으로서 학생들의 흥미 때문에 선택되었다. 그 다음 활동의 목록은 정해져 있지만, 그 목적이 학습 내용을 강화하는 것이라기보다는 학생들의 흥미에 박차를 가하는 것이기 때문에, 그 활동은 특별한 일반화와는 연관성이 더 적고 더 광범한 경향이 있다. 만약 내가 사진에 대한 흥미 계발 센터를 계획하려고 한다면, 나는 카메라 작동법, 사진 편집, 위대한 사진작가들의 삶과 예술, 사진의 역사, 사진에 바탕을 둔 역사 연구, 동작 연구에서 사진의 사용, 순간 정지 사진, 활동 사진의 개발 같은 활동을 포함할 것이다. 내 목표는 수업 시간에 모두가 사진의 기본 과정을 이해하도록 만드는 것이 아니라, 가능한 한 많은 학생이 질문과 아이디어, 또는 조사하고 싶을 정도로 충분히 흥미로워 보이는 활동을 발견하도록 만드는 것이다. "우리는 가끔 흥미롭다는 이유로 뭔가에 대해 더 많이 배우는 것을 택한다"는 생각을 나는 강화하기를 바란다.

센터의 목적이 흥미를 돋우는 것이기 때문에, 흥미 계발 센터의 활동은 일반적으로 선택의 여지가 있다. 어떤 교사들은 학생들이 적어도 하나의 활동을 선택할 필요가 있다고 생각한다. 이러한 접근은 아이들에게 적어도 새로운 야채를 한 그릇 먹이려는—그 애가 좋아할 거야!—부모의 고집과 비슷하다. 당신은 필요한 어떤 활동들이 학생들의 흥미를 증가시키는지, 아니면 감소시키는지 결정할 필요가 있다.

당신은 또한 얼마나 많은 기록을 보관할지, 그리고 과제가 이런 센터의 목표에 부합할 필요가 있는지 결정해야 한다. 어떤 교사들은 다양한 학생들이 탐험하는 다양한 활동의 수를 추적하는 것을 더 선호한다. 다른 교사들은 그들이 관찰에 의해 센터의 성공을 대체로 측정할 수 있다고 느끼며, 더 자세한 기록은 필요하지 않다고 본다. 만약 흥미 계발 센터를 풍부하게 만드는 데 가끔 사용되는 원천으로서라면 당신은 아마도 기록을 최소한만 보관할 필요가 있을 것이다. 만약 그것이 학생들이 흥미를 확인하고 추구하도록 돕는 중심 노력의 일부로 사용된다면, 당신은 학생들이 관여하는 패턴을 추적하길 원할 것이다. 학생이 다양한 센터에서 독립적인 학습을 통해 어떤 선택을 하고 따랐는지 알 때, 당신은 참여하지 않은 학생들에게 독립적인 학습 기술과 동기 부여가 결여되었는지 아닌지, 또는 단지 특별한 주제에 대해 관심이 없는지 쉽게 측정할 수 있다. 가장 성공적인 활동의 어떤 종류도 학생들의 흥미와 필요한 기술의 영역에 대해 단서를 줄 수는 없다.

학습 센터와 마찬가지로 만약 흥미 계발 센터가 보내는 메시지를 가치 있게 생각한다면, 모든 학생이 그것을 탐험할 수 있는 약간의 시간을 스케줄에 포함시키는 것이 중요하다. 흥미 계발 센터의 내용이 필수 교과 과정의 일부가 아니기 때문에, 단지 진짜 작업이 완료되었을 때 그것을 남아도는 것이라 보는 것도 나쁘지 않다. 내 관점에서 보면, 학습에 대해 선택하는 것으로 시작하는 것은 학생의 진짜 작업의 일부이며, 모든 학생이 그 기회를 가지는 것도 중요하다. 흥미 계발 센터는 다른 과제를 모두 완수한 학생들이나, 그날의 주제를 지도를 위해 미리 습득한 학생들에게 아주 적절한 기회를 제공한다. 그러나 나는 그것의 사용을 재빠르고 성공적으로 작업을 마친 능력 있는 학생으로 한정하지 말 것을 당신에게 희망한다. 선택과 독립성에 대한 수업은 모든 사람에게 중요하다. 흥미 계발 센터에서의 작업은 그것으로부터 모든 학생이 도움을 받을 수 있도록 탐구를 위해 특별히 고안된 시간으로서, 또는 계획된 순환 활동으로서 스케줄 안에 넣을 수 있다.

저학년들, 특히 유치원에 들어가기 전부터 1학년까지는 탐험 센터나 자유놀이 구역을 사용하여 교실을 조직할 수 있다. 이러한 영역은 전형적으로 특별한 과제를 조직하기 위한 것이 아니라, 개념 발달을 위한 배경과 강화를 제공하기 위한 방식으로 학생들이 재료와 교감할 수 있도록 고안되었다. 잘만 계획되면 그것은 다양한 관점에서 재료와 교감하고 수많은 가르칠 만한 순간들을 위한 단계를 세울 수 있다. 예를 들어, 그들의 공동체에 대해 공부하는 젊은 학생들은 그들에게 공동체의 근로자 역할놀이를 하도록 격려하는 의상 영역, 다양한 탈것과 함께 블록 영역 또는 팔 만한 물건을 완성하는 플레이 스토어[3]를 가질 수 있다.

주의 깊은 계획과 교사의 상호 작용으로 탐험 영역은 학생들이 놀이를 통해 핵심 개념을 실습하고 계발하도록 돕는다. 이러한 영역에서 재료와 교감하는 학생들을 살펴보는 교사는 학생들이 개념을 적절히 분류하고, 언어 기술을 계발하도록 도울 기회를 갖는다. 수많은 유치원 교사가 아이들이 '넘어서' '아래로' 그리고 '통과하여'와 같은 개념을 배우도록 돕기 위해 블록 영역에서 상호 작용을 사용한다. 탐구 센터에서의 대화는 또한 교사들에게 유연한 사고의 모형을 만들 기회를 준다. 강아지 인형을 만들기 위해 플라스틱 바가지를 모자로 사용했고, 아울러 핸들과 침대도 사용했던 어떤 교사는 상호 작용 놀이를 통해 창의성을 계발함으로써 L. S. 비고츠키(Vygotsky, 1960 또는 F.

---

3) play store, 구글의 앱 마켓-옮긴이 주

Smolucha 1992)가 설명했던 사회적 상호 작용에 참여한다.

계약 학습 계약은 주어진 시간 단위 안에 완성되어야 하는 일련의 과제에 동의하는 교사와 학생을 위한 체계를 제공한다. 수많은 계약은 학생들이 필요한 학습 내용 체계에 따라 독립적으로 작업하도록 허용하고 있고, 학급의 일부가 다른 활동에 종사하고 있을 때 그 시간 동안 독립 프로젝트를 수행하도록 허용한다. 적절한 수준의 복잡성과 계약의 지속 기간은 학생들의 성숙도와 독립 작업에 대한 경험에 따라 매우 다르다. 초등학생들에 의해 완성된 첫 번째 독립 계약은 1개 혹은 2개의 작업기간 이상을 포함하면 안 된다. 짧은 기간은 또한 전에 교사의 전체—그룹—지도 수업 이외의 작업을 해본 적이 없는 더 나이 든 수많은 학생에게도 적합하다. 독립적인 학습의 다른 측면과 마찬가지로 학생들은 단순한 짧은 기간으로 시작하여, 더 복잡한 과제로 진행하면서 점차 계약에 대한 능력을 계발해야 한다.

대부분의 계약은 정규 교과 과정과, 그 교과 과정에서 뽑아낸 특별한 과제와, 학생들의 흥미를 둘러싸고 계획된 선택 가능한 활동을 포함한다. 정규 교과 과정의 과제는 완성해야 하는 몇 페이지짜리이거나, 어떤 평가를 위한 준비 과정에서 숙달되어야 하는 개념이다. 기본적인 기술이 계약의 일부이기 때문에, 수많은 계약이 사전 평가를 사용하여 개별 학생들의 요구에 따라 재단될 수 있다. 〈표 9.2〉는 수많은 단원의 일부로 사용될 수 있는데, 특히 특별한 기술을 강조하고 있다. 사전 평가 이후, 교사는 개별 학생이 요구하는 학습 내용을 검토할 수 있다. 다양한 학생들의 요구에 따라 개별화된 다른 계약의 예는 C. A. 톰린슨과 동료들의 책 〈실습에서의 분화*Differentation in Practice*〉(Tomlinson & Eidson 2003a, 2003b; Tomlinson & Strickland, 2005), S. 와인브레너(2008)의 책 〈일반적인 교실에서 재능 있는 아이 가르치기*Teaching Gifted Kids in the Regular Classroom*〉 그리고 구별에 대한 그 밖의 글쓰기에서 발견할 수 있다.

선택적인 글쓰기는 교사와 학생에 의해 계획될 수 있다. 독립적인 학습에 대해 더 많은 경험을 가지고 있는 나이 든 학생들은 선택 가능한 활동을 계획할 때 더 많은 정보를 가지고 있어야만 한다. 학생들의 흥미에 바탕을 두었으며 변경이 가능한 활동과, 문제 발견과 문제 해결 그리고 창의적 아이디어의 표현에 강조점을 둔 것들이 계약에서 중요한 부분이어야만 한다. 〈표 9.3〉은 단순하고 단기적인 계약이다. 그것은 학생

학습 계약

장: _____

이름: _____

✓	페이지/개념	✓	페이지/개념	✓	페이지/개념
____	_____	____	_____	____	_____
____	_____	____	_____	____	_____
____	_____	____	_____	____	_____
____	_____	____	_____	____	_____

강화 옵션: _____

특별 지도

_____ _____ _____

_____ _____ _____

_____ _____ _____

당신의 아이디어

_____ _____ _____

작업 조건

_____

_____

_____

_____

_____

교사의 서명 _____

학생의 서명 _____

표 9.2 학습 계약

출처: Teaching Gifted Kids in the Regular Classroom(p24), by S. Winebrenner, 1992, Mineapolis, MN: Free Spirit, Copyright ©1992 by Free Spirit Publishing Inc. Reprinted with permission.

```
나는 로켓에 대해 배울 것이다.

내가 물어볼 질문은

무엇이 로켓을 그렇게 빠르게 만드나?

제일 높이 올라가는 로켓은 어디까지 갈 수 있나?

로켓에 대한 책을 읽고          나는 연구할 것이다

그의 로켓에 대해 코네트 선생님과 대화하고

로켓의 그림과 정보가 담긴 포스터를 만들어서        나는 내가 배운 것을 공유할 것이다.

나는 토론토 선생님의 목록에 서명할 것이다.        만약 도움이 필요하다면

다음 주 금요일까지        나는 내 연구를 완성할 것이다.

                                학생 서명 _____

                                교사 서명 _____
```

표 9.3 독립적인 학습 계약서

과 교사 둘 다를 위한 첫 번째 독립적인 연구 기회로 사용될 수 있다. 비록 그것이 단기간을 나타내더라도, 그것은 개별적인 질문과 연구를 위한 기회와 분명하게 고안된 활동도 포함하고 있다.

계약 활동을 독립적인 작업 시간 동안 추구할 수도 있다. 다른 학생들이 기술 지도에 참여하고 있는 동안 다른 과제를 완성하고 있을 때, 또는 교사에 의해 독립적인 작업에 적절하다고 기획된 다른 시간 등을 말이다. 모든 학생이 주어진 주제에 대해 개별 계약에 따라 작업할 필요는 없다. 당신은 독립적인 작업 기술을 보여줄 수 있는 작은 그룹과 작업을 시작할 수 있다. 학년이 진행되면서 독립적인 계약에 따라 일할 기회는 확대될 수 있고, 다른 학생들과 교환할 수도 있다.

당신이 학생들에게 더 많은 독립성을 허용하면서 어떤 구조를 선택하든 간에, 그 선택이 단지 가장 능력이 있거나 성공적인 학생들만을 위한 것이 당연하다고 여기면 안 된다. 최근에 내가 가르치는 대학원 학생들 가운데 하나는 자폐증이 있는 젊은이의 습관과 성취에서 선택의 영향을 조사하는 사례 연구를 완성했다. 심지어 글쓰기 수단의

선택이라든가 그가 작업하는 공간과 같은 작은 선택들조차 그의 행동과 초점의 수준에 차이를 만든다. 그리고 아마 놀라울 것도 없겠지만, 그는 단지 회상을 불러일으키는 과제보다는 중간에 변경이 가능한 주제가 주어졌을 때, 더 오래 참여하고 더 잘 썼다.

> **교실에 대해 생각하기**
>
> 계약은 다양한 수준의 도전을 제공하고 자발성도 촉진하는 방식 중 하나다. 1명 이상의 학생들을 위한 계약을 계획하자. 당신은 친구들 몇 명과 함께 자신들의 학급에서 이러한 전략을 시도해보고 공유할 수 있는 작은 샘플 책자에 계약서를 편집하기를 원할 수도 있다.

학생들이 자발적이고, 확신을 가지고 있고, 스스로에게 동기를 부여하도록 돕는 것은 창의적이 되도록 돕고 촉진하도록 교실을 구조화하는 데 중요하다. 그러나 독립성에 대한 모든 강조의 한가운데에서 당신이 창의적 활동과 관점을 공유하는 학생들의 가치에 대해 잃어버리면 안 된다. 교실은 자발적인 학습자들의 상호 작용 공동체여야만 하고, 페이스-마르셀(1993)이 '공동체 배우기'라고 부르는 환경이어야 한다. 결국, 우리는 '더 중요한 창의성은 협동하는 것'이라는 사실을 안다.

M. 칙센트미하이와 K. 소여(1993)는 저명한 창의적 성인의 인터뷰 연구에서 사회적 창의성의 측면을 설명했다. 종종 학생들과 성인들은 창의적인 개인을 '스튜디오나 연구소에 홀로 격리된 천재'라고 상상한다. 사실, 칙센트미하이와 소여는 창의적 과정의 모든 단계는 사회적 상호 작용에 상당부분 달려 있음을 발견했다. 한 과학자는 문door에 관한 은유를 아래와 같이 사용했다.

> *과학은 군집의 비즈니스다. 이 문이 열려 있게 하느냐 닫혀 있게 하느냐 사이에는 필연적인 차이가 있다. 만약 내가 과학을 한다면, 나는 문을 열어둘 것이다. 그것은 일종의 상징이지만 사실이다. 당신은 항상 사람들과 이야기하기를 원한다. … 그것은 당신이 이룬 어떤 흥미로운 것을 건물에 있는 다른 사람들과 상호 작용함으로써만 가능하다. 그리고 그것은 필연적으로 공동의 사업이다.(p9)*

비록 모든 창의적인 개인 또는 생산품에 같은 양의 사회적 상호 작용이 필요한 것은 아니다. 하지만 학생들은 생각을 나누고, 아이디어를 탐험하고, 동료들에게 질문을 던지는 것이 개인과 협동의 창의성 둘 다를 위해 중요한 부분이라는 것을 이해해야만 한다. 6~8장에 설명된 상호 작용의 교육 전략, 그룹 학습 활동 그리고 개인의 창의적 노력에 대한 토론 등 모두가 '창의적 공동체'라는 관념을 이루는 데 도움이 될 수 있다. 당신은 또한 독립적인 작업 시간이나 교실의 싱크탱크에 대한 토론을 구조화하기를 원할지도 모른다. 그때 학생들은 잘못 구조화된 문제들, 연구에 따르는 딜레마 또는 창의적인 아이디어를 가져올 것이다. 자율과 공동체 사이의 균형을 이루는 것은 미묘한 일이지만 창의적 과정의 필수적인 부분이다.

교실 환경과 판에 박힌 일상

유연한 지도를 위한 교실 공간　교실의 물리적 배열은 학생들에게 교실에서의 독립성, 선택 그리고 창의성의 역할에 대한 메시지를 전달할 수 있다. 교사를 향하고 있는 모든 책상은 그룹 지도를 하기가 더 쉽게 만든다. 그것은 또한 학생들에게 정보의 원천을 한 장소에서 발견할 수 있다는 메시지를 전달하고 있다. T. 실리그(2012)는 창의적인 과정에서 가구 배열의 영향력을 무심코 발견한 경험에 대해 설명했다. 창의적인 문제 해결의 과정에서 한 그룹의 학생들은 책상과 의자를 가지고 있었고, 나머지 그룹은 단지 의자만 가지고 있었다. 이 점이 시뮬레이션의 결과에 영향을 끼친 핵심 변수라는 점이 드러났다. 의자만 가진 학생들은 즉시 단결을 도모하여 협력하기 시작한 것이다. 테이블을 가진 학생들은 그들의 자리에 붙박여 있었다. 다른 그룹과 경험을 되풀이했을 때에도 같은 결과에 이르렀다. 수준이 매우 높은, 아주 능력 있는 대학생들의 사고조차 가구에 갇혀버렸다. 그들은 그것을 넘어설 수 없는 것처럼 보였다.

E. 매킨토시(2010)는 우리 학생들이 경험할 수 있는 모든 종류의 공간, 그러니까 물리적인 것과 온라인 둘 다에 대해 설명했다. 이러한 공간들이 교실에서 어떻게 작동하는지 생각해보자. 왜냐하면 그것들이 우리가 학생들을 위해서 준비하고 있는 세계일 것이기 때문이다.

• **개인 공간**: 이것은 우리 모두에게 잠시 멈추고, 따로 다시 그룹을 구성하거나 친

한 친구에게 문자를 보내는 데 필요하다.

- **그룹 공간**: 이곳에서 팀이 함께 작업할 텐데, 가구가 길을 가로막지 않으면 더 좋다!

- **발표 공간**: 이 공간은 물리적으로든 가상으로든 공유를 위한 장소를 제공한다. 학생들의 작업을 공유할 수 있는 선택의 여지에 대해 생각해보고, 몇 년 전에는 존재하지 않던 온라인 게시판부터 슬라이드 셰어, 블로그, 브이로그, 위키스 등에 이르기까지 고려해보자.

- **실행 공간**: 실행 공간에서 아이디어는 말로, 또는 실행으로 공유된다. 물론 이것이 물리적 공간이거나 가상의 공간일 수 있는데, 대부분의 경우에는 물리적 공간이 먼저 필요할 것이다.

- **참여 공간**: 이 공간은 옛 뉴잉글랜드의 읍내와 조금 비슷하다. 이것은 당신이 진행 중인 공동체 행동의 일부인 공간이 될 수도 있다. 리얼리티 쇼에서 최근의 참가자를 위한 투표를 통해서나 멀티플레이어 시뮬레이션에 관여함으로써 수많은 사람들이 이 공간에서 한번에 참여할 수 있다.

- **관찰 공간**: 문제 발견, 문제 해결 그리고 학습에서는 때때로 단순히 듣고 관찰하는 시간이 필요하다. 그러한 것들 역시 학교에 속해 있다.

혁신적인 회사와 마찬가지로 혁신적인 학교는 문자 그대로 또는 은유적으로 필요에 따라 움직이는 물리적 공간이 필요하다. 창의성에 초점을 맞추고 있는 구글이나 픽사 같은 회사가 그들의 작업 공간에 놀이의 요소와 유연한 공간 요소를 가지고 있다는 것은 우연이 아니다. 비록 우리가 보행기나 집 라인[4]을 가지고 올 수는 없어도, 우리는 공간을 더 적합하게 만들기 위해 작업할 수 있다. 만약 학생들이 때로는 독립적으로, 때로는 팀을 이루고서 일한다면, 이러한 실천은 그들을 편리하게 만드는 교실 배치로 촉진될 수 있다. 학생들이 독립적인 연구를 추구하려고 한다면, 그들은 참고서나 컴퓨터, 태블릿에 쉽게 접근해야 한다. 또한, 그들이 장기적인 프로젝트를 작업하려고 한다면 그들은 작업 기간에 자신들의 프로젝트와 재료를 저장해둘 안전한 장소를 가지

---

4) zip lines, 공중에 설치된 외줄을 타고 이동하는 장치-옮긴이 주

고 있어야 한다. 만약 그들이 감각적인 경험에 대한 개방성을 계발하려고 한다면, 다양한 재료에 노출될 필요가 있다. J. P. 아이젠버그와 M. R. 잘롱고(1993)는 우리가 학생들의 눈높이에서 교실에 대한 감각적인 경험을 조사해야 한다고 주장했다. 어른의 관점에서 흥미로운 아이템들은 아래쪽이나 불편한 각도에서 보면 훨씬 덜 흥미롭다(유아용 모빌을 생각해보자!). 만약 학생들이 다양한 생산품을 창조하려고 한다면 그들은 선택 가능한 생산물에 대한 재료, 모델 그리고 분명한 방향이 필요하다.

심지어 조그만 교실에서도 당신은 다양한 목적을 위한 다양한 작업 영역을 고려하기를 원할 것이다. 초등학교나 중고등학교는 모두 다른 학생들이 방해받지 않고 작업하도록 공간을 허용하면서, 소그룹의 기술 지도를 위한 영역을 가지고 있다. 만약 교실이 전체 그룹을 지도하면서 이런 공간을 제공하기가 힘들 정도로 너무 작다면, 2~3개의 기본 교실 배열을 하는 것이 가능하다. 하나의 교실을 전체 교실 수업을 위해 배정한 뒤, 하나는 팀 작업을 위해 또 하나는 독립적인 작업 시간을 위해 배열할 수 있다. 이러한 기본 패턴은 그날그날 달라질 수 있다. 만약 그 패턴이 가구 이동을 최소화하도록 고안된다면, 학생들은 변형을 위한 교육을 받을 것이다. 당신은 "오늘 우리는 팀을 이루어 작업할 것이다. 너희들의 책상을 팀 형태로 돌려주기 바란다. 우리는 1분 안에 작업을 시작할 것이다"라고 말할 것이다. 그러한 이동은 순간적인 혼동을 일으키겠지만, 그 결과 여러분의 활동을 도울 수 있는 교실 배치로 활동을 지도할 수 있게 된다. 물론 배열이 어떻든 간에, 당신이 그룹들 사이를 돌아다니고 학생들이 재료 쪽으로 접근할 수 있도록 길을 확실히 남겨두어야 한다. 또한 그것이 장기적이든 단기적이든, 교실의 영역에 명칭을 붙여두는 것이 도움이 될 것이다. 왜냐하면 당신은 특별한 그룹을 '영역1'이라고 지목하여 명백하게 이해시킬 수 있기 때문이다.

집중에 대해 강렬한 요구를 가지고 있는 어떤 학생들은 그들이 개인적인 프로젝트를 추구할 수 있는 개인 학습 영역에서 이익을 얻을 수 있다. 심지어 책상 위의 마분지 상자조차도 열람석으로 만들 수 있다. 진행 중인 프로젝트는 또한 진행을 하면서 작업 내용을 보관할 장소가 필요하다. 우유 상자나 음식물 보관 용기는 어린 학생들의 프로젝트를 넣어두는 데 사용될 수 있다. 더 나이 든 학생들은 장기적인 노력의 결과물을 안전하게 보관하기 위해 잠글 수 있는 캐비닛을 이용할 필요가 있다. 미완성의 프로젝트가 엉망이고, 전통적이지 않으며, 한눈에 알아보기가 쉽지 않을 때 이러한 경계가 특별히 더 중요하다. 교육에 관한 잊히지 않는 기억 중 하나는, 어느 날 아침에 학교에 왔을 때, 몇 주에 걸쳐서 자신들이 노력한 프로젝트가 교실 뒤 탁자 위에서 사라져버린 것을 발견한 초등학생 아이들의 얼굴을 봤던 일이다. 그들은 고대 문명의 유물을 흉내낸 공예품을 계획하고서 열심히 만들던 중이었다. 그런데 어느 관리인이 탁자 위에 있는 '알아볼 수 없는 재료 더미'를 보고 쓰레기라고 추측해버린 것이다. 그 경험 이후, 나는 교실에서의 보관 문제에 대해 더 조직적으로 대처했고, 더 조심하게 되었다.

의사소통과 지도　만약 다양한 개인과 학생 들의 그룹에 다양한 지도가 필요하다면, 모든 사람에게 모든 것을 지도하면 안 된다. 학생들로 하여금 그들에게 적용되지 않는 지도 내용에 귀를 기울이는 데 엄청난 시간을 쓰도록 요구한다면, 시간 낭비인 동시에 정신이 산란해지는 데 따른 행동을 초래하는 꼴이 된다. 당신은 또한 우편함(실제든 가상든), 주머니 도표, 그 밖의 의사소통 수단을 고려하기를 원할지도 모른다. 그 덕분에 당신은 종이를 배포하느라고 엄청난 시간을 사용하지 않고도 개별적인 접촉, 과제나 그 밖의 조언을 해줄 수 있다.

어떤 교사들은 과제를 배포하는 데 주머니에 넣을 수 있는 개인용 폴더를 사용한다. 만약 폴더가 수업 전에 채워져 있다면, 각 폴더 속의 내용물은 약간씩 다를 수 있다. 당신은 쉽게 올바른 폴더를 각 학생들에게 배급할 수 있다. 그래서 학생들은 의심할 필요가 없고, 당신은 학생들이 기다리는 동안 과제 더미를 가지고 곡예를 하느라 시간을 소비하지 않아도 된다.

게시판이나 그 밖의 전시 구역은 과제 도표나 진행 중인 프로젝트에 대한 설명을 통해서 중요한 정보를 전달할 수 있다. 그 방의 다양한 영역에서 과제 카드는 미니 센터 같은 역할을 한다. 나는 특히 C. A. 톰린슨과 M. B. 임보(2010)의 '힌트 카드'(p95) 개념을 좋아한다. 그것은 내가 예전에 배웠지만 그 순간 기억이 나지 않는 과정에 대한 기억을 환기시키기 때문이다. 힌트 카드에는 다양한 시의 구조에 대해 그래프로 만든 상호연관성을 해석하는 방법 같은 것이 포함되고, 학생들이 독립적으로 앞으로 나아가도록 허용한다.

또한, 학생과 교사 둘 다를 위한 개인 학회의 필요성을 지적하는 것은 명백한 체계를 갖는 데 도움이 된다. 당신은 한 장소를 정해서 학생들이 보고서의 진행 과정에 대해 서명을 하거나 프로젝트에 대한 도움을 요청하는 곳으로 사용하기를 원할지도 모른다. 언제 당신이 그들을 보기를 원하는지 학생들이 아는 것도 마찬가지로 중요하다. 어떤 교사는 다행히도 그녀의 교실에 전문직 조교가 있어서 모든 학생의 이름을 목록으로 만들었다. 그 교사는 조교가 살펴봐주기를 원하는 학생의 이름 옆에 한 가지 색깔의 핀을 꽂아두었고, 그 근처에는 관련 폴더를 쌓아두었다. 학생들에 대한 다른 색깔의 핀은 그 학생이 그녀가 살펴보고 싶은 학생임을 그녀 자신에게 상기시켜주었다. 비슷한 시스템을 교사 혼자만 있을 때도 사용할 수 있다.

많은 다른 의사소통 수단과 교실 배치가 학생들의 자발성과 동기 부여는 물론 교실 활동의 유연성도 촉진한다. 어느 교사를 위해 잘 작동하는 시스템은, 또 다른 교사에게는 성가시고 다루기 힘들어 보일지도 모른다, 특별한 전략 그 자체가 그들이 보내는 메시지만큼 중요한 것은 아니다. 학교는 말로 표현하지 못하는 과목들로 가득 차 있다. 가치, 아이디어 그리고 그러한 울타리 안에서 학생들의 생활을 형성하는 책임 등을 말이다. 학급 생활을 쌓아올리는 것—미래에 대한 계획, 의사소통의 가능성, 학교에서 보내는 시간 동안 학생들을 둘러싸고 있는 재료들—과 말없는 메시지가 그들에게 독립적인 학습자로서 책임을 지고 성장해야 하는 것의 중요성, 가능성 그리고 능력에 대해 말해주는 단순한 문제들에 대해 조사하는 것이 중요하다.

정보를 제공하는 피드백　여기에 학생들과의 의사소통 중 한 종류가 있다. 이것은 너무 중요해서 세부 사항을 열거할 가치가 있다. 일단 학생들이 그들의 과제에 대해 명백하게 이해하고 독립적으로 작업할 때, 그들은 자신들이 얼마나 잘하고 있는지—그들이 하고 있는 것이 얼마나 목표나 기준과 부합하는지 말해줄 정보가 필요하다. 이미 토론한 것처럼, 피드백의 목적은 학생들이 그들 작업의 장점과 약점을 이해하도록 돕고 발전하도록 만드는 것이다. 피드백이 분명하면 분명할수록, 학생들이 동기를 부여받고 성공할 가능성은 더 높다. G. 위긴스(2012)는 피드백과 충고 사이에서 도움이 되는 구분을 지었다. 이를테면 충고는 단순히 누군가에게 뭔가를 하라고 말하는 것이다. 예를 들면 "너는 이 부분에 더 설명적인 어휘를 넣어야 할 것 같다" 같은 것이다. 그 차이를 분명하게 해줄 특징 세 가지가 있다. 첫째, 피드백은 특별한 목표와 관련하여 학습자의 현재 노력을 반영하며, 그것은 다음과 같은 진술로 나타날 것이다. "배경 설명의 목표는 독자에게 그 장소에 대한 그림을 떠올리도록 돕는 것이라는 점을 기억해라. 너의 귀신 이야기에서처럼 너는 종종 독자가 뭔가를 느끼기를 원할 것이다. 네가 숲을 지나 걸어가는 것을 묘사할 때, 독자들이 그 그림을 보는 것처럼—어쩌면 오싹하게 느끼도록—도울 수 있는 어휘들을 생각해보자.”

둘째, 정보를 제공하는 피드백은 비록 학생이 성공한 경우더라도 다음번에 무엇을 할 것인지에 대한 정보를 제공한다. “잘했어! A+”는 학생들을 순간적으로 기쁘게 만들기는 하겠지만, 어떤 도움이 되는 정보도 제공하지 않는다. 그 대신 다음과 같은 말로 제공되는 정보를 고려해보자. “너는 주제에 관한 중요 자료와 부차적인 자료를 아주 잘 배치했구나. 네 중심 요점과 분명히 관련된 편지 두 통을 잘 분석했고, 군인들을 아주 생생하게 묘사했구나. 정확하면서도 감동이 있는 보고서를 쓰는 것이 쉽지 않은 일인데, 참 잘 해냈구나.” 이 경우, 그 학생은 자기가 잘했을 뿐만 아니라, 자신의 보고서 가운데 어떤 면이 뛰어난지도 알 수 있다.

마지막으로, 피드백이 효과가 있으려면 학생들이 그것에 따라 행동할 수 있고, 하려는 의지를 가질 필요가 있다. 이것의 의미는 피드백은 생산품이 완성된 후, 마지막보다는 지도를 하는 중에 일어나는 편이 그들의 행동을 개선할 기회가 있기 때문에 더 낫다는 뜻이다. 피드백의 양과 종류는 학생들이 실행할 수 있을 정도로 조심스럽게 측정되어야 한다는 뜻이기도 하다. 빨간색 ‘피드백’으로 뒤덮인 숙제는, 만약 학생이 압도당하는 기분을 느끼고 기가 꺾인다면 전통적인 등급 매기기보다 더 도움될 것이 없다. 한 번에 1~2개의 목표물만 공격하자. 특히 분투하는 학습자와 함께라면, 모든 것을 동시에 완벽하게 하려고 시도하기보다 학생이 한 분야에서 발전하도록 돕는, 중심이 분명한 피드백을 주는 것이 더 낫다. 설명적인 언어와 대문자에 초점을 맞추기로 결정한다고 해서 당신이 결코 따옴표를 쓰면 안 된다는 뜻이 아니며, 그것은 다른 날 시도하면 될 것이다.

지금까지 명백해진 것 가운데 하나는 학급 생활의 수많은 측면이 학습과 창의성에 친화적인 환경을 만드는 데 있어서 상호 작용을 한다는 것이다. 학생들의 학습에 도움을 주는 정보가 담겨 있는 피드백은, 학생들의 실력이 느는 데 필요한 것을 근거를 기반으로 인정하고 있다고 느낄 때에만 효과적이다. J. 해티(2012)는 이렇게 설명했다.

피드백은 우리가 이미 알고 있거나 이해하고 있는 환경에서가 아니라, 알지 못하고 실수를 하는 조건에서 번성한다. 그러므로 교사들은 그들의 교실에서 실수와 오해를 환영할 필요가 있다. … 학생들은 동료나 교사로부터의 부정적인 반응을 두려워하지 말고, 그들이 모르는 것에 대해 피드백을 받고 사용할 수 있는 환경에서 가장 쉽게 배운다.(p23)

심리적 안전을 제공하는 교실이 학생들이 위험을 감수하고, 한계를 깨닫고, 피드백으로부터 배우는 장소다. 그것은 창의성과 학습을 위한 장소다.

유연한 그룹 짓기와 조직

교실에서의 그룹 짓기 패턴은 교육 공동체 안에서 격렬한 토론의 주제가 되어왔다. 완고한 능력별 집단 편성에 대한 부정적인 반응과, 더 낮은 능력에 따라 배치된 학급에서의 비효율적인 교육 실습 때문에 학교에서 능력별로 집단을 나누는 것은 한정되거나 배제되는 결과를 불러왔다. 이러한 경향의 결과, 높은 능력을 가진 학생들에게 도전이 되는 이질적인 학급이 만들어질 가능성에 대한 우려가 생겼다.(Allan, 1991; Kulik, 1991; Slavin, 1991) 토론의 결과, 어떤 경우에는 혼란이 야기되었고, 연구나 합당한 이유에 따라 보장되지 않는 극단적인 입장도 등장했다. 경험 있는 교사라면 자신의 교실의 모든 학생에게 모든 주제에 대해 똑같은 경험이 필요하다고 믿는다고 상상하기 어렵다. 마찬가지로 어떤 교육자도 높은 능력을 가진 학생들이나 장애를 가진 학생들이 이질적인 그룹 안에서 결코 섞여서는 안 된다고 생각한다는 것도 믿기 어렵다. 그러나 그룹을 짓는 연구를 적용하면, 때로는 이러한 이분법적 접근을 택하는 것처럼 보인다. 그룹을 짓는 것은 좋거나 나쁘다. 우리는 학생들을 그룹으로 나누거나 나누지 말아야 한다. 다행히도 더 많은 학교들이 차별화된 지도 방식에 초점을 두고 있기 때문에, 유연한 그룹 짓기는 학교생활에서 일반적인 부분이 되어가고 있다.

다양한 그룹이 창의성을 위한 동기 부여에 얼마나 영향을 미치는지 결정하면서, 우리는 최소한 네 가지 포인트를 고려할 것이다. 첫째, 만약 학생들이 자신들을 점점 더 자발적인 학습자이며 문제 해결자로 보려는 경향이 있으면, 그들은 교사가 주도하는 전체 학급 수업의 밖에서 작업하는 시간을 일정 부분 보내야만 한다. 둘째, 만약 학생들이 몰입을 이끄는 내적 동기 부여를 개발하려고 한다면, 그들은 반드시 기술과 도전의 수준 사이에서 조화를 이루어야 한다. 학생들은 다양한 도전이 필요한 폭넓고 다양한 기술 수준을 가지고 있다. 셋째, 우리는 선택이 동기 부여와 창의적 생산물의 질을 높인다는 것을 안다. 만약 학생들이 선택의 여지를 가지고 있다면, 그들이 똑같은 과제를 언제나 하고 있을 수는 없다는 것은 명백하다. 마지막으로, 경쟁은 창의적인 노력에 있어서 동기 부여와 질을 방해할 수 있다. 교실의 분위기를 (적어도 창의적인 활동에 대해) 경쟁을 최소화하도록 만들어내려면 어떤 식의 협력—창의적인 협동의 기회—이 필요하다.

이러한 요소들 각각은 교실에서 그룹을 짓는 다양한 패턴을 위한 도움을 제공한다. 만약 학생들이 선택, 도전 그리고 자발성을 가지려고 한다면, 그들은 개별적으로든 작은 그룹으로든 전체 그룹 수업 밖에서 적어도 학교생활의 일부를 보내야만 한다. 만약 그들이 협동을 배우려고 한다면, 그들은 협동하는 그룹 짓기를 하면서 시간을 보내야만 한다. 어떤 하나의 패턴이 다른 것을 방해하거나 모든 학생의 요구를 충족시킬 수는 없다. 대부분의 학생들은 더 크고 이질적인 그룹에서 작업하면서 학교생활을 해야할 것이다. 그들은 또한 개별적인 과제, 프로젝트, 흥미에 따라서 그리고 가끔은 작은 그룹을 짓고서 짧은 시간을 보내야 할 것이다. 작은 그룹은 아마도 이질적이거나 균질적이고, 기술이나 흥미에 기반을 두며, 학생의 필요나 과제의 요구에 매달린다. 때때로 당신은 학생들이 특별한 기술의 필요에 기초를 둔 그룹을 지어 작업하기를 원할 것이다. 이런 그룹 짓기는 특히 기본 기술 지도를 위해서 또는 이전에 소개했지만 모든 학생이 습득하지는 못한 지도에 적합하다. 학생들의 현재 기술 수준을 한참 넘어서는 과제라든가, 숙달하기까지 오랜 시간이 걸리는 기술을 끊임없이 반복하여 실습하는 것보다 더 빨리 동기 부여를 제거하는 것도 없다. 좀 더 목표가 분명한 그룹 짓기는 적절한 수준의 도전을 제공할 수 있다[세부 사항을 보려면 톰린슨(2004)을 참조하라]. 그러나 다른 학생들이 도전적인 과제를 해치우는 동안 기술이 필요한 학생들이 언제나 기술 연습으로 내쫓기는 것이 필수적이지는 않다.

균질적인 그룹에서 복잡한 과제를 수행하는 것은 모든 그룹이 비판적이고 창의적인 사고에 종사하고 있는 차별화된 교실에 특히 장점을 제공한다. 특히 도전적인 문제 해결 활동이나 고급 재료에 대한 연구가 필요한 프로젝트는 특별한 영역에 대해 흥미나 실험 능력을 가지고 있는 학생들을 위한 도전으로 적절하다. 하지만 그것은 전체 학급 과제와는 맞지 않다. 좀 더 제한된 능력을 가진 학생들의 그룹은 다른 그룹에 비해 덜 도전적일 것이다. 스스로 과제를 처리하는 것은 그들이 좀 더 이질적인 그룹에 속해 있을 때에는 가지지 못한 끈기와 문제 해결의 기회를 그들에게 제공할 수 있다.

다른 경우에, 그룹들은 학생들의 표현된 흥미에 기초하고 있을 것이다. Y. 샤란과 S. 샤란(1992)의 그룹 연구 과정은 학생들에게 특별한 주제에 대해 조사하기를 좋아하는 질문을 만들어내도록 허용해야 한다고 주장한다. 르네상스를 공부하는 학급은 르네상스 예술과 음악과 춤을 연구하는 그룹으로 나뉠 수 있고, 무기와 전쟁 또는 그 밖의 흥미로운 영역 등에 따라서도 나뉠 수 있다. 어떤 학생들은 서유럽에서의 르네상스 시대 동안 아시아나 아프리카에서 일어난 사건이나 문화에 대해 배우기를 원할지도 모른다. 그 그룹들은 기술 면에서 이질적일 것이나, 흥미 면에서는 균질적이다. 그것은 또한 수많은 측면에서 이질적인 그룹에 적합한 과제다.

학생들에게 시간에 따라 다양한 그룹 짓기를 하도록 과제를 내는 것은 도전적이다. 선택의 여지 가운데 하나는 일주일 또는 그 이상 지속될 '상설 그룹'을 만드는 것이다. 상설 그룹은 기술 수준, 준비성 또는 흥미를 기본으로 하는 그룹들을 대체하는 것이 아니라, 특별한 목적을 위해 그룹을 고안하는 손쉬운 방법이다. 예를 들어, 톰린슨과 임보(2010)는 비슷한 독서 수준을 가진 독서 파트너를 포함하는 상설 그룹과, 교사가 전체 그룹 지도를 할 때 이해도를 측정하는 데 사용할 수 있는 혼합된 기술 수준을 가진 그룹에 대해 설명했다. 또 다른 선택의 여지는 몇 가지 타입의 그룹을 학생들이 필요에 따라 교체할 수 있도록 하는 것인데, 2명이 한 쌍으로부터(아마도 장점을 기초로 하여), 4명 팀(혼합 수준의), 3명 팀(흥미를 기초로 하거나 학생들이 고른)에 이른다. 만약 당신이 "3명이 한 팀으로 작업하자…"라고 말한다면, 학생들은 당신이 무슨 말을 하는지 알 것이다.

가장 도전적인 과제면서 궁극적으로 가치가 있는 학습은 이질적인 그룹에서 일어날 수 있다. 그런 그룹의 학생들은 서로 돕는 것, 다른 사람들과 잘 지내는 것, 그리고 다양성의 가치를 이해하는 것을 배운다. 불행히도 부적절하게 사용된 이질적인 그룹은 수많은 문제를 불러일으킬 수 있다. 능력이 부족한 학생들은 능력이 더 많은 학생에게 의지하여 과제를 수행하려고 한다. 더 능력이 있는 학생들은 그들 스스로 쉽게 숙달한 정보를 팀 멤버들에게 되풀이해서 설명하느라 지루해하거나 분개한다. 이질적 그룹이 동기 부여, 도전 그리고 모든 학생의 상호 의존을 제공하려고 한다면 협동 과제는 조심스럽게 계획되어야 한다. 다행히도 이질적인 그룹을 위한 효과적인 과제를 특징짓는 수많은 요소들은 창의성과 연관되어 있다.

R. 슬라빈(1990)은 적절한 협력 학습 활동이 그룹의 목적과 개인의 책임을 가지고 있다고 주장했다. 전체로서의 그룹은 어떤 과제를 함께 하지만, 배워야 하는 정보와 습득해야 하는 기술은 그룹의 각 개인에 의해 숙달되어야 한다. 개인 평가는 어떤 그룹 멤버도 다른 사람이 짐을 질 거라고 가정하고서 꾀를 피울 수 없도록 보장해야 한다. 이것은 확실히 중요한 요소다. 그러나 교사는 과제를 조심스럽게 봐야 하고, 그룹의 목표 속에서 추정된 상호 의존이 실제인지 살펴야 한다. 가끔 그룹 과제를 향한 노력은 실재보다는 환영인 그룹 노력을 생산하기도 한다.

이런 어려움은 특히 닫혀 있는 과제의 경우에 있음직하다. 그런 과제는 단 하나의 답과 그룹이 식별할 수 있는 과정 하나를 가지고 있다. 이런 과제에 대해서 어떤 학생들은 이미 정답을 알고 있거나, 아주 짧은 시간 안에 그것을 추론할 수 있다. 하지만 다른 학생들은 그렇지 못할 것이다. 여기에 진정한 상호 의존은 없다. 정답을 모르는 학생들은 아는 사람들에게 의지할 것이다. 이미 정답을 아는 사람들은 그 그룹에 참여함으로써 학문적인 이익은 거의 얻을 수 없다.

그 목적이 금요일 시험에서 가급적 최고득점을 획득하는 것인 철자 팀을 상상해보자. 잰은 단어의 철자에 대한 월요일의 사전 시험에서 100점을 받았다. 벤은 50점을 받았다. 그 주 동안, 잰과 그녀의 팀 동료들은 벤이 점수를 향상시키도록 열심히 노력했다. 이 경우, 잰은 그녀의 팀이 목표에 도달하거나 상을 받기 위해 벤에게 의지하겠지만, 자신의 철자 실력은 나아지지 않았다. 이와 마찬가지로 만약 벤과 잰이 함께 사회 그룹에 있다면, 각자가 시팅 불[5]에 대한 특별한 정보를 찾는 과제를 받을 수 있다. 잰은 아마도 읽기를 술술 잘하고, 연구도 쉽게 다룰 수 있을 것이다. 벤은 아마도 훨씬 느릴 것이고, 자기 몫의 기여를 하는 데 있어서 팀 구성원의 도움을 받아야 할 것이

---

5) Sitting Bull, 미국 원주민인 수족의 추장으로, 1876년에 리틀 빅 혼에서 미군 기병대를 상대로 전설적인 전투를 벌였다. -옮긴이 주

다. 만약 과제가 단순히 사실 모으기라면, 잰은 그녀 혼자서 훨씬 더 효율적으로 그것을 수행할 수 있을 것이다. 그렇다면 그녀는 훨씬 더 적절한 도전적인 과제로 갔어야만 했다. 이 두 가지 과제 모두에서 모든 학생이 정말로 서로를 필요로 하지는 않았다. 어떤 학생들은 혼자서 훨씬 더 쉽게 과제를 완성했다. 그 그룹의 누구도 당신에게 누가 누구를 도왔고, 누가 교사였으며, 누가 학생이었는지 말할 수 있다. 이런 의존적(상호 의존이라기보다는) 관계는 협력 학습의 심장인 중요한 기여자로서 모든 개인을 이해하는 것과 바람직한 수준의 도전을 해칠 수 있다.

E. G. 코헨(1986)은 이러한 함정을 피할 협력적인 그룹 과제를 위한 지침을 제시했다. 협력 과제의 핵심, 특히 이질적인 그룹을 위한 것은 그 그룹 안의 모든 사람을 진정으로 평가할 수 있는 그룹이 참여하는 과제여야만 한다. 이러한 강조는 비즈니스나 사회에서 그룹이 기능하는 방식을 반영하고 있다. 자동차 제조업체는 전형적으로 리포트를 채우거나 팩트를 모으기 위해 그룹을 사용하지 않는다. 그러한 작업은 혼자 활동하는 개인에 의해 더 효율적으로 이루어진다. 그룹은 디자인 팀, 싱크탱크 그리고 그 밖의 문제-해결 상황에서 중요하다. 좋은 그룹 과제는 수많은 강점과 관점으로부터 장점을 얻을 수 있는 것이다. 코헨의 지침은 다음의 무리들로 나뉠 수 있다.

1. 협력 과제는 하나 이상의 정답과 해결책을 향한 1개 이상의 길을 가지고 있어야 한다. 어떤 학생도 손에 해결책을 쥐고서 과제로 올 수 있으면 안 된다. 협력 학습의 과제로 시팅 불에 대한 사실들을 모으는 대신, 학급이 리틀 빅 혼에서의 사건이나 시팅 불 그리고 미국 원주민 저항운동가인 제로니모를 둘러싼 기초적인 사실에 대해 학급 토론이나 영화로부터 배울 기회를 갖는 것을 상상해보자. 협력 그룹은 리틀 빅 혼 전투가 벌어졌던 장소에 적합한 기념비를 디자인하는 임무를 맡을지도 모른다. 이 과제에 대한 간단한 해결책은 어디에도 없다. 각 학생들이 선택할 수 있는 여지는 그룹이 중심을 결정하고, 기념비 내용의 관점을 정하는 것을 돕는 것이다.

2. 협력 과제는 내적인 동기를 부여해야만 하고, 모든 학생에게도 도전적인 것이 되어야만 한다. 그들은 단지 팀이 점수를 얻게 하기 위해서가 아니라 가치 있는 생산물을 만들어내기 위해 함께 작업해야 한다. 기념비 관련 과제처럼 내적으로 동

기 부여가 이루어지는 과제는, 그들의 지식과 기술에 적합한 도전의 수준에서 흥미로운 주제를 학생들이 선택하게 할 필요가 있다. 모두에게 상당한 도전을 제공하려면 다양한 재료와 학습을 선택할 여지가 필요하고, 그의 학습 욕구가 요구하는 것들을 위한 발판도 있어야 한다.

3. 그룹 과제는 학생들에게 다양한 기술과 능력을 요구함으로써 다른 기여를 할 수 있게 한다. 잰은 참고 자료를 쉽게 읽고 분석할 수 있다. 벤은 아마도 하나의 관점에서보다는 더 다양하게 논점을 볼 수 있을 것이다. 샐리는 그림을 그릴 수 있고, 크리스는 자료들을 정리하고 그룹이 과제에 집중하도록 만들 것이다. 각자의 기여가 모두 필요하고 귀중하다. 과제로 주어진 역할은 각 학생들이 내용에 대해 무엇으로든 확실히 기여하도록 도울 수 있다. 이것은 우리가 어떤 학생을 '연구자'로, 다른 학생을 '수집자'로 설정하고서 과제를 내주었다는 뜻이 아니다, 그것은 한 학생은 솜씨 좋게 문제를 푸는 것을 보여주고, 다른 학생은 일정 부분을 담당한다는 뜻이다. 그러나 둘 다 문제를 풀고 있는 것이다.

4. 협력 과제는 전통적인 교과서에 덧붙여 다양한 미디어와 다양한 감각의 경험을 연관지어야 한다. 복합적인 경험은 어떤 상황하에서든 좋은 교육이 된다. 이질적인 그룹에서 그들은 자신의 학습 스타일과 가장 잘 맞는 형태로 아이디어를 표현하고, 정보에 참여할 기회를 가질 가능성이 높다.

이와 같은 복합적이고 결말이 열려 있는 과제는 학생들의 흥미, 아이디어 그리고 기술로부터 이익을 얻는다. 비록 어떤 학생들은 수많은 창의적인 개인들처럼 독립적으로 배우는 것을 더 선호하고, 이런 것을 '집단적인 노력'으로 꾸민다. 하지만 사실은 단지 어떤 학생들이 다른 학생들의 교사 노릇을 하는 활동보다 더 다양하게 기여하는 가치를 학생들이 경험할 수 있도록 도울 것이다. 그러한 기술과 태도를 도울 수 있는 개인과 그룹 활동의 균형을 이루는 데 참여한 학생들은 협력에 필요한 기술을 배우는 동안, 동기 부여와 자발성을 발전시킬 수 있다.

교실에 대해 생각하기

다른 교사들과 함께 그들이 어떻게 '협력적인 학습'을 사용하는지 논의해보자. 여러분 자신의 사용법을 검토해보자. 어떤 과제가 흔히 사용되고, 그것이 상호 의존을 어떻게 증진시키는지 살펴보자. 코헨(1986)의 범주에 맞는 협력적인 학습 과제를 계획해보자.

What's Next?

1. 필수적인 것을 하지 않을 때, 어떻게 시간을 보내는지 생각해보자. 예를 들어, 여러분의 일주일에 대해 생각해보자. 비록 몇 분이라도 시간이 날 때 당신이 하는 일의 목록을 만들어보자. 그 다음에 휴가나 휴식 시간에 하는 일의 목록을 만들자. 선택에 의해 당신이 하는 일들이 내적 동기 부여를 발견한 것들일 것이다. 당신에게 동기를 주는 일들은 내적 동기 부여 이론과 모순이 없는가? 모순이 되거나 또, 아니라면 그 이유는 뭘까? 그것은 아마도 흥미로운 교실 토론이 될 수 있다!

2. 기대하지 않았던 다른 활동이나 집, 학교에서 선택을 덧붙이는 실험을 하자. 무슨 일이 일어나는지 관찰하고 친구나 동료들과 공유하자. 당신의 경험이 연구나 동기 부여와 어떻게 연관되어 있을까?

3. 당신의 가정이나 교실에서 평가, 보상, 경쟁 그리고 선택이 어떻게 작동하는지 조사해보자. 학생들에 대한 당신의 피드백이 통제적인지, 아니면 정보를 주는지, 그 정도를 고려해보자. 테이블에 변수의 목록을 놓고 그 아래에 교실/가정의 활동을 두면 도움이 될 것이다. 내적 동기 부여에 도움이 되는 패턴을 볼 수 있는 곳은 어디이며, 당신이 변화를 원하는 곳은 어디인가? 특별한 필요 때문에 당신이 학생들에게 부여한 활동을 확실히 검토하자. 그것이 독립성을 계발하는 기회가 되었는가?

4. 당신은 언제 몰입하는가? 창조에 대한 그들의 경험을 설명하도록 창의적인 사람들을 패널로 초청하는 것을 고려하자. 그들의 경험에서 몰입의 어떤 특징을 들을 수 있었는가, 또는 당신의 특징과 같은 것을 발견했는가?

Tech Tips

학생들이 창의적인 프로젝트를 개발하도록 돕는 기술적인 도구들이 많이 있다. 여기에 단지 몇 개를 나열한다.

1. Scratch(http://scratch.mit.edu)는 MIT 미디어랩의 Lifelong Kindergarten Group이 개발한 놀라운 사이트다('일생에 걸친 유치원의 흥분'이라는 개념이 사랑스럽지 않은가?). Scratch는 젊은이들이 상호작용하는 이야기, 애니메이션, 게임 음악 그리고 예술 작품을 만들고, 인터넷상에서 그들의 창작물을 공유하도록 해주는 컴퓨터 언어.
Scratch는 교육자들을 위해 준비한 수많은 원천을 가지고 있다. 당신은 Scratch와 함께 시작할 수 있는 동영상이나 인쇄된 자료를 발견할 수 있다. 그중 특별 부문의 21세기 기술과 연관된 프로그래밍이나 개념은 교육자를 위한 것이다.

2. 그러나 만약 학생들이 더 고학년이고, 그 이상의 도전에 대해 준비가 되어 있다면? Gamestar Mechanic(http://gamestarmechanic.com)은 4~9학년 학생들을 위해 고안된 것으로, 놀이로 게임 디자인의 기초 원리를 가르치고 게임도 만들게 한다. 부모와 교사를 위한 잘 개발된 재료와 훌륭한 FAQ 부문은 게임에 열성적이지 않은 성인들이 접근할 수 있는 사이트다. Gamestar Mechanic for Teachers(http://gamestarmechanic.com/teachers)는 Gamestar와 재료, 간단한 수업에 대한 설명, 심지어 교사 매뉴얼까지 제공한다. 수많은 다른 사이트처럼 교사를 위한 무료와 유료 선택이 가능하다.
더 복잡한 선택의 여지는 GameSalad(http://gamesalad.com)로 디자이너들에게 코드를 쓰지 않고도 게임을 만들 수 있게 영감을 주는 프로그램이다. 게임에 미친 중학생부터 전문 디자이너까지 모두에게 적합한 GameSalad는 웹, 아이폰 그리고 그 밖의 고안품에 적용할 수 있는 기본(무료) 버전과 전문가(유료) 버전이 있다. 비록 GameSalad가 대부분의 학교 앱에는 너무 복잡하더라도, 이것은 도전이 필요한 창의적인 게이머를 위한 것이다. Stencyl(http://stencyl.com)은 iOS(스마트폰이나 태블릿) 게임을 위한 비슷한 무료와 업그레이드 버전을 제공한다.

3. Glogster(http://www.glogster.com)는 인터넷에서 당신이나 당신 학생들이 멀티미디어 포스터를 만들 수 있게 해준다. Glogster posters는 여러 가지 유연한 방식으로 사용할 수 있는 텍스트, 동영상 그리고 이미지를 포함하고 있다. 당신은 개인 자격으로 Glogster에 무료로 등록할 수 있고, 교육자들은 Glogster.edu 같은 교육자를 위한 유료 예약 계정에 더 관심이 있을 것이다. 기본 교사 계정은 무료이고, 제한된 기능을 가지고 50명의 학생들과 당신이 작업할 수 있게 해준다. 하지만 Glogster가 당신에게 적합한지 보기 위해 실험해보는 것도 좋은 방법이다. 수많은 Glogster의 지도 방법을 유튜브에서 사용할 수 있다.

4. padlet(전에는 Wallwisher였다, http://padlet.com)은 개인이나 그룹이 온라인 게시판을 만들 수 있는 무료 프로그램이다. 갤러리는 당신에게 영감을 주는 샘플들로 가득 차 있다. 만약 당신이 이것을 어떻게 교실에서 사용할 수 있을지 의문이 든다면, GoogleDocs에서 '교실에서 Wallwisher를 사용하는 32가지 흥미로운 방법'을 검색해보자. 더 말이 필요한가?

5. Prezi는 큰 그림을 보는 것을 좋아하거나 파워포인트에서 잠시 벗어나고 싶은 사람들을 위한 프레젠테이션을 위한 대안이다. Prezi는 전체적으로 생각하기를 좋아하는 사람들에게 특히 도움이 된다. 그것은 한 번 클릭으로 큰 그림을 보거나 디테일로 건너뛸 수 있게 하고, 텍스트와 오디오와 동영상을 사용한다. Prezi를 탐험하려면 Prezi 웹사이트(http://prezi.com)에서 시작하자. 그곳에서 당신은 Prezi 설립자의 1분 소개와 몇 개의 샘플을 탐험할 수 있다. 당신이 준비되었을 때 Learn & Support 탭을 클릭하면 Prezi를 만들 수 있는 단계별 지도를 해주는 짧은 동영상을 발견할 수 있다. 만약 당신이 유튜브를 좋아한다면, 거기에서도 몇 개 찾을 수 있다.

6. Audacity(http://audacity.sourceforge.net)는 소리를 기록하고 편집하기 위한 오픈 소스 플랫폼이다. 학생들은 팟캐스트를 만들거나 멀티미디어 발표를 위해 공동 작업을 할 때, 또는 원곡을 기록할 때 사용할 수 있다. 이러한 도구를 사용하는 것과 '책 리포트'가 어떻게 다른지를 생각해보자. 글쓰기를 어려워하는 학생들에게 창의적인 표현을 할 수 있는 놀라운 기회를 제공할 것이다.

10. 평가와 창의성
Assessment and Creativity

바버라는 케네스의 엄마인 그린 부인을 책상 너머로 바라봤다. 학회는 그녀가 기대했던 것만큼 잘 진행되고 있지 않았다. 그린 씨는 케네스가 어려움을 겪고 있는 어떤 영역, 특히 철자에 관심이 많았다. 하지만 바버라가 중요하다고 생각하는 장점을 보려고는 하지 않는 것 같았다. 바버라는 케네스를 그녀가 가르쳤던 학생들 중 가장 창의적인 학생 중 하나라고 생각했다. 학급에서 그의 말은 종종 독특한 관점을 반영했고, 그의 프로젝트는 언제나 가장 말끔지는 않지만 늘 바버라가 생각하지 못한 요소를 담고 있었다. 그린 부인은 감동받지 않았다. "창의성이라니!" 그녀가 소리쳤다. "나는 그게 무슨 뜻인지도 모르겠어요. 어쨌든 선생님은 그 애가 창의성이 있다는 걸 어떻게 알죠? 수학에서 100점은 그 애가 잘했다는 뜻이에요. 당신은 100% 창의적일 수 있나요? 내가 볼 땐 그 애가 선생님을 속여 넘긴 것 같군요. 케네스는 정말 교묘하죠." 바버라는 뭐라고 말해야 할지를 몰랐다. 바버라는 케네스가 창의적이라는 사실을 어떻게 알았을까? 그녀는 이것을 증명할 수 있을까? 더 노력해야 할까?

바버라의 딜레마는 독특한 것이 아니다. 창의성을 평가하려는 노력은 그것을 정의하기 위한 탐색이라고 본다면 늘 도전적인 일이었다. 우리의 측정 방식상의 기술적 한계를 비롯한 생각에 대한 강박 관념과 정의내리기 어려운 본성은, 벅찬 과제인 창의성을 엄밀히 평가하도록 만들었다. 그러나 어린이들의 창의성을 향상시키려는 노력은, 창의성이 생겨났을 때 우리가 알아차릴 수 없다면 실패할 운명에 처해 있다. "내가 그것을 보면 안다"라는 개인적인 본능으로부터 전문가들 사이의 더 큰 일관성이나 동의로 이러한 판단이 옮겨가도록 만드는 것이 평가의 목적이다.

같은 문장 안에서 창의성과 평가를 고려할 때, 또 다른—그리고 어쩌면 좀 더 긴급한—다른 이슈가 있다. 그러니까 창의성을 전도하는 방식으로, 교실에서 우리가 평가를 어떻게 다룰 것인가? 요즘 너무나 수많은 평가가 교사의 통제를 타진하는 것 같다. 그러나 창의성이 번성할 수 있는 분위기를 도울 수 있는—또는 돕지 않을 수 있는—평가의 기회가 날마다 많이 있다. 이 장은 두 가지 딜레마를 모두 다루고 있다. 첫째, 창의성을 위한 평가의 개념, 또는 창의성에 도움이 되는 교실의 평가를 나타낼 것이다. 그 다음으로는 '창의성 평가'와 '창의성을 평가하는 노력' 그 자체를 복습한다. 왜 우리가 창의성을 평가하기를 원하는지, 평가의 어려움, 창의성 테스트, 관찰 그리고 생산물 평가에 대해 토론할 것이다. 마지막으로는 뛰어난 창의적 잠재성을 가진 학생을 식별하기 위한 노력의 일환으로 어떤 학교는 기술을 어떻게 접목하고 있는지 설명한다.

창의성과 학습 평가

전혀 어울리지 않을 것처럼 보이는 것들이 만나서 뭔가 멋진 것—고춧가루를 넣은 핫초코, 또는 무화과향 젤라또 아이스크림을 만들어내는 일은 흥미롭다. 평가와 창의성도 그와 같다. 만약 내가 당신에게 교실의 창의성과 관련된 첫 번째 열 가지 단어를 고르라고 요청한다면, 당신이 창의성을 계발하기를 어렵게 만드는 것의 목록을 만들어내는 것이 아닌 한, 내가 추측해보건데, '평가'가 그것들 사이에 속할 것 같지는 않다. 위험성이 높은 평가는 깔끔하고 먹기 좋은 한입 크기의 시험으로 학습 내용을 '배달해야 하는' 압력을 증가시킬 것이다. 평가가 창의성의 적이라고 생각하기는 쉽지만, 그것은 사실이 아니다. 우리가 기억해야 하는 것은 '평가 ≠ 표준화된 시험'이라는 사실이다. 평가는 매일 교실에서 진행될 때, 학습과 창의성 둘 다에 영향을 끼치는 엄청난 힘이다. 그것은 교실의 순환 속에서 창의성 안의 핵심 연결이고, 창의성과 학습 둘 다를 위해서 필수적인 내적 동기 부여에 영향을 끼친다.

R. 스티긴스(2008)가 지적한 것처럼, 학교에서의 핵심 결정권자는 행정가도, 교사도 심지어는 중요 직책의 교수도, 후견인도 아니다. 바로 학생들이다.

학생들의 성공에 가장 많이 기여하는 지도에서의 결정은 사실, 성인에 의해 이루어
지는 것이 아니다. 그보다는 학생들 자체에 의해 이루어진다. … 학생들은 학습이
위험과 그것을 얻기 위해 필요한 노력의 가치가 있는지 결정한다. 그들은 자신이
그것을 배울 만큼 충분히 똑똑하다고 믿는다면 결정한다.(p17)

성공할 수 있다고 자신들이 믿는 정도까지 학생들은 기꺼이 노력할 것이다. 만약 성공이 그들의 손이 미치지 못하는 곳에 있다고 생각한다면, 어떤 제정신을 가진 사람이 계속 노력을 하겠는가? 그리고 만약 학생들이 노력을 그만두면, 가장 잘 디자인된 교과 과정이나 가장 능숙한 교사도 성공할 기회를 거의 가질 수 없을 것이다.

그들이 성공적인가, 아닌가를 학생들이 믿는지 결정하는 것은 능력이 있고 없고 때문일까? 평가. 스티긴스가 믿고—나 역시 믿게 된 것은—우리가 학생들을 평가하는 방식이 스스로의 학문적인 잠재성에 대한 그 학생들의 믿음의 중추라는 것이다. 즉, 학교를 어떻게 다룰 것이냐는 그들의 결정—완전히 포기할 것인가, 이해 여부와 관계없이 퍼포먼스를 하러 갈 것인가, 또는 진정한 학습으로 이끄는 숙달 목표를 세우고 성취할 것인가에 대해 중추적인 역할을 한다. 스티긴스(2005)는 이렇게 말했다.

추진력은 단지 몇몇을 위한 것이 아니라 모두를 위한—확신, 낙관주의 그리고 끈기
여야만 한다. 만약 그들이 노력한다면 모든 학생은 그들이 학습에서 성공할 수 있
다고 믿어야만 한다. 비록 조그만 것일지라도 그들이 확실히 학문적으로 성공했다
고 믿는 증거에 끊임없이 접근해야만 한다.(p326)

그리고 어디에서 그들은 "확실한 학문적 성공의 증거"를 얻을까? 당신은 그것을 평가로 추측했다. 특히 진단 평가와 형성적 평가를 솜씨 좋게 사용하는 것을 통해서였다. 평가는 다양한 목적을 위해 사용되었다. 진단 평가는 학생들이 가지고 있는 사전 지식의 수준을 결정하고, 형성적 평가는 학생들의 '작동 중인' 학습을 평가하고 지도 방식을 결정하며, 부가적인 평가는 학습 내용의 주요 부분의 끝에서 학생들의 학습을 평가한다.

스티긴스는 학습 평가—학생들이 배워온 것에 대해 판단을 내리는 데 초점을 맞춘 평가—와 학습을 위한 평가—학생들의 학습을 돕고 촉진하는 평가—사이에 중요한 구분을 지었다. 우리가 지도 단원의 끝에서 학생들의 학습을 평가할 때, 우리의 목적은 일반적으로 학습을 평가하는 것이다. 이는 학생들이 배우는 데 있어서 우리가 얼마나 성공적으로 도움을 주었는지 알아내고 싶기 때문이다. 그러나 스티긴스가 설명한 것처럼 그들의 학습에 도움이 되고 확신, 낙관주의 그리고 끈기를 쌓는 데 도움이 되는 방식으로 어떻게 학생들을 평가할 것인가 생각할 때, 우리는 학습을 위한 평가에 초점을 맞출 것이다. 학습을 위한 평가는 학생들에게 유용한 정보를 주고, 그들이 성공하도록 돕는 방식으로 지도의 순환 고리 속에서 모든 지점에서 평가를 사용한다는 뜻이다. 명백히, 평가는 학습을 위해 필수적인 내적 동기 부여와 확신을 쌓는 데 필수적인 요소다.

마찬가지로, 나는 창의성에 대한 평가에 덧붙여 '창의성을 위한 평가'를 고려하기를 제안한다. 창의성에 대한 평가는 물론 창의성, 또는 창의성의 어떤 면을 평가하려고 시도하는 평가다. 비록 이 과제에 어려움이 많더라도 현대의 연구자들은 창의성을 측정할 방법을 개발하려고 50년 이상이나 노력해왔다. 우리는 이 장의 후반부에서 창의성 평가를 다룰 것이다.

그러나 창의성에 대한 위험 부담이 큰 테스트의 숨 막히는 영향력에 대해 수많은 토론이 있었지만, 교실 평가가 창의성에 어떻게 도움이 될 수 있을지에 대한 대화는 훨씬 부족했다. 어떻게 우리는 창의성을 위한 평가를 할까? 이 장의 첫 번째 부문은 이 중요한 질문을 다룰 것이다. 그리고 무엇보다 좋은 것은 이것이 한 현상을 위한 또 다른 둘이라는 것이다. 창의성을 돕는 교육만으로 이해를 위한 교육을 돕는 것처럼, 창의성을 위한 평가는 학습을 위한 평가이기도 하다.

창의성을 위한 평가

내가 교육을 시작했을 때, 비록 암흑 시대였지만, 평가는 우리가 자주 이야기하는 어떤 것이 아니었다. 교사는 가르쳤다. 우리는 가끔 테스트했다. 우리는 등급을 매겼다. 그것뿐이었다. 테스트가 조금이라도 토론되었을 때, 가르치는 것과 테스트는 전통적으로 따로 논의되었다. 그것은 대개 싫은 일로 생각되었다. 하지만 직업에서 필요한 일부였다.

물론, 높은 위험을 감수해야 하는 표준화된 테스트에 대한 강조는 덜 억압적인 시대 이래 극적으로 바뀌어왔다. 그러나 그것이 우리가 평가에 대해 생각하는 방식에서 유일하게 중요한 변화는 아니었다. 학습과 평가의 순환 고리는 지금 더 복잡하고 서로 얽힌 것처럼 보인다. 평가는 학습 지도가 끝난 후 발생하는 어떤 것이 아니라, 그 과정의 매 단계마다 일어나는 것이다. 평가는 어떻게 시작하는 것이 좋은지를 결정하기 위해 지도 이전에 발생하기도 한다(진단 평가). 지도를 하는 동안 학생들의 요구에 맞추기 위해(형성적 평가), 그리고 중요한 지도 간격이 완료된 후 과정을 평가하기 위해(부가적인 평가)서 말이다. 요즘의 평가 실습에 대한 핵심 가설 중 하나는, 평가가 학습 지도와 동떨어진 어떤 것이 아니라 지도의 필수적인 일부라는 것이다. 우리는 학생들이 배운 것을 결정하는 것은 물론 지도를 더 효과적으로 하기 위해 평가를 한다. 우리가 학습을 위한 평가를 할 때, 우리는 내적 동기 부여를 돕는 평가를 하는 것이다.

아마도 내 과거사 때문에 평가와 동기 부여 사이의 연관성이 내게는 분명하지 않았다. 평가의 위협을 통해 내게 '동기 부여'를 하려고 시도했던 선생님이 나를 곧바로 실행(숙달이 아닌)의 목표를 향한 길로 보냈던 것을 제1장으로부터 떠올려보자.

그러나 보다 더 현명하게 사용되는 평가는 학습에 굉장한 도움이 될 수 있다.(예를 들어, Chappuis, Stiggins, Chappuis & Arter, 2012; Stiggins 2005, 2008) 학습을 효과적으로 돕는 평가를 위한 모든 추천의 개요를 제공하는 것은 이 책의 범위를 넘어선다. 하지만 그 개념은 우리를 연관된 질문으로 이끈다. 어떤 평가가 창의성에 도움이 되는가? 창의성을 위한 평가는 어떻게 생겼을까?

창의성을 위한 평가는 창의성과 학습, 그리고 내적 동기 부여 사이에 다리를 놓는다. 창의성을 위한 평가는 적어도 다음과 같은 세 가지 특징을 가지고 있다.

1. 창의성을 위한 평가는 능력을 향상시킨다는 점을 통해 내적 동기 부여를 계속 이룬다. 적절한 피드백은 물론 특징적이고 작동 중인 평가를 현명하게 사용할 필요가 있다.
2. 창의성을 위한 평가는 의미 있는 과제와 선택을 통해 내적 동기 부여를 계속 이룬다.

3. 창의성을 위한 평가는 다양한 관점의 검토, 문제 해결 그리고 독창적인 상황에서의 아이디어 적용을 통해 새로운 방식으로 학습 내용을 사용할 기회를 제공한다.

창의성에 도움이 되는 특징들이 학습에도 도움이 된다는 것은 더 이상 놀라운 일이 아니라는 것이 틀림없다.

유능감 쌓기

학생들이 늘어가는 유능감을 쌓도록 돕는 것은 격려의 문제가 아니다. 대부분의 경우, 현재 진행 중인 것을 그들이 정말로 이해하는지 여부를 안다. 만약 그들이 제대로 하지 못하는데 우리가 잘하고 있다고 말한다면, 그들은 그것이 사실이 아니라는 것을 알고 있으며—그들의 신뢰를 뒤흔든다. 학생들의 유능감을 계발하도록 돕는 유일한 방법은 그들이 실제로 능력을 갖도록 돕는 것이다. 단순하게 들리겠지만 사실은 그렇지 않다. 물론 이것이 이해에 초점을 맞춘 훌륭한 지도가 당신에게 필요하다는 뜻이지만, 다른 한편으로는 당신에게 필요한 것은 효율적인 평가라는 뜻이기도 하다.

진단 평가와 형성적 평가 명백하게 말한다는 위험 때문에, 다시, 두말할 필요도 없지만, 지도가 적절한 수준이 아닐 때, 학생들은 효과적인 진전을 이룰 수 없다. 학습 지도에 대한 단원을 시작하기 전에 진단 평가를 택하는 시간은, 학생들의 현재의 학습 수준과 그에 따른 적용을 식별할 수 있게 한다. 어떤 학생들은 여러분이 막 가르치려는 내용을 이미 숙달하고 있을지도 모른다. 다른 학생들은 당신이 계획하고 있는 지도의 버팀목 역할을 해줄 필수적인 지식이나 기술이 부족할 것이다.

'진단 평가'는 개인 또는 보다 더 일반적인 그룹의 강점에 초점을 맞춘 것으로, 공식적이거나 비공식적일 수 있다. 최고의 진단 평가는,

- 가장 높은 수준의 결과물에 초점을 맞춘다.
- 학생들이 기술이나 지식을 적용할 필요가 있다.
- 상대적으로 간결하고 스트레스가 낮은 활동이다.

'FAB'를 생각하자. 즉 집중하고focused, 적용하고applied, 간결하게brief 말이다. 당신은 학습 내용을 가르치기 전에 실제 기말시험에 대해 알려줄 필요는 없다. 그렇게 하면 (그들이 실제로 학습 내용을 알고 있다고 당신이 믿을 만한 근거가 있는 학생들을 제외하고) 우리가 쌓으려고 노력하는 바로 그 동기 부여를 말살하고, 좌절을 경험시킬 수 있다. FAB 과제는 더 효율적이고, 덜 스트레스를 받으며, 종종 더 재미있다. 예를 들어, 그들이 고대 그리스에 대해 그들이 아는 것을 보여주는 웹 사이트를 만들거나, 잘못된 서식지에 사는 동물의 예를 그리거나, 수학적 기술을 사용하여 실제 세계의 문제를 해결하거나, 과학 실험에서 그 다음에 일어날 것을 예측하는 일지를 기입하도록 요구한 교사는 그냥 뛰어든 사람에 비하면 적절한(응용된) 지도를 시작하기에 더 나은 위치에 있다.

이와 마찬가지로, 형성적 평가는 학생들의 성공을 위해 '궤도상의' 지도를 유지한다. 효과적인 형성적 평가는,

- 교사와 학생 둘 다를 위한 분명한 학습 목표에 근거를 두고 있고
- 분명한 정보가 담긴 피드백이 뒤따르며
- 표준에 기초한 학생들의 자기평가를 허용한다.

달리 말해서 교사와 학생들은 목표가 분명하다. 교사는 학생들이 어떻게 목표를 향해서 진보할 것인지를 결정하기 위한 방향 지도를 하는 동안 다양한 평가 전략을 사용한다. 교사나 학생 둘 다, 성공을 위한 기준은 분명하다. 교사는 또한 그들이 어떻게 진보할 것인지(단순한 성적이 아닌 정보)에 대한 정보가 담긴 피드백을 제공할 수 있고, 때맞춰 학생들은 그들 자신이 얼마나 진보했는지 평가하면서 독립적인 기준을 사용할 수 있다. 그들 자신의 진보를 평가하는 능력과 이에 필요한 적용은 유능감의 증가에 대한 비판적 요소다. 아울러 유능감은 내적 동기 부여와 연관되어 있고, 내적 동기 부여는 창의성과 연관되어 있음을 기억하자.

우리는 사용 가능한 수십 개의 형성적인 과제를 선택할 수 있다. 여기에는 제8장에서 설명한 질문을 던지는 기술도 포함된다. 학생들의 사고에 대한 통찰을 가능하게 하

는 빠른 글쓰기, 클리커 시스템[1], 출입 통제 장치, 짧은 퀴즈, 문제 해결, 그래픽 오거나이저, 개념 지도, 일지 작성, 평가 도면 또는 기타 전략에 대해 생각해보자. 피드백을 주기 위해 사용되거나 학생들의 요구를 충족시킬 더 나은 지도 방식("그 쪽지 시험에서 너는 C를 받았구나…"라고 단순히 말하기보다는)을 적용할 때, 이러한 전략의 어떤 것이라도 형성적인 평가로서 유효할 것이다. 그 핵심은 평가가 학생들에 대해 단순히 판단을 내리기보다는, 교육과 학습을 더 잘 촉진시키려는 의도를 가지고 있다는 것이다.

정보가 담겨 있는 피드백　제9장에서 창의적인 내적 동기 부여에 대한 통제적인 피드백보다는 정보가 담겨 있는 피드백의 영향에 대한 T. M. 아마빌레(1996)의 연구에 대해 설명했다. 학습을 위해 적합한 피드백이 무엇인지 결정할 때, 비슷한 추천을 할 수 있다. 명백한 피드백을 주는 것은 우리가 학습 또는 창의성에 대해 생각한다면, 교사가 할 수 있는 가장 중요한 것들 중 하나다. 피드백은 학생들에게 우리가 잘할 수 있는 것과 별로 잘하지 못하는 것에 대한 정보와 어떻게 개선할 것인지에 대한 지침을 학생들에게 준다. 좋은 피드백은 학생들이 이해하고 있는 기준에 기초하고 있고, 그것을 그들이 적절하게 적용하게끔 한다.

다시, 피드백 전략에 대한 완벽한 개괄은 여기에서 불가능하다.(예를 들어, Brookhart, 2008; Feedback for Learning, 2012) 우리의 목표를 위한 요점 하나는 근본적이다. 피드백은 학생들이 개선되도록 도울 때에만 유일하게 쓸모가 있다. 여기에는 적어도 다음과 같은 세 가지가 필요하다. ① 작업을 판단하는 데 사용되는 기준들은 분명해야 한다. ② 피드백은 학생들에게 그들이 잘했던 것과 개선이 필요한 것에 대한 정보를 제공해야만 한다. 그리고 ③ 그 과정은 계속적인 변화와 개선에 도움이 되는 학급 분위기에서 발생되어야 한다. S. M. 브룩하트(2008)는 현명하게 다음과 같이 말했다.

> 좋은 피드백은 "실습이 없으면 학습은 발생하지 않는다"는 것을 이해하고서, "건설적인 비판은 좋은 것이다"라는 사실을 학생들이 이해하도록 만드는 교실의 평가 분위기의 일부가 되어야만 한다. 만약 교실 문화의 일부가 언제나 "모든 걸 똑바로"라

---

1) clicker systems, 시간 단축용 앱-옮긴이 주

고 한다면, 만약 뭔가에 개선이 필요하다면 그것은 "틀린" 것이다. 만약 그 대신에 교실 문화가 개선을 위한 제안을 발견하고 사용하는 것에 가치를 둔다면, 학생들은 피드백, 계획 그리고 개선을 위한 실행 단계를 사용할 수 있다.(p2)

학생들이 그들의 학습을 개선하도록 돕는 이와 같은 분위기는, 또한 창의성에서 필수적인 요소인 위험 감수를 허용할 수 있게 한다. 학생들이 그들의 작업이 판단되는 기준에 대해 이해할 때, 그들은 스스로 평가할 수 있고, 창의적인 행동과 연관된 또 다른 특징인 평가의 내적 중심에 필요한 기술도 그들에게 줄 수 있다. 자기평가와 명백한 피드백을 촉진하는 항목을 만드는 것은 다음 부문에서 논의될 것이다.

선택과 의미 있는 과제

많은 형태 속에서 선택은, 평가에 대한 선택을 포함하여, 내적 동기 부여의 풍조를 돕는다. 보편적인 디자인의 기본 원칙 중 하나는 표현의 다양한 수단, 그리고 그들이 아는 것을 학생들에게 보여주는 다양한 방식이다(CAST 웹사이트를 기억하는가?). 물론 학생들이 언제나 그들이 평가받을 수단을 선택한다는 것은 가능하지도 않고, 현명하지도 않다. 우리 모두를 위해 덜 선호하는 스타일 쪽으로 유연성을 발휘하는 것은 중요하다. 그러나 가끔은 평가에 대한 선택이 과제의 질을 높여줄 동기를 부여하는 것은 물론, 학생들이 실제로 이해하는 것을 더 잘 나타내는 선택 수단을 제공하기도 한다. 평가의 선택이 생산품의 선택을 학생에게 제공하는 결과를 낳기도 한다. 그들은 종이에 쓸 것인가? 인터넷상에서 전시회를 개최할 것인가? 말로 발표할까? 모형을 만들까?

교육(인생)에서의 수많은 요소와 마찬가지로 평가의 선택은 장점과 도전 둘 다를 가져온다. 선택의 장점은 명백하다. 그러니까 학생들은 그들이 아는 것을 보여주도록 허용하는 표현 모델을 발견하기를 좋아하고, 그들이 선택한 생산품을 만들기 위한 동기를 부여받는 것도 선호한다. 그러나 평가에서의 선택은 중요한 도전 중 하나다. 만약 학생들에게 선택이 주어지려면, 선택의 여지를 잘 넘나드는 동등한 학습 목표에 대해 설명할 수 있어야만 한다. 예를 들어, 만약 학생들이 사람들의 생활과 문화에 영향을 끼친 고대 그리스의 종교적 신념에 대해 그들이 이해하는 방식을 설명한다고 하자. 그러면 그들은 전통적인 에세이나, 고대 이집트에 대한 이미지를 사용한 기록물이나, 몇몇 이집트 사람들의 '하루 생활'을 나타내는 풍자극을 통해 합리적으로 설명할 수 있다. 그러나 무덤이나 복제 조각상을 만드는 것은, 추가 정보를 동반하지 않으면, 복잡한 학습 내용을 이해하고 있음을 나타내는 것 같은 기회를 주지 못한다. 복제 조각품을 보면서 나는 학생들이 그 조각품의 중요성을 얼마나 많이 알게 되는지 알 방법이 없다. 그러나 그 조각상이, 설명이 들어 있는 전시 카드와 함께, 모조 공예품의 '박물관 전시'의 일부라면 문제는 해결될 수 있다.

모든 사용 가능한 옵션이 실행될 수 있도록 확신할 수 있는 핵심 하나는 그들 모두에게 같은 내용 항목으로 점수를 매기는 것이다. 결국 학습 내용은 당신이 평가하려고 애쓰는 것이다. 만약 당신이 선택된 프로젝트의 특징을 다루기를 원한다면(예를 들어, 그 풍자극의 배우가 충분히 크게 들리게끔 대사를 말했는지, 조각상이 잘 만들어졌는지), 그것을 독립적인 '생산물' 평가로 따로 두자. 예를 들어, C. 코일(2004)은 생산물 기준 카드를 사용하여, 사용 가능한 생산물을 위한 핵심 기준의 목록을 정하라고 주장한다. '풍자극' 카드에는 좋은 풍자극의 특징이 목록으로 정리되어 있을 것이다. 카드를 사용하면 교사는 고대 이집트에 대한 내용을 평가하는 항목도 만들 수 있다. 아울러 기준 하나당 생산물 기준 카드의 설정 수준을 적절하게 충족시키는 생산물이 필요하다. 학생들에게 평가에 대한 선택권을 주기 전에 각 선택권이 내용의 기준을 완전하게 충족시키는지 생각해보자. 만약 모든 선택권이 성공을 위한 비슷한 선택의 여지를 학생들에게 제공한다면, 당신은 앞으로 나아갈 준비가 되어 있는 것이다.

의미 있는 과제 이해를 위한 교육과 연관된 핵심적인 특징 중 하나는 진정한 수행 과제(Wiggins & McTighe, 2005) 또는 이해를 위한 실행(ALPS, 2012)이다. 이것들은 제1장의 마지막 부분에서 설명했던 진정한 과제를 반영하고 있다. 그러한 평가는 내적 동기 부여와 연관된 "의미 있는 과제"의 개념과 일치한다. 왜냐하면 학생들로 하여금 진짜 세계를 반영하는 과제에 그들의 지식을 집어넣도록 만들기 때문이다. 물론 그것을 부르는 이름은 다양하다. 하지만 우리는 그것을 '실행 평가'라고 부르기로 한다.

전통적인 평가와 실행 평가의 차이는 운전면허를 따는 과정으로 묘사할 수 있다. 운전면허 필기 시험 때 잠재적인 운전자는 도로의 규칙에 대해 종이와 연필로 풀어나간다. 실기 시험에서 그들은 실제로 차를 운전한다. 실행 학습에서 학생들은 그들의 이해에 관한 뭔가를 해야만 한다. 그러한 학습을 구성하는 것에 대해 써야만 한다. 수학이나 과학 과목에서 평가받는 학생들은 그 영역에 대한 문제를 풀어야 한다. 최고의 실행 평가는 학습 내용이 실제 세계에서 사용되는 방식을 거울처럼 반영하는 과제 평가다.

예를 들어, 핵심 목표 중 몇 가지가 언어학의 공통 기준Language Art Common Core에서 나온 역사 수업 시간의 고등학생들을 상상해보자.

- 질문을 다루거나 문제를 풀기 위해 다양한 방식과 미디어를 통해(예를 들어, 언어적인 것은 물론 시각적·양적으로) 표현된 다양한 정보의 원천을 통합하고 평가한다.
- 주요 원천과 부가적인 원천에서 나온 다양한 정보를 통합하여 사건이나 아이디어에 대한 논리적인 이해를 만들고, 원천들 간의 일치점에 주목한다(National Governors Association Center for Best Practices, Council of Chief State School Officers, 2010, p61).

같은 학생들이 냉전에 대해 공부하고 있다고 상상해보자. 학생들은 냉전 시대의 핵심 사건(최초의 인공위성인 스푸트니크호 발사나 베를린 장벽 붕괴)에 대한 그들의 기억에 대해 나이 든 친척들이나 친구들을 인터뷰하는 역사 프로젝트를 수행할 수 있다. 그들은 인쇄물이나 인터넷 검색으로 모은 정보에 대한 인터뷰, 아마도 온라인 국가안전기록보관소National Security Archive(http://www.gwu.edu/~nsarchiv/coldwar/intervies/)에서 발견한 인터뷰 내용을 그들 자신이 진행한 인터뷰 내용과 통합하여 독창적인 생산물(예를 들어, 연구 보고서나 프레지[2] 등)을 만들 수 있다. 이 프로젝트를 평가하는 데 사용되는 기준은 다양한 인쇄물과 인터넷 검색으로 얻은 정보를 정확하게 통합했는가, 그들이 다루는 역사적 맥락에 대해 인터뷰를 효과적으로 통합했는가, 그들이 진행한 프로젝트의 증거로 제시된 역사적 사건을 올바르게 이해했는가 등을 포함하고 있다. 더 어린 학생들을 위한 실행 평가는 짧은 이야기 쓰기, 역사적 인물들 간의 대사 창작하기, 식물을 추천하기 위해 학교 마당 흙의 산성도 분석하기 등이 포함될 수 있다.

2) Prezi, 프리젠테이션용 소프트웨어-옮긴이 주

실행 평가 과제는 학생들이 의미를 가지도록 정보를 이용하면서, 실제 세계의 관심과 문제를 반영해야만 한다.(Wiggins, 1996) 실제 세계의 맥락에서는 문제에 대해 다양하고 선명한 대안을 동반하는 경우가 거의 드물기 때문에, 실행 과제는 해결로 가는 다양한 경로를 제공한다.

실행 과제의 수많은 이점 가운데 하나는, 교사들이 더 이상 "내가 이것에 어떻게 등급을 매기지?"라는 걱정을 하면서 창의적인 프로젝트 과제를 내는 것을 주저할 필요가 없다는 것이다. 실행 과제 관련 기술은 복잡하고 결말이 열려 있는 과제를 평가하기 위해 고안되었다. 그리고 물론 이런 과제들—문제를 해결하고 아이디어를 표현하고 다양한 맥락과 관점에서 정보를 찾는—은 학습 내용을 효과적으로 익히는 데 필수적이다. 실행 과제는 학교에서 창의성과 학습을 향상시키는 것과 동맹 관계를 맺고 있으며, 내적 동기 부여도 돕는 의미 있는 과제를 이용하고, 창의적 생산물에 관한 과제도 가능하게 하는 기술을 제공한다는 점 모두에서 그러하다.

실행 평가 과제 만들기 특별한 학습 내용 체계를 위한 실행 평가 과제나 진짜 과제를 만들어내는 것은 "당신은 학생들이 무엇을 하기를 원하는가?"라는 질문과 함께 시작된다. 그러한 질문을 고려할 때, 학생들이 어떻게 실제 세계의 맥락에서 연구된 기술이나 지식을 사용할 수 있는지, 그것들을 새로운 방식으로 적용할 수 있는지 상상해보자. 예를 들어, 당신이 간단한 기계에 대한 단원을 계획하고 있다고 상상해보자. 당신은 아마도 학생들이 문제를 풀기 위해 기계를 조립할 수 있기를 바랄지도 모른다. 당신은 학생들에게 20킬로그램짜리 물건을 교실의 한쪽 끝에서 다른 쪽 끝으로 옮길 수 있는 실행 단계를 고안하는 도전 과제를 내주기로 결정할지도 모른다. 20킬로그램짜리 물건을 옮기는 길은 당신의 책상으로 막혀 있다. 그래서 그 물건은 책상을 넘어가야 한다. 학생들은 왜 그들이 그 과정을 선택했는지, 그리고 그 과정의 각 단계를 실행할 때 일의 양을 어떻게 최소화했는지 설명해야만 한다. 만약 당신이 학생들이 그 무게를 독창적이고 유일한 방식으로 옮기기를 바란다면, 그 방식 역시 과제의 일부일 수 있다. 과제를 만드는 것은 종종 문제에 기반을 둔 학습으로서, 학생들을 실제 세계의 역할 속에 놓는 것이다. 그런데 나는 전에 학급 멤버들이 예술 수집가의 역할을 맡아서 450킬로그램짜리 조각상을 제자리로 옮겨야 하는 실행 과제를 내주었다. 그 과제는 20킬로그램짜리 과제와 같은 종류의 기술이 필요했지만, 더 흥미로웠다.

과제를 준비할 때, 나는 GRASPS라는 두문자어를 고려한다.(Wiggins & McTighe, 2005) 각 문자는 과제를 조직하는 당신이 고려해야만 하는 어떤 것을 제안하고 있다.

> GR: 목표와 역할(Goal and Role). 내 경우, 목표는 그 물건을 교실의 한쪽 끝에서 다른 쪽 끝으로 옮겨가는 것이었다. 내 학생들의 예술 수집가적인 아이디어를 따라서, 나는 무거운 영화 배경용 세트를 외부의 장애물 너머로 옮겨주는 회사와 계약해야 하는 영화 프로듀서의 일로 과제의 틀을 잡았다.
>
> A: 관객(Audience). 이 과제에 대해 누가 진짜 또는 가상의 관객이 될 것인가? 때때로 관객은 실제 세계의 그룹에 속할 수 있다. 이 경우, 내 관객들은 아마도 협력하는 동료들이 연기해주는 가상의 영화사 간부들이 될 것이다.
>
> S: 상황(Situation). 이 실행의 평가를 위해 주어진 상황은, 그 물건을 옮기는 일을 맡을 능력을 보여주도록 학생들에게 요구하고 있는 영화사의 운반자 고용 상황이다.
>
> P: 생산물(Product). 학생들은 실제로 무엇을 만들어낼까? 그들은 물론 실험을 보여주어야 한다. 나는 그들에게 자기 계획의 밑그림을 제출하게 할 것이다. 거기에는 어디에서 그 간단한 기계를 사용할 것인지, 왜 그것들을 골랐는지에 대한 개념이 포함되어 있어야 한다.
>
> S: 기준(Standard). 실행 과제를 판단하는 기준은 무엇인가? 이 경우, 나는 문제를 해결하기 위한 단순한 기계를 사용하는 그들의 능력을 학생들이 얼마나 잘 보여주느냐에 관심을 가지고 있다. 나는 그 항목을 결정할 때 평가의 세부 사항에 대해 더 많이 생각해볼 필요가 있을 것이다.

일단 당신이 수행해야 할 과제에 대한 일반적인 아이디어를 떠올렸을 때, 당신은 평가를 위한 특별한 안내 지침을 개발해야만 한다. 이 과제를 위해서 다음과 같은 질문을 고려할 필요가 있다. ⓐ 학생들이 실제로 기계를 조립하고 물건을 옮길 필요가 있을까? 아니면 단지 밑그림을 제출하면 될까? ⓑ 이것은 개인 과제일까? 아니면 그룹 과제일까? ⓒ 어떤 재료를 학생들이 사용하도록 허락할까? ⓓ 어떤 도움이 허용될 것인가? ⓔ 얼마큼의 시간이 할당되어야 하는가?

이러한 질문을 고려한 후, 당신은 과제를 위한 학생 지도를 발전시킬 수 있다. 학생들을 위한 지도는 가능한 한 단순하게 하는 것이 중요하다. 학생들은 그들이 성취해야 하는 것이 무엇이고, 어떤 정보원을 사용할 수 있으며, 생산물은 어떻게 평가받게 될지 들어야만 한다. 만약 당신의 첫 번째 실행 과제 계획이 분명치 않고 혼란스럽더라도 낙담하면 안 된다. 만약 당신이 필수적인 정보를 누락시켰음을 발견한다면, 할 수 있는 한 잘 설명한 뒤, 다음번에는 과제를 보완하면 된다. 기계에 관한 과제를 위한 지도의 초안은 다음과 같다.

그 영화 제작 팀이 드디어 우리 시에 온다! VIMS*Very Importnat Movie Studio*의 대표인 곤잘레스 여사는 다가올 프로젝트를 위해서 배경 세트를 옮길 팀을 찾기 위해 우리 시로 올 것이다. 문제는 야외 촬영이다. 영화 장비들은 수많은 장애물 건너로 옮겨져야 한다. 어떤 팀을 고용할지 결정하기 위해, 곤잘레스 여사는 20킬로그램짜리 도전 과제를 냈다. 즉, 어떤 팀이 무거운 물건을 옮기는 간단한 기계를 가장 잘 사용할 수 있는지 보여주게 될 것이다. 곤잘레스 여사는 여러분이 간단한 기계에 대해 공부해왔다는 사실을 들면서 여러분을 과제에 도전하도록 초대했다.

여러분의 과제는 20킬로그램짜리 화분용 흙 포대를 교실의 문에서 창틀의 식물로 옮기는 것이다. 포대는 직선으로 옮겨져야 한다. 왜냐하면 문에서 창문까지의 길은 내 책상으로 막혀 있고, 여러분은 책상에 닿지도, 책상 위의 물건을 전혀 건드리지도 않고 포대를 옮기는 계획을 짜야 한다. 효과적일 뿐만 아니라 단순한 기계를 독창적으로 사용할 계획을 고안해보자. 여러분은 팀 별로 20킬로그램짜리 도전 계획을 완성할 것이다. 하지만 어떤 작업에 대해서는 개별 평가도 이루어질 예정이다.

1. 첫째, 팀은 그 포대를 옮기는 데 꼭 필요한 간단한 기계 3대를 어떻게 조립할지에 대한 계획을 세울 것이다. 각 팀은 포대 운반에 대한 서면 계획서를 제출할 것이고, 과학실에 있는 장비들을 사용할 수 있다. 다른 설비가 필요할 경우 교사의 허락을 받아야 한다.
2. 계획이 승인된 후, 여러분의 팀은 여러분이 작업에 착수하고 포대를 옮기는 시간을 평가받게 될 것이다.

3. 마지막으로, 팀 구성원들은 그들의 팀이 포대를 옮길 방식을 설명하고 있는 밑그림을 개별적으로 제출할 것이다. 그 밑그림에는 그 단순한 기계들의 명칭과, 왜 그것이 사용되었고, 포대를 옮기는 데 어떻게 도움이 되는지 같은 내용이 각각 담겨 있어야 한다. 그 밑그림에는 만약 여러분이 다시 포대를 옮겨야 한다면 그 계획을 어떻게 바꿀 것이고, 그 이유는 무엇인지도 설명되어 있어야 한다.

밑그림은 다음과 같은 두 가지 질문으로 평가될 것이다.

1. 그 밑그림은 반드시 필요한 간단한 기계 세 가지의 사용법을 설명하고 있으며, 정확한 명칭이 붙어 있는가?
2. 그 밑그림은 왜 그 계획이 작동했는지, 또는 작동하지 않았는지에 대한 이해를 보여주는가?

VIMS가 독창성에 가치를 부여하고 있기 때문에, 곤잘레스 여사는 문제 해결 과정의 독창성을 볼 것이다.

일단 과제의 성격을 정의했으면, 평가 항목을 고안해야 한다. 점수를 매기는 방식이 결정된 후, 당신은 행동의 목적이 명확해지도록 학생 지도 방식이 변경되어야 한다는 사실을 발견할지도 모른다. 점수 매기기 항목을 만들 때에는 세 가지 기본 단계를 거친다. 즉 평가되어야 할 측면과 변수를 확인하고, 사용되는 가치의 크기를 결정하고, 각 가치에 대한 기준과 기술어를 정하는 과정 등을 말이다. 때로는 생산물에 단지 한 가지 측면에 따라 점수가 부여되기도 한다. 이것은 전체론적인 점수 부여 접근 방식이다. 전체론적인 점수 부여 방식은 실행이나 생산물의 질에 대해 전반적인 등급을 매기는 데 사용될 것이다. 이것은 평가자에게는 최대한의 유연성을 주지만, 학생들에게는 제한된 피드백만을 제공한다.

이 경우, 당신의 범위는 목표를 따를 것이다. 당신은 기계에 적절한 명칭과 설명이 올바르게 붙어 있는지, 그 설명이 기계의 기능을 잘 이해하고 있다는 것을 보여주는지 평가하기를 원할 것이다. 만약 당신에게 독창성이나 창의성의 다른 측면을 평가하는 것이 중요하다면, 평가의 측면에 대한 다른 범위를 만들거나 세 가지 범주 속에 그것을 짜 넣을 수 있다. 평가의 핵심 분야에 대해 학생들이 피드백을 받는 이런 점수 부여 방식은 '분석적인 점수 부여'라고 불린다. 그것은 특히 점수에 대한 안내가 평가와 함께 제시되었을 때 특히 유용하다. 학생들이 성공적인 프로젝트의 비판적 특징을 손쉽게 구별할 수 있기 때문이다.

점수 부여 항목을 만드는 마지막 단계는 가장 복잡하다. 하지만 믿을 만하고 공정한 실행 평가를 만드는 것은 필수적이다. 당신은 각 측면에 대해 무엇이 10점 가운데 2~9점을 이룰지 결정해야 한다. 모든 가능한 점수의 가치에 대해 설명해줄 필요는 없다. 10점의 배분을 위해 5단계로 나눌 수는 있다. 최소 성취(1~2점), 기본 성취(3~4점), 만족스러운 성취(5~6점), 우수한 성취(7~8점) 그리고 뛰어난 성취(9~10점) 등으로 말이다. 각 단계를 위해 당신은 전형적인 실행 설명이나 기준을 결정해야 한다. 당신이 완성한 범위는 〈표 10.1〉과 닮았을지도 모른다. 평가에 따라 당신은 3단계 평가(받아들여지기 어려운, 받아들일 만한, 목표점)로 충분하다는 것을 발견할 수도 있다. 각 단계의 기준에 대한 설명은 한 프로젝트를 그 계획과 그 다음으로, 작품의 질로 평가하기보다, 평가자가 중요한 측면에 대한 집중력을 유지하면서 생산물에서 시작해 생산물로 구성되는 평가를 할 수 있게끔 만든다. 지도 방식과 마찬가지로, 당신의 첫 번째 항목 만들기 시도는 당신이 특별한 평가 방식을 사용했던 맨 처음의 것을 교정해줄

	최소 1~2점	기본 3~4점	만족스러움 5~6점	우수함 7~8점	뛰어남 9~10점
각 기계의 설명과 정확한 명칭	명칭이 정확하지 않고, 설명 누락함.	불분명한 명칭들, 또는 기능 설명이 부정확함.	최소 세 가지 기계의 명칭이 정확하나, 설명이 다소 불명확함.	명칭이 정확하고, 기능 설명도 올바름.	세 가지 이상의 기계에 대한 명칭이 정확하고, 기능 설명도 적절함.
다음번을 위한 설명	계획 미완성, 또는 설명이 불명확함.	계획 불분명, 시스템에 영향을 끼칠 변화에 대한 이해가 부족함.	효과적인 시스템을 위한 개선 계획이 있으나, 아직 불명확함.	효율성과 독창성을 위한 개선 계획 있음. 변화의 영향을 이해함.	한 가지 이상의 효율성과 독창성을 위한 개선 계획 있음. 변화가 시스템에 미칠 영향을 이해함.
독창성 (5점 가능)	이미 수업에서 사용된 단순한 계획임.	문제를 해결하거나 개선하기 위한 독창성을 보여주는 밑그림임.	문제 해결과 개선을 위한 독창성을 보여주는 밑그림임.		

표 10.1 20킬로그램짜리 물건 옮기기에 도전한 데 대한 점수 항목

필요가 있는 것 같다. 명백하게 하기와 숨김없이 만들기가 요구되는 부가 기준을 알아보는 것은 쉬운 일이 아니다.

실행 평가의 기술은 다양한 강점을 가진 학생들에게 유연성을 허락한다. S. 하웨스, D. 위지에콘스카-피우코, K. 마틴, J. 토머스와 J. 니콜스(2012)는 귀가 안 들리는 학생들이 만들어낸 프로젝트에 대해 설명했다. 특히 한 학생은 그의 글쓰기 과제가 귀가 들리는 동료들 것만큼 훌륭하지 않다는 것을 깨닫고 낙담했다. 그는 수화를 사용하는 것이 훨씬 더 편했다. 그래서 프로젝트(중국의 한 자녀 정책)를 위해 그는 배경으로 인터넷에서 구한 이미지를 사용하고(블루 스크린을 사용했다), 그들이 소통하고 싶은 정보를 다른 2명의 귀가 안 들리는 학생들과 함께 수화로 작업했다. 특별한 교육자의 도움을 받은 그들은 영화를 위한 자막을 썼다. 마지막에 그들은 글로 써진 대답을 만들어냈다. 하지만 그들은 자신이 가장 편한 언어를 사용하여 생각을 시작할 수 있었다. 비록 이 프로젝트가 특수학교에서 생겨났지만, 그리고 대부분의 교사들은 일반 교실에 3명의 귀가 안 들리는 학생이 있는 것을 좋아하지 않겠지만, 학생들을 돕는다는 원칙은 그 학생들에게 필요하고 아울러 그들이 좋아할 '목소리'를 발견하는 것이다. 문자 그대로 그 학생들이 다른 언어로 말하든, 아니면 그들이 이해한 것을 시각적으로 가장 잘 전달할 수 있든 간에 말이다. 일단 우리가 학생들이 수많은 다양한 방식으로 그들의 이해를 나타내는 데 편안해지면, 그것을 다르게 나타낼 필요가 있는 학생들을 위해 구별 짓는 것도 더 쉬울 것이다.

자기평가의 촉진 실행 평가 기술은 교사들이 학생들의 학습 내용에 대한 이해를 평가할 때 복잡한 과제를 사용할 수 있게 한다. 그것은 또한 학생들이 복잡하고 창의적인 과제가 평가자들의 변덕에 따라 평가되는 것이 아니라, 그 가치를 더하고 빼는 것은 질이라는 사실을 이해하도록 돕는다. 이렇듯 질적인 것은 미래의 노력을 향상시키는 데 사용되고 또한 학습될 수 있다.

만약 잘만 사용되면, 이런 평가는 지도 방식에서 절대적으로 필요한 부분이 된다. 복잡한 과제가 지도 방식을 평가하는 데 사용되기 때문에, 그것은 그 일부가 된다. 실행 평가는 또한 정보가 담겨 있는 피드백의 전달 매체가 된다. 만약 A 또는 B처럼 단순히 이름 지을 수 없는 어떤 생산물이 분명한 측면에서 평가된다면, 평가로부터 전달된 정보는 그 프로젝트들의 장단점을 이해하고, 미래 프로젝트의 개선에 사용될 수 있다. R. 스티긴스 등(2006)은 학습을 위한 평가의 비판적 요소로서 자기평가를 포함시켰다. 항목의 기준에 학생들을 연관짓는 것은 학생들이 뛰어나다는 것이 무엇을 의미하는지를, 그리고 그러한 기준에 맞추는 책임감을 갖는 것에 대해 이해하도록 돕는 강력한 도구가 될 수 있다.

그들의 작업이 평가되는 기준을 이해하면, 학생들은 효과적인 자기평가에 한 걸음 더 가까이 다가갈 수 있다. 자기 자신의 작품을 평가하는 능력을 계발하고 내적인 평가의 궤적을 이해하는 것을 배우는 것은 창의성의 중요한 요소다. 자신의 아이디어가 지닌 창의성을 평가하는 것을 배우는 것 또한 학생들에게 중요하다. 이는 창의적인 개인이라면 독창적인 아이디어를 만들어내는 것은 물론, 어떤 아이디어가 독창적인지를 알아볼 수 있어야만 하기 때문이다.(Runco, 1993) 자신의 받아쓰기 시험지를 바르게 고치도록 학생들에게 허용하는 것은 자기평가가 아니다. 외부의 정보원(사전)이 그 작업의 질에 대한 절대적인 결정권자다. 효과적인 자기평가라면 학생들이 어떤 범위나 기준에 대한 그들의 능력을 평가하게 할 필요가 있고, 그들의 측정 방법에 대해 판단하게 할 필요도 있다.

학생들은 그들 자신의 생산물을 평가하도록 초등학생 시절부터 교육받을 수 있다. 그들은 문장을 완성시키기 위해 자신들의 이야기를 평가할 수 있다. 분명한 시작, 중간 그리고 맺음, 또는 흥미로운 설명의 사용 등을 말이다. 그들은 자신들의 그림에서 색깔의 사용, 또는 과학 프로젝트에서 변수의 자세한 정의를 판단할 수 있다. 맨 처음에 교사들은 학생들이 그들의 평가에 초점을 맞추도록 돕는 안내서나 체크 목록을 제공해야만 한다. 이후에 학생들은 그들 자신의 변수를 덧붙이고, 자신의 평가 형식을 발전시킬 수 있다. 목표는 생산물의 질을 높이고, 그들 자신의 판단에 대한 확신을 쌓기 위해 평가 과정을 학생들이 내면화하도록 돕는 것이다.

G. 제클리(1988)는 학생들이 창의적인 생산물에 대해 토론하도록 허용하고, 교사들도 단지 비판적이기보다 재미있고 창의적으로 작업에 대해 탐구하도록 학생들을 격려하는 역할을 하는 것이 중요하다고 강조했다. 교사 그리고 다른 학생들과 나누는 대화가 조심스럽게 구조화되면, 관객 구성원 각각은 작품에 대해 뭔가 다른 것을 느낀다는 것과, 따라서 반응도 다르게 한다는 것을 창작자들이 깨닫도록 도울 수 있다. 토론은 학생들이 그들의 의도를 명백하게 하고, 자신들의 작품을 설명하면서 관객의 반응을 더 잘 이해할 수 있게 해준다.

정의에 따라, 창의적인 생산물은 그 전에 나왔던 것과는 다르다. 창의적인 생산물을 생산하는 개인은 종종 자신들의 노력의 질과 타당성을 의심하거나 회의주의에 직면한다. 학생들이 자기평가를 위한 기준을 개발하도록 돕는 것은, 그들이 평가를 창작자에 의해서건 외부의 평가자에 의해서건 임의적이고 변덕스러운 판단에 의해서라기보다는 개선을 위한 도구로서 간주하도록 돕는다. 생산품은 좋을 수도 있고 나쁠 수도 있다. 허나 그것이 "나는 그저 그런데" 또는 "나는 저게 맘에 든다"라고 말했기 때문이 아니라, 그 생산품이 어떤 기준을 충족시켰고, 어떤 목표를 이루었기 때문이다.

자기평가를 발전시키는 것은 또한 평가되고 있는 뭔가에 의한 기준이나 목표가 이전에 나왔던 것들과는 때때로 기준이 다를 수 있다는 것을 학생들이 이해하는 데 도움이 된다. 그것은 분야와 영역이 변화해온 방식이다. 피카소의 미술은 그의 전임자들의 기준에 의해서는 평가될 수 없었다.

비록 어떤 전통적인 아이디어들은 적용될 수 있을지라도(예를 들어, 색깔의 사용이나 균형), 피카소는 평가를 위한 수많은 규칙을 바꾸었다. 그의 미술은 '닥치는 대로'도 아니고, '기준이 없다'도 아니다. 그 그림은 단지 그 이전에 다루어졌던 것과는 다른 문제를 해결하려고 노력했다. 마찬가지로 비록 그 영역의 기준이 고려되어야만 하더라도, 학생들은 때때로 그들의 생산물을 다른 측면을 따라서 평가하거나 다른 평가자들의 것들과 다른 목표에 초점을 맞출지도 모른다. 새롭게 설정된 기준이 위험을 동반하더라도 그러한 평가는 가치와 전망을 가지고 있다는 것을 그들은 깨달아야 한다. 〈표 10.2〉와 〈표 10.3〉 그리고 〈표 10.4〉는 자기평가를 위해 노력하는 학생들에게 지침이 될 수 있는 형식의 예다.

새로운 방식으로 맥락 사용하기

마지막으로, 창의성을 위한 평가는 모든 종류의 평가—실행 평가는 물론 밑그림의, 모양이 있는, 그리고 부가적인 평가—를 포함한다. 이에 따라 학생들은 새로운 방식으로 맥락을 사용할 필요가 있다. 물론 모든 평가에 독창성이 필요한 것은 아니다. 때때

당신의 사고방식에 대해 생각하기

당신이 오늘 문제를 풀었던 방식을 생각해보자. 무엇을 했는가?

____ 나는 목록에 있는 전략 가운데 아무것도 시도하지 않았다.

____ 나는 목록의 전략 중 하나를 시도했다.

    ____ 그 전략은 문제를 성공적으로 풀도록 나를 도왔다.

    ____ 그 전략은 나를 돕지 못했다.

____ 나는 목록에 있던 전략 중 하나 이상을 시도했다.

    ____ 그 전략은 문제를 성공적으로 해결하도록 나를 도왔다.

    ____ 그 전략은 나를 돕지 못했다.

____ 나는 목록에 없는 전략을 시도했다. 그것은 _____

____ 내 전략은 내기 문제를 해결하는 데 도움이 되었다.

____ 내 전략은 나를 돕지 못했다.

나는 이러한 전략을 사용했다.

    ____ 추측과 체크   ____

    ____ 패턴 살펴보기   ____

    ____ 그림 그리기   ____

    ____ 단순한 문제 풀기를 시도   ____

    ____ 도표와 목록 만들기   ____ 거꾸로 작업하기

    ____ 방정식 쓰기

표 10.2 자기평가, 수학 문제 풀기

나는 무엇을 배우고 있을까?

이 종이는 여러분이 지금 무엇을 배우고 있고, 이번 학년 동안 무엇을 배울지를 생각하는 데 도움을 줄 것이다. 여러분이 지금 학교에서 공부하고 있는 것에 대해서 생각해보면서 다음의 질문에 답해보자.

당신은 어떤 일을 잘하는가?

어떤 일이 당신에게 어려운가?

학습을 돕기 위해 어떤 계획을 가지고 있는가?

배울 때 흥미로운 무엇을 학교에서 배우고 있는가?

표 10.3 자기평가/일반

학생 :		날짜 :	
제목 :			
나는 현재 작업 중이다 :		나의 평가 :	
	아직 부족	개선 중	잘했음
철자 수정			
구두점			
대문자			
논평			

표 10.4 자기평가/글쓰기

로 학습 내용의 목표는 내용을 정확하게 분석하고 적절한 결론을 도출하는 데 초점을 맞추고 있다. 그러나 다른 경우 학생들의 내용 이해가 그것을 새로운 방식으로 사용함으로써 심화될 수 있는 때가 있다. 예를 들면 짧은 브레인스토밍 활동으로서(만약 영국이 북아메리카 식민지에서 소비되는 홍차에 관세를 부과하지 않았다면, 영국의 조지 왕은 어던 다른 선택을 할 수 있었을까?), 또는 중요한 실행 평가(식물 성장에 영향을 끼칠 수 있는 요소에 대한 독창적인 연구를 계획하고 수행하는 등)와 같은 것들이다. 만약 우리가 학생들이 다양한 방식으로 내용에 대해 생각함으로써 이익을 얻고 이해하는 것도 원한다면, 핵심은 학생들이 단지 그것을 발표하는 형식이 아니라 내용 자체에 집중하게 해주는 창의성이어야만 한다.

앞에서 언급한 '20킬로그램짜리 도전'에서 독창성을 반영하는 범위는 '발표 방식'이라기보다는 '그 과제 자체의 독창성'이라는 점에 주의해야 한다. 흥미로운(아마도 창의적인) 방식으로 정보를 발표하는 것과 정보에 관한 창의적인 사고에 종사하는 것 사이에는 중요한 차이가 있다. 만약 우리가 학생들이 내용에 대해 창의적으로 생각하기를 원한다면, 그들은 단순히 아이디어를 고쳐서 말하고, 그것들을 표지가 예쁜 폴더에 담기보다는 새로운 방식으로 아이디어들에 대해 생각할 필요가 있는 과제에 종사해야만 한다. 새로운 방식으로 내용을 발표하는 디자인 기술을 사용하면 그 결과 창의적인 디자인이 나올 수 있다. 하지만 내용 그 자체에 대한 창의적인 사고가 언제나 결과로 나오는 것은 아니다. 만약 당신이 디자인을 가르치는 것이 아니라면, 이러한 구별이 중요하다. 여러 가지 관점에서 내용을 생각하고 다양한 방식으로 사용하는 것은 학생들이 그것을 더 깊이 이해하도록 도울 것이다. 만약 우리가 유연한 사고를 단지 책 표지나 전시 행사—심지어 전시 행사의 하이테크 버전을 위해서—만을 위해서 사용한다면, 우리는 그것이 학습에 가져올 수 있는 힘을 낭비하는 것이다. 만약 우리가 창의성을 목표로 설정한다면, 그 과제는 창의성이 들어 있는 틀로서가 아니라 그 자체를 필요로 하는 것이 틀림없다.

물론, 멋진 장식이 되어 있는 폴더라든가 아름다운 그래픽이 들어 있는 프레지 또는 글로그스터[3]의 포스터가 기본적인 정보를 담고 있다면, 그것이 잘못된 것은 아니다. 그러한 것을 만드는 일은 개인이 그래픽 재능을 빛낼 수 있게 하고, 수많은 학생에게 동기 부여도 해줄 수 있다. 발표를 기술적으로 잘하는 방법을 배우는 것은 본질적으로, 그리고 스스로에게 중요한 목표다. 그것은 학생들이 창의적인 방식으로 학습 내용의 정보(말하자면, 간단한 기계에 대한)를 사용하게 하는 것과 단순히 목표가 같은 것은 아

---

3) Glogster, 포스터를 만드는 소셜 미디어 툴―옮긴이 주

니다. 만약 내가 내 학생들이 이른바 '말하는 아바타'라는 보키Voki를 만드는 방법을 배우기를 바란다면, 그들은 마틴 루서 킹에 대한 중요한 사실을 공유할 수 있는 보키를 만들 수 있다. 만약 내가 그들이 보키를 만들게 하면서 킹 박사에 대한 더 유연한 생각을 하게 만들고 싶다면, 나는 그들에게 킹 박사가 언급했을 것 같은 오늘의 뉴스 중 세 가지라든가, 그가 말했을 거 같은 것을 표현하는 보키를 만들게 할 것이다. 각 보키는 글로 쓴 더 많은 세부 사항 설명과 함께 완성될 것이다. 두 종류의 목표가 모두 유용하겠으나, 단지 당신이 어떤 목표를 추구하는지는 분명히 할 필요가 있다.

창의성에 연관된 지식, 기술, 태도―우리 수업의 학습 내용과 방식부터 의자의 배치와 매일의 학생들의 노력에 대한 평가에 이르기까지―는 교실 생활의 모든 측면에 의해 영향을 받을 것이다. 당신의 교실 평가에서 창의성을 위한 평가를 목표로 작업하라. 창의성을 목적으로 우리의 모든 상호 작용을 보는 것은 복잡한 일이지만, 학습과 경이로움이 함께 있는 곳으로 학교를 이끄는 한 가지 방식이기도 하다.

창의성 평가

이 부문에서는 두 번째 질문을 고려한다. 어떤 평가가 학교에서 창의성을 가장 잘 돕고 격려할까?

왜 창의성을 평가하는가?

학교에서 창의성을 평가하는 주요한 목표에 대해 J. 고완(1977)은 이렇게 말했다.

> 지금까지 우리는 창의성을 야생에서 수확해왔다. 우리는 모든 노력에도 불구하고 고집스럽게 남아 있는… 고생고생하면서 뭔가를 짜내는 사람들에 대해서만 창의적이라는 단어를 사용해왔다. 만약 우리가 창의성을 길들이는 것을 배운다면―즉 우리 문화에서 그들을 거부하기보다는 격려한다면―우리들 가운데 창의적인 사람의 수를 약 네 배는 늘릴 수 있다.(p89)

학교에서 창의성을 평가하거나 식별하는 이유는 창의성 부문의 점수를 내거나 학생들을 '창의적인' 또는 '비창의적인' 같은 범주로 나누기 위함이 아니다. 그보다는 창의성이 생겨났을 때 우리가 알아볼 수 있게 해주고, 창의성을 발달시킬 수 있는 조건을 만들도록 허용하는 것이 그 목적이다. 그것은 또한 우리가 케네스처럼 다른 장점과 더불어 특출한 창의성을 가지고 있는 학생을 찾아내도록 도와줌으로써 학교에서 교육과 도움을 줄 수 있게 한다. 물론 창의성을 평가하는 효과적인 도구 또한 창의성과 그것을 발전시키는 방식을 이해하기 위한 계속적인 연구의 노력에 필수적이다.

필요하고 적절한 평가의 종류는 그것이 의도하는 목적에 따라 달라진다. 학교에서 창의성의 평가는 특별한 프로그램이나 기회(여름 예술 프로그램이나 학교 기반의 영재 프로그램)에 포함될 학생들을 찾기 위해, 프로그램을 평가하기 위한 기회를 위해, 그리고 지도 방식을 계획하는 데 가장 많이 사용되는 것 같다. 만약 어떤 평가 기술이 개별 학생을 위한 교육 기회에 대해 학교나 지역이 결정을 내리는 데 사용될 예정이라면, 반드시 가장 공정하고 정확한 측정이 가능해야만 한다. 만약 어떤 담임교사가 그녀의 다음 단원을 위한 교실 활동을 계획하는데 평가를 사용하고 있다면, 느슨하게 구조화된 방법도 받아들일 만할 것이다. 많은 경우, 교사들은 타당한 판단을 하는데 복합적인 평가 도구를 사용해야만 한다. 창의성의 본질과 측정 형태가 가지는 전통적인 한계 때문에, 어떤 한 가지 형태의 평가로 추측하는 것은 도전적인 과제다.

교실에 대해 생각하기

여러분의 교실이나 학교에서 창의성을 평가할 필요성에 대해 생각해보자. 어떤 목표를 위해 평가를 사용할까? 다른 건물이나 다른 구역의 교사들과 당신의 아이디어를 비교해보자.

창의성 평가와 연관된 난제들

괴물의 속성 창의성을 평가하려고 노력할 때 가장 명백한 어려움은 일단 무엇이 창의성을 구성하고 있는지에 대한 합의가 결여되어 있다는 것이다. 만약 그것이 뭔지 모를 때 그 뭔가를 측정하기는 정말로 어렵다. 창의성에 대한 다양한 이론과 정의는 다양한 평가를 지지할 것이다. 우리는 어떤 학문 영역의 본성을 바꿀 수 있게 한 아인슈타인의 창의성(대문자 'C')을 평가하려고 노력할 것인가, 아니면 내게 새로운 수프를 만들 수 있게 하고 새로운 선율로 하프를 연주할 수 있게 하며, 나사 없이도 물이 새는 수도꼭지를 고칠 수 있게 하는(소문자 'c') 보다 더 평범한 창의성을 평가하려고 시도할까? 기술공학 회사의 그룹 창의성에 흥미를 가진 어떤 이론가와, 역사상 가장 창의적인 음악가와 과학자들을 연구하는 개인은 아주 다른 것을 평가하길 원할 것이다. 연구자들은 일반적인 창의성이 식별 가능하며 측정될 수 있는지 여부, 또는 창의성이 주제에 따라 특이성을 갖는지에 대해 의견이 엇갈린다.

  평가 기술의 변수 가운데 몇몇은 이러한 차이를 반영하고, 다양한 이론에 대해 중요한 변수를 측정하기 위한 시도를 나타내고 있다. 이론이 복잡할수록 과제 평가는 더욱 기가 꺾이는 일이다. 만약, 어떤 이론처럼 창의성이 영역에 따라 특수성을 갖는다면, 일반적인 창의성의 측정은 비효율적일 것이다.(Baer, 1993~1994) 각 영역이 독특한 평가 기회를 갖는다면 그것은 가능하다.(Sefton-Green & Sinker, 2000) 만약 우리가 창의적인 행동의 좀 더 복잡한 무리보다는 일반적인 확산적 사고를 측정하길 원한다면, 더 간단한 측정이 효과적일 것이다. 더욱 복잡한 창의성의 이론 체계가 선두에 나서면서, 어떤 한 요소를 측정하려는 시도는 적절치 못하게 되어간다. 그리고 물론 창의성이 문화에 따라 다양한 만큼, 평가는 이러한 차이를 반영해야만 한다. 또한 창의성을 평가하려는 시도는 평가 그 자체의 성질과 관련될 수밖에 없다.

측정과 도구의 효용성 평가의 분야는 측정 대상을 식별할 수 있고, 자격을 따지고 판단할 수 있다는 추정에 근거하고 있다. 이러한 추정을 충족시키기 위해 측정에 사용되는 도구는 타당성과 신뢰성의 시험을 거쳐야 한다. 가장 기본적인 수준에서 이 두 범주는 다른 관찰자들이 그들이 측정에 착수한 것과, 측정이란 무엇인가에 대해 동의할 수 있음을 의미한다. 예를 들어, 내가 타자를 치고 있는 키보드의 길이를 측정하길 원한다면, 나는 자를 사용해야 한다. 만약 사회가 일반적으로 길이가 의미하는 바에 대해 동의하고 적절하게 사용한다면, 자는 길이에 대한 적절한 측정 수단이며, 내 측정은 타당성이 있다고 여겨질 것이다. 만약 내가 자를 사용한다면, 내가 평가하고 싶은 변수인 길이를 측정할 수 있다. 정확하게 측정하기 위해서 나는 일관성 있고 믿을 만한 자를 가지고 있어야만 한다. 표준 자는 믿을 만하다. 만약 내가 내 키보드를 일곱 번 측정한다면, 나는 같은 결과를 얻어야만 한다. 만약 다른 누군가가 내 키보드를 표준 자로 측정한다면, 그 역시 같은 측정 결과를 얻어야만 한다. 만약 내 자가 구부러져 있거나 더운 날씨에 늘어났다면, 그것을 믿을 수 없다. 그런 자로 측정하는 것은 필연적으로 의미가 없는 일이다. 측정할 때마다 결과가 다를 것이기 때문이다. 그렇다면 결국 나는 키보드의 길이를 알 수 없게 된다. 물론 창의성과 같은 추상적인 구성체를 측정하는 경우의 신뢰도와 타당성을 다루는 것은, 그 목적과 자의 정확성을 결정하는 것보다 더 복잡하다.

'신뢰도'는 일반적으로 일관성이라고 생각된다. 신뢰도는 수량 측정의 근거다. 채점에 일관성이 없다면 그 측정은 타당할 수 없다. 가장 쉽게 알아볼 수 있는 신뢰도는 부동성, 또는 시험-재시험의 신뢰도다. 내가 키보드 측정의 두 결과로 동일한 길이가 나오기를 바라는 것과 마찬가지로, 시험-재시험의 신뢰도는 오늘 창의성이 높은 학생으로 식별된 개인이 다음 주, 또는 다음 달에도 창의성이 높게 확인될 것이라는 확신이다. 창의성에 대한 중요한 변화가 발생하지 않는다고 가정할 때, 그 개인이 한 번 이상의 테스트를 받는다면 그는 같은 시험 도구에 대해서 상대적으로 일관된 점수를 얻어야만 한다. 이런 신뢰가 없다면 시험 성적도 의미가 없다. 우리는 주어진 점수가 측정된 변수의 진정한 반영인지, 또는 피실험자가 다른 날에는 완전히 다른 점수를 얻게 될 것인지 결코 알 수 없을 것이다. 물론, 시험-재시험 신뢰도는 측정된 변수가 상대적으로 안정적이라고 가정한다. 만약 창의성이 실제로 매일매일 또는 매분마다 변화한다면, 시험-재시험 신뢰도, 그리고 무엇보다도 양으로 측정된 신뢰도라는 것은 있을 수 없을 것이다.

다른 신뢰도 역시 창의성을 측정하는 데 중요하다. 동등한 가치를 교환하는 식의 신뢰도는 어떤 도구의 한 형식에서 얻어진 점수가 다른 형식에서 얻어진 점수와 대략 같아야 한다는 것을 말한다. 이런 신뢰도는 특히 프로그램 평가에 사용되는 도구의 선택에서 중요하다. 학생들이 테스트 그 자체에 익숙해지는 것을 피하기 위해 어떤 도구의 한 형식을 사전 테스트에, 다른 형식을 사후 테스트에 쓰는 것은 평가자들에게는 흔한 일이다. 동등한 가치를 교환하는 식의 신뢰도가 없다면, 다양한 형식에서 얻은 점수도 의미를 가지게끔 비교될 수가 없다. 사전 테스트와 사후 테스트의 사이에서 발견되는 차이는 평가된 프로그램의 영향력이라기보다는 테스트 차이의 결과일 것이다.

세 번째 신뢰도는 측정자 사이의 신뢰도이다. 측정자 사이의 신뢰도는 개별적인 전문가에게 달려 있는 도구나 점수를 위한 판단에 필요하다. 이것이 성취되려면 두 측정자는 같은 테스트 점수를 얻어야 하고, 생산물은 비슷한 점수를 만들어내야 한다. 측정자 사이의 신뢰도는 점수 안내서에 있는 세부 사항의 수준에 따라 영향을 받는다. 만약 점수가 5점짜리 눈금자에 맞춰 점수를 내도록 단순히 요구받았다면, 그 점수는 눈금자의 각 수준에 따라 기준과 실례가 주어진 점수보다는 훨씬 달라지기 쉽다. 이런 신뢰도는 창의적인 생산물이 평가될 때 명백한 논점이 된다. 만약 학생들이 생산물의 장점 그 자체보다는 그들의 생산물에 점수를 매기는 사람에 따라 창의적이라거나 덜 창의적이라고 판단된다면 불공정하다.

아마도 가장 흔하게 보고되는 신뢰도는 내적 일관성의 신뢰도다. 이런 신뢰도는 시험 도구 안의 항목들이 서로 협력하면서 같은 것을 측정하는 것처럼 보이는지, 또는 다른 항목들이 다른 강점을 측정하고 있는지 조사한다. 내적인 일관성을 테스트하는 방식 중 하나는 홀수 항목의 점수와 짝수 항목의 점수를 서로 연관시키거나, 테스트의 전반부와 후반부의 점수를 비교하는 것이다('반분 신뢰도'라고도 불린다).

창의성을 평가하기 위한 상업적인 도구를 조사할 때, 당신은 테스트에 관한 후기는 물론 테스트에 따라오는 문서에서 신뢰도에 관한 정보를 찾아야만 한다. 일반적으로 신뢰도 점수는 .00(신뢰도 없음)부터 1.00(완벽한 신뢰도)까지 범위에서 상호 관련으로 표현된다. 주어진 목표를 위한 특별한 도구의 적절성을 결정할 때, 그것이 표현하는 신뢰도의 종류와 점수 그 자체를 둘 다 확실히 조사해야 한다.

그러한 신뢰도는 때때로 혼란스럽지만, 신뢰도에 관한 논점은 확실히 직접적이다. 어떤 시험이 일관적인 결과를 생산하든 그렇지 않든 간에, 두 감정가가 같은 점수를 얻든 그렇지 않든 간에, 이 결과들은 다양한 점수로 쉽게, 그리고 명백하게 표현된다. '타당성'은 그러한 분명한 보증을 제공하지 않는다. 타당성 면에서 우리는 점수의 일관성에 대해 염려하기보다 그 정확성에 대해 걱정한다. 결국 우리는 측정하고 싶은 것을 측정하고 있는가? 놀랍도록 일관적인 점수는 만약 그것이 잘못된 것을 측정하고 있다면 아무런 가치가 없다.

19세기의 과학자들은 지능을 측정하기 위한 놀라운 측정 수단을 가지려고 했다. 뇌의 무게를 측정한 데 따른 신뢰도 점수는 훌륭했다. 정확한 저울이 주어지면 뇌의 무게는 비록 다른 시간, 다른 측정자에 의해 측정되더라도 아주 일관적이었다. 유일한 문제는 뇌의 무게로는 정말로 지능을 측정할 수 없다는 것이었다. 창의성을 측정하는 방법을 조사할 때, 우리는 같은 질문을 해야 한다. 만약 그 테스트가 뭔가를 일관적이고 정확하게 측정한다면, 그럼 그 뭔가는 창의성인가?

우리가 평가 도구에 대한 판단을 할 때, 고려해야 할 다섯 가지 타당성이 있다. 내용 타당성은 테스트 항목의 내용이 우리가 받아들이고 있는 창의성 이론 또는 정의를 반영하고 있는지를 묻는다. 가장 간단한 형식으로, 그것은 이렇게 질문한다. "이 테스트는 창의성이 필요한 것처럼 보이는가? 우리가 그것을 정의하는 것처럼 그것들은 논리적으로 창의성과 조화를 이루는가?" 만약 우리의 창의성에 대한 정의에 대한 새로운 반응이 필요하다면, 그 테스트는 참신함에 대한 기회를 제공해야 하고, 점수는 참신한 반응에 대해 보상해야 한다. 아마도 특별히 정확한 반응에 대한 수많은 테스트 선택은 정확하지 않을 것이다. 만약 우리의 정의에도 적절한 반응이 필요하다면, 그 도구는 평범하지는 않지만 과제에 적합한 반응과 부적절한 반응 사이를 구별해야만 한다.

범주와 연관된 타당성은 그 측정 방식이 창의성에 대한 다른 측정 방식과 서로 관련되어 있는지를 묻는다. 어떻게 특별한 도구의 점수가 창의성을 위해 이미 식별된 다른 기준과 연관될까? 범주와 연관된 타당성은 두 가지로 나눌 수 있다. '동시타당도'와 '예측타당도' 말이다.

'동시타당도'는 창의성 측정 방법이 창의적 생산성의 평가나 창의성에 대한 현재의 다른 측정 방법과 연관되어 있는지를 조사한다. 그것은 특별한 창의성 측정 테스트에서 고득점을 기록한 개인들은 다른 창의성 테스트에서도 역시 고득점을 기록하는지, 또는 그들의 글쓰기가 낮은 창의성 점수를 받은 사람들의 글쓰기보다 더 창의적이라고 평가되는지 아닌지를 묻는다. 동시타당도를 평가하는 데 사용된 측정법은 모두 일반적인 기간 동안 같은 피실험자들에게 주어진다.

'예측타당도'는 보다 더 어려운 도전을 다룬다. 그것은 현재 다른 측정 방법과 상호 연관되어 있는 측정 방법을 묻는 것이 아니라, 그것들이 내일의 활동과 어떻게 연관될지를 묻는다. 예측타당도는 창의성을 측정하는 점수가 이후의 창의적 실험을 예측할 수 있는지를 조사한다. 오늘 창의적 테스트에서 고득점을 받은 학생들은 창의적인 작가, 화가 또는 내일의 과학자가 될 가능성이 가장 높을까? 장기간에 걸친 예측 타당성에 대한 도구를 개발하는 것은 기가 꺾이는 일이다. 측정의 힘은 말할 것도 없고, 어린 시절의 창의성 수준의 외부에 있는 수많은 요인은 그 사람이 성인이 되었을 때, 창의적으로 생산적일 사람이 될지 아닐지에 영향을 끼칠 것이다. 학교의 영향, 문화를 둘러싼 가치, 가족의 상호 작용, 사회적 불안, 개인의 건강 그리고 흥미를 가지고 있는 분야에 관한 정책 등은 개인이 창의적으로 활동할 기회를 형성하는 단지 몇 가지 요소일 뿐이다. 어떤 이론가들은 어떤 창의성 테스트도 창의적 행동 가운데 아주 한정된 부분만을 측정할 수 있으며, 창의성에 대한 영향력은 몹시 복잡하기 때문에, 창의성 테스트에 대한 장기간의 예측타당도를 기대하기는 "현실적이지 않고 적절하지도 않다"고 판단해왔다.(Treffinger, 1989, p109) 그럼에도 불구하고 예측타당도는 창의성 평가의 중요한 목표로 여전히 남아 있고, 측정 수단을 비교하기 위한 타당한 원천이 될 수 있다. 연구자들은 창의성 평가가 현재 유용한 예측타당도를 보여주는지에 대한 평가를 달리하고 있다. 창의성에 관한 심리 측정의 한계에 대한 실질적인 논의를 R. W. 와이즈버그(2006)에게서 발견할 수 있으며, 반면에 좀 더 낙관적인 관점은 J. A. 플러커와 M. C. 마이켈(2010)에게서 찾을 수 있다.

동시타당도와 예측타당도는 D. J. 트레핑거, J. S. 렌줄리 그리고 J. F. 펠드후센(1971)이 "범주 문제"라고 부른 것의 영향을 받고 있다(p105). 간단히 말해, 범주 문제는 창의성 테스트의 타당성을 테스트하기 위한 범주를 식별하기 어렵다는 것이다. 만약 전문가들이 창의성의 본성과 징후에 대해 동의하지 않는다면, 그들은 평가를 감정하는데 "진정한" 창의성으로서 내세울 어떤 기준을 어떻게 결정할 수 있을까? 범주를 식별하는 노력은 다른 규격화된 평가, 교사와 동료의 판단, 성인의 성취에 대한 개요, 창의적 생산물에 대한 평가 등을 포함한다. 범주 문제는 미래의 창의성을 예측하기 위한 시도 면에서 명백하다. 그러므로 창의성에 관한 타당성의 어떤 해답에서도 한 요소인 것이다.

학습 내용의 타당성과 마찬가지로, 구성타당도는 어떤 도구에 대한 과제가 측정되는 구성체—이 경우에는 창의성—의 일반적으로 받아들여지는 특징과 일치하는지에 대해 질문한다. 그것은 또한 어떤 도구의 성적이 창의성을 측정하는 다른 방법과 어떻게 연관되어 있는지 조사한다. 그러나 이미 언급된 타당도의 어떤 종류와 달리, 구성타당도는 평가되고 있는 구성체를 둘러싸고 있는 이론의 전체적인 패턴에 그 측정이 어떻게 들어맞는지도 고려한다. 그것은 이 테스트가 다른 창의적인 테스트와 같은 것을 측정하는 것은 물론, 우리가 측정하는 것이 창의성이 맞는지 확신할 수 있는가에 대해 관심을 갖는다.

이러한 각각의 타당도는 창의성이 어떻게 평가될 것인가를 우리가 고려할 때 중요하다. 만약 교육적인 결정이 그러한 평가에 기초를 두려고 한다면, 우리는 사용된 도구가 가장 믿을 만하고 사용할 수 있는 가장 타당한 측정법이라는 확신을 가져야만 한다. 불행히도, 테스트에 대한 다음의 짧은 리뷰가 간결하게 보여주듯이, 창의성을 평가하도록 고안된 대부분의 도구의 신뢰도와 타당도는 한정적이다. 어떤 경우, 그 한계는 너무나 심각해서 그 도구는 교육적인 결정을 내리는 데 부적절하다. 또 다른 경우, 도구는 비록 한계를 가지고 있지만, 여전히 사용 가능한 것 중 최고일 것이다. 신뢰도와 타당도의 필요에 대해 지식이 있는 교육자들은 평가 정보의 가치를 판단하고, 사용 가능한 정보를 가지고 가능한 한 최선의 결정을 하도록 돕는 다양한 방식과 어떻게 결합시킬 것인가를 판단하는 데 있어 더 나은 위치에 있다. 그러한 지식 없이 시험 사용자들은 점수를 완전한 진실로 받아들이는 위험에 처할 수 있는데, 이는 대부분 적절하지 못한 추정이다.

교실에 대해 생각하기

여러분이 근무하는 지역에서 사용되는 테스트를 위한 표준화된 매뉴얼을 조사해보자. 그리고 제공되는 신뢰도와 타당도 정보를 평가해보자. 어떤 정보가 주어지고, 무엇이 빠졌거나 불명확한지 측정해보자.

창의성을 평가하는 도구

창의성을 평가하기 위해 개발된 몇몇 도구를 검토해보았듯이, 여러분은 다시 창의성의 개념이 조망하는 네 가지 관점을 고려해야만 한다. 개인, 과정, 생산물 그리고 압력이다. 수많은 평가 도구의 범주가 비슷하게 나뉘어 있다. 어떤 도구들은 창의성과 연관된 과정을 사용하는 데 개인에게 필요한 과제를 제공한다. 그들은 결말이 열려 있는 문제를 풀고 동떨어진 연관성을 끌어모으거나 특별한 질문을 위한 다양한 반응을 이 끌어내는 데 소비자 테스트가 필요하다. 정의를 내리면서 강조된 사고의 종류와 시험 개발자가 받아들인 이론을 요구하기 위해 과제가 만들어진다.

다른 측정법들은 창의성을 생산하는 데 초점을 맞춘다. 이러한 평가는 생산물 그 자체의 질에 대한 것보다는, 어떻게 창의적인 프로젝트가 될 것인가에 대해 덜 관심이 있다. 인위적인 과제의 주제를 발표하는 대신에 그들은 야생의 생산물들 또는 적어도 '진짜 창의성'을 평가할 것이다. 미술 작품, 과학 실험, 작문 또는 그 밖의 창의적인 노력은 평가될 수 있다. 비록 이런 평가에 대한 강조는 실제 세계의 문제에서 더 많이 주어지지만, 평가할 것 속에서 과정-집중의 평가가 누군가의 창의적인 노력의 결과라는 것은 비슷하다.

그런데도 다른 창의성에 대한 측정은 창의성의 과정이나 생산물이 아니라 창의적인 사람에게 집중된다. 특정한 과제를 완성한 개인에게 질문을 하는 대신, 이러한 측정은 창의성과 연관된 개인의 특성이나 전기적 특징에 집중한다. 개인들은 기꺼이 위험을 감수하려는 마음, 평가의 내적인 궤적, 과거의 창의적인 노력, 또는 창의성과 연관된 공통적인 활동이나 그 밖의 특징들로 평가받을 수 있을 것이다. 즉, 창의적인 개인에게서 발견되는 특징을 많이 가진 사람들은 그 자체로 창의적이라는 가설에 따른다. 이러한 측정은 자기-보고 연구의 형식이나 관찰 체크 목록의 형식을 자주 취한다.

과정, 사람 그리고 생산물에 덧붙여 네 번째 'P'는 압력press이다(Rhodes, 1961). 즉, 압력을 과정 중에 있는 창의적 개인에게 작용하는 외적인 힘 또는 맥락을 의미한다. 비록 학교에서 만큼 자주 사용되지는 않지만, 비즈니스는 혁신에 대해 좀 더 전도성 있는 환경을 조성하기 위한 노력으로 창의적인 맥락을 평가하기 시작했다. 이 부문에서는 4개의 범주 각각에서 가장 공통적으로 사용되는 평가 도구 몇 가지는 물론, 범주화를 무시하거나 눈대중하는 몇 가지 특징도 살펴볼 것이다. 각각의 경우, 창의성의 어떤 측면이 측정될 것이고, 그 정보가 진짜 세계의 창의성이 지닌 복잡한 구조에 어떻게 들어맞는지 기억하는 것이 중요하다.

평가 도구에 대한 부가적인 정보는 C. M. 칼라한(1991), G. 푸치오와 M. 머독(1999), C. 카우프만, J. A. 플러커 그리고 D. M. 배어(2008)에게서 찾을 수 있다. 창의성의 평가에 대한 재검토를 기록하고 있는 또 다른 뛰어난 소스는 〈창의적으로 배우기 위한 핵심(Center for Creative Learning)의 색인이다. 70가지의 다른 평가보다 더 많은 정보를 그 웹사이트에서 발견할 수 있다(http://www.creativelearning.com/creative-problem-solving/3/42-assessing-creativity-index.html). 그 웹사이트는 또한 시험 출판사와 유용성에 대한 필수적인 정보도 제공한다.

창의적 과정의 평가

창의적 사고에 대한 토랜스 테스트　표준화된 창의성 테스트 가운데 다수는 J. P. 길포드(1967)가 식별한 확산적 사고의 과정에 기초하고 있다. 이는 확산적 사고 테스트(DT)로 가장 정확하게 설명된다. 이들이 가장 널리 연구되고 광범하게 사용된 것이 창의적 사고에 대한 토랜스 테스트(Torrance Tests of Creative Thinking, TTCT: Torrance, 1990, 1999, 2000)이다. 이 테스트들이 학교와 연구자들 둘 다에 의해 사용되었고, 또한 폭넓게 사용되었기에 다음 토론은 그것에 대해 자세히 설명하고 있다.

토랜스 테스트는 그림 방식과 구두 방식이 있는데, 이는 각각 A형과 B형이다. 테스트의 각 버전은 테스트 사용자에게 책자에 제시되어 있는 일련의 '결말이 열려 있는 과제'를 완성할 것을 요청한다. 예를 들어, 구두 방식은 각 개인에게 주어진 그림에 대해 생각해낼 수 있는 모든 질문의 목록에 대해 묻는다. 다른 테스트 항목은 테스트 사용자에게 어떤 생산물에 대한 개선 가능한 목록이나 평범한 사물에 대한 비범한 사용법을 요구한다. 그림 방식은 테스트 사용자에게 평범한 모양(예를 들어, 원 같은)을 사용하여 가능한 한 다른 그림을 만들거나 추상적인 형태를 이용하여 그림을 만들고, 명칭을 부여하는 질문을 던진다. 모든 하위 검사에는 시간이 정해져 있다.

본래의 테스트는 유창성, 유연성, 독창성 그리고 (그림 방식의 경우) 정교함으로 점수를 매겼다. O. E. 볼과 E. P. 토랜스(1980)는 점수 매기는 시간을 최소화하고, 정서적 표현이나 내적인 시각화를 포함한 창의성에 대한 부가적인 측면을 평가하는 것을 점수 부여자에게 허용했다. 이를 위해 새롭게 고안된 능률적인 점수 부여 기술을 개발했다. 부가적인 측면은 대조적인 기준이 아니라(예를 들어, 그들이 테스트 참가자들을 정서적 표현의 표준과 비교하는 것이 아니다), 점수 부여자들에게 특정한 범주에 관해서 판단할 수 있게 허용하고 있다. 유연성 점수는 능률적인 점수 부여 체계 속에서 제거되었는데, 이것이 유창성과 수많은 부분에서 겹쳤기 때문이다.

점수 부여 과정은 테스트 매뉴얼에 자세히 설명되어 있지만, 테스트 또한 점수 부여 서비스로 보내질 수 있다. 유창성 점수는 단순히 목록에 들어 있는 아이디어나 완성된 그림의 수다. 독창성 점수는 전술적인 희귀성에 의해 결정된다. 어떤 항목이나 아이디어가 테스트가 기준을 삼고 있는 학생들에 의해 거의 표현되지 않았다면, 그것은 독창적이라고 간주된다. 각 아이디어들은 표로 목록화되고, 독창성 점수가 0, 1, 2로 부여된다. 테스트 점수 부여자는 그림의 각 아이디어를 표 안에 가장 가까이에 있는 것과 경쟁시켜 그것의 창의적 힘을 판단한다.

결말이 열려 있는 과제의 성질과 평가되어야 할 다양한 측면은, 토랜스 테스트의 점수 부여를 시간을 많이 잡아먹는 일로 만들었다. 그러나 테스트 매뉴얼에 제공되어 있는 세부 사항은 평가자 간의 높은 신뢰도를 확신할 수 있게 한다. 한 가지 우려가 A. 로센탈, S. T. 드마스, W. 스틸웰 그리고 S. 그레이벨(1983)에 의해 제기되었다. 그들은 비록 평가자들에게 걸쳐 있는 상호연관성이 높더라도, 스스로 훈련된 평가자들에게 걸쳐 있는 심각한 평균값의 차가 여전히 존재한다는 것에 주목했다. 그것은 평가자들이 같은 순서에 따라 테스트의 등급을 부여하더라도, 어떤 판단자들은 다른 사람들보다 일반적으로 더 높은 점수를 부여했다는 의미인 것이다. 이러한 불일치는 만약 토랜스 테스트가 학생들이나 학생들 그룹을 비교하는 데 사용된다면, 같은 평가자가 모든 학생을 평가해야만 하고, 판단자의 차이를 보상할 수 있는 조정이 이루어져야 한다는 것을 의미한다. 같은 방식으로 토랜스 테스트를 사용한 평가 프로그램은 사전 점수나 사후(효과 측정 테스트) 점수 부여를 위해 같은 평가자(들)를 사용해야 한다. 그렇지 않으면, 식별된 어떤 차이도 학생들이나 그룹의 진정한 차이라기보다는, 특정한 점수 부여자의 점수 패턴의 결과이기 십상일 것이다.

토랜스 테스트의 예측타당도는 연구 결과에 따라 다양하다. 토랜스(1984)는 2개의 장기 연구를 보고했는데, 그중 피실험자의 TTCT의 초기 버전은 12~20년 후 성인으로서의 성취와 상호 관련되어 있다는 것이다. 비록 그 상호연관성이 완벽으로부터는 거리가 멀지만(0.43에서 0.63의 범위), 그것은 성취도나 지능 테스트의 점수에 대한 예측 타당도만큼 높다. 1999년에 토랜스는 40년 후 비슷한 발견을 보고했다. 토랜스와 T. H. 유(1981)는 높은 지적 능력을 가졌고 IQ도 뛰어난 학생들이 성인이 되었을 때 뛰어난 성취력을 보여주는 것처럼, 고등학교에서 높은 창의성을 가진 학생들도 수많은 석사학위를 얻었고 상을 받았음을 발견했다. 플러커(1999)는 좀 더 현대적인 통계 기술로 토랜스의 원래 데이터를 다시 분석하여 성인의 창의적인 성취를 예측하는데, DT 테스트가 IQ 테스트보다 3배나 더 낫다는 것을 발견했다. N. 하위슨(1981, 1984) 역시 토랜스 테스트의 예측타당도를 조사했는데, 덜 일관적인 결과를 얻었다. 그는 TTCT의 구두 방식은 23년 후에 측정되었을 때, 통계적으로 중요한 수준으로 성인의 창의적 성취를 예측하지 않았다는 것을 발견했다. 흥미롭게도 토랜스와 하위슨은 둘 다 여자보다는 남자의 창의적 성취 예측 결과가 더 정확하다는 것을 발견했다. 아마도 50년에 걸친 추적 연구에서 가장 인상적인 것은, 연구자들이 오래전의 토랜스 테스트가 개인의 (만약 공적인 것이 아니라면) 창의성을 계속 예측하고 있다는 사실의 발견이었다.(Runco, Millar, Acar & Cramond, 2010) 이러한 연구자들과 그 밖의 사람들은 토랜스의 테스트와 DT 테스트는 일반적으로 제공할 것이 많다고 계속 믿고 있다.(Runco, Acar, 2012) 다른 연구자들은 훨씬 비판적이다. DT 테스트가 미래의 창의적인 성취를 예측하는 데 실패했기 때문이다.(Baer, 1993; Kaufman, Plucker & Baer, 2008)

K. H. 김(2008)은 창의적 성취의 예측자로서 DT 테스트와 지능 테스트를 연구하는 데 메타 분석을 사용했다. 그녀는 두 종류의 테스트가 중요한 예측자이면서도 상대적으로 약했지만, 확산적 사고 테스트는 더 강력했다는 것을 발견했다. 그녀는 남녀 간의 차이를 발견하지 못했다. 하지만 조사 대상인 다른 DT 테스트보다 TTCT가 더 강력한 예측자임을 발견했다. 흥미롭게도 DT 테스트 점수와 창의적 성취 사이의 관계는 11~15세 때 가장 높은 상호 의존성을 보였다. 또 다른 흥미로운 관찰 결과가 P. J. 실비아(2008)에게서 나왔는데, 그녀는 DT 테스트가 전문가의 성취와는 관계가 없고, 단지 초보자들 및 입문자들과 관련되어 있다는 사실을 발견했다. 물론 그들은 그러한 테스트를 주로 학교에서 받은 사람들이었다.

토랜스(2003)는 창의성의 표현에 대한 문화적 차이가 토랜스 테스트 점수에 반영되었다고 보고했다. 그는 멕시코의 샘플에서 (1960년대부터) 남성만이 도기에 칠을 하도록 허용받았다는 사실에 주목했다. 서사모아에서는 남자들만이 공동체의 공적인 예술가로 간주되었다. 이 두 가지 경우에서 남성이 도형 창의성에서 여성을 압도했다. 게다가 토랜스는 11개의 다른 문화 그룹 교사들에게 '이상적인 어린이'의 체크 목록을 완성하게 한 후, 이 점수를 그들 학생들의 TTCT 점수와 비교했다. 등급 순서는 매우 유사했다—교사가 창의성의 가치를 평가한 정도 대로 학생들의 성적도 높았다. 이 결과는 관련 관점을 두 가지 제공한다. 먼저 창의성에 대해 도움을 주는 문화의 정도가 창의성의 정도에 영향을 끼친다는 점이다. 적어도 창의성 테스트 점수에서 드러난 것에 대해서 그러했다. 이것은 문화에 대한 중요한 정보다. 그러나 이러한 가장 훌륭한 창의성 테스트조차도 잠재성 표현 면에서 문화로부터 자유롭지 못하다는 것과, 그것에 대한 이해를 가지고 해석되어야 한다는 것을 보여주고 있다. 문화를 가로지르는 TTCT 점수에 대한 연구는 전 세계적으로 계속되며, 다양한 결과를 낳고 있다.(Kaufman & Sternberg, 2006) 특히 독창성 점수는 문화 특이성이 있는 것 같다. 즉, 한 문화권에서 아주 흔한 것이, 때로는 다른 문화권에서 독창적인 경우도 쉽사리 발견된다.(예를 들어, Saeki, Fan & Van Dusen, 2001)

일반적으로 토랜스 테스트에 대한 연구는 그 테스트가 행해진 조건이 점수에 중요한 영향을 끼친다고 주장한다. 토랜스(1988)는 TTCT 점수에 대한 다양한 테스트 조건의 결과를 조사한 36개 연구 목록을 만들었다. 이들 가운데 27개 연구는 시험 조건이 변했을 때 같은 시험 형식의 점수가 심각한 변화를 가져왔다는 것을 발견했다. 그 변화는 황량한 방과 풍족한 방에서의 다양한 준비 활동과 시간의 차이에 이르기까지 포함된다. 다른 차이는 그 테스트가 흥미롭거나 흥미롭지 않은 활동에 의해 진행되는지 여부(Kirkland, 1974; Kirkland, Kirkland & Barker, 1976), 그 조건이 테스트다운지, 게임 같은지(Hattie, 1980), 테스트에 관한 가르침에서의 약간의 변화 등(Lissitz & Willhoft, 1985)과 연관되어왔다. 만약 학생들이 토랜스 테스트의 결과에 따라 비교되어야 한다면, 테스트 조건에 대해 가능한 한 많은 세부 사항이 일관적이어야 한다. 토랜스의 테스트에 대한 리뷰는 다양한데, 그 테스트가 "느슨하게 형성된" 이론에 근거하고 있으며, 연구와 실험을 위해서만 가장 잘 사용되었다(Chase, 1985, p1632)는 비판적 평가부터, "연구, 평가 그리고 일반적인 계획 결정을 위해 유용하고 건전한 지도의 예"(Treffinger, 1985, p1634)라는 것에 이르기까지 다양하다. 그 약점이 무엇이든 간에, TTCT는 창의성을 평가하는 데 가장 널리 사용되고 연구되는 것으로 남아 있다. 또한 마찬가지로 다른 도구를 평가할 때 그것에 대한 기준을 종종 제공한다. 좀 더 완벽한 역사, 리뷰 그리고 경고가 필요하면 김(2006), 플러커와 마이켈(2010)을 참조하라. 물론 DT 테스트를 쓸 수 있는 다른 것들도 있다.

성인을 위한 단축된 토랜스 테스트　K. 고프와 토랜스는(2002)는 약 15분 안에 성인에게 부과할 수 있는 TTCT의 단축형을 개발했다. 얻어진 점수는 TTCT의 전체 길이와 비슷하고, 유창성 및 유연성 그리고 독창성과 정교함에 집중하고 있다. 점수에서의 일관성이 필요하다는 쟁점은 TTCT에서와 비슷하지만, 단축형의 점수와 긴 형태의 점수 사이의 관계는 명확하지 않다. 규준화를 위한 샘플은 아주 작다(175). 검토자들은 단축된 토랜스 테스트가 잠재성이 있지만, 지금으로서는 신뢰도와 타당도가 원래의 TTCT보다 실제로 약해 보인다는 사실에 동의한다. 지금 단계에서 위험이 뒤따르는 결정을 내리는 것은 부적절해 보인다.(Athanasou, n. d.; Bugbee. n.d.)

행동과 움직임에서의 창의적 사고　토랜스에 의해 개발된 또 다른 테스트(1981)는 '행동과 움직임 속에서의 창의성의 사고Thinking Creatively in Action and Movement(TCAM)'인데, 이는 움직일 때 드러나는 유창성과 독창성을 조사한다. 미취학 아이들이 사용할 수 있도록 고안되었기 때문에, 그 테스트는 피실험자들에게 그들이 할 수 있는 한 가능한 수많은 방법으로 방을 가로질러 움직이고, 미리 고안된 방식으로(예를 들어, 바람에 움직이는 나무처럼) 움직이거나, 가능한 한 다양한 방식으로 종이컵을 휴지통에 넣거나, 종이컵의 여러 가지 사용법을 만들어내도록 요청한다. 그 시험은 시간 제한이 없다. 그것은 유창성(아이디어의 숫자)에 대해 점수를 부여하고, TTCT 안내서와 비슷한 점수 부여 가이드를 사용하여 독창성에 점수를 준다.

　단기간의 시험-재시험의 신뢰도와 TCAM을 위한 평가자 간 신뢰도의 상호연관성은 높다. 타당도의 증거는 덜 정의되어 있다. 동시 발생의 타당도를 설립시키기 위한 노력의 일환으로 TCAM의 점수와 유창성에 대한 다음과 같은 두 가지 측정 방법에 대한 점수를 비교할 수도 있다. 즉 '다면적인 자극 유창성 측정Multidimensional Stimulus Fluency Measure'(Gowin & Moran, Callahan, 1991에서 인용), '확산적 사고로 연구자가 확인하는 피아제식 과제Piagetian tasks identified by researchers as divergent'(Reisman, Floyd & Torrance, 1981) 등이 그것이다. 이 두 경우에, 점수는 의미 있게 서로 연관되어 있다. 그러나 D. W. 테가노, J. D. 모란 그리고 L. J. 고드윈(1986)은 TCAM의 유창성 점수와 IQ 그리고 나이 사이에 중요한 상호연관성이 있다는 사실을 발견했다.

이러한 발견은 TCAM의 점수가 창의성 또는 지능을 반영하는지 여부, 그리고 그것들이 시간에 따라 의미 있게 변화하는가 같은 질문을 제기한다. 검토 결과 TCAM은 어린아이들의 창의성을 평가하는 데 중요한 기여를 하고 있다는 칭찬을 받았지만, 교육적인 결정을 내리는 데 확신을 갖고 사용하기 전에 부가적인 연구를 진행할 필요가 있고, 그것의 실험적인 성격에 대해서도 주목해야 한다.(Evans, 1986; Renzulli, 1985; Rust, 1985) 부가적인 연구는 유망한 것처럼 보이고, TCAM은 어린아이들의 창의성을 알아보는 데 중요한 선택의 여지를 제공할 것이다.(Zachopoulou Makri & Pollatou, 2009)

소리와 말을 통해 창의적으로 생각하기 토랜스와 그의 동료들의 또 다른 생산물인 '소리와 말을 통한 창의성 사고Thinking Creatively With Sounds and Words'(Torrance, Khatena & Cunningham, 1973)는 확산적인 사고를 자극하기 위해서 기록된 소리를 사용한다. 그 도구는 실제로 두 가지 테스트로 이루어져 있다. 소리와 이미지, 그리고 의성어와 이미지다. 소리와 이미지 테스트에서 실험 참가자들에게는 추상적인 소리가 네 가지 제시된다. 각 소리에 대해 개인은 그 소리를 듣고, 그들이 떠올린 정신적인 이미지를 적는다. 네 가지 세트의 소리가 세 번 제시된다. 그리고 피실험자의 생각에 대해 이미 설명한 두 가지 테스트에서 사용한 것과 비슷한 점수 가이드를 사용하여 독창성을 평가할 것이다. 의성어와 이미지 테스트는 추상적인 소리를 사용하는 것을 제외하면 비슷하다. 그러니까 피실험자에게 "쿵" 또는 "쉬익" 같은 10개의 의성어 단어를 제시한다. 그 소리 세트도 세 번 반복되며, 이전의 테스트에서처럼 점수를 매긴다.

두 테스트 모두 성인과 어린이를 위해 고안된 지도 방침과 함께 A형과 B형의 사용이 가능하다. TCAM에서처럼, 이 테스트는 대체 형식에 대한 약간의 약점을 제외하고는 상당한 신뢰도의 데이터를 제시하고 있다. 하지만 교육적인 결정을 내릴 때, 그것을 중요한 소스로 삼기에는 타당도에 대한 부적절한 증거가 나타나고 있다.(Houtz, 1985) 타당도에 대한 더 많은 정보가 생길 때까지, 이 테스트는 평가의 수단이라기보다는 다양한 영역에서 흥미로운 창의적 행동의 원천으로서 더 유용할 것이다.

길포드와 지적 평가의 구조 확산적인 사고를 평가하는 모든 테스트는 길포드의 작업을 기반으로 이루어졌다.(1967, 1973, 1977) 그의 지능 구조 모델(SOI)에 기초하여, 길포드의 테스트는 확산적인 생산품과 변형을 강조했다. 길포드의 '어린이를 위한 창의성 테스트'(1973)는 다섯 가지의 구두형과 다섯 가지의 비언어적인 확산적 생산물 과제로 이루어져 있다. 그들은 이야기를 위한 이름 만들기, 복잡한 그림 속에 숨겨진 알파벳 글자 찾기, 그리고 익숙한 물체에 대한 대안적인 사용법 목록 만들기 등을 포함하고 있다. 그의 대안적인 사용법 테스트는 중학생들과 성인들에게 사용할 수 있다. 이는 테스트 참가자에게 여섯 가지 평범한 물건에 대한 대안적인 사용법의 목록을 만들도록 하는 단일 과제다.

이 테스트에 대한 리뷰는 비판적이다. 어린이들을 위한 창의성 테스트에 관한 리뷰에서 표현된 우려에는, 토랜스 테스트에 대한 낮은 상호 의존도와 낮은 타당도 예측이 포함된다.(French, 1978; Yamamoto, 1978) 대안적인 사용법 테스트가 비판받았던 이유는 평가자 간의 신뢰도 데이터가 결여되어 있고, 확산적 사고에 대한 다른 측정법과의 상호 의존성 역시 결여되어 있으며, 점수에 대해 배경 경험이 영향을 끼치고, 시험 매뉴얼에 대한 정보가 부적합하기 때문이었다.(Quellmalz, 1985) 이 지점에서 2세대의 확산적 사고 테스트(두드러지게는 TTCT)는 예측된 신뢰도와 타당도에서 길포드의 원래의 측정법으로부터 거리를 두고 있다.

M. 미커 역시 한 그룹의 길포드 테스트를 '지도 방식을 지시하는 진단 모델', 즉 지적 학습 모델 테스트(the Structure of Intellect Learning Abilities, SOI-LA; Meeker, 1969; Meeker, Meeker & Roid, 1985)에 적용했다. 학생들은 SOI의 다양한 측면에 대해 시험을 봤고(제2장에서 설명했듯이), 목표된 교정과 지도를 제공받았다. 비록 창의성 그 자체는 아니더라도, SOI-LA는 창의성과 관련된 다양한 사고 점수를 포함하고 있지 않다. 불행히도, 길포드 테스트처럼 SOI-LA에 대해 일반적으로, 특히 확산적 사고 점수에 대해 시험 검토자들은 심각한 문제를 제기해왔다. 1989년의 어느 날, 한 검토자는 "아마도 SOL-LA는 지적 피자를 너무 잘게 자르려는 시도를 보인다"고 주장했다. 검토자들의 우려에는 시험-재시험과 대안적인 형태, 둘 다의 신뢰도 한계와 특별히 낮은 확산적 사고의 점수를 포함하고 있다. 확실히 확산적 사고 점수에서 나타난 대안적 형태의 제한된 신뢰도는 예비-테스트와 사후 테스트에서 대안적인 형태의 사용을 부적

절하게 만들 것이다.(Clarizio & Mehrens, 1985; n.d., 1989)

월러치와 코간 테스트   진행 중인 테스트와 마찬가지로, M. A. 월러치와 N. 코간의 종합 테스트 역시 확산적 사고를 요구하는 일련의 과제다. 그 종합 테스트는 인쇄물 형태로 사용할 수는 없지만, 어린아이들의 사고방식Mode of Thinking in Young Children(Wallach & Kogan, 1965) 속에 그 내용 전체가 들어 있다. 비록 그것이 학교에서 흔히 사용되지는 않지만, 월러치와 코간의 종합 테스트는 최소한 두 가지 이유 때문에 중요하다. 즉 그것은 창의성과 관련된 연구에서 빈번하게 사용되며, 독특한 테스트 분위기에서 시행된다. 월러치와 코간(1965)은 만약 창의성이 느슨하고 즐거운 마음 상태를 필요로 한다면, 특히 대부분의 창의성 테스트에서 공식적인 시험 배경은 어린아이들의 창의성에 전도성이 없다고 믿었다. 결론적으로 그들의 테스트는 개인적으로 시간 제한이 없고, 게임 같은 마음 상태에서 주어지도록 고안되었다. 그들 본래의 연구는 타당도를 구축하기 위한 질문으로, 창의성 테스트와 지능의 관계를 강조했다. 5학년 아이들 151명을 연구한 그들은, 다섯 가지 보조 테스트들의 점수가 서로 강력하게 연관되어 있지만, 지능 측정과는 그다지 높은 연관성이 없다는 사실을 발견했다. 이것은 창의성과 지능 사이의 관계에 대한 토론에서 증거 중 하나다.

월러치와 코간 종합 테스트의 점수 부여에는 흔하지 않은 측면이 있다. 그 테스트는 유창성(목록화된 아이디어의 총수)과 독창성(테스트를 받고 있는 다른 멤버들에 의해 주어지지 않은 아이디어의 숫자들)에 대해 점수가 부여된다. 비록 이 점수 부여의 변수가 문화적 차이를 설명하는 데 도움이 되지만(점수 차트를 만드는 데 사용된 표준 인구 가운데 특이했던 반응), 그 이유 때문에 점수는 테스트에 참가한 개인의 수에 의해 큰 영향을 받는다. 만약 내가 10명으로 이루어진 한 그룹에서 테스트를 진행하려고 한다면, 내가 받은 대답이 500명의 다른 사람들과 비교하여 얻은 것보다는 몇 개의 독창적인 반응을 만들어내기가 쉬울 것이다.

만약 이 종합 테스트가 국가적으로 배포되는 표준 테스트로서가 아니라 연구의 일부로서 출판된다면, 타당도와 신뢰도에 대한 정보는 다른 사용자들을 위해 기대했던 것만큼 샘플이 크지도 않고 광범하지도 않다. 표준화된 성취 테스트에서 고득점을 기록한 학생들을 위해 더 믿을 만한 종합 테스트를 제안하는 데이터가 있고(Runco &

Albert, 1985), 재능이 있는 것으로 확인된 학생들의 창의적 활동에 대한 자가진단과 연관된 구두 보조 테스트가 있지만, 다른 사람들을 위한 것은 없다.(Runco, 1986) 월러치와 코간의 점수와 일반적인 지적 능력에 대해서는 더 많은 조사가 필요하다.

원격 연관 테스트   원격 연관 테스트The Remote Associates Test(RAT)는 창의성 이론을 기반으로 한 평가도구로서, S. A. 메드닉(1967)이 개발했다. 메드닉이 '창의성은 정신적 연관의 결과'라고 믿었던 제2장의 내용을 돌이켜보자. 더 많고 다양한 연관을 개인이 만들어낼 수 있다면, 그들은 창의성을 위한 더 많은 기회를 가지게 될 것이다. RAT는 3개의 자극 단어를 제공함으로써 개인이 말로 나타내는 연관의 수를 평가하려는 시도이고, 테스트 참가자에게 이 세 가지 모두와 연관지을 수 있는 단어를 생성하도록 요청한다. 예를 들어, 생일과 놀람 그리고 라인line은 '파티'라는 반응과 연관될 수 있다.

　RAT의 타당도 조사는 그것과 다른 창의성 평가 사이의 상호연관성을 보여주고 있으며, 반면에 다른 연구들은 그러한 연관성을 발견하지 못했다.(Lynch & Kaufman, 1974; Mednick, 1962; Wallach, 1970) 그러니까, 어떤 타당도 데이터도 고등학교 버전의 테스트에 사용할 수 없다. 게다가 RAT의 타당도의 이론적 배경은 의문시되고 있다. 그 테스트의 성격은 새롭고 상상력이 풍부한 반응에 대해서는 벌을 준다. 연관성이 득점을 얻는 것은 테스트 설계자에 의해 만들어진 반응과 같을 때뿐이다. 시험을 치르는 개인이 사용하는 과정에 대한 연구가 작가의 의도와 맞지 않으며(Perkins, 1981), RAT의 점수가 IQ 테스트와 수많은 관계가 있기 때문에 그 테스트는 비판받아왔다.(Ward, 1975) 또 다른 검토에서는 RAT의 집중적인 생산물의 역할도 비판하고 있으며, "지금 시대에 직업 소개의 목적이나 상담을 위해 사용하지 말도록" 제안하고 있다.(Backman & Tuckman, 1978, p370) 마지막으로, RAT는 문화적인 선입견 때문에 비판을 받았으며, 영어를 모국어로 사용하지 않는 사람들에게는 어렵다. RAT는 현재 절판된 상태이지만, 몇몇 웹사이트에서 사용할 수 있고, 창의성 연구에서 계속 사용되고 있다.

아직 만들어지지 않은 과정 테스트   창의성 이론이 계속 등장하고 있기 때문에, 새로운 평가 도구는 아직도 개발 중이다. 그런 도구들은 종종 교육적인 결정을 위해서라기보다는 연구나 테스트 개발 활동을 위해 더 적절하다. 하지만 그들은 미래에 사용 가능한 평가의 종류를 생각해보도록 우리를 도울 수 있다. 예를 들어, 몇몇 연구자들은 문제 발견의 과정을 포함한 도구를 가지고 실험했다. J. F. 웨이크필드(1985, 1992)는 그들 자신의 테스트 항목을 발전시키려고 학생들에게 묻는 창의성 평가를 개발했다. J. 스밀란스키(1984)는 독창적인 문제 창작을 비롯하여 현존하는 테스트를 개조했다. 고등학생들은 〈레이븐 누진항렬검사(Raven Progressive Matrices)〉의 D 시리즈와 E 시리즈로 테스트를 받았고, 가능한 한 풀기 어려운 테스트를 위한 새로운 문제를 창작하도록 요구받았다.

M. A. 룬코와 S. M. 오쿠다(1988)는 월러치와 코간 테스트의 개정본을 사용하여 비슷한 과정을 따랐다. 그들은 학생들이 표준화된 제시 문제보다 그들 스스로 발명한 문제에 대해 훨씬 더 많은 반응을 나타낸다는 것을 발견했다. 계속되는 연구가 문제를 푸는 능력과 문제를 만들어내는 능력 사이의 관계를 조사하고 있다. 조만간 문제 발견이 더욱 표준화된 평가 기술의 한 부분이 될 수도 있을 것이다. 또한 동시대의 창의적 과정에 대한 다른 이론이 평가로 가는 길을 찾아낼 수도 있을 것이다.

룬코(1991b, 1993), 그리고 룬코와 I. 찬드(1994)는 창의적 과정을 조사하고 심사하기 위한 가장 중요한 측면은 평가라고 주장했다. 결국 창의적인 과정은 아이디어를 만들어내는 것일 뿐 아니라, 추구할 만한 아이디어를 선택하는 과정이어야만 한다. 평범한 것과 독창적인 아이디어를 분리하는 개인의 능력을 판단하는 것은 창의적 능력의 또 다른 창을 제공할 것이다.

오쿠다, 룬코 그리고 D. E. 베거(1991)는 만약 테스트가 실제 세계의 상황과 더 비슷한 문제를 포함하고 있다면, 확산적 사고에 대한 테스트는 창의성에 대한 더욱 정확한 예측을 할 거라는 가설을 세웠다. 그들은 제시된 실제 세계의 문제와 발견한 것에 대한 학생들의 실적을 조사했다. 제시된 문제로는, 예를 들어 '교실에서 끊임없이 떠드는 한 친구' 같은 문제 상황에 대한 가능한 해결책을 학생들이 만들어내는 것이었다. 발견된 문제로는, 집이나 학교에서의 문제를 학생들이 생각해내는 것이었다. 제시된 실제 세계 문제에 대한 반응은 자기 보고의 체크 목록에 의해 측정된 창의적 활동을 가장 잘 예측했다.

창의성 테스트에 대한 또 다른 가능성 있는 개조는 점수 부여 과정이다. 오늘날까지 창의적 과정에 대한 대부분의 테스트들은 일반적으로 유창성, 유연성, 독창성 그리고 정교함에 대해 점수를 부여하고, 확산적인 사고를 조사했다. 그러나 이러한 점수가 3개의 다른 능력에 대해 실제로 나타내는지 여부에 대해서는 적지 않은 질문이 있다. C. 캘러한(1991)은 독창성을 평가하는 데 있어서 유창성을 "오염시키는 요소"(p229)라고 언급했다. 높은 유창성 점수는 독창성에서의 고득점을 동반한다. 마찬가지로 더 높은 유창성 점수는 더 높은 유연성 점수와 연관되어 있다. 오염시키는 요소로서의 유창성에 대한 우려는 다른 작가들에게서도 반향을 불러왔다.(Plucker & Renzulli, 1999; Plucker & Runco, 1998) 미래 연구와 테스트 개발은 확산적 사고 과제를 위한 대안적인 점수 부여 메커니즘으로 우리를 이끌지도 모른다. TTCT를 위한 능률적인 점수 부여 과정(그것은 네 가지 점수 이상의, 즉 다양한 요소에 따른 결과이기 때문에, 어쩌면 명명이 잘못된 것일지도 모른다)은 이러한 방향의 노력 중 하나다. 룬코, 오쿠다, B. J. 서스턴(1987)은 다른 제안을 했다. 그들은 확산적 사고 점수의 총계를 내고, 유창성의 점수 측정을 사용함으로써 더 타당한 점수를 얻을 수 있다는 것을 발견했다. 룬코와 W. 므라즈(1992)는 확산적 사고 테스트가 피실험자의 모든 결과물에 대해 하나의 점수를 만들어냄으로써 더 쉽고 정확하게 점수 부여를 할 수 있었다고 했다. 그들의 연구에서 판단자들은 각 개인의 대답에 대한 전체 풀을 평가했고, 유창성과 독창성 같은 개별적인 것들보다 하나의 전체적인 창의성 점수를 부여한다. 좀 더 최근에 A. 스나이더, J. 미첼, T. 보소마이어와 G. 팔리어(2004) 그리고 보소마이어, M. 해러, A. 니텔과 신더(2009)는 DT 반응 점수에 대한 창의성 지수Creativity Quotient(CQ)를 계산하자고 제안했는데, 이는 유창성과 유연성에 대한 더 높은 점수가 반응 풀로 가게 만든 것이다. 비록 테스트 설계자들의 지도와 반대로 현재의 창의성 테스트 점수를 더하거나 그렇지 않으면 교정하는 것은 현명한 일이 아니다. 하지만 미래 연구는 새롭고 더 효과적인 방식으로 우리가 점수를 사용하도록 허용할 것이다.

여전히 앞으로 다가올 다른 창의성 테스트들은 아직 상업적인 측정 방식으로 다루어지지 않은 과정의 요소들을 평가할지도 모른다. 예를 들어, 수많은 작가가 창의성에서 통찰력의 역할을 조사해왔다.(Sternberg & Davidson, 1995) 통찰력, 문제 식별 능력(Runco & Chand, 1994; Starko, 2000), 또는 다른 다양한 과정을 측정하려고 시도하는 테스트는, 어느 날엔가 창의적 과정에 대한 우리의 이해를 증진시킬 것이다. W. B. 베시와 M. D. 멈포드(2012)는 새로운 평가 기술의 원천으로서 창의적 문제 해결에서 인지적인 그리고 메타 인지적인 발견적 방법(전략) 연구를 제안했다. R. J. 스턴버그 (2012)는 그의 투자 이론에 기초하여 일련의 결말이 열려 있는 과제를 설명했는데(예를 들면, 이야기 쓰기와 만화의 대사), 그러한 과제를 위한 시도가 평가 전략으로서의 가능성을 가지고 있다고 주장했다. 그리고 물론, 창의적 과정이 영역에 걸쳐서 비슷한지 여부에 대한 질문이 있다. J. C. 카우프만, J. C. 콜레 그리고 J. 배어(2009)는 창의성에 대한 자기 보고와 같은 연구 분야에 초점을 둔 평가를 위한 기초를 놓았다. 분명히, 아직 다가오지 않은 수많은 창의적 과정 평가가 있다!

창의적인 인물 평가하기

창의적인 인물의 특징에 초점을 맞춘 도구들에는 인성 평가와 전기적인 목록이 포함된다. 이것들은 종종 자기평가나 관찰의 체크 목록 형태를 띤다.

카테나-토랜스 창의성 지각검사 이 두 파트의 검사표는 '당신은 어떤 사람입니까?What kind of Person are you?(WKOPAY)'와 '나 자신에 대한 어떤 것Something About Myself(SAM)'의 자기평가 등급표를 포함하고 있다. 그것은 10세 또는 그 이상의 창의적인 개인을 식별하도록 고안되어 있다.(Khatena & Torrance, 1976, 1990) WKOPAY는 "창의적인 방식으로 기능하기 위한 개인의 성질 또는 동기에 대한 색인을 만들어내도록 고안되었다."(Khatena, 1992, p134) 그것은 사회적으로 바람직하든 바람직하지 않든, 창의적이든 비창의적이든 테스트 참가자들이 선택해야 할 필요가 있는 50개의 양자택일 아이템이 포함되어 있다. 예를 들어, 한 아이템은 개인에게 그들이 다른 사람들을 더 많이 돌보고 싶은지 아닌지, 그들이 믿는 것에 대해 용기가 있는지 아닌지를 물을 것이다. 그 등급표는 다음과 같은 다섯 가지 요소를 산출한다. 권위 수용, 자기확신, 호기심 많음, 다른 사람들에 대한 인식, 자제적 상상력 등이 그것이다.

SAM은 개인의 인성적 특징, 사고 전략 그리고 창의적 산물을 반영하도록 고안되었다. 테스트 참가자들은 "나는 아이디어에 덧붙이기를 좋아한다" 또는 "나는 새로운 춤이나 노래를 만들었다" 같은 50개의 진술을 살펴보고, 어떤 진술이 그들에게 진실인지 지적한다. 이 등급표는 다음과 같은 여섯 가지 요소의 점수를 산출한다. 환경의 민감성, 자기강점, 주도권, 지력, 개성 그리고 예술적 수완 등이 그것이다.

목록표에 대한 신뢰도 데이터는 만족할 만하다. 타당도 연구는 SAM과 소리와 언어에 대해 창의적으로 생각하기의 의성어와 이미지 보조 테스트 그리고 구두 독창성 사이의 온건하지만 중요한 상호 의존을 보여주고 있다. 두 가지 표는 둘 다 스스로 방향을 정하는 연구를 위한 준비성 측정에 중요하게 상호연관되어 있다.(Kaltsounis, 1975; Khatena & Bellarosa, 1978) 이 지점에서 각 등급표를 위한 예측타당도에 대한 어떤 데이터도 없다. C. 칼라한은 다음 내용에 주목하고 있다. 즉, "상당한 자기인식과 반영이 필요한 행동과 연관된 자기보고에 대해 의지하는 것은 빈약한 평가 전략"이며, 그 도구는 연구나 토론 목적으로 사용되는 것이 최선이라는 것이다.

창의적 재능을 발견하기 위한 그룹 목록표 창의적 재능을 발견하기 위한 그룹 목록표 The Group Inventory for Finding Creative Talent(GIFT)는 1~6등급 사이의 학생들의 창의적 잠재성을 평가하기 위해 고안된 자기보고 형식이다.(Davis & Rimm, 1980) 학생들은 독립적 특징, 유연성, 호기심, 인내심, 흥미의 범위 그리고 과거의 창의적 활동과 취미를 평가하도록 고안된 일련의 진술에 대해 'Yes' 또는 'No'라고 대답할 것이다.(Davis, 1992) 그들은 "나는 나 자신의 노래를 지어내길 좋아한다"라든가, "나는 그것이 어떻게 작동하는지 보기 위해 물건을 분해하기를 좋아한다" 그리고 "나는 하기 어려운 일을 하는 것을 좋아한다"와 같은 진술에 응답한다. GIFT 도구는 전체 점수와 3개의 보조등급표의 점수를 산출한다. 상상력, 독립성 그리고 수많은 흥미 등을 말이다. 테스트에 대해 반드시 출판사에서 점수를 부여해야 한다. 비록 출판사가 점수 부여 과정에서 일관성을 확신하더라도 지연이 일어날 수 있고, 그 결과 점수를 분석하기 위한 개인의 반응을 조사하는 것이 불가능해진다.

GIFT를 위한 반분 신뢰도(다른 반쪽과 첫 번째 반쪽의 등급표의 상호연관성)는 강력하지만, 시험-재시험의 신뢰도는 단지 중간 정도다. 타당도 조사는 GIFT 점수를 교사가 등급을 매긴 창의성, 그리고 이야기와 그림에 대해 실험을 시행하는 사람이 매긴 등급과 비교했다. 그 관계는 낮은 것에서 중간 정도까지이고(0.20~0.54 범위), 의미가 있었다. GIFT의 검토자들은 추가적인 타당도 데이터와 테스트 매뉴얼에서 좀 더 완성된 정보가 필요하다고 강조했다. 하지만 그들은 다른 평가와 함께 사용할 때 그 등급표를

의사결정의 유용한 도구라고 봤다.(Dwinell, 1985; Wright, 1985)

흥미 발견을 위한 그룹 목록표(Ⅰ과 Ⅱ) 흥미 발견을 위한 그룹 발명The Group Inventories for Finding Interests(GIFFI)은 GIFT와 매우 비슷하지만, 상대적으로 중학생들과 고등학생들을 위해 고안되었다.(Davis & Rimm, 1982) 그들의 강점과 약점 역시 GIFT와 매우 비슷하다. 글쓰기 샘플과 교사들의 등급 부여를 GIFFI의 점수와 비교한 타당도 연구는 0.45라는 평균 점수를 만들어냈다. GIFFI는 몇몇 아이템에서 문화적 편견(예를 들어, "나는 콘서트에 가는 것을 좋아한다") 때문에 비판받아왔고, 그것은 특히 다문화 환경의 사람들 속에서 그 효용성을 해칠지도 모른다.(Weeks, 1985)

미취학 아동과 유치원의 흥미 기술어 Preschool and Kindergarten Interest Descriptor(PRIDE) (Rimm, 1983)는 창의적인 재능을 가진 것으로 식별된 어린 학생들을 가려내기 위한 목록이다. 그 목록은 50개의 질문을 포함하는데, 이는 그들의 부모들이 완성해야 하는 것으로서 그들 자신의 또는 아이들의 행동을 설명하는 것이다. GIFT와 GIFFI처럼 그것 역시 출판업자가 점수 부여를 해야만 하는데, 그것 때문에 결론을 얻기까지 약간의 지연이 있을 수 있다. PRIDE는 논리적인 면의 타당도를 가지고 있고, 그 안에서 목록의 특징이 창의적인 어린이의 특징이라고 보도되어왔다. 그러나 표준 그룹이 너무 적고 (114), 특히 목록표를 위해 보고된 요소 분석을 위한 경우가 그러하다. 아주 어린 아이들을 평가하는 데 따르는 일반적인 어려움과 함께, 기술적인 논점은 이 도구가 좀 더 광범하게 시험될 때까지는 조심스럽게 사용되어야 한다는 것을 의미한다.(Galvin, n. d.)

창의적 태도 조사 창의적 태도 조사The Creative Attitude Survey(Schaefer, 1971)는 창의성과 관련된 피실험자의 태도를 평가하도록 고안되었다. 거기에는 자신의 아이디어에 대한 확신, 판타지에 대한 감상, 이론적이고 미학적인 적응, 충동 표현에 대한 개방성 그리고 참신함의 사용 등이 포함되어 있다. 타당도 정보는 초등학생들이 몇 주의 기간에 걸친 창의성 훈련을 받았던 2개의 프로그램으로 나타났다. 창의성 훈련을 받은 아이들은 창의적 태도 조사에서 점수가 향상된 반면, 통제 집단은 그렇지 않았다. 20개월 후, 그 차이는 유지되었다. 최소한 1명의 검토자가 이 도구는 초등학생들의 창의성을 향상

시키도록 고안된 프로그램을 평가하는 데 효과적일 것이라고 주장했다.(McKee, 1985)

전기적인 목록표-창의성　전기적인 목록표-창의성The Biographical Inventory-Creativity(BIC: Schaefer, 1970)은 미래 행동에 대한 최고의 예언자는 과거의 행동이며—과거에 창의적인 행동에 연관되었던 사람들은 다시 연관될 가능성이 높다는 가정에 근거하고 있다. 목록표는 165개의 항목으로 구성되어 있고, 테스트 참가자는 주어진 활동에 참여한 적이 있는지 같은 질문을 받는다. 그것은 네 가지 점수를 산출한다. 소녀를 위한 창의적 미술, 소녀를 위한 창의적 글쓰기, 소년을 위한 창의적 수학과 과학 그리고 소년을 위한 미술과 글쓰기다.

　분명히 성별에 따른 등급표는 문제를 나타내고 있다. 수학이나 과학에 대한 소녀의 창의성에 대한 정보에 대해서는 사용할 수 있는 정보의 선택의 여지가 없다. BIC에 대한 연구가 가리키는 것은, 그 도구가 교사에 의해 과학과 미술의 창의성에서 추천을 받은 고등학생 그룹을 등급, 등급 점수 표준 그리고 학교에 적합한 다른 학생들로부터 성공적으로 구별했다는 점이다.(Anastasi & Schaefer, 1969; Schaefer, 1969; Schaefer & Anastasi, 1968) 그러나 커다란 그룹을 중요하게 구별해내는 것은 신뢰할 수 있고 타당한 개인 점수를 제공하는 것과는 다른 과제임을 인식하는 것이 중요하다. 부가 연구와 개발이 BIC가 교육적 결정을 내리도록 추천받기 전에 필요하다.

행동 관찰　학교에서의 창의성을 평가하는 평범한 방법은 행동 관찰을 이용함으로써 가능하다. 체크 목록이나 관찰 형식의 안내로 교사는 그의 행동이 창의성과 연관된 활동의 설명에 적합한 학생을 식별한다. 관찰을 위해서 가장 일반적으로 사용되는 도구 중 하나는, 뛰어난 학생들의 행동 특징을 등급화하기 위한 눈금표 중의 창의성 눈금표the Creativity scale of the scales for Rating the Behavioral Characteristics of Superior Students이다.(Renzulli 등, 2002) 상상적 사고 능력과 "관행을 따르지 않는 태도는 구별되는 것을 두려워하지 않는다"와 같은 태도를 9개의 체크 목록이 설명하고 있다. 교사들은 각 학생들의 각각의 행동을 평가하는 6점 눈금표를 사용한다. 시험-재시험과 이 도구에 대한 등급 사이의 신뢰도 데이터는 둘 다 강력하다. 최초의 타당도 연구에서 창의성 눈금표는 TTCT에 대한 언어적인 점수와 상당히 상호연관되어 있지만, 수식적인 점수와는 그렇지 않다. 작가들은 "이러한 발견은 창의성 눈금표 항목의 언어적 편향을 반영하는 것으로 비언어적 창의성을 강조하는 프로그램을 위해서 학생들을 식별하는 데이 눈금표를 사용하는 것을 경고해야 한다고 제안하고 있다"고 주장했다(p9). 교정된 눈금표가 3~12학년을 위한 영재 프로그램의 성공과 상호연관되어 있다.

교실에 대해 생각하기

여러분의 교실에서 무작위로 고른 5명의 학생들을 평가하면서 '뛰어난 학생들의 행동 특징을 등급화하기 위한 눈금표' 중 창의성 눈금표를 사용해보자. 당신은 그 결과가 교실에서 학생들의 창의적 활동을 정확히 반영한다고 느끼는가?

또 다른 도구인 킹고어 관찰 목록표Kingore Observation Inventory(KOI: Kingore, 1990)는, 교사들이 책상 위에 가지고 있을 수 있는 목표 학생들의 행동에 대한 서술 형식을 제공한다. 며칠 동안, 교사들은 그들이 매번 보여주는 행동에 대해 학생의 이름 옆에 특징을 적어 넣는다. 덜 흔한 일이지만 교사들은 창의적 활동을 유도하도록 고안해낸 특정 활동을 계획할 수 있고, 학생 활동의 일화도 기록할 수 있다. KOI는 창의성을 평가하는 것보다는 어린 영재 학생을 식별할 수 있도록 고안되었다. 비록 행동 범주의 몇 가지가 창의성과 연관되어 있을지라도(예를 들어, 관점 또는 유머 감각), 저자는 창의적 행동이 어떤 관찰로 주입될 것이라고 주장했다. 어떤 타당도나 신뢰도 데이터도 보고되지 않았다. 타당도와 신뢰도 데이터의 결여는 문제를 제기하고 있고, 창의성을 평가하려는 교사의 바람은 특별히 더 핵심적인 활동에 목표를 두는 도구를 사용하기를 원할 것이다. 그러나 지정된 기간에 걸쳐 지정된 행동을 관찰한다는 개념은, 새로운 관찰 방식이 개발되면서 그 유용함이 입증될 것이다.

대부분의 눈금표 등급의 주관적인 성격은 타당도와 신뢰도 평가를 어렵게 만든다. 특히, 특정 학교에서 스스로 만든 활동과 눈금표는, 타당하지 않고 신뢰하기 어려운 데이터를 제공하는 위험에 처해 있다. 그러나 학생들의 행동에 대한 관찰은 종종 글로 작성하는 표준화된 테스트에 의해 평가되지 않는 능력과 강점에 대한 단서를 제공할 수 있다. 게다가 평가의 목적과 직접적으로 연관된 행동의 관찰(예를 들어, 기술을 창의적으로 사용하기 위한 특별한 프로그램을 위한 학생들을 선정하기 위해 고등학교의 산업기술 수업에서의 활동을 관찰하는 등)은 특별한 상황을 위한 적절한 정보를 제공할 수 있다. 그러나 어떤 경우에라도 신뢰도와 타당도에 의문이 있는 도구는 교육적인 결정을 내리기 위한 유일한 원천이어서는 안 된다.

더 새로운 평가들　연구자들이 창의성에 대해서 더 많이 배우고 새로운 질문을 할수록 새로운 도구가 등장한다. 예를 들어, 창의적인 성취 질문지the Creative Achievement Questionnaire(CAQ: Carson, Peterson & Higgins, 2005)는 참가자들에게 비주얼 아트부터 과학 연구, 요리, 유머에 이르기까지 10개 영역에서 창의적 활동의 성취에 대해 체크하도록 요청한다는 점에서 BIC와 비슷하다. CAQ의 저자들은 영역들이 밀집하는 경향이 있음을 발견했다. 연구가 진행 중이지만, 영역을 넘나드는 창의적인 활동을 찾으려는 노력은 유망하다.

　룬코의 관념 행동 눈금표The Runco Ideational Behavior Scale(RIBS; Runco, Plucker & Lim, 2000~2001)는 또 다른 자기보고 눈금표다. RIBS는 개인들에게 다음과 같은 진술에 대해 얼마나 많이 동의하는지 나타내도록 요구한다. "나는 수많은 날것의 아이디어를 가지고 있다." 또는 "나는 사물에 대해 충분히 생각함으로써 정신을 훈련시키려고 한다." 비록 이것이 더 오래된 도구들 같은 연구 역사를 가지고 있지는 못하지만, RIBS는 신뢰도를 보여주고 있으며, 계속 연구에 사용되고 있다.

　창의적인 개인에 대한 연구의 흥미로운 변형 가운데 하나는 자기효능감에 대한 평가다. 창의적인 자기효능감은 그들 자신의 창의성이나 창의적인 과제를 성공시킬 능력에 대한 개인 수준의 확신을 의미한다. 제9장을 떠올려보자. 그것은 창의적인 문제 해결이 재정적인 성공에 필수적인 작업장에서 가장 보편적으로 연구되고 있다. 다른 형태의 자기효능감과 마찬가지로(Bandura, 1977, 1986), 창의적 자기효능감은 전통적으로 상황적인 혹은 영역적인 특징이 있다. 음악이나 모자이크 분야에 대한 내 창의적 자기효능감은 그림이나 컴퓨터 프로그래밍에 대한 것보다 훨씬 높다. 창의적 자기효능감은 창의적인 직업 효율을 예측하는 데 도움이 된다.(Choi, 2004; Tierney & Farmer, 2002)

　R. A. 베게토(2006)는 중학교에서의 창의적인 자기효능감을 연구했다. 그리하여 더 높은 창의적인 자기효능감은 더 높은 수준의 동기 부여, 그리고 학문적인 영감과 연관

되어 있음을 발견했다. 더 높은 창의적 자기효능감을 가진 학생들은 교사들에게 자신들이 창의적이라고 말한다고 보고되는 경향이 높았다. 창의적인 자기효능감이 다른 형태의 자기효능감과 같은 방식으로 도움을 받을 수 있는지 고려하는 것은 흥미롭다. P. 티어니와 S. M. 파머(2002)는 직장 상사가 창의성을 돕고 모형화하는 경우, 직원의 창의적 자기효능감은 더 높다는 결과와 연관되어 있다는 것을 발견했다. A. 밴두라의 일반적인 자기효능감 연구가 주장하는 것은, 자기효능감이 창의성, 모형화 그리고 언어적 도움에 대한 성공적인 경험으로 쌓여간다는 것이다. 연구(그리고 평가)가 더 많이 이루어지면, 이러한 행동이 젊은이들의 창의적인 자기효능감에 끼치는 영향을 우리가 이해하는 데 도움이 될 것이다.

창의적인 개인에 대한 연구가 계속되면서, 다른 평가 도구들도 계속 등장할 것이다. 우리가 창의적인 개인이 문제를 푸는 방법에 대해 더 많이 배운다면, 우리는 개인과 영역에 걸쳐 있는 여러 가지 변수를 발견해나갈 것이다.

창의적 생산물을 평가하는 도구들

이러한 평가와 더불어, 한 개인은 창의적 생산물 앞에서 "이것이 창의적인가?" 또는 "어느 정도나 창의적인 것일까?"를 결정짓는 질문에 직면하게 된다. 창의적 생산물을 평가하는 것은 예술, 도서관, 연극 비평 그리고 과학 저널의 편집자들에 의해 매일 이루어지고 있다. 이 전문가들은 형식, 기준 그리고 그들 영역의 역사에 대한 지식을 사용하여, 주어진 시대의 그 분야에 떨어진 작품의 위치를 결정할 수 있다. 창의적인 생산물에 대한 평가에는 언제나 주관성, 지식 그리고 전문적 지식이 사실상 동반된다. 그러한 평가를 표준화되고 쉽게 구매할 수 있는 아이템으로 포장하기는 어렵지만, 창의성에 대한 평가는 결국 그 열매에 대한 평가에 의지해야만 한다.

창의적인 생산물 평가 매트릭스 창의적인 생산물의 특징을 식별하려고 시도한 경험적인 연구는 거의 없다.(Besemer & Treffinger, 1981) 창의적인 생산물 분석을 위한 모형 개발의 노력 중 하나는 창의적인 생산물 평가 매트릭스다.(CPAM; Besemer & O'Quin, 1986) 그것은 창의적 생산물을 평가하기 위한 세 가지 측면을 제안하고 있다. 참신함, 선명도 그리고 정교함과 통합 등을 말이다. 참신함은 생산물의 독창성과, 더 이상의 아이디어와 변화를 산출하기 위한 잠재성을 포함하고 있다. 선명도는 그 생산물이 얼마나 잘 의도된 목표를 위해 전력을 다하고 있으며, 문제를 해결하고 필요를 충족시키는지를 의미한다. 정교함과 통합은 그 생산물의 스타일의 특성을 나타내고, 다양한 복잡성과 단순한 우아함을 포함하고 있다.

학생 생산물 평가 형식　학생 생산물 평가 형식The Students Product Assessment Form(SPAF; Renzulli & Reis, 1997)은 학교에서 학생들의 창의적인 생산물을 평가하도록 고안되었다. SPAF는 학생들의 생산물을 아홉 가지 요소로 등급을 매기는 데 사용된다(표 10.5). 비록 모든 요소가 모든 종류의 생산물에 대해 적합한 것은 아니지만, 아이템에 대한 설명은 각 요소를 판단하는 명확한 기준을 제공하고, 이 도구의 신뢰도에도 기여하고 있다. 창의적 생산물을 평가하기 위한 간결한 모델을 만들어내려는 노력이 계속됨에 따라, CPAM과 SPAF는 창의적 생산물을 평가하기 위한 시도에 대한 일반적인 가이드 라인을 제공할 수 있다.

　창의적 생산물을 평가하는 데 도움을 주도록 고안된 이러한 도구들은, 일반적으로 그 노력에 대해 일관성을 부여하는 목적을 가지고 있다. 만약 2명의 영화평론가가 같은 영화에 대해 아주 다른 평을 내놓는다면, 그런 불균형은 정당한 의견 차이로 보일 것이다. 만약 어떤 특정한 평론가가 끊임없이 대다수의 동료들과 다른 견해를 보인다면, 그는 독립 독행의 인물이라며 낙인찍히거나 새로운 경력을 발견할 수 있을 것이다. 하지만 아마도 그 영화의 운명을 결정짓지는 못할 것이다. 만약 교육적인 결정이 생산물 평가의 기초를 이룬다면, 독단적인 판단은 중요한 방식으로 어린이들의 기회에 영향을 끼칠 것이다. 그러므로, 전문적인 비평가가 손에 체크 목록을 들고 생산물을 평가하기 위해 앉아 있는 경우는 거의 없을지라도, 그러한 가이드가 교육적인 배경에 적합할 것이다.

　이 장의 도입부에서 설명했던 진정한 평가를 위한 점수 항목은 생산물 평가를 위한 형태 중 하나다. 각각은 복잡한 생산물이 그에 따라 평가될 수 있는 일련의 범주를 제공하도록 고안되었다. 비슷한 패턴이 표현된 창의성에 대한 꾸준한 주목과 함께, 창의적 생산물 평가를 뒤따를 것이다. 평가될 생산물은 단일 품목일 수도 있고, 창의적 노

표 10.5 학생 프로젝트 평가 형식 요약본

출처: "The Assessment of Creative Products in Programs for Gifted and Talented Students," by J. S. Renzulli and S. M. Reis, Gifted Child Quarterly, 35(2), 130. Copyright © 1991 by Creative Learning Press. Reprinted with permission.

력의 포트폴리오일 수도 있다.

포트폴리오 포트폴리오 평가에서 교사와 학생들은 학생들의 진보를 나타내는 수단으로서 그 학년에 걸친 학생 작품의 샘플을 모은다. 글쓰기 포트폴리오에서 한 작품에 대한 몇 가지 판본은 사고 과정과 자기평가 그리고 지적인 교양의 발달을 나타내는 것이 포함되어 있다. 과학이나 수학의 포트폴리오 같은 다른 영역에서도 비슷한 작품 모음을 만들 수 있다. 이것을 실제 폴더에 담을 수도 있고, 아닐 수도 있다. 어떤 학생의 구두 역사 프로젝트 또는 시나리오가 동영상을 통해 가장 잘 포착될 수 있다면, 다른 포트폴리오도 필요할 것이다.

주제 영역과 상관없이, 포트폴리오는 창의적인 생산물을 평가하기 위해 조직하기 위한 전략 중 하나를 제공하고 있다. 만약 어떤 이유 때문에 (특별한 학교 프로그램에서의 참여와 같은) 당신이 주어진 교실이나 학교에서 특별히 창의적인 개인을 식별할 필요가 있다면, 당신은 창의적인 포트폴리오를 편집하기를 원할 것이다. 이것은 특별한 과목에서의 창의성(예를 들어, 만약 글쓰기나 미술 프로그램을 위해서 학생들을 지목한다면), 또는 다양한 영역에서 창의적인 활동을 기록할 수 있다. 그러한 포트폴리오에는 사진과 오리지널 그림, 창의적인 글쓰기, 원곡이 담겨 있는 테이프, 공연을 담은 동영상, 실제 생활 문제 해결 평가, 교실 평가에 대한 진귀한 반응, 과학 프로젝트의 기록, 발명 기록, 또 다른 창의적인 활동에 대한 여러 가지 문서가 포함된다. 이것들은 점수 부여 항목을 사용하여 평가될 수 있다. 이러한 항목에는 참신성의 측면, 기술적인 질, 흥미의 범위와 깊이, 또는 선택과 관련이 있는 다른 요소들도 포함될 것이다.

교실에 대해 생각하기

최소한 1명의 학생을 위한 포트폴리오를 편집해보자. 최소한 3개의 영역에 대한 창의적인 활동의 증거도 포함시키자. 당신은 영역을 넘나드는 커다란 변수와 패턴을 볼 수 있는가? 당신은 아마도 학생들의 부모와 정보를 공유하기를 원할 것이다.

만약 창의성이 개인적인 의사 결정을 위해서가 아니라, 일반적인 교실 평가의 일부로서 평가되어야 한다면, 개별적인 포트폴리오는 아마도 필요 없을 것이다. 가능한 전략 중 하나는 어떤 포트폴리오를 위해 현재 포트폴리오에 적당한 곳에 대한 점수 부여 과정을 조사하거나, 현재 사용되고 있는 다른 실행 과정에 대한 평가를 조사하는 것이다. 적절한 반응의 참신함에 대해 신뢰를 주는 측면이 있는가? 만약 어떤 글쓰기 포트폴리오가 교정과 문법 기술을 조사하기 위한 수많은 기회를 교사와 학생들에게 제공하지만 독창성, 상상력 또는 은유의 사용을 평가할 기회를 거의 주지 못한다면, 창의적 생산물을 격려하고 평가할 기회는 사라질 것이다.

평가되어야 하는 생산물은 자연스럽게—어떤 개인의 전형적인 생산성의 부분으로—나타나거나, 또는 평가를 위해서 특별히 만들어질 수 있다. 양쪽 모두 장점이 있다. 평가를 위해서 특별히 만들어진 생산물은 일관성의 이점을 가지고 있고, 종종 상대적으로 서로에 대한 등급을 매기기가 쉽다. 자연스럽게 등장된 생산물은 제한된 시간내에 제작되었을 가능성이 적기 때문에, 개인 최고의 작품이거나 제작한 사람의 진정한 흥미를 나타내고 있을 가능성이 많다. 창의적 작업의 포트폴리오는 평가를 목적으로 특별히 만들어진 1~2개의 아이템이나, 또는 정규 수업의 평가를 위한 것들, 그리고 학교 배경 이외에서 만들어진 몇몇 아이템들이 포함되어 있을 것이다.

합의평가 기법 어떤 경우에, 특히 진보한 학생에 대해서 교사들은 그들이 창의적 생산물을 평가할 충분한 전문지식을 가지고 있지 못하다고 느낄 수도 있다. 이런 상황을 위해서는 아마빌레(1982b, 1996)의 합의평가 기법(CAT)을 사용하는 전문 평가자의 판단이 더욱 효과적일 것이다. 합의평가 기법은 문서에 의해 충분히 입증된 것 중 하나이고, 현재의 창의성 연구에서 가장 빈번하게 사용되는 방식 중 하나다. 합의평가 속에서 전문가인 평가자들은 창의적 생산물의 등급을 매긴다. 만약 가장 창의적인 생산물에 대해 평가자들 사이의 합의가 있다면, 보통 약 0.80 정도인데, 그 판단은 건강하다고 생각된다. 그 평가자들이 평가되는 영역의 전문가이기 때문에, 그들에게는 판단을 위해 특별한 범주가 제공되지는 않는다. 하지만 창의성에 대한 평가, 기술 평가 그리고 전체적인 품질과 같은 몇 가지 포괄적인 평가에 대해 물을 것이다.

합의평가에서 다양한 평가자 그룹의 신뢰도에 대해 연구하는 단체들이 늘어나고 있다.(Hickey, 2001; Baer, Kaufman & Gentile, 2004; Kaufman, Gentile & Baer, 2005; Priest, 2006). 다음의 가이드라인은 연구에서 합의평가를 사용하는 연구자들에게 제공된 것이었다. 그것들은 창의성 평가의 부분으로서 전문가 판단을 사용한 다른 사람들에게 합리적으로 보인다.(Hennessey & Amabile, 1988).

1. 경험 있고 지식에 근거한 판단을 사용하라. 판단자들이 모두 같은 수준의 전문 지식을 가지고 있을 필요는 없지만, 그들은 그들 영역에서 지식을 가지고 있어야 한다. 만약 창의적 생산물이 몇 개의 측면이나 영역에 걸쳐 있다면 판단자의 전

문 지식도 마찬가지로 광범해야 한다. 예를 들어, 판단해야 할 미술 포트폴리오에 스케치와 그림, 광고 디자인, 그리고 조각상의 사진이 포함되어 있다면, 심사위원단은 모두가 풍경화가이기보다는 몇 가지 영역과 기술을 포함하는 전문가들인 것이 더 낫다.

2. 판단자들에게 독립적으로 평가를 하게 하자. 판단자들 사이의 상호연관성은 만약 판단자들이 비교된다면 무의미해질 것이다. 각 개인의 판단이 과제의 창의성에 대한 그의 아이디어를 가져와야만 한다.

3. 동시에 모든 측면에 대한 판단을 하자. 예를 들어, 만약 판단자가 창의성과 기술적인 전문지식 둘 다에 대해 생산품의 등급을 매긴다면, 창의성에 대한 판단이 기술과 연관되어 있을까, 아니면 독립적일까를 결정하기는 더 쉬워질 것이다.

4. 서로에게 관련되어 있는 생산물에 등급을 매기자. 판단자들이 어른 동료들을 위해서 보유하고 있던 기준에 의해서가 아니라, 학생들 자신의 영역에서 생산물의 등급을 매기도록 지도받는 것은 중요하다. 비록 성인 범주에 따른 평가가 더 나이 든 학생들을 위해서는 유용할지라도, 초등학생들의 노력이 성인의 기준에 미치는 경우는 없다는 관찰에 의하면, 유용한 목적으로 사용되는 경우는 거의 없다.

5. 무작위 순서에 의해 생산물을 평가하자. 평가자들은 생산물들을 같은 순서로 등급을 매기면 안 된다. 그렇지 않으면 평가는 특정한 생산물의 장점에 의해서라기보다는 순서(예를 들면, 판단자의 지루함이나 특별한 비교)에 더욱 연관될지도 모른다.

이것은 상당히 노동집약적이기 때문에, 전문가에 의한 평가는 더 진보된 교육의 기회를 위해 고도로 창의적인 학생들을 선택하는 데 가장 적합하다. 그러한 과정은 예술가들에게는 아주 친숙하다. 예를 들어, 만약 학생들이 국가 단위의 여름 예술 프로그램을 위해 지목을 받고자 한다면, 예술과 학생들은 그들의 작업의 포트폴리오를 편집하도록 요청받을 것이다. 포트폴리오는 2~3명의 직업적인 예술가들에 의해 판단을 받을 것이고, 그들의 점수를 모아서 결정을 내리는 데 사용한다. 학생들은 다른 영역에서도 그들의 창의적인 노력에 대한 증거 자료를 편집하도록 교육받을 것이다. 그들은 과학 프로젝트, 음악 작곡, 글쓰기, 발명 또는 역사 연구에 대해 계속 기록할 수 있다. 전문가들의 판단은 교육석인 의사결정을 내리는 데 도움이 되고, 더 나이 든 학생들이 경력을 쌓을 기회를 위한 실제적인 피드백도 제공할 것이다.

교실에 대해 생각하기

특별한 영역에 대한 학생들의 작업 중 질이 높은 샘플을 모으기 위해 동료들과 작업해보자. 당신은 아마도 중학생들의 작업에 집중하기를 원할지도 모른다. 2~3명의 전문가들에게 샘플에 대해 창의성, 기술적 측면, 총체적 품질에 대해 따로 등급을 매기도록 요청해보자. 당신의 데이터가 합의평가를 위한 평가 도구로서 도움이 되는지 살펴보자.

창의적인 압박 평가하기: 창의성을 위한 환경

창의성에 도움이 되는 작업 환경을 제공하기 위한 노력에 박차를 가하기 위해, 어떤 연구자들은 작업 환경의 요소와 창의성의 관계를 연구하고 있다. 그들의 메타-분석에서 S. T. 헌터, K. E. 베델 그리고 M. D. 멈포드(2007)는 창의성과 상호연관이 있는 작업 환경의 요소들의 숫자를 확인했다. 그들은 도전, 지적인 자극 그리고 긍정적인 단체 조직의 상호 작용이 창의성과 특히 강한 관계가 있다는 사실을 발견했다. 그러나 그들의 작업은 잠재적으로 중요한 변수를 식별했지만, 창의성에 대한 환경의 도움을 실제로 평가한 것은 아니었다.

아마도 창의적 작업 환경을 평가하려는 가장 잘 알려진 노력은 T. M. 아마빌레, R. 콘티, H. 쿤, J. 라젠비 그리고 M. 헤런(1996)의 KEYS이다. 이것은 '창의성을 위한 기후 평가Assessing the Climate for Creativity'를 말한다. KEYS는 그들의 작업 환경에 대한 피고용자의 인식을 조사하는 자기보고 도구다. 이것은 네 가지 범주의 변수를 평가한다. 관리 실습, 조직적인 동기 부여, 자료 그리고 결과 등이 그것이다. 창의성을 돕거나 억압하는 요소를 평가할 수 있으려면 비즈니스 환경에서 지도자들에게 권위 있는 안내를 해줄 수 있어야 한다. 학급을 위한 평가와 비슷하고 측정할 수 있는 것이 무엇인지 생각해보는 것도 환상적이다.

결합과 그 밖의 평가

어떤 창의성 평가 도구는 과정, 사람, 생산물 그리고 억압의 평가 속에서 순수한 분야 사이를 연결한다.

창의성 평가 묶음 F. E. 윌리엄스(1980)의 창의성 평가 묶음(CAP)은 세 가지 과제를 포함하고 있다. 즉 확산적 사고 연습, 확산적 느낌 실습 그리고 윌리엄스의 눈금이다. 확산적 사고 연습은 창의적 사고에 대한 토랜스 테스트(TTCT)의 도형 형식에서 보조 테스트를 완성하는 그림과 거의 똑같다. 그것은 학생들이 완성하고 이름을 붙여야 하는 12개의 미완성 그림을 포함하고 있다. 그 그림들은 유창성, 유연성, 독창성 그리고 정교함에 대해 점수를 부여받는다. 제목은 길이, 복잡성, 창의성 그리고 유머를 기준으로 하여 각각 1~3점을 받는다. 5점이 창의성 점수의 총계다. 확산적 느낌 실습은 학생들이 호기심과 상상력 같은 특징에 대해 4점 눈금표를 따라서 그들 자신을 평가해야 하는 50가지 아이템이 포함되어 있다. 그것은 4개의 보조 눈금표(호기심, 상상력, 복잡성 그리고 위험 감수)를 위한 점수와 총점을 산출한다. 윌리엄스의 눈금표는 어린이들의 창의적 특징과 행동에 대해 부모와 교사 들이 등급 매기기에 사용할 수 있는 48가지 체크 목록이다.

확산적 사고의 측정, 창의성과 연관된 특징에 대한 자기평가 그리고 행동에 대한 체크 목록은 처음 보면 논리적이고, 아마도 최고의 조합으로 보인다. 하지만 불행하게도 CAP는 평가자들에 의해 심각하게 비판받아왔다. 그러한 우려에는 빈약한 기준 샘플, 불분명하고 부정확한 신뢰도와 타당도 데이터가 포함된다. 신뢰도는 "1960년대에는" 같은 것으로 특징지어져 있고, 0.71과 0.76의 "타당도 점수"는 그것들이 무엇을 의미하는지, 또는 어떻게 얻어졌는지에 대한 아무런 정보 없이 주어졌다.(Damarin, 1985) 1985년의 검토자 2명은 그 한계가 너무도 심각해서 CAP는 사용하도록 추천할 수 없다는 결론을 내렸다.(Damarin, 1985; Rosen, 1985)

창의성 행동 목록표 범주 분류를 허용하지 않는 두 번째 평가 도구는 '창의성 행동 목록표Creativity Behavior Inventory(CBI: Kirschenbaum, 1989)'이다. CBI는 창의성의 네 가지 측면을 평가하기 위해 고안된, 교사가 등급을 매기는 눈금표다. 접촉(보고된 세부 사항의 양과 정확도 그리고 환경의 다양한 측면에 대한 흡인력), 의식(아이디어와 질문의 유창성과 타당성 그리고 판단에서의 불일치), 흥미(끈기) 그리고 판타지(이미지의 영향력) 같은 측면들 말이다. 비록 타당도 평가가 장래성을 보여주고 있을지라도, 검토자들은 CBI를 교육적인 의사결정을 위해서 추천하지 않았다.(Clark, 1992) 그 문헌에 대한 광범한 검토 결과 분명해진 것은, 그 도구가 이론에 기초하고 있지만, 만약 검토자들이 비준 연구에서 사용되는 영재 아동 교육을 위한 모델인 '회전문 확인 모델Revolving Door Identification Model(Renzulli, Reis & Smith, 1981)'을 이해하지 않는다면, 다른 타당도 데이터가 제한적이며 불분명하다는 점이다. 그 도구는 평균 이상의 능력을 가진 학생들이 자발적으로 창의적 프로젝트에 관여하리라고 80%의 정확성으로 예측할 수 있었다. 더 이상의 개발이 진행되면 CPI는 창의적인 기회로부터 이익을 얻을 학생들을 식별하는 데 유용한 도구가 될 것이다.

학교에서의 창의성 평가

학교와 학군은 그들의 필요에 따라 다양한 방식으로 창의성을 평가해왔다. 만약 창의성이 일반적인 교실 평가 시스템 밖에서 평가된다면, 그것은 보통 특별한 교육 기회로부터 이익을 얻을 예외적인 창의적 잠재성을 가진 학생들을 구별하기 위해서다. 만약 예를 들어, 그 학교가 상호 관심사의 영역에서 학생들과 공동체의 성인들이 함께 작업하는 멘토 프로그램을 가지고 있다면, 모든 학생이 관계가 있는 성인들과의 상호작용으로 이익을 얻을 것이다. 그러나 만약 당신이 창의적인 만화가, 과학자 또는 작가와의 인연을 통해 가장 많은 이익을 얻을 학생들을 식별할 수 있다면, 그래서 그 학생들과 멘토들을 적절하게 맺어줄 수 있다면 도움이 될 것이다.

창의적 사고의 평가에 기반을 둔 성취에 대한 모델 중 하나는 오하이오 주 교육 당국이 제안한 것이다.(1992, 표 10.6). 그것은 3개의 단계를 포함하고 있다. 심사, 조회 그리고 식별이 그것이다. 그 모델이 주장하는 바는, 필요한 평가의 기반은—적어도 부분적으로는—교사의 창의적 사고에 대한 전략과 지식이어야 한다는 것이다. 이 분야에 대해 지식이 거의 없는 교사들은 교실의 활동이 창의적 사고에 대해 파급력이 있도록 이끌기가 어려울 것이며, 창의성에 대해 폭넓은 지식을 가지고 있는 교사보다 창의적

창의적 사고

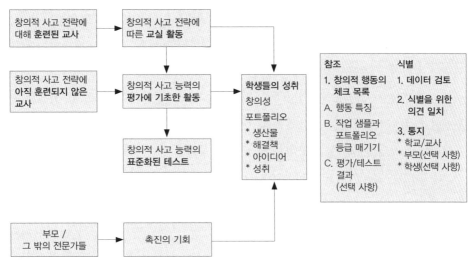

표 10.6 영재 식별을 위한 성취 기반의 평가

출처: Model for the Identification of Creative Thinking Ability(p22), by Ohio Department of Education, 1992, Columbus, OH: Ohio Department of Education. Copyright ⓒ1992 by Ohio Department of Education. Reprinted with permission.

행동의 표현을 식별해내기가 쉽지 않을 것이다.

심사의 단계에서 정보는 몇 가지 원천으로부터 나올 수 있다. 교사들은 창의성을 증진시키기 위한 정규 교실 활동 중에 학생들의 활동을 관찰할 수 있다. 그들은 또한 학생들로부터 창의적인 반응을 이끌어내기 위해 고안된 특정한 활동에 그 학생들이 참여하도록 만들 수도 있다. 부모들 역시 학생들의 창의적인 문제 해결 활동과 학교 밖에서의 활동을 관찰할 수 있다. 창의성에 대한 표준화된 평가는 이러한 초기 심사의 일부분이다.

만약 학생들의 집에서나 학교에서의 활동이 그들의 동료들의 활동과 비교하여 보기 드문 창의성의 정도를 보여준다면, 그 학생들이 그 이상의 평가를 받도록 조회할 수도 있다. 조회 단계에서 창의적인 포트폴리오나 그 밖의 증거 서류를 데이터 검토와 추천이 가능하도록 평가위원회에 제출할 것이다. 평가위원회에 의한 학생들의 궁극적인 선택은 식별 단계다.

가상의 멘토 프로그램에서 심사 데이터는 부모, 교사 그리고 교실 평가로부터 모을 수 있다. 그들이 뛰어나게 창의적이라는 사실을 가리키는 학생들의 초기 데이터는 선정위원회가 조회할 수 있다. 학생들이나 교사 또는 그 둘 다는 학생들의 흥미와 창의적 활동에 대한 문서 증거 자료나 창의적인 포트폴리오를 편집할 것이다. 그 위원회는 그러면 그 특별한 학생을 위한 최적의 맞춤형 멘토를 제안할 것이다. 비록 이 3단계 진행이 길지만, 그것은 독단적인 시험 성적 심사에서 시작하는 대신, 창의적인 성취를 보여줄 수 있는 기회를 모든 학생에게 제공하고, 의사결정을 위해 한 종류의 정보 원천에만 의존하지 않는다는 장점도 가지고 있다.

교육에서 창의적 평가를 사용하는 또 다른 환상적인 예는 대학 입학이다. 스턴버그 (2006, 2012)는 분석적이고 실제적이며 창의적인 기술을 평가함으로써 SAT를 통해 가능한 것을 넘어서서 대학에서의 성공을 예측하는 데 필요한 진전된 노력에 대해 보고했다. 스턴버그의 '지능의 삼위일체 이론Triarchic Theory of Intelligence'에 근거하여 그 프로젝트는 SAT에 덧붙여 스턴버그의 삼위일체 능력 테스트를 사용하면, 대학 GPA에 대한 예측 수준을 높이고 인종 그룹 간의 차이도 줄일 수 있다. 이러한 성공 덕분에 터프츠 대학교는 2007년 가을 학기부터 입학 허가를 구하는 학생들을 위해 신청서의 부록을 추가했다. 학생들에게는 호기심을 자아내는 주제에 대해 짧은 이야기를 쓰거나 만화에 제목을 달 수 있는 기회가 주어졌다. 터프츠 대학교 당국은, "우리는 높은 수준의 학문적 성취를 이룬 학생들을 제외시키고, 그 대신 학문적 성취가 덜한 학생으로 대치하려는 것이 아니라, 더 창의적인 학생들을 뽑으려는 것이다"라고 아주 조심스럽게 말했다.(Ragovin, 2006) 하지만 그 시험적인 프로젝트는 학생들의 능력에 대한 증진된 이해를 통해 대학 입학으로 이행할 수 있는 가능성을 가지고 있다. 스턴버그(정말로 부지런한 연구자다!)는 또한 그의 투자 모델의 여섯 가지 요소를 측정하도록 고안된 새로운 창의성 평가를 테스트하는 데 협력해왔다.(Zhang & Sternberg, 2011) 비록 그 측정이 현재 시작 단계에 있지만, 점점 더 복잡한 창의성 이론을 다루기 위해 창의성 평가의 진화는 계속되고 있다.

도전, 교훈 그리고 추천

그 과정이 무엇이든 창의성을 평가하려는 시도는 도전으로 가득 차 있다. 창의성에 대한 전 세계적인 합의 같은 것은 없고, 모든 비평가를 만족시킬 만한 창의성 식별을 위한 범주 같은 것도 없으며, 신뢰도나 타당도에 대한 어떤 형태의 우려에서 자유로운 표준화된 테스트도 없다. 비록 어떤 도구들이 다른 것보다 강력할지라도, 창의성에 대한 틀림없이 성공하거나 실패하지 않을 테스트는 없으며, 당신의 교실 안에 빌 코스비, 미켈란젤로 또는 히파티아[4]가 앉아 있더라도 확실히 알아볼 수 있는 방법도 없다. 그러나 우리는 비록 우리가 창의성을 정확하게 측정하지는 못할지라도, 만약 우리가 그것을 찾고 있다면, 우리가 그것을 봤을 때 단지 알아볼 수는 있을 거라는 느낌을 가지고 있다. 게다가 어려움에도 불구하고, 창의성 시험에 대한 연구를 통해 배울 수 있는 교훈이 있고, 그것은 일반적으로 창의성과 평가 둘 다에 대한 우리의 이해를 증가시킬 것이다.

연구의 전선에서 얻은 교훈 F. 배런과 D. M. 해링턴(1981)은 조심스레 이렇게 말했다. "어떤 확산적 사고 테스트는 일정한 조건 아래에서 몇 가지 범주에 따른 점수 부여와 몇몇 샘플에 의해 실행된다. 일반적인 지능의 색인에 의해 측정된 것들을 넘어서는, 상대적으로 창의적인 범주의 요소들을 측정한다."(p448) 어떤 창의성의 측정도, 확산적 사고 테스트, 전기적 목록표, 또는 어떤 다른 반복도 개인의 창의성을 궁극적으로 형성하는 인지적, 정서적, 사회적 그리고 문화적인 힘 모두를 고려할 수는 없다. 그러나 확산적 사고 테스트에 의해 포착된 작은 부분의 창의성일지라도 다양한 요소의 영향을 받고 있다. 이것은 창의성 그 자체의 성격에 영향을 미치는 요소에 대한 단서를 제공할 것이다. 이러한 가능성 가운데 몇 가지는 다음과 같은 내용을 포함하고 있다.

1. 조건이 중요하다. 확산적 사고 테스트의 점수는 그 방 안에 있는 물체들이나 테스트보다 먼저 진행된 활동의 영향을 받는다. 학생들은 자극이 빈약한 환경에서보다 자극이 풍부한 환경에서 유창한 반응을 더 많이 만들어내는 경향이 있다.(Friedman, Raymond & Feldhusen, 1978; Mohan, 1971) 그들은 흥미로운 활동을 방해받았을 때 창의적인 반응을 덜 생산하는 것처럼 보인다.(Elkind, Deblinger

---

4) Hypatia, 370?~415, 고대 이집트의 신플라톤파의 대표적 철학자. 알렉산드리아의 수학자·천문학자이던 테온의 딸이다. 지적이며 교양 있는 여성이라 추앙을 받았으며, 철학과 수학 강의를 하다가 이교도들의 지도자라는 이유로 기독교도에게 참살당했다.-옮긴이 주

& Adler, 1970) 만약 이러한 경향이 다른 창의성으로 옮겨진다면, 교실에서 물건의 배치나 활동에서 다른 활동으로 이행하는 것에 대한 고려가 학생들의 창의적 성취에 영향을 끼칠 것이다. 미술이나 창의적 글쓰기를 위한 시간이 되었다고 시계가 알렸기 때문에 만약 흥미로운 토론이 갑자기 끝나야 한다면, 어떻게 학생들이 본질적으로 창의적이도록 동기를 부여해줄 수 있을지 상상하기가 어렵다.

2. 지도 방식이 중요하다. "독창적인 대답을 바란다"는 말을 들었을 때 학생들은 더 독창적인 답변을 내놓는 경향이 있다. 룬코(1986)는 독창적인 아이디어를 제공하는 뚜렷한 지도가 있는 경우와 없는 경우에 관한 월러치와 코간의 종합 테스트로부터 얻은 학생들의 활동 결과를 비교했다. 뚜렷한 지도가 있는 경우, 전체 아이디어의 수는 적었지만 더 많은 아이디어가 독창적이었다. 흥미롭게도, 독창적인 아이디어를 내도록 학생들에게 뚜렷한 방향의 지도가 주어진 경우, 재능이 있다고 식별된 학생들의 경우보다 그렇지 않은 학생들의 경우에 독창성 점수가 더 높아졌다. 비슷한 현상이 F. 프리드먼 등(1978)과 M. 모한(1971)에 의해 관찰되었다. 비록 모한(1971)이 교실에서 자극이 증가하면 점수가 증가한다는 것을 발견하더라도, 그 증가는 대부분 가장 창의적인 학생들로부터 나왔다. 덜 창의적인 학생들은 그들을 돕는 환경을 사용하는 것 같지 않았다. 프리드먼 등(1978)이 특별히 학생들에게 각각 5분 동안 아이디어를 얻기 위해서 주위를 둘러보라고 지시했을 때, 모든 학생의 성적이 올랐다. 이 연구는 만약 우리가 학생들이 창의적이기를 원한다면, 그들에게 이렇게 말해야 한다고 주장한다. 만약 우리가 유창성, 독창성, 은유 또는 그 밖의 어떤 창의적 사고의 가능 요소를 찾고 있다면, 학생들이 우리가 그러한 반응을 원하고 가치 있게 여긴다는 것을 이해한다면, 그것을 발견하기가 더 쉬울 것이다. 물론, 평가가 주어졌을 때 그것이 평가가 아니라고 생각한다면 더 유용할 것이다.

3. 무슨 자극인지가 중요하다. 창의성 테스트의 점수는 학생들이 반응하는 자극의 종류에 의해 영향을 받는다. 구두의 자극 대 비구두의 자극, 친숙함 대 친숙하지 않음은 아주 다른 반응을 만들어낼 것이다.(Runco, 1986; Runco, Illies & Eisenman, 2005; Sawyers, Moran, Fu & Milgram, 1983) 만약 창의성을 향상시키기 위해 고안된 활동이 익숙하거나 흔한 자극을 둘러싸고서 구조화된다면, 그것이

독창적인 반응을 자극할 것 같지는 않다.

4. 어떤 학생들은 다양한 지도 방식에 의해 다른 사람들보다 더 영향을 받는다. 재능이 있거나 높은 창의성을 가진 것으로 식별된 학생들은, 다른 학생들보다 테스트의 목표 면에서 변화에 의한 영향을 덜 받을 것이다. 그들의 테스트 성적은 재능이 있거나 높은 창의성을 가진 것으로 식별된 사람들의 점수보다는 더 신뢰할 만하다(아마도 테스트 운영상 의도하지 않은 차이에 의해 그들이 덜 영향을 받는다고 주장할 수 있다). 비록 창의성과 지능 사이의 관계가 어느 정도 불명확하게 남아 있지만, 다양한 학생들이 창의성을 촉진하기 위해 고안된 활동으로부터 이익을 얻을 것이다. 그중에는 처음에 능력이 부족하다고 여겨졌던 학생들도 있다.

5. 창의성에 대한 평가는 맥락과 문화에 의해 영향을 받는다. 이것은 복잡한 문제다. 토랜스(2003)는 창의성에 도움이 덜 되는 환경에 있는 학생들이 TTCTs에서 낮은 점수를 받을 것이라는 사실을 논리적으로 증명했다. 이 평가가 그들이 시작해본 경험이 없는 뭔가에 대한 개인의 가능성을 정확하게 나타내고 있는지 여부는 차치하고라도, 그것은 똑같은 측정이 문화를 가로질러 적절하다고 추정한다. 이 점은 여전히 증명되어야 한다. 〈창의성을 위한 세계적인 핸드북*The International Handbook of Creativity*〉(Kaufman & Sternberg, 2006)에서 인용된 연구를 통해 진행 중인 주제 가운데 하나는, 수많은 국제적인 연구들이 창의성에 대한 서구의 개념과 측정 방식을 사용하여 진행되고 있다는 것이다. 세계 여러 지역에서 새로운 특별한 맥락에 따른 측정법이 개발되고 있지만(예를 들어, Milgram & Livne, 2006; Mpofu 등 2006), 우리는 비서구 지역에서 평가되고 표현되는 창의적인 방식에 대해, 특히 전통적인 문화에 대해 더 많이 배워야만 한다. 이러한 논점은 다양한 국제 학생 조직과 함께 학교에서 특히 적절한 것이다.

창의성에 대한 평가 연구가 계속됨에 따라, 창의성 관련 작업에 대한 통찰력이 추가적으로 등장할 것이다.

추천 연구, 한계 그리고 때로는 확산적인 사고 테스트를 둘러싼 논쟁 등 모든 것과 더불어 M. A. 룬코와 S. 에이카(2012)는 "말은 필요 없다. DT(Divergernt Thinking, 확산적 사고)는 창의성과 같은 뜻을 나타내는 말은 아니지만, 의미 있는 잠재력에 대한 유용한 추정을 제공한다"(p73)고 결론지었다. 창의적 과정 그리고 개인적인 특징에 대한 다른 평가에서 다른 추정이 발견될 수도 있다. 비록 창의성에 대한 표준화된 측정이 한계가 있다는 사실이 기를 꺾지만, 몇 가지 추천을 할 수는 있다.

첫째, 사용된 창의성의 이론과 정의 그리고 당신의 평가 목적과 평가 도구를 맞춰보자. 이러한 추천은 물론, 여러분이 일하고 있는 학교나 학군이 창의성의 정의와 이루어져야 하는 평가의 목적을 가지고 있음을 전제로 삼는다. 불행하게도 학교에서의 내 경험은 이러한 추정이 전적으로 낙관적일 거라고 주장한다. 만약 당신의 학군이 이와 같은 경우에 있다면, 의사결정 과정이 논리적인 순서에 따라 수행되도록 확신할 수 있게 최선을 다하라. 당신이 추구하는 것이 무엇인지 알아야 한다.

만약 여러분이 자신의 학급에서 일반적인 지도를 위해서만 일하고 있다면, 창의성의 특징과 정의에 대해서 알고 있는 것을 생각해보자. 그리고 나서 왜 당신이 창의성을 평가하는 데 관심이 있는지 생각해보자. 아마도 당신은 새로운 활동을 해볼 계획을 세우고, 그것이 학생들의 창의적 사고에 영향을 끼치는지 알고 싶을 것이다. 이러한 평가가 본질적으로 당신 자신의 이익을 위해서이고, 일반적인 계획 세우기를 위해서일 것이기 때문에, 당신은 형식에서 아주 벗어나길 원할 것이다. 아마도 당신은 창의적 사고를 자극하는 활동을 계획하고, 다양한 확산적 사고를 위해 그것의 점수를 매길 것이다. 당신의 활동 지도를 끝낸 후, 당신은 비슷한 측정 수단을 사용할 것이다. 당신이 스스로 만든 측정 수단이 개별적인 학생들을 평가하는 데 충분한 타당도와 신뢰도를 가지고 있지 않겠지만, 그것은 당신에게 그 학급이 어떻게 진보해나가고 있는지에 대한 느낌을 전해줄 것이다.

그러나 만약 당신이 개인 식별이나 대규모의 심사를 위해 사용될 평가를 계획하는 책임을 지고 있다면, 당신은 훨씬 믿을 만하고 타당한 측정 수단이 필요할 것이다. 평가 계획이 고안되기 전에 정의定義가 자리를 잡았는지, 목표가 심중에 있는지 확신해야 한다(만약 목표가 없다면, 당신은 애당초 왜 학생들을 평가하는지 정확히 물어야 한다). 임시 결정을 내리고 나면, 여러분은 학생들이 선택될 기회에 관한 적합하고 믿을 만한 측정 방법을 골라야만 한다. 어떤 경우에는 표준화된 창의성 테스트가 적합할 것이다. 다른 경우에는 주제에 특화된 평가가 더 합리적이다. 예를 들어, 고급 음악이나 연기 프로그램은 주의 깊게 계획된 대부분의 표준 평가를 사용하는 대신, 전문가의 판단이 들어 있는 오디션의 도움을 받는 것이 훨씬 나을 것이다.

둘째, 어떤 평가도 개인의 교육 기회에 대한 단 한 번의 결정이 되기에는 충분한 타당도와 신뢰도를 가지고 있지 않다. 만약 창의성 평가가 이러한 목적으로 사용된다면, 다양한 정보의 원천을 가지는 것이 중요하다. 여기에는 표준화된 테스트, 퍼포먼스 평가 그리고 행동 관찰이 포함된다. 다양한 원천을 사용하면서, 인위적이고 요약된 창의성 점수를 만들어내기보다는, 개별적으로 각 데이터를 조사하는 것이 가장 좋다. 표준화된 창의성 테스트에서 높은 점수를 얻지 못했지만 뛰어난 창의적 생산물을 만들어 고득점을 얻은 이들에 대해 이 두 분야의 점수를 결합함으로써 뽑아낸 어중간한 점수로는 적절하게 설명할 수 없기 때문이다.

셋째, 사용할 수 있는 평가 도구에 대한 모든 가능한 정보를 연구하라. 특히 신뢰도, 타당도, 그리고 잠재적인 편견에 대한 정보를 찾아라. 이러한 검토에는 시험 평가자나 그 도구를 사용한 연구가 포함되어야 한다. 예를 들면, E. N. 아굴레비츠와 J. C. 쿠시(1984)는 3개의 TTCT 구두 점수 가운데 두 가지에서 유럽계 미국 어린이들보다 멕시코계 미국 어린이들이 낮은 점수를 받았다는 사실을 발견했다. 도형 형태의 테스트나 우수 학생들의 행동 특징을 등급 매기기 위한 눈금표에서는 그룹 간의 차이가 없었다.(Renzulli, Smith, Callahan, White & Hartman, 1976) 그들이 기본적으로 사용하는 언어가 영어가 아닌 학생들이 있는 학교라면 테스트 도구를 선택할 때 이러한 정보를 고려하고 싶을 것이다. C. 첸 등(2002)은 중국계 미국인 학생들과 유럽계 미국인 학생들에게 사용한 합의 평가 기술에서 일관성을 발견했다. 이것은 개별적인 학생들의 결과물에 대한 판단이 중요한 다문화적인 배경에서 그것을 사용할 때 도움을 제공한다. W. 니우와 R. J. 스턴버그(2002)는 미국과 중국의 평가자들이 수공예품에 등급을 부여하는 데에서도 비슷하다는 점을 발견했다.

그러나 니우와 스턴버그는 또한 미국의 학생들이 중국 학생들의 작품보다 더 창의적이라고 판단되는 수공예품을 생산하는 경향이 있음을 발견했다. 이것이 미국 학생들이 중국 학생들보다 더 창의적이라는 뜻일까? 그것은 토랜스(2003)의 연구에서, 창의성 점수에서 다른 문화 간의 차이는 교실과 문화에서의 창의성에 대한 도움 수준에 달려 있다는 점에 토렌스가 주목했던 것을 생각나게 한다. 만약 스턴버그와 니우의 중국인 학생들이 독창적인 아이디어를 계발한 경험이 더 적다면, 그들의 수공예품이 그들의 창의적 역량이나 현재의 수준을 반영하고 있는 것일까? 더 많은 연구만이 우리에게 대답을 해줄 것이다. 그러는 동안, 우리는 그들의 창의적인 경험이 제한되어 있는 젊은이들을 위한 평가를 해석할 때, 주의를 기울여야만 한다.

비공식적이고 단일한 교실 평가를 제외하고, 표준화되고 연구를 거친 눈금표는 교사가 만든 도구를 넘어서는 장점이 있다. 이러한 과정에 몇 년의 노력을 투자한 연구자들은 상당한 신뢰도와 타당도를 가진 관찰 체크 목록과 테스트를 생산하느라 힘든 시간을 보냈다. 어떤 개인도 첫 번째 노력과 같은 것 이상을 해낼 수는 없는 것처럼 보인다. 이러한 규칙에서 예외 중 하나는 창의적 생산물에 대한 평가일 것이다. 성취 평가를 위한 기술이 발전해감에 따라, 다양한 창의적 생산물을 평가하기 위한 믿을 만한 눈금표를 사용할 수 있도록 준비되어 있는 때가 올지도 모른다. 그때까지는, 전문 지식을 가진 평가자의 합의나 특별한 종류의 생산물을 위해 고안된 분명한 점수 부여 항목을 가진 평가가 위험 부담이 큰 평가에서 가장 합리적인 길일지도 모른다.

넷째, 창의성에 대한 평가, 특히 확산적인 사고에 대한 테스트는 방의 종류, 타이밍, 테스트 지도 방식의 어구를 비롯한 여러 가지 변수에 의해 영향을 받는다는 것을 알아야 한다. 믿을 만한 결과를 얻기 위해서, 그리고 모든 학생에게 공평하기 위해서(어떤 표준화된 테스트에서처럼), 당신은 테스트 운영 방식을 가능한 한 동일하게 진행해야 한다. 아마도 더 중요한 것은 평가가 학생들이 창의성에 대해 이미 가졌던 경험이나 도움—특히 테스트에서 요구하고 있는 창의성의 종류와 같은—에 영향을 받는다는 것이다. 당신의 학생들의 문화적 배경이 다양할수록, 필요한 준비를 적절하고 공평하게 해줄 수 있는 평가에 대해 더 유연하게 생각할 필요가 있다.

몇 년 전에 내가 영재교육을 위한 자료 교사로 근무하고 있을 때, 특별한 공헌을 할 수 있다고 판단되던 한 5학년 학생이 내게 공언했다. 자신의 새로운 친구가 같은 프로그램에 해당된다는 인정을 받아야 한다고 말이다. 나는 그 이유를 물었고, 그 학생은 그녀의 새 친구가 자신이 지금까지 안 사람 중에서 가장 창의적인 사람이라며, 그 친구의 놀라운 바구니 세공 기술을 증거로 제시했다. 아울러 그 새 친구는 최근에 베트남에서 이주해왔다고 했다. 결국 밝혀진 것처럼, 그 5학년짜리 친구는 완전히 옳았다. 문제의 그 어린 친구는 수많은 영역에서 창의적이었고, 재능 있는 예술가였다. 표준화된 테스트는 물론 영어에 대한 제한적인 경험 때문에, 그녀의 재능은 전통적인 방식의 테스트로는 눈에 띌 수가 없었다. 그래서 친구들과 동료들이 그 일에 관여한 어떤 어른보다 훨씬 먼저 그녀의 창의성을 알아보았다. 문제의 그 학생은 영어 능력이 제한적이었기 때문에, 매일 일정 시간을 영어 교육 전문가와 보냈다. 그 전문가가 전통적인 암기 활동 대신에 창의적인 언어 활동으로 대체했을 때, 우리의 새로운 학생은 날아올랐다!

다섯째, 창의성에 대한 평가가 진행 중이라면, 당신의 학교를 위해서 테스트 정보에 대한 데이터베이스를 모아라. 시기에 따라 경향이 어떻게 변했는지, 점수가 성별과 당신 지역의 인종 그룹에 따라 얼마나 다양했는지 조사하라. 다른 곳에서 잘 작동했던 도구가 여러분의 학생들에게는 맞지 않을 수도 있음을 알아야 한다. 만약 당신이 성취 평가를 사용한다면 등급 눈금표에 대한 믿을 만한 데이터를 모으고, 여러 명의 평가자를 사용하는 것도 고려해보자. 그 데이터를 보관했다가 몇 년 후에 창의적인 성취를 측정한 다른 사례들과 비교하는 것도 생각해보자. 이런 노력은 이 측정 도구들의 타당성을 조사하는 데 특히 아주 귀중하다.

여섯째, 관찰 형식이나 행동 체크 목록을 사용하는 교사는 그 형식을 사용하는 목적에 대한 배경 정보와 지도 방침이 필요하다는 것을 기억하라. 만약 어떤 교사가 창의적인 행동이 어떻게 보이는지를 확신할 수 없거나, 그것이 긍정적인 방식으로 나타나고 있는지, 아니면 부정적인 방식으로 나타나고 있는지에 대해 알지 못한다면, 그들을 전문적으로 관찰하기는 어려울 것이다. 만약 당신이 창의적 행동에 대한 정보를 수집하는 어떤 노력의 일부라면, 데이터를 모으는 책임이 있는 사람들이 평가를 진행하기 전에 모든 교사에게 필요한 관찰 기술을 배울 기회—때로는 창의성에 대해서 배울 기회—와 시간을 반드시 제공하도록 시도해보자.

교실에서의 창의적 활동에 대한 평가와 관찰은 창의적 활동이 나타나는 것이 가능한 분위기 속에서 이루어져야만 한다. 사람, 과정 그리고 창의성의 생산 측면에 덧붙여, 창의적 환경의 영향이 중요하다. 만약 어떤 교사가 매일 유연함, 동기 부여, 독창성 그리고 독립성을 격려한다면, 그 교사는 하루의 관찰을 위해서 유연한 활동만을 계획하고 있는 사람보다는 학생들의 창의적인 활동을 더 잘 관찰할 수 있다. 어떤 학교에서 창의성에 대한 평가는 교사들이 창의성에 대해서 더 많이 배울 기회와, 학생들에게 그것을 어떻게 격려할 것인지 배울 기회를 가질 때까지 연기되는 것이 더 나을 수도 있다. 창의성을 격려하는 것은 결국, 창의성 평가와 창의적 사고를 가르치는 목표이며, 아울러 이 책의 목표이기도 하다.

눈먼 남자, 코끼리 그리고 안녕

맨 처음 이 책을 쓰기 시작했을 때, 나는 반복적으로 눈먼 남자와 코끼리에 대한 이야기를 생각했다. 이 우화 속에서는 눈먼 남자 몇 명이 코끼리를 둘러싸고서 그들의 손으로 탐험하고 있다. 각 남자들은 코끼리의 해부학적 구조 가운데 일부를 잡고서 코끼리가 정확히 어떻게 생겼는지 자신들이 안다고 확신했다. 코끼리의 꼬리를 잡고 있던 남자는 코끼리가 뱀과 아주 유사하다고 확신했다. 다리를 잡고 있던 남자는 "아니야, 코끼리는 나무 등걸처럼 생겼어"라고 그를 납득시키려 했다. 그 남자들은 지식의 일부만을 가지고 있었고, 누구도 코끼리의 전체 모습을 이해할 수 없었다.

나는 창의성을 공부하는 것도 그것과 비슷한 뭔가라고 결론을 내렸다. 그 후 15년이 흘렀고, 이 책의 개정판을 네 번 낸 지금, 나는 전보다도 더 "창의성이란 우리 마음대로 쓸 수 있는 어떤 학문의 도구를 가지고 '잡을' 수 없는 것이다"라고 확신한다. 우리는 확산적 사고 패턴과 창의적인 사람들의 특징, 또는 독창적인 은유를 만들어내기 위한 전략을 연구하고, 창의성이란 무엇인지를 배우고 있다고 믿는다. 내가 추측하기로, 그 대답은 "창의성이란 그 모든 것이며, 그 이상"이다. 창의성이 요구하는 것은 어떤 확산적 사고와 문제 발견, 끈기와 지성, 기꺼이 위험을 감수하는 것, 과제에 대한 동기 부여 등이지만, 그러한 것들이 창의성을 완전히 설명하는 것은 아니다. 그것은 다양한 영역에서 전 지구에 걸쳐 무수한 방식으로 분명하게 나타난다. 그 핵심과 관련하여 모두가 똑같은지는 아직 확실치 않다. 그리고 지금 심지어 21세기에도 창의성은 여전히—그것과 관련된 일에 종사하고 있는 대부분의 사람들 모두에게—신비함과 경이로움의 요소를 포함하고 있다.

비록 내 모든 창의성이 확실히 '소문자 c'에 해당되는 것이지만, 나는 수많은 작은 창의적인 일을 해왔다. 나는 노래를 작곡했고, 모자이크를 만들었으며, 연구 전략을 만들어냈고, 냉장고 안에 있는 것이 무엇이든 그것으로 새로운 요리법도 만들어냈다. 나는 재미있는 이야기를 했고, 어린 친구들을 위한 이야기 연속물도 썼다. 내가 그들이 탐험할 수 있는 새로운 판타지 세계를 발명했을 때, 나는 내 확산적 사고와 이전 경험과의 연관성을 쉽게 확인할 수 있는 순간을 가졌다. 다른 경우에, 나는 자신들의 캐릭터가 그 일을 하기 전까지는 다음에 무슨 일을 하게 될지 모른다고 주장하는 작가들의 경험을 이해하기 시작했는데—때로는 이야기란 (그리고 종종 최선의 경우에) 그냥 나타나는 것이다. 자발적으로. 나는 우리가 그것을 완전히 설명할 수 있기 전에 가야 할 먼 길이 있다고 추측한다.

B. 메신저(1995)는 블루스 음악가인 로버트 피트 윌리엄스가 자신의 창작 과정에 대해 설명한 것을 다음과 같이 인용했다. "내가 연주하는 모든 음악은, 내가 공중에서 듣는 것들이다…. 나는 걷고 있고, 돌아다니고, 차를 타고 달리고 있는데, 블루스가 그저 나에게로 온다…. 나는 돌아와서 내 기타를 들고 그것을 연주한다. 그것은 당신의 삶을 사진으로 찍는 것이나 마찬가지다." 우리는 창의성이 개인의 삶, 정신 그리고 감정과 연관되어 있고, 그들이 거주하고 있는 역사의 시대와 장소에 관련되어 있음을 이해하고 있다. 그러나 이러한 사진 뒤에는 신비함의 요소가 남아 있다.

우리가 신비함에 대해 생각해볼 때, 그 목적을 생각하는 것 역시 필수적이다. 제1장에서 나는 "창의성이란 필연적으로 좋은 것인가?"에 대한 질문을 소개했다. E. 리우와 S. 노페-브랜든(2009)은 웅변적으로 말했다.

> 우리 모두는 매일 상황에 직면한다. 비극적이든, 즐겁든, 또는 사소하든 상상력을 작동시킨다. 우리가 그것을 어떻게 작동시킬 것인지 선택할 때, 우리는 이 세상의 선의 총합을 보태거나 덜어낸다.(p206)

우리 학급의 학생들은—그렇게 할 수 있는 자신들의 힘을 알기만 한다면—심오하고 멋진 방식으로 그들의 상상력과 이해를 선의 총합에 더할 능력을 가지고 있다. 그 목표를 이루도록 돕기 위한 교사의 역할은 여전히 나를 놀라움으로 가득 채운다.

인간은 놀라운 피조물이다. 내가 순환 시스템에 대한 뭔가를 알았을 때조차, 나는 내가 살아 있는 동안의 심장 박동에 대해 경외심을 품었다. 같은 방식으로, 나는 우리가 창의성의 과정과 특징에 대해 배울 수 있다고 믿으며, 여전히 윌리엄스의 음악과 코끼리의 창의성을 힐끗 보는 것 속에서도 놀라움을 발견한다. 내가 모차르트나 피트 윌리엄스의 음악을 들을 때, 호주의 무덤 기둥의 조각이나 마셜 군도의 나뭇가지로 된 지도를 볼 때, 우리는 인간의 상상력의 끝없는 다양성이 작동하는 것을 본다. 나는 우리가 코끼리의 새끼라도 힐끗 볼 수 있다고 믿으며, 우리 학생들이 그들에게는 새로운 문제를 발견하고 해결할 때, 새로운 방식으로 아이디어와 재료를 사용하거나 그들이 전에는 본 적이 없는 패턴으로 아이디어를 연결할 수 있다. 이러한 활동에서 학생들은 3차원의 방식으로 그들의 환경과 상호 작용하고, 낯선 것과 마주치며, 인간의 역사만큼 오래되었지만 그 당시에는 새로운 패턴을 탐험한다. 우리가 학생들을 이러한 복잡성으로부터 보호하고, 깔끔하고 풀기 쉬운 문제와 명확하고 깨끗한 해결책을 제시하려고 할 때, 창의성에 대한 우리의 관점은 혼탁해진다. 실제 세계는 결코 그렇게 깔끔한 묶음으로 오지 않는다. 진정한 창의성은 도전에 직면하는 것이고, 알려지지 않은 것을 찾고, 우리가 완전히 이해하지 못하는 것에 대해 배우려고 노력하는 것이다. 그것은 살기 위한 배움에 관한 것이다.

내가 당신에게 남겨두는 도전은 이 후피 동물(코끼리)의 여러 측면처럼 당신이 할 수 있는 한 창의성을 탐험하고 학생들의 탐험을 돕는 것이다. 어떤 한 조각이 그 동물을 완성하지 못하며, 우리가 모든 대답을 가지고 있지 못하다는 사실을 완전히 잘 알고서 다 함께 힘차게 사냥에 나서자. 새로운 1인치를 하나하나 발견할 때마다 경이로움과 흥분을 가져다주는 것이 바로 알지 못하는 것에 대한 추구인 것이다. 만약 새로운 길이 때때로 비틀거리게 만들어도, 그것은 또한 모험과 이해를 가져다줄 것이다. 그것을 탐험하는 것은 학교를 '즐거움과 호기심 넘치는 기쁨의 장소'로 만들 것이다.

1. 평가 활동에 뛰어들기 전에, 잠깐 멈추고 '호기심 넘치는 기쁨의 학교'를 생각해보자. 당신에게 학교가 기쁨이었던 순간은—학생으로서 또는 교사로서—언제였는가? 그러한 순간에 창의성이 포함되었는가? 당신의 생각을 친구와 공유하자. 서로 비슷한가? 당신의 호기심 넘치는 기쁨의 학교는 어떤 모습인가?

2. 하루(또는 일주일) 동안, 여러분이 학생들을 평가하는 모든 방식—당신이 묻는 질문, 당신이 그들의 성취를 알아볼 수 있게 하는 학급 활동, 숙제, 학급 과제, 프로젝트 등을 추적해보자. 이러한 활동 중 얼마나 많은 것이 학생들에게 정보를 새로운 방식으로 사용하도록 요청했는가? 그중에서 당신이 선택과 유연함을 허락하기 위해 개조할 수 있는 것이 있는가?

3. 정보가 포함되어 있는 피드백을 주는 연습을 하는 데 쓸 과제를 선택해보자. 여러분은 자신의 학급에서 구한 과제를 사용할 수 있고, 인터넷상에서 사용 가능한 수많은 학생의 에세이를 샘플로 쓸 수도 있다. 자신의 충고가 여러분이 맡은 학년 수준에 적절하고 분명한지 알아보기 위해 동료와 함께 작업하자.

4. 지금까지 여러분은 창의적 생산물과 관련하여 상당한 진전을 이루었다. 여러분이 만들어낸 생산물을 평가하기 위한 다른 평가 과정이나 점수 부여 항목을 고안해내자. 여러분의 평가가 얼마나 잘 이루어졌으며, 생산물을 평가하면서 어떻게 느꼈는지 결정하자.

5. 토랜스의 창의적 사고 테스트(TTCT)를 택하여 점수를 매겨보자. 당신은 최신의 점수 체계나 단축 버전을 시도하고 싶을지도 모른다. 평가해야 할 여러 테스트가 있는 학교에서 점수 부여 과정이 어떻게 작동할지 생각해보자.

Tech Tips

1. 항목을 만드는 교사는 출발선에서부터 시작할 필요가 없다. 내가 가장 좋아하는 항목 제작자는 루비스타(Rubistar, http://rubistar.4teachers.org)에서 나왔는데, 그의 웹사이트는 주문에 따라 항목을 손쉽게 만들게 해준다. 당신은 출발선에서 시작할 수 있고, 그 컬렉션 가운데 하나로 시작할 수도 있다. 그 다음에 그것을 특별한 학생들이나 내용에 맞춰 개조하면 된다.

2. 내가 이 책을 쓰고 있었을 때, 교실로 들어가는 가장 새로운 기술적 수단 가운데 하나는 QR^{Quick}

Response 코드였다. 그 신비한 흑백의 사각형은 광고, 포스터 그리고 몇몇 흥미로운 책에 등장했다. 각각의 QR 코드는 웹사이트 주소로의 링크를 제공한다. QR 코드를 읽거나 창조하기 위한 소프트웨어는 이미 사용 가능하다. 먼저, 당신의 스마트폰에 QR 리더가 필요한데, 그 리더를 구하려면 단지 수많은 사용 가능한 앱 중 하나를 검색하면 된다. 그 다음으로 인터넷에서 쓸 수 있는 QR 생성기가 필요하다. 이 지점에서 내 최고의 조언은 '검색하라'이다. 이것들은 너무도 빨리 등장하기 때문이다. 그러고 나서 학생들이 창조하고 조사하는 것을 돕기 위해 당신이 그것을 어떻게 사용할 것인지 생각해보자. 물론 당신은 연구 목적을 위해 특정한 웹사이트로 학생들을 이끌려고 QR 코드를 사용할 수 있지만, 또한 학생들이 하이에나를 사냥하거나 그들의 동료를 위한 웹퀘스트, PR 캠페인에 참여하는 데 사용하도록 이끌 수도 있고(화장실에서 손을 씻는 것에 관한 웹사이트로 QR 코드가 링크되어 있다고 상상해보자), 또한 멀티미디어 발표를 위해 사용할 수도 있다. QR 코드의 잠재적인 사용법은 한정지을 수 없을 정도이며, 그래서 당신은 앞으로 나아가는 발걸음의 일부가 될 수도 있다.

문제-발견 수업
Problem-Finding Lessons

Lesson 1: 사람들은 문제가 필요하다

필요한 재료

두세 가지 도구(감자 깎는 칼 또는 연필깎이 등)

구색을 갖춘 카탈로그

체스터 그린우드의 그림(선택 사항, 스티븐 캐니의 〈발명품 책Invention Book〉)이나 구글 이미지에서 찾을 수 있다)

도입부

당신은 누가 "이런, 나는 문제가 생겼으면 좋겠어"라고 말하는 것을 들어본 일이 있는가? 그럼 그가 갖기를 원하는 것은 어떤 문제일까? 우리 모두는 아무도 갖고 싶어하지 않는 문제는 안다. 하지만 중요할 수도 있고, 심지어 재미있을 수도 있는 다른 문제들이 있다. 앞으로 몇 주 동안 우리는 왜 어떤 사람들은 흥미로운 문젯거리를 찾는지, 그들은 어떻게 그렇게 하는지에 대해서 이야기할 것이다.

이해 쌓기

문제를 발견하고 풀었던 한 소년에 관한 이야기를 들려주면서 시작해보겠다. 이 문제는 메인 주의 추운 겨울에 시작되었다. 그 당시 15세였던 체스터 그린우드는 귀에 심각한 문제를 가지고 있었다. 밖에 나갈 때마다, 심지어 모자를 쓰고 있을 때조차도, 그의 귀는 아주 차가워졌다. 그는 머리를 스카프로 둘둘 감았지만, 그것은 너무 불편했다. 마침내 체스터는 철사로 고리를 만들었다. 그런 다음 할머니에게 고리의 한쪽 면에는 털을, 다른 쪽 면에는 벨벳을 꿰매달라고 부탁했다. 체스터는 털이 달린 고리를 철사에 붙여서 자기 머리 위로 지나가게 만들었다. 체스터 그린우드는 최초의 귀마개를 발명한 것이다! 실제로, 체스터는 귀마개 사업을 시작했다. 그리고 아주 성공적인 발명가가 되었다[체스터와 그의 귀마개 그림을 보여주자].

도입부의 이야기로 쓸 수 있는 또 다른 선택지는 엘리야 매코이의 발명이다. 그의 이야기는 아프리카계 미국인 발명가의 좋은 예를 제공하며—'리얼 매코이the Real McCoy'라는 단어의 어원도 알려준다.

어떤 문제를 체스터(또는 엘리야)가 발견했는가? 당신은 문제를 가지고 있었던 누군가가 생각나는가? 다른 누군가가 그가 했던 것처럼 문제를 풀 수 없었던 이유는 뭐라고 생각하는가? 때때로 문제 발견자가 하는 가장 중요한 일 중 하나는, 그들의 눈과 귀를 열어두는 것이다—그들은 그 주위의 문제에 대해 주의를 기울인다.

또 다른 문제는 더 최근에 해결되었다. 수잔나 구딘이라는 1학년 여학생은 집에서 해야 하는 허드렛일을 아주 싫어했다. 그녀는 고양이에게 밥 주는 것이 진절머리가 났다! 사실 수잔나는 그녀의 고양이를 사랑했고, 고양이에게 밥을 먹이길 원했다. 헌데 싫은 것이 단 하나 있었다. 고양이에게 밥 을 줄 때 쓰는 스푼을 씻는 것이 싫었던 것이다. 고양이에게 밥을 줄 때마다 스푼에는 질척하고 냄새 나는 고양이 사료가 묻었는데, 그걸 씻는 일은 역겨웠다. 다행히도 수잔나는 체스터 그린우드처럼 훌륭한 문제 발견자였다. 그냥 냄새 나는 고양이 사료에 대해 불평만 하는 대신, 그녀는 '아하! 이것이 내가 풀어야 하는 문제구나'라고 생각했다. 그리고 그녀는 그렇게 했다. 수잔나는 먹을 수 있는 애완동물 사료 스푼을 발명한 것이다. 그 스푼은 딱딱한 애완동물 사료로 만들어졌으며, 스푼 모양의 강아지 비스킷 같은 것이었다. 여러분은 깡통에서 애완동물 사료를 퍼낸 후, 그 스푼을 음식과 함께 밥그릇에 바로 던져둘 수 있다. 고양이나 개는

그것을 말끔히 먹어치울 것이다! 그 발명품으로 수잔나는 〈위클리 리더Weekly Reader〉
가 주최하는 발명 대회에서 그해의 그랑프리를 수상했다.

여기 또 다른 발명이 있다.[어떤 편리한 도구 하나를 집어 들자. 감자 깎는 칼이나
연필깎이 같은 평범한 물건일 수도 있고, 전자양말 같은 특이한 것일 수도 있다]. 어
떤 문제가 누군가로 하여금 이것을 발명하게 만든 원인이 되었을까? 그들은 왜 그 문
제에 대해 생각해보기로 결정했을 거라고 보는가?[두세 가지 발명품을 가지고 질문을
반복해보자. 여러분의 학급에 적합한 것을 아래의 토론 질문에서 골라보자. 물론 학생
들에게 더 문화적으로 적합하고 익숙한 이야기나 발명품으로 바꿀 수도 있다.]

가능한 질문들

무엇이 체스터나 수잔나가 좋은 문제 발견자가 되도록 만들었을까?

어떤 사람들은 문제에 주목하고, 또 어떤 사람들은 그렇지 않은 이유를 당신은 무엇
이라고 생각하는가?

어떤 사람들은 왜 문젯거리에 대해 불평하고, 또 어떤 사람들은 왜 문제를 풀 방법
을 알아내려고 노력한다고 생각하는가?

그 문제를 풀어준 것은 어떤 발명품이라고 생각하는가? 왜 어떤 사람들은 특별한
문제에 대해 작업하기로 선택했다고 생각하는가?

이해의 적용

누군가가 문제를 발견하고 그것을 해결할 뭔가를 발명한 예를 당신이 찾아낼 수 있
는지 보자. 당신이 선택한 물건의 그림을 잘라내어 종이에 붙이자. 그림 아래에 이러
한 발명이 어떤 문제를 해결했는지, 그리고 왜 누군가는 그것에 힘을 쏟기로 결정했다
고 생각하는지 설명해보자.[이러한 활동은 여러분의 학급에 적합한 방식대로 개별 또
는 짝을 이루어서 완성할 수 있다.] 대안적 활동은 학생들이 웹사이트에서 발명에 대
해 검색하고 문제와 해결책의 예를 찾도록 해준다.

Lesson 2: 문제를 찾는 발명가들

필요한 재료

다채로운 오레오 쿠키나 다양한 스낵류 음식(선택 사항)

도입부

지난 시간에 우리는 문제를 발견하려는 발명가들에게 필요한 것에 대해 이야기했다. 오늘 우리는 발명가들처럼 행동하면서 해결할 문제를 찾을 것이다. 수잔나 구딘이나 체스터 그린우드의 이야기를 기억하는가? 무엇이 그들로 하여금 훌륭한 문제 발견자로 행동하도록 만들었는가? 체스터와 수잔나는,

1. 그들 주위의 사물에 주목했다.
2. 문제에 대해 불평하는 대신, 문제를 풀기로 결심했다.

[게시판이나 차트 종이에 키포인트를 나열하자. 교실에서 적절한 다른 아이디어도 덧붙이자.]

이해를 쌓고 적용하기

우리가 자신을 위한 어떤 문제를 발견하려고 노력하기 전에, 나는 당신에게 훌륭한 문제 발견자가 되는 비밀을 하나 더 알려주려 한다. 유명한 과학자인 라이너스 폴링[1]은 "좋은 아이디어를 가지는 비결은, 수많은 아이디어를 가지는 것"이라고 말했다. 이 말이 의미하는 것은 무엇이라고 생각하는가? 해결할 좋은 문제를 발견하는 것도 이와 비슷하다. 만약 당신이 수많은 문제에 대해서 생각한다면, 해결할 흥미로운 문제를 집어 들 수 있다. 만약 당신이 단 하나의 문제만 생각한다면, 그것이 흥미롭지 않거나 그

---

1) Linus Pauling, 1901~1994, 노벨 화학상과 평화상을 수상한 미국의 과학자로, 비타민C 연구로 유명하다.-옮긴이 주

것을 풀 수 없을지도 모른다. 당신의 첫 번째 아이디어(또는 문제)가 실제로 당신의 최고의 아이디어일 수는 결코 없다.

풀어야 할 문제를 발견하는 방법 중 하나는 우리를 괴롭히는 것들에 대해서 생각하는 것이다. 예를 들어, 병 안에 약간만 남아 있어서 꺼낼 수가 없는 케첩이나, 한꺼번에 뿜어져 온몸에 묻는 케첩이 나를 괴롭힌다. 운전을 하면서 휴대폰으로 전화를 한다든가 같은, 다른 안전하지 못한 일을 할 때 그것이 나를 괴롭힌다.[이것은 당신을 괴롭히는 다른 문제로 바꿀 수도 있다.] 집에서, 학교에서, 또는 당신이 가는 다른 어떤 장소에서 당신을 괴롭히는 것들에 대해 생각해보자.[사물이 아니라 우리를 괴롭히는 사람들에 대해 생각하지 말도록 명백히 해둘 필요가 있다.] 우리를 괴롭히는 문제에 대해서 할 수 있는 한 많이 브레인스토밍을 해보자.[아이디어의 목록을 만들자. 이것은 학급 단위, 또는 작은 그룹 단위로 이루어질 수 있다.]

종종 문제 발견자들은 그들을 괴롭히는 것들이 아니라, 어떤 방식으로든 개선되거나 변화시킬 수 있는 것을 찾는다. 이런 문제는 정말로 잘못된 것은 없다. 하지만 뭔가는 달라지고 더 나아질 것이다. 예를 들어, 오레오 쿠키가 새로운 생산물을 낳기 위해 어떤 방식으로 변할 수 있을까?[크림이 두 배로 들어 있는 오레오, 모형 오레오, 거대한 오레오, 파티용 오레오, 그리고 저지방 오레오 등이 가능하다. 당신은 이 중에서 하나 또는 그 이상을 예로 들 수 있다.] 나는 오레오에 뭔가 잘못된 것이 있다고는 생각지 않지만—오레오가 누군가를 괴롭히지도 않았고—누군가는 새로운 뭔가를 만들기 위해 개선하거나 바꿀 방법을 생각했던 것이다. 우리가 만든 목록에 개선하거나 바꿀 수 있는 문제들을 생각해내어 덧붙이자. 예를 들어, 이 교실 안에 있는 어떤 것을 사용하기에 더 재미있거나 쉽도록 바꿀까?[목록을 추가한다.]

이제 우리는 라이너스 폴링이 했던 것과 똑같이 선택할 수 있는 수많은 아이디어를 가지고 있다. 만약 당신이 이 문제들 가운데 하나를 골라서 풀려고 한다면, 당신은 어떤 것을 선택할까? 한 장의 종이에 당신이 작업하면 재미있을 것 같다고 생각하는 문제와, 그 문제를 고른 이유를 적어보자. 당신은 우리의 목록에서 문제 하나를 선택하거나, 당신 자신의 문제를 생각해볼 수 있다. 만약 당신이 그 문제를 풀기로 결정한다면, 발명하고 싶은 것이 무엇인지 학급 친구들에게 확실히 말하도록 하자!

Lesson 3: 저자들은 문제를 찾는다

필요한 재료

같은 저자가 쓴 두세 가지 어린이 책

가능하면 잰 브렛의 〈베를리오즈 더 베어*Berlioz the Bear*〉[2]

도입부

우리는 지금까지 해결하거나 개선해야 할 문제를 발견한 발명가들에 대해서 이야기 해왔다. 훌륭한 문제 발견자는 어떤 일들을 했는가? 그렇다, 훌륭한 문제 발견자들은,

1. 그들을 둘러싼 문제들에 주목했다.
2. 수많은 가능한 문제에 대해 생각했다.
3. 그것들에 대해 불평하는 대신, 그 문제를 해결했다.

오늘 우리는 아주 다른 문제에 대해서 생각할 것이다. 그것은 발명으로 해결될 수 없는 것이다.

1860년대에 루이자 메이 올컷은 작가가 되고 싶었다. 그녀는 추리 소설을 썼다. 그리고 로맨틱한 이야기도 썼다. 그녀는 자신의 이야기를 잡지사 편집장들에게 보냈다. 하지만 아무도 그것을 사려고 하지 않았다. 실제로 어떤 편집장은 그녀가 절대로 대중적 인기를 얻을 만한 작품을 쓸 수 없을 거라고 말했다. 루이자 메이 올컷은 발명으로 해결할 수 있는 문제를 발견하길 원하지 않았다. 루이자는 어떤 문제가 필요했을까? 그렇다. 루이자 메이 올컷은 글을 씀으로써 그녀가 풀 수 있는 문제를 발견해야 했다. 그녀는 흥미롭고 좋은 이야기를 들려줄 소재를 발견하고 싶었다. 루이자가 어떻게 그녀의 문제를 풀지 누가 알까? 루이자 메이 올컷은 자신의 가족, 특히 세 자매들과 자신의 삶에 대해 쓰기로 결심했다. 여러분은 루이자 메이 올컷의 이야기들을 읽었거나,

---

[2] 우리나라에서 '블라블라 인형'으러 알려진 것과 비슷한 곰인형을 말한다.-옮긴이 주

특히 가장 유명한 〈작은 아씨들〉을 영화나 책으로 봤을 것이다.

발명가들이 발명으로 풀어야 할 문제를 발견할 필요가 있는 것처럼, 작가들도 그들 자신의 특별한 문제를 발견할 필요가 있다. 작가란 자신이 말로 풀 수 있는 문제―말 해줄 만한 흥미로운 이야기를 찾는 법이다. 내가 정말로 좋아하는 작가 한 분은 '당신이 좋아하는 어린이 책 작가의 이름을 적어 넣자', '그 작가는', '두세 가지 예를 들자' 같은 책을 썼다. 당신은 그 작가가 쓰기 위해 선택했던 것을 무엇이라고 생각하는가?

어린이 책 작가이자 일러스트레이터인 잰 브렛은 주위에 있는 물건들로 책을 위한 아이디어를 생각했다. 그녀는 자신의 책인 〈베를리오즈 더 베어〉의 이야기를 위한 아이디어를 처음에 어떻게 생각하기 시작했는지 이야기했다. 이것이 그녀가 〈베를리오즈 더 베어〉를 낸 뒤 저자의 말에서 했던 이야기다.

> 나는 보스턴 심포니 오케스트라의 콘서트를 듣고 있었다. 내 남편 조가 보스턴 심포니와 함께 연주하고 있었다. 내가 바라보고 있는 동안, 조와 모든 다른 더블베이스가 크게 연주하기 시작했다. 나는 '저건 정말 커다란 악기네. 정말로 커. 그 안에 뭔가가 들어가도 되겠어'라고 생각했다. 그러고는 조의 더블베이스 앞면에 있는 구부러진 'F'자 구멍에 주목했다. 뭔가 작은 것이어야만 했다. 쥐? 애벌레? 음악이 그렇게 한 것이다. 그것은 누군가의 생각을 흥미로운 장소로 데리고 간다.
> 이 모든 것이 보스턴 심포니의 여름 본거지인 탱글우드의 야외 콘서트에서 일어났다. 그러고 나서 음악가들은 자기 악기들을 데리고 돌아다니고 있었다. 나는 조에게 그의 더블베이스가 날씨에 따라 변하느냐고 물었다. 그는 걱정스럽게 말했다. "잰, 내 더블베이스는 100년도 넘은 거야. 때로는 나무가 말라서 금이 가기도 해. 그러면 윙윙거리는 소리가 나지." "커다란 윙윙 소리?" 내가 물었다. "그걸 사람들이 들을 수 있을까?"
> 그 순간 나는 어떤 생명체가 더블베이스 안에서 살 수 있을지 알았고, 내 이야기는 시작되었다.(p.1)

[당신은 〈베를리오즈 더 베어〉의 그림 몇 장을 공유할 수도 있고, 잰 브렛이 어떤 동물들에 대해 썼는지, 그것을 누가 아는지 물어볼 수도 있다. 책 속에서는 더블베이스

안에 꿀벌이 산다. 그 대안으로 당신이 가장 좋아하는 저자의 웹사이트로 가서 또 다른 이야기에 대한 비슷한 정보를 찾을 수 있는지 보자.]

여기 누군가 좋아하는 작가가 있고, 그들이 특별히 좋아하는 작가의 이야기가 있는가? 그 작가는 자신이 쓰고자 하는 이야기가 무엇인지 어떻게 결정한다고 당신은 생각하는가?

이해한 것 적용하기

오늘 우리는 "우리가 좋아하는 작가들이 이야기를 쓰기로 결정한 이유가 무엇이었을까?"를 상상하려고 한다. 아마도 그들은 자신들이 실제로 했던 일들에 대해서 썼거나, 가장 좋아하는 동물, 또는 물건이나 꿈을 토대로 작품을 썼을 것이다. 당신이 재미있게 읽은 책을 고른 다음, 당신이 작가인 척해보자. 당신이 왜 그 책을 쓰려고 하며, 맨 먼저 당신에게 아이디어를 준 것은 무엇이었는지를 한 단락 정도 적어보자.

Lesson 4: 흥미로운 물건 찾기

필요한 재료

잡다한 작은 물건들이 가득 든 가방

도입부

오늘 나는 쓸 거리를 생각해낼 수 없었던 또 다른 작가에 대해 이야기하려고 한다. 그의 이름은 E. L. 닥터로이고, 유명한 소설가다. 그는 이미 〈다니엘서 *The Book of Daniel*〉 라는 베스트셀러 소설을 냈다. 그러나 지금 곤경에 처해 있다. 그는 쓸거리를 생각해낼 수가 없다. 당신은 이런 것을 느껴본 적이 있는가? 일기를 써야 하거나 글쓰기 과제를 해야 하는데, 쓸 것이 하나도 생각나지 않았던 적이 있는가? 그게 바로 닥터로가 느꼈던 바로 그것이었다. 다행히도 닥터로는 훌륭한 문제 발견자였다. 그래서 그가 무엇했을 거라고 생각하는가? 그는 수많은 발명가들이 훌륭한 문제 발견자였을 때 했던 것과 똑같은 일을 했다. 그는 풀어야 할 가능한 한 많은 문제를 생각해내려고 노력했고, 그중에서 작업할 한 가지를 선택했다. 비록 그것이 아주 좋은 아이디어라고 생각하지는 않지만, 그는 매일 앉아서 뭔가를 쓰려고 노력했다. 닥터로는 만약 그가 계속 아이디어에 대해 생각한다면, 결국 좋은 것을 생각해낼 것을 알았다. 당신은 그가 어디에서 아이디어를 얻는다고 생각하는가? 발명가들은 어디에서 아이디어를 얻었을까? 그렇다. 그들은 자신들을 둘러싸고 있는 것들을 관찰했다. 닥터로는 자신을 둘러싸고 있는 것들을 관찰하면서 글쓰기를 위한 아이디어를 발견하려고 노력했다.

어느 날, 그는 쓸 만한 것을 아무것도 생각할 수 없어서 자기 앞에 있는 벽의 한 점을 뚫어지게 바라보며 앉아 있었다. 그는 그저 더 많은 아이디어에 대해 계속 생각했다. 처음에는 단지 그 점에 대해 생각했다. 그러고 나서 그는 그 점이 있는 벽에 대해 생각했다. 벽에 대해 생각하다 보니 그 건물에 대해 생각하게 되었다. 건물에 대해 생각하다가 그는 그 건물이 얼마나 오래되었는지 생각하게 되었다. 그 건물이 얼마나 오래되었나를 생각하다가 오래전에는 누가 살았으며, 누가 그들의 이웃이었을까에 대해서 생각하게 되었다. 그런 생각을 하다가 그는 그 집이 처음 세워졌을 때 살았던 사람들에 대한 이야기를 써야겠다는 아이디어를 떠올렸다. 결국, 수많은 작업을 하고 더 많이 생각한 끝에 그 아이디어는 그 다음에 출간된 유명한 책인 〈레그타임Regtime〉으로 자라났다.

다른 작가들도 그들을 둘러싸고 있는 사물들로부터 아이디어를 얻는다. 한 중국계 미국인 작가는 오래된 동전 몇 개를 보다가 두 권의 추리 소설을 위한 아이디어를 얻었다. 그는 그 동전들이 흥미롭다고 생각하여, 수많은 좋은 이야기 아이디어를 가지게 될 때까지 그것들에 대해서 생각했다. 만약 당신이 벽에 부딪쳐서 쓸 만한 것이 아무것도 생각나지 않을 때, 당신이 할 수 있는 일 하나는 닥터로가 했던 대로 하는 것이다. 근처에 있는 뭔가, 또는 뭔가 재미있는 것을 골라서 당신의 정신이 돌아다니게 만들기만 하면 된다. 그것이 어떤 재미있는 이야기 아이디어로 이끄는지 보자. 몇 가지를 시도해보자. 때로는 사물에 대한 질문을 하는 것이 우리를 도울 수도 있다. 우리는 우리를 돕도록 이 가방 안에 있는 물체 하나를 고를 것이다.[가방 안에서 물체 하나를 꺼낸다.]

1. 이 물체의 흥미로운 점은 무엇인가?
2. 이 물체는 어떤 흥미로운 장소에 있었을까?
3. 이 물체는 어떤 흥미로운 장소에 가게 될까?
4. 이 물체가 당신에게 어떤 흥미로운 것을 생각나게 하는가?
5. 이 물체는 당신에게 어떤 이야기 아이디어를 주는가?

[아이들과 함께 문제 발견 과정을 모형화해보자. 완전히 무르익은 이야기를 만들어 낼 필요는 없다. 단지 일반적인 아이디어가 필요하다. 예를 들어, 나무 상자는 뚜껑의 디자인 때문에, 또는 우리가 그 안에 뭐가 있는지 궁금해하기 때문에 흥미로울 수 있다. 그것은 누군가의 다락방, 또는 예쁜 집 안의 책 선반에 있었을지도 모른다. 아마도 누군가가 그것을 침대 아래 숨겨두면서 친구로부터 받은 비밀 노트를 넣어두는 데 사용했을지도 모른다. 이것은 다락방에 있는 신비로운 상자에 관한 이야기, 아니면 요술 상자를 그리는 화가, 또는 그녀가 두려워하는 비밀을 공유하고 있는 친구에 대한 이야기로 이끌 수도 있다.]

이해한 것 적용하기

이제 당신 차례다. 가방에서 물건을 하나 꺼내거나, 교실 안에 있는 다른 물건 하나를 골라라. 당신의 연습용 문제지(표 A.1) 목록에 있는 질문에 답하라. 당신이 할 수 있는 가장 흥미로운 이야기 아이디어를 만들어보자. 당신이 가장 흥미롭다고 생각하는 아이디어를 고르기 전에, 당신은 아마도 수많은 다양한 아이디어를 생각해봐야 할 것이다. [이 단계에서 학생들에게 이야기를 쓰는 과제를 내주지는 않는다. 물론 그들이 하겠다고 선택한다면 할 수 있다.]

오늘 밤, 여러분이 생각하기에 흥미로울 것 같은 물체를 주위에서 찾아보자. 그것은 학교에 가지고 갈 수 있을 만큼 충분히 작은 것이어야만 한다. 내일 그것을 학교로 가지고 가자. [적당한 시간에 학생들이 고른 물건으로 그 연습용 문제를 되풀이해보자. 이번에는 학생들에게 자신이 고른 물건에 대해 과제를 내어 실제로 그것에 대해 써보게 하자.]

흥미로운 물체 찾기

이름 :

날짜 :

어떤 물체를 선택했는가?

이 물건의 흥미로운 점은 무엇인가?

이 물건은 과거에 어떤 흥미로운 장소에 있었을까?

이 물건은 어떤 흥미로운 장소로 가게 될까?

이 물건이 당신에게 불러일으키는 기억은 무엇인가?

이 물건이 당신에게 주는 이야기 아이디어는 무엇인가?

여기에 당신의 최고 아이디어를 적어보자.

표 A.1 흥미로운 물건에서 이야기 발견하기

Lesson 5: 흥미로운 캐릭터 찾기

필요한 재료

잡지에서 고른 2~3개의 얼굴 사진, 또는 인터넷 이미지

도입부

[첫 번째 사진을 집어 들자.] 당신은 이 사람이 무슨 생각을 한다고 생각하는가? 이 사람이 어디에 있다고 생각하는가? 이 사람에 관한 어떤 이야기가 가장 흥미로울 거라고 생각하는가?[학생들이 몇 가지 대안을 확실히 만들어내게 하자. 간단하게 두 번째 사진을 가지고 다시 되풀이해보자. 만약 필요하다고 생각한다면, 세 번째 것을 사용하자.]

지금까지 당신은 훌륭한 문제 발견자라면 그들이 발명가든, 작가든, 정말로 눈과 귀를 열고 있어야 한다고 말할 수 있었다. 그들은 주위의 사물들에 주목하고, 수많은 가능한 문제들이나 아이디어들에 대해 생각한 뒤 그것들에 대해 작업한다. 마지막에는 흥미로운 물체를 찾음으로써 글쓰기의 가능성을 발견하는 것에 대해 이야기했다. 오늘 우리는 문제를 발견하는 작가들이 아이디어를 얻는 또 다른 방식에 대해 이야기할 것이고—흥미로운 캐릭터를 위해 주위를 둘러보는 것에 대해 다룰 것이다.

이해 쌓기

만약 당신이 문제를 발견하는 작가가 되려면, 주위에 있는 물체에 주목해야 하는 것은 물론, 캐릭터에 대해서도 그렇게 해야 한다. 종이 한 장을 꺼내라. 그 위에 당신이 오늘 만난 모든 사람의 목록을 만들자. 모든 이름을 하나하나 목록에 적을 필요는 없다. 때로는 전체 그룹의 사람들을 한 번에 '우리 반의 학생들'이나 '버스 안의 사람들', '내 가족'으로 목록화할 수 있다. 얼마나 많은 사람을 당신이 기억할 수 있는지 보자. 당신은 버스 기사를 봤는가? 경찰관은? 차를 운전하고 있던 누군가는?

작가들은 때때로 그들을 둘러싸고 있던 사람들을 바라보면서 캐릭터에 대한 아이디

어를 얻기도 한다. 그들은 루이자 메이 올컷이 자신의 자매들을 보면서 〈작은 아씨들〉을 썼던 것처럼, 그들이 알고 있는 사람들에 대해서 쓸 것이다. 로라 잉걸스 와일더[3]도 〈초원의 집〉에서 그녀의 가족에 대해 썼다. 다른 경우에도 작가들은 그들이 아는 캐릭터가 흥미롭고, 재미있는 아이디어를 생각하도록 도움을 주기 때문에 그들에 대해서 쓴다. 예를 들어, 잰 브렛이 콘서트에서 〈베를리오즈 더 베어〉의 아이디어를 어떻게 얻었는지 기억하고 있는가? 그녀는 다른 방식으로 그녀만의 〈아기 곰 삼형제〉 버전을 따른 아이디어를 얻은 것이다. 잰 브렛은 미리엄이라는 아주아주 호기심 많은 소녀를 만났다. 미리엄은 무척 용감하고 원기 왕성했고, 잰에게 그녀처럼 용감하고 원기 왕성한 어린 소녀에 대해서 쓰고 싶다고 생각하게 만들었다. 그 지점이 그녀의 〈골디락스〉, 즉 〈아기 곰 삼형제〉가 시작된 곳이다. 〈괴물들이 사는 나라〉를 쓸 때, 모리스 센닥[4]은 야생마에 관한 책을 쓰는 것으로 시작했다. 그가 말을 별로 잘 그리지 못한다는 것을 발견했을 때, 그는 야생 동물들을 그리기 시작했는데—그의 친척들을 닮은 모습으로 디자인했다!

여러분의 목록을 보자. 그리고 당신이 오늘 본 사람들을 생각해보자. 당신의 목록 중 어느 누군가가 특별히 흥미로운 개성을 가졌나? 당신은 누가 당신의 글을 읽게 만들 흥미로운 캐릭터일 거라고 생각하는가? 당신이 가장 흥미롭다고 생각하는 두세 사람을 그 목록에서 뽑아보자. 해당 항목에 체크 표시를 해보자.

물론 캐릭터들이 늘 사람인 것은 아니다. 잰 브렛의 책인 〈개는 왜 사람과 살게 되었나*The First Dog*〉의 아이디어는, 그녀가 '내 개는 무슨 생각을 할까?' 하고 추측하면서 시작되었다. 당신은 오늘 어떤 흥미로운 동물을 봤는가? 흥미로운 캐릭터를 만들 수 있는 어떤 동물이 학교에 있는가? 그것들도 여러분의 목록에 첨가하자.

이해 적용하기

여러분의 목록을 보고, 그 목록에서 캐릭터 하나를 선택하자. 당신이 이야기의 아

---

3) Laura Ingalls Wilder, 1867~1957, 1970년대에 인기를 끌었던 미국 드라마 〈초원의 집〉의 원작자-옮긴이 주
4) Maurice Sendak, 1928~2012, 미국의 그림책 작가. 미국에서 태어난 우리 시대 최고의 그림책 작가로, 〈괴물들이 사는 나라〉, 〈깊은 밤 부엌에서〉 등으로 칼데콧상, 한스 크리스티안 안데르센상, 린드그랜 문학상, 로라 잉걸스 문학상 등을 받았다.-옮긴이 주

이디어를 생각해내는 데 캐릭터가 어떻게 도움을 줄지 당신이 생각하는 데 도움이 될 연습용 문제지(표 A.2)를 사용하라—당신은 이야기를 씀으로써 문제를 해결할 수 있다.[다시, 이쯤에서 학생들에게 이야기를 쓰도록 요구하면 안 된다. 물론 그들이 원한다면 할 수 있다.]

오늘 밤, 당신 주위의 사람들과 동물들을 주의 깊게 살펴보고, 흥미로운 이야기 아이디어를 가져다줄 캐릭터를 발견하도록 노력해보자. 수많은 가능성을 생각해내야 한다는 것도 기억하자—당신의 첫 번째 아이디어는 결코 최선의 아이디어가 될 수 없다.[편리한 시간에, 학생들이 그들이 고른 캐릭터에 대해 반복해서 연습용 문제지를 활용하게 해보자. 이번에는 그들의 캐릭터에 대해 학생들이 적어도 한 단락 정도는 적어야 한다.]

흥미로운 캐릭터 찾기

이름 :

날짜 :

당신은 어떤 캐릭터를 골랐나?

왜 그 캐릭터가 흥미롭다고 생각했는가?

당신의 캐릭터를 설명할 수 있는 6개의 단어를 목록으로 만들어보자.

이 캐릭터가 갔을 것 같은 적어도 3개의 장소를 목록으로 만들자.

이 캐릭터가 가지고 있을 것 같은 적어도 3개의 문제를 나열해보자.

이 캐릭터는 당신에게 어떤 이야기 아이디어를 주는가?

여기에 당신의 최고의 아이디어를 적어보자.

표 A.2 흥미로운 캐릭터 안에서 이야기 찾기

Lesson 6: 문제를 찾는 과학자들

필요한 재료

비누 거품과 나무 막대기

허쉬허그[5]라든가 이런저런 사탕이나 과자 등을 학생마다 하나씩 가질 수 있게 숨겨 둔다. 만약 사탕이나 과자가 당신의 학급에 적절하지 않다면, 프레즐이나 특이한 과일을 사용할 수도 있다. 물론 플라스틱 나이프로 자를 수 있기만 하면 된다.

플라스틱 나이프

냅킨

도입부

지금까지 우리는 발명가들과 작가들이 일할 만한 문제를 찾는 데 필요한 방법에 대해 논의해왔다. 발명가들은 그들이 발명으로 해결할 수 있는 문제를 찾는다. 작가들은 그들이 쓸 수 있는 흥미로운 이야기나 아이디어를 찾는다. 오늘 우리는 조사할 문제를 찾을 필요가 있는 다른 사람들에 대해 이야기할 것이다. 여러분은 그가 누구일 거라고 생각하는가?[학생들의 반응에 대해 토론하고, 조사할 문제를 찾을 필요가 있는 다양한 사람들에 대해 알려준다. 비록 다양한 사람들이 문제를 발견할 필요가 있지만, 오늘 학생들은 과학에 대해서 이야기할 것이다.]

이해 쌓기

오늘 나는 수많은 사람을 구한 중요한 발견을 한 과학자들에 대해서 이야기하려고 한다. 주의 깊게 듣고, 이 과학자들이 우리가 이미 토론했던 다른 문제 발견자들과 얼마나 비슷한지 결정해보자.

---

5) Hershey's Hugs, '키세스' 초콜릿의 일종-옮긴이 주

알렉산더 플레밍은 실험실에서 일하고 있었다. 그는 박테리아를 배양하는 실험을 하고 있었다. 어느 날, 그는 실험실에서 아마도 그를 속상하게 만들 만한 어떤 것을 봤다. 그가 박테리아를 키우던 배양 접시 중 몇 개가 곰팡이로 뒤덮여 있었던 것이다. 곰팡이들이 박테리아를 죽임으로써 그의 실험은 망했다. 일반적인 사람들이라면 그 곰팡이 가득한 접시를 어떻게 했을 거라고 생각하는가? 나는 일반적인 과학자들이라면 그 접시들을 버렸을 거라고 추측한다. 다행히도, 알렉산더 플레밍은 그렇게 하지 않았다. 그는 박테리아가 왜 죽었는지를 알고 싶다. 이제 그는 연구해야 할 새로운 문제를 갖게 되었다. 곰팡이로 뒤덮인 배양 접시로부터 플레밍이 배운 사실 덕분에 정말로 수많은 사람의 생명을 구한 항생제인 페니실린이 발명될 수 있었다.

당신은 알렉산더 플레밍이 우리가 이야기했던 다른 문제 발견자들과 어떤 점이 비슷하다고 생각하는가?[자신을 둘러싸고 있던 사물들에 대해, 그가 주목한 아이디어를 포함하여, 반드시 토론하도록 하자. 그는 자신이 이해하지 못하는 것에 대해 그저 불평만 하지 않았다. 그것들을 이해하려고 노력했다. 그리고 그는 연구했던 하나 이상의 문제에 대해 생각했다.]

문제 발견자인 과학자들은 수많은 일을 하지만, 그중 세 가지는 특히 중요하다. 문제-발견 과학자들은,

1. 자신을 둘러싸고 있는 사물을 관찰한다(주목한다).
2. 자신이 이해하지 못하는 것들에 대해 질문한다.
3. 자신의 질문에 대해 대답을 찾으려고 노력한다.

오늘 우리는 과학자들이 물을 것 같은 몇 개의 질문을 던지는 연습을 함으로써 문제-발견의 주인공인 과학자처럼 행동하려고 한다. 알렉산더 플레밍은 적어도 3개의 질문을 했다. 그가 묻기를,

"이 배양 접시에서 무슨 일이 일어난 걸까? 여기서 자라난 것은 뭐지? 왜 박테리아는 죽었을까?" 그리고 "어떻게 곰팡이는 박테리아를 죽였을까?" 무엇what, 왜why 그리고 어떻게how는 수많은 과학자들(그리고 문제 발견자들)이 질문을 할 때 사용하는 3개의 중요한 단어들이다. 어떤 질문이, 그러니까 '왜' 그리고 '어떻게'가 우리가 관찰하는

것과 왜 그런 일들이 그런 방식으로 일어나는지에 대해 우리가 생각하는 것을 돕는다.

우리가 어느 맑은 오후에 공원에 간 과학자라고 상상해보자. 벤치에 앉아 있을 때, 우리는 한 아이가 비눗방울을 불고 있는 것을 봤다. 내가 어린아이라고 생각하고 비눗방울을 부는 척해보겠다.[비눗방울을 분다.] 너희들은 과학자가 되는 거다. 이 비눗방울을 볼 때, 우리가 생각할 수 있는 문제나 질문은 무엇일까? 과학자들은 그들이 대답을 가지고 있지 않은 질문을 한다는 것을 기억하자. 무엇, 왜, 어떻게로 시작하는 질문에 대해서 생각해보자.[학생들은 "비눗방울의 색은 뭘까요?" "왜 어떤 비눗방울들은 다른 것보다 더 클까요?" "어떻게 비눗방울들이 서로 붙어 있나요?" 같은 질문을 만들어내야 한다. 만약 학생들이 "저건 뭐죠?" "비눗방울 막대기의 색깔은 뭐죠?" 같은 뻔한 질문을 한다면, 그들에게 과학자들은 이미 답을 가지고 있는 질문은 하지 않는다는 것을 상기시키자.]

그것들은 생각해볼 만한 흥미로운 문제들이다. 과학자들이 공원에서 주목하여 흥미로운 질문을 이끌어낼 만한 다른 것은 뭘까?[몇 분 동안, 관찰할 만한 다른 것들과 조사할 가치가 있는 문제나 질문을 이끌어낼 방법에 대해 브레인스토밍을 해보자.]

이해 적용하기

이제 과학자들이 땅을 쳐다보고 이것들 가운데 하나를 봤다고 상상해보자.[허쉬허그라든가 그것과 비슷한 과자를 집어 든다.] 이것에 대해 당신이 물을 수 있는 어떤 질문을 왜, 어떻게 물을 것인지 생각해보자. 나는 여러분에게 이것과 같은 각각의 물체를 줄 것이다. 그것을 조심스럽게 조사해주기 바란다. 만약 당신이 원한다면, 플라스틱 나이프가 여러분을 도울 수 있다. 책상을 보호하기 위해 그 위에 냅킨을 하나 까는 것도 잊지 말자. 당신의 물품을 조사할 때, 당신이 과학자라고 상상하자. 당신이 이 물건에 대해 쓸 수 있는 한 많은 과학적 질문을 적어보자. 무엇, 어떻게, 왜 같은 단어를 사용하도록 노력해보자. 당신은 더 조심스럽게 관찰할수록, 더 많은 질문을 할 수 있을 것이다. 당신이 가장 흥미롭다고 생각하는 질문에 대해 동그라미를 쳐보자.[활동이 완성된 후, 학생들에게 사탕과 과자를 먹도록 허락하자!]

Lesson 7: 비교하기

필요한 재료

스카치테이프와 마스킹테이프

도입부

지난번에 우리는 과학적 문제 발견자들이 그들을 둘러싼 사물을 어떻게 관찰하고 질문을 던지는지에 대해서 논의했다. 우리는 3개의 특별한 단어로 시작하는 질문에 대해서 이야기했다. 우리가 사용했던 단어는 무엇이었나? 그렇다. 우리는 무엇what, 왜why 그리고 어떻게how로 시작하는 수많은 질문들에 대해서 생각했다. 오늘 나는 다른 질문을 했던 두 그룹의 과학자들에 대한 이야기를 들려주려고 한다. 주의 깊게 듣고 그들의 질문이 어떻게 비슷한가를 여러분이 알아낼 수 있는지 보자.

내가 소개하려는 두 그룹의 과학자들은 모두 초등학생들(사실 그들은 겨우 6~7세였다)이었지만, 그들은 작업할 만한 흥미로운 문제를 발견했다. 첫 번째 그룹의 학생들은 어항을 가지고 있었다. 그 학생들이 어항이나 물고기에 대해서 궁금해한 몇 가지는 무엇이었을까?[가능성 있는 질문이나 문제점에 대해서 간단하게 브레인스토밍을 해보자. 만약 여러분의 교실에 수족관이 있다면 그것을 가리킬 수 있다.]

생각해볼 만한 흥미로운 문제들이 있다. 이 교실에서 학생들은 어항에 산소를 공급하는 기포 발생기를 바라보다가 호기심을 가졌다. 그들은 시냇물이나 연못에 있는 물고기들이 그들에게 산소를 공급하는 기포 발생기를 가지고 있지 않다는 것을 알고 있었다. 대부분의 물고기들은 그들이 필요한 산소를 만들어내는 식물에 의지하고 있다. 이 점 때문에 학생들은 물고기들이 어항 안에 기포 발생기를 가지고 있을 때와 식물을 가지고 있을 때 중 언제 더 건강한지에 대해 호기심을 갖게 되었다. 그들은 발견을 위한 실험을 계획했다.[만약 당신의 학생들이 궁금증을 가지고 있다면, 교실에 하나는 기포 발생기가 들어 있고 다른 하나는 식물이 들어 있는 어항 2개를 설치할 수 있다고 설명할 수 있다. 정해진 시간, 그러니까 하루 동안 그들은 5분간 물고기가 어항을 가로질러 얼마나 많이 수영을 하는지 셀 수 있고, 더 건강한 물고기가 더 활동적으로 움직

610

인다고 추정할 수도 있다. 물론 어항 안에 식물을 가지고 있던 물고기가 더 활동적이었다.]

두 번째 그룹의 학생 과학자들은 아주 다른 문제를 가지고 있었다. 날씨가 아주 좋았고, 수많은 학생이 운동장에서 줄넘기를 하고 있었다. 그때 줄넘기를 하던 학생들의 점프를 관찰하던 문제 발견자 학생들은, 더 나이 든 학생과 더 어린 학생 중 누가 더 오래 줄을 넘을 수 있는지 궁금해했다. 그들은 더 어린 학생들이 더 많은 에너지를 가지고 있어서 나이 든 학생들보다 더 오래 줄넘기를 할 수 있을 거라고 생각했다. 그들은 그 문제에 대해 조사했고, 1학년과 5학년 학생 중 누가 더 오래 줄넘기를 할 수 있는지 연구했다.[연구 결과 5학년생이 더 오래 했는데, 이는 1학년인 연구자들에게는 아주 실망스러운 결과였다!]

이 두 그룹의 학생들이 궁금하게 여긴 질문과, 그들이 연구하려고 발견한 문제에 대해서 생각해보자. 첫 번째 그룹은 '기포 발생기가 있는(식물은 없고) 어항의 물고기와, 식물이 있는(기포 발생기는 없고) 어항의 물고기 중 누가 더 건강할까?' 궁금해했다. 두 번째 그룹은 '1학년생과 5학년생 중 누가 더 오래 줄넘기를 할 수 있을까?'를 궁금해했다. 이 두 질문은 어떻게 서로 비슷한가?[당신의 토론 과정 동안 비록 몇 가지 가능성 있는 유사성이 있더라도, 중요한 것은 일단 '둘 다 비교를 위한 질문'임을 학생들이 파악하도록 도와라.] 그렇다. 이 두 질문 모두 서로를 서로에게 비교하고 있다. 그들은 누가 더 건강하고, 더 낫고, 더 오래 하는지 묻고 있다. 비교는 과학자들이 묻는 다른 방식의 질문이다. 그들은 사물을 비교하여 하나가 다른 것에 비해 더 강하고, 더 무겁고, 더 빠르고, 더 효율적인지 생각한다. 그들은 어떤 항생제가 이 특정한 질병에 대해 가장 잘 듣는지, 어떤 공식이 가장 탄력이 있는 공을 만들어내는지, 어떤 냅킨이 흡수력이 가장 좋은지 궁금해할 것이다.

이해 적용하기

교실을 둘러보자. 당신이 연구를 위해 비교할 문제를 찾고 있는 과학자라고 상상해보자. 당신 주위에 있는 사물들을 봄으로써 당신이 어떤 아이디어를 발견할 수 있을지 생각해보자. 예를 들어, 나로 하여금 그것이 아주 끈적끈적한지 궁금하게 여기도록 만드는 테이프를 보고 있다고 해보자. 나는 '스카치테이프와 마스킹테이프 중 어느 것이 더 끈적끈적할까?'라는 비교 질문을 할 수 있다. 당신이 목록을 완성했을 때, 당신이 큰 실험실을 가지고 있는 과학자라면 연구하기에 가장 흥미롭다고 생각하는 질문에 동그라미를 쳐보자. 우리 학교와 같은 곳에서 조사하기에 가장 흥미롭다고 당신이 생각하는 질문 옆에 별표를 그려 넣자.[이때 학생들에게 질문들에 대해 연구하도록 요구하면 안 된다. 만약 그들이 그렇게 하기로 선택한다면 할 수는 있다.]

Lesson 8: 무슨 일이 일어날지 추측하기

도입부

　당신은 진짜 실험을 해본 적 있는가? 그럼 무엇을 했는가? 오늘 우리는 과학자들이 실험을 하도록 이끄는 문제에 대해 논의할 것이다. 나는 당신이 흥미로운 실험을 하도록 만들었고, 예기치 않은 어려움을 겪게 만든 질문을 발견한 또 한 그룹의 어린 문제 발견자에 대해 이야기하려고 한다.

　이 문제의 발견자인 알렉스는 학교 안의 식물을 연구하고 있었다. 그는 식물이 필요로 하는 것들에 대해 배웠다. 당신은 알렉스가 배운 것들 중 몇 가지를 추측할 수 있나? 그렇다. 알렉스는 대부분의 식물들이 태양과 물 그리고 적절하게 자랄 수 있는 토양이 얼마나 필요한지 공부했다. 어느 날 알렉스가 식물의 성장에 대해서 생각하고 있을 때, 그는 자신이 성장하는 데 필요한 것들에 대해 생각이 미치게 되었다. 그는 성장하는 데 토양이 필요하지는 않지만, 물은 마신다. 그가 물을 마시는 방법과 식물이 수분을 취하는 방법에 대해 생각하던 알렉스는, 아이디어를 하나 떠올렸다. 그는 우유를 마시는 것이 그의 성장을 돕고, 이와 뼈도 자라도록 돕는다는 것을 알고 있었다. 그는 식물에게 물 대신 우유를 준다면 식물 역시 더 튼튼해질 것인지 궁금했다. 알렉스의 질문은 과학자들도 묻는 아주 중요한 질문의 일종이다. 우리는 이미 무엇에 대한 질문, '왜'에 관한 질문, '어떻게'에 관한 질문 그리고 비교에 관한 질문에 대해 이야기해왔다. 알렉스의 질문은 다른 질문이었다. 그는 '만약 …라면'이라는 질문을 했다. '만약 …라면' 같은 질문은 만약 우리가 늘 하던 것과는 다른 뭔가를 한다면 무슨 일이 일어날지를 우리가 조사하도록 이끄는 문제다. 이 경우, 알렉스는 "만약 물 대신 우유를 식물에게 준다면 무슨 일이 일어날까?"라고 묻는다.

　자신의 문제에 대해 아주 관심이 많던 알렉스는, 그것을 알아내기 위한 실험을 했다. 그는 한 그룹의 콩 화분을 이용했다. 화분들 중 반에는 평소대로 매일 물을 주었다. 나머지 반의 화분들에는 물 대신 우유를 주었다. 2주 후, 알렉스는 콩들로부터 아무런 차이도 발견하지 못했다. 하지만 그가 기대하지 않았던 것—그가 실험을 하기 전에는 예측할 수 없었던 어떤 것—을 알아챘다. 그것이 무엇이었을지 당신은 상상할 수 있겠는가? 알렉스가 매일 식물에 우유를 주었다고 상상해보라. 그 우유를 먹은 식물이 따뜻한 햇빛이 비치는 창턱에 놓여 있다고 생각해보자. 몇 주가 지난 후, 무슨 일이 생겼을지 당신은 추측할 수 있을까?[만약 아무도 추측하지 못한다면, 학생들에게 상한 우유에서는 끔찍한 냄새가 나기 시작한다는 것을 말해주어라. 그 냄새가 하도 지독해서 아무도 창턱 근처에는 가려고 하지 않았고, 그들은 그 식물들을 버려야만 했다!]

이 이야기는 약간 바보 같지만, 우리가 세 가지 중요한 점에 대해서 생각하는 데 도움을 준다. 첫째, 그것은 '만약 …라면'이라는 질문과, 우리가 발견하는 데 도움이 되는 흥미로운 문제에 대해서 생각하도록 돕는다. 조지 워싱턴 카버가 어린이였을 때, 그 역시 식물에 대해 '만약 …라면' 같은 질문을 했다. 그는 언제나 병든 식물이 다시 건강해지도록 만드는 데 도움이 되는 방법을 찾으려고 노력해왔다. 그는 자라서 중요한 식물학자가 되었다. 아마 알렉스도 그렇게 될 것이다. 둘째, 문제 발견자는 그들이 대답을 이미 갖고 있지 않은 문제를 찾기 때문에, 문제 발견자는 때때로 예상치 못한 결과 속으로 뛰어들 수도 있다는 것을 우리가 기억하는 데 도움이 된다. 우리가 문제나 흥미로운 질문을 발견했을 때, 그것을 연구했을 때 무슨 일이 일어날지 정확히 모른다. 그것이 문제 발견을 정말 흥미로운 일로 만든다. 그러나 그것은 세 번째 중요한 아이디어로 이끌 수도 있다. 만약 우리가 흥미로운 과학 문제, 특히 '만약 …라면' 같은 문제를 발견했을 때, 당신은 그것을 조사하기 전에 어른과 그 문제를 항상 공유해야만 한다. 어떤 연구는 위험할 수도 있기 때문이다. 우리 모두는 연구하면 흥미로울 수많은 재미있는 문제들을 생각해낼 수 있다. 만약 우리가 정말로 그것들을 연구하기로 결정한다면, 어떤 실험을 실제로 하기 전에 우리의 계획에 대해 어른에게 말해야 한다. 알렉스의 예기치 않은 결과는 누군가에게 해가 되지는 않았지만, 훌륭한 과학자는 조심스러운 과학자다.

이해 적용하기

흥미로운 '만약 …라면' 문제를 생각해내기 위한 수많은 방법이 있다. 때로는 알렉스처럼 우리가 하는 일을 생각하면서 '만약 우리가 그것을 다르게 한다면 무슨 일이 일어날까?' 궁금해하는 것이다. 집에서 요리를 하면서 음악을 듣다가, 학생들이 집에서 숙제를 할 때 음악 소리가 나는 경우와 없는 경우 중 언제 더 집중을 잘 할 수 있을까가 궁금했다(몇몇 6학년 학생들이 실제로 그 문제를 연구했다). 가끔 우리는 뭔가를 보다가 '만약 그것을 어떤 방식으로 바꾼다면 무슨 일이 일어날까?' 궁금해한다. 예를 들어, 나는 플래시를 살펴보다가 배터리가 1~2개가 아니라 4개쯤 있다면 플래시가 훨씬 더 밝아질지 궁금해졌다. 또는 플래시에 색깔 있는 필터를 끼우면 어두운 곳에서 보기에 더 쉬울까, 더 어려울까 궁금했다.

오늘 나는 밥과 크리스티나가 아침을 어떻게 보냈는지(표 A.3)를 생각함으로써 '만약 …라면'이라는 질문을 하는 연습을 여러분이 하길 바란다. 밥과 크리스티나인 척하면서

무슨 일이 일어날지 궁금하다

이름 :

날짜 :

밥과 크리스티나의 아침

오늘 아침 밥은 시계의 알람이 7시 30분에 울리자 일어났다. 크리스티나는 그녀의 강아지인 조지가 침대에 뛰어올랐던 7시 15분에 일어났다. 추운 날 아침이었기 때문에 크리스티나와 밥은 둘 다 따뜻하게 입었다. 그들은 청바지, 셔츠 그리고 스웨터를 입었다. 그들은 옷을 다 입은 후, 아침을 먹고 애완동물들에게 밥을 주었다. 크리스티나는 달걀과 토르티야를 우유와 함께 먹었다. 그녀는 조지에게 마른 강아지 사료를 물과 함께 먹였다. 밥은 차가운 피자와 우유를 먹었다. 그는 고양이인 알렉스에게 캔에 든 고양이 밥을 먹였다.

아침 식사 후, 크리스티나와 밥은 학교로 떠났다. 크리스티나는 배낭을 메고 자전거를 탔다. 그녀는 옆집에 사는 친구인 크리스의 집으로 달려갔다. 크리스티나와 크리스는 함께 그들의 자전거를 타고 학교로 갔다. 그들은 눈이 도로변이나 도로 위에서는 녹았지만, 잔디밭 위에는 녹지 않았다는 것에 주목했다. 잔디밭 위의 눈은 여전히 깊이 쌓여 있었고, 이제 더러워져 회색으로 보이기 시작했다.

밥은 버스를 기다리기 위해서 길모퉁이로 걸어갔다. 친구인 샘도 거기에서 기다리고 있었다. 밥과 샘은 버스가 오길 기다렸는데, 점점 더 추워졌다. 밥은 따뜻한 모자가 있었으면 하고 바랐다. 그의 타이거스 캡은 머리를 따뜻하게 해주지 못했다. 버스가 왔을 때, 밥과 샘은 서둘러서 맨 뒷자리로 갔다. 그들은 버스가 기찻길의 철로를 넘어갈 때 뒷좌석이 덜커덕거리는 것을 좋아했다.

밥과 크리스티나 그리고 친구들이 학교에 도착했을 때, 그들은 교실까지 복도를 따라 걸어갔다. 그들은 어린아이들이 웃음을 터뜨리는 소리를 들었고, 카페테리아에서 구워지는 뭔가의 맛있는 냄새를 맡을 수 있었다. 교실에서 그들은 선생님이 그녀의 책상 위에 커다란 상자를 올려두고 있는 것을 봤다. 아마도 어제 이야기했던 애완용 뱀일 것이다. 밥과 크리스티나는 그렇기를 바랐다. 그들은 책상으로 가서 펜과 연필을 꺼내고 하루를 위한 준비를 했다.

오늘 아침 밥과 크리스티나가 관찰했던 것들에 대해서, 그러니까 그들이 물지도 모르는 모든 질문에 대해서 생각해보자. 그들이 발견했을 모든 질문과 문제의 목록을 만들어보자. 더 많은 공간이 필요하다면 뒷장을 사용하라. 그리고 당신을 호기심 넘치게 만든 질문 옆에는 별 표시를 해두자.

표 A.3 밥과 크리스티나의 아침

여러분이 하거나 봤던 모든 것에 대해서 생각해보자. 얼마나 많은 '만약 …라면' 같은 질문을 할 수 있는지 목록을 만들어보자. 수많은 흥미로운 것에 대해서 궁금하게 여기려고 노력해보자. 당신이 작업을 마쳤을 때, 당신을 가장 궁금하게 만든 문제에 대해서 별표를 그려 넣자.

Lesson 9: 당신의 아이디어에 덫 놓기

필요한 재료

레오나르도 다빈치의 기록에서 가져온 그림들, 구글 이미지를 보거나 인터넷에서 사용 가능한 몇 개의 장소를 활용한다.

작은 노트 또는 각 학생에게 나눠줄 패드나 종이

도입부

우리는 다양한 문제 발견자들과, 그들이 했던 몇 가지 일들에 대해서 이야기했다. 오늘 우리는 그들이 찾고자 하는 문제의 종류가 어떤 것이든 간에 모든 문제 발견자가 해야만 하는 몇 가지 일들에 대해서 이야기하려고 한다. 당신은 정말로 좋은 아이디어를 가져본 적이 있으며, 그것을 생각할 기회를 갖기 전에 그것이 무엇이었는지 잊어본 적이 있는가? 당신은 아마도 '이런, 나는 정말 좋은 아이디어가 있었는데, 그것이 뭐였는지 기억이 안 나!'라고 생각할 것이다. 당신은 그러한 일들이 우리가 이야기해온 문제 발견자들에게도 일어났을 것이라고 생각하는가? 즉 발명가, 작가 또는 과학자들에게? 만약 그들이 주의 깊지 않다면 그럴 수도 있다. 훌륭한 문제 발견자들이 그들의 아이디어가 도망가는 것을 막으려고 덫을 놓을 때 아주 조심해야 하는 이유가 바로 그것이다. 아이디어를 사로잡기 위해 당신은 어떤 덫을 사용해야 한다고 생각하는가? 쥐덫? 아마도 아닐 것이다. 수많은 문제 발견자들은 특별한 문제-발견 노트에 그들의 아이디어를 위한 덫을 놓는다.

이해 쌓기

발견해야 할 수많은 문제들이 있는 것과 꼭 마찬가지로, 문제-발견 노트에 적어야 할 많은 것이 있다. 발명가들은 발명가의 일지를 적을 것이다. 발명가 일지에 자신들이 주목한 모든 흥미로운 문제나 그들이 발명을 위해 얻은 아이디어를 적어둔다. 어느 날

엔가 그들은 그중 한 가지 아이디어로 돌아왔을 때, 그들은 언제고 그것을 발견할 수 있다. 만약 그 아이디어가 노트 안의 덫에 걸려 있다면 말이다.

레오나르도 다빈치라는 아주 훌륭한 문제 발견자는 크리스토퍼 콜럼버스의 시대 즈음인 15세기 후반부터 16세기 초반까지 살았다. 그는 문제-발견 노트를 가지고 있었고, 사람들은 지금도 그것을 연구한다. 레오나르도 다빈치는 수많은 다양한 문제를 메모와 그림으로 기록해두었다. 그는 그가 언젠가 그릴 그림을 위한 소재와 그가 만들기를 원했던 발명품을 스케치했다. 그는 다양한 건물을 위한 아이디어를 덫에 걸어두었다. 레오나르도 다빈치는 그를 둘러싼 세계에 대한 주의 깊은 관찰자였다. 그는 확실히 수많은 다양한 문제에 대한 아이디어를 생각해냈다![다빈치의 노트 내용 중 몇 페이지를 보여주자.]

작가들 역시 아이디어에 덫을 놓는다. 그들은 캐릭터를 위한 흥미로운 아이디어, 글로 쓸 만한 좋은 장소, 언젠가는 사용할 제목에 대해서 적어둘 것이다. 작가가 기록해두려고 하는 그 밖의 다른 아이디어로는 무엇이 있을까? 과학자들은 어떠한가? 과학자들은 노트에 어떤 것들을 적을까? 당신은 다른 문제 발견자들이 기록하기를 원하는 다른 아이디어를 생각할 수 있는가?(예를 들어, 어떤 화가는 작품을 위한 흥미로운 아이디어를 기록해둘 것이고, 댄서는 새로운 움직임에 대해 기록할 것이다)

이해 적용하기

오늘 우리는 자신만의 문제-발견 노트를 만들어내려고 할 것이다. 당신은 아마도 구입한 노트나 낱장을 묶은 종이를 사용할 수 있다. 문제-발견 노트에 대한 중요한 점은 '그것이 얼마나 멋지게 보이느냐'가 아니라, '당신이 그것을 얼마나 많이 이용하느냐'이다. 문제-발견 노트를 가지고 다니면 당신은 다양한 문제를 위한 아이디어를 적어둘 수 있다. 당신은 노트를 다른 문제에 따라서 부문으로 나눌 수 있고, 모두 함께 둘 수도 있다. 그것은 당신에게 달려 있다. 오늘 밤, 당신의 문제-발견 노트 안에 최소한 3개의 흥미로운 문제를 기록할 수 있는지 보자[학생들이 자신의 노트를 만들게 하자. 장식은 학생들의 선택에 따라 간단하거나 정교하게 꾸밀 수 있다. 효율적인 문제-발견 노트는 주머니에 쉽게 들어가거나 쉽게 갖고 다닐 수 있을 것이다].

Lesson 10: 궁금증과 경탄

도입부

만약 내가 뭔가가 습관이라고 말한다면, 그것은 무엇을 의미할까? 여러분이 가지고 있는 습관의 예는 무엇인가? 당신은 '정신적 습관'이라는 말을 들어본 적이 있는가? 당신은 정신적 습관이 무엇이라고 생각하는가? 그렇다. 정신적 습관은 누군가가 몇 번이고 하는 생각의 방식이다. 당신의 정신적 습관은 사물에 어떻게 주목하고, 세계에 대해서 어떻게 생각하는지 결정한다. 오늘 나는 당신에게 몇몇 문제 발견자들에 대해서 더 말하려고 한다. 그들과 우리가 토론했던 다른 문제 발견자들에 대해서 생각하고, 훌륭한 문제 발견자가 가져야 하는 정신적 습관은 어떤 것이라고 생각하는지 결정하자.

이해 쌓기

내가 당신에게 말하는 첫 번째 문제 발견자의 이름은 찰스 터너다. 찰스 터너는 호기심이 아주 많은 사람이었다. 어렸을 때 그는 늘 개미들은 어떻게 집으로 돌아가는 길을 찾는지가 궁금했다. 그는 땅 위의 개미, 벌 그리고 여러 곤충을 관찰하면서 긴 시간을 보냈다. 그가 자랐을 때, 찰스는 자연을 연구하는 자연과학자가 되었다. 그는 곤충이 들을 수 있고 벌이 색깔을 볼 수 있다는 발견을 포함하여 수많은 것을 발견했다.

두 번째 문제 발견자는 베라 루빈이었다. 베라는 자라면서 하늘을 바라보는 것을 좋아했다. 때로는 밤새도록 자지 않고 하늘의 별들을 바라봤고, 그녀가 보고 있는 것이 무엇일까 궁금해했다. 마침내 그녀는 천문학자가 되어야겠다고 결심했다. 베라 루빈은 우리의 태양계에서 아주 멀리 떨어져 있는 은하계를 연구했다. 1979년, 그녀는 인류가 지금까지 본 것 중 가장 커다란 은하를 발견했다. 그것은 우리의 은하계보다 10배나 큰 것이다.

랭스턴 휴즈는 글을 씀으로써 풀 수 있는 문제를 발견했다. 그는 할렘에 있는 이웃에게서 보고 들은 것과 사람들을 사랑했다. 그는 거기에서 시를 위한 수많은 아이디어를 발견했다. 그의 가장 유명한 시 중 몇 개는 그가 할렘에서 만난 사람들과 직접 본 것들에 관한 것이다.

에드가르 드가는 그림으로 풀 수 있는 문제를 발견했다. 드가는 100년도 더 전에 살았던 화가다. 그는 수많은 것들을 그렸지만, 그의 가장 유명한 그림과 조각은 발레 댄서에 대한 것이다. 드가는 그 댄서들이 무대 위에서 춤을 추는 동안에만 그들을 그리지는 않았다. 그는 무대 뒤에서, 연습실에서 댄서들이 일을 하는 동안에도 그들을 관찰했다. 그는 가장 흥미로운 움직임을 발견하기 위해 조심스럽게 관찰했다. 그러한 순간에 그는 그림으로 표현할 수 있는 아이디어와 문제를 얻었다. 나이가 들어서 시력이 나빠졌을 때조차도 드가는 조각을 통해 댄서들을 묘사함으로써 그의 예술을 계속 표현했다.

찰스 터너, 베라 루빈, 랭스턴 휴즈와 에드가르 드가에 대해서 생각해보자. 그들은 어떤 정신적 습관을 가지고 있었다고 생각하는가? 우리가 이야기해왔던 다른 문제 발견자들은 어떠한가? 그들은 어떤 정신적 습관을 가지고 있었다고 생각하는가? 다른 문제 발견자들은 다른 정신적 습관을 가지고 있다고 생각하는가? 또는 발명가, 작가 그리고 과학자들은 이와 비슷한 어떤 종류의 정신적 습관을 가지고 있다고 생각하는가?

이해 적용하기

[학급과 함께 '문제 발견의 규칙' 또는 '무엇이 훌륭한 문제 발견자를 만드는가?'와 같은 목록을 만드는 데 도움이 되도록 앞선 토론의 질문을 사용하자. 그 규칙들에는 당신을 둘러싼 것들을 관찰하는 습관이나, 당신이 보는 것에 대해서 생각하는 습관이 포함되어야 한다. 다시 말해, 오랫동안 사물에 대해서 생각한다. 수많은 다양한 아이디어들에 대해서 생각한다. 포기하지 않는다. 이것과 그 이전의 수업에서 합리적으로 이끌어낸 아이디어에 대해서 생각한다. 학생들로 하여금 그 목록을 그들의 문제-발견 노트 앞에 붙여두게 하자. 학생들이 집이나 학교에서 흥미로운 문제를 발견할 수 있도록 그들이 계속 문제 발견자처럼 생각하도록 격려하자.]

참고문헌

Abraham, A., & Windmann, S. (2008). Selective information processing advantages in creative cognition as a function of schizotypy. *Creativity Research Journal, 20,* 1–6.

Abuhamdeh, S., & Csikszentmihalyi, M. (2004). The artistic personality: A systems perspective. In R. J. Sternberg, E. L. Grigorenko, & J. L. Singer (Eds.), *Creativity: From potential to realization*(pp. 31–42). Washington, DC: American Psychological Association.

Aghababyan, A. R., Grigoryan, V. G., Stepanyan, A. Yu., Arutyunyan, N. D., & Stepanyan, L. S. (2007). EEG reactions during creative activity. *Human Physiology 33* (2), 252–253.

Albert, R. S. (1990). Identity, experiences, and career choice among the exceptionally gifted and eminent. In M. A. Runco & R. S. Albert (Eds.), *Theories of creativity* (pp. 13–34). Newbury Park, CA: Sage.

Albert, R. S. (1993, May). *The contribution of early family history to the achievement of eminence.* Paper presented at the Henry B. and Jocelyn Wallace National Research Symposium on Talent Development, Iowa City, IA.

Aljughaiman, A., & Mowrer-Reynolds, E. (2005). Teachers' perceptions of creativity and creative students. *Journal of Creative Behavior, 39,* 17–34.

Allan, S. D. (1991). Ability grouping research reviews: What do they say about grouping and the gifted? *Educational Leadership, 48,* 60–65.

Allender, J. S. (1969). A study of inquiry activity in elementary school children. *American Education Research Journal, 6,* 543–558.

ALPS. (2012). Introducing TfU. Retrieved from http://learnweb.harvard.edu/alps/tfu/about3.cfm September 13, 2012

Amabile, T. M. (1982a). Children's artistic creativity: Detrimental effects of competition in a field setting. *Personality and Social Psychology Bulletin, 8,* 573–578.

Amabile, T. M. (1982b). Social psychology of creativity: A consensual assessment technique. *Journal of Personal and Social Psychology, 43,* 997–1013.

Amabile, T. M. (1987). The motivation to be creative. In S. G. Isakesen (Ed.), *Frontiers of creativity research* (pp. 223–254). Buffalo, NY: Bearly.

Amabile, T. M. (1988a). A model of creativity and innovation in organizations. *Research in Organizational Behavior, 10,* 123–167.

Amabile, T. M. (1988b). A model of creativity and innovation in organization. In B. M. Shaw & L. L. Cummings (Eds.), *Research in organizational behavior* (Vol. 10, pp. 123–167). Greenwich, CT: JAI Press.

Amabile, T. M. (1989). *Growing up creative.* New York: Crown.

Amabile, T. M. (1993a, May). *Future issues.* Panel discussion at the Henry B. and Jocelyn Wallace National Research Symposium on Talent Development, Iowa City, IA.

Amabile, T. M. (1993b, May). *Person and environment in talent development: The case of creativity.* Paper presented at the Henry B. and Jocelyn Wallace National Research Symposium on Talent Development, Iowa City, IA.

Amabile, T. M. (1996). *Creativity in context: Update to the social psychology of creativity.* Boulder, CO: Westview.

Amabile, T. M. (2001). Beyond talent: John Irving and the passionate craft of creativity. *American Psychologist, 56* (4), 333–336.

Amabile, T. M., DeJong, W., & Lepper, M. (1976). Effects of external imposed deadlines on subsequent intrinsic motivation.*Journal of Personality and Social Psychology, 34,* 92–98.

Amabile, T. M., & Gryskiewicz, S. S. (1987). *Creativity in the R&D laboratory.* Technical report No. 30. Greensboro, NC: Center for Creative Leadership.

Amabile, T. M., Hennessey, B. A., & Grossman, B. S. (1986). Social influences on creativity: Effects of contracted-for reward. *Journal of Personality and Social Psychology, 50,* 14–23.

Amabile, T. M., Barsade, S. G., Mueller, J. S., & Staw, B. M. (2005). Affect and creativity at work. *Administrative Science Quarterly, 50,* 367–403.

Amabile, T. M., Schatzel, E. A., Moneta, G. B., & Kramer, S. J. (2004). Leader behaviors and the work environment for creativity: Perceived leader support. *The Leadership Quarterly, 15,* 5–32.

Amabile, T. M., Conti, R., Coon, H., Lazenby, J., & Herron, M. (1996). Assessing the work environment for creativity. *Academy of Management Journal, 19,* 1154–1184.

Ambrose, D., & Sternberg, R. J. (Eds.). (2012). *How dogmatic beliefs harm creativity and higher-level thinking.* New York: Routledge.

Ames, C. (1992). Classrooms: Goals, structures, and student motivation. *Journal of Educational Psychology, 84*(3), 261–271.

Ames, C., & Archer, J. (1988). Achievement goals in the classroom: Students' learning strategies and motivation processes. *Journal of Educational Psychology, 80(3),* 260–267.

Anastasi, A., & Schaefer, C. E. (1969). Biographical correlates of artistic and literary creativity in adolescent girls. *Journal of Applied Psychology, 53,* 267–273.

Anderson, C. W., & Lee, O. (1997). Will students take advantage of opportunities for meaningful science learning? *Phi Delta Kappan, 78,* 720–724.

Andreasen, N. C. (2005). *The creative brain: The science of genius.* London: Plume Books.

Apol, L. (2002). What do we do if we don't do Haiku? Seven suggestions for writers and teachers. *English Journal, 91* (3), 89–97.

Argulewicz, E. N., & Kush, J. C. (1984). Concurrent validity of the SRBCSS Creativity Scale for Anglo-American and Mexican-American gifted students. *Educational and Psychological Measurement, 4,* 81–89.

Ariely, D. (2012). *The (honest) truth about dishonesty.* New York: HarperCollins.

Arlin, P. K. (1975). A cognitive process model of problem finding. *Educational Horizons, 54 (1),* 99–106.

Arlin, P. K. (1990). Wisdom: The art of problem finding. In R. J. Sternberg (Ed.), *Wisdom: Its nature, origins, and development* (pp. 230–243). New York: Cambridge University Press.

Armstrong, D. (2012). The contributions of creative cognition and schizotypal symptoms to creative achievement. *Creativity Research Journal, 24* (2–3), 177–190.

Athanasou, J. A. (n.d.). Review of Abbreviated Torrance Test for Adults. In *The seventeenth mental measurements yearbook.* Retrieved January 24, 2009, from EBSCO Host Mental Measurements Yearbook database.

Atwell, N. (1998). *In the middle: Writing, reading, and learning with adolescents* (2nd ed.). Portsmouth, NH: Boynton/Cook.

Auger, E. E. (2005). *The way of Inuit art: Aesthetics and history in and beyond the arctic.* Jefferson, NC: McFarland & Co.

Backman, M. E., & Tuckman, B. W. (1978). Review of remote associates form: High school form. In O. Buros (Ed.), *The eighth mental measurements yearbook* (Vol. 1, p. 370). Highland Park, NJ: Gryphon Press.

Baer, J. (1993). *Creativity and divergent thinking.* Hillsdale, NJ: Erlbaum.

Baer, J. (1993–1994). Why you shouldn't trust creativity tests. *Educational Leadership, 51 (4),* 80–83.

Baer, J. (1997). Gender difference in the effects of anticipated evaluation on creativity. *Creativity Research Journal,* 10 (1), 25–31.

Baer, J. (1998). Gender differences in the effects of extrinsic motivation on creativity. *Journal of Creative Behavior, 32,* 18–37.

Baer, J. (2010). Is creativity domain specific? In J. C. Kaufman & R. J. Sternberg (Eds.), *The Cambridge handbook of creativity (pp. 321–341).* New York: Cambridge University Press.

Baer, J., & Kaufman, J. C. (2005). Bridging generality and specificity: The amusement park model of creativity. *Roeper Review, 27* (3), 158–163.

Baer, J., & Kaufman, J. C. (2008). Gender differences in creativity. Journal of *Creative Behavior, 42* (2), 75–105.

Baer, J., Kaufman, J. C., & Gentile, C.A. (2004). Extension of consensual assessment technique to nonparallel creative products. *Creativity Research Journal,* 16, 113–117.

Bagley, M. T. (1987). *Using imagery in creative problem solving.* New York: Trillium Press.

Ball, O. E., & Torrance, E. P. (1980). Effectiveness of new materials developed for training the streamlined scoring of the TTCT, figural A and B forms. *Journal of Creative Behavior, 14,* 199–203.

Bandura, A. (1977). Self-effi cacy: Toward a unifying theory of behavioral change. *Psychological Review, 84,* 191–215.

Bandura, A. (1986). *Social foundations of thought and actions: A social-cognitive view.* Englewood Cliffs, NJ: Prentice Hall.

Bank, M. (1995). *Anonymous was a woman.* New York: St. Martin's Griffin.

Barron, F. (1955). The disposition towards originality. *Journal of Abnormal and Social Psychology, 51,* 478–485.

Barron, F. (1968). *Creativity and personal freedom.* Princeton, NJ: Van Nostrand.

Barron, F. (1969). *Creative person and creative process.* New York: Holt, Rinehart & Winston.

Barron, F., & Harrington, D. M. (1981). Creativity, intelligence, and personality. *Annual Review of Psychology, 32,* 439–476.

Barron, F., & Welsh, G. S. (1952). Artistic perception as a possible factor in personality style: Its measurement by a fi gure preference test. *Journal of Psychology, 33*, 199–203.

Basadur, M., Runco, M. A., & Vega, L. A. (2000). Understanding how creative thinking skills, attitudes and behaviors work together: A causal process model. *Journal of Creative Behavior, 34* (2), 77–100.

Batey, M., & Furnham, A. (2006). Creativity, intelligence, and personality: A critical review of the scattered literature. *Genetic, Social, and General Psychology Monographs, 132* (4), 355–429.

Baum, S. M., & Owen, S. V. (2004). *To be gifted and learning disabled.* Mansfield Center, CT: Creative Learning Press.

Beach, J. K. (2003). *Names for snow.* New York: Hyperion Books for Children.

*Bechtereva, N. P., Korotkov, A. D., Pakhomov, S. V., Roudas, M. S., Starchenko, M. G., & Medvedev, S. V. (2004). PET study of brain maintenance of verbal creative activity. *International Journal of Psychophysiology, 53*, 11–20.

Bedwell, R., & Clark, L. (1997). *General Lee and Santa Claus.* Nashville, TN: Spiridon Press.

Beghetto, R. A. (2006). Creative Self-Efficacy: Correlates in Middle and Secondary Students, *Creativity Research Journal, 18* (4), 447–457.

Belenky, M. F., Clinchy, B. M., Goldberger, N. R., & Tarule, J. M. (1997). *Women's ways of knowing: The development of self, voice, and mind* (19th anniversary ed.). New York: Basic Books.

Berkowitz, A. L., & Ansari, D. (2008). Generation of novel motor sequences: The neural correlates of musical improvisation. *Neuroimage, 41*, 535–543.

Berlin, L. (2008, September 28). We'll fill this space, but first a nap. *New York Times,* http://www.nytimes.com/2008/09/28/technology/28proto.html

Berliner, D. (2012). Narrowing curriculum, assessments, and conceptions of what it means to be smart: Creaticide by design. In D. Ambrose and R. J. Sternberg (Eds.), *How dogmatic beliefs harm creativity and higher-level thinking.* New York: Routledge.

Besemer, S. P., & O'Quin, K. (1986). Creative product analysis: Testing a model by developing a judging instrument. In S. G. Isaksen (Ed.), *Frontiers of creativity research: Beyond the basics* (pp. 341–357). Buffalo, NY: Bearly.

Besemer, S. P., & Treffinger, D. J. (1981). Analysis of creative products: Review and synthesis. *Journal of Creative Behavior*, 43, 997–1013.

Bingham, C. (1991). *Journal of creative activities.* Unpublished manuscript, Ypsilanti, MI.

Bloom, B. (Ed.). (1985). *Developing talent in young people.* New York: Ballantine.

Boden, M. A. (1980). *Jean Piaget.* New York: Penguin.

Boden, M. A. (1990). *The creative mind: Myths and mechanisms.* New York: Basic Books.

Boden, M. A. (1991). *The creative mind: Myths and mechanisms.* New York: Basic Books.

Boden, M. A. (1992). Understanding creativity. *Journal of Creative Behavior, 26*, 213–217.

Boden, M. A. (Ed.). (1994). *Dimensions of creativity.* New York: Cambridge University Press.

Boden, M. A. (1999). Computer models of creativity. In R. J. Sternberg (Ed.), *Handbook of creativity* (pp. 351–372). New York: Cambridge University Press.

Boden, M. A (2004). *The creative mind: Myths and mechanisms* (2nd ed.). London: Routledge.

Bohm, D. (1998). *On creativity.* New York: Routledge.

Bollman, K. A., Rodgers, M. H., & Mauller, R. L. (2001). Jupiter Quest: A path to scientific discovery. *Phi Delta Kappan, 82* (9), 683–686.

Bonawitz, E., Shaft o, P., Gweon, H., Goodman, N. D., Spelke, E., & Schulz, L. (2011). The double-edged sword of pedagogy: Instruction limits spontaneous exploration and discover. Cognition, 120 (3), 322–330. doi: 10.1016/j.cognition. 2010.10.001

Bossomaier, T., Harré, M., Knittel, A., & Snyder, A. (2009). A semantic network approach to the creativity quotient [CQ]. *Creativity Research Journal, 21,* 64–71.

Bowers, C. (1995). *Educating for an ecologically sustainable culture.* Albany: State University of New York Press.

Boykin, A. W. (1994). Harvesting talent and culture: African American children and educational reform. In R. Rossi (Ed.), *Schools and students at risk* (pp. 116–138). New York: Teachers College Press.

Boykin, A. W., & Bailey, C. T. (2000). *The role of cultural factors in school relevant cognitive functioning: Synthesis of findings on cultural contexts, cultural orientations, and individual differences.* Report No. 42. Washington, DC: Office of Educational Research and Improvement.

Boykin, A. W., & Cunningham, R. T. (2001). The effects of movement expressiveness in story content and learning context on the analogical reasoning performance of African American children. *Journal of Negro Education, 70* (1–2), 72–83.

Bradbury, R. (1996). *Zen and the art of writing: Essays on creativity.* Santa Barbara, CA: Joshua Odell Editions.

Brandt, R. (Ed.). (1993a). Authentic learning [Theme issue]. *Educational Leadership, 50* (7).

Brandt, R. (1993b). On teaching for understanding: A conversation with Howard Gardner. *Educational Leadership, 50* (7), 4–7.

Brandwein, P. F. (1962). *Elements in a strategy for teaching science in the elementary school.* New York: Harcourt Brace.

Brandwein, P. F. (1986). A portrait of gifted young with science talent. *Roeper Review, 8,* 235–242.

Bransford, J. D., Brown, A. L., Cocking, R. R., Donovan, M. S., & Pellegrino, J. W. (Eds.). (2000). *How people learn: Brain, mind, experience, and school.* Washington, DC: National Academies Press.

Bransford, J. D., Brown, A. L., & Cocking R. R. (Eds.). (1999). *How people learn: Brain, mind, experience, and school.* Washington, DC: National Academies Press.

Bransford, J. D., Brown, A. L., & Cocking, R. R. (Eds.). (2000). *How people learn: Brain, mind, experience and school* (expanded ed.). Washington, DC: National Academies Press.

Bransford, J. D., Sherwood, R., Vye, N., & Rieser, J. (1986). Teaching thinking and problem solving. *American Psychologist, 41,* 1078–1089.

Brilhart, J. K., & Jochem, L. M. (1964). Effects of different patterns on outcomes of problem-solving discussions. *Journal of Applied Psychology, 48,* 175–179.

Bronson, P. & Merryman, A. (2010, July 10). The creativity crisis. *Newsweek Magazine.* Retrieved from http:// www.thedailybeast.com/newsweek/2010/07/10/the-creativity-crisis.html

Brookhart, S. M. (2007/2008). Feedback that fits. *Educational Leadership,* 65 (4), 54–59.

Brookhart, S. M. (2008). *How to give effective feedback to your students.* Alexandria, VA: ASCD.

Brookhart, S. M. (2012). Preventing feedback fizzle. *Educational Leadership, 70,* 25–29 .

Brophy, J. (2010). *Motivating students to learn* (3rd ed.). New York: Routledge.

Brown, J. S., Collins, A., & Duguid, P. (1989). Situated cognition and the culture of learning. *Educational Researcher, 18* (1), 32–42.

Brown, S. (2009). *Play.* New York: Avery.

Brown, S. I., & Walter, M. I. (1990). *The art of problem posing* (2nd ed.). Hillsdale, NJ: Erlbaum.

Bruner, J., Goodnow, J., & Austin, G. (1977). *A study of thinking.* New York: Wiley.

Buchsbaum, D., Gopnik, A., Griffiths, T. L., & Shaft o, P. (2011). Children's imitation of causal action sequences is influenced by statistical and pedagogical evidence. *Cognition, 120* (3), 331–340. doi:10:1016/j.cognition.2010.12.001

Bugbee, A. C. (n.d.). Review of Abbreviated Torrance Test for Adults. In *The seventeenth mental measurements yearbook.* Retrieved January 24, 2009, from EBSCO Host Mental Measurements Yearbook database.

Burns, D. E. (1990). The effects of group training activities on students' initiation of creative investigations. *Gifted Child Quarterly, 34,* 31–36.

Burns, M. (1992). *About teaching mathematics.* White Plains, NY: Math Solutions Publications. Burns, M. (2007). *Teaching mathematics: A K–8 resource* (3rd ed.). White Plains, NY: Math Solutions.

Butterworth, B. (1999). *The mathematical brain.* London: MacMillan.

Cabra, J. F., Talbot, R. J., & Joniak, A. J. (2005). Exploratory study of creative climate: A case from selected Columbian companies and its implication on organizational development. *Cuadernos de Administración, 18* (29), 53–86. Retrieved from http://www.scielo.unal.edu.co/scielo.php?script=sci_arttext&pid=S0120-35922005000100004&lng=pt&nrm=

Caduto, M. J., & Bruchac, J. (1988). *Keepers of the earth.* Golden, CO: Fulcrum.

Cajete, G. (2000). *Native science: Natural laws of interdependence.* Santa Fe, NM: Clear Light Publishers.

Calkins, L. M. (1994). *The art of teaching writing* (2nd ed.). Portsmouth, NH: Heinemann.

Callahan, C. M. (1991). The assessment of creativity. In N. Colangelo & G. A. Davis (Eds.), *Handbook of gifted education* (pp. 219–235). Boston: Allyn & Bacon.

Callahan, C. M. (n.d.). Review of *The Khatena – Torrance creative perception Inventory.* In *The sixteenth mental measurements yearbook.* Retrieved January 24, 2009, from EBSCO Host Mental Measurements Yearbook database.

Cameron, J. (2001). Negative effects of reward on intrinsic motivation—a limited phenomenon: Comment on Deci, Koestner, and Ryan. *Review of Educational Research, 71* (1), 29–42.

Campbell, J. (1996). *The eastern way: Creativity in oriental mythology.* Joseph Campbell audio collection, Volume 3, Tape 5. San Anselmo, CA: Joseph Campbell Foundation.

Caney, S. (1985). *Steven Caney's invention book.* New York: Workman.

Caniglia, J. (2003). *Math and the great fire of 1805.* Detroit, MI: Detroit Historical Museum.

Card, O. S. (1981). *Unaccompanied sonata and other stories.* New York: Dial Press.

Carlsson, I., Wendt, P. E., & Risberg, J. (2000). On the neurobiology of creativity: Differences in frontal activity between high and low creative subjects. *Neuropsychologia, 38,* 873–885.

Carpenter, E., Varley, F., & Flah erty, F. (1968). *Eskimo.* University of Toronto Press: Toronto.

Carson, D. K., & Runco, M. A. (1999). Creative problem solving and problem finding in young adults:

Interconnections with stress, hassles, and coping abilities. *Journal of Creative Behavior, 33* (3), 167–190.

Carson, S. H., Peterson, J. B., & Higgins, D. M. (2005). Reliability, validity, and factor structure of the creative achievement questionnaire. *Creativity Research Journal, 17,* 37–50.

Center for Gifted Education Staff. (1996). *Acid, acid everywhere: A unit designed for grades 4 – 6.* New York: Kendall/Hunt.

Center for Science, Mathematics, and Engineering (CSMEE). (1995). *National science education standards.* Washington, DC: Author.

Chappuis, J. (2012). How am I doing? *Educational Leadership, 70,* 36–40 .

Chappuis, J., Stiggins, R., Chappuis, S., & Arter, J. (2012). *Classroom assessment for student learning: Doing it right using it well* (2nd ed.). New York: Pearson.

Chappuis, S., & Chappuis, J. (2007/2008). The best value in formative assessment. *Educational Leadership, 65* (4), 14–18. Chase, C. I. (1985). Review of Torrance Tests of Creative Thinking. In J. Mitchell, Jr. (Ed.), *The ninth mental measurements yearbook* (Vol. 2, pp. 1630–1632). Lincoln, NE: Buros Institute of Mental Measurement.

Chatterji, M. (2002). Models and methods for examining standards-based reforms and accountability initiatives: Have the tools of inquiry answered pressing questions on improving schools? *Review of Educational Research, 72,* 345–386.

Chávez-Eakle, R. A. (2007). Creativity, DNA, and cerebral blood flow. In C. Martindale, P. Locker, & V. M. Petrov (Eds.). *Evolutionary and neurocognitive approaches to aesthetics, creativity, and the arts* (pp. 209–224). Amityville, NJ: Baywood Publishing.

Chen, C., Dong, Q., Greenberger, E., Himsel, A. J., Kasof, J., & Xue, G. (2002). Creativity in drawings of geometric shapes: A cross-cultural examination with the consensual assessment technique. *Journal of Cross-Cultural Psychology, 33* (2), 171–187.

Cheng, V. M. Y. (2010a). Infusing creativity into Eastern classrooms: Evaluations from student perspectives. *Thinking Skills and Creativity, 6,* 67–87.

Cheng, V. M. Y.(2010b). Tensions and dilemmas of teacher in creativity reform in a Chinese context. *Thinking Skills and Creativity, 5,* 120–137.

Cho, S. H.; Nijenhuis, J. T.; van Vianen, A. E. M.; Kim, H. B., & Lee, K. H. (2010). The relationship between diverse components of intelligence and creativity. *Journal of Creative Behavior, 44* (2), 125–137.

Choi, J. N. (2004). Individual and contextual predictors of creative performance: The mediating role of psychological processes. *Creativity Research Journal, 16* (2 & 3), 187–199.

Clarizio, H. F., & Mehrens, W. A. (1985). Psychometric limitations of Guilford's Structure of the Intellect Model for identification and programming for the gifted. *Gifted Child Quarterly, 29,* 113–120.

Clark, R. M. (1992). Review of Creative Behavior Inventory. In J. J. Kramer & J. C. Conoley (Eds.), *The eleventh mental measurements yearbook* (pp. 249–250). Lincoln: University of Nebraska Press.

Clayton, D. (2008). *An awesome book.* New York: Harper Collins.

Cohen, E. G. (1986). *Designing group work.* New York: Teachers College Press.

Coil, C. (2004). *Standards-based activities and assessments for the differentiated classroom.* Marion, IL: Pieces of Learning.

Coleman, L., & Gallagher, S. A. (Eds.). (1997). [Theme issue]. *Journal for the Education of the Gifted, 20* (4).

Collins, M. A., & Amabile, T. M. (1999). Motivation and creativity. In R. J. Sternberg (Ed.), *Handbook of creativity* (pp. 297–312). New York: Cambridge University Press.

Conoley, J. C., & Kramer, J. J. (Eds.). *The tenth mental measurements yearbook* (pp. 787–790). Lincoln: University of Nebraska Press.

Cramond, B. (1994). Attention deficit-hyperactivity disorder and creativity: What is the connection? *Journal of Creative Behavior, 28* (3), 193–209.

Cramond, B., Martin, C. E., & Shaw, E. L. (1990). Generalizability of creative problem solving procedures to real life problems. *Journal for the Education of the Gifted, 13,* 141–155.

Crawford, R. P. (1954). *The techniques of creative thinking.* New York: Hawthorn Books.

Cropley, D., & Cropley, A. (2012). A psychological taxonomy of organizational innovation: Resolving the paradoxes. *Creativity Research Journal, 24* (1), 29–40.

Csikszentmihalyi, M. (1988). Society, culture, and person: A systems view of creativity. In R. J. Sternberg (Ed.), *The nature of creativity* (pp. 325–339). New York: Cambridge University Press.

Csikszentmihalyi, M. (1990a). *Flow: The psychology of optimal experience.* New York: Harper & Row.

Csikszentmihalyi, M. (1990b). The domain of creativity. In M. A. Runco & R. S. Albert (Eds.), *Theories of creativity* (pp. 190–212). Newbury Park, CA: Sage.

Csikszentmihalyi, M. (1994). The domain of creativity. In D. H. Feldman, M. Csikszentmihalyi, & H. Gardner (Eds.), *Changing the world: A framework for the study of creativity* (pp. 135–158). Westport, CT: Praeger.

Csikszentmihalyi, M. (1996). *Creativity: Flow and the psychology of discovery and invention.* New York: HarperCollins.

Csikszentmihalyi, M. (1999). Implications of a systems perspective for the study of creativity. In R. J. Sternberg (Ed.), *Handbook of creativity* (pp. 313–335). New York: Cambridge University Press.

Csikszentmihalyi, M., & Sawyer, K. (1993, May). *Creative insight: The social dimension of a solitary moment.* Paper presented at the Henry B. and Jocelyn Wallace National Research Symposium on Talent Development, Iowa City, IA.

Cummings, J. A. (n.d.). Review of Structure of the Intellect Learning Abilities Test. In *The Seventeenth Mental Measurement Yearbook.* Retrieved May 22, 2009, from EBSCO Host Mental Measurements Yearbook database.

Dacey, J. S. (1989). *Fundamentals of creative thinking.* Lexington, MA: Lexington Books.

Dahl, R. (1961). *James and the giant peach.* New York: Puffin Books.

Damarin, F. (1985). Review of Creativity Assessment Packet. In J. Mitchell, Jr. (Ed.), *The ninth mental measurements yearbook* (Vol. 1, pp. 410–411). Lincoln: University of Nebraska Press.

Damian, R. I., & Robins, R. W. (2012). Aristotle's virtue or Dante's deadliest sin? The influence of authentic and hubristic pride on creative achievement. *Learning and Individual Differences.* Available online June 12, 2012. http://www.sciencedirect.com/science/article/pii/S1041608012000817

Dansky, J., & Silverman, I. (1980). Make-believe: A mediator of the relationship between play and associative fluency. *Child Development, 51,* 576–579.

D'Arcangelo, M. (2001). Wired for mathematics: A conversation with Brian Butterworth. *Educational Leadership, 59* (3), 14–19.

Darwin, C. (1859). *On the origin of species.* London: John Murray.

Davis, G. A. (1992). *Creativity is forever* (3rd ed.). Dubuque, IA: Kendall/Hunt.

Davis, G. A. (1998). *Creativity is forever* (4th ed.). Dubuque, IA: Kendall/Hunt.

Davis, G. S., & Rimm, S. (1980). *Group inventory for finding talent.* Watertown, WI: Educational Assessment Service.

Davis, G. S., & Rimm, S. (1982). Group inventory for finding interests (GIFFI) I and II: Instruments for identifying creative potential in the junior and senior high school. *Journal of Creative Behavior, 16,* 50–57.

de Bono, E. (1970). *Lateral thinking.* New York: Harper & Row.

de Bono, E. (1986). CoRT thinking: *Teacher's notes* (2nd ed., Vols. 1–6). New York: Pergamon.

de Bono, E. (1991a). *Six thinking hats for schools: Adult educators' resource book.* Logan, IA: Perfection Learning.

de Bono, E. (1991b). *Six thinking hats for schools: 3 – 5 resource book.* Logan, IA: Perfection Learning.

de Bono, E. (1992). *Serious creativity.* New York: HarperCollins.

de Bono, E. (1999). *The new six thinking hats.* New York: Little, Brown & Company.

Deci, E. (1971). Effects of externally mediated rewards on intrinsic motivation. *Journal of Personality and Social Psychology, 28,* 105–115.

Deci, E. L., Koestner, R., & Ryan, R. M. (2001a). Extrinsic rewards and intrinsic motivation in education: reconsidered once again. *Review of Educational Research, 71* (1), 1–27.

Deci, E. L., Koestner, R., & Ryan, R. M. (2001b). The pervasive negative effects of rewards on intrinsic motivation: response to Cameron (2001). *Review of Educational Research, 71 (1),* 43–51.

de Giere, C. (2008). *Defying gravity: The creative career of Stephen Schwartz from Godspell to Wicked.* New York: Applause.

Delcourt, M. A. B. (1993). Creative productivity among secondary school students: Combining energy, interest, and imagination. *Gifted Child Quarterly, 37,* 23–31.

Dempster, F. N. (1993). Exposing our students to less should help them learn more. *Phi Delta Kappan, 74,* 432–437.

Destination ImagiNation. (2002). *Rules of the road.* Glassboro, NJ: Author.

Dewey, J. (1920). *How we think.* Boston: Heath.

Dewey, J. (1938). *Experience and education.* New York: Macmillan.

Dillon, J. T. (1982). Problem finding and solving. *Journal of Creative Behavior, 16,* 97–111.

Dillon, J. T. (1988). *Questioning and teaching.* New York: Teachers College Press.

DiPucchio, K. (2008). *Sipping spiders through a straw.* New York: Scholastic.

Directions for cooking by troops in camp and hospital. (1861). Reproduction. Laramie, WY: Sue's Frou Frou Publications.

Doctorow, E. L. (1971). *The book of Daniel.* New York: Random House.

Doctorow, E. L. (1975). *Ragtime.* New York: Random House.

Drummond, R. J. (1992). Review of Creative Reasoning Test. In J. J. Kramer & J. C. Conoley (Eds.), *The eleventh mental measurements yearbook* (pp. 250–252). Lincoln: University of Nebraska Press.

Duggleby, J. (1994). *Artist in overalls: The life of Grant Wood.* San Francisco: Chronicle Books.

Dunnette, M. D., Campbell, J., & Jastaad, K. (1963). The effects of group participation on brainstorming effectiveness for two industrial samples. *Journal of Applied Psychology, 47,* 10–37.

Dweck, C. S. (1986). Motivational processes affecting learning. *American Psychologist, 41,* 1040–1048.

Dwinell, P. L. (1985). Review of Group Inventory for Finding Interests. In J. Mitchell, Jr. (Ed.), *The ninth mental measurements yearbook* (Vol. 1, pp. 362–363). Lincoln: University of Nebraska Press.

Eberle, R. F. (1977). *SCAMPER.* Buffalo, NY: DOK.

Eberle, R. F. (1996). *SCAMPER* [Reissue]. Waco, TX: Prufrock Press.

Ehlert, L. (1989). *Color zoo.* New York: J. B. Lippincott Pub.

Eisenberger, R., & Cameron, J. (1996). Detrimental effects of reward: Reality of myth? *American Psychologist, 51,* 1153–1166.

Eisenberger, R., & Rhoades, L.(2001). Incremental effects of rewards on creativity. *Journal of Personality and Social Psychology, 81,* 728–741.

Eisenberger, R., Armeli, S., & Pretz, J. (1998). Can the promise of reward increase creativity? *Journal of Personality and Social Psychology, 74,* 704–714.

Ekvall, G., & Ryhammar, L. (1999). The creative climate: Its determinants and effects at a Swedish university. *Creativity Research Journal, 12,* 303–310.

Elasky, B. (1989). Becoming. *Democracy and Education* (Occasional Paper No. 3), 6–13.

Elkind, D., Deblinger, J., & Adler, D. (1970). Motivation and creativity: The context of effect. *American Educational Research Journal, 7,* 351–357.

Ellenbogen, J. M., Hu, P. T., Payne, J. D., Titone, D., & Walker, M. P. (2007). Human relational memory requires time and sleep. *Proceedings of the National Academy of Science, 104* (18), 7723–7728.

Elliot, E. S., & Dweck, C. S. (1988). Goals: An approach to motivation and achievement. *Journal of Personality and Social Psychology, 54,* 5–12.

Elmore, R. F., & Huhrman, S. H. (Eds.). (1994). *The governance of curriculum.* Alexandria, VA: Association for Supervision and Curriculum Development.

Eric Carle Museum of Picture Book Art. (2007). *Artist to artist.* New York: Philomel Books.

Erlbach, A. (1999). *The kids' invention book.* Minneapolis: Lerner Publications.

Ernst, M. (1948). *Max Ernst: Beyond painting.* New York: Wittenborn Schultz.

Erskine, I., & Krzanicki, C. (2012). The vernacular and the global: Fulbridge Primary School. Peterborough. In N. Owen (Ed.), *Placing students in the heart of creative learning* (pp. 14–29). London: Routledge.

Evans, E. D. (1986). Review of Thinking Creatively in Action and Movement. In D. Keyser & R. Sweetland (Eds.), *Test critiques* (Vol. 5, pp. 505–512). Kansas City, MO: Testing Corporation of America.

Fabricant, M., Svitak, S., & Kenschaft, P. C. (1990). Why women succeed in mathematics. *Mathematics Teacher, 83,* 150–154.

Feedback for learning [Theme issue]. (2012). *Educational Leadership, 70* (1).

Feist, G. J. (1999). The influence of personality on artistic and scientific creativity. In R. J. Sternberg (Ed.), *Handbook of creativity* (pp. 273–296). New York: Cambridge University Press.

Feist, G. J. (2010). The function of personality in creativity: The nature and nurture of the creative personality. In J. C. Kaufman & R. J. Sternberg (Eds.), *The Cambridge handbook of creativity* (pp. 113–130). New York: Cambridge University Press.

Feldman, D. H. (1988). Creativity: Dreams, insights, and transformations. In R. J. Sternberg (Ed.), *The nature of creativity*(pp. 271–297). New York: Cambridge University Press.

Feldman, D. H. (1994). Child prodigies: A distinctive form of giftedness. *Gifted Child Quarterly, 37,* 188–193.

Feldman, D. H. (1999). The development of creativity. In R. J. Sternberg (Ed.), *Handbook of creativity* (pp. 169–186). New York: Cambridge University Press.

Feldman, D. H. (2003). The creation of multiple intelligences theory: A study in high-level thinking. In R. K. Sawyer et al. (Eds.), *Creativity and development* (pp. 139–185). New York: Oxford University Press.

Feldman, D. H., Csikszentmihalyi, M., & Gardner, H. (1994). *Changing the world: A framework for the study of creativity.* Westport, CT: Praeger.

Feynman, R. (1997). The dignified professor. In F. Barron, A. Montuori, & A. Barron (Eds.), *Creators on creating* (pp. 63–67). New York: Putnam.

Fine, E. C. (2003, Summer). Stepping. *American Legacy, 9* (2), 19–22.

Fink, A., & Neubauer, A. C. (2006). EEG alpha oscillations during the performance of verbal creativity tasks: Differential effects of sex and verbal intelligence. *International Journal of Psychophysiology, 62,* 46–53.

Finke, R. (1990). *Creative imagery: Discoveries and inventions in visualization.* Hillsdale, NJ: Erlbaum.

Finke, R. A., Ward, T. B., & Smith, S. M. (1992). *Creative cognition: Theory, research and applications.* Cambridge, MA: Harvard University Press.

Finkelstein, A. (2002). *Science is golden: A problem-solving approach to doing science with children.* East Lansing: Michigan State University Press.

Fisher, D., & Frey, N. (2012). Making time for feedback. *Educational Leadership, 70* (1), 42–47.

Fisher, E. (1992). The impact of play on development: A meta-analysis. *Play and Culture, 5,* 159–181.

Fleming, T. (2006). *Everybody's revolution.* New York: Scholastic.

Forman, S. M. (Ed.). (1997a). *Echoes of the Civil War: The blue.* Carlisle, MA: Discovery Enterprises.

Forman, S. M. (Ed.).(1997b). *Echoes of the Civil War: The gray.* Carlisle, MA: Discovery Enterprises.

Fort, D. C. (1990). From gift s to talents in science. *Phi Delta Kappan, 71,* 664–671.

French, J. W. (1978). Review of Creativity Tests for Children. In O. C. Buros (Ed.), *The eighth mental measurements yearbook* (Vol. 1, pp. 363–365). Highland Park, NJ: Gryphon Press.

Friedman, F., Raymond, B. A., & Feldhusen, J. F. (1978). The effects of environmental scanning on creativity. *Gifted Child Quarterly, 22,* 248–251.

Gallagher, S. A. (2012). *Concept development.* Unionville, NY: Royal Fireworks Press.

Galvin, G. A. (n.d.). Review of the preschool and kindergarten interest descriptor. In *The tenth mental measurements yearbook.* Retrieved January 24, 2009, from EBSCO Host Mental Measurements Yearbook database.

Garaigordobil, M. (2006). Intervention in creativity with children aged 10 and 11 years: Impact of a play program on verbal and graphi-figural creativity. *Creativity Research Journal, 18* (3), 329–345.

Gardner, H. (1982). *Art, mind, and brain.* New York: Basic Books.

Gardner, H. (1983). *Frames of mind: The theory of multiple intelligences.* New York: Basic Books.

Gardner, H. (1993a). *Creating minds.* New York: Basic Books.

Gardner, H. (1993b, May). *From youthful talent to creative achievement.* Paper presented at the Henry B. and Jocelyn Wallace National Research Symposium on Talent Development, Iowa City, IA.

Gardner, H. (1994). The creators' patterns. In D. H. Feldman, M. Csikszentmihalyi, & H. Gardner (Eds.), *Changing the world: A framework for the study of creativity* (pp. 69–84). Westport, CT: Praeger.

Gardner, H. (2007). *Five minds for the future.* Boston: Harvard Business School Press.

Gardner, H., & Winner, E. (1982). The child is father to the metaphor. In H. Gardner (Ed.), *Art, mind and brain* (pp. 158–167). New York: Basic Books.

Garland, D. (1993). *The lotus seed.* New York: Harcourt Brace Jovanovich.

Garner, B. K. (2007). *Getting to "Got it!"* Alexandria, VA: Association of Supervision and Curriculum Development.

Gaynor, J. L., & Runco, M. A. (1992). Family size, birth order, age interval and the creativity of children. *Journal of Creative Behavior, 26,* 108–118.

Getzels, J. W., & Jackson, P. W. (1962). *Creativity and intelligence.* New York: Wiley.

Getzels, J. W. (1964). Creative thinking, problem solving and instruction. In E. Hilgard (Ed.), *Sixty-third National Society for the Study of Education yearbook: Part 1, Theories of learning and instruction* (pp. 240–267). Chicago: University of Chicago Press.

Getzels, J. W. (1982). The problem of the problem. In R. Hogath (Ed.), *New directions for methodology of social and behavioral science: Question framing and response consistency* (pp. 37–49). San Francisco: Jossey-Bass.

Getzels, J. W. (1987). Problem finding and creative achievement. *Gifted Students Institute Quarterly, 12* (4), B1–B4.

Getzels, J., & Csikszentmihalyi, M. (1976). *The creative vision: A longitudinal study of problem finding in art.* New York: Wiley.

Ghiselin, B. (1985). *The creative process.* Berkeley, CA: University of California Press.

Gilligan, C., Lyons, N., & Hammer, T. (Eds.). (1990). *Making connections.* Cambridge, MA: Harvard University Press.

Glatthorn, A. A., Carr, J. F., Harris, D. E. (2001). *Planning and organizing for curriculum renewal: A chapter of the curriculum handbook.* Alexandria, VA: Association for Supervision and Curriculum Development.

Glover, J., & Gary, A. L. (1976). Procedures to increase some aspects of creativity. *Journal of Creative Behavior, 9,* 12–18.

Goff, K., & Torrance, E. P. (2002). *Abbreviated Torrance test for adults.* Bensenville, IL: Scholastic Testing Service.

Golden, J. (2001). *Reading in the dark: Using film as a tool in the English classroom.* Urbana, IL: NCTE, 2001.

Golding, W. (1999). *Lord of the flies.* New York: Penguin.

Gordon, W. J. J. (1981). *The new art of the possible: The basic course in synectics.* Cambridge, MA: Porpoise Books.

Gordon, W. J. J., & Poze, T. (1972). *Teaching is listening.* Cambridge, MA: SES Associates.

Gordon, W. J. J., & Poze, T. (1975). *Strange and familiar.* Cambridge, MA: SES Associates.

Gordon, W. J. J., & Poze, T. (1979). *The metaphorical way of learning and knowing.* Cambridge, MA: SES Associates.

Gordon, W. J. J., & Poze, T. (1981). *The new art of the possible.* Cambridge, MA: SES Associates.

Gordon, W. J. J., & Poze, T. (1984). *Presentor's manual for the SES seminar for teachers.* Cambridge, MA: SES Associates.

Gowan, J. C. (1977). Some new thoughts on the development of creativity. *Journal of Creative Behavior, 11,* 77–90.

Grandits, J. (2004). *Technically, it's not my fault.* New York: Clarion Books.

Grant, A. M., & Berry, J. W. (2011). The necessity of others is the mother of invention: Prosocial motivations, perspective taking, and creativity. *Academy of Management Journal, 54* (1), 73–96.

Grant, H., & Dweck, C. S. (2003). Clarifying achievement goals and their impact. *Journal of Personality and Social Psychology, 85,* 541–553.

Graves, D. (1983). *Writing: Teachers and children at work.* Portsmouth, NY: Heinemann.

Graves, D. (1994). *A fresh look at writing.* Portsmouth, NY: Heinemann.

Greenfield, P., Maynard, A., & Childs, C. (2003). Historical change, cultural learning, and cognitive representation in Zinacentec Maya children. Washington, DC: American Psychological Association.

Gruber, H. E. (1981). *Darwin on man: A psychological study of scientific creativity* (2nd ed.). Chicago: University of Chicago Press.

Gruber, H. E., & Davis, S. N. (1988). Inching our way up Mount Olympus: The evolving-systems approach to creative thinking. In R. J. Sternberg (Ed.), *The nature of creativity* (pp. 243–270). New York: Cambridge University Press.

Gruber, H. E., & Wallace, D. B. (1999). The case study method and evolving systems approach for understanding unique creative people at work. In R. J. Sternberg (Ed.), *Handbook of creativity* (pp. 93–115). New York: Cambridge University Press.

Gruber, H. E., & Wallace, D. B. (2001). Creative work: The case of Charles Darwin. *American Psychologist, 56* (4), 346–349.

Guilford, J. P. (1959). Three faces of intellect. *American Psychologist,* 14, 469–479.

Guilford, J. P. (1967). *The nature of human intelligence.* New York: McGraw-Hill.

Guilford, J. P. (1973). *Creativity tests for children.* Orange, CA: Sheridan Psychological Services.

Guilford, J. P. (1977). *Way beyond the IQ.* Buffalo, NY: Creative Education Foundation.

Guilford, J. P. (1986). *Creative talents: Their nature, use, and development.* Buffalo, NY: Bearly.

Guilford, J. P. (1988). Some changes in the Structure-of-Intellect model. *Educational and Psychological Measurement, 48,* 1–6.

Günçer, B., & Oral, G. (1993). Relationship between creativity and nonconformity to school discipline as perceived by the teacher of Turkish elementary school children, by controlling for their grade and sex. *Journal of Instructional Psychology, 20,* 208–214.

Gustin, W. C. (1985). The development of exceptional research mathematicians. In B. Bloom (Ed.), *Developing talent in young people* (pp. 270–331). New York: Ballantine.

Gute, G., Gute, D. S., Nakamura, J., & Csikszentmihalyi, M. (2008). The early lives of highly creative persons: The influence of the complex family. *Creativity Research Journal, 20*, 343–357.

Haier, R. J., & Jung, R. E. (2008). Brain imaging studies of intelligence and creativity: What is the picture for education? *Roeper Review, 30,* 171–180.

Hall, M. (2011). *Perfect square.* New York: Greenwillow Books.

Halmos, P. R. (1968). Mathematics as creative art. *American Scientist, 4,* 380–381.

Han, K., & Marvin, C. (2002). Multiple creativities? Investigating domain specificity of creativity in young children. *Gifted Child Quarterly, 46* (2), 98–109.

Hanaford, P. A. (1882). *Daughters of America or women of the century.* Augusta, ME: True.

Hanaford, P. A. (1882). *Daughters of America.* Jersey Heights, NJ: True and Company.

Harmon, D. (2002). They won't teach me: The voices of gifted African American inner-city students. *Roeper Review, 24* (2), 68–75.

Harris, J. (1998). *Virtual architecture.* Washington, DC: ISTE.

Hattie, J. (1980). Should creativity tests be administered under testlike conditions? An empirical study of three alternative conditions. *Journal of Educational Psychology, 72,* 87–98.

Hattie, J. (2012). Know thy impact. *Educational Leadership, 70* (1), 18–23.

Hawes, S., Wdziekonska-Piwko, D., Martin, K., Thomas, J., & Nicholls, J. (2012). Engaging deaf students through ICT. In E. Sellman (Ed.), *Creative learning for inclusion: Creative approaches to meet special needs in the classroom.* New York: Routledge.

Heinig, R. B. (1992). *Creative drama for the classroom teacher* (4th ed.). Upper Saddle River, NJ: Prentice-Hall.

Helson, R. (1983). Creative mathematicians. In R. Albert (Ed.), *Genius and eminence: The social psychology of creativity and exceptional achievement* (pp. 211–230). London: Pergamon.

Hennessey, B. A. (2010). The creativity-motivation connection. In J. C. Kaufman & R. J. Sternberg (Eds.), *The Cambridge handbook of creativity* (pp. 342–365). New York: Cambridge University Press.

Hennessey, B. A., & Amabile, T. M. (1988). The conditions of creativity. In R. J. Sternberg (Ed.), *The nature of creativity.* New York: Cambridge University Press.

Herrenkohl, L. R., Tasker, T., & White, B. (2011). Pedagogical practices to support classroom cultures of scientific inquiry. *Cognition and Instruction, 29,* 1–44. doi: 10: 1080/07370008.2011.543309

Hickey, M. (2001). An application of Amabile's consensual assessment technique for rating the creativity of children's musical compositions. *Journal of Research in Music Education, 49* (3), 234–244.

Hill, W. E. (1977). *Learning: A survey of psychological interpretations* (3rd ed.). New York: Harper & Row.

Hofstede, G. (2001). *Culture's consequences: Comparing values, behaviors, institutions, and organizations across cultures.* Thousand Oaks, CA: Sage.

Hollingsworth, S., & Gallego, M. A. (Eds.). (2007). Special issue on No Child Left Behind, *American Educational Research Journal, 44* (3).

Holman, J., Goetz, E. M., & Baer, D. M. (1977). The training of creativity as an operant and an examination of its generalization characteristics. In B.C. Etzel, J. M. LeBlanc, & D. M. Baer (Eds.), *New developments in behavioral research: Theory, method, and application* (pp. 441–447). New York: Wiley.

Holt, D. G., & Willard-Holt, C. (2000). Let's get real: Students solving authentic corporate problems. *Phi Delta*

Kappan, 82 (3), 243–246.

Hon, A. H. Y., & Leung, A. S. M. (2011). Employee creativity and motivation in the Chinese culture: The moderating role of organizational culture. *Cornell Hospitality Quarterly, 52* (2), 125–134.

Hooks, b. (1995). *Art on my mind: Visual politics.* New York: The New Press.

Hoover, S. M. (1994). Scientific problem-finding in gifted fifth grade students. *Roeper Review, 16,* 156–159.

Hopkinson, D. (2010). *The humblebee hunter.* New York: Hyperion Books.

Houtz, J. C. (1985). Review of Thinking Creatively with Sounds and Words. In D. Keyser & R. Sweetland (Eds.), *Test critiques* (Vol. 4, pp. 666–672). Kansas City, MO: Test Corporation of America.

Howard-Jones, P. A, Samuel, E. A., Summers, I. R., & Claxton, G. (2005). Semantic divergence and creative story generation: An fMRI investigation. *Cognitive Brain Research, 25,* 240–250.

Howieson, N. (1981). A longitudinal study of creativity: 1965–1975. *Journal of Creative Behavior, 15,* 117–135.

Howieson, N. (1984). *The prediction of creative achievement from childhood measures: A longitudinal study in Australia, 1960 – 1983.* Unpublished doctoral dissertation, University of Georgia, Athens.

Hucko, B. (1996). *A rainbow at night: The world in words and pictures by Navajo children.* San Francisco: Chronicle Books.

Hughes, L. (1951). Dream deferred. In *The panther and the lash: Poems of our times* (p. 14). New York: Knopf.

Hughes, L. (Ed.). (1968). *Poems from black Africa.* Bloomington: Indiana University Press.

Hunter, S. T., Bedell, K. E., & Mumford, M. D. (2007): Climate for creativity: A quantitative review. *Creativity Research Journal, 19* (1), 69–90.

Innamorato, G. (1998). Creativity in the development of scientific giftedness: Educational implications. *Roeper Review, 21,* 54–59.

International Society for Technology Education (ISTE). (2007). NETS for students. Retrieved January 15, 2009, from http://www.iste.org/AM/Template.cfm?Section=NETS

Interview with Midori. (1992, October 1). Entertainment Weekly, *Ann Arbor News,* p. 5.

Isaksen, S. G. (Ed.). (1987). *Frontiers of creativity research: Beyond the basics.* Buffalo, NY: Bearly.

Isaksen, S. G., & Treffinger, D. J. (1985). *Creative problem solving: The basic course.* New York: Bearly.

Isaksen, S. G., Dorval, K. B., & Treffinger, D. J. (2000). *Creative approaches to problem solving* (2nd ed.). Dubuque, IA: Kendall/Hunt.

Isenberg, J. P., & Jalongo, M. R. (1993). *Creative expression and play in the early childhood curriculum.* New York: Merrill.

Johnson, C. (1997). Lost in the woods. In F. Barron, A. Montuori, & A. Barron (Eds.), *Creators on creating* (pp. 59–62). New York: Putnam.

Johnson, L. G., & Hatch, J. A. (1990). A descriptive study of the creative and social behavior of four highly original young children. *Journal of Creative Behavior, 24,* 205–224.

Johnson, S. (2010). *Where good ideas come from.* New York: Penguin Books.

Johnson-Laird, P. N. (1988) Freedom and constraint in creativity. In R. J. Sternberg (Ed.), *The nature of creativity* (pp. 202– 219). New York: Cambridge University Press.

John-Steiner, V. (2000). *Creative collaboration.* New York: Oxford University Press.

Jones, K. L. (2012). *Little paper planes.* San Francisco: Chronicle Books.

Joosse, B. M. (1991). *Mama, do you love me?* San Francisco: Chronicle Books.

Joyce, B., Weil, M., & Calhoun, E. (2009). *Models of teaching* (8th ed.). Boston: Allyn & Bacon.

Joyce, B., Weil, M., & Showers, B. (1992). *Models of teaching.* Boston: Allyn & Bacon.

Jung, C. G. (1972). *The spirit in man, art, and literature.* Princeton, NJ: Princeton University Press.

Jung, R. E., Gasparovic, C., Chavex, R. S., Flores, R. A., Smith, S. M., Caprihan, A., & Yeo, R. A. (2009). Biochemical support for the "threshold" theory of creativity: A magnetic resonance spectroscopy study. *Journal of Neuroscience, 29* (16), 5319–5325.

Jung-Beeman, M., Bowden, E. M., Haberman, J., Frymiare, J. L., Arambel-Liu, S., et al. (2004). Neural activity when people solve verbal problems with insight. *PLoS Biology, 2* (4): e97. doi:10.1371/journal.pbio.0020097

Kaltsounis, B. (1975). Further validity on something about myself. *Perceptual and Motor Skills, 40,* 94.

Kamii, C. (1985). *Young children reinvent arithmetic.* New York: Teachers College Press.

Kamii, C. (1989). *Young children continue to reinvent arithmetic.* New York: Teachers College Press.

Kaufman, A. B., Kornilov, S. A., Briston, A. S., Tan, M., & Grigorenko, E. L. (2010). The neurological foundation of creative cognition. In J. C. Kaufman & R. J. Sternberg (Eds.), *The Cambridge Handbook of Creativity* (pp. 216–232). New York: Cambridge University Press.

Kaufman, J. C., & Sternberg, R. J. (Eds.). (2006). *The international handbook of creativity.* New York: Cambridge University Press.

Kaufman, J. C., Cole, J. C., & Baer, J. (Eds.) (2005). *Creativity across domains: Faces of the muse.* Mahwah, NJ: Lawrence Erlbaum.

Kaufman, J. C., Cole, J. C., & Baer, J. (2009). The construct of creativity: Structural model for self-reported creativity ratings. *Journal of Creative Behavior, 43* (2), 119–132.

Kaufman, J. C., Gentile, C. A., & Baer, J. (2005). Do gifted student writers and creative writing experts rate creativity the same way? *Gifted Child Quarterly, 49,* 260–265.

Kaufman, J. C., Plucker, J. A., & Baer, J. (2008). *Essentials of creativity assessment.* New York: Wiley. Kay, S. (1994). From theory to practice: Promoting problem finding behavior in children. *Roeper Review, 16,* 195–197.

Keating, D. P. (1983). The creative potential of mathematically gifted boys. In R. Albert (Ed.), *Genius and eminence: The social psychology of creativity and exceptional achievement* (pp. 128–137). London: Pergamon.

Keats, E. J. (1962). *The snowy day.* New York: Scholastic.

Kelley, T. (2001). *The art of innovation: Lessons in creativity from IDEO, America's leading design firm.* New York: Doubleday.

Kendall, J. S., & Marzaho, R. J. (1997). *Content knowledge: A compendium of standards and benchmarks for K–12 education* (2nd ed.). Alexandria, VA: Association for Supervision and Curriculum Development.

Khaleefa, O. H., Erdos, G., & Ashria, I. H. (1997). Traditional education and creativity in an Afro-Arab Islamic Culture: The case of Sudan. *Journal of Creative Behavior, 31* (3), 201–211.

Khatena, J. (1992). *Gifted: Challenge and response for education.* Itasca, IL: Peacock.

Khatena, J., & Bellarosa, A. (1978). Further validity evidence of something about myself. *Perceptual and Motor Skills, 47,* 906.

Khatena, J., & Torrance, E. P. (1976). *Manual for Khatena-Torrance creative perceptions inventory.* Chicago: Stoelting.

Khatena, J., & Torrance, E. P. (1990). *Manual for Khatena-Torrance creative perception inventory for children, adolescents, and adults.* Bensenville, IL: Scholastic Testing Service.

Kilpatrick, J., Martin, W. G., & Schift er, D. (Eds.). (2003). *What research says about the NCTM Standards.* Reston, VA: National Council of Teachers of Mathematics.

Kim, J. H. (2007). Exploring the interactions between Asian culture (Confucianism) and creativity. *Journal of Creative Behavior, 41* (1), 28–53.

Kim, K. H. (2005). Learning from each other: Creativity in East Asian and American Education. *Creativity Research Journal, 17,* 337–347.

Kim, K. H. (2006): Can we trust creativity tests? A review of the Torrance Tests of Creative Thinking (TTCT). *Creativity Research Journal, 18* (1), 3–14.

Kim, K. H. (2008). Meta-analyses of the relationship of creative achievement to both IQand divergent thinking test scores. *Journal of Creative Behavior, 42,* 106–130.

Kim, K. H., & Hull, M. F. (2012). Creative personality and anticreative environment for high school dropouts. *Creativity Research Journal, 24* (2–3), 169–176.

Kim, K. H., Cramond, B., & VanTassel-Baska, J. (2010). The relationship between creativity and intelligence. In J. C. Kaufman & R. J. Sternberg (Eds.), *The Cambridge handbook of creativity* (pp. 395–412). New York: Cambridge University Press.

Kingore, B. (1990). *Kingore observation inventory.* Des Moines, IA: Leadership Publishing.

Kinney, D., Richards, R., Lowing, P. A., LeBlanc, D., Zimbalist, M. E., & Harlan, P. (2000–2001). Creativity in off spring of schizophrenic and control parents: An adoption study. *Creativity Research Journal, 13,* 17–25.

Kirkland, J. (1974). On boosting divergent thinking scores. *California Journal of Educational Research, 25,* 69–72.

Kirkland, J., Kirkland, A., & ƒ, W. (1976). Sex difference in boosting divergent thinking score by the context effect.*Psychological Reports, 38,* 430.

Kirschenbaum, R. J. (1989). *Understanding the creative activity of students.* Mansfield Center, CT: Creative Learning Press.

Kirschner, P. A., Sweller, J., & Clark, R. E. (2010). Why minimal guidance during instruction does not work: An analysis of the failure of constructivist, discovery, problem-based, experiential, and inquiry-based teaching. *Educational Psychologist, 41* (2), 75–86. doi: 10.1207/s15326985ep4102_1

Klahr, D., & Nigam, M. (2004). The equivalence of learning paths in early science instruction: Effects of direct instruction and discovery learning. *Psychological Science, 15,* 661–667.

Kohn, A. (1993). Choices for children: Why and how to let students decide. *Phi Delta Kappan, 75* (1), 8–20.

Kris, E. (1976). On preconscious mental processes. In A. Rothenberg & C. R. Hausman (Eds.), *The creativity question* (pp. 135–143). Durham, NC: Duke University Press. Reprinted from *Psychoanalytic explorations in art* (pp. 303, 310–318). New York: International Universities Press.

Kubie, L. S. (1958). *Neurotic distortion of the creative process.* Lawrence: University of Kansas Press.

Kulik, J. (1991). Findings on grouping are often distorted. *Educational Leadership, 48,* 67.

Kushner, T. (1997). Is it a fiction that playwrights create alone? In F. Barron, A. Montuori, & B. Barron (Eds.), *Creators on creating* (pp. 145–149). New York: Putnam Books.

Lambros, A. (2002). *Problem-based learning in K–8 classrooms: A guide to implementation.* Thousand Oaks, CA: Corwin Press.

Langer, G. M., Colton, A. B., & Goff, L. S. (2003). *Collaborative analysis of student work: Improving teaching and learning.* Alexandria, VA: Association for Supervision and Curriculum Development.

Lee, C. S., Therriault, D. J., & Linderholm, T. (2012). On the cognitive benefits of cultural experience: Exploring the relationship between studying abroad and creative thinking. *Applied Cognitive Psychology, 26,* 768–778. Published online July, 19, 2012, in Wiley Online Library (wileyonlinelibrary.com) DOI: 10.1002/acp.2857

Lee, J., & Cho, Y. (2007). Factors affecting problem-finding depending on degree of structure of problem situation. *Journal of Educational Research, 10,* 113–124.

Leno, J. (1992, September 30). [Interview with D. Hoffman]. In H. Kushinick, *Tonight Show.* New York: NBC.

Lepore, S. J., & Smyth, J. M. (2002). *The writing cure: How expressive writing promotes health and well-being.* Washington, DC: American Psychological Association.

Lepper, M., & Greene, D. (1975). Turning play into work: Effects of adult surveillance and extrinsic rewards on children's intrinsic motivation. *Journal of Personality and Social Psychology, 31,* 479–486.

Lepper, M., & Greene, D. (1978). *The hidden costs of reward.* Hillsdale, NJ: Erlbaum.

Lepper, M., Greene, D., & Nisbet, R. (1973). Undermining children's intrinsic interest with extrinsic rewards: A test of the "overjustification" hypothesis. *Journal of Personality and Social Psychology, 28,* 129–137.

Leung, A. K., Maddux, W. W., Galinsky, A. D., & Chiu, C. (2008). Multicultural experience enhances creativity. *American Psychologist, 63* (3), 169–181.

Leung, A. K., & Chiu, C. (2010). Multicultural experience, idea receptiveness, and creativity. *Journal of Cross-Cultural Psychology, 41* (5–6), 723–741.

Levy, S. (2008). The power of audience. *Educational Leadership, 66* (3), 75–79.

Lewis, B. A. (1998). *The kid's guide to social action.* Minneapolis, MN: Free Spirit Press.

Li, A. K. (1985). Correlates and effects of training in make-believe play on preschool children. *Alberta Journal of Educational Research, 31,* 70–79.

Liep, J. (2001). *Locating cultural creativity.* Sterling, VA: Pluto Press.

Limb, C., & Braun, R. (2008). Neural substrates of spontaneous musical performance: An fMRI study of jazz improvisation. *PLos One,* 3(2), e679. doi:10.1371/journal.pone.0001679

Lindsay, J., & Davis, V. A. (2012). *Flattening classrooms, engaging minds: Move to global collaboration one step at a time.* New York: Pearson.

Lissitz, R. W., & Willhoft, J. L. (1985). A methodological study of the Torrance tests of creativity. *Journal of Educational Measurement, 22,* 1–11.

Liu, E., & Noppe-Brandon, S. (2009). *Imagination first.* San Francisco: Jossey-Bass.

Londner, L. (1991). Connection-making processes during creative task activity. *Journal of Creative Behavior, 25,* 20–26.

Long, K., & Kamii, C. (2001). The measurement of time: Children's construction of transitivity, unit iteration, and conservation of speed. *School Science and Mathematics, 101* (3), 125–132.

Lubart, T. I. (1990). Creativity and cross-cultural variation. *International Journal of Psychology, 25,* 39–59.

Lubart, T. I. (1999). Creativity across cultures. In R. J. Sternberg (Ed.), *Handbook of creativity* (pp. 339–350). New York: Cambridge University Press.

Lubart, T. (2010). Cross-cultural perspectives on creativity. In J. C. Kaufman & R. J. Sternberg (Eds.), *The Cambridge handbook of creativity* (pp. 265–278). New York: Cambridge University Press.

Lubart, T., & Guignard, J. H. (2004). The generality-specificity of creativity: A multi-variant approach. In R. J. Sternberg, E. I. Grigorenko, & J. L. Singer (Eds.), *Creativity: From potential to realization* (pp. 43–56). Washington, DC: American Psychological Association.

Ludwig, A. M. (1992). Culture and creativity. *American Journal of Psychotherapy, 46,* 454–469.

Ludwig, A. M. (1995). *The price of greatness.* New York: Guilford Press.

Lutzer, V. D. (1991). Gender differences in preschoolers' ability to interpret common metaphors. *Journal of Creative Behavior, 25,* 69–74.

Lynch, M. D., & Kaufman, M. (1974). Creativeness: Its meaning and measurement. *Journal of Reading Behavior, 4,* 375–394.

Lyons, M. E. (1997). *Stitching stars: The story quilts of Harriet Powers.* New York: Aladdin Paperbacks.

MacKinnon, D. W. (1978). *In search of human effectiveness.* Buffalo, NY: Creative Education Foundation.

Mackworth, N. H. (1965). Originality. *American Psychologist, 20,* 51–66.

MacNelly, J. (1992, November 2). Shoe, cartoon. *Detroit Free Press,* p. 12D.

Maddux, W. W., & Galinsky, A. D. (2009). Cultural borders and mental barriers: The relationship between living abroad and creativity. *Journal of Personality and Social Psychology, 29* (5), 1047–1061.

Maddux, W. W., Adam, H., & Galinsky, A. D. (2010). When in Rome … Learn why the Romans do what they do: How multicultural learning experiences facilitate creativity. *Personality and Social Psychology Bulletin, 36* (6), 731–741.

Manley, A., & O'Neill, C. (1997). *Dreamseekers: Creative approaches to the African American heritage.* Portsmouth, NH: Heinemann.

Manning, M. J. (2003). *The aunts go marching.* Honesdale, PA: Boyds Mills Press.

Mansfield , R. S., Busse, T. V., & Krepelka, E. J. (1978). The effectiveness of creativity training. *Review of Educational Research, 48,* 517–536.

Mansilla, V. B., & Gardner, H. (2008). Disciplining the mind. *Educational Leadership, 65* (5), 14–19.

Martin, C. L. (1999). *The way of the human being.* New Haven, CT: Yale University Press.

Martindale, C. (1999). Biological bases of creativity. In R. J. Sternberg (Ed.), *Handbook of creativity* (pp. 137–152). New York: Cambridge University Press.

Marzano, R. (2000). *Transforming classroom grading.* Alexandria, VA: Association for Supervision and Curriculum Development.

Marzano, R. J. (2003). *What works in schools: Translating research into action.* Alexandria, VA: Association for Supervision and Curriculum Development.

Maslow, A. H. (1954). *Motivation and personality.* New York: Harper & Row.

Maslow, A. H. (1968). *Toward a psychology of being* (2nd ed.). Princeton, NJ: Van Nostrand. The Math Forum's

Bridging Research and Practice Group. (2013). Encouraging mathematical thinking: Discourse around a rich problem. Retrieved from http://mathforum.org/brap/wrap2/index.html

Matson, J. V. (1991). Failure 101: Rewarding failure in the classroom to stimulate creative behavior. *Journal of Creative Behavior, 25,* 82–85.

Mayer, R. E. (2004). Should there be a three-strikes rule against pure discovery learning? The case for guided methods of instruction. *American Psychologist, 59,* 14–19. doi: 10.1037/0003–066X.59.1.14

McCaslin, N. (1999). *Creative drama in the classroom and beyond* (7th ed.). White Plains, NY: Longman.

McIntosh, E. (2010, December 14). Learning spaces. Virtual spaces. Physical spaces. Ewan McIntosh's edu.blogs. com.

Retrieved from http://edu.blogs.com/edublogs/2010/12/learning-spaces-virtual-spaces-physical-spaces.html

McKee, M. G. (1985). Review of Creativity Attitude Survey. In D. Keyser & R. Sweetland (Eds.), *Test critiques* (Vol. 3, pp. 206–208). Kansas City, MO: Test Corporation of America.

McNeil, L. M. (1988). Contradictions of control, Part 3: Contradictions of reform. *Phi Delta Kappan, 69,* 478–485.

Mednick, S. A. (1962). The associative basis of the creative process. *Psychological Review, 69,* 220–232.

Mednick, S. A. (1967). *Remote associates test.* Boston: Houghton Mifflin.

Meeker, M. (1969). *The structure of intellect: Its use and interpretation.* Columbus, OH: Merrill.

Meeker, M. N., Meeker, R., & Roid, G. (1985). *Structure-of-intellect learning abilities test* (SOI-LA). Los Angeles: Western Psychological Services.

Mell, J. C., Howard, S. M., & Miller, B. L. (2003). Art and the brain: The influence of frontotemporal dementia on an accomplished artist. *Neurology, 60,* 1707–1710.

Merriam, E. (1996). *12 ways to get 11.* New York: Aladdin Paperbacks.

Messenger, B. (1995). Lecture 4: Blues. *In Elements of jazz: From cakewalks to fusion* [CD]. Chantilly, VA: The Teaching Company.

Michigan Educational Extension Service. (1992, Winter/Spring). *Changing minds: A bulletin of the Michigan Educational Extension Service* .

Michigan Future Problem Solving Program. (n.d.). *The Michigan Future Problem Solving program.* Ann Arbor, MI: Author.

Micklus, C. S., & Micklus, C. (1986). *OM program handbook.* Glassboro, NJ: Odyssey of the Mind.

Milgram, R. M., & Livne, N. L. (2006). Research on creativity in Israel. In J. C. Kaufman & R. J. Sternberg (Eds.), *The International Handbook of Creativity* (pp. 307–336). New York: Cambridge University Press.

Miller, A. (1990). *The untouched key: Tracing childhood trauma in creativity and destructiveness.* New York: Doubleday.

Mohan, M. (1971). *Interaction of physical environment with creativity and intelligence.* Unpublished doctoral dissertation, University of Alberta, Edmonton, Canada.

Moore, M. (1985). The relationship between the originality of essays and variables in the problem-discovery process: A study of creative and noncreative middle school students. *Research in the Teaching of English, 19,* 84–95.

Morimoto, J. (1988). *Inch boy.* New York: Penguin Putnam.

Morrison, T. (1987). *Beloved.* New York: Penguin.

Morrisseau, N. (1997). *Norval Morrisseau: Travels to the house of invention*. Toronto, ON: Key Porter Books.

Mostafa, M. M., & El-Masry, A. (2008). Perceived barriers to organizational creativity: A cross-cultural study of British and Egyptian future marketing mangers. *Cross Cultural Management, 15* (1), 81–93.

Mouchiroud, C., & Lubart, T. (2006). Past, present, and future perspectives on creativity in France and French-speaking Switzerland. (2006). In J. C. Kaufman & R. J. Sternberg (Eds.), *The international handbook of creativity* (pp. 96–123). New York: Cambridge University Press.

Moyers, B. (1990). *A world of ideas II*. New York: Doubleday.

Mpofu, E., Myambo, K., Mogaji, A. A., Mashego, T., & Khaleefa, O. H. (2006). African perspectives on creativity. In J. C. Kaufman & R. J. Sternberg (Eds.), *The international handbook of creativity* (pp. 456–489). New York: Cambridge University Press.

Mueller, J. S., Melwani, S., & Goncalo, J. A. (2012). The bias against creativity: Why people desire but reject creative ideas. *Psychological Science, 23* (1) 13–17.

Mullen, B., Johnson, C., & Salas, E. (1991). Productivity loss and brainstorming groups: A meta-analytic integration. *Basic and Applied Social Psychology, 12,* 3–23.

Mullineaux, P. Y., & Dilalla, L. F. (2009). Preschool pretend play behaviors and early adolescent creativity. *The Journal of Creative Behavior, 43* (1), 41–57.

Nakamura, J., & Csikszentmihalyi, M. (2001). Catalytic creativity: The case of Linus Pauling. *American Psychologist, 56* (4), 337–341.

National Archives and Records Administration. (1989). *Teaching with documents*. Washington, DC: National Archives and Records Administration.

National Council for Social Studies. (n.d.). Retrieved April 9, 2009, from http://www.ncss.org

National Council of Teachers of English (NCTE). (2004). NCTE beliefs about the teaching of writing. Retrieved January 12, 2009, from http://www.ncte.org/positions/statements/writingbeliefs

National Council of Teachers of Mathematics. (1989). *Curriculum and evaluation standards for school mathematics*. Reston, VA: Author.

National Council of Teachers of Mathematics. (2000). *Principles and standards for school mathematics*. Retrieved April 16, 2009, from http://standards.nctm.org/document/chapter2/learn.htm

National Council of Teachers of Mathematics. (2013). Retrieved January 26, 2013, from http://www.nctm.org/standards/content.aspx?id=26860

National Governors Association Center for Best Practices, Council of Chief State School Officers. (2010). *Common core state standards. Washington*, DC: Author.

National Research Council (NRC). (2011). *A framework for K–12 science education: Practices, crosscutting concepts, and core ideas*. Washington, DC: National Academies Press.

Necka, E., Grohman, M., & Slabosz, A. (2006). Creativity studies in Poland. In J. C. Kaufman & R. J. Sternberg (Eds.), *The international handbook of creativity* (pp. 270–306). New York: Cambridge University Press.

Neihart, M. (1998). Creativity, the arts, and madness. *Roeper Review, 21,* 47–50.

Newmann, F. K. (1996). Authentic pedagogy and student performance. *American Journal of Education, 104* (4), 280–312.

Newmann, F. K., & Wehlage, G. G. (1993). Five standards of authentic instruction. *Educational Leadership, 50,*

8–12.

Ng, A. K. (2004). *Liberating the creative spirit in Asian students.* Singapore: Prentice Hall.

Ngeow, K., & Kong, Y. (2001). Learning to learn: Preparing teachers and students for problem-based learning. *ERIC Digest.* ED457524.

Niu, W. (2006). Development of creativity research in Chinese societies. In J. C. Kaufman & R. J. Sternberg (Eds.), *The international handbook of creativity* (pp. 374–394). New York: Cambridge University Press.

Niu, W., & Kaufman, J. C. (2005). Creativity in troubled times: Factors associated with recognitions of Chinese literary creativity in the 20th century. *Journal of Creative Behavior, 39* (1), 57–67.

Niu, W., & Sternberg, R. J. (2002). Contemporary studies on the concept of creativity: The east and the west. *Journal of Creative Behavior, 36,* 269–288.

Nottage, L. (2005) Out of east Africa. *American Theater, 22* (5), 26–27, 66–68.

Ohio Department of Education. (1992). *Model for the identification of creative thinking ability.* Columbus: Author.

Okuda, S. M., Runco, M. A., & Berger, D. E. (1991). Creativity and the finding and solving of real-world problems. *Journal of Psychoeducational Assessment, 9,* 45–53.

Osborn, A. F. (1953). *Applied imagination.* New York: Scribner's.

Osborn, A. F. (1963). *Applied imagination* (3rd ed.). New York: Scribner's.

Pace-Marshall, S. (1993, May). *Our gifted children: Are they asking too much?* Keynote address presented at the meeting of the Michigan Alliance for Gifted Education, Dearborn, MI.

Palatini, M. (1999). *Ding dong, ding dong.* New York: Hyperion Books.

Paletz, S. B., & Peng, K. (2008). Implicit theories of creativity across cultural domains: Novelty and appropriateness in two product domains. *Journal of Cross-Cultural Psychology, 39,* 286–302. DOI: 10.1177/0022022108315112

Park, G., Lubinski, D., & Benbow, C. P. (2007). Contrasting intellectual patterns predict creativity in the arts and sciences: Tracking intellectually precocious youth over 25 years. *Psychological Science, 18* (11), 948–952.

Parker, W. C. (1991). *Renewing the social studies curriculum.* Alexandria, VA: Association for Supervision and Curriculum Development.

Parnes, S. J. (1967). Education and creativity. In J. C. Gowen, G. D. Demos, & E. P. Torrance (Eds.), *Creativity: Its educational implications.* New York: Wiley.

Parnes, S. J. (1981). *Magic of your mind.* Buffalo, NY: Bearly.

Passig, D. (2007). Melioration as a higher thinking skill of future intelligence. *Teachers College Record, 109,* 24–50.

Paulus, P. B., Dzindolet, M. T., Poletes, G., & Camacho, L. M. (1993). Perception of performance in group brainstorming: The illusion of group productivity. *Personality and Social Psychology Bulletin, 19* (1), 78–89.

Paulus, P. B., & Nijstad, B. A. (Eds.). (2003). *Group creativity: Innovation through collaboration.* New York: Oxford University Press.

Pennebaker, J. W. (1995). *Emotion, disclosure, and health.* Washington, DC: American Psychological Association.

Pepler, D. J., & Ross, H. S. (1981). The effects of play on convergent and divergent problem solving. *Child Development, 52,* 1201–1210.

Perkins, D. N. (1981). *The mind's best work.* Cambridge, MA: Harvard University Press.

Perkins, D. N. (1988a). Creativity and the quest for mechanism. In R. J. Sternberg & E. E. Smith (Eds.), *The psychology of human thought* (pp. 309–336). New York: Cambridge University Press.

Perkins, D. N. (1988b). The possibility of invention. In R. J. Sternberg (Ed.), *The nature of creativity* (pp. 362–385). New York: Cambridge University Press.

Perkins, D. (1992). *Smart schools.* New York: Free Press.

Perkins, D. N. (1994). Creativity: Beyond the Darwinian paradigm. In M. A. Boden (Ed.), *Dimensions of creativity* (pp. 119–142). Cambridge, MA: MIT Press.

Perrone, V. (1994). How to engage students in learning. *Educational Leadership, 51* (5), 11–13.

Perry, S. K. (1999). *Writing in flow.* Cincinnati, OH: Writers Digest Books.

Petnica Science Center. (1992). *Bilten, 12* .

Petnica Science Center. (2003). *Petnica Science Center almanac.* Author: Petnica, Serbia.

Piechowski, M. M., & Cunningham, K. (1985). Patterns of overexcitability in a group of artists. *Journal of Creative Behavior, 19,* 153–174.

Piirto, J. (1998b). Themes in the lives of successful contemporary U.S. women creative writers. *Roeper Review, 21,* 60–70.

Piirto, J. (2004). *Understanding creativity.* Scottsdale, AZ: Great Potential Press.

Pink, D. (2009). *Drive: The surprising truth about what motivates us.* New York: Riverhead Books.

Plucker, J. A. (1998). Beware of simple conclusions: The case for content generality of creativity. *Creativity Research Journal, 11,* 179–182.

Plucker, J. (1999a). Is the proof in the pudding?: Reanalyses of Torrance's (1958–present) longitudinal study data. *Creativity Research Journal, 12,* 103–114.

Plucker, J. (1999b). Reanalysis of student responses to creativity checklists: Evidence of content generality. *Journal of Creative Behavior, 33* (2), 126–137.

Plucker, J. A., & Makel, M. C. (2010). Assessment of creativity. In J. C. Kaufman & R. J. Sternberg (Eds.). *The Cambridge handbook of creativity* (pp. 48–73). New York: Cambridge University Press.

Plucker, J. A., & Renzulli, J. S. (1999). Psychometric approaches to creativity. In R. S. Sternberg (Ed.), *Handbook of creativity* (pp. 35–61). New York: Cambridge University Press.

Plucker, J. A., & Runco, M. A. (1998). The death of creativity measurement has been greatly exaggerated: Current issues, recent advances, and future directions in creativity assessment. *Roeper Review, 21,* 36–39.

Porath, M., & Arlin, P. (1992, February). *Developmental approaches to artistic giftedness.* Paper presented at the Esther Katz Rosen Symposium on the Psychological Development of Gifted Children, Lawrence, KS.

Posamentier, A. S. (2003). *Math wonders to inspire teachers and students.* Alexandria, VA: Association of Supervision and Curriculum Development.

Preckel, F., Holling, H., & Wiese, M. (2006). Relationship of intelligence and creativity in gifted and not gifted students. An investigation of threshold theory. *Personality and Individual Differences, 40,* 159–170.

Preiser, S. (2006). Creativity research in German-speaking countries. In J. C. Kaufman & R. J. Sternberg (Eds.),

The international handbook of creativity (pp. 167–201). New York: Cambridge University Press.

Priest, T. (2006). The reliability of three groups of judges' assessments of creativity under three conditions. *Bulletin of the Council for Research in Music Education, No. 167*, 47–60.

Prince, G. (1968). The operational mechanism of synectics. *Journal of Creative Behavior, 2*, 1–13.

Puccio, G. J., & Cabra, J. F. (2010). Organizational creativity. In J. C. Kaufman & R. J. Sternberg (Eds.), *The Cambridge Handbook of Creativity* (pp. 145–173). New York: Cambridge University Press.

Puccio, G. J., & Murdock, M. C. (1999). *Creativity assessment: Readings and resources.* Buffalo, NY: Creativity Education Foundation.

Puccio, G., Murdock, M., & Mance, M. (2007). *Creative leadership: Skills that drive change.* Thousand Oaks, CA: Sage.

Queijo, J. (1987). Inside the creative mind. *Bostonia, 61* (6), 26–33.

Quellmalz, E. S. (1985). Review of Alternate Uses. In J. Mitchell, Jr. (Ed.), *The ninth mental measurements yearbook* (Vol. 1, p. 73). Lincoln: University of Nebraska Press.

Ragovin, H. (2006, May). Amplified application will provide additional cues about prospective students. *Tuft s Journal* .

Retrieved January 29, 2009, from http://tuft sjournal.tuft s.edu/archive/2006/may/features/index.shtml

Rao, C. R. A. (2005). Myth and the creative process: A view of creativity in the light of three Indian myths. *Creativity Research Journal, 17*, 221–240.

Ratey, J. J. (2001). *A user's guide to the brain.* New York: Vintage Books.

Reis, S. M. (1987). We can't change what we don't recognize: Understanding the special needs of gifted females. *Gifted Child Quarterly, 31*, 83–89.

Reis, S. M. (1998). *Work left undone.* Mansfield Center, CT: Creative Learning Press.

Reis, S. M. (2002). Toward a theory of creativity in diverse creative women. *Creativity Research Journal, 14* (3–4), 305–316.

Reisman, F. K., Floyd, B., & Torrance, E. P. (1981). Performance on Torrance's thinking creatively in action and movement as a predictor of cognitive development of young children. *Creative Child and Adult Quarterly, 6,* 205–210.

Renzulli, J. S. (1977). *The enrichment triad model.* Mansfield Center, CT: Creative Learning Press.

Renzulli, J. S. (1978). What makes giftedness? Re-examining a definition. *Phi Delta Kappan, 60*, 180–184.

Renzulli, J. S. (1985). Review of Thinking Creatively in Action and Movement. In J. Mitchell, Jr. (Ed.), *The ninth mental measurements yearbook* (Vol. 2, pp. 1619–1621). Lincoln: University of Nebraska Press.

Renzulli, J. S. (2002). Expanding the conception of giftedness to include co-cognitive traits and promote social capital. *Phi Delta Kappan, 84* (1), 33–58.

Renzulli, J. S. (2012). Reexamining the role of gifted education and talent development for the 21st century: A four-part theoretical approach. *Gifted Child Quarterly, 6* (3), 150–159.

Renzulli, J. S., & Reis, S. M. (1997). *The schoolwide enrichment model: A how-to guide for educational excellence* (2nd ed.). Mansfield Center, CT: Creative Learning Press.

Renzulli, J. S., Reis, S. M., & Smith, L. H. (1981). *The revolving door identification model.* Mansfield Center, CT: Creative Learning Press.

Renzulli, J. S., Smith, L. H., Callahan, C., White, A., & Hartman, R. (1976). *Scales for rating the behavioral characteristics of superior students.* Mansfield Center, CT: Creative Learning Press.

Renzulli, J. W., Smith, L. H., White, A. J., Callahan, C. M., Hartman, R. K., & Westburg, K. (2002). *Scales for rating the behavioral characteristics of superior students* (rev. ed.). Mansfield Center, CT: Creative Learning Press.

Resnick, M. (2007–2008, December/January). Sowing seeds for a more creative society. *Learning and Leading with Technology,* 18–22.

Reynolds, P. (2003). *The dot.* Somerville, MA: Candlewick Press.

Reynolds, P. (2004). *Ish.* Somerville, MA: Candlewick Press.

Rhodes, J. (1961). An analysis of creativity. *Phi Delta Kappan, 42* (7), 305–310.

Richards, R. (2007). Everyday creativity: Our hidden potential. In R. Richards (Ed.), *Everyday creativity and new views of human nature* (pp. 25–53). Washington, DC: American Psychological Association.

Rimm, S. (1983). *PRIDE: Preschool and kindergarten interest descriptor.* Watertown, WI: Educational Assessment Service.

Ringgold, F. (1991). *Tar beach.* New York: Crown.

Robinson, K. (2001). *Out of our minds: Learning to be creative.* Chichester, West Sussex, UK: Wiley.

Robinson, K. (2005). *How creativity, education and the arts shape a modern economy. Arts and Minds.* Denver, CO: Education Commission of the States.

Rodrigue, A. L., & Perkins, D. R. (2012). Divergent thinking abilities across the schizophrenic spectrum and other psychological correlates. *Creativity Research Journal, 24* (2–3), 163–168.

Roe, A. (1952). *The making of a scientist.* New York: Dodd Mead.

Rogers, C. (1961). Toward a theory of creativity. In C. Rogers (Ed.), *On becoming a person: A therapist's view of psychotherapy*(pp. 347–362). Boston: Houghton Mifflin.

Rogers, C. R. (1962). Toward a theory of creativity. In S. J. Parnes & H. F. Harding (Eds.), *A source book for creative thinking*(pp. 63–72). New York: Scribner's.

Rohmer, H. (Ed.). (1999). *Our ancestors.* San Francisco: Children's Book Press.

Root-Bernstein, R., & Root-Bernstein, M. (1999). *Sparks of genius: The 13 thinking tools of the world's most creative people.* New York: Houghton Mifflin.

Root-Bernstein, R., & Root-Bernstein, M. (2004). Artistic scientists and scientific artists: The link between polymathy and creativity. In R. J. Sternberg, E. L. Grigorenko, & J. L. Singer (Eds.), *Creativity: From potential to reality* (pp. 127–151).

Washington, DC: American Psychological Association.

Rosen, C. L. (1985). Review of Creativity Assessment Packet. In J. Mitchell, Jr. (Ed.), *The ninth mental measurements yearbook*(Vol. 1, pp. 411–412). Lincoln: University of Nebraska Press.

Rosenthal, A., DeMars, S. T., Stilwell, W., & Graybeal, S. (1983). Comparison on interrater reliability on the Torrance tests of creative thinking for gifted and nongifted children. *Psychology in the Schools, 20,* 35–40.

Rostan, S. M. (1992, February). The relationship among problem finding, problem solving, cognitive controls, professional productivity and domain of professional training in adult males. Paper presented at the Esther Katz Rosen Symposium on the Psychological Development of Gifted Children, Lawrence, KS.

Rothenberg, A. (1990). *Creativity and madness*. Baltimore: Johns Hopkins University Press.

Rothenberg, A., & Hausman, C. R. (1976). *The creativity question*. Durham, NC: Duke University Press.

Roukes, N. (1982). *Art synectics*. Worcester, MA: Davis Publications.

Rowe, M. (1974). Wait time and rewards as instructional variables: Their influence on language, logic, and fate control. *Journal of Research in Science Teaching, 11*, 81–94.

Ruas, C. (1984). *Conversations with American writers*. New York: McGraw-Hill.

Rubenson, D. L., & Runco, M. A. (1995). The psychoeconomic view of creative work in groups and organizations. *Creativity and Innovation Management, 4*, 232–241.

Rudowicz, E., & Yue, X. (2000). Concepts of creativity: Similarities and differences among Mainland, Hong Kong, and Taiwanese children. *Journal of Creativity Behavior, 43* (3), 175–192.

Runco, M. A. (1986). Divergent thinking and creative performance in gifted and nongifted children. *Educational and Psychological Measurement, 46*, 375–384.

Runco, M. A. (1991a). *Divergent thinking*. Norwood, NJ: Ablex.

Runco, M. A. (1991b). The evaluative, valuative, and divergent thinking of children. *Journal of Creative Behavior, 25*, 311–319.

Runco, M. (1993). *Creativity as an educational objective for disadvantaged students*. Storrs, CT: National Research Center on the Gifted and Talented.

Runco, M. A. (2007). *Creativity*. Boston: Elsevier.

Runco, M. A. (2010a). Divergent thinking, creativity and ideation. In J. C. Kaufman & R. J. Sternberg (Eds.), *The Cambridge handbook of creativity* (pp. 413–446). New York: Cambridge University Press.

Runco, M. A. (2010b). Education based on a parsimonious theory of creativity. In R. A. Beghetto and J. C. Kaufman (Eds.), *Nurturing creativity in the classroom* (pp. 235–251). New York: Cambridge University Press.

Runco, M. A., & Acar, S. (2012). Divergent thinking as an indicator of creative potential. *Creativity Research Journal, 24* (1), 66–75.

Runco, M. A., & Albert, R. S. (1985). The reliability and validity of ideational originality in the divergent thinking of academically gifted and nongifted children. *Educational and Psychological Measurement, 45*, 483–501.

Runco, M. A., & Chand, I. (1994). Problem finding, evaluative thinking, and creativity. In M. A. Runco (Ed.), *Problem finding, problem solving, and creativity* (pp. 40–76). Norwood, NJ: Hampton.

Runco, M. A., & Jaeger, G. J. (2012). The standard definition of creativity. *Creativity Research Journal, 24* (1), 92–96.

Runco, M. A., & Mraz, W. (1992). Scoring divergent thinking tests using total ideational output and a creativity index. *Educational and Psychological Measurement, 52*, 213–221.

Runco, M. A., & Okuda, S. M. (1988). Problem discovery, divergent thinking, and the creative process. *Journal of Youth and Adolescence, 17*, 211–220.

Runco, M. A., & Sakamoto, S. O. (1999). Experimental studies of creativity. In R. J. Sternberg (Ed.), *Handbook of creativity* (pp. 62–92). New York: Cambridge University Press.

Runco, M. A., Illies, J. J., & Eisenman, R. (2005). Creativity, originality, and appropriateness: What do explicit instructions tell us about their relationships? *Journal of Creative Behavior, 39*, 137–148.

Runco, M. A., Johnson, J., & Gaynor, J. R. (1999). The judgmental bases of creativity and implications for the study of gifted youth. In A. S. Fishkin, B. Cramond, & P. Olszewski-Kubilius (Eds.), *Investigating creativity in youth: research and methods* (pp. 115–143). Cresskill, NY: Hampton Press.

Runco, M. A., Plucker, J. A., & Lim, W. (2000–2001). Development and psychometric integrity of a measure of ideational behavior. *Creativity Research Journal, 13,* 393–400.

Runco, M. A., Okuda, S. M., & Thurston, B. J. (1987). The psychometric properties of four systems for scoring divergent thinking tests. *Journal of Psychoeducational Assessment, 5,* 149–156.

Runco, M. A., Millar, G., Acar, S., & Cramond, B. (2010): Torrance Tests of Creative Thinking as predictors of personal and public Achievement: A fifty-year follow-up. *Creativity Research Journal, 22,* 361–368.

Russ, S. W., & Fiorelli, J. A. (2010). Developmental approaches to creativity. In J. C. Kaufman & R. J. Sternberg (Eds.), *The Cambridge handbook of creativity* (pp. 233–249). New York: Cambridge University Press.

Russ, S. W., & Schafer, E. D. (2006). Affect in fantasy play, emotion in memories, and divergent thinking. *Creativity Research Journal, 18* (3), 347–354.

Russ, S. W., Robins, A. L., & Christiano, B. A. (1999). Pretend play: Longitudinal prediction of creativity and effect in fantasy in children. *Creativity Research Journal, 12* (2), 129–139.

Rust, J. O. (1985). Review of thinking creatively in action and movement. In J. Mitchell, Jr. (Ed.), *The ninth mental measurements yearbook* (Vol. 2, p. 1621). Lincoln: University of Nebraska Press.

Ryan, R. M., & Deci, E. L. (2000). Intrinsic and extrinsic motivations: Classic definitions and new directions. *Contemporary Educational Psychology 25*, 54–67.doi:10.1006/ceps.1999.1020, available online at http://www.idealibrary.com

Sadker, D. (2002). An educator's primer on the gender war. *Phi Delta Kappan, 84* (3), 235–240, 244.

Sadker, D., & Sadker, M. (1986). Sexism in the classroom: From grade school to graduate school. *Phi Delta Kappan, 67*, 512–515.

Sadker, D., & Sadker, M. (1995). *Failing at fairness: How American schools cheat girls.* New York: Simon & Schuster.

Saeki, N., Fan, X., & Van Dusen, L. V. (2001). A comparative study of creative thinking of American and Japanese college students. *Journal of Creative Behavior, 35* (1), 24–38.

San Souci, R. D. (2000). *Cinderella Skeleton.* New York: Voyager Books.

Sawyer, K. (2007). *Group genius: The creative power of collaboration.* New York: Basic Books.

Sawyer, K. (2011). The cognitive neuroscience of creativity: A critical review. *Creativity Research Journal, 23* (2), 137–154.

Sawyer, R. K (2006). *Explaining creativity: The science of human innovation.* New York: Oxford University Press.

Sawyer, R. K. (2012). *Explaining creativity: The science of human innovation.* New York: Oxford University Press.

Sawyers, J. K., Moran, J. D., Fu, V. R., & Milgram, R. M. (1983). Familiar versus unfamiliar stimulus items in measurement of original thinking in young children. *Perceptual and Motor Skills, 57*, 51–55.

Sayre, A. P. (2011). *If you're hoppy.* New York: HarperCollins.

Schack, G. D. (1993). Involving students in authentic research. *Educational Leadership, 50,* 29–31.

Schack, G. D., & Starko, A. J. (1998). *Research comes alive.* Mansfield Center, CT: Creative Learning Press.

Schaefer, C. E. (1969). The prediction of achievement from a biographical inventory. *Educational and Psychological Measurement, 29,* 431–437.

Schaefer, C. E. (1970). *Biographical inventory creativity.* San Diego, CA: Educational and Industrial Testing Service.

Schaefer, C. E. (1971). *Creative attitude survey.* Jacksonville, IL: Psychologists and Educators, Inc.

Schaefer, C. E., & Anastasi, A. (1968). A biographical inventory for identifying creativity in adolescent boys. *Journal of Applied Psychology, 52,* 42–48.

Schanzer, R. (2004). *George vs. George.* Washington, DC: National Geographic.

Schlichter, C. (1986). Talents unlimited: Applying the Multiple Talents approach in mainstream and gifted programs. In J. S. Renzulli (Ed.), *Systems and models for developing programs for the gifted and talented* (pp. 352–389). Mansfield Center, CT: Creative Learning Press.

Schlichter, C., Palmer, W. R., & Palmer, R. (1993). *Thinking smart: A primer of the Talents Unlimited model.* Mansfield Center, CT: Creative Learning Press.

Schoenfeld, A. H. (1992). Learning to think mathematically: Problem solving, matacognition, and sense making in mathematics. In D. Grouws (Ed.), *Handbook of research on mathematics teaching and learning* (pp. 334–370). Reston, VA: National Council of Teachers of Mathematics.

Science Olympiad. (1989). *Coaches' manual and rules.* Rochester, MI: Author.

Science Olympiad. (1990). *Student manual division B.* Rochester, MI: Author.

Scieszka, J. (1989). *The true story of the three little pigs.* New York: Viking Kestral.

Seelig, T. (2012). *InGenius: A crash course on creativity.* New York: HarperCollins.

Seft on-Green, J., & Sinker, R. (2000). *Evaluating creativity: Making and learning by young people.* New York: Routledge.

Seo, H., Lee, E. A., & Kim, K. H. (2005). Korean science teachers' understanding of creativity in gifted education. *Journal of Secondary Gifted Education, 16,* 98–105.

Seuss, Dr. (1954). *Horton hears a who.* New York: Random House.

Sharan, Y., & Sharan, S. (1992). *Expanding cooperative learning through group investigation.* New York: Teachers College Press.

Sherer, M. (2002). Do students care about learning? A conversation with Mihaly Csikszentmihalyi. *Educational Leadership, 60* (1), 12–17.

Shirky, C. (2010). *Cognitive surplus: Creativity and generosity in a connected age.* New York: Penguin.

Silvia, P. J. (2008). Creativity and intelligence revisited: a lent variable analysis of Wallach and Kogan (1965). *Creativity Research Journal, 20* (1), 34–39.

Silvia, P. J., & Kaufman, J. C. (2010). Creativity and mental illness. In J. C. Kaufman & R. J. Sternberg (Eds.), *The Cambridge Handbook of Creativity* (pp. 381–394). New York: Cambridge University Press.

Simmons, A. (1984). *The first American cookbook: A facsimile of "American Cookery," 1796.* New York: Dover.

Simonton, D. K. (1986). Biographical typicality, eminence, and achievement style. *Journal of Creative Behavior, 20,* 14–22.

Simonton, D. K. (1988). Creativity, leadership, and chance. In R. J. Sternberg (Ed.), *The nature of creativity* (pp. 386–426). New York: Cambridge University Press.

Simonton, D. K. (1999). *Origins of genius: Darwinian perspectives on creativity.* New York. Oxford University Press.

Simonton, D. K. (2004). *Creativity in science.* New York: Cambridge University Press.

Simonton, D. K. (2009). Varieties of [scientific] creativity: A hierarchical model of disposition, development, and achievement. *Perspectives on Psychological Science, 4,* 441–452.

Simonton, D. K. (2010). Creativity in highly eminent individuals. In J. C. Kaufman & R. J. Sternberg (Eds.), *The Cambridge handbook of creativity* (pp. 174–188). New York: Cambridge University Press.

Singer, M. (2010). *Mirror mirror: A book of reversible poetry.* New York: Dutton Children's Books.

Skinner, B. F. (1972). *Cumulative record: A Selection of papers* (3rd ed.). Englewood Cliffs, NJ: Prentice-Hall.

Slavin, R. (1987). Ability grouping and student achievement in elementary schools: A best-evidence synthesis. *Review of Educational Research, 57,* 293–336.

Slavin, R. (1990). *Cooperative learning: Theory, research, and practice.* Englewood Cliffs, NJ: Prentice-Hall.

Slavin, R. (1991). Are cooperative learning and "untracking" harmful to the gifted? *Educational Leadership, 48,* 68–69.

Sligh, A. C., Conners, F. A., & Roskos-Ewoldsen, B. (2005). Relation of creativity to fluid and crystallized intelligence. *Journal of Creative Behavior, 39* (2), 123–136.

Sloan, G. D. (1991). *The child as critic* (3rd ed.). New York: Teachers College Press.

Sloane, K. (1985). Home influences on talent development. In B. Bloom (Ed.), *Developing talent in young people* (pp. 439–476). New York: Ballantine.

Smilansky, J. (1984). Problem solving and the quality of invention: An empirical investigation. *Journal of Educational Psychology, 76,* 377–386.

Smolucha, F. (1992). A reconstruction of Vygotsky's theory of creativity. *Creativity Research Journal, 5,* 49–68.

Sneider, C. (1999). *Oobleck: What do scientists do?* Berkeley, CA: Great Explorations in Math and Science (GEMS).

Snyder, A., Mitchell, J., Bossomaier, T., & Pallier, G. (2004). The creativity quotient: An objective scoring of ideational fluency. *Creativity Research Journal, 16,* 415–420.

Sobel, M. A., & Maletsky, E. M. (1999). *Teaching mathematics.* Boston: Allyn and Bacon.

Soderborg, N. (1985). Å{%&*(=)-Å}. *Insight, 2* (1), 9–10, 13.

Sosniak, L. A. (1985). Phases of learning. In B. Bloom (Ed.), *Developing talent in young people* (pp. 409–438). New York: Ballantine.

Spielberg, S. (1985, July 15). The autobiography of Peter Pan. *Time, 126* (2), 62–63.

Starko, A. J. (1989). Problem finding in creative writing: An exploratory study. *Journal for the Education of the Gifted, 12,* 172–186.

Starko, A. J. (1993, May). *Problem finding in elementary students: Two explorations.* Paper presented at the Henry B. and Jocelyn Wallace National Research Symposium on Talent Development, Iowa City, IA.

Starko, A. J. (1995, May). *Problem finding in elementary students: Continuing explorations.* Paper presented at the Henry B. and Jocelyn Wallace National Research Symposium on Talent Development, Iowa City, IA.

Starko, A. J. (1999). Problem finding: A key to creative productivity. In A. S. Fishkin, B. Cramond, & P.

Olszewski-Kubilius (Eds.), *Investigating creativity in youth* (pp. 75–96). Cresskill, NJ: Hampton.

Starko, A. J. (2000). Finding the problem finders: Problem finding and the development of talent. In B. Shore & R. Freedman (Eds.), *Talents unfolding: Cognition and development* (pp. 233–249). Washington, DC: APA Books.

Starko, A. J., & Schack, G. D. (1992). *Looking for data in all the right places*. Mansfield Center, CT: Creative Learning Press.

Stein, M. I. (1953). Creativity and culture. *Journal of Psychology, 36,* 31–322.

Steiner, J. (1998). *Look alikes*. New York: Little, Brown and Company.

Stepien, W., & Gallagher, S. (1993). Problem-based learning: As authentic as it gets. *Educational Leadership, 50,* 25–28.

Sternberg, R. J. (1985a). *Beyond IQ: A triarchic theory of human intelligence*. New York: Cambridge University Press.

Sternberg, R. J. (1985b). Critical thinking: Part 1. Are we making critical mistakes? *Phi Delta Kappan, 67* (3), 194–198.

Sternberg, R. J. (Ed.). (1988a). *The nature of creativity*. New York: Cambridge University Press.

Sternberg, R. J. (1988b). A three-facet model of creativity. In R. J. Sternberg (Ed.), *The nature of creativity* (pp. 125–147). New York: Cambridge University Press.

Sternberg, R. J. (1990). *Metaphors of the mind: Conceptions of the nature of intelligence*. New York: Cambridge University Press.

Sternberg, R. J. (Ed.). (1999). *Handbook of creativity*. New York: Cambridge University Press.

Sternberg, R. J. (2000a). *Handbook of intelligence*. New York: Cambridge University Press.

Sternberg, R. J. (2000b). Identifying and developing creative giftedness. *Roeper Review, 23* (2), 60–64.

Sternberg, R. J. (2001). What is the common thread of creativity? Its dialectical relation to intelligence and wisdom. *American Psychologist, 56* (4), 360–362.

Sternberg, R. J. (2003). The development of creativity as a decision-making process. In R. J. Sternberg (Ed.), *Creativity and development* (pp. 91–138). New York: Oxford University Press.

Sternberg, R. J. (2004). *International handbook of intelligence*. New York: Cambridge University Press.

Sternberg, R. J. (2006). The Rainbow Project: Enhancing the SAT through assessments of analytical, practical and creative skills. *Intelligence, 34,* 321–350.

Sternberg, R. J. (2008). The answer depends on the question: A reply to Eric Jensen. *Educational Leadership, 89* (6), 418–420.

Sternberg, R. J. (2012). The assessment of creativity: An investment-based approach. *Creativity Research Journal, 24* (1), 3–12.

Sternberg, R. J., & Davidson, J. E. (Eds.). (1995). *The nature of insight*. Cambridge, MA: MIT Press.

Sternberg, R. J., & Lubart, T. I. (1991). An investment theory of creativity and its development. *Human Development, 34,* 1–34.

Sternberg, R. J., & Lubart, T. I. (1993). Creative giftedness: A multivariate investment approach. *Gifted Child Quarterly, 37,* 7–15.

Sternberg, R. J., & O'Hara, L. A. (1999). Creativity and intelligence. In R. J. Sternberg (Ed.), *Handbook of creativity* (pp. 251–272). New York: Cambridge University Press.

Stickgold, R., & Walker, M. (2004). To sleep, perchance to gain creative insight? *Trends in Cognitive Science, 5,* 191–192.

Stiggins, R. (2005). From formative assessment to assessment FOR learning: a path to success in standards-based schools. *Phi Delta Kappan, 87* (4), 324–328.

Stiggins, R. (2008). *An introduction to student-involved assessment FOR learning* (5th ed.). Upper Saddle River, NJ: Pearson.

Stiggins, R., Arter, J., Chappuis, J., & Chappuis, S. (2006). *Classroom assessment for student learning: Doing it right.* Portland, OR: Educational Testing Service.

Stravinsky, I. (1997). Poetics of music. In F. Barron, A. Montuori, & A. Barron (Eds.), *Creators on creating* (pp. 189–194). New York: Putnam.

Subotnik, R., & Arnold, K. (1995). Passing through the gates: Career establishment of talented women scientists. *Roeper Review, 13* (3), 55–61.

Suchman, J. R. (1962). *The elementary school training program in scientific inquiry* (Report to the U.S. Office of Education). Urbana: University of Illinois.

Sunal, C. S., & Haas, M. E. (1993). *Social studies and the elementary/middle school student.* New York: Harcourt Brace.

Sweet, M. (2011) *Balloons over Broadway: The true story of the puppeteer of Macy's parade.* New York: Houghton Mifflin.

Szekely, G. (1988). *Encouraging creativity in art lessons.* New York: Teachers College Press.

Taba, H. (1967). *Teacher's handbook for elementary school social studies.* Reading, MA: Addison-Wesley.

Tadmor, C. T., Galinsky, A. D., & Maddux, W. W. (2012). Getting the most out of living abroad: Biculturalism and integrative complexity as key drivers of creative and professional success. *Journal of Personality and Social Psychology, 10* (3), 520–542. doi: 10.1037/a0029360

Tadmore, C. T., Satterstrom, P., Jang, S., & Polzer, J. T. (2012). Beyond individual creativity: The superadditive benefits of multicultural experience for collective creativity in culturally diverse teams. *Journal of Cross-Cultural Psychology, 43* (3), 384–392. doi: 10.1177/0022022111435259

Tardif, T. Z., & Sternberg, R. J. (1988). What do we know about creativity? In R. J. Sternberg (Ed.), *The nature of creativity* (pp. 429–440). New York: Cambridge University Press.

Taylor, B. A. (1987). *Be an inventor.* New York: Harcourt Brace.

Taylor, P. (1998). *Redcoats and patriots: Reflective practice in drama and social studies.* Portsmouth, NH: Heinemann.

Tegano, D. W., Moran, J. D., & Godwin, L. J. (1986). Cross-validation of two creativity tests designed for preschool children. *Early Childhood Research Quarterly, 1,* 387–396.

Tierney, P., & Farmer, S. M. (2002). Creative self-effi cacy: Its potential antecedents and relationship to creative performance. *The Academy of Management Journal, 45* (6), 1137–1148.

Tomlinson, C. A. (1999). *The differentiated classroom: Responding to the needs of all learners.* Alexandria, VA: Association for Supervision and Curriculum Development.

Tomlinson, C. A. (2004). *How to differentiate instruction in mixed-ability classrooms* (2nd ed.). Alexandria, VA:

Association for Supervision and Curriculum Development.

Tomlinson, C. A., & Eidson, C. C. (2003a). *Differentiation in practice: A guide for differentiating curriculum grades K–5*. Alexandria, VA: Association for Supervision and Curriculum Development.

Tomlinson, C. A., & Eidson, C. C. (2003b). *Differentiation in practice: A guide for differentiating curriculum grades 5–9*. Alexandria, VA: Association for Supervision and Curriculum Development.

Tomlinson, C. A., & Imbeau, M. B. (2010). *Leading and managing a differentiated classroom*. Alexandria, VA: Association for Supervision and Curriculum Development.

Tomlinson, C. A., & Strickland, C.A. (2005). *Differentiation in practice: A guide for differentiating curriculum grades 9–12*. Alexandria, VA: Association for Supervision and Curriculum Development.

Torrance, E. P. (1962). *Guiding creative talent*. Englewood Cliffs, NJ: Prentice-Hall.

Torrance, E. P. (1975). Sociodrama as a creative problem-solving approach to studying the future. *Journal of Creative Behavior, 9*, 182–195.

Torrance, E. P. (1981). *Thinking creatively in action and movement*. Bensenville, IL: Scholastic Testing Service.

Torrance, E. P. (1984). Some products of 25 years of creativity research. *Educational Perspectives, 22* (3), 3–8.

Torrance, E. P. (1987). Can we teach children to think creatively? In S. G. Isaksen (Ed.), *Frontiers of creativity research: Beyond the basics* (pp. 189–204). Buffalo, NY: Bearly.

Torrance, E. P. (1988). The nature of creativity as manifest in its testing. In R. J. Sternberg (Ed.), *The nature of creativity* (pp. 43–75). New York: Cambridge University Press.

Torrance, E. P. (1990). *Torrance tests of creative thinking*. Bensenville, IL: Scholastic Testing Service.

Torrance, E. P. (1999). Forty years of watching creative ability and creative achievement. *Celebrate Creativity: Newsletter of the Creativity Division of the National Association for Gifted Children, 10* (1), 3–5.

Torrance, E. P. (2003). Reflection on emerging insights on the educational psychology of creativity. In J. Houtz (Ed.), *The educational psychology of creativity* (pp. 273–286). Cresskill, NJ: Hampton Press.

Torrance, E. P. (2008). *The Torrance Tests of Creative Thinking: Norms-technical manual*. Bensenville, IL: Scholastic Testing Service.

Torrance, E. P., & Safter, H. T. (1990). *The incubation model of teaching: Getting beyond the aha!* Buffalo, NY: Bearly.

Torrance, E. P., & Safter, H. T. (1999). *Making the creative leap beyond*. Buffalo, NY: Creative Education Foundation.

Torrance, E. P., & Torrance, J. P. (1978). The 1977–1978 Future Problem-Solving Program: Interscholastic competition and curriculum project. *Journal of Creative Behavior, 12*, 87–89.

Torrance, E. P., & Wu, T. H. (1981). A comparative longitudinal study of the adult creative achievement of elementary school children identifi ed as highly intelligent and as highly creative. *Creative Children and Adult Quarterly, 6*, 71–76.

Torrance, E. P., Khatena, J., & Cunningham, B. F. (1973). *Thinking creatively with sounds and words*. Bensenville, IL: Scholastic Testing Service.

Treffinger, D. J. (1985). Review of Torrance Tests of Creative Thinking. In J. Mitchell, Jr. (Ed.), *The ninth mental measurements yearbook* (Vol. 2, pp. 1632–1634). Lincoln, NE: Buros Institute of Mental Measurement.

Treffinger, D. J. (1987). Research on creativity assessment. In S. G. Isaksen (Ed.), *Frontiers of creativity research:*

Beyond the basics (pp. 103–119). Buffalo, NY: Bearly.

Treffinger, D. J. (1995). Creative problem solving: Overview and educational implications. *Educational Psychology review, 7,* 301–312.

Treffinger, D. J., & Isaksen, S. G. (1992). *Creative problem solving: An introduction.* Sarasota, FL: Center for Creative Learning.

Treffinger, D., & Isaksen, S. G. (2005). Creative Problem Solving: The history, development, and implications for gifted education and talent development. *Gifted Child Quarterly, 49,* 342–353.

Treffinger, D. J., Isaksen, S. G., & Dorval, K. B. (1994). Creative Problem Solving: An overview. In M. A. Runco (Ed.), *Problem finding, problem solving, and creativity* (pp. 223–236). Norwood, NJ: Ablex.

Treffinger, D. J., Isaksen, S. G., & Dorval, K. B. (2000). *Creative problem solving: An introduction* (3rd ed.). Waco, TX: Prufrock Press.

Treffinger, D. J., Isaksen, S. G., & Dorval, K. B. (2003). *Creative problem solving (CPS Version 6.1 TM): A contemporary framework for managing change.* Available from Center for Creative Learning, Inc. (www. creativelearning.com).

Treffinger, D. J., Renzulli, J. S., & Feldhusen, J. F. (1971). Problems in the assessment of creative thinking. *Journal of Creative Behavior, 5,* 104–112.

Vandervert, L. R., Schimpf, P. H., & Liu, H. (2007). How working memory and the cerebellum collaborate to produce creativity and innovation. *Creativity Research Journal, 19* (1), 1–18.

Van Tassel-Baska, J. (1993, May). *National curriculum development projects for high-ability learners.* Paper presented at the Henry B. and Jocelyn Wallace National Research Symposium on Talent Development, Iowa City, IA.

Vaske, H. (2002). *Why are they creative?* Maplewood, NY: fivedegreesbelowzero Press.

Vass, E. (2007). Exploring processes of collaborative creativity—The role of emotions in children's joint creative writing. *Thinking Skills and Creativity, 2,* 107–117.

Vernon, P. E. (Ed.). (1975). *Creativity.* Baltimore: Penguin.

Vessey, W. B., & Mumford, M. D. (2012). Heuristics as a basis for assessing creative potential: Measures, methods, and contingencies. *Creativity Research Journal, 24* (1), 41–54.

Vygotsky, L. S. (1960). Imagination and its development in childhood. In L. S. Vygotsky (Ed.), *The development of higher mental functions* (pp. 327–362). Moscow: Izdatel'stvo Academii Pedagogicheskikh Nauk RSFSR. (Originally a lecture presented in 1930.)

Waber, B. (1972). *Ira sleeps over.* New York: Scholastic.

Wagner, T. (2008). Rigor redefined. *Educational Leadership, 66* (2), 20–24.

Wagner, T. (2012). *Creating innovators: The making of young people who will change the world.* New York: Scribner.

Wakefield, J. F. (1985). Towards creativity: Problem finding in a divergent thinking exercise. *Child Study Journal, 15,* 265–270.

Wakefield, J. F. (1992, February). *Creativity tests and artistic talent.* Paper presented at the Esther Katz Rosen Symposium on the Psychological Development of Gifted Children, Lawrence, KS.

Walberg, H. J. (1988). Creativity and talent as learning. In R. J. Sternberg (Ed.), *The nature of creativity* (pp. 340–

361). New York: Cambridge University Press.

Wallace, D. B., & Gruber, H. E. (1989). *Creative people at work*. New York: Oxford University Press.

Wallach, M. A. (1970). Creativity. In P. Mussen (Ed.), *Carmichaels's manual of child psychology* (3rd ed., Vol. 2, pp. 1211–1272). New York: Wiley.

Wallach, M. A., & Kogan, N. (1965). *Modes of thinking in young children*. New York: Holt.

Wallas, G. (1926). *The art of thought*. New York: Harcourt Brace.

Wang, P. W. (1990). How to appreciate a Chinese painting. *Vision, 2,* 1.

Ward, T. B. (2001). Creative cognition, conceptual combination, and the creative writing of Stephen R. Donaldson. *American Psychologist, 56* (4), 350–354.

Ward, T. B., & Kolomyts, Y. (2010). Cognition and creativity. In J. C. Kaufman & R. J. Sternberg (Eds.), *The Cambridge handbook of creativity* (pp. 93–112). New York: Cambridge University Press.

Ward, T. B., Patterson, M. J., & Sifonis, C. (2004). The role of specificity and abstraction in creative idea generation. *Creativity Research Journal, 16,* 1–9.

Ward, T. B., Smith, S. M., & Finke, R. A. (1999). Creative cognition. In R. J. Sternberg (Ed.), *Handbook of creativity* (pp. 189–212). New York: Cambridge University Press.

Ward, T. B., Smith, S. M., & Vaid, J. (1997). *Creative thought: An investigation of conceptual structures and processes*. Washington, DC: American Psychological Association.

Ward, W. C. (1975). Convergent and divergent measurement of creativity in children. *Educational and Psychological Measurement, 35,* 87–95.

Wasserspring, L. (2000). *Oaxacan ceramics*. San Francisco: Chronicle Books.

Watson, B., & Konicek, R. (1990). Teaching for conceptual change: Confronting children's experience. *Phi Delta Kappan, 71,* 680–685.

Watson, J. W., & Schwartz, S. N. (2000). The development of individual styles in children's drawings. *New Directions for Child and Adolescent Development, 90,* 49–63.

Webb, J. T., Amend, E. R., Webb, N. E., Goerss, J., Beljan, P., & Olenchak, F. R. (2005). *Misdiagnosis and dual diagnosis of gifted children and adults*. Scottsdale, AZ: Great Potential Press.

Wechsler, S. M. (2000). Talent development in Brazil: As viewed by adult writers and poets. *Roeper Review, 22,* 86–88.

Weeks, M. (1985). Review of Group Inventory for Finding Interests. In J. Mitchell, Jr. (Ed.), *The ninth mental measurements yearbook* (Vol. 1, pp. 362–363). Lincoln: University of Nebraska Press.

Weiner, R. P. (2000). *Creativity and beyond: Cultures, values and change*. Albany: State University of New York Press.

Weisberg, R. W. (1986). *Creativity: Genius and other myths*. New York: Freeman.

Weisberg, R. W. (1988). Problem solving and creativity. In R. J. Sternberg (Ed.), *The nature of creativity* (pp. 148–176). New York: Cambridge University Press.

Weisberg, R. W. (1993). *Creativity: Beyond the myth of genius*. New York: Freeman.

Weisberg, R. W. (1999). Creativity and knowledge: A challenge to theories. In R. J. Sternberg (Ed.), *Handbook of creativity* (pp. 226–250). New York: Cambridge University Press.

Weisberg, R. W. (2006). *Creativity: Understanding innovation in problem solving, science, invention, and the arts*. Hoboken, NJ: Wiley.

Weisberg, R. W. (2010). The study of creativity: from genius to cognitive science. *International Journal of Cultural Policy, 16* (3), 235–253.

Westby, E. L., & Dawson, V. L. (1995).Creativity: Asset or burden in the classroom? *Creativity Research Journal, 8,* 1–10.

Wheeler, J. A. (1982). Bohr, Einstein, and the strange lesson of the quantum. In R. Q. Elvee (Ed.), *Mind in nature: Nobel Conference XVII* (pp. 1–30). San Francisco: Harper and Row.

Wiggins, G. (1996). Designing authentic assessments. *Educational Leadership, 153* (5), 18–25.

Wiggins, G. (2012). 7 keys to effective feedback. *Educational Leadership, 70* (1), 11–16.

Wiggins, G., & McTighe. (2005). *Understanding by design* (2nd ed.). Upper Saddle River, NJ: Pearson.

Williams, F. E. (1980). *Creativity assessment packet*. East Aurora, NY: DOK.

Winebrenner, S. (1992). *Teaching gifted kids in the regular classroom*. Minneapolis, MN: Free Spirit Press.

Wolfe, P., & Brandt, R. (1998). What do we know from brain research? *Educational Leadership, 56* (3), 8–13.

Wolk, S. (2008). Joy in school. *Educational Leadership, 66* (1), 8–14.

Wolters, C. A. (2004). Advancing achievement goal theory: Using goal structure and goal orientations to predict students' motivation, cognition, and achievement. *Journal of Educational Psychology, 96*, 236–250.

Worsley, D., & Mayer, B. (1989). *The art of science writing*. New York: Teacher and Writers Collaborative.

Wright, D. (1985). Review of Group Inventory for Finding Interests. In J. Mitchell, Jr. (Ed.), *The ninth mental measurements yearbook* (Vol. 1, p. 363). Lincoln: University of Nebraska Press.

X, M. (1965). *Autobiography of Malcolm X*. New York: Grove Press.

Xu Bing. (2001). *Words without meaning, meaning without words: The art of Xu Bing*. Washington, DC: Smithsonian Institute.

Yamamoto, K. (1978). Review of Creativity Tests for Children. In O. C. Buros (Ed.), *The eighth mental measurements yearbook* (Vol. 1, pp. 365–367). Highland Park, NJ: Gryphon Press.

Yuan, F., & Zhou, J. (2008). Differential effects of expected external evaluation on different parts of the creative idea production process and on final product creativity. *Creativity Research Journal, 20*, 391–403.

Yue, Z. D., & Rudowicz, E. (2002). Perception of the most creative Chinese by undergraduates in Beijing, Guangzhou, Hong Kong, and Taipei. *Journal of Creative Behavior, 36* (2), 88–105.

Zachopoulou, E., Makri, A., & Pollatou, E. (2009). Evaluation of children's creativity: Psychometric properties of Torrance's "Thinking Creatively in Action and Movement" test. *Early Child Development and Care, 179* (3), 317–328.

Zhang, L., & Sternberg, R. J. (2011). Revisiting the investment theory of creativity. *Creativity Research Journal, 23* (3), 229–238.

Zhao, Y. (2012). *World class learners: Educating creative and entrepreneurial students*. Thousand Oaks, CA: Corwin.

Zhou, J. (2008). Differential effects of expected external evaluation on different parts of the creative idea production process and on final product creativity. *Creativity Research Journal, 20*, 391–403.

저자명 색인

A

Abraham, A. 209
Abuhamdeh, S. 180
Acar, S. 583
Adam, H. 213
Adler, D. 582
Aghababyan, A. R. 128
Albert, D. 211, 561
Aljughaiman, A. 53
Allan, S. D. 513
Amabile, T. M. 27, 151, 153~157,
 163, 165, 460, 464~470, 477,
 529, 574, 576
Ames, C. 27
Anastasi, A. 567
Anderson, C. W. 410
Andreasen, N. C. 129
Ansari, D. 130
Apol, L. 372
Archer, J. 27
Argulewicz, E. N. 585
Ariely, D. 50, 208
Arlin, P. K. 81
Armeli, K. S. 111, 468
Armstrong, D. 209
Arnold, K. 223
Arter, J. 473, 526

Arutyunyan, N. D. 128
Ashria, I. H. 97
Athanasou, J. 557
Atwell, N. 366
Auger, E. E. 137, 140
Austin, G. 437

B

Backman, M. E. 561
Baer, D. M. 111, 552
Baer, J. 143, 158, 224, 253, 564
Bagley, M. 317
Bailey, C. T. 97
Ball, O. E. 553
Bandura, A. 154, 195, 480, 481,
 569, 570
Bank, M. 386
Barker, W. 556
Barron, F. 173, 175, 176, 191, 419,
 581
Barsade, S. G. 464
Basadur, M. 253
Batey, M. 175
Baum, S. M. 231
Beach, J. K. 296
Bechtereva, N. P. 128

Bedell, K. E. 576
Bedwell, R. 386
Beghetto, R. A. 569
Belenky, M. F. 223
Bellarosa, A. 565
Benbow, C. P. 176, 230
Berger, D. E. 562
Berkowitz, A. L. 130
Berlin, L. 64
Berliner, D. 49
Berry, J. W. 479
Besemer, S. P. 570
Bingham, C. 407
Bloom, B. 157, 216, 219, 458, 471,
 477
Boden, M. A. 131~133, 144, 165,
 295
Bohm, D. 401
Bollman, K. A. 48, 414
Bonawitz, E. 434
Bossomaier, T. 563
Bowers, C. 50
Boykin, A. W. 96
Bradbury, R. 246, 370
Brandt, R. 48
Brandwein, P. 405
Bransford, J. D. 24, 332, 404, 433

Braun, R. 130

Briston, A. S. 129

Bronson, P. 20

Brookhart, S. M. 473, 529

Brophy, J. 28

Brown, A. L. 226, 404

Brown, J. S 48

Brown, S. 249

Brown, S. I 428

Bruchac, J. 92

Bruner, J. 437

Buchsbaum, D. 434

Bugbee, A. C. 557

Burns, D. E. 83

Burns, M. 424

Butterworth, B. 418

C

Cabra, J. F. 88, 162

Caduto, M. J. 92

Cajete, G. 63, 95

Calhoun, E. 299, 433

Calkins, L. M. 366

Callahan, C. 557, 563, 585

Cameron, J. 111, 468, 474

Campbell, J. 93

Caney, S. 43, 44, 593

Caniglia, J. 428

Card, O. S. 75

Carlsson, I. 129

Carpenter, E. 101

Carson, D. K. 246

Carson, S. H. 569

Chand, I. 83, 562, 563

Chappuis, J. 473, 526

Chappuis, S. 473, 526

Chase, C. I. 556

Ch ez-Eakle, R. A. 129

Chen, C. 585

Cheng, V. M. Y. 88

Childs, C. 91

Chiu, C. 213

Cho, S. H. 175

Cho, Y. 82

Choi, J. N. 569

Christiano, B. A. 227

Clarizio, H. F. 560

Clark, L. 386

Clark, R. E. 433

Clark, R. M. 578

Claxton, G. 128

Clinchy, P. M. 223

Cocking, R. R. 23, 404, 433

Cohen, E. G. 517

Coil, C. 531

Cole, J. C. 40, 221, 564

Coleman, L. 411

Collins, A. 48

Collins, M. A. 467~469, 477,

Conners, F. A. 175

Conti, R. 576

Coon, H. 576

Cramond, B. 172, 231, 332, 555

Crawford, R. P. 273

Cropley, A. 65

Cropley, D. 65

Csikszentmihalyi, M. 73, 78, 80, 82, 83, 114, 138~141, 157, 165, 180, 208, 212, 213, 219, 220, 225, 232, 483~485, 487, 506,

Cunningham, B. F. 558

Cunningham, K. 200

Cunningham, R. T. 97

D

D'Arcangelo, M. 418

Dacey, J. S. 180, 210

Dahl, R. 317

Damarin, F. 577

Damian, R. I. 208

Darwin, C. 149

Davidson, J. E. 563

Davis, G. A. 260, 275

Davis, S. N. 149, 153

Davis, V. A. 162

Dawson, V. L. 52, 174

de Bono, E. 278, 280, 283~286

de Giere, C. 101

Deblinger, J, 581

Deci, E. L. 156, 462, 467, 474

DeJong, E. L. 467

Delcourt, M. A. B. 83

DeMars, S. T. 554

Dewey, J. 48, 62, 64

Dilalla, L. F. 227

Dillon, J. T. 73, 78, 202

DiPucchio, K. 374

Doctorow, E L. 371, 601, 602

Donovan, M. S. 23

Dorval, K. B. 66, 287

Duggleby, J. 252

Duguid, P. 48

Dweck, C. S. 27

Dwinell, P. L. 566

E

Eberle, R. F. 266, 317

Ehlert, L. 279

Eidson, C. C. 503

Eisenberger, R. 111, 468, 474

Eisenman, R. 582

Ekvall, G. 163

Elasky, B. 394, 395

Elkind, D. 581

Ellenbogen, J. M. 64

El-Masry, A. 88

Erdos, G. 97

Erlbach, A. 328

Ernst, M. 77

Erskine, I. 412

Evans, E. D. 242, 558

F

Fabricant, M. 222

Fan, X. 556

Farmer, S. M. 482, 569, 570

Feist, G. J. 180, 221, 228

Feldhusen, J. 550, 581

Feldman, D. 51, 138, 143

Feynman, R. 248

Fine, E. C. 92

Fink, A. 128

Finke, R. A. 126, 317

Finkelstein, A. 401, 411

Fiorelli, J. A. 181, 227

Fisher, D. 473

Fisher, E. 227

Flaherty, F. 101

Fleming, T. 382

Floyd, B. 557

Forman, S. M. 387

French, J. W. 559

Frey, N. 473

Friedman, F. 582

Fu, V. R. 582

Furnham, A. 175

G

Galinsky, A. D. 213

Gallagher, S. A. 411, 413, 436

Gallego, M. A. 49

Galvin, G. A. 566

Garaigordobil, M. 227

Gardner, H. 22, 23, 25, 81, 141,
    142, 147, 153, 165, 182, 187,
    211, 212

Garner, B. K. 308

Gary, A. L. 111

Gaynor, J. L. 187

Gentile, C. A. 574

Getzels, J. 44, 72, 74, 78~80, 82,
    83, 173~175

Ghiselin, B. 42, 59, 77, 133, 201,
    204, 250

Gilligan, C. 223

Glover, J. 111

Godwin, L. J. 557

Goetz, E. M. 111

Goff, K. 557

Goldberger, N. R. 223, 347

Golden, J. 372

Goncalo, J. A. V53, 129

Goodnow, J. 437

Gopnik, A. 434

Gordon, W. J. J. 237, 296, 297, 307

Gowan, J. 544

Grandits, J. 368

Grant, A. M. 27, 479

Graves, D. 366

Graybeal, S. 554

Greene, D. 467

Greenfield, P. 91

Griffiths, T. L. 434

Grigorenko, E. L. 129

Grigoryan, V. G. 128

Grohman, M. 39

Grossman, B. S. 468

Gruber, H. E. 148,149, 153, 157,
    165, 216

Guignard, J. H. 40

Guilford, J. P. 119, 559

Gu?n r, B. 230

Gustin, W. L. 198, 204

Gute, D. S. 213

Gute, G. 213, 215

H

Haier, R. 25

Hall, M. 195

Halmos, P. R. 416, 417

Hammer, T. 223

Han, K. 230

Hanaford, P. A. 196, 296

Harnon, D. 97

Harr M. 563

Harrington, D. M. 581

Hartman, R. 585

Harvey, M. 161, 374

Hatch, J. A. 229

Hattie, J. 512

Hausman, C. R. 106

Hawes, S. 538

Heinig, R. B. 318

Helson, R. 221

Hennessey, B. A. 468, 479, 574

Herron, M. 576

Hickey, M. 574

Higgins, D. M. 569

Hill, W. E. 23

Hofstede, G. 88

Holling, H. 175

Hollingsworth, S. 49

Holman, J. 111

Holt, D. G. 48

Hon, A. H. Y. 164

hooks, b. 222

Hoover, S. M. 82

Hopkinson, D. 407

Houtz, J. C. 558

Howard, S. M. 128

Howard-Jones, P. A. 128

Howieson, N. 555

Hu, P. T. 64

Hucko, B. 250

Hughes, L. 131, 295, 308, 619, 620

Hull, M. F. 164

Hunter, S. T. 576

I

Illies, J. J. 582

Imbeau, M. B. 488, 510, 515

Innamorato, G. 221

Isaksen, S. G. 66, 180, 287

Isenberg, J. P. 509

J

Jackson, P. W. 173

Jaeger, G. J. 32

Jalongo, M. R. 509

Jang, S. 214

Johnson, C. 246

Johnson, J. 187

Johnson, L. G. 229

Johnson, S. 21

Johnson-Laird, P. N. 132

John-Steiner, V. 158~161, 165, 223

Joniak, A. J. 88

Joosse, B. M. 370

Joyce, B. 299, 306, 433, 434

Jung, C. G. 107

Jung, R. E. 165

Jung-Beeman, M. 128

K

Kaltsounis, B. 565

Kaufman, A. B. 129

Kaufman, J. C. 88, 158, 165, 209, 221, 552, 555, 556, 564, 574, 583

Kaufman, M. 561

Kay, S. 83

Keating, D. P. 229

Keats, E. J. 368

Kekul A. 63, 123, 189

Kelley, T. 136

Kenschaft, P. C. 222

Khaleefa, O. H. 85, 97

Khatena, J. 564, 558, 565

Kilpatrick, J. 417

Kim, H. B. 176

Kim, K. H. 87, 88, 555

Kingore, B. 568

Kinney, D. 209

Kirkland, A. 556

Kirkland, J. 577

Kirschenbaum, R. J. 433

Kirschner, P. A. 433

Klahr, A. 433

Klahr, D. 433

Knittel, A. 563

Koestner, R. 467, 474

Kogan, N. 582

Kohn, A. 478

Kolomyts, Y. 126

Kong, Y. 411

Konicek, R. 403

Kornilov, S. A. 129

Kramer, S. J. 465

Kris, E. 106, 165, 518

Krzanicki, C. 412

Kubie, L. S. 106, 107, 165

Kulik, J. 513

Kush, J. C. 585

Kushner, T. 159

L

Lambros, A. 411

Lazenby, J. 576

Lee, C. S. 213

Lee, E. A. 88

Lee, J. 81

Lee, O. 410

Leno, J. 193

Lepore, S. J. 208

Lepper, M. 467, 468

Leung, A. K. 213, 214

Leung, A. S. M. 164

Levy, S. 385, 395

Lewis, B. 43, 287, 396

Liep, J. 34, 86

Lim, W. 569

Limb, C. 130

Linderholm, T. 213

Lindsay, J. 162

Lissitz, R. W. 556

Liu, E. 21, 589

Liu, H. 127

Livne, N. L. 583

Londner, L. 82

Lubart, T. I. 34, 40, 85, 87, 93, 145, 146, 165, 338

Lubinski, D. 176, 230

Ludwig, A. M. 89, 208

Lutzer, V. D. 183

Lynch, M. D. 561

Lyons, M. E. 247

Lyons, N. 223

M

MacKinnon, D. 172, 173, 175, 177~180, 191, 193, 227, 253

Mackworth, N. H. 70, 71

Maddux, W. W. 213, 214

Makel, M. C. 550, 556

Makri, A. 558

Maletsky, E. M. 428

Mance, M. 163

Manley, A. 443

Manning, M. J. 368

Mansilla, V. B. 25, 359

Martin, C. E. 332

Martin, K. 538

Martin, W. G. 417

Martindale, C. 129

Marvin, C. 230

Marzano, R. J. 25

Mashego, T. 85

Maslow, A. H. 113, 114, 133, 165

Matson, J. V. 476

Mauller, R. L. 48, 414

Mayer, B. 379

Mayer, R. E. 433

Maynard, A. 91

McCaslin, N. 318

McIntosh, E. 507

McKee, M. G. 567

McTighe, J. 25, 427, 428, 531, 534

Mednick, S. A. 112, 165, 182, 561

Meeker, M. 559

Meeker, R. 559

Mehrens, W. A. 560

Mell, J. C. 128

Melwani, S. 53, 129

Merryman, A. 20

Messenger, B. 589

Micklus, C. 326, 476

Micklus, C. S. 326, 476

Midori 204

Milgram, R. M. 582, 583

Millar, G. 555

Miller, A. 108, 109, 128, 165

Mitchell, J. 563

Mogaji, A. A. 85

Mohan, M. 582

Moneta, G. B. 465

Moore, M. 80, 82

Moran, J. D. 557, 582

Morimoto, J. 380

Morrison, T. 76, 371

Morrisseau, N. 94, 103

Mostafa, M. M. 88, 164

Mouchiroud, C. 85

Mowrer-Reynolds, E. 53

Moyers, B. 41, 200

Mpofu, E. 85, 86, 90, 222

Mraz, W. 563

Mueller, J. S. 53, 129, 464

Mullineaux, P. Y. 227

Mumford, M. D. 563, 576

Murdock, M. C. 552

Myambo, K. 85

N

Nakamura, J. 138, 213

Necka, E. 39

Neihart, M. 221

Neubauer, A. C. 128

Newmann, F. K. 359

Ngeow, K. 411

Nicholls, J. 538

Nigam, M. 433

Nijenhuis, J. T. 175

Nijstad, B. A. 263

Niu, W. 87, 88, 585

Noppe-Brandon, S. 21, 589

Nottage, L. 91

O

O'Hara, L. 145, 173

O'Neill, C. 443

O'Quin, K. 570

Okuda, S. M. 562

Oral, G. 230

Osborn, A. 66, 258, 263, 266

Owen, S. V. 231

P

Pace-Marshall, S. 506

Palatini, M. 368

Paletz, S. B. 88

Pallier, G. 563

Palmer, R. 185, 255

Palmer, W. R. 185, 255

Park, G. 176, 230

Parker, W. C. 384

Parnes, S. J. 66, 253, 266

Patterson, M. J. 127

Paulus, P. B. 263

Payne, J. D. 64

Pellegrino, J. W. 23

Peng, K. 88

Pennebaker, J. W. 208

Pepler, D. J. 227

Perkins, D. N. 121~123, 144, 145, 165, 216, 254, 561

Perkins, D. R. 209

Perry, S. K. 372

Peterson, J. B. 569

Piechowski, M. M. 200

Piirto, J. 184, 211, 221, 229

Pink, D. 478

Plucker, J. A. 40, 230, 555, 563, 569

Pollatou, E. 558

Polzer, J. T. 214

Porath, M. 81

Posamentier, A. S. 419

Poze, T. 237, 296, 293, 303, 307

Preckel, F. 175

Preiser, S. 262

Pretz, J. 111, 468

Priest, T. 574

Prince, G. 297

Puccio, G. J. 162, 163, 552

Q

Queijo, J. 75, 76

Quellmalz, E. S. 559

R

Ragovin, H. 580

Rao, C. R. O. 64, 87

Ratey, J. J. 24

Raymond, B. A. 581

Reis, S. M. 223, 359, 478, 571, 572, 578

Reisman, F. K. 557

Renzulli, J. S. 48, 51, 157, 359, 478, 550, 558, 563, 567, 571, 572, 578, 585

Resnick, M. 400

Reynolds, P. 195, 233

Rhoades, L. 111

Rhodes, J. 60, 552

Richards, R. 208

Rieser, J. 24, 332

Rimm, S. 565, 566

Ringgold, F. 378

Risberg, J. 128

Robins, A. L. 227

Robins, R. W. 208

Robinson, K. 21

Rodgers, M. H. 133, 143, 414, 461

Rodrigue, A. L. 209

Roe, A. 173

Rogers, C. 115, 164

Rohmer, H. 252

Roid, G. 559

Root-Bernstein, M. 242, 243, 249, 334, 400

Root-Bernstein, R. 242, 243, 249, 334, 400

Rosen, C. L. 577

Rosenthal, A. 554

Roskos-Ewoldsen, B. 175

Ross, H. S. 227

Rostan, S. M. 81

Rothenberg, A. 103, 104, 106,

108~110, 165, 182, 295, 301

Roukes, N. 298

Rowe, M. 450

Ruas, C. 42

Rubenson, D. L. 254, 260

Rudowicz, E. 87, 96

Runco, M. A. 32, 83, 175, 181, 187, 229, 246, 253~255, 260, 264, 474, 539, 555, 560~563, 569, 582, 583

Russ, S. W. 181, 227

Rust, J. O. 558

Ryan, R. M. 156, 462, 467, 474

Ryhammar, L. 163, 167

S

Sadker, D. 222

Sadker, M. 222

Saeki, N. 556

Safter, H. T. 364

Sakamoto, S. O. 254

Samuel, E. A. 128

San Souci, R. D. 374

Satterstrom, P. 214

Sawyer, R. K. 65, 73, 130, 159, 160, 208, 263, 506

Sawyers, J. K. 582

Sayre, A. P. 312

Schack, G. D. 251, 361, 448

Schaefer, C. E. 566, 567

Schafer, E. D. 227

Schanzer, R. 382

Schatzel, E. A. 465

Schifter, D. 417

Schlichter, C. 185, 255

Schoenfeld, A. H. 419

Schwartz, S. N. 101, 229

Scieszka, J. 371

Seelig, T. 193, 263

Sefton-Green, J. 546

Seuss, Dr. 288

Shafto, P. 434

Sharan, S. 515

Sharan, Y. 515

Shaw, E. L. 332

Sherer, M. 487

Sherwood, R. 24, 332

Shirky, C. 20

Sifonis, C. 127

Silvia, P. J. 209, 555

Simmons, A. 393

Simonton, D. K. 150, 165, 212, 221

Sinker, R. 546

Skinner, B. F. 111, 133, 165, 235

Slabosz, A. 39

Slavin, R. 513, 516

Sligh, A. C. 175

Sloan, G. D. 377

Smilansky, J. 562

Smith, L. H. 578, 585

Smith, S. M 126, 317

Smolucha, F. 116~118, 503

Smyth, J. M. 208

Snyder, A. 563

Sobel, M. A. 428

Soderborg, N. 422

Sosniak, L. A. 217

Spielberg, S. 171

Starko, A. J. 79, 80, 82, 195, 241, 251, 361, 448, 449, 563

Staw, B. M. 464

Stein, M. I. 32

Steiner, J. 270

Stepanyan, A. Y. 128

Stepanyan, L. S. 128

Stepien, W. 411, 413

Sternberg, R. J. 22, 40, 87, 145~147, 157, 165, 173, 202, 338, 564, 580, 585

Stickgold, R. 64

Stiggins, R. 472, 473, 523~526, 539

Stilwell, W. 554

Stravinsky, I. 247

Strickland, C. A. 503

Suchman, J. R. 439

Summers, I. R. 128

Svitak, S. 222

Sweller, J. 433

Szekely, G. 348, 350, 353, 356, 357, 397, 540

T

Taba, H. 434

Tadmor, C. T. 213, 214

Talbot, R. J. 88

Tardif, T. Z. 181, 210

Tarule, J. M. 223

Taylor, P. 440

Tegano, D. W. 557

Thomas, J. 538

Tierney, P. 482, 569

Titone, D. 64

Tomlinson, C. A. 488, 489, 503, 510, 514, 515

Torrance, E. P. 64, 3223, 441, 553~559, 563, 564, 577, 583, 585, 591

Torrance, J. P. 323

Treffinger, D. J. 66, 287, 550, 556, 570

Tuckman, B. W. 561

V

Van Dusen, L. V. 556

van Vianen, A. E. M. 175

VanTassel-Baska, J. 172

Varley, F. 101

Vaske, H. 72

Vass, E. 466

Vega, L. A. 253

Vernon, P. E. 59, 104

Vessey, W. B. 563

Vye, N. 24, 332

Vygotsky, L. S. 52, 116~119, 137, 158, 165, 183, 502

W

Waber, B. 368

Wagner, T. 17, 21, 53, 54, 339, 458, 459

Wakefield, J. F. 562

Walberg, H. J. 228

Walker, M. P. 64

Wallace, D. B. 148, 149, 216

Wallach, M. A. 560, 562, 582

Wallas, G. 62~65, 73

Walter, M. I. 428~430

Wang, P. W. 92

Ward, T. B. 126, 127, 317

Ward, W. C. 561

Wasserspring, L. 169, 222

Watson, B. 403, 404

Watson, J. W. 468

Wdziekonska-Piwko, D. 538

Webb, J. T. 230

Wechsler, M. 211

Weeks, M. 566

Wehlage, G. G. 359

Weil, M. 299, 433

Weiner, R. P. 34, 85, 89

Weisberg, R. W. 63, 123~125, 144, 145, 149, 153, 157, 165, 189, 467, 468

Welsh, G. 191

Wendt, P. E. 129

Westby, E. L. 52, 174

Wheeler, J. A. 95

White, A. 585

Wiese, M. 175

Wiggins, G. 25, 427, 511

Willard-Holt, C. 48

Willhoft, J. L. 556

Williams, F. E. 577, 589, 590

Windmann, S. 209

Winebrenner, S. 503

Winner, E. 182

Wolters, C. A. 27

Worsley, D. 379

Wright, D. 566

Wu, T. H. 554

X

Xu Bing 93

Y

Yamamoto, K. 559

Yuan, F. 473

Yue, X. 87, 96

Z

Zachopoulou, E. 558

Zhang, L. 145, 580

Zhao, Y. 20, 21, 88

Zhou, J. 473

주 제 별 색 인

숫자

21세기 기술 520
250주년 기념일 288, 293

A

AARON 132
ADHD 231
ALPS(학교를 위한 활발한 학습 실
    천) 340, 345, 531
APT(놀이공원 이론) 158
Audacity(녹화 소프트웨어) 521

C

CoRT(인지 연구 신뢰) 284~286,
    323
CPS(창의적 문제 해결) 65~70,
    286~294, 323, 324, 393
CQ(창의성 지수) 174, 227, 563

F

FPS(미래 문제 해결) 323~326,
    332
FREE(Feferal Resources for
    educational excellence) 391

G

GEM(국제 기업가 정신 연구) 20
GIFFI(흥미 발견을 위한 그룹 발
    명) 566
GIFT(창의적 재능 발견을 위한 그
    룹 목록표) 565, 566
GRASPS 534

I

IPAR(개인 평가 및 연구 기관) 177,
    180, 191, 221, 228

K

KEYS(창의성을 위한 기후 평가)
    576

N

NASA(미 항공우주국) 44
NCSS(사회 과목 국가 협의회) 380
NCTE(영어 교사 국가 협의회)
    366, 372
NCTM(국립 수학 교사 자문 위원
    회) 420, 424, 454

P

Padlet 웹사이트 346, 521
PhET 시뮬레이션 445, 456
PMI(더하기, 빼기, 흥미) 285, 286
PRIDE(미취학 아동과 유치원의
    흥미 기술어) 566

Q

QR 코드 592

R

RAT(원격 연관 테스트) 561
RIBS(룬코의 관념 행동 눈금표)
    569

S

SOI(지능 구조 모델) 119~121,
    253, 559
SPAF(학생 생산물 평가 형식) 571

T

TED(테드) 56, 133
TTCT(창의적 사고에 대한 토랜

스 테스트) 176, 553~557, 559, 563, 567, 577, 583, 585, 591

V

Voki(보키) 234, 544

ㄱ

가상 오케스트라 132
가정환경 210, 215, 252
가치 평가 472
감시 284
개념 획득 수업 436~439
개인적 특징 141, 171, 223
거점 활동 495, 496, 499
게르니카 108, 122, 124
게임 디자인 520
결합적 상상 116
경쟁 241, 259, 323, 324, 326
경험에 대한 개방성 115, 179, 198~200, 203, 229, 461, 509
계약 468, 480, 496, 503, 505
공동체 문제 해결 325
과정 글쓰기 366
과학 센터 414, 500
과학관 406, 456
관념 행동 눈금표 569
교실 환경 166, 507
교실에서의 창의성 모델 28, 238, 239
구글 64, 134, 162, 168, 391, 399, 465, 478, 508
구성 요소 모델 151, 152
국제 어린이 디지털 도서관 100

권능을 부여 469
귀납적 접근 433
귀마개 43, 594
그룹 나누기 패턴 489
그린우드, C. 43, 593, 594, 596
글로벌 협력 프로젝트 162, 168
긍정심리학 73, 114
기념비 288, 517
기쁨 28, 50, 55, 59, 101, 161, 195, 197, 211, 353, 373, 459, 590, 591
기후 21, 291, 416
끈기 29, 31, 53, 65, 155, 157, 165, 179, 182, 194, 196, 197, 208, 216, 225, 228, 230, 233, 239, 241, 249, 252, 403, 410, 415, 431, 434, 454, 460, 466, 479, 480, 482, 515, 524, 525, 578, 588

ㄴ

나이팅게일, F. 393
낯선 것 213, 279, 590
내적 동기 부여 458~462, 465~470, 475, 477, 479, 480, 484, 485, 487, 514, 519, 523, 525, 526, 528~531, 533
내향성 207
논리적인 사고 189
논쟁 188, 224, 323, 401, 402, 433, 441, 442, 444, 468, 583
놀이 29, 106, 112, 116, 148, 164, 182, 183, 211

ㄷ

다문화 경험 214
다섯 프레임 134
다중지능 이론 81, 141
닥터로, E. L. 371, 601, 602
당신은 어떤 사람입니까? 564
대문자 'C' 113
대학 입학 580
데이터의 해석 434, 435, 439
도움 18, 22, 25, 26, 30, 31, 49, 50, 54, 56~58
도전 16, 25, 49, 52, 54, 66~68, 71, 75, 76, 78, 88, 97, 98, 134, 149, 153, 156, 158, 161, 163, 179, 186, 188, 189, 203, 213, 215, 220, 225, 226, 233, 245, 261, 270, 287~289, 291, 294, 301, 310, 325~327, 335, 350, 351, 353, 419, 428, 437, 458, 464, 484, 485, 487, 488, 490, 493, 506, 514~518, 520, 530, 549, 576, 580, 590
독단주의 22
독립성 97, 178, 185~187, 202, 222, 231, 241, 303, 333, 352, 359, 460, 461, 489, 492, 493, 502, 505~507, 519, 565, 587
독립적인 학습 461, 477, 489, 490, 495, 496, 501, 503, 505
독창성 17, 29, 32~34, 38~40, 45, 46, 79, 80, 86, 88, 90, 91, 93, 97, 110, 111, 120, 148, 179, 189, 204, 205, 229, 253~256, 264
동기 부여와 창의성 111, 151,

154, 332, 470, 479

등급화 567, 568

뛰어난 창의성 476

뛰어난 학생들의 행동 특징을 등급화하기 위한 눈금표 567

ㄹ

라나트라 푸스카상 476

라마누잔, S. 64

래그타임 371

론 레인저 275

루이스, C. S. 160

리지 베넷의 일기장 308

ㅁ

마인드 매핑 263

마인드 맵 162

만화 134, 135, 197, 270, 271, 273, 276, 310~313, 373, 564

말뚝 구멍 문제 413

맛있는 수학 44

매코이, E. 169, 171, 594

메뉴 과제 426

모리슨, T. 76, 371

모차르트, W. A. 468

모호함에 대한 참을성 202, 203, 239

몰입 483~487, 514, 519

무의식 105, 106, 108, 122, 123, 125, 144, 150, 165

무작위 조합 150, 317

무작위 투입 127, 281~283

무질서 191, 192

문제 발견 243, 246, 247, 249, 250, 252, 253, 324

문제에 기반을 둔 학습 411, 414, 415, 427, 533

문지방 효과 173, 175, 176

문화적 차이 89, 205, 555

민감성 314, 328

민족 382, 355

밀러, A. 108, 109, 128, 165

ㅂ

박물관 93, 98, 391, 399, 428, 531

반 고흐, V. 16, 33~35, 77, 113, 204

발견된 문제 73

발명 32, 41, 44, 74, 85, 86, 94, 99, 103, 112, 172, 173, 188

배런-웰시 형상 선호 테스트 191

베이컨 131

벨크로 182

변수 260, 271, 275, 353, 355, 403, 439, 440, 464, 467, 484, 487, 507, 519, 536, 539, 546, 547, 560, 570

보관소 389

보상 332, 428, 459, 460, 466~468, 470, 473~476, 479, 480, 487, 519

보편적인 디자인 30, 530

복잡성 40, 92, 129, 150, 191, 192, 206, 207, 213, 249, 290, 310, 363, 377, 395, 444, 473, 493, 503, 571, 577, 590,

불균형 118, 571

불확실성 201, 394

브레인스토밍 153, 238, 242, 254, 256, 258~265, 283, 291, 308, 309, 316, 324, 328, 333, 335, 497, 542, 597, 609, 610

블로그 52, 54, 55, 133, 195, 233, 234, 250, 308, 376, 380, 382, 383, 404, 406, 508

비보편적 발달 143

비인지적 특징 151

ㅅ

산출-탐색 모델 126

상상력 19, 21, 54, 70, 85, 116, 117, 131, 160, 181, 189, 207, 208, 228, 229, 231, 232, 244, 288, 317, 337, 339, 371, 375, 450, 561, 564, 565, 573, 577, 589, 590

새로운 방식으로 24, 37, 42, 116, 147, 151, 158, 190, 213, 252, 267, 268, 304, 352, 364, 422, 423, 527, 533, 542, 543, 590, 591

샘플 수업 427

생계형 무대 91

생산물 기준 카드 531

생산적 사고 255

생산적인 비동시성 212

생산품 185, 211, 241, 266~268, 273, 276, 325, 327

선택과 의미 있는 과제 488, 530

선호도 191, 360, 361

성과 목표 26, 27

성별 차이 221, 224

성숙한 창의성 40, 117

세계 창의력 올림피아드 477

셍게, D. 16, 459

소리와 이미지 테스트 558

소문자 'c' 114, 546, 588

속성열거법 273~277, 289

수면 64, 107, 129, 416

수업 계획 265, 279, 307, 372, 398, 410, 436, 490, 493

수평적 사고 237, 278~281, 285, 286

수프 113, 114, 546

숙달 목표 26~28, 524

슈바르츠, S. 229

스미스소니언 399

스펜더, S. 200, 201

스필버그, S. 171

승화 105, 218

시각화 159, 186, 189, 190, 229, 231, 313~318, 321, 322, 349, 350, 417, 553

시너지 480

시대정신 150, 151

시뮬레이션 365, 383, 432, 440, 443~446, 456, 507, 508

신뢰도 143, 547~549, 551, 554, 557~560, 565, 569, 571, 574, 577, 581, 584~586

실제 문제 48, 324, 359, 360, 411, 441

실험 255, 372, 395, 400, 401, 404~409, 411, 413, 425, 426, 434, 435, 439, 445, 447, 456, 460, 474, 475, 482, 519, 520, 534

ㅇ

아리스토텔레스 103, 104

아바타 234, 544

아인슈타인 16, 17, 24, 39, 70, 140, 190, 243, 399, 448

아카이브 167, 389, 392

아프리카계 미국인 34, 224, 225, 443, 594

압박 78, 134, 153, 160, 180, 221, 225, 243, 341

억압 87, 108, 526, 577

언어학 18, 40, 79, 236, 340, 353, 363, 365, 366, 370, 373, 379~380, 383, 386, 395, 532

언캐닝 408, 409, 412

여섯 단어 이야기 134, 242

여섯 색깔 모자 284~286

역사 연구 383~388, 391~394, 501, 575

역설 65, 71, 106, 189, 212, 213, 231, 480

역할놀이 25, 227, 294, 318, 319, 340, 383, 432, 440~444, 446, 499, 502

연산망 131

연상놀이 116~119, 226, 227

영재교육 586

오만과 편견 308

오스본-파네스 모델 65

오해 34, 38, 231, 371, 430, 513

온라인 게시판 346, 508, 521

온라인 미술관 389

완벽주의 195

외적 동기 부여 27, 224, 461, 466, 468, 469, 475, 479, 480

요리책 393, 394

용기 53, 114, 125, 179, 183, 193, 196, 208, 246, 250, 255, 306, 407, 454, 509, 564

우뇌 129

우울 208, 209, 259

운명 92, 179, 358, 367, 522, 571

월러치와 코간 테스트 560, 562

위키드 101, 186

위험 감수 146, 164, 193~195, 231, 232, 239, 240, 264, 356, 415, 450, 454, 530, 577

유능감 527, 528

유도된 이미지 314, 315, 317

유머 96, 164, 194, 229, 271, 303, 311, 318, 368, 466, 568, 569, 577

유물 박스 교환 396

유연성 41, 97, 107, 120, 133, 138, 163, 179, 184, 190, 241, 253, 255, 256, 264, 366, 372, 385, 388, 478, 479, 511, 530, 536, 538, 553, 557, 562, 563, 565, 577

유창함 254

유추 25, 118, 123, 163, 166, 237, 242, 244, 245, 295~312, 364, 365, 415, 426

유치원 82, 185, 187, 196, 198, 203, 279, 330, 361, 409, 457, 470, 478, 502, 520, 566

은유 25, 51, 87, 95, 97, 109, 126, 127, 148, 149, 153, 166, 179, 181~184, 200, 229, 242, 289, 295~299, 301, 308, 311, 312, 316, 317, 334, 379, 461, 462, 506, 508, 573, 582, 588,

의미 있는 과제 487, 488, 526, 530, 531, 533

의사소통 35, 46~48, 117, 156, 238, 267, 281, 323, 326, 339, 366, 464, 466, 510, 511

의성어와 이미지 테스트 558

이누이트족 136, 137, 140, 370

이해를 위한 교육 338, 525, 531

인공지능 130

인본주의 이론 113, 165

인지 스타일 122, 130, 153

인지적 과정 121, 123

인지적 특징 181

인큐베이션 122, 465

인큐베이션 모델 64

일기 36, 54, 55, 191, 300, 308, 322, 356, 390, 601

ㅈ

자기보고 121, 565, 569, 576

자기평가 187, 239, 240, 464, 486, 528, 530, 538~542, 564, 572, 577

자기효능감 194, 460, 461, 480~482, 488, 569, 570

자부심 207, 208, 327

자율성 485

자폐증 505

잘못 구조화된 문제 411, 413~415, 507

장르 연구 377

적합한 아이디어 61

전국 공통 교과목 기준 341~343

전기적인 목록표 567

전문가 24, 56, 140, 154, 160, 173, 177, 226, 233, 273, 335, 351, 361, 389, 390, 412, 216, 422, 431, 467, 471, 479, 522, 550, 555, 570, 574~576, 579, 585, 587

전의식 106~108, 165

전통 문화 86, 89, 90, 222

정교함 111, 120, 553, 557, 563, 573, 577

정서적 특징 181, 192, 193, 243

정신 건강 113, 235

정신 습관 409

정신 질환 38, 107, 110, 208, 209

정열 477

제시된 문제 72, 73, 562

조현병 208

주커버그, M. 16

즉흥 연주 131, 142, 157, 193

지능과 창의성 133, 172~174

지속성 147, 196, 215

지식 18, 22~24, 28, 29, 33, 38, 40, 47, 48, 52, 59, 65, 71, 74, 78, 81, 84, 95, 104, 112, 115, 125, 129, 139, 144~146, 149, 151~153, 158, 165, 166, 172, 203, 211, 217, 224, 232, 235, 238~240, 256, 260, 261, 275, 282, 291, 314, 315, 321, 323, 324, 330, 337~339, 348, 350, 351, 358, 363, 364, 381, 383, 384, 387, 389, 400, 403, 408, 411, 415, 419, 421, 423, 425, 433, 441, 442, 484, 498, 518, 524, 527, 531, 533, 544, 551, 570, 574, 575, 578, 586, 588

지혜 47, 145~147, 480

직감 243, 456, 473

진단 평가 524, 526, 527

진정한 평가 571

진짜 문제 25, 47, 361

진화 모델 150

진화 시스템 148, 149

진흙 169, 205, 217, 348, 415, 416

질문하기 175, 409, 446

집단 무의식 107, 108

ㅊ

차별화된 지도 489, 513

차이콥스키, P. I. 61, 104

참신함 32, 90, 138, 139, 144, 549, 566, 571, 573

창의력 올림피아드 476

창의성 개발 116

창의성 눈금표 567, 568

창의성 말살 49

창의성 위기 21

창의성 테스트 139, 174, 221, 523, 549, 550, 553, 556, 559, 560, 562, 563, 582, 584, 585

창의성 평가 523, 525, 544, 550, 561, 562, 574, 577, 5780, 585,

588

창의성에 대한 평가 525, 574, 583, 586, 587

창의성에 친근한 교실 239, 240

창의성을 위한 평가 523, 525~527, 541, 544

창의성의 수준 467, 477

창의성의 정의 32, 34, 584

창의적 과정 15, 23, 27, 40, 49, 54, 55, 59~61, 64, 70, 71, 87, 93, 95, 96, 102~104, 106, 107, 109, 110, 118, 122, 123, 125, 126, 137, 143, 144, 149, 159, 166, 187, 204, 221, 225, 232, 239, 243, 252, 286, 313, 317, 352, 355, 356, 358, 362, 466, 473, 479, 506, 507, 562~564, 584

창의적 과정의 모델 59~61, 64

창의적 과제 55, 128, 129, 143, 176, 336, 469, 482

창의적 생산물 60, 115, 123, 147, 253, 357, 490, 514, 533, 550, 570, 571, 573, 574, 585, 586, 591

창의적 성취 140, 146, 149, 150, 175, 176, 202, 208, 209, 223, 226, 230, 555, 582

창의적 인지 126~128, 130, 209

창의적 태도 566

창의적 학습 센터 294

창의적 행동 108, 180, 181, 379, 463, 550, 558, 568, 579, 587

창의적 환경 587

창의적 활동 46, 70, 87, 91, 97, 100, 103, 107, 128, 146~149, 153, 166, 180, 211, 215, 230, 238, 315, 334, 345, 386, 426, 458, 506, 561, 562, 565, 568, 569, 587

창의적인 문제 해결 70, 288, 294, 477, 579

창의적인 사람들 41, 50, 62, 65, 77, 89, 101, 102, 109, 133, 142, 148, 169, 171, 173, 178, 181, 189, 191, 195, 197, 204, 206, 207, 209, 211, 232, 244, 252, 347, 467, 490, 519, 588

창의적인 생산물 평가 매트릭스 570

창의적인 인물 334, 564

창조공학 237, 297, 298, 301, 303, 304, 306~308

촛불 문제 124

ㅋ

카테나-토랜스 창의성 지각검사 564

칼리오페 390

컴퓨터 23, 24, 33, 44, 99, 127, 130~133, 165, 206, 230, 327, 331, 361, 402, 445, 459, 487, 500, 520, 569

케쿨레 63, 123, 189

케플러의 행성 운동의 제3 법칙 132

코블스톤 390

클리넥스 43, 269, 297

킹고어 관찰 목록표 568

ㅌ

타당성 84, 175, 179, 382, 403, 540, 546, 543, 548~550, 578

탐구 센터 496, 502

탐구 수업 439, 440

탐구 활동 80, 433

톨킨, J. R. R. 160, 295, 358

통제하는 피드백 471, 473

퇴보 20

투자 모델 580

특별 교육 31

특별한 요구 410

ㅍ

파우스트의 계약 211, 212

팟캐스트 190, 406, 521

페터, A. 420, 429

평가의 내적인 궤적 552

포스터 205, 259, 262, 311, 316, 346, 354, 463, 466, 497, 498, 505, 520, 543, 592

포트폴리오 475, 572~575, 579, 570

프레젠테이션 234

프링글스 237, 297

플라톤 103, 104, 235

플레밍 A. 145, 608

피드백 240, 307, 324, 340, 434, 460, 463, 464, 471~473, 486, 487, 492, 511~513, 519, 526, 528~530, 536, 537, 539, 576, 591

피아제, J. 52, 119, 144, 557

피카소, P. 17, 108, 122, 136,

267, 540

ㅎ

하비, M. 161, 374

하이엔, J. 199

학습 내용 23, 28~30, 47, 50, 151, 219, 240, 244, 276, 278, 315, 321, 323, 330, 331, 337~340, 342, 345~348, 359, 362~364, 379, 381, 396, 410, 411, 414, 440, 441, 446, 447, 449, 453, 454, 456, 457, 462, 466, 488, 490, 492, 493, 495, 497, 501, 503, 523, 524, 527, 528, 531~533, 538, 542~544, 550

학습 장애 480

학습 평가 523, 524

학습을 위한 동기 부여 156

학습을 위한 평가 472, 525, 539

합의 평가 467, 585

해리 포터 38, 239, 309, 379, 454, 455

해커 스카우트 331

행동주의 23, 110, 111, 113, 165, 360, 468

행복 105, 114, 115, 136, 170, 204, 206, 210, 247, 290, 291, 298, 300~302, 312, 368, 399, 483, 487

혁신 19~21, 37, 39, 47, 53, 54, 56, 65, 84, 87, 88, 90, 91, 109, 117, 118, 137, 141, 142, 148, 155, 158, 159, 162~164, 167, 171, 172, 214, 266, 267, 269, 276, 281, 297, 341, 458, 489, 508, 552,

협력 57, 99, 119, 136, 149, 158~162, 165, 167, 168, 179, 223~225, 239, 262, 263, 305, 331, 339, 341, 374, 396, 425, 454, 477, 480, 492, 507, 514, 516~519, 534, 541, 548, 580

형태소 합성법 277~279

호기심 31, 54, 55, 60, 178, 197, 198, 217, 219, 228, 229, 245, 246, 248, 249, 252, 267, 288, 289, 339, 345, 353, 355, 364, 401, 402, 410, 413, 415, 420, 421, 447, 458, 496, 498, 564, 565, 577, 580, 590, 591, 605, 610, 615

호세, R. 170, 171, 194, 203~205

호프먼, D. 193

확산적 사고 68, 81, 97, 111, 120, 126, 129, 146, 157, 174~177, 209, 226, 227, 229, 244, 253~258, 264~266, 286, 289, 295, 326, 328, 332, 335, 546, 553, 555, 557, 559, 560, 562, 563, 577, 581, 584, 588, 589

회전문 확인 모델 578

휘트니, E. 296

미국교사연맹 160만 회원의 교직 이수를 위한 교과서

창의력 교육 어떻게 할 것인가?

펴 냄   2015년 4월 20일 1판 1쇄 발행 / 2019년 9월 26일 1판 2쇄 펴냄
지 은 이   앨런 조던 스타코
옮 긴 이   이남진
펴 낸 이   김철종
펴 낸 곳   (주)한언
　　　　　 등록번호 제1-128호/등록일자 1983. 9. 30
주   소   03146 서울시 종로구 삼일대로 453(경운동) 2층
　　　　　 02)723-3114   팩스번호 02)701-4449
이 메 일   haneon@haneon.com   홈페이지 www.haneon.com

ISBN 978-89-5596-716-6   93370

이 도서의 국립중앙도서관 출판예정도서목록(CIP)은
서지정보유통지원시스템 홈페이지(http://seoji.nl.go.kr)와
국가자료공동목록시스템(http://www.nl.go.kr/kolisnet)에서
이용하실 수 있습니다.(CIP제어번호: CIP2015009302)